RESTITUCION
DEL
CRISTIANISMO

MIGUEL SERVET

RESTITUCION
DEL
CRISTIANISMO

Primera traducción castellana
de
ANGEL ALCALA y LUIS BETES

Edición, introducción y notas de
ANGEL ALCALA

FUNDACION UNIVERSITARIA ESPAÑOLA
Alcalá, 93
MADRID, 1980

Publicaciones
de la
FUNDACION
UNIVERSITARIA
ESPAÑOLA

Clásicos olvidados - 3

I.S.B.N.: 84-7392-155-0
Depósito Legal: M. 25.610 - 1980

Imp. TARAVILLA (Suc. Vda. Galo Sáez) - Mesón de Paños, 6 - MADRID-13

INTRODUCCION Y
ESTUDIO PRELIMINAR

ESTUDIO ANALITICO, TRADUCCION (primera al castellano) Y
EDICION CRITICA DE *CHRISTIANISMI RESTITUTIO,*
DE MIGUEL SERVET, ed. VIENNE, 1553

Se ha realizado la versión castellana de las 576 págs. de esa gran obra de Servet, a excepción de los tres breves tratados finales *(Treinta cartas a Calvino, Tratado del Anticristo* y *Apología a Melanchton),* que ven la luz independientemente. La versión se ha hecho teniendo en cuenta e incorporando las numerosas variantes, algunas muy importantes, de los manuscritos de Edimburgo y de París, *MsEd* y *MsPa,* pero no del del Stuttgart, *MsStut,* ya que el contenido de éste tiene poco que ver con el texto mismo de *Restitutio,* aunque sí algo con su contenido. La traducción va acompañada de un total de 2.332 notas, explicativas o comprobatorias de las numerosas citas de Servet: bíblicas, patrísticas, filosóficas, rabínicas, esotéricas. Se ha comprobado de este modo la honradez intelectual del gran sabio aragonés, así como su ingente erudición renacentista.

La versión va precedida de un amplio estudio introductorio en el que se repasa su biografía, aportando detalles y horizontes de nuevo descubrimiento. Después se analiza la historia del servetismo desde el siglo XVI hasta hoy mismo, puntualizando las cuatro tendencias actuales de su estudio: nominalista (Bainton), radical (Williams), hebrea (Friedman) y renacentista italianizante (Manzoni), por sólo reseñar relevantes servetistas contemporáneos aún vivos. Se apunta su insuficiencia, debida a la naturaleza esencialmente original del sistema servetiano. Para la demostración de este axioma se analizan a continuación sus diversas fuentes y los criterios con que las utiliza, y se sistematizan algunos de los principios de tipo filosófico rectores de su pensamiento. Un pensamiento en el que, desde el total rechazo de la filosofía (Aristóteles) y desde el biblismo integral, se pasa a la integración armónica de los datos bíblicos con los filológicos, científicos (ahí, como ejemplo, la secuencia sobre la circulación de la sangre), y filosóficos: Servet descubrió en el neoplatonismo alejandrino y en fórmulas esotéricas (orfismo, hermetismo, zoroastrismo), que él con su tiempo creía antiquísimas, las nuevas intuiciones que le hicieron posible la sistematización final de su pensamiento. Por otra parte, su evangelismo de raíz anabaptista, pero interpretado también de un modo original, presta actualidad a sus propuestas de reforma cristiana institucional y práctica.

Una serie de fotocopias de manuscritos y ediciones de *Restitutio* ilustran esta versión castellana, primera completa a cualquier lengua, de la inmortal obra de Servet, que a él le costó la vida.

* * *

ANGEL ALCALA, aragonés andorrano, es licenciado en Filosofía y Letras, y Doctor en Filosofía y en Teología. Habiendo enseñado Filosofía en algunos centros de España, entre ellos la Universidad Pontificia de Salamanca, es actualmente catedrático de Literatura Española en la City University of New York, Brooklyn College. Tiene en su haber numerosas publicaciones, en libro o artículo, sobre J. L. Vives, J. de Lucena, Erasmo, Servet, *La Celestina*, Arias Montano, Unamuno, Maeztu, etc.; así como *La Iglesia, misterio y misión*, BAC; *Medicina y moral en Pío XII*, Taurus; la versión castellana de *Servet, el hereje perseguido*, de Bainton, y *Arias Montano*, de Rekers, ambos en Taurus, y otras publicaciones. Su principal colaborador del equipo, LUIS BETES, es doctor en Filosofía, y enseña actualmente en la Universidad Laboral de Zaragoza.

A la memoria de D. Rafael Galve,
hombre bueno y buen sacerdote,
nuestro querido tío y párroco,
que quiso ver terminada esta obra.

A. A. y L. B.

καλὸν γάρ τό ἆθλον καί ἡ ἐλπίς μεγάλη
porque bella es la tarea y grande la esperanza.

(PLATÓN, *Fed.,* 114c)

INDICE DE SIGLAS

(Para las notas)

A.T.   = Antiguo Testamento.

BAC   = Biblioteca de Autores Cristianos, Madrid.

Bainton   = ROLAND H. BAINTON, *Servet, el hereje perseguido* (trad. A. Alcalá). Madrid, Taurus, 1973.

Barón   = JOSÉ BARÓN, *Miguel Servet. Su vida y su obra*. Madrid, Espasa-Calpe, 1970.

BiJer   = *Biblia de Jerusalén*. Madrid, Desclée, 1972.

Calv. Op.   = *Calvini Opera*. De *Calvini Opera omnia*, ed. Baum-Cunitz-Reuss, Estrasburgo, 1863-1900.

C.H.   = *Corpus hermeticum*, ed. A. D. Nock-A. J. Festugière, París, «Les belles lettres», 1945-1954.

DeIust   = SERVET, *De iustitia...* Haguenau, 1532.

DeTrErr   = SERVET, *De Trinitatis erroribus*. Haguenau, 1531.

DialTr   = SERVET, *Dialogorum de Trinitate*. Haguenau, 1532.

Diels   = H. DIELS, *Fragment d. Praesokratiker*.

Kingdom   = R. M. KINGDOM-J. F. BERGER, *Registres de la Compagnie des Pasteurs de Genève au temps de Calvin*. Vol. II: *Accusation et procès de Michel Servet (1553)*. Ginebra, Droz, 1962.

MsEd   = SERVET, *Restitutio*. Manuscrito de Edimburgo.

MsPa   = SERVET, *Restitutio*. Manuscrito de París.

MsStut   = SERVET, *Declarationis...* Manuscrito de Stuttgart.

N.T.   = Nuevo Testamento.

P.G.   = MIGNE, *Patrología Griega*.

P.L.   = MIGNE, *Patrología Latina*.

Rest. y R. = SERVET, *Christianismi Restitutio*. Vienne, 1553 (cit. por la reimpresión Minerva, Frankfurt, 1966, facsimile de la ed. von Murr, Nüremberg, 1790).

INTRODUCCION

El original latino de esta voluminosa obra de Miguel Servet, titulado *Christianismi Restitutio,* fue impreso en una imprenta clandestina de Vienne del Delfinado, no lejos de Lyon, en Francia, entre el 29 de septiembre de 1552, fiesta del arcángel San Miguel, onomástico y quizá aniversario de su autor, y el 3 de enero de 1553. Se produjo un millar de volúmenes, la mayoría de los cuales fue enviada a Lyon y a Frankfurt con fines de venta. Mes y medio más tarde, el 26 de febrero, era escrita a Vienne una carta delatoria, que desenmascaraba el seudónimo de «Miguel de Villanueva» con el que Servet era conocido desde hacía veinte años, y llamaba la atención de las autoridades sobre los errores de este libro, publicado anónimo. Consecuencia inmediata fue el encarcelamiento y procesamiento de Servet en Vienne, su fuga, su incomprensible aparición, meses más tarde, en Ginebra, bastión de Calvino, y su nuevo proceso ginebrino que le llevó a la hoguera el 27 de octubre de aquel mismo año. Resultado final, la casi total aniquilación de los mil ejemplares de *Restitutio,* de los que sólo se conocen hoy tres.

Siglos de ignorancia y, cuando no, de animosidad se han cebado en esta obra genial, casi mítica. Ni la restringida nueva edición que de ella hizo el pietista Christoph Gottlieb von Murr en 1790, Nuremberg; ni la traducción casi total al alemán realizada por Bernhard Spiess en 1892, Wiesbaden; ni la reimpresión facsímile a base de la ed. Murr realizada en 1966 por Minerva G.M.B.H., Frankfurt, han acercado el pensamiento servetiano al lector de lengua española. Esta nuestra traducción y edición crítica y anotada, primera total a cualquier lengua, sirve así a una tarea de interés nacional, a la vez que erudito.

Las páginas introductorias que siguen tan sólo aspiran a presentar algunos datos imprescindibles de la vida de Servet, enumerar algunos de los juicios vertidos sobre su obra, desentrañar el sistema intelectual que la soporta y estructura, asistir a su gestación y desarrollo. Un estudio más completo de tan complejos temas no cabría aquí y ahora, y debe aguardar su oportunidad independientemente.

1. Notas biográficas

Aun siendo varias las lagunas que de la vida de Servet nos quedan por aclarar, puede decirse que ha llegado a sernos conocida, e incluso documentalmente, en su mayor parte, y desde luego, en sus momentos decisivos. Disponemos ya de dos buenas biografías de Servet en castellano: la del Prof. Bainton y la del Dr. Barón[1]. Séanos permitido, no obstante, hacer alguna acotación marginal, insinuar ciertos énfasis, sugerir correcciones de detalle.

Que Servet nació en Villanueva de Sijena, y no en Tudela de Navarra, debería ser ya a estas alturas un hecho histórico universalmente reconocido, pese a esporádicas afirmaciones en contra[2]. Es cierto que él se hacía llamar «navarro» ya en sus tiempos de estudiante en París, y que como tal consta en el acta de su nacionalización francesa de 1548, así como, por supuesto, en las del proceso

---

[1] ROLAND H. BAINTON, *Servet, el hereje perseguido* (Madrid: Taurus, 1973), con la más completa bibliografía de Servet debida a M. E. STANTON (tomada del *Michael Servetus, humanist and martyr*, de J. F. FULTON: New York, H. Reichner, 1953) y la más completa sobre Servet, así como la trad., prólogo y epílogo, de A. ALCALÁ; JOSÉ BARÓN FERNÁNDEZ, *Miguel Servet. Su vida y su obra* (Madrid: Espasa-Calpe, 1970).

[2] Le adjudicó naturaleza tudelana el mismo don Marcelino MENÉNDEZ PELAYO, *Historia de los heterodoxos españoles*, IV, 6 (ed. BAC, vol. I, pág. 873). Pero algunos servetistas parecen olvidar que el gran polígrafo se retractó luego, como se hace notar en A. ALCALÁ, «Nuestra deuda con Servet: de Menéndez Pelayo a la obra de Barón», *Rev. de Occid.*, 113-114 (agosto 1972), 239. En España tan sólo los tudelanos parecen insistir, como consta por las «Conferencias con motivo de la muerte de su esclarecido hijo» organizadas e impresas por el M. I. Ayuntamiento de Tudela. Por el contrario, el error cunde en el exterior. Así, cabe citar, por su enorme influencia, George H. WILLIAMS, *The Radical Reformation* (Philadelphia: Westminster), 1962, págs. 3, 598, 608, quien lo hace vasco, además de navarro tudelano. Le sigue otro servetista contemporáneo, Jerome FRIEDMAN, en varios recientes artículos citados luego. Claro que nadie alcanza el nivel de ignorancia geográfica de CALVINO, quien hace de Servet un «espagnol portugallois»: *Calv. Op.*, VIII, 837, y luego nota 114.

de Vienne [3]. Todo ello se explica simplemente, recordando que tal actitud era consecuente con su cambio de identidad, y, en consecuencia, de nombre. A la hora de la verdad, en la culminación del proceso ginebrino, Servet fue condenado como «Miguel Servet, de Villanueva, en el reino de Aragón, en España»: en sus fechas postreras, descubierta su auténtica personalidad, ya no había por qué seguir ocultando su origen [4]. Por lo demás, aragoneses hubieron de ser también su padre y su madre: Antón, notario real con sede en Sijena, ostenta en uno de los varios documentos suyos que se conservan la aclaración *oriundus loci* [5]; Catalina Conesa era hija del caballero don Pedro Conesa, de ascendencia oscense. El documento más antiguo firmado por el padre de Miguel remonta al 19 de noviembre de 1511; pero nada autoriza a pensar que no residiera en Villanueva desde 1504, fecha en que documentalmente puede situarse su matrimonio con Catalina [6]. Como fecha del nacimiento de Miguel, puede aceptarse sin grandes dudas la del 29 de septiembre de 1511, aunque sin totales garantías [7].

Miguel era el hijo mayor de tres varones: él, Pedro y Juan; el segundo siguió la carrera notarial del padre; Juan, algún tiempo se-

---

[3] Cfr. BARÓN, *op. cit.*, p. 107, quien aduce el documento del Libro de notas de la Fac. de Medicina de París, vol. V, págs. 97-98, del año 1538. También, F. RUDE, «La naturalisation de Michel Servet», en *Autour de M. Servet et de S. Castéllion*, cd. B. Becker (Ilaarlem: 1953), 130-141. Sobre todo, P. CAVARD, *Le procès de Michel Servet à Vienne* (Vienne: Syndicat d'Iniciative, 1953), p. 116.

[4] Todo el documento, en *Calv. Op.*, VIII, 829, y en *Bainton*, pp. 212-214.

[5] Reproducidos en Julio P. ARRIBAS, *Genealogía y heráldica de Miguel Servet* (Lérida: 1972), p. 29 y ss.

[6] Véanse sobre estos temas, M. DEL PANO, «La patria de Miguel Servet» y «La familia de Miguel Servet», respectivamente, en *Bibliot. de escritores aragoneses* 7 (1895), xli-xlv, y en *Revista de Aragón* (mayo 1901), 119 y 153; J. M. CASTRO Y CALVO, «Estado actual de los estudios sobre Miguel Servet», *Universidad*, Zaragoza, 17 (1940), 269-286; *Barón*, p. 22.

[7] En el proceso de Vienne, el 5 de abril de 1553, declaró tener 42 años; pero en el proceso de Ginebra, en el que ya no tenía por qué disimular su identidad descubierta, confesó el 28 de agosto tener 44, con lo que su nacimiento correspondería a 1509. No obstante, cinco días antes, el 23, había dicho que publicó su primer libro, el *DeTrErr*, a sus 20 años en 1531; y esto mismo queda consignado en las páginas manuscritas del *MsEd* (véase luego *Rest.* 4): *Calv. Op.*, VIII, 780, 845; CAVARD, *op. cit.*, p. 115. Estos y otros datos convergentes apoyan la fecha de 1511. El día, por la antigua costumbre de poner a los niños el nombre del santo de su día natal. No debe asombrarnos esta zozobra. Un famoso discípulo de Servet en la Facultad de París, Ambroise Paré, no sabía decir si había nacido Miguel en 1510, 14, 16 ó 18: C. DARDIER, «Michel Servet d'après ses plus récents biographes», *Revue Historique* 10 (1879), 9. Calvino, en el prefacio a su *Defensio*, lo hace vivir hasta los 47: *Calv. Op.*, VIII, 622. Y aún peor: el antitrinitario italiano Fausto Sozzini, en un documento cit. por MOSHEIM, *Anderweitiger Versuch...*, Helmstedt, 1748, p. 6, dice que murió «siendo un viejo, *senem*, mucho más que Calvino», quien sí había nacido en 1509.

1. Casa natal de Servet en Villanueva de Sijena, Huesca, antes de la demolición de su mitad derecha.

2. Templo parroquial de Villanueva de Sijena, con la estatua sedente de Servet.

3. Estauta de Miguel Servet ante la parroquia de Villanueva de Sijena. Fue erigida por el «Instituto de Estudios Sijenenses Miguel Servet» el 29 de septiembre de 1975.

4. Monasterio de Sijena: portada románica de la iglesia.

5. Monasterio de Sijena: Sala capitular, según copia de Vicente Carderera, con las pinturas del siglo XIV. Hoy, todo en ruinas.

6. Vista lejana de las ruinas del monasterio de Montearagón, Huesca, donde Servet debió de estudiar y donde fue enterrado Quintana.

7. Huesca, parroquia de la catedral: retablo, en alabastro, de la Abadía de Montearagón de Gil de Morlanes de hacia 1506.

cretario del arzobispo de Santiago, fue sacerdote, párroco de la aldea de Poleñino, cercana a Sijena, e instrumento de la Inquisición de Zaragoza cuando ésta quiso valerse de él para atraer a España al joven Miguel, ya joven hereje [8].

Ha estado de moda en los últimos años el suponer que esta familia tenía sangre judía. Al parecer, no se explicaría de otro modo el precoz conocimiento que Miguel tenía de la lengua hebrea; ni su espontáneo antitrinitarismo, casi visceral; ni su tendencia a presentar su doctrina afirmándola en buen número de comentaristas hebreos, algunos de los cuales, como luego se verá, eran muy difícilmente asequibles incluso a los mejores estudiosos de la época. Hasta se ha llegado a establecer a este respecto un paralelismo entre el caso Servet y el de Juan Luis Vives, cuyo judaísmo, por el contrario, sí que es totalmente cierto [9]. La verdad es que aquellas características metodológicas de la obra de Servet reconocen otro tipo de explicación, en consonancia con los ambientes en que se formó. Por lo demás, el descubrimiento del título de infanzonía a favor de un Juan de Serveto, vecino de Serveto (Huesca), nada menos que de 1327, realizado por Barón, debería poner fin a estas discusiones arbitrarias [10].

Mucho se ha especulado sobre el lugar y pormenores de las primeras letras de Servet. Se ha supuesto que estudió en Huesca, en Zaragoza, en Lérida, en Barcelona. No hay para ello base documental alguna. Lo más normal es pensar que dio los primeros pasos con su padre, el cual debió de enviarlo luego como pupilo al vecino monasterio-castillo de Montearagón [11]. Sabemos que en 1525 salió

---

[8] No se ha puesto de relieve que Juan pudo servir al prelado compostelano a la vez que Miguel a fray Quintana, ambos hermanos en la Corte o en su torno simultáneamente por algún tiempo. Los documentos sobre esas maquinaciones de la Suprema y de la de Zaragoza, Archivo Histórico Nacional, Madrid, *Inquisición*, lib. 231, fols. 56 y 74, y lib. 322, fols. 190 y 199, parcialmente estudiados por M. BATAILLON, «Honneur et Inquisition», *Bulletin Hispanique* 27 (1925), 5-17.

[9] La suposición de la ascendencia judía parece haber cobrado peso en el proceso ginebrino. Servet respondió tajantemente a varias preguntas insidiosas a este respecto. Fue reactivada, entre otros, por David DE SOLA, el cual la afirma «fuera de toda duda»: *Jewish Revue*, 1911, p. 330. Sin base alguna que no fuera su buen olfato castizo, la ha afirmado una y otra vez en sus obras Américo CASTRO.

[10] El hebraísmo de Servet tiene su explicación en los meses de convivencia activa con egregios hebraístas reformadores de Estrasburgo y Basilea, por más que no habría que excluir la posibilidad de que se hubiera iniciado cuando, aún en España, tenía tiempo libre y oportunidad. El documento de infanzonía, en *Barón*, p. 26. Algunos reparos a él en A. ALCALÁ, «Nuestra deuda...», p. 246 y ss.

[11] Refrendamos así la bien razonada argumentación, aparte ciertas imprecisiones, de J. P. ARRIBAS en *Miguel Servet, concejal* (Lérida: 1974), páginas 20-29. Aunque hay varias historias del monasterio de Sijena (la de Marco Antonio VARÓN en 1773, la de Javier FUENTES Y PONCE en 1886, la de Antonio

Servet definitivamente de su región natal, iniciando tan joven su vida andariega. Resulta, pues, inconsistente el especular sobre estudios universitarios antes de esa edad de catorce años.

Cuatro son los hombres que más influjo han tenido en la vida de Servet, en tal forma que cabe estructurar su biografía a base de estos ciclos de influencias. Dichas personalidades son: fray Juan de Quintana, Sinforiano Champier, Sante Pagnini y el arzobispo Pedro Palmier. El primero le saca del chato ambiente rural de Sijena y de Aragón, y lo proyecta en el centro de la corte imperial de Carlos V, poniéndolo en contacto con los aires frescos del Renacimiento y la Reforma. El segundo le estimula a su carrera médica y lo introduce en el neoplatonismo alejandrino, que Servet había de adoptar como su *forma mentis* aunque dándole sus propios matices peculiares. Pagnini le enseñó los nuevos métodos de crítica bíblica, básicos en su obra. El arzobispo de Vienne le proporcionó tiempo y paz para pensarla y escribirla, y, llegada la ocasión, se mostró tan benigno en aquel primer proceso que un buen día pudo evadirse con facilidad, hasta que cayó poco después, incauto, en la cárcel de la Señoría ginebrina.

Juan de Quintana, oscense y agustino regular, y no mallorquín ni fraile franciscano, como se ha venido repitiendo [12], fue una importantísima figura a quien se la ve resolviendo problemas de alumbrados y moriscos hasta 1525; luego, asistiendo a la reunión de Valladolid para enjuiciar los escritos de Erasmo en 1527; nombrado confesor del Emperador, dirigiendo en Augsburg con Alfonso de Valdés, en la Dieta de 1530, las fuerzas moderadas católicas que aspiraban a un entendimiento con el igualmente moderado luteranismo de Melanchton. Quintana se halla, pues, en el centro de los más importantes problemas intelectuales de la primera década ca-

UBIETO ARTETA en 1956, la de Julio P. ARRIBAS en 1975), no parece exista una completa del de Montearagón, castillo fundado en 1086 por Sancho Ramírez, del que llegaron a depender 94 iglesias. Del título de abades suyos disfrutaron cinco hijos de reyes de Aragón, y un hijo natural y un nieto del Rey Católico. Hoy está totalmente en ruinas, salvo el bello retablo alabastrino de su iglesia, construido en 1495 por Damián Forment o Gil de Morlanes a expensas del abad don Alonso de Aragón, hijo del Católico y arzobispo de Zaragoza, conservado en la catedral de Huesca.

[12] *Clericus oscensis* le llama la Bula de Clemente VII nombrándole abad de Montearagón. Ya LATASSA le había hecho franciscano en su *Biblioteca nueva...* (Pamplona: 1798), vol. I, p. 767. Este dato ha sido corregido por M. DE CASTRO en *Archivo Ibero-Americano*, 35 (1975), p. 270. Montearagón pertenecía entonces a los canónigos regulares de San Agustín; el mismo BATAILLON se corrige ahora sobre Quintana en la tercera ed. de su *Erasmo y España*. Sobre él y sobre la abadía, Ramón DE HUESCA, *Teatro histórico de las iglesias de Aragón*, t. VII, pp. 286-421; Diego DE AÍNSA, *Fundación, excelencias, grandezas y cosas memorables de la antiquísima ciudad de Huesca*, 1619, capítulos XXV-XXX, pp. 434-476.

rolina: moriscos, alumbrados, erasmistas, protestantes [13]. Servet entró a su servicio como paje y secretario en 1525. Con él y la Corte pudo recorrer España y asomarse a aquel mundo en optimista ebullición. Erasmista él mismo, doctor por la Sorbona, miembro de las Cortes de Aragón, fue su primer hombre providencial. Interrumpido su servicio, al parecer a instancias de su padre, para enviarlo a estudiar Leyes a Toulouse, no aguantó allí Servet más de dos años; no el Derecho, sino la Teología, que allí comenzó a descubrir, será la ocupación y la preocupación de toda su vida. Por confesión propia, sabemos que se unió al tren imperial para asistir en Bolonia a la coronación del Emperador de manos de Clemente VII: aquel espectáculo, tan opuesto a los mejores ideales del evangelismo y del espiritualismo erasmistas, iba a marcarlo toda su vida [14]. No sabemos si él mismo fue hasta Augsburgo [15]; en todo caso, muy poco después lo encontramos en Basilea, huésped de Ecolampadio, su principal reformador, y meses más tarde, en Estrasburgo. Entre una y otra ciudad se ha conocido con un buen número de reformadores, pero también de hebraístas y helenistas, y es en ambas ciudades donde entra en relación con las muy variadas ediciones humanísticas de todo tipo que salían de sus prensas. Documentos que quedan de su estancia nos hablan de continuos debates suyos con Bucer, con Capito, y otros; y conocidos al detalle los acontecimientos y las personalidades que se entrecruzan entonces en esas ciudades

---

[13] Para no ir más lejos, fray Prudencio DE SANDOVAL, en su *Historia de la vida y hechos del Emperador Carlos V* (Madrid: 1955),, vol. II, p. 173, cita en el lib. XIV, cap. 17 entre los visitadores de moriscos al «dotor Quintana», junto con el obispo de Guadix, el «dotor» Utiel, el canónigo Pero López, y fray Antonio de Guevara, en el año 1526. Es sabido que SANDOVAL sigue casi literalmente la *Crónica del Emperador* de Alonso DE SANTA CRUZ. Su intervención en el proceso de alumbrados ha sido documentada por A. MÁRGUEZ, en la 2.ª ed. de *Los alumbrados* (Madrid: Taurus, 1980); en la junta de Valladolid sobre Erasmo, en 1527, lo fue por BATAILLON, op. cit. En la Dieta de Augsburgo, sosteniendo la discreta actuación de Alfonso de Valdés, en nuestro próximo *Erasmo y Servet en Bolonia.*

[14] Confesó su presencia en Bolonia en el proceso de Vienne; cfr. CAVARD, *op. cit.*, p. 116. Sobre la impresión producida, *Rest.* 462. BATAILLON señala el efecto negativo que aquel acto, una victoria política del Emperador, suscitó en los erasmistas de la Corte, *op. cit.*, p. 406. Acaso podría interpretarse en tal sentido la frase con que el «magnífico caballero» Pedro MEXÍA, en su *Historia del Emperador Carlos V*, lib. V, cap. 3, resume lo acaecido: «E acabándose de poner la corona ynperial, que fue la postrera, el Enperador se humilló a besar el pie del Papa», etc.: ed. de J. de M. Carriazo (Madrid: Espasa-Calpe, 1945), p. 558. Aunque Mexía no fue testigo ocular.

[15] Punto muy discutido entre sus biógrafos. Estudiado desde diversas perspectivas, hay que concluir que no consta. Pero si no se conoció personalmente con Melanchton allí o en otra parte, o si no mantuvo correspondencia con él, de la que tampoco quedan huellas, resulta extraña la familiaridad con que lo trata en diversos pasajes de su *Apología a Melanchton.* Cfr. nuestra ed., junto con las *Treinta cartas a Calvino* (Madrid: Castalia, 1980).

del Rin, es fácil sospechar el conjunto de influencias a que su ávida mocedad estuvo sometida [16].

Resultado de todo ello fueron sus dos primeras obras, *De Trinitatis erroribus libri septem* (Haguenau, 1531) y *Dialogorum de Trinitate libri duo* (ib., 1532). Esa pequeña ciudad cercana a Estrasburgo era entonces un importante centro editorial; por otra parte, sabiendo que Wolfgang Capito era nativo de ella, resulta natural suponer, dada la inicial simpatía que sabemos sentía por Servet, que le sirviera de intermediario con el editor Johann Setzer o «Secerius». No hay por qué oponerse a la teoría de Henry Tollin según la cual ambas primeras obras servetianas fueron escritas en etapas, entre Basilea y Estrasburgo, y que recogen las meditaciones del joven Miguel tras discusiones con los teólogos reformados mencionados. De hecho, esos escritos saben a polémica reciente [17]. Lo que más importa señalar es que esos dos escritos son el primer borrador de más de la mitad de *Christianismi Restitutio*. Se hará observar luego en notas oportunas la correspondencia entre sus lugares paralelos, a base de un muy semejante tipo de argumentación. Ello no obsta a que medien decisivas diferencias metodológicas y sistemáticas.

Pero esas dos publicaciones, radicalmente heterodoxas para todos los paladares, constituyeron un escándalo internacional cuyas consecuencias no se hicieron esperar mucho. Cochlaeus, teólogo im-

---

[16] Quedan varios documentos sobre las relaciones de Ecolampadio, Bucer y Capito con Servet, *Calv. Op.*, VIII, 857-870. Pero hay que estudiar más el conjunto de necesarias amistades del joven aragonés en los círculos de Basilea y Estrasburgo, tema que necesita todavía una sistematización detallada. Por ejemplo, Conrad Hubert, quien, tras estudiar en Heidelberg y Basilea, fue secretario de Ecolampadio, y en 1531 asistente de Bucer, buen hebraísta; Otto Brunfels, médico, botánico, teólogo que por vez primera formuló los principios del «nicodemismo», puesto de moda por Delio Cantimori como parámetro historiográfico (Cfr. Carlo GINZBURG, *Il nicodemismo*, Torino: Einaudi, 1970); Sebastián Franck, quien publicó su *Chronica* en Estrasburgo el mismo 1531; Gaspar Schwenckfeld, cuyo conocimiento con Servet está documentado; Christian Entfelder; los revolucionarios anabaptistas Bernard Rothmann y Johan Campanus; los igualmente anabaptistas Martin Borrhaus, Michael Sattler, Hans Denck, Pilgram Marbeck; quién sabe si el mismo Melchior Hofmann. Algunos datos pueden verse en G. H. WILLIAMS, *op. cit.*, 254-277, y en obras acerca de aquellas dos ciudades, notablemente la de Mary N. CHRISMAN, *Strasburg and the Reform. A study in the process of change* (New Haven: 1967), pp. 81-97 y 184-200, y las más recientes sobre Capito, de Beate STIERLE (Gütersloh, 1974) y James M. KITTELSON (Leiden, 1975).

[17] Hasta tal punto, que H. TOLLIN lanzó la hipótesis, indemostrable a no ser por indicios externos, de que el lib. I del *DeTrErr* responde a notas tomadas por Servet ya en su período de Toulouse, lo que explicaría sus citas nominalistas, de aún fresco estudio; los II, III y IV habrían sido escritos en Basilea bajo influjo de Ecolampadio, quien con sus objeciones habríale obligado a profundizar más en el prólogo de Juan; los V, VI y VII recogerían una tercera fase bajo influencia de las especulaciones hebraístas de Capito, ya en Estrasburgo. Cfr. *Das Lehrsystem Michael Servet's historish dargestellt* (Gütersloh: 1876), vol. I, p. 7.

perial ultraconservador, descubre un ejemplar del *DeTrErr* y se presenta ante la Corte enarbolándolo. El nuncio Aleandro instiga a la Inquisición de España a que persiga y ajusticie a Servet cuando lo encuentre. El pobre Quintana no sabe excusar, ni puede, a su protegido, y es fulminado a España con el cargo de abad de Montearagón que no pudo ocupar, pues murió en Segovia sin llegar a posesionarse. Y aquel mismo 1532 se da orden de captura de Miguel en Toulouse, por si había vuelto allí, y de prohibición de sus libros en España [18]. La vida del nuevo «Miguel de Villanueva» se forja al tener que camuflar su identidad desde ese momento, prófugo de la justicia española y francesa, amén de hereje tanto para los católicos como para los protestantes. En tal condición, se refugia en París como estudiante, y en Lyon como corrector de pruebas y editor, habiendo conocido, indudablemente, épocas de necesidad y aun de miseria que no podrían paliar ciertas lecciones de matemáticas impartidas en París, ni los pequeños sueldos de corrector editorial en la lyonesa casa de los Trechsel. Cambió su condición cuando halló oportunidad de preparar una nueva edición latina de la *Geografía* de Claudio Tolomeo, mejorando en varios detalles la del humanista Pirkheimer, el amigo de Durero [19]. Su frecuentación de aquella casa le puso, además, en contacto con Champier (1471-1538), la principal figura del humanismo renacentista en Lyon, y con Pagnini (1470-1541), fraile dominico cuyas gramáticas hebreas y nueva versión de

---

[18] El nombramiento de Quintana lleva fecha del 15 de mayo, con firma papal; el escándalo de Servet surge con motivo de la Dieta de Regensburg, aquel mismo abril; el edicto de captura tolosano es del 17 de junio. Hay que ver detrás de todo ello la mano del nuncio Girolamo Aleandro, y también, sin duda, la de don Hugo de Urríes, señor de Ayerbe, secretario imperial «para las cosas de Aragón» como lo llama SANDOVAL; ambos intervinieron en los manejos inquisitoriales a propósito de Servet: *Bainton*, pp. 81-86; BATAILLON, *art. cit.*, p. 10. Sobre Quintana, las fuentes son LATASSA y HUESCA, quienes añaden que legó a Montearagón su cuerpo, su biblioteca y 400 ducados para una librería. La prohibición de libros afecta a un decreto, del 24 de julio, que ordena investigar si las librerías de Zaragoza «tenían libros de Lutero, de Colampadio o del Maestro Reués o de otros reprouados», y resulta sorprendente que ya se le llame maestro a Servet, «alias Revés», un apodo familiar inmemorial: I. S. RÉVAH, *Un index espagnol inconnu*, en *Studia Philologica* (Homenaje a Dámaso Alonso) (Madrid: Gredos, 1965), vol. III, p. 143.

[19] *Claudii Ptolomaei Alexandrini Geographicae Enarrationis Libi Octo.* Lyon, 1535; 2.ª ed., Vienne, 1541, con nueva dedicatoria a Palmier. Hemos visto varios ejemplares del espléndido volumen, del que se conservan unos 40. Sobre él, sigue siendo el mejor estudio el de Eloy BULLÓN Y FERNÁNDEZ, *Miguel Servet y la geografía del Renacimiento* (3.ª ed. Madrid, 1945). Sin embargo, sería menester un estudio detallado de las reales aportaciones de Servet en relación con las ediciones anteriores del Tolomeo. Parece a todas luces exagerado el dicho, que se viene repitiendo, de que introdujo no menos de mil en la versión del griego; sus escolios son originales, pero tampoco tienen el valor de merecerle el título de «fundador de la geografía comparada» que algunos servetistas bienintencionados todavía le atribuyen, y ninguno de sus 49 mapas, tan bellos, es original.

toda la Biblia al latín eran justamente alabadas [20]. Ambos fueron los responsables del nuevo y definitivo encauzamiento de la vida de «Villanueva» hacia la teología.

Es verdad que, a sugerencias del primero, volvió Miguel a París a estudiar medicina, ciencia en la que ya había progresado por su cuenta, pues ya en 1536, aún en Lyon, defendió a Champier en una *Apología* contra un émulo doctor alemán [21]; y no lo es menos que, ya en París y aún estudiante oficial, publicó su *Tratado universal de los jarabes,* que tuvo gran aceptación [22], aparte de un pequeño tratado en defensa de la astrología que él practicaba y enseñaba para redondear sus ingresos [23]. Pero su destino estaba signado. Champier le había introducido en la medicina, y no menos, en todo un cúmulo de saberes esotéricos que él mismo cultivaba con asiduidad: años antes había él mismo editado no sólo las *Epístolas* de Ignacio de Antioquía, superando la edición de Lefèvre d'Etaples, sino también

---

[20] Sobre el primero no parece haber mejor biografía que la de Paul ALLUT, Symphorien Champier (Lyon, 1859; reimp. Nieuwkoop: De Graaf, 1972), que trae una importante y larguísima bibliografía, y una selección de textos. Al hebraísmo del segundo pudo deber Servet el perfeccionamiento del aprendido en el básico texto de Wolfgang CAPITO, *Institutio in Hebraicam Literaturam,* de 1516. PAGNINI publicó en Lyon (Antoine du Ry, 1526) unos *Hebraicarum Institutionum Libri IV,* muy voluminosos, que obtuvieron varias ediciones. Es curioso observar que ya en ellos se basa en lecciones de David Kimchi; también, que nuestro Arias Montano hizo reimprimir la versión Pagnini en la Políglota de Amberes, a pesar de la oposición real. Cfr. Ben REKERS, *Arias Montano* (Madrid: Taurus), 1973, trad. y prólogo de A. ALCALÁ, págs. 66-70.

[21] *In Leonardum Fuchsium Apologia,* de sólo 8 folios en 8.°, pero sumamente interesantes. Comienzan con un ataque a la teoría luterana de la justificación por la sola fe sin obras, intentando luego Servet mediar entre Champier y Fuchs, médico de Heidelberg, a propósito de los respectivos méritos de la escuela médica galénica y árabe, y terminando con unos sabios párrafos sobre la sífilis. No hay versión castellana, que debería realizarse cuanto antes.

[22] *Syruporum universa ratio,* 1537, de nuevo un bastante largo tratado sobre ambas escuelas médicas en conflicto sobre el uso de los jarabes. Alcanzó seis eds. en vida de su autor. Disponemos de versión castellana: *(Ratio* debió vertirse por *Tratado) Razón universal de los jarabes según inteligencia de Galeno,* realizada por el Dr. Goyanes y el Dr. Torrubiano (Madrid: Ac. de Medicina), 1943; de fácil acceso hoy, por disponer de la reimpr. facsimile de la *princeps* parisina hecha por Minerva, Frankfurt (f-M753). Disponemos también del completísimo trabajo del Dr. J. M.ª CASTRO Y CALVO, «Contribución al estudio de Miguel Servet y de su obra *Syruporum*», en *Universidad,* Zaragoza, 8 (1931), 797-830, 977-1030, y 9 (1932), 3-71, que hay que lamentar no haya sido publicado independientemente.

[23] *In quendam medicum disceptatio pro Astrologia,* sin lugar, pero París; sin fecha, pero 1538. El «quidam medicus» es nada menos que el Decano Thagault, quien ante su rebeldía hubo de iniciar contra él un proceso judicial parlamentario. TOLLIN halló uno de los dos ejemplares que quedan y lo reimprimió (Berlín: Mecklenburg, 1880). Hay trad. inglesa, en el *Michael Servetus...* de Ch. D. O'MALLEY, y francesa de F. RUDE y P. CAVARD, en *Biblioth. d'Humanism et Renaissance,* 20 (1958), 377-387. También debería vertirse al castellano.

los oráculos sibilinos según la traducción latina del griego debida a Lactancio, y había puesto en circulación en la Francia culta las versiones de los escritos herméticos y neoplatónicos realizadas en Florencia hacia fines del siglo anterior por Marsilio Ficino [24]. Todos esos textos van a constituir importantes fuentes de la versión final de las ideas de Servet expuesta en *Restitutio*. Cuando Miguel de nuevo tiene que dejar París, a consecuencia de un escándalo, otro más, suscitado por desacato al Rector de la Universidad, por el cual fue juzgado ante el Parlamento, se refugia en una pequeña aldea cercana a Lyon, donde iba a pasar tres años de reposo y estudio: Charlieu. Un pequeño detalle nos ha descubierto el mecanismo de relaciones que le pusieron en trance de descubrir ese puesto menor, pero tan interesante en sus circunstancias. Champier era médico oficial del duque Antonio de Lorena, y su amigo Sebastián Monteux, el célebre «Montuus», lo era del cardenal de Tournon, con sede en Lyon, hombre político e intransigente, que luego jugó un papel decisivo en los preparativos del proceso viennense de Servet. Ahora bien, Monteux era «señor de Rivoire», casa solariega de su familia en Charlieu; otro importante miembro de la familia residía en Vienne, según Doumergue [25]. Así, cabe sospechar fundadamente que, tras el traspiés de París, sus previas relaciones con tan influyente médico le obtuvieron la plaza de Charlieu, donde, según Bolsec, Servet vivía «chez la Rivoire» [26], y que cuando la permanencia allí le resultó también insoportable, por envidias de otro médico local, que llegó a prepararle un atentado en el que salió herido, Jean de la Rivoire influyera con Palmier para obtenerle el empleo de médico de Vienne, aparte de personal suyo.

Los contratos para la edición de la Biblia de Pagnini, en un volumen en 1542 y en siete en 1545, son librados a nombre de Miguel de Villanueva, doctor en medicina [27]. Este importante detalle no ha

---

[24] Son las *Diui Ignatii Antiocheni epi. eplae XV*, de 1516, y *Les propheties, ditz et vaticinations des Sibilles translatez de grec en latin par Lactance Firmian et de latin en rethorique françoise par Maistre Sinphorien Champier avec le comment dudit Maistre Sinphorien* s. f., cfr. ALLUT, *op. cit.*, pp. 179 y 136. Sobre los otros escritos mencionados, se verá más tarde.

[25] Emile DOUMERGUE, *Jean Calvin. Les hommes et les choses de son temps* (Lausanne, 1899-1927), vol. VI, p. 220.

[26] Jerome BOLSEC, *Histoire de la vie de Jean Calvin*, ed. 1882, p. 4.

[27] Originar francés en CAVARD, *op. cit.*, p. 25. Se ha discutido sobre si realmente recibió el grado universitario de Doctor, aunque lo emplea oficialmente en lugares donde pudiera haberse puesto de manifiesto su falsedad; no consta documentalmente. Si no en París, pudo recibirlo en Montpellier, donde está registrado en la Facultad en septiembre de 1540, interrumpiendo, quizá para ello, su residencia en Charlieu (verano 38-febrero 41). En todo caso, no es imposible que se conociera con Rabelais o que asistiera a cursos suyos de disección, aunque se ha afirmado tantas veces sin garantía. Tampoco la tiene la hipótesis de J. P. ARRIBAS, *En torno a Miguel Servet* (Villanueva de Sijena: Inst. de Estudios Sijen. M. Servet, 1976), p. 35, de que le hiciera

sido tenido en cuenta por los beneméritos médicos españoles, apologistas, con todas las razones, de la primacía servetiana en el descubrimiento de la circulación pulmonar, los cuales muestran su extrañeza ante el hecho de que tan importante página de la historia de la medicina aparezca en un contexto estrictamente teológico [28]. La falta de perspectiva real desde la que ha solido ser tratada la figura de Servet les impedía aceptar que la medicina fue tan sólo para él un honroso *modus vivendi*. Desde 1541, en cuyo 14 de febrero firma el primero de dichos contratos, aún en Lyon, fecha aproximada de su definitiva fijación de residencia en Vienne, ya no escribiría de medicina más que esas breves páginas sobre la circulación, que, sin embargo, adquieren para él rango de demostración teológica, para poner un ejemplo de la constante acción del «espíritu» o soplo de Dios, creador del alma y origen de todo dinamismo, en el universo. Cavard lo ha dicho muy gráficamente: «La medicina, la geografía, son un accidente en su vida intelectual, y él va ya a proseguir en paz su verdadera vocación, la cual, hacia el mundo, será el ejercicio de la medicina, pero hacia su interior, hacia su alma, la teología» [29].

El prólogo que Servet escribió para la edición de 1542 de la Biblia Pagnini es sumamente importante, y será objeto de estudio en páginas posteriores. Un revelador detalle, sin embargo, parece haber escapado a la atención de ciertos servetistas. Si en el prólogo a la *Apología contra Fuchs* se reconocía Servet discípulo de Champier [30], en éste a la Biblia, texto de Pagnini, notas marginales y varios escolios de Servet, se reconoce albacea y, en parte, heredero del gran hebraísta. La frase que él emplea, «he trabajado sobre sus notas, muchísimas de las cuales me dejó, además de su propio ejemplar corregido por su mano en innumerables lugares», coincide con la del presentador, un Joannes Nicolaus Victorius, quien afirma que Servet ha tenido acceso a las notas del hebraísta, «las cuales él conserva como heredero» [31]. No tendría, pues, toda la razón el mis-

---

Doctor su casi paisano, de Sariñena, Juan Falcón, decano, pues murió en 1538. Cfr. RUDE, art. cit., p. 132 y *Barón*, p. 140.

[28] La extrañeza de los médicos, que acaso tenga explicación, además de en su no acceso directo al texto latino de *Rest.*, en el rechazo general de las doctrinas heterodoxas de la obra (ya LATASSA escribió: «Lo único singular y recomendable que contiene es un pasaje muy terminante que convence haber tenido Serveto una idea bastante clara de la circulación de la sangre», *op. cit.*, p. 193), culmina en BARÓN, quien repetidamente señala que todo lo demás, todo *Restitutio*, es mera ganga que no vale la pena considerar: *op. cit.*, pp. 15, 144, 159, etc.

[29] *Op. cit.*, p. 19: «Pour la part du monde, l'exercise de la médecine; pour la part intime, la part de l'âme, la théologie.»

[30] *Cui ut discipulus multum debeo*: al que mucho debo como discípulo.

[31] *Quae etiam nunc apud haeredem asservantur.* DOUMERGUE *op. cit.*, p. 207 trae un interesante dato de las relaciones entre ambos: TOLLIN se enteró de

mo Cavard al suponer que la edición 1542 le fuera encargada a Servet solamente porque «parecía la persona más calificada para llevarla a cabo», sino muy probablemente por expresa voluntad de Pagnini.

No es propio del momento recordar que esta Biblia fue puesta en el *Indice* de Valdés de 1559 y en el de Quiroga de 1584; ni mucho menos, todo un cúmulo de anécdotas de la vida «pour la part du monde» de Servet. Su conocimiento con Calvino en París y su inasistencia a un debate, al parecer público, con él en sus años de estudiante[32]. Sus maestros en medicina en aquella Universidad, donde sabemos fue condiscípulo de Vesalio[33]. Su posible permanencia en Orleans, quizá en Nérac, centro de la reforma francesa, detalle sugestivo si pudiera comprobarse mejor[34]. Ni mencionar suposiciones que sin fundamento alguno se han formulado sobre conversos o humanistas españoles que le habrían iniciado en los estudios[35], o sobre el móvil desencadenante de sus especulaciones trinitarias. A este respecto cabe señalar que nada en la mente o los escritos de Servet permite establecer un paralelo de motivaciones entre las de él y las de Cusa para intentar hallar en el Dios-uno la base de un irenismo coincidente de las tres religiones monoteístas;

---

la existencia de la *In L. Fuchsium Apologia*, desconociendo el ejemplar de París, por la transcripción que de ella hace «Montuus» en su *Dialexeon medicinalium libri duo* de 1537, pp. 50-54; ahora bien, el mismo Monteux dice que él recibió su ejemplar porque se lo había enviado Pagnini. Cfr. H. Tollin, «Trois médecins du XVIe siècle: Champier, Fuchs, Servet», *Revue scientifique*, 35 (1885), p. 652.

[32] Resulta imposible determinar la fecha exacta. Según diversos testimonios, pudo ser en 1533, 34 ó 37. *Bainton* se inclina al 34; cfr. p. 20.

[33] Lo fueron Jacobo Du Bois («Sylvius»), Juan Fernel y especialmente el famoso anatómico Juan Günther de Andernach («Guinterius»). Había éste publicado la primera ed. de sus *Institutiones anatomicae* en agosto de 1536. En la segunda, de 1539, interpola en el prefacio unos palabras laudatorias de Servet, que se han hecho célebres: «En esta tarea (de revisar el libro a la luz de numerosas disecciones), nada fácil, me ha ayudado, ante todos, Andrés Vesalio, un joven, por Hércules, muy diligente en anatomía y profesor de medicina pura, por quien no hay por qué preocuparse: recientemente, al publicarse esta obra en Venecia, la ha corregido excelentemente. Junto a él, Miguel Vilanovano, quien me asistió en disecciones amistosamente: un hombr que sería el honor de cualquier rama de las letras y que es segundo a nadie en doctrina galénica, *in Galeni doctrina nulli secundus*. Con ayuda de ambos examiné en muchos cuerpos humanos las partes interiores y las exteriores, los músculos, venas, arterias y nervios, y se los mostré a los estudiosos.» Menéndez Pelayo, *Heterodoxos*, BAC, vol. I, p. 890; J. F. Fulton, *op. cit.*, p. 22.

[34] En 1534, según Johan Wier, cit. por Doumergue, *op. cit.*, vol. I, p. 464, y VI, p. 209.

[35] Por ejemplo, en su *Das Lehrsystem...*, II, 14, da por supuesto Tollin, sólo porque «el mayor conocedor de la historia española, R. Saint Hilaire» dice que Pedro Mártir de Anglería o Anghiera estuvo en Zaragoza (*Hist. d'Espagne*, VI, 503), que este humanista italiano le inició en el Humanismo. Ahora bien, Anghiera murió en 1526. En este terreno nunca se pasará de meras hipótesis, todas arbitrarias.

ni, en realidad, puede documentarse en la experiencia misma de su juventud española el rechazo precoz de sus doctrinas antitrinitarias [36].

Muy pocos detalles autobiográficos nos proporciona la lectura de *Restitutio* ni de ninguna otra de las obras de Servet; pero algunos son altamente significativos. Así, su intento de huir a América al verse acosado por todos tras la publicación del dúo de trataditos juveniles antitrinitarios [37]. Su confesión de que sólo se puso a escribir tras múltiples y constantes lecturas, de que cree haber conseguido un profundo conocimiento del cristianismo y de que en ello se esfuerza contantemente: *iugiter laboro* [38]. Una ceñida descripción del rito de bautismo por inmersión, que acaso deba hacer pensar que él mismo se rebautizó hacia los treinta años, conforme a su propia doctrina [39]. La inquietante alusión a los efectos de la circuncisión, que a alguien le ha sugerido sea como «de cosa vivida» [40]. En este mismo contexto, una serie de sugestivas referencias a «la carne» en el sentido sexual estricto, no sólo en el genérico paulino y evangélico, que denotarían una preocupación profunda con el problema de la castidad personal, dando quizá la pauta para explorar secretos de su personalidad sobre un terreno menos movedizo que el intentado hasta ahora [41]. La emocionante página en que narra su reacción ante el espectáculo de Bolonia [42]. Y pocos más.

---

[36] La semejanza con Cusa ha sido sugerida por Julia GAUSS, «Der junge Michael Servet», *Zwingliana*, 6 (1966), 410-459, sólo en ese aspecto, y limitándose a la época del *DeTrErr*. La actitud del Cusano era, sobre todo, política, como colaborador de los sueños del Papa Piccolomini, Pío II. Respecto a posible experiencia española, pero cuando Servet era sólo un niño, cabría mencionar que el primer catedrático de filosofía nominalista en Salamanca, Juan de Oria, fue sometido a proceso inquisitorial en Zaragoza, en presencia del electo Adriano VI, por sus dudas sobre la Trinidad. Cfr. V. BELTRÁN DE HEREDIA, *Cartulario de la Univ. de Salamanca*, 1970, vol. II, p. 16, y *La ciencia tomista*, 89 (1962), 303-309.

[37] Consta sólo en el fragmento del *MsEd* reproducido en *Rest.* 4.

[38] *Rest.* 4, 51, 248.

[39] *Rest.* 496, 545, 572.

[40] Así interpretó el texto de *Rest.* 442-3 el Dr. F. VEGA DÍAZ, «Miguel Servet entre la condenación y la gloria», *Clavileño* 6 (1955) 13.

[41] *Rest.* 345, 347, 348, 364, 369, 379, etc. A esta luz queda vacía de sentido la pseudocientífica hipótesis lanzada por Marañón en su conferencia del homenaje de Tudela: Servet sería un carácter tímido determinado por su criptorquidia, para la cual, a su vez, no habría mayor base que una interpretación, probablemente arbitraria, de las frases oscuras de Servet en el proceso ginebrino sobre cierta inconcreta operación quirúrgica en sus genitales cuando niño. Cfr. *Bainton*, p. 197; G. MARAÑÓN, «Servet, psicología de una heterodoxia», en las *Conferencias de Tudela*, publ. 1958, y en *Efemérides y comentarios* (Madrid, 1955), pp. 189-222. Sobre su voluntario celibato, *Rest.* 430. Mucho más coherente la teoría, aunque hipotética, de F. VEGA DÍAZ, *Propuesta para una interpretación antropobiográfica de Miguel Servet* (Villanueva de Sijena: Inst. de Est. Sij. M. Servet, 1977). Cfr. *Treinta cartas a Calvino* (Madrid: Castalia, 1980), pp. 59-65.

[42] *Rest.* 462.

Vale la pena subrayar tres de ellos, bien significativos. En un breve tcxto Servet no puede reprimir un lamento por la situación «nicodemítica» en que tenía que vivir en Vienne, «simulando y disimulando», comportándose exteriormente como un católico fiel, por puro miedo [43]. Por historias de la vida eclesiástica de esa vieja ciudad, tan importante en la ocupación romana, conocemos bien no sólo la personalidad del obispo Palmier, sino también la de los principales personajes (vicarios, teólogos, frailes) que lo rodeaban, con quienes Servet tuvo que tratar y convivir. Humanista, mecenas, casi siempre ausente de su sede de la que se posesionó en 1528, murió en 1554, un año después que Servet, lamentándose no de haber alojado impunemente a un heresiarca, sino de que durante su episcopado se hubiera hecho calvinista la ciudad de Ginebra, cuyo obispo era sufragáneo suyo [44]. Las viejas historias hasta la de D'Artigny, ya a mediados del XVIII, se abstienen aun de mencionar el nefando nombre del hereje aragonés. Afortunadamente, los documentos transcritos por él y otros de reciente publicación no sólo salvaron para la posteridad todo lo referente al proceso de Vienne, sino también detalles de la vida ciudadana de Servet: su prestigio como médico, su colaboración en la reconstrucción de un puente local, su presidencia de la cofradía de San Lucas, su ocupación del cargo de concejal por breve tiempo, su naturalización como ciudadano francés y viennense, etc. [45]. Puede así verlo la libre imaginación, y no sin base, como al inmortal manchego, pasando «las noches de claro en claro y los días de turbio en turbio», acodado sobre su pupitre, acopiando y rumiando los miles de notas y citas que iba estructurando para edificar esta inmensa obra que es *Restitutio;* o conversando sobre temas teológicos con los sucesivos vicarios generales, con quienes convivía, Claude de Rochefort y Louis Arzellier, que sería uno de sus jueces, o con Jean Blanc, el prior del monasterio de Saint-Pierre, que poco antes de la evasión le devolvió el oportuno dinero de una vieja deuda, o con el dominico Molard, el carmelita Hochard, el franciscano Ferret, los mismos que iban a firmar después su inquisitorial condena [46]. Los doce años viennenses de Servet fueron sus días más felices, a la sombra del pseudónimo, la profesión médica y el palacio episcopal; pero no puede menos de pensarse en la desgarradora tortura interior de aquella alma sincera

[43] *Rest.* 563-4.

[44] DOUMERGUE, *op. cit.,* VI, pp. 221-2. Nada sobre Servet en Ch. LELIÈVRE, *Histoire de l'antiquité et saincteté de la cité de Vienne,* 1623; DROUET DE MAUPERTUY, *Hist. de la s. Église de Vienne,* 1708. Pero ya CHARVET, M. C., *Hist. de la s. É. de Vienne,* 1761, juzga muy severamente a Servet. Importantes detalles sobre la vida de Palmier, en CAVARD, *op. cit., passim.*

[45] Para todo, igualmente, CAVARD, p. 28 y ss., y el cit. art. de F. RUDE. Servet se hace ciudadano viennés el 19 de junio de 1549, habiendo comenzado a vivir en el palacio episcopal en la Navidad anterior solamente.

[46] Véase CAVARD, *op. cit.,* pp. 12 y 160.

forzada al «nicodemismo», ni en la incitante paradoja, rayana en cinismo, de preparar su *magnum opus* anticatólico bajo el techo de quien se titulaba Primado de todas las Galias [47].

Avala esta visión de su interna congoja el hecho de que en varios textos manifiesta Servet cierto presentimiento de su muerte como resultado de su misión: la presiente y no la teme. En la tercera de sus cartas a Abel Poupin, colega ginebrino de Calvino, se lo había dicho claramente ya a principios de 1546: «De seguro sé que moriré por ello», certeza y coraje que mostró días antes de morir al responder en una de sus notas a Calvino: «En causa tan justa me mantengo firme, y no temo la muerte» [48] (figs. 18, 19). Fruto de este convencimiento es la familiaridad con que la muerte es tratada en *Restitutio*, los consejos que a este respecto le formula Servet al lector, y aun la concepción apocalíptica que tiene de su propio nombre, Miguel, el arcángel de las batallas del Señor, con cuya advocación se deleita en varios textos [49].

Por fin, la corteza de la letra puede llevar al lector, como ha inducido ya a los servetistas, a menospreciar el alcance autobiográfico de determinadas expresiones de *Restitutio*, por omitir otros textos, que manifiestan auténtica experiencia mística. Hasta el máximo panegirista de Calvino y, en consecuencia, detractor de Servet, a la vista de los arrebatos sentimentales y verbales con que se refiere a Cristo y a otros varios temas espirituales, no puede menos de confesar: «Evidemment Servet était un pieux, un très pieux mystique» [50]. El aparente racionalismo servetiano no debe ser óbice para que se detecte esta profunda dimensión religiosa de su personalidad. La meta de todas sus doctrinas apunta a presentar la **deificación** del hombre como finalidad última de la regeneración cristiana, obtenida aquí y ahora por el desarrollo del *symbolum deitatis* innato a todo hombre. Pues bien, la frecuencia e intensidad con que él habla de su propia experiencia de esta deificación autoriza a sospechar que Servet alcanzó momentos de intensa conciencia de su

---

[47] En realidad, el arzobispado de Vienne, hoy obispado, no era oficialmente primado; pero, como ocurre en España con Tarragona respecto a Toledo, se lo disputaba tradicionalmente a Lyon, sede del brillante y político cardenal de Tournon entoces, por la «antigüedad y santidad» de Vienne desde los primeros tiempos cristianos.

[48] Las dos primeras cartas se han perdido. Véase en fig. 18 la reproducción fotográfica del texto de la tercera, conservada en los Archives d'Etat de Genève, Procès criminels (Ire série), n. 492, pièce 13, y su versión al castellano, por primera vez completa, como apéndice al final. La respuesta a Calvino, en *Calv. Op.*, VIII, 535, y *Kingdom*, 24, que reproduce el vol. B² de los A. d'E. de Genève, f.° 7: *In causa tam justa sum constans, et mortem nihil formido* (Fig. 19). Texto completo de la carta, luego, p. 113.

[49] *Rest.* 541, 545-7.

[50] E. DOUMERGUE, *op. cit.*, vol. VI, p. 241.

propia transformación interior y de su personal unión con Dios [51]. La asidua lectura de los textos servetianos nos confirma en la conclusión de que Miguel Servet es uno de los más grandes cristianos y de los más grandes místicos cristianos de todos los tiempos. Su heterodoxia, relativa como todas, y su aparente panteísmo, fruto de intencionadas interpretaciones, no impide la comprobación de este hecho esencial.

No se espere detallada referencia a la participación de Calvino en la identificación del auténtico Servet escondido bajo el seudónimo «de Villanueva», ni en el consiguiente proceso de Vienne; mucho menos, hecho igualmente evidente, en el proceso ginebrino, que culminó en la muerte de Servet a fuego lento de hoguera hacia mediodía del 27 de octubre de 1553. Todo ha sido narrado demasiadas veces, aunque no siempre con la objetividad deseada, en incontables libros y estudios [52]. Pero ¿fue aquél, aunque enmarcado en la jurisdicción civil de Ginebra, un juicio exclusivamente teológico o tuvo también sus matices políticos? Los defensores de Calvino han insistido, sin fundamento, en que Servet sería un conspirador en connivencia secreta con los enemigos de aquella Reforma teocrática, los llamados «libertinos»; aspiraban así a minimizar en lo posible las culpas del reformador: su dureza obedecería a un imperio patriótico de salvar la autonomía ginebrina. Nada, ni en el juicio mismo ni fuera de él, respalda esta interpretación. De hecho, cuando el fiscal, sin duda a instancias de ese intento de opinión, comenzó a acusar a Servet de desórdenes o apariencia de ellos, hubo de retirarse, y la sentencia final no encierra sino la aplicación del viejo decreto de Justiniano, puesto de nuevo en vigor en la Dieta de Spira, abril de 1529, según el cual son reos de muerte los adversarios de la Trinidad y del bautismo infantil: por esos dos «errores» fue condenado Servet [53]. No obstante, es bien sabido que la ironía del destino hizo que algunos de los más preclaros «libertinos», Berthelier a la cabeza, participaran en aquel juicio repugnante y votaran a favor de la condena. Lamentablemente, no podían extremar

---

[51] Por ejemplo, la frecuencia con que se expresa a base del verbo *experiri*, experimentar: *Rest.* 546-8-9, 557, etc., o la insistencia en la *vita abscondita* y en no importarle que le llamen loco: 542.

[52] El proceso de Servet se ha transformado en un *locus communis* histórico. La mejor exposición, en *Bainton:* págs. 157-170, del de Vienne, frustrado por su evasión en la madrugada del 7 de abril de 1553; del de Ginebra, páginas 189-212.

[53] En general, los calvinistas acérrimos, como Doumergue y Rilliet (*Rélation du procès criminal intenté à Genève, en 1553, contre Michel Servet*, Ginebra: 1844), mantienen que Servet fue condenado, sobre todo, por sedición. Para ello intentan probar que se encontraba en la ciudad un mes antes de su detención, en connivencia con los «libertinos» Berthelier, Perrin, Vandel, quienes luego, de hecho, intentaron defenderlo en el juicio. Bainton ha rebatido sagazmente sus razones: *op. cit.,* 175-188.

su defensa del acusado, para evitar que Calvino los acusara a ellos mismos de heterodoxia, lo cual hubiera precipitado su total aplastamiento, que Calvino obtuvo más adelante. Se presenta, pues, como probable la conclusión de que, si bien no de forma directa, hubo en la condena de Servet factores políticos indirectos que en su caso produjeron la mayor severidad con que fue tratado [54].

El proceso y muerte de Servet, calificados como una de las mayores vergüenzas de la Reforma, alcanzaron enorme interés, que continúa más vivo cada día. Como acaba de demostrar Plath, el libro anónimo en colaboración *Sobre si los herejes deben ser perseguidos*, que apareció en marzo de 1554, no es, ni podía ser, una respuesta a la *Defensio* de Calvino, que apenas llevaba un mes de publicación. Sebastián Castellion y sus amigos comenzaron a prepararlo antes de la muerte de Servet [55]. De ese importante libro arranca la discusión intelectual que llevó a la admisión de la libertad del pensamiento responsable como un derecho humano inalienable. Por eso, la figura de Servet forma parte del proceso que desembocó en el reconocimiento de este derecho por todos los países libres. Cundieron ya entonces las protestas, las condenas a Calvino y su Ginebra, las apologías [56]. No se tomaba partido por sus ideas, que casi siempre

---

[54] De hecho, ninguna de las iglesias suizas consultadas aconsejó la pena de muerte. La sentencia a hoguera parece haber sorprendido al mismo Calvino, quien aconsejó decapitación, cosa que Servet también solicitó. Ginebra se esforzó por dar ejemplo a las otras ciudades émulas. Para otro aspecto, el de las relaciones del impresor de *Restitutio* con Calvino y los «libertinos», es importante Enea BALMAS, «Tra Umanesimo e Riforma: Guillaume Gueroult, "terzo uomo" del proceso Serveto», en su *Montaigne a Padova e altri studi sulla letteratura francese del cinquecento* (Padova: Livione, 1962), páginas 109-223. Según él, Servet fue a Ginebra confiando en la ayuda del grupo libertino y de Guéroult, que también se había refugiado allí.

[55] Uwe PLATH, *Calvin und Basel in den Jahren 1552-1556* (Zürich: Theologischer Verlag ,1974), p. 68, citando testimonios de Beza, entre otros. Esa admirable obra muestra lo alerta que se mantenía en servicio de la libertad el llamado «círculo de Basilea», *Basel Kreis*. El lector puede siempre leer con gusto, y con cierto provecho, el divulgado *Castalión contra Calvino*, de Stefan ZWEIG (ed. castellana, Buenos Aires: Juventud, 1940).

[56] Aparte algunas versiones de la muerte de Servet adversas a Calvino, hay que mencionar la *Apologia pro Serveto*, de «Alphonsus Lyncurius Tarraconensis» *(Calv. Op.*, XV, 52-63, y trad. ingl. en el vol. en colab. *Italian Reformation Studies in honor of Laelius Socinus:* Florencia, 1965, pp. 202-214); la de G. POSTEL, *Apologia pro Serveto Villanovano, de anima mundi...*, 1555, en en MOSHEIM, *Anderweitiger...*, pp. 455-499; y otras menores o menos directas. Además, el poema, un tanto presuntuoso, de Camillo RENATO, *In Ioannem Calvinum de iniusto Michaelis Serveto incendio, Calv. Op.*, XV, 239-245, también ahora en las *Opera* de RENATO, ed. por A. ROTONDÒ (Florencia: 1968), pp. 119-131; y unos, bastante malos pero sugestivos, «Vers latins pour Servet contre Calvin et contre Genève», descubiertos y pub. por A. DUFOUR, *Histoire politique et psychologie historique* (Ginebra: 1966), págs. 97-115. Resultaría interesante la versión al castellano de estas apologías servetianas reunidas en un volumen.

quedaban desconocidas, sino por el derecho a exponerlas. Quizá mejor que nadie sintetizó Castellion esta actitud en aquella su frase lapidaria: «Matar a un hombre por sus ideas no es defender una doctrina; es matar a un hombre» [57].

A nosotros, por el contrario, nos importan sus ideas, ahora que, por fin, quedan al alcance del lector castellano. Veamos, ante todo, cómo han sido tratadas y qué juicio han merecido en estos últimos cuatro siglos.

2. NOTAS BIBLIOGRÁFICAS

Las dos principales ramas de la Reforma Magisterial del continente, omitiendo ahora la consideración del anglicanismo, manifestaron bien desde el principio su tajante oposición al servetismo, pero por ello mismo quedaron al descubierto de inmediato su parcialidad y el recorte que hacían en el sistema integral de Servet. Esta situación deficitaria ha venido manteniéndose hasta tiempos bien recientes.

Como el mismo título indica, el libro de Calvino antes citado era una *Defensio*, sí; pero más que nada, de sí mismo, acosado por tan multitudinaria voz que le acusaba. La defensa de la Trinidad, que le sirve de base, oscurece una presentación formal y total del pensamiento de Servet, la cual, por supuesto, puede encontrarse menos aún en las prepotentes acusaciones formuladas por escrito durante el proceso de Ginebra y en las nerviosas réplicas y contrarréplicas a las igualmente nerviosas respuestas de Servet [58]. Algo

---

[57] Sebastián CASTELLIO («Bellius»), et. al., *De haereticis, an sint persequendi*, ed. de BAINTON, *Concerning Heretics* (3.ª ed., New York: Octagon, 1965), es un conjunto de textos propios y de diversos autores, incluido Calvino, contra la pena de muerte a los herejes. La frase mencionada pertenece, sin embargo, a la obrita póstuma de CASTELLIO *Contra libellum Calvini*, en forma de diálogo entre «Calvinus» y «Vaticanus», y continúa: «Cuando los ginebrinos mataron a Servet, no defendieron una doctrina; mataron a un hombre. La defensa de la doctrina no es asunto del magistrado, sino del doctor. ¿Qué tiene que ver la espada con la doctrina?», ed. cit., p. 271. Castellio va respondiendo a cada punto de la *Defensio orthodoxae fidei de Sacra Trinitate, contra prodigiosos errores Michaelis Serveti* (Ginebra, febrero de 1554, de 124 páginas, reimpr. en *Calv. Op.*, VIII, 457-554). Calvino la publicó también en francés con pequeños retoques, *Déclaration pour mantenir la vraye foi... contre les errours détestables de Michel Servet Espaignol*. En las notas al texto de *Rest.* se cita siempre la *Defensio* por la ed. de *Calv. Op.*

[58] *Defensio* consta de un prólogo exculpatorio, la relación del triple intercambio epistolar entre Calvino y Servet de principios de 1546, el resumen del proceso y suplicio, que justifica reproduciendo las 38 proposiciones o principales «errores» extraídos de *Restitutio*, seguidos de respuestas de Servet a cada uno, acompañadas por textos muy concretos de Tertuliano, Ireneo y el Pseudo-Clemente. Siguen las contestaciones de Calvino a aquéllas y a és-

más ampliado quedó el horizonte años más tarde, con la publicación definitiva de esa gran obra de Calvino que es la *Institución de la religión cristiana,* de 1559. Servet aparece como uno de los principales adversarios de las doctrinas calvinistas. Y si bien Calvino se detiene a refutar su idea de la Trinidad y, uno por uno, los veinte argumentos de Servet según los cuales resultaría abominable el bautismo de niños, se presta también mayor atención a temas teóricos técnicos, al menos mayor que antes: el estricto significado de los términos «persona», «naturaleza», «filiación», «teofanía», «testamento»[59]. Hay otro tema importante en litigio. Además de limitar erróneamente el servetismo prácticamente a los solos dos capítulos por los que Servet fue condenado, Calvino fue culpable de haber establecido una conexión estrecha y una continuación unívoca entre las doctrinas antitrinitarias de Servet y las de los exiliados italianos de los que arranca, especialmente con los Sozzini, el moderno unitarianismo. Le faltaba la perspectiva, que sólo el tiempo concede, para advertir las profundas diferencias que de hecho había entre ambos sistemas. Una reciente polémica ha puesto en claro estos equívocos, que han perjudicado la correcta interpretación del auténtico servetismo durante siglos[60]. Es preciso, pues, rescatar la totalidad del servetismo en cuanto sistema original y autóctono, diferenciándolo de corrientes paralelas, y acaso, como

---

tos, los cuales aparecen con una última respuesta de Servet en los márgenes y en los espacios interlineares. Termina presentando varios documentos del proceso. Sólo la discusión teológica es reproducida por *Kingdom,* el cual, lamentablemente, comete el enorme error de creer que esas 38 citas están tomadas del *DeTrErr* (cfr. p. 24, n. 1).

[59] Calvino ataca a Servet en Lib. I, 13, 2-4, 10, 22; Lib. I, 15, 5; Lib. II, 10, 1-2, 5-6; 14, 4-8; Lib. IV, 16, 31 y 17, 29. De la *Institutio* calvinista hay una clásica versión de Cipriano DE VALERA (Londres: Ricardo del Campo, 1597) que, revisada y reeditada por D. Luis USOZ Y RÍO en 1858, ha sido reimpr. en 2 volúmenes por la Fund. Ed. de Lit. Reformada en 1968, Rijswijk (Holanda) y Buenos Aires: Ed. La Aurora. Esta misma casa argentina publicó otra versión de la *Institutio* de 1535, también en 2 vols., realizada por Jacinto TERÁN en 1936.

[60] Las diferencias han sido puestas de relieve por A. ROTONDÒ, «Calvino e gli antitrinitari italiani», en *Studi e Ricerche di Storia Ereticale Italiana del Cinquecento,* vol. I (Torino: Pubblicazioni dell'Istituto di Scienze Politiche dell'Univ. di Torino), 1974, 57-86; antes en inglés, *Calvin and the Italian Antitrinitarians* (St. Louis: Soc. for Reform. Research), 1968. Habiéndole respondido J. FRIEDMAN, «Servetus and Antitrinitarianism: a propos A. Rotondò», *Biblioth. d'Human. et Renaiss.,* 35 (1973), 543-545, defendiendo la dependencia de todos los antitrinitarios italianos exiliados respecto de Servet, le ha contestado con argumentos irrebatibles en «Sulla diffusione clandestina delle dottrine di Lelio Sozzini 1560-1568», en el mismo vol. de *Studi* cit., páginas 87-116. Es decir, el relativo antitrinitarismo servetiano es tipológicamente distinto del de ellos, y reconoce otra explicación de su desarrollo. Sigue siendo valioso, aunque algo envejecido, el magistral trabajo de Frederic C. CHURCH, *The Italian Reformers 1534-1564,* de 1932 (reimp. New York: Octagon, 1974).

8. El cobro de las décimas de Montearagón. De una tabla de finales del siglo XV procedente del monasterio de San Victorián, Huesca.

9. Firmas autógrafas de Juan de Quintana. De documentos del A. H. N. de Madrid, Inquisición, Leg. 4426, n. 27-60.

10. Erasmo (1469-1536). Detalle del grupo de reformadores del epitafio de Meimburg, por Lucas Cranach. Interhalle, Wittenberg.

11. Felipe Melanchton (1497-1560), de Lucas Cranach, Sr., en 1532. Dresden, Gemäldegalerie.

JOHANNES OECOLAMPADIUS

12. Johannes Hüssgen, «Ecolampadio» (1482-1531), de Wilhelm Speiser, *Bilder zua Basler Geschichte* (Basilea, 1940).

13. Martin Bucer (1491-1551). Retrato de Remi Borvin, 1544. British Museum.

ésa, relativamente dependientes de él, pero que requieren una tipificación distinta [61].

En la otra ala de la Reforma, el luteranismo, encontramos a quien, si prescindimos ya de la oposición que el primer Servet halló en las comunidades renanas de Basilea y Estrasburgo, como quedó dicho, dio a la luz la primera respuesta de la heterodoxia protestante contra Servet: Felipe Melanchton, el «praeceptor Germaniae», colaborador y sucesor de Lutero al frente del foco de Wittemberg. Aparte menciones de su nombre, ya desde las ediciones de sus *Loci theologici* de 1535 en adelante, dedicó a nuestro aragonés dos breves escritos: uno de 1539 y otro posterior, pero de fecha imprecisable. En aquél Servet es confundido con los antitrinitarios clásicos: Sabelio, Fotino, Pablo de Samosata, equiparando doctrinas que sólo en su corteza tienen semejanza; en el segundo se formulan argumentos paralelos contra Servet y los anabaptistas, según se indica desde el título mismo [62]. De esta forma, y en conclusión, tanto el calvinismo como el luteranismo tradicionales, si bien al menos han contribuido a que el nombre de Servet siguiera mencionándose continuamente en sus círculos, dado el prestigio de esos escritos, especialmente el de la *Institutio* de Calvino, por otra parte han perpetuado tergiversaciones del auténtico servetismo y favorecido cierta rutina secular falta de la debida crítica en el tratamiento y en el entendimiento del sistema integral de pensamiento que le sirve de base, y del cual esos dos mayores «errores» son tan sólo expresión y conclusión lógica.

Resulta interesante comprobar que los círculos luteranos aprobaron unánimemente la acción inquisitorial de Ginebra, y que no quedaron a la zaga del calvinismo en la refutación escrita de esos dos «errores» aislados de Servet [63]. Como Calvino, tanto Lutero como Melanchton basaban su doctrina de la intolerancia en la aplicación de textos de la Escritura, especialmente del Antiguo Testamento. En las disputas de escuela era común citar el caso

---

[61] Para este fin, excelente la obra, ya cit., de G. H. WILLIAMS, *The Radical Reformation*. Pero hay que tener en cuenta pormenores posteriores, y diversas críticas, entre ellas, la misma de ROTONDÒ, en *Studi*, «I movimenti ereticali nell'Europa del Cinquecento», pp. 5-56. También, de WILLLIAMS, «The two social strands in Italian Anabaptism, ca. 1526-ca. 1565», en el vol. colectivo *The social history of the Reformation*, ed. por L. P. BUCK y J. W. ZOPHY (Columbus: Ohio Univ. Press, 1972), pp. 156-207.

[62] Son el *De ecclesia et de auctoritate verbi Dei* y la *Refutatio erroris Serveti et Anabaptistarum*, ed. por R. STUPPERICH, *Melanchtons Werk in Auswahl* (Gütersloh: Bertelsman), vol. I, pp. 323-386, y vol. VI, pp. 365-377, en 1951 y 1955, respectivamente. Sobre Melanchton en relación con Servet, cfr. la introd. a nuestra ed. de la *Apologia* servetiana, junto con las *Treinta cartas a Calvino* (Madrid: Castalia, 1980), pp. 50-59.

[63] Un compacto resumen de todo el desarrollo de la polémica, en R. PAULUS, «Servets Hinrichtung im luterischen Urteil», *Historischpolitische Blätter für das Katolische Deutschland*, 136 (1905), 161-176.

3

Servet como ejemplar «deber de la piedad» [64]. Muy pronto, aparecen nada menos que cuatro «disputationes» de Alexander Alesius, íntimo de Melanchton, contra Servet, «el hereje de los herejes», *häretischen aller Häretiker* [65]. La unanimidad luterana se funde así con la calvinista tanto en la mala interpretación del servetismo reducido a sólo dos de sus expresiones, escandalosas y llamativas, pero marginales, como en su confusión con el antitrinitarismo primitivo y reciente y con el anabaptismo. Esta misma actitud se evidencia en el tratado de uno de los más conocidos teólogos luteranos de la segunda mitad del XVI, que pasó sus últimos años en Prusia, Johannes Wigand, en su *De Servetianismo seu de Antitrinitariis*, publicado en Könisberg en 1575, y en escritos posteriores [66].

El XVII no parece presentar otra innovación en la historia del servetismo que la publicación, por vez primera desde la de *Restitutio* en 1553, del pasaje hoy célebre en que se habla de la circulación pulmonar de la sangre, dado a la publicidad en 1694 en Londres por William Wotton en su *Reflections upon ancient and modern learning*. Un cirujano inglés, Charles Bernard, le había proporcionado oportuna copia de una transcripción manuscrita hecha a base del ejemplar de *Restitutio* que hoy se conserva en París [67]. Poco después, el filósofo W. G. Leibnitz en carta de 1706 publicada años más tarde, y mencionada en 1570 por nuestro Feijoo ya en España, gracias a su curiosidad característica, le otorga la calificación de verdadero descubridor de la circulación a Servet, contribuyendo con su autoridad a rescatar esta su inmortal gloria médica, al cabo de décadas de la *Exercitatio anatomica de motu cordis* de Harvey, que se había quedado con ella, y esclareciendo la a veces deliberadamente confusa polémica con historiadores no españoles, atentos a vincularla, sobre todo, al *De re anatomica* de Renaldo Colombo (Venecia, 1559). La primacía temporal de Servet en

[64] La frase es del mismo Melanchton, *ein Pflicht der Obrigkeit*, en una disputa académica de Wittemberg: *Corpus Reformat.* IX, 133 y 1003; X, 851; XII, 143, etc.

[65] *Contra horrendas Serveti blasphemias*, Leipzig, 1554. Están divididas en tesis, al viejo modo escolástico. La frase, en la tesis 28 de la disput. 1, que es la única que conoció TOLLIN, «Alex. Alesii Widerlegung von Servets *Restitutio Christianismi*», *Jarhbücher f. Prot. Theol.*, 3 (1877), 631-652. Constan las cuatro en un vol. de la Staatsbibliothek de Munich.

[66] En la p. 35 aprueba expresamente la quema de Servet. Y vuelve a la carga, obispo ya de la Pomerania, en 1580, en su *De persequutione impiorum*, publicado en Frankfurt, distinguiendo entre verdaderos y falsos mártires, negando carácter de martirio al holocausto de Servet: pp. 128, 179, 212. A los servetistas está dedicado también el vol. XI del *Catalogus Haereticorum* de Konrad Schlüsselburg (Frankfurt, 1599), aprobando la quema en pp. 12 y 121

[67] Resulta utilísimo el breve vol. del Dr. J. BARÓN, *Historia de la circulación de la sangre* (Madrid: Espasa-Calpe), 1973. Para una completa bibliografía sobre el tema, la nuestra en el *Bainton*, pp. 284-288. Otros detalles, de M. STANTON, *ibid.*, pp. 262-3.

occidente no puede ya ser discutida por ningún historiador que conozca realmente los hechos [68].

Aparece así el XVIII como el siglo del redescubrimiento de Servet. Hay que reconocer en este sentido los méritos del librito de Allwoerden en su tesis doctoral escrita bajo la dirección del gran historiador de la Iglesia primitiva, Lorenz Mosheim, el cual, por su parte, le siguió publicando, ya a mediados del siglo, dos importantes obras sobre Servet, que en su tiempo y en todo el XIX tuvieron gran influencia [69]. Entre una y otra había aparecido en Francia el libro del canónigo de Vienne, Antonio d'Artigny, antes mencionado, quien extractó y reprodujo documentos del proceso de Vienne que de otro modo se hubieran perdido en la destrucción de los archivos durante la Revolución francesa. Nada hay en él que interese a la historia del servetismo en cuanto sistema de pensamiento [70]. Por el contrario, Mosheim, quien se acercaba al servetismo desde su prisma peculiar, aparte transcribir muy importantes documentos, por los cuales hubo que recurrir siempre a él hasta más recientes reproducciones, aprueba la crítica realizada por su discípulo y se suma a ella, apoyándola con su autoridad indiscutible. Servet sería un fanático rayano en la locura que escribía sin orden ni concierto y no entendía los más elementales términos filosófi-

---

[68] Se dice en occidente, para no tomar partido en la cuestión sobre la remota posibilidad de que pudieran haber llegado a oídos de Servet noticias del descubrimiento, cronológicamente primero, de Ibn al-Nafis, contenido en sus notas al *Canon* de Avicena, recién publicado entonces por los Alpago. De hecho, el descubrimiento fue resultado independiente de los experimentos de disección realizados en París. VESALIO casi llega a él en su primera ed. de su obra maestra, escrita a sus 28, *De humani corporis fabrica*, 1543, Basilea, p. 589, negando la permeabilidad del *septum* interventricular; pero no dio el paso lógico, reservado a Servet. El *De motu cordis* de W. HARVEY es de 1628 (trad. de J. A. SIROLLI, Buenos Aires: Eudeba, 1970). FEIJOO, en *Cartas eruditas*, col. «Clásicos Castellanos», 1928, vol. IV, pp. 145-161.

[69] H. VAN ALLWOERDEN, *Historia Michaelis Serveti*, Helmstedt, 1727. En realidad, se le anticipó otra *Historia Serveti* de R. BOYSEN, Wittemberg, 1712, que no hemos podido consultar. Son más importantes las dos obras de L. MOSHEIM, *Anderweitiger Versuch einer wollständigen und unpartheyischen Ketzergeschichte*, Helmstedt, 1748, y *Neue Nachrichten von dem berühmten spanishen Arzte Michael Serveto, der zu Genève ist verbrant worden*, Helmstedt, 1750. La última reproduce la mayor parte de los documentos salvados por D'ARTIGNY. Cae al margen el impacto de voltaire, que más que exponer a Servet, ataca la intolerancia de Calvino. Ver. J. A. FERRER BENIMELI, *Servet, Voltaire y la tolerancia* (Villanueva de Sijena: Inst. de Est. Sij., 1980).

[70] A. G. D'ARTIGNY, «Mémoires pour servir à l'histoire de Michel Servet», en *Nouveaux mémoires d'histoire, de critique et de littérature*, vol. II, París, 1749. En realidad, como narra CAVARD, *op. cit.*, 7-10, el proceso había sido buscado en vano por el canónigo viennense, y fue descubierto por Charvet, quien lo transcribió en parte y se lo entregó para sus *Mémoires* a cambio de otros documentos que él introdujo en su *Histoire* de la iglesia de Vienne, antes citada. D'Artigny lo publicó con varios comentarios suyos que contienen no pocos detalles erróneos. Ello no obstante, si no hubiera sido por él, nada sabríamos del accidentado proceso de Servet en Vienne.

cos ni teológicos, resultando así una obra oscura y aburrida y un auténtico «modelo de desorden». De su propia objetividad cabrá juzgar a la vista de este juicio destemplado. Se pregunta en un momento: «¿Se le puede tener por un hombre grande y noble a quien así sabe humillarse, ser hipócrita, engañar, quebrantar su juramento por salvar la vida, y a quien lleno de orgullo se precipita ciegamente en la hoguera y no puede ver nada ni escuchar nada cuando ve su vanidad amenazada?» [71].

Hasta bien entrado el siglo XIX no puede decirse que se produjera un intento objetivo de presentar el servetismo en su totalidad y con una mentalidad desapasionada. Y aun así, se observa que, cuando predomina la idea del estudio de todo el sistema, suele agostarla el apasionamiento en uno u otro polo: en el rechazo integral o en el no menos anticientífico panegirismo desmesurado. Toda una serie de teólogos alemanes, encabezados por Trechsel, tuvieron al menos el buen gusto de contar con Servet al tratar los temas trinitarios en sus manuales didácticos [72]. Claro está que con la limitación que ya nos es conocida como típica de toda esta tradición. Estudiar a Servet especial y hasta exclusivamente como un antitrinitario que en pleno XVI actualiza el viejo modalismo samosatense traiciona la real amplitud de sus ideas. Como luego veremos, se centran éstas en la presentación de la deificación del cristiano como esencia misma del misterio cristiano de salvación. De otro modo, todos los riquísimos matices de un pensamiento vital de alturas místicas y de consecuencias virtualmente revolucionarias quedan preteridos irremisiblemente. Este veredicto puede aplicarse al tratamiento que de Servet da nada menos que Harnack, por situarlo en el reducido marco de una *Historia de los dogmas*, aunque sea de la importancia y altura de la suya, en la cual, por lo demás, no escatima para aquél prestigiosos elogios [73].

---

[71] *Neue Nachrichten...*, p. 77. Su caracterización de la obra servetiana como *ein Muster der Unordnung* en su *Anderweitiger...*, p. 316. Hay que preguntarse si frases como éstas denotan un trato «apartidista», *unpartheyischen*.

[72] F. TRECHSEL, *Die protestantischen antitrinitarier von Faustus Socin*, vol. I: *Michael Servet und seine Vorgänger* (Heidelberg, 1839), pp. 68-77. Le siguieron, entre otros, Ch. BAUR, *Die christliche Lehre von der Dreieinigkeit*, vol. III, p. 54 y ss.; Dorner, Heberle, Henke, Meier, Schenkel, etc. Pero fuera de su antitrinitarismo, ninguno lo trata de un modo sistemático.

[73] Suyas son estas palabras: «En él vemos nosotros la confluencia de lo mejor de cada cosa que llegó a madurez en el siglo XVI... Es una paradoja de la historia que España, el país menos afectado por las ideas de la nueva era, produjera este hombre único»: Parte II, lib. III, cap. I, 1 (ed. alem., 1890, vol. III, p. 660). Algo parecido había sido escrito por Ernst STÄHLIN en su *Calvin* (Elberfeld, 1863), vol. I, p. 428: «Servet es para mí más que un episodio en la vida de Calvino. Tan grande como Lutero, viene a ser para mí el representante de la nueva era, *der Repräsentant der Neuzeit*, en el período de la Reforma.» Más aún, HARNACK lo ha superpuesto a Lutero en este sentido: «Es, al menos, una opinión muy parcial y abstracta el celebrar a Lutero como el hombre de la nueva era, *der Mann der neuen Zeit*, héroe de un siglo

El primer estudio sistemático del pensamiento servetiano se debe al francés Saisset, ya a mitad del XIX, seguido poco después por una obra completa de su compatriota Chauvet, ambos con perspectiva calvinista [74]. Ambos analizan al detalle toda la producción teórica de Servet, especialmente *Restitutio*, y sus conclusiones no pueden ser más desoladoras. No habría un solo dogma de la ortodoxia cristiana que Servet entienda; no habría un solo «error» del doble milenio cristiano que Servet no haya reproducido. Y todo ello, como antes Mosheim, en una obra oscura, «sutil, pero como embarazosa por su profundidad», en un estilo «sin gloria y sin arte, y una latinidad incorrecta y casi bárbara». Servet es sabeliano, y arriano, y gnóstico, y panteísta, y pelagiano, etc. [75]. No de otra forma concluye Jean Geymonat en su *Michel Servet et ses idées religieuses:* «Su sistema es una amalgama de ideas incoherentes, una doctrina sin cohesión de ideas disparatadas» [76]. El recorte del sistema había sido superado; quedaban su rechazo total como integralmente herético, la acusación de inconsistencia y falta de método científico, y la desaprensiva desatención hacia las ideas filosóficas que lo sustentan y le prestan su colorido peculiar.

Un librito de Pünjer, a ojos vista breve tesis doctoral de universidad alemana de entonces, venía a subsanar uno de estos defectos. Tras una primera parte expositiva, ordenada con criterio temático, una segunda se arriesga a juicios valorativos del sistema servetiano, y la tercera estudia sus semejanzas y relaciones con las de otros doctores y herejes [77]. En directa oposición a Mosheim y otros predecesores, les acusa de partidismo y de ignorancia del meollo del sistema de Servet [78]. Hay que agradecerle que, por fin, subrayara contra ellos las principales características de una doctrina perfectamente coherente, claramente expuesta, cuyas conclusiones, insiste, surgen de premisas que fecundan y unifican su perfecta unidad. Ese meollo sería para Pünjer el reconocimiento de la filiación natural divina de Jesús, en el sentido estricto que luego se explicará, y la innovación o «transubstanciación» del hombre en sustancia divina. Ahora bien, los conceptos de origen neoplatónico que actúan en la base de este radical dualismo, si bien le sirven

---

que se alza o creador del espíritu moderno. Si se quieren encontrar hombres de esa talla, hay que ir a buscarlos en Erasmo y sus compañeros, o en hombres como Denck, Servet y Bruno. En el conjunto de su existencia Lutero fue una reaparición del viejo catolicismo medieval», *ibid.* cap. IV, 1, p. 665.

[74] E. E. SAISSET, «Michel Servet», en *Revue de deux mondes*, 31 (1848), dos arts.; A. CHAUVET, *Étude sur le système théologique de Servet*, Estrasburgo, 1867.

[75] SAISSET, loc. cit., p. 592 y 617; CHAUVET, *op. cit.*, pp. 33-36, 41, etc.

[76] Páginas 51 y 54. El libro es de 1892.

[77] Ch. B. PÜNJER, *De Michaelis Serveti doctrina...*, Jena, 1876, 110 pp.

[78] *Serveti doctrinae summam ac quasi medullam nullo modo cognoscentes*, p. 91.

para matizar su expresión, no le permiten, dice, realizar ni explicar su unificación, a la que, sin embargo, se orientan. No llega a acusar a Servet de panteísmo; se limita a observar que su doctrina es inaceptable, parcialmente contradictoria, ajena al auténtico concepto de religiosidad y a la causa cristiana, pues esa «consustancialidad» con Dios destruiría la dependencia del hombre respecto a él, y, en todo caso, meramente teórica: aun admitiendo, de muy buen acuerdo, que «resulta ocioso demostrar expresamente que Servet nada tiene en común con los anabaptistas», da a entender que «no propone culto alguno ni preceptos de acción». Erróneamente, como le es obvio al lector que repase las muchas páginas de *Restitutio* en que se trata lo que Servet llama «misterios» y «ministerios» cristianos, y de las múltiples reformas prácticas que propone [79].

Ningún servetólogo tan enterado y fecundo como el pastor Henry Tollin, quien produjo en total nada menos que setenta y cinco títulos de investigación servetiana, algunos de ellos muy extensos y documentados libros [80]. A esta tarea dedicó toda su vida, con un amor y aplicación ejemplares. Nadie ha estado tan convencido como él de que el servetismo es un auténtico sistema de pensamiento; muy condicionado por las negaciones que históricamente lo califican, pero superior e incluso independiente de ellas. Quizá la comprensible parcialidad de una dedicación tan exhaustiva le llevó a extremismos audaces que hicieron decir al ponderado Harnack aquello de que Tollin «había intentado reescribir la historia de la Reforma servetocéntricamente» [81]. Vistas sus obras a la distancia de un siglo, puede hallarse en ellas demasiada repetición, demasiada insistencia en lo obvio, abuso de afirmaciones sin base documental, construcciones e hipótesis arbitrarias. Todo lo cual llevó a Bainton a aconsejar que, aunque «nada de lo que Tollin escribió sobre Servet puede ser menospreciado, nada se le puede creer sin corroboración, excepto los documentos que reprodujo» [82].

---

[79] «Lo que no se sigue del concepto de religión y de los principios filosóficos, o ha sido retenido de las doctrinas de la Iglesia o adaptado a ellas. Por lo demás, nadie puede negar que las doctrinas de Servet están compuestas con gran perspicuidad y constancia de los elementos señalados», p. 89. La afirmación, «resulta ocioso...», en p. 98; pero sólo en cuanto al aspecto revolucionario del anabaptismo sería correcta: el mismo Calvino tuvo que reconocer la verdad de la respuesta 10.ª a preguntas del procurador de Ginebra: «Que lui n'avoit jamais été séditieux ni perturbateur» (*Calv. Op.*, VIII, 546).

[80] En nuestra bibliografía servetiana en *Bainton* constan nada menos que 75 títulos suyos, entre libros y artículos, dedicados a temas y problemas de Servet entre 1874 y 1894.

[81] *Op. cit.*, p. 660, en nota.

[82] R. H. BAINTON, «The present state of Servetus studies», *Journal of Modern History*, 4 (1932), 73.

Por lo que hace al sistema, ni siquiera en la más voluminosa de sus obras pasa de insistir en su opinión, extrínsecamente indemostrable, de la evolución y etapas de su formación, y de un comentario reiterativo de las doctrinas de Servet que quedaría invalidado, por inútil, caso de haber estado publicada ya entonces una traducción de *Restitutio;* no se toma la molestia sino de identificar unas cuantas, bien pocas, de las citas incontables de Servet, y jamás atenta un abordaje de los principios que lo estructuran [83].

La obra de Tollin, enormemente meritoria a pesar de sus enormes defectos, halló en un oportunista pastor holandés, Van der Linde, al crítico más inmisericorde. No pasa la suya de mera biografía que, a la par de reaccionar contra el hagiografismo de Tollin, apura sus errores con minucia, impulsado por un incontenible radicalismo crítico y no menos por un exacerbado odio a Calvino y a Servet mismo, cuyas inconsistencias magnifica y cuyas glorias minimiza [84]. Este libro tuvo, además, la culpa de iniciar con buena fortuna otro giro de la crítica servetiana: la de aquéllos que elogian a nuestro aragonés no sólo, según Fortwell, como «el Pablo de la Reforma» o, según el mismo, como «el león de Aragón» (olvidando o ignorando que en Aragón ha habido varios «leones»...), sino como «el protomártir del librepensamiento».

Fue ésta la moda del *fin de siècle*, pero también de los comienzos del xx. Especialmente en fechas cercanas a celebraciones centenarias (los cuatrocientos años de su nacimiento, en 1911; los trescientos cincuenta de su holocausto, en 1903) cunden folletos, conferencias, celebraciones, estatuas, en honor del Servet «librepensador», con casi total y desaprensiva ignorancia de los hechos más elementales de su vida, que son suplantados sin escrúpulos por fantasías irresponsables, en lugar de la más elemental investigación. Nada hay aprovechable y serio en docenas de estos títulos, que de muy poco sirven ya, sino es para documentar modas efímeras; brillantes, pero fugaces [85].

---

[83] Se alude al ya cit. *Das Lehrsystem...*, en tres vols. Ese procedimiento expositivo de TOLLIN en esta obra, de 1876-78, se debe a que sólo en 1892-96 apareció la traducción, y no completa ni anotada, de *Restitutio* a una lengua moderna, por el alemán, por el Dr. Bernhard SPIESS, *Wiederherstellung des Christentums*, Wiesbaden, también en tres vols.

[84] A. VAN DER LINDE, *Michael Servet, een brandoffer der gereformeerde inquisitie* (Gröningen, 1891), justamente vilipendiado por DOUMERGUE, *op. cit.*, VI, 222-223.

[85] Así, el *Michel Servet* de P. BESSON (Ginebra, 1903); el discurso de Ch. T. LOYSON, el «Père Hyacinthe», public. como separata de la *Revue Chrétienne*, el mismo año; folletos de E. CHOISY, de E. GAIDAN, de E. HERRIOT (éste, *La vie et la passion de Michel Servet*, colec. racionalista, París, 1907), de E. J. SAVIGNÉ (*Le savant Michel Servet, victime de tous les fanatismes*, Vienne, 1907), etc. No obstante, y a pesar de que muy poco ganó la investigación con tales publicaciones, las efemérides sirvieron para poner el nombre de Servet en los

Por fortuna, dejando al margen a otras docenas de curiosos servetistas que han continuado esa dirección en las últimas décadas, es por fin ahora cuando se puede hablar ya de un servetismo estrictamente científico, atenido a los hechos, exigente, a la vez que consciente de sus propias limitaciones. Un servetismo que supere lo que Bainton calificó como un falso arranque, un *mistaken point of view*. Hasta ahora, dice el prestigioso historiador de Yale, se ha tratado el sistema intelectual de Servet más o menos *in vacuo* como verdadero o falso, ortodoxo o heterodoxo, cuando «el verdadero interés no estriba tanto en su verdad o falsedad, pues que de seguro nos hemos liberado todos de las controversias tipo siglo XVI, sino en de dónde proceden sus ideas y en el trato que da a esos materiales tradicionales cuando entran en su sistema: sólo cuando sepamos esto, nos hallaremos en posición de abordar la cuestión de su valoración»[86].

Se antojan oportunas estas palabras para mencionar las aportaciones del servetismo español. Después de la persecución de Servet por la Inquisición española *in absentia* y de las consiguientes prohibiciones del Indice, ni su nombre aparece mencionado en todo el XVI y XVII. Aislado monumento expiatorio, el altar erigido en la iglesia de su pueblo natal por su familia en honor de la Trinidad, destruido en 1936. De los no muchos exiliados religiosos de nuestra tímida Reforma, tan sólo del buen humanista Casiodoro de Reyna consta que le tuviera un gran afecto: un testigo en causa que en Inglaterra se le siguió, afirma que «lágrimas venían a sus ojos» cuando en Ginebra pasaba por el lugar del holocausto en Champel. Se sabe que usó para su célebre «Biblia del Oso» la editada por Pagnini; acaso, como indica Kinder, un ejemplar de la edición de Servet. Ni el bautismo de niños ni la doctrina de la Trinidad se hallan en la Escritura, dice, como Servet, en su *Confessio Hispanica* de 1559; su misma teoría eucarística acusaría influjo servetiano. Aunque es cierto que en su comentario *In evangelium Ioannis* ataca expresamente las teorías antitrinitarias de Servet, no las llama impías, como era de rigor. Lo cierto es que la sospecha

---

círculos de la actualidad, y para erigirle estatuas en lugares públicos, algunas muy bellas.

[86] «The present state...», p. 78. Habiendo mencionado aspectos del servetismo alemán, suizo y francés, debemos dejar constancia de que también el de la lengua inglesa produjo ya muy relevantes frutos, culminados en BAINTON; pero no hay que olvidar nombres como los de Alex. GORDON, con varios arts. y un libro, *The personality of Michael Servetus* (Manchester, 1910); C. T. ODHNER, *Michael Servetus, his life and teaching* (Philadelphia, 1910); W. OSLER, *Michael Servetus* (Oxford, 1909); L. L. MACKALL, especialmente con sus «Servetus notes», *Contributions... dedicat. to Sir W. Osler...* (New York, 1919), vol. II, 767-777; y más reciente, el ya cit. de FULTON. La biografía más popularizada fue, sin embargo, la de R. WILLIS, *Servetus and Calvin* (Londres, 1877).

del servetismo de Reyna perduró largo tiempo en círculos calvinistas de Europa [87].

Toda una investigación sería menester para comprobar la ausencia del nombre Servet de plumas españolas desde Feijoo hasta la *Biblioteca nueva* del aragonés Latassa, ya a fines del XVIII. Aun no conteniendo sino una brevísima relación biográfica y bibliográfica, con ciertas inconsistencias hoy bien superadas por la crítica, era un primer paso. Lamentablemente, su autor no debió de leer *Restitutio*, ni acaso pudo; de lo contrario, no se comprende que hubiera escrito estas líneas que han hecho escuela: «Lo único singular y memorable que contiene es un pasaje muy terminante que convence haber tenido Serveto una idea bastante clara de la circulación de la sangre». Todo lo demás sería deleznable [88].

En la pluma inmortal de Menéndez Pelayo produce el servetismo español, como por milagro, un fruto ya maduro, en el cap. VI del libro IV de sus *Heterodoxos* [89]. No perdonó esfuerzo don Marcelino para obtener información y crítica de primera mano; asombra, como siempre, su exacta erudición, su estilo claro, su frase contundente. Varios puntos de su resumen biográfico han sido superados; el análisis de la doctrina se lee aún hoy con gusto, sin embargo. No supo el gran polígrafo mantener su ecuanimidad valorativa, tan elogiable en escritos literarios insuperables, al enfrentarse ahora con el mayor de los heresiarcas españoles. Sin paliativo alguno en su desprecio por la persona, tampoco usa circunloquios al calificar la doctrina: un «trabalengua», una «ruda mole de pedanterías rabínicas a medio digerir, sofismas de escolar levantisco, atrevimientos filosóficos en medio del desprecio que a cada paso manifiesta por la filosofía», «puro delirio», «inmenso *cosmos* teológico», «estrafalaria teoría», «mezcla confusa e incoherente de ideas materialistas y platónicas», «enorme *congerie*, especie de orgía teológica, torbellino cristocéntrico, verdadero laberinto»... La clave del sistema de Servet es, según don Marcelino, el panteísmo, error en el que caen, dice, «todos los herejes españoles cuando discurren con lógica». Y así, «en la hoguera de Servet termina el panteísmo antiguo; en la hoguera de Giordano Bruno comienza el panteísmo moderno» [90]. Apena no hallar en estas páginas inteligentísimas ni un asomo de buena voluntad, de benévola comprensión, de análisis de las fuentes, de penetración en la terminología ser-

---

[87] A. GORDON KINDER, *Casiodoro de Reina, Spanish Reformer of the Sixteenth Century* (Londres: Tamesis), 1975, p. 27, y apéndice III, págs. 99-104.

[88] F. DE LATASSA, *Biblioteca nueva de los escritores aragoneses que florecieron desde el año 1500 hasta el de 1599* (Pamplona, 1798), vol. I, pp. 767-777.

[89] En realidad, hay un fruto anterior en P. AMALLÓ Y MANGUET, *Historia crítica de Miguel Servet* (Madrid, 1888), de muy poco valor. Citamos los *Heterodoxos* por la ed. de la BAC (Madrid, 2.ª ed., 1965), vol. I.

[90] Páginas 881, 882, 898, 902, 906, 923, 925.

vetiana. Son un buen ejemplo de los extremos a que puede llevar la animosidad de un genio incontrolado, empeñado en el prejuicio de identificar la nacionalidad española con un catolicismo cerril y ensoberbecido. Un siglo no ha pasado en vano. Muy poco resulta ya aprovechable de estas páginas sobre «el absurdo pancristianismo de Servet», a quien en un pasaje se le caracteriza, absurdamente, como «caballero andante de la teología» [91]. Y no obstante, tal acaba por ser el destino de los genios, todo servetista debe recurrir a este tratado, a pesar de sus defectos indudables [92].

Ya antes se rindió homenaje al incontable número de médicos españoles que han estudiado la vida de Servet desde su ángulo, acentuando su gloria del descubrimiento de la circulación menor. Otros investigadores nos han dado interesantes pormenores de detalles familiares, o han editado algunas de sus obras de menor alcance intelectual [93]. Pero no hemos producido en España ningún estudio internacionalmente aceptable del sistema servetiano de pensamiento, quizá porque durante siglos, e incluso en las últimas décadas, no resultaba fácil remontar el ambiente de censura colectiva y de ostracismo contra el tachado de antiespañol simplemente por «heterodoxo».

Hubo una época, sin embargo, en que la moda del Servet librepensador, importada de Francia, produjo ciertos frutos entre nosotros [94]. Cabe destacar como más significativo el libro de Pompeyo Gener, médico y escritor valenciano, quien realizó un esfuerzo encomiable, aunque desenfocado. No responde a la realidad el oponer un Servet renacentista frente a un Calvino reformador, como si Servet no fuera reformador o Calvino no fuera un magnífico humanista [95]. No puede decirse que Servet era «un librepensador

---

[91] Páginas 903, 887.

[92] MENÉNDEZ PELAYO depende de SAISSET mucho más de lo que él mismo confiesa. En todo caso, ese *Miguel Servet* de nuestro gran polígrafo es buena muestra de cómo no se debe hacer hoy, ni entonces, la crítica de las ideas.

[93] Así, los trabajos de J. GOYANES, *Miguel Serveto...* (Madrid, 1933) y E. BULLÓN, cit. antes; la actualidad del *Syruporum* gracias a la trad. del primero y el trabajo de CASTRO Y CALVO, con el estudio del Dr. MARISCAL sobre la «Participación que tuvieron los médicos españoles en el descubrimiento de la circulación de la sangre», etc.

[94] Visto el asunto con ojos críticos, resulta por demás extraño que haya venido a ser estimado así un hombre tan profundamente cristiano como Servet. Por otra parte, se comete una enorme confusión igualando la libertad de pensamiento defendida por CASTELLION y el «círculo de Basilea» a propósito de Servet, y el «librepensamiento» dieciochesco.

[95] P. GENER, *Servet. Reforma contra Renacimiento, Calvinismo contra Humanismo. Médico, geógrafo, astrónomo, filósofo. Estudios histórico-críticos sobre el descubridor de la circulación de la sangre y su tiempo* (Madrid y Buenos Aires: Maucci), 1911. Poco antes nos había dado una *Pasión y muerte de Miguel Servet: novela histórica o historia novelesca con apéndices documentarios* (París, 1909), que huele a la casi homónima de HERRIOT y es todo

genial que veía en el cristianismo la divinización del hombre, del ser bueno, del tipo superhumano», a no ser que se le superponga una ideología fáustica inapropiada. En efecto. Se le llama «un filósofo de una gran visión, clara, superhumana. Para él el amor al hombre es lo principal», en un sistema filosófico que «es el de su tiempo: el panteísmo naturalista», doctrina que califica también como «el panteísmo místico cristiano», que Servet habría asimilado en sus contactos con los franciscanos de Padua y Mantua» [96]... Lamentablemente, este tono superficial e irresponsable hizo impacto en su tiempo, y muchas de las afirmaciones de Gener son aún transcritas por servetistas indocumentados que no las someten a crítica independiente.

Por fin, la elaborada y completa biografía debida a la pluma de un renombrado investigador, el Dr. Barón. Completísima en muchos puntos, sobre todo en el del Servet médico, resulta pobre en la exposición de su sistema intelectual, en cuyo estudio se reconoce incompetente, limitándose a afirmar que está caracterizado por un «misticismo hacia Jesús», la influencia del neoplatonismo, el panteísmo y el anabaptismo, tomando estos conceptos de Bainton sin personal investigación ulterior [97].

Así las cosas, y volviendo ya al hilo del discurso anterior, ciñéndonos estrictamente a la consideración del servetismo internacional técnico, podría decirse que subsisten cuatro corrientes principales o cuatro dimensiones de la investigación e interpretación del sistema servetiano. Pasemos a examinarlas separadamente.

---

un primor. Lo peor es que este tipo de «historia» haya producido un epígono reciente en las *Flores rojas para Miguel Servet*, de Alfonso Sastre (Madrid, 1967).

[96] Páginas 49-54 y 162-164. Aparte este infantil desenfoque de doctrina, GENER inventa hechos y fuentes, como cuando dice: que Antón Servet, el padre, era «de un pueblo no lejano de la hoy provincia de Tarragona, llamado Garsía; por eso, el «Tarraconensis» del ignoto «Alphonsos Lyncurius», p. 22; o que «a los 14 años ya sabía latín, griego y hebreo...», p. 44; o que «en Tolosa (Toulouse), donde la libertad era amplia (?), le llegó la Biblia traducida por el sabio judío (?) español Cipriano de Valera», p. 45, error que siguen reproduciendo no pocos servetistas aficionados; en fin, por no amontonar errores varios de cada página, y eso que afirma escribir «después de un meditado estudio de su obra maestra», p. 160, esta terrible necedad: «... cartas de Servet... recogidas por Paul BURGUENSIS en un estudio titulado *Recherches scripturaires*, en *Tokler's Beweis des Glaubens*», p. 129. ¿No fue Horacio quien escribió lo de *risumne teneatis, amici*?

[97] *Op. cit.*, págs. 162-164. Para no mencionar folletos sin trascendencia, como el de A. MARTÍNEZ o los de J. M. PALACIOS, permítasenos aducir el bello *Miquel Servet* de Jaume AIGUADER (México: Collecciò Catalònia, 1945), un ensayo brillante, póstumo, del alcalde republicano de Barcelona, también médico, que depende no poco de GENER, sin embargo. De *Restitutio*, que evidentemente no leyó, hay sólo unas paginitas, 231-235, que son un modelo de afectiva incomprensión.

1. Para algunos, lo más característico y, en todo caso, el aspecto más señalado e ·históricamente decisivo de Servet sería su elucubración antitrinitaria o, si se quiere expresarlo en términos más concretos, toda su demoledora crítica de la posición cristiana dogmatizada en Nicea. Se insiste así en la línea de Calvino, sólo que valorada ahora como una aportación a los orígenes del moderno unitarianismo. Puede ponerse la obra de Wilbur como ejemplo de esta interpretación [98].

Lo mejor de Servet se pierde al seleccionar de este modo tan sólo sus dos primeros escritos, que son los únicos que influyeron en el despertar del unitarianismo. No tenía Servet especial simpatía por las ideas unitarias propagadas ya durante su vida; ni hubiera reconocido las propias en un Cristo totalmente humano que hubiera sido asumido por la divinidad en el antiguo sentido adopcionista. El relativo antitrinitarismo de Servet, relativo, pues que no niega la Trinidad, sino que la reinterpreta dentro de lo que él cree ser la tradición auténtica, se demuestra en *Restitutio* como marginal en relación con las doctrinas centrales que caracterizan su pensamiento maduro. Una prueba de lo incompleto de esa presentación estriba en que los unitarianos ni en el siglo XVI y posteriores ni hoy mismo aceptan las soluciones espiritualistas de Servet a toda una gama de temas y problemas cristianos, ni, por supuesto, comparten su inspiración neoplatónica ni su lectura semirabínica de muchos textos de la Escritura. En conclusión, aunque no puede dudarse del relieve de la figura de Servet en la inspiración de los movimientos unitarios del XVI, sería una incomprensión de su sistema total el reducirlo a ese factor de negatividad tangencial.

2. Se hacía sentir esta necesidad de situar al «hereje» aragonés en el amplio y enmarañado contexto de toda la Reforma. A ello iban tendiendo las investigaciones servetianas de Bainton desde hacía años, las cuales culminaron en su bello libro en fechas del cuarto centenario del holocausto ginebrino [99]. Debido al máximo historiador de algunas personalidades señeras del XVI, venía así a poner claridad y rigor en múltiples detalles históricos de la vida y el proceso de Servet. Pero no está concebido ni realizado como una exposición total del sistema servetiano, del que se apuntan algunas fuentes y perspicaces matices, pero no se intenta presentar un estudio completo, ideológico y polémico. En definitiva, la biografía prevalece en él sobre el ahondamiento teórico; la histo-

---

[98] Earl M. WILBUR, *A history of Unitarianism, Socinianism and its antecedents* (Cambridge: Harvard Univ. Pres), 1946.

[99] El *Hunted heretic. The life and death of Michael Servetus* (Boston, 1953), del que es trad. castellana nuestro *Bainton*, fue precedido por una serie de trabajos preparatorios, que de una u otra forma son citados antes o lo serán después.

riografía, sobre la investigación de fuentes concretas, que no obstante habían sido solicitadas por el autor, y sobre la definitiva valoración. No ha sido Bainton el único en dar la impresión de no parecer tomar totalmente en serio al que acaso fuera el más señalado representante solitario del «ala izquierda de la Reforma» [100].

En este sentido, aun no tratándose de un estudio exclusivo ni primordial de Servet, ningún servetista deberá ignorar los planteamientos y las perspectivas de una obra tan compleja como la imprescindible del Prof. Williams sobre la Reforma radical [101]. La finalidad de esta obra no es analizar al detalle ni ofrecer acabadas síntesis de las doctrinas e ideas de las docenas de radicales que por ella desfilan, sino presentar una clasificación lo más acertada posible de sus matices respectivos, tanto entre sí mismos como en relación con los tres sectores básicos de la Reforma Magisterial, a saber, la luterana, la calvinista y la anglicana. Los variopintos reformadores independientes son reducidos inteligentemente a tres orientaciones básicas: la anabaptista, la espiritualista y la racionalista, más decididamente antitrinitaria. Subdivisiones oportunas dan cabida a matices diferenciadores complementarios. Quizá se haya señalado con razón que este método casi entomológico suprime de raíz, por encasillarlos en esquemas necesariamente abstractos, los caminos vitales concretos y las peculiaridades de tantas de esas *drammatis personae* que por su rica personalidad parecen irreductibles [102]. En cuanto a Servet, el mismo Williams concluye confesando que «es difícil de clasificar» [103]. De hecho, ya antes se aludió a sus tendencias anabaptistas, pero la lectura de *Restitutio* va a poner de relieve que no comparte con ellos la actitud revolucionaria; y su espiritualismo, si tiene concomitancias con el de Schwenckfeld, por ejemplo, supo asumir ciertos elementos, pero subsumiéndolos en una totalidad de sistema intelectual independiente. En cuanto a su antitrinitarismo, quedó ya confirmada la conclusión de que no refleja sino un aspecto negativo de su pensamiento. Esta misma incapacidad de someter Servet a ninguna

---

[100] *Left wing of the Reformation*, fue un término acuñado primero por J. Th. McNeill, «Left-wing religious movements», en el vol. en colab. *A short history of Christianity*, ed. por A. G. Backer (Chicago, 1940), y luego acogido por R. H. Bainton, en *Journal of Religion*, 21 (1941), 124-134, aportando una clasificación. Ha sido superado en uso por el de «ala radical de la Reforma», propuesto primero por R. Friedman de una manera casi oficial en la *Mennonite Sncyclopedia* (Scottdale, Penna., 1959), vol. IV, p. 242, aunque había sido empleado por George H. Williams en su introd. a la antología de *Spiritual and anabaptist writers. Documents illustrative of the Radical Reformation* (Philad., The Library of Christian Classics, XXV), 1957, págs. 28-35, y, por supuesto, en su gran obra fundamental, ya citada.

[101] *The Radical Reformation* (Philad., The Westminster Press), 3.ª ed., 1975.

[102] Así, A. Rotondò, en su recensión cit., *Studi*, p. 41.

[103] *Hard to classify: op. cit.*, p. 854.

orientación tipificada acentúa la necesidad de acercarse a él con miras limpias de prejuicios. Servet es un mundo aparte, y, como los ángeles en el sistema tomista, forma especie por sí mismo.

3. En la tarea de identificar las fuentes de Servet como paso previo al de la comprensión de su pensamiento total, conforme al citado consejo de Bainton, se adelantaron los investigadores de sus fuentes judías. En este sentido han sobresalido los profesores Guttman, Newman y Friedman [104]. Algunos de los hallazgos del segundo serán aprovechados en nuestras propias notas al texto de *Restitutio*. Este uso que de fuentes rabínicas y de comentaristas judíos hizo Servet es un hecho evidente. Veremos su explicación. Pero no parece correcto entenderlo como expresión de la intención de Servet de llegar a constituir algo así como una «cristiandad judía», término híbrido que resulta tan imposible como el de «panteísmo cristiano» con que Saisset y Menéndez Pelayo, y otros, quisieron calificar su sistema. En este sentido, las teorías de Friedman, quien además pretende ver en Servet, como antaño, un gnóstico, y un maniqueo, y un pelagiano, y un adopcionista, y qué más no, nos parecen particularmente curiosas, pero infieles a la letra y al espíritu de quien las formuló. Vamos a ver que el uso de fuentes judías es en Servet meramente metodológico, al servicio de una doctrina propia previamente intuida, para la cual busca corroboración instrumental doquier puede hallarla. Friedman confunde lo *hebreo* y lo *judío*, los valores lingüísticos y los religiosos. Servet busca con esmero los primeros, consciente de que nadie sabe mejor la «lengua santa» que los intérpretes bíblicos hebreos; en cuanto a la religión misma, Servet fue, como Erasmo, un cabal antijudío. No puede hallarse comprensión del sistema de Servet sobre esta base, parcial e injustificada.

---

[104] J. GUTTMANN, «Michael Servet in seinem Beziehungen zum Judentum», *Monatschift für Geschichte und Weiss. des Judentums*, 51 (1907), 77-94; L. I. NEWMAN, «Michael Servetus, the antitrinitarian Judaizer», en su *Jewish Influence on Christian Reform Movements* (New York: Columbia Univ. Press), 1925, pp. 511-609; J. FRIEDMAN, varios arts., entre ellos, «Michael Servetus: the Case for a Jewish Christianity», en *Sixteenth Century Journal*, 4 (1973), 87-110; «Michael Servetus: Exegete of Divine History», *Church History* 43 (1974), 460-469; «Archangel Michael vs. the Antichrist: The Servetian Drama of the Apocalypse», *Renaissance and Reformation* 11 (1975), 45-51, y otros, todos ellos adelanto de caps. de un libro en vías de publicación al redactar éste, publicado demasiado tarde para poder ser utilizado aquí, aunque no para comprobar que su entusiasta autor mantiene las mismas interpretaciones: *Michael Servetus. A case study in total heresy* (Ginebra: Droz, 1978). Tampoco hemos podido valernos del de Francisco SÁNCHEZ-BLANCO, *Michael Servets Kritik an der Trinitätslehre: Philosophische Implikationen und historische Auswirkungen* (Frankfurt: P. Lang, 1977), muy objetivo, aunque, como reza el título, no intenta tratar de *todo* el sistema servetiano.

4. Por fin, hay que reconocer un importante hito del servetismo en el reciente, brillante y bello libro de Manzoni sobre el real alcance de otra serie de fuentes del sistema servetiano: el de las humanistas, concretamente del Humanismo italiano [105]. Se había transformado en lugar común la presencia del pensamiento renacentista en la nueva orientación de *Restitutio* respecto a los escritos precedentes, pero ni el mismo Bainton había pasado de sugerencias, sin llegar a un estudio exhaustivo. Manzoni probablemente ha pasado el punto medio de la justa mesura; primero, porque no duda en calificar sin ambages la doctrina servetiana de «panteísmo dinamico, risultato di un sincretismo filosofico tra platonismo ficiniano e l'energetismo materialistico di Tertulliano», con lo que nos las habemos ante otra de esas expresiones híbridas y no propiamente significativas censuradas antes; segundo, porque, como en esa misma fórmula se advierte, queda sugerida la dependencia de Servet respecto a la variante típicamente italiana del platonismo renacentista. Ambas conclusiones, que son las esenciales del libro, sin suficiente demostración. Veremos luego que Servet es un autor escrupuloso: se complace en citar siempre honesta y modestamente sus fuentes directas. Lo hace con paganos, con judíos, con herejes. Ahora bien, ni una sola vez aparece en *Restitutio* el nombre de Ficino, o el de Pico; sólo una vez el de Valla, y puede sospecharse, como en nota se menciona, que en cita tomada de Calvino o de Melanchton. Italianizar las fuentes herméticas o suponer que el mismo Pagnini, en quien Servet se inspira, dependía estrictamente de los criterios filológicos de Valla, equivale a dar pasos documentalmente injustificados. En definitiva, este bello libro de Manzoni marca una pauta y un logro, pero acaso extrapola conclusiones no garantizadas ni apoyadas en los hechos [106].

Para concluir, el lector de *Restitutio* necesita no perder el hilo de un sistema coherente que incluso algunos de los máximos servetistas no han logrado descubrir bajo tanto detalle y disquisición minuciosa. Se impondrá explicitar los principios básicos implícitos en este sistema, a fin de ayudarle a apuntalar su andamiaje. En segundo lugar, se hace imprescindible una revisión conjunta de las fuentes del sistema, a fin de percatarnos de la originalidad de Ser-

---

[105] Claudio MANZONI, *Umanesino ed Eresía: M. Serveto* (Nápoles: Guida), 1974.

[106] En tal sentido, los términos excesivamente genéricos usados tanto en la introd. como en el cap. final, «La filosofía di Serveto: sincretismo, antropocentrismo ed esperienza religiosa del Rinascimento», dicen muy poco, por decir demasiado. Es éste un libro bellísimo, debido a un joven profesor de capacidad y erudición desbordantes, pero la individualidad de Servet parece escapársele de entre las manos: excesivo empeño en reducirlo a corrientes paralelas, a movimientos genéricos, sin demostrar realmente el «italianismo» de Servet.

vet en su manejo y de que con sus citas, a primera vista un tanto incoherentes, tan sólo está sirviendo sus propias intuiciones germinales, cuyo desarrollo persigue sin descanso. Claro está que el lector podrá percibir por su cuenta que los «errores» que determinaron la muerte de Servet ocupan en este sistema un lugar dialécticamente sensacionalista, pero técnicamente secundario. Por fin, siendo sabido que Servet es un pensador original e independiente y un alma *naturaliter christiana*, debe darse razón de nuestro rechazo de términos genéricos para clasificarle. Ni panteísmo, ni gnosticismo, ni antitrinitarismo, u otros, sirven para cualificar cabalmente su originalidad creadora y su intuición cristiana radical; por lo demás, ya quedó indicado también que Servet trasciende el marco del anabaptismo, el espiritualismo y el racionalismo radicales de su propia generación.

Mas antes de abocar a estos temas, detengamos la atención en una referencia, si bien somera, a la materialidad de la obra que nos ocupa.

3. EL TEXTO. EL ESTILO

La imprenta lyonesa de Baltasar Arnoullet había sido autorizada por los cónsules de Vienne el 27 de diciembre de 1551 a abrir una sucursal, que dirigiría su cuñado, Guillermo Guéroult. Era éste un poeta vinculado al grupo de «La Pléiade», traductor de salmos en verso, autor de unas *Chansons spirituelles*, de un comentario a sentencias de Cicerón, de una colección de «emblemas» muy bien ilustrados siguiendo la moda iniciada por Alciati con el *Emblematum libellus* de 1534, que en España daría el mejor fruto en el conocido libro de Saavedra Fajardo, un siglo más tarde. Guéroult estaba bien relacionado con Ginebra; no tanto con Calvino, aunque en realidad era hugonote en secreto, cuanto con dos de los más conspicuos «libertinos»: Amy Perrin y Pierre Vandel. Ellos habían interpuesto su influencia cuando, residiendo en la ciudad del Lehman, se le había procesado por ciertas irregularidades en sus costumbres. Condenado a destierro y refugiado en Lyon y en Vienne, a él se le acerca Servet con la sugerencia de publicar clandestinamente su *Christianismi Restitutio*. Su aceptación equivalía a una venganza contra Calvino. Mayores objeciones debió de poner Arnoullet, quien sólo se avino a la instalación de dos prensas clandestinas, y en un lugar apartado de la pequeña ciudad, cuando se le dieron seguridades de secreto total y de que todos los gastos y corrección de pruebas correrían a cargo del autor. Servet testificó luego en Ginebra que Arnoullet no sabía latín; al parecer, los tres jóvenes impresores, cuyo nombre también nos ha conservado la historia, tampoco. Da la impresión de que fue engañado por Servet y Guéroult sobre el real contenido del libro y de que se le sugirió que había motivos para publicarlo con cautela y anonimato y sin pie de imprenta [107].

Nos es conocido un importante detalle que afecta a los preparativos de la edición. Entre los papeles que se le confiscaron a Servet en Vienne con ocasión del proceso local y de su evasión de la cárcel en la madrugada del 7 de abril del 53, se halló una breve respuesta de Martin Borrhaus, mejor conocido con el nombre humanista de «Cellarius», desde Basilea, en cuya Universidad enseñaba a la sazón. Servet lo había conocido más de veinte años antes en Estrasburgo, cuando Martin coqueteaba con anabaptistas en la clandestinidad; la firma de esa carta, *Martinus tuus*, demuestra que habían mantenido íntima amistad y que no era la única que se habían cruzado en estos años, aunque de ello no nos haya quedado constancia documental. En Basilea, donde había ocupado por breve tiempo el rectorado, estaba en contacto con el «círculo» de amigos de Servet —de su actitud independiente, si no de sus ideas— que a su muerte publicaron el *De haereticis*. Servet le había escrito insinuando mediara para publicarle el libro en alguna de las prestigiosas editoriales de allá. Borrhaus fecha el 9 de abril del 52 su breve respuesta, discreta y confidencial:

«A Miguel Servet, médico, su amigo en el Señor. Gracia y paz de Dios. Miguel muy querido: Recibí tu libro con la carta. Pienso que bastante debe constarte la razón por la que no es posible editarlo en Basilea. Por eso, te lo remitiré oportunamente por un mensajero seguro que envíes. Deseo que no desconfíes de mi buena voluntad hacia tí; hablaremos de lo demás en otra ocasión con mayor calma y cuidado. Adiós. Tu Martín» [108].

Ya no hubo otra ocasión. Un abril más tarde, ya estaba Servet en la cárcel; otro otoño más, y ardía en Champel. Esa negativa le determinó a aprovechar la imprenta de Arnoullet. Sabemos detalles de la impresión. Servet no se fiaba, sabedor de la bomba que llevaba entre manos. Cada tarde, como de paseo, se acercaba a la casa de campo donde se imprimía, corregía las pruebas de un cuadernillo y quemaba su propio manuscrito correspondiente. A todo esto, seguía gozando del mejor trato a la mesa del Vicario General, Arzellier. Sabemos que Palmier estuvo ausente toda esa

---

[107] Estos y otros detalles, en las páginas correspondientes de *Bainton, Barón*, CAVARD, *op. cit.*, y otras biografías.

[108] *Calv. Op.*, VIII, 835, recogida de D'ARTIGNY, p. 73, y MOSHEIM, *Neue...*, p. 90. Pero ambos leyeron mal la firma como *Marrinus*, en vez de *Martinus*. La personalidad de BORRHAUS, un tanto evasiva y cambiante, no parece que haya tenido aún un estudio completo, fuera de B. RIGGENBACH, «Martin Borrhaus. Ein Sonderlig aus der Reformationgeschichte», *Basler Jahrbuch*, 1900, pp. 47-84. Quizá su *De operibus Dei*, 1527, que encierra un cap. «De restauratione ecclesiae», pudo contribuir a inspirar el *Restitutio* servetiano. ROTONDÒ alude al «suo quanto mai sfuggente profilo dottrinale», *Studi*, p. 23.

temporada, hasta el 27 de marzo del 53 [109]. Para esa fecha ya estaban en Lyon y en Frankfurt los ejemplares de *Restitutio*, y ya se había recibido en Vienne, procedente de Ginebra, la carta delatoria que había puesto en movimiento los resortes de la Inquisición francesa, con todo sigilo, en torno a un Servet aún confiado en su suerte, pero ya temeroso, pues ya se le había llamado a una declaración preliminar el 16.

Cuando estalló el escándalo, tanto Arnoullet desde la cárcel como Calvino enviaron cartas a Frankfurt con el encargo de destruir todos los ejemplares de allí. Los de Lyon, cinco fardos depositados en casa del tipógrafo Pierre Merrin y mantenidos allí, a instancias de Servet, quien se valió de la mediación de un cura amigo, Jacques Charmier, el cual pagó el servicio con tres años de cárcel en Vienne, fueron quemados por orden civil en la plaza Charnève junto con la efigie de Servet, en cumplimiento de la orden del tribunal [110]. Era el 17 de junio, fecha en que el Servet evadido y vagabundo por lugares ignotos aún no se había presentado en Ginebra. Calvino procuró destruir por su cuenta los ejemplares que habían llegado a Ginebra, reservándose tan sólo alguno como testigo de cargo para la mejor eventualidad. La destrucción de *Restitutio* fue, pues, tan completa que hasta la fecha tan sólo consta que hayan sobrevivido tres ejemplares: el conservado en la Bibliothèque Nationale de París, el de la biblioteca de la Universidad de Edimburgo y el de la Imperial de Viena, en Austria [111]. Es digno de consignarse que el primero fue propiedad de Germain Colladon, el amigo y abogado de Calvino durante el proceso ginebrino de Servet; el segundo parece haber sido propiedad de Calvino mismo, aunque no lleva su nombre, a diferencia del de París. Del tercero, que pasó al menos un par de siglos en poder de una comunidad unitaria de Transilvania, hizo una reimpresión en Nuremberg, en 1790, el bibliófilo Christoph Gottlieb von Murr (1733-1811), conservando fielmente la misma paginación [112].

---

109 CAVARD, *op. cit.*, p. 102. Esto explicaría que PALMIER nada pudo hacer por él, sino acaso favorecer indirectamente su evasión, facilitando sus movimientos en la cárcel delfinal. Otro detalle que a veces se olvida es que Servet sólo residió en el palacio episcopal desde la Navidad de 1548, habiendo vivido hasta entonces en casa de Antonio Bigaud, junto al famoso albergue *Coupe d'or. Ibid.*, p. 31. En consecuencia, no escribió *Restitutio* en él, pero sí lo retocó.

110 Cfr. *Bainton*, pp. 172-174 y 202, a base de datos de *Calv. Op.*, VIII, 853, 784, y XIV, 600, donde Calvino llama a *Restitutio* «una rapsodia compuesta con los delirios impíos de todos los tiempos». CAVARD, 140.

111 Para una descripción completa de su historia, cfr. M. E. STANTON, en *Bainton*, pp. 261-263.

112 VON MURR hizo su edición a base de una copia literal del ejemplar de Viena conservada hoy en la biblioteca de la Universidad de Harvard. Aunque la paginación se corresponde con la de *Rest.* impreso en 1553, resulta fácil distinguirlos: la de Vienne tiene 33 líneas por página; la de Nuremberg, 36 y

Las recientes pesquisas a que está dando lugar la renovación de los estudios servetianos, especialmente en lo que concierne a las andanzas centroeuropeas de los exiliados religiosos italianos del XVI y sus relaciones con los orígenes del unitarismo, han arrojado ya el balance de varias copias manuscritas. Diversas comunidades simpatizantes con las doctrinas o con la figura de Servet suplían así con este esfuerzo la falta de ejemplares impresos [113]. Nunca quizá se desvele del todo nuestra ignorancia sobre la calidad y cuantía de los seguidores de Servet en Europa, siempre en secreto «nicodemismo», por miedo a la persecución por parte de uno u otro bando religioso en conflicto; por eso, cada noticia de un nuevo manuscrito que aparece de *Restitutio* es saludada por los servetistas con alborozo.

Dos de estos manuscritos merecen especialmente nuestra atención, precisamente porque no son copia de todo *Restitutio*, aunque esto parezca de momento una paradoja. Son: uno que suple las primeras 16 páginas del ejemplar impreso de Edimburgo, que le faltan, sin que nadie sepa explicar por qué, y que llamamos *MsEd*; y otro, el Lat. 18.212 de la misma Biblioth. Nat. de París, del que vamos a ocuparnos, y que siempre vamos a llamar *MsPa*. ¿Cuál es su procedencia?, ¿cuál su interés?

Por la primera carta delatoria llegada de Ginebra a Vienne sabemos que venía acompañada del primer cuadernillo, «la première feuille», de un ejemplar de *Restitutio* que había llegado a Ginebra; su firmante, el señor de Trie, le enviaba esa prueba inicial a su primo católico de Lyon, Antoine Arneys, con ánimo de que delatara a Servet. No entra en nuestro campo el corroborar la evidente culpabilidad de Calvino ya en esta primera instigación a la delación, ni el explicar que la presencia e identidad de Servet en Vienne le era conocida al teólogo del Lehman, quien aguardaba su momen-

---

a veces 37; las líneas son en ésta 77 mms. de largas, y en aquélla, 87: texto más largo, por ser más estrecho, en la de VON MURR, en consecuencia. Por supuesto, son distintas las erratas, pero no hasta el punto de hacer imprescindible una auténtica edición crítica latina. Las abreviaturas están desarrolladas en la ed. 1790. Los tipos son también distintos. Se conservan aproximadamente 52 ejemplares entre Europa y USA.

[113] Sobre este importante tema, hay nuevos datos en G. ONGARO, «La scoperta della *Christianismi Restitutio* di Michele Serveto nel XVI secolo in Italia e nel Veneto», *Episteme* 5 (1971), 3-44; varios arts. de E. F. PODACH, a saber: «Pedigree des plusieurs copies qui furent faites de *Restitutio*», *Bulletin de la Soc. pour l'Hist. du Prot. Franç.*, núms. 98 y 99 (1952), en que da cuenta del Ms. de la Bibliot. de esa Sociedad; «Die Geschichte der *Christianismi Restitutio* im Lichte ihrer Abschriften», en *Autour de M. Servet et de S. Castellion*, ed. B. BECKER (Haarlem, 1953), 47-61; sobre todo, S. KOT, «L'influence de Servet sur le mouvement antitrinitaire en Pologne et en Transylvanie», en *Autour...*, 72-115.

to oportuno [114]. Ahora bien, una vez iniciado el proceso ginebrino, debió de proporcionársele al encarcelado un ejemplar de su obra para que se defendiera. Que así fue, consta por la precisión con que, en sus respuestas de la discusión escrita con Calvino, cita Servet páginas y párrafos de su propia obra. Esto supuesto, hay que advertir la importante confidencia que *MsEd* encierra relativa al proyecto de Servet de emigrar, años antes, a América, y que está escrita en primera persona. Téngase en cuenta, por fin, la enorme semejanza de la letra de ese amanunse del *MsEd* con la de textos sabidos de la misma época de Servet (figs. 26-28, fotos del microfilm de *MsEd*, comparadas con figs. 20 y 21). Estos datos, más un poco de imaginación, nos llevan a la conclusión, que aquí se propone por vez primera, de que las 16 páginas manuscritas que anteceden al ejemplar de *Restitutio* conservado en Edimburgo se deben a la pluma misma de Servet. Este debió de escribirlas en la cárcel de Ginebra, sin duda, a la vista de algún otro ejemplar completo de la obra, ¿quizá el de Colladon?, introduciendo pequeñas variantes y, lo que es más importante, la referida interpolación de gran interés autobiográfico [115].

Mayores son las dudas que afectan a *MsPa*. Consta que fue propiedad de un contemporáneo de Servet, el humanista basileense Celio Horatio Curio, pues lleva su nombre en la portada; ha sido documentada su posesión posterior por los condes du Fay en 1725, d'Hoym en 1738, y por el duque de la Vallière en 1784, años en que fueron subastadas sus respectivas bibliotecas. Del último lo adquirió la Biblioth. Nat., la cual el año anterior le había comprado al mismo aristócrata su ejemplar de *Restitutio*. Fue un benemérito servetista del pasado siglo, Alexander Gordon, quien puso de relieve su importancia, y Tollin quien acentuó su valor probatorio de la prioridad del descubrimiento circulatorio a favor de Servet. Un fanático adversario de esta gloria servetiana, Aquiles Chérau, bibliotecario de la Facultad de Medicina de París, se empeñaba en atri-

---

[114] CAVARD, *op. cit.*, págs. 90-93, menciona, por primera vez, que en un opúsculo de 1550, el *De scandalis*, Calvino había escrito unas palabras identificando a Servet, «qui contrefait le médecin», con Villeneuve, «enflé de l'arrogance de Portugal»..., siendo aún más explícito en la ed. francesa, del 50 y reimpresa el 51. En la *Defensio* se defiende Calvino de haberle denunciado, ya desde 1550, sea a través del Sr. de Trie, que estaba casado con una hija de Budé, sea directamente por cartas al card. de Tournon (como años más tarde confirmó Bolsec), así como de la acusación, que Servet habría formulado «cuatro años antes», de que Calvino le acosaba. Servet habría hecho llegar esta acusación a Venecia y Padua. De ser cierto este hecho, tendríamos ahí un interesante dato para confirmar relaciones mantenidas por Servet con esas comunidades italianas, a las que quizá envió copias manuscritas de *Restitutio*. Quizá se pueda contar así con un dato relativo al proceso del descubrimiento de la circulación precisamente en Padua pocos años después.

[115] *Rest.* 4. Las variantes son realmente minúsculas.

buirla a Realdo Colombo, llegando incluso a acusar a aquél de pla-
giario, por ignorar que cuando Colombo publicó su libro, Servet
ya llevaba seis años muerto, y negando la existencia de ese *MsPa* [116].
El valor de este escrito se basa en que, con toda probabilidad, es
copia del enviado por Servet a Calvino en febrero de 1546 juntamente con una de sus cartas, tema que nosotros estudiamos en
otro lugar [117]. El texto de la circulación aparece ya en él, y con
minúsculas variantes respecto al impreso luego en 1553. Servet habría llegado, pues, a esa conclusión al menos en aquel año; sin
inconveniente de que la tuviera ya comprobada desde sus años de
estudiante en París.

Una demostración de que, si no del 46 mismo, el *MsPa* es al
menos anterior a 1550, la dio Bainton con su reconocida competen-
cia, al demostrar que en el impreso *Restitutio* faltan tres citas de
Clemente de Alejandría y dos de Filón que suponían que Servet
conociera las ediciones griegas de esos escritores; ahora bien, como
es sabido, la *editio princeps* griega del primero apareció sólo en
1550, y la del segundo, la parisina de Adrian Turnebus, en 1552.
Filón había aparecido parcialmente en latín ya en 1520, y en Basilea en 1527, 38 y 50, con lo que pueden explicarse otras citas latinas de él en la obra de Servet; pero hay que imaginar que apenas
tuvo tiempo para introducir aquellas citas griegas de Clemente de
prisa para poder ser impresas [117].

Esta demostración es coherente en su conjunto. Tropieza, sin
embargo, con el pequeño detalle de que uno de los términos griegos de Filón aparece ya en *MsPa;* si éste es de 1546, ¿de dónde lo
tomó Servet? [118]. Además, un atento cotejo de las variantes entre
MsPa y *Rest.* no sólo destaca comprensibles *lapsus* de amanuense,
sino frases enteras que son introducidas en *Rest.* o suprimidas de

[116] A. GORDON, «Miguel Serveto y Revés», *Theol. Review* 15 (1878), p. 417
y 429. TOLLIN había dicho en sus primeros escritos que lo había visto. CHÉRAU,
en *Histoire d'un livre. Michel Servet et la circulation pulmonaire* (París,
1879) llega a decir: «Tollin assure l'avoir vu... Nous l'avons, nous, cherché en
vain», p. 39. La posición antiservetiana de Chérau fue respondida pronta-
mente por TOLLIN y DARDIER, como bien resume MENÉNDEZ PELAYO. La importancia del *MsPa* fue subrayada por L. L. MACKALL, «A Manuscript of the *Christianismi Restitutio* of Servetus, placing the discovery of the pulmonary circulation anterior to 1546», *Proceedings of the Royal Soc. of Medicine* 17 (1924),
35-38. La falta de escrúpulos de algunos llega al colmo: para hacer posible
que Servet escuchara a Colombo en Padua, nos lo pinta allí el Dr. Giulio
CERRADINI, *Opere*, 1906, vol. II, pp. 87 y 367, sin prejuicio alguno y contra
toda evidencia, entre 1540 y 43.

[117] Así pensaban GORDON y MACKALL. TOLLIN, sin embargo, cree se trata de
una descuidada transcripción de la obra impresa: «Die Engländer und die
Entdeckung des Blutkreislaufs», *Archiv f. Pathol. Anatomie und Physiologie*,
27 (1884), 448. Cfr. *Treinta cartas...*, ed. cit., pp. 27-34.

[118] R. H. BAINTON, «The smaller circulation: Servetus and Colombo», *Sudhoffs Archiv für Geschichte der Medizin* 24 (1931), 371-374.

MsPa, pero también viceversa. En oportunas notas se llama la atención del lector sobre este hecho sorprendente. Por fin, ¿estamos seguros de que esa letra no es del mismo Servet en época anterior a la que ya conocemos? ¿No es común en cualquiera el cambio de ciertas inflexiones en el correr de los años? Vale la pena comparar la caligrafía de un texto de Servet de ese año 1546, su estupenda carta a Poupin (fig. 18), con las páginas de *MsPa* que más adelante reproducimos, acaso del mismo año (figs. 31, 32, etc.). Si una conclusión no puede aquí insinuársenos con claridad igual a la de *MsEd,* tampoco quedan abolidas todas las dudas en contrario.

Si Servet, no, ¿quién pudo ser el autor de este *MsPa?* Bainton sugiere que pudo ser copiado en Lausanne, donde sabemos estuvo en poder de Viret unos dos años, todo o parte del *longum volumen* manuscrito enviado a Calvino; y en ese caso, el copista pudo ser Celio Secundo Curio, padre de Horacio, quien vivió en esa ciudad hasta bien entrado el 46 en buenas relaciones con los calvinistas hasta la posterior ejecución de Servet [119]. Así se explicaría mejor la sucesiva posesión del escrito por su hijo. La cuestión quizá no pueda resolverse sino por una pericia tecnográfica que compare autógrafos de segura atribución; pero aún habría de tenerse en cuenta otro factor: la vinculación, sólo hipotética, del amanuense de este *MsPa* con la persona real que se esconde tras el pseudónimo, tan conocido de los servetistas, de «Alfonsus Lyncurius Tarraconensis», el misterioso autor de una *Apologia pro Michaele Serveto* y de la introducción al importante inédito servetiano conservado en Stúttgart, y que por eso llamamos aquí *MsStut,* titulado *Declarationis... libri quinque.* Era aquélla conocida hacía tiempo; pero éste, que sólo venía citado, y erróneamente, por los comentaristas, ha sido redescubierto recientemente por el investigador polaco recién desaparecido Stanislas Kot [120]. Siempre se había creído que ese Lyncurio sería o el Curio padre o algún otro emigrado italiano, y no, como insinúa Menéndez Pelayo, «algún sociniano polaco» [121]. Acaba de demostrarse con toda evidencia que su autor es el célebre jurisconsulto italiano emigrado Mateo Gribaldi, quien tuvo el

---

[119] Carl SCHMIDT, «Celio Secondo Curione», *Zeitschrift f. d. hist. Theol.,* 30 (1860), 571-634, y M. KUTTER, *Celio Secondo Curione. Sein Leben und sein Werk, 1503-1569* (Basilea, 1955). En cuanto a la materialidad del *MsPa,* baste decir que consta de 73 hojas de papel ordinario de 14 x 19 cms. solamente, escritas en anverso y reverso: un total de 143 páginas; pero están en blanco las 36, 67, 69, 70, 102 y 103. Como luego se dirá, no cubre todo *Rest.,* sino sólo los Libs. III, IV y V de la Parte I, y el I Diálogo de la II, y en diferente orden: las págs. 1-35 presentan el Lib. V; las 37-68, el IV; las 71-116, el Diál. I, y no completo; las 117-143, el Lib. III.

[120] En el art. cit. en nota 113.

[121] *Heterodoxos,* ed. cit., p. 929.

coraje de protestar ante Calvino durante el proceso de Servet [122]. Quizá este descubrimiento pueda algún día ponernos en la pista del verdadero autor de este *MsPa;* no habría que descartar la idea de que se deba también al círculo de Gribaldi.

Aunque luego se advierte en momentos oportunos, no estará de más señalar que el *MsPa* cubre tan sólo una pequeña parte de todo *Restitutio,* y que aparece en orden distinto al de la obra impresa. Tampoco la división interna del texto corresponde exactamente al de ésta; pero no hacemos hincapié en este detalle secundario. Por el contrario, quedan incorporadas a nuestra edición todas las variantes y, sobre todo, las frases nuevas o suprimidas respecto a la obra misma. Para evitar confusiones, aparecerán entre corchetes [ ] las expresiones o frases que sean nuevas en *MsPa,* y subrayadas, aquéllas de *Restitutio* que no constan en él. Nuestra traducción adquiere así valor de edición crítica, relativamente; el procedimiento adoptado, no muy ortodoxo en estricto sentido técnico, resulta más cómodo para el lector. Se dispone fácilmente, además, de la base para poder estudiar comparativamente esas aludidas lagunas, que pueden orientar a identificar mejor el año exacto de su escritura, importante, como se ha visto, para dilucidar la primacía del descubrimiento circulatorio a favor de Servet.

La presentación tipográfica del texto de *Restitutio* no ofrece demasiadas novedades respecto a lo que era usual en las publicaciones del Renacimiento. Abierto el libro por cualquier página, aparece un texto materialmente compacto, apenas aligerado por una separación en toda una serie de páginas. En nuestra versión hemos respetado las divisiones de párrafos, pero hemos puesto también

---

[122] U. PLATH, *Calvin und Basel...,* pp. 154-163, resumiendo trabajos anteriores suyos sobre el mismo tema. Ya G. H. WILLIAMS había identificado a «Lyncurius» con GRIBALDI en *The Rad. Reform.,* p. 623 (la ed. es de 1962), pero sin argumentos convincentes. Quedan así superadas atribuciones anteriores a BORRHAUS, a CURIO, a LELIO SOZZINI. La autoría de CURIO fue defendida por KOT *(Autour...,* p. 113), quien rechaza la opinión de CANTIMORI *(Eretici italiani del Cinquecento,* Florencia, 1939, p. 175) atribuyéndole a LELIO esa autoría de la *Apología pro Serveto* y la introducción al *Declarationis...,* o sea el llamado «Manuscrito de Stuttgart» de Servet, aún inédito. KUTTER, *op. cit.,* coincide con él, al menos en cuanto que sólo se decide a reconocer la mano de CURIO en las notas marginales, no en el texto mismo. KOT volvió a atacar la opinión de CANTIMORI, en «M. Servet et S. Castellion. Martyr et tolérance», *Biblioth. d'Human. et Renaiss.* 15 (1954), 222-234; él le respondió aún en «Castellioniana et Servetiana», *Riv. Storica Italiana* 67 (1955), p. 86. Las razones de PLATH son totalmente convincentes, abriendo así el horizonte a una serie de problemas controvertidos. De CURIO, sin embargo, podrían ser, según su descubridor, Alain DUFOUR, los versos titulados *Epitaphium Michaelis Serveti (Histoire politique...,* pp. 105-108). La *Apologia* de «Lyncurius» ha sido trad. al inglés por D. PINGREE en *Italian Reform. Studies in Honor of L. Sozzini,* ed. J. TEDESCHI (Florencia, 1965), pp. 193-214.

gran interés en seccionarlos internamente, para mayor comodidad de la lectura e incluso para más fácil énfasis y comprensión del texto mismo. Ello sólo se ha realizado tras un atento estudio del contexto y de la secuencia y ritmo internos del pensamiento de Servet; nuestras numerosas relecturas pueden avalar el acierto que se haya conseguido.

Aun no siendo nuestro intento presentar un estudio completo, ni siquiera parcial, del estilo de Servet, valgan unas cuantas consideraciones.

El conocedor de sus primeros escritos sobre el mismo tema queda gratamente sorprendido del progreso desde el *De Trinitatis erorribus*. No hay ya en *Restitutio* mucho de aquella gracia espontánea, del entusiasmo juvenil, pero tampoco del desorden un tanto arbitrario con que entonces trataba los temas. Mucho se ha ganado con los años en la aplicación del método, en la serenidad de la forma, en un esfuerzo por mejor armonizar los materiales en sistema. No podremos saber si por abundancia de éstos o por el carácter mismo de Servet, el orden no le resultaba fácil; ni la selección. Da la impresión de que lamenta tener que dejar siempre de decir algo que le queda, como él mismo confiesa *(Rest.* 47). Aun así, sorprende el cúmulo de nombres, de citas, de temas. Antiescolástico, pero en el fondo aún fiel a lo que él mismo llama la *communis schola*, sus argumentaciones son ceñidamente escolásticas; antielocuente, atento a permanecer fiel a los datos que aduce, a veces llega a conmover. No es raro tropezar con un dicho sarcástico, con exhortaciones dirigidas al lector, con plegarias en petición de luz y valentía en la prosecución de su «causa». Servet emplea un procedimiento circular, ampliando en espiral ideas para él esenciales que va desarrollando en progresión constante. Por eso, algunas de sus frases se antojan preñadas de gran contenido conceptual, al punto de resultar empeñoso el desentrañarlas. Procede, sin duda, de la dificultad de algunos temas este conceptismo estilístico. Y ello no obstante, se expresa en frase corta y nerviosa, semiazorinesca a veces, que no siempre ha sido posible conservar al trasladarla del latín.

Servet es un buen latinista. Podrían señalarse, no obstante, varias diferencias notables en el uso del régimen proposicional o verbal respecto al latín clásico y aun al de la Escolástica y el Renacimiento de su época. Su sintaxis no es bárbara, y un latinista llegaría a disfrutar con ciertas fórmulas que emplea. Algunas de ellas quedarán transcritas en nuestras notas. La principal dificultad en la traducción estriba en estos elemenos: abuso de ablativos absolutos, que confieren cierta equivocidad a su pensamiento; recurso a ciertos vocablos arcaicos y a verbos obsoletos, e incluso a neologismos de su propio cuño; ciertos términos sin equivalencia exacta en castellano; oscuridad de ciertos pasajes, debida a insuficiente claridad de ideas o de expresión [123].

Características del estilo de Servet son sus repeticiones de frases en forma que recuerda el tradicional uso de paralelismos hebreos, el deleite en la antítesis, el sobrecargo de pleonasmos y reiteraciones innecesarias, la machaconería en rebuscar razones para rebatir al adversario, el amontonamiento de citas bíblicas (característica muy propia de los anabaptistas de su tiempo). Es una lástima que esta relativa falta de mesura no haga de Servet un escritor de fácil ni aun quizá de agradable lectura. Exige ésta una constante y esforzada colaboración activa del lector. *Restitutio* es un libro que de momento asusta, después llega a estimular la mente por su profundidad y atrevidos horizontes, y por fin, sobrecoge.

No hay correspondencia entre el orden con el que los varios temas son expuestos en la obra y el que deberían tener en un tratamiento sistemático. Buena parte de causa radica en que se trata de una obra escrita en varias etapas y, por ello, nunca reducida a una clara unidad. Las tres primeras Partes, a saber, los cinco *Libros* iniciales, los dos *Diálogos*, y la más breve de *Sobre la fe y la justicia* son reactualización y nueva redacción de sus publicaciones juveniles; sólo la Parte IV, págs. 355-576, la más extensa, no reconoce antecedente y debió de ser escrita en medio de sobresaltos espirituales de su autor: se observa en ella un radical cambio de tono en el que se alcanza todo tipo de insulto, especialmente al Pontificado. Todo esfuerzo por presentar un estudio, aunque limitado, del contenido mismo de la obra, de sus fuentes, de sus principios, de su sistema implícito, debe ser bienvenido, contribuyendo así en lo posible a su mejor entendimiento. Aunque breve en esta ocasión, intentaremos aportar a continuación nuestra contribución, siempre modesta.

4. «RESTITUTIO». EL CONTENIDO

Esta obra de Servet se inserta, aunque él no nos lo dice, dentro de una tradición de matiz claramente anabaptista, que ha sido ya tipificada en los últimos años [124]. Además de la suya, que es la últi-

---

[123] Estimamos fuera de lugar dar ejemplos de estas peculiaridades estilísticas del latín servetiano. Algunas notas generales anotó ya H. TOLLIN, *Das Lehrsystem...*, vol. II, pp. 9-11.

[124] Frank J. WRAY, «The anabaptist doctrine of the Restitution of the Church», *Mennonite Quart. Rev.*, 38 (1954), 186-198; Franklin H. LITTELL, *The origins of sectarian Protestatism* (New York: Macmillan, 1964), caps. 2 y 3; concretamente para Servet, Wilhelm EMDE, «Michael Servet als Renaissance Philosoph und Restitutions Theologe», *Zeitschrift für Kirchengeschichte*, 60 (1941), 96-131.

ma en la serie, nos son conocidas otras obras con igual título general, aunque no idéntico ni similar contenido, escritas por personajes de la Reforma radical que tuvieron algo que ver con Servet, directa o al menos indirectamente. Son ellas las siguientes: la *Restitutio divinae Scripturae* de Johan Campanus (1500-1575), **publicada** en 1531; la *Restitutio* «de la enseñanza, fe y vida cristiana por la iglesia de Cristo en Münster», del líder espiritual de aquella revolución armada anabaptista, Bernhard Rothmann (hacia 1495-1535), de octubre de 1534; la cuarta parte del *'T Wonderboek* del holandés David Joris, de 1542, titulada *Restitutio oder wederbrenginghe Christi;* la *Restitutio* del también holandés Dietrich Philips (1504-1568), que es una rectificación del mismo título de Rothmann; y la *Restitutio rerum omnium*, París, 1552, del visionario, polígrafo y cabalista Guillaume Postel (1510-1581), traductor del *Zohar*. Parece comprobable que Campanus y Rothmann convergieron en Estrasburgo con Servet alguna vez en 1531. Joris, refugiado en Basilea desde 1543, tuvo la valentía de defenderlo durante el proceso en carta escrita a la magistratura de Ginebra. Aunque no consta en documentos, también Philips debió de conocerlo, al menos a través de Joris, con quien siempre mantuvo relación, si bien a veces un tanto accidentada. Por fin, Postel escribió una *Apología pro Serveto Villanovano*, aún inédita [125].

Nos llevaría demasiado lejos detenernos en un análisis de estas variadas obras restitucionistas y establecer una comparación entre sus intenciones y contenido, y los de la de Servet. Parecería que habría que excluir que éste llegara a conocer siquiera las de los dos holandeses, incluso la de Joris, quien desde su camuflaje en Basilea bajo el pseudónimo de Johan von Brugge llevaba vida aparente de aburguesado exiliado, sólo conocida su identidad por los más íntimos del «círculo de Basilea», y redactaba en holandés innumerables escritos inéditos en su tiempo. En todo caso, la *Restitutio* de Servet es enormemente más amplia que las obras análogas citadas, no se refiere a temas parciales o circunstanciales, como la defensa o rechazo de la rebelión de Münster, difiere sustancialmente de las ideas más esenciales sustentadas por ellas y, aun dentro del radicalismo común a todas, se muestra mucho más comedida, circunspecta y constructiva.

Por ejemplo, los treinta capítulos de la obra de Campanus son, ante todo, un ataque a ciertas decisiones prácticas de Lutero y de Melanchton, una discusión de minucias de exégesis sin trascendencia y, en su parte final, una defensa de su extraña idea binaria de la Trinidad: el Padre y su Hijo son dos personas de una esencia,

---

[125] Cfr. WILLIAMS, *The Rad. Reform.*, pp. 268 y 375. La *Apologia* de Postel no ha sido publicada, que sepamos, desde MOSHEIM, *Anderweitiger...*, páginas 466-469.

algo así como marido y mujer son dos en una carne, mientras que el Espíritu Santo es tan sólo el lazo de amor mutuo entre ambos. Nada de esto hay en Servet; como tampoco de su explicación del misterio bautismal en el mismo sentido, de una especie de matrimonio espiritual. Si bien ambos coinciden en la idea de que el bautismo realiza la transformación física del cristiano, que en Servet llega a una sustancial divinización, de éste queda ausente toda alusón a cualquier alegoría de tipo nupcial [126].

Mayor relación parecen tener ciertos puntos de la *Restitutio* de Rothmann con la de Servet, el cual hubiera suscrito, y quizá suscribió, varios de sus puntos programáticos sin dudar, sobre todo, como es evidente, los del rechazo del bautismo de infantes, tema común a estos movimientos: «El Anticristo inició el lavado infantil e hizo del agua un ídolo mágico. El verdadero bautismo pertenece tan sólo a quienes comprenden a Cristo y creen en él.» O este otro párrafo: «La verdadera iglesia santa no puede hallarse ni entre los católicos ni entre los evangélicos. Mejor hubieran hecho éstos quedando papistas que enseñando medias verdades, pues una verdad a medias no es verdad.» Servet hubiera aprobado también, o aprobó, artículos sobre el valor de la fe y de las obras, sobre el libre albedrío, sobre la redención; pero nada hay en su *Restitutio* que permita la rebelión armada, ni la poligamia, ni la concepción rothmaniana de un reino cristiano en la Tierra [127]. Podría, pues, suponerse que las obras de Campanus y de Rothmann estimularon la redacción de la de Servet; pero éste, como en todo, siguió sus propias ideas y obedeció a impulsos independientes. Por lo demás, ninguna de estas *Restitutio* presentan la característica utilización de los conceptos filosóficos, tan cara a Servet, para sustentar y apuntalar un sistema integral, como es el suyo. Las coincidencias podrían entenderse, si acaso, como mera convergencia en un ideario genéricamente común.

La probabilidad de que Servet conociera la obra de Postel es aún menor; en todo caso, no la utiliza en la suya. Si Servet es un escritor que aún hoy día presenta frescura y vigor, las fantasías cosmicopolíticas de Postel han perdido toda actualidad, y podría decirse que no la tuvieron ni en su propio tiempo, por su inconsistencia y arbitrariedad insostenibles, a pesar de su ingente erudición. Comunes a todo radicalismo de entonces, y de hoy, son la oposición a Roma como nueva Babilonia, la descripción del Papado como Anticristo, la esperanza en una regeneración universal, determinadas medidas de reforma práctica, etc. Pero en modo al-

---

[126] WILLIAMS, *op. cit.*, pp. 272, 309.

[127] La ed. crítica de la *Restitutio* de ROTHMANN es de STUPPERICH, en *Die Schriften B. Rothmanns*, pp. 208-284 (Münster, 1970). Citamos por la ed. extractada de Lowell H. ZUCK, *Christianity and Revolution. Radical Christian Testimonies 1520-1650* (Philad.: Temple Univ. Press, 1975), pp. 98-101.

guno hay en Servet esa defensa de Francia y su «rey cristianísimo», campeón medieval de las corrientes conciliaristas, como instrumentos de la inminente restitución universal a la pureza apostólica; ni la concepción de la Trinidad como *potentia, sapientia, clementia;* ni su teoría del «alma del mundo» absurdamente entrevista como encarnada en su vieja amiga veneciana, la madre Giovanna, coordinada con otro principio, esta vez masculino, de regeneración: el encarnado en Cristo; ni siquiera, la propuesta posteliana de abolición de todo privilegio y de la propiedad privada como condición indispensable para el retorno a la era apostólica. Quien lee *Restitutio* de Servet percibe un interés dominantemente espiritualista, en una atmósfera de exposición científica ajena a elucubraciones fantásticas o a contaminaciones transitorias. Y resulta curioso que la *Apología pro Serveto* de Postel reincida en las mismas extrañas teorías en que abunda su *Restitutio rerum omnium* [128].

En conclusión, estas simples consideraciones pueden apoyar nuestra idea de que la obra magna de Servet constituye la culminación de ese género literario restitucionista, parcela bien acotada dentro de la variopinta producción de panfletos y tratados, algunos bien abstrusos, a que dio lugar la Reforma Radical. Por otra parte, apenas puede decirse que haya una sola doctrina fundamental común a las manifestaciones de ésta, de no ser su genérica oposición tanto a las tres ramas de la Reforma Magisterial como a la Reforma Católica: los radicales que se muestran antinicenos proponen doctrinas trinitarias dispares entre sí; los que de ellos son anabaptistas fundamentan su concepción del «bautismo del creyente» sobre bases también distintas y aun, a veces, opuestas. Finalmente, hay que convenir en que a todas luces resulta insuficiente el apelativo de anabaptista para caracterizar a ninguno de los que lo fueron, incluido Servet en grado sumo. Entonces mismo ese término servía más de insulto y de facilona identificación que de animadversión tipológica o de definición determinante. Negar la legitimidad cristiana del bautismo de niños era tan sólo un índice práctico y visible de los extremos radicales a que se había llegado en una concepción terminantemente dispar de la Iglesia, de la vida y de la sociedad [129]. También, pues, por este camino se viene a la con-

---

[128] Sobre POSTEL, las numerosas «Notes sur Guillaume Postel», de F. SECRET, en *Biblioth. d'Human. et Renaiss.* entre 1959 y 1964; W. J. BOUWSMA, *Concordia mundi. The career and thought of G. Postel* (Cambridge: Harvard Univ. Press, 1957); A. ROTONDÒ, «Guillaume Postel e Basilea», *Studi...*, páginas 117-159.

[129] Lo que los diversos movimientos anabaptistas negaban era fácil de de identificar: la validez del bautismo infantil; sus propias doctrinas quedaban así muy lejos de definición precisa, la cual no era deseada por los reformadores magisteriales, prontos a condenarlos sin reparos. De ahí que llamar anabaptista a cualquier disidente era «ripetere in questo campo l'an-

vicción de que la obra de Servet es irreductible a ninguna de las radicales de su tiempo, y de que sus sistemas filosófico y religioso alcanzaron en su *Restitutio* un grado de originalidad y totalidad ni siquiera rozado por ninguno de sus contemporáneos. La obra de Servet puede así cualificarse, sin exageración, como el mejor sistema del anabaptismo, espiritualismo y antitrinitarismo radicales y conjuntos de todos los tiempos.

Habremos de empeñarnos ahora en pergeñar un esquema general del contenido de todo el *Restitutio*, que le sirva al lector de orientación previa a su lectura y de resumen de la misma. Pondremos de relieve, de paso, algunos de los problemas técnicos subyacentes, que luego serán aludidos en las páginas siguientes o al menos mencionados en las pertinentes notas al texto servetiano.

La Parte I consta de cinco Libros *Sobre la Trinidad*, cuya original inspiración estriba en el *De Trinitatis erroribus* juvenil. Servet no inicia su andadura en regiones etéreas, ni parte de concepciones sea religiosamente, sea críticamente discutibles. Los tres postulados iniciales arrancan de un primero en que constata que Jesús es hombre; sólo tras esa comprobación pasa a demostrar que ese mismo Jesús hombre es, siempre a base de los testimonios evangélicos, hijo de Dios en cuanto hombre y, por eso mismo, Dios, pues en él, naturalmente, por generación, habita la plenitud divina corporalmente. Estos tres postulados adquieren ya en Servet un colorido radicalmente distinto al tradicional de la ortodoxia. Servet reclama para Dios la propiedad filológica, no meramente metafórica, de la paternidad: el Verbo o Palabra de Dios suplió en María la función normal del semen paterno; sólo esa estricta paternidad divina respecto al hombre Jesús puede luego ser cauce de la filiación divina del hombre regenerado, re-engendrado. El resto del Libro rechaza luego tres objeciones escriturísticas, así como los textos tradicionales en que la «ortodoxia» cristiana ha solido basar la doctrina de la Trinidad entendida como la de tres Personas realmente distintas, que, con Ireneo y Tertuliano, expone él simplemente en el sentido de *dos modos de manifestación y comunicación de Dios*. Su proceso discursivo le lleva a aportar los argumentos nominalistas medievales contra la razonabilidad del misterio trinitario, y a subrayar que las religiones más radicalmente monoteístas, a saber, el judaísmo y el mahometismo, rechazan y lamentan esta escisión trinitaria en la divinidad, que, por otra parte, es ajena a la predicación de Jesús a los sencillos, y resultado de la injerencia filosófica en la vivencia del mensaje cristiano. Todo trinitario, concluye, viene a ser un ateo: desconocedor y negador de la

_____

tico errore di chiamare luterani tutti i protestanti», como dice D. CANTIMORI, «Studi di storia della Riforma e dell'eresíe in Italia», *Bolletino della Soc. di studi valdesi*, 77 (1957), 30.

verdadera unidad de Dios. Algunos principios filosóficos tomados del aristotelismo comparecen para apoyar ciertas afirmaciones servetianas en este primer Libro, que termina llevando al ridículo algunas cuestiones tradicionales de la Escolástica.

El II agrupa y ordena hasta veinte textos escriturísticos que, como los mencionados, suelen ser aducidos como probatorios de la Trinidad en el sentido tradicional. Hace gala Servet de una exégesis sabia, aprendida en sus contactos con Pagnini y sus lecturas de los comentadores rabínicos. En varios de sus pasajes da un paso adelante respecto a lo que fue su empeño más relevante de *DeTrErr:* la escisión total entre la Palabra o Verbo, eterno como Dios, y el Jesús hombre hijo de Dios. Servet debió de darse cuenta de que precisamente la eternidad divina podía servirle de óptima explicación de una generación del Jesús hombre en el tiempo, realizada en dependencia de la *prolatio* o pronunciación, germinal y generativa, de la Palabra manifestadora de la esencia divina en la eternidad. Pero aun así, y poniéndose de esta manera a salvo de muchas objeciones que había recibido con motivo de la publicación del *DeTrErr,* aclara finalmente que «la Palabra era hijo personal, pero no real» *(Rest.* 90), lo que equivale a una restricción terminante.

Es cabalmente este concepto de *persona* el que se detiene a explicar en el Libro III. Servet utiliza los datos filológicos y los vetustestamentarios de consuno para evidenciar que se trata de un concepto nunca sustancial, sino funcional, operativo. Es así como cree poder explicar todas las teofanías del A.T., cuyos textos hablan de una «imagen» de Dios. Hasta Cristo, que por ser su Palabra es su mejor representación, Dios era un «Dios escondido» envuelto en sombras; pero hay eternamente en él una forma visible tendencialmente humana que ya era entrevista cuando en contadas ocasiones se daba a conocer: era el *prosopon,* o *temunah,* o *persona,* es decir, el aspecto o rostro visible adoptado por Dios que llegaría a tomar carne en Jesús. Servet toma de las *Adnotationes* de Valla la idea de que *persona* no puede tomarse como equivalente a *substantia* ni a *individuum:* es un concepto aspectual, no entitativo. La Palabra era eternamente un *verbum corporale,* o mejor, corporable. Se deduce de aquí que todo el período de la Ley mosaica es mera *umbra,* sombra de luz cristiana; que hay una relación de *analogía* entre los acontecimientos cristianos y los hebreos; y que el concepto de manifestación divina desde la era cristiana trasciende las expectativas radicadas en esa misma analogía, simplemente porque Cristo no sólo es representación, sino luz; no sólo imagen, sino *hipóstasis,* o *sechina,* presencia, y formal principio de toda la creación, en virtud de que la Palabra o *Logos,* Verbo, de Dios es a la vez Luz increada, a cuya semejanza *formal* todo es creado y formado. No Persona, sino aspecto *ad extra* de la divinidad, por ser, en cuanto Luz participada a través de la luz creada, «forma de las formas» y elemento esenciador de todo lo esenciado, el Verbo pasa así a constituir de algún modo la realidad misma *ad intra* de todo lo existente. En afirmaciones de tal calibre se apoyan las acusaciones de panteísmo. El lector notará que es en este libro donde Servet comienza a emplear las fórmulas de raigambre neoplatónica: *Deus mens omniformis...*, *Deus corporatus*, y a proponer su teoría, parcialmente original, de la luz como suprema causa *formal* universal *(Rest., 120, 122)*.

El Libro IV se deleita en exponer los diversos modos de esta participación de la deidad en las cosas, echando mano de variados textos de procedencia filosófica, hermética y bíblica: el Verbo arquetipo de la tradición filónica; el innato *symbolum deitatis* en cada porción de ser; las ideas o esencias de cada ser preexistentes en Dios por serlo en su arquetipo o Sabiduría; la variedad material de formas reducidas a la unidad de la luz, suprema causa formal; la superación del aristotelismo en virtud de estas intuiciones helenísticas y neoplatónicas hermanadas con las de la Escritura; desembocando en una serie de conclusiones sobre la coordinación de los diversos principios naturales en analogía con la función arquetípica de Cristo-Verbo y Cristo-hijo.

Por fin, el Libro V amplía al Espíritu, el otro *modo* esencial divino, algunos de estos principios. Espíritu, soplo, aire, viento, energía, vida. La mente integradora de Servet tiende a unificar las diversas comunicaciones de dinamismo divino a las cosas, de que se habla en muy dispares textos de la Escritura, con sus propios hallazgos empíricos. Lo mismo que hay en las cosas un *símbolo de deidad* por la luz participada del Verbo en su ser, así hay en ellas un *símbolo de espíritu*: del Espíritu de Dios, en todas; del Espíritu santo en algunas. No hay un Espíritu Santo en el sentido de una Persona eterna coexistente con el Padre y el Hijo. Sólo puede hablarse de «Espíritu de Dios» cuando, tras la creación, debe mantener no sólo en ser, sino en vida o al menos en acción, cada ser existente *(Rest. 189)*; y de «Espíritu santo» sólo cuando, por los diversos mecanismos de santificación personal, se nos hace la sustancia de Dios unible, *coniungibilis*, a la nuestra por Cristo en un cierto tipo de familiaridad, *cognatione quadam (Rest. 188)*. Puede verse que en estos principios teóricos estriban las posteriores teorías sacramentales y de reforma práctica que luego expone Servet, especialmente porque una y otra vez repite que, tras la *umbra* hebrea y la materialidad de los ritos paganos y judíos, ya sólo hay lugar para la *lux Christi* y el *regnum Spiritus*. Por lo demás, muestra de la universalidad de la influencia del Espíritu de Dios sobre los más recónditos movimientos de nuestro organismo, y ejemplo del concepto según el cual el alma es soplo, soplo del Dios-Espíritu, y radica en la sangre, es la exposición de su «divina filosofía», en la que no puede ocultar una buena pizca de orgullo, sabedor de su originalidad científica: las páginas 169-181 comprenden la descripción de la circulación pulmonar de la sangre y de la del aire inspirado. A ambas da Servet una importancia paralela dentro de su contexto total, que no es médico, sino filosófico, teológico y religioso.

La Parte II de *Restitutio* comprende dos Diálogos, que apenas tienen otro parecido con los juveniles *Dialogorum de Trinitate libri duo* que el comienzo y algún que otro párrafo que aún pudo aprovechar. Es muy probable que Servet tomara esta idea de exposición en forma dialogal no de tantos diálogos escritos en el Renacimiento o entonces traducidos por los humanistas (Luciano, Valla, Erasmo, More, etc.), sino sea del *Scrutinium Scripturarum*, llamado también *Dialogi Pauli et Sauli*, del antiguo rabí Pablo de Burgos o de Santa María, sea de los *Dialogi in quibus impiae Judaeorum... opiniones... confutantur* del también converso medieval Petrus Alphonsus, principalmente de éste [130]. Esta forma dialogal contribuye a dar cierto dinamismo e interés a un texto prolijo y excesivamente pesado en el cual, paradójicamente, no aparecen innovaciones importantes o nuevos horizontes respecto a lo tratado en los cinco Libros de la Parte I. Quizá Servet aspiró de momento a un arreglo de aquellos sus juveniles *Dialogorum* con el ánimo de incorporar pruebas provenientes del para él nuevo horizonte neoplatónico en el que se movía desde su conocimiento con Champier, como hizo con aquéllos. Lo cierto es que, llevado acaso de su facundia o de su arrebato, traspasa el límite de la moderación, reiterando para el lector consideraciones y principios reguladores ya tratados antes, aunque con nuevas fórmulas, más claras, precisas e insistentes. Conviene señalar entre tantas páginas que, a pesar de todo, no dejan de leerse con gusto aquéllas en que trata del alma *(Rest.* 223-231, 258), de la sangre y del embrión (251-2, 257-59), del semen humano en su analogía con el Verbo (250.55.57.60), de la armonización de la libertad humana con la presciencia divina (285), etc. Admira, como siempre, la extensión y asimilación de su erudición, de tan diverso origen, puesta al servicio de su propio sistema intelectual. Finalmente, es preciso poner de relieve que, consciente quizá del riesgo de ser tachado de panteísta por sus ideas o de lo que Menéndez Pelayo, y otros con mejores intenciones, llamaron «la última condensación del absurdo *pancristianismo* de Servet» [131],

---

[130] En ambos hay relación dialogal entre el mismo autor antes de su bautismo y después de él: Saulo-Paulo en el primero, Moisés-Pedro en el segundo. En el doble diálogo de Servet, Pedro-Miguel, pero su interlocutor no argumenta dialécticamente: se limita a proponer ciertos temas para que Miguel los responda.

[131] *Op. cit.*, p. 903.

es en estos dos *Diálogos* donde repite él machaconamente el principio filosófico que invalida tales acusaciones: el principio de la *adición*, del cual luego trataremos. Queda así concluida la primera mitad de *Restitutio*, con la reiterada exposición de los principios básicos, teóricos, que exigen una realización práctica.

En esta dimensión se inscribe la breve Parte III, que comprende tres Libros relativamente cortos. Son éstos, a su vez, nueva formulación del importante tratado que Servet publicó adosado a los *Dialogorum*, unas cuantas páginas en cuya importancia y novedad para su tiempo no se había reparado hasta fechas recientes: los cuatro capitulitos titulados *De iusticia* (sic) *regni Christi, ad iusticiam legis collata, et de charitate*. Explica primero su concepto de fe, radicado no en el asentimiento intelectual a una proposición objetiva, aunque propone como esencial del cristianismo el reconocimiento de que Jesús en cuanto hombre— en el sentido estricto expuesto antes por él— es hijo de Dios; sino en la entrega cordial a la persona de Cristo. Resulta interesante comprobar que esta tendencia voluntarista, personalista, se apoye en una corrección de cierta teoría de Galeno sobre el papel relativo que hay que adjudicar al cerebro o al corazón en la vida intelectual: para Servet *imperat cor intellectui (Rest.* 302). Prosigue adhiriéndose, pero tan sólo en este punto limitado, a la teoría protestante de que la fe es la que jusifica; añadirá que no es suficiente, pues Servet distingue entre justificación y regeneración, que es la culminación de toda su teoría soteriológica. De momento, insiste también en subrayar la libertad del hombre *(Rest.* 312), aunque muy humanamente acotará luego que no todas las circunstancias permiten el uso de la libertad, limitada, como todo lo humano, aunque reflejo de la divina.

Donde acaso mejor brilla el auténtico talante humano de Servet es en las siguientes páginas, en las que defiende el valor de las obras y la importancia de la caridad y su supremacía sobre la fe, muy dentro de la tradición paulina y en un sentido que nada tiene que envidiar a la exposición más ortodoxa. Ni el más estricto inquisidor podría hallar proposiciones malsonantes, a no ser cierto excesivo énfasis en el valor justificatorio de la fe sola *(Rest.* 343), pero que, si se leen dentro de su contexto, adquieren matizaciones exonerativas. Por lo demás, se complace Servet en poner de relieve algo muy caro a todo su sistema: la culminación de lo que Friedman ha llamado, con buen tino, «revelación progresiva» [132]. Una manifestación progresiva de la oculta e invisible divinidad tuvo lugar lentamente a lo largo de la historia; Dios se fue valiendo de

---

[132] «Progressive phases of revelation», en «Michael Servetus: Exegete of Divine History», *Church History* 43 (1974), 463.

5

sucesivos nombres hebreos de sí mismo, que progresivamente mostraban algo más de su inaccesible intimidad. Así también, hay como regla de vida una *justicia natural*, enriquecida por la *justicia de las obras*, pero vinculada a ella. Aquélla posibilitaba la salvación de quienes no tenían otra; ésta, sancionada por la Ley del A.T., ha quedado abrogada por la *justicia de la fe*, que es «ley del espíritu». Servet establece así una estricta escisión entre el Nuevo y el Antiguo Testamento, y en consecuencia cree estar autorizado a rechazar la actitud de los protestantes todos que no adscriben al proceso de la justificación sino un valor de estipulación jurídica, como Lutero, o de los que, como Calvino, hacen depender la salvación de una predestinación indiferente, creía Servet, al don divino de la libertad; pero, sobre todos, ataca la pervivencia de la creencia judía, aún vinculada a un sistema religioso que él, radical y trascendentemente cristiano, estima superado. La culminación del ordenamiento social cristiano se alcanza en una *activa charitas* (*Rest.* 353). Interesante, a este respecto, lo que él llama *mea philosophia* del acto y el hábito de la acción (346-349). La conclusión última, a punto ya de abordar el campo concreto de las reformas, es la siguiente: si la fe, la caridad, el espíritu son los rasgos esenciales del reino de Cristo, Palabra de Dios encarnada, luz que trasciende las viejas sombras, se está en riesgo de reincidir en judaísmo cuando, como especialmente en el catolicismo, se otorga excesiva importancia a lo externo, a lo ceremonial, al rito, a la magia del *ex opere operato*. Converge aquí el postulado básico del estricto espiritualismo servetiano con la influencia ambiental de la Reforma iniciada por el evangelismo a principios del XVI, y que él debió de recibir, más que en la España de su infancia, la de las reformas de Cisneros, en la frecuentación de libros erasmistas y en la de los ambientes evangélicos de Basilea y Estrasburgo. Nunca sabremos cuánto contribuyó al rechazo del catolicismo la conveniente convivencia nicodemítica con el Vicario de Vienne. Lamentablemente, demasiadas cosas de su vida privada nos serán siempre desconocidas [133].

La IV y última Parte de *Christianismi Restitutio*, que ocupa más de dos tercios del total, fue la más denigrada por Menéndez Pelayo: «Con mengua de su poderoso entendimiento, escribe, Servet se pone al nivel del más vulgar y rabioso anabaptista, y lanza las más estúpidas y groseras maldiciones contra el Papa y la Iglesia Romana» [134]. El lector advierte de pronto, en efecto, un cambio de tono; pero no deja de comprobar que en estos últimos cuatro Libros no

---

[133] «Lo que Servet quiso dejar secreto, lo aseguró de tal modo que será un secreto para siempre..., estado confuso y nebuloso que ha dado lugar a las más variadas hipótesis y extrañas fantasías», J. M.ª CASTRO Y CALVO, «Estado actual de los estudios sobre Miguel Servet», *Universidad*, Zaragoza, 17 (1940), 273 y 275.

[134] *Op. cit.*, p. 904.

«pierde del todo la cabeza». Al contrario, con lógica inquebrantable y apoyado en una estricta exégesis tipológica de conocidos textos de dimensión apocalíptica de Daniel y Juan, se limita a sacar las últimas consecuencias prácticas de todos los principios que ha ido exponiendo, como él mismo anuncia al comienzo: *ad rem ab ipsis principiis ordine deducendam (Rest.* 355).

La doctrina desarrollada en los Libros I y II es complementaria. Si Cristo apareció para rectificar el mal que se había producido en el origen del mundo por la irrupción del pecado, nada más natural que tratar, ante todo, de esa *universalis perditio,* cuyas consecuencias pueden descubrirse, nos dice, en determinados procederes extraños de todo el orbe cósmico. Frente a Dios y a su Cristo establece Servet la irrupción del poder adversario, Satanás, en dependencia de cierta teoría de raigambre patrística, según la cual todo el mundo fue ocupado por él, debiendo establecer Dios y los suyos una lucha, *pugna,* para desalojarlo con victoria. Ahora bien, esta *incorporatio* no debe verse como estrictamente paralela a la *incarnatio* de Cristo, como quieren algunos servetistas actuales: no llega Servet hasta ahí. Se adscribe, sin embargo, al diseño de un dualismo de fuerzas, que en el hombre concreto revisten el aspecto de contienda entre el «estímulo de la lujuria» y el «innato espíritu de deidad» *(Rest.* 365-66). Debilitación de la libertad, así como de la capacidad intelectual: aparece aquí una curiosa veta de relativo escepticismo servetiano, extensiva a sus propias actividades profesionales como médico (371.72.92). Apurando la aplicación de un fecundo principio moral suyo (la ciencia es compañera del pecado, *scientia est comes peccati),* formula su teoría, aparentemente escandalosa, de que por no haber suficiente conocimiento del mal, no hay real pecado hasta los veinte años. Prosiguiendo en tal orientación, Servet exige una experiencia del mal a partir de esa edad, en contienda con la ilustración progresiva de la fe, como condición para recibir el bautismo de regeneración tan sólo en lo que él considera el comienzo de la edad adulta del hombre: los treinta años.

Una primera restitución realizó Cristo; pero quedó incompleta debido a la nueva fase satánica en forma de Anticristo, corruptor de la primitiva autenticidad cristiana. Con gran parte de los reformadores, desde Lutero a los más radicales, Servet cree hallar la identificación del Anticristo en el Papado romano: *in Papatu regnum occupavit (Rest.* 399), concretamente al tiempo de la constantinización del Cristianismo en torno a fechas del concilio de Nicea, 325, que dogmatizó la Trinidad de manera aberrante a los ojos de Servet [135]. Cunde así una serie de vibrantes páginas en que se iden-

---

[135] Sobre este punto, y a propósito de la trad. y ed. de los *Sesenta signos del Anticristo,* véase nuestra introd. a las *Treinta cartas a Calvino* (Madrid: Castalia, 1980), p. 42 ss.

tifica a la Roma babilónica, y se habla del Papa en términos desmedidamente violentos. Comparece aquí un momento el Servet milenarista; pero, aunque menciona varias veces el misterioso número escatológico 1260, que habría que sumar a la fecha citada para dar con la de la restitución definitiva, su buen sentido le impide pronósticos fácilmente falseables. Lo único que en él produce esta teoría es una nerviosa urgencia de contienda a la par de su arcángel Miguel, cuyo colaborador profético se siente, seguro de *nostra victoria (Rest. 388)*. Lo más repugnante a Servet es la ostentación de poder y riqueza de un Pontificado lastrado por esplendores renacentistas y prepotencias medievales. Pocos textos adquieren el grafismo de ése en que se refiere a su experiencia de Bolonia (*Rest.* 462). Pero recuerdos personales aparte, Servet cree estar garantizado, en su crítica radical a toda ceremonia, invocando el principio de espiritualismo interior, contrapuesto a lo que él llama la *spiritualitas babylonica et iudaica* del catolicismo (*Rest.* 408, 417). La ley nueva es *lex cordis, quae est sola lex fidei (Rest.* 439). Una concreción radical de este principio conlleva la negación de intermediarios eclesiásticos, de organización, de burocracia de todo tipo, de beneficios, de templos, y una radical revisión del cristianismo y la vida social cristiana pública.

El lector podrá tomar nota de toda una lista de reformas bien concretas que Servet propone. No obstante, se le podrá acusar de inhibirse de problemas y temas políticos y económico-sociales, como quizá no sería de desear a nuestro gusto de hoy día. De toda su obra escrita no parece que se haya referido sino una sola vez, y ella de modo indirecto, a un hecho político reciente. En el comentario sobre Alemania que en su edición de la *Geografía* de Tolomeo acompaña al de otros varios países, justifica la rebelión de los campesinos, por la situación deplorable en que vivían, y lamenta su derrota. Esta actitud compasiva le presenta, pues, alejado de la bien conocida de Lutero, que en su terrible panfleto *Contra el pillaje bandido y criminal de los campesinos* exhortaba a «expulsarlos, estrangularlos y picarlos, públicamente o en secreto, pues nada hay más venenoso, dañino y diabólico que un hombre rebelde»[136]. Servet, humana y compasivamente, concluye sus breves frases con esta consideración emocionante: «Pero siempre pierden los pobres», *sed succumbut semper miseri*[136]. No verá con malos ojos que se par-

---

[136] Cit. por Joseph LORTZ, *Historia de la Reforma*, vol. I (Madrid: Taurus, 1963), p. 358; el texto de Servet, trad. por Bullón, *op. cit.*, p. 129. La actitud políticamente sumisa y antirrebelde de Servet contrasta profundamente con la de otros místicos de su tiempo de sangre alemana, como los cinco estudiados por Steven OZMENT, *Mysticism and Dissent: Religious Ideology and Social Protext in the Sixteenth Century* (New Haven: Yale Univ. Press, 1973). Por otra parte, contados serían los místicos católicos que han inspirado una reforma social. El ejemplo de SAVONAROLA es elocuente.

ticipe a fondo en la vida civil, detalle que le aparta de no pocos de los radicales de su generación; pero establece un principio básico de no intromisión, diríase que ni siquiera furtivamente con la formulación de juicios morales, en la gestión misma de los asuntos civiles *(Rest.* 423). He ahí una actitud de sabia inhibición que dista mucho de ser imitada por quienes se empeñan en confundir los asuntos de Dios y los del César.

Su actitud de extremo espiritualismo le lleva, entre otras cosas, a enjuiciar negativamente la usual comparación del bautismo con la circuncisión judía: sólo debe persistir la «circuncisión del espíritu»; no tenemos ya otra ley que la del espíritu *(Rest.* 422, 441). Por fin, otro de los importantes puntos de ese Libro II consiste en el hallazgo de un método para periodizar el progreso de la historia de la salvación de forma que un futuro que la trascienda, y en el cual culmine, sea *a priori* objetivamente predictible. Así entendido, el sentido apocalíptico de Servet no reposa sobre una cierta visión inconsistente del futuro, sino sobre la interpretación dialéctica del pasado, en cuyo desarrollo aspira a intuir una proyección ulterior. Parecido en esto a Joaquín de Fiore, a quien menciona un par de veces [137]. Pero, a diferencia de él, su sistema dialéctico no se basa en la aplicación de la idea trinitaria al devenir histórico religioso, de modo que, como habría habido una era del Padre, el A.T., y otra del Hijo, el N.T., debe ya iniciarse la era profética, la del Espíritu Santo. Servet, antitrinitario en el sentido tradicional ,confía en reinterpretar el dato bíblico de la revelación progresiva, a que antes se aludió ya: la autoexpansión y autocomunicación divina tiende a la máxima unión posible con el hombre, por medio de su Palabra y su Espíritu, a partir del distanciamiento de la nada primigenia, del silencio eterno y de la ignorancia religiosa primitva. Es este proceso histórico el que para Servet explica los hiatos de ausencia divina, estratégicas retiradas —del Edén, del pueblo judío, de la Iglesia papal dominada por el Anticristo—, hasta llegar al clímax: la presencia total de Dios en el espíritu del hombre, sin que quede huella alguna del mal. Empleando terminología conocida, pero aplicándola en un contexto original, Servet inculca que todos los misterios se reducen a esta triple analogía: *sombra, cuerpo, espíritu.* Lo que antes de Cristo era entrevisto en sombra, se realiza en su cuerpo, y se reproduce en el cristiano en espíritu *(Rest.* 457 ss.).

---

[137] Pero en diferente contexto, *Rest.* 39-40. El abad Joaquín (1135-1202) propuso 1260 (ó 1290, sumando a la figura apocalíptica los treinta años de la vida de Jesús) como el del nacimiento del Anticristo, lleno de demonio, *doemone plenus,* como rezaba un verso entonces popular. Sobre él y su teología de la historia, Marjorie REEVES, *The influence of prophecy in the later Middle Ages. A study in Joachinism* (Oxford: Clarendon, 1969); N. COHEN, *The pursuit of the millenium* (New York: Oxford Univ. Press, 1971), pp. 71-84.

Todas las reformas que propone son adjetivas respecto a esta urgencia esencial, y de ella adquieren credibilidad y sustento.

Dedica el Libro III a los tres *ministerios* de la Iglesia, que son, siempre, ministerios del espíritu *(Rest. 524)*. No los llama sacramentos, término que en Servet tiene otra significación. Atinadas páginas sobre el uso espiritual y la eficacia de la palabra. Pero es en los tratados sobre el bautismo y la eucaristía donde culmina en realidad el sistema religioso servetiano: en aquél es re-generado el *internus novus homo*, y en ésta es alimentado. Servet no toma nunca en vano el nombre de Dios, fiel a un mandato que resulta programático en su concepción. «Nuevo hombre interior» quiere decir para él, literalmente, que la misma *sustancia divina* le es comunicada al bautizado adulto *(Rest.* 499), o sea, que invisible, pero realmente, se realiza en el interior de la personalidad humana del bautizado adulto una auténtica *divinización.* Estamos demasiado acostumbrados a escuchar esos términos paulinos, y otros que Servet utiliza en su más literal significación, sin percatarnos de la dimensión en que pueden ser leídos; Servet se atrevió a esta lectura estricta de pasajes bíblicos rayanos en «panteísmo». En realidad, última aplicación de su utilización de las fórmulas neoplatónicas y filonianas para explicar el origen de todos los seres desde la forma esencial en la mente de Dios realmente participada como *símbolo de deidad.* ¿Acaso no suena a «panteísmo», si se la lee con ese rigor, aquella frase de Pablo, «vivo yo, mas ya no yo, sino que es Cristo quien vive en mí»? Servet se atrevió a llevar estas inauditas fórmulas cristianas a sus últimas consecuencias. Por fin, su tratado de la eucaristía, en el que rebate por igual la teoría católica, y las luterana, calvinista y zwingliana. El lector más exigente podrá comprobar cómo en él se cierra el arco abierto al comienzo. Más aún, si reflexiona sagazmente, podrá verificar que las peculiaridades teóricas de la doctrina trinitaria y cristológica, así como las intuiciones filosóficas de ascendencia neoplatónica, de todo el sistema de Servet, cierran su bóveda en esta clave final. De ahí la claridad con que establece sus distancias respecto a las tres principales doctrinas eucarísticas de su tiempo [138].

Termina *Christianismi Restitutio* con el Libro IV, que desentraña nueve estimulantes *misterios* de esta misma re-generación, a propósito de cada uno de los cuales va repitiendo Servet lo que resulta ser el mensaje esencial de su obra: que ya aquí y ahora, *hic et nunc,*

---

[138] Es decir, la católica, la luterana y la simbolista, participada por Calvino y Zwingli, aunque con matices que Servet no apunta. De la incomprensión de don Marcelino, parecería que deliberada, hacia esta doctrina de Servet, puede dar idea esta frase burlona: «De donde se infiere que los templos de la doctrina servetiana vendrían a ser una especie de hosterías, fondas o figones, y cada sagrada cena, un opíparo *lunch»*, *op. cit.,* pág. 905. No se daba cuenta de que en la doctrina servetiana no hay templos...

el bautizado y eucarísticamente nutrido «se transforma interiormente en divinidad» *(Rest. 548)*. No se recata Servet de confesar tímidamente alguna de sus propias experiencias místicas, vividas gozosamente en su *vita abscondita (Rest. 542-3)*. Esta resurrección del espíritu postula y requiere la resurrección del cuerpo *(ib. 548)*, y, por otra parte, sugiere que ya no es posible volver a perderla: Servet propone su idea, que a Calvino le pareció abominable, de que quien mantiene una fe viva es ya para siempre eternamente inmortal, es decir, no puede ya ser argüido de pecado mortal *(Rest. 555)*. La obra entera termina con los veinte argumentos contra el bautismo infantil y una invocación al definitivo retorno de Cristo.

Ningún resumen del *Restitutio* servetiano, y menos el permisible en unas páginas introductorias, puede dar idea cabal de las múltiples complejidades, de los súbitos meandros que enriquecen su sistema total. El lector puede, sin embargo, percatarse por sí mismo del muy secundario lugar que en él ocupan los dos «errores» que llevaron a su autor a la hoguera: su relativo antitrinitarismo y el rechazo del bautismo infantil. No siendo posible tampoco indicar las diferencias principales entre el sistema de Servet y el de otros radicales contemporáneos suyos, ni en esos ni en otros temas [139], baste señalar que para Servet, anabaptista al cabo, aunque pacífico, el bautismo, en el que se inicia la «deificación» sustancial del hombre, implica un compromiso formal e irrevocable, que no puede ser estipulado por nadie que no haya alcanzado la edad adulta. Servet, espíritu profundísimamente religioso, no puede comprender que a ese «ministerio» no se le tome auténticamente en serio y se le haga cosa de chiquillos. Ni en la Biblia ni en la tradición antigua halla motivos que lo justifiquen, y su posición adversa produjo lo que Tollin llama la mejor sistematización del anabaptismo [140]. En cuanto a la Trinidad, término que Servet se resiste a emplear él mismo [141], es él el primero en haber mostrado que la Escritura no se refiere a una segunda Persona trinitaria, sino al hombre Jesús de carne y hueso, cuando habla del *hijo* de Dios: éste es el punto más original de todo el servetismo. El *logos* del comienzo de Juan, paralelo del Verbo o Palabra creacional del comienzo del Génesis, se refiere tan sólo a la actualización de la Sabiduría divina puesta en acción. Pero tanto ese *Logos* como el

---

[139] Para estos detalles hay que recurrir a la citada obra de WILLIAMS, quien sí las establece someramente.

[140] «De todos los anabaptistas ninguno ha acumulado tantos argumentos de la Biblia, de la razón, de la experiencia y de la historia de la salvación contra el bautismo infantil, como Miguel Servet», *Das Lehrsystem...*, vol. II. p. 29.

[141] Lo emplea, claro, pero referido a la doctrina trinitaria tradicional, no a la suya propia.

Espíritu o *Pneuma* son para Servet lo que muy germanamente llama Tollin *Offenbarungs-Dreieinigkeit,* y en modo alguno *Wessen-Drei-einigkeit:* Trinidad manifestativa, no esencial; es decir, como Servet mismo había escrito en *DeTrErr* 29a, aspectos de la divinidad, *multiformes deitatis aspectus* [142]. En consecuencia, la importante modificación que en la especulación trinitaria aporta el servetismo, se centra en la concepción de un sistema doctrinal mediante el cual el Hijo y el Espíritu Santo no son entidades, cosas (él siempre escribe *res,* un tanto despectivo), relegadas a la inaccesible esfera intradivina, resultado dogmático de una especulación teórica en circunstancias ambientales de triunfante helenismo cultural; para Servet esas dos Personas trinitarias son las dos maneras focales de incorporarse el Dios inaccesible al cuerpo de la historia para agitarla y elevarla desde dentro en un proceso de progresiva deificación. Todo en el servetismo gira en torno a este proceso espiritualizador. Dicho en otros términos: la peculiar intuición soteriológica servetiana determina su concepción cristológica, la cual a su vez requiere la aceptación de sus ideas trinitarias juveniles, modificadas en *Restitutio* a tenor de sus nuevos hallazgos sistemáticos posteriores. Los otros aspectos negativos de su sistema son sólo aplicación práctica de las exigencias concretas de su espiritualismo: la doctrina anabaptista de la «caída de la Iglesia» y de su fuga al desierto a la venida del Anticristo; la identificación de éste con el Papado desde tiempos de Silvestre (314-315) [143]; el clamor milenarista ante la comprobación de que ha llegado el momento, *impletum est tempus (Rest.* 4, 410, etc.); la puesta de su dedo en tanta llaga del cristianismo burocratizado. Esa serie de corrupciones dogmáticas, intelectuales, estructurales, ceremoniales y morales que él, y tantos antes y después, pueden testimoniar.

Por lo demás, si el lector tuviera acceso al *DeTrErr* algún día, tampoco le resultaría arduo comprobar los enormes adelantos de él hasta *Restitutio*. En aquél, el amplio y original uso que de las fuentes bíblicas y patrísticas prenicenas presenta ya Servet carece totalmente de sistematicidad. No hay aún base filosófica alguna para referirse a la divinidad en sí o en sus manifestaciones, ni al hombre, ni al ser y la misión de Cristo. No hay mención alguna del bautismo y la eucaristía. Las misiones del Verbo y del Espíritu no adquieren aún claridad. No se ha dado el avance, determinado por sus hallazgos soteriológicos posteriores, de postular el carácter de hijo de Dios ya para el *Logos* antes de la encarnación, aun-

---

[142] No una Trinidad de esencia, sino una Trinidad de manifestación: *op. cit.,* pp. 133-35, y vol. I, p. 35.

[143] Según TOLLIN, *Melanchton und Servet* (Berlín: Mecklenburg, 1876), p. 16, ya el Dr. Eck tuvo que rechazar en una de sus antítesis contra Lutero que la Iglesia no se había envilecido en tiempos de Silvestre; Melanchton, ya en 1521, señala también esa fecha como la de la «caída de la Iglesia».

que ello sólo sea en un sentido terminal y aún no constitutivo, como reconoce la ortodoxia. No se menciona la corrupción humana original, ni se trata del pecado y de su cura. Aún no ha aparecido el Anticristo en el horizonte servetiano, ni ataca a cualquier tipo de iglesia: había abandonado la católica, pero aún confiaba que sus ideas serían bien acogidas por las reformadas. Su posición filosófica era de total rechazo de la especulación racional, llegando a escribir en una nota marginal del *DeTrErr* 111b, que «dos pestes gravísimas, la levadura de Aristóteles y la ignorancia del hebreo nos han quitado a Cristo». Tan sólo los datos documentales de su doctrina trinitaria le servirán para *Restitutio,* pero ya dentro de un contexto sistemático de nuevo cuño, y lo mismo puede decirse del *Dialogorum* de 1532 respecto a su aprovechamiento en los Diálogos de la obra magna final. Por el contrario, como arriba quedó dicho, la doctrina, no el texto mismo, del *De iusticia... et de charitate,* de aquella misma fecha, es aprovechada en la Parte III de *Restitutio* sin variaciones dignas de notarse.

En conclusión, la principal aportación de *Restitutio* desde un punto de vista sistemático, aparte ya sus innovaciones doctrinales tanto positivas como negativas, estriba en el uso selectivo de muy variadas fuentes de erudición, documentación y pensamiento que Servet ha ido descubriendo, especialmente desde su conocimiento con Champier en la imprenta lyonesa de los Trechsel hacia 1535. Uso selectivo, repitamos, y no indiscriminado. En nuestras notas al texto traducido se hará notar a veces cómo Servet ha entresacado de una fuente dada no lo que a todas luces parecería y debería constituir su contenido esencial, sino un que otro detalle, frecuentemente tan sólo terminológico, pero que le sirve para mejor expresar la idea o intuición doctrinal que él tenía preconcebida. Esto hace que Servet aparezca como un hombre que, además de profundamente religioso en su vida personal, debe ser respetado como un pensador personal, aunque atento a insertarse en una tradición que él se esfuerza por identificar con su empleo de fuentes. Tan sólo en un sentido muy remoto, y siempre creador de confusiones, se puede decir de él que el suyo sea un sistema ecléctico. Las varias contribuciones a que se reconoce acreedor no desdibujan la vertebrada unidad de su propio sistema, independiente de aquéllas y aun anterior, al menos en sus intuiciones básicas que lo desencadenaron [144].

---

[144] Entre los servetistas modernos, es MANZONI quien más acentúa ese sincretismo de Servet. Podría plantearse la cuestión de si se puede hablar con coherencia de un «sistema ecléctico». Que un pensador reciba materiales de donde le convenga para sus propios fines, no le hace ecléctico, sino erudito. Lo importante es que él sepa construir con ellos «su» sistema. Y éste es el caso de Servet. Un pensador de quien ya R. WILLIS escribió: «Servet fue una de esas naturalezas sensibles que, como la impoluta placa del fotó-

Muchas de las más salientes características del peculiar uso de sus fuentes que hace Servet en *Restitutio* serán puestas de relieve en las diversas notas que acompañan nuestra versión de su texto. Pero no estará de más un repaso general a aquéllas, anotando de paso lo que se sepa de su accesibilidad en su tiempo y de los criterios con que las manejó e interpretó al construir su sistema.

Para situar las fuentes servetianas en su contexto más oportuno, es menester ante todo recordar cuáles son para Miguel los criterios básicos de verdad y cómo se relacionan entre sí.

a) Quien esté familiarizado con los escritos de Servet desde su *DeTrErr* no deja de percibir *cierta actitud escéptica básica*, especialmente en los temas religiosos, pero, como antes ya se adelantó, incluso en el conocimiento de las cosas, en ciencia, y hasta en medicina. A pesar de su aparente racionalismo, domina en él una clara conciencia de los límites del conocer humano.

b) Va ello sumado a *un planteamiento inicialmente empírico*, signado por la concreción y la inmediatez, al tratar de superar su inicial perplejidad intelectual. El ejemplo más patente de este talante es el comienzo de *Restitutio*, así como de *DeTrErr*. Hasta en lo religioso, en el concepto de Cristo, inicia el tratamiento por lo más cercano y evidente: su humanidad histórica. No podría dudarse de que este colorido inmediatista proviene del impacto de su familiaridad juvenil con Aristóteles, así como, más tarde, de su práctica médica.

c) Servet busca siempre *la sencillez*, tanto en la vida como en las soluciones intelectuales. «Cristo no hablaba a filósofos, sino al pueblo, a niños, y a mujeres», dice en *DeTrErr* 57a. Su experiencia religiosa personal arrancó en Bolonia, con un fuerte tinte de individualismo: ahí podemos situar sus dos intuiciones básicas, una religiosa y otra filosófica, y de ellas parte todo su pensamiento y postura vital posteriores. Servet busca la *simplicitas:* una *simplex veritatis via* y una *simplex religiositas* (*Rest.* 594 en las *Cartas a Calvino*, y 408).

d) Muy al inicio de su carrera acepta *la Biblia como fons veritatis*, como fuente y garantía de verdad. Es lo que Tollin llama su «bibliolatría», pero que tiene en él peculiares caracteres [145]. A este principio responden frases tan tajantes como éstas: «Yo encuentro en la Biblia toda filosofía y sabiduría», o «todo cuanto a Dios res-

---

grafo, al instante, retiene y refleja todo objeto que se le presenta», *Servetus and Calvin* (Londres, 1877), p. 20. No en vano WILLIAMS, p. 606, le llama «intelectualmente omnívoro»: *the intellectually omnivorus Servetus.*

[145] *Das Lehrsystem...,* II, 33-37.

pecta, si no se prueba con la Escritura, es mentira» *(DeTrErr* 78b y 40b). Aunque en tono menor, por tratarse luego ya de un principio conquistado hace tiempo, son frecuentes también en *Restitutio.*

e) Su exclusivista biblismo inicial se amplía luego, al abrírsele sus propios horizontes mentales en contacto con el Humanismo, a tres caminos secundarios y subsidiarios de la verdad, que él prosigue para servirse de ellos como ayuda instrumental:

— la *filología,* para determinar el auténtico significado *textual* de los textos bíblicos: de ahí su insistencia en la necesidad de saber hebreo [146], su recurso a los Padres prenicenos por testigos de la tradición más pura [147], su definición del sentido propio y etimológico de los términos técnicos, su uso de las ediciones humanistas en las lenguas originales, su llamativa familiaridad con comentaristas hebreos;

— la *filosofía,* para relacionar el contenido *conceptual* de los datos bíblicos con otras expresiones de verdad paralelas, especialmente con doctrinas neoplatónicas del período helenístico y con fórmulas pseudoprimitivas paralelas al platonismo, tales como el hermetismo y el orfismo;

— la *ciencia,* para verificar sobre una base *factual* ciertos datos bíblicos y sus correlatos filosóficos, lo cual arguye en Servet un concepto aún no moderno e independiente de la ciencia, a diferencia de en Kepler o Galileo, pero enriquece su exposición sistemática, como ocurre, supremamente, con la secuencia de la circulación de la sangre.

Sobre estos presupuestos, fácilmente comprobables en cada página de *Restitutio,* podemos iniciar un breve estudio de sus fuentes. Podemos dividir éstas cómodamente en bíblicas, patrísticas, judías o hebreas (con exclusión de la Biblia), filosóficas y esotéricas.

Bíblicas

El criterio con que Servet abre la Biblia es constante, como por una intuición coherente, desde su *DeTrErr* juvenil. Ya en esa obra

---

[146] Su ignorancia «engañó notablemente a los filósofos griegos», pues «las cosas grandes son llamadas dioses y ángeles por los hebreos». «Los que ignoran la lengua original de la Escritura se ignoran a sí mismos», *DeTrErr* 14a-b, 20b, etc., y lo repite constantemente a propósito de términos como «natura», «persona», etc.

[147] «Los posteriores han añadido esto», «yo no tengo ningún problema con los antiguos», etc.: *DeTrErr* 43a. Esta identificación con los *antiquiores,* en los que siempre van incluidos Ireneo y Tertuliano, *ib.,* 113a, llega hasta hacerle simpáticas algunas herejías antiguas, simplemente porque *veritatis erant propinquiores,* estaban más próximas a la verdad: aún no se les había ocurrido la Trinidad. «Desde el tiempo de los "filósofos" arrianos se nos ha cerrado el camino de investigar la verdad», *ib.,* 119 a y b.

selecciona como esencial el sentido literal, rechaza el profético, apenas utiliza el moral, y se vale del tipológico para ensanchar con mejores garantías sus propios horizontes especulativos. Para no abrumar con textos de fácil aportación ni repetir los que el lector encontrará por sí mismo en *Restitutio*, se antoja preferible transcribir, traducida del latín original, la introducción que Servet mismo escribió para su edición 1542 de la versión original que de la Biblia había hecho Pagnini:

> Enseñónos aquel sabio Jesús, hijo de Sirac, en el proemio a su libro que llaman Eclesiástico, que los términos hebreos se marchitan o entorpecen al ser traducidos a otra lengua. Con razón juzgaba que esa viva energía del Espíritu, los énfasis de sus expresiones, sus paradojas, sus antítesis, alusiones, etc., no pueden conservarse con exactitud en nuestras versiones. Por eso, tanto antes como ahora, la mayor parte de quienes se han esforzado en interpretar la Biblia jamás lo lograron cabalmente. Y ello porque quienes ignoran la historia hebrea fácilmente menosprecian, sobre todo, el sentido histórico y literal, que es documento cierto del futuro. Y así, vana y ridículamente, andan a la caza de interpretaciones místicas.
>
> Por eso, lector cristiano, una y otra vez te rogaría que ante todo aprendas hebreo; luego, te dediques diligentemente a la historia antes de abordar la lectura de los profetas. En efecto, cada profeta seguía la historia a la letra, y la historia prefiguraba lo futuro, y en ella estaban incluidos los misterios de Cristo espiritualmente. Pues «todo les sucedía en figura», como dice Pablo; y como apunta Juan ,«testimonio de Jesús el Cristo es el espíritu de profecía», aunque el sentido literal de los profetas fuera entonces otro, a tono con la historia de lo acaecido. Y si alguien niega que ese sentido sea verdaderamente literal, a base de que no siempre le conviene el rigor de la letra, con agrado se lo concederé. Pero hay que recordar que la lengua hebrea está saturada de hipérboles, y que otros misterios mayores están contenidos en ellas. Hay que recordar, asimismo, que si bien ese sentido no puede llamarse literal, sin embargo, ya en él había asomo de la verdad futura; como, por ejemplo, en la sombra de David reluce una verdad sólo aplicable a Cristo, pues de sus historias en los Salmos se tomaron ocasiones de predecirlo, por lo cual se dice que fue tipo de Cristo. También de Salomón fue dicho en sombra «Yo le seré padre», y del pueblo israelita «De Egipto llamé a mi hijo», siendo así que a solo Cristo conviene realmente, hasta el punto de que digamos que sobre Cristo hay un sentido literal profético.
>
> Añade a esto que este Libro, como está dicho, está escrito «por dentro y por fuera», y que doble nos consta ser el rostro de la Escritura, a manera de «espada de dos filos». Fe-

cunda es la fuerza de la Escritura, y bajo la vejez de la letra que mata contiene tal novedad del espíritu que vivifica, que, si se le acepta un sentido, resulta criminoso rechazar el otro. Más aún, éste es puesto de manifiesto por el sentido histórico. Por eso nosotros en nuestros escolios nos hemos esforzado en mostrar ese sentido viejo literal o histórico, tan frecuentemente menospreciado, a fin de que por su tipo comparezca el místico, el verdadero; y así todos nosotros veamos con claridad y a cara descubierta, como a nuestro Dios, a aquel Jesús el Cristo, velado bajo esas sombras y figuras ,a quien, por eso, aún no ven los ciegos judíos [148].

Si el lector tiene presentes, a lo largo de su estudio de *Restitutio,* varias de estas obsesivas reflexiones servetianas, podrá haberse ahorrado no pequeños factores de incomprensión de sus puntos de vista y aun de sus doctrinas sistemáticas, cuando se deleita, a las veces con enojo del lector apresurado, en apurar inducciones tipológicas, vengan o no del todo a cuento. Pero su intento de leer en la Biblia primero historia y, tan sólo luego, posible proyección de una lectura tipológica así interpretada *a posteriori,* supone una importante contribución de Servet a los estudios bíblicos de su tiempo, plagados por la arbitrariedad de relecturas moralizadoras un tanto en el vacío. En este sentido, no puede dudarse de que Servet representa uno de los primeros propulsores de una teología positiva, superadora de las, a veces inanes, vacuidades escolásticas.

Por lo demás, no parece sea factible concretar qué edición griega y hebrea de la Biblia manejó Servet [149]. Tampoco pueda acaso pasar de arbitrario el asignarle influencias concretas en su hermenéutica bíblica, fuera de las que, como vamos a ver, aduce y confiesa explícitamente él mismo en sus contextos. Tollin aseguró que en ese campo se lo debe todo a Pablo de Burgos, pero no trae prueba alguna [150]. Entre tantos temas servetianos que quedan por dilucidar, éste es uno de los que reclaman un estudio técnico que aportaría no pocos esclarecimientos.

---

[148] Trad. directa del ejemplar que se conserva en New York Public Library.

[149] Mucho se ha dicho que manejó la Políglota de Alcalá, pero de afirmaciones como ésta no se propone base alguna. Lo más normal es que tuviera al alcance las ediciones de Erasmo.

[150] *Op. cit.,* II, 45. No cabe duda de que Servet conocía perfectamente los comentarios de Nicolás de Lyra y las *Additiones* de Pablo de Burgos, pues en su ed. de siete vols. de la Biblia (Lyon, 1545) se imprimen. Pero de ahí a afirmar esa decisiva influencia que le atribuye Tollin, hay mucho trecho. En todo caso, hay que demostrarla.

Una ojeada al índice de nombres le dirá al lector gráficamente más de lo que obtendrían muchas palabras. Agustín y Tertuliano aparecen citados con una frecuencia notable: no menos de cincuenta veces aquél, alrededor de treinta éste. Pero con una no menos notable diferencia: aquél, casi siempre para ser rechazado y aun ridiculizado, entre otros Padres, por su defensa de la Trinidad ortodoxa; éste, como apoyo de las propias teorías servetianas. Servet parece contar con Tertuliano para casi todas sus más peculiares doctrinas antitrinitarias; y junto con él, con Ireneo de Lyon y el Pseudo-Clemente, del que tan sólo menciona las *Recognitiones*.

Es comprensible el apego de Miguel a esos escritores pre-nicenos. Ninguno de los tres parece admitir el bautismo infantil, y ciertamente ninguno explica la Trinidad (término que se debe precisamente, sin embargo, a Tertuliano) en el sentido explícito que luego dogmatizó la ortodoxia atanasiana. Muchos otros temas servetianos reconocen en ellos cierto paralelismo, si es que no una inspiración determinante. Dejando aparte a Clemente, de menor influjo posterior por su retoricismo y su carácter espúreo, que Servet conocía ya desde el *DeTrErr*, detengamos un momento la atención en los otros dos.

El *Adversus haereses* de Ireneo es, ante todo, un escrito antignóstico. Ahora bien, siendo los gnósticos los primeros heterodoxos cristianos, resultado de la primera aplicación sistemática de la especulación racional a los datos revelados, la reacción apologética de Ireneo por fuerza tenía que acentuar los puntos más atacados por aquéllos. Nacido el gnosticismo del intento de superar la conciencia de la distancia de Dios a base de intermediarios y emanaciones de él, pondría de relieve la cercanía inmanente de Dios, el acceso del hombre a su deificación, presentando el modelo de Jesús, cuya naturaleza humana quedaba así supervalorada acaso y cuyo ejemplo debía todo hombre *recapitular*, como él había ya recapitulado de algún modo la humanidad entera. Servet toma de Ireneo muy variadas ideas, especialmente la de que Verbo y Espíritu son como dos *manos* de Dios, pero no distintos de él, en un sentido cercano al gnóstico. Al contrario, Servet está convencido de que la idea nicena de Trinidad es una reincidencia en el gnosticismo. A pesar de relativas semejanzas entre la cristología, la antropología, la teoría del mal, la final apocatástasis, y otras que se irán anotando, de Ireneo y de Servet, no hay que olvidar que las circunstancias históricas a que uno y otro responden distan como el siglo III y el XVI. Uno, en consecuencia, puede preguntarse con razón si Servet es fiel a la mente de Ireneo, cuando se apropia algunas de sus ideas o términos expresivos. He aquí otro importante tema pendiente de investigación [151].

El mismo interrogante debe afectar al uso que de Tertuliano hace Servet. Muchas cosas les acercan: algunos temas, el carácter, el estilo, el antiintelectualismo, la visión energetista de la realidad, una expriencia religiosa abocada a la acción en la caridad. Servet debió de experimentar una fuerte sacudida interior cuando halló en él la confirmación de ideas que le eran ya muy caras. La distinción tertulianea entre *sapientia, sermo* (así llama al *Verbum*, Palabra) y *ratio* (o *Logos)* le proporciona la base para distinguir como tres etapas idealmente temporales del Verbo con precedencia a la encarnación en Cristo. Verbo y Espíritu son vistos por Tertuliano como dos *disposiciones* o *economías* internas de la divinidad ordenadas a su manifestación. Servet se vale del concepto tertulianeo de *persona* como «aspecto» para rechazar, otro argumento más, la distinción de las Personas, etc. Aparte su doctrina trinitaria y cristológica, con gran énfasis en la unidad divina, tan caro a Servet, no cabe duda de que los dos elementos tertulianeos que más claramente tomó prestados Servet fueron el de la *corporeitas* de todo lo existente y el de lo forma humana del Verbo: *verbum corporale*. También habrá que dudar si ciertas correcciones servetianas a la idea platónica de alma (su ordenación natural al cuerpo, su dolor al separarse de él, ciertas expresiones oscuras al hablar de su inmortalidad) se derivan de cierto aristotelismo persistente o, por el contrario, están tomadas del *De anima* de Tertuliano [152]. Uno de los mayores esfuerzos de Servet en su propia defensa durante el proceso ginebrino consistió en tratar de convencer a Calvino y sus pastores de que su lectura de Ireneo y de Tertuliano era correcta [153]. Hay que distinguir un doble aspecto del problema: al patró-

---

[151] Sobre esa época, la monumental *Cristología gnóstica* de A. ORBE (Madrid: BAC, 1976), 2 vols. Sobre el gnosticismo, la bibliografía es inmensa, y no caeremos en la puerilidad de desflorarla. Igualmente sobre Ireneo. Baste referir a J. QUASTEN, *Patrología* (Madrid: BAC), 2.ª ed. 1968, vol. I, 287-314.

[152] Este tratado falta en la ed. de Tertuliano de Beatus Rhenanus (Basilea, 1521 y 1528). Sabemos que Servet usó la del 28. Pero, aunque no cita el *De anima*, pudo verlo ya en la ed. mesnartiana (París, 1545). MANZONI habla siempre del «materialismo tertulianeo», pero sería mejor llamarlo sustancialismo, que recoge Servet, a quien no pudieron menos de influirle frases como ésta: «No tengas por imposible ni arriesgada la *corporatio* de Dios» *(De carne Christi,* cap. IV: PL II, 758). Este concepto es también común a LACTANCIO: «Dios, pues, se corporó, *corporatus est,* y se vistió de carne», *De divin. instit.* IIV, 26, pero lo aplica sólo a la encarnación, a diferencia de aquél. *Corpus* en Tertuliano, como a veces en Agustín, significa ser, entidad, sustancia. Sobre la estructura de su pensamiento, I. VECCHIOTTI, *La filosofía di Tertuliano* (Urbino, 1970); y, por supuesto, J. QUASTEN, *op. cit.,* I, 546-635.

[153] Hubo de disponer en la cárcel de ejemplares de sus obras, en las ed. basileenses de 1528 (del Pseudo-Clemente de las *Recognitiones* en la de París de 1504 o más probablemente en la de Basilea, por Bebel, de 1526;

logo puede interesarle ese planteamiento por sí mismo; al historiador le conmueve más el hecho de que Servet tenía sus propias ideas sistemáticas, y que, con estricta fidelidad o no, las quiso apoyar en antiguos textos respetables. En todo caso, este empeño configura a su vez uno de los más atrayentes rasgos del humanismo crítico de Servet.

Esos dos Padres, más Clemente e Ignacio de Antioquía, son citados por Servet siempre con valoración positiva; equivalen a un argumento más de que la Iglesia post-nicena quedó oprimida por el Anticristo. De Ignacio subraya su énfasis en la unidad de Dios, su ausencia de toda preocupación trinitarista, su incipiente polémica antidocetista y antignóstica. Los numerosos post-nicenos, con Atanasio a la cabeza, son aducidos como muestra de esa corrupción que culminó en el *siglo silvestrino (Rest.* 399). Pero en el tratamiento de unos y otros admira cómo Servet toma lo que le conviene, no siempre lo esencial ni aun lo mejor, para proseguir en la construcción de su propio sistema independiente. Las citas patrísticas, a diferencia de las bíblicas, no alcanzan en él el nivel de pruebas apodícticas; de hecho, no pasan de razones confirmativas.

El lector interesado acaso podría deleitarse en comprobar las ediciones de fuentes patrísticas que Servet manejó o al menos pudo manejar. Por ejemplo, sabemos que para Agustín disponía de la de Erasmo y Vives, Basilea 1528; para Basilio, la de Basilea de 1551; para el Pseudo-Dionisio, la de Basilea de 1539; para Cipriano, la de Erasmo, Basilea 1520; para Orígenes, la de Segismundo Gelenio, el amigo de Erasmo, Basilea 1515, o acaso la de Merlin, París 1512; para las *Cartas* de Ignacio, la de Lefèvre d'Etaples de 1498 o, aún con mayor probabilidad, la de Champier, 1516; para Lactancio, a quien cita ya en *DeTrErr*, quizá, por eso, la parisina de 1509, de Marchand, pero pudo compulsarla luego con varias posteriores: la de Venecia 1535, la de Amberes 1539, y más obviamente la de Lyon 1548; y así para otros Padres. A todos ellos les debe Servet mucho más de lo que indica, aunque siempre en el sentido explicado antes: contribuyen a edificarle su sistema propio y previamente concebido.

Por lo demás, está claro que la mayor o menor frecuencia de su recurso no sólo puede indicarnos su aceptabilidad o rechazo, sino su grado de familiaridad. Agustín, Atanasio, Basilio, ambos Clementes, Eusebio, Hilario, Ignacio, Ireneo, Lactancio, Orígenes (también tan afín a Servet), Tertuliano comparecen con tal frecuencia que no cabe duda fueron estudiados directamente en sus propias obras. Otros, como Ambrosio, Asterio, Atenágoras, Cipriano, Crisóstomo, Damasceno, Dídimo, los dos Dionisios, Epifanio, etc., pu-

---

de Ignacio, en la de Lefèvre o Champier), pues cita con gran precisión docenas de textos a página exacta. Cfr. *Calv. Op.*, VIII, 507-535; *Kingdom*, 8-24.

14. Wolfgang Capito (1478-1541), de Johann Ficker, *Bildnisse der Strassburger Reformation,* Strassburg, 1914.

EFFIGIES DOCT. OTHONIS
Brunfelſij Anno ætatis ſuæ
XXXXVI.

15. Otto Brunfels (1488-1534), por Hans Baldung Grien, en sus *Annotationes in qnatuor Evangelia et Acta Apostolorum,* Strassburg, 1535.

DE TRINI=
TATIS ERRORIBVS
LIBRI SEPTEM.

Per Michaelem Serueto, aliàs
Reues ab Aragonia
Hiſpanum.

Anno M· D· XXXI·

16. Portada de la primera obra de Servet.

17. El humanista y nuncio, después cardenal, Girolamo Aleandro (1480-1542), quien inició la persecución católica de Servet. Abadía Sainte Baste, en Arras, Francia, según códice de 1560 ca.

Michaël Villanouanus lectori S.

DOCVIT NOS SAPIENS ILLE Iesus filius Sirac in prooemio libri sui, quem Ecclesiasticum uocant, Hebraica uerba deficere, siue obtorpescere, quum in aliam linguã fuerint trãslata. Probè diiudicans, uiuam illã spiritus energiã, dictionum emphases, cõcursus, antitheses, allusiones, & reliqua eius modi, non posse in uersionibus nostris ad unguem seruari. Vnde meritò, & olim, & nunc Bibliorum interpretationi plerique desudantes, rem integram sunt nunquam assequuti. Quum præ-sertim historicum,& literalem sensum, qui certum est futuræ rei monumentum, ij qui Hebræorum res gestas ignorant, facilè contemnant. Vnde & mysticos sensus frustra illi, & ridiculè passim uenantur. Ob quam rem te semel, & iterum uelim rogatum, Christiane lector, ut primùm Hebraica discas, dein-de historiæ diligenter incumbas, antequam prophetarum lectionem aggrediaris. Singuli enim prophetæ suam iuxta literam sequebantur historiam, quæ & futura præfigurabat, & in qua Christi mysteria se-cundum spiritum concludebantur. Nam omnia in figura contingebant illis, ut ait Paulus, & testimonium Iesu Christi, ut ait Iohannes, est spiritus prophetiæ, quanquam alius iuxta literam fuerit tunc propheta-rum sensus, ut rei gestæ ferebat historia. Quòd si sensum illum esse uerè literalem quis neget, eo quòd ui-literæ non semper uerè congruat: id ego dicenti lubens concedam. Illud tamen perpendendum, Hebraicam linguam esse totam hyperbolis plenam, & maiora alia ibi contineri mysteria. Perpendendum item quòd si literalis ille sensus non dicatur, aliqualis tamen erat futuræ ueritatis obumbratio, ut in umbra Dauidis relu-cet ueritas soli Christo conueniens. Ab eius enim historiis desumptæ in psalmis sunt prædicendi de Christo occasiones. Imò hac ratione dicitur ille fuisse Christi typus. De Salomone· etiam in umbra ac-tum est, Ero illi in patrem: & de Israëlitico populo dictum est: Ex Aegypto uocaui filium meum: cum tamen soli Christo id uerè conueniat: ut & literalem propheticum sensum esse de Christo dicamus· Adde, quòd liber hic dicitur scriptus intus, & extra, & duplicem esse constat scripturæ faciem, instar gladij utrinq; scindentis. Foecunda est scripturæ uis, & sub uetustate occidentis literæ nouitatem ita con-tinet uiuificantis spiritus, ut collecto inde uno sensu, alium sit nephas omittere: eo magis, quia historicus ille alium ultro patefacit. Vnde & nos literalem illum ueterem, seu historicum passim neglectum sensum, co-nati semper sumus scholiis eruere, ut eius typo mysticus, imò uerus, innotesceret: utq; illum, qui scopus est omnium, *IESVM CHRISTVM*, sub illis umbris, & figuris obuelatum, quem ob id non uident cæci Iudæi, nos omnes reuelata facie Deum nostrum clarè uideamus. In qua re, sicut & in ipsa Pagnini nostri uersione, non parum est nobis post omnia eius annotamenta desudatum. Annota-menta, inquam, quæ ille nobis quàm plurima reliquit. Nec solum annotamenta, sed & exemplar ipsum lo-cis innumeris propria manu castigatum. Ex quibus omnibus affirmare ausim, & integras magis nunc esse sententias, & Hebraicæ ueritati propinquiores. Ecclesiæ tamen, & He-braicè peritorum sit de hac re iudicium: alij enim id iudicare nequeunt.
Quicquid uerò commodi hinc lector retuleris, primùm Deo,
OPT. MAX. deinde HVGONI
à Porta Lugdunensi ciui, gratias agito,
cuius opera & impensis hæc
in lucem prodeunt.
Vale.

✳ ij.

---

dieron serle familiares; mas el hecho de que algunos aparezcan sólo una vez y en cita no directa apoyaría la hipótesis de que los menciona de segunda mano. Otros, por fin, como Isidoro de Sevilla, Jerónimo, Pablo Orosio, aun siendo mencionados muy poco, lo son tan exactamente que no cabe dudar de su conocimiento personal.

El lector, ante tamaña erudición, se pasma. Servet, médico profesional, hace gala de una erudición patrística extraordinaria.

Hebreas

Dividámoslas en grupos para mayor conveniencia de análisis.

Ante todo, no se observa en Servet presencia ni huella alguna del Talmud, lo cual no ha dejado de llamar la atención de quienes se han ocupado de esta parcela de su erudición [154]. Lo mismo hay que afirmar respecto de esa otra inmensa creación de la mística judía que es la Cabala. Servet mismo rechaza su validez en textos que no dejan lugar a dudas sobre su repulsa [155]. Esto no obsta a que se observen determinados puntos genéricos de convergencia entre aspectos parciales del *Zohar*, por ejemplo, y los correlativos de *Restitutio* de tema semejante, como sería de esperar, pues también en ésta abundan páginas de especulación esotérica. En un pasaje de la *Apología a Melanchton* llega incluso a mencionar el término *middoth*, pero él lo interpreta como sinónimo de los atributos de Dios, sin connotación específica de emanación [156]. Esta ausen-

---

[154] «Servet no parece haber hecho cita directa alguna del Talmud mismo, y no cita sin referencia a su fuente. Por eso, su mención del Talmud no está basada en conocimiento de su contenido». L. I. NEWMAN, *Jewis Influence...* (New York: Columbia, 1925), p. 558. La mención genérica del Talmud, en *Rest*. 46.

[155] «Les dejo a los cabalistas sus secretos», *DeTrErr* 100 b y 63 b; *Rest*. 125, Dice F. SECRET, *Les kabbalistes chrétiens de la Renaissance* (París, 1964), páginas 225 y 227, que no se puede hallar influencia de la Cabala en Servet; no obstante, hay que notar que estudia sólo su escrito juvenil, y no *Restitutio*. Champier fue uno de los grandes difusores de la Cabala, según ha mostrado el mismo SECRET, «Symphorien Champier et la Kabbale», *Rev. des Études Juives*, 1 (1964), y lo fue también Capito, con quien Servet convivió en Estrasburgo; de él, según TOLLIN (*op. cit.*, vol. III, prólogo, ix), recibió Servet el conocimiento de toda la mística judía. En todo caso, no hay en él huella de ningún cabalista contemporáneo: Pico, Lazzarelli, Reuchlin. Si leyó algún texto cabalista, está claro que acepta algunos de sus elementos, pero los reinterpreta, como hace con todos los datos que su voracidad asimila. No hay huella del *Zohar* tampoco en ninguna secuencia de *Restitutio*.

[156] *Rest*. 699 (nuestra ed., p. 234). Lo mismo cabe decir de datos, de origen cabalista, que toma de los rabinos Arama y Saba (*Rest*. 134 y 225). Es el mismo procedimiento seguido con los tomados de los *Pirke* y del *Bereshit Rabbaa* (*Rest*. 133 y 159). Disentimos, pues, no sólo de quienes, como SAISSET, «Michel Servet», *Mélanges...* (París, 1859), p. 438 y ss., recogiendo sus arts. en la *Revue de deux mondes*, afirman el cabalismo de Servet sin prueba al-

6

cia de la Cabala resulta tanto más elocuente cuanto que Servet, como nos consta, conocía obras cabalistas, tanto antiguas (Eliezer, no sabemos si el *Zohar* mismo) como contemporáneas suyas (Arama, Saba; no sabemos si Lulio, Pico, Reuchlin, Postel), además de Rashi y Ezra, que lo son en buena parte. Este rasgo quizá sólo pueda explicarse en conjunto por obra del buen sentido selectivo de Servet. Nada de emanaciones, de eones, de demiurgos, de intermediarios, en su obra, tan adversa a todo tipo de gnosticismo y de esoterismo estrictos. La misma Sabiduría, *Achamoth*, es identificada por él, siguiendo la Biblia, y continuando toda una tradición ortodoxa, con el Verbo pre-creacional. No distingue entre clases de hombres (pneumáticos, hylicos, etc.) como en el horizonte cabalista, sino entre hombre interior y exterior, *in spiritu*, frente a *in corpore et carne*. Su biblismo y su moderación le impidieron aceptar elucubraciones extrañas, aunque no exentas de belleza.

Por el contrario, Servet conoce la literatura midráshica. Así consta por una mención de los *Pirke* del gran rabino Eliezer, de principios del siglo II o al menos atribuidos a él ,y por varias del *Bereshit Rabbaa*. No hay dificultad para identificar la fuente de aquélla, a saber un pasaje de la *Guía de los perplejos* de Maimónides, que le era bien conocida, donde aparece; mayor la hay en el segundo caso, por falta de relación de ediciones de ese «gran Génesis» en su tiempo. Por el contrario, las pocas citas de los *Targums* pueden explicarse recordando que de ellos se hicieron múltiples ediciones anteriores a Servet [157].

El grueso de las fuentes hebreas de Servet corresponde a la literatura rabínica. El sistema de Servet habría cambiado de signo, de no haber tenido la fortuna de encontrarse con una serie de ilustres comentadores judíos medievales que sustentaron su lectura bíblica en el mismo sentido expuesto por él en el prólogo a su Pagnini, citado antes. De esta manera, toda una serie de textos tradicionalmente interpretados como proféticamente «mesiánicos» dejan de serlo para Servet, quien no ve en ellos sino, acaso, tipos eventuales de personajes y acontecimientos futuros, así interpretados *a posteriori*. Una de las notas esenciales del pensamiento ser-

---

guna que no sea indirecta, sino también de J. FRIEDMAN, quien en «Michael Servetus: the case...», pp. 99-103, da como elemento cabalista suyo el uso de diversos nombres divinos (*Rest.* 125-127), el recurso a las notas *zakeph* y *etnachta* para acentuar determinadas interpretaciones (*R.* 61), y otros detalles, texto reimpreso en su libro, pp. 126-7.

[157] Ya, al menos, en 1494 hay un *Targum* a los profetas impreso en Leiría por Samuel D'ORTAS; el *Targum* al Pentateuco, en hebreo, tiene diversas eds. desde la de 1482 en Bolonia, y luego en 1516; de Estrasburgo, 1546, es el *Thargum, hoc est, Paraphrasis Onkeli Chaldaica in Sacra Biblia*, con trad. latina y comentarios de Pablo FAGIO, que es la ed. del Onkelos que Servet debió de manejar.

vetiano es la negación del concepto ordinario de profecía. Al obrar así, daba la espalda a toda la tradición cristiana patrística y medieval, a fin de ahondar en el sentido primero, el literal, que es el auténtico, de la palabra bíblica. Emprendió esta tarea con valor y habilidad, promulgando teorías muy por delante de su tiempo, reconocidas como válidas tan sólo por los eruditos cristianos liberales de hoy [158].

Cabe mencionar entre estos rabinos familiares a Servet a los célebres siguientes: el narbonense David Kimchi, el toledano Aben Ezra, el más famoso rabino francés medieval Salomón Jarchi Rashi, y sobre todos, nuestro cordobés Moisés ben Maimon o Maimónides, que él suele llamar «Moisés el egipcio», por haber residido al fin y muerto allí. Muy en segundo lugar, dos judíos castellanos, ya de la generación de la expulsión, casi contemporáneos suyos: Abraham Saba e Isaac Arama. Y en una sola confusa mención, el polemista germano Salomón Lipmann-Mülhausen. Menos éste, todos ellos tenían sus obras impresas, algunos en varias ediciones, al tiempo de Servet, por lo que, aun descontando que le pudiera resultar oneroso adquirirlas o consultarlas, se explica la normal exactitud de sus citas. La confusa mención del *Sepher ha-Nitzachon* del último (*Rest.* 61) puede deberse a que Servet no la conocía directamente, o acaso tan sólo en defectuoso manuscrito, pues no estaba impresa en su tiempo; pero lo más probable es que leyera su mención en antologías hebraístas del momento o en alguno de los muchos libros antijudíos de la época [158].

Lo más llamativo de este insistente uso servetiano de fuentes adversas al cristianismo es que no las aducía tan sólo para aclarar dificultades filológicas, sino en contra de autoridades teológicas y aun patrísticas cristianas; es decir, «no meramente con finalidad etimológica, sino especialmente doctrinal» [159]. Esta conclusión, fácil de comprobar, no debe, sin embargo, llevar al extremo de entender la actitud de Servet en el sentido de intentar establecer una «cristiandad judía», como insistentemente ha escrito Friedman [160]. Ante todo, porque Servet es un manifiesto antijudío en toda su obra sistemática. Además, porque no se recata de criticar algunas de estas fuentes y de rechazar sus datos cuando no encajan en su intuición doctrinal: tal el caso, no único, de un pasaje en que el *Targum* Onkelos y Maimónides son corregidos (*Rest.* 105), de for-

---

[158] En un estudio reciente y realmente sensacional, el Prof. BENZION NETANYAHU acaba de demostrar que *todas* las citas, muy numerosas, que en su *Fortalitium fidei* hace ALONSO DE ESPINA de fuentes hebreas, están tomadas de segunda mano. No hay por qué extrañarse de que Servet lo haya hecho quizá una sola vez. Cfr. «Alonso de Espina: Was he a new Christians?», *Proceed of the Amer. Ac. for Jewish Research*, 43 (1976), 109-165, espec. 121.

[159] NEWMAN, *op. cit.*, p. 558.

[160] En el art. cit. en nota 156.

ma que sus escrúpulos sean interpretados a favor de sí mismo, defendiendo en Dios ciertos antropomorfismos, inauditos para un judío ortodoxo, que para él se explican por la indistinta preexistencia de su Verbo con forma humana encarnable. Especialmente, porque, como siempre, Servet es un pensador independiente, que se apropia lo que él sabe que encaja en su propio sistema. En tal sentido, tampoco debe malinterpretarse la acusación de «judaizar» que tempranamente le dirigió Ecolampalio, ya con motivo de sus obras juveniles, y luego le fue repetida por Calvino durante el proceso de Ginebra, pues el mismo tipo de insulto le devolvió a su vez Servet [161]. Más que las conclusiones que sacaba de esas fuentes y de otras similares, llamó la atención de sus jueces, en ambos procesos, el hecho mismo de que hiciera uso de ellas, su actitud independiente, original. Que tal es la recta interpretación de estos hechos se desprende igualmente de la manera como los adversarios de Servet reaccionaron ante su uso de otra fuente religiosa adversa al cristianismo: el Corán islámico. También con este motivo se le acusó de «islamizar» [162]. Ahora bien, rayaría en ridículo el calificar este uso servetiano de fuentes islámicas como intento de construir una «cristiandad islámica». Claro está que las menciones coránicas son mucho menos frecuentes que las hebreas en la obra de Servet, con lo que también se rompe el paralelismo; pero

---

[161] Ecolampadio (es decir, Johan Häusgen) termina así la primera de sus dos cartas conservadas escritas a Servet criticando su *DeTrErr*: «Por lo cual, bien veo cuánto de nosotros te apartas, y más bien judaizas que predicas la gloria de Cristo», de 1531, s.f. (impr. dos veces en vida de Servet, *DD. J. Oecolamp. et H. Zuinglii Epist. libri quatuor...*, Basilea, 1536 y 1548) *Calv. Op.*, VIII, 860. Según él, al hacer Servet de Cristo un profeta, es reo de «judaísmo o de mahometismo». Nada tiene que ver con un eventual casticismo judío de Servet; pero tampoco llega a constituir base de la pretendida *Jewish Christianity*. Acusa el empleo de fuentes hebreas y sus planteamientos antitrinitarios, simplemente. Calvino ataca ese mismo uso: *Calv. Op.*, VIII, 727, 732, 741, y en las prop. 2 y 32 de los «errores» señalados en el proceso: *Kingdom*, 25 y 42. Calvino llega a llamarle *bonus rabbinus* (*Op.*, 620). Similares insultos de Servet a él, especialmente, en las *Cartas* y en la *Apología a Melanchton*. El lector verá cómo en varios lugares de *Rest*. también la iglesia romana es acusada de «judaizar» y de una «espiritualidad judaica». En definitiva, lo que Servet intenta en su continua atención a textos y fuentes hebreos, que no judíos (aunque coincidan), es lo que San Jerónimo al traducir el Antiguo Testamento: buscar la *haebraica veritas: Epistolae*, Ep. CXII, 20.

[162] Varias veces durante el proceso, *Calv. Op.*, VIII, 502, 536, 556, 638, 765, 770, 777, 782. Ni Calvino ni el tribunal comprendían que Servet recurriera a las fuentes coránicas con tal soltura. Usó, según su propia confesión, la ed. del *Corán* de Basilea, 1543, hecha por Bibliander. El criterio que rige este constante recurso a fuentes heterodoxas había sido expresado con claridad en *DeTrErr* 43a: «Oye también lo que dice Mahoma, pues más hay que creer a una verdad confesada por el adversario, que a cien mentiras de los nuestros.»

no sólo por la enormemente inferior calidad y amplitud de la escritura mahometana. Lo que en ella busca Servet es confirmación de la absoluta unidad de Dios y un ejemplo de simplificación del culto *(Rest.* 36, 418, etc.). Por el contrario, el recurso a las fuentes rabínicas es complementario de su lectura de la Biblia conforme a los criterios caros a él. Las correcciones doctrinales que de ello resultan no pasan, en el mejor de los casos, de ser accesorias, aunque no irrelevantes.

Filosóficas

La evolución que se observa en Servet desde el frontal rechazo de toda filosofía en *DeTrErr* hasta su aceptación cautelosa en *Restitutio* no precisa especial documentación, pues es hecho evidente y no dudado por nadie. Otro asunto más complejo atañe a las motivaciones de ambas actitudes. Si bien se mira, las frases antifilosóficas de su libro juvenil delatan su desilusión personal tras querer hallar en la filosofía clásica griega la solución integral a su sed de saber, en comparación con lo que, especialmente tras su vinculación con los ambientes reformados de la cuenca del Rin, le deslumbró como el descubrimiento de la única fuente de verdad por sí misma, la Biblia. Desde ese momento, impreciso en su biografía, pero innegable, todo discurso meramente humano se le antojará vacuo y arriesgado hasta que una nueva revelación, esta vez humanista y típicamente renacentista, venga a sacudir su mente: la de la convergencia de todas las verdades, cualquiera sea su procedencia.

En efecto, en primer lugar hay que reconocer la influencia negativa de los *Loci communes* de Melanchton. Ahí debió de aprender Servet, ya, al parecer, en sus breves meses de Toulouse, la ecuación entre filosofía y sofistería que poco después repite en el *DeTrErr*, y no en pocos pasajes [163]. Curiosamente, «platonizar» equivale entonces para él a un ejercicio inocuo y vacío del pensamiento, a una dialéctica irracional interpuesta entre la arbitrariedad del

---

[163] Melanchton expresa un total rechazo de toda filosofía, especialmente de la aristotélica, que califica de *tenebrae et mendacia*, muy tempranamente ya en su *Theol. Institutio Ph. Melancht. in Ep. Pauli ad Romanos*, de 1519 *(Corp. Reformat.*, XXI, 49). En la introd. a sus *Loci communes* llega incluso a rechazar a los Padres, principalmente a Orígenes: «Es mejor adorar los misterios divinos que investigarlos», pero, sobre todo, su antiescolasticismo es total. Cfr. ed. y trad. de C. L. MANSCHRENCK (New York: Oxford Univ. Press), pp. 3-4; W. PAUCK, *Melanchton and Bucer* (Philadelphia: Westminster, 1969), introd., p. 11. Consta que Servet leyó a Melanchton en Toulouse, con lo que su previo aristotelismo, bajo su influencia, dejó paso a un poso de escepticismo filosófico que se refleja en *DeTrErr*.

pensante y el conocimiento imposible de la realidad [164]. No hay, sin embargo, descortesías para Platón individualmente, quizá porque aún no lo conocía; a diferencia de para Aristóteles, quien, como luego en *Rest.* 112, es acusado de no haber podido obtener real conocimiento de Dios, pero también de haber producido una sabiduría inútil: «Todo lo que aprendí en la filosofía de nada me aprovecha en la enseñanza; por eso se nos ha dado el Libro, para que en él investiguemos a Dios con ayuda de la fe, la cual no es ese crudo asentimiento de los sofistas» [165]. La conjunción de filosofía griega y de ignorancia del hebreo hizo que algunos, «infectados por el contagio aristotélico», cayeran en error; pero «la causa de su error fue que ellos eran filósofos» [166].

Con la ampliación de su horizonte intelectual, llegará a una mejor comprensión del Estagirita; pero la huella no será borrada del todo. Nada menos que en el culmen de su discusión de la Trinidad, Servet hará gala de gran atrevimiento al echar mano del principio aristotélico de la *reflexio in phantasmata* para negar credibilidad a una doctrina desprovista en absoluto no sólo de base alguna empírica, como es obvio, sino de correlato conceptual inteligible *(Restitutio* 111). Y es básicamente una aplicación del mismo principio el que le lleva a exigir una fe ilustrada e incluso, de algún modo, intelectual, aun en los sencillos o *rudes*, a los que él se dirige: «No puede haber verdadera fe sin comprensión y conocimiento», «no cree bien el que entiende mal, aunque diga que cree» [167]. El aristo-

---

[164] «Filosofa Jerónimo. Pero bien frívolo es, y sabe a platónico, *quid platonicum sapit*», etc., *DeTrErr*, 27a. «Esta peste filosófica nos la han contagiado los griegos, pues ellos eran ante todo aficionados a la filosofía, y nosotros, pendientes de su boca, también nos hemos hecho filósofos», *ib.*, 43a. «¡Gran cosa es platonizar multiplicando realidades distintas!», 47b. «Prefiero, no traspasando la Escritura, hablar al modo humano, que filosofar neciamente», 52b. «Inane es su filosofía», 54a. «Dejadas las imaginaciones de los filósofos...», 57b. «¡Que filosofen conforme a su gusto! Esto sólo lo sabe su magistral metafísica», 59a. «Esto es lo que no pudieron comprender los filósofos», 60a. «No quiero usar términos ajenos a la Escritura, para no dar a los filósofos ocasión de yerro», 64b, etc.

[165] *DeTrErr* 103a. Ese texto, en 107b. «Esos malditos filósofos», 104a. «Resulta evidente que los filósofos yerran», 106a. «Esos filósofos que todo lo saben, que todo lo conocen, no necesitan fe», 108a, etc.

[166] «Todo su error procedía de que eran filósofos», *Ib.*, 76b. «Hay que extrañarse de que busquemos la sabiduría en Aristóteles más que en Dios y procuramos diligentemente excusar sus palabras. Si él estaba en tinieblas, ¿cómo va a darnos la luz?», 78b. «La diversidad de las Personas hay que juzgarla por los modos de aparición, no por la pluralidad metafísica de una sola naturaleza, y en ello todos los filósofos erraron, pues la Escritura nunca habla de naturalezas, sino de apariciones y disposiciones», 85b. «Dos pestes gravísimas, el fermento de Aristóteles y la ignorancia del hebreo, nos han arrebatado a Cristo», 111b, etc.

[167] *Rest.* 41 y 296; también, 29 y 83.

telismo, que, aprendido quizá inicialmente en los claustros de Montearagón, fue su primer contacto con la filosofía, le dejó, pues, un permanente poso de empirismo inicial y de escepticismo racional relativo; pero al mismo tiempo, la exigencia de claridad y el convencimiento de que la luz de la fe no suplanta la de la razón, aunque pueda trascenderla.

En este mismo contexto de claridad racional de los misterios debe inscribirse su recurso a varios filósofos nominalistas, desde Occam hasta su contemporáneo John Major. En *Restitutio* optó, sí, Servet por hacer referencia a este tema, pero en forma muy limitada que equivale a las varias páginas con que en *DeTrErr* lo trata. Vale la pena referirnos brevemente a la polémica celebrada a este propósito. Adolfo Harnack había escrito que la lógica nominalista, con su demoledora crítica, había dejado sin bases racionales el dogma de la Trinidad, por lo cual, en consecuencia, el nominalismo fue a su vez origen filosófico de las tendencias antitrinitarias que pulularon en varios humanistas del Renacimiento [168]. Años más tarde se le respondía que dicha corriente filosófica no había tenido influjo alguno en esas corrientes, favorecidas, ante todo, por gente ignorante de los bajos fondos de la Reforma [169]. Por el contrario, un brillante estudio de Bainton puso de relieve que el antitrinitarismo renacentista, lejos de reconocer como apoyo esa oscura base sociológica, arranca, concretamente en Servet, de la aplicación de los principios nominalistas a la especulación teológica. Claro está, sin embargo, que eso no basta para estructurar el sistema de Servet, al que meramente le sirve de preparación. Eliminados los obstáculos en *DeTrErr*, su doctrina positiva es reconstruida con ayuda de los Padres pre-nicenos y de los comentaristas hebreos, y tiene su plena expresión sólo en *Restitutio* [170].

Servet aporta alguna vez pequeños datos referentes a los presocráticos. Descartando, como es obvio, acceso directo a ellos, pudo adquirir sus dispersas noticias en obras de conjunto: Diógenes Laercio, a quien, sin embargo, nunca cita; el *De anima* de Tertuliano para la secuencia correspondiente; el *De placitis philosophorum* de Plutarco, a quien sí menciona; y ciertamente, la *Cohortatio ad gentes* y *Stromata* de Clemente Alejandrino, además de otra obra que

---

[168] *Hist. de los dogmas* (ed. alem. 1890), vol. III, 659.

[169] St. DUNIN-BORKOWSKI, S.J., «Quellenstudien zur Vorgeschichte der Unitarier des 16 Jahrhunderts», en *75 Jahre Stella Matut. Fetschrift* (Feldkirch 1931), vol. I, pp. 135-137.

[170] R. H. BAINTON, «Michael Servetus and the Trinitarian Speculation of the Middle Ages», en *Autour...*, pp. 29-46. Quedan así bien propuestas tres teorías para tratar de explicar el origen del antitrinitarismo de Servet: la influencia hebrea (Ecolampadio, Calvino; es la actual tendencia de J. FRIEDMAN), el humanismo italiano originado en VALLA y su crítica filológica (CANTIMORI, ROTONDÒ, y más documentalmente MANZONI), la crítica nominalista del final de la Edad Media (BAINTON).

le era, como éstas, muy bien conocida: la *Praeparatio evangelica* de Eusebio de Cesarea.

Su conocimiento con Champier le llevó de la mano al seno del platonismo del Renacimiento, iniciado en Francia tras la visita de Lefèvre d'Étaples a Ficino en su retiro de Florencia. Tras él, Champier fue quien mantuvo desde Lyon tan sagrado fuego. No cabe duda de que Servet leyó directamente a Plotino, a Porfirio, a Proclo, y, por supuesto, a Platón, en las traducciones que Ficino había realizado a fines del XV. Ahora bien, en cuanto a su interés sistemático, es preciso señalar que Platón ocupa en Servet un lugar secundario. Sus citas más directas atañen tan sólo a una función comprobatoria de ideas previas (*Rest.* 130, 179), pero no le prestan importantes servicios doctrinales, ni siquiera terminológicos. Por el contrario, hay pasajes en que Servet corrige conceptos de Platón a base de ideas aristotélicas, a no ser que sean tertulianeas, como antes se indicó, especialmente sobre el carácter antinatural de la separación del cuerpo y el alma (*Rest.* 228).

Es, pues, el neoplatonismo el sistema o tendencia filosófica que más influencia ha tenido en la sistematización del pensamiento servetiano. A este propósito, resulta sugestivo comprobar la curiosa ironía de la historia. Porque es bien sabido que el neoplatonismo, a partir del siglo III especialmente, fue el último reducto de la paganía en defensiva, frente a los avances del cristianismo en los círculos intelectuales del Imperio. Los neoplatónicos, señaladamente los últimos, fueron los supremos defensores de la cultura pagana helenista, y como tales, acérrimos adversarios de la ideología cristiana en auge. Resulta, pues, paradójico que esta corriente filosófica terminara por inspirar los movimientos místicos medievales y que sirviera de estructura mental a sistemas que, como el de Servet mismo, aspiran a fortalecer la dimensión más intimista y divinizadora del mensaje cristiano.

Pero no hubiera sido posible esta valoración positiva del platonismo en el Renacimiento, ni concretamente en el sistema de Servet, de no predominar un ambiente optimista de integración, de creencia en la unidad de la verdad, tratando de superar los dualismos característicos de las escuelas aristotélica y escéptica. El Renacimiento se enfrentó con un problema semejante al de los Padres y al del tomismo siglos más tarde: el de cómo absorber y sistematizar la sustancia de la filosofía clásica y de la literatura antigua. La respuesta varía en cada circunstancia, y así el Renacimiento intentará lograr variedades originales, más que fidelidad a sistemas fuertemente vertebrados. Le domina el presentimiento de que hay una verdad universalmente comprehensiva «en la cual las doctrinas de cada escuela o individuo meramente participan, reafirmando así de un modo más positivo la variedad y libertad intelectuales anhelada por eclécticos y escépticos»[171]. La conclusión era, indefectiblemente, una mucho más amplia tolerancia respecto a los varios movimientos de la historia de la filosofía. Por eso, los pensadores del Renacimiento muestran perfecto acogimiento a las doctrinas esotéricas que ya habían pululado en la etapa neoplatónica: el hermetismo, el zoroastrismo, el sibilismo. El mismo Ficino, que tradujo al latín a Platón y a los neoplatónicos, vertió también muchos de estos textos esotéricos[172].

La frecuencia de citas neoplatónicas, que es pequeña en *Restitutio*, no está conmensurada con la real importancia de ese pensamiento para Servet. El lector notará que los textos más filosóficos aparecen en los Libros IV, V, y los Diálogos. Al comienzo mismo nos tropezamos, sin mención de fuente, con el principal de todos: el concepto de Dios como *essentia omniformis (Rest.* 125), que adquiere en el servetismo, como veremos, rango de principio estructural. Ahora bien, sin que nos sea dado determinar exactamente la fuente, ése es un concepto órfico y neoplatónico. Tenemos aquí, sin embargo, un caso semejante a otro mencionado antes: el buen sentido y la compostura mental de Servet le impiden utilizar los datos de Focino, y mucho menos aún los de Proclo y Jámblico, si es que llegó a leer a éste directamente (sólo lo cita una vez), y extenderse en sus arbitrariedades gnósticas y semicabalísticas de esas interminables series de emanaciones divinas que proceden del Uno. Tendremos, en conclusión, que el neoplatonismo no servirá tampoco para identificar a Servet con él, a causa del versátil y creador talante de su propio filosofar.

Prosiguiendo la senda de Platón, pero dando un paso atrás en el tiempo, se nos presenta Filón de Alejandría como el pensador de la etapa previa al neoplatonismo, pero fuertemente impregnado del maestro, que más influjo tuvo en Servet. Sus citas traslucen gran familiaridad con él, por más que nos queden lagunas de exacta identificación. Pero, lo más importante, Servet recibe de Filón, y no del común maestro, la interpretación del concepto de *imagen*

---

[171] P. O. KRISTELLER, «The unity of truth», en *Renaissance Concepts of Man* (New York: Harper, 1972), p. 53.

[172] Sobre todo este movimiento sigue siendo la mejor obra la de P. O. KRISTELLER, *The Philosophy of Marsilio Ficino* (New York: Columbia, 1943). La influencia del neoplatonismo en Servet fue bien señalada por MENÉNDEZ PELAYO, así como por M. SOLANA, *Hist. de la Filosofía española. Epoca del Renacimiento. Siglo XVI* (Madrid: C.S.I.C., 1941), págs. 660-681, y también, entre otros manuales, por G. FRAILE, *Historia de la Filosofía española* (Madrid: BAC, 1971), pp. 258-261. No le acusa éste de panteísta, pero afirma: «Su interés como filósofo se reduce al fondo neoplatonizante que late en su teología antitrinitaria», vinculándose, por lo demás, al carro de Menéndez Pelayo. Resalta aún más esta dependencia en Solana, pues le sigue casi al pie de la letra en una exposición conservadora y falta de imaginación.

que Ie sirve para expresar filosóficamente la idea del Verbo o Palabra, *Logos*, de Dios. En efecto, como dice Wolfson, para **Platón** sólo las cosas del mundo sublunar sensible son imágenes de las «ideas», modelos éstas y paradigmas de toda realidad *(Timeo 28c-29c)*. Lo mismo para Filón, así como para la interpretación cristiana originada en Agustín y de la que se hace eco Servet. Pero lo nuevo en Filón, y en Servet, es que el *Logos* mismo es modelo y *arquetipo*, término éste no usado por Platón, y además, tanto él como las ideas son descritos con el término εἰκών, *imagen* [173]. Aparte de este importante conjunto de expresiones, Servet acusa dependencia de Filón en el concepto de *umbra*, aplicado también al Verbo, sombra de Dios *(Rest.* 202), en el del *Logos spermatikós* o depósito dinámico de las esencias de todas las cosas, y en otros detalles secundarios que él se encarga de subrayar.

Christianismi Restitutio no es una obra de filosofía sistemática. Sería, pues, falaz intentar empeñarse en presentar un sistema filosófico independiente como propio de Servet. Lo sería, aún más que tener de él la idea de un científico sistemático e **independiente.** Servet entero, por vocación, por ambiente renacentista y por destino, se mueve inmerso en cauces teológicos. Como en el caso de su peculiar tratamiento de las fuentes patrísticas y hebreas, acepta selectivamente de lecturas filosóficas circunstanciales aquello que le sirve para mejor estructurar sus propias intuiciones. Determinadas ideas neoplatónicas resaltan de entre todas las que le **fueron** más útiles; pero sabe mantener su individualidad inconfundible a pesar de estos y otros préstamos instrumentales [174].

---

[173] Harry A. WOLFSON, *Philo. Foundations of Religious Philosophy in Judaism, Christianity, and Islam* (Cambridge: Harvard Univ. Press, 1948), vol. I, p. 238.

[174] Excepto cuando él mismo lo indica, resulta arriesgado determinar en otras ocasiones su deuda con fuentes. En este sentido, ya hemos criticado el libro, por otros conceptos admirable, de Manzoni. ¿Se deben a Valla, a Pico, a Ficino, aspectos de filología, de cabala, de platonismo energetista en el sistema servetiano cuando no se dice expresamente? Un mero paralelismo no arguye dependencia: la tipificación sistemática requiere algo más que meras coincidencias. Claro está que Ficino sirvió de cauce para todo el neoplatonismo renacentista, pero ello no quiere decir que Servet sea ficiniano. Pueden observarse convergencias, incluso entre el concepto ficiano de amor y el servetiano de *charitas;* pero ello no demuestra que Servet haya leído al italiano. No obstante, libros que han revalorizado a Valla, como el de F. GAETA *(L. Valla. Filologia e storia nell'umanesimo italiano:* Nápoles, 1955), o los más recientes estudios de M. FOIS, *Il pensiero cristiano di L. Valla* (Roma, 1969), de S. CAMPOREALE, *Lorenzo Valla: Umanesimo e teologia* (Florencia, 1972), y otros, así como estudios clásicos sobre Ficino (por ej., el de J. FESTUGIÈRE, *La philosophie de l'amour de Marsile Ficin et son influence sur la litérature française au XVIe siècle:* París, 1941), son siempre convenientes a la hora de mejor comprender el ambiente de humanismo y neoplatonismo renacentistas en el que Servet se movió.

Llamémoslas así, por su carácter de textos que una u otra vez fueron secretos; documento de antiguas comunidades religiosas paganas dotadas de un notable anhelo de perfección espiritual; manantial o resumen, según los casos, de una extraña y sugestiva sabiduría. Incluyamos en ellas el orfismo, el hermetismo y los oráculos caldeos y sibilinos, además de los breves fragmentos de los versos pitagóricos. De una u otra forma, todas ellas tuvieron algo que ver con el neoplatonismo helenista, sea el alejandrino o el romano; pero es ya usual no presentarlas como doctrinas específicamente filosóficas, sino tan sólo subsidiariamente.

No corresponden a este lugar alusiones a la ya vieja discusión sobre si de hecho se trata de textos sagrados de comunidades organizadas como tales, o sobre si Orfeo y Hermes fueron o no personajes realmente históricos, o ni siquiera sobre el origen y los avatares de todos esos documentos venerables. Descartado, por supuesto, su origen mitológicamente divino, parecería que se trata de dos antiguos sabios y quizá sacerdotes, que en Grecia el uno, en Egipto el segundo, renovaron ciertos aspectos de las religiones rituales hacia un mayor sentido de participación personal, de certeza de la salvación del mal, de intimidad con lo divino. Los fragmentos dispersos de sus escritos, de los que se conservan alusiones en muchas obras griegas y cristianas primitivas, adquirieron gran auge precisamente en la etapa neoplatónica, ansiosa de originalidad esotérica [175]. Los neoplatónicos, poco escrupulosos, catalogan y comentan una doctrina que, antigua o tenida como tal, resultaba afín a la suya propia. Ninguno de esos escritos puede decirse con garantías que sea auténtico; pero representan un bello testimonio del intento neoplatónico de guarecerse bajo el halo de una tradición veneranda, esforzándose así también por perpetuarla en el futuro [176].

---

[175] Las referencias a Orfeo son varias en Platón y en Aristóteles (*Critilo* 402b, *Leyes* 2, 669d, *República* 2, 364e, etc.; *Metafísica* I, 3, 983b; 1000a; 1071b; 1091a, etc.). A diferencia de aquél, éste duda de la autenticidad de los *Himnos*. Hermes es aducido por Cicerón, *De naţ. deorum*, III, 22, 56; y múltiples veces por Lactancio, desde el comienzo mismo de *Divin. instit.* Testimonios de escritos atribuidos a Zoroastro hay en el *Alcibiades* platónico, en Plinio (*Hist. nat.*, VII, 16; 30, 1), en Clemente de Alej., *Stromata* VI, 4, etc., en el *De praep. evang.* de Eusebio, lib. X, etc. Casi siempre, estas mismas fuentes citan también textos de pretendida ascendencia zoroastriana, especialmente Plutarco, en el *Isis y Osiris*.

[176] W. K. C. GUTHRIE, *Orphée et la réligion grecque. Étude sur la pensée orphique* (trad. franc., París: Payot, 1956), pp. 29, 87, 145, 285 sobre el uso neoplatónico del orfismo y su finalidad. A esas varias corrientes puede aplicarse lo que dice Jean SEZNEC, *The survival of the pagan gods* (New York: Harper, 1961), p. 156: «La sabiduría del "tres veces grande", misteriosa y elusiva, presentada de forma admirable uniendo poesía y profecía, conquistó

Del orfismo, Servet no cita ninguno de los dos poemas comple-
tos que han llegado hasta nosotros, ni los *Argonautas*, ni los *Líti-
cos;* tan sólo hace un par de referencias, pero para él importantes,
a los *Himnos* órficos. Lo que le interesa es, cabalmente, la comprobación de que el concepto de Dios *esencia omniforme* consta ya
en ellos. Del hermetismo, por el contrario, hay tal constancia en
muy diversas secuencias de *Restitutio* que es, con Agustín y Tertuliano, la principal fuente de buena parte de sus conceptos filosóficos o afines. Puede decirse, sin lugar a dudas, que el mayor influjo filosófico recibido por Servet procede, desde luego, del neoplatonismo; pero dentro de él, de Filón y de los escritos atribuidos
a Hermes Trismegisto, el «tres veces grande». Servet conoce las
dos partes en que tradicionalmente viene dividido: el *Pimandro,*
en realidad título sólo del tratado I, y el *Asclepio,* pero aún no los
fragmentos preservados por Estobeo. Pasan de treinta las citas o
alusiones al hermetismo en *Restitutio.* El lector atento podrá comprobar que la mayor parte del armazón filosófico de Servet halla
en el *Corpus hermeticum* su confirmación paralela. El mismo monoteísmo que en el orfismo, pero mucho más decidido; la dependencia de todo ser respecto al Padre; el concepto de luz y de vida
como esenciales a él; Dios *omniforme,* παντόμορφος, y οὐσιάρχης, *esenciante (Asclepio,* n. 19); Dios-en-el-mundo, y éste como miembro,
quasi membrum, suyo, dotado de fuerzas seminales inmanentes, de
un σπερμα τῆς παλιγγενεσίας *(Ascl.,* n. 15; *Pim.,* III); por fin, para no
hacer esta enumeración, necesariamente incompleta, interminable,
el soporte de esa unidad de rasgos aparentemente panteístas de
Dios y los seres: «En realidad, Dios no contiene todos los seres,
sino que, para decir toda la verdad, es todos los seres; no se los
añade a sí mismo desde fuera, sino que él mismo los saca de sí y
los produce hacia fuera... Nada está fuera de él y él no está fuera
de nada» [177].

todas las mentes deseosas de una religión liberada de la rigidez de las fórmulas y de la estrechez de las autoridades tradicionales. La idea de una perpetua revelación tan antigua como el mundo desparramada por medio del
hermetismo, hizo un lento pero seguro progreso». Para el estudio del influjo
de la *Theologia platonica* de Ficino en la creencia renacentista en una tradición de «divina inspiración» paralela a la bíblica (Zoroastro, Hermes, Orfeo,
Pitágoras, Platón), y otros muchos temas ambientales, cfr. Don CAMERON AL-
LEN, *Mysteriously meant. The rediscovery of pagan symbolisms and allegorical
interpretation in the Renaissance* (Baltimore: The J. Hopkins Press, 1970),
p. 23 y *passim.*

[177] En nuestras notas citaremos los *Himnos* por una reciente ed. popular
castellana, de J. MAYNADÉ, *Himnos órficos* (México: Diana, 1973). Los escritos
herméticos, por la ed. crítica griega ,con trad. franc., de A. D. NOCK-A. J.
FESTUGIÈRE, *Corpus hermeticum* (París: Les belles lettres, 1945-54, en 4 vols.).
Los textos mencionados, en vol. II, p. 319; p. 315; vol. I, p. 46; y Pim. IX, 9:
vol. I, p. 100. El concepto y expresión de *omniforme* no es constante en el

Las deudas de Servet respecto a los *Oráculos caldeos,* atribuidos a Zoroastro, son pocas; pero hay una que en el sistema de Servet adquiere rango de primordial: el concepto de *symbolum.* No interpretaría correctamente este término el que lo entendiera simplemente como signo, como representación. Cuando se nos dice que tenemos innato «*símbolo formal* de deidad, espíritu y luz», hay que entenderlo muy cercano a la idea de participación, tradicional en la tradición platónica; más aún, la adjetivación, reiterada, de *formal* sitúa el planteamiento, de nuevo, en los umbrales de la acusación panteísta [178]. Y ello no obstante, lo que ante todo fascina a Servet, como a toda esta tradición, es resaltar la unidad *formal* de la realidad, que no puede entenderse ni ser ni permanecer independientemente de la realidad *formal* de Dios, porque *Dios es la única realidad formal.* En su empeño por «italianizar» las fuentes filosóficas de Servet, insiste Manzoni en que este concepto de simbolismo se lo debe a Ficino, citando para ello unas luminosas frases de Kristeller [179]. Nacionalismos aparte, resulta interesante comprobar la prioridad de esta fuente neoplatónica pretendidamente caldea.

El recurso servetiano a los *Oráculos sibilinos* aparece desprovisto, aún más, de frecuencia e importancia: tan sólo tres veces, y la última, en que trae versos latinos textuales, en clara incomprensión del contexto. Ello no obstante, su presencia en *Restitutio* demuestra la amplitud de la erudición humanista de Servet. En efecto, la ed. *princeps* de estos *Oracula* en griego es publicada en Basilea por Oporino, a cargo de Betuleius, tan sólo en marzo de 1545; Castellion prepara en seguida una versión latina, y la publica en agosto de 1546, cuando Servet está redactando *Restitutio* [180].

---

original griego, ya que a veces constan términos como *polimorfos* o incluso *polisómatos:* pluricorporal (vol. I, p. 64). Debe verse el importante estudio, E. WOLF, «*Deus omniformis.* Bemerkungen zur Christologie des M. Servets», *Theologische Aufsätze Karl Barth* (Munich: 1936), pp. 443-466. Otra decisiva idea hermética, aunque general al platonismo, es la de que «no hay verdad en el mundo», a causa de su temporalidad: *Rest.* 194 y *Asclep.,* 32: *C.H.,* II, 341.

[178] *Rest.* 131, 145, 146, 147, 212, 215, 216, 225, etc. Quizá tiene razón TOLLIN al hacer notar que «en Servet el término *símbolo* procede directamente de σύμβολον, y por eso es intraducible»: *Das Lehrsystem...,* vol. II, p. 212, nota. Preferimos, por eso, dejarlo intacto, como hizo GUIRAO en la trad. cast. de los *Oráculos,* por cuya ed. los citaremos siempre, omitiendo otras más críticas, como las de Patrizzi, Boom, Taylor, Kroll, Guthrie o Dannenfeldt. Pudo Servet manejar la 1.ª impresión de la traducción ficiniana: Jacobus MARTHANUS PICTAVIENSIS, *Magica Zoroastri oracula, Plethonis commentariis illustrata* (París: J. L. Tiletanus, 1539), o la 2.ª (Lyon: Joannes Brixius, 1550); mejor aquélla, pues sus referencias a Zoroastro constan ya en *Ms.Pa.*

[179] MANZONI, *op. cit.,* p. 134; KRISTELLER, *Il pensiero filosofico di M. Ficino,* que antes quedó cit. en la ed. original (Florencia, 1953), pp. 88-89.

[180] *Sibyllina oracula.* Sobre esto, cfr. V. L. SAULMIER, «Castellio, Jean Rouxel, et les Oracles Sibyllines», en *Autour...,* pp. 225-238. Por una referencia

Por lo demás, no es de extrañar que Servet adjudique tanta credibilidad a textos como éstos, que hoy todos tenemos por espúreos En este tema no se hizo la luz hasta el *De rebus sacris et ecclesiasticis exercitationes XVI*, de Isaac Cesaubon, respondiendo y criticando los *Annales eclesiastici* del card. Baronio [181]. Pudo así demostrar que, a pesar de su aceptación por antiguos escritores cristianos, el silencio de los griegos clásicos acerca del *Corpus Herm.*, de las Sibilas y de los *Oráculos caldeos* argüía ser falsificación paleocristiana, demostrada por la evidente dependencia de muchas de sus secuencias respecto del platonismo, el Génesis, el evangelio de Juan, la Ep. a los Romanos y algunas liturgias primitivas. Con ello se aspiraba a presentar una *prisca theologia*, una continuidad del cristianismo, o del neoplatonismo, ya fundidos en varias mentes próceres, con los más venerados nombres de la sabiduría tradicional, intelectualizando el cristianismo, estableciendo un lazo insoluble con el A.T. No sólo, pues, los neoplatónicos, llevados de su empeño por hallarse antecedentes de su peculiar vena de platonismo. Los más importantes escritores cristianos, de Lactancio a Agustín, «al aceptar con el hermetismo y las Sibilas tantas ingerencias neoplatónicas, inducían al cristianismo en una dirección peligrosa, por abrir la puerta a una serie de elementos filosóficos de talante gnóstico y a unas tendencias mágicas que caracterizaron la reacción anticristiana bajo Juliano el apóstata» [182].

Proclo en una cabeza de corriente (no Plotino, quien rechaza diversas tendencias gnósticas en *Ennéadas*, II, 9), y Lactancio en otra, son quienes hay que reconocer responsables del auge de estas mistificaciones [183]. Centrándonos en el campo cristiano, los varios pasajes de *Divin. institut.* que tratan el tema, presentan el paralelismo entre hermetismo y cristianismo en forma tal que Hermes queda cronológicamente anterior a Platón y a Pitágoras, y así se llega a proponer la teoría de que su sabiduría, convergentemente

---

del *DeTrErr* 34 r se deduce que hasta entonces Servet sólo conocía las sibilas por las citas de Lactancio en *Divin. institut.*

[181] Los *Annales*, en 12 vols., fueron publicados entre 1588 y 1607. Baronio cita mucho a Lactancio como garantía de que Hermes, Hydaspes, las Sibilas, etcétera, son auténticos profetas de Cristo. Cesaubon emprendió su crítica, publicada en Londres, 1614, a instancias del rey Jacobo I.

[182] Frances A. YATES, *Giordano Bruno and the Hermetic Tradition* (Chicago Univ. Press, 1969), pp. 59-50. Más adelante nos dice, p. 407, que Bruno no pudo ver la aclaración de Cesaubon, pues había sido quemado 14 años antes; Campanella estaba en la cárcel. Pero con otros un poco rezagados, como Athanasius Kircher, Robert Fludd y, sobre todo, los rosacrucianos, se entra ya en el terreno del ocultismo.

[183] Proclo, especialmente en *La teología de Platón*. (Hay ed. ital., inglesa, alemana; pero no parece que exista una española). Lactancio, en varios lugares de sus *Divin. institut.*, *De ira Dei*, etc.

cristiana, está tomada de la misma fuente, de Moisés. Por esto, no habrá razón alguna para dejar de asimilarla. Agustín no tiene ante ello mayor objeción que los aspectos mágicos del hermetismo popular ocultista, ya que desaprueba el culto de Asclepio como demonio. Pero, aunque corrige el excesivo optimismo irenista de Lactancio, acepta la caracterización general de Hermes como profeta del cristianismo: llega a decir que él habría recibido este conocimiento profético precisamente de los demonios. Esta actitud agustiniana de cauta aceptación produjo problemas cuando el Humanismo renacentista puso de nuevo el tema al día, con la consiguiente exigencia de armonizar hermetismo y cristianismo [184].

En alguna parte habla Garin del «equívoco platonismo de Marsilio y de los misterios órficos» [185]. Marsilio Ficino, que en el siglo XV viene a ser una mezcla de Plotino y Proclo bautizada en Pablo y Agustín, es el originador de ese interés renacentista, por sus traducciones del llamado *Corpus Hermeticum* hacia 1463 por orden de Cosme de Médicis. Numerosas impresiones se suceden De ellas nos interesan la del *Pimandro*, de Lefèvre, en 1498, y otra posterior, también suya, de 1505, ya completa, que incluye el *Asclepio* y un célebre comentario de Lazzarelli [186]. Pero más aún, la de «nuestro» Champier, de 1507, realizada en la imprenta Gueynard de Lyon, completa también y con otro importante comentario debido a su propia pluma [187]. Por todo esto, es obvio que, a la hora de las conjeturas sobre la edición que Servet pudo tener en sus manos, las probabilidades se inclinan a favor de la edición del *Corpus*

---

[184] Agustín, *De civitate Dei*, VIII, 13-26, trata algo críticamente a Hermes, quizá para contrarrestar su glorificación incualificada por Lactancio. En otro pasaje, XVIII, 29, sitúalo en época precedente a los sabios de Grecia, pero indica que habría recibido su sabiduría de los patriarcas hebreos y de Moisés. De esta forma, se divulgó la moda de enumerar estas fuentes en ese orden cronológico, como también hace Servet varias veces: *Rest.* 130-132, 137, 174, 180, 212, 225, etc.

[185] E. GARIN, *Portraits from the Quatrocento* (trad. ing., New York: Harper, 1972), p. 20. Otra obra de Garin es para todos estos temas sumamente útil: *La cultura filosofica del Rinascimento italiano*, Florencia, 1961.

[186] L. D'ETAPLES, *Mercurii Trismegisti liber de potestate et sapientia Dei per M. Ficinum traductus* (París: Hopyl), 1494; en la ed. 1505, por ESTIENNE, se incluye además el *Asclepius. Eiusdem Mercurii liber de voluntate divina*, y el *Crater Hermetis a Lazarelo Septempedano*.

[187] *Domini Simphoriani Champerii lugdunensis Liber de quadruplici vita. Theologia Asclepi, Hermetis Trismegisti discipuli, cum commentariis eiusdem domini Simphoriani* (cit. por P. ALLUT, *op. cit.*, p. 149). Champier pudo añadir, además, las *Deffinitiones*, ausentes de la ed. ficiniana, que constituirán los libs. XVI-XVIII del *Corpus Hermet.* en adelante, pues pudo disponer de un manuscrito más completo. Champier escribió también, en 1508, incluidos en su famoso libro *De triplici disciplina*, tres libros sobre *Theologia orphica* y doce proposiciones sobre *Theologia trismegistica* «sobre los secretos y misterios de los egipcios» (ALLUT, p. 153). Servet tenía, pues, bien cerca su fuente de inspiración en materia esotérica.

de su «maestro» Champier. Con lo cual, y de nuevo, quedan infundadas las pretendidas bases italianas de su Humanismo, a no ser que, por la mera versión de Ficino, también se quiera italianizar todo el hermetismo renacentista.

Pero es preciso mencionar además una personalidad bizantina que sirvió de eslabón entre Proclo y Ficino para esa diseminación renacentista de las sabidurías orientales esotéricas. En pleno siglo XII, Miguel Psellos, que es citado por Servet *(Rest.* 225), intenta también una síntesis de la filosofía neoplatónica y de la teología cristiana, siguiendo el precedente de Proclo, e incluye como parte de esa tradición los escritos atribuidos a Hermes y los *Oráculos caldeos* atribuidos a Zoroastro: un platonismo preplatónico. Su importancia estriba en que tanto el *C.H.* como los *Oráculos* en su estado actual parecen ser una edición o antología preparada por él, quien la dotó además de un comentario, que también fue traducido por Ficino, junto con un pequeño tratado sobre demonología, que asimismo aparece conocido por Servet [188]. La atribución de los *Oráculos caldeos* a Zoroastro, sin embargo, no es de Psellos, sino del «segundo Platón», del bizantino Gemistos Pletho, quien asistió a los concilios de Florencia y Ferrara formando parte de la comisión bizantina oficial, en 1438, siendo así, como poco antes lo había sido Manuel Crisoloras para el primer impulso al Humanismo italiano, el cauce del interés despertado por la subliteratura neoplatónica en el Renacimiento europeo. Pletho diseminó además los *Versos áureos* de Pitágoras y los *Himnos* órficos [189]. Ello explica que muchas ediciones renacentistas, hasta bien adelantada la época moderna, presenten todos estos escritos conjuntamente acompañados de comentarios de Proclo, Jámblico, Psellos y Pletho [190].

---

[188] Cfr. P. O. KRISTELLER, «Byzantine and Western Platonism in the Fifteenth Century», en *Renaiss. Concepts of Man,* pp. 93-94, y «Renaiss. Platonism», en *Renaiss. Thought,* I, p. 53. Que haya que tomar a Psellos como *terminus ad quem* del proceso de constitución del *C.H.,* fue señalado antes por A. D. NOCK en su introd. a su ed. crítica junto con FESTUGIÈRE, vol. I, páginas xlix-lii; así como por éste en *Hermétisme et mystique païenne* (París: Montagne, 1964), p. 33. Servet pudo tener al alcance alguna ed. contemporánea de Psellos, v.gr. su *Operette... di greco in latino et di latino in volgare...* (Vinegria: 1545); pero no hay que excluir que su conocimiento, un tanto impreciso, como se verá, proceda del tan divulgado *De perenni philosophia,* de Agustín STEUCO (Lyon, 1540; Basilea, 1542).

[189] KRISTELLER, *op. cit.,* pp. 96-98. Según FESTUGIÈRE, *op. cit.,* pp. 126, 295, 302, los esquemas de procesiones divinas de estos *Oráculos caldeos* tienen tal semejanza con los de Jámblico en *De mysteriis,* Porfirio en *De regressu animae,* Proclo en comentarios al *Cratilo,* la *República* y el *Timeo,* y otros, que parece hay que referirlos a aquéllos como su antecedente; ahora bien, habrían sido escritos por un tal Juliano el Teurgo, en el imperio de Marco Aurelio. Psellos-Pletho-Ficino es, pues, la cadena en cuanto a introducción en occidente y motivo de su veneración, común a todo el Renacimiento neoplatónico.

[190] Así, la más célebre, de Francesco PATRIZZI (1529-97), *Nova de universis*

Claro está que Servet no se preocupa por dilucidar ninguno de los muchos problemas técnicos que afectan a estos escritos. Ni siquiera se muestra consciente de los que plantea su uso en una obra típicamente teológica, como lo es *Restitutio*. No obstante, y fiel al criterio del uso de fuentes no bíblicas que la enriquecen y embellecen, también aquí da muestras de su buen sentido selectivo y de su mesura intelectual. Acepta conceptos convergentes de Hermes, pero no su cosmogonía, a pesar de resultar coincidente parcialmente con la genesíaca, en la cual, como vimos, está inspirada. Utiliza los *Oráculos caldeos*, pero no se deja influenciar por su dualismo, no teniendo nada que ver con esa eterna lucha entre Ormuz y Arizmán la contienda bíblica, que él expone, entre Dios, su Cristo y su Miguel con Satanás y el Anticristo. Se sirve de los *Himnos* órficos, pero sin dejar de purificarlos de su aún no puro monoteísmo y sin traslucir nada de los ritos para los que fueron escritos. Servet, en posesión de un previo sistema intelectual, busca en estas fuentes su confirmación, convencido, a tono con su tiempo, de que toda esa *prisca theologia* confluye con la cristiana, de la cual se siente, modestamente, llamado a ser restaurador. Un ambiente de optimismo sistemático cunde así a lo largo de *Restitutio*, afín al de las más características obras del Renacimiento en todos los campos.

Tampoco falta la crítica a estas fuentes. En más de una ocasión no se recata de alabar la vieja sapiencia hermética, pero para acotar su exigüidad, en relación con la definitiva luz cristiana *(Rest.* 212, 261). En conjunto, sin embargo, predomina el elogio, explícito o implícito. Se precisaría un estudio detallado para cotejar textualmente los préstamos no confesados de Servet respecto a ellas. En páginas enteras de *Restitutio* se respira el mismo ambiente, abstracción hecha de los datos bíblicos, lo que no es poco, por supuesto, y colorea ya específicamente la obra de Servet. Pero resultaría igualmente erróneo deducir de este optimismo ideal y operativo con que Servet, con su tiempo, encara el ser del hombre y sus positivas posibilidades de deificación, la creencia de que nos las habemos con él ante una velada forma de pelagianismo [191]. Servet, cuya suprema aspiración es la sustancial deificación del hombre, pues que formalmente divino lo es ya por el innato *symbolum dei-*

Philosophia Libris quinquaginta comprehensa... (Venecia: Meiettus), 1593, o la de Amsterdam de T. Boom, 1689, completa.

[191] Calvino no dejó de amonestar que en el «inmenso laberinto de errores» de Servet, «en cuanto al libre albedrío es pelagiano» *(Kingdom,* p. 45). Es normal esta perspectiva, derivada del obsesivo pesimismo sistemático de todo el calvinismo y de su énfasis radical en la supremacía del honor de Dios, que haría incomprensible la libertad humana. Esto supuesto, crearía confusión pensar que Servet es pelagiano en un sentido absoluto, como están creyendo, con Saisset, Doumergue y otros calvinistas, algunos servetistas de ahora, como FRIEDMAN.

7

tatis de su creación, jamás atribuye al hombre las fuerzas mismas para esta empresa, sino a Cristo, asumido por fe y presencializado por los *ministerios* (predicación, bautismo, cena). Superado así ese asomo de pelagianismo, hay que encuadrar su mística no en las que Festugière llama teóricas, que se inspiran en la tradición filosófica griega surgida del pitagorismo y del platonismo, sino en las hieráticas, en las místicas de salvación. La angustia metafísica, el sentimiento del mal, la miseria temporal, se diluyen en la certeza de la unidad formal del ser con Dios, de la victoria interior y de la deificación del «hombre nuevo», pero gracias a la ayuda llegada desde fuera [192]. Una vez más, la asunción de elementos esotéricos no paganiza el sistema de Servet, a diferencia de lo que se temía Calvino [193].

No hay rastro alguno de Manetti o de Pico en el Servet de *Restitutio* en el tema de la dignidad del hombre [194]. Tampoco en sus repetidas afirmaciones de la conveniencia de la encarnación aunque el hombre no hubiera pecado, que traslucen un concepto positivo y triunfalista del hombre. Servet conoció, sin duda, la célebre exclamación hermética del *Asclepio*, n. 6: *Magnum miraculum est homo, animal adorandum atque honorandum.* Pero también, otra correlativa de los *Oráculos caldeos*, que no suele citarse apenas: *¡Oh hombre, artificio de atrevidísima naturaleza!* [195]. Y así, a base de este optimismo, se inscribe Servet en un programa, típicamente renacentista, de ideal, pero irrealizable, utopía religiosa [196].

---

[192] *Hermétisme et...*, «Cadre de la mystique hellénistique», p. 27.

[193] «Cualquiera podrá pensar, en verdad y prudencia, que su máxima finalidad ha sido destruir toda la religión, apagada la luz de la sana doctrina», *Kingdom*, p. 46.

[194] En contra de las afirmaciones de Manzoni. Ello no obsta que reconozcamos en su libro horizontes despejados magistralmente, y que él, a pesar de las no del todo probadas relaciones de Servet con el pensamiento renacentista italiano, subraye que «l'originalità di Serveto sta proprio nel suo sincretismo» (p. 155).

[195] *C.H., Asclepio*, 6: ed. cit., vol. II, p. 301; *Oráculos*, ed. Guirao (Buenos Aires: Krier, 1930), p. 122.

[196] No es de este lugar analizar los motivos de esta afirmación. Utopía era la anabaptista. Otros grupos afines a ella han sobrevivido hasta nuestros días: los pacifistas, como los menonitas. Servet, aun siéndolo, no se propuso fundar iglesia. Era, como Unamuno, un «excitator conscientiae», sacudidor de conciencias. Esto no implica que el servetismo no pudiera tener vigencia teórica, en cuanto sistema, ni vivencial, en cuanto confesión religiosa. Servet se presenta como alguien que propone el cristianismo más auténtico y con mayores soportes racionales: los basados en la letra del texto bíblico y en el espíritu de su interpretación; pero en solitario, sin grey, ni siquiera un *pusillus grex*. Llama la atención de Calvino, de Poupin, de Viret, de Melanchton; mantiene correspondencia, que hay que suponer, aunque apenas podamos documentarla, con varios círculos: Lyon, Estrasburgo, Basilea, Padua, Venecia. Y sin embargo, está cada día más aislado. La utopía del servetismo radica en su negación de todo tipo de organización institucional. En las ins-

6. Los principios

Una doctrina adquiere rango de sistema cuando no es un mero conglomerado de temas inconexos, sino que todos o la más importante parte de ellos pueden ser reducidos a unos cuantos principios esenciales lógicamente trabados entre sí. Vamos a intentar iluminar el contenido del *Christianismi Restitutio* servetiano a base de y desde un decálogo de principios que muestran, por su coherencia interna, que el servetismo no es sólo una personal actitud de rebeldía religiosa e intelectual, sino un auténtico sistema de pensamiento filosófico-religioso. Los propondremos en sentido circular, desde un κάϑοδος o *descensus* de lo divino, hasta un *ascensus* o ἄνοδος de lo humano que logra su plena identificación cristiana con la divinidad. Este circularismo soteriológico, salvacional, es esencial a la mística servetiana, lo mismo que a todas las que, como la cristiana en general, son místicas hieráticas, y no meramente racionales, autóctonas. Nos abstendremos de menudear referencias a *Restitutio*, la lectura de cuyo texto está ya el lector a punto de emprender tras esta digresión, ojalá que útil, preparatoria.

Deus absconditus

Servet mantiene que, si no fuera por la fe, nuestro conocimiento de Dios sería prácticamente nulo. Mera trasposición de ciertos atributos extrapolados de una realidad que podríamos suponer creada. Podría ello bastarnos para estipular ciertos compromisos morales, pero jamás por ese camino llegaríamos a conocer su voluntad. Un perpetuo *ignorabimus* invadiría la certeza intelectual y moral humana. Dios escondido.

Queda ahí, sin duda, el poso del coeficiente de escepticismo que le produjo su lectura primeriza de Aristóteles. Desconfianza total de las llamadas «pruebas» racionales para probar la existencia de Dios. Sofistería de los «filósofos». *Docta ignorantia*. Conveniencia de una condescencia divina a manifestarse y comunicarse. *Bonum diffusivum sui:* todo bien es esencialmente difusivo.

La conciencia de ignorancia e impotencia ante lo sobrecogedor divino satura la *forma mentis* servetiana. Queda siempre un vacío

---

tituciones es donde se apoya el poder. Se yergue así el eventual servetismo histórico como una ya imposible alternativa social, pero que aún resulta asequible a hombres aislados, solitarios, espirituales, voluntariamente renunciantes y por ello marginados. No se puede mirar hacia atrás sin nostalgia al pensar lo que pudo ser, de haberlo querido Servet, un servetismo aceptado por los más generosos de los disidentes de entonces, y de ahora, de todas las iglesias.

por llenar, eternamente; y ese vacío —de ser, de vivir, de saber— sólo lo llena Dios. Frente a la razón impotente, a los «monstruos de la razón», la fe. *Fides*. En la Biblia. De ahí el fideísmo, la bibliolatría, la aceptación del A.T. con iguales garantías que el Nuevo como *fons veritatis,* aunque ya no como *fons salutis* [197].

Deus omniformis

La condición de posibilidad de que ese Dios escondido se manifieste y comunique radica en que, cualquiera que sea su ser desconocido e inefable, tiene que encerrar en ese su ser todas las posibles, infinitas, formas de ser. La razón, a su vez, estriba en que nada temporal tiene que ser de por sí; y en que, por otra parte, *sólo la forma da ser.* Por consiguiente, si algún ser hay en los seres, si algo sabemos de Dios y de ellos, si podemos, aun en sueños, aspirar a una vida idealmente divina, se debe a que se ha realizado un entronque formal entre el Dios omniforme y alguna de esas formas de ser, saber y vida. Piélago infinito de formas infinitas es Dios. Esenciante: *Jehováh.*

Para este tema constantemente recurrente, echa mano Servet de las conocidas fórmulas neoplatónicas cuya procedencia ya nos es sabida. Pero tiene el arte de enlazarlas con otras múltiples fórmulas de origen bíblico. Sólo en un sentido confuso y parcialmente erróneo cabría hablar de ontologismo para calificar esta actitud de Servet; pues no dice que el entendimiento humano intuya esas formas o esencias en el ser divino, sino que deduce su existencia en él del hecho, *a posteriori,* del ser, el saber y la vida [198].

Actio per contactum

Aquel Dios escondido y omniforme continuaría eternamente en su rico aislamiento, potencial fuente de ser, si en su propia estructura simplicísima que constituye su esencia no estuviera dotado de capacidad para establecer unidad con todas las formas participadas del piélago de las suyas, de su ser *formal;* establecerla, y mantenerla. En un texto esclarecedor escrito a Calvino desde la cárcel le dice:

> «Este es el principio máximo, que tú ignoras: toda acción se hace por contacto. Ni Cristo, ni Dios mismo obra en cosa alguna que no toca. Más aún, ya no sería Dios, si hubie-

---

[197] *Rest.* 97, 112, 132, 186, 189-190, 223, 288-303.
[198] *Rest.* 128, 289, 194; 120, 125, 127, 132, 162, 164.

ra alguna cosa que rehuyera su contacto... Ni el poder, ni la gracia, ni nada está en Dios, que no sea el mismo Dios; ni envía Dios una cualidad a parte alguna en la cual él mismo no esté. Está, pues, Dios en todo, obra en todo, y lo alcanza todo» [199].

Se impone una conclusión decisiva: la inmanencia de Dios, *formalmente*, en todo ser, y en todo saber, y en toda forma de vida. *Est deitas in omnibus*. Dicho en términos más filosóficos, equivale a propugnar la absoluta insuficiencia de la causalidad eficiente para dar cabal cuenta de la relación entre Dios y lo creado; y en consecuencia, la postulación de la causalidad formal, única que implica un mantenimiento del contacto creativo, así como de todos los posteriores contactos divinos, siempre formales [200].

Verbum, Spiritus

En varios lugares sugiere Servet que Dios es, en sí mismo, fuego; pero no estructura del todo esta intuición, apoyada en la Escritura [201]. De esa ignota esencia trascendente nos son, en realidad, conocidos solamente dos *modos sustanciales:* Dios-manifestado y Dios-Espíritu. La esencia omniforme de Dios no era entendida por nadie, ni por Dios mismo, como Verbo y como Espíritu, con anterioridad al decreto creativo. Sólo en relación con la creación y comunicación divina es comprensible Dios en su aspecto de Palabra creadora y de Espíritu vivificador. «Propio de la palabra es representar», repite Servet, representar algo. Sólo en relación con este algo hay, pues, también en Dios, Palabra. Por lo mismo, fuera del ser creado no es nada el Espíritu de Dios, lo mismo que «fuera del hombre no es nada el Espíritu Santo» [202].

Esta manera positiva de entender la Trinidad no debería nunca ser preterida por quienes tratan a Servet de antitrinitario, sin mayores distinciones. Su antitrinitarismo estriba en oponerse a la idea, lejanamente implícita en la Biblia, pero sólo dogmatizada en ese sentido en Nicea, de que el Verbo es eternamente Hijo de Dios y segunda Persona divina, la encarnada en Jesús, como tercera el Espíritu. Servet opone a éste otro concepto filosófico, más en consonancia con el uso clásico y la etimología de *prosopon*, o persona:

---

[199] No trae este texto *Calv. Op.*, VIII, 553 en el lugar que le correspondería, pero sí *Kingdom*, p. 47.

[200] *Rest.* 128. Y en las *Cartas* y la *Apología*, aun con mayor decisión: *Rest.* 594, 704, 730 (ed. A. ALCALÁ, pp. 100, 106, 247, 290).

[201] *Rest.* 245, 391. «Ipse Deus est ignis consumens», en *Rest.* 699 (*Apología*, en nuestra ed., p. 233).

[202] *Rest.* 149, 187, 188, 197, etc.; *DeTrErr* 85b.

Persona non est res, persona no es un concepto sustancial, sino funcional, operativo [203]. Casi un tercio de *Restitutio*, todas esas páginas destinadas a rebatir Nicea, deben encuadrarse dentro de este marco sistemático: importante, pero secundario.

Symbolum deitatis

El contacto formal del Dios escondido, pero omniforme-Verbo y omniforme-Espíritu, con los infinitos objetos de su manifestación y comunicación, no podría realizarse, cree Servet, si Dios estuviera internamente escindido en tres Personas. La condición de posibilidad de su contacto con sus seres creados, un contacto formal, es el disponer de esos dos aspectos sustanciales, Verbo y Espíritu, que como «manos» divinas (término de Ireneo y Tertuliano) alcanzan toda la realidad. Ese contacto, sustancial y formalmente constitutivo, consiste en establecer, en cada caso de tal acción divina, una correlativo *símbolo de deidad*. Por ser *símbolo*, persiste acentuada la distancia infinita de la trascendencia de Dios, siempre envuelto en nube de misterio; por ser *de deidad*, posibilita ese contacto inmanente del Dios omniforme que ha como alargado su ser formal y su vida íntima en todas las imágenes de su única realidad arquetipa [204].

Ahora bien, ese fuego o luz increada que en sí sería Dios queda siempre inmanifestable. «A Dios nunca lo vio nadie.» De ahí que el Verbo o Palabra-Dios asuma la función de ser la forma visible y perceptible del Dios escondido. No que sea Hijo de Dios desde la eternidad, sino que, sabedor Dios de que su Palabra actuaría de semen generador en María para tener un hijo propiamente dicho, dotó a ésa su Palabra de forma humana siempre que quiso manifestarse. «El Verbo era luz.» Palabra y Luz increada son función del mismo modo sustancial divino. Por eso, no hay tres primordiales *símbolos de deidad*, sino dos: la luz creada y el espíritu creado. En el concepto *luz* encierra Servet toda la acción iluminadora del *Logos* antes, en y después de la encarnación, así como la centralización, en el Verbo-Cristo, de todas las esencias, que «a manera de rayos de sol fluyen de él a las creaturas» *(Rest. 283)*. En el concepto *espíritu* comprende Servet todo el dinamismo inmanente a los seres [205].

Por eso, la luz es *mater formarum, forma formarum*. Se enmarca aquí todo lo que podría llamarse la cosmología servetiana: esas páginas en que trata de los cuatro elementos clásicos, de sus múl-

---

[203] *Rest.* 21, 24, 38-39; *DeTrErr* 86b-87a, 92b.
[204] *Rest.* 131, 147, 215, 232, 282.
[205] *Rest.* 11, 48-49, 55, 129, 168.

tiples combinaciones con la luz para producir todas las cosas, de la distinción entre elementos superiores y el inferior, la tierra. También, su principio subsidiario de la explicación —muy poco «científica» para un médico profesional— de la generación a base de mezcla de esos tres elementos (que proceden, dice, del padre) con el elemento térreo, el materno, teoría que proviene de su propia explicación analógica de la generación de Jesús [206].

Una segunda parcela de acción de la luz del Verbo es el conocimiento: la fe, la ciencia, la aprehensión de verdades superiores, los sentidos. Pasajes hay en *Restitutio* que pueden apoyar la impresión de que Servet se vincularía a un cierto iluminismo cognoscitivo, último resultado del impacto escéptico de su primera juventud [207].

Y por fin, la función purificadora del fuego: todo quedará eliminado en una final apocatástasis por el fuego mismo que es Dios; reposo eterno en el Dios que, al fin sin intermediarios, será ya visto sin velo como luz y fuego [208].

Paralelamente, el Dios-Espíritu que se expande en *símbolos de deidad* incontables. Servet se complace en mencionar el «Espíritu de Dios» que agitaba las aguas primordiales; el que mueve la sangre en las venas y arterias y, penetrando hasta el cerebro, pone en circulación nuestras impresiones sensoriales y nuestras intelecciones; y el alma humana, que es la conjunción de una energía mortal y de un inmortal soplo creador divino que en ella se sustenta [209]. Así, toda la antropología de Servet halla aquí su encuadre sistemático; y así también se comprende el valor de mero ejemplo del contacto divino omniforme que quiso Servet dar a su descripción de su gran descubrimiento médico, el de la circulación menor de la sangre [210].

Positio deitatis

La conclusión inmediata a que llevan las precedentes premisas es la misma que Servet resume como que el mundo es un «modo de lo divino» o que «las distinciones de deidad se basan en sus modos y en las cosas a las que es comunicada» [211]. Y así, la acusación de panteísmo surge con muy improbable seguridad de victoria.

Llama la atención la insistencia, extraña en él, con que repite en el Diálogo II, a punto ya de concluir, un principio que en sus pe-

---

[206] *Rest.* 251, 254, 265-267, 276; 250, 255.
[207] *Rest.* 371, 392; 195-196.
[208] *Rest.* 390-393, 507, 553, 275.
[209] *Rest.* 163-169, 178, 179, 181, 223, 551.
[210] *Rest.* 169-177.
[211] En la *Apología: Rest.* 698 (nuestra ed., p. 248); y *Rest.* 129.

queñas variantes puede formularse así: «La aposición de deidad a lo humano no cambia su especie, pero le añade dignidad»[212]. La forma de hombre será siempre forma de hombre; tanto cuando consta de la inicial imagen creativa, como cuando luego, en los *ministerios* cristianos de re-generación, es sustancialmente transformada «por agua, Espíritu y fuego» hasta el punto de quedar divinizada. Servet apura aún más el alcance de su idea cuando señala que no sólo todos los seres forman una unidad sustancial, por el hecho de ser todos diversos grados de *símbolo de deidad;* sino que cuanto más perfecto sea éste, mayor dignidad compete a ese ser, mayor unidad interna le constituye, y más asegurada tiene la inmortalidad. *Est Deus in rebus.* Pero si la unión de alma y cuerpo no escinde la sustancial unidad humana (¡y esto lo dice alguien que parece platónico!), tampoco «la conjunción de lo divino y lo humano».

No se puede honestamente hablar de panteísmo en Servet, si se percata uno del alcance de este principio, que de él le exonera. Hay, de momento, una consciente voluntad de no caer en la perenne trampa dialéctica que amenaza a quienes abordan el problema de la multiplicidad del ser, desde cualquier ángulo, y quedan perplejos al tratar de reducirlo a la unidad del ser metafísicamente participado o a la de Dios creador, no sólo única causa eficiente última, como tal, sino también formal, al menos en el tímido sentido de la formalidad ejemplar, además de suprema causa final de todos los seres. Pero ¿basta una causalidad meramente ejemplar para dar cuenta de la constitución interna de los seres creados? ¿Es Dios el artista que copia modelos y se queda externo a ellos, sin constituirlos? Esta insuficiencia, experimentada más que por nadie por los espíritus de elevada tendencia mística a través de todos los tiempos, viene agravada por la inexistencia de términos adecuados para expresarse en el difícil contexto conceptual de este problema racionalmente insoluble. La solución de Servet, en un brillante intento de conjugar datos bíblicos y neoplatónicos, es digna de figurar en la Historia de la Filosofía en lugar destacado. Atacarle por panteísta, trivialmente, equivale a ignorar su altura de miras, su talante místico, que le hace hermano de ilustres pensadores, su explícito rechazo y, por supuesto, este iluminador «principio de la posición o adición de deidad».

---

[212] Es un principio de estirpe filosófica que Servet inculca con insistencia que se diría machacona en pocas páginas: *Rest.* 267, 268, 270, 276, en pequeñas variaciones de formulación requeridas por el contexto en cada caso.

Analogía ad Christum

Dentro del primer horizonte de omniformalidades divinas, el de su manifestación por el Verbo-Luz-Cristo, ocupa el primer lugar en el sistema servetiano el concepto de analogía a él. De este modo, el *símbolo* luz, forma de las formas, establece entre todos los seres una unidad de tipo trascendental, interrelacionados todos ellos intrínsecamente en torno a un *supremum analogatum* de toda la realidad actualizada y posible, tanto en el orden natural como en el sobrenatural. Todos los «diversos modos y subordinaciones de divinidad» se actúan, propagan, engendran y producen por analogía a Cristo [213].

En este principio, que es expresión del cristocentrismo característico de Servet, se basa de una manera rotunda su referencia a toda una gama de temas, que en él quedan prendidos: la revelación progresiva, los nombres de Dios, las teofanías de diversa índole, la encarnación, la revelación, la relación entre Palabra e hijo, la constitución de la carne de Cristo, etc. [214].

Vale la pena anotar también que la admisión de analogía hacia Cristo y entre cada ser, según su propio *símbolo de deidad*, es otro poderoso argumento sistemático contra quienes acusan a Servet de panteísta. Además, tal convicción queda corroborada porque el principio de analogía siempre viene acompañado en Servet por el de comunicación espiritual, en el cual también cabría tipificar similares planteamientos analógicos.

Regnum Spiritus

«El reino de Cristo que se nos ha dado es un reino del Espíritu» *(Rest.* 185). Con su acostumbrada lógica y su seriedad de tomar los textos en su sentido estricto, Servet saca de este principio, de dominio común, originales y radicales consecuencias. Todo el tratado de la justificación, por la fe pero no sólo por la fe, sino reconocido el valor divino de las obras humanas y del cuerpo; y la supremacía de la caridad y la acción; y el énfasis en el valor supremo de la *vita abscondita* y del *internus homo;* y la exigencia de auténtica *simplicitas* en todo; y la búsqueda de la *christiana spiritualitas* en un horizonte similar al erasmista, entre otros varios temas, radican aquí [215].

---

[213] Otro principio de procedencia filosófica repetido insistentemente: *Rest.* 146, 152, 162, 200, 209, 255, 259, 264, 278, también con variantes que el contexto va exigiendo.

[214] *Rest.* 92 y ss., 107-109, 203, 209, 273, 281, 503.

[215] *Rest.* 303, 338-339, 321-323. *Simplicitas:* 6, 16, 33, 288, 294-295, 302-303, 509, 573.

Pero no es menester recurrir a influjos joaquimitas para dar cuenta de esta dimensión espiritualista de Servet. Surge, en parte, del ambiente anabaptista en que secretamente se mueve, y refleja su personal, indudable, experiencia mística. Por lo demás, no coincide con la de Joaquín de Fiore su propuesta trifásica para conceptualizar el devenir de la historia. Al contrario, y en dependencia de la *analogía ad Christum*, Servet reduce a estas tres las etapas de comunicación progresiva del Dios-Espíritu, de menos a más: todos los misterios y acontecimientos presentan una fase umbría, otra física y otra espiritual. *In umbra, in corpore, in spiritu.* Esta convicción se entronca con su interpretación tipológica, umbría, de todos los sucesos históricos y religiosos anteriores a Cristo, en quien obtienen verdad, la cual, a su vez, se proyecta hacia un futuro de definitiva eclosión espiritual: la diviniazción de quien acepta la verdad de Cristo [216].

En este capítulo hay que sistematizar toda la doctrina servetiana acerca de los *misterios* y los *ministerios* cristianos, que él desarrolla en los Libros III y IV de la IV Parte de *Restitutio*.

Pugna

La página frontal de *Christianismi Restitutio* se inicia bajo el signo de la lucha de Miguel, *pugna*, *polemós*, contra los ángeles rebeldes. Servet ve en esa presentación bíblica del arcángel la intimación de una constante polémica que perdurará a lo largo de la historia y en muy diversos frentes conflictivos. No es un visionario iluso que se olvide de reconocer los tirones del mal. Ya en el origen se produjo una contaminación universal de dimensiones cósmicas. Ha ido medrando el poderío diabólico en el individuo y la sociedad. Para colmo, se ha asentado el reino del Anticristo. Servet convoca a la pelea. Una pelea espiritual. Secretamente rebelde, defensor de la libertad de conciencia y de pensamiento, sin embargo, se somete siempre al orden constituido con un «nicodemismo» que le resulta afortunado hasta su trágico fin. Libertad en el orden. Servet rechaza toda sedición, y ninguna, como es sabido, le pudo ser probada en el juicio de Ginebra. Un reino del Espíritu; una contienda del Espíritu. Y el fruto de la *pugna*, la *restitutio* de ese reino perdido [217].

El lector no tarda en descubrir cierta conciencia de sentimiento trágico en Servet. No sólo por su presentimiento de la muerte y por su muerte misma, ya que murió en la brecha por su *causa*, sino

---

[216] *Rest.* 457-462.
[217] *Babylonica spiritualitas*, en *Rest.* 408, 417, 421. *Constans pugna*, en *Rest.* 367-371, 399-400, 448, 463, 410, 456. Contaminación universal, en 390.

en su doctrina. A la purificación se llega por la experiencia del mal; a lo largo de esos diez años, de los veinte a los treinta, que, según él, deben ser apurados en aprendizaje y en lucha contra el mal, hasta la iluminación hipotéticamente liberadora. Y lo mismo en la historia. Pero en esta dimensión histórica, presidida por la teoría de la «caída de la Iglesia», derivada del anabaptismo coetáneo, un nuevo tono: profetismo, milenarismo. Una angustia por la premura del tiempo: *impletum est tempus*, exacerbada documentalmente en su conmovedora carta a Poupin. Urgencia de purificar en sinceridad todas las corrupciones sociales y eclesiales [218].

Pero también aquí, a pesar de la violencia de ciertas expresiones y de secuencias enteras, la comprensión y la mesura. Libre es el hombre para Servet, lo que señala una decisiva divergencia en su sistema respecto al luterano y calvinista; pero libre, dentro de ciertos límites. Igualmente, la espontaneidad de nuestros actos se ve aletargada por el lastre de los hábitos. Y siempre, la victoria del bien, por la continua adversidad del mal. Nada de maniqueísmos. Simplemente, la comprobación de una moral polaridad humana y cósmica. Y ella colorea el sistema servetiano inconfundiblemente [219].

Finis

«Fin de todo es el hombre, y fin del hombre, Dios.» En esta bella sentencia de *Restitutio* (245) se sintetiza todo el ambiente optimista del Renacimiento. Servet comparte esta actitud con los hombres de su tiempo, ninguno de los cuales fue paganizante. Manetti, Ficino, Pico, Lefèvre, Erasmo, por sólo mencionar algunos de los que trataron de la *dignitas hominis*. Sólo que, fiel a su método, Servet trasciende planteamientos meramente secularistas, vinculando la obtención del fin del hombre a *ministerios* cristianos, proyectando así estrictamente esa especulación humanista hacia un horizonte rigurosamente religioso. No es que esos humanistas lo excluyeran: es bien sabido que nunca hubo serios intentos paganizantes en el Renacimiento, a pesar de ciertas apariencias [220]. Servet, mucho más

---

[218] *Rest.* 4, 393, 401, 417, 421, 425-439, 557. La carta luego, p. 113.
[219] *Rest.* 54-55, 285, 301, 383, 568.
[220] Si se exceptúan los frívolos intentos de la llamada Academia Romana hacia 1470, pronto desaparecida, apenas puede decirse que haya habido real oposición entre Renacimiento y Cristianismo, ni en Petrarca y Boccaccio, por no mencionar a Dante, ni en Bruni, Salutati, Valla, y los mencionados. Otra cosa, bien distinta, es que precisamente su renacentismo les impulsara a renovar el cristianismo desde dentro, tarea en la que apenas fueron secundados por el cristianismo papal. De todos modos, los matices personales son tan varios que apenas vale una norma general. Hoy están más que superadas las valoraciones de Burckhardt y su tiempo. Servet no es excepción.

radical que todos ellos, interpreta la letra de los datos bíblicos sacramentales en un sentido extremo. Para él no se ciñe a mera fórmula el ser «hijo de Dios», más aún, el llegar a «ser Dios»; y no tan sólo, como al gusto platónico, «divino». El fin del hombre es para Servet cabalmente ése: su deificación [221].

El lector, sin embargo, queda ofuscado ante estas afirmaciones, y no sólo por la vulgar acusación de panteísmo que acarrean. Querría saber más de esa *deificatio* en que culmina la doctrina servetiana y que es propuesta como fin del hombre y meta de la historia. Querría intuir con claridad detalles de su realización, solventando de paso las comprensibles perplejidades racionales que se agolpan a su propósito. Pero, también aquí, «el resto es silencio». Sábado eterno. *Requies*. Culminación del ἄνοδος. Retorno y descanso [222].

Muchas incógnitas deja, pues, abiertas la doctrina servetiana. Temas doctrinales que nunca se concluyen, importantes puntos que se rozan y aluden y ya no se desarrollan, falta de un orden sistemático como requeriría una elemental pedagogía. También eso es servetismo. Argumentación enfática, agotamiento de recursos dialécticos, resistencia a todo encasillamiento. En *Restitutio* hay una doctrina; pero más que el encuadre de un sistema orgánico, quedaron apresadas en sus páginas las dotes del hombre que fue su autor. Entre tantas incitaciones como pululan en ellas, comparece ese rostro melancólico, esos ojos tristes, esa alma inquieta, atormentada, del semiarcangélico y pugnante Miguel, libre como el cierzo de su tierra, tesoneramente fiel a sus ideas, que le cuestan una vida joven, tan prometedora. Si en toda lectura estimula y acompaña el sentirse en presencia del autor, más en la de esta gran obra, en la que el hombre resalta más que su pluma y el corazón más que su cerebro privilegiado. El lector se halla ante la más radical de las utopías religiosas de todos los tiempos, escrita en aquel fecundo XVI, siglo rico en toda clase de ellas. En las prolongadas horas de lectura y estudio, sírvale de acicate este hombre: Servet. Y cuando acaso le asalten reacciones de estupor o de disgusto, recuerde la humilde confidencia que él mismo le hizo a un viejo corresponsal:

[221] *Homo novus*, en *Rest.* 190-191, 196, 487, etc. *Deificatio*, en 196, 277, 311-312, 542-549, etc.

[222] *Rest.* 423: *In perpetua sabbati requie*. El recurso a estos principios sistemáticos, de inspiración filosófica y aplicación teológica, debería acallar las acusaciones de desorden y asistematismo que desde Mosheim, y aun antes, se han acumulado contra *Restitutio*. En nuestros días, aún habla Cantimori del servetismo como de un «monstrum la cui analisi lasciamo ai filosofi»: «Castellioniana et Servetiana», *Riv. Stor. Ital.* 67 (1955), 84; y Manzoni, del «monstrum teologico-filosofico che costituisce la metafisica di Serveto», *op. cit.*, p. 16.

«Bien sabe Dios que en todo lo que he escrito tengo limpia la conciencia» [223].

Servet vivió aislado y sigue manteniendo a lo largo de la historia ese halo sugestivo, pero ineficaz, de los fascinantes solitarios. No fundó escuela. No presidió iglesia. No aspiró a ser maestro ni líder. Se consumió en un aislamiento infecundo del que sólo nos quedan unos cuantos centenares de páginas que ni en su tiempo ni en el nuestro produjeron otra cosa que asombro a los contados eruditos que tuvieron acceso a ellas; pero un asombro inconcluso. Nadie podrá saber nunca lo que hubiera ocurrido si las doctrinas teóricas y las reformas prácticas de *Restitutio* hubieran hallado eco. La hoguera de Champel, a la vera de la vieja Ginebra, tronchó este eventual futurible. Y así, la figura humana y la obra técnica de Servet seguirán perteneciendo a ese nuboso reino de lo que pudo ser. Por ello, quizá, y porque una muerte heroica y una intolerancia destructora las han inmortalizado y proyectado a un horizonte intemporal, nada impide que nuestro tiempo se abra propicio a una nueva comprensión del servetismo. En este nuestro siglo XX, tan parecido al XVI en el replanteamiento de viejos problemas que entonces quedaron pendientes, no es poco lo que podemos aprender de la imponente utopía religiosa y filosófica propuesta por Servet [224].

7. ESTA EDICIÓN

Christianismi Restitutio apareció con tres tratados complementarios que bien pueden considerarse como apéndices: *Treinta cartas a Calvino, Sesenta signos del Anticristo* y *Apología a Melanchton (Rest. 577-734).* Comprometidos para publicación aparte por la editorial Castalia, de Madrid, quedan excluidos de la presente edición.

Presentamos en ésta la primera traducción completa del texto de *Restitutio* propiamente dicho en edición crítica y anotada. Como antes se indicó, van entre corchetes [ ] las variantes de *MsEd* y de *MsPa*; y aparecen en cursiva, a lo largo de los Libros III, IV y V de

---

[223] *Deus enim novit, conscientiam meam in omnibus quae scripsi fuisse sanam,* Servet a Ecolampadio em 1531: *Calv. Op.,* VIII, 861. Y al final del *Dialogorum* F 7 r: «Háganos Dios por su misericordia comprender nuestros yerros, y sin tozudez.»

[224] Varios de los temas esenciales de este estudio introductorio han sido resumidos, y algunos ampliados, en breves publicaciones que, aunque redactadas luego, se adelantaron a ver la luz: A. ALCALÁ, *El sistema de Servet* (Madrid: Fundación Juan March, Serie universitaria núm. 60) y *Servet en su tiempo y en el nuestro: El nuevo florecer del servetismo* (Villanueva de Sijena: Instituto de Estudios Sijenenses Miguel Servet), ambos de 1978.

la Primera Parte, y del I Diálogo de la Segunda, todas las frases que hay que reconocer como adiciones o correcciones en el texto impreso respecto a esos dos manuscritos. En cuanto a las notas, la mayor parte son comprobación de las alusiones de Servet a sus diversas fuentes. No faltan, sin embargo, notas que aspiran a aclarar determinados puntos oscuros de su doctrina, o a relacionarla con la de otros textos paralelos, tanto del mismo *Rest.* como de *DeTrErr* y del *Dialogorum,* así como de *Cartas* y *Apología.*

Para los textos bíblicos se ha empleado la antigua versión de Casiodoro de Reina, de 1569, revisada luego en 1602 por Cipriano de Valera, y últimamente en 1960 (Ed. Sociedades Bíblicas Unidas, New York, 1975). Rendimos así homenaje a un monumento de nuestro humanismo biblista y a un hombre que, como quedó dicho antes, manifestó gran estima por Servet. En contadas ocasiones de duda se recurre complementariamente a la llamada Biblia de Jerusalén, *BibJer.*

Por fin, queremos mencionar con profunda gratitud los nombres de nuestros amigos colaboradores: el Prof. Luis Betés, Doctor en Filosofía y Ciencias Sociales, docente en la Universidad Laboral de Zaragoza, sobre cuyos hombros han recaído las tareas más onerosas de la traducción; los Dres. José Faur y Moise Ohana, rabinos y doctores en Lenguas Semíticas, respectivamente Profesores en el Jewish Theological Seminary of America, New York, y en Brooklyn College, de la City University of New York, quienes han aportado valiosas sugerencias en los campos de su especialidad; por fin, los Dres. Luis García Ballester, Catedrático de Historia de la Medicina de la Universidad de Granada, y Antonio Alberto Guerrino, Profesor de Historia de la Medicina de la Universidad de Buenos Aires, por sus valiosos consejos en temas médicos de *Restitutio.* Todos ellos deben pasar desde ahora a formar parte del grupo, no demasiado numeroso, de los generosos beneméritos del servetismo.

El firmante, quien, y no sólo por español y aragonés, no puede ni quiere disimular su personal e intelectual devoción a Servet, ha coordinado estos esfuerzos, supervisado las tres sucesivas versiones castellanas del texto, traducido indistintamente varias secuencias del mismo y realizado una amplia investigación sobre el pensamiento y la biografía servetianos, parte de los cuales quedan ya explícitos en las notas y en estas páginas introductorias. Ojalá la benevolencia del lector sirva para no excluirle de ese mismo grupo. Servet es una gloria internacional que hace honor a su patria, España. Darle a conocer como era y pensaba contribuye a aclarar ese aire de mito que ha ido desfigurando su memoria.

Para concluir, séanos permitido expresar nuestro agradecimiento a la Fundación Juan March, de Madrid, por la espléndida ayuda que hizo posible la realización de este trabajo. Y concretamente, al Departamento de Filosofía de esa Fundación, presidido en su momento por el Prof. Pedro Cerezo Galán, de la Universidad de Granada, quien amablemente aprobó el plan de esta obra y la fue estimulando durante su gestación. Anteriormente, pequeñas ayudas de la American Philosophical Society, de Philadelphia, y de la Fundación para Investigación de mi propia City University of New York, fueron apoyando el lento trabajo en sus primeras etapas; a ellas y a sus dirigentes, sincera gratitud. Después, la generosidad de la Fundación Universitaria Española y la siempre inteligente comprensión de su Director, don Pedro Sáinz Rodríguez, han hecho posible que vea la luz.

ANGEL ALCALÁ
New York y Buenos Aires
21 de junio de 1977

18 bis. Primera de las dos páginas de la carta de Servet a Abel Poupin. Ginebra, Archivos del Estado.

homo in forma dei

ante secula, filius vnigenitus et in principio Verbum, postea verò et homo
ex Maria virgine, incorporalis in corpore, impassibilis in corpore passibili,
immortalis in corpore mortalj. Apertior certè distinctio inter duas Christi
naturas exprimj non potuit, quas sic confusè miscet Seruetus, ut carnem
faciat Deum, et Verbu neget hypostasim habuisse à Patre distinctam

in christo
Forma diuina nec corrupta,
nec alterata, nec mutata,
apertissimè doceo pag. 201.
et in epistola tua septa pag. 590.

*Breuis cauillationum refutatio quibus Seruetus
errores sibi à nobis obiectas diluere tentauit.*

Timuit fortè ne Iudices nescirent quàm facundus esset ac proteruus
conuiciator nisi Caluini initio vocaret homicidam, et multa subinde
probra in eum enumeret. Nos autem de rebus ipsis simpliciter agemus.

verè, et Simonis magi
sectatorem. Nega te
homicidā, et actis probabo.

Simonā magū te negare nō audes. Quis tibi igitur fidem
adhibeat, et te bonā arborē credat? In causa tam iusta sum constans,
et mortem nihil formido.

Praecisè

19. Fragmento, en latín, de las «Actes théologiques du procès de Michel Servet», con los
ataques de los pastores de Ginebra y las respuestas interlineares y marginales de Servet, redactadas entre el 15 y el 18 de septiembre de 1553.

et mortem nihil formido.

19 bis. «Y a la muerte nada temo», detalle del texto anterior.

Hactenus est satis conclamatum, et magna subscribentium hic turba. Sed quos locos isti adducunt, ad statuendū inuisibilem illum, et realiter distinctum filium, quem afferunt? Nullos sanè adducunt, nec adducent unquam. Hoc decebat tantos eloquij diuini ministros, qui et ubiq iactant, se nihil velle docere, quod non sit solidis scripturæ locis demonstratum. At nulli tales locis nunc inueniuntur. Improbata est igitur doctrina mea solis clamoribus, rationa verò nulla, authoritate nulla.

Michael seruetus subscribit, solus hic quidem, sed qui christū habet protectorē certissimum.

20. Ultimas líneas latinas con que Servet cierra su discusión con Calvino y su «compañía de Pastores».

Magnifiques seigneurs

Il y a bien troys semmeines, que Je desire et demande auoyr audiance, et nay jamays peus lauoyr. Je bous supplie pour lamour de Iesu Christ, ne me refuser ce que bous ne refuseries a bn turc, en bous demandant iustice. Jay a bous dire choses dimportance, et bien necessaires.

Quant a ce que auies comande, quon me fit quelque chose pour me tenir net, nen a rien este faict, et suys plus pietre que jamais. Et dauantaige le froyt me tormante grandamant a cause de ma colique et rompure, la quelle mengendre dautres paueretes, que ay honte bous escrire. Cest grand cruaulte, que Je naye conget de parler seulement pour remedier a mes necessites. pour lamour de Dieu messeigneurs donez y ordre, ou pour pitié, ou pour le deuoyr. Faict en bous prisons de Geneue le diziema doctobre · 1553.

Michel seruetus.

21. Ultima petición de Servet, en francés, al Concejo ginebrino, del 10 de octubre de 1553.

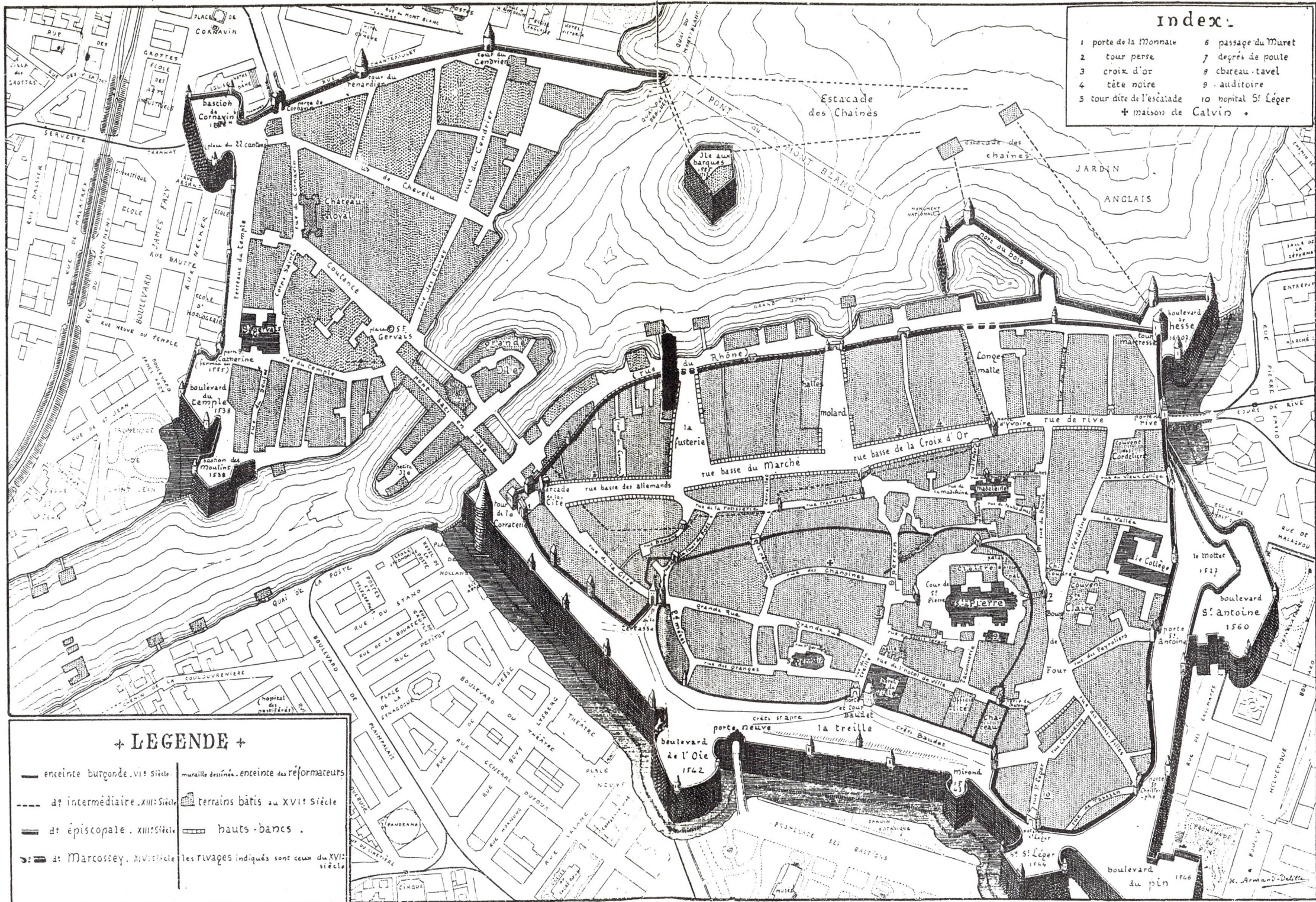

22. Ginebra, con sus fortificaciones sucesivas, en el siglo XVI. De Emile Doumerque, *Jean Calvin*, vol. III, Lausanne, 1899. El *via crucis* servetiano partió del «Hôtel de ville» (inferior derecha), recorrió su «Rue», atravesó la «Port du Chateau», el «Bourg de Fous» y la «Rue des Peyroliers», y salió por la «Porte St. Antoine» hacia Chample, extramuros.

23. Perspectiva de Saint Pierre, centro de la acción de Calvino, desde el ángulo inferior derecho del plano, según diseño de Vischer, 1641, sin cambios desde el siglo anterior.

24. Sebastián Castellión († 1564), el gran defensor de la tolerancia a propósito de Servet. Biblioteca de la Universidad de Basilea, pero del siglo XVII.

PETRVS VIRETVS.

25. Pierre Viret (1511-1571), quien, pastor e[n] Lausanne, tuvo algún tiempo en estudio el m[a]nuscrito servetiano de Restitutio. Retrato, segú[n] los Icones de Teod. Beza, Ginebra, 1580.

CARTA A POUPIN

Es la tercera que Servet escribió desde Vienne a Abel Poupin, pastor en Ginebra entre 1543-47 y 1548-56. De su importancia en el seno de la Compañía de Pastores puede dar idea el hecho de que firma las actas del proceso teológico de Ginebra inmediatamente detrás de Calvino. En él dijo Servet que la había escrito más de seis años antes; es decir, en 1546 *(Calv. Op.*, VIII, 769). Sabemos que en esa misma fecha estaba redactando *Restitutio.* Por eso, nos sirve para ambientarnos en el talante espiritual del autor por aquellas fechas. Viene a equivaler, además, a un breve resumen de sus puntos más importantes. Se conserva en los Archives d'Etat de Genève, Procès criminels, n. 492, pièce 13. Se ofrece a continuación una traducción directa y más completa que la de en *Bainton*, p. 155.

––––––––––––

Aunque mi carta 12.ª a Calvino muestre muy claramente que ha sido suprimida la fuerza de la ley del decálogo, sin embargo, aún voy a añadir otro texto para que mejor entendáis la innovación realizada por la venida de Cristo.

Si lees el texto de Jer. 31, conocerás con toda evidencia que la ley del decálogo ha sido suprimida. Enseña el profeta que quedó abrogado el pacto realizado con los padres cuando salían de Egipto. Pero ese pacto era el del decálogo, pues se dice en III Re. que en el arca estaba el pacto realizado con los padres al salir de Egipto, es decir, el decálogo. Por eso se le llamaba arca de la alianza, y tablas de la alianza, y en verdad palabras de la alianza. Esta fue la fórmula del pacto: Dios promete que ellos serían su pueblo si cumplieren esas palabras, y ellos aceptan esas palabras para observarlas. He ahí el pacto. Pero en ese cap. 31 enseña Jeremías que tal pacto ha quedado anulado, así como Ezequiel en el capítulo 16, y Pablo en Heb. al principio. Si Dios nos recibiera por suyos bajo esa Ley, del mismo modo pereceríamos oprimidos por tal yugo y estaríamos bajo maldición. En consecuencia, ha sido suprimida esa Ley. No nos recibe Dios por suyos bajo esa alianza, sino por la sola fe en Jesús el Cristo, su hijo amado.

Mirad, pues, cuál es vuestro evangelio, que confundís con la Ley. Es el vuestro un evangelio sin el un Dios, sin fe verdadera, sin buenas obras.

En vez del un Dios, tenéis a un cancerbero tricéfalo; en vez de la fe verdadera, una fantasía fatalista, y las buenas obras decís que son pretensión fatua. La fe de Cristo es para vosotros un lazo holgado, ineficaz; el hombre, un tronco inerte y Dios, la quimera del siervo albedrío. No reconocéis la regeneración por agua celeste, sino que la tenéis por ilusa. Les cerráis el cielo a los hombres, rechazándonosla como algo imaginario. ¡Ay de vosotros! ¡Ay, ay!

Por esta tercera carta quiero amonestarte de forma que pienses mejor, pues ya no voy a hacerlo más así. Quizá os molesta que me comprometa en la lucha de Miguel y os quiera comprometer en ella; pero estudia con diligencia ese pasaje, y verás que son hombres los que deberán luchar a la sazón, exponiendo su vida a muerte de sangre en testimonio de Jesús el Cristo. De ángeles se habla en la Escritura, como es obvio; pero ¿no ves que se trata ahí de la Iglesia del Cristo, huida ha ya tantos años? ¿No hay ahí una visión de futuro, como indica el mismo Juan? ¿Quién es ese acusador que por la transgresión de leyes y preceptos nos acusaba «antes»? «Antes de la batalla, dice, será la acusación y la seducción del mundo.» Seguirá la lucha. Y, como expresa, ya se acerca ese momento. ¿Quiénes son esos que obtendrán victoria sobre la Bestia, por no haber recibido su marca?

Muy bien sé yo que he de morir en este empeño; pero no por ello flaquea mi ánimo, pues quiero hacerme, como discípulo, semejante al maestro.

Lamento no poder enmendar por tu medio algunos pasajes de mis escritos que tiene Calvino. Adiós, y no esperes ninguna otra carta mía.

En pie seguiré en guardia, y miraré, y veré qué me dirá.

Porque vendrá, seguro que vendrá, y no tardará.

RESTITUCION
DEL
CRISTIANISMO

Convocatoria a toda la Iglesia apostólica
  a volver a los orígenes,
  a restituir íntegro el conocimiento de Dios,
        de la fe en Cristo,
        de nuestra justificación,
        de la regeneración bautismal,
        de la cena del Señor;
  a restituirnos, por fin, el reino celestial,
  a disolver la cautividad de la impía Babilonia,
  a destruir del todo al Anticristo y a sus secuaces.

בעת ההיא יעמוד מיכאל השר
(«Y apareció Miguel en el cielo»)

καὶ ἐγένετο πόλεμος ἐν τῷ οὐρανῷ
(«Y se desató una lucha en el cielo»)

M. D. LIII

PARTE PRIMERA

SOBRE LA TRINIDAD DIVINA

De cómo en ella no hay esa ilusión de tres
entidades invisibles, sino la verdadera manifestación de la sustancia de Dios en la
Palabra y su comunciación en el Espíritu.

PROEMIO

El fin que aquí nos proponemos es tan sublime por su   [3]
grandeza, como fácil de entender y seguro de demostrar.
No hay nada tan grande, lector, como conocer a Dios sustancialmente manifestado y su propia naturaleza divina verdaderamente comunicada. La manifestación de Dios por la
Palabra y su comunicación por el Espíritu, ambas de modo
sustancial en solo Cristo, sólo en él podemos discernirlas
claramente, de modo que en él, como hombre, puede ser
reconocida toda la divinidad del Verbo y del Espíritu [1].

Vamos a exponer la manifestación divina desde el principio de los siglos, el gran misterio de piedad fuera de toda
discusión: que Dios se ha manifestado primero en el Verbo
y después en la carne; que se ha comunicado en el Espíritu;
que ha sido contemplado por los ángeles y por los hombres
en visión antes velada, ahora revelada. Explicaremos con la
mayor claridad los modos verdaderos como se nos ha manifestado Dios: externamente y de forma visible en la Palabra, internamente y de forma perceptible en el Espíritu.

---

[1] *Ut tota verbi et spiritus deitas in homine dignoscatur.* Sería erróneo interpretar en sentido neoplatónico la fórmula «deitas in homine», que no se
refiere al hombre, en general, sino al hombre Jesús. No se olvide: los números entre [ ] indicarán siempre la paginación de la edición original de 1553.

¡Gran misterio en ambos casos que el hombre pueda conocer y poseer al mismísimo Dios! [2]. A Dios, antes nunca visto, podemos nosotros verle ahora el rostro desvelado, incluso podemos contemplarlo resplandeciendo dentro de nosotros mismos, si franqueamos la puerta y emprendemos el camino [3]. Abramos, pues, ya esa puerta y emprendamos ese camino de luz sin la que nada puede verse, sin la que nadie puede leer las sagradas Escrituras, ni conocer a Dios, ni [4] ser cristiano [4]. Este es el camino de la verdad, camino seguro, fácil y sincero, el único que nos pone totalmente al descubierto la naturaleza divina de Cristo en la Palabra, la verdadera perfección del Espíritu santo y la sustancial identidad de uno y otro en Dios, al poner al mismísimo Dios delante de nuestros ojos.

Hemos distribuido todo este camino en cinco Libros, añadiéndoles luego los Diálogos, para remontarnos como por etapas hasta el pleno conocimiento de Cristo. El primer Libro contiene tres axiomas sobre Cristo, tres argumentos de los fariseos y otros tantos de los sofistas, y sus correspondientes réplicas con los absurdos que derivan de admitir esas tres entidades invisibles [5]. El segundo expondrá veinte pasajes de la Escritura. El tercero versará sobre la persona de Cristo, prefigurada en la Palabra, sobre la visión de Dios y sobre la hipóstasis del Verbo. El cuarto, sobre la esencia y nombres de Dios, y los principios de todas las cosas. Del Espíritu santo se ocupará el quinto. Seguidamente, el primero de los Diálogos explicará cómo, superadas las sombras de la Ley, Cristo es la culminación de todo, aclarando también la naturaleza de los ángeles, de las almas y del infierno. El segundo Diálogo expondrá cómo se realizó la generación de Cristo, y cómo Cristo no es creatura, ni de poder finito, sino que debe ser adorado verdaderamente y que es verdadero Dios.

---

[2] Por el contrario, aquí, *mysterium utrinque magnum, ut Deum ipsum homo videat, et possideat:* la accesibilidad del Dios esencialmente desconocido se posibilita por dos «modos» divinos, su Verbo y su Espíritu, que nos lo muestran externa y visiblemente aquél, y de manera interna y sólo internamente perceptible éste. Primera formulación de la doctrina servetiana de la Trinidad.

[3] Raigambre bíblica y litúrgica de *ostium aperiamus* y de *viam ingrediamur;* innumerables textos.

[4] *MsEd* trae *litteras* en lugar de *Scripturas,* y *nec Deum recognoscere, nec Christianus fieri* en lugar de *nec Deum intelligere.*

[5] Se vierte por «entidades» consistentemente la expresión *res* que emplea siempre Servet para referirse a las Personas de la Trinidad. Su versión por «cosa» hubiera parecido derogatoria, y por «realidad» hubiera producido la impresión contraria a la deseada por él, quien se caracteriza cabalmente por negar realidad a esas tres Personas en el sentido ortodoxo tradicional.

¡Oh Cristo Jesús, hijo de Dios, que, habiéndonos sido dado del cielo, descubres de una manera visible la divinidad revelada en tí mismo! Manifiéstate a tu siervo para que quede bien patente tan gran revelación. Concede ahora a quien te lo pide tu buen espíritu y tu palabra eficaz. Dirige mi mente y mi pluma, para que pueda cantar la gloria de tu divinidad y expresar la verdadera fe acerca de tí. Tuya es esta causa de exponer la gloria que has recibido del Padre y la de tu Espíritu, causa que me fue encomendada por un cierto impulso divino para que la defendiese yo, que estaba celoso de tu verdad. Comencé esta tarea en otro tiempo, y ahora de nuevo me siento movido a proseguirla, pues ya se ha cumplido el plazo como, tanto por la evidencia del tema como por los indiscutibles signos de los tiempos, me propongo demostrar a todos los fieles [6]. Tú nos has enseñado que no puede ocultarse la luz, de modo que ¡ay de mí, si no evangelizo! [7]. Se ventila una causa común a todos los cristianos, con la que todos estamos comprometidos.

Sólo queda, lector, rogarte que te muestres benévolo por Cristo hasta el fin, y así podrás escuchar todo en palabras de verdad, sin engaño alguno.

(En el Ms. de Edimburgo toda esta invocación aparece transformada del modo siguiente:) [8]

¡Oh Cristo Jesús, *no me abandones, siervo tuyo que trabaja en esta tu causa, agobiado por el terror a mis enemigos y por mis penas. Pues que te pido el consuelo y la fuerza de tu buen espíritu*, concédemelos. Dirige mi mente y mi pluma, para que pueda cantar la gloria de tu divinidad y expresar la verdadera fe acerca de tí. Tuya es esta causa de *expresar tu gloria y la salvación de los tuyos*, causa que me fue encomendada por un cierto impulso divino para que la defendiese yo, *cuando era un adolescente de apenas veinte años, cuando ningún hombre me había enseñado nada de estos temas* [9]. Comencé a tratarla *entonces* y, ¡cuál es la ceguera

---

[6] *Quia completum est vere tempus.* El plazo es el de los 1260 años apocalípticos a partir de Constantino, fecha un tanto imprecisa que Servet repetirá luego una y otra vez, y que culminaría hacia 1585. Estas frases acusan cierta semejanza de tono con el de la carta de Servet a Abel Poupin.

[7] Referencias a Jn. 3, 2 y 10, 7-9, y a la exclamación de Pablo en I Cor. 9, 16.

[8] Para mayor claridad, van en cursiva las principales adiciones respecto al texto de la ed. Vienne 1553 (y de la de Nürnberg de 1790), cuyo facsimile ha servido de base para esta versión.

[9] Alusión a la publicación de sus dos primeras obras, *De Trinitatis erroribus* y *Dialogorum de Trinitate libri duo*, de julio de 1531 y comienzos de 1532 respectivamente, publicadas en Hagenau cuando tenía «apenas veinte años»

del mundo!, en seguida se me buscó de abajo y arriba para arrastrarme a la muerte [10]. *Aterrorizado por ello, y huyendo al destierro, me oculté largos años entre extranjeros con profunda tristeza de mi alma* [11]. *Viéndome a mí mismo adolescente, joven e inexperto, abandoné la causa casi por completo, por no estar suficientemente instruido. Pero he aquí, oh clementísimo Jesús, que de tal forma mandas de nuevo tú, mi abogado lleno de consuelos, retractar su propósito a tu afligido cliente, que ya prosigo presto, fortificado con múltiples lecturas y, ciertamente sobre todo, con la confianza de tu verdad* [12]. *Testigo me eres tú, para que nadie me tome por un innovador, movido por cualquier vana ambición* [13]. *Testigo te invoco de nuevo de que Dios me apartó de mi proyecto, y de que por la inminente persecución, como Jonás al mar, así deseé huir, o a alguna isla nueva* [14]. *Pero mandándomelo tú, cuya es la causa, no me es lícito. No me es lícito diferirlo más,* pues ya se ha cumplido el plazo, como mostraré por los signos de los tiempos. Tú nos has enseñado que no puede ocultarse la luz, de modo que ¡ay de mí si no evange-

---

y poco más de ellos en uno y otro caso. Nótese que Servet atribuye su redacción a un «impulso divino» y reconoce haber sido un autodidacta.

[10] Memoria de la persecución de que fue objeto al instante por parte de Ecolampadio en Basilea, Bucer en Estrasburgo, Zwingli en Zürich, entre otros, y entre los católicos, por la Corte imperial y la Inquisición central y la regional de **Zaragoza**.

[11] *Annos multos apud exteros delitui, magno animi moerore.* Preciosa confesión de su tristeza en el exilio de toda su vida, y de su nada fácil condición de «nicodemita».

[12] En el momento culminante de su vida, Servet considera una pérdida de tiempo los años en que abandonó «la causa» dedicándose a otros trabajos: ediciones humanísticas, estudios varios, medicina, a pesar de su enorme gloria por lo que en ellos logró.

[13] *Ne quis me novatorem existimet, inani aliqua cupiditate motum.* Estas confidencias autobiográficas dicen más sobre la real psicología de Servet que ciertas recientes elucubraciones sobre sus pretendidos complejos psíquicos. Modestia, humildad incluso, convencimiento de que sirve una causa santa y de que su doctrina es la auténtica tradicional, retorno a la autenticidad primitiva. Restitución, no innovación.

[14] Jn. 1,3. En carta del gran servetista Alexander Gordon a Bainton, de 3 de enero de 1925, cuya transcripción se conserva en el Union Theol. Semin. de New York, se dice que esta referencia a América es «el más antiguo ejemplo del Nuevo Mundo entendido como refugio en la persecución»; como la «tierra de la libertad» de la concepción hegeliana. Servet fue también predecesor, como luego se verá, de la «teoría del buen salvaje»: la religión de los nativos es salvífica si practicada conforme a la conciencia. No se sabe si esta intención migratoria de Servet se manifestó en alguna acción externa. De hecho, como es sabido, optó por cambiar de personalidad bajo el nombre de Miguel de Villanueva hasta que fue descubierta en los dos consecutivos procesos fatales: el católico de la Inquisición francesa de Vienne, y el protestante de la paralela intolerancia de la calvinista Ginebra.

lizo! *Se trata de la causa de la verdad* [15], con la que todos estamos comprometidos.

Sólo queda, lector, rogarte que te muestres benévolo por Cristo hasta el fin, y así podrás escuchar todo *en las sencillas palabras de que goza la verdad* [16], sin engaño **alguno**.

---

[15] *Causa veritatis agitur, cui omnes tenemur.* Concisa, enérgica expresión.
[16] *Sermone simplici quo gaudet veritas, sine aliquo fuco.*

DE JESUCRISTO HOMBRE
Y DE SUS FALSAS REPRESENTACIONES

Siguiendo el ejemplo de la primitiva predicación apos-   [5]
tólica, voy a comenzar este primer Libro acerca del hijo de
Dios por lo más conocido, por aquello que es claro para
cualquiera que esté en sus cabales y que ha sido anunciado
públicamente a todos. Así nuestro camino tendrá un principio fácil. El mismo hombre Jesús es la puerta y el camino.
Por él, pues, hay que comenzar, tanto porque ahora vamos
a tratar de él, como para contrarrestar a los sofistas que,
remontándose al conocimiento del Verbo sin este fundamento, se ven avocados hacia otro Hijo y olvidan al verdadero hijo de Dios [1]. A esos yo me encargaré de refrescarles
la memoria para que sepan quién es el verdadero hijo. Partiendo de que designamos con el pronombre «éste» al hombre mismo que fue cubierto de heridas y azotado, no tendré
inconveniente alguno en aceptar como verdaderas estas tres
proposiciones: primera, éste es Jesús el Cristo; **segunda,**
éste es hijo de Dios; tercera, éste es Dios.

---

[1] Los «sofistas» son, por supuesto, los «trinitarios». Para Servet el verdadero y único hijo de Dios es Jesús hombre; el Verbo o Palabra de Dios,
entendido tradicionalmente como segunda Persona de la Trinidad y, como
tal, Hijo de Dios, es para él un modo o manifestación sustancial de su esencia, pero no una Persona realmente distinta. La paternidad humana de Dios
respecto al hombre Jesús es para Servet la esencia misma del cristianismo.
El lib. I del juvenil *De Trinitatis erroribus* tiene un contenido y terminología muy semejantes a este lib. I de *Restitutio*. He aquí la versión de su
comienzo: «Al escrutar los santos arcanos de la divina Tríada juzgué debía
comenzar por el hombre, pues veo a muchos subir a la especulación del
Verbo sin fundamento de Cristo, sin atribuir sino poco o nada al hombre,
y al verdadero Cristo lo olvidan totalmente. Intentaré traerles a la memoria
quién es ese Cristo. Por lo demás, qué y cuánto haya que atribuir a Cristo,
lo juzgará la iglesia»: 2r.

Primera proposición

La primera proposición, a saber, que éste se llame Jesús, es algo evidente por sí mismo y no puede haber nada más cierto. Ese es, en efecto el nombre impuesto al niño en el día de su circuncisión, igual que a tí te pusieron el nombre de Juan, y a ése el de Pedro (Lc. 1 y 2) [2]. El nombre Jesús, como atestiguan los antiguos, es un nombre propio de varón; Cristo es un sobrenombre. Todos los judíos concedían que él era Jesús, mas negaban que fuese el Cristo; preguntaban por Jesús, «a quien llaman el Cristo» y «expulsaban de la sinagoga a los que osasen confesar que Jesús era el Cristo» [3]. Sobre esta cuestión surgían frecuentes discusiones entre los apóstoles y los judíos, disputando si Jesús era o no el Mesías. Pero acerca de Jesús jamás hubo duda alguna, ni discusión, ni se atrevió nadie a negarlo. Fíjate bien lo que se pretende con ese nombre, mira con qué valor Pablo da testimonio ante los judíos de que aquel Jesús era el Mesías (Hch. 9, 27 y 18) [4]. Mira también con qué fervor de espíritu se encaraba con los judíos Apolo el alejandrino, demostrando «que este Jesús era el Cristo» [5]. Todo esto se decía del hombre mismo, sin ninguna clase de sofisma. No creas que se trataba de los sofistas, no. Eran los mismos judíos, los pescadores, las mujeres, quienes con pura sencillez admitían que Jesús era el Cristo: este Jesús, el nazareno, el hijo de David [6].

[6]

Ahora bien, si concedemos que *éste es Jesús*, tenemos que conceder también que *éste es el Cristo*, el verdaderamente ungido por Dios. Pues «éste es tu santo hijo, al que has ungido» (Hch. 4); éste es el santo de los santos, de quien predijo Daniel que sería ungido (Dan. 9) [7]. Además, en el capítulo 10 de los Hechos dice Pedro: «Vosotros sabéis lo

---

[2] «Y llamarás su nombre Jesús», «y llamaron su nombre Jesús»: Lc. 1, 31 y 2, 21.

[3] Alusiones varias a Mt. 1, 16; Jn. 4, 25; 9, 22; 12, 42; 16, 2.

[4] «Confundía a los judíos afirmando que éste es el Cristo»: Hch. 9, 22. «Que Jesús, el cual yo os anuncio, decía él, éste era el Cristo»: Ib. 17, 3 *(MsEd* corrige bien 17 por el 27 de Vienne, erróneo). «Testificando a los judíos que Jesús era el Cristo»: Ib. 18, 5.

[5] Hch. 18, 24-28.

[6] Gran interés sistemático del concepto de «simplicitas» en la ideología religiosa de Servet. *Simplicitate pura.* En estrecha relación con los movimientos espiritualistas de su tiempo y del nuestro.

[7] Hch. 4, 27, citando Lc. 4, 18; Dan. 9, 24-26, en que se habla de las «setenta semanas» hasta ungir al Santo de los santos, el Mesías Príncipe, etc.

que se divulgó», como cosa de dominio público, pues de dominio público era «cómo Dios ungió con Espíritu santo y con fuerza a aquel Jesús de Nazaret, porque Dios estaba con él, y él es quien Dios ha puesto por juez de vivos y muertos». Y en el capítulo 2 de los Hechos dice: «Sepa con toda seguridad toda la casa de Israel que a este Jesús, a quien vosotros crucificasteis, Dios lo ha hecho Señor y Cristo», es decir, ungido [8].

Por su parte, Clemente, Justino, Ireneo, Tertuliano y todos los antiguos están de acuerdo en reconocer que este término *Cristo* es propio de la naturaleza humana [9]. El mismo significado del término lo confirma, ya que *ser ungido* sólo puede referirse a la naturaleza humana. ¿Quién, pues, se atreverá a negar que fuera un hombre el ungido? «El que niega que este Jesús es el Cristo, ése es anticristo» y «el que cree que es el ungido, ése ha nacido de Dios» (I Jn. 2 y 5) [10]. En las *Recogniciones* de Clemente, en el Libro I, Pedro explica, a propósito del término, cómo los reyes solían ser llamados «cristos» y cómo, por tanto, éste por la excelencia de su unción es llamado rey Cristo con preferencia a todos los demás [11]. Pues de la misma manera que puso Dios un ángel para que presidiese a los ángeles, una bestia a las bestias, un astro a los astros, así también para presidir a los hombres puso un hombre Cristo. También la autoridad del Antiguo Testamento nos enseña que un hombre es el llama-

---

[8] Hch. 10, 37, en la conversión de Cornelio el centurión, y 2, 36, en el discurso público de Pentecostés.

[9] Clemente de Roma, según Eusebio *(Hist. eccl.*, III, 15, 34) papa del 92 al 101, tercer sucesor de Pedro en Roma, no en ninguna de sus dos «Epístolas a los corintios», tan importantes, sino en sus *Recognitiones*, lib. I, cap. 45, en que comentando que «mesías» y «cristo» significan ungido, dice que «como arsaces en los persas, césares en los romanos, faraones en los egipcios, así en los judíos se solía llamar cristo a su rey, por un eximio rito religioso: le ungió el Padre con un óleo tomado del árbol de la vida» (PG I, 1233). Servet conocía muy bien el carácter apócrifo de estas «pseudo-clementinas». Dice de ellas en *DeTrErr*, 34v: «Licet sit liber apocryphus, est tamen antiquus.»

Justino, *Apologia secunda pro christianis*, 6: «Este hijo, por haber sido ungido... es llamado cristo» (PG VI, 92; ed. BAC, p. 266). Ireneo, *Adv. haereses*, lib. III, cap. 22, 1 (PG VII, 219). Tertuliano, *Liber de baptismo adv. Quintillam*, cap. VII: «Christus dicitur a chrismate» (PL I, 1207); *Adv. Marcion.*, cap. XV: «El nombre de Cristo no procede de una naturaleza, sino de una disposición» (PL II, 341). Servet tomará de Tertuliano el término «disposición» para aplicarlo al Verbo y al Espíritu, lo mismo que ser cristo-ungido es una función del hombre Jesús.

[10] I Jn. 2, 22 y 5, 1.

[11] Cfr. nota 9, texto citado, y palabras precedentes.

do cristo, pues llama cristo a un rey terreno (I Sam. 12 y 24; Is. 45) [12].

Asimismo, en Mt. 1 se lee: «De la cual nació Jesús, que es llamado Cristo». Nota ahí el nombre y el sobrenombre. Hombre es el que fue engendrado por obra del Espíritu santo. En el cap. 3 Lucas describe con toda claridad al hombre Cristo, cuando dice: «Y el mismo Jesús tenía treinta años, y era tenido por hijo de José.» El mismo que era considerado hijo de José, era Jesús el Cristo, hijo de Dios. En el capítulo 13 de los Hechos Pablo dice a los judíos: «Dios, según su promesa, envió a Cristo de la estirpe de David, ése a quien vosotros habéis dado muerte» [13]. Ahí mismo y en el capítulo 2 de Juan se nos enseña que Juan Bautista dijo: «No penséis que yo soy el Cristo.» ¿No sería ridículo que Juan se disculpase, si el término cristo no hiciera referencia al hombre? Frívola sería tanto la pregunta de Cristo como la respuesta de Pedro, cuando aquél pregunta: «¿Quién dicen los hombres que soy yo?», y Pedro responde: «Tú eres el Cristo, tú eres el hijo de Dios viviente» (Mt. 16) [14]. Ese mismo, el que unos creían que era Elías y otros Jeremías, Pedro dice que es el Cristo, el hijo de Dios. No dijo «el hijo incorpóreo está en tí», sino «tú eres el hijo». Y puesto que en esta ocasión Cristo ordenó que no dijeran a nadie que él era el Cristo, ¿qué piensas que pretendió significar con ese sobrenombre? Ahora bien, si él mismo no es Cristo, ¿cómo puede hacernos a nosotros cristos?

No valdría la pena insistir más en algo tan evidente, si no fuera porque se han extraviado los corazones de quienes, sin entender el misterio de la encarnación, creen que Cristo es una entidad incorpórea y como tal un hijo verdadero, cuando siempre y en todos los tiempos se ha dicho que es un verdadero hombre llamado Cristo. Escucha el testimonio del propio Cristo cuando él mismo se llama hombre: «Tratáis de darme muerte a mí, un hombre que os ha dicho la verdad» (Jn. 8), y en el capítulo 2 de la primera carta a Timoteo leemos: «Mediador entre Dios y los hombres, el hombre Cristo Jesús» [15]. Pero si te molesta la palabra *hombre*, adulterada por los sofistas al entenderla connotativamente, pon en su lugar la palabra *varón*, y escucha a Pedro

[7]

---

[12] I Sam. 12, 3 y 5; y 24, 6, refiriéndose a Saúl; Is. 45, 1, a Ciro.
[13] Mt. 1, 16; Lc. 3, 23; y Hch. 13, 23 no textualmente.
[14] Referencias de Lc. 3, 15 y Jn. 1 (no 2, como trae Servet), 20. La confesión de Pedro, en Mt. 16, 16.
[15] Jn. 8, 40 y I Tim. 2, 5.

cuando dice que «Jesús Nazareno fue un varón designado por Dios» (Act. 2); y en el último capítulo de Lucas: «De Jesús Nazareno, varón que fue y poderoso profeta»; y en Juan, 2: «Después de mí vendrá un varón»; y en Isaías, 53: «El último de los varones, el varón de dolores»; y en Zacarías, 6: «He ahí el varón, su estirpe es su nombre»; y en los Hechos, 17: «Dios ha de juzgar al mundo por medio de ese varón», a saber, por Cristo [16].

Lector: si tienes sentido común y conoces la índole del [8] pronombre demostrativo, debes saber bien que tal es el verdadero y original sentido de esa palabra. Pues cuando se le señala a simple vista se acepta siempre que «éste es Cristo», «tú eres Jesús»: ya porque habla, pregunta, responde o tiene hambre, ya porque lo ven caminar sobre las aguas. «¿A quién buscáis? A Jesús Nazareno. Yo soy.» «Aquel a quien yo besare, ése es, detenedlo.» «Soy yo en persona, palpad y ved.» Y en los Hechos, 2, al dirigirse Pedro a los judíos, dice: «Este Jesús, a quien vosotros matasteis, Dios lo ha resucitado. Nosotros somos testigos de ello» [17]. Si entrases en discusión con un judío, ¿qué designarías con tales pronombres? Pues entre los judíos jamás se había oído nada de la Trinidad o de un hijo invisible [18]. ¿Acaso somos nosotros de peor condición que la mujer samaritana? Esta, según Juan, 4, dijo: «Venid y ved al hombre que me ha dicho todo lo que he hecho. ¿Será éste el Cristo?» Y él mismo aprobó la mentalidad de aquella mujer, que nada sabía de entidades incorpóreas, pues, cuando ella se interesaba por el futuro Mesías, llamado el Cristo, el mismo Cristo le responde: «Soy yo, el que habla contigo» [19]. Yo, a quien me ves hablarte. No una cosa incorpórea, sino yo, el que te hablo, yo soy el verdadero y natural hijo de Dios. Una fe semejante en Jesús había concebido aquel ciego iluminado, al decir: «Aquel hombre que se llama Jesús hizo lodo» (Jn. 9) [20]. Por tener una fe tal en Cristo fue entonces iluminado. Y nada falso creyó de Cristo. Del hombre hay que en-

---

[16] Hch. 2, 22; Lc. 24, 19; Jn. 1 (no 2, que trae Servet), 30; Is. 53, 3; Za. 6, 12; Hch. 17, 31.

[17] Hch. 2, 23 y 32.

[18] Este argumento le parece suficiente a Servet, aparte los textuales, en contra de la interpretación trinitaria estricta, ortodoxa, de las palabras bíblicas: los judíos sencillos, a quienes hablaba Jesús, no lo entendieron así. Vuelve su apelación a la *simplicitas*. Como dice en *DeTrErr*, 3v: «Hay que entender con toda sencillez estas palabras y pronombres, que muestran un objeto percibido.»

[19] *An deterioris sumus nos conditionis...?* La anécdota, en Jn. 4, 29 y 26.

[20] En Jn. 9, 11.

tender aquello del Apóstol: «Así como por el delito de uno, así también por la gracia de un hombre, Jesús Cristo; y así como por un hombre la muerte, así por otro hombre la resurrección de los muertos» [21]. En ambos casos, o se dice hombre en sentido absoluto, o se dice connotativamente en ambos casos también; de otra suerte, no valdría la comparación. En este caso se nos habla del primer Adán y del segundo Adán; luego de nada sirve que los sofistas traten de entenderlo connotativamente. Por último, en Juan, 20, se dice que «hizo milagros para que creamos que Jesús es el Cristo, el hijo de Dios» [22].

Concluyo con la cuestión de Jesús, pero para que creamos que ese Jesús ha sido engendrado por Dios y ungido para nuestra salvación. Natanael dedujo que él era hijo de Dios, porque le dijo que le había visto debajo de la higuera. Análogo razonamiento se hace en Mateo, 14, por el hecho de haber disipado el vendaval [23].

Segunda proposición [9]

Todas estas ilaciones demuestran ya claramente lo que afirmé en segundo lugar: que este mismo, a quien llamo Cristo, es hijo de Dios; pues por los milagros que hacía se deduce que aquel mismo hombre era hijo de Dios. Si consta que ese hombre es Jesús el Cristo, constará también que ese mismo hombre es hijo de Dios, pues la Escritura sostiene constantemente que Jesús el Cristo es hijo de Dios. Ahora bien, consta realmente que el Dios padre de Jesucristo es el Dios padre de ese hombre. Pues claramente y en todas partes se presenta al mismo hombre como hijo de Dios y a Dios como verdadero padre respecto de él. Padre verdadero, porque ha sido engendrado sustancialmente por él, lo mismo que tú por tu padre. Cristo no ha sido engendrado por José, sino engendrado por obra del Espíritu santo, engendrado de la sustancia de Dios. Este Jesús ha sido engendrado verdadera y naturalmente por Dios, sin sofismas de ninguna clase. Enseguida veremos cómo se llevó a cabo esta generación [24]. De momento y brevemente digamos ya

---

[21] Frase un tanto compleja que reúne varios versos de Rom. 5, 12-19.
[22] Jn. 20, 31.
[23] Aludiendo a Jn. 1, 48 y a Mt. 14, 33.
[24] *MsEd* trae *corpus hoc*, este cuerpo, en vez de este Jesús. El modo de producirse la filiación divina del hombre Jesús, que luego explicará Servet, constituye uno de los puntos más importantes de su doctrina, que en resumen queda ya expuesta: *vere pater, quia ab eo est substantialiter genitus, sicut tu a patre tuo..., vere et naturaliter genitus.*

que la Palabra de Dios, como una nube, envolvió a la virgen con su sombra. Actuó en ella como rocío de generación, como lluvia que hace germinar la tierra (Sal. 71; Is. 45 y 55) [25].

Por eso, tanto Mateo como Lucas, en el capítulo 1, dicen que se llama hijo. En Lucas el ángel le dice a María en persona: «El Espíritu santo vendrá sobre tí, y el poder del Altísimo te cubrirá con su sombra.» Luego prosigue: «Por lo cual, lo santo que nacerá será verdaderamente hijo de Dios.» En parecidos términos se expresa Mateo, al decir que María «concibió por obra del Espíritu santo», y que era por obra del Espíritu santo lo que en ella se había concebido. Ahora bien, lo que en ella se había concebido era un hijo. Lo dice claramente, no de manera sofística. Jesús fue engendrado de María, es hijo de la sustancia de María. Si María es madre natural, debe serlo de un hijo natural. Toma nota de lo que dice Lucas: «Este hijo engendrado en tí, al que tú concebirás y parirás, será llamado hijo del Altísimo; será grande, y Dios le dará el trono de David su padre» [26]. ¿Por qué no dijo que sería llamado hijo de la primera Persona y que la primera Persona le daría el trono? En cambio, dice «hijo del Dios altísimo» y «Dios le dará el trono». ¿Acaso ha sido engendrada por el Espíritu santo esa segunda entidad incorpórea? ¿No es verdad que lo engendrado por obra del Espíritu santo es un hijo?

Nada importa que muchos, tergiversando las palabras del ángel, violenten la palabra *santo* para adaptarla a otro [10] hijo, como si el primogénito Cristo no fuese digno de ella. Sobre todo, teniendo en cuenta que el mismo Lucas, en el capítulo siguiente, explica por qué había dicho *santo*, a saber, porque se trataba del primer hijo varón. Ahora bien, «todo varón que abriese la matriz será santo para el Señor» (Ex. 13 y 34; Num. 8) [27]. Pretenden incluso que el poder o fortaleza del Altísimo que, al descender su Espíritu, cubrió con su sombra a María, sea ese Hijo metafísico invisible,

---

[25] Como se ve, Servet interpreta realistamente las palabras «la virtud del Altísimo te hará sombra» (Lc. 1, 35), que sugieren estos textos proféticos: «Descenderá como la lluvia sobre la tierra cortada...», Sal. 71, 6; el célebre *Rorate, coeli* de Is. 45, 8: «Rociad, cielos, de arriba; ábrase la tierra, y prodúzcanse la virtud y la justicia»; e Is. 55, 10-11: «Porque como desciende de los cielos la lluvia y la nieve..., así será mi palabra que sale de mi boca.» Bajo la metáfora de la lluvia percibe Servet la realidad de una generación tan natural como la común entre hombre y mujer.

[26] Lc. 1, 35 y 32; Mt. 1, 20.

[27] Ex. 13, 12 y 34, 19; Num. 8, 17, textos evocados en Lc. 2, 23.

sólo porque en el texto se unen los términos «espíritu y poder», «espíritu y fuerza» [23].

A eso tenemos que responder que Lucas con el término *poder* o *fuerza* viene a significar lo mismo que en el capítulo 24 y en Hechos 1, donde él mismo refiere: «Recibiréis poder o fuerza al venir a vosotros el Espíritu santo» [29]. Por la misma razón dice también Lucas que Juan volverá con el espíritu y la fuerza de Elías, y que precisamente por eso era «más que un profeta» [30], pues los demás profetas no tuvieron con el espíritu de profecía el poder de hacer milagros, como lo tuvo Elías. Por eso se dice que en él residió el espíritu y el poder, es decir, el espíritu y la fuerza. Y como Elías, también Juan tuvo desde su concepción ese poder: poder para detectar a aquel a quien tenía que anunciar, poder para convertir a los impíos a su Dios. Como por orden de Elías, y para dar testimonio de la verdad, bajó fuego del cielo y se derramaron las aguas sobre el altar (I Re., 18), así también, al bautizar Juan con agua para dar testimonio de la verdad de Cristo, descendió milagrosamente del cielo el Espíritu santo (Mt. y Lc. 3) [31]. En conclusión, la fuerza unida al Espíritu significa un cierto poder, pero no entidades metafísicas.

La diferencia entre *espíritu* y *poder* consiste en que no todos los espíritus tienen el mismo poder o fuerza. Este es aquel doble espíritu de Elías, que pedía Eliseo, a saber: el espíritu de profecía y el poder de hacer milagros [32]. Por esta misma razón recibieron los apóstoles «Espíritu santo y poder», Espíritu santo y fuerza para, así enriquecidos, dar testimonio de la resurrección de Cristo con ese gran poder y

[28] La alusión parece genérica, a todos los creyentes en el Hijo como segunda Persona trinitaria que luego se encarnaría en María resultando Jesús. Servet no admite que la Palabra sea hijo de Dios sino en un sentido referencial o terminativo, que luego explicará.

[29] La versión de *virtus* como fortaleza o poder es permanente, así como la expresión del espíritu por estos términos: Lc. 24, 47-8; Hch. 1, 8, etc.

[30] La frase «él es aquel Elías que había de venir», en alusión al mito de la vuelta de Elías recogido en Mal. 4, 5, y luego en Mt. 17, 11 y Mc. 9, 12, no está en Lucas, como dice Servet, sino en Mt. 11, 14. «Más que un profeta» y toda la escena laudatoria de Juan, en términos paralelos, en Mt. 11, 7-19; Lc. 7, 24-35.

[31] No es común esta analogía entre la escena de I Re. 18, 38 y la del bautismo de Jesús, narrada en Mt. 3, 16 y Lc. 3, 22, pues aquí no se dice que el Espíritu se mostrara como fuego, sino como paloma.

[32] En II Re. 2, 9 le pide Eliseo a Elías, ya a punto de desaparecer: «Te ruego que una doble porción de tu espíritu sea sobre mí», frase que Servet comenta al margen en su edición de Pagnini: «Es decir, lo que darías a dos.»

capacidad de hacer milagros (Act. 1 y 4)[33]. Esa conjunción copulativa añade algo, como cuando se dice «Espíritu santo y fuego». En tal caso el fuego añade fuerza y vehemencia en la purificación. Según los Hechos, capítulo 6, se precisaban «varones llenos de Espíritu santo y sabiduría», que tuvieran, además del don común del espíritu, la sabiduría conveniente para su misión[34]. Por todo lo cual se comprende claramente por qué Lucas dice que Cristo y los apóstoles tenían «Espíritu santo y fuerza». Y se ve más claro aún cuando el propio Lucas dice que Dios «ungió a Jesús de Nazaret con Espíritu santo y poder», con Espíritu santo y fuerza (Act. 10)[35]. En este caso la conjunción copulativa no supone que el poder o fuerza deba tomarse metafísicamente por un hijo incorpóreo, sino sencillamente, que el espíritu de Cristo posee toda la fuerza. Añade a ello que el mismo Lucas no dice que esa «fuerza» se llame hijo; sino que lo que por obra de Dios es concebido en María será llamado, por eso, hijo de Dios. Pues María no «conoció varón» y quedaría embarazada por el poder de Dios, al cubrirla con su sombra, supliendo así la función del semen masculino[36]. Por eso se dice que quedó embarazada «por obra del Espíritu santo», y que el mismo Cristo por obra del Espíritu santo fue concebido, enviado y ungido (Is. 48 y 61; Mt. 1)[37]. No se trata, pues, de que aquella segunda entidad haya sido en-

[11]

---

[33] Hch. 1, 8 y 4, 30-31.

[34] Hch. 6, 3, al preparar la elección de los siete primeros diáconos.

[35] Hch. 10, 38, en la conversación de Pedro con Cornelio.

[36] A la vez que excluye Servet la filiación divina de una segunda Persona en la Trinidad, expone el modo de la filiación divina del hombre Jesús: *vicem seminis viri supplente*, frase realista ausente, extrañamente, del *MsEd*; en cambio, ya en *DeTrErr* consta así: *Deo vicem humani patris supplente genitus est*, y unas líneas después: «La potentísima fuerza de Dios, en vez del semen del varón, hizo sombra a María actuando en ella el Espíritu santo», es decir: actuando en ella Dios en su modo de Espíritu santo, tampoco como una tercera Persona trinitaria.

[37] «El Señor Jehová me envió, y su espíritu», Is. 48, 16; «El espíritu del Señor Jehová es sobre mí, porque me ungió», Is. 61, 1, textos que a la luz de Mt. 1, 20 aplica Servet a Jesús el Cristo. Estas aplicaciones de textos del AT hay que entenderlas a tono con su teoría de la no existencia de verdadera profecía en las palabras bíblicas, sino únicamente, de tipos o figuras personales o factuales —*umbrae*, sombras— que el intérprete puede entrever *a posteriori* como analógicos con su pretendida realización plena en Jesús, al que apuntaban. En tal sentido, Servet siempre entendió que aquellas palabras, y otras muchas más, de Isaías, por ejemplo, hablan históricamente de Ciro, quien es figura de Jesús. Naturalmente, estos conceptos de Servet, expuestos en su prólogo a su ed. de la versión latina de la Biblia a base de las lenguas originales realizada por el hebraísta Sancte Pagnini (Lyon, Trechsel, 1542) suscitaron luego la airada oposición de Calvino y sus ministros en el proceso de Ginebra.

gendrada por la tercera, sino de que ése mismo, que fue engendrado en María por obra del Espíritu Santo, ése es precisamente el hijo. Así interpreta este pasaje Ireneo, al principio del Lib. V, cuando dice que de María fue engendrado el hijo del Dios altísimo [38]. Así se ve obligado a reconocerlo Agustín, en su Tratado 99 sobre Juan, al confesar que el poder de Dios es el propio Espíritu santo actuante en la generación de Cristo [39].

Que además ese hombre sea hijo en sentido propio, nos lo da a entender el significado propio del término. Pues así como es propio sólo del hombre el ser ungido, así también es propio sólo del hombre el nacer y ser engendrado. Ciertamente esto se realiza por el poder del Espíritu; ahora bien, el cuerpo nace de verdad y es de verdad engendrado, cuerpo que él mismo participa realmente de la sustancia de Dios [40]. ¿Quién es el que «era considerado como hijo de José»? ¿Quién es el «fruto del vientre»? ¿No es ese fruto un hijo sustancial? ¿Quién es ese «varón que abre matriz»? ¿No es ese varón un hijo en sentido propio? ¿Quién es ese niñito, del que nos habla Mateo 2, a quien José tomaba, llevaba y traía? ¿No es ése, en tal caso, el hijo llamado desde Egipto? De este niñito, de este niñito corpóreo no encontrarás otro padre que Dios, ni otro progenitor que Dios, a no ser que digas que es un fantasma sin carne. Y si es carne, ha tenido que ser engendrada. Luego es hijo de algún progenitor. Tanto más, cuanto que a Dios se le llama «padre de esta carne», «padre de este alimento» (Jn. 6), agricultor y «padre de esta viña» (Jn. 15) [41]. Luego, si este hijo corporal es verdaderamente hijo de Dios, y hay otro Hijo real incorpóreo e invisible, tenemos ya dos hijos reales, cualquiera que sea la manera de reasumirlos en uno, pues hay dos engendrados y dos nacidos. Si admitimos que hay dos generaciones reales de dos seres reales, no podemos negar que haya dos seres realmente engendrados y dos nacidos. ¿Quién, sino un obcecado, haría tales diferencias entre nacidos, engendrados e hijos?

[12]

Las sagradas Escrituras hablan de Jesús, hijo único de

---

[38] Ireneo, *Adv. Haereses*, lib. V, cap. 1, 3: PG VII, 293.

[39] Agustín, *Tract. 99 super Joannem*: PL XXXV, 1889.

[40] Es ésta una de las muchas muestras de casos en que Servet afila su lenguaje en pro de la univocidad terminológica y la precisión filológica, concluyendo que lo que queda al margen de la significación *propia* de los vocablos sólo puede predicarse analógicamente, o sea, metafóricamente. Según lo cual, sólo en un sentido metafórico podrá decirse que el Verbo es hijo de Dios, restando así realidad a la segunda Persona trinitaria.

[41] Jn. 6, 27, 48, 51 y 15, 1.

Dios, pero nada dicen de otro Hijo, distinto del hombre, realmente engendrado. De este modo es necesario que todos los cristianos reconozcan que este Jesús de Nazaret es el Cristo, el hijo de Dios. El mismo Cristo se presentaba abiertamente como Mesías, como hijo de Dios, a las mujeres y a las gentes sencillas. Trata de comprender, te ruego, qué clase de Mesías debió de imaginar entonces aquella mujercilla por la simple predicación de Jesús, tanto más cuanto que en la Ley se desconocían los delirios metafísicos de nuestros trinitarios. Ese otro Hijo metafísico e invisible fue inventado después, debido a una mala interpretación del texto de Juan, como voy a demostrar ahora con toda evidencia [42]. En aquel entonces había una fe en el hijo muy distinta de la de ahora.

Esto vas a entenderlo con un ejemplo bien conocido. Dijo Dios a Juan: «Aquel sobre quien veas descender y permanecer el Espíritu, ése es precisamente mi hijo.» «Y yo, prosigue, lo vi y di testimonio de que éste es el hijo de Dios» (Jn. 1) [43]. Advierte, en primer lugar, cómo en algún tiempo Juan no sabía quién era hijo de Dios. Toma, luego, buena cuenta de cómo se le manifiesta y de todo lo demás allí ocurrido. Hubiera sido presa Juan de los engaños de los sofistas y él mismo hubiese engañado a otros, de haber dicho que era hijo de Dios aquel acerca del cual tuvo la visión. «Yo, dice, no lo conocía»; pero, recibida la señal externa, me fue manifestado con toda claridad que éste era hijo de Dios, para dar a conocer de este modo a todos los judíos que ése mismo es hijo de Dios, proclamando: «He aquí el cordero, he aquí el hijo». ¿A quién me presentas tú aquí como cordero? Este, que estás viendo, es el cordero de Dios. Este es el hijo de Dios. Este que se puede ver con los ojos y tocar con las manos y percibir con todos los otros sentidos. De lo contrario, hubiera sido falaz la voz del cielo, al identificar a este «sobre quien veas» con aquél. Y hubiera sido falaz al decir, cuando descendía sobre algo patente a todos: «Este es mi hijo» o «Tú eres mi hijo». Y si con ese nombre hacía alusión a otra cosa oculta, no era un testimonio claro y seducía al pueblo.

[13]

En Juan 9, al ser interrogado Jesús sobre quién era el hijo de Dios, respondió: «Ya lo has visto, es el mismo que

---

[42] Es de notar que según Servet no sólo la Persona del Verbo-Hijo se debe a una mala interpretación del *logos* del cuarto evangelio, sino que éste mismo habría tenido un origen polémico, dentro de la discusión con los ebionitas: *DeTrErr*, 49v-50r, teoría bastante común de la que luego se apartaron los iniciadores de la versión unitariana en el siglo XVI, siguiendo a Fausto Sozzini.

[43] Jn. 1, 34, palabras de Juan el Bautista.

habla contigo»[44]. Este que estás viendo es hijo de Dios. Señalándolo a la vista de todos, dijo el centurión: «Verdaderamente este hombre era hijo de Dios»[45]. Piensa que con tales pronombres se está aludiendo a algo percibido por los sentidos. Y piensa también que el centurión no era un sofista, ni hablaba por *comunicación de idiomas*, ni empleó el término *hombre* connotativamente[46], sino que, señalando a un hombre real, dijo: «Este hombre era hijo de Dios.» Escucha a Pablo, el cual, tan pronto como recobró la vista, entró en la sinagoga y comenzó a predicar que Jesús, este Jesús, «era hijo de Dios» (Hch. 9)[47]. De los *idiomas* de los sofistas, ni una palabra. Tampoco al sumo sacerdote le pasaba por la mente esa segunda entidad incorpórea, al preguntar: «¿Eres tú hijo de Dios bendito?» Y de acuerdo con su intención, Jesús respondió: «Yo soy» (Mc. 14). «Vosotros decís que yo soy hijo de Dios» (Lc. 22). Así de fácilmente creían ellos, al decir: «Yo creo que tú eres hijo de Dios»[48].

Me podrás replicar que no tiene nada de extraño el que el mismo hombre Jesús sea llamado hijo de Dios[49], ya que también nosotros somos llamados hijos de Dios. Respondo que ser hijo de Dios es lo más grande, y que de ahí se siguen muchas cosas que nunca ha podido entender el mundo, como voy a demostrar; pero que él es el verdadero y natural hijo de Dios, mientras que nosotros somos hijos adoptivos. Precisamente porque a nosotros se nos llama hijos de Dios, se demuestra que él es hijo verdadero, pues ¿cómo iba a hacer a los hombres hijos, si él, como hombre, no fuese su verdadero hijo? Nosotros somos llamados hijos por don y gracia

---

[44] Jn. 9, 37, al ciego, tras su curación.

[45] Mt. 27, 54; Mc. 15, 39.

[46] Es decir, implícitamente, indirectamente y, en ciertos contextos, metafóricamente. *Comunicación de idiomas* o términos es un procedimiento predicativo, lógico, iniciado en los debates trinitarios a raíz del concilio de Efeso, 431, y más concretamente en las discusiones cristológicas a que éste dio lugar, y sistematizado luego por Juan Damasceno y ya más tarde por los doctores escolásticos. Mediante él, y en virtud de la unidad de persona pero dualidad de naturaleza, divina y humana, de Jesús, pueden predicarse de una atributos en principio exclusivos de otra. Por ejemplo, Dios nació, caminó, murió, resucitó; Jesús es hijo de Dios; María es madre de Dios, etc. Servet, en virtud de su acepción filológicamente pura de los términos y de su determinación de entender las voces bíblicas sólo en sentido unívoco, rechaza siempre ambos procedimientos como meros sofismas.

[47] Hch. 9, 20.

[68] Así en Mc. 14, 61-62; Lc. 22, 70; y Pedro en Mt. 14, 33 y 16, 16 y en Jn. 6, 69.

[49] *MsEd* trae al principio, en vez de *At dices tu*, una fórmula de reto: *Objiciat iam sophista...*

suyos [50]. Luego el autor de esta adopción nuestra debe ser hijo de otro modo mucho más excelente. El es hijo natural, engendrado de la verdadera sustancia de Dios. Los demás no son hijos originalmente. Se hacen, pero no nacen hijos de Dios. Por la fe en Jesucristo nos hacemos hijos de Dios (Gal. 3, y Jn. 1); por eso somos hijos por adopción (Rom. 8, y Ef. 1). El, en cambio, no es sólo hijo, sino que es verdadero hijo, no un hijo cualquiera (Sab. 2, y Rom. 8) [51].

Dios es padre de Jesucristo con tanta propiedad como los padres terrenos son padres de sus hijos. De lo contrario, Dios no sería causa peculiarmente eficiente y productiva de ningún efecto real. Si elige para sí y de un modo singular una descendencia, y hace por su generación (incluso hasta darle su propia sustancia) todo cuanto un padre terreno [14] puede hacer, e incluso más, ¿por qué no habría de llamarse padre con el mismo derecho? Dice el Señor: «¿Por ventura voy a ser estéril yo, que doy a los demás el poder de engendrar?» (Is. 66) [52]. Con mayor razón es padre él, pues «de él recibe nombre toda paternidad en la tierra y en el cielo» (Ef. 3) [53]. Tanto más cuanto que no sólo lo engendró, sino que lo enriqueció con la sustancia, luz y plenitud de su divinidad, para que en eso se pareciese el hijo a su padre.

Hay aún otra razón, por la que él es padre con mayor propiedad que lo son los hombres, a saber: que él influye en las generaciones de los demás. Pero nadie puede influir nada en la generación de otro hijo. Por consiguiente, si él es padre en un sentido más propio, Cristo debe ser hijo en

---

[50] Otra ligera variante. En vez de *dono et gratia ipsius, MsEd* trae *dono et gratia post ipsum nobis facta*. Por el contrario, *DeTrErr* 9r dice *dono et gratia per ipsum nobis facta*.

[51] «Todos sois hijos de Dios por la fe en Cristo Jesús», Gal. 3, 26; «A todos los que le recibieron dióles potestad de ser hechos hijos de Dios, a los que creen en su nombre», Jn. 1, 12; «Habéis recibido el espíritu de adopción por el cual clamamos *abba*, padre», Rom. 8, 15; «Habiéndonos predestinado para ser adoptados hijos», Ef. 1,5; «Se llama a sí mismo hijo del Señor», Sab. 2, 13 (texto que, en todo caso, hay que entender en función de lo dicho en nota 37); «Su hijo..., hijos de adopción coherederos de Cristo, ... su propio hijo», etc. Rom. 8, 3, 17, 32.

[52] Is. 66, 9, pero en referencia al nacimiento de la nación de Israel. Servet amplía a su modo el texto original y tampoco usa el de Pagnini en esta frase, muy realista, que De Valera traduce: «¿Yo que hago parir, no pariré?, dijo Jehová. ¿Yo que hago engendrar, seré detenido?» Pero Servet pone una pequeña nota explicativa al margen: «¿Estaré encerrado *(conclusus)* y no me engendraré hijos?» Más importante es el principio que poco antes, en *Rest.* ya, ha enunciado: Si Dios no fuera padre de Jesús hombre en sentido propio, entonces no se podría decir que Dios es propiamente causa eficiente de nada: la estricta causalidad operativa de Dios se limita, pues, según él, a esta paternidad divina de Jesús, con la misma propiedad que cualquier hombre respecto a su hijo.

[53] Ef. 3, 15.

sentido mucho más propio que los demás. Pero ya tendremos ocasión más tarde de decir cosas mucho más sublimes sobre esta filiación, si es que puede llamarse filiación. Claro que este razonamiento podría desvirtuarse diciendo que el hijo de Dios nos comunica su filiación y que la filiación de esa segunda entidad no tiene nada en común con nosotros, sino con la filiación del hombre. Pero él nos llama hermanos, porque es hombre [54]. Hombre es el «primogénito de los hermanos», hombre «el primogénito de los muertos» [55]. Luego ese hombre primogénito es el hombre engendrado como hijo.

Los sofistas se tienen por tan magníficos que ni siquiera se dignan dirigir la vista a este hijo. Creen que es algo repugnante y ridículo el que un hombre sea hijo de Dios. Para ser hijo, dicen, es preciso pertenecer a la misma «especie especialísima» del padre. Pero, ¿de dónde se sacan eso? Al contrario, eso es totalmente imposible, pues los padres son de especies distintas [56]. Esto lo rechaza, además, toda la Escritura, y lo rechaza el propio Cristo, quien, en contraposición a los demás hombres, se declara hijo de Dios (Jn. 10). «Si la Escritura llama a otros hombres dioses e hijos de Dios, ¿os atreveréis vosotros a decir que blasfemo, porque he dicho: hijo de Dios soy», siendo así que el padre me ha santificado por encima de los demás hermanos y partícipes de la divinidad? [57]. He aquí que éste, que ha sido santificado, es hijo de Dios. Este es el que «será llamado santo hijo de Dios». Este es aquel de quien dicen los apóstoles: «Tu santo hijo Jesús» [58]. ¿Quién es el santo, sino el «varón que abre matriz», hijo de Dios verdadera y corporalmente?

Tercera proposición

En tercer lugar, dije ser verdadera la siguiente proposición: *Cristo es Dios*. Es verdadero Dios, Dios sustancialmente, ya que «en él está corporalmente la deidad» [59]. Mas como

[54] *Ipse nos fratres vocat, quia homo.*

[55] Frases de Rom. 2, 29; Col. 1, 15 y 18; Ap. 1, 5, etc.

[56] Concepto algo oscuro, a no ser que Servet se refiera aquí al hecho de que los padres son de diferentes sexos (o especies), lo cual no impide ser padres de un solo y mismo hijo, y según ello no hay que exigir la misma especie o determinación entre Dios y su hijo, el hombre Jesús. Esta frase está añadida al texto paralelo de *DeTrErr* 37v.

[57] Jn. 10, 34-36, en alusión al Sal. 82, 6, que luego será explicado.

[58] No parece constar este empleo común de «los apóstoles», ni siquiera en la *Didaché*.

[59] Col. 2, 9. Pero nótense las explicaciones de Servet.

quiera que todo esto ha de quedar completamente claro en lo que sigue, bastará por ahora con que se le llame Dios, por ser forma y figura de Dios y estar dotado del poder y la fuerza de Dios. Es llamado Dios por su poder, igual que hombre por su carne. Y puesto que le ha sido otorgado por el padre el poder de la divinidad, se le llama también Dios fuerte: «Un niño nos ha nacido, será llamado Dios fuerte» (Is. 9). He aquí que el nombre y la fuerza de Dios le han sido otorgadas al recién nacido, «a quien le ha sido dado todo poder en el cielo y en la tierra» [60]. En Isaías, 45, se lee: «Yo el Señor te llamo por tu nombre: Dios de Israel». Tomás, en Juan 20, le llama así: «Señor mío, Dios mío». En el capítulo 9 de la carta de Pablo a los romanos, Cristo es proclamado «en todo y por encima de todo Dios digno de alabanza, Dios bendito y digno de ser bendecido». Hay otros muchos pasajes en los que se pone de manifiesto su divinidad, pues fue exaltado para recibir la divinidad y «nombre sobre todo nombre» [61]. Sin embargo, de tal modo rechazan esto los adversarios que no sólo niegan que sea Dios, sino incluso que sea ungido. Más aún, se atreven a negarle lo que es propio de la naturaleza, negando que sea hijo de María y diciendo que no lo es el hombre, sino su humanidad. ¡Niegan que un hombre sea hombre, pero admitirán que Dios es un asno! [62]. ¿No son éstos los verdaderos anticristos y calumniadores de Cristo? ¿Puede concebirse mayor calumnia que afirmar que no existo yo, precisamente cuando te estoy hablando, o que negarte a reconocerme lo que ostensiblemente me pertenece? Esos calumniadores pretenden que todos esos predicados se atribuyen a aquella segunda entidad, y para confirmar tal absurdo, la Escuela común [63] inventó el sofisma de la *comunicación de idiomas*. Han inventado un nuevo sentido para el término *hombre*, de modo que sea tomado «connotativamente» como equivalente a *soporte*

[15]

---

[60] Is. 9, 6, texto, como otros del cap. 7 que luego se estudian, que en realidad Servet sabe históricamente referidos al nacimiento de Ezequías. Las últimas palabras, de Mt. 28, 18.

[61] Is. 45, 3 debe en realidad verterse como «Para que sepas que yo soy Jehová, el Dios de Israel, que te pongo nombre.» Tomás, en Jn. 20, 28; Pablo, en Rom. 9, 5; por fin, Flp. 2, 9.

[62] Esta frase, que recurrirá varias veces, aparece al margen de *DeTrErr* 10r como una expresión programática. Alude sarcásticamente a las sutiles disquisiciones de la baja Escolástica, en la cual, aunque no común, no era extraño el preguntarse si Dios hubiera podido encarnarse en un asno o una piedra, mientras se regatearían a Jesús atributos enaltecedores en cuanto hombre. El mismo *DeTrErr* trae una exclamación conmovedora: *Quis non lachrymabitur tantam Christi iacturam!*

[63] *Communis schola*, la Escolástica.

de la naturaleza humana. Y entonces, en virtud de la *comu-nicación de idiomas*, admiten la proposición «el hijo de Dios es hombre» como equivalente a esta otra: «la segunda perso-na es el soporte de la naturaleza humana», y así resulta que esa segunda persona es hombre «connotativamente». De la misma manera tendrán que admitir la posibilidad de que Dios sea un asno y el Espíritu santo un mulo, soporte de la naturaleza del mulo.

Piensa, lector: si volviesen a predicar Cristo o su discí-pulo Pablo o cualquier otro discípulo, ¿podrían tolerar ta-les delirios de los hombres, semejantes arbitrariedades de expresión? [64]. ¿Por ventura no convierten a Cristo en maes-tro de sofistas, al decir que el término «cristo» fue propues-to por los profetas y por los apóstoles para designar a la segunda persona de la Trinidad, «connotando» que sustenta a la naturaleza humana? Y si en vez de *cristo* ponemos el tér- [16] mino *ungido*, ¿se atreverán a asegurar que esa entidad ha sido propiamente ungida, y que ha recibido el Espíritu san-to y el poder? ¿Podría decir esa entidad que todo le ha sido entregado por el Padre? ¿No se hubiera referido sofista-mente a ella el Padre, al decir: «He aquí a mi hijo, a quien he escogido, a mi amado; pondré mi espíritu sobre él»? En el capítulo 12 de Mateo encontrarás todo esto referido al hombre Jesús [65]. Todo cuanto se ha escrito en la Biblia acer-ca del hijo se refiere a él; todo está referido a él, y en él se cumple todo. Entonces, ¿qué es y en qué consiste esa *comu-nicación* de predicados? Pues el predicado *soporte de la na-turaleza humana* antes no era propio del hombre. ¿Cómo puede, pues, el hombre comunicar con Dios sus predica-dos, si ni siquiera son suyos?

Que en Cristo había y hay dos naturalezas, divina y hu-mana, también nosotros lo enseñaremos abiertamente [66]. En

---

[64] En el mismo sentido, *DeTrErr* 10v-11r trae estas palabras: «Si quieres saber si están bien fundados en la Escritura, mira si el término *homo* signi-fica esa impostura suya, o si en griego o en hebreo en vez de la voz latina aparece la totalidad ésa, como soporte de la naturaleza humana.»

[45] Mt. 12, 18, con palabras tomadas de Is. 42, 1-3.

[66] *Nos apertissime docebimus*. En su lugar, *MsEd: nos certe fatemur, et apertissime docebimus*. Téngase presente esta explicación servetiana de la doble naturaleza de Cristo, diferente a la ortodoxa, que más adelante amplia-rá, dependiente también *ex verbi arcanis* (en *DeTrErr* 11v dice *ex Verbi Sa-cramento* o misterio), como la ortodoxa, pero que diverge radicalmente al no ser el Verbo para él sino un «modo» de Dios, y no una Persona. Lo de Dios que hay en Jesús es este Verbo o Palabra que, al fecundar a María «supliendo las veces del varón», hace que los otros atributos de la divinidad le sean igualmente comunicados, por mera ley de herencia biológica, como entre hombres.

Cristo se unen de verdad Dios y hombre para formar una sola sustancia, un solo cuerpo, un «hombre nuevo» (Efe. 2) [67]. Pero como esta naturaleza divina de Cristo depende de los arcanos del Verbo, digamos por ahora y en forma sencilla [68] que Dios puede comunicarle al hombre la plenitud de la divinidad, darle la divinidad, la potestad, la majestad y la gloria suyas: «Digno es el cordero que ha sido sacrificado de recibir la divinidad, la potestad, la sabiduría, el honor y la gloria» (Ap. 5) [69]. Si Moisés fue constituido «dios del Faraón» (Ex. 7) y Ciro «dios de Israel» (Is. 45), mucho más y de modo infinitamente superior ha sido constituido Cristo «Dios y Señor» de Tomás y de todos nosotros. También a Salomón se le llama literalmente «dios» (Sal. 44) [70]. Pero todos ellos eran dioses no por naturaleza, sino por un don temporal. En cambio, Cristo es Dios por su propia naturaleza, ya que ha sido engendrado de la sustancia de Dios [71]. Toda la divinidad de su padre, la adoración y visión divinas están también en Cristo, Dios verdadero. Siendo su padre verdadero Dios, al comunicar a su hijo único su verdadera divinidad, hace que el hijo sea también verdadero Dios.

Primer argumento de los fariseos

Después de los tres axiomas sobre Cristo, tenemos que refutar aún los argumentos de los sofistas, y va a ser Cristo mismo quien los refute por nosotros.

---

[67] Servet aplica una frase paulina que tiene muy otro sentido: «Para edificar en sí mismo los dos en un nuevo hombre», Ef. 2, 15, que se refiere a la unión de ambos Testamentos «en su carne».

[68] *Simpliciore via*, expresión que sustituye a la de *DeTrErr* 11v: «Digamos por ahora y *grosso modo*.»

[69] Ap. 5, 12.

[70] «Y Jehová dijo a Moisés: Mira, yo te he constituido dios para Faraón», Ex. 7, 1. Pero Servet parece olvidar a veces su propia teoría de los diversos nombres de Dios. El término hebreo *elohim*, como es sabido, no significa estrictamente «dios», sino señor poderoso, y así se aplica a muy diversos seres, Dios y hombres así cualificados. El mismo equívoco, en Is. 45, 1 y 3 (véanse notas 12 y 61). A Salomón se referirían estas palabras del Sal. 44, 7, que la tradición judía y cristiana aplica también a las bodas del rey mesías con Israel (Os. 2, 18; Is. 54, 4, etc.), figura de la Iglesia (Mt. 9, 16; Jn. 3, 29, etc.): «Tu trono, oh dios, eterno y para siempre..., por tanto te ungió Dios, el Dios tuyo, con óleo de gozo sobre tus compañeros». Cfr. *DeTrErr* 13v-15v.

[71] *Illi erant dii non natura, sed temporali dono*. A pesar de su error filológico, Servet es coherente en su doctrina. La diferencia fundamental estriba en que Cristo es *naturaliter genitus de substantia Dei*. Evidentemente, su toría excluye de un modo radical todo peligro de adopcionismo respecto a Jesús, contra el juicio de Calvino y de alguno de sus intérpretes actuales.

He aquí el primer argumento: si Cristo es Dios, habría varios dioses. A esta objeción de los fariseos, que acusaban a Cristo de que se hacía Dios, él mismo responde: «Porque yo he dicho que sois dioses» (Jn. 10) [72]. En esta ocasión Cristo se presenta como Dios, santificado por Dios, su padre. Contra los judíos concluye que, siquiera en el sentido de otros que son llamados dioses, también él puede ser llamado Dios. Así, poco a poco, iría llevando a aquellos hombres ignorantes al reconocimiento de la naturaleza divina de Cristo. De ahí que añada: «Si la Escritura llama dioses a los que han recibido la palabra de Dios, ¡con cuánta más razón habrá que llamar no sólo hijo de Dios, sino incluso Dios, al hijo, a quien el Padre ha santificado más que a nadie!» Por tanto, aunque ambos sean dioses, no hay más que una sola divinidad, comunicada de padre a hijo por generación. No hay más que un solo Dios, fuente de toda divinidad [73].

[17]

No tenían por qué molestarse los judíos, cuando también se llama dioses a Moisés, a Salomón y a Ciro. Los judíos, al ver en Cristo tantas obras de Dios y tantos portentos, no sólo debían haberle reconocido la divinidad de *elohim*, sino que deberían haber reconocido que le pertenecía por excelencia [74]. Tal es la justificación que da Cristo de su preclara divinidad en los capítulos 5 y 10 de Juan [75]. Por eso se atribuyen también a su divinidad ciertos epítetos insignes, como «Dios de toda la tierra», «Dios grande, fuerte, bendito más que nada de Israel».

Más adelante, al hablar de la deidad sustancial de Cristo, proseguiremos diciendo muchas más cosas y con mayor claridad. Por ahora, hagamos constar que nosotros no diseccionamos a Dios, ni lo dividimos en partes, como lo dividen y diseccionan los sofistas. Hagamos constar también que de aquí no se deduce ninguna pluralidad en la divinidad tal y como aparece en el caso de las tres entidades, incorpóreas y distintas, de los trinitarios. Como luego mostraremos, ahí sí que se da una pluralidad real y absoluta de dioses [76].

---

[72] Jn. 10, 34, referido a Sal. 82, 6.

[73] Frase importantísima que, aun pareciendo que implica cierto panteísmo, como erróneamente se ha creído, lo excluye radicalmente: *Unicus est Deus, omnis deitatis origo*.

[74] De momento, pues, es evidente su deidad en cuanto *elohim;* aún no queda demostrada su deidad en cuanto *Jehová:* su deidad sustancial.

[75] «Las obras que hago dan testimonio de mí», Jn. 5, 36 y 10, 25.

[76] Es decir, Servet cree salvarse del politeísmo que, según él, habría en la tradicional creencia trinitaria, no sólo por su interpretación de la deidad de Jesús, sino por el modo de su filiación.

Segundo argumento de los fariseos

El otro argumento es éste: ¿Cómo puede decirse que Cristo ha descendido del cielo y que ha venido a la tierra enviado por su padre?

Quienes así arguyen caen de lleno en las mismas alucinaciones de los fariseos, pues éstos, en Juan 6, argüían: «¿No es éste el hijo de José, cuyo padre y madre hemos conocido nosotros? ¿Cómo, pues, dice éste: Del cielo he descendido?» A este respecto y en esta ocasión Cristo nos enseña que es necesario ser vivificados por el Espíritu para poder entender este descenso, pus «el sentido carnal nada aprovecha» [77]. La Palabra de Dios bajada del cielo es ahora en la tierra la carne de Cristo, y así luego tendrás que admitirme que la propia carne de Cristo ha bajado del cielo. [18] La carne de Cristo bajada del cielo es pan celestial, de la misma sustancia de Dios, y de Dios viene. Mas como quiera que todo esto podrá ser conocido mejor a partir del misterio del Verbo, lo dejaremos para los siguientes Libros [78].

Mientras tanto, podrías tomar «del cielo» por «de lo alto», como él mismo enseña en Juan 8; o podrías tomarlo en sentido espiritual: en el sentido de que Cristo preexistía antes de los tiempos en el espíritu de Dios, o que su espíritu estaba desde el principio en el cielo. Aunque sólo fuese porque sus palabras eran celestiales, habría que admitir que él era «del cielo», pues «del cielo era el bautismo de Juan» y «el segundo hombre del cielo es celestial» [79]. Del cielo es y en el cielo radica todo cuanto está por encima de la carne y de la sangre. Y no sólo era del cielo, sino que nos trajo el cielo, como verás.

No hay dificultad alguna en responder a tu objeción: que fue enviado por su padre; pues también se dice de Juan que fue enviado por Dios: «Hubo un hombre enviado por Dios, que se llamaba Juan» (Jn. 1) y también los apóstoles y los profetas fueron enviados por Dios. El mismo Cristo nos aclara esto en Juan 17: «Como tú, padre, me has enviado a mí, tu hijo, al mundo, así yo envío al mundo a los apóstoles.» Y más adelante, en Juan 20: «Como el padre me

---

[77] Jn. 6, 42 y 63.

[78] Palabra, carne, pan, en un sentido convergente, pero distinto del tradicional: *Verbum Dei de coelo descendens est nunc in terra caro Christi.* Si para Servet el Verbo es un modo de Dios, su humanación en carne culmina en la Cena, instrumento de una divinización también real del cristiano.

[79] Mt. 21, 25 y Lc. 20, 4; I Cor. 15, 47.

envió, así yo os envío» [80]. Me veo obligado a recurrir a estas comparaciones, que hacía el propio Cristo, a fin de que resplandezca más la verdad. Una cosa hay cierta: que tanto la misión de Cristo, como su salida del padre, son algo especial, como quedará claro en el misterio de la Palabra. Asimismo, tampoco debe parecernos nada extraño decir que Cristo haya «venido» al mundo, pues lo mismo cabe decir de otros. En Juan 1 se alude a «todo hombre que viene a este mundo». Que Jesús el Cristo haya venido en carne, lo dice Juan para contrarrestar dos herejías en boga en aquel entonces. La primera era la de los discípulos de Simón Mago, que decían que Cristo era un fantasma, pero no de carne y hueso. Contra éstos, Juan menciona expresamente la «carne». Otra herejía subsiguiente fue la de Ebión y Cerinto, que afirmaban que Jesús era mero hombre sin sustancia de deidad, y que antes de María no era nada. Contra éstos Juan dice que Jesús vino, y que antes ya era Palabra en Dios [81].

En lo que sigue vas a ver claramente la verdad de todo [19] esto. Verás con toda claridad cómo las patrañas de nuestros trinitarios no eran conocidas de nadie por aquel entonces. Lo dicho por Juan contra las citadas herejías lo cita luego Policarpo en su carta a los filipenses. Otro tanto hace Ignacio en varias ocasiones, y lo mismo Ireneo [82]. Ninguno de ellos propuso jamás las elucubraciones de nuestros trinitarios, ni pudo pasarle por la cabeza. Se limitaron a predicar que aquel Jesús era el verdadero Mesías e hijo de Dios; y que él mismo en su propia persona y sustancia había sido «Palabra en Dios» de un modo completamente ignorado por todos los sofistas trinitarios, pero que ahora vamos a conocer de verdad.

Tercer argumento de los fariseos

En tercer lugar, alguien podría argüir: ¿Cómo Cristo «no tuvo por usurpación ser igual a Dios»? (Fil. 2) [83].

Cristo mismo nos da la respuesta. Pues, según Juan 5, cuando los fariseos echaban en cara a Jesús que se hacía

---

[80] Jn. 1, 6; 17, 18; 20, 21.

[81] Nueva indicación del origen polémico del cuarto evangelio (nota 42).

[82] Policarpo en *Ad Philip*, cap. VII (ed. BAC, p. 666), citando los anatemas de I Jn. 2 y 3, y de II Jn. 6 contra ellas. Ignacio, en varias cartas: *Efesios* VII, IX, XVI; *Tralianos* IX; *Esmirniotas*, II, pero sin citarlos expresamente. Ireneo, con frecuencia.

[83] Flp. 2, 6.

26. Guillaume Farel (1489-1565), quien representó a Calvino en el holocausto de Servet. Retrato anónimo. Bibliothèque de le Ville, Neuchâtel.

27. Portadas de *Christianismi Restitutio,* de la ed. Vienne 1553, y de la ed. facsimile 1966 de la de von Murr, Nuremberg, 1790.

Aga!

Scribti Opera

Donata Bibliotheca
Edinburgena
a Domino D. Georgio Douglass
filio Illustriss. Ducis
de
QueensBerrie
A. D.
1695

igual a Dios, les respondía no sólo no negando esa igualdad, sino incluso diciendo que tenía todo el poder y que hacía todo lo que hace su padre [84]. Como el padre, también su hijo resucita a muertos, da vista a ciegos, limpia a leprosos, y cura a sordos, paralíticos, endemoniados y otros. El padre dio a su hijo todo juicio y todo poder, para que todos honren al hijo, como honran a su padre. Así es cómo Cristo atestigua ser igual a Dios. Así es como la μορφή, es decir, la imagen de la divinidad, resplandecía en él al realizar tan grandes milagros. Como luego diremos, Cristo tenía figura y forma divina, incluso desde la eternidad. Ahora contemplamos presente en él la figura divina y con ella el poder divino.

Pablo vincula a ese inmenso poder de Cristo su gran humildad de espíritu, presentándonosla como modelo para ser imitada por nosotros. Nos enseña cómo la humildad de Cristo es la mayor, pues es tanto mayor cuanto mayor, a pesar de tanta majestad y poder, su sumisión y abatimiento. El poder suele convertir a los demás en tiranos, pero no ocurre así con Cristo [85]. Pues él, «siendo en forma de Dios, no tuvo por usurpación» el tener tanta igualdad con la divinidad. Cristo no quiso abusar tiránicamente de su poder, reteniéndolo. Ni aceptó usurparlo cuando supo que «habían de venir para arrebatarlo y hacerlo rey» (Jn. 6) [86]. Por el contrario, se mostraba habitualmente humilde, queriendo que su reino «no fuera de este mundo». Cristo hubiera podido retener aquella figura o forma divina que contemplaron en el monte, y convivir entre los hombres como rey celestial; pero, por nuestra salvación, prefirió tomar hábito y «forma de siervo» hasta la cruz. No se aferró al poder de Dios que tenía, ni quiso utilizarlo en propio provecho, reclamando doce legiones de ángeles para defenderse violentamente de los judíos. Antes bien, quiso sufrir humildemente. Así, pues, decimos que Cristo es igual a Dios en virtud del poder que le ha sido concedido en igualdad con Dios, según dicho capítulo 5.

[20]

---

[84] Véanse notas 72 a 75. La interpretación que del texto de Flp. va a ir dando Servet es diametralmente opuesta a la tradicional, que entiende el «estar en forma de Dios» como ser Persona de la Trinidad: Cristo, ello no obstante, se anonadó, se entiende, a mostrarse en «forma de siervo». Para Servet esa «forma de Dios» o de *elohim* le competía a Jesús como hijo natural suyo en cuanto tal hombre: se manifestaba a veces en sus obras portentosas; sin embargo, él la ocultaba.

[85] *Potentia solet alios tyrannos efficere*, pensamiento ampliado algo más en el lugar paralelo de *DeTrErr* 18r.

[86] Así sucedió, según Jn. 6, 15, tras la multiplicación de los panes. Y comenta Servet en *DeTrErr* 18v: «Se le halló Dios por su poder, y hombre, por su carne.»

Todo lo que tiene el Padre es suyo. Por él han sido hechas todas las cosas que han sido hechas por la Palabra de Dios, pues él es la Palabra de Dios. Cristo mismo hizo notar esa igualdad de poder, cuando dijo: «El hijo del hombre se sentará a la diestra del poder de Dios« (Lc. 22) [87]. Esta igualdad de Cristo y su exaltación a la diestra del poder de Dios las expone Pablo en Efesios, capítulo 1, al decir de Cristo que ha sido constituido «sobre todo principado y autoridad y poder y señorío, y sobre todo nombre que se nombra no sólo en este siglo, sino también el venidero», y, finalmente, que todo está sometido bajo sus pies, y que él ha sido «dado por encima de todos como cabeza a la Iglesia, colmando todo en todos» [88]. Igualdad de poder con Dios que se apunta también en Daniel 7: «He aquí que venía como un hijo de hombre, y se llegó hasta el anciano de grande edad, y fuéle dado señorío, gloria y reino.» También Jeremías, en el capítulo 30, manifiesta su admiración ante éste que así viene y se acerca a Dios hasta igualarle en poder. En Zacarías, capítulo 13, Jesús es el varón עֲמִית *amith* de Dios, su compañero y coigual [89].

Paso por alto el relatar las fantásticas elucubraciones acerca de la metafísica usurpación natural y arbitraje de igualdad de esas tres entidades invisibles. ¡Como si entre ellas pudiesen darse tales sentimientos! [90]. Tanto más cuanto que a Pablo jamás le pasó por la cabeza tal cosa: «Haya, dice, entre vosotros este sentir que hubo también en Cristo Jesús, el cual, siendo en forma de Dios, siendo Dios sustancialmente, no tuvo por usurpación ser igual a Dios.» No se le ocurrió que su divino poder se convirtiese en una usurpación. «Antes bien, se comportó con humildad», siendo exaltado después de su resurrección [91].

[21]

Que la humillación no se compagina bien con la naturaleza divina, lo enseña Cirilo en el libro VIII del *Tesoro*, capítulo 1: «Cristo, dice allí, no se humilló en el sentido pro-

_____

[87] Lc. 22, 69, en el interrogatorio de la pasión.

[88] Ef. 1, 21-23.

[89] Dan. 7, 13. «Y de él será su muerte, y de en medio de él saldrá su enseñoreador», Jer. 30, 21. Zac. 13, 7: «El pastor y el hombre compañero mío, dice Jehová.»

[90] En *DeTrErr* 19r: «¿Quién no ve que ese vocablo, *arbitratur*, antojársele, es totalmente humano? ¿Quién no ve que ese antojo de usurpación sólo como una profanación se les atribuiría a esas entidades?»

[91] Cita no textual de Flp. 2, 5-8. En *DeTrErr* 19r sigue diciendo que este texto en modo alguno puede referirse a la segunda Persona, la cual no tendría *speciem deitatis*, sino que sería *ipsamet deitas et natura*, igual que la primera, concluyendo su estupendo análisis con la frase: «La cuestión de la igualdad o desigualdad de naturaleza fue desconocida al apóstol», 20v.

pio de este término, pues la humildad, como la exaltación, pertenecen a la naturaleza humana»[92]. Por tanto, no fue en realidad humillada ni exaltada la naturaleza divina, sino el verdadero hombre Cristo. Así lo explica Agustín, al principio del libro III de su *Contra Maximino*, contradiciéndose a veces con otros de sus escritos. No conocía el sentido del término *persona*, del que hablaremos más adelante[93]. El propio hombre Cristo, constituido ya «en forma de Dios», no tuvo por usurpación ser igual a Dios. No pensó en abusar de ese poder de su igualdad con Dios para ninguna tiranía o usurpación. Y hubiera sido una usurpación el renunciar violentamente a la obra que le encomendó su padre, o el haberse apropiado de la tiranía real de este mundo[94]. Tal es el significado propio del término ἁρπαγμός. Cristo no se preocupó nunca de estas cosas, nunca arrebató por la violencia nada a nadie. Esta opinión se ve confirmada por el artículo griego τό y por el adverbio ἴσα, *igualmente*, que denotan una disposición humana, y no esas naturalezas metafísicas, incorpóreas e iguales. Como dirá Pablo, esto precisamente, «ser igual a Dios», no lo tuvo Cristo por usurpación. Ese es el verdadero sentido. Pablo no violenta el sentido de *igual*, sino que lo deduce de «forma de deidad»; pues dice que Cristo, teniendo forma de Dios, no tuvo por apropiación indebida τό εἶναι ἴσα θεῷ, «ser igual a Dios», que tenía por existir en forma de Dios. Lo que luego dice el apóstol, que Cristo tomó la figura o «forma de siervo», lo dice precisamente para diferenciarlo de figura o «forma de Dios», de que antes había hablado; pues en ambos casos utiliza el mismo término μορφή. Y con ello precisamente da a entender una mayor

---

[92] Cirilo de Alejandría, *Thesaurus de sancta et consubstantiali Trinitate*, lib. VIII, cap. 1. Aún mejor, en la Assertio IX, al final. Servet no cita textualmente sus palabras: «Estas expresiones de humildad, convenientes a un siervo, no pertenecen a su esencia, aunque se aplican a la encarnación», etc.: PG LXXV, 72. Servet debió de emplear la edición de Trapezuntius, tan reconocidamente defectuosa en su versión como arbitraria en su distribución interna. La que trae Migne es la de Bonaventura Vulcarius, Basilea, 1636.

[93] Agustín, *Adv. Maximinum arianorum episc.*, lib. II, cap. 2: «Se le concedió al hombre lo que ya tenía el mismo Hijo de Dios, Dios nacido de Dios, su igual»: PL XLII, 759. Servet dice lib. III, por tomar como I la precedente disputa dialogada o *Collatio* de Agustín con Máximo, que esos otros dos lib. *Contra Máximo* intentan rematar. El concepto servetiano de persona no es sustancial, o entitativo, sino fenoménico: manifestación, aspecto. Habla, pues, otro lenguaje.

[94] Servet se esfuerza por hallar una significación más inteligible a la frase latina *non rapinam arbitratus est esse se aequalem Deo* de la Vulgata, que él ha transcrito al principio de su discusión. He aquí la sensata versión de la *BiJer*: «No hizo alarde de ser igual a Dios», Ἁρπαγμός propiamente significa rapto, robo; presa, botín (J. M. PABÓN S. DE URBINA, *Diccionario griego-español*. Barcelona, 1974, p. 87).

humildad. Pues, disponiendo de ambas formas, quiso servirse de la más humilde: no de la figura o forma de Dios, sino
como un hombre cualquiera. El mismo hombre Jesús, que
antes tenía forma de Dios, recibe luego forma de siervo,
como veremos. Y se añade que «fue hallado en condición
de hombre», como dice el salmista: «Moriréis como hombres», aunque seáis dioses (Sal. 81). Y Sansón, que de tan
fuerte no parecía hombre sino más que hombre, dijo: «Seré
entonces débil, como los hombres»[96].

Tales son todos los pasajes de la Escritura que hablan de
la igualdad de Dios, ajenos por completo a las discusiones
de nuestro tiempo. Aquella célebre disputa sobre la igualdad
o desigualdad de naturaleza entre esas Personas invisibles,
que desde los tiempos de Silvestre conmovió al mundo entero a través de los arrianos, no fue otra cosa que una invención satánica para alejar las mentes de los hombres del
verdadero conocimiento de Cristo, y presentarnos un dios
tripartito[97].

¡Oh, Jesús, hijo de Dios, compadécete ahora de nosotros,
para que podamos reconocerte como hijo de Dios!

Examinadas las razones de los fariseos contra Cristo, antes de entrar en las de los sofistas, vamos a esclarecer dos
pasajes de la Escritura, de los que se quiere inferir la existencia de la Trinidad. El primero es el texto de Juan en el
cap. 5 de su primera carta: «Tres son los que dan testimonio
en el cielo, el Padre, la Palabra y el Espíritu, y estos tres
son uno». El otro pasaje es el del cap. 28 de Mateo: «Bautizad en el nombre del Padre y del Hijo y del Espíritu
santo»[98].

Para entender mejor estos pasajes, hay que advertir que
una sola y la misma divinidad, que es la que hay en el Padre, fue comunicada a su hijo Jesucristo de manera inmediata y corporal; posteriormente, por su mediación, por ministerio del espíritu angélico, fue comunicada espiritualmen-

---

[95] En *DeTrErr* 20r emplea Servet para el primer miembro de esta frase
un curioso neologismo latino, un helenismo: *Christus nunquam «arpagare»
curavit.*

[96] Sal. 81, 7 y Jue. 16, 17.

[97] Servet reconoce que hasta él el tema trinitario era ajeno a las preocupaciones intelectuales de su tiempo. Pero señala con acierto lo que luego
repetirá hasta la saciedad: el dogma trinitario, iniciado en Nicea, 325, en el
Sylvestrino seculo en reacción a una interpretación arriana que tampoco
Servet comparte, señala «la invasión del Anticristo», de un nuevo modo de
«encarnación de Satanás».

[98] I Jn. 5, 7 y Mt. 28, 19.

te a los apóstoles el día de Pentecostés. Por naturaleza sólo Cristo posee la divinidad corporal y espiritualmente; después de él y por medio de él ha sido dado a los demás este aliento santo y sustancial. Ambas formas de comunicación, corporal y espiritual, serán estudiadas por separado más adelante, para demostrar cómo la misma sustancia del Espíritu santo es una misma divinidad con el Padre y su hijo [99].

Ahora, por lo que concierne al primer pasaje, el de Juan, [23] decimos que su objetivo es probar que Jesús es hijo de Dios. Para probarlo aduce seis testimonios, tres en el cielo y tres en la tierra, coincidentes todos en atestiguar que este Jesús es hijo de Dios. En este pasaje la Palabra testifica acerca del hijo, como de cosa distinta, para evitar que los sofistas identifiquen el Verbo con el hijo. Por eso, cuando Juan tiene que probar con el testimonio del cielo, recurre al testimonio celestial del Jordán, cuando el Espíritu santo desciende como paloma por ministerio de los ángeles y se escucha la voz del cielo: «Este es mi hijo.» Juan aduce testimonios evidentes y manifiestos, pues de otra suerte no probaría nada. La voz que allí se percibe y la palabra que se escucha del cielo atestiguan que este Jesús es hijo de Dios. Por su parte, el Padre se manifiesta allí hablando, dando testimonio desde el cielo de que «éste es su hijo». Y el Espíritu que desciende sobre él desde el cielo, da testimonio dejándose ver allí abiertamente. Tres testimonios parecidos aduce el propio Cristo acerca de sí, en el cap. 5 de Juan. «Y estos tres son uno», porque concuerdan en su testimonio sobre lo mismo, la unidad de una misma divinidad [100].

Juan cita otros tres testimonios «en la tierra: el espíritu, el agua y la sangre», cuando, al brotar agua y sangre del costado de Cristo, exhaló su espíritu, encomendándolo a Dios y muriendo como hombre en la tierra. Pero, ¿qué es lo que testimonian estos tres? Testifican que es hijo de Dios no

---

[99] Expuesto este principio, resultado de la investigación anterior, Servet no podrá admitir el sentido pretendidamente trinitario de esos textos. Sobre el primero, dice claramente en *DeTrErr* 25v: «Son uno, es decir, atestiguan lo mismo; pues la mente de Juan es mostrar la eficacia de la verdad por la conformidad de los testigos.»

[100] Cfr. Jn. 5, 31 ss. Nótese que Servet no pone en duda la autenticidad del texto discutido de I Jn. 5, 7-8, el llamado *comma joanneum*. Como se sabe, ya Valla lo había declarado espúreo, y Erasmo lo excluyó de su 1.ª y 2.ª ed. (1516 y 1519) del NT por no hallarlo en ningún códice griego auténtico, pero lo restituyó en la de 1522 por mejor consejo. Pagnini lo trae en su Biblia, y quizá por esa doble influencia positiva Servet no duda de él, pero lo interpreta conforme a su sistema y a las sugerencias de Erasmo: no unidad sustancial, sino de consentimiento. Cfr. R. H. BAINTON, *Erasmus of Christendom* (New York: Scribner's Sons, 1969), p. 136.

esa entidad incorpórea, sino el mismo hombre del que brotan, al morir, esos tres testigos. Tal es el pensamiento de Juan que, como ves, hace un no pequeño esfuerzo para demostrar que este Jesús es hijo de Dios. La meta de todas las Escrituras es Jesús hijo de Dios. Juan nos exhorta a creer en él, si queremos vivir en Cristo: «El que cree que Jesús es hijo de Dios, es nacido de Dios». «¿Quién es el que vence al mundo, sino el que cree que Jesús es hijo de Dios?» [101]. El que no cree así, no es cristiano. El que no cree así, no está fundado sobre aquella roca firme: «Tú eres Cristo, el hijo de Dios vivo» (Mt. 16). Fundamento de nuestra salvación y fundamento de la Iglesia es creer con confianza que este Jesús Cristo es hijo de Dios, nuestro salvador [102].

En cuanto al otro pasaje, tenemos que decir que, aun [24] cuando el bautismo, según la enseñanza de los apóstoles, puede conferirse válidamente en nombre de Cristo, pues Cristo encierra en sí al Padre y al Espíritu santo —el ungido, el que unge y la unción [103]—, sin embargo, Cristo quiso expresarlo detalladamente, para ofrecer el honor al Padre e incorporar al Espíritu santo en el bautismo, puesto que en el bautismo se hace manifiesto el don del Espíritu santo. Por eso dice en primer lugar: «Bautizad en el nombre del Padre», ya que él es la fuente primera, verdadera y original de todo don (San. 1). Luego dice «en el nombre del Hijo», ya que por él tenemos esta reconciliación y este don, y también porque «no hay otro nombre hajo el cielo, en el que podamos salvarnos» (Hech. 4). «En el nombre del Espíritu santo», porque el Espíritu santo se nos da como don en el bautismo (Jn. 3; Hch. 2) [104].

En los libros III y VI de las *Recogniciones* de Clemente, Pedro dice que se trata de una triple invocación del nombre

---

[101] Jn. 5, 1 y 5.

[102] Estas ideas son esenciales en el pensamiento de Servet: ser cristiano es creer que Jesús es hijo de Dios en cuanto hombre, al margen de toda creencia en él como encarnación del Verbo en el sentido clásico; segundo, el célebre texto petrino de Mt. 16, 16 no se refiere a Pedro como piedra de la Iglesia, sino a su expresión de ésa su fe en que Jesús es el hijo de Dios viviente. En *DeTrErr* 26r aún con mayor énfasis.

[103] Implícita alusión a un texto de Ireneo, *Adv. Haereses*, III, 18 (PG VII, 934), cit. por Servet en su *Apología a Melanchton* (en la ed. original de *Ch. Restitutio*, p. 694): «En el nombre de Cristo se sobreentiende el que ungió, quien fue ungido, y la unción misma. Pues ungió el Padre, pero fue ungido el Hijo en el Espíritu, que es la unción.» Cfr. nuestra trad. y notas, junto con las *Treinta cartas a Calvino* (Madrid: Castalia, 1980, p. 243).

[104] San. 1, 17: «Toda buena dádiva y todo don perfecto desciende de lo alto, del padre de las luces». Luego, Hch. 4, 12; Jn. 3, 5: «Nacer del agua y del Espíritu», hablando con Nicodemo; Hch. 2, 17, cit. Jl. 2, 28-32.

de Dios. Y allí mismo se dice que se trata de una triple bienaventuranza y de un triple misterio [105]. Se trata de tres modos de manifestación, o personas, no en el sentido de una distinción metafísica entre esas tres entidades incorpóreas, sino para una mejor declaración del misterio, por οἰκονομία de Dios, como enseñan Ireneo y Tertuliano [106]. Añade a todo esto lo que dice Hilario en el principio del libro II de su *Sobre la Trinidad*: «Cristo mandó bautizar en el nombre del Padre y del Hijo y del Espíritu santo, o sea, para confesar al autor, al unigénito y al don. El autor es el no engendrado Dios Padre, de quien procede todo; el unigénito es Jesucristo, por quien todo fue hecho; y el Espíritu santo es el don en todos, el peculiar don del bautismo. En el eterno está la infinitud, en la imagen la figura, en el don el uso» [107]. Esa es la verdadera Trinidad según la antigua doctrina: Dios Padre invisible en el infinito, la figura de su imagen visible, y el don que procede de ellos. ¡Ojalá hubiera conservado siempre Hilario esta misma interpretación! ¡Ojalá no hubiera oscurecido esa interpretación Agustín, en el libro VI de *Sobre la Trinidad*, con todos los demás sofistas, tal y como aparece en el libro I de las *Sentencias*, en la distinción 31! [108].

A pesar de todo, vamos a ver cuáles son las razones con las que tratan malamente de demostrar la existencia de entidades incorpóreas distintas en Dios.

La primera razón la toman de lo escrito por Juan en el [25] capítulo 10: «Yo y el Padre somos uno» [109]. Al comentar este

---

[105] «Sub appellatione trinae beatitudinis», *Recognit.*, lib. I, cap. 69 (PG I, 1244); lib. III, cap. 1; y «Sub appellatione triplicis sacramenti», los tres bienes que el bautismo produce: hacer algo grato a Dios, abolir «la fragilidad del primer nacimiento» y salvar, en lib. VI, cap. 9 (PG I, 1282 y 1352).

[106] Servet se abstiene de traer aquí los textos de su interpretación positiva de la Trinidad, tomados de estos dos Padres, en los que abunda en la cit. *Apología*, pp. 685-689, y en otras, según los cuales las Personas trinitarias son entendidas como «disposiciones», «economías», «administraciones» o incluso, gráficamente, como «manos» de Dios. Servet no parece haber conocido estos textos cuando joven redactó *DeTrErr*, o no les dio importancia, entregado entonces de momento a su polémica negativa. Cfr. nuestra ed. antes citada, pp. 215-218.

[107] Palabras textuales, del *De Trinitate*, lib. II, cap. 1 (PL X, 26).

[108] Agustín, *De Trinitate*, lib. VI, cap. 10 (PL VIII, 931) explica esos atributos dados por Hilario a cada Persona: «No pienso se siga sino que el Padre no tiene padre de quien sea, pero el Hijo del Padre tiene quien sea y que le sea coeterno». También Pedro Lombardo, *Sententiarum*, lib. I, dist. 31, 3 (PL CXCII, 604) comenta ese mismo texto de Hilario y trata de explicarlo.

[109] Jn. 10, 30: *Ego et pater unum sumus.*

pasaje, en el sermón 56 de su *Comentario sobre Juan*, y en los *Tratados* 36 y 71 del mismo *Comentario*, Agustín argumenta contra Arrio porque dice «uno», y contra Sabelio porque dice «somos». De ahí concluye contra Sabelio la existencia de dos entidades incorpóreas, y contra Arrio la existencia de una idéntica naturaleza en ellas. Y de ahí se lanza a celebrar grandes triunfos [110]. Pero tú, lector, date cuenta de que es Jesús mismo quien habla en esta ocasión, y que dijo «somos» por abarcar Dios y hombre, y dijo «uno» por ser una sola divinidad, un solo poder, un solo consentimiento, una sola voluntad del hombre y de Dios. Se trata ciertamente de una οὐσία y de una ἐξουσία. El término *usía* sólo lo encontramos en el evangelio de Lucas, en el capítulo 15, y propiamente significa la hacienda doméstica, los recursos, los medios y las riquezas. El término *exusía* aparece con frecuencia, y cuando se refiere a la potestad conferida a Cristo por su padre, se utiliza el término *exusía*, que, en el caso de Cristo, viene a ser lo mismo que *usía*: el poder, las facultades y recursos del poder. Todo ello se encuentra abundantemente en Cristo, cuya οὐσία y ἐξουσία es la misma que la de su padre. El mismo es ὁμούσιος con Dios su padre, consustancial y uno con Dios [111].

Tal fue la sencilla interpretación de los antiguos, al co-

---

[110] Agustín, *In Ioann. Evang.*, tract. 36, 9 (PL XXXV, 1668): «Escucha ambas cosas, el *unum* y el *sumus*, y te librarás de Escila y de Caribdis. Al decir *unum* te libra de Arrio, y al decir *sumus* te libra de Sabelio. Si *unum*, luego no diverso; si *sumus*, luego Padre e Hijo». Ibid., tract. 71, 2 (col. 1821): «Que dice *unum* lo oigan los arrianos; que *sumus*, los sabelianos; y así, aquéllos negando que sea igual, y éstos que otro, que no digan tonterías.» Nótese que en la PL de Migne ese sermón 56 indicado sobre Juan equivale a una parte del tract. 71.

[111] Sin duda Servet se excede un tanto en su análisis filológico, pues el término οὐσία es ya técnico en la filosofía clásica para significar, como hoy, esencia, sustancia, ser, naturaleza, etc. No obstante, al no poner él en duda este hecho, ha de centrarse su discusión en el significado bíblico de esos términos, según él desvirtuados por la intromisión de la mente filosófica de los Padres en las primeras polémicas trinitarias, con lo que malentendieron los usos bíblicos: *Universi erroris causa erat, quia philosophi erant* (*DeTrErr* 76v). Más claramente que aquí en *Ch. Restitutio*, dice sobre ese texto en *DeTrErr* 23r: «*Unum*, en neutro, refiere no a la singularidad, sino a la unanimidad y concordia, y esto es lo que los antiguos llamaron *usía* única, porque es la misma potestad dada por el Padre a su hijo. Los posteriores, sin embargo, ya malentendieron este término *homousion*, lo mismo que *hipóstasis* y *persona*, haciendo de *usía* naturaleza, no sólo contra la propiedad del vocablo, sino contra todos los lugares de la Escritura en que aparece.» En prueba dice que en Jn. 17, y en Mt. 28, cuando Jesús habla de su potestad dada por el Padre, se empleo el término οὐσία. Lo mismo, de la voz *unum*. Y concluye: «Tomar el *unum* de la Escritura por una naturaleza *est potius methaphysicum quam christianum*.»

mentar aquel pasaje: «Yo y el Padre somos unos.» Así lo enseñan Orígenes, en el libro VIII de su *Contra Celso*, y Cipriano, en su *Carta a Magno*, al explicar cómo el hombre es uno con Dios [112]. Esta interpretación se ve confirmada por otras expresiones del propio Cristo, como cuando dice que nosotros somos uno con él, igual que él es uno con el padre [113]. Los cristianos somos uno con Cristo, no sólo por la unanimidad, sino, y como explicaremos más adelante, de una manera sustancial. Así lo enseñan en muchos pasajes Ireneo y Tertuliano, y así lo enseñan también Hilario, en el libro VIII de su *Sobre la Trinidad*, y Cirilo, en su *Comentario sobre Juan* [114]. Nosotros somos uno por la sustancia de Cristo, como él es uno sustancialmente con Dios.

La segunda razón con que los sofistas tratan de justificar su tríada de entidades invisibles se apoya en lo escrito en Exodo 3: «Yo soy el Dios de Abraham, el Dios de Isaac, el Dios de Jacob». Pero ahí no se advierte nada metafísico, como puede probarse por lo que dice Dios, al dirigirse a Jacob: «Yo soy el Dios de tu padre Abraham e Isaac» (Gen. 29 y 30), de lo cual no puedes inferir la existencia de dos entidades metafísicas. Más aún, hablando Dios a Isaac, le dijo: «Yo soy el Dios de tu padre Abraham» (Gen. 26). Si en esta ocasión se sobreentienden esas tres entidades, ¿cómo puede decirse luego en los Hechos que el Dios de Abraham, el Dios de Isaac y el Dios de Jacob son padre de Jesús el Cristo? [115]. ¿En qué quedamos: aquella Trinidad es padre de esa segunda entidad o es padre del hombre? Lombardo, en el libro I de las *Sentencias*, distinción 26, siguiendo a Agustín y a Hilario, dice que el hombre es hijo de la Trinidad, y que la Trinidad entera es padre del hombre. Hilario, en el libro XI de *Sobre la Trinidad*, al explicar aquello de Cristo: «Asciendo a mi Dios, padre mío y padre vuestro», dice que la Trinidad entera es padre respecto del hombre Cristo, como es padre respecto de los demás hombres. Según Agustín, en el libro V de *Sobre la Trinidad*, la Trinidad entera

[26]

---

[112] Orígenes, *Contra Celsum*, lib. VIII, 12 (PG XI, 750; ed. BAC, p. 529). Cipriano, *Ad Magnum Episc.*, Epist. 69, V, 1 (ed. BAC, p. 649): «Por esto el Señor, tratando de insinuar en nosotros la unidad que procede de la autoridad divina, dice "Yo y el Padre somos una cosa"»... En *DeTrErr* 23v indica, además, que así lo expone también Erasmo en sus *Anotaciones* al NT.

[113] Aludiendo a varias expresiones de Jn. 17, 20-21.

[114] Hilario, *De Trinitate*, lib. VIII, 5 (PL X, 217) en un contexto semejante al de Servet. Cirilo, *In Ioann. Evang.*, lib. IX (PG LXXIV, 267), donde confiesa ser ése un texto de difícil intelección; pero no satisfecho, indica que ahí se sugiere un «modo de unión, no sólo de dilección». Parecido, en el lib. XI, comentando a Jn. 17, 20.

[115] Textos de Ex. 3, 6; Gen. 28, 13 y 26, 24; etc.

es padre de la creatura [116]. Para ellos es lo mismo ser padre de la humanidad de Cristo que ser padre de su divinidad, y que el que la trinidad entera sea padre. Luego tanto el hijo incorpóreo, como el hombre corporal, ambos serían igualmente hijos de esa trinidad y engendrados por los tres.

Nosotros, en cambio, dejando de lado todas esas elucubraciones, entendemos que cuando se dice «el Dios de Abraham, el Dios de Isaac, el Dios de Jacob», se trata de un solo Dios, con el fin de evitar que los judíos cayeran en la pluralidad de dioses. Pues ellos entonces, como nosotros ahora, eran propensos a la pluralidad de dioses, y solían multiplicar el número de sus dioses según fuese el número de sus ciudades (Jer. 2 y 11) [117]. Por eso Dios en su providencia, para que no se les ocurriese multiplicar también el número de sus dioses según el número de años o de generaciones, y para que no creyeran que eran distintos el Dios de Abraham, el de Isaac y el de Jacob, se proclamó como único y mismo Dios de todos ellos, como se desprende de las palabras preliminares, al decir: «Yo soy el Dios de tus padres, yo soy aquel Dios que te sacó de la tierra de Egipto, y de Ur de Caldea.» También en el Exodo 6 dice Dios ser él quien se apareció a otros: «Yo, dice, soy Dios, que me he aparecido a Abraham, a Isaac y a Jacob.» Y en otro lugar: «Yo mismo, yo el primero y el postrero» (Is. 48). Hay aún otra razón por la que a Dios se le llama «Dios de Abraham, Isaac y Jacob», y es que por aquel entonces, en cumplimiento de las promesas hechas a ellos, Dios empezaba a mostrarse propicio a los israelitas a través de Moisés. Por último, se llama Dios de ellos, para dar a entender que todos ellos volverían a la vida, y que incluso ya estaban vivos en presencia de Dios (Lc. 20) [118]. [27]

El tercer argumento con que pretenden demostrar la existencia de tres entidades incorpóreas en Dios lo toman del hecho de los tres varones que viera Abraham, pues

---

[116] Pedro Lombardo, *Sententiarum*, lib. I, dist. 26, 5: «El hombre, que es hijo y hechura de Dios, no sólo del Padre, sino también del Hijo y del Espíritu santo es hijo, o sea, de toda la Trinidad; y la Trinidad misma puede llamarse su padre» (PL CXCII, 593). Hilario, *De Trinitate*, lib. XI, 14 (PL X, 383). Agustín, *De Trinitate*, lib. V, 6, n. 7, distingue a este respecto la predicación absoluta de la relativa, cosa que Servet no parece tomar en consideración, aunque en el fondo acaso sea correcta su lectura, pues Agustín expresa en el cap. 8: «En cuanto a la acción, en definitiva, sólo Dios actúa» (PL XLII, 94). Lombardo cita estos textos de Hilario y Agustín, de donde Servet pudo tomarlos.

[117] «Pues según el número de tus ciudades, oh Judá, fueron tus dioses», Jer. 2, 28 y 11, 13. Paralelamente, en *DeTrErr* 29v.

[118] Ex. 6, 2-6; Is. 48, 12 y referencia a Lc. 20, 37-38.

«Abraham vio a tres y sólo adoró a uno» (Gen. 18). A lo que yo respondo que se trataba de tres ángeles aparecidos a Abraham [119].

La persona de Cristo iba siendo prefigurada en toda la Ley a través de un ángel. Un ángel era el pedagogo hacia Cristo, como lo era la Ley misma. Ese ángel-como-Dios en nombre de Dios hablaba, y en él se veía el resplandor de Cristo. Un ángel hablaba como Dios (Gen. 16 y 22). Un ángel dijo al mismo Jacob: «Yo soy el Dios de Bethel» (Gen. 31). Un ángel habló a Moisés, diciéndole: «Yo soy el Dios de Abraham, de Isaac y Jacob» (Ex. 3; Hch. 7) [120]. En todas esas ocasiones un ángel-como-Dios era quien hablaba con preferencia a los otros, prefigurando ya la persona de Cristo, brillando con su propio fulgor, como más tarde en el resplandor de la Palabra. Dios puso un ángel al frente de los demás, al frente de la sinagoga, para que, como-Dios, dirigiese la palabra a los judíos. De ahí que a ese ángel se le llame מיכאל Miguel, es decir: *el-que-como-Dios*. Fue distinta la forma de hablarle a Abraham este ángel-como-Dios, según se dice en el capítulo 18, a la de los otros dos ángeles ministros que se dirigieron a Sodoma, según se lee allí mismo en el capítulo siguiente. Cuando Dios dijo: «Mi ángel irá delante de tí», «mi ángel» se refiere a Miguel, como indica su nombre en hebreo, ya que encierra el mismo vocablo de Miguel, pues consta de las mismas letras en hebreo מלאבי y מיכאל . Tanto más cuanto que ese ángel es designado especialmente como el principal de los judíos [121].

No resulta convincente el razonamiento de Agustín, en el libro II de *Sobre la Trinidad*, pues se basa en que Loth

---

[119] La escena en Gen. 18, 3. Muchos Padres han visto en ella un anuncio de la Trinidad. Pero ha de entenderse *adorar* como *postrarse en tierra*. Todo el texto vacila entre el uso del plural y el singular. En Ge. 19, 1 se habla ya de sólo «dos ángeles, que luego se llegaron a Sodoma por la tarde», de lo que incluso hoy algunos inducen que habría habido una teofanía real, siendo Dios acompañado de dos ángeles. Servet interpreta el texto, pues, más radicalmente.

[120] Gen. 16, 7 y 17, 15 en que «él ángel de Jehová» habla con Sara y con Abraham; Gen. 31, 13; Ex. 3, 6; y Hch. 7, en que Esteban en su discurso menciona varias situaciones paralelas.

[121] Según Servet, pues, el principal de los tres que se aparecieron a Abraham era el supremo «ángel de Jehová», el cual se menciona en Dan. 10, 13, 21 y 12, 1 como «el ángel de Israel», el-que-como-Dios: Miguel. Es ésta la primera vez que Servet da preeminencia al ángel de su propio nombre, con cuyo papel se identifica progresivamente a lo largo de la obra, hasta adoptar tonos apocalípticos. Ambas palabras tienen las mismas letras, *mal'akhi* (mi ángel) y *michael* (Miguel) en hebreo, pero leer una por otra suena a arbitraria sutileza. *Malaj*, enviar, como en griego ἀγγέλλω, de donde ἄγγελος, enviado, mensajero, ángel.

se inclinó en presencia de los dos ángeles. Hombre hospitalario, lo hizo por educación, aun sin saber que se trataba de ángeles (Heb. 13) [122]. El hecho de que Loth los llamase «señores» no tiene nada que ver con las fantasías de Agustín, ya que en este caso no aparece el «tetragrammaton», sino el nombre común con que damos título de «señores» a los hombres. A los ángeles se les podía dar ése u otro tratamiento, sobre todo habida cuenta de que el Señor estaba presente cuando Sodoma fue pasto de las llamas. Desvaría Agustín al preguntarse si aquellos dos huéspedes de Loth eran el Padre y el Hijo, o el Padre y el Espíritu santo, o el Hijo y el Espíritu santo. ¡Ñoñerías ridículas!

[28]

A los anteriores argumentos añade Lombardo, en el libro I de las *Sentencias*, al final de la distinción 2, que «casi cada una de las sílabas del Nuevo Testamento dejan entrever unánimemente la Trinidad» de esas tres entidades invisibles [123]. Pero a mí me parece que no sólo las sílabas, sino hasta las letras e incluso la puntuación de las letras, y «las bocas de los niños y de los lactantes», y hasta las piedras proclaman un solo Dios Padre y su Cristo, el Señor Jesús. Como dice la primera carta a Timoteo: «Un solo Dios y un solo mediador entre Dios y los hombres, el hombre Jesús el Cristo» (I Tim. 2). Y la primera a los Corintios: «Tenemos un solo Dios, que es el Padre, y un solo Señor Jesús el Cristo» (I Cor. 2). Asimismo, Juan, a quien le fueron revelados los cielos en el Apocalipsis, vio sólo a Dios Padre y a su Cristo: sólo Dios y el Cordero son allí alabados y adorados. También Esteban, cuando se le abrieron los cielos, vio la gloria de Dios y a Jesús en pie a su derecha. Y Mateo: «Uno solo es vuestro padre y uno solo vuestro maestro» (Mt. 23). Y Juan: «Pero no estoy solo, sino yo y mi padre» (Jn. 8) [124]. No estoy solo, dijo, porque mi padre está conmigo. «No han conocido ni a mi padre, ni a mí.» «Que te conozcan a tí, el único Dios verdadero, y al que enviaste, Jesús, el Cristo.» Cuando dijo: «Nadie conoce al padre sino su hijo, ni al hijo

---

[122] Heb. 13, 2. Agustín, *De Trinitate*, lib. II, 11 (PL XLII, 858) donde explica «por qué no acepta visiblemente insinuada por una criatura la desigualdad de la Trinidad» en esa escena. Señalando luego el vario uso de singular y plural, concluye que, pues que se confiesan enviados, esos otros dos ángeles deben ser el Hijo y el Espíritu, «ya que nunca en la Escritura ocurre mencionar al Padre como enviado».

[123] Pedro Lombardo, *Sententiarum*, lib. I, final de la dist. 28, palabras textuales (PL CXCII, 529).

[124] Sal. 8, 2; I Tim. 2, 5; I Cor. 8, 6; Hch. 7, 56; Mt. 23, 8, y Jn. 8, 16, texto éste último del que confiesa Servet en *DeTrErr* 27v que «le conmueve las entrañas: *Haec verba Christi cum tanta emphasi prolata me solent usque ad viscera penetrare.*

sino su padre» [125], ¿tampoco los conocía esa tercera entidad? Esa tercera entidad es completamente desconocida para Juan cuando, en su primera carta, nos desea que «tengamos comunión» con el Padre y su hijo, Jesús, el Cristo. De manera parecida se expresa Pablo: «Te requiero en presencia de Dios, y del Señor Jesús el Cristo, y de sus ángeles escogidos» (I Tim. 5) [126].

Nota cómo Pablo hace esta solemne profesión en presencia de Dios, de Cristo y de los ángeles, pero no en presencia de esa tercera entidad. A pesar de todo, los metafísicos pretenden que esa tercera entidad sea igual a la segunda y, como a ella, la colocan en el trono de su trinidad, en el tercer ángulo del triclinio. Y así lo cantan en sus himnos: «En el trono de la majestad tres ocupan los asientos del triclinio» [127]. Pero Cristo habla de muy distinta manera. En el Apocalipsis, cap. 3, se dice: «Confesaré su nombre delante de mi padre y delante de los ángeles». ¡Grave es la injuria que se infiere contra esa tercera entidad, si Cristo nos confiesa ante los ángeles, pero no ante ella! En Marcos 8 y Lucas 9 y 12 Cristo sólo nos habla de sí, de su padre y de los ángeles. Y en el Apocalipsis 1, Juan nos desea la paz y la gracia de Dios, de los siete espíritus y de Jesús el Cristo; pero no hace mención alguna de esa tercera entidad [128]. En muchos lugares del libro III y en el prólogo al IV, dice Ireneo que en la Escritura nadie recibe el nombre de Dios, sino el Padre de todas las cosas y su hijo Jesús. Y ni Tertuliano, ni Ireneo, ni ninguno de los antiguos ha dicho jamás que esa tercera entidad sea Dios [129]. Más adelante comprenderás las razones de todos ellos en lo que toca a la dispensación del Espíritu santo, y entonces entenderás cuál es la sustancia divina del Espíritu santo, por más que no subsista como persona visible como es el caso del hijo.

[29]

Vamos a demostrar ahora con argumentos de razón y de autoridad cómo no puede compaginarse con la unidad

---

[125] Jn. 16, 32 y Mt. 11, 27.

[126] I Tim. 5, 21. *DeTrErr* es más drástico: «Se hace en la Escritura frecuente mención de la existencia de Dios padre y su hijo, y de su visión y adoración, pero no se menciona el Espíritu santo, sino cuando se trata de obrar, como por cierta predicación accidental, lo cual es digno de nota, como si el término *espíritu santo* no designara una realidad distinta, sino la agitación de Dios, cierta energía o inspiración del poder de Dios.»

[127] *In maiestatis solio, tres sedent in triclinio.* Frase que tiene todas las trazas de ser dos versos de algún himno cristiano que no ha podido ser identificado. Quizá, de la liturgia galicana (?).

[128] Ap. 3, 5; Mc. 8, 38 y paralelos Lc. 9, 26 y 12, 8; Ap. 1, 2-5.

[129] Ireneo, *Adv. Haereses*, lib. III, cap. 6,a y prólogo del IV (PG VII, 180 y 228) en palabras casi textuales.

de Dios la existencia de esas tres entidades distintas e incorpóreas.

Para empezar, podría impugnar esa Trinidad imaginaria con las dieciséis razones que recoge Roberto Holcot, en la distinción 5 del libro I de su *Sobre las Sentencias*. A ninguna de ellas responde ni puede responder satisfactoriamente, sino sólo con sofismas, como él mismo confiesa [130]. Fíjate en Agustín, al principio de sus libros *Sobre la Trinidad;* mira los preámbulos de Pedro Aliacense a la cuestión 5 del libro I: ahí reconocen que esa tríada no puede demostrarse por las Sagradas Letras, sino que ha sido aceptada por tradición [131]. Mira lo que, ya en nuestro tiempo, escribe sobre el tema Juan Major, en su *Comentario a las Sentencias*, distinción 4, al resolver el sexto argumento, y así comprenderás con qué vigor defienden los sofistas la unidad de Dios: conceden que, en absoluto, esas tres personas son cosas distintas [132]. Agustín, en el libro I de su *De la doctrina cristiana*, dice que se trata de tres cosas de las que gozamos. Dicen, además, que *persona* es un término sustantivo, como enseña Agustín en el libro VII de *Sobre la Trinidad*, y le si-

---

[130] Nominalista, seguidor de Occam, muerto en 1349, representa la reacción contra el intento, iniciado por Ricardo S. Víctor, de demostrar racionalmente la Trinidad. Por eso se deleita en señalar, en 16 argumentos, otros absurdos o incompatibilidades entrañados en la doctrina de que tres pueden ser uno y, como dice Servet, no puede responderlas, «más aún, concluye en *DeTrErr* 32v, concede que ese dogma va contra toda razón natural». Todos estos puntos fueron estudiados magistralmente por R. H. BAINTON, «Michael Servetus and the Trinitarian speculation of the Middle Ages», en *Autour de Michel Servet et de Seb. Castellion* (ed. B. Becker: Haarlem, 1953), pp. 29-46.

[131] No es aquí exacto Servet. Agustín indica en *De Trinitate*, lib. I, 2, que en esta materia, en lugar de entregarse a la propia investigación racional, primero hay que investigar en la Escritura y, en todo caso, consultar al magisterio, «sabiendo cuán saludablemente ha sido instituida en la santa Iglesia la medicina de los fieles» (PL XLII, 822). Agustín representa una tendencia moderadamente racional, según la cual lo más que la mente puede hacer es ilustrar ese misterio con analogías. De actitud nominalista es, sin embargo, Pedro d'Ailly (1350-1420), el cardenal, ex-canciller de París, que en Costanza participó en la condena de Huss. Servet toma de él algunos detalles importantes de terminología.

[132] El escocés John Major (1469-1550), ya contemporáneo de Servet, también profesor de París, se desprende de las cautelas con que especialmente D'Ailly atenuaba sus reflexiones. Había escrito éste que podría decirse que hay tres dioses *personaliter*, no *essentialiter*. Major añade que se puede permitir decir que hay tres dioses, con tal que el término *dios* suponga por *persona*, y concluye que ésta es «conclusión de la lógica dialéctica», como también admite Erasmo (*Op.*, IX, 1217c, y V, 500d). Servet, aún menos cauteloso, llega a conclusión aún más extrema.

guen todos (Libro I de las *Sentencias*, distinción 23) [133]. De ahí que, subiendo de menos a más, concluya Juan Maior que, de admitir esas tres personas, se seguirían tres hipóstasis, tres sustancias, tres esencias, tres seres; y, por tanto y absolutamente, tres dioses. A pesar de todo, dice haber sólo un ser «connotativo», o una esencia «connotativa», y explica [30] que toma de ellos esas expresiones en sentido «connotativo», como se desprende también de lo dicho por el Maestro de las *Sentencias*, en la distinción 25 del libro I [134]. ¿Tendremos, pues, un Dios connotativo, y no un Dios absoluto? ¿No son verdaderamente triteístas éstos que nos hacen absolutamente tres dioses realmente incorpóreos y distintos, tres entidades simples e incorpóreas realmente distintas, tres seres? Esta argumentación de lo inferior a lo superior concluye legítimamente la existencia de tres seres absolutos; por tanto, también de tres esencias, pues todo ser tiene esencia.

En los *Sínodos* de Hilario se concede que en Dios haya tres en razón de la sustancia, cosa que también admite el Maestro en la citada distinción 25, siguiéndole en esto todos los demás [135]. También puede argumentarse por la convertibilidad: de tres cosas, tres seres, tres esencias, y tres dioses. Ellos tratan de demostrar contra los judíos su trinidad, recurriendo a que *elohim* es «dioses», en plural; luego dos dioses, o tres, o muchos. Y, claro, si en virtud de esa su trinidad, hay tres dioses, serán tres dioses incorpóreos y real-

---

[133] En *De doctrina christ.*, lib. I, caps. 4 y 5 (PL 34, 20-21), tras distinguir entre gozar por amor y aprovecharse por interés, dice que la Trinidad es algo para gozar, *res qua fruendum*. En *De Trinitate*, lib. VII, cap. 4,8 (PL LXII, 941) admite que lo que en nuestro uso verbal es *persona*, eso era para los griegos *sustancia* o *esencia;* por lo cual «dicen ellos tres sustancias, una esencia, como nosotros tres personas, una esencia o sustancia». Le sigue a Agustín Lombardo, *Sententiarum*, lib. I, dist. 23 (PL CLCII, 583), cit., ese texto de Agustín: «Hay un nombre, *persona*, que se dice sustancialmente de cada persona.» Para Servet, por el contrario, *Deus non est nomen naturae* y *persona non est res:* Dios no es nombre de una naturaleza o esencia que pueda comunicarse lógicamente, y persona no es nombre de sustancia, sino de manifestación, aspecto, disposición, actitud, etc. Servet acepta así la nota de Valla en las *Adnotationes* sobre Mt. 22, 16, edit. por Erasmo en 1505 (*Opera*, I, 80-895), según la cual *persona* no es filosóficamente equivalente a *substantia*, contra Boecio, por traducir πρόσωπον, que es «rostro», «aspecto». Lo mismo en la 1.ª redacción de las *Adnotationes*, o *Collatio Novi Testamenti*, inédita hasta la reciente ed. de A. Perossi (Florencia: Sansoni, 1970), p. 64; y en el célebre ensayo «In Boethium in persona» del *Elegantiæ linguæ latinæ* de Valla (VI, 34; *Opera*, I, 215). Pero Servet no cita estas fuentes.

[134] Lib. I, dist. 25, 11 (PL CXCII, 590).

[135] Hilario de Poitiers, *Liber synodalis seu de fide orientalium*, 12, indica que las tres Personas tienen la misma sustancia, pero añade que no conviene mencionar este término, por no aparecer en la Escritura. Por lo demás, admite que *essentia est res quae est vel ex quibus est*, etc. (PL X, 466).

mente distintos. Y si son realmente distintos, tendrán que ser también esencialmente distintos en virtud de la fuerza absoluta del argumento de la convertibilidad. Luego son verdaderos triteístas, y verdaderos ateos, pues no admiten un solo Dios, sino un Dios tripartito y acumulado. Tienen un Dios connotativo, pero no absoluto. En realidad, tienen dioses imaginarios, delirios diabólicos [136].

Para Atanasio, Hilario, Cirilo, Nacianceno, Basilio, Agustín y todos los demás, hay un Dios no engendrado, otro Dios engendrado y otro que ni es engendrado ni no engendrado; luego hay tres dioses. Un Dios innacible, otro nacido y otro que procede de ambos. Ahora bien, el Dios no engendrado no es el engendrado, y el engendrado no es el que procede. Luego se trata de otro Dios, de otra cosa. Hay un Dios muerto, y dos no muertos; una persona muerta, y dos no muertas; una cosa muerta, y dos cosas no muertas [137].

Pero ya es hora de aducir otras razones, derivadas de sus mismos principios, para concluir legítimamente que no sólo no pueden darse esas tres entidades en un solo Dios, sino que incluso son inimaginables. Pues si uno tuviera idea de esa Trinidad, la tendría bien distinta de ellas tres, y así ocurriría que la tendría de la una y no la tendría de la otra al mismo tiempo, lo que todos niegan basándose en aquello de que: «El que me ve a mí, ve a mi padre.» Ellos se defienden diciendo que se puede tener idea de la Trinidad al tener idea de Dios, connotando que es esas tres entidades. Respuesta completamente vana, que huele a delirios de sofistas, por basarse íntegramente en lo de «connotativo». Pues resulta inútil, y está en contradicción con sus propios principios, el que una sola idea pueda significar connotativamente tres cosas, cuando otras tres ideas tampoco podrían significar absolutamente esas tres entidades. Toda significación connotativa presupone otra absoluta, lo cual está de acuerdo con sus propias reglas, públicamente admitidas. Todos aceptan también la regla de Porfirio: «Un concepto de significa- [31]

[136] *Veri ergo hi sunt tritoitae, et veri sunt athei,* cfr. nota 141.

[137] Con esta serie de absurdos concluye la exposición de la imposibilidad racional de admitir el dogma de la Trinidad, la cual es mucho más larga en *DeTrErr* que en *Restitutio,* y más atrevida. La convicción de Servet de que resulta «no sólo imposible, sino inimaginable» admitir *tres res in uno Deo* le lleva a esta conclusión: «Y no me digas, como todos claman, que basta creer, aunque el asunto no se entienda; pues en esto muestras tu estupidez, en que admites algo no inteligible sin suficiente testimonio de Escritura... tanto más cuanto que confiesas que el objeto de la fe es la intelección misma. Y entonces, si crees, dime: ¿cuál es tu capacidad de entender?, ¿qué es lo que entiendes creer?, ¿acaso tomas por suficiente objeto de tu fe la propia confusión de tu cerebro?», etc. Ib. 33v.

ción absoluta e incompleja debe ser abstraíble de cualquiera de sus aplicaciones esenciales» [138]. Por tanto, si pudieran darse conceptos absolutos de las cosas divinas, ¿cuáles podrían ser? ¿Acaso tuvieron idea de esa Trinidad Cristo y los ángeles? Y si tuvieron tres conceptos distintos y absolutos de tres cosas, ¿es que conocen ellos distintamente esos tres dioses absolutos? Cristo enseñó con toda claridad que los ángeles «ven el rostro de su padre» [139], pero no que vean otras cosas. Cristo mismo no ve hoy en el cielo otra cosa que a su padre. Sueña cuanto quieras, dirige tu mirada hacia tus propias imágenes, y verás claramente cómo tu Trinidad resulta ininteligible sin el recurso a tres imágenes, pues el entendimiento necesita volverse hacia las imágenes [140]. Más aún, por más que lo niegues de palabra, con el entendimiento ya estás adorando una cuaternidad. Pues tienes cuatro imágenes, ya que la cuarta es la imagen de la esencia, pues es imprescindible, para entender la esencia, abstraerla de alguna imagen. Si abrieses los ojos y prestaras atención, descubrirías cómo tu Trinidad no es otra cosa que esa sucesión de falsas imágenes que te trae loco.

Verdaderamente son ateos todos los trinitarios [141]. Porque, ¿qué otra cosa es *ser sin Dios* que el no poder siquiera pensar en Dios, sin que se interfieran amenazantes en nuestra mente esas tres entidades que nos confunden y nos hacen enloquecer cuando pensamos en él? Hay en el cerebro tres malos espíritus que fascinan al hombre, como dice Juan (Apoc. 16) [142]. Basta creer, dicen ellos, aunque sea en cosas ininteligibles. Y así ponen de manifiesto su estulticia, pues admiten algo ininteligible, «sin entender lo que dicen, ni lo que afirman» (I Tim. 1), «y blasfemando de lo que nada saben» (II Pet. 2) [143]. Tanto más cuanto que tú confiesas, y

[32]

---

[138] Como se ve, está pasando Servet al análisis lógico de los elementos conceptuales del misterio trinitario, para lo cual se vale de sus conocimientos de la lógica aristotélica y porfiriana. *Isagoge*, cap. 2: 2al.

[139] Mt. 18, 10. *DeTrErr* 33r sustituye «otras cosas», *alias res*, por *sed alias machinas non vident!*

[140] *Necesse est intelligentem phantasmata speculari*, Arist., *De anima*, II, 5: 417b22.

[141] *Athei vere sunt trinitarii omnes*, atrevido insulto que suscitó la furia de Calvino (*Calv. Op.*, VIII, 501), iniciado ya en *DeTrErr* 21r, donde tras indicar que, aunque se evita el término *composición*, sí se emplea el *constitución*, siendo Dios constituido por las tres Personas, concluye: «Luego seremos triteístas, tendremos un Dios tripartito, y ateos, es decir, sin Dios habremos resultado.»

[142] Ap. 16, 13: «Y ví salir de la boca del dragón, y de la boca de la bestia, y de la boca del falso profeta, tres espíritus inmundos a manera de ranas», texto del que abusará Servet más adelante.

[143] I Tim. 1, 7 y II Pe. 2, 12.

así lo reconocen todos, que el objeto de la fe es la propia intelección. Por tanto, si tienes fe, muéstrame cómo es esa intelección de tu capacidad. ¿Qué es lo que crees que ha sido entendido por ti? ¿No será la propia confusión de tu cerebro lo que tienes por objeto de tu fe?[144]. Ya Agustín, en el libro I de *Sobre la Trinidad* y en el I de *De la doctrina cristiana*, parecía hacer alarde de haber entendido la Trinidad y de que puede ser entrevista por una mente limpia[145]. ¡Pero él sólo veía ilusiones, como demostraré mejor en lo que sigue! El propio Agustín asegura, en sus cartas a Fortunaciano y Paulina, que Dios no podrá ser visto en la gloria futura ni por nosotros, ni por los propios ángeles[146]. En cambio, sueña con que tenemos ilusiones interiores sobre la Trinidad, haciendo así imposible la bienaventuranza de los hombres y de los ángeles. ¡Como si nuestra alma viese ahora más que lo que han de ver los ángeles y los santos!

Hay que añadir todavía esta otra razón contra las falsas ideas de los trinitarios: «Nada hay en el entendimiento que no haya estado antes en el sentido, o por sí mismo o por algo semejante o proporcional» (I *Poster.* y III *De anima*)[147]. Un sordo no puede aprender música, ni perspectiva un ciego, pues realmente no pueden comprenderse con la inteligencia las cosas que no pueden ser percibidas por los sentidos. Ahora bien, de esas tres entidades que constituyen una sola no has podido tener experiencia alguna ni siquiera en la imaginación, puesto que no pueden encontrarse en ninguna parte ni dos, ni tres, ni muchas cosas, que concurran para formar una sola. Luego no se da ningún fundamento en nuestro sentido del que pueda abstraer tal idea el entendimiento. Incluso llega a cansarse y a confundirse por el mero hecho de tratar de cavilar sobre esto, como intentando construir sobre el vacío, sin base alguna de los sentidos. Más aún, imaginemos que sólo exista la persona del Padre, como fácilmente admiten los adversarios, ya que distinguen formalmente las personas de la esencia. En tal caso, díme: puesto

[33]

---

144 Cfr. nota 137.

145 *De Trinitate*, lib. I, cap. 1, 3: «Es necesaria la limpieza de nuestra mente por la que lo inefable pueda verse inefablemente» (PL XLII, 821). *De doct. christ.*, lib. 1, cap. 10: «Hay que purgar el alma, para que pueda ver esa luz, y vista, aceptarla» (PL XXXIV, 23).

146 *Fortunatiano episc. siccensi*, Epist. 148, cap. 1, 1, explicando el «cara a cara» de I Cor. 13, 12 (PL XXXIII, 6222). *Paulinae*, Epist. 147, una larga carta, casi libro, titulada *De videndo Deo liber* o «De que Dios no puede ser visto con ojos corpóreos», ib. 596-622.

147 Aristóteles, *Analytica posteriora*, I, cap. 17: 81a38 y sigs.; y *De anima*, III, 4, 7 y 8: 429b10.431a16 y 432a4.

que a cada cosa corresponde tener su propia esencia y su propia naturaleza, ¿cómo puedo imaginar que se multipliquen las cosas sin multiplicarse las esencias? ¿Cómo imaginar que sobrevenga una nueva cosa, sin que sobrevenga una nueva naturaleza? [148].

Pero no sólo se nos enseña a evitar semejante pluralidad con argumentos de razón, sino también con argumentos de autoridad, tanto del Nuevo como del Antiguo Testamento. En Mateo 19 se lee: «Uno solo es bueno, Dios.» Y en Marcos 10: «Nadie es bueno, sino el único Dios» [149]. ¿No es verdad que se contentan con una unidad de sólo nombre los que en realidad no reconocen un solo Dios? ¡Con toda su artificiosa esencia *connotativa* se convierten a la pluralidad de entidades y de dioses absolutos! Y ten en cuenta que es el hijo quien así habla. Por él nos consta que le compete al Padre la más perfecta unidad de Dios: «Uno solo es el Dios-Padre, y uno solo el Señor Jesús el Cristo» (I Cor. 8). «Hay un solo Dios y padre de todos» (Ef. 4). «Un solo Dios y un solo mediador entre Dios y los hombres» (I Tim. 2) [150].

¿No resulta extraño que los apóstoles no dijeran nunca que esa primera entidad o primera persona era padre de la segunda, sino que dijeran que Dios es padre de Jesús el Cristo? Nunca, en efecto, dijeron que fuese hijo de Dios esa segunda persona, sino que Jesús mismo era hijo de Dios. Otro tanto ocurre con Ignacio, Ireneo y los más antiguos que, cuando enseñan que el único Dios omnipotente es el Dios del Antiguo y del Nuevo Testamento, dicen que ese mismo es el padre de Jesús el Cristo. ¿Qué conclusión sacarías tú, oyente, de semejante predicación? También Tertuliano, por más que «montanice» alguna vez, enseña muchas y preclaras verdades derivadas de la tradición apostólica [151].

---

[148] Respondiendo al principio antes enunciado: *Omne ens est essentia.* En *DeTrErr* 34r concluye este mismo párrafo así: «¿Acaso por el sentido podrás percibir estas cosas o semejantes? Ciertamente no. Luego tampoco puedes percibirlas por el entendimiento.»

[149] Mt. 19, 17 y Mc. 10, 18, cuyo texto latino traído por Servet (*unus est bonus Deus*, y *nemo bonus nisi unus Deus*) él entiende estrictamente como «uno solo es el buen Dios». Al comenzar este párrafo ha eliminado también una frase, que acaso encontró ahora comprometedora, de *DeTrErr* 34r: «Si no pareciera un loco, aduciría todos los testimonios de los gentiles, filósofos, poetas y sibilas, citados por Lactancio Firmiano, de modo que reconocieras cuán ridículo quedarías cambiándoles tus tres entidades, *res*, por el solo Dios», aludiendo a las *Divin. institut.*, que cita luego.

[150] I Cor. 8, 6; Ef. 4, 6; I Tim. 2, 5.

[151] *Quamvis aliquando montanizet*, en referencia a la herejía de Montano que al fin le afectó. En *DeTrErr* 34v le hace esta otra salvedad: «Aunque no siempre es consecuente.» Sobre su énfasis en la tradición, por ejemplo, el *Liber de præscriptionibus*, cap. 21 (PL 2, 33).

Hay un libro antiguo, atribuido a Clemente, el discípulo de Pedro, en el que se habla con toda claridad sobre Cristo: en él hallarás todos los encantos de la primitiva sencillez [152]. Ignacio, el discípulo de Juan evangelista, escribe así, en su carta a los de Filadelfia: «Si alguno confiesa que es uno solo el Dios de la Ley y de los Profetas, pero niega que Cristo es su hijo, ese tal es un mentiroso. Si alguien confiesa que Cristo Jesús es hombre, pero niega que el único Dios de la Ley y de los Profetas es padre de Cristo, ese tal no permanece en la verdad.» Y en la carta a los de Tarso enseña abiertamente que este Cristo no es aquel que está por encima de todo, es decir, Dios, pero que es su hijo [153]. Cosas parecidas puedes leer en Justino, tal y como lo citan Ireneo y otros [154]. ¡Ojalá se conservasen los escritos de todos los que escribieron en aquel tiempo!

[34]

¿Acaso para nuestros trinitarios no era su Trinidad entera el Dios de la Ley? ¿No dicen ellos que Jesús el Cristo es hijo de toda la Trinidad? [155]. Luego no es hijo del Dios de la Ley. Te invito a que reflexiones por qué aquella manera de hablar, tan familiar para los antiguos, no se encuentra en nuestros trinitarios, sino que en éstos se dan otros modos de hablar muy distintos, completamente desconocidos para los antiguos. Esta sola razón basta, si bien lo piensas, pues todo el libro de Ireneo trata esta cuestión «contra todas las herejías» y jamás hace mención de las ñoñerías de los trinitarios. Y es que esas fantasías aún no se le habían ocurrido a nadie.

Pasemos ya al Antiguo Testamento. En él se nos manda en repetidas ocasiones que confesemos la unidad de Dios, y no la pluralidad. En Exodo 20: «Yo soy tu Dios, y no tendrás otros dioses fuera de mí.» En Deuteronomio 6: «Escucha, Israel. Jehovah es nuestro Dios, y Jehovah es uno solo.» Allí mismo, capítulo 15: «Aprende hoy, y consérvalo en tu

---

[152] *Antiquæ simplicitatis invenies odorem.* Cfr. notas 6 y 9.

[153] Cita la *Ep. ad Philadelphios*, VI, interpolada, ya que no es una de las siete auténticas hoy admitidas, que cita ya Eusebio (*Hist. eccla.*, III, 36), ed. BAC, p. 539); y la *Ep. ad Tarsenses* apócrifa, V (BAC, p. 521). Servet debió estudiarlas en la ed. de Lefèvre d'Étaples o en la también latina de Sinforiano Champier, Lyon, 1512, a cuya protección y estímulo tanto iba a deber luego Servet.

[154] Justino no fue publicado, y en griego, sino en 1551, por lo que Servet no tuvo acceso personal a sus obras sino a través de citas de otros, especialmente de Ireneo, *Adv. Hæreses*, IV, 3.11.27.52 y de Eusebio de Cesarea, *Hist. eccla.*, V, 8. Por su comportamiento en el proceso de Ginebra, sabemos que en 1553 no se había enterado de esa edición griega, pues Calvino pudo sorprenderle citándolo directamente, y ridiculizándole así, como si Servet no supiera griego.

[155] Cfr. nota 116.

corazón, que Dios mismo es el único Dios arriba en el cielo y abajo en la Tierra, y que no hay otro más que él. El es el único Dios.» (Y así en Deut. 32; II Re. 19; Sal. 85; Is. 37 y Jn. 17) [156]. Aquí sólo se habla de un único Dios, lo que niegan los triteístas, diciendo que siempre había tenido acompañantes. Y aducen este razonamiento: que no se puede ser completamente feliz en solitario. Por eso eran tres los que se sentaban «en el triclinio». Pero Dios mismo dice por boca del Profeta: «Yo el Señor, y no hay más. Fuera de mí no hay otro Dios, fuera de mí no hay otro Señor. Yo el Señor, y no hay otro» (Is. 43 y 45) [157]. Son tantos los textos en que se apoyan los hebreos, que se asombran con razón ante el Dios tripartito inventado por los nuestros. Estiman que es cismático nuestro Testamento, al ver cómo nos alejamos de la unidad y simplicidad de su Dios, y porque ni uno solo de [35] sus antepasados pudo pensar jamás tal cosa [158].

¿Y qué decir de los mahometanos que, precisamente por esto, difieren de nosotros? ¡Cuán miserablemente se nos burlan! Y con razón, por justo juicio de Dios, pues que «ya no hay quien vuelva a la cordura» [159]. La Trinidad ésa es abiertamente atacada en su *Corán*, suras 11, 12 y 28, donde enseña Mahoma que esos tres dioses o partícipes de Dios eran completamente desconocidos de los patriarcas, no siendo otra cosa que hijos de Beelzebú, al que adoran los trinitarios en vez de a Dios [160]. Por cierto que Juan, en el Apocalip-

---

[156] Ex. 20, 3; Deut. 6, 4; 14, 2; 32, 39; II Re. 19, 19; Sal. 86, 10; s. 37, 16 y Jn. 17, 3: «Esta es la vida eterna, que te conozcan el solo Dios verdadero y a Jesús, el Cristo que has enviado.»

[157] Is. 43, 11-12 y 45, 21.

[158] Esta preocupación por ser fiel al auténtico sentido del AT tal como es y como lo entendieron y entienden sus destinatarios originales los hebreos consta continuamente tanto en *DeTrErr* como en *Restitutio*, según se irá viendo. Nadie entiende como ellos, además, la lengua original en que está escrito. Estos dos puntos de vista son esenciales en el sistema de Servet, pero no autorizan a hablar de que con ello intentara constituir una alternativa cristiana panecuménica, o una «cristiandad judía», *a Jewish Christianity*, como propone algún actual servetista.

[159] Aludiendo a una frase de Is. 46, 8.

[160] La primera trad. del Corán al latín la hizo Robertus Retensis en 1143 a instancias de Pedro el Venerable, el abad de Cluny, y tuvo mucha circulación en ms. en toda la Edad Media. Servet debió de leer la primera ed. impresa, al cuidado de Teodoro Bibliander (Buchmann), Basilea, 1543, muy imperfecta y plagada de descuidos, además de anotada de forma hostil. Servet resume ideas generales y no aduce ninguna cita textual del Corán, aunque sus menciones son precisas. Así, la sura o cap. XI, de *Hud*, aleya 109, dice: «No dudes sobre lo que éstos adoran; porque no adoran sino lo que, anteriormente, sus padres habían adorado.» La XII, de *José*, insistiendo como siempre el Corán en el más estricto monoteísmo, dice en las aleyas 30-40: «¿Qué es preferible: una multitud de deidades discrepantes, o un Dios

sis, los llama tres espíritus diabólicos [161]. Pero sigamos escuchando lo que dice Mahoma acerca de Cristo y de los cristianos. En los capítulos titulados *Soretamram, Elnesa* y *Elmaida*, así como en otras muchas suras, dice que Cristo fue el mayor de los profetas, la palabra de Dios, el espíritu de Dios, la fuerza de Dios, la propia alma de Dios, la palabra nacida de la Virgen perpetua por el soplo de Dios o por el aliento del Espíritu santo, y contra el cual tan malvadamente se comportaron los judíos. Dice, además, que los primeros discípulos de Cristo fueron varones óptimos e ingenuos que escribieron la verdad, pero que no enseñaron la Trinidad, sino que la introdujeron sus seguidores corruptores de la santa doctrina [162]. En la sura 4 dice que luego surgieron incontables disensiones, de las que antes no había habido ni la más pequeña duda o discusión [163]. Lo mismo confirma en la 20, al decir que el pueblo cristiano estaba unido al principio, y que luego se escindió en tantas controversias, porque se entregaron a muchos dioses [164]. En la sura 12 y en otros lugares repite varias veces que la causa del error de poner tres principios iguales radica en que son idólatras, adoradores de imágenes, e incluso que están privados del conocimiento del verdadero Dios [165]. En la 28 dice que ese hijo incorpóreo era desconocido de los patriarcas, y que no son más que hijos de Beelcebú los que ellos llaman copartícipes de Dios [166]. En la 29 dice que a causa de tamaña blas-

---

único, irresistible? No adoráis, en vez de Dios, sino meros nombres que inventasteis.» La XXVIII, o de *Alqaçaç*, aleya 70: «¡Y El es Dios! ¡No hay más Dios que El», etc. Se cita la versión *El sagrado Corán*, de Rafael Castellanos y Ahmed Abdoud, Buenos Aires, 1952.

[161] Ap. 16, 13; cfr. nota 142.

[162] Se trata, respectivamente, de los caps. o suras, *Surat*, III, de Ālı 'Imrān; la IV, de *Al-Nisā'* o de las mujeres, y la *Al-Mā'ida*, V, o de la mesa servida. En ellos, en diversas aleyas, hay frases que más o menos explícitamente indican lo que Servet resume.

[163] Sura IV, aleya 171: «No digáis de Dios sino la verdad. Por cierto que el Mesías, Jesús, hijo de María, sólo es apóstol de Dios y de su Verbo, con que agració a María, y su espíritu dimana de El. Creed, pues, en Dios y en sus apóstoles, y no digáis *Trinidad*. Absteneos de ello, porque Dios es un dios único. ¡Lejos está de tener un hijo!» Ed. cit., p. 113.

[164] La Sura XX, de *Ta-Ha*, consta de 135 aleyas, ninguna de las cuales roza este tema. Habla de Moisés y de los magos del Faraón.

[165] Sura XII, de *Yusuf* o José, aleya 40: «El juicio solamente pertenece a Dios, quien ordenó que no adoréis sino a El. Tal es la verdadera religión, pero la mayoría de los humanos lo ignora». Ed. cit., p. 199.

[166] No textualmente. La aleya más próxima en sentido es la 64-66: «Y se les dirá: ¡Invocad a vuestras divinidades! Y las invocarán, pero no les responderán. Y en el día en que El les convoque y les diga: ¿Qué respondisteis a los apóstoles?, en ese día se les obscurecerán las respuestas y no se preguntarán». Ed. cit., p. 308.

femia se confunde el cielo y se estremecen los montes y la tierra [167]. De ahí concluye en la sura 50: «Nosotros creemos en un solo Dios, no en esos copartícipes sobreañadidos» [168].

Escucha, en cambio, ahora, las alabanzas con que ensalza a Cristo. En la citada sura 4 dice que a Cristo, encumbrado por encima de todas las cosas, le fue otorgado el poder y la mente misma de Dios [169]. En la 5 dice que Cristo vino con la fuerza y el poder divino, y que es el rostro de todos los pueblos en este mundo y en el venidero [170]. En la 11 dice que los hombres de todas las leyes, tanto judíos como sarracenos, acabarán por creer en este Jesús hijo de María, y allí mismo dice: «Los que creéis en Dios y en su profeta no digáis que hay tres dioses» [171]. En la sura 12 dice que Cristo nos trajo el evangelio, que es luz y confirmación de la Ley, ejemplo y camino recto; en la 13 que Cristo tenía un alma limpia y bendita, y que preparó una mesa celestial para los que crean en él; y en el libro de la doctrina de Mahoma puede leerse que Cristo es la palabra, el espíritu y el poder de Dios. Mahoma llama a Cristo *Ruhalla*, espíritu de Dios, engendrado por la misma aspiración de Dios [172]. Por último, después de atribuirle casi todo, no lo reconoce como hijo de Dios en el sentido de los triteístas de su tiempo. Más aún, se muestra gravemente enojado a causa de esos tres dioses incorpóreos, o de esas tres entidades distintas

[36]

---

[167] Sura XXIX o de *Al-Aankabut* (de la araña) comienza distinguiendo entre creyentes leales e impostores, cuya casa, construida por ellos, es deleznable como la de ese animal (aleya 41). «¿Habrá alguien más inicuo que quien inventa mentiras acerca de Dios?», termina diciendo la 68, p. 314. Pero ni aparece esa idea de Servet.

[168] En la sura L, *Qaf*, o del signo, de 38 aleyas, no consta esta frase ni idea alguna parecida.

[169] Cfr. nota 163. En esta sura es la única mención de Cristo.

[170] *Al-Mā'ida*, aleya 46: «Tras los otros profetas enviamos a Jesús, hijo de María... guía y exhortación para los timoratos.» Aleya 72: «Son blasfemos quienes dicen: ¡¡Por cierto que Dios es el Mesías, hijo de María!, ... porque a quien atribuye copartícipes a Dios, Dios le vedará el Paraíso, y su albergue será el fuego infernal.» Aleya 75: «No es más que un apóstol, al nivel de los apóstoles que le precedieron.» Las 110-120 contienen varias alabanzas de Jesús en esta línea, pero refrenando la costumbre de tomarle a él y a su madre «por dos divinidades, en vez de Dios». Ed. cit., p. 126.

[171] La más parecida, la aleya 50: «¡Oh, pueblo mío! ¡Adorad a Dios; porque no tenéis más dios que Él! Sabed que no sois más que unos patrañeros», p. 190. Ninguna mención de Jesús en toda esta sura.

[172] Ninguna de las 111 aleyas de la sura XII ni de las 43 de la XIII menciona a Jesús. Da la impresión de que Servet aplica a él lo que el Corán dice de *el profeta*, obviamente en términos muy positivos. Pero tal actitud, hay que decirlo sin reservas, adquiere características de increíble ligereza. En todo caso, la llamativa imprecisión con que Servet se refiere al Corán requiere una explicación.

invisibles e iguales en Dios. Por culpa de esa mala doctrina de trinitarios se alejó del cristianismo, cosa lamentable y gran desgracia para todo el mundo. Aquella deidad incorpórea, realmente distinta, le dio pie para negar que Cristo sea Dios. Cuando Mahoma niega que sea hijo de Dios, niega en realidad que sea ese hijo invisible, semejante al Padre, ya en boga por aquel entonces; como se desprende de la sura 100 y de la 122. De otra suerte, fácilmente hubiera aceptado que el hombre Jesús el Cristo sea hijo de Dios, pues admite que fue engendrado por Dios en una virgen[173].

Por este público testimonio, incluso de los adversarios, fácilmente comprenderás, lector, que una tal Trinidad era algo totalmente desconocido para los primeros cristianos. Otro tanto se deduce de los primeros escritos de los cristianos y de las portentosas consecuencias que acarreó. Escucha ahora cuáles fueron estas inmensas consecuencias que derivaron de los trinitarios, y aprende cómo, dado un absurdo, siempre suelen seguirse muchos más absurdos.

Los triteístas, una vez que su mente se llenó de estos delirios acerca de esas sus tres entidades, llegaron al extremo de decir que hay tres dioses, que es lo que realmente confiesan aún hoy día: tres dioses absolutos, aunque uno connotativo. Los arrianos introdujeron la desigualdad entre esas tres entidades y separaron la segunda sustancia de la primera. Macedonio dijo que la tercera, distinta de las otras dos, no era más que mera creatura, y no Dios. Ni hay por qué extrañarse de que, admitido el error en el principio, sean luego juguetes de las olas en alta mar y sufran alucinaciones por todas las partes, agravando un pequeño problema con otro mayor[174]. Los aetianos y eunomianos introdujeron tales diferencias entre esas tres entidades que la tercera sólo podía ser creatura de la creatura, pero no podía ver a las otras dos, pues está escrito: «Nadie conoce al padre, sino su hijo, ni al hijo, sino su padre»[175]. En esto disienten Aetio y Eunomio de Arrio, ya que éste dice que esas tres entidades son desiguales y desemejantes. Así nos lo refieren Epi-

[37]

---

173 La brevísima sura C no dice nada de esto; y la CXXII no existe, pues el Corán tiene un total de 114. No obstante, los elementos de la apreciación de Cristo en el Corán son exactos: hijo de Dios en María en cuanto hombre, no persona alguna de la Trinidad, monoteísmo absoluto, asimilación del trinitarismo al triteísmo.

174 Arrio y Macedonio, negadores de la divinidad del Hijo y del Espíritu santo respectivamente, condenados por los concilios de Nicea y I de Constantinopla.

175 Aetio o Aecio, ob. de Constantinopla en 362, junto con su discípulo Eunomio de Cicico, fueron los iniciadores del neoarrianismo.

fanio en sus informes sobre esas herejías y Eusebio en su *Historia eclesiástica* (lib. X, cap. 25) [176]. También se apartaban de Arrio, que distinguía las sustancias, ciertos donatistas que incluían en la misma sustancia al hijo a pesar de ser desigual al padre, como dice Agustín, en el *Sermón* 31, al comentar las palabras del apóstol [177]. Los metangismonitas comparaban padre e hijo con dos vasos, el menor dentro del mayor. Otros dividían a Dios en tres partes. Maximino sospechaba que el padre era parte de Dios y que cada persona era un tercio de la Trinidad; y antes de Maximino, ya Maniqueo había sostenido que el hijo era una cierta porción de la sustancia del padre, como cuenta Hilario en los Libros IV y VI [178]. Según el mismo Hilario, Hieraccas separaba la luz de la luz, dividiendo en dos la lámpara de la divinidad, como una torcida destrenzada. Sabelio, por mantener la unidad de Dios, hizo caso omiso de la comunicación y dispensación, diciendo que el hijo era lo mismo que su padre, y que era el mismísimo Padre quien murió; de ahí que se le denominara «patripasiano», igual que a Noecio y Práxeas. Nestorio distinguió dos hijos: uno «el hijo de Dios» y otro Jesús «el hijo del hombre» [179].

Mas como quiera que sean los sofistas los culpables de que se hayan dado todas esas aberraciones entre los herejes

---

[176] Epifanio, *Hæreses seu Panarion:* sobre Arrio, lib. II, t. II, herejía 69; sobre Aecio y su sucesor Eunomio, lib. III, t. I, herejía 76 (PG LXII, 222-334). Eusebio, *Hist. eccla.*, lib. X, cap. 25 (?): debe de haber un error, pues la ed. Migne, al menos, sólo trae 9 caps. en el lib. X.

[177] Agustín, *Sermo 31 De verbis apostoli*, equivalente hoy en la ed. Migne (PL XXVIII, 930) al Sermo 183, en el que efectivamente, comentando I Jn 4, 2: «Todo espíritu que confiesa que Jesús el Cristo vino en carne, es de Dios», se habla de varias de estas herejías.

[178] Hilario, *De Trinitate*, libs. IV, 12 y VI, 4 (PL X, 80 y 134) relata doctrinas según las cuales Dios habría hecho su hijo unigénito «no como las demás cosas, ni como Valentín lo imaginó, nacido del Padre por pronunciación, ni como Maniqueo expuso, nacido de una parte de su sustancia, ni como Sabelio, quien dijo que es lo mismo el Padre y el Hijo, ni como Hieraccas, luz de otra luz, o lámpara en dos», etc. Dice Isidoro, *Etimologías*, lib. VIII, cap. 5 (obra bien conocida de Servet, que luego cita): «Los *metangismonitas* reciben este nombre porque *angos*, ἄγγος, significa *vaso* en griego, y decían que el Hijo está en el Padre como un vaso menor dentro del mayor» (ed. BAC, p. 194). Maximino es el ob. contra quien escribe Agustín, cfr. nota 93.

[179] De nuevo Isidoro, *op. cit.*: «*Noecianos*, de Noecio o Neto: admiten la Trinidad, no de personas, sino según que expresa solamente diversos oficios. Se llaman por eso *patripasianos*, porque dicen que el Padre sufrió pasión y muerte.» Su principal seguidor fue Sabelio. Práxeas es bastante anterior: contra él escribió Tertuliano ya hacia 213: «El mismo Padre descendió a la Virgen, nació de ella, sufrió; El fue en realidad Jesucristo.» Nestorio distinguía dos personas en Cristo, y no, como la ortodoxia, dos naturalezas en una sola persona. Ed. cit., p. 194 y 146.

fuera de la Iglesia, no voy a entretenerme más en ellas, aunque son innumerables. Voy a meterme con los propios sofistas y con su iglesia, para demostrar cómo, en primer lugar, también ellos son nestorianos y confiesan realmente dos hijos, aunque lo nieguen de palabra, como lo negaba Nestorio.

Según puede verse en las disputas de Majencio de Constantinopla, y como enseña Librato en la *Confesión* de Nestorio, que cita Cirilo, Nestorio nunca admitió dos hijos más que en algunas estrofas y ciertos tecnicismos que ahora tergiversan los sofistas, aunque él se defendía de muchas maneras. Lee allí y reconoceras como nestorianos a estos sofistas aborrecidos de Dios [180].

El mismo Atanasio, príncipe de los trinitarios, se fabrica dos hijos en sus *Diálogos*, pues de hecho habla de dos nacidos y de dos engendrados. En el libro *Sobre la confesión arriana y católica* enseña que por «hijo del hombre» debe entenderse el hombre asumido, no el propio hijo de Dios, y dice que el hijo del hombre está henchido del Hijo de Dios. No sólo, pues, admite dos hijos, uno hijo del hombre y otro Hijo de Dios, sino que se inventa también dos hijos de Dios, uno metafórico y otro natural, ya que todo el hombre Cristo es ahora hijo de Dios por *comunicación de idiomas*, mientras que el otro era ya antes Hijo de Dios real e incorpóreo. Luego hay dos hijos de Dios [181]. Pero, por otra parte, el mismo Atanasio, en el *Diálogo sobre la asunción del hombre*, afirma que el hombre asumido, lo que otros llaman humanidad, es según la carne el hijo «primogénito entre muchos hermanos», y que puede llamarse hijo del hombre: «Si el hombre asumido es hombre, luego es también engendrado e hijo.» Y, sin embargo, el muy sofista concluye que sólo hay un hijo, puesto que resulta sólo una persona. De esta

---

[180] No Majencio, sino Maximino. El diácono Liberato escribió entre 555 y 566 un *Breviarium causae Nestorianorum*, de alto valor histórico, sobre las contiendas trinitarias hasta el edicto de Justiniano. Servet parece referirse a un resumen de opiniones de Nestorio redactadas por Cirilo para uso interno del concilio de Efeso: «Simula decir "un hijo, un señor", pero refiere esta filiación sólo al Verbo». PL LXVIII, 986.

[181] Servet parece aludir a una frase algo obscura de los *Dialogi de sancta Trinitate quinque* atribuidos a Atanasio, pero que, según J. QUASTEN, *Patrología*, BAC, vol. II, 35, serían de Dídimo el ciego: «No son dos hechos, pues el Hijo no es hecho, sino engendrado, y el Espíritu ni engendrado, ni hecho, sino que procede», etc. (Dial. I, 19: PG XXVIII, 1146). La *Professio arriana et confessio catholica ad Theophilum* equivale al lib. XI *De Trinitate* del mismo Atanasio (UG LXII, 302-4), en el que habla varias veces *de assumpto homine* por el Verbo, el cual habría asumido un hombre pleno, perfecto, el engendrado en María.

única persona vuelve a hablar en la *Carta a Epicteto*, diciendo que el hombre no constituye una sola sustancia con el Verbo o Palabra [182].

Jerónimo, en su *Carta* de explicación de la fe al papa Dámaso, y Damasceno, en el libro III de *Sobre la fe ortodoxa*, dicen que en Cristo hay dos sustancias perfectas e íntegras, de Dios y de hombre, y que «hijo» es nombre sustancial; luego ambas sustancias serán hijo: «Dios, en expresión de Damasceno, asumió íntegramente cuanto hay en nuestra naturaleza: todas nuestras cualidades y propiedades» [183]. Luego asumió al hijo íntegro.   [39]

También Agustín afirma y niega a la vez estos dos hijos, pues en el Libro II de *Sobre la Trinidad* comenta que lo asumido es el hijo del hombre y el asumente es el Hijo de Dios: «Fue asumido el descendiente de Abraham, ahora bien el descendiente de Abraham es su hijo; luego fue asumido el hijo de Abraham.» En el Libro XIII dice: «El Verbo es verdadero Hijo de Dios, la carne es verdadero hijo del hombre.» Y en el *Enquiridion*: «El Verbo, dice, es Dios nacido de Dios; el hombre, en cambio, es nacido de María.» En *Contra Feliciano* afirma que así como en el hombre una cosa es el alma y otra distinta el cuerpo, así también en Cristo una cosa es el Hijo de Dios y otra el hijo del hombre. Y poco después añade: «María engendró no al Hijo de Dios, sino al hijo del hombre» [184].

---

[182] Atanasio, *De assumptione hominis, contra Marcellinum hæreticum*, lib. III de su *De Trinit.*, donde vuelve a mencionar que el *assumptus homo* «según la divinidad es Dios que lo asumió y según la carne es hijo del hombre»; «según la carne, hijo del hombre, y según la divinidad él mismo es hijo de Dios» (PG LXII, 258 y 263). En la *Epist. ad Epictetum*, 2 y 4 (PG XXVI, 1053) insiste, conforme a la ortodoxia de Nicea, en que «no el cuerpo, sino el Hijo mismo es consustancial con Dios; el cuerpo, de María», y pregunta polémicamente: «¿Pero quién os ha enseñado que el cuerpo es consustancial con la divinidad del Verbo»?

[183] Juan Damasceno, *De orthodoxa fide*, lib. III, cap. 6, palabras textuales (PG XCIV, 1006): *integra idiomata, et integras proprietates*. Jerónimo, *Epist. 15, ad Damasum*, n. 3: «Si alguno no confiesa tres hipóstasis como tres *enhypostata*, tres personas subsistentes, sea anatema; mas si alguno entiende *hipóstasis* como sinónimo de *ousía* o subtancia, y no confiesa que en las tres Personas hay sólo una hipóstasis, ese tal es extraño a Cristo» (PL XXII, 355; ed. BAC, pág. 86).

[184] Agustín, *De Trinitate*, lib. II, cap. V, 9 y 11, *ad sensum*, así como en lib. XIII, cap. XVIII, 23 (PL XLII, 850 y 1032). En el *Enquiridion*, capítulo XXXVIII, 12: «En ambas sustancias, en la divina y en la humana, es hijo único de Dios, Padre omnipotente», etc. (PL XL, 251). En *Contra Felicianum arianum de unitate Trinitatis*, lib. I, cap. XI: «Como en un hombre una cosa es el alma y otra el cuerpo, así en el mediador de Dios y los hombres una cosa es el Hijo de Dios y otra el del hombre... Engendró, pues, María, pero no engendró al Hijo de Dios: engendró cuando de ella nació Cristo según la carne» (PL XLII, 1166-7).

Me horroriza tamaña blasfemia: ¡Decir que María no engendró al hijo de Dios! Por lo tanto, me niego a seguir con más citas, cuando a la vista está que cualquiera puede ver dos engendrados y dos nacidos. Ya sé que se excusan diciendo que ese hijo puede llamarse hijo de María en virtud de la *comunicación de idiomas*, y que por esa misma comunicación también puede decirse que este hombre es hijo de Dios. Pero tales metáforas no impiden el que en virtud de verdadera generación haya dos engendrados y, por tanto, dos hijos. Incluso tres. Pues si este *hombre asumido* es hijo de María, y aquella deidad es Hijo de Dios, y ambos constituyen una unidad, ya tenemos un tercer hijo resultante de la unión de los otros dos. Los sofistas niegan que la Palabra y el hombre constituyan una sola sustancia, para evitar que esa sustancia parezca una cuarta persona de su Trinidad, con lo que resultaría la cuaternidad en Dios. Tal razonamiento lo desarrolla Atanasio en su citada *Carta a Epicteto* [185]. Por su parte, Agustín, en su *Comentario a Juan*, tratados 27 y 99, y en la *Carta a Honorato*, a fin de evitar esa cuaternidad, reduce la persona a un agregado, ya que si también el hombre es persona, hay una cuarta persona [186].

Y ahora, una vez explicado eso de los tres hijos, voy a probar contra ellos y por otro camino lo de la cuaternidad en Dios. Joaquín acusaba a Lombardo de poner una cuaternidad en Dios y de reducir a Dios a un agregado, como consta en el capítulo «damnamus» de la *Suma sobre la Trinidad y sobre la fe católica*; pues para Lombardo, como para los demás, la esencia divina tiene que ser cierta naturaleza ni engendrante, como es el Padre, ni engendrada, como el Hijo, ni procedente, como el Espíritu santo, sino cierta realidad suma; de lo cual deducía aquél la existencia de una cuarta entidad y, por tanto, de una cuaternidad [187]. Yo en favor de   [40]

---

[185] Núms. 7 y 8 (PG XXVI, 1062): «No es carne y huesos, sino que los tiene, pues que el cuerpo en el que el Verbo estaba no era consustancial a la deidad, sino engendrado verdaderamente de María, y el Verbo mismo no se hizo carne y huesos, sino que existió en ellos.»

[186] Agustín, *In Ioannis evang.*, tract. 27, 4 y 99, 1: «Que una persona es el Cristo Dios, no dos; para que nuestra fe sea Trinidad, y no cuaternidad. Un solo Cristo en unidad de persona» (PL XXXV, 1617 y 1888). En la *Epist. ad Honoratum catechum.*, cap. IV, 12: «Que haya una sola persona, para que no se produzca una cuaternidad» (PL XXXIII, 543).

[187] Esa doctrina de Lombardo, con palabras casi textuales, en *Sentent.* lib. I, dist. 5,1 (PL CXCII, 535). Esta doctrina fue declarada canónica desde el IV Concilio de Letrán, en 1215, cuyo decreto *Damnamus* condenó la opuesta de Joaquín de Fiore, cuyo espiritualismo y escatologismo mucho influyó en Servet. Cfr. OTTAVIANO, C., *Joachimi Abbatis Liber contra Lombardum* (Scuola de Gioacchino da Fiore), Reale Accademia d'Italia, *Studi e Documenti*, III (1934), pp. 58-60.

Joaquín tengo que añadir este nuevo argumento: Según opinión de todos los trinitarios, ninguna persona es la Trinidad, pues como dice Agustín en los libros V y VIII de *Sobre la Trinidad:* «Ni el Padre es la Trinidad, ni el Hijo es la Trinidad, ni el Espíritu santo es la Trinidad, sino que los tres juntos forman la Trinidad.» Luego «trinidad» es un nombre colectivo; tanto más cuanto que el propio Agustín dice en *Contra Maximino,* en los libros II y III, que la Trinidad es «tres agrupados». Por tanto, Dios, que es Trinidad, es un Dios colectivo; y la esencia, que es la Trinidad, es una especie de colección, o, en el caso de ser una totalidad, sería una cuarta cosa [188].

En todo esto andaba algo confuso Agustín, como se ve en el libro VII de *Sobre la Trinidad,* y tras de él todos los sofistas, al decir que la *esencia* no se predica de las Personas ni como la sustancia material, por ejemplo cuando decimos que «tres imágenes están hechas del mismo oro»; ni como la naturaleza se predica de los temperamentos, como cuando decimos que «tres hombres son de la misma naturaleza»; ni como el género de las especies, ni como la especie de los individuos, ni como el continente de los contenidos, ni como lo mayor de los menores, ni como un todo de sus partes, ni como un conjunto de sus elementos [189]. ¡Se predica como una ilusión de otras ilusiones!

Si se le puede decir a Dios *triple* igual que *trino,* parece una cuestión dudosa. Según Isidoro en las *Etimologías,* se llama a Dios trino, múltiple y numerable, pues trinidad no es sino unidad de tres, «trina unidad». Agustín, en su *Comentario sobre Juan,* tratado 6, dice que es «tres veces Dios» [190]. De ahí la cuestión: ¿crece el número desde la unidad hasta la trinidad? No puede haber número sin que se den varias unidades. Luego en Dios habría varias unidades.

Si el Padre engendró de una vez y en un momento, para luego cesar, o si está constantemente engendrando a su Hijo, parece una cuestión superflua. Pues pretenden que tal generación no tiene principio ni fin, sino que siempre está ha-

---

[188] Agustín, *De Trinitate,* lib. V, cap. 11, y lib. VIII, proemio, y *Contra Maximinum,* lib. II, cap. 10, 2: «Esos tres, que son uno, por la inefable conjunción de la deidad por la cual inefablemente se vinculan, son un solo Dios» (PL XLII, 947, y 765).

[189] Agustín, *De Trinitate,* lib. V, cap. VI, n. 11, resumen servetiano de una larga elucubración de tipo lógico: PL XLII, 943-945.

[190] «Se dice Trinidad porque de tres se hace un todo uno, como si se dijera *Triunitas*», Isidoro, *Etim.,* lib. VII, cap. IV (PL LXXXII, 311; ed. BAC, p. 168). Agustín, *In Ioannis evang.,* tract. 6,2: «Tres veces le llamé Dios, pero no tres dioses; pues más es Dios tres veces que tres dioses» (PL XXXV, 1425).

ciéndose, igual que la procesión de la tercera entidad, de la que dicen que está continuamente siendo inspirada, como la segunda está continuamente siendo engendrada y naciendo.

Pero queda aún otra cuestión mucho más difícil: ¿Qué diferencia hay entre *proceder* y *ser engendrado?* ¿Por qué no se dice de esa tercera entidad que sea engendrada, ni se le llama hijo, como a la segunda? ¿Por qué no se dice de la segunda que sea *inspirada,* como en el caso de la tercera?   [41] Las razones son las mismas, pues ambas entidades son incorpóreas, semejantes e iguales. Con respecto a esta cuestión, Gregorio reconoce que no le es posible entenderlo, aunque confiesa creerlo [191]. ¡Como si pudiera darse verdadera fe sin conocimiento y entendimiento! [192]. En lo que concierne a la diferencia entre *procesión* y *generación,* observa cómo los escolásticos, en la distinción 13 del Lib. I de las *Sentencias,* van sembrando con sus «relaciones» y «formalidades» extraños prodigios diabólicos y demoníacas ilusiones provocadas por esos tres hijos de Beelcebú [193].

Atanasio, en los libros II y III de *Sobre el Espíritu santo,* reconoce que no puede dar razón de por qué el Hijo no es el Espíritu santo, ni el Espíritu santo el Hijo. Tras él Agustín, después de haber indagado laboriosamente de aquí y de allí *(Sobre la Trinidad,* Libs. II, IX y XV; *Contra Maximino,* Lib. III; *A Orosio,* cap. 10; *Comentario sobre Juan,* tratado 99), acaba por confesar que desconoce la diferencia entre *generación* y *procesión* [195]. Del Espíritu santo se dice que

---

191 El nominalista Gregorio de Rímini, quien en 1344 enseñó en París su *Lectura in I et II Librum Sententiarum.* Dice en el lib. I, dist. 13, que ese tipo de producción «es inefable e incomprensible por nosotros en nuestro presente estado». A lo que Servet comenta irónicamente en *DTrErr* 39v: «Pero Dios sabe qué fe tenía el pobre, puesto en tales angustias.»

192 *Quasi fides vera esse possit sine intellectu et cognitione.* Cfr. notas 137 y 144.

193 Esa dist. 13 del lib. I de las *Sentent.* de Lombardo se titula precisamente «Por qué el Espíritu santo, aun siendo de la sustancia del Padre, no es llamado engendrado o hijo, sino que procede» (PL CXCII, 555).

194 Atanasio, en *De Trinitate et de Spiritu sancto liber,* equivalente al lib. XII del *De Trinitate* de la PL cit. en nota 181.

195 Agustín, *De Trinitate,* lib. II, cap. I, que trata de tres géneros de expresiones para referirse a las Personas trinitarias; lib. IX, todo, sobre «analogías de la Trinidad en el hombre, imagen de Dios»; lib. XV, id. (PL XLII, 845, 959 ss., y 1057 ss.). En *Adv. Maximinum,* lib. II (no III, como trae Servet), cap. XIV, 1: «Esto sé, que distinguir entre esa generación y esta procesión no sé, no puedo, no valgo», y en *Ad Orosium,* X: «La fe cierta declara al Espíritu santo ni engendrado ni no engendrado» (PL XLII, 770 y 670). Nótese que Lombardo trae oportunamente estos dos últimos textos de Agustín. *In Ioannis evang.,* tract. 99, 9 (PL XXXV, 1890).

nace y que es engendrado: «Lo que se engendra del Espíritu es espíritu; lo que es nacido del Espíritu, espíritu es» (Jn. 3). Por eso Atanasio, en el tercer *Diálogo*, deduce de lo dicho que el Espíritu santo «nace» de Dios; y en el libro de la *Profesión de la regla católica* prueba que el Espíritu Paráclito es Dios, porque «es engendrado y nace» de Dios. También del Hijo se dice claramente que «procede» (Jn. 8) [196].

Por consiguiente, lo mismo se puede decir del Espíritu que nace como que procede, y del Hijo que procede como que nace. De Dios se dice que es «padre de los espíritus», «padre de las luces», «padre de la gloria», «padre del Espíritu santo que nace de Dios». Ahora bien, si Dios es llamado padre del Espíritu santo, sin necesidad de recurrir a una distinción real o a una generación metafísica, igual podrá ser llamado padre del Verbo sin recurrir a eso. Sin embargo, vamos a demostrar cómo compete mejor al Verbo o Palabra esa condición de hijo por su prefiguración de Cristo, sin la cual resulta ininteligible toda esa filiación de los sofistas [197]. Juan Damasceno tiene miedo de confesar que le resulta ininteligible la diferencia entre *generación* y *procesión*. Pues ininteligible es, por ejemplo, que tres puntos sean un solo punto, cuando aún discurren por sitios diferentes. Ininteligible es que una esencia simple contenga en sí esas tres entidades, de modo que primero la primera produzca la segunda y luego las dos inspiren la tercera. Ininteligible, que «en el trono de la majestad ocupen los asientos del triclinio» esos tres gemelos. [42]

Dicen, además, no obstante las consecuencias y deformaciones, que esas tres entidades son iguales y tienen el mismo poder. Y llegan a decir, como lo hace Agustín en *Contra Maximino*, que el Hijo podría engendrar otro hijo incorpóreo, y éste otro un nieto, y de este modo obtener en Dios una cuaternidad y una quinternidad. Claro que también la tercera persona podría engendrar un hijo por su cuenta, y

---

[196] Comparando Jn. 3, 6 y Jn. 8, 42. Servet menciona el Dialog. 3 de los *Dialogi de sancta Trinitate quinque* de Atanasio (cfr. nota 181) entre un *orthodoxus* y un «macedoniano pneumatómaco», en que se trata de esos textos de Jn., pero Atanasio tiene muy especial cuidado en deslindar la terminología técnica (PG XXVIII, 1207). Lo mismo, y con igual finalidad, en la *Professio arriana et confessio catholica...*, donde concluye que carece de importancia la terminología, ya que «esa operación está unida en una sola naturaleza de la deidad» (ib., col. 283).

[197] Nótese que Servet concede finalmente que Dios pueda ser llamado padre del Verbo, pero no en el sentido tradicional, de una segunda Persona trinitaria distinta, sino en el de que el Verbo, tendencialmente destinado a encarnarse, se personalizará sustancialmente en el hombre Jesús, hijo de Dios.

así podrían darse infinitos dioses invisibles e iguales, a tenor de la genealogía de Boccaccio [198]. ¿Quién será capaz de creer que proceden del buen espíritu pensamientos tan horrendos? Hasta para Agustín podría esa tercera entidad inspirar otra, encarnarse, producir otro salvador; pero dicen que por ahora sólo la segunda entidad tiene cuerpo, sólo la segunda está unida hipostáticamente a la humanidad.

De aquí deriva un sin fin de cuestiones. ¿Cómo es posible que sólo la segunda persona constituya al hombre connotativo, lo sustente, lo personalice y lo limite en su dependencia, si todas esas entidades existen juntamente, cada una en todas y todas en cada una, y si, como dicen, son indivisibles las obras «ad extra» de la Trinidad? En tal caso está claro que o hay que dividir a Dios o hay que «escotizar». En tal supuesto, Occam, obligado a confesar la verdad, tiene que introducir ciertas «relaciones», que hacen la delicia de los escotistas realistas [199]. Atanasio, en su opúsculo *Sobre la unidad de la fe a Teófilo*, dice que la Trinidad nace de María y que la Trinidad asume un cuerpo, pues la Trinidad siempre permanece unida e indivisas sus operaciones. La Trinidad, pues, descendería al Jordán, y la Trinidad sería la que dijera: «Este es mi hijo» [200]. Otro tanto expresa Agustín, al final del Lib. IV de *Sobre la Trinidad*, y lo repite en otros pasajes [201]. Luego si es la Trinidad la que dice «éste es mi hijo», sería hijo de la Trinidad. Pero esto no lo admiten. Atanasio, al final del Lib. I de los *Diálogos*, y en el *De la fe*

---

[198] Agustín, *Adv. Maximinum*, lib. II, cap. XV, 5 y XVIII, 1 trae conceptos algo parecidos a éstos aquí atribuidos por Servet (PL XLII, 780, 784). Pero Agustín siempre insiste en que son iguales Padre e Hijo, y en que la incapacidad de éste para engendrar no le hace desigual al Padre. Servet hace un pequeño chiste al recordar el título de un libro de G. Boccaccio, *De genealogia deorum gentilium* (hay ed. moderna de V. ROMANO, Bari, 1951, 2 vols.) y de los mitos politeístas.

[199] Juan Duns Escoto era llamado «doctor sutil»; de ahí el curioso neologismo servetiano. Servet viene a identificar la tendencia del llamado «realismo exagerado» del escotismo con el nominalismo de Guillermo de Occam, el cual, en sus *Quaestiones et Distinctiones super I lib. Sententiarum*, dist. 26, «mucho insiste en varias nociones, relaciones, formalidades, quididades y filiaciones en las que Pablo no pensó nunca» *(DeTrErr* 42r).

[200] Atanasio, *De fidei unitate ad Theophilum*, lib. VIII del *De Trinitate* (PG LXII, col. 285). Servet no parece ser fiel a las ideas ni palabras de este tratadito de dos páginas. Pues, sin referencia alguna a ese texto del bautismo del Jordán, Atanasio concluye: «¿Buscas el nacimiento del Hijo de Dios? Lee su nacimiento propio de la Virgen María; el del Hijo de Dios antes del principio de Dios es.»

[201] Agustín, *De Trinitate*, lib. IV, cap. XXI (PL XLII, 910): «La Trinidad conjuntamente produjo la voz del Padre, y la carne del Hijo, y la paloma del Espíritu santo, ya que cada una de estas cosas compete a cada una de las Personas.»

a Teófilo, dice que en Cristo están el Padre, el Verbo y el Espíritu [202]. También Juan Damasceno afirma, en los capítulos 6 y 7 del Lib. III de *De la fe ortodoxa*, siguiendo a Atanasio y a Cirilo, que la Trinidad entera, la total e íntegra naturaleza de Dios, está unida a toda e íntegra la naturaleza humana [203]. Y así les resulta imposible discernir qué parte proporcional de esa terna está en el hombre, pues que tanto el Espíritu santo como el Padre están en él de una manera sustancial. El hombre hijo tiene en sí hipostáticamente la Palabra y el Espíritu, toda la plenitud de Dios. Pero... veamos aún algunas otras de sus insensateces.

[43]

Si el Verbo hubiese asumido una mujer, llamarían al Verbo Hijo de Dios y a la mujer hija del hombre, lo que demuestra palmariamente que se trata de dos hijos. ¡En tal caso el Hijo de Dios sería mujer, andrógino, masculino-femenino! Del mismo modo, si los ángeles adoptasen un cuerpo de asno, tendrían que admitir que los ángeles son asnos, que mueren en piel de asno, que son cuadrúpedos y que tienen orejas largas. Y por la mismísima razón se verían forzados a admitir que Dios es un asno o que el Espíritu santo es un mulo, y que el Espíritu santo moriría al morir el mulo. ¡Oh, sórdidos borregos! No es nada extraño que hasta los turcos se burlen de nosotros más que de los asnos y de los mulos, pues hemos venido a ser como «caballo y mulo que carecen de inteligencia» [204].

Su mayor ceguera es que no quieren convencerse de que un hombre haya sido engendrado por Dios. El gran Agustín, en la *Exposición del Símbolo* y en el libro *De la predestinación de los santos*, afirma que Jesús Cristo fue asumido por el Hijo de Dios y que está unido al Hijo de Dios. En el *Enquiridion* no acierta a explicarse, ofuscado por su metafísica, si el hombre Jesús puede ser llamado o no hijo del Espíritu santo, toda vez que fue «concebido por obra del Espíritu santo», porque de haber una tercera entidad que engendra,

---

[202] Ni textual ni aproximadamente hay semejanza con las ideas atribuidas aquí por Servet al final del *Diálogo I* de Atanasio, que trata de las relaciones internas de las tres Personas trinitarias. ¿Se debe, quizá, a una lectura excesivamente rápida del texto griego? El *Libellus fidei ad Theophilum*, lib. IX del *De Trinitate* atanasiano, es una fórmula algo ampliada del credo niceno.

[203] Juan Damasceno, *De orthodoxa fide*, lib. III, caps. 6 y 7, titulados respectivamente «De que toda la naturaleza divina en cada una de sus Personas está unida a toda la humana, y no parte a parte», y «De la persona compuesta y única del Verbo de Dios» (PG XCIV, 1002 y 1007).

[204] Sal. 31, 9.

12

ésa sería el padre [205]. El conspicuo Atanasio, en su tratado *Sobre la confesión arriana y católica*, dice que Jesús el Cristo está unido al Hijo de Dios y que está henchido del Hijo de Dios [206]. El gran Basilio, en su obra *Contra Eunomio*, Lib. II, se esfuerza con sorprendente vanidad en no decir que el hijo es generación, sino que es engendrado [207]. Y Nacianceno, el mayor teólogo después de Atanasio, viene a decir que la segunda persona es engendrada y que la tercera ni es engendrada ni no engendrada, ni nacible ni no nacible. Y en esto le secundan Agustín y los demás [208].

Es cuestión vivamente discutida, que resolveré con suma   [44]
facilidad más adelante, si la tercera persona procede del Padre y del Hijo, o sólo del Padre, como pretenden los griegos [209]. Lo que me sorprende es que no se hayan planteado también la cuestión de si la segunda procede de la tercera, pues así serían mutuamente causas los unos respecto de los otros. De hecho, en Isaías 48, dice Cristo: «El Señor Jehovah me envió y su espíritu»; luego el Hijo es enviado del Espíritu. Así lo interpreta Ambrosio en el Lib. III de su *Sobre el Espíritu Santo:* «El Hijo, que viene del Padre, es enviado por el Espíritu santo; ahora bien, del Padre viene según su divinidad, luego según su divinidad es también enviado por el Espíritu santo» [210]. Abundando en esa misma opinión, Agustín, en el Lib. II de *Sobre la Trinidad*, dice que el Hijo es enviado por el Espíritu santo, igual que por el Padre [211]. Hilario, en el Lib. VIII de *Sobre la Trinidad*, al explicar aquel pasaje «El Espíritu del Señor sobre mí», dice que el

---

[205] Agustín, *De fide et symbolo liber unus*, cap. IV, 5: «Todo el hombre fue asumido por el Verbo», y 8: «Por dispensación temporal, nuestra mudable naturaleza fue asumida por la inmudable Sabiduría de Dios» (PL XL, 184 y 6). *De præedestinatione sanctorum ad Prosperum et Hilarium*, cap. XV, 30: «Que me respondan, digo: ese hombre, en cuanto asumido en unidad de persona por el Verbo coetáneo al Padre, ¿no comenzó a ser hijo único de Dios desde que comenzó a ser?» (PL XLIV, 982). *Enchiridion*, cap. XXXVIII, 12: «Cristo no nació del Espíritu santo como de un padre, pero de María sí como de una madre» (PL XL, 25).

[206] Cfr. nota 181.

[207] Basilio, *Adv. Eunomium*, lib. II, aceptando en este diálogo un reto de Eunomio, trata a regañadientes, y como en un ejercicio de escuela, según dice, de «quiénes son los que llamaron a Cristo *genitura* y *factura*, es decir, generación» (PG XXIX, 574).

[208] Gregorio Nazianceno, apellidado «el teólogo», *Oratio theologica*, V, n. VII, comienza a responder a la cuestión de si el Espíritu santo es «ingénito o génito», optando luego por «procedente de» (PG XXXVI, 139 ss.).

[209] Alusión a las célebres polémicas con los griegos a propósito del *Filioque*.

[210] Ambrosio, *De Spiritu sancto libri tres*, lib. cap. I, comentando ese texto de Is. 48, 16 (PL XVI, 811).

[211] Agustín, *De Trinitate*, lib. II, cap. V (PL XLII, 850).

Espíritu del Padre está ya sobre el Hijo en la misma divinidad: «Puede decirse que el Hijo ha sido realmente engendrado por el Espíritu santo. Todo él ha sido ungido por el Espíritu santo, todo él está lleno del Espíritu santo, por eso se dice que el Espíritu del Señor está sobre él» [212].

Resulta ininteligible preguntarse si el Padre y el Hijo son dos principios de esa tercera entidad, o no son más que un solo inspirador colectivo o un único principio, ya que son una única esencia, y, por tanto, si la esencia es propiamente el principio de la inspiración o no, puesto que ese cuarto elemento, que llaman esencia, resultaría superfluo para todos [213]. Por consiguiente, si no es la esencia la que inspira, el Padre y el Hijo no constituyen un solo inspirador. Y así no saben si llamar al Espíritu santo «luz de luz» o «luz de luces». No se atreven a admitir que sea la sustancia o la esencia de Dios lo que inspira el Espíritu santo y engendra al engendrado, para no tener que tomar «sustancia» o «esencia» en sentido relativo, ya que Agustín, el más ilustre maestro de los sofistas, da esta regla en el Lib. V de *Sobre la Trinidad*, en el cap. 7: «Lo que se dice relativamente no indica la sustancia» [214]. Entonces, ¿por qué dicen que Dios engendró al Hijo? ¿También Dios engendró a Dios? Si hay que entender «Dios» relativamente, ya no indica una sustancia, y por tanto Dios no sería sustancia. Según ellos, Dios engendró y no engendró una sustancia. ¡Entonces engendraría una cualidad! Y así lo que ellos admiten no puede escapar a la contradicción. La esencia no engendra una esencia, pero Dios engendra a Dios. La sustancia engendra sustancia, pero [45] la sustancia no engendró sustancia. La naturaleza engendró naturaleza, la luz engendró luz, la sabiduría sabiduría, la razón razón, el espíritu espíritu, el amor amor, la voluntad voluntad. Engendró y no engendró. El Padre era sabiduría y razón, y la engendró. Y el Padre no era *sophos logos*, porque lo engendró. Lee las dudas de Agustín en los Libs. VI y VII de *Sobre la Trinidad*: «Si decimos «Dios de Dios», ¿por qué no decimos esencia de esencia? Y si decimos sabiduría de sabiduría, ¿por qué no decir razón de razón? Pero si

---

[212] Hilario, *De Trinitate*, lib. VIII (PL X, 213-254) no aparece comentando ese texto de Is. 61, 1, ni el contexto se refiere a él (?). Lo curioso es que esta cita de Hilario se ha añadido en *Restitut.* respecto al texto paralelo de *DeTrErr*; ello invitaría a pensar que no es falsa cita de Servet, sino error de cita de imprenta.

[213] *DeTrErr* 42r añade: *saltem Moderni*, especialmente para los «modernos» o nominalistas, como antes se vio.

[214] Agustín, *De Trinitate*, lib. V, cap. VII, 8 (PL XLII, 916).

decir persona de persona supone dos personas, ¿por qué no supone dos sabidurías decir sabiduría de sabiduría? Luz de luz y amor de amores, ¿tres amores?» [215].

Es de suma importancia, dicen, saber si se trata de nociones comunes, si son o no constitutivas de las personas, si las acepciones de los términos son completas o incompletas, si la distribución es o no completa. Todo es todo; no todo es todo. Está claro que así todos los silogismos fallarán en este caso. Este *a* es *b*, y este *a* es *c*; sin embargo, no concluyen que *b* sea *c*, cuando *a* es la esencia, *b* es el Padre y *c* es el Hijo. Que Dios no sea la Trinidad puedo probarlo basándome en el propio Agustín, que dice, en el Lib. V de *Sobre la Trinidad:* «Ninguna persona es la Trinidad, pero toda persona es Dios, luego Dios es la Trinidad» [216]. Pero si quieres que concluya, habiendo una universal negativa, habría de ser así: todo Dios es persona; ahora bien, ninguna persona es la Trinidad, luego ningún Dios es la Trinidad. Toda la esencia divina es el Padre, o el Hijo, o el Espíritu santo. Ahora bien, ni el Padre, ni el Hijo, ni el Espíritu santo son la Trinidad; luego ninguna esencia divina es la Trinidad.

Todavía quedan otros innumerables silogismos insolubles acerca de las peculiares propiedades de esas tres Personas. Muy prolijo resulta el tratado de las personas en el Lib. I de las *Sentencias*, pues comprende desde la distinción 25 hasta la 35, en la que Escoto y Occam, cabezas de escuelas, sitúan los fundamentos de nuestra fe en ciertas «nociones», «relaciones», «formalidades» y «quiddidades» en las que jamás pensaron ni Cristo, ni los apóstoles. En todo esto reina el caos más confuso, la quimera exterminadora, en que no se vislumbra claridad alguna, sino siempre oscuridad y horror. [46] ¿Para qué recordar aquí las horribles imposturas de Lombardo, al que veneran como Maestro los sofistas? En sus *Sentencias*, en la distinción 32 del Lib. I, plantea ciertas cuestiones de Agustín que no entienden ninguno de los dos [217].

---

[215] Resume Servet diversas cuestiones que Agustín se plantea, y se esfuerza en resolver, en *De Trinitate*, lib. VI, cap. II, 3 y lib. VII, cap. VI, 11 (PL XLII, 924 y 943).

[216] Lib. V, cap. XI, 12 (ib. col. 918). Ese principio es conclusión de una elucubración agustiniana según la cual, por ser *trinidad* un término relativo, pero colectivo, no puede convenir separadamente a ninguna de las tres Personas, «pues así como se dice Trinidad un solo Dios, no puede decirse Trinidad Padre, Trinidad Hijo», etc.

[217] Véase antes nota 199. *DeTrErr* 42r escribe al margen: «Tal *maestro* se han escogido los sofistas, abandonando a Cristo», en referencia a Lombardo, que fue siempre llamado *magister Sententiarum.* A propósito del *De Trinit.*

He aquí la primera cuestión: «¿Por qué el Espíritu santo es el amor con que ama el Padre, y no es el Hijo la sabiduría con la que sabe el Padre? ¿Cuál es la razón para decir que el Padre ama con el amor que de él procede, y no decir que el Padre sabe con la sabiduría que también procede de él?» Otro ejemplo: «Si el Hijo es propiamente la sabiduría, ¿sabe por sí mismo o por el Padre?, ya que hay una sabiduría engendrada y otra no engendrada.» Y el Espíritu santo, ¿por medio de qué persona sabrá? ¿Por medio de quién aman él y el Hijo? Luego, en la distinción 33, en el «pero quizá», se plantea una cuestión de Hilario que no tiene solución: «¿Qué diferencia existe para que las propiedades no puedan estar en las personas sin determinarlas, y estén, en cambio, en la esencia sin determinarla?»

Por favor, ¿quién sino a punto de enloquecer puede tolerar semejantes logomaquias sin soltar la carcajada? Ni siquiera en el Talmud o en el Corán hay tan horribles blasfemias. En cambio, nosotros nos hemos acostumbrado a escucharlas hasta el momento, sin que ya nada nos asombre. Pero las futuras generaciones nos echarán en cara estas cosas asombrosas. Pues realmente son asombrosas, mucho más que las invenciones diabólicas que Ireneo atribuye a los valentinianos [218].

Que de todos esos monstruos nos libre el Señor Jesús el Cristo, verdadero hijo de Dios, salvador y libertador nuestro.

Amén.

---

de Agustín, lib. VI, cap. 1, se hace esas preguntas en dist. 32, núms. 3 y 5, y en dist. 33, n. 8, citando también el *De Trinit. de Hilario*, lib. I, con los términos exactos señalados por Servet: PL CXCII, 607-609.

[218] Los valentinianos son uno de los muchos grupos de gnósticos que pulularon en el primitivo cristianismo, y que, entre otras cosas, se caracterizaron por multiplicar los *eones* o entidades emanadas de la divinidad. Según Servet, estas divinas Personas distintas de los «sofistas» son una invención aún más diabólica que todo el gnosticismo.

EXPOSICION DE ALGUNOS PASAJES

En el Libro anterior, después de explicar los tres axiomas   [47]
sobre Cristo, y después de replicar a los tres argumentos
contra él por parte de los fariseos y a los otros tres por
parte de los sofistas, hemos ido diciendo de pasada muchas
cosas y dejando en claro casi todas las monstruosidades
de los sofistas trinitarios. Ahora, en este segundo Libro, siguiendo la pista de ese celestial olor, vamos a ir exponiendo
algunos pasajes de la Escritura, para que se nos vaya esclareciendo gradualmente su sentido respecto a Cristo. Si
acaso nos quedara alguna duda, desaparecerá por completo
en lo que sigue. En cuestión como ésta, tan ardua y tan confusa por las tinieblas de nuestro tiempo, no se puede explicar todo de una vez con facilidad.

I

Sea el primer pasaje el del evangelio de Juan: «En el
principio era el λόγος» [1].

El término *logos* propiamente significa la idea interna y
la expresión oral externa. En cualquier caso se trata de una
verdadera representación. Pues representación era el concepto ideal, o sea, el esplendor de Cristo en la mente divina,

---

[1] Jn. 1, 1. Servet, siguiendo a Valla, a Erasmo, a Pagnini, se esfuerza por
entender λόγος, o *verbum*, en un sentido estricto: palabra, eloquio, voz (*elo-
quium seu vox Dei*), que aleje su confusión con cualquier tipo de entidad
supuestamente real y distinta de o en Dios, como dice en *DeTrErr* 47r:
«Λόγος no significa esa entidad filosófica, sino oráculo, voz, palabra, eloquio
de Dios.» Como siempre, su interpretación teológica se basa en un intento
de esclarecimiento filológico.

del mismo modo que en nosotros tanto el concepto ideal como su expresión oral externa no son sino el esplendor o la representación de una cosa. Todo *logos* es una especie de representación, y, por supuesto, una representación luminosa, pues dice «era luz» y *logos*, así como todo conocimiento es también resplandor natural de la cosa propuesta [2]. Y así Cristo, por ser lo principal de todo lo propuesto en la mente divina, resplandecía tanto natural como hipostáticamente. De ahí que a la sabiduría de Dios se la llamase en otro tiempo ἀπαύγασμα, resplandor, y que al mismo Cristo, que allí resplandecía, lo llame ahora el apóstol ἀπαύγασμα, resplandor, glorioso [3]. Más adelante explicaremos cómo brotó ese resplandor, cómo se hizo visible y cómo «se hizo carne», sin que Dios sufriese mutación alguna. Era un verdadero destello divino referido al hombre desde toda la eternidad y proyectándolo en el mundo. Con Juan tenemos que confesar realmente que el λόγος era «en el principio» del mundo la pronunciación del concepto ideal, la aparición de su externa expresión oral, la locución, en el sentido propio del verbo λέγω, que significa *digo, hablo*. Así es cómo explican también este término todos los demás lugares de la Escritura, como, por ejemplo, «Dios dijo», «Habló Dios», pues no lo hizo con palabra vana, sino con palabra visible. Tanto más cuanto que a través de esta expresión oral, a través de esta Palabra, es como quiso manifestarse Dios al mundo y hacerse presente exteriormente.

[48]

También la más antigua tradición de los apóstoles reconoce que esta Palabra «era en Dios» algo así como una disposición, un acto de gobierno exterior, lúcido y visible. Ireneo y Tertuliano lo llaman οἰκονομία, es decir, disposición o dispensación [4]. La Palabra en la que Dios se manifestaba era, por divina disposición, esencia visible de Dios, su oráculo en la nube: sólo con gran artificio por parte de Dios se la podía escuchar y ver. Era palabra sustancial, oráculo de

---

[2] *Omnis item sapientia est naturalis relucentia rei propositæ*, frase que, con otras, puede servir para estructurar una teoría servetiana de la filosofía del conocimiento.

[3] Servet trabaja manejando los textos bíblicos en sus lenguas originales. En este caso, se refiere a la descripción de la Sabiduría como «reflejo de la luz eterna» en Sab. 7, 26, y a la de Cristo, hijo de Dios, como «resplandor de su gloria» en Heb. 1, 3, con ese término griego.

[4] Cfr. lib. I, nota 106. Como muestra, he aquí unas palabras de Tertuliano en *Adv. Praxeam: Sub hac tamen dispositione quam œconomiam dicimus;* Dios desde la eternidad estaba «planeando y disponiendo lo que luego por su *sermo* diría»; y así, ese su logos o *Verbo* es *dispositione alium, non divisione* (respectivamente, caps. 2, 5, 21; PL II, 156.160.180).

fuego, deidad visible, Dios personado [5]. Se le llamaba *elohim*, Dios visto como con rostro humano: fuente de luz, fuente de vida, Cristo en Dios.

De ese oráculo, de esa Palabra, de ese Dios personado en la persona de Cristo surgía, como si saliese de la boca de Cristo, el Espíritu que todo lo vivifica y que inspiró en Adán el aliento de vida. A imagen de Cristo fue hecho en cuerpo y alma Adán, y Cristo estaba personalmente en Dios, cuando dijo: «Hagamos al hombre a nuestra imagen y semejanza.» La Palabra, que «era en Dios» al pronunciarla, es el mismo Dios que desde toda la eternidad habla y se hace presente en la niebla de una nube; y, una vez pronunciada, es la carne misma de Cristo, en la que puede verse al mismo Dios, disipada ya la niebla de la nube. De la misma manera que si, cuando hablas, tu voz o una nube emitida por tu boca, para encubrir luego a una mujer, se trocase en rocío de generación, cayese en el interior de su útero y la dejase embarazada; así fue concebido Cristo sustancialmente en el seno de María por la pronunciación de Dios [6].

Que el hombre mismo Jesús el Cristo sea verdaderamente la Palabra de Dios, lo muestra claramente Juan en el [49] Apocalipsis, cap. 19, pues él es el que vio sentado sobre un caballo blanco, «cuyo nombre es Palabra de Dios» [7]. Es verdadera palabra, pues ha sido emitida por la boca de Dios. Juan vio con sus ojos y palpó con sus manos el Verbo de Vida, cuando vio y tocó el cuerpo de Cristo, en el que «habita corporalmente la divinidad» [8]. También Ireneo, una vez que «el Verbo se hizo carne», proclama que el mismo Jesús engendrado por María, aquel cuerpo que colgó de la cruz, es la Palabra de Dios. De ese mismo cuerpo se dice que es «pan de vida», carne celestial [9]. Sin necesidad de recurrir a lo de los *idiomas* de los sofistas, nosotros admitimos que el cuerpo mismo de Cristo, su propia carne es Palabra de

---

[5] *Erat substantiale verbum...*, *personatus Deus*. Dando a «persona» el significado etimológico y servetiano de πρόσωπον: aspecto, rostro, fachada, máscara. La Palabra de Dios es el aspecto manifestativo de Dios.

[6] Es ésta una de las más claras fórmulas de Servet para explicar el sentido realista y literal que él da a las palabras del ángel «la virtud del Altísimo te hará sombra» (Lc. 1, 35) y de Jn. 1, 14 «y esa palabra —o Verbo— se hizo carne», al pronunciarla Dios con esa finalidad.

[7] Ap. 19, 13: «Y estaba vestido de una ropa teñida en sangre, y su nombre es llamado Verbo de Dios.»

[8] Aludiendo a I Jn. 1, 1: «Lo que era desde el principio, lo que hemos oído, lo que hemos visto con nuestros ojos, lo que hemos mirado y palparon nuestras manos tocante al Verbo de vida», y a Col. 2, 9.

[9] Ireneo, *Adv. hæreses*, lib. I, cap. 1, al final: «Yo soy el pan de vida», Jn. 6, 48.

Dios, pues lo que procede de la boca de Dios es palabra de Dios, expresión de Dios. La misma palabra de Dios hace de semilla de la generación de Cristo, germinando así y fructificando [10]. Así lo declaran los profetas: que «esa semilla germinó» [11]. Del misterio de la regeneración puede tomarse una comparación que ilustre este asunto. «La palabra de Dios es semilla», como semilla de sembrador es la palabra del que evangeliza. La semilla del evangelio de Cristo sembrada en nuestro corazón hace germinar en él un nuevo hombre interior por el poder del Espíritu de Dios, a semejanza de Cristo engendrado mediante la Palabra de Dios por el Espíritu santo. La palabra evangélica es verdaderamente fecunda en nosotros a semejanza de aquella que fue la Palabra de la generación de Cristo.

Sobre lo anteriormente dicho hay que puntualizar ahora que en la expresión «la Palabra se hizo carne» se encierran muchas más cosas de las que aquí se pueden tratar. En primer lugar, que Dios quiso manifestarse y precisamente en su carne, para glorificar la carne. Todo el misterio de la Palabra era ya glorificación del futuro hombre «con aquella gloria que tuvo en Dios anteriormente» (Jn. 17). Todo aquello que antes hacía Dios por su Palabra, por su propia voz, lo realiza ahora la carne de Cristo, a quien «ha sido confiado el reino y todo el poder». Las respuestas que recibiera antes Moisés del oráculo brotan ahora de la boca de Cristo: «Pondré mis palabras en su boca y hablará en mi nombre» (Deut. 18). «No hablo por mí mismo, decía, sino que lo que el Padre me enseñó, eso hablo» [12]. Se le llama Palabra del Padre, porque enuncia su pensamiento y hace posible su conocimiento. Más aún, es también la vista del Padre, su gusto, su tacto y su olfato.

[50]

En realidad, se entiende que el Verbo «se hizo carne», porque esta carne fue engendrada por la Palabra pronunciada «en el principio». Dióse a conocer Dios desde lo alto y se dejó oir su voz, como nube, como fuego, como lluvia. Pero hay que entender que la Palabra «se hizo carne» *en persona*, pues aquel rosto, aquella persona *elohim*, que todo lo ha creado, se hizo carne de suerte que este mismo rostro de Cristo es aquel rostro de Dios que antes fuera visto por muchos. Y que se hizo carne *en sustancia*, pues aquella resplandeciente nube del oráculo, que era la gloria

---

[10] *Sermo ipse Dei est semen generationis Christi.*

[11] Por ejemplo, Sal. 21, 31; 88, 37; 111, 2; Is. 44, 3, y en la aplicación que se hace de parábolas, en Mt. 13, 38 y Lc. 8, 11.

[12] Jn. 17, 5; Deut. 18, 18; Jn. 8, 28 y 14, 10.

del Señor, como rocío de la generación de Cristo «se hizo carne» sustancialmente, de modo que la esencia de esta carne es la misma que la del Verbo, pues, como se verá, su esencia es una misma luz formal. Y así es en el espíritu como acontece todo el ciclo de la encarnación, pues así como el Verbo de Dios se hizo hombre, así también el Espíritu de Dios se hizo espíritu del hombre, y ello de forma hipostática y sustancial [13]. Pero todo esto lo desarrollaremos después, junto con otros misterios de Cristo.

Grande y sublime es este misterio de Cristo, que no se exponía temerariamente al pueblo en tiempos de los apóstoles. Sólo ante los ruegos de muchos que le instaban en contra de Ebión y Cerinto [14], y tras ayunos y oraciones, se decidió Juan a escribir esas palabras: «En el principio era el Verbo». Para salvarse era suficiente con creer que Jesús es el ungido, el mesías, hijo de Dios y salvador. Esta sola fe justificaba al pueblo sencillo, aunque no tuviese pleno conocimiento de la divinidad de Cristo. Así pues, como quiera que eran pocos los entendidos y había escasez de escritores y gran ignorancia de la lengua santa, la verdadera tradición se perdió tan pronto como irrumpieron en el cristianismo los sofistas metafísicos despedazando a Dios. Por las tradiciones que recoge Ireneo sabemos lo estéril que resultó en aquel entonces el conocimiento de todo esto, pues iba degenerando de día en día, como nos consta también por Tertuliano. Casi contemporáneamente se lamenta Clemente Alejandrino, en el Lib. I de su *Stromata*, de que haya tan pocos que en la tradición de la santa doctrina se parezcan a los padres antiguos, y de que se hubieran perdido ya muchas cosas. Más adelante, en el Lib. VI, lamenta que tales conocimientos hubiesen pasado de los apóstoles sólo a unos pocos [15]. [51]

---

[13] Quedan iniciadas así varias doctrinas servetianas: la identificación entre Palabra de Dios, el Dios-*elohim* entrevisto en el AT y la carne de Cristo; la tipificación de formalidades de luz como esencia; la encarnación del Espíritu de Dios en el del hombre Jesús. Da así un gran avance sistemático sobre la exposición de doctrinas paralelas que había realizado quince años antes en *DeTrErr* 46v-67r, material que, como antes, es desde luego parcialmente utilizado en *Restitutio*.

[14] Cfr. lib. I, nota 42.

[15] Ireneo, *Adv. Hæreses*, lib. III, caps. III y V, hace una gran defensa de la tradición, especialmente de las de la iglesia romana *propter potiorem principalitatem;* pero entre las más antiguas no cita la doctrina de la Trinidad, sino la de «un solo Dios Padre creador de todo» (PG VII, 176). Tertuliano, *Adv. Marcionem*, lib. I, cap. XXI: «Y si esta cuestión se hubiera discutido, se la hallaría en el apóstol, siendo tan importante», etc. (PL II, 270). Clemente Alej., *Stromata* (o *Miscelanea*), lib. I, prólogo, añade que ya en su tiempo pocas tradiciones son semejantes a las de los padres (PG VI, 118).

Así que tú, piadoso lector, si no llegas a entender bien el modo de la generación de Cristo y toda la plenitud de su divinidad, cree siempre que él es el mesías engendrado por Dios, tu salvador. Para vivir en Cristo es suficiente creer eso. Yo he pedido con todo el amor posible e insistentemente al ungido, el único que nos ha sido dado como signo de salvación, que me otorgase algún conocimiento de esta verdad, y por su gracia lo he conseguido, aunque ni soy perfecto, ni lo he conseguido con perfección. Por cuanto concierne a nuestro tema, y puesto que se trata del misterio de Cristo, luz y *logos*, es decir, representación luminosa, voy a comentar las palabras de Juan con la mayor sencillez.

«En el principio era el *logos*», es decir, el resplandor de Cristo, la Palabra referida a Cristo, la Palabra pronunciada para la generación de Cristo. Ese resplandor de Cristo era «la Palabra en Dios», existente en Dios mismo, que luminosamente aparecía en la nube, y que «era Dios mismo». Para los sofistas, en cambio, decir que «la Palabra era en Dios» equivale a decir que esa su segunda entidad o «persona» invisible estaba cabe la primera de una manera metafísica, sentada en el segundo asiento del triclinio, igual que la tercera estaba en el tercero [16]. No quieren admitir que su segunda entidad estuviese en la esencia divina, pues ello implicaría distinguirla de la esencia; sino que dicen que estaba en la primera entidad. Luego o la esencia divina es algo distinto de Dios, o se equivocó Juan al decir que «la Palabra era en Dios». Me refiero a la esencia entendida como la entienden ellos, como un cuarto elemento que incluye a los otros tres, puesto que, hablando con propiedad, la Palabra era la mismísima esencia de Dios, o la manifestación misma de la esencia de Dios. No había en Dios otra subsistencia o hipóstasis que su Palabra en aquella nube resplandeciente en la que se presentaba entonces Dios como subsistente. En ella precisamente resplandecía ya el rostro y la persona de Cristo [17].

Asimismo y según su propia metafísica, «Dios hizo todas las cosas por su Palabra», es decir, las hizo su primera Persona por medio de la segunda. ¡Ridículo y sin sentido! Las Escrituras dicen, por el contrario, que todas las cosas fueron hechas por la Palabra de Dios, ya que «él dijo: hágase, y fue hecho», y «por la palabra del Señor fueron hechos los cielos, ya que él dijo y fueron hechos» [18]. Así lo reconoce

---

[16] Alusión a las palabras del lib. I, nota 128.

[17] Insistencia en los aspectos señalados antes, nota 13. Resulta digno de tenerse en cuenta esta manera servetiana de entender las antiguas teofanías.

claramente Ireneo (Lib. I, cap. 19; y Lib. II, cap. 2 y 56) y así, antes que él, lo había explicado Justino, u otro anciano discípulo de los apóstoles, citado por el propio Ireneo, en el cap. 52 del Lib. IV [19]. También nos dicen las Escrituras que este hablar de Dios fue la vocación de Cristo, **vocación** con que Dios le llamó «desde el principio» y llamándolo lo manifestó, llamándolo generación desde el principio, como consta en Isaías, cap. 41: «Desde la salida del sol me llamó por mi nombre», y en el 46: «Llamo del oriente al ave, de tierras lejanas al hombre de mi consejo; lo he llamado y lo haré venir», y en el 49: «El Señor me llamó desde el vientre y tuvo en su memoria mi nombre» [20]. De ahí que Ireneo diga que la generación del hijo de Dios fue un llamamiento (Lib. II, cap. 48) [21]. A causa de esta vocación o llamada, puede decirse engendrado desde el principio el nombre de Cristo. A este propósito suele citarse el salmo 71: «Ante el sol será engendrado —o será prohijado— su nombre» [22]. Ante el sol, יכון שמו , *innon semo.* El sentido literal se refiere a Salomón: a pleno sol será prohijado, durará mientras dure el sol, su nombre se propagará por generación. Pero aquí el sentido verdadero hace referencia a la verdadera propagación de la filiación de Cristo en los suyos. Y así no se trata de prioridad en el tiempo, «antes del sol», sino «delante del sol», «mientras dure el sol». Pues el término hebreo לפני , *liphné,* puede significar ambas cosas. Pudo decirse de Cristo que «mientras dure el sol» *es* o *será* prohijado su nombre; pero se emplea el futuro: «será prohijado». Y por supuesto que el origen de esta filiación era «antes que el sol», pues su filiación estaba desde el principio en la semilla que era la Palabra [23].

[52]

---

[18] Sal. 33, 9 y 148, 5.

[19] Ireneo es citado por Servet conforme a la ed. de Erasmo (Basilea, Froben, 1527) cuya distribución interna no corresponde con la de Migne, utilizada en esta edición. Véanse lib. I, cap. 22, 1; II, caps. 2 y 4, y 30, 9 (PG VII, 98, 118 y 163). Servet menciona aquí la referencia de Ireneo a Justino en *Adv. Hæreses,* lib. IV, cap. 32 de PL.

[20] Is. 41, 2; 46, 11 y 49, 1.

[21] Ireneo, *Adv. Hær.,* lib. II, cap. 31, n. 1 de PL VII, 823, refiriéndose acaso a una oscura frase antignóstica de Ireneo, que además parece de dudosa lectura crítica: «No hay otro Dios de todos, sino la sola llamada del Omnipotente.»

[22] Sal. 71, 17. Servet restituye al *ante solem* de la Vulgata, que podría malentenderse como *antes del sol,* su significado original, que es el literal, aunque entendido también en sentido típico.

[23] *Liphné,* brotar, vertido por Pagnini como *propagabit,* no seguido por Servet, quien, como en muchos textos que discute, da su propia versión.

II

De lo dicho deducimos la primogenitura de Cristo, añadiendo un comentario a lo que dice el apóstol en Colosenses 1, e indagando mejor por qué se dice de Jesús el Cristo
que es «el primogénito de las creaturas» [24].

Esta primogenitura se la atribuyen los metafísicos a su
segunda entidad, al calificar de inefable su generación, según aquello de Isaías 53: «Y su generación, ¿quién la contará?» Pero en tal caso se ha violentado el texto de Isaías,
que dice en realidad: «Despreciado entre los hombres, varón de dolores, como cordero fue llevado al matadero, y
como oveja enmudeció ante sus trasquiladores: su generación (es decir, su descendencia), ¿quién la contará? Porque
fue cortado de la tierra de los vivientes.» Todo lo cual hace
referencia al mismo Jesús, como enseña Felipe (Hch. 8) [25].   [53]
Isaías no habla aquí de la generación de Cristo por el Padre, como indica el término hebreo, sino de la perversa
descendencia de los judíos asesinos y de la buena descendencia de los cristianos, que él ha engendrado con su muerte. Descendencia que será tal, tan grande y tan numerosa
que resultará imposible de contar. Parecido a esto es lo que
decíamos hace poco: «Delante del sol su nombre se propagará» en los hijos. Y si el término hebreo דור , *dor* diese a entender la generación del Hijo, nosotros diríamos con
Isaías: la generación de Cristo, ¿quién la describirá? Hasta
ahora, por supuesto, nadie. La generación de Cristo es algo
desconocido del mundo, pues él es aquel Melquisedec, de
origen desconocido (Heb. 7), que «nadie sabía de dónde era»
(Jn. 7) [26]. De ese mismo Melquisedec se dice que era «semejante al hijo de Dios», no semejante a ese Hijo imaginario,
sino semejante al hijo hombre. En Dios no se da esa generación metafísica de una entidad distinta, que ni siquiera
puede denominarse generación. La pronunciación de su Palabra es a la vez generación de su hijo hombre. La pronunciación de la Palabra para la generación del Cristo es, por
parte del Padre, la misma eterna generación de la carne en
el seno de su madre, por cuya parte es temporal. Cuanto
acontece en el hombre es temporal. Lo que es de Dios siempre goza de eternidad [27].

---

[24] Col. 1, 15. Corresponde este tratado a *DeTrErr* 51r-54r.
[25] Is. 53, 3-8 y Hch. 8, 32-35.
[26] Heb. 7, 1-3 y Jn. 7, 27.

Ten esto bien presente, si quieres entender la primogenitura de Cristo. Pues nos equivocamos gravemente, cuando pensamos según la carne en *antes* y *después* en el tiempo con relación a Dios. Dios llega a todas las cosas sin intervalo de tiempo. En él no puede encontrarse el *fue*, sino sólo y siempre el *es*. Nada es para él pasado; todo le está presente, todo está vivo para él, todo desnudo y manifiesto a sus ojos. Llama a las cosas que no son, igual que a las cosas que son. Mil años son para él un momento, y un segundo de un día es para él como mil años. Los profetas quieren dar a entender que en Dios no hay variaciones de tiempo, cuando toman frecuentemente un tiempo por otro, cuando anuncian como pasado el futuro y hablan de todo como si lo tuvieran presente. La medida del tiempo no se hizo para Dios sino para los hombres; para medirlo fueron dispuestas las lumbreras celestiales, de modo que indicaran las estaciones, los días y los años. Luego ni tuvo tiempo antes del tiempo quien [54] hizo el tiempo, ni tuvo comienzo antes del comienzo quien constituyó el comienzo. Y ésta es una razón fuerte y bien fundada, pues Dios, al crear el tiempo, no quedó sujeto al tiempo. Poderoso es también el razonamiento de Numenio: «Todo cuanto cambia según pasado y futuro encierra alguna mezcla de privación, pues el futuro aún no es y el pretérito ya no es» [28]. Ahora bien, en Dios no cabe privación porque es primer ser y acto supremo. Luego en él no puede darse variación en el tiempo.

A esta luz pueden descubrirse muchos errores, pues algunos arguyen que se ha operado un cambio en el Dios inmutable por el mero hecho de la sucesión del tiempo, ya que antes de que una cosa existiera, la quería como futura, pero ahora ya no la quiere futura, puesto que ya es. Y así, si, como suele decirse, permanece constante el objeto de la proposición «esta cosa ha de ser», admiten que, con respecto a ella, Dios tenía primero voluntad de querer y luego de no querer. De ahí que, sentadas las bases de la anterior ciencia de Dios sobre los futuros, algunos han llegado a la

---

[27] Servet concluye, pues, que esa primogenitura o generación de Cristo en modo alguno se refiere a la segunda Persona trinitaria, sino al hombre Jesús, engendrado eternamente por Dios de un modo intencional al pronunciar su Palabra, y temporalmente al engendrarlo factualmente en María, que temporaliza esa Palabra por su condición humana: *quae in homine sunt, tempus habent; quae Dei sunt, praesentem in se semper habent aeternitatem.*

[28] Numenio de Apamea, sirio, neopitagórico ecléctico cercano al neoplatonismo, que floreció hacia el 170. Servet debió de leer esta frase en la *Praeparatio evangelica* de Eusebio de Cesarea, lib. XI, cap. 10 (PG XXI, 871), donde se citan con ése, algo modificado, largos párrafos del *De bono* de Numenio.

siniestra conclusión de que es siervo incluso el mismo albedrío de Dios y de que en todo reina una fatal necesidad [29].

A todo lo cual ésta es mi respuesta. En Dios no hay diferencia entre la predestinación y lo que ya es. En Dios no puede darse el «quería» o «querrá», ni el futuro o el pasado. Para él una cosa nace así y así muere, y así lo quiere él. Y así como él es libre para querer y poder, así también ha concedido al hombre libertad para querer y poder, aunque dentro de ciertos límites. Dios realiza todo esto con su divino artificio, igual al artificio divino que hay en el hombre, pues en el hombre resplandece el mismo entendimiento divino. Con toda certeza tuvieron libre albedrío tanto Adán como Cristo o los ángeles. Mas, sea de quien sea esa libertad de albedrío, ello demuestra con toda evidencia que la predestinación no es algo fatal, ni nos coacciona necesariamente [30]. Se equivocan, por tanto, los que piensan que todo ocurre necesariamente en virtud de una preordinación divina, y pretenden medir o limitar el poder de Dios con su propia mente. Tal tipo de necesidad resulta detestable en Dios, pues implica tiempo y privación. Y pues consideran que todo acontece necesariamente, no tienen en cuenta que Dios está por encima de todo tiempo y de cualquier necesidad. No tienen en cuenta que las disposiciones de Dios están por encima de sus consideraciones. Si el pasado fue y ya no es, [55] y fue Dios quien así lo dispuso, él mismo se ató las manos hasta el punto de que de ahí se sigue no sólo el siervo arbitrio de Dios, sino también su poder limitado: así de torpemente discurren en sus *Diálogos*, según la carne, Luciano y Valla, cuyos errores siguen tantos en nuestros días [31].

---

[29] Irónica alusión a la doctrina calvinista de la predestinación, además de a las diversas clases de determinismo.

[30] Servet trata de la libertad humana más adelante, así como en la importante *Carta 22* a Calvino y en diversas secuencias de su *Apología contra Melanchton*. Emplea en ambas una variante de éste su argumento según el cual en Dios hay máxima libertad por haber la máxima liberación de espacio y tiempo, y también menciona a Valla, suponiendo que es una de las raíces humanísticas de la teoría calvinista. Ed. A. ALCALÁ, Madrid: Castalia, 1980, pp. 158 ss. y 216.

[31] Luciano de Samosata (125-200 ca.), el terrible satírico de la decadencia romana, cuyos diálogos, de gran influencia en la literatura renacentista de ese género, fueron traducidos del griego al latín por Erasmo y Tomás Moro. Lorenzo Valla (1405-1457), el más original e influyente de los humanistas italianos, aunque al decir de Erasmo «de poca autoridad entre los teólogos de peso» (*De libero arbitrio*, en *Op. Omnia*, Leyden, 1706, vol. IX, col. 1231). Servet se refiere aquí a su *De libero arbitrio*, dedicado al ob. García Aznárez de Lérida, secretario del rey Alfonso el Magnánimo en Nápoles entre 1435 y 1443, diálogo que, enfrentado con el tema de la libertad, lo resuelve en cierta especie de determinismo psicológico. Servet pudo leerlo en la ed. de Basilea,

Basta una sola razón para destruir aquella necesidad y ese siervo albedrío: que *posible* se dice de lo que no es, ni ha sido, ni será. Cristo pudo pedir legiones a su Padre, pero no lo hizo. David pudo dar muerte a Saúl, pero no lo hizo. Pablo pudo recibir estipendio, pero no lo hizo. Muchos pudieron hacer muchas cosas, pero, como dice el Eclesiástico, no las hicieron[32]. Tal es, pues, la libertad concedida por Dios al hombre; libertad que no pueden ver de ninguna manera quienes piensan que la predestinación divina implica necesidad. Dios podía librar a Cristo de la muerte (Heb. 5), y así Cristo dice: «*Abba*, padre, a tí te es posible» (Mc. 14)[33]. ¿Dónde, pues, está esa necesidad de la predestinación? Si aquel acto, tan perfectamente preestablecido y tantas veces predicho, pudo realizarse de otro modo, ¿por qué no los demás actos?

Dios pudo hacer que no cayera el que cayó, y puede hacer que pase un camello por el coso de una aguja; puede hacer «hombres de estas piedras» y «realizar en nosotros mucho más de cuanto pedimos y aun pensamos» (Ef. 3)[34]. En su poder estaba vender o no la propiedad; y, una vez vendida, en su poder estaba quedarse con todo el precio, como le dijo Pedro; pero abusó de su poder y fue castigado justamente. Castigo que hubiera sido injusto de haber obrado por necesidad, ya que, según las Escrituras, la necesidad excusa[35]. Sin embargo, nosotros podemos hacer el bien «cuando queremos» (Mc. 14)[36]. Y eso mismo ya es don de Dios: que podamos obrar según nuestro libre albedrío. Pablo enseña que los hombres no tenemos necesidad de obrar, pero que sí tenemos el dominio de nuestra voluntad (I Cor. 7; II Cor. 9; y Film.), y nos enseña a no abusar de él. ¡Luego lo tenemos! Cuando tenemos que unirnos a Cristo, él mismo nos lo da (Jn. 1)[37]. Por eso, los incrédulos y los que blasfe- [56]

1543; pero el hecho de que no sea más explícito en cita alguna de Valla pudiera hacer pensar que conoció su doctrina de segunda mano, por una referencia de Calvino *(Instit.,* lib. III, cap. 23, 6) o de Lutero en su *De servo arbitrio* o la cit. de Erasmo mismo.

[32] Alusiones sucesivas a Mt. 26, 53; I Sam. 24, 1-12; I Cor. 9, 12 y II Cor. 12, 14; Ecli. 31, 10.

[33] Heb. 5, 7 y Mc. 14, 36: «Todas las cosas te son posibles.»

[34] Varias alusiones, y a Ef. 3, 20.

[35] Se refiere al castigo de Ananías y Safira, Hch. 5, 1-10.

[36] «Siempre tendréis los pobres con vosotros, y cuando quisiereis les podréis hacer bien», Mc. 14, 7.

[37] «Está firme en su corazón, y no tiene necesidad, sino que tiene libertad de su voluntad», I Cor. 7, 37; «Cada uno dé como propuso en su corazón: no con tristeza o por necesidad», II Cor. 7; «Para que tu beneficio no fuese como de necesidad, sino voluntario», Film. 14, y Jn. 1, 12.

man contra el Espíritu serán castigados con más severidad que Sodoma, porque pudieron creer, pero no quisieron, abusando del poder que se les había dado. Dios en su misericordia nos conduce a la penitencia y nos da espacio para el arrepentimiento, y nosotros aumentamos su ira rechazándolo (Rom. 2; Sab. 12). El mismo nos tiende la mano, nos concede que podamos enmendarnos, pero nosotros no queremos (Prov. 1; Mt. 23; Apoc. 2 y 3)[38].

He de confesar que a algunos no les es dado de ninguna manera el poder acercarse a Cristo. A esos les responde Pablo que ésa es la voluntad de Dios. A pesar de todo, el juicio de Dios sobre ellos será justo, como explicaré más adelante[39].

Ahora, y para dar una respuesta satisfactoria a la primera cuestión, tenemos que decir que toda la eternidad de Dios es como un instante presente, y que en ese instante de la eternidad Dios, antes de crear el mundo, en el preciso momento de decretar la creación, engendró de su propia sustancia este hijo en María. Más tarde explicaremos cómo no es sino un modo de la sustancia divina esa manifestación y pronunciación de lo que antes había sido una prefiguración en su mente. Rechazado, pues, todo velo de tiempo intermedio, considera cómo esta hora precisa, en que es engendrado y concebido el cuerpo de Cristo, estaba realmente presente a Dios desde toda la eternidad, ya antes del principio del mundo. Si admites esto, admitirás también que Dios desde toda la eternidad pronunció su Palabra sustancial y que, al pronunciarla, engendró este hijo en María de su propia sustancia. Por consiguiente, el hombre Cristo es primogénito y engendrado desde toda la eternidad, puesto que esa pronunciación hecha desde la eternidad es precisamente la generación de Cristo.

Si insistes en preguntarme cómo fue esa pronunciación de Dios, te diré que lo vamos a explicar claramente en lo que sigue. Por alguna razón Dios se ofreció, se descubrió, se manifestó y se comunicó al mundo. De momento bastaría con decir que desde la eternidad comienza la generación sustan-

---

[38] «Por tu dureza atesoras para tí mismo ira», Rom. 2, 5; «Les amonestas despertando la conciencia de sus pecados», Sab. 12, 2; «Os he llamado y no habéis querido, he tendido mi mano y nadie ha prestado atención», Prov. 1, 24; «¡Jerusalem, Jerusalem, cuántas veces quise juntar tus hijos, y no quisiste!», Mt. 23, 37; Apoc. 2 y 3 se refiere a la ingratitud de las siete iglesias del Asia menor.

[39] Inconcreta referencia a textos paulinos, como el de Flp. 1, 28. Pero Servet anda muy lejos de admitir una reprobación positiva, al estilo del más estricto calvinismo.

cial de este hombre por Dios, para ser consumada sustancialmente en María. No sólo eso, sino que su generación es la causa de la generación de los demás, de tal manera que él mismo es el principio de todas las cosas. En el correr de los tiempos Dios retuvo consigo la Palabra de la generación de Cristo, sirviéndose de muchas figuras para designar muchas cosas a fin de expresar mejor la gloria de Cristo. ¡Admirable artificio de esa generación! Dios lo hizo todo para gloria de Cristo y lo puso como cabeza de todo. Por ahora acepta como verdadero todo esto sobre la primogenitura de Cristo. En lo que sigue verás con toda claridad cómo él existe sustancialmente antes que todas las cosas y cómo posee sustancia eterna. [57]

Hay una segunda razón para llamar a Cristo primogénito, y es que la primogenitura es título de dignidad y de una más rica bendición. Y así se llama primogénito a David (Sal. 88), a José (I Para. 5) y a Israel [40]. La tercera razón consiste en que Cristo es según la carne la primicia y el «primogénito de todas las creaturas». Pues mientras nuestra carne es de la segunda carne de pecado, la carne de Cristo es de aquella primera y pura que hubo antes del pecado. Por eso su carne es en este sentido anterior a la nuestra, y la primera de todas, como unas primicias, aun excluyendo el misterio de la Palabra. Por esto tiene otra razón más divina para su primogenitura [41].

III

Muchos piensan que hace referencia a esta primogenitura aquel pasaje de David: «Mi hijo eres tú, yo te engendré hoy» (Sal. 2). Es decir, te engendré «antes de todos los siglos», según explican ellos, dando a entender que fue entonces cuando fue engendrada esa su segunda entidad. O como de otra manera explica Agustín, al hacer el comentario sobre ese pasaje del salmo, cuando dice que la generación

---

[40] «Yo también le pondré por primogénito, alto sobre los reyes de la tierra», Sal. 88, 27; Rubén, primogénito de Jacob, perdió este título, por haber ofendido a su padre: Judá obtuvo el mayorazgo, «mas el derecho de primogenitura fue de José», I Crón. 5, 1; Jacob, a su vez, había obtenido la primatuar arrebatándosela a Esaú, Gen. 27, 36.

[41] Con estos conceptos sobre la «carne celestial» de Jesús se vincula Servet a ciertas doctrinas típicas del anabaptismo de su tiempo, especialmente a las expuestas por Melchor Hofmann, a quien no sólo debió de leer, sino con quien debió de convivir en Estrasburgo por algún tiempo a fines de 1530 y comienzos del 31, pero no comparte su doctrina del todo.

del Hijo siempre es, y que al decir «hoy» se quiere dar a entender la continuación de esa generación. ¡Como si el hijo de Dios fuese una cosa pasajera que hay que engendrarla a diario! [42].

Eso no son sino tonterías. Pues el tal pasaje no se refiere a la generación, sino a la regeneración, como da a entender Pablo: «Cristo ha resucitado, como está escrito en el salmo: Mi hijo eres tú, yo te engendré hoy» (Hech. 13). En este pasaje dice, y con razón, que el término «hoy» se refiere al día de la resurrección de Cristo. También en la carta a los Romanos 1, vuelve a decir Pablo que Jesucristo «fue declarado hijo de Dios con todo poder, por su resurrección de entre los muertos» [43]. Hoy se hace su declaración gloriosa e inmortal de hijo de Dios: si no hubiera resucitado, nadie creería que es hijo de Dios. Entonces Cristo fue glorificado, hecho hijo de nuevo, y entonces y por eso   [58] nos es dado un nuevo espíritu que nos hace resucitar como a Cristo, un espíritu ὑοθεσίας, de filiación, que nos hace hijos al resucitar. La filiación de Cristo, su propio sello, se imprime en nosotros para ser hijos por el poder de su resurrección, y por este nuevo espíritu se nos da y manifiesta. Por eso Pablo dice en el lugar citado que Jesucristo fue entonces declarado hijo de Dios por el espíritu de santificación. También fue entonces cuando se le confirió a Cristo «toda potestad en el cielo y en la tierra» (Mt. 28). Más aún, se dice que fue declarado hijo con fortaleza y «con potencia». A esa fortaleza y potencia de la resurrección se refería David en el antes citado salmo 2: «Pídemelo, y te daré por heredad las gentes y por posesión tuya los límites de la tierra; los quebrantarás con vara de hierro.» Y de esa vara de hierro y de la potestad recibida en la resurrección hace mención el mismo Cristo en el Apocalipsis, 2 y 19 [44].

Esta concordancia de palabras hace referir unitariamente el salmo en cuestión al día de la resurrección. Señalando ese día, dijo Cristo: «Desde ahora habéis de ver al hijo del hombre sentado a la diestra de la potencia de Dios» (Mt. 26;

---

[42] Sal. 2, 7, tenido por mesiánico por su interpretación como tal por varios textos neotestamentarios de Hch. 4, 25 y 13, 33; Heb. 1, 5 y 5, 5; y Ap. 2, 26-27. Servet, aun insistiendo en que, como es obvio, su sentido histórico se refiere a David, no duda de ese su mesianismo relativo, pero rechaza su aplicación al nacimiento eterno de esa segunda Persona. El comentario de Agustín en el sentido de una continuada generación eterna, en *Enarrationes in Psalmos*, in Ps. 2, 6 (PL XXXVI, 71), sobre el *hodie*.

[43] Rom. 1, 4.
[44] Alusiones a Mt. 28, 18; Sal. 2, 8; y Ap. 2, 27 y 19, 15.

Mc. 14; Lc. 22) [45]. Tanto el reino de Dios, como el hijo de Dios, vienen «con potencia» (Mc. 9 y Rom. 1), pues en ambos casos se dice ἐν δυνάμει, es decir, en fortaleza o con potencia. Este mismo pasaje del salmista aparece citado dos veces por el apóstol, en la carta a los hebreos, para demostrar el gran poder de Cristo después de la resurrección y cómo ha sido exaltado ahora a la diestra de Dios por encima de los ángeles y constituido en pontífice para siempre, pues se le ha dicho: «Yo te engendré hoy» (Heb. 1 y 5) [46]. De ahí deduce el apóstol el sacerdocio de Cristo, demostrando cómo Cristo no se glorificó a sí mismo haciéndose pontífice, sino que lo hizo el que le dijo: «Tú eres mi hijo, yo te engendré hoy.» Se hace una verdadera traslación del sacerdocio en favor de Cristo, porque se ofreció a sí mismo como víctima en la pasión y porque luego por la resurrección penetró hasta el «santo de los santos».

Por tanto, se dice que Cristo es engendrado «hoy», porque hoy es hecho hijo poderoso de la gloria, como si fuese producido hoy. La versión del Caldeo favorece esta misma interpretación: «Tú eres mi hijo, como si en este día te [59] hubiese creado» [47]. Se dice que hoy ha sido «engendrado» porque hoy ha sido reengendrado, de nuevo engendrado hombre nuevo con plena potestad, hijo nuevo, y de nuevo creado rey. A semejanza suya, también de nosotros, nacidos en el bautismo y resucitados con él, se dice que hemos sido engendrados de nuevo (Jn. 3 y Col. 2) [48]. El día de nuestro bautismo Dios nos dice: «Tú eres mi hijo, yo te engendré hoy.» También la historia puede ayudar a ilustrar esta interpretación, pues ese salmo y el siguiente se compusieron cuando los príncipes se conjuraron con Absalón en contra de David, quien, al volver a su reino, dijo: «Reconozco que hoy soy hecho rey sobre Israel» (II Re. 19) [49]. Y así también nosotros, al vernos libres de algún peligro, solemos decir:

---

[45] En el juicio durante la pasión, relatado por Mt. 26, 64; Mc. 14, 62; Lc. 22, 69.

[46] Mc. 9, 1 y Rom. 1, 4; y Heb. 1, 5 y 5, 5, como en nota 42, a propósito de cuyo texto escribe Servet en nota marginal en su Pagnini: «El apóstol Pablo refiere la expresión "en este día" al de la resurrección de Cristo, como David, cuando escapó de sus enemigos, puede decirse que nació "ese día"».

[47] Se refiere Servet al *targum* o versión aramaica de la Biblia del Caldeo Onkelos, que trae esa interpretación tan notable. Cfr. L. I. NEWMAN, «Michael Servetus, the antitrinitarian Judaizer», en su *Jewish Influence on Christian reform movements* (New York: Columbia Univ., 1925), p. 556.

[48] Jn. 3, 4, en la conversación con Nicodemo, y Col. 2, 12: «Sepultados con él en el bautismo, en el cual también resucitásteis con él.»

[49] II Re. 19, dice Servet; la cita es de II Sam. 19, 22.

«Hoy he nacido.» Sobre todo, el día en que se accede a una nueva dignidad.

Hoy es engendrado hijo y rey el que ayer no más no era tal. Hoy le es dada la filiación inmortal. Hoy es engendrado incorruptible el hijo, igual que es incorruptible su padre. Antes no podías llamarlo verdadero hijo de la gloria. Más aún, ayer no era realmente hijo el que hoy ya es hijo. El hijo de Dios estuvo realmente muerto tres días, y de nuevo es hecho hijo, pasando del no ser al ser. Renovado su cuerpo, Cristo fue hecho allí mismo nuevo hijo, y así, como nuevo hijo, fue engendrado. Toda aquella generación de Cristo realizada desde el principio del mundo, que había sucumbido con la muerte, se repite hoy. Hoy se renuevan todas las cosas y se establece el nuevo reino de Cristo. Y así Cristo ya puede decir como David: «Hoy soy hecho rey.»

No estará de más que escuches las respuestas que, en su comentario sobre este salmo, da el judío David Chimhi contra los cristianos [50]. Tan ciegas eran las razones con que trataban de reducir a este hombre los sofistas, que él se burlaba de ellos como de asnos e insensatos. Querían obligar a este judío a que aceptase un cierto hijo matemático e invisible, explicándole que «hoy» equivale a «antes de los siglos» te engendré. Pero él les responde sagazmente: «Si en aquellas eternidades había dos cosas distintas e incorpóreas, semejantes e iguales, serían dos gemelos, pero no padre e hijo.» Y, por tanto, si hay una tercera semejante y se añade a las otras dos iguales, tendremos trillizos, Geriones [51]. Lo que [60]

---

[50] Ni en este caso de los *Comentarios a los Salmos* del rabino David Kimchi (muerto en 1240) ni en el del *targum* antes cit. u otros semejantes es posible determinar cómo Servet llegó a conocerlos ni qué edición, si es que la había, manejó. Pudo conocer la *ed. princeps* de Kimchi (Bolonia, 1477), pero se trata de una hipótesis indemostrable. La doctrina misma le pudo ser asequible a través de resúmenes medievales de la literatura rabínica y talmúdica, o por conversaciones con hebraístas con los que convivió: Capito en Estrasburgo, Pagnini en Lyon. En todo caso, su familiaridad con Kimchi tuvo que ser íntima, a juzgar por su íntima influencia en la interpretación servetiana de numerosos textos de los Salmos y de los Profetas, en radical divergencia de la interpretación habitual de los exégetas católicos tradicionales.

[51] En *DeTrErr* 56v comenta Servet: «No puedo reprimir el gemido al ver las respuestas que sobre esto dio el Rabino Chimhi contra los cristianos; y al ver las razones tan ciegas con que éstos procuraban convencerle, no puedo menos de llorar.» El texto de Kimchi puede verse traducido en R. G. FINCH, *The longer commentary of R. D. Kimchi on the First Book of Psalms*, Londres, 1919, pp. 15-16. También en su *Apología*, p. 700 de *Restitutio*, compara Servet las tres Personas divinas a «los trigéminos Geriones, el tricéfalo Cancerbero y la Quimera de Belerofonte» (Cfr. ed. cit., p. 235). Gerión era un mitológico gigante de tres cabezas y tres troncos, rey de una presunta isla en el golfo de Gades, muerto por Hércules.

decían los sofistas, a saber, que en Dios hay verdadera generación como la de un rayo respecto del sol, lo rechazaba él como algo monstruoso en Dios, precisamente porque de ello se seguiría en Dios división, mutación, desemejanza, igual que hay división, mutación y desemejanza entre el sol y su rayo. El judío reconocía también claramente cómo incurren en error los sofistas con respecto al sentido de «hoy», ya que en hebreo figura un pronombre demostrativo, que determina el sentido a un día determinado: «Tú eres mi hijo, este día te he engendrado.» Sentido que también ha conservado el Caldeo[52]. De nuevo erraban los sofistas, al no conceder al judío ningún sentido literal. ¿Qué mayor necedad puede darse que la de negar la referencia del sentido literal a Salomón en el pasaje: «Seré para él como un padre, y él será para mí como un hijo»? Clarísimamente hace referencia a él este pasaje de Para. 22 y 28; de lo contrario, no se diría que eran tipos de Cristo ni Salomón, ni David, ni los demás[53].

El espíritu de profecía es testimonio de Jesús el Cristo (Apoc. 19), aunque sea distinto el sentido literal[54]. Nosotros le concedemos al judío el sentido literal; pero advertimos que subyace un sentido misterioso acerca del futuro Mesías, cosa que también ellos aceptan, pues frecuentemente aparecen expresiones exageradas e hiperbólicas como, por ejemplo, que la heredad del rey se extienda «hasta los límites de la tierra», que someta «con vara de hierro» a los reyes de la tierra, que su cetro sea eterno, que se siente en el trono de Dios como rey y sacerdote, etc. Todo esto se decía de sus reyes en cierto modo, pero de un modo más excelente de lo que a ellos se les podía aplicar, de modo que se viese claro que el Espíritu apuntaba en otro sentido, sobre todo por intercalarse expresiones que no eran aplicables a ellos. Así, por ejemplo, en el salmo 109, citado por Cristo contra

---

[52] Cfr. nota 47. Nótese que ya en sus notas a la versión de Pagnini, trabajo editorial de Servet inmediatamente anterior a su redacción de *Restitutio*, tras discutir el Sal. 1, que como los otros cinco siguientes habría sido ocasionado por «el impío consejo de Achitofel», escribe al margen del Sal. 2, 7: «El día en que David escapó de su enemigo (Saúl), dijo: "Este día empiezo a vivir; al fin soy rey", superando así las tradicionales elucubraciones sobre el *hodie* de la Vulgata.

[53] Esas palabras, en I Crón. 22, 10 y 28,5, dichas precisamente por David a su hijo Salomón. La reflexión de Servet quiere decir que sin sentido histórico o literal no puede hablarse de sentido típico. Ahora bien, sólo adquirirá éste alguna probabilidad si previamente se agota aquél. El análisis literal de muchos textos lleva a Servet a desvirtuar la tradicional aplicación de que han sido objeto en las escuelas teológicas.

[54] Ap. 19, 10.

los judíos, hay tres de esas expresiones: que el verdadero Mesías es sacerdote e hijo de David, que es eterno su sacerdocio y su trono, y que es reconocido como señor por los mismos reyes y por sus propios padres (Mt. 22). Con estas razones tenemos que discutir con los judíos como Cristo, para que puedan entender el misterio que allí subyace; pues todos ellos confiesan que en la lengua santa nada se ha escrito sin misterio [55]. [61]

De lo dicho hasta aquí se sigue que el hombre Jesús es realmente hijo a la manera de los hombres. La verdadera filiación del hombre Jesús el Cristo ya había sido anticipada como en sombras, en otro tiempo, en la filiación de otros hombres. Ahora bien, inducir la filiación de esa entidad invisible a partir de la figura del hombre Salomón, denominado hijo, es inducir la filiación de quimeras, algo completamente desconocido en las Escrituras. En este caso no cabe aplicar ni la condición de tipo, ni cualquiera otra clase de semejanza; pues en tal caso no quedaría constancia ni de la resurrección del hijo ni de la declaración de la filiación por la que Jesús, y no esa otra entidad invisible, ha sido declarado verdadero hijo de Dios. Del verdadero Salomón, que es Cristo, se dice en el citado cap. 28: «Me he escogido este hijo con preferencia a los demás» [56]. Ninguna otra cosa ha sido elegida arriba en los cielos con preferencia a las demás, sino el hombre Jesús el Cristo, hijo verdaderamente elegido y queridísimo desde la eternidad.

IV

Una vez entrado en el terreno conflictivo entre rabinos y sofistas, voy a incluir otro pasaje en el que siempre ha resultado sorprendente la alucinación de unos y otros. Es, efectivamente, horroroso, si bien se mira, el modo ignominioso con que trata este pasaje el pérfido judío Baal Nizaon, cuando ni él mismo acierta con el verdadero sentido. El pasaje se halla en el cap. 49 del Génesis, y dice así en hebreo:

לא יסור שבט מיהורה ומהקק מיבו רגליו י עד

כי יבא שילוה זלו יקהת עֵמִּי □

---

[55] Mt. 22, 43-45 discutiendo el Sal. 109, 1-2. Como se ve, la actitud de Servet es intermedia entre la católica tradicional y la judía, la cual, obviamente, no concede otro sentido que el literal, y sólo el místico a veces, calificado por Servet de arbitrario en su Prólogo a su ed. de Pagnini. Servet, por otra parte, en modo alguno propone una «cristiandad judía», sino que aspira a la discusión con el judío y a su eventual conversión.

[56] I Crón. 28, 5.

La versión suena de esta manera: «No será quitado el cetro de Judá ni el legislador de entre sus pies, hasta que venga a Siloh, y a él se agregarán los pueblos.» Que este pasaje deba puntuarse así, nos lo aceptará fácilmente quien conozca la diferencia en hebreo entre las puntuaciones *athnach* y *zakeph* [57].

Todos están de acuerdo en que por cetro hay que entender, en este caso, el de David. Lo que se dice de Siloh ha de completarse con lo de Josué 18, donde se repiten casi las mismas palabras. En Siloh solían reunirse las tribus del pueblo de Israel hasta que fue trasladada el arca. Fue en Siloh donde se asentó por primera vez un pueblo rico, según la etimología de la palabra hebrea שילה , *Siloh*, que significa tranquilidad y opulencia, tal y como la que tuvieron entonces los israelitas, al repartirse a suerte toda la tierra. Siloh fue anterior a David y, al declinar Siloh, comenzó el [62] reinado de David, ya en tiempos de Samuel. Dios rechazó Siloh y eligió a David (Sal. 77), de la misma manera que rechazó la sinagoga y eligió a Cristo, del cual nunca será arrebatado el cetro. Aquí puedes darte cuenta de que tanto el misterio como el modo excelente de expresarlo sólo pueden ser aplicados a Cristo. Con razón dijo Jacob: «No será quitado el cetro de Judá», como puede comprobarse por II Samuel 7, el Salmo 88 y Jer. 33 [58]. Todo esto debería bastar para convencer a los judíos, pues si no ha de faltar el cetro de Judá, ¿dónde puede estar ahora sino en Cristo? Hay, pues, en este pasaje sobre Cristo y su cetro perpetuo después de destronada la sinagoga una profecía evidente que, no obstante, no excluye el sentido literal referido a Siloh.

---

[57] Gen. 49, 10, transcrito: *Lo yasūr sebet myhūdah umehoqeq mibben raglav 'ad sheyabo shilo velo yiqebat 'ammim.* En el modo de escribir Servet los caracteres hebreos podría hallar el conocedor de esta lengua ciertos detalles que podrían identificarlo como mediterráneo, pues, entre otro, omite las silbantes. Resulta curioso que Servet se refiera a *Baal Nizaon* (es su ortografía) como si se tratara de una persona. Por el contrario, el *Sepher ha-Nitzachon* es un complejo tratado anticristiano y antikarsita, saturado de citas bíblicas, así como de varios sabios judíos conocidos por Servet (Maimónides, Ibn Ezra, Nachmánides, Saadia, Rashi y otros), escrito antes de 1410 por el rabino de Praga Yom-Tobh ben Salomón Lipmann-Mülhausen. Por no haber sido impreso hasta 1644, plantea de nuevo la cuestión de cómo pudo ser conocido por Servet. En las transcripciones manuscritas, solía acompañar a los *Comentarios* de Kimchi. Cfr. *The Jewish Encyclopedia* (New York: Funk, 1904), vol. VIII, 97.

[58] Sal. 77, 60-70. Textos sobre la elección de David, en II Sam. 7, 14; Sal. 88, 27; Jer. 33, 15-16. En Siloh o Silo puso Josué el campamento al volver luego de Egipto, y allí fueron echadas a suerte a las tribus las tierras adjudicadas. No parece comprobarse la significación que al término *siloh* atribuye Servet en hebreo.

Todo ello se comprueba hasta la evidencia por las palabras que añade seguidamente Jacob: «Atando a la vid su pollino, y a la cepa el hijo de su asna, lavó en el vino su vestido, y en la sangre de uvas su manto. Sus ojos bermejos del vino y blancos de leche sus dientes.» Todo eso sucedió en Siloh. Tan feraz les pareció la tierra de promisión a la entrada de Josué que se podía atar el pollino a una vid y se podía cargar de uvas el asno con una sola cepa; tanta era la abundancia de vino que los vendimiadores chorreaban mosto y sus ojos brillaban enrojecidos por la calidad del vino bebido; y hubo también tal abundancia de leche que blanqueaban sus dientes por la frecuencia con que la tomaban. Así lo dijo el buen padre Jacob, implorando una bendición carnal para un pueblo carnal. Sin embargo, ensalza por encima de las otras a la tribu de Judá y afirma que en ella permanecerá el cetro, tanto porque esa tribu mantuvo el reino más estable cuando fallaban las otras, como porque nunca pasó el cetro de ella a otra tribu. También es alabado Siloh ocasionalmente, porque por partida doble fue ocasionalmente primogenitura de José (I Para. 6 y Gen. 48), de cuya descendencia fue Josué, que puso en Siloh el tabernáculo [59]. Pero el Señor menospreció el tabernáculo de José, es decir, Siloh, como se dice en el salmo 77.

V

El quinto pasaje nos remite de nuevo al salmista, al término «hoy», que se refiere al día de la resurrección: «Si hoy oyereis su voz» (Sal. 94) [60].

Este salmo y otros muchos los cantó David con ocasión de la ya citada restauración del reino, comparable a la resurrección de Cristo. En esa ocasión canta un cántico nuevo, a un nuevo reino. La palabra «hoy» se refiere al día de la resurrección de Cristo, día que también es entendido por nosotros como el de nuestra regeneración. Exultante de gozo, el profeta nos convoca «hoy» a todos con Cristo. Algo seme-

[63]

---

[59] Gen. 48 y I Crón. 6 tratan respect. de la primogenitura de José y de su segundo hijo Efraím, y del reparto de las tierras. El Sal. 77, en diversos pasajes, menciona que Dios «dejó el tabernáculo de Silo... y no escogió la tribu de Efraím» por fin, sino que escogió la tribu de Judá». En resumen, Servet vincula tres escenas históricas diferentes, intentando, como siempre, rescatar el sentido literal y mostrando que éste no autoriza sino un remoto sentido típico, pero no el extremadamente profético de los católicos ni el exclusivamente literal de los rabinos.

[60] «... no endurezcáis vuestro corazón», Sal. 94, 7-8.

jante nos enseña Pablo en su carta a los Hebreos, repitiendo la misma palabra «hoy» (caps. 3 y 4). Hoy nos es dado entrar en el descanso del Señor, de la misma manera que hoy entró Jesús en su propio descanso. Hoy se ha cumplido en nosotros la verdadera observancia sabática. Hoy, descansando de todo cuanto había padecido por nosotros, entra Cristo en el descanso eterno del cielo, consiguiéndonos a nosotros el mismo descanso, para que, resucitados con Cristo, descansemos hoy y siempre de las obras de la carne y sea siempre para nosotros «el día de hoy». A esto se refiere el apóstol en el lugar citado: «Participantes de Cristo somos hechos, con tal que conservemos firme hasta el fin el principio de nuestra confianza, en tanto se nos dice "si hoy oyereis su voz"» [61].

El principio de nuestra confianza, o de nuestra sustancia, es identificado por algunos con la fe, ya que por ella principalmente subsistimos. Y esto es realmente cierto. Pero no hay que olvidar lo que a continuación añade: «En tanto se nos dice "si hoy oyereis su voz"» y «si llegan a entrar en mi descanso». Enseña el apóstol que ese descanso debe ser entendido de distinta manera entonces en el principio, y ahora al final de los tiempos. Y esto mismo desarrolla más ampliamente Crisóstomo en la homilía 13 de su *Sobre Juan*, al comentar aquel pasaje: «Gracia por gracia.» Dice que una es la antigua gracia concedida a los judíos, y otra la nueva gracia, como un nuevo descanso, concedida a nosotros. Una cosa es la gloria dada en aquel tiempo, y otra la gloria dada ahora, pues, como dice Pablo: «Nosotros pasamos de una gloria a otra (II Cor. 3), de una justicia a otra (Flp. 3), de una fe a otra (Rom. 1), de la ley de la letra a la ley del espíritu (Rom. 8), del espíritu de esclavitud al espíritu de libertad» (Rom. 8). Crisóstomo enseña que hay una doble adopción, un doble testamento, doble sacrificio, doble santificación, doble templo, doble justificación, doble bautismo, doble circuncisión, y doble todo lo demás: antes, en figura; [64] ahora, en verdad [62]. A aquélla la llama el apóstol el principio, y a ésta el fin. Para hacernos partícipes de la sustancia de Dios, Cristo consumó y colmó todo desde el principio

---

[61] Pablo en Heb. 3, 7-15 y 4, 7, citando y comentando esas mismas palabras del salmo 94.

[62] Juan Crisóstomo, *In Ioannem*, homil. 13, 2 (PG LIX, 93), comentando Jn. 1, 16 y el salmo en cuestión, distingue la diferencia «entre lo antiguo y lo nuevo: entre tipo y verdad, niños y adultos, hombres y ángeles, nombre y realidad, siervos e hijos, mera ausencia de idolatría y vida del espíritu, principio y consumación», etc., actitud que Servet procura afianzar remitiendo también a II Cor. 3, 7-11; Flp. 3, 9 y Rom. 1, 17.8, 2 y 15.

hasta el fin. Por eso quiere el apóstol que nosotros prestemos atención a la esencia de todo este proceso, a lo que llama *hipóstasis*, que lo mantengamos con fe firme y que con espíritu vivo ponderemos lo sustancial de este negocio. La esencia, fundamento e hipóstasis de todo consiste en que, hechos partícipes de su sustancia y de su gloria, reduzcamos todo el proceso de la Ley a Cristo, como a nuestro fin.

En cuanto a la otra parte en que habla del descanso, la referimos a Cristo, entendiendo que el día de «hoy» es siempre el día de la resurrección de Cristo y de la nuestra, y que ese día es realmente «hoy» para nosotros y en nosotros. Hoy, en la consumación de los siglos, es el séptimo día desde el principio del mundo, día en que «reposó Dios de todas sus obras» de la Ley; día en que, al resucitar con Cristo «hoy», debemos descansar de las obras de la carne. En este descanso, en el que no han entrado los incrédulos judíos, entramos nosotros al creer hoy en el hijo de Dios. Sin hacer ninguna discriminación entre un día y otro, nosotros celebramos el perpetuo, verdadero y espiritual sabatismo, el sábado de los sábados, desde el momento en que nuestro eterno sacerdote descansa ya en el tabernáculo del cielo y en nosotros. Este es el verdadero y perpetuo sabatismo «que ha sido dejado al pueblo de Dios», como dice el apóstol: continuo descanso de espíritu y santificación, de la que el sábado era signo. Por eso dice que hemos sido hechos partícipes de Cristo en el descanso, pues ese descanso continuo y perpetuo que goza él junto a su Padre, lo degustamos ya aquí nosotros de modo permanente por el espíritu que se nos ha dado [63]. Tal descanso de espíritu no fue concedido de igual modo por Dios a nuestros padres antes de la resurrección de Cristo. En cambio, te lo concederá a tí hoy. Hoy, si crees en él y si con él hoy resucitas. Hoy, digo, «si hoy escuchares su voz». Ahora bien, la voz de Dios que debes escuchar es aquella voz del cielo: «Este es mi hijo.»   [65]

Hoy, pues, cristiano lector, no endurezcas tu corazón,

---

[63] Bajo esa concepción servetiana del «sábado eterno» podría rastrearse una indocumentable influencia de ciertos espiritualistas de su tiempo. De hecho, Servet formuló la norma de que el espiritualismo cristiano rechaza todo lo que pueda parecerse a un nuevo legalismo: las ceremonias, las menos posibles, hay que observarlas «no como forma de ley, sino como forma de doctrina». En ese mismo texto se opone al descanso dominical o sabático llevando al extremo el principio de que el *sabbath* judáico era mero tipo del eterno sábado en el cual el cristiano se halla ya inmerso. Cfr. *Apología,* nuestra ed. cit., p. 260, y p. 109 de *Rest.*

sino más bien cree en el hijo de Dios resucitado. No que una entidad incorpórea muera de verdad y resucite, sino que el mismo cuerpo, que de verdad murió y resucitó, ése es el verdaderamente engendrado de Dios, ése es verdaderamente el hijo d Dios. Esto es lo que debes creer y en esto debes poner tu confianza de salvación: que este engendrado por Dios para tu salvación, este resucitado, ha sido hecho hoy hijo de la gloria.

VI

El sexto pasaje será el del salmo 109: «Dijo el Señor a mi señor, siéntate a mi diestra.» De este pasaje deducen los sofistas una igualdad metafísica entre esas entidades incorpóreas, pues que con los mismos términos se designa: el Señor, al señor. Pero hay que perdonarles, porque, al desconocer la lengua original de la Escritura santa, se desconocen a sí mismos. En cambio, tú, lector, si conoces el hebreo, descubrirás cómo lo que dice el profeta es נאם

לַאדֹנִי יהוה , o sea: «Dijo Jehovah al mismo *adon*.» ¡Importante pasaje éste, que distingue entre el Padre y el Hijo! [64].

La misma distinción aparece en el salmo 96: «Delante de Jehovah y delante de *adon*.» Cristo es ese *adon*, es decir, el dueño, el señor, «a quien adoran los ángeles» (Heb. 1); el *adon* a quien adora la Iglesia, la reina (Sal. 44). Este es el Cristo *adon*, predicho por Malaquías (cap. 3), que está sentado «a la diestra» de Dios (Sal. 109). Esto mismo se dijo a Cristo en su resurrección, y en ese momento se sentó a la diestra de Dios Padre (Mc. 16) [65]. Una construcción semejante se repite muchas veces, por ejemplo en el cap. 25 del Lib. I de Samuel: «El Señor hará una casa a mi señor», «las guerras del Señor hace mi señor», «cuando hizo el Señor a mi señor, bien hizo el Señor a mi señor». En todos esos casos siempre se pone en primer lugar *Jehovah*, y en segundo *adon*. En el mismo sentido se expresa el Génesis, en el cap. 24: «Bendito el Señor Dios de mi señor», «el Señor me condujo al hermano de mi señor». Además, según

---

[64] Sal. 109, 1: «Jehová dijo a mi señor» (De Valera); «Oráculo de Yahvéh a mi Señor» *(BiJer): Ne'um Yahw ladoni*. A propósito comenta Servet al margen en su Pagnini: «Se refiere a Salomón, a quien David llama señor como a tipo de Cristo, pues tan grande era el reino que le sería transferido», en dependencia de la interpretación de Kimchi.

[65] Textos de Sal. 96, 5; Heb. 1, 6; Sal. 44, 9 y Mal. 3, 1; así como Mc. 16, 19.

el sentido literal antiguo o histórico, tal salmo se aplica a Salomón, cuando le fue adjudicado el reino de David en vida de éste (I Para. 29) [66]. Fue entonces, al entregar David el reino a Salomón, a quien debía serle entregado según la revelación de Dios, cuando David cantó lo de: «Dijo el Señor a mi señor.»

[66]

David, cantando en espíritu, dirige su mirada hacia Cristo, entendiéndolo en la persona de Salomón. Literalmente, David anuncia a uno, pero en espíritu apunta al otro. Pues, como decíamos, el espíritu de profecía da testimonio de Cristo Jesús. Hay que leer los profetas de tal manera que, viendo una cosa con los ojos, otees otra más sublime con el espíritu. En este sentido puede decirse que «la palabra de Dios es una espada que corta por ambos filos» (Heb. 4). En ocasiones puede resultar incluso ambigua, para que pueda darse un sentido más fecundo, varios sentidos verdaderos. David llama señor a Salomón como figura de Cristo, es decir, «en sombra»; en realidad, sin embargo, llama señor al mismo Cristo. Con este motivo, como ya dije antes, Cristo mismo provoca a los judíos para que puedan entender el misterio y reconocer la divinidad del Mesías (Mt. 22) [67]. En el citado lugar (I Para. 29) se dice literalmente que Salomón «está sentado sobre el trono de Dios», para que de este modo pueda decirse de él, como si ocupara el lugar de Cristo: «Siéntate a mi diestra.» Salomón está sentado allí, en el trono de Dios, según el poder de Dios, de una manera hiperbólica, y como «en sombra» de Cristo. La lengua santa está completamente llena de hipérboles, que literalmente no se cumplen del todo sino en el misterio de Cristo.

Las palabras siguientes: «En tanto que pongo a tus enemigos por estrado de tus pies» se refieren literalmente a Salomón (III Re. 5). Las demás palabras del salmo también están referidas literalmente a Salomón, como veremos en seguida en el pasaje siguiente, pues él es a quien el pueblo ofreció espontáneamente sus obsequios y el que fue llamado sacerdote «según el orden de Melquisedec», ya que fue a un tiempo rey y sacerdote. Por eso Salomón actuó hasta cierto punto como sacerdote en la construcción del templo y en su dedicación, como sombra y figura del verdadero rey y sacerdote, Cristo. Como Melquisedec, actuó Salomón de sacerdote ofreciendo y bendiciendo al pueblo (III Re. 8).

---

[66] I Sam. 25, 28 y 31; Gen. 24, 27 y 48; I Cro. 29 narra las fiestas realizadas en esa transferencia del reino.

[67] Heb. 4, 12 y Mt. 22, 43-45. Importantes ideas sobre los sentidos bíblicos.

Se dice, además, que Salomón bebió durante el camino en el torrente, es decir, en el torrente Gihon, cuando en Gihon lo ungieron rey. Mientras él bebía agua, Adonías se embriagaba en otra parte (III Re. 1). Por eso él levantó cabeza, mientras el otro fue rechazado del reino [68].

Sobre el nombre *Jehovah* hablaremos después más detalladamente. Por ahora será suficiente dejar constancia de que a Cristo, mientras vivió en la tierra, nunca le aplicaron los profetas este nombre, pero sí los de *elohim* y *adon*. Sólo algunos ignorantes se empeñan en demostrar aún la existencia de esas entidades incorpóreas e iguales, diciendo que Tomás dio a Cristo el nombre *Jehovah*, cuando dijo «Señor mío y Dios mío» (Jn. 20). No tienen ni idea del hebreo, que jamás añade el sufijo «mío» al nombre *Jehovah*. Nunca se pone el *tetragrammaton*, es decir, el nombre *Jehovah*, cuando se escribe «señor mío». Tomás ni utilizó, ni pudo utilizar ese nombre, sino los de *adoni* y *eli* [69]. Comete graves errores el que sin conocer la lengua santa se mete a tratar las santas Escrituras.

VII

El séptimo pasaje va a ser, pues, también del mismo salmo, en esos versos que vulgarmente suenan así: «El principio contigo el día de tu fortaleza en los esplendores de los santos; del seno antes de salir el sol te engendré» [70]. Comentando este pasaje, suelen dejarse llevar de alucinaciones los ignorantes por no tener ni idea ni de la versión griega, ni del original hebreo. Han traducido «principado» del pueblo por «principio», cuando en la traducción griega la voz ἀρκή no significa principio, sino principado, es decir, magistratura del pueblo, como claramente da a entender el original hebreo. Está escrito en el Exodo que los príncipes y el pueblo ofrecieron espontáneamente sus presentes para levantar y ornamentar el santuario (Ex. 25, 35 y 36); y otro tanto

---

[68] Es decir, I Re. 5, 3; 8, 62, y 1, 38 ss.

[69] Jn. 20, 28. Servet no hace sino aplicar su teoría de los nombres divinos, cuyo progresivo uso en diversas épocas habría implicado una progresiva revelación de Dios en el AT, expuesta en los lib. I y V de *DeTrErr*, 13v-15v y 96v-98v, lugares donde también se lamenta repetidamente de que muchos errores se han cometido por no haber atendido estrictamente a la expresión hebrea original.

[70] Servet mantiene la versión de la Vulgata, que De Valera traduce: «Tu pueblo de buena voluntad en el día de tu poder, en la hermosura de la santidad; desde el seno de la aurora, tienes tú el rocío de tu juventud», Sal. 109, 3.

ocurre con la dedicación del altar (Num. 7)[71]. Algo semejante se dice en el salmo en cuestión. Por lo que a la historia se refiere, allí se habla de la ofrenda espontánea del pueblo para la construcción del templo y la ornamentación del santuario. Esa ofrenda u oblación tuvo lugar en tiempos del establecimiento del reinado de Salomón, como consta en el lugar antes citado (I Para. 29). Bajo el tipo de esta figura histórica, David predijo en espíritu la futura oblación espontánea de los pueblos a Cristo con mayor esplendor de santidad. Mejor aún: el mismo pueblo sería su propia oblación.

[68]

En hebreo este pasaje se lee así: עַמְּךָ נְדָבֹת בְּיוֹם

חֵילְךָ בְּהַדְרֵי קֹדֶשׁ מֵרֶחֶם מִשְׁחָר ׳ לְךָ טַל יַלְדֻתֶךָ

Es decir: «Tu pueblo espontáneas ofrendas en el día de tu fortaleza, entre encantos de santidad, desde el seno, desde la aurora; en tí el rocío de tu adolescencia.» Así es como está puntuado en hebreo, y ése es el verdadero sentido original[72].

Tales ofrendas espontáneas del pueblo tuvieron lugar «en el día de la fortaleza», es decir, del poder de Salomón, pues ese día fue establecido y consolidado su poderosísimo reino, como lo fue el de Cristo en la resurrección. Ese mismo día fue hecho rey de nuevo Salomón, figura de Cristo, y por segunda vez fue ungido rey (cit. cap. 29), lo mismo que de nuevo vino el reinado de Dios con poder el día de la resurrección de Cristo. Se dice también que tales ofrendas fueron hechas «entre encantos de santidad», porque fueron hechas para hermosear y ornar el templo santo: lo mismo que nosotros santificamos y adornamos nuestros templos, ofreciéndonos a nuestro Salomón. También se dice: «desde el seno» y «desde la aurora», puesto que los niños desde el seno y al alborear el día presentaban las ofrendas. Y luego añade: «En tí el rocío de tu adolescencia», pues tal ofrenda le fue hecha a Salomón cuando era adolescente y en la adolescencia de su reinado. Del mismo modo y en sentido espiritual, le fue presentada a Cristo en el principio de su reinado la oblación de los pueblos, con mayor esplendor de santidad y con mayor hermosura; no por niños según la carne, sino por niños en espíritu, y desde la aurora de la resurrección de Cristo. Estos ofrecían presentes y se ofrecían ellos mismos al verdadero Salomón, como consta por los Hechos de los Apóstoles.

---

[71] Descrito en Ex. 25; el aporte de príncipes y pueblo «todo voluntario de corazón», en Ex. 35, hasta la sobreabundancia, según Ex. 36.

[72] *BiJer* vierte de esta manera: «Para tí el principado el día de tu nacimiento, sobre los montes santos, desde el seno, desde la aurora de tu juventud.»

Dice, además, «ofrendas espontáneas» para diferenciarlas del voto, pues diferentes son también נָדַב , *nadab* y נָדַר , *nadar* (Lev. 7, 22 y 23; Num. 15 y 29; Deut. 12)[73]. El pueblo pertenece a Cristo por propia voluntad, sin ser obligado por voto alguno. De este ofrecimiento espontáneo habla frecuentemente la Escritura en ocasiones semejantes, haciendo uso del término *nadab* (Sal. 46 y 53; Esd. 1; Ez. 44, 45, 46 y 48)[74]. De esa misma ofrenda habló David en el salmo 71, cuando dice que a Salomón le fueron presentadas ofrendas de parte de algunos reyes. Y no obsta el hecho de que a Cristo no se le haya ofrecido oro de Arabia o de Etiopía, pues los profetas suelen expresarse en términos de la Ley o de la historia. Las ofrendas en sentido literal pertenecen a la historia; pero las ofrendas en sentido espiritual, las oblaciones espirituales hacen referencia a Cristo. En el caso de Salomón le bastó con que le diesen presentes carnales y con que se le hiciese donación de oro de Arabia y de Tarsis (III Re. 4 y 10; II Para. 9)[75].

[69]

Qué se quiera decir con «entre encantos de santidad» nos lo aclara el mismo David en los salmos 28 y 95 y el I Para. 16, al llamar al lugar sagrado, hermoso y glorioso «hermosura de santidad» y «gloria de santidad»[76]. En nuestro caso se dice en plural «encantos» o «esplendores» para entender mejor su sentido, porque el esplendor de la gloria es múltiple. En el mismo sentido se expresa el salmo 67: «En tu templo en Jerusalén los reyes te ofrecerán dones»[77], por más que en aquella Jerusalén terrenal y en aquel templo no se le haya ofrecido nada de esto a Cristo por parte de los reyes. Mayores cosas espera de nosotros Cristo, quien también en esta ocasión nos habla del templo de su cuerpo, y

---

[73] Lev. 7, 16.22, 23 y 23, 38, así como los otros textos mencionados por Servet, distinguen entre ofrendas requeridas y voluntarias. *Nadab* es dar voluntariamente; *nadar*, hacer un voto de ofrendar: es obvio que, antes de formularlo, se era tan libre o voluntario o espontáneo como en *nadab*. Servet, siempre estricto en su interpretación filológica, va más allá del texto hebreo, pues aquí se basa su rechazo total de todo voto, especialmente los monásticos o afines, como luego irá diciendo.

[74] Efectivamente, en esos textos, por ejemplo, Ez. 44, 30.45, 13.46, 4, reaparece ese término hebreo con el significado de «ofrenda», que Servet interpreta estrictamente como voluntaria.

[75] Es decir, I Re. 4, 21 y 10, 10-22, donde se narra la visita de la reina de Sebá, así como en el lugar paralelo II Cro. 9. Interesante el principio hermenéutico expresado por Servet: *in terminis legis seu historiae solent prophetare prophetae*.

[76] Sal. 28, 2: «en el glorioso santuario»; Sal. 95, 9: «en la hermosura de su santuario»; I Cor. 16, 29: «postraos delante de Jehová en la hermosura de su santidad».

[77] Sal. 67, 29.

que, hablando de la reina de Saba que presentó sus regalos a Salomón, dice: «He aquí más que Salomón» [78]. No quiere Cristo lo que es nuestro, sino a nosotros mismos.

VIII

El pasaje octavo va a ser el de Isaías 7: «He aquí una virgen encinta y que pare un hijo, y tú, madre, le pondrás por nombre Emmanuel. Comerá manteca y miel, para que sepa desechar lo malo y escoger lo bueno. Porque antes que el niño sepa desechar lo malo y escoger lo bueno, la tierra que tú aborreces será arrancada de sus dos reyes», Rezin y Pechah [79].

Según el sentido histórico ahí se le da una señal al amedrentado rey Acaz, para que entienda van a perder enseguida sus dos enemigos, Rezin y Pechah, y que va a ser liberado de ellos el reino de Judá. Acaz temía muchísimo a estos dos reyes, pues le habían ocasionado grandes males (II Para. 28), como había anunciado antes Isaías (Is. 3 y 4) [80]. Y aún llegó a temerlos mucho más, cuando, casi destruido por completo el reino de Judá, vio que se dirigían a la ciudad misma de Jerusalén. Entonces fue cuando se le dio la señal, la que convenía a aquel momento y encerraba ya el misterio de Cristo. Literalmente, Isaías se refiere a Abías, mujer del rey y presente allí, la hija de Zacarías, a la que también se llama profetisa, porque había profetizado al poner a su hijo un nombre divino. Suelen las madres adornar a sus hijos con grandes sobrenombres; por eso Isaías dirige su palabra a la madre. Y así como rectamente se le había llamado Ezequías, es decir, «fortaleza de Dios», así también rectamente le llama ahora el profeta Emmanuel, «Dios con nosotros». A Ezequías se le llamaba Emmanuel, como a Salomón se le llamaba Lamuel (Prov. 31), porque Dios estaba entre ellos.

[70]

---

[78] En Mt. 12, 42. La referencia al templo de su propio cuerpo, en Col. 2, 17.

[79] Is. 7, 14-16. Servet se muestra totalmente histórico en su interpretación de este verso crucial, a la que aplica su conocida actitud. Por eso había escrito ya al margen de su Pagnini: «Los arameos (sic) habían llegado en son de batalla contra Jerusalem, y el profeta habla de una joven que concebirá y dará a luz un hijo. Literalmente no se refiere a nadie sino a Abías, allí presente, que estaba a punto de ser madre de Ezequías, fortaleza de Dios y Emmanuel (Dios con nosotros), antes de cuyo reinado fueron derrotados aquellos dos reyes enemigos de Judea, como se cuenta en II Re. 16 y 18.»

[80] «De veinte años era Acaz cuando comenzó a reinar», II Cor. 28, 1, donde se cuentan sus derrotas e iniquidades; Is. caps. 3 y 4 las narra en estilo profético, empleando el futuro.

La madre de Salomón lo llama Lamuel, así como la de Ezequías lo llama Emmanuel [81].

Esta mujer Abías había concebido casi por milagro a Ezequías cuando era aún una niña virgen. Según cuentan las historias de los reyes, sólo contaba Acaz once años cuando le fue concebido Ezequías. La profetisa, al conocer esto, puso a su hijo un nombre divino, como si aquel hijo hubiera sido engendrado en el seno de una virgen, en figura de Jesús el Cristo. Por hipérbole y en sentido figurado puede decirse que fue engendrado de una virgen, sobre todo si se tiene en cuenta que la palabra hebrea significa también «doncella» [82]. Pudo además llamársele virgen debido a su edad infantil. Pero Abías no concibió sin el semen masculino, a diferencia de María, la madre de Jesús. A pesar de todo, Isaías da a entender que se prefiguró un milagro en la generación de Ezequías, a quien se le llamó por eso «fortaleza de Dios» y «Dios con nosotros»; pues en aquel tiempo Dios estaba con su pueblo en contra de sus enemigos, sobre todo en contra de los asirios, y ello con gran fortaleza. Con esta señal milagrosa, Isaías da a entender el milagro mayor de la verdadera virgen. Y no hay que menospreciar el hecho histórico, por más que en él no se halle la verdad plenamente. De ahí que se siga hablando de Ezequías en el cap. 9: «Toda batalla de quien pelea se hace con estruendo y empapando en sangre las vestiduras; mas esto será para quema y pábulo del fuego» por la devastación del fuego del ángel contra los asirios; del mismo modo que Cristo destruyó con la espada flamígera a sus enemigos y al Anticristo figurado en el asirio (Is. 11) [83]. De ahí que, así como Cristo resucitó al tercer día, así también al tercer día y por las oraciones de Ezequías sucedió la milagrosa liberación del pueblo, y al [71] tercer día también ocurrió que Ezequías, como resurgiendo de la muerte, subió a la casa del Señor (Os. 6; IV Re. 20) [84],

___

[81] Prov. 31, 1 y 4, que Servet interpreta arbitrariamente como aplicado a Salomón mismo.

[82] El término hebreo *'almah* aparece cuatro veces en la Biblia, y nunca con clara connotación de virginidad o falta de ella, a no ser esto último en Prov. 30, 19. La versión griega de los LXX lo tradujo por παρθένος, virgen o doncella. Los exégetas vieron en el texto de Is. como una profecía del nacimiento virginal de Jesús, especialmente por haber sido utilizado este texto en Mt. 1, 23. Servet le conserva su único sentido literal, pero con posibilidades de uso tipológico.

[83] Is. 9, 5 y 11, 16. *Historiæ signum non est contemnendum, quamquam non sit in eo integra veritas.*

[84] Os. 6, 2: «Darános vida después de dos días; al tercer día nos resucitará, y viviremos delante de él»: y parecidas palabras, en II Re. 20, 5, al narrar esa enfermedad de Ezequías.

siendo así verdadera figura de Jesús el Cristo. **Todo lo demás** que escribe Isaías acerca de Cristo desde el principio hasta el capítulo 40 está tipificado en la historia de Ezequías. A partir del capítulo 40 comienza a hablar de Ciro, que, también como figura de Cristo, fue el liberador de la cautividad, por lo que también se le llamó Cristo, y Emmanuel, y Lamuel.

Date cuenta, sin embargo, de lo artificiosamente que dice Isaías, en dicho cap. 7, הרה וילדת , *hara veiolédeth,* encinta y parturienta, o sea, concibiendo y pariendo; de tal modo que sus palabras pueden referirse al pasado y al futuro «como una espada de dos filos». Pues en aquel entonces ya había nacido Ezequías, como explica Isaías en el capítulo siguiente repitiendo las mismas palabras: «Me llegué, dice, a la profetisa que había concebido y parido un hijo, en cuya infancia se consumó la destrucción de Damasco y Samaría.»

Pero, ¿por qué dijo: «comerá manteca y miel, para que sepa desechar lo malo y escoger lo bueno»? Esto lo aclara allí mismo el profeta, cuando dice que comerían manteca y miel, aun en caso de escasez de ganados y a pesar de estar destruidas las colmenas. Sería tal la prosperidad que concedería Dios, después de las desgracias y ruinas de los enemigos, que hasta los niños, saciados de manteca y de miel, podrían darse cuenta de la bondad de Dios y aprenderían a escoger lo bueno y desechar lo malo. Y esto llegaría a conocerlo Ezequías, que entonces no era más que un niño. Por ser un alimento para niños, por eso en este pasaje se le da a un niño. Se hace alusión también a la fertilidad que, al haberle sido concedida tan pronto, constituía un gran motivo para alabar a Dios. Con lo cual se acosa al mismo Acaz, por haber escogido lo malo y desechado lo bueno sin tener en cuenta los grandes beneficios de Dios: el que abundasen tan pronto la manteca y la miel, a pesar de haber sido destruidos por el enemigo los ganados y las colmenas. Una señal parecida de la prosperidad que en seguida había de suceder se da también en el cap. 37 del mismo Isaías [85].

Aún añade el profeta otra manifestación de esta señal: que antes de que el niño sepa desechar lo malo y escoger lo bueno «será dejada por sus dos reyes, Rezin y Pechah, la tierra que tú, Acaz, aborreces». En efecto, ambos serían   [72]

---

[85] En Is. 37, 30-32. A este respecto, en la cit. nota marginal de Pagnini: «Grande será la fertilidad y él se endulzará como un niño con su alimento; pues la miel es alimento de niños e indica fertilidad.» Es de notar cómo depende Servet en todo esto del *Comentario a los Profetas* de D. Kimchi, que pudo leer en la ed. de Pisa, 1515.

asesinados antes de que el niño alcanzase la edad adulta de la ciencia del bien y del mal. Así ocurrió poco después, según consta en los caps. 15 y 16 del IV Re.[86].

«Así, pues, recibe Acaz, esto como señal de que Dios conservará ese reino para tu hijo. Pero he aquí una virgen doncella que está concibiendo y pariendo milagrosamente un hijo, a quien tú, madre, le llamas justamente Emmanuel. Por él Dios obrará milagros en su pueblo y lo salvará. Este, a pesar de ser aún un niño, al ver la fertilidad que tan pronto Dios le va a conceder, sabrá conocer el buen camino de Dios y rechazar el malo. Y otra cosa más: pues antes de que el niño llegue a esa situación, serán destruidos los dos reyes, a los que temes.» Todo esto se cumplió al pie de la letra, y tal como se cumplió así debe ser explicado.

No hay que menospreciar el sentido de la historia antigua, pues a través de él se iluminan los misterios de Cristo. El es el único que fue concebido y parido verdaderamente por una virgen. Sólo él es el verdadero Ezequías, el verdadero Emmanuel, el Dios fuerte, el padre de la eternidad, el príncipe de la paz.

IX

Nos toca ahora comentar el pasaje noveno, que figura en Juan 3: «Nadie subió al cielo, sino el que descendió del cielo, el hijo del hombre que está en el cielo»[87].

Resulta sorprendente que, estando aún en la tierra, se afirme de Cristo que está en el cielo y que ha ascendido al cielo y que ha descendido de allí. Que Cristo descendiese del cielo, lo hemos dicho ya de algún modo en el libro anterior y vamos a explicarlo de nuevo con mayor detalle. Pues la Palabra celestial hecha carne en la tierra hace que la sustancia de su carne sea carne del cielo, ya que esa carne tiene en sí sustancia verdaderamente divina procedente del cielo. Ahora bien, que Cristo ya haya ascendido al cielo, lo demuestro así. A la encarnación de la Palabra le sigue la ascensión del hombre a Dios. La Palabra, al descender del cielo a la tierra, arrastra a su vez la tierra hacia el cielo, haciéndonos a todos celestiales. Decimos que Cristo ya ha ascendido al seno del Padre y que el cielo fue entonces para él la «luz inaccesible» en que habita su Padre. Verdaderamente ya estaba entonces en el cielo el que nos había traí-

[73]

---

[86] O sea, en II Re. 16, 7-9, ayudado por el rey de Asiria.
[87] Jn. 3, 13, en la conversación con Nicodemo.

do el cielo. Entonces sólo él había ascendido al cielo, pues ni el alma de Abraham, ni las almas de los patriarcas habían sido recibidas aún en el cielo. Por eso dijo con razón: «Nadie.» Sólo él estaba en el cielo, pues nosotros aún no habíamos nacido «de arriba», como allí se dice. Pero una vez que nosotros nacemos «de arriba», entonces ya puede decirse que ascendemos al cielo, como hombres celestiales que somos, moradores del cielo [88].

También se dice que nosotros descendemos del cielo, que hemos nacido del cielo, porque nos ha sido dado el espíritu que baja del cielo y que nos lleva al cielo. Por eso siempre es verdad el dicho de Cristo: que en aquel momento sólo era conveniente para él y que para nosotros lo sería después de la regeneración sobrenatural, pues nadie ha subido al cielo, sino el que ha bajado del cielo, el que ha nacido del cielo, y ha sido llevado al cielo por el Espíritu santo que baja del cielo. Y así, por Cristo se juntan el cielo y la tierra y el cielo desciende hasta nosotros para llevar la tierra al cielo. Luego también los santos, nacidos del cielo, y no sólo Cristo, han descendido del cielo. Pero sólo Cristo ha descendido por generación natural y con toda «la plenitud de la divinidad».

X

El décimo va a ser ese pasaje de Pablo a los Colosenses, que dice así: «En Cristo habita toda la plenitud de la Ley y toda la plenitud de la divinidad corporalmente» [89].

Toda la plenitud de la Ley está en Cristo, pues las sombras de la Ley prefiguraban diferentes misterios que se han cumplido todos en este su cuerpo. Se han cumplido real y corporalmente. También la plenitud de la divinidad, junto con la plenitud de la Ley, está íntegramente en Cristo. Y lo está corporalmente, visible y tangible según el cuerpo. El propio cuerpo de Cristo es la mismísima plenitud en la que todo se cumple, se junta, recapitula y reconcilia: Dios y el hombre, el cielo y la tierra, los judíos y los gentiles, la circuncisión y el prepucio, el reino y el sacerdocio, la Ley

---

[88] Aunque esta doctrina se basa inmediatamente en las palabras bautismales de Jn. 3, 4, no hay que excluir cierto tono neoplatónico. Sin embargo, los conceptos básicos están ya en *DeTrErr* 44v y ss., al comienzo mismo del lib. III, el cual trae la materia de manera mucho menos sistematizada que *Restitutio*. Es allí donde escribe: «No se dan cuenta de que el cielo está allí donde está Cristo.»

[89] Col. 2, 9, otro texto que Servet va a desposeer de sentido trinitario.

y los Profetas. El propio cuerpo de Cristo es cuerpo de la deidad, y su carne divina es carne y sangre de Dios. La propia carne de Cristo es celestial, engendrada de la sustancia de Dios. Esa carne, tal y como estaba en el sepulcro, tenía la forma sustancial de la sustancia de la luz de Dios y los elementos superiores de la sustancia de la Palabra de Dios, como diremos luego [90]. Se dice que Dios estaba en esa carne corporalmente, cosa que no ocurría en la sombra de la Ley, para contraponer adecuadamente el cuerpo a su sombra.

Ahora bien, el mero hecho de decir Pablo «inhabitar» ya da a entender qué es en él la divinidad. Los rabinos llaman a la divinidad ‏שׁכינה‏ sechina, del verbo ‏שׁכן‏ , sachan, que significa «inhabitar». Por consiguiente, la divinidad de Cristo es la inhabitación de Dios. En Cristo no hay sólo una porción de Dios, sino toda la plenitud de Dios, toda la plenitud de la Palabra y del Espíritu. De esa misma palabra «inhabitación» de Dios, al tabernáculo en que habitaba Dios se le designaba en la Ley ‏מישׁכן‏ , mischan, «habitación» de Dios [91]. Habitación (presencia) de Dios es lo que dice Pablo: «Dios estaba en Cristo reconciliando el mundo consigo» (II Cor. 5) [92]. La divinidad de Cristo no es sino Dios en Cristo, igual que, como en figura suya, estaba la divinidad en el tabernáculo. Acomodándose Pablo al modo de ser de la divinidad y a la consideración de la Ley, nos enseña abiertamente cómo la divinidad del tabernáculo y de los ángeles vistos allí no era sino sombra de la verdadera divinidad que habita en el cuerpo de Cristo: «Esas cosas, dice, son sombra de las futuras; pero el cuerpo es de Cristo» [93]. Allí estaba la divinidad en figura, pero sin cuerpo; aquí está verdaderamente el cuerpo de la divinidad. La verdadera divinidad, figurada en aquellas sombras, está en Cristo corporalmente, en el mismo cuerpo y en la misma carne de Cristo. En Cristo está toda la divinidad de su Padre y de los ángeles. Toda la plenitud de Dios, todo Dios

[74]

---

[90] Otra variante de la doctrina servetiana de la «carne celestial» de Jesús, recibida quizá de Hofmann, y que expondrá más al hablar de la cena eucarística, pero no compartida íntegramente.

[91] En la literatura rabínica (Filón, el *targum* Onkelos, Maimónides, etc.) el término *shechinah* sirve para significar la presencia de Dios, o de su espíritu, en la comunidad de Israel. Aunque Servet emplea término y concepto en sentido distinto, coincide en tomarlo como argumento para rebatir la doctrina de la doble naturaleza de Cristo en el sentido ortodoxo tradicional de la preexistencia de una segunda Persona, que luego inhabitaría corporalmente a Jesús hombre, acentuando así la unidad divina.

[92] II Cor. 5, 19.

[93] Col. 2, 17. *Umbra futurorum.* Concepto equivalente al de *typus*, que, como se va viendo, es también fundamental en la teoría de Servet.

Padre con toda la plenitud y esplendor de sus propiedades, de toda su sustancia y poder y divinidad, habita plenamente en este cuerpo. La hipóstasis de Dios, toda su naturaleza y esencia, toda la visión, la adoración y el culto de Dios, todo cuanto Dios tiene, está en Cristo sustancial y corporalmente, hasta el punto de que Cristo es verdaderamente consustancial, ὁμοούσιος con Dios Padre [94].

Sólo en Cristo subsiste y se ve Dios. Fuera de él no hay otro rostro, ni otra persona, ni otra hipóstasis de Dios. Las Escrituras hablan muchas veces del esplendor de su rostro, [75] que ilumina los cielos y los seguirá iluminando en el siglo futuro. Sólo en el rostro de Jesús el Cristo se contempla aquella luz por la que Dios es la luz. Hasta tal punto está en él toda la divinidad y la gloria de su Padre, que los ángeles pueden admirarlo y aprender de él y en él ver cuanto ha de suceder. Y no sólo le está presente Dios, sino que le ha sido dado todo el poder de Dios. Todas las cosas han sido hechas por Cristo en espíritu y poder. Todas las cosas han sido hechas por Cristo en persona. Todas las cosas han sido hechas por Cristo en sustancia. Todas las cosas se pueden ver y consisten esencialmente por Cristo y en Cristo [95].

XI

El undécimo pasaje es: «Mi padre está en mí y yo en mi padre» (Jn. 14) [96]. Al comienzo del Lib. III de su *Sobre la Trinidad* dice Hilario que, dada la naturaleza de la inteligencia humana, ésta no puede llegar a comprender cómo pueden estar esas tres entidades, cada una en la otra [97]. Lo mismo suscribe Agustín en el libro *Sobre la fe a Pedro*, y al final del Lib. VI de *Sobre la Trinidad*, añadiendo que esas entidades están las tres en todas las otras [98]. En el Lib. III de *Sobre el Espíritu Santo* Atanasio juega con esas entida-

---

[94] Pero no se olvide el totalmente distinto sentido del término en los Padres nicenos (el Verbo es consustancial con el Padre) y en Servet. Jesús hombr, por ser como tal hijo de Dios, es consustancial con su padre, lo cual tiene, como siempre, un fuerte realismo.

[95] *Omnia per Christum facta sunt in persona..., in substantia. Omnia per Christum et in Christo videntur et essentialiter consistunt.*

[96] Jn. 14, 10.

[97] Hilario, *De Trinitate*, lib. III, 1 (PL X, 49): *Natura intelligentiæ humanæ rationem dicti istius non capit.*

[98] Agustín, *De fide ad Petrum, liber unus,* cap. I, 4 (PL XL, 754) y *De Trinitate*, lib. VI, cap. X, 12: «Y cada una está en la otra, y todas en cada una, y cada una en todas, y todas en todas, y son unidad todas» (PL XLII, 932).

des invisibles y termina diciendo que están todas en todas [99].

Produce verdadero estupor ver cómo se dejan enajenar de ese modo, sin tener en cuenta la fácil interpretación del mismo Cristo. Pues en ese mismo capítulo dice Cristo a los apóstoles: «Mi padre está en mí, y yo en vosotros; yo en mi padre, y vosotros en mí.» Cristo está en su padre, sustancialmente unido a él; su padre está en él, del mismo modo que se dice que Dios estaba en Cristo, y que estaba en él, corporal y espiritualmente, toda la deidad. «Dios estaba en Cristo reconciliando el mundo consigo» (II Cor. 5). Y así enseña Pedro que Dios estaba con él (Hch. 10). Las obras que hacía este hombre las hacía en él su padre: «Mi padre, que está en mí, él hace las obras.» Por eso dice Cristo que él hacía lo que veía hacer a su padre [100]. Como un artesano ejecuta manualmente lo que ve que va haciendo dentro su alma, así Cristo. Y en este sentido les dice a los judíos que hacen lo que ven hacer al demonio dentro de ellos, pues el diablo estaba en ellos obrando y sugiriéndoles malas ideas, al revés que Dios en Cristo buenas.

Resulta ridícula la exposición que hace Agustín de este pasaje de las obras del Padre en Cristo en los tratados 18, 19 y 20 de *Sobre Juan*, así como al principio del Lib. II de [76] *Sobre la Trinidad*, recurriendo a la triple distinción sofística para no tener que decir que el Padre está en el hombre. Ellos sostienen que en el hombre sólo está el Hijo, pero no el Padre ni el Espíritu santo, para evitar así la confusión de sustancias [101]. Pero, ¿quién puede negar, de no estar engañado por el demonio, que el Espíritu santo está **sustancialmente** en el hombre Cristo? También niegan ellos que el Padre está en el hombre, como si eso fuera patripasianismo [102]. Pero todo eso no es sino un sueño ridículo de su *comunicación de idiomas*. Porque yo no digo que padeciese el que estaba en el Hijo, sino el hijo. Pues así como es propio de la carne el nacer, así también le es propio el ser flagelada, el ser crucificada, el morir y el resucitar. Y esto no tiene nada que ver con esas entidades incorpóreas. No puede decirse que muera el alma cuando muere el hombre, ni que

---

[99] Atanasio, *De Spiritu sancto*, lib. III (PG LXII, 328; cfr. nota 194 del Lib I).

[100] II Cor. 5, 19; Hch. 10, 38 y Jn. 14, 20.

[101] Agustín, *In Ioannis evang.* tract. 18, 19, 20 (PL XXXV, 1535-64) y *De Trinitate*, lib. II, cap. I, 3, donde distingue tres clases de expresiones: algunas predicables del Padre y del Hijo, algunas que muestran ser éste inferior como hombre y siervo, y otras que no lo presentan ni como menor ni como igual, sino que muestran que viene de El (PL XLII, 846).

[102] Estas mismas fórmulas, en *DeTrErr* 58v y 76r-v.

muera un ángel con el hombre, o una de esas entidades in-corpóreas. Es ridícula la muerte de una de esas entidades invisibles, que ni siquiera pueden sentir el tormento de la muerte. Yo no admitiré jamás que muera de verdad algo que no padece dolores de muerte. Invención de hombres fanáticos y engañados por los demonios son esas otras muertes, que jamás fueron reconocidas en las Escrituras. ¡Como si también el Espíritu santo pudiera morir de esa manera en otro hombre! Estaría bromeando completamente Dios, de haber puesto la redención del mundo en la muerte de esa entidad invisible, que no es siquiera una muerte real. Ilusoria es esa redención de los sofistas, como es ilusoria la muerte de esa «Persona» en la que ponen el fundamento de su salvación. Según ellos, el hijo de Dios habría muerto tanto como los ángeles bajo piel de asno [103].

Aún hay en los sofistas otra impostura manifiesta: que incluso las pasiones de Cristo hombre no son verdaderas pasiones. Pues tanto Agustín, al comentar el salmo 21, como Jerónimo comentando a Mateo 26 e Hilario en su comentario al salmo 68, dicen que el hombre Cristo ni se entristeció, ni sintió miedo ante la muerte [104]. Hilario llega a firmar, en el Lib. X de su obra *Sobre la Trinidad*, que ni siquiera sintió sus heridas, ni el tormento de la muerte, ni dolor alguno: «No sintió, dice, mayor dolor la carne de Cristo durante la pasión que el que sienten el fuego o el agua al herirlos con una espada.» Con la misma insensatez dice, en el Lib. IX, que el Padre es mayor, y sin embargo no admite que el Hijo sea menor, ni que padeciera más el Hijo que el Padre [105]. Agustín anatematiza, en su sermón *Sobre la fe*, a los que dicen o creen que murió el Hijo de Dios [106]. Hasta Lombardo, influenciado por Agustín, llega a decir que ni siquiera murió el hombre, ya que en el Lib. III de las *Sentencias*, en la distinción 22, admite por su autoridad que Cristo fue hombre durante aquellos tres días del sepulcro [107]. Ahora

[77]

---

[103] Al margen en *DeTrErr* 58v una expresión aún más detonante: «Y aún conceden más, que si los ángeles revistieran un cuerpo asnal, también entonces serían asnos.»

[104] No está clara a este respecto la mente de Agustín y Jerónimo en los lugares aducidos por Servet, aunque el segundo escribe *In Matheum*, lib. IV, cap. 26: «Se avergüencen quienes piensen que el Salvador temió la muerte y dijo con pavor de la pasión "Padre, si puede ser, pase de mí"»... (PL XXVI, 197). Más claramente Hilario, *In Psalm. 68* (PL IX, 242 ss.).

[105] Hilario, *De Trinitate*, lib. IX, 56 y lib. X, 23 (PL X, 303 y 336).

[106] Agustín, *Liber de fide ad Petrum*, obra estimada apócrifa por Erasmo (PL XL, 757), pero no exactamente en los términos que Servet indica.

[107] P. Lombardo, *Sententiarum*, lib. III, dist. 22, 1, titulada «Si Cristo en la muerte era hombre». No lo parecería, dice, pues un hombre muerto ya

bien, si de verdad era hombre, como hombre vivía de verdad. ¿Quién puede aguantar el discutir con estos comediantes? La razón que a ello les mueve es el que de Cristo se diga que estuvo en el sepulcro y en el infierno. Pero todo eso puede decirse por sinécdoque, como cuando decimos que san Pedro está en el paraíso. Si como hombre murió de verdad, necesariamente dejó de existir como hombre. Si como hijo murió de verdad, de verdad dejó de existir entonces como hijo, por más que permaneciera lo que era de hijo, pues la verdadera muerte lleva del ser al no ser. Y así, si de verdad dejó de ser como hijo, síguese ya que el hijo no era propiamente deidad por sí mismo.

XII

Duodécimo pasaje: «Antes que Abraham naciese, yo soy» [108]. La expresión «yo soy» indica ya un cierto modo esencial de ser. Así como la forma da el ser a cada cosa, así la Palabra, como forma sustancial, da la esencia a este cuerpo, y ésta es desde el principio. Más aún, Cristo ya es desde el principio en su esencia elemental, como veremos, y en la esencia de su alma. La esencia del cuerpo y del alma de Cristo es la deidad de la Palabra y del Espíritu. Cristo es desde el principio, tanto en cuanto al cuerpo como en cuanto al alma [109]. La carne de Cristo tiene el comienzo de su existir en la pronunciación paterna de la Palabra. Y en el Espíritu de Dios Cristo ha precedido todos los tiempos, pues el mismo que era Espíritu de *elohim* es ahora espíritu de Cristo.

Por el mero hecho de tener espíritu, incluso uno que tuviera espíritu inmundo, podría decir: «yo estaba allí, veía, hacía», como si no hablara el hombre, sino el espíritu. En este sentido, Simón Mago, imbuido del mal espíritu, se ha-

---

no es hombre; y si lo era, ¿sería mortal o inmortal? Pero no podía ser mortal, pues que ya estaba muerto, ni inmortal sino tras resucitar. Responde que a la muerte de Cristo, Dios seguía siendo verdaderamente hombre, aunque muerto; pero un hombre ni mortal ni inmortal, porque estaba unido al alma»... (PL VXCII, 803).

[108] Jn. 8, 58. Tema discutido en *DeTrErr* 67v-68v.

[109] Es decir, Cristo es virtualmente, intencionalmente, eterno, porque la Palabra y el Espíritu de Dios, que son sus dos modos sustanciales de manifestación y de comunicación respectivamente, eternamente estaban destinados a ser forma sustancial y espíritu del cuerpo de Cristo. Uno de los pasajes de *Restitutio* en que aparece más sugestiva la aplicación servetiana del peculiar aristotelismo de Servet a su propia comprensión de las doctrinas cristianas.

cía llamar «el que es», y decía que desde el principio él era, a semejanza de la persona de Cristo. Había escuchado estas cosas de los apóstoles y, tratando de emular por este procedimiento la verdad de Cristo, la impugnaba para que los que no creyesen en él tampoco creyesen a Cristo. Una cosa hay que tener presente: que Simón Mago, el primer hereje después del evangelio e insigne adversario, jamás impugnó la fe con los medios de los trinitarios, ya que en aquel tiempo nadie conocía tales patrañas. La cuestión se centraba exclusivamente en la persona visible de Cristo, que manifestaba un espíritu eterno [110].

[78]

Verdaderamente, es eterno el espíritu de Cristo, pues es aquel espíritu que ya en el principio inspiró en Adán la vida. De este eterno espíritu de Cristo habla el apóstol: «El cual se ofreció a sí mismo por el espíritu eterno» (Heb. 9). Con razón, pues, dijo Cristo: «Antes que Abraham naciese, yo soy.» Yo soy aquella eterna Palabra de Dios que, pronunciada antes de Abraham, fue escuchada y vista por él. Como Palabra visible pronunciada antes de Abraham, e incluso antes de Adán, Cristo «desde toda la eternidad» sale de la boca de Dios (Miq. 5) [111]. Y no nos limitamos a decir que Cristo sale de Dios, sino que es en Dios: «Yo soy» el existente en la sustancia de la Palabra. Mi ser es desde toda la eternidad, pues en la eternidad ha sido pronunciada por el Padre eterno la Palabra. En aquel entonces yo era ya esencialmente, dando el ser a todas las cosas. «Este que vemos es desde el principio» (I Jn. 2). «El es antes de todas las cosas, y por él todas subsisten» (Col. 1). Este hijo nace eternamente de Dios; temporalmente, del hombre [112].

Voy a ponerte una comparación. Si me fuese dado el poder de engendrar con el solo aliento de mi boca un hijo en una mujer, en tal caso, si yo muriese una vez exhalado mi aliento, podría decirle a la mujer: «He engendrado un hijo, te dejo un hijo que, al llegar a la plenitud de los tiempos, nacerá de tí hecho hombre.» Pues bien, ese aliento no es aún el hijo real, pero, una vez engendrado en virtud del factor seminal, ya podemos llamarle hijo. Así también en Dios. No hubo entre esas entidades generación de ningún Hijo invisible, sino que por la pronunciación de la Palabra se produjo la generación de la carne que luego apareció visible y que es hijo de Dios bendito.

---

[110] Sobre Simón el mago, Hch. 8, 9-24.
[111] Heb. 9, 14 y Miq. 5, 2.
[112] I Jn. 2, 13 y Col. 1, 17.

XIII

De ello se desprende lo que dice el Bautista, el Precursor: «El que viene tras de mí, fue hecho antes de mí, porque era primero que yo» (Jn. 1). Así traducen nuestros intérpretes, y traducen mal, porque después del verbo «fue hecho» debe ponerse un punto, para que ὅτι sea el principio de la oración siguiente, así: «El que viene tras de mí fue hecho antes de mí. Porque era primero que yo, y de su plenitud tomamos todos.» Más adelante Juan vuelve a repetir la misma expresión: «El que viene tras de mí fue hecho antes de mí.» Y repitiendo por tercera vez lo mismo, dice: «Este es del que dije: tras mí viene un varón, el cual fue hecho antes de mí. Porque era primero que yo, y yo no lo conocía» [113]. De este varón se dice que fue hecho «en otro tiempo». Nota la expresión: hecho en otro tiempo, es decir, *hecho antes.*

[79]

¿Qué tienen que decir a esto los sofistas? Porque ellos no admiten que esa su segunda «persona» haya sido hecha; lo admiten, en cambio, los arrianos. Y mucho antes que los arrianos, Ignacio, Ireneo, Tertuliano, Clemente Alejandrino, Asterio Tiense, Dionisio Alejandino, y todos los más antiguos habían dicho claramente que el hijo había sido *hecho.* Lo mismo enseña el apóstol en muchas otras partes y en la carta a los Hebreos, cuya mentalidad jamás conocieron ni Arrio, ni Atanasio [114]. A todos ellos yo querría hacerles una sola pregunta: la generación de este hombre por Dios, ¿es divina o no? Si es divina, este hombre debe llamarse hijo

---

[113] Jn. 1, 15 y 27-30. La utilización trinitarista de este texto tropieza, efectivamente, con la objeción filológica que propone Servet. Parecería deber entenderse como traduce *BiJer:* «El que viene detrás de mí se ha puesto delante de mí, porque existía antes que yo.»

[114] El empeño de Servet se explica, a fin de probar su tesis de la inexistencia de una segunda Persona «no hecha»; pero los textos que aduce son muy remotos: no pasan de frases como «hecho de mujer», «fue hecho o se hizo lo que somos, para hacernos lo que es» (de Ireneo, *Adv. Hæreses,* lib. V, prólogo; PG I, 399; *Adv. Praxeam,* cap. VIII), de Clemente de Alejandría *(Stromata,* lib. II, cap. XVI: PG VI, 168), de Dionisio Alej., acaso el fragm. *Adv. Sabellium:* PG X, 1269. Extraña noticia la de Asterio Tiense, no el ascético ob. de Amasea, cuyas homilías están en PG XL, sino el llamado «el sofista», alumno de la escuela de Luciano de Antioquía, buen teólogo de tipo arriano, viejo ya en 341, rebatido por Atanasio. Servet no pudo obtener esta noticia sino de modo indirecto, no por sus obras.

único de Dios. Si Jesús de Nazaret fue engendrado en esa generación, el que fue engendrado y nació es su hijo. Ya ves cómo éste es aquel Melquisedec, cuya generación era desconocida de los hombres. Pues por el modo de su generación, hay que reconocer a este hijo.

XIV

Hemos dicho que el espíritu de Cristo es eterno. De eso habla también Pedro en el cap. 3 de su primera carta: «Vivificado en espíritu, en él fue y predicó a los espíritus que estaban en la cárcel, los cuales fueron desobedientes en tiempos de Noé» [115]. Voy a explicar ahora este pasaje, pues ayuda de modo admirable a conocer el misterio de Cristo.

Hablando de la cárcel, Pedro hace alusión a aquel tiempo en que los gigantes fueron exterminados con el diluvio y precipitados junto con los ángeles malos en la cárcel del abismo. Luego mezcla con todo esto el otro misterio de [80] cuando Cristo desciende a la cárcel de los infiernos, y termina indicando la causa del encarcelamiento de los ángeles. Al tratar del infierno introduce, como algo importante, la historia de los gigantes, pues jamás se había oído que una tal multitud de hombres y de ángeles fuese arrojada a la cárcel del infierno. Lo hace también por paralelismo, pues los no creyentes de ahora, cuando se está edificando la Iglesia por la predicación y por el bautismo, son parecidos a los que entonces, cuando se construía el arca, no creyeron en la predicación [116]. Explica Pedro cómo Cristo en su espíritu eterno había sido ya en otros tiempos salvador de los creyentes por medio del agua, como lo es ahora por medio del bautismo. Algunas de esas palabras están tomadas del salmo 89, según la versión de los LXX intérpretes, la única en griego conocida entonces aun para los mismos apóstoles, que escribían en griego. En ese salmo se alude a los tiempos del Diluvio [117]. Pedro y Judas los llaman ángeles (a los demonios). En el Apocalipsis Juan sitúa a estos ángeles en la cárcel del abismo, y lo mismo hace Lucas en

---

[115] I Pe. 3, 18-20. En *DeTrErr*, lib. III, págs. 70v-73r.

[116] Bien conocida raigambre bíblica de esta analogía entre arca o barca de Noé y barca de Pedro como símbolo de la Iglesia. Muchas de estas ideas, en un campo que hoy nos suena tan extraño, están tratadas también en su *Carta 4* a Calvino (cfr. ed. cit., pp. 79-83, pp. 582-5 de *Rest.*). Se refiere Servet a I Pe. 3, 20-21.

[117] Sal. 89, 4-5: «Mil años ante tus ojos son como el día de ayer, que pasó, y como una de las vigilias de la noche.»

su evangelio. Los LXX intérpretes, en Gen. 6, los llaman ángeles, como refiere Josefo en sus *Antigüedades judías* [118]. Pues bien, esos ángeles eran hijos de *elohim*, espíritus impostores que, fingiendo una vida angélica ante el género humano, se impusieron al mundo. Estos ángeles, viendo la hermosura de las mujeres, se valieron de este medio para provocar a los hombres con más vehemencia a la lujuria, fingiéndose hombres e introduciéndose en los cuerpos de hombres grandes. Tal es la razón por la que, como dice Judas, esos ángeles perdieron su condición, es decir, degeneraron de su natural origen por querer engendrar estimulados por envidia a los hombres, pues los afectos de los demonios están muy depravados y encandilan con artes mágicas a los hombres. De ahí que se diga de Henoc que fue traspuesto, para que no le hiciese cambiar de ideas la fascinación de esos ángeles (Sab. 4).

Henoc desempeñaba una misión con los ángeles, como dice Ireneo, hablándoles y predicándoles, igual que Pablo debió dar a conocer a los ángeles la predicación que antes ellos desconocían (Ef. 3). Henoc en persona discutía con los ángeles malos, exhortándolos a penitencia, como consta por el Eclesiástico 44 y la carta de Judas. Por eso, cuando [81] los tiranos querían darle muerte, Dios lo traspuso para que no conociese la muerte violenta (Heb. 11) [119]. Tenían sus mujeres en común y de ellas tomaban por esposas a las que querían. Beroso relata que fueron castigados por sus relaciones ilícitas, y no por un matrimonio justo, cosa que también da a entender Moisés. Habían llenado la tierra de lujuria, tiranía, robos e iniquidades. Los antiguos hebreos los llamaron grandes demonios, debido al gran tamaño de sus

---

[118] II Pe. 2, 4: «Dios no perdonó a los ángeles que habían pecado»; Ju. 6: «Y a los ángeles que no guardaron su dignidad, los ha reservado bajo oscuridad en prisiones eternas hasta el juicio del gran día.» Cita también Ap. 20, 1 y Lc. 8, 31: «Y le rogaban que no les mandase ir al abismo.» Servet conoce por Gen. 6, 4 la tradición popular de los *nefilim*, gigantes, identificados por los LXX con los ángeles caídos, o con el linaje de Set por otras fuentes judías. Josefo (37-103?) dice: «Según la tradición, estos hombres cometían actos similares a los de aquellos que los griegos llaman gigantes»: *Antigüedades judías*, lib. I, cap. III, 1 (ed., trad. y notas de Luis FERRÉ, Buenos Aires, 1961, p. 83).

[119] Sobre esa alusión a Henoch, frases en Sab. 4, 11 (aplicación de Servet, pues ahí se habla en general); Gen. 5, 24; Heb. 11, 5: «Por la fe fue traspuesto Henoch para no ver muerte.» Pablo, en Ef. 3, 14: «Notificada a los principados y potestades en los cielos» (?). Ireneo, *Adv. Hœreses*, lib. IV, 2 (PG VII, 246).

cuerpos. Con este término común de *elohim* suelen hacer referencia a ángeles, a demonios y a hombres insignes [120].

Contra todos ellos, involucrados en el gran crimen de los espíritus, actuó Cristo, arrojando al abismo sus cuerpos junto con los espíritus en ellos encarcelados. De ahí que se diga que la cárcel de Satanás está en el abismo de las aguas (Lc. 8; Apoc. 20; II Pe. 2) [121]. Propiamente a este lugar se le llama *tártaro*, τάρταρος, del verbo ταρταρίζειν, porque allí reina el rigor y el helado temblor de las aguas. Con razón dicen, pues, Pedro y Judas que los ángeles fueron precipitados al tártaro y que son retenidos allí hasta el día del juicio. De ahí también que se diga que los gigantes y los demonios que moran en ellos están retenidos y se estremecen bajo las aguas (Job 26; Prov. 9; Is. 14) [122]. Hermoso es este pasaje de Job: «Los gigantes están retenidos bajo las aguas, y los que moran en ellos están desnudos ante Dios en el infierno.» Al abismo junto con los hombres han sido precipitados y con razón los demonios, por haber sido causa de la perdición de los hombres, como la serpiente que por eso es maldita desde el principio. En esa prisión, y ahora también con las almas de los gigantes, están retenidos de alguna forma hasta ser castigados más severamente con fuego el día del juicio final.

Ahora ya pueden explicarse con más facilidad las pala-

---

[120] Moisés, en Gen. 6. Beroso fue un historiador babilónico, sacerdote de Bel (cfr. Parte IV, lib. II, nota 229), que vivió entre 340 y 270 *circa*, muy citado por los Padres, así como por Josefo *(Contra Apión, lib. I, Antig. judías,* lib. I, IX, y otros) por haber sido autor de una importante *Chaldaica historia* —no de *Antiquitatum libri V,* que se le atribuyó—, en la que también recoge esa tradición mencionada. Cfr. C. MÜLLER, *Fragmenta historic. græc.,* vol. II, pp. 495-510; E. SCHWARTZ, *Griechische Geschichtschreiber,* Leipzig, 1957, páginas 189-197. Los Padres lo citan como testigo de sucesos bíblicos históricos, especialmente en relación con la cautividad de Babilonia: Clemente Alej., *Stromata,* lib. I, cap. 21; Eusebio, *Præparatio evang.,* lib. IX, cap. 40, etc. Su *Historia* fue edit. por vez primera en 1497 por Giovanni Nannio di Viterbo, y luego en París, 1510, con el sospechoso título *De his quæ præcesserunt innundationem terrarum.* Desde el XVIII, al menos, este tipo de historiografía quedó descalificado.

[121] A los textos de nota 118, añadir II Pe. 2, 4: «Dios no perdonó a los ángeles que habían pecado, sino que habiéndolos despeñado en el infierno con cadenas de oscuridad, los entregó para ser reservados en el juicio.» Sólo aquí, y no en Jud. 6, se emplea originalmente el término griego *tártaros* en una forma verbal no del verbo que a continuación indica Servet, sino de ταρταρόω, precipitar o despeñar al *abismo,* término griego éste otro que usan los otros textos.

[122] Job 26, 5-6: «Cosas inanimadas son formadas bajo las aguas», etc.; Prov. 9, 18: «Y no saben que allí están los muertos; que sus convidados están en los profundos de la sepultura»; Is. 14, 9: «El infierno abajo se espantó de tí; te despertó muertos que en tu venida saliesen a recibirte.»

bras de Pedro. El espíritu de Cristo πορευθείς, acercándose a aquellos espíritus encarcelados, al llegar a ellos, les anunció y predicó. Igual que Dios salió, se dirigió a Egipto, pasó y acercándose así dio muerte a los primogénitos (Ex. 12), así también «en tiempos de Noé» fue y acercándose así predicó a aquellos espíritus. Por el anuncio de Noé, el espíritu de Cristo les anunció que habría para ellos un juicio terrible, igual que por medio de Henoc les había exhortado a la penitencia. Pero, como dice Pedro, fueron desobedientes. [82] Adormilados los espíritus de los gigantes y los ángeles impostores, rehusaron prestar oído a la voz del predicador. Lo que en nuestra traducción se dice «predicó», en griego se escribe ἐκήρυξεν, que significa preconizar o proclamar, y se refiere muy bien al tiempo de Noé. Por eso el mismo Pedro, conservando la misma expresión y el mismo sentido, llama en la siguiente carta a Noé κήρυμα: pregonero, emisario, el que declara la guerra [123].

Así pues, dirigiéndose Cristo en su espíritu eterno a aquellos espíritus, les comunicó la sentencia por mediación de Noé. Lo que nosotros llamamos «cárcel», en griego se dice φυλακή, es decir, custodia, prevención, prisión. Así como se llama φυλακή a Babilonia, «guarida de todo espíritu inmundo» (Ap. 18) [124], así también los cuerpos de los impíos son la prisión de los malos espíritus que moran dentro de ellos, como dice Job. Aquellos malos espíritus detenidos en los cuerpos de los hombres fueron arrojados a la prisión más dura del abismo, en la que se hallaban retenidos cuando Cristo, después de su pasión, descendió a los infiernos. Y también allí les predicó.

Todo esto lo enseña Pedro con palabras ambiguas para poder abarcar ambos sentidos. Sus palabras, pronunciadas imprecisamente, vienen a sonar así: Muerto en la carne, pero vivificado en el espíritu, en el que se acercó a predicar a los espíritus que estaban en prisión, los cuales habían sido desobedientes en otro tiempo, precisamente cuando se esperaba la clemencia de Dios en los días de Noé, mientras se estaba construyendo el arca. Luego el espíritu de Cristo no sólo predicó a esta clase de espíritus por medio de Henoc y de Noé en aquel entonces, sino que también después, al descender a los infiernos, les predicó por sí mismo, anun-

---

[123] II Pe. 2, 5: «Y no perdonó al mundo viejo, mas guardó a Noé, pregonero de justicia», δικαιοσύνης κήρυμα. La ceñida comparación de términos griegos en ambos textos de Pe. evidencia el pleno conocimiento del griego que Servet poseía.

[124] Ap. 18, 2.

ciándoles que habría otro juicio. Por eso dice Pedro en el capítulo siguiente que por Cristo «ha sido predicado el evangelio a los muertos» [125]. El evangelio de la venida y resurrección de Cristo fue puesto en conocimiento del mismo infierno cuando Cristo, después de descender allí, resucitó y se llevó a muchos consigo, anunciando a los demás que habría otro juicio. Y no sólo en los tiempos de Noé; también en otros tiempos actuaba el espíritu de Cristo por medio de los profetas, como el mismo Pedro indica en el cap. 1. Este es el mayor timbre de gloria de Cristo. Todas las obras de Dios, que leemos de otros tiempos, eran obras del mismo Cristo, pues sólo él era la manifestación de Dios. El es «mi rey ya desde antiguo, que obra la salud en medio de la tierra» (Sal. 73) [126]. Y realmente allí actuaba la persona de Cristo y su espíritu eterno. [83]

Otra cosa no conviene olvidar en relación con los espíritus malignos: que Pedro, al llamarlos espíritus, nos advierte contra la opresión de los pensamientos a causa de los malos espíritus. «Vio Jehovah que todo designio de los pensamientos de su corazón era de continuo solamente el mal» [127]. También Pablo, cuando se trata de atraer los pensamientos de los hombres para ofrecer a Cristo el obsequio de la fe, hace notar que tenemos que luchar contra los espíritus del mal (Ef. 6), pues ellos pueden «hacer cautiva la voluntad» (II Tim. 2) [128]. En esta pelea tenemos que enfrentarnos nosotros contra los ángeles malos. A causa de los malos espíritus habían llegado a ser ellos contumaces, pues son espíritus malos los que actúan en los hijos contumaces (Ef. 2) [129]. No queriendo Dios seguir discutiendo con aquellos espíritus contumaces, les predicó la penitencia por medio de Henoc y les anunció el exterminio por medio de Noé, y se lo infligió. Por eso dijo Dios: «No contenderá mi espíritu en el hombre» (Gen. 6). ¿No parece una contradicción que diga Dios «mi espíritu en el hombre», si estaban poseídos por malos espíritus? [130]. Respondo diciendo que el espíritu de Dios había sido infundido en el hombre desde su origen (Gen. 2);

---

[125] II Pe. 4, 6.

[126] Sal. 73, 12.

[127] Gen. 6, 5, cit. luego en Mt. 24, 37 y Lc. 17, 26.

[128] «Porque no tenemos lucha contra sangre y carne, sino contra principados, contra potestades», etc., Ef. 6, 12: «Para zafarse del lazo del diablo, en que están cautivos a voluntad de él», II Tim. 2, 26.

[129] Ef. 2, 2: «El espíritu que ahora obra en los hijos de desobediencia» ● de rebeldía, ἀπειθείας.

[130] Gen. 6, 3. También, «no permanecerá». En *DeTrErr* 73r usa el término hebreo.

pero la serpiente metida en la carne y nuestro pecado le impiden muchas veces dominar su mente. Sobre esto hay frecuentes luchas en nuestro interior, pues contra los estímulos del mal espíritu está el espíritu de Dios que de vez en cuando o en determinados momentos nos alerta, nos amonesta y nos deja en libertad. Pero cuando nos ve resistiéndonos a obedecerle, entonces nos entrega a la destrucción, a los malos pensamientos, para mayor ostentación de su gloria, como lo hizo endureciendo al Faraón y a los cananeos. Pues bien, a esos espíritus posesionados de los hombres y a los espíritus malignos siempre vigilantes en la prisión de los cuerpos, les llegó el anuncio allí mismo, en el *abismo.* Contra los espíritus era el juicio, ya que, permaneciendo intactos los cuerpos, los espíritus eran atormentados hasta el ahogo, y los malos espíritus que se habían introducido en ellos permanecían retenidos y encadenados en el *abismo.* [84]

Pedro dice que aquellos espíritus angélicos habían sido precipitados con las cadenas de la noche al *tártaro* de las aguas. Así lo da a entender la voz φυλακή, que propiamente significa vigilia nocturna; sentido en el que se usa muchísimo en las sagradas Letras, incluso en el evangelio, como en Lucas 2 y 12, y en Mateo 24 [131]. Se insinúa, pues, que el cataclismo comenzó durante la noche, o que fueron sumergidos de noche, en un tiempo tenebroso. A semejanza de esto, el juicio final, como ladrón nocturno, tendrá lugar en la oscuridad de la noche (Mt. 24; Lc. 17; I Tes. 5, y II Pe. 3) [132]. A esta oscuridad de la noche alude también el salmo 89, mencionando expresamente φυλακή, vigilancia de noche y cárcel del alma. El sueño contribuye a que los sentidos del alma se sientan más aprisionados. En el silencio de la noche fueron exterminados los primogénitos de los egipcios, empleando también en este caso φυλακή, en el sentido de vela nocturna. En Ex. 12 y más aún en Sab. 17 se emplean también términos semejantes, para significar la prisión de una cárcel sin hierros y las cadenas de las tinieblas [133]. De noche y en la inconsciencia de su embriaguez

---

[131] «Pastores que guardaban las vigilias de la noche», Lc. 2, 8; «Y aunque venga a la segunda vigilia», Lc. 12, 38; «Si el padre de familia supiese a qué vela había de venir el ladrón», Mt. 24, 43. Servet está acertado en hacer ver que en los tres casos se emplea φυλακή. En *DeTrErr* 72r escribe: «Como Valla anota, φυλακή significa *custodia noctis,* cuando vienen los ladrones y duermen los hombres y mandan los espíritus impuros», dándonos así un atisbo de su fuente de información.

[132] Es decir, como se ha ido viendo, Mt. 24, 43; Lc. 17, 24; I Tes. 5, 2; II Pe. 3, 10.

[133] Ex. 12, 29 y Sab. 17, 2.

fueron aniquilados los magnates babilonios junto con su rey Baltasar (Is. 21; Jer. 51; Dan. 5); aquellos magnates babilonios durmieron el sueño perpetuo con los gigantes para nunca más despertar (Is. 26) [134]. Así duermen ahora un sueño perpetuo los gigantes de nuestra Babilonia. Han sido de tal modo entregados a su perversión, que Dios no desea que despierten de su sueño, sino que perezcan en su borrachera y libertinaje. Justa es, pues, la sentencia dada contra esos espíritus tan inoportunamente vencidos por el sueño y encarcelados en la oscuridad de la noche.

Aprendamos de aquí cuán terrible ha de ser para todos aquella sentencia dada contra los espíritus en tiempos de Noé, y que no sin fundamento puede nuevamente ser tremenda para nosotros por parte de Cristo. Pues no te equivocarías diciendo que Dios ya ha dictado sentencia contra nuestros espíritus fascinados, ya que en nuestra Babilonia se halla la prisión de los demonios, como proféticamente ha sido repetido por Juan en dicho capítulo 18. En ella hay [85] realmente espíritus impostores que hoy, como ayer, se hacen pasar por espirituales y angelicales, cuando no tienen siquiera una chispa del buen espíritu. En ella los hijos consagrados a Dios «se mezclan con los hijos de los hombres». Por eso ha de ser nuevamente destruida Babilonia, madre de todos los libertinajes y abominaciones de la tierra, como dice Juan. En la iglesia de Babilonia no podrás ver hoy absolutamente más que hijos de *elohim*, héroes purpurados, insignes demonios, pastores adulterinos, todos ellos guiados por sus vanos pensamientos, cuyo espíritu bosteza a plena boca «en la cárcel». Estos, como aquéllos, comen, beben, tienen muchas mujeres y desean que las esposas sean comunes. No hay ni uno que busque a Cristo, y presumen aún de ser infalibles. ¡Tan ciego está hoy el mundo, que hasta llega a creer que la Iglesia de Dios puede ser gobernada por este atajo de rameras! [135]. Con evidente hipocresía hacen gala de cierta piedad exterior, por la cual se nos imponen

---

[134] Is. 219: «Cayó, cayó Babilonia»; Jer. 51, 57: «Y embriagaré sus príncipes y sus soberanos; Dan. 5, 30: «La misma noche fue muerto Baltasar»; Is. 26, 14: «Muertos son, no vivirán; han fallecido, no resucitarán.» Recuérdese que para Servet y los reformadores en general Babilonia era símbolo y sinónimo de Roma.

[135] Todo este comentario al texto de Pedro, llevado tan astuta y eruditamente, desemboca en esta letanía de consideraciones emocionadas de Servet contra «nuestra Babilonia» y sus clérigos, ampliando y aplicando algunos conceptos del cap. 18 del Apocalipsis. A este punto dedicará Servet gran parte del libro I de la Parte III de *Restitutio*.

con humildad y por superstición (II Tim. 3; Col. 2). Lee el capítulo 56 de Isaías, y si no identificas como tales a nuestros pastores, llámame mentiroso. Lee también a Jeremías, caps. 8 y 23, a Ezequiel, caps. 22 y 34, y a Miqueas, cap. 5. Si los que debían ser «sal de la tierra» se desvirtúan, ¿quién podrá sazonar a los demás? [136].

XV

Viene a continuación uno de los muchos pasajes que podrían comentarse acerca de cómo creó Dios las cosas por Jesucristo: Ef. 3; Col. 1; Heb. 1 y 2; I Cor. 8 [137].

Este hombre Jesús es esencialmente aquel Verbo o Palabra «por el que todo fue hecho». En gracia suya fue pronunciada la Palabra y creado el mundo. Por él existen todas las cosas, como dice el apóstol: «Todo por él y por medio de él.» El era, por tanto, el fin y el motivo por el que todo existe. El es también «por quien Dios hizo todo», pues la pronunciación o generación de Cristo fue la causa de la creación de todo. Por la pronunciación de la Palabra, por la manifestación de Cristo hecha al pronunciarla, fueron creadas simultáneamente todas las cosas, y así todo existe realmente por él.

Como todo esto ha de ser tratado con más claridad en lo que sigue, de momento es suficiente que veas cómo en [86] el hecho de que «la Palabra se hizo carne» hay tanta fuerza, que toda esa fuerza de Dios, por la que fueron hechos los siglos, tanta como había entonces, toda ella está ahora en Cristo, es propia de él, hasta el punto de que puede decir que es suya, igual que dijo: «Todo cuanto tiene el Padre es mío.» El poder de la Palabra se hizo poder de la carne cuando se hizo carne la Palabra. Por eso, puede decir con toda justicia Cristo que los siglos han sido hechos por su poder. Pues lo mismo es decir «por mí ha sido hecho» que «por mi poder ha sido hecho». Abundando en este sentido, Pablo

---

136 *Externam quandam pietatem magna hypocrisi usurpant...* Servet alude a textos de II Tim. 3, 25: «Habrá hombres amadores de sí mismos, que tendrán apariencia de piedad, pero negarán su eficacia»; Col. 2, 8 y 23: «Mirad que nadie os engañe», etc.; del AT aduce bellos y eficaces textos de esos profetas, que tratan de su lucha contra el culto exterior sin auténtica espiritualidad sincera. Por fin, Mt. 5, 13.

137 «Por él creó todas las cosas», Ef. 3, 9; «Por él fueron creadas las cosas que en el cielo y en la tierra», Col. 1, 16; «Por el cual hizo el universo», Heb. 1, 2; «Por el cual son todas las cosas y nosotros por él», I Cor. 8, 6. Este punto, en *DeTrErr* 73r-75r.

repite muchas veces: «por el hijo», «por Cristo», «por el cual», «por el mismo», es decir: por el inmenso poder de Dios que hay en él. En la carta a los Hebreos dice que todo ha sido hecho «con la palabra de su poder» y todo es gobernado por él [138]. Con la palabra del hijo, óyelo bien, han sido hechas todas las cosas; no confundas la Palabra con ese Hijo metafísico.

Hay aún otra razón: si tu espíritu hubiera precedido a tu carne, podrías decir que ha sido hecho por tí lo que hubiera sido hecho por tu espíritu. Pues así era en Cristo su espíritu, eterno, espíritu de sabiduría, que contenía ya las ideas de todas las cosas. Como enseñan en muchos lugares Ireneo y Tertuliano, la Sabiduría era a la vez Palabra y Espíritu, pues no había entre ellas distinción real. La sabiduría era Espíritu y mente de Cristo vivo, y hacía las cosas de modo que pudiera decirse que todas habían sido hechas por Cristo. Imitando a Cristo como un mono, Simón Mago iba diciendo que los siglos habían sido hechos por él, por su propia virtud. Así pues, si estuviese en tí el espíritu eterno de sabiduría de Cristo, y sus ideas de las cosas, también tú, hablando en espíritu, podrías decir que estabas allí: te acordarías de todas las cosas, contemplarías cara a cara la creación de todo como algo presente a tí, algo dentro de tí, y dirías que todas esas cosas habían sido hechas por tí.

Esta explicación es suficientemente válida como para que confieses que los siglos han sido hechos por el poder de Cristo. Más tarde entenderás con facilidad cómo todas las cosas han sido hechas por Cristo, todas están sustancialmente en él, y cómo Cristo mismo las creó todas, y cómo él es, en su propia sustancia y persona, el creador de entonces [139].   [87]

XVI

Conocida la fuerza y el poder divinos de Cristo, ya podemos entender que es cierto lo que él dijo: que tenía «poder para dar su vida y para volver a tomarla» (Jn. 10) [140].

---

[138] Heb. 1, 3.

[139] *In propria substantia et persona.* Cristo es sustancialmente Dios, ya que de su padre ha recibido su total ser, y la Palabra de Dios creadora, causa formal de esa su sustancia, es sustancialmente idéntica a la de Dios. Y esa Palabra de Dios es persona, manifestación, de Dios, y también de Cristo hombre, en el cual se manifestó corporalmente.

[140] Jn. 10, 18.

No sólo en el alma de Cristo, sino también en su carne están la deidad sustancial y el mismo poder divino. Todo este hombre tiene la vida y la potencia de Dios en sí mismo. Y pues toda la divinidad está en este hombre, «todo el poder de mi padre está en mí y es mío». Por eso, tengo poder para hacer todas las cosas. La potencia de la divinidad que resucitará este cuerpo del sepulcro y lo devolverá a la vida, es mía, en mí está. Por eso, tengo poder para resucitar este cuerpo, tengo «poder para dar esta vida y volver a tomarla». El hijo tiene poder sobre la vida y la muerte. Aquel espíritu de *elohim* que llenó la tierra entera, está ahora en Cristo, y su aliento sostiene el orbe entero. Cristo vivo tiene en sí mismo toda la vida del mundo: y por este poder vivificador, yo tengo en mí mismo el poder. Pero una vez haya muerto, cuando ya no sea yo, entonces ya no puede decirse propiamente y en sentido temporal «yo me resucito», sino que debe decirse «mi padre me resucita». Y así leerás muchas veces en las Escrituras que el Padre resucitó de entre los muertos a este Jesús, su hijo [141]. Ahora bien, si Dios resucitó de verdad a su hijo muerto, de verdad lo hizo pasar del no ser al ser, y por tanto, entonces el hijo no estaba vivo, pues la muerte verdadera quita la vida, hace pasar del ser al no ser. Pero la verdadera resurrección conduce del no ser al ser. En cambio, siempre permanecía con vida la persona del hijo, su divinidad, la que resucitó el cuerpo y le infundió el alma. Así que también puedes decir que se resucitó a sí mismo con aquel poder que ahora le es propio.

XVII

En decimoséptimo lugar vamos a exponer no uno, sino muchos pasajes para responder a esta pregunta: ¿Puede llamarse a Cristo sabiduría de Dios, poder de Dios y esplendor de su gloria?

Esta cuestión sobre los nombres abstractos puede ocasionar dificultades a los escotistas, mas no a los hebreos. En su lengua existen infinidad de nombres con la terminacinó *el* y *iah*, que tienen ese sentido. Hay un hebraísmo archiconocido que consiste en que, cuando a uno le va bien alguna de las propiedades de Dios, para distinguirlo, se le designa con ese término; por ejemplo: si uno es fuerte, se le llama fortaleza de Dios; si es sabio, sabiduría de Dios, y así tam-   [88]

---

[141] Pedro en Hch. 2, 24. 3, 15 y 16. 4, 10. 5, 30, etc.; Pablo en Rom. 4, 24; I Cor. 6, 14, etc.

bién medicina de Dios, salvación de Dios. A un árbol grande se le llama árbol de Dios; a un viento grande, viento de Dios. A una cosa hermosa y santa la llamamos hermosura de santidad, gloria de santidad, esplendor de santidad[142]. A ciertos hombres les llamamos a veces insigne decoro, o flor, o gloria, o esplendor de la patria.

Todo ello puede aplicarse a Cristo de modo excelente. De Juan Bautista dijo Cristo que era lámpara ardiente y luciente, y de los apóstoles dijo que eran «luz del mundo»[143]. De Simón Mago decían: «Este es la gran virtud de Dios» (Hech. 8). De Judith cantaban: «¡Gloria de Jerusalén, orgullo de Israel, honor de nuestro pueblo!»[144]. Cristo es, sin embargo, la verdadera lámpara que arde y luce en el esplendor de la gloria. El es la luz del mundo, la luz de los pueblos que ilumina a todos y que constituye la expectación de todos. El resplandor de su rostro ilumina el cielo entero, y seguirá iluminándolo en el siglo futuro. El es la sabiduría de Dios, el que encierra en sí toda su sabiduría: «En él están escondidos todos los tesoros de sabiduría y conocimiento»[145]. El es el poder de Dios, por quien Dios hizo todas las cosas y las sigue haciendo ahora; el que tiene todo el poder de Dios y puede hacer todas las cosas.

XVIII

Décimoctavo pasaje: «Entonces llovió Jehovah sobre Sodoma y Gomorra azufre y fuego de parte de Jehovah desde los cielos» (Gen. 19)[146]. Por el hecho de que en latín se dice «dominus» y «a domino» —el Señor, de parte del Señor— algunos deducen que en este caso se trata de dos entidades iguales, el Padre y el Hijo, como si dijera «el Hijo» y «de parte del Padre».

Para una fácil inteligencia de este pasaje, hay que advertir en primer lugar que se trata de un modismo de la lengua hebrea, como cuando, por ejemplo, se dice: «Salomón con-

---

[142] Abundan los ejemplos bíblicos. La intención de Servet es subrayar que se trata de hebraísmos que acentúan la excelencia de una cualidad, pero que no pueden tomarse como probatorios de que si se aplican a Cristo demuestren la subsistencia de su Poder, Sabiduría, Espíritu, como Personas. Así lo entendió Calvino al escoger esta proposición entre las que objetó a Servet en el proceso de Ginebra y en su obra *Defensio* contra él (*Calv. Op.*, VIII, 502, n. XI). En *DeTrErr* 77r.

[143] Mt. 5, 14.

[144] Hch. 8, 10; Jdt. 14, 10.

[145] Col. 2, 3.

[146] Gen. 19, 24.

gregó a todas las tribus de Israel con Salomón», es decir, consigo mismo (III Re. 8); o «Roboam reunió todas sus tribus para hacer devolver el reino a Roboam», es decir, a sí mismo (III Re. 12; II Paralíp. 11); o «Moisés dijo a Hobab, cuñado de Moisés», o sea, su cuñado (Num. 10). Igualmente el Génesis 1, 5 y 9: «Dios hizo al hombre a imagen de Dios.» Y allí mismo dice Dios: «Me acordaré de la alianza con Dios», es decir, entre el hombre y yo. Dios ordenó a Jacob que levantara «un altar a Dios» (Gen. 35). «El Señor escuchó vuestra murmuración contra el Señor» (Ex. 16). Y poco después: «Dijo el Señor a Moisés: El Señor os ha dado el sábado.» Y en los capítulos 31 y 35: «Dios llenó a Bezeleel del espíritu de Dios» [147]. Es frecuente entre los hebreos repetir el antecedente en vez del pronombre relativo. Esta primera respuesta a propósito del modismo hebreo parece bastante clara. ¡Ojalá supiesen hablar hebreo todos los sofistas! Sólo esa santa lengua encierra los verdaderos misterios de Dios, pues sólo en ella se dignó hablar el propio Dios [148].

[89]

La segunda explicación de este pasaje deriva también de modismos en la lengua, pues es como si dijese fuego de señor en vez de fuego grande, sueño de señor en vez de gran sueño, viento de señor en vez de gran viento. Se trata de un hebraísmo, como antes mencionábamos. En cambio, se dice «fuego de parte del Señor desde los cielos», porque el fuego está arriba, en el empíreo, y desde allí se envía a la tierra, como tendremos ocasión de explicar al tratar del fuego preparado para los demonios [149].

La última aclaración, mística, en la que reconocemos el misterio de Cristo, sería se tratase de la Palabra, verdadero Jehová entre los hombres, de la persona de Cristo, representada por un ángel. Un ángel, que tenía en esta ocasión el nombre de Jehovah, llovió fuego de parte del inmenso y supremo Jehovah, padre de nuestro Señor Jesús el Cristo.

---

[147] Así, pues, Servet vuelve a explicar esas extrañas expresiones como hebraísmos desprovistos de significación sistemática. Recuérdese, además, su anterior explicación sobre los distintos nombres de Dios.

[148] A este respecto tiene en *DeTrErr* 78v-79r un pasaje importante: «Yo toda filosofía y ciencia las hallo en la Biblia. ¿No ves con qué claridad reprueba en ella Pablo la sabiduría de los griegos y la llama mundana?... Te pido que leas mil veces la Biblia, pues si leyéndola no le sacas gusto, es que has perdido la clave de la ciencia que es Cristo, que recuperarás fácilmente llamándolo sin cesar.»

[149] Por el contexto se deduce que Servet no da valor a esta posible interpretación.

XIX

En décimonono lugar, en vez de exponer, preguntémonos si aquella Palabra o Verbo de Juan fue antes hijo real o personal.

Mi respuesta es que en los profetas se habla siempre de un hijo futuro: «Os nacerá el sol de justicia» (Mal. 4). «Se abrirá la tierra y germinará al salvador» (Is. 45). «Y saldrá una vara del tronco de Isaí» (Is. 11). «Y de él será su caudillo, y de en medio de él saldrá su enseñoreador» (Jer. 30). «De Jacob saldrá estrella» (Num. 24). «De Belén saldrá el que será Señor de Israel» (Miq. 5). «Le pondrás por nombre Emmanuel» (Is. 7). «Seré para él padre, y él será para mí hijo» (I Para. 17; II Sam. 7). «Será llamado hijo del Altísimo» (Lc. 1) [150]. ¿Crees que si Juan hubiese hablado según su propia voluntad humana hubiera dicho «palabra» mejor que «hijo»? ¿De dónde, pues, tanto abuso en los términos? ¿De dónde tanta libertad para soñar hijos? Ni una palabra, ni siquiera una jota puedes encontrar en los Libros que demuestre que la Escritura llama una sola vez Hijo al Verbo o Palabra. El que quiera guardar respetuosamente la palabra de Dios, donde la Escritura dice «palabra», también debería decir «palabra» y donde «hijo», «hijo». Quien antes era Palabra, es ahora hijo [151].

[90]

No cabe duda que al hijo Jesús el Cristo se le atribuye generación eterna. De este hombre, de este Jesús decimos que era desde el principio en su propia persona y sustancia el hijo en el seno de Dios. La Palabra era antes hijo personal, en persona y sustancia del hijo futuro, pues su pronunciación era persona de Cristo en Dios. Desde toda la eternidad está, pues, en Dios este mismo Jesús el Cristo, personal y esencialmente, con la sustancia de su cuerpo y de su espíritu. Por lo tanto, hay que admitir que la Palabra era entonces hijo personal, pero no hijo real [152].

---

[150] Importantes textos de Mal. 4, 2; Is. 45, 8 y 11, 1; Jer. 30, 21; Num. 24, 17; Miq. 5, 2; Is. 7, 14, explicado antes en sentido típico y no profético, como los demás; I Cor. 17, 13 y II Sam. 7, 14; por fin, el único texto que inmediatamente se refiere a Jesús, Lc. 1, 32.

[151] *Olim verbum, nunc filius.*

[152] Todo este párrafo es decisivo en el sistema de Servet, ya que aclara su posición de interpretación literalmente radical. Dése a sus términos el sentido técnico ya antes explicado. Por no hacerlo, no pudo entenderlo Calvino, como se ve en sus prop. V y XII, loc. cit., y *Kingdon*, p. 31.

XX

El último pasaje es el de la carta a los Hebreos, en el capítulo 2: «No tomó a los ángeles, sino a la simiente de Abraham tomó» [153].

En virtud de la hipóstasis y persona de la Palabra tenemos que aceptar que ésta, al bajar del cielo, tomó y se vistió de carne. Mas, aunque demos por supuesto que el hombre mismo toma carne y se viste de carne, según lo que dice Job, «me vestiste de carne y hueso» [154]; sin embargo, en este texto vamos a explicar ese «tomar» de otra manera. El apóstol no compara aquí la descendencia de Abraham a un solo ángel, como si fuera a una humanidad, sino a todo el conjunto de los ángeles. Como si dijera: no vino a liberar a los ángeles y a tomarlos en sí, sino a los hombres. El apóstol no habla ahí de una unión pasada con la humanidad, sino de la asunción de los hombres presente y cotidiana, aunque con ciertas reservas, como claramente lo da a entender en el texto el verbo en presente, ἐπιλαμβάνεται. «Simiente de Abraham» se toma en sentido colectivo, como consta en muchos lugares de la Escritura, sobre todo en Juan 8, el Salmo 104, e Isaías 41, donde se da la explicación [155]. También se habla de ella en Exodo 19: «Habéis visto cómo os tomé y os he traído a mí.» En III Re., cap. 12, dice: «Te to-   [91] maré», y en II Re. 12: «Me tomó y sacóme de copiosas aguas» [156].

Así pues, nuestro fiel pontífice Jesús el Cristo no tomó a los ángeles, sino que, liberándonos de la esclavitud del diablo, y trayéndonos de la muerte a la vida, nos tomó a nosotros para su rebaño, para el reino celestial, para la gloria de Dios. «Os tomaré para mí mismo» (Jn. 14). «Tomáos mutuamente, como Cristo nos tomó para la gloria de Dios» (Rom. 14). En lo mismo insiste el Deuteronomio 30: «Te tomará, te reunirá y te introducirá en su descanso» [157].

---

[153] Heb. 2, 16.
[154] Job 10, 11.
[155] Jn. 8, 52-59 en la discusión con unos fariseos; Sal. 104, 6: «Oh vosotros, descendencia de Abraham su siervo»; Is. 41-8: «Pero tú, Israel, siervo mío eres», etc.
[156] Ex. 19, 4; II Re. 22, 17.
[157] Jn. 14, 3; Rom. 14, 1 y 3; Deut. 30, 3-5.

En este descanso vas a entrar hoy, lector; hoy, que has sido engendrado en el cielo y tomado para el reino celestial, con tal que hoy escuches su voz, aquella voz del cielo que dijo: «Este es mi hijo.»

¡Ay de los sofistas que todo lo tergiversan con sus sofismas y sus tropos! ¡Ay de los que destrozan despedazan y dividen a Dios caprichosamente!

LIBRO TERCERO

EN QUE SE EXPLICAN LA PREFIGURACION DE LA PERSONA DE CRISTO EN LA PALABRA, LA VISION DE DIOS Y LA HIPOSTASIS DE LA PALABRA

Cristo Jesús, Señor y Dios nuestro, tan bien conocido ya por tantos pasajes, nos estimula y conforta nuestro ánimo para que demos a conocer de ahora en adelante otros misterios aún mayores que quedan sobre él. Es nuestro objeto, y es el fin que aquí nos hemos propuesto, investigar el verdadero modo en que se llevó a cabo la manifestación de Dios y *presentar a Cristo como meta en todas las cosas* [1]. Así, pues, en este tercer Libro, para poder llegar a la visión de Dios, trataremos primero de la persona de la Palabra, descubriendo en ella misma a la persona del Cristo, *para que todo el misterio de la Palabra redunde en glorificación de Cristo* [2].

---

[1] Como quedó dicho en la introducción, los libros III, IV y V y el Diálogo I nos son conocidos no sólo por la ed. de *Restitutio* de Vienne, 1553, sino también por el Manuscrito Lat. 18.121 de la Bibliothèque Nationale de París. En él, sin embargo, aparecen en otro orden: primero el material correspondiente al lib. V, luego el del IV, después el del Diál. I y por fin el del lib. III. Cualquiera sea la teoría que se adopte para explicar el origen de este *MsPa*, pueden observarse muchas variantes entre él y el texto impreso de *Restitutio*, algunas realmente importantes. Las hacemos constar de la siguiente forma: hasta el final del Diál. I, las frases o palabras que vayan en cursiva en el texto son adiciones finales de Servet para la impresión de 1553 respecto al *MsPa;* por el contrario, irán entre corchetes [ ] las frases de *MsPa* que, pertenecientes al *MsPa*, Servet juzgó oportuno corregirlas o suprimirlas totalmente en la impresión definitiva. No se olvide, a fin de evitar serios equívocos. Por otra parte, téngase en cuenta que este material es ampliación del lib. IV del *DeTrErr*, algunas de cuyas fórmulas a veces quedan incorporadas a nuestras notas para mejor documentación.

[2] Manténgase siempre el concepto servetiano de *persona* en éste y en los siguientes contextos: aspecto, modo de manifestación. Ese párrafo supone

Ese fin persigue el primer capítulo del evangelio de Juan: que veamos todos, como dice haberla visto Pablo, «la gloria de Dios en la faz de Cristo» (II Cor. 4)[3]. También lo afirma el propio Juan: «Y la Palabra se hizo carne y vimos su gloria» (Jn. 1). *«Hemos visto la misma Palabra divina, la que desde el principio estaba en Dios»* (I Jn. 1). *Era la Palabra o* λόγος, *el concepto ideal, referido ya al hombre Jesús; pues veladamente hacía referencia a él, en quien había de existir para poder ser vista claramente.* [Ya desde la eternidad estaba la Palabra pronunciada y dispuesta con sabiduría para cuando fuera vista hecha carne][4].

«La hemos visto y damos testimonio.» Hemos visto en el rostro de Cristo la gloria: aquella gloria que «no pudieron retener las tinieblas» porque resplandecía más que los querubines en la oscuridad y entre nubes. Hemos visto la gloria de Cristo: la que tenía él desde toda la eternidad «cerca de Dios» (Jn. 17)[5]. Ya antes, en la «Palabra de Dios» estaba el modelo del futuro hombre Jesús *el Cristo, su persona, su imagen.* Y τό πρόσωπον, esta persona, este rostro, esta faz, esta representación de hombre en Dios, late místicamente en todos los pasajes de la Escritura que hablan de imagen, rostro y persona. Los profetas, llamados también videntes, veían a Dios no por otro motivo, sino porque veían a Cristo en Dios, y porque veían a Dios por Cristo, como él mismo dijo: «El que me ve a mí, ve a Dios.» Los profetas veían entonces el rostro de *elohim,* veían en la Palabra de Dios el prototipo y modelo del hombre que había de ser. Pues ¿qué otra cosa hubieran podido ver en Dios cara a cara? Veían [no una persona o figura simplemente, sino] la sustancia misma de Cristo, igual que nosotros vemos en Cristo la sustancia de Dios[6]. El primer modelo en aquel superior mundo arquetípico fue el hombre Cristo Jesús.

De esta efigie, figura e imagen en Dios, habla Moisés en el Deuteronomio, caps. 4 y 5, y en Números, cap. 12. En el cap. 20 del Exodo dice: «Aquel pueblo escuchaba al que le hablaba, pero no veía la imagen de Cristo que le hablaba.»

[93]

---

un gran cambio de doctrina respecto a la de *DeTrErr,* obra en la que Servet aún no enseñaba esta relación personal eterna entre la Palabra o Verbo y el hombre Cristo. Va a encontrarla y a desarrollarla a base de una explicación muy original de las teorías del AT.

[3] II Cor. 4, 6.

[4] Esta sustitución de expresiones desde el *MsPa* hasta la impresión de *Restitutio* evidencian el constante trabajo de revisión a que Servet sometió su texto inicial, en busca de fórmulas de la máxima claridad.

[5] Esos textos, en Jn. 1, 14 y 5; I Jn. 1, 1 y de nuevo Jn. 17, 5.

[6] Expresiones semejantes, aunque menos desarrolladas, en *DeTrErr,* IV, 86v.

En ese texto, חמונה , *temunah*, designa la forma misma, la figura, la efigie y la imagen de Jesús el Cristo, que es lo que veía Moisés [7]. Esto lo comprueba David, al hacer uso del mismo término en el salmo 16, que es el 17 para los hebreos: «Veré tu rostro, y seré saciado cuando despertare a tu semejanza.» Esta imagen es lo que vio desde lejos Balaam: «Lo veré, dice, y no ahora; lo miraré, pero no de cerca» (Núm. 24). Todos los profetas «desearon contemplar» este ilustre rostro. [Y se nos dice que «Abraham se gozó por ver» a Jesús el Cristo] [8]. Esto era lo que deseaba David, al decir: «Tú que estás entre querubines, resplandece; ilumina tu rostro y seremos salvos» (Sal. 79). A este semblante, a este rostro aluden los salmos 4 y 43. En ese mismo sentido el salmo 88 barrunta en Dios el rostro y el semblante de Cristo [9]. Isaías lo vio sentado sobre un trono excelso, aunque tenía el semblante velado por alas de fuego (Is. 6) [10]. ¿De qué rostro o de qué pies crees tú que se trata, sino de los de Cristo? [La razón es evidente, pues Jesús en sí no tenía aún ni rostro, ni manos, ni pies: no se le podía ver más que ahora.] No se trataba, ciertamente, de miembros materiales, sino sólo de su resplandor en la luz de Dios, y de la prefiguración de Cristo. Lo mismo se demuestra en la visión de Ezequiel, capítulos 1 y 10, en la de Daniel, cap. 10, y en la visión de los setenta ancianos del Exodo, cap. 24. Compara todas esas visiones con la de Juan en el Apocalipsis, caps. 1 y 4, y tendrás que reconocer que en todas ellas se trata del mismo rostro, de la misma persona, de la misma faz de Cristo [11].

[94]

No se trata sólo de una máscara *o de una figura creada en aquel momento*, como supusieron los sofistas; sino que Dios mismo quería mostrarse de esa manera para gloria de

---

[7] Se refiere a Deut. 4, 16; 5, 8; Num. 12, 8 y Ex. 20, 4, textos en los que el hebreo *temunah* viene a significar imagen. Pero Servet los aduce un tanto indiscriminadamente, ya que Maimónides, que él conocía bien, distingue en su *Guía* I, 3, tres diversos significados de *temunah* en esos mismos textos: contorno, forma imaginada, esencia. Cfr. *The guide for the perplexed*, ed. Friedländer (New York, 1956), p. 17.

[8] Citando el Sal. 16, 15 y Num. 24, 17. Por fin, Jn. 8, 56.

[9] Sal. 79, 1-3. El Sal. 4, 6: «Alza sobre nosotros la luz de tu rostro.» El 43, 24: «¿Por qué escondes tu rostro?»

[10] Is. 6, 1-2.

[11] «Ví visiones de Dios», «Y miré y he aquí...», en Ez. 1, 1 y 10, 1. También Dan. 10, 5: «Y alzando mis ojos miré y he aquí...». El Ex. 24, 10 habla de los setenta que encabezados por Moisés y Aarón «subieron al monte y vieron al Dios de Israel». Servet marca en nota al margen de *DeTrErr* la diferencia entre esas visiones del AT y las de Juan, Ap. 1 y 4, en el NT: «Antes siempre oscuro se le veía; pero ahora con claridad.» Todo el párrafo que sigue falta en *DeTrErr*, es posterior.

Cristo [12]. *Ellos se niegan a reconocer cualquier manifesta-*
ción auténtica de la sustancia de Dios, y así tampoco recono-
cen una verdadera comunicación del Espíritu. [Piensan sea
indigno de Dios que el Dios invisible necesite de algún intermediario creado y visible.] Como si Dios no pudiera hacerlo
por sí mismo, como si no hubiera engendrado a Cristo por sí
mismo, como si hubiese tratado de engañar con un mero
artificio a los videntes. *¿Acaso era no más que una figura*
creada lo que invocaban, adoraban y veían los profetas «en-
tre querubines», lo que incluso «deseaban que se les revela-
se»? Clarísimamente enseña Dios en Números 12 que en la
visión cara a cara de Moisés no hubo enigma alguno, ni apa-
riencia, ni máscara, ni figura creada tomada de otra parte,
sino el mismísimo Dios, aunque estuviese velado su rostro.
Que en la misma Palabra de Dios estaba la representación y
figura de Cristo, lo dice Ireneo en el Lib. IV, caps. 15 y 17 [13].
Los sofistas rechazan incluso que Dios pudiese mostrarse
en una visión por medio de un ángel, pues sostienen que
cualquier forma visible es incompatible con el ángel. Nosotros, en cambio, demostraremos que se trata de un ángel y
de Cristo. Además del ángel, estaba el verdadero rostro de
Dios, como claramente consta en el cap. 33 del Exodo y en
el ya citado cap. 12 de los Números [14]. Rostro de Dios que
no era sino el rostro resplandeciente de Cristo. Rostro que
resplandecía más que el sol por su propia virtud; no con
luz creada, sino con luz increada. Ese mismo rostro resplandecía entonces en el ángel, puesto que el ángel aparecía vestido con la luz de la Palabra.

Una cosa hay cierta: que, por el pecado, se interpuso en
la visión de Dios una especie de nube o velo de humo hasta
que vino Cristo. Antes de él no había visión clara, como
ahora, pues Dios habita en la oscuridad y ocultaba de algún
modo a Cristo. Por eso Daniel vio la imagen del «como un
hijo de hombre» bajo velos y entre nubes (Dan. 7). Y lo
mismo le ocurrió a Zacarías: vio «de noche» (Zac. 1) [15]. Esta [95]
es la faz que dijo Cristo que la «desearon ver profetas y
reyes, pero no la vieron» (Mt. 13; Lc. 10). Este mismo deseo

---

[12] Según todo este texto, el Dios oculto tiene un aspecto visible, que es
su Palabra, la cual ya desde la eternidad tiene, o tenía, el mismo aspecto
humano que luego iba a adoptar en cuanto rostro y cuerpo de Cristo.

[13] Num. 12, 6-8: «A un profeta le apareceré en visión, en sueños; no así
a Moisés: a las claras y no por figuras». Ireneo en *Adv. hæreses*, lib. IV,
cap. VII, 1 y 4 (PG VII, 235-6).

[14] Ex. 33, 11: «Y hablará Jehová a Moisés cara a cara, como habla cualquiera a un compañero, y en el v. 14: «Mi rostro irá contigo.»

[15] Dan. 7, 13 y Zac. 1, 8.

aparece en los lugares citados: salmos 23, 26, 66, 67 y 69, y en II Paralíp. 9. Más aún, es un precepto de la Ley el que, cuando se quiere bendecir a alguien, se diga: «Que el Señor te muestre su rostro» (Núm. 6) [16]. *A este rostro se refiere Isaías en el capítulo 8, pues como en el cap. 6 lo había visto velado y escondido, luego, en el 8, anuncia que ese rostro será desvelado.* [Sublime era el aspecto de esa aparición.] A él hace también referencia Habacuc en los capítulos 2 y 3. Todo esto y mucho más, según interpretación de Juan, dijeron Isaías y los profetas cuando vieron la gloria de Cristo (Jn. 12) [la gloria que este hombre tenía en Dios (Jn. 12)] [17]. *¿Acaso la gloria de Cristo en Dios era sólo una máscara creada? Eso dirían los arrianos.* En Dios tenía su gloria el hombre Jesús «antes de que el mundo fuese» (Jn. 17). De esa gloria divina de Cristo, y de su esplendor habla abiertamente Isaías, y demuestra que Cristo es ese «esplendor de gloria» o «resplandor glorioso» en Dios (Is. 60 y 66), del mismo modo que se dice de Cristo que es «resplandor de su gloria» (Heb. 1) y «en cuanto lució su esplendor» (Hab. 3). Pablo vio cómo centelleaba de resplandor el rostro de Cristo mucho más que el sol (Hech. 9 y 26) [18].

Qué quiera decir que antes se vio el rostro de Dios cara a cara, lo tenemos aclarado en el evangelio: era el rostro de Cristo; ya que los textos evangélicos enseñan que se vio a Dios por Cristo; de lo contrario, ni se hubiera visto, ni se hubiera podido verlo (Jn. 1, 5 y 14; Heb. 11; I Jn. 4; I Tim. 6) [19]. Esto mismo da a entender clarísimamente la vi-

---

[16] Mt. 13, 17 y Lc. 10, 24. Esos Salmos mantienen vivo un aire de expectación, lo mismo que «esperaron nuestros padres»: de hecho, algunos de ellos han sido considerados en el NT como mesiánicos, cosa que Servet debía de saber, a juzgar por su interpretación. II Crón. 9, 23 habla de que «todos los reyes procuraban *ver* el rostro de Salomón», como había hecho la reina de Seba. La aludida fórmula de bendición, en Num. 6, 25.

[17] «Esperaré a Jehová, el cual escondió su rostro, y a él aguardaré», Is. 8, 17. «Escribe la visión, aunque tardará aún poco tiempo; mas al fin hablará y no mentirá», y Habacuc pide que la haga conocer «en medio de los tiempos», Hab. 2, 3 y 3, 2. En Jn. 12, 38-41 se hace alusión a textos de Is. 53, 1 y 6, 10 en el sentido de que Dios cegó los ojos de los antiguos «para que no vean ni entiendan». Jesús se refiere a «la gloria que tuvo en su Padre antes que el mundo fuese», de Jn. 17, 5.

[18] Is. 60, 1 y 66, 15 mencionan un «resplandor» y un «fuego» gloriosos y futuros de Dios. Es de Servet ésa su interpretación, así como su equiparación al texto de Heb. 1, 3, que luego explicará más, y de Hab. 3, 4: «Y su resplandor fue como la luz». Por fin, Hch. 9, 3 y 26, 13 mencionan ese detalle en dos narraciones de la conversión de Saulo.

[19] «A Dios nadie le vio jamás; el unigénito hijo de Dios, él le declaró», en relación con «Nunca habéis oído su voz ni visto su parecer» y «El que me ve, ve al Padre», de Jn. 1, 18. 5, 37. 14,9. De modo semejante, Heb. 11, 3;

sión de Jacob (Gen. 32), cuando dice que vio de noche al mismo *elohim* cara a cara, con lo cual viene a demostrar que esa misma cara era la cara y el rostro del hombre Cristo, pues en el capítulo siguiente le dice a su hermano Esaú: «He visto tu rostro, como si hubiera visto el rostro de *elohim*», el rostro de *elohim* que vi anoche [20]. Lo mismo da a entender Cristo con el verbo en tiempo pasado: «El que me vio, vio al Padre», no una careta o un falso espectro. [Y Juan dice de Cristo: «El mismo lo contó.» Como si dijera que no sólo a nosotros, sino que ya a los profetas les fue dada por Cristo la visión y conocimiento de Dios.] La Palabra de Dios es lo que vieron en aquel tiempo los profetas, según nos dicen Ireneo y Tertuliano [21].

[96]

A su tiempo hizo Dios patente su Palabra. La gracia que abiertamente se nos ha hecho ahora, nos ha sido dada por Cristo antes de la eternidad de los tiempos, pues antes de la eternidad de los tiempos contiene Dios en sí mismo el modelo, sustancia, luz y espíritu de Jesús el Cristo, para darnos esta gracia por él. Cristo mismo es esa Palabra manifestada, según Pedro y Juan (I Pe. 1; Jn. 1) [22]. Pues Cristo mismo era lo que se barruntaba ya en la Palabra «en tinieblas y entre nubes». Era la Palabra que representaba a Cristo, y Cristo, en ella representado, era el rostro de Dios. Pablo afirma que el propio Cristo hombre era εἰκονα, imagen verdadera de Dios invisible, y que en el rostro de Jesús el Cristo se podía reconocer la misma gloria de Dios (II Cor. 4) [23]. Se podía reconocer, repito, porque aquel glorioso rostro de Cristo [visto en la nube era el rostro mismo del Verbo que desde la eternidad] resplandecía en Dios [24]. Fíjate en las palabras de Pablo, en cómo, visto el rostro de Cristo, se ve a Dios glorioso. Esa es, precisamente, dice, la gloria que «tuve junto a tí, antes que el mundo fuese» (Jn. 17). Y ahora piensa en esto: que no es la deidad, sino el hombre, quien pide ser glorificado con aquella gloria que ya antes tenía junto a Dios. Ya antes era glorioso junto a Dios este hombre, y era deseable para todos, pero no era una máscara creada en

---

Jn. 4: «Ninguno vio jamás a Dios»; I Tim. 6, 16: «A quien ningún hombre ha visto ni puede ver.»

[20] Referencias a Gen. 32, 30 y 33, 10.

[21] Ni en las *Treinta cartas a Calvino* ni en la *Apología* documenta Servet esta atribución, que sin embargo aparece en varios contextos.

[22] I Pe. 1, 25: «Esta es la Palabra que por el evangelio os ha sido anunciada». I Jn. 1, 1: «Palparon nuestras manos al Verbo de vida».

[23] Εἰκών τοῦ θεοῦ, II Cor. 4, 4. Para Servet, icono, imagen, aspecto, persona: términos sinónimos.

[24] Frase que más bien parece omitida por inadvertencia al imprimir *Restitutio* desde un manuscrito afín al *MsPa;* sin ella no hay sentido.

Dios. Moisés y los profetas desearon ver su rostro. De algún modo «lo vieron y se gozaron», como refiriéndose a Abraham dijo Cristo (Jn. 8). Pero lo vieron «de espaldas, no de cara» (Ex. 33), que es tanto como verlo por detrás, o con el rostro velado. El terror se apoderaba de ellos, cuando trataban de dirigir sus ojos hacia ese rostro, y temían morir (Ex. 3 y 20; Juec. 13), pues por el pecado de Adán se había velado el rostro de Dios, y había ante él «una espada de llamas» (Gen. 3). Visible en principio para Adán, luego se hizo invisible. Fue el pecado lo que hizo que se ocultase el rostro de Dios, interponiendo su ira como una nube (Is. 59; Lamentos 3) [25].

Terrible, tremenda y aterradora era en la Ley esta visión, que obligaba a Moisés y a Elías a taparse la cara (Ex. 3; [97] Re. 19). Ahora, en cambio, desaparecidas esas visiones terribles, Cristo nos habla graciosamente (Heb. 11) [26]. Antes Dios se mostraba airado; ahora, por Cristo, aplacado. El velo que desfiguraba la palabra y el rostro de Moisés daba a entender que aún no se había manifestado la gloria de Dios ni el verdadero camino de los santos (Heb. 9). Ahora, en cambio, rasgado el velo del templo, nos es dado asomarnos con la cara destapada al «santo de los santos», es decir, contemplar el rostro celestial de Cristo, que a ellos les estaba velado (II Cor. 3 y 4). No tenemos nosotros más velo que la carne de Cristo, que encierra en sí sustancialmente toda la divinidad de su Padre (Heb. 10; Col. 2) [27]. Esa carne, desgarrada como un velo por los judíos en la pasión, al resucitar pone al descubierto su verdadera deidad y su gloria celestial. Por consiguiente, Moisés vio velado el rostro de Cristo, pero no vio su verdadero rostro. «Desearon, dijo Cristo, ver los que vosotros veis, y no lo vieron.» «La luz brillaba en las tinieblas, y las tinieblas no la retuvieron» (Jn. 1). «Puso ti-

---

[25] «Verás mis espaldas, mas no se verá mi rostro», dice Jehová a Moisés, Ex. 33, 23. «Moisés cubrió su rostro, porque tuvo miedo de mirar a Dios», Ex. 3, 6. «No hable Dios con nosotros, porque no muramos», le gritó el pueblo en Ex. 20, 19. «Moriremos, porque a Dios hemos visto», se dice en Jue. 13, 22 después de haber visto a un «ángel de Jehová». Luego, alusiones a Gen. 3, 24; Is. 59, 2 y Lament. 3, 43.

[26] Ex. 3, 6 y I Re. 19, 13. En Heb. 11 contrapone Pablo lo que los judíos lograron por fe al cumplimiento de las promesas en los cristianos.

[27] «Dando a entender que aún no estaba descubierto el camino para el santuario», Heb. 9, 8, frente a la nueva luz descrita en II Cor. 3 y 4. «Por el velo, esto es, por su carne», Heb. 10, 20, en la que «habita toda la plenitud de la divinidad corporalmente», según Col. 2, 9. Sumamente original y sugestiva la idea de Servet de conectar el velo de Moisés, el del templo que «se rasgó» al morir Jesús, según Mt. 27, 51 y paralelos, y el único velo que queda, esa carne de Cristo.

nieblas por cortina suya alrededor de sí» (Sal. 17; ;II Re. 22). En aquel entonces habitaba en la oscuridad (II Para. 5 y 6) [28]. De ahí que, como les había sido ocultada aquella gloriosa faz que brilla en la oscuridad, Juan dé a entender que todos ellos andaban en tinieblas: «y las tinieblas no la retuvieron».

Bajo el término «tinieblas» se entiende en este caso toda la naturaleza humana condenada a las tinieblas del infierno por el pecado de Adán. A este respecto, dice Lucas: «Iluminar a los que están en tinieblas» (Lc. 1). El pueblo que estaba en tinieblas «vio una gran luz» (Mt. 4). Cristo mismo dice también: «Yo, la luz, he venido al mundo para que todo aquel que vea y crea en mí no permanezca en tinieblas» (Jn. 12). A ellos les estuvo oculto el rostro de Dios, que nos ha sido descubierto a nosotros, para que pueda decirse de verdad que «Dios se ha manifestado en carne» (I Tim. 3) [29]. A lo mismo se refería Isaías, al llamar a Dios *Deus absconditus*, Dios escondido (Is. 45), ya que el rostro de Cristo estaba escondido bajo la sombra de Dios. En aquel tiempo, Cristo habitaba «al abrigo del Altísimo, bajo la sombra del Omnipotente» (Sal. 90). Allí estaba «escondido su poder» [98] (Hab. 3, en consonancia con Deut. 33) [30]; pues escondido estaba al tiempo de dar la Ley, cuando no se veía el rostro del que hablaba, el cual, sin embargo, no ha sido manifestado brillantemente. Como estaba predicho: «Será manifestada la gloria del Señor, y toda carne la verá.» «Heme aquí presente a mí, el que habla.» «Y lo verán visiblemente con sus ojos.» Este es el mismo Cristo, antes escondido, que después «aparece en la tierra y convive con los hombres», Dios de Israel (Bar. 3) [31]. Baruc habla de la sabiduría divina, de la Palabra visible que «comparece en la tierra y convive con los hombres» en tiempos de los patriarcas y de Moisés. Era luz divina y rostro de hombre, *igual que en la luz de tu mente está el rostro del hombre visto.* La luz de la gloria de Dios, la que era luz de la Palabra y la misma Palabra deslumbradora, es ahora el resplandor visible de rostro de Cristo, como dice Pabo en II Cor. 3 y 4. Lo mismo dio a entender David, al llamarla luz del rostro de *elohim*, o sea, luz del rostro de Cristo (Sal. 4, 43, 66, 88 y 89) [32].

---

[28] Jn. 1, 5; Sal. 17, 15 y II no Re. sino Sam. 22, 12. II Crón. 5 y 6 habla de la nube y del reducto del santuario en el templo de Salomón.

[29] Lc. 1, 79; Mt. 4, 16; Jn. 12, 46; I Tim. 3, 16.

[30] Is. 45, 15; Sal. 90, 1; Hab. 3, 4 y Deut. 33, 26.

[31] Citando palabras de Is. 40, 5 y 52, 6, y luego de Baruc 3, 38.

[32] II Cor. 3 y 4, como en nota 27. «Alza sobre nosotros la luz de tu rostro» en Sal. 4, 6 y tantos más. Que ese «rostro de señor» o *elohim* sea el de la Palabra, que luego sería de Cristo, es ya teoría de Servet.

¿Quién tan [desvergonzado] *sin sentido común* osará decir con los sofistas que toda esta luz y gloria de Cristo son sólo falsa máscara, puro artificio, impostura? Si ahí no había más que un fantasma creado, y era eso lo que había de ser manifestado, síguese que Cristo es un fantasma [33].

Si quieres conocer con más profundidad la gloria de Cristo, sube hasta los querubines y serafines, y contempla las ruedas y los animales de Ezequiel. En todos ellos está personalmente representada y reluce sustancialmente la imagen de Jesús el Cristo, que es la gloria misma de Dios. *Sobre aquellas ruedas y animales vio Ezequiel a Cristo, visión* [que llama de una imagen] *de la gloria del Señor* [34]. Tanto en el libro de Ezequiel como en el apocalipsis de Juan aparecen los mismos animales y es el mismo el «sonido de muchas aguas»; luego está claro que siempre hacen referencia a Cristo. Angeles eran los voceadores de la gloria de Cristo, como indica la repetición de términos en Isaías 6, Lucas 2 y Apoaclipsis 4. Angeles los que con rostro humano prefiguraban a Cristo. Cuando se dejó ver a Cristo en un ángel, se preanunció ya al emisario del Padre, y *allí estaba ya representado el que sería el verdadero emisario*, «el ángel del gran consejo» [35]. Después del pecado de Adán, Dios colocó querubines ante el oráculo del rostro de Cristo; y así velaban u ocultaban el rostro del oráculo y el suyo aquellos querubines vistos en el cielo, uno de los cuales le fue mostrado a Moisés para la construcción del tabernáculo, y lo mismo a Salomón para reproducirlos en oro.

[99]

Generalmente se llama *querub* a una figura excelente, y por antonomasia tal se entiende la figura humana, a la que las alas le dan la superioridad de los ángeles. Según su etimología en hebreo, por aparecer la primera letra servil, se les denomina ⬜נִוּכִי , *Cherubim*, que equivaldría a litigantes, grandes, ínclitos; en el mismo sentido que se llama *cherub grande* al rey. Los querubines se han dejado ver en el cielo siempre que se ha librado alguna contienda, significando en tal caso sus rostros de fuego al Dios airado. Como el fuego, así ardía entonces la ira de Dios. De ahí que, como a los serafines, se les llame también ígneos, incendia-

---

[33] Claro que este argumento presupone ya la identidad entre ese «rostro» o imagen de Dios de las teofanías bíblicas y la Palabra de Dios visible de algún modo ya entonces y luego más en Jesús.

[34] Todo este párrafo es igual en *DeTrErr* 89r.

[35] Voces de ángeles son mencionadas en Is. 6, 3; Lc. 2, 14; Ap. 4, 1. Servet compara las extrañas visiones de Ez. y Ap., de cierta semejanza incluso en algunas expresiones y detalles, como comparar el sonido de las alas al de «muchas aguas»: Ez. 1, 24. 43, 2 y Ap. 1, 15.

rios, abrasadores [36]. Estos querubines, como los serafines vistos por Isaías, estaban en la oculta imagen del hombre como una llama, velando y ocultando su rostro con las alas; tanto porque ni siquiera a los ángeles les es dado ver el divino resplandor sin Cristo, como para que no pudiera ser vista por los judíos aquella luz ígnea del rostro de Cristo. A imagen y semejanza de Cristo, Moisés diseñó todo aquello tal como lo había visto en Dios (Ex. 25; Hech. 7; Heb. 8). Ese modelo, del que se habla en Ex. 25, es el mismo que el de que se hace mención en el capítulo precedente, a saber: el *elohim Cristo*, que había visto [37] Esta misma imagen de Cristo es la que vio David sobre los querubines (II Re. 22), cuya copia y diseño entregó David a su hijo Salomón (I Para. 28) [38]. Se trata de una copia o plano de todo cuanto había visto en espíritu. Y dijo: «Me hizo entender todos los trabajos del plano.» Todos ellos, añade, están trazados por la mano de Dios. Ahora bien, ¿de qué puede decirse que está trazado por la mano de Dios con más propiedad, que de lo que en él mismo está expresado y figurado? Estaba figurado, sin embargo, para ellos bajo el velo con que los querubines protegían y ocultaban con sus alas el propio oráculo de Cristo (Ex. 25; Heb. 9). Y por más que la letra y la *sombra* contengan en este caso el diseño de un templo de piedra, sin embargo «el verdadero templo es el cuerpo de Cristo» (Jn. 2), y la aplicación de tal diseño a Cristo se demuestra en Heb. 9 [39].   [100]

En resumen, todo cuanto hay en la Ley no es sino sombra del cuerpo de Cristo, como enseña el apóstol a los Colosenses y a los Hebreos. Para los judíos todo se hacía por medio de ángeles, pero eso era en figura de Cristo, de suerte que a través de ellos se anunciaba a Cristo. Los judíos llaman frecuentemente *dioses* a los ángeles, pero la verdad es

[36] *Cherub, cherubim*, significan *joven, jóvenes*. Servet sigue, al parecer, la interpretación de la visión de Ezequiel de Maimónides en su *Guía*, Parte III, caps. 1 al 7, ed. cit., p. 252 ss., en la que también es aquélla identificada con la de los serafines de Is. 6. Sin embargo, se lanza Servet a especular por su cuenta, sugiriendo los componentes etimológicos de *cherub;* pero parece confundir *rob*, grande, con *rib*, otro término hebreo que significa litigar, precedidos de un prefijo de comparación : *como grandes, como litigantes*, y el sufijo del plural.

[37] Ex. 25, 40 habla del «modelo» mostrado en el monte, donde según Ex. 24, 10 «vieron al Dios de Israel», *elohim*, que Servet interpreta como el rostro de la Palabra-Cristo. Esteban en Hch. 7, 44 y Pablo en Heb. 8, 5 aluden a ese modelo o «forma del santuario» allí vista.

[38] II Sam., y no Re., como trae Servet, 22, 13 y ss.; II Crón. 28, 19.

[39] Heb. 9 contrapone el único sacrificio de Cristo a los múltiples del templo judío, que ahí es descrito. En discusión con unos judíos relatada en Jn. 2, 21 Jesús da a entender que habla del «templo de su cuerpo».

que a los que realmente se les llama *dioses* son Dios y Cristo
(I Cor. 8), y no esos Dioses invisibles de los triteístas. Decir
que la gloria de Dios se asienta sobre los querubines, es reconocer que Jesús el Cristo es superior a los ángeles, pues
él es «el Señor de la gloria» y se asienta «sobre el trono de
su gloria» (I Cor. 2; Mt. 25), *y ha de volver «con gran esplendor, majestad y gloria»* (Mc. 8; Mt. 16) [40]. De esa misma gloria del Señor y de su majestad, a que alude el cap. 40 del
Exodo, de esa gloria que se niega a los querubines y se vuel-
ca sobre Cristo, se dice que ha sido elevada por encima de
los querubines y que ha sido encumbrada mucho más alta
(Ez. 9). Sobre la cabeza de los querubines estaba el trono y
el amplio asiento de Cristo (Ez. 1 y 10) [41], pues Cristo está
muy por encima de los ángeles. Por eso, en la carta a los
Hebreos, se compara a Cristo con los ángeles, para que los
judíos, que tenían a los ángeles como representantes de Dios,
pudieran entender que Cristo, que aparece en la Ley en figura superior a los ángeles, está por encima de ellos como
verdadero Dios. La deidad que se atribuye a los ángeles tenía sólo carácter ministerial, en figura y representación de
la verdadera deidad de Cristo.

Por eso Pablo denuncia como superstición el hecho de
que, bajo el pretexto de su deidad, traten algunos de introducir una religión de ángeles (Col. 2). Y por la misma razón
recomienda Juan que nos guardemos de todo simulacro,
aunque presente apariencia de divinidad, pues sólo Cristo
es verdadero Dios (I Jn. 5). «No hay bajo el cielo otro nombre en el que nos sea posible salvarnos» (Hech. 4) [42].

Al brillar para nosotros la verdad de Cristo, se ahuyentan
todas esas sombras. La gloria del Señor, la que tantas veces
se había mostrado por ministerio de los ángeles en los querubines y en la nube, nos ha sido revelada ahora en el rostro de Cristo (Is. 40 y 46). Una vez conocido Cristo, con sólo
dirigirle la mirada, todos veremos en su cara descubierta la   [101]
gloria de Dios (Is. 66; Hab. 2) [43]. En el mismo rostro de Cris-

---

[40] «Aunque haya algunos que se llamen dioses, nosotros empero no tenemos más de un Dios, el Padre, y un Señor, Jesucristo», I Cor. 8, 5-6. Cita
luego I Cor. 2, 8 y Mt. 25, 31; y Mc. 8, 38 y Mt. 16, 27, que aluden a la segunda
venida del hijo del hombre en gloria. Antes ha aludido Servet al uso de
elohim para significar *ángeles*, malentendiendo a veces como *dioses*, en lo
cual parecería seguir la interpretación de Onkelos referida por Maimónides,
Guía, Parte I, cap. xxvii (ed. cit., p. 36).

[41] Ez. 1, 26. 9,3 y 10,1: «Como semejanza de un trono sobre ellos.»

[42] Col. 2, 8 (quizá Servet quiso decir Heb. 2); I Jn. 5, 1 y Hch. 4, 12.

[43] *Christi veritas nobis effulgens, umbras illas explodit.* Y cita Is. 40, 5:
«Y se manifestará la gloria de Jehová»; y 46, 1: «Sus simulacros fueron puestos sobre bestias», y el 66, que presiente el triunfo final, cit. con Hab. 2 en

to se nos da a conocer aquella gloria, que antes barruntaban los judíos en los ángeles. Los judíos veían el ángel en Dios, y a Dios en el ángel; nosotros vemos a Cristo en Dios, y a Dios en Cristo. Ellos veían cómo el ángel disponía todas las cosas en la Ley, y lo veían en toda ella hablando como Dios (Hech. 7; Heb. 2; Gál. 3). Jacob, al ver al ángel, creyó ver el rostro de Dios, *Peniel* (Gen. 32), porque el rostro y la persona de Cristo estaban representados en ese caso por el ángel. En aquel entonces habitaba en los ángeles, bajo la persona de Cristo, el nombre de Dios, cuya morada en los querubines viene a significar esto mismo. Entonces, el nombre de Dios moraba en el ángel (Ex. 23). Pero entonces, en figura; ahora en Cristo, en cuerpo (Col. 2) [44]. El ángel, que prefiguraba a Cristo, estaba revestido de la persona de Dios, y se llamaba Dios, como cuando el ángel dijo a Jacob: «Yo soy el Dios de Bethel» (Gen. 31). También a Moisés le dijo el ángel: «Yo soy el Dios de tus padres» (Ex. 3). En persona de Dios habló y fue visto el ángel por el propio Abraham (Gen. 18 y 22) y por Agar (Gen. 16 y 21) [45].

Por eso, Orígenes, en su *Comentario sobre el Génesis*, en la homilía 8, dice a propósito de este pasaje: «Pienso que así como Cristo, por su comportamiento entre nosotros, ha sido tenido por hombre, por su manera de ser entre los ángeles ha sido tenido por ángel» [46]. Y lo que dice es verdad, porque la sustancia angélica participaba de la luz de la Palabra, y en la Palabra estaba la persona de Cristo representada por el ángel. Angel era, y también era Cristo, aquel del que habla Ezequiel: «Un varón estaba junto a mí, y díjome: el atrio interior es el lugar de mi asiento y el lugar de las plantas de mis pies, en el cual habitaré para siempre

---

notas 17 y 18. Lo curioso es que aquí parece Servet dar valor profético a estos caps. de Is. contra su doctrina de los sentidos bíblicos expresada en el prólogo a su ed. de la versión de Pagnini y sus notas al margen de varios caps. de Is. 40, 41, 43, 53, etc. que apuntan que Is. se refiere históricamente a Ciro, a quien conmina a abrir un camino por el desierto para que Israel vuelva de la cautividad de Babilonia, y a otras secuencias de la vida de este rey.

[44] Varias citas de antes. Esteban explica en Hch. 7, 38 y 53 que los judíos «recibieron la ley por disposición de ángeles» y que un ángel le hablaba a Moisés en el Sinaí. En Heb. 2, 5 y 9 señala Pablo que a Jesús, «hecho un poco menor que los ángeles», le sometió Dios todo, y no a ellos. La antigua promesa fue «ordenada por los ángeles», Gal. 3, 19. «Mi rostro irá contigo», Ex. 33, 14. «Peniel, porque ví a Dios cara a cara», Gen. 32, 30. «Mi ángel irá delante de ti», Ex. 23, 23. «Lo cual es sombra de lo porvenir; mas el cuerpo es de Cristo», Col. 2, 17.

[45] Gen. 31, 13; Ex. 3, 6; y Gen. 18, 1. 22, 15 (sacrificio de Isaac). 16, 7 y 21, 17 (el ángel que se dice le habla a Sara).

[46] Orígenes, *In Genesim*, hom. 8 (PG XII, 208), textualmente.

entre los hijos de Israel» (Ez. 43) [47]. *Aquel varón* era figura de Cristo, y en ella se mostraba el ángel como Dios y como hombre, igual que Cristo, que es Dios y hombre y *habita en el atrio interior de nuestro corazón.*

En aquel entonces los ángeles en rostro humano permitían ser adorados (Num. 22; Jos. 5). Ahora, en cambio, al revés, pues se ha manifestado Cristo, a quien prefiguraban, [102] y ahora tienen que adorarlo y son consiervos nuestros (Apoc. 19 y 22) [48]. Antes se daba culto a Dios en el ángel, ahora sólo se da culto a Dios de verdad en Cristo, y aun entonces se le daba culto en los ángeles en sombra de Cristo. Así como los judíos, oyendo la voz del ángel, oían la voz de Dios (Ex. 23), así también para nosotros la voz de Cristo es la voz de Dios (Hech. 12). Cristo habla las palabras del Padre (Jn. 3). Y lo mismo que viéndolo, así también oyéndolo oímos al Padre (Jn. 14). El pan del cuerpo de Cristo es «pan de Dios» (Jn. 6), y su sangre es «sangre de Dios» (Hech. 20) [49]. Justificados por Cristo, hemos sido hechos «justicia de Dios»; hechos cuerpo y miembros de Cristo, somos congregación de Dios.

Contribuye muchísimo a nuestro propósito de entender la prefiguración de la persona de Cristo en la Palabra, recordar que el hombre fue hecho «a imagen y semejanza» de Dios, o, *como dice el texto hebreo: según la forma y figura de Dios.* Se dice «a nuestra imagen y semejanza», es decir, conforme a la forma y figura de aquella imagen que es común a Dios ,a la Palabra y a los mismos ángeles (Gen. 1). Se dice, además, «nuestra», como de muchos, e «imagen» en singular, no «imágenes»; pues sólo había una imagen o rostro *personal, que era* la persona de Cristo en Dios, comunicada también a los ángeles. Recordarás que dijimos que propio de la palabra y del conocimiento es representar. Pues bien, la Palabra era representación de Cristo. La Palabra personal «estaba en Dios y era el mismo Dios»; *en los ángeles, en cambio, era mero ministerio de figuración,* aunque con par-

---

[47] Ez. 43, 7. *DeTrErr* 90v trae una frase no recogida luego en *Restit.* ni en *MsPa:* «Llamo espíritus y ángeles a todas las criaturas celestiales, aunque sólo se les llama así cuando son enviados; y los llamamos así generalmente porque no los percibimos de otra manera. Sin embargo, ni *ángel* ni *espíritu* son nombres de naturaleza», es decir: son nombres que expresan una función, no un modo del ser.

[48] Num. .22 cuenta la reacción de Balaam y su asna ante «el ángel de Jehová»; Josué en 5, 14 ve a otro con una espada en la mano: ambos se postran rostro en tierra. Ap. 19, 17 y 22, 9 presentan un ángel, «consiervo contigo», adorando a Dios.

[49] «Si en verdad oyeres su voz»..., Ex. 23, 22. «Voz de Dios, y no de hombre», se comenta en Hch. 12, 22. «El que Dios envió, las palabras de Dios habla», Jn. 3, 34; y Jn. 14, 9. 6, 33 y Hch. 20, 28 (?).

ticipación de la luz de la Palabra. Por tanto, el modelo auténtico e imagen primitiva, es decir, el prototipo es el mismo Jesús el Cristo, a cuya imagen hemos sido hechos, lo mismo que *a su imagen* hemos sido regenerados al nacer de nuevo por el bautismo. Insisto en que se trata de una verdadera imagen visible en el interior del hombre, como espero demostrar [50].

Ahora nos toca hablar de la imagen externa. *Que apareciese* visible en *el mismo* Dios la imagen, lo han sostenido los antiguos hebreos por los *evidentes* textos de la Escritura, como enseñan [siguiendo a] Filón, Eusebio, Jerónimo, Pedro Alfonso, Pablo de Burgos y otros muchos de los judíos convertidos a Cristo [51]. Así lo creyeron también los primeros cristianos, como consta por Ireneo y Tertuliano, que dicen que en la Palabra había forma y figura humana [52].

[103]

---

[50] Esta interpretación servetiana del «hagamos» del Gén. es sumamente original. Elude, por supuesto, toda alusión trinitaria. Además, entiende que esa imagen no es la de Dios mismo, sino la de su Verbo, dotado eternamente de intencional figura humana, la posterior de Cristo, a cuya imagen sería hecho el hombre. De ella misma participan los ángeles en las teofanías, prosigue Servet, pero sólo como un *ministerium figurationis*, ya que sólo hay un *verbum personale*, concepto éste que Servet atribuye (también en el proceso, cfr. *Kingdom*, pp. 8, 10, 14, etc.) a Tertuliano, aunque no siempre con textos explícitos.

[51] La demostración de esta forma humana y «persona» visible de hombre (futuro Cristo) en Dios debió de constituir una de las principales metas del sistema de Servet. Lamentablemente, sus autoridades quedan sólo mencionadas, como en este caso. Filón de Alejandría (hacia 40/30 a.C. - 40/50 d.C.) habla constantemente del Lógos como imagen de Dios, y de las visiones como visiones de esa imagen; así, en *De somniis*, I, 25.33.41; II, 6, 45: «Imágenes son las ideas y también el Lógos» (Cfr. ed. Loeb, de F. H. Colson, Londres, 1929, vol. I, 157.189.238). Ni siquiera en este sentido cabrían las alusiones de Eusebio, a no ser ciertos textos de su *Praep. evang.*, y lo mismo las de Jerónimo. Servet cita una sola vez, ésta, a los famosos conversos españoles Petrus Alphonsus (Moisés Sefardí) del s. XII, y Pablo de Burgos, el padre de Alonso de Cartagena (Salomón ha-Levi), del XV: en probable referencia a indeterminado lugar de los *Dialogi lectu dignissimi...* (quizá donde se explican palabras de Ex. 33 a Is. 62: PL CLVII, 541), de aquél, edit. en Colonia, 1536; y al *Scrutinium* (París, 1535), o a las *Annotationes* de éste a las *Postillæ* de Nicolás de Lyra sobre la Biblia, obras ambas que nos consta fueron bien conocidas de Servet, quien las editó en su segunda ed. del Pagnini, 1545.

[52] Ireneo emplea en varios lugares expresiones que podrían dar base a la idea de Servet: *Adv. hæreses*, lib. III, 18, 1, y especialmente, lib. IV, 6, 3 y 20, 1 y 6 (PG VII, 234.256). No obstante, interpreta el «hagamos» como dirigido por el Padre a sus dos «manos», el Verbo y el Espíritu, y no en el sentido ya apuntado por Servet (lib. V, 1, 3. 5, 1. 28, 1). Tertuliano parece más explícito, por ejemplo, en *De resurrectione carnis*, cap. VI (PL II, 802): «A la imagen de Dios lo hizo, es decir, a la de Cristo. Y esa Palabra Dios, constituida en imagen de Dios». Pero la referencia de Servet a ambos es aquí demasiado vaga.

Incluso ya antes de Moisés se había admitido esto entre los extranjeros, como dan a entender Job y sus amigos [omitiendo por ahora a Zoroastro y a Trismegisto]. Con sus ojos corporales vio Job esa forma de Dios, según dice en el capítulo último: «De oídas te había oído; mas ahora mis ojos te ven.» ¿Qué significa eso de «ahora te veo con mis ojos»? «Con mis propios ojos, dice Isaías, he visto al mismo Dios y Rey» (Is. 6). Y Miqueas dice: «He visto al mismo Jehovah en su trono» (Miq. 3)[53]. Para todo este asunto, consulta a Eusebio de Pamfilia en el Lib. V de *Demostración evangélica*, y en el VII de *Preparación evangélica*[54].

A imagen de Dios fue formado el cuerpo de Adán, antes de que se le inspirase el alma; luego tenía la imagen en el cuerpo. Pablo, hablando de la imagen del rostro (I Cor. 11), nos enseña que primera fue creado el hombre a imagen de Dios en su rostro, y luego la mujer[55]. La imagen y semejanza de la primera formación del hombre a imagen de Dios implica imagen y semejanza en el alma y en el cuerpo. Aunque se diga del primer hombre, por motivos morales, que es imagen y semejanza de Dios en inocencia y justicia, y aunque se diga del alma que a semejanza de Dios es mente inteligente, a pesar de todo, צֶלֶם , *zelem* y דְּמִיר *demuth* en la formación del hombre indican imagen y figura visible del conjunto, *como pone de manifiesto la significación de esos términos*. Tanto más cuanto que Cristo mismo es íntegramente imagen y figura de Dios. En cuanto a *zelem* consta por el libro de Daniel 3, donde se dice de Nabucodonosor que *zelem*, es decir, «la figura de su rostro se demudó». Y el salmo 72, 73 para los hebreos, dice: *Zalman*, es decir, «el aspecto, las apariencias de ellos despreciarás». Claramente se ve en estos casos que *zelem* se refiere a la forma externa. Dicho término se usa también para designar la forma o figura de una estatua, como en Num. 33, en IV Re. 11 y en otros muchos lugares. Lo mismo puede demostrarse respecto a *demuth*, en Ez. 1 y 8 y en Is. 40. Aquel mismo

---

[53] Job 42, 5; Is. 6, 5. La cita de Miqueas parece errada, y podría deberse a una mala lectura de ciertas palabras de 7, 10.

[54] Eusebio de Cesarea, *De demonstratione evangelica*, lib. V, cap. 4 (PG XXII, 370), y aún mejor en cap. 9 (ib. 382), en los cuales comenta varios pasajes del Génesis: 1, 26 sobre «imagen y semejanza»; 12,7 sobre «Se apareció Dios a Abraham», y otros: el que se aparece, dice, no es ni ángel, ni Dios Padre, por invisible, sino el Verbo de Dios, el cual se muestra «revestido de *humana specie ac figura*». Semejante, en *De praeparatione evangelica*, lib. VII, cap. 11 (PG XXI, 538).

[55] I Cor. 11, 7-11.

modelo conforme al cual fue creado el hombre es el *demuth* [104]
que vio Ezequiel en ese pasaje. ¿O acaso era una máscara
creada el *demuth*, a cuya imagen fue hecho el hombre? [56].

Por la verdadera forma y figura de Cristo que estaba en
Dios, el hombre se asemeja a Dios incluso corporalmente,
hasta el punto de que incluso del cuerpo de un hombre
muerto puede decirse que es imagen de Dios. Utilizando
esos mismos términos *zelem* y *demuth*, dice el Génesis que
Adán engendró hijos «a su imagen y semejanza» (Gen. 5),
*del mismo modo que él había sido formado a imagen y se-
mejanza de Dios* [57]. Luego había semejanza en la figura. Ireneo y Tertuliano afirman que también el cuerpo de Adán
había sido formado a imagen y semejanza de Dios. Y lo mismo, después de los antiguos hebreos y con los primeros cristianos, dice Filón en el Lib. 1 de su *Comentario sobre el Génesis*, a quien cita Eusebio de Pamfilia en el antes citado
cap. VII de su *Preparación evangélica*: «Ningún mortal, dice,
puede compararse como imagen con el Padre supremo; pero
se le compara por la Palabra, como por un Dios intermedio.» En el libro *Sobre agricultura*, dice Filón que el alma
del hombre había sido hecha y configurada conforme a *la
idea* e imagen del primer ejemplar, la Palabra. *Y vuelve a
decir lo mismo sobre la forma del alma y el aspecto de rostro en su otro libro «De cómo es conveniente que las mujeres
no obren indecentemente».* En el libro *«Sobre el mundo»
dice ser un antiguo refrán que la divinidad se mostró frecuentemente en forma humana y que creó al hombre a su
imagen* [58]. Por lo tanto, Adán fue hecho según el modelo, la
forma, la figura y la imagen de Cristo, tanto en cuanto al
cuerpo como en cuanto al alma.

---

[56] Ha ido citando Dan. 3, 19; Sal. 72, 20; «imágenes de fundición» en Num
33, 52; «imágenes de Baal», en II Re. 11, 18; «figura, semejanza de rostro de
hombre», Ez. 1, 10. 13; «una semejanza de fuego», Ez. 8, 2; «imagen de talla»,
en Is. 40, 19. *MsPa* omite caracteres hebreos. Ambos términos son abundosa-
mente explicados por Maimónides, *Guía de los perplejos*, Parte I, cap. I (ed.
cit. p. 13).

[57] Gen. 5, 1-3.

[58] Eusebio, *De praepar. evang.*, lib. VII, cap. 13 (PG XXI, 546) cita completo ese texto de Filón, de las *Quæstiones in Genesim*, lib. II, 62, en el que
llama al Lógos «segundo Dios». Y continúa citando otro del *De agricultura*,
igualmente sólo resumido aquí por Servet, en el que se propone una de las
ideas básicas del sistema filoniano: que el alma, como todo lo existente, está
hecha a imagen del Lógos, a su vez imagen o εἰκών de Dios. Cfr. Harry A.
WOLFSON, *Philo. Foundations of Religious Philosophy...* (Harvard, 1948), vol. I,
pp. 238, 390, etc. El título que Servet trae, *Quod mulieres non decet indecore
agere*, no consta entre la lista de tratados escritos por Filón enumerados por
Wolfson, ni en las ediciones Loeb cit., ni en la de Cohn-Wendland (Berlín,
1896). La última alusión, en *De opificio mundi*, 8.

Aunque, cuando se dice «hagamos» y «nuestra», hay que entenderlo literalmente de los ángeles, pues también los ángeles contienen hasta cierto punto la idea de hombre; sin embargo, en sentido espiritual, hay que entenderlo siempre de Cristo, prefigurado en los ángeles. Se dice de los ángeles en persona de Cristo, como ocurre con David y Salomón, de los que se dicen cosas más excelentes de las que les pertenece, porque se sobreentiende el mistrio de Cristo [como decíamos en el Libro anterior]. Se dicen de ellos, pero no por ellos [59]. Del ángel se dice literalmente: «Mi rostro irá [105] delante de tí» (Ex. 33), cuando en realidad su verdadero rostro es Cristo, su hijo, compañero de camino de Israel (I Cor. 10) [60]. Más aún, el mismo que dijo «hagamos al hombre» era Cristo, era *elohim*, persona de la Palabra, que es persona de Dios. Y él les hablaba a los ángeles, como también los ángeles hablaban a veces como dioses. A los ángeles hablaba, al decir: «He ahí a Adán, como si fuera ya uno de nosotros.» Y de nuevo: «Venid, descendamos», etc. En la Ley todas las cosas las hacían los ángeles, y a los ángeles se les llamaba *dioses* [61].

Por eso algunos nos han transmitido que, además de los dioses del Antiguo Testamento, aún hay otros [u otro dios más sublime]. De ahí la herejía de Simón Mago, Cerdonio, Marción y otros que niegan que el Dios de la Ley sea el Padre de Jesús el Cristo; pues tomaban torpemente por un ángel al Dios de la Ley [62]. Otros han llegado a imaginar que Dios es realmente algo corpóreo, que por su propia naturaleza contiene en sí [miembros humanos innatos y] formas corpóreas innatas, atribuidas a él en toda la Ley. [Más adelante

---

[59] *Dicebantur de eis, sed non propter eos.*

[60] Ex. 33, 2 y 14. «Bebía de la piedra espiritual que los seguía, y la piedra era Cristo», I Cor. 10, 4.

[61] Gen. 3, 22. Sobre los ministerios de ángeles en AT, véase Maimónides, *Guía*, Parte II, cap. vi, ed. cit., p. 160, algunas de cuyas ideas aparecen en este contexto. Calvino y sus ministros ginebrinos no pudieron entender ni admitir estas teorías de Servet; de hecho, constituyen varios puntos de su discusión escrita. Cfr. *Cal. Op.*, VIII, 511, y mejor en *Kingdom*, pp. 14 y 34. Las numerosas citas de Ireneo y Tertuliano que ahí aduce Servet, con su paginación exacta de las ed. que él manejaba, la de Erasmo y de Beatus Rhenanus de 1528, respectivamente, merecen un estudio serio que aún no ha sido hecho.

[62] Servet sugiere que esos *dioses* del AT son un equívoco filológico, debido a mala traducción de los términos hebreos. Marción dio nuevo impulso hacia 140 a la escuela de Cerdón en Roma, de antecedentes en Simón en el siglo anterior. Fundador de un peculiar tipo de gnosticismo que duró hasta el siglo v, desvincula el Dios del AT, a quien tiene por un ser maléfico y guerrero, del Dios Padre y del Cosmocrator o creador. Jesús apareció, sin cuerpo real, con aspecto humano, para liberarnos de todo judaísmo y vencer al Dios de la Ley. Cfr. QUASTEN, *Patrología*, I, 265.

aprenderás cómo opinaron que el cosmos es un modelo de la esencia de Dios.] En este punto, tanto Onkelos el Caldeo en su traducción como el rabí Moisés el Egipcio en sus *Libros de los perplejos* se devanan los sesos por librar a Dios de sus formas [63]. Por lo que se refiere a nosotros, todo eso está a nuestro favor, pues toda esa perplejidad desaparece fácilmente por Cristo, quien es verdaderamente rostro, imagen, efigie y figura de Dios que realmente contiene en sí formas corpóreas. El es Dios de dioses y Dios de los ángeles.

En toda esta cuestión conviene tener muy presente el artificio en la variedad de modos de hablar de la Escritura. No deja de tener su misterio el que se atribuyan ciertas cosas a Dios, más frecuentemente en el Antiguo Testamento que en el Nuevo. No carece de sentido el que en el Antiguo Testamento leamos con tanta frecuencia que Dios tiene manos, ojos, rostro y pies, que pueden verse con los ojos de la cara; cuando nada de esto se halla en el Nuevo, sino todo lo contrario, a saber: que Dios es espíritu. La razón salta a la vista, pues en aquel entonces la persona de Cristo estaba prefigurada en el Padre. No había, por consiguiente, distinción real entre Padre e hijo, sino que se atribuían a Dios las formas corpóreas que ahora están en su hijo [y había entonces modos de visión de la persona del hijo] [64]. Por la misma razón, introducían en sus modos de hablar ángeles en forma de Dios y de Cristo. Si así lo entendió Cipriano, bien asimiló la antiguo verdad, al decir que en esa ocasión decían lo mismo Dios y el ángel y Cristo. En el Lib. II *Contra los judíos* demuestra abundantemente que eran los mismo el ángel y Dios y Cristo, al hablar a Abraham y a otros y al dejarse ver [65]. Todo ello se infiere de este único pasaje del Exodo 3, pues allí dice Cristo: «Seré el que seré.» Hablaba el ángel que se veía, pero era [persona de Dios,] voz de Dios,

[106]

---

[63] Servet se aparta así de la explicación que Maimónides da al término hebreo *zelem*, que para él significa «forma específica», la de su percepción intelectual, y a *demut*, semejanza, «pero lejos de que el Supremo Ser sea corporal y tenga una forma material», *Guía*, Parte I, cap. I, sin citar en este punto el *targum* caldeo de Onkelos. Servet, contra la auténtica tradición hebrea y judía en este punto, quiere restituir a esos términos el significado de *imagen* e incluso *rostro*, para lo cual cree contar con múltiples textos cristianos antiguos, como fue dicho.

[64] La distinción real entre ambos comenzó al nacer Jesús como hijo de Dios, el cual, en su modo de Verbo, ya tenía, sin embargo, las formas corporales que su hijo había de tener. Interpretación, como se ve, sumamente atrevida.

[65] Cipriano, *Testimoniorum adv. Iudaeos*, lib. II, cap. 5 (PL IV, 728), donde comenta, en ese sentido, varios textos tanto del A.T. (Gen. 22, 11 sobre una visión de Abraham, y 31, 13, sobre otra de Jacob; Ex. 13, 21 y 14, 19 sobre la «columna» de fuego o humo) como del N.T., especialmente Jn. 5, 43.

[Dios mismo hablando allí] [66]. Lo mismo hace notar Pablo: «La Ley, dice, ha sido ordenada por Dios a través de los ángeles en mano de un mediador» (Gal. 3) [67]. Tanta es la gloria de Cristo que su persona venía representada por Dios, por ángeles, hombres, un cordero, un carnero, una serpiente, un león, una piedra, y otras cosas. Si se hubiese entendido este misterio de Cristo entonces, no hubieran dicho algunos que los ángeles habían creado el mundo, y que habían sido «dioses» en el Antiguo Testamento; pues los ángeles no actuaban en su ministerio sino en sombra de Cristo. Y ello no sólo en la creación, sino también en las demás obras que de ahí derivaron. Otros hicieron de Dios y la idea dos principios, siendo que la idea era la imagen misma de la Palabra y la forma divina. ¡Maravillosa razón, maravillosa Palabra! [68].

Dios creó por su Palabra, y era la persona de Cristo la que creaba. Dios creó por su Palabra creando por sí mismo, por una especie de manifestación de sí mismo realizada al pronunciarla. En la creación hubo una especie de manifestación y comunicación de Dios a la criatura, para que Adán, antes del pecado, viese limpiamente la forma de Dios y recibiese un espíritu puro. Después del pecado le fue ocultada al hombre la faz de Dios bajo velo de estatua no descubierta hasta la venida de Cristo. Cristo se dejaba ver en la Ley como a través de las celosías de una ventana, no abiertamente (Prov. 7; Cant. 2). Zacarías da a entender que se nos revelaría esa estatua de Cristo, al decir de Cristo en el cap. 3: «Yo mismo labro su escultura» o «Yo descubro su escultura». El término hebreo פתח, *patach*, significa propiamente labrar descubriendo, destapar con el cincel la imagen que está latente. Y así es como Dios se nos manifestó, mostrándonos a Cristo. Abundando en ese parecer, el intérprete caldeo traduce: el rostro de Cristo se revelará [107] o abrirá, pues así lo trae el «targum» de Jonatán:

גלי כוי חזא   אנא שׁא   גלי כוי חזיחהא   «ha aena gele chezijathaha», es decir, «he aquí que yo revelo, yo descubro su visión» [69].

---

[66] Ex. 3, 14, quitando así valor definitorio divino a tan importante texto.
[67] Gal. 3, 19.
[68] La originalidad de la explicación de Servet se acentúa si se tiene en cuenta que no sólo rechaza la interpretación hebrea tradicional, y, por supuesto, todo materialismo divino y todo politeísmo y gnosticismo, sino también la teoría platónica de la distinción entre las ideas y el demiurgo o Dios creador. Las ideas, en el peculiar platonismo de Servet, más agustiniano en este punto, son idénticas al Verbo de Dios, su razón o mente, su Palabra, que tiene su misma figura y forma, como el hombre tiene su misma «imagen y semejanza».
[69] Prov. 7, 6 y Cant. 2, 9; Zac. 3, 9. Como siempre, *MsPa* no trae hebreo.

En resumen, tanto la Ley como todos los Profetas mezclan frecuentemente con los datos históricos y las profecías sobre Cristo términos como rostro, imagen, recóndito, escondido, habitáculo, sombra, etc...; pues todas esas cosas que *(según dice Cristo en Lc. 24, y Mt. 11)* [70] han sido escritas acerca de él en la Ley y en los Profetas, han sido artísticamente esculpidas a cincel por el Espíritu del Señor, para que bajo cobertura de plata se oculte su Palabra de oro. Todo esto, por arcano designio de Dios estaba ya bosquejado en las figuras históricas y ceremoniales como encubierto por una capa de cal, igual que Cristo mismo estaba ya bosquejado en Dios. Por analogía con los misterios superiores, también en los inferiores había sombras para representar a Cristo. El concepto de sombra había descendido, pues, de arriba abajo [71]. En Dios estaba la Palabra luminosa, pero lucía en la oscuridad y en sombra. Y así «era en el principio», como una sombra de Cristo; tanto porque ya lo prefiguraba, como porque toda sombra es luz disminuida. Existía como luz, pero *disminuida por el pecado de Adán* y *porque a los judíos* no les iluminaba como a nosotros. Los antiguos la llamaron «palabra corporal», pues era una sustancia brillante en la nube [con cierta corporeidad] *con figura de cosa corporal, aunque de suyo no era materia corpórea* [72]. [Era una sustancia visible que en María se hizo palpable. Aquella nube, gloria de Dios, aquella sombra, al «hacer sombra» a María y condensarse en lluvia celeste, fue el rocío natural de la generación de Cristo.]

Pronto vas a conocer por lo que sigue, una vez conocida la universal y omniforme esencia de Dios, cuál es el modo de ser de la divinidad en la nube y el de *la generación* de Cristo por este rocío *celestial.* Si puedes creer que Dios engendra realmente de sí mismo un hijo hombre, entonces te será fácil creer lo que sigue. Se trata, simple y llanamente,

---

[70] A los de Emaús, «declarábales en todas las Escrituras lo que de él decían», Lc. 24, 27. «Porque todos los profetas y la Ley hasta Juan profetizaron», Mt. 11, 13.

[71] Dos conceptos básicos en el sistema intelectual de Servet: *analogía y sombra. Per analogiam ad arcana superiora, erat umbra in inferioribus legis mysteriis, ad præfigurandum Christum. Umbræ ergo ratio desuper venerat ad inferiora.*

[72] *Corporale verbum,* aunque no en sí *materia corpórea.* En asunto de enorme sutileza intelectual se esfuerza Servet por acuñar una terminología relativamente propia. Entre «los antiguos» hay que contar sobre todo a Tertuliano, varios de cuyos *innumeri loci* aduce Servet en su proceso para demostrar que comparte su teoría de la «identidad del rostro de Cristo entonces y ahora», o de la «persona y forma visible del hombre Cristo que siempre brilló en Dios». Cfr. *Kingdom,* p. 14.

de considerar a Jesús el Cristo en Dios su Padre. En las predicaciones de Pablo y de los demás apóstoles jamás se oyó hablar más que de un solo Dios, que es el Padre, y de Jesús el Cristo, que es su hijo. Es muy importante que repares en todas las diferencias y modos de hablar: cuándo se dice «palabra», y cuándo «hijo»; pues tales términos significan cosas distintas. Si me presentas un solo pasaje en que se [108] allme entonces Hijo a esa Palabra, me daré por vencido. De lo contrario, diré con las Escrituras: antes su Palabra, ahora su hijo. Antes en la Palabra la persona del hijo [73].

Los antiguos estaban en lo cierto al hablar de la persona del hijo; los sofistas, sin embargo, sin entenderla, la han extorsionado en otro sentido. Ellos inventan personas metafísicas, incorpóreas e invisibles, [personas reales, no personas personadas, torpísimamente] torpemente llamadas personas [74]. No tendría importancia abusar de los vocablos, si no abusasen también del mismo Dios, cortándolo, despezándolo y desmembrándolo de distintas maneras. Tú, en cambio, ten en cuenta lo que la Escritura trae sobre el concepto de persona, y así podrás darte cuenta de su abuso.

Tanto en las Escrituras, *como en otras partes,* se llama *siempre* persona al aspecto externo de un hombre, a su rostro, a su representación, como cuando decimos de alguien que su persona es hermosa. En este sentido se toma persona en Rom. 2, Col. 3, Hech. 10 y I Pe. 1: «En Dios no hay acepción de personas», ni se fija en cosas exteriores, como si uno es hombre o mujer, esclavo o libre, judío o gentil, rico o pobre [75]. Así se entiende también en I Re. 17, Lev. 19, Deut. 1 y Sant. 2, cuando se nos amonesta que «no nos fijemos en la persona del pobre o en el rostro del poderoso». Abunda en este sentido la segunda carta a los Corintios, caps. 1, 2, 3, 4, 8, 10 y 11 [76]. Pero aun fuera de las Escrituras

---

[73] *Olim verbum, nunc filius. Et olim in verbo personam filii.*

[74] El rechazo del concepto ontológico de *persona*, que habría sido origen de importantes tergiversaciones dogmáticas, constituye uno de los puntos básicos del sistema intelectual de Servet. Cree él que el sentido bíblico original es el empleado por algunos de los primeros escritores a él caros, anteriores a la formulación del dogma trinitario.

[75] «No hay acepción de personas προσωπολημψία para con Dios», Rom. 2, 11; Col. 25; Hch. 10, 34 y I Pe. 1, 17, siempre con el mismo término griego o derivados.

[76] Citando I Sam. no 17 como trae Servet, sino 16, 7: «No mires a su parecer.» Y así en Lev. 19, 15; Deut. 1, 17; Sant. 2, 9, respectivamente, cara, aspecto, respeto de personas. Las citas de II Cor. aluden a varias menciones del término πρόσωπον con el sentido de «respeto a», «en persona de», «al rostro de», «delante de», «en presencia», «cara»: así en 1, 11. 2, 10. 3, 7. 4, 6. 8, 24. 10, 1 y 11, 20. Y pudo aún añadir 5, 12 ἐν προσώπῳ, *en apariencia.* Ninguno de

el significado del término πρόσωπον para los griegos, como el de *persona* para los latinos, es algo tan evidente que tuvo que ser algún demonio malo quien sugestionase a todos los triteístas para hacernos tragar por personas sus inventadas entidades invisibles. Para los hebreos la cosa está clara: ellos llaman *persona* a lo que nosotros llamamos *rostro*. Escudriña aquí, lector, y desde su raíz, las causas: qué es lo que pensaron aquellos primeros cristianos acerca de la persona de la Palabra [77] [pues Ireneo y Tertuliano con toda evidencia enseñan que lo mismo significa persona que figura del Verbo]. Además, las Escrituras suelen hablar de persona en el sentido de que una cosa actúa «en persona de» otra. En ese sentido los amigos de Job, asumiendo la persona de Dios o personificándolo, pretendían hablar y juzgar como si fueran dioses [78]. En toda la Ley es un ángel quien habla en persona de Dios. Los falsos apóstoles hablaban en persona de apóstoles. En persona de ángel bueno habla Satanás, cuando se transfigura en ángel de luz. La Sabiduría, el ángel, David, los Profetas hablan con frecuencia en persona de Cristo. Y en este sentido decimos que el hijo fue antes Palabra en persona de Cristo, y que Cristo estuvo en su Padre en aquel entonces en persona de Palabra. Cristo es persona de la Palabra y la Palabra es persona de Cristo, y no se trata más que de una persona, de un solo aspecto. Lo que resplandecía en la Palabra y en la Sabiduría, eso es Cristo; de la misma forma que si me vieras simultáneamente cara a cara y en un espejo, verías no más que **una sola** persona. Con ello se entiende claramente la parábola sobre la Sabiduría de Prov. 8. Allí se manifiesta la persona de Cristo, al decir que existe desde toda la eternidad: se trata de una figura de Cristo, de un destello, de una cierta expresión suya. *Generación eran en Dios su propio pensamiento y su manifestación, encaminados a la generación de Cristo.* En ese caso la Sabiduría habla en parábolas, en lenguaje figurado, ya que la Sabiduría actuaba en persona de Cristo, que ha sido formado en Dios desde toda la eternidad, engendrado y creado por una como expresión. Pero se le llama

[109]

---

estos textos emplea el término en el sentido filosófico que adoptó más tarde. Servet suele documentarse bien.

[77] Nueva insistencia en su creencia de que su interpretación está basada en los textos bíblicos y en los de estos dos grandes escritores antiguos, objeto parcial de la polémica del proceso ginebrino entre Calvino y él.

[78] Les arguye Job, cap. 13, 8: «¿Habéis de hacer acepción de su persona? ¿Habéis de pleitear vosotros por Dios?» Servet emplea el término semijurídico *gerere personam alterius.* Y luego: *Christus persona verbi, et verbum persona Christi, una persona et unus aspectus.*

creado, porque participa de la creatura; engendrado personalmente, porque es hijo personal, y, por tanto, personalmente formado.

DE LA VISION DE DIOS

Conocida ya la persona de la Palabra y el modo de su manifestación, va a ser más fácil lo que nos queda por decir acerca de la visión de Dios. Me siento obligado a afirmar, tal como Cristo nos enseña, la visión de Dios que no conoce el mundo, hasta el punto de tener que llamar ciegos a los que «viendo no ven y entendiendo no entienden» a Dios. Tú, en cambio, lector cristiano, tendrás que reconocer que ese conocimiento y visión verdaderos que vas adquiriendo de Dios, los adquieres por medio de Cristo, y a él debes ofrecerle todo ese conocimiento adquirido.

Dios es en sí mismo completamente incomprensible, y no se le puede ver ni entender, si no es contemplándolo en alguna imagen suya, como Cristo mismo nos enseña en Jn. 5 [79]. Tal es precisamente, como ya quedó bien claro, el rostro de Cristo y la persona de la Palabra. En aquel gran rostro aparecía, cuando él lo quería, toda la majestad divina, ya en el monte, ya en el templo y en otras partes; hasta tal punto que su solo aspecto conmovía con admirable eficacia a cuantos lo veían. Lo que ocurría en la tierra acontece mucho más gloriosamente ahora en el cielo, como en el caso de la visión de Pablo, pues el hombre Jesús ha sido encumbrado a la gloria que ya tenía antes como Palabra en Dios (Jn. 17) [80]. Aquella Palabra que «estaba en Dios y era Dios» era la persona de Jesús el Cristo, en la que el Dios de la gloria quiso que le viesen, le vean y le puedan ver eternamente. Así como tú ves la luz en el cuerpo del sol, así también vieron los apóstoles en el cuerpo de Cristo, y con sus propios ojos, brillar a Dios, y tú lo puedes ver interiormente. *Porque, ¿qué otra luz pudo verse en el rostro transfigurado de Cristo, que brillaba más que el sol, sino la luz increada?* Esas nociones abstractas que dicen tener los sofistas separadamente acerca de Dios, de las que presumen, son poco menos que nada, o mejor, son sólo ilusiones ante Dios. ¿Qué cristiano en sus cabales puede compararnos con los turcos, sarracenos y otros gentiles, en lo tocante a la visión de Dios o en el modo de hacernos idea de él? A este respecto Pedro, en

[110]

---

[79] «Ni nunca habéis oído su voz, ni habéis visto su parecer», εἶδος, Jn. 5, 37.
[80] Según Jn. 17.5. Alusión a la visión de Pablo camino de Damasco, Hch. 9.

el Lib. II de Clemente, pone una comparación con la idea que él tenía de Jerusalén y Cesarea antes de haber visitado tales ciudades: una vez que las conoció de vista, confesó ser falso cuanto de ellas antes había pensado [81]. Nosotros, que vemos a Dios por medio de Jesús el Cristo, experimentamos palpablemente la falsedad de las imaginaciones de otros sobre Dios. ¿Qué pudo jamás imaginar el hombre sobre Dios antes de que él mismo se le manifestara visiblemente? Mucho más escondido está Dios que esas ciudades objeto de las imaginaciones de Pedro.

Falla la mente al pensar a Dios, porque es incomprensible. No le ve el ojo, porque es invisible. No le oye el oído, ni pudo oírlo jamás, sino cuando habló con voz humana. No puede tocarle la mano, porque es incorpóreo. No puede expresarle la lengua, porque es inefable. No hay lugar que pueda contenerlo, porque es incircunscriptible. No hay tiempo que pueda medirlo, porque es inconmensurable. En fin, todo lo trasciende y excede toda inteligencia y toda mente [82]. [Muchos] *Algunos* enseñaron que sólo por «vía de negación» se puede definir a Dios [83]. Pues si consideras la luz, o cualquier otra cosa que nos sea conocida, reconocerás claramente que Dios no es la luz, sino algo más allá de la luz; que no es esencia, sino algo más allá de la esencia; que no es espíritu, sino algo más allá del espíritu. Dios está por encima de [111] todo cuanto puede pensarse. Pero esto no es un auténtico conocimiento de Dios, pues no dice lo que Dios es, sino lo que no es. Nadie puede conocer a Dios, si no conoce el modo como él ha querido manifestársenos. Y ese modo nos ha sido revelado abiertamente a través de los oráculos sagrados. Pero los sofistas no creen en él, pues se niegan a ver a Dios en Cristo.

Una cosa hay que es ciertamente verdadera en la doctrina de Cristo, y que de algún modo está relacionada con la visión de Dios: nosotros no podemos concebir idea alguna verdadera ni de Dios, ni de cosa alguna, sin que intuyamos en ella algún aspecto o imagen. De ningún conocimiento representativo de otra cosa puede decirse que modifica nues-

---

[81] Así en *Recognitiones* del Pseudoclemente, lib. II, cap. LXII (PG I, 1277), texto lleno de interesantes observaciones prácticas.

[82] Bellísima confesión de la trascendencia suprema del *Deus absconditus*, el cual *omnia trascendit, omnem intellectum et mentem superat.*

[83] Rechaza así Servet la validez de la llamada *vía negativa* en la especulación teológica, tentación de quienes, como él mismo, acentúan la suprema trascendencia de Dios. Servet la supera afirmando que la única manera de conocer qué y quién es Dios es por el modo como se ha manifestado; y ese *modo* sustancial es su Verbo, una de sus «personas».

tra mente, sino en cuanto la imagen de esa cosa se ofrece al entendimiento a través del «fantasma» o «especie». Todo el mundo sabe ya desde Aristóteles que para entender es necesario abstraer la idea de una imagen [84]. También Pablo enseña que nosotros «vemos ahora como por un espejo» (I Cor. 13) [85]. Para Pablo ver es lo mismo que entender a través de la imagen en el espejo. [Que me digan ahora los sofistas] *Que respondan ahora a Pablo nuestros adversarios: ¿En qué espejo ven ellos a Dios?* Que nos digan ahora: ¿qué imagen lleva, o qué semejanza tiene el «fantasma» o «especie», que ellos ven, cuando forman su conocimiento o idea de Dios? Pues lo cierto es que ese «fantasma» o «especie», sea lo que sea, debe ser portador de una especie sensible o imagen. Si consintieran en dejarse instruir por Dios en la verdadera filosofía, incluso en la verdadera sabiduría, se acomodarían a llamarla visión de Dios, como ocurre en las sagradas y divinas Escrituras siempre que se hace mención de la visión de Dios. A esta visión se la llama también interna, porque se hace con el ojo de la mente. Ni de Dios ni de los ángeles puede tenerse idea alguna que no sea visión [86]. [Los mismos profetas la llaman siempre visión.]

Si alguien objetare que los filósofos tenían idea de Dios, según aquello de Pablo: «Las cosas invisibles de Dios, como su poder, su divinidad, su justicia y otros atributos divinos, pueden ser conocidos a partir de las creaturas» (Rom. 1) [87], tal objeción no necesita respuesta, ya que el propio Pablo expresamente menciona cuáles son esos invisibles atributos [112] de Dios, conocidos como nociones comunes. Verdad es que sobre Dios conocemos algunas generalidades y tenemos algunas nociones comunes, tomadas de las cosas, como deduce el mismo Pablo. De la magnitud del hecho deducimos la magnitud del agente; del régimen, la justicia; y así otros casos semejantes que hay entre nosotros. De cosas que hacen referencia a alguna divinidad o poder oculto, deducimos que hay otra cosa más divina, más sabia, más poderosa. Tales son

---

[84] Aplicación extrema del conocido principio aristotélico de la necesidad de una *conversio ad phantasmata* o reducción a las imágenes sensitivas (*De anima* III, 2, 425b) para poder tener verdadero conocimiento intelectivo; prueba del radical empirismo inicial del sistema de Servet.

[85] Original conjunción de esta fórmula filosófica con el dato bíblico paulino: *per speculum in ænigmate*, I Cor. 13, 12. Y así, para Servet es el Verbo, rostro, imagen o *phantasma*, persona, del Dios trascendente quien posibilita su conocimiento. Esta es la *vera philosophia* sobre Dios.

[86] Es decir, el auténtico conocimiento es el de la visión, incluida la mental tipo de conocimiento de Dios mencionado siempre en la Biblia. Los otros posibles conocimientos sobre Dios no lo son propiamente.

[87] Rom. 1, 20, texto básico sobre el conocimiento natural de Dios.

«las cosas invisibles de Dios» comúnmente conocidas por las gentes, de las que habla Pablo. Por los efectos «silogizamos» que hay una causa primera; por el movimiento raciocinamos que existe un primer motor. A pesar de todo, Aristóteles jamás tuvo conocimiento específico, *singular* y abstracto de Dios. Estas cosas son las que, según Pablo, pueden saberse de Dios; pero eso no quiere decir que así se le conozca realmente, *sobre todo, si se tiene en cuenta que no se conoce aún su voluntad cierta.* Más aún, todo ese discurso de Aristóteles sobre las causas y los movimientos no es otra cosa que una trasposición de imágenes visibles en nuestro cerebro. Por ellas creen ellos conocer de algún modo a Dios, porque con sus silogismos imprimen en su mente la idea de un motor; *y porque echan mano de ciertos predicados, que pueden atribuirse a Dios con toda verdad* [88].

Ahora bien, aparte de todo esto, si alguno se habitúa a sacar agua de las fuentes divinas aprenderá, antes de lo que tarda en decirse, la verdad misma que fluye de allí como una luz, puesto que Dios ha querido manifestarse al mundo y dejarse ver por medio de su Palabra: quien ve a Cristo, ve al Padre; y nadie ve al Padre sino en Cristo. Ahora bien, si los judíos, los turcos y los demás paganos ven ahora a Dios igual que nosotros, ¿qué visión de Dios es la que nos ha traído Cristo? Es necesario, cristiano lector, reconocer que esta aparición visible de Dios es una auténtica aparición, *verdadera* θεοφανία, para que puedas contemplar «la gloria de Dios en la faz de Cristo» (II Cor.. 4) [89]. Así llegarás a conocer a Dios a quien nunca hasta ahora habías conocido, ni habías visto «su parecer» (Jn. 5). En este pasaje de Juan, el término εἶδος equivale a imagen, forma, figura y rostro de Dios, para que así aprendamos que Dios no puede ser visto por nosotros sino en la faz de Cristo. Alude ahí el divino Maestro a lo que se dice en Ex. 20 y Deut. 4, pues aunque entonces el pueblo de Israel había escuchado voces y muchos de ellos habían visto por Cristo una cierta imagen del que hablaba, sin embargo, está claro que los

[113]

---

[88] Hay en todo este importante texto un manifiesto desprecio por las llamadas *vías* racionales o filosóficas para «demostrar» la existencia y conocer algo del ser de Dios, procedimiento iniciado por Platón y Aristóteles, aunque en diferentes dimensiones, y llevado a perfecta expresión por Maimónides en la *Guía* y por Tomás de Aquino en la *Suma*. Aristóteles, subraya Servet, no alcanzó un verdadero conocimiento de Dios creador, lo cual está admitido por todos los historiadores. Las *vías* dan tan sólo una idea muy relativa de Dios, y nada nos dicen de lo más importante: de su voluntad; pero el inicial conocimiento natural de lo divino basta para estimular la natural conciencia moral, como Servet repite varias veces.

[89] II Cor. 4, 6.

que no conocían a Cristo tampoco escuchaban la voz de Dios, ni lo veían a través de su imagen [90]; como ocurre hoy con los sofistas, que no ven ni oyen absolutamente nada. Pues la voz de Cristo es voz de Dios, como la visión de Cristo es visión de Dios. Dios es conocido y visto en la faz de Cristo por los creyentes, igual que si se me manifestase ahora a mí sin impedimento alguno con aquel rostro visible con que lo veía Moisés cara a cara. Si Dios me mostrase a mí con toda claridad el rostro que Moisés no vio, no vería otra cosa que la faz *gloriosa* de Jesús el Cristo. Tal es la manifestación de Dios invisible a través de su Palabra visible; y se le llama imagen visible de Dios invisible. Por eso se llama a Cristo y con razón «rostro de Dios». Se llama rostro de una cosa a aquello por lo que esa cosa se ve y conoce. Por consiguiente, tenemos que reconocer pura y sinceramente que se ve a Dios en el rostro de Cristo, como dice Pablo: «Vemos a Dios por Cristo», o como dice Juan: «El que ve a Cristo, ve al Padre» y «Nadie lo ha visto jamás, sino por su hijo» (Jn. 1, 5, 6, 8, 12 y 14) [91].

Nos estamos refiriendo siempre a la visión de Dios que puede concederse a los mortales en este mundo, pues en el futuro veremos a Dios de otra manera. *Entonces lo veremos tal como es; ahora lo vemos tal como se nos muestra.* Tal futura visión ni puede alcanzarla ahora nuestro entendimiento, ni a ella puede aspirar el corazón del hombre. Y por supuesto, nos referimos ahora a la visión interior, no a una ilusión invisible.

Nuestros adversarios pretenden con cierta ilusión imaginaria que se puede ver la primera de sus entidades a través de la segunda. Y eso ¿con qué razón? ¿De qué modo puede esa entidad invisible e ininteligible, que es más desconocida que el propio Padre, conducirnos al verdadero conocimiento y visión del Padre? [Que es desconocida e incierta esa enti- [114] dad cual la imaginan, lo conceden ellos mismos. ¡Miserables quienes dicen que ver no es ver y llaman visión a una ilusión!] [92]. *Los triteístas* jamás han comprendido la intención de la palabra evangélica, siendo así que con tanta frecuencia menciona la visión de Dios, a quien vemos con nuestros propios ojos por Jesús el Cristo, aunque nunca hasta entonces

---

[90] Ex. 20, 22 y Deut. 4, 12: «Oísteis la voz de sus palabras, mas ninguna figura visteis.»

[91] «A Dios nadie lo vio jamás; el hijo unigénito, él lo declaró», Jn. 1, 18. 5, 37. 6, 46. 8, 19. 12, 45 y 14, 7, frases muy semejantes.

[92] Es decir, la debatida entidad del Hijo no puede ser esa imagen o *persona* del Padre, imprescindible para que lo conozcamos. *Miseri sunt qui videre aiunt non esse videre, et illudi esse videre*, había escrito en *MsPa*.

había sido visto ni conocido. [En Jn. 6 se nos dice que nadie ve al Padre si Cristo no se lo muestra. Luego por Cristo se ve a Dios de otro modo distinto a como antes] [93]. ¿Cómo habrá que entender que «Dios se ha manifestado de verdad en carne»? ¿Por qué habría prometido Dios que en el futuro todos lo podríamos ver cara a cara? ¿Se refiere a Dios visto ya en la tierra? Guárdate bien tú, lector, de no trastornarte abusando como los sofistas del término «visión». Ten presente que Cristo, que no era sofista, dijo que *todos* los apóstoles habían visto ya al Padre (Jn. 14); lo mismo dijo Juan de los demás discípulos (I Jn. 2) [94]. Sin embargo, no habían visto otra cosa que el rostro de Cristo, en que resplandecía la deidad del Padre. Considera en qué sentido Tomás y Felipe, ignorantes aún, pedían a Cristo la visión y manifestación del Padre, y cómo la respuesta de Cristo se adapta a la mentalidad de sus interrogadores en Juan 14. Cuando en esta ocasión Cristo dice que por él se ve al Padre, no pienses que está hablando frívolamente. Llama a esta visión del entendimiento noción, conocimiento, intelección, o del modo que quieras. Pero concédeme que en ese mismo sentido Dios jamás había sido visto antes, como dice el propio Cristo. Pues de otra suerte nada nuevo nos hubiese reportado Cristo, y en vano haría alarde de que por él se viese al Padre. Se hubiera equivocado Juan al decir: «Hemos visto su gloria» y «a Dios jamás le vio nadie» [95].

Ellos no vieron otra cosa que la faz gloriosa de Cristo. Por artificio de Dios este silogismo concluye: A Dios se le veía antes de forma visible en su rostro de *elohim;* es así que este mismo rostro es ahora el de Jesús el Cristo; luego a Dios se le ve ahora en el rostro de Jesús el Cristo. Cristo está ahora en Dios sustancialmente tan verdadera y propiamente como en Dios estaba aquella Palabra, que era Dios mismo. Piensa en cuál fue siempre en la Ley la visión de Dios, y comparándola con la del rostro de Cristo, dí que ahora se ve a Dios con mayor claridad. No lo olvides. Escucha cómo ahora nos grita desde el cielo: «Viéndome a mí, véis a Dios [115] Viéndome a mí, véis al Padre.» Levanta los ojos de tu mente y mira. Si Dios pudo poner en el mundo una señal, en la que se viese propiamente la luz de Dios, tal señal ya ha sido puesta.

Quizá me repliques que bien poco aprovecha el ver ese aspecto externo. Mi respuesta es que se trata nada menos

---

[93] Jn. 6, 46.
[94] «Desde ahora le conocéis y le habéis visto», Jn. 14, 7, y I Jn. 1, 1.
[95] Jn. 1, 18.

que de la mismísima felicidad eterna, si creyendo ves la señal (Jn. 6 y 17). Así como el hecho de mirar hacia aquella serpiente de bronce libraba de las mordeduras de serpiente, así el hecho de mirar esta señal cura de cualquier mordedura del demonio (Jn. 3) [96]. Indignamente miras tú ese rostro. Pero una vez hayas creído, no apartes jamás de él los ojos de tu mente y verás qué bien te va; porque sólo esa mirada te arrastrará por entero hacia él hasta el cielo, y la luz de su rostro, disipando tus tinieblas, te purificará del error pernicioso. «Miraron hacia él y fueron iluminados» (Salm 33). «Ilumina tu rostro sobre tu siervo» (Sal. 4). «Verás, y te llenarás de luz» (Is. 60). ¿No llama Jesús dichosos a los ojos que le estaban viendo? [¡Cuántos profetas, dice en Mt. 13 y Lc. 10, ansiaron verlo y no lo vieron!] De la mayor parte de los profetas se dice que vieron al propio Dios [incluso] cara a cara [97]. Luego ellos habrían visto más que los apóstoles, de no verse a Dios en el rostro de Cristo. Y por tanto se hubiera engañado Cristo por tener como más dichosos, por esa causa, a los apóstoles que a los profetas. Pero no: los apóstoles vieron realmente, y nosotros también, la gloria de Dios revelada en el rostro de Jesús el Cristo. Los profetas sólo vieron bajo figura y sombra de ángel, con que el ángel-como-Dios les representaba a Cristo.

A algunos de poco les sirvió el ver a Cristo con los ojos exteriores, porque no creían en aquél a quien veían. Pero es algo completamente distinto el que veamos ahora con los ojos interiores el rostro de Cristo brillando en el cielo, pues eso resulta imposible sin fe. Más aún, los que han sido regenerados verdaderamente en Cristo, lo ven ahora morando dentro de sí mismos. Esa visión interior nos transforma gloriosamente en Cristo, como dice Pablo (II Cor. 3) [98]. Esa luz [116] del rostro de Cristo es para «el hombre interior» gloria eterna y fruición divina de la felicidad. Esa salvación de Cristo es la salvación de su rostro (Sal. 41) y «el resplandor de su rostro» (Sal. 43) [99]. Grande es la fuerza que tiene esta visión, y a ella sigue la iluminación de la mente, cuando esa misma visión es ya fruición y visión de la luz divina, la unión con Dios. La visión del rostro de Cristo, que habita en nosotros, nos hace ya ahora partícipes de su felicidad eterna.

Dirige tu vista hacia ese rostro, gloriosamente transfigurado en el monte, visto el cual se ve ya la luz misma por la

---

[96] Jn. 3, 14 en relación con Num. 21, 9. «Esta es la vida eterna», Jn. 17, 3.
[97] Sal. 33, 5. 118, 135. y 4, 6; Is. 60, 5.
[98] II Cor. 3, 18: «Mirando a cara descubierta, somos transformados de gloria en gloria.»
[99] Sal. 41, 11. 43, 3.

que Dios es luz y por la que Cristo es luz del mundo; luz que ilumina el espíritu del que la ve y lo transforma gloriosamente, como a Cristo.

De lo dicho se desprende que Cristo no es sólo imagen de Dios, sino que es más que imagen. Pues se da imagen cuando hay dos cosas de figura semejante, de las que una es imagen de la otra. Pero en Cristo hay algo más. Si se me presentase el ángel Gabriel en forma de águila voladora, ¿diría por ventura que se trata de la imagen del ángel Gabriel? Realmente, aunque se le llame imagen, es más que imagen, a saber, es un símbolo que no sólo representa, sino que contiene su propia hipóstasis. De igual modo, la Palabra, persona o rostro de *elohim,* era algo mucho más que una imagen. Era el mismísimo rostro de Dios. Era el mismo Dios. Era una especie de efigie o de forma que contenía el propio ser de Dios. Y por una razón semejante también Cristo es ahora mucho más que una imagen, pues es, como dice el apóstol en Heb. 1, «impronta de su ser», impresión de la hipóstasis de Dios, escultura de la esencia divina. David y Moisés la llaman   חמינה   , *temunah,* en el Salmo 16 y en Deut. 4, respectivamente. Repara bien en qué sentido se habla allí de imagen, cuando dice Moisés que ellos no veían la imagen del que les hablaba, imagen que David luego nos desea a nosotros [100]. Si tomas aquí imagen en ese sentido, piensas rectamente, ya que imagen significa allí la forma misma del rostro: εἶδος, *eidos,* la manifestación de una cosa por su aspecto (Jn. 5). En ese mismo sentido se dice de [117] Cristo que es εἰκών, *eikon,* icono o imagen de Dios, efigie de Dios (II Cor. 4; Col. 1) [101], así como se le llama χαρακτήρ, *carácter,* impresión, escultura, figura, impronta de la hipóstasis, o existencia, o esencia, o sustancia de Dios; pues sólo en él subsiste Dios.

Por todo esto queda comprobada aquella visión de Dios. Al ver grabada esa imagen, puedo decir que veo a Dios, como al ver esa águila puedo decir que veo al ángel Gabriel. De lo contrario, Dios no podría dársenos a conocer en forma visible. *Y ¿qué sofista será tan insensato que le arrebate tal poder a Dios? ¡Como si Dios no fuese más que un tronco sin vida, que no pudiera manifestarse a los hombres ni entrar en comunicación con ellos! Y si Dios pudo y quiso manifestarse al hombre,* lo hizo por la visión velada de su Verbo o Palabra y por su revelación en el rostro de Cristo. Como en medio de la inmensidad y de la luz ofuscante aparece el ros-

---

[100] Χαρακτήρ en Heb. 1, 3; *temunah* en Deut. 4, 12 y Sal. 16, 11. Cfr. nota 7.
[101] Esos términos griegos, según visto, en Jn. 5, 37; II Cor. 4, 4 y Col 1, 15.

tro del Sol, así en medio de las alturas y las profundidades de Dios apareció su Palabra, persona de Jesús el Cristo. Paso por alto aquí todas esas imágenes metafísicas y todos esos caracteres invisibles que los triteístas suelen poner entre sus tres entidades distintas. Son sólo sueños ridículos, completamente ajenos a las Escrituras, carentes de sentido y de inteligibilidad.

Me echan en cara que yo no suponga en los hombres ninguna idea de Dios, ni de los ángeles, ni de las almas. Y les respondo que yo les supongo una visión manifiesta y clarísima. En el Libro siguiente expondremos cuál es la verdadera esencia de toda idea que hay en nuestra alma, y afirmaremos que es de la esencia de la luz. La luz que contemplamos nosotros en el rostro de Cristo por la iluminación del Espíritu, es el propio Dios visto por nosotros a través de Cristo. Tal decimos ser en nosotros la idea clara de Dios: vemos a Dios en Cristo. Dios es luz, y vemos su luz en el rostro de Jesús el Cristo. ¿No es esto una auténtica visión y conocimiento de Dios por Cristo? También demostraremos cómo la sustancia de los ángeles y la de las almas es de la sustancia de la luz, y que se ven en la idea de hombre. De lo contrario, ¿cómo podían verse, si no, aquellas almas separadas que dice Juan, en Apoc. 6, haber visto [bajo] *sobre* el altar? [102]. Nada puede verse ni en este mundo ni en el otro, [118] si no es en virtud de la luz. Allí se veía la figura completa del hombre reluciendo en el alma, ya que el alma contiene la verdadera idea del hombre, como enseña Ireneo (Lib. II, caps. 33, 63 y 64). Filón, ya citado en otras ocasiones, dice que el alma ha sido formada a imagen y semejanza de la Palabra [y yo lo demostraré luego más ampliamente] [103]. Por lo tanto, en la idea de hombre puede verse el alma. El ángel, por su parte, puede ser visto y consistir tanto en una como en otra, pero siempre por virtud de la luz, como por virtud de la luz se ve a Dios en Cristo.

Los sofistas, en cambio, ven de manera invisible, pues en vez de visión de Dios tienen ilusiones. Para ellos Cristo está de más, pues siguen viendo a Dios de la misma manera que antes. Mas los verdaderos cristianos saben, y siempre lo sa-

---

[102] Ap. 6, 9 debe decir *debajo, subter* como en *MsPa; Rest.* pone *super* con evidente error.

[103] Ireneo, *Adv. Hæreses*, lib. II, caps. de Migne PG VII, 19, 33 y 34 respectivamente, cols. 773, 833 y 835, donde se dice que el alma está hecha de una materia muy sutil, pues se adapta al cuerpo como el agua a la vasija. Y en el último lugar: «Queda ya aclarado que las almas subsisten, y no pasan de un cuerpo a otro, y mantienen la figura de hombre a fin de poder ser reconocidas y recordar ellas las cosas de aquí.»

brán, que ha acontecido la manifestación ocular de Dios mismo. Nosotros sabemos con toda seguridad que por Cristo vemos a Dios. Sabemos que Cristo condenó en las personas de Tomás y Felipe el deseo de ver a Dios por otros caminos, visiones, conocimientos y manifestaciones. Cristo testificó que el único camino de conocer y ver a Dios está en él, pues él es «el camino» (Jn. 14). Y así, desde toda la eternidad Dios decidió y quiso ser visto solamente en Cristo. Y quiere que nosotros inquiramos continuamente en ese espejo, para que, conteniendo esa luz, nuestro espíritu iluminado se transforme en la gloria misma de Cristo, transfigurado glorioso como Cristo (II Cor. 3 y 4) [104]. Tal es el verdadero conocimiento de Dios que yo confieso tener por Cristo: por él gozo yo de Dios, por él adoro yo a Dios en espíritu. Y ello no al margen de Cristo, sino con el mismo gozo con que gozo de Cristo y con la misma adoración con que le adoro. Pues «el que goza de mí, goza del Padre»; «el que me adora, adora al Padre», como «el que me ve, ve al Padre». *En espíritu debe verse lo que en espíritu se adora. De lo contrario, Cristo tendrá que decirnos: «Adoráis lo que ignoráis»* [105], igual que los sofistas adoran lo que ignoran. Cristo es el camino y la luz, y por este camino iluminado por él es necesario acercarnos a Dios, adorar a Dios y ver a Dios que es luz. [119]

Pero los triteístas ni siquiera han entrado aún por este camino. *Por extraños caminos llegan a adorar a un Dios desconocido; peor aún, a un monstruo de tres cabezas.* Ininteligiblemente sueñan un Cerbero de tres cabezas, un Dios tripartito, como si fuesen tres puntos en uno solo, tres cosas encerradas en una sola. Reducen todas las sustancias celestiales a un punto matemático. Incluso llegan a decir que Dios es como un punto repetido infinidad de veces en el mismo plano, o como si en un punto hubiera tres [106]. ¿Es así como los sofistas ven a Dios fuera de Cristo? ¿Es ése el conocimiento que tanto alardean tener de Dios? Si el natural esplendor de Dios resplandece en el rostro de Cristo, si la sustancia de la deidad reside corporalmente en la carne de Cristo, ¿no es allí donde habrá que ver a Dios? En tal caso, ¿cómo es posible que Dios se haya manifestado en otro tiempo en la Palabra, ahora en la carne, y que entonces como

---

[104] Jn. 14, 6 y II Cor. 3, 18 y 4, 6.

[105] Jn. 4, 22. *Videri debet in spiritu, quod spiritu adoratur.*

[106] No parece haya en esto una alusión a texto alguno concreto de teólogos escolásticos en sus tratados sobre la Trinidad; más bien parece referirse a su tendencia a plantearse cuestiones sutiles sin importancia práctica ni aun teórica.

ahora sea visto con los ojos? Mira, pues, lector, y cree. De lo contrario, ¡ay de tí!

Para que se afiance más y más en nosotros esta visión de Dios, nos toca ahora decir algo más acerca de la hipóstasis de la Palabra. En este sentido ya hemos demostrado suficientemente que la Palabra visible y sustancial era luz sustancial y rostro de *elohim, por más que oculto bajo nube.* Era oráculo subsistente y resplandeciente en nube de fuego, gloria del Señor, majestad de Dios en nube. Oráculo que los ángeles cubrían con sus alas. Oráculo con que Dios respondía a Moisés. Oráculo escondido en lo oscuro de la casa. Cristo escondido bajo la sombra del Omnipotente.

Este significado de la Palabra se comprueba por el término hebreo, pues דָבָר *dabar,* que significa lo mismo que λογος, viene de דְבִיר , *debir,* oráculo del templo (Sal. 27; III Re. 6; II Para. 3, 4 y 5) [107]. Cristo es el verdadero oráculo por el que recibimos respuesta de Dios. El es el sacrificio propiciatorio, por el cual y en el cual Dios nos es propicio. Es la cubierta que nos protege contra todos los males y que nos hace bienaventurados al encubrir nuestros pecados [108]. Así como Cristo es ahora oráculo, así lo fue entonces en el templo y en el tabernáculo, y antes la persona de Cristo fue el oráculo del que recibieron respuesta Adán, Abraham, Moisés y otros. Fíjate, cuán hermosamente explica la Ley ese término de Juan: no sólo lo del oráculo en la nube, sino también lo de la luz del rostro de *elohim,* y todo lo demás.

[120]

De la Ley se desprende igualmente cómo la hipóstasis de la Palabra estaba en aquella nube que *fue* [se condensó en] germen de la generación de Cristo. La sustancia misma del Verbo fue sustancia de aquella nube *prototípica,* que fue el rocío sustancial que regó la materia térrea para que de ella brotase Cristo, según el Salmo 71; Is., caps. 44, 55 y 61; Ez. 17; Os. 6 [109]. De ahí que se diga de Cristo que es «semilla de Dios» (Is. 4; Zac. 3 y 6, y otros muchos lugares) [110]. Esa misma hipóstasis en condición de nube se demuestra porque en la Ley se dice frecuentemente que Dios se aparecía en nube y que durante el día caminaba ante los hijos de Israel

---

[107] Aunque estas mismas citas aparecen ya en el lugar paralelo de *DeTrErr* lib. VI, 105r, parecerían ser una equivocación. Concretamente, II Crón. capítulos 3-5 tratan de la construcción del templo de Salomón.

[108] Frase idéntica a una de la Carta 23 a Calvino, de sabor un tanto luterano. *Propitiatorum, coopertorium.* Pág. 642 de *Rest.* (ed. ALCALÁ, p. 171).

[109] Alusiones al «rocío» o la «lluvia» metafóricos de Sal. 71, 6; Is. 45, 8. 55, 10 y 61, 11; Ez. 17, 22; Os. 6, 3.

[110] Is. 4, 2; Zac. 3, 8 y 6, 12.

en columna de nube, y durante la noche en columna de fuego. Ahora bien, en hebreo «columna» se dice עַמּוּד , *ammud*,
que significa más bien «estancia de», «consistencia de», por
venir del verbo עָמַד , «estar firme», «consistir». Por lo
tanto, impropiamente se traduce por «columna», además
que en nuestro caso el tema no tiene nada que ver con co-
lumnas. Mejor sería traducir así: entonces Dios se aparecía
en consistencia de nube y de fuego, es decir, en esencia de
nube y de fuego. Una misma era la sustancia de la nube, del
fuego, de la luz [111]. *No se trata aquí de nube alguna elemental, creada, y tenebrosa; sino de la nube increada y superelemental que brillaba en su interior. Y ésta era Dios en fuego,
porque Dios mismo es fuego* [112].

[Pero se nos objeta.] *Pero se sigue, me dirás,* que si tal
era la hipóstasis o sustancia del Verbo, entonces éste era
corpóreo y divisible. *Pues no se sigue. Del hecho de que Dios
esté en las cosas corpóreas y las contenga en sí, no se sigue
que él mismo tenga que ser corpóreo, pues Dios mismo es
por su esencia mente omniforme. Así como en tu alma hay
formas de cosas corpóreas y divisbles, así también en Dios;
pero en él están esencialmente, mientras que en tí acciden-
talmente.* Incorpóreo e imperceptible Dios en sí mismo, *de
un modo admirable ya explicado,* se nos dio a conocer de un
modo perceptible por su Palabra; y en esa Palabra estaba
también el Espíritu. *Y esto no implica cuerpo en Dios, sino
mente inefable y omniforme. Propio de su entendimiento es*   [121]
*un poder tan asombroso que resplandece en él la misma na-
turaleza del cuerpo.* [Las cosas corpóreas del mundo están
unidas al Dios incorpóreo de algún modo por su sustancia,
la cual decimos ser la luz misma de su Palabra, en la que
consisten todas, tanto las corporales como las espirituales.
Las que en el mundo se llaman espirituales o incorpóreas,
comparadas con Dios, son corporales y materiales, suscepti-
bles de forma divina] [113].

En el Libro siguiente explicaremos abiertamente cómo están las formas visibles en Dios sin división ni mutación por
su parte. *Dios no es divisible, ni es divisible la sustancia de*

---

[111] Aparentemente no existe relación alguna entre *amud*, columna, y consistencia, en un sentido casi filosófico, como quiere Servet. Pero puede tener en mente lo que dice Maimónides, *Guía de los perplejos,* I, XIII, sobre
este término: consistir, permanecer, durar (ed. cit., p. 25).

[112] *Erat Deus in igne, et Deus ipse ignis.*

[113] Todas estas fórmulas, tanto las del *MsPa* como las del *Restit.* definitivo, son muy importantes para fijar el pensamiento metafísico de Servet,
siempre, sin embargo, bastante oscuro. *Deus, mens omniformis,* primera vez
que aparece este importantísimo concepto neoplatónico, tan decisivo en
Servet.

la Palabra [114], pues todo lo divisible es corruptible. Lo incorpóreo, a semejanza de un punto imaginario, no es nada en la realidad de las cosas, y no puede, como dicen los físicos, construirse nada con solos puntos matemáticos. La sustancia de los ángeles, como la de las almas, no es como un punto. La sustancia misma del espíritu de Dios, de la que emanaron ángeles y almas, tampoco era como la de un punto, sino como de la sustancia *de un viento* elemental, y la del arquetipo de este elemento estaba en la mente divina [115]. En la sustancia de Dios, que era la sustancia de la Palabra y del Espíritu dada a conocer al mundo, no hay partes, ni puede hablarse de partición en el mismo sentido que en las creaturas. Sólo puede hablarse de partes y de divisiones en la sustancia de Dios en relación con la distribución de su providencia: «Dios tomó del Espíritu que había en Moisés y lo repartió a los setenta varones.» También en la misión del Espíritu Santo aparecen «repartidas lenguas como de fuego» y cada cual recibió su parte [116]. En esta partición del Espíritu «cada parte es Dios», como atestigua la Escritura [117]; pero la división no destruye la sustancia del Espíritu santo. Así como la luz del sol se distribuye cada vez con más abundancia, conservando la continuidad hasta su origen, así la luz de Dios se distribuye cada vez más débilmente; pero aquélla se destruye, ésta no. Todo cuanto hay en el mundo es materia crasa, divisible y penetrable, en comparación con la luz de la Palabra y del Espíritu. Esa luz, Pablo es testigo, penetra y colma la misma sustancia del ángel y del alma, igual que la luz de sol penetra y llena el aire. Incluso penetra y sostiene interiormente a la misma del sol, pues penetra y sostiene todas las formas del mundo, ya que es la forma de las formas [118]. Del espíritu y de la luz hablaremos más tarde.   [122]
De momento es suficiente que reconozcamos en la Palabra verdadera sustancia, [hecha visible y tangible en María, como una nube densa se puede tocar al condensarse en agua. Entenderás luego estos modos de la sustancia de Dios. Bástete entender por ahora que así lo exigía el modo de

[114] *MsPa* ofrece esta variante, de alusión bíblica: «Nunca se dice que la luz o sustancia de la Palabra sea divisible.»
[115] Igual: «Y era arquetipo de esa luz elemental o divina.»
[116] Num. 11, 17 y Hch. 2, 3.
[117] Sal. 72, 26.
[118] Heb. 4, 12. Todo este contexto es de interés para lo que se ha llamado la filosofía servetiana de la luz, semejante a la de Paracelso, como él médico y teólogo. Es, sin embargo, un elemento secundario dentro de su sistema total. *Lux illa Dei, forma formarum.* Concepto éste tomado probablemente de la *Guía de los perplejos* de Maimónides, Parte I, cap. LXIX (ed. cit., p. 104).

infundir semen según el cual un cuerpo fue engendrado por Dios, engendrado verdadera y naturalmente], *hipóstasis visible, que hacía referencia a Jesús hombre, tal como desarrollará al vivo esta idea el Libro siguiente* [119].

En la Palabra no sólo estaba la idea del hombre Cristo, sino también el semen sustancial de su generación. No podría decirse de ese hombre que es verdaderamente hijo de Dios, si Dios se hubiese limitado sencillamente a crearlo en María, sin atenerse a la norma de engendrarlo de la sustancia de un padre. [Así, la sustancia de Dios se nos hizo perceptible al ser engendrado por ella un hombre perceptible.] *En la Palabra estaba la sustancia de su semen, sustancia de Dios dada a conocer a nosotros,* Dios en cierto modo corporado y humanado por la Palabra; antes en figura, ahora de verdad [120]. Juan evangelista refiere que él mismo palpó esa sustancia de la Palabra «con sus manos». Pablo enseña que «la divinidad está corporalmente en Cristo». Los antiguos teólogos hablaron de la «palabra corporal» como de algo corporalmente sensible, tangible, visible. Puedes llamar tangible y palpable a la Palabra encarnada, con tal que reconozcas que en las demás cosas no se toca ni palpa la pura materia, sino que más bien se toca la forma y se palpa la figura, o que se palpa y se toca el todo así configurado. *Que nadie se maraville, si con Juan decimos que «palpamos con las manos» la divinidad en Cristo, puesto que Pablo dice también que casi se palpa en las demás cosas* (Hech. 17) [121]. Que nadie se maraville, si decimos que la Palabra de Dios que debía corporarse tenía ya antes [aspecto] *rostro* corporal, pues los evangelistas atestiguan que el Espíritu santo descendió en aspecto corporal [122]. Tal cosa no es imposible para Dios, pues así quiso [enviar su Palabra como lluvia germinadora] *poner de manifiesto su Palabra,* engendrando a Cristo. *Dios quiso y pudo aparecer de modo corporal. En figura corporal vino Dios y se presentó en pie ante Samuel* (I Sam. 3) [123]. El modo es fácil, como veremos.

---

[119] Aunque constituye el centro mismo del sistema de Servet, nunca aclara del todo este modo de germinar Dios a María mediante su imagen o luz increada o persona o Palabra, que «como nube, la cubrió con su sombra» haciendo veces de semen del cuerpo de Jesús.

[120] *Deus per verbum quodam modo corporatus et humanatus,* pero, como se ve, en un sentido radicalmente nuevo y distinto al entendido tradicionalmente.

[121] «Lo que hemos oído, visto con nuestros ojos, mirado, y palparon nuestras manos tocante al Verbo de vida», I Jn. 1, 1. «Para que buscasen si en alguna manera palpándolo le hallan», Pablo en Hch. 17, 27.

[122] *MsPa* trae *speciem* en lugar del *faciem* del *Restit.* impreso.

[123] I Sam. 1, 10.

29. Primeras páginas del *MsEd* de *Restitutio.*

fuftinet nos et portat nos, Efa. 46. et 63. Ipfe vi-
uificat omnia 1. Timot. 6. In ipfo viuimus, moue-
mur et fumus, acto. 17. Omnia in ipfo confiftunt.
Colos. 1. Omnia ex ipfo per ipfum et in ipfo. O-
mnia funt in ipfo, ipfe dat effe rebus, et fingulis for-
mis ipfum effe formale. In effentia fua rerum omnium ideas continens, eft veluti pars formalis omnium,
peculiari præfertim in nobis ratione, ob quam nos di-
cimur participes diuinæ naturæ. Ipfe eft pars noftra,
et pars fpiritus noftri, vt non per agrorum terrenam,
fed cæleftem ac diuinam poffeffionem, nos merito dicamus: Dominus pars mea, et portio mea pfal. 15.
et 72. per Chriftum eft nobis decifa veluti portio
fpiritus diuini, et de plenitudine eius nos omnes ac-
cepimus, vt olim in figura eft aliis decifa, portio fpiritus Mofis. In reliquis vero creaturis, non per donum fpiritus, fed generali alia ratione dicitur effe
Deus. Ita ipfe effentialiter omnia fuftentat, vt creatura quæuis, ab ea fuftentatione deftituta, in nihilum
redeat, ficut eft de nihilo. Hoc ipfum veteres He-
bræi, et philofophi docuerunt. Ex Hebræis hoc citat
rabbi Mofes Aegyptius. lib. 1. perplexorum, capite
68. dicens, ineffe creatoris effe omne quod eft; ipfumque omnia ineffe, iuuare et fuftentare, per eum
modum, qui vocatur fplendor, feu lux quædam fe-
cundaria. Id ipfum Aben Ezra in genefim docet, et
reliqui omnes cum prophetis ipfis. In eandem fen-
tentiam veteres omnes philofophi conueniunt, quos
hic audire non erit ineptum.

Ex Pythagora, Anaxagora, et aliis antiquioribus,
a Zoroaftre, et Trismegifto doctis, citat Plato in
Parmenide, Cratylo, et Phædone, vnum quid primum effe, et in vno omnia contineri, ac confi-
ftere. Ipfumque vnum et folum per fe effe pulcrum et bonum, nec alia pulcra et bona, nifi eius
participatione dici: ac tanto pulcriora, quanto ei
propius accedunt. Ipfum vero vnum effe mum

di

di ψυχωσιν animationem, effe νουν mentem quandam, omnes in fe ipfa mundi naturas εχουσαν con-
tinentem, vt in eo omnia confiftant, et διακοσμου-
σαν exornantem, vnde et κοσμος hic mundus dicitur. Deum vocat Socrates in Cratylo φυσεχην, ef-
fentiam naturæ, eo quod φυσιν naturam ipfam οχει,
et εχει velit et continet. Naturali ordine omnes
motus ad vnum primum motorem, omnes naturæ
ad vnam naturam, omnes vitæ ad vnam primam vitam reducuntur, per quam et in qua omnia alia vi-
uunt et mouentur. Deum ipfum, prifci omnes dixere
ex chao omnia illuftraffe, et ex eo materias veluti
confufas educendo, formas indidiffe vifibiles et luci-
das, inftar pulcritudinis fuæ. Ipfe pulcher et bonus, lucem primam fibi fimilem fecit pulcram, et
bonam, deinde reliqua pulcra, et bona, vt habet
littera genefeos. Dictio enim טוב thob pulcrum et
bonum ibi fignificat. Ex antiquiffimis citant Iambli-
chus, Macrobius, et Philo, mentem illam effe matrem
formarum rerum formales ideas in fe continere, et
fuæ deitatis fymbola rebus indere, fcilicet fpiritum
et lucem. Nam lucem illam in fe continet, qua
res omnes format, et fpiritum illum, quem rebus
infpirat. Idipfum docuerat Zoroafter in Oraculis
fapientiæ, quæ dicta funt μαγικα λογια Apollinis
oraculùm a Porphyrio citatum lib. 10. de laudibus
Philofophiæ, aperte teftatur, Deum ipfum effe rerum omnium formam et animam et fpiritum: nec ab
angelis comprehendi, nifi ratione qua fe ille vifibi-
lem ftatuit. Infcriptio fapientiæ deæ apud Aegyptios
hæc erat, vt in Ifide citat Plutarchus, ac etiam
Proclus. Ego fum omne quod fuit, quod eft, quod
futurum eft: velum meum nemo mortalium hactenus reuelauit. Sapientia eft vere omnia in fe continens.
Deus eft id totum quod vides, et id totum quod non
vides, vt ait Seneca, et citat Lactantius. Ad idem
Plotinus in libro de prouidentia. Mentem æternam

i. 2.   ait

30. Dos páginas de *Kestu.* en que se menciona los *Diálogos* de Platón.

Ya desde el principio del Evangelio de Juan se da a conocer la hipóstasis de la Palabra, al decir de ella que «era», y al dar a entender que era visible. Juan veía que ya antes existía Jesús el Cristo como hombre, viéndolo venir en las nubes del cielo según la visión de Daniel, conducir las cuadrigas de Ezequiel, cabalgar entre los lirios de Zacarías, sentarse en el trono de Isaías, y presidir toda la eternidad. [123] Y puesto que todo eso era obra de un Dios pensante y hablante, dijo que se trataba de su λόγος. Era su palabra referencial, algo así como si la palabra pronunciada por tu boca contuviese la idea de hombre, por la que se hacen todas las cosas. Ya antes estaba presidiendo todo el universo Cristo, en cuya persona sitúa presidiendo así la Sabiduría la parábola de Salomón. Lo mismo nos da a entender David con la expresión *Iah*, al mandarnos alabar a Cristo en su nombre, porque es ‏יה‎ *Iah*, es decir, el que es, esencia, hipóstasis. «Exaltad, dice, al que cabalga por las regiones inhabitables, *Iah* es su nombre» (Sal. 67). Y el salmo 101 dice: «El pueblo que está por nacer alabará a *Iah*», o sea, al que existe, que es el Cristo [124]. A esta misma hipóstasis se refiere Cristo mismo cuando dice «Yo soy», existo desde el principio, soy el príncipe eterno que tengo en Dios mi existencia.

A fin de que entiendas los diferentes grados de manifestación de Dios y la gracia que con ello se nos ha hecho, piensa, lector, en primer lugar, que Dios es en sí mismo incomprensible, inimaginable e incomunicable para nosotros, infinitamente trascendente a todo. De ahí que nadie pueda tener de él una idea cabal, ni pueda verle, a no ser que él se acomode a nosotros bajo alguna forma que sea proporcionada a nuestra capacidad. De ahí también el que jamás hubiéramos recibido su comunicación a nuestro espíritu, de no habérsenos adaptado a él de modo perceptible en nuestro interior. Este modo divino de comunicación es el Espíritu santo en nosotros, del que hablaremos después. De momento sólo nos interesa el primer modo de manifestación y visión de Dios, que se nos ofreció al sernos manifestada cierta imagen divina, como ya hemos demostrado ampliamente, y como indica el propio Cristo en Jn. 5 y 14, y en otros muchos pasajes [125].

---

[124] Sal. 67, 4. *Iah* es abreviatura del *tetragrammaton* sagrado, pronunciado como Iahvé o Jehová. Servet escribe *inhabitabilia*, que a veces vierten ed. latinas como *nubes*, lo que el original hebreo trae como *'arabot*, supremo cielo, término profusamente explicado por Maimónides en su *Guía*, Parte I, cap. LXX (ed. cit., p. 105). Luego, Sal. 101, 18.

[125] Jn. 5, 37 y 14, 9: «El que me ha visto, ha visto al Padre.» El Verbo y el Espíritu, los dos modos, de manifestación y de comunicación, de Dios.

En segundo lugar, piensa que Dios se había manifestado de ese modo en forma visible y casi familiarmente a Adán. Luego, ocultado por el pecado, se le insinuaba de diferentes maneras al espíritu del hombre, menos por la visión, ejerciendo siempre su misericordia con los hombres, a los que dio la ley natural infundida con el aliento de la deidad. En otras ocasiones se manifestaba también de palabra, algo así como si yo dejara escuchar mi voz entre aquellos que no me ven. Dios trataba de diferentes maneras de [socorrer] *mover hacia sí* a la miserable naturaleza cautiva de Satanás. De este modo se manifestó Dios a todo el pueblo dejándole escuchar su voz en el momento de darle la Ley, y de este mismo modo habló a otros muchos desde Adán hasta Abraham. Con Abraham comenzó otro modo de manifestación: la visión (Gen. 15) [126]. El primero, después de Adán, en ver a Dios fue Abraham, y antes de él, nadie. *Así entenderás cuán insigne es este don de la visión.* Con este privilegio fue distinguido el primero de los patriarcas; luego sus sucesores, los divinos profetas, que por eso se les llamaba videntes. Dios les hablaba frecuentemente por medio de visiones, unas veces en sueños, otras cara a cara, dándoseles a conocer de diferentes maneras. Pero siempre se trataba de una visión velada, en que había alguna sombra a cargo de un ángel. Últimamente se nos ha manifestado a nosotros luminosamente fuera de toda oscuridad y para poder ser visto con su rostro desvelado. «Su Palabra se hizo carne y vimos su gloria.» Vimos la gloria de Dios en el rostro de Jesús el Cristo. Vimos al Cristo, y en él hemos visto al Padre. En él vimos la Luz, vimos luciendo a Dios mismo.

[124]

Y ojalá permanezcamos en esta visión, para que esta visión y glorificación interior nos conduzcan a aquella otra visión de futura felicidad eterna, haciéndonos ya desde ahora partícipes de la gloria futura por Jesús el Cristo, nuestro señor.

---

126 Aunque sin mencionarlo, recoge así Servet la conclusión de Maimónides, *Guía*, Parte I, cap. XXVII: «Es práctica usual de los profetas relatar las palabras dirigidas a ellos por un ángel en nombre de Dios como si Dios mismo les hubiera hablado» (ed. cit., p. 36). Hay que vincular esas distinciones establecidas por Servet a su teoría de los nombres de Dios, que trata a continuación.

EN EL QUE SE DAN A CONOCER LOS NOMBRES DE DIOS, SU ESENCIA OMNIFORME Y LOS PRINCIPIOS DE TODAS LAS COSAS

Visto Cristo y visto en su rostro su padre Dios, no estará [125] fuera de lugar explicar, en este cuarto Libro, el significado de los nombres divinos, para que nosotros, que confesamos a Cristo como nuestro Dios, demos a conocer mejor la manifestación que en él tiene lugar. [Desvelaremos también los principios de las cosas naturales y las doctrinas de los filósofos acerca de Dios.] *Todos llegaremos a conocer ahora la omniforme esencia de Dios, suficientemente explicada con propiedad en las doctrinas de los antiguos. Y sacaremos a la luz los principios de las cosas, desconocidos hasta ahora por los más grandes filósofos.*

Los nombres más insignes dados a la deidad son יהוה *Jehovah* y אלהים *Elohim*. Precisamente *Elohim*, en plural, es, por ser el más común, el nombre con que primero fue designado Dios. Sin embargo, *Jehovah* es un nombre más propio de Dios. Pero tanto *Jehovah* como *Elohim* son nombres que encierran en sí los misterios de Cristo: *Jehovah* en esencia, *Elohim* en apariencia [1].

---

[1] El tema de este libro viene a corresponder al lib. V del juvenil *DeTrErr.* En él expone Servet su doctrina del desarrollo de la revelación de Dios a base de su teoría de los nombres de Dios. El texto primitivo sufrió gran cambio, debido a la influencia de perspectivas filosóficas, especialmente neoplatónicas, sobre todo en las formulaciones del *Corpus hermeticum.*

JEHOVAH

La mayoría enseña que *Jehovah* significa esencia; otros, que significa más bien generación[2]. Nosotros, en cambio, decimos que con ese nombre se comprenden ambos significados y alguno más, pero sobre todo que se refiere a la esencia; y no simplemente a la esencia sin más, sino a la esencia esenciante, es decir, a la que hace ser. No es Dios como un punto, sino como un piélago infinito de sustancia que lo esencia todo, que lo hace ser todo y que sostiene las esencias de todo[3].

Dejemos a los cabalistas con sus misterios acerca de este nombre[4]. Y digamos que, como indica la letra *iod* con «scheva», se trata del futuro de la forma «piel», de significación activa, de la raíz הוה , o mejor היה , cambiando la *iod* por *vau*, la letra pequeña por la grande, como ocurre con frecuencia. Y en este caso se hace con más razón, porque tiene en medio el punto *dagues* a pesar de ser «piel», ya que aquí no se toma la letra *vau* como consonante, sino como vocal. Al ser *vau* una vocal, los hebreos se veían forzados a pronunciar todas las sílabas de ese nombre sin ningún roce bucal, por eso que les resultaba inefable, ya que así no puede pronunciarse, a no ser que se pronuncien separadamente las sílabas, diciendo *Je-ho-vah*[5].

Pero tanto si se pronuncia así, o haciendo la *vau* consonante, como hacemos nosotros, diciendo tanto *Jehovah* como *Ioua*, lo cierto es que fueron muchos los que pronunciaron ese nombre en la antigüedad. Más aún, vulgarmente se ha aplicado ese nombre con alguna añadidura a otras cosas, como consta en Gen. 22 y Ex. 17, donde a un lugar se le da

[126]

---

[2] Jehová o Iahvéh viene del verbo hebreo *hayah*, que según los contextos encierra tres significaciones: ser, hacer ser, llegar a ser; lo que Servet llama esencia, esencia esenciante, generación. No entra en las complejas cuestiones suscitadas sobre la difícil conexión lingüística de *yah* o *yahu* con *hayah* y con YHWH, el sagrado *tetragrammaton*.

[3] *Substantiæ pielagus infinitus omnia essentians, omnia esse faciens, et omnium essentias sustinens.*

[4] Los servetólogos que creen haya habido alguna influencia de la cabala sobre Servet no deben olvidar este rechazo frontal; tampoco el que había escrito ya en *DeTrErr* 63r, lib. II: «Es cosa de locos inferir esas procesiones de eones, eternas, y fantasear todas esas metafísicas cabalísticas».

[5] Ingeniosa, pero arbitraria explicación. El nombre *Jehová* es físicamente pronunciable y de hecho era pronunciado antes de que, por reverencia, fuera sustituido por *Adonai*, mi señor. Esa inefabilidad era, pues, sólo de origen religioso. Aparece desde Gen. 15, 7.

el nombre de *Jehovah ireh,* y a otro el de *Jehovah nissi* [6]. A su vez, Jeremías, en los caps. 23 y 33, habla de *Jehovah sidkenu,* y el libro de los Jueces, cap. 6, de *Jehovah salom* [7], refiriéndose a Dios-visión, Dios-elevación, Dios-justicia, Dios-paz. Y todo ello por Cristo. De acuerdo, pues, con la índole del futuro «piel», hay que explicar el nombre *Jehovah* como «esenciará», «hará ser». Pero Dios no es sólo el que hace ser, sino también el que hace que otro haga ser; pues el Padre hizo a su hijo hacedor de todo ser y lo esenció como esenciador de todo ser, para que su hijo fuera fuente de toda esencia [8].

Que tal sea el significado de ese nombre nos lo enseña con su autoridad el mismo Jehovah, al explicarnos su nombre en Ex. 6. Allí, como tenía que hacer grandes cosas y como tenía que darle a un hombre el poder de hacerlas, declara que su nombre, *Jehovah,* que es nombre del que hace grandes cosas y del que hace hacerlas a otro, no fue dado a conocer a los patriarcas, aunque conocían sus nombres *El* y *Saddai.* «Yo, dice, aparecí a Abraham, a Isaac y a Jacob bajo el nombre *El Saddai,* mas en mi nombre *Jehovah* no me notifiqué a ellos» [9]. Antes Dios se había aparecido a los patriarcas y se les había manifestado bajo el nombre de *El Saddai* (Gen. 17, 28, 35 y 48), diciendo en todas las ocasiones: «Yo soy *El Saddai*» [10]. Por el significado de estos nombres se comprende que aquí, en el Exodo, se implica mucho más con el nombre *Jehovah.* El nombre שׁדי viene de la raíz שׁדד, que significa devastar; y el nombre שׁד es devastación. De ahí que se llame a Dios *Saddai,* como devastador o como quien puede devastarlo todo. Claramente se da a entender esto en Is. 13 y Joel 1: כשׁד משׁדי como «devastación por el devastador», aunque nuestro intérprete traduce omnipotente en vez de devastador [11]. De la misma manera se le llama *El,* fuerte. De donde que *El Saddai* signifique «el fuerte devastador». Bajo este nombre se presentó Dios por primera vez a Abraham, diciéndole: «Yo soy

[127]

---

[6] En Gen. 22, 14 por Abraham; en Ex. 17, 15 por Moisés: Yahvéh provee, Yahvéh guerrea.

[7] Jer. 23, 6 y 33, 16: Yahvéh o Jehová justicia nuestra; Jue. 6, 24: «Edificó allí Gedeón un altar, y le llamó Jehová-paz».

[8] *Non solum est esse faciens, sed et alium esse facientem faciens.*

[9] Ex. 6, 2-3. Sigue Servet la explicación de Maimónides, *Guía,* Parte II, cap. XXXV (ed. cit., p. 224).

[10] Así en Gen. 17, 1. 28, 3. 35, 11. 48, 3. Pero Servet parece olvidar que el nombre Yahvéh consta mucho antes, y no sólo en referencia de estilo indirecto, sino dicho por el mismo Dios.

[11] «Cerca está el día de Jehová, vendrá como devastación del Todopoderoso», Is. 13, 6, y lo mismo en Jn. 1, 15.

El Saddai» (Gen. 17) [12]. Lo cual sucedió para que Abraham fuese más fuerte no temiendo a sus contrarios, y para que fuese más perfecto caminando en presencia de Dios, sabiéndose siempre presente al Dios fortísimo. Como airado contra sus propios enemigos, Dios profirió tales cosas a Abraham, animándole y añadiendo: «Anda delante de mí, y sé perfecto.» En cambio, ahora en el cap. 6 ya citado, viene a decirle a Moisés: «Aunque yo me haya manifestado a los patriarcas bajo el nombre *El Saddai*, aunque sabían que yo había devastado Sodoma y Gomorra, sin embargo, no les dí a conocer a ellos que yo soy *Jehovah*, no llegaron a conocerme plenamente como esenciante, como el que hace ser por otro, o quien da a otros el poder de hacer milagros, como voy a hacer ahora con Moisés contra los egipcios.» Antes de Moisés a nadie le había sido dado el poder de hacer milagros; por eso nadie había sabido el significado de ese nombre que implica ese poder de Dios, por más que tal nombre hubiera sido escuchado por los patriarcas. Los patriarcas no llegaron a saber bien si Cristo era *Jehovah* con tanto poder como para esenciarlo todo, o si Jehovah esenciaría a Cristo así de poderoso [13].

Además, este nombre perfecto de esenciante o hacedor de ser se nos descubre desde el origen del mundo, desde ese primer pasaje en que el Espíritu santo empieza a proferir aquella voz. Pues durante los seis días de la obra no se designa a Dios con ese nombre, como tampoco a Cristo mientras vivió en la tierra, sino cuando descansó en el cielo. Concluida la generación, al descansar Dios, después de haber dado poder a las criaturas para esenciar, hacer y engendrar, entonces se le llamó *Jehovah*, «el que hace ser», «el que esencia por medio de otro» (Gen. 2) [14]. Ahí se llama a Dios el que esencia las esencias, para que éstas a su vez esencien otras. El es fuente de toda esencia, fuente de luz, fuente de vida, padre de [todos] los espíritus, «padre de las luces» [15]. El esencia los espíritus celestiales: de él fluyen los rayos esenciales de su divinidad y los ángeles esenciales, que a su

[128]

---

[12] En Gen. 17, 1.

[13] Cristo, en cuanto encarnación del Verbo, que según Servet es *Elohim*. En este sentido dice en *DeTrErr*, al principio del lib. V: «Los más insignes nombres de la divinidad son *Elohim* y *Jehovah*, uno de Cristo y otro del Padre. He interpretado *Elohim* como Dios y su Verbo, pero dí mejor que *Elohim* era hombre en persona y Dios en naturaleza.»

[14] De hecho así es: Yahvéh aparece por vez primera en Gen. 2, 4; pero quizá Servet no recapacita que ha cambiado el estilo, por pertenecer al segundo relato de la creación.

[15] Alusiones implícitas a apelativos de Dios en Sal. 35, 10; Heb. 12, 9 y Sant. 1, 17.

vez derraman sobre las demás cosas la esencia de Dios [16]. Dios mismo está en ellas, y en ellas resplandece la luz de su Palabra. El propio Padre fue quien concedió a Cristo todo ese poder de esenciar, de modo que sea él quien esencie todo lo demás. Todo es por Cristo, y todo está y consiste en él, como enseña Pablo. El quien lleva, soporta y «sustenta todas las cosas con la palabra de su poder» (Heb. 1): «Todas las cosas, tanto las del cielo como las de la tierra, tienen en él su consistencia» (Col. 1) [17]. Los ángeles fueron hechos partícipes de la deidad de Cristo y durante la Ley la reflejaban. Por ministerio de los ángeles envía Dios su luz, y esa misma luz es Dios; y Cristo mismo es distribuidor de esa luz emitiéndola de su propia sustancia, al emitir de su propia sustancia el Espíritu, al que sirven los ángeles. Por ministerio de los ángeles envía él su Espíritu, y ese Espíritu es Dios mismo. Siempre resplandece la esencia de Dios, el Espíritu mismo de Dios, la divinidad misma, la luz misma que es Dios.

Por esta razón se le llama *Jehovah Zebaoth*, es decir, «el que hace ser los mismos ejércitos» o «esencia de las milicias celestes» [18]. A todas las milicias y ejércitos celestiales los esencia el propio *Jehovah* con el resplandor de su ser. Aunque sean, dice, innumerables infinitos millares, y millones de millones, en todos ellos, sin embargo, está el mismo *Jehovah* (Sal. 67 y Dan. 1) [19]. De ahí que el nombre [Dios] *divinidad* forme siempre parte del nombre de los ángeles, pues en ellos hay esencia de divinidad. Esta misma *universal* y *omniforme* esencia de Dios es la que esencia a los nombres y a todas las demás cosas; su espíritu nos fue infundido desde el principio, y luego nuevamente nos ha sido dado en abundancia. Así pues, Dios tiene infinidad de miles de esencias e infinidad de miles de naturalezas, sin estar dividido metafísicamente, sino de inefables modos.

Llegamos así a una conclusión opuesta a la de los sofistas trinitarios, pues ellos ponen tres entidades metafísicas [129] e invisibles en una sola esencia y naturaleza [de Dios], como si en un punto hubiese tres puntos; nosotros, en cambio,

---

[16] Fórmula extraña, que podría prestarse a una acusación de emanatismo, contra afirmaciones en contrario, explícitamente creacionistas.

[17] Heb. 1, 3 y Col. 1, 17.

[18] *Zebaoth, Sebaoth*, «esto es, milicias, porque su esencia milita en número de multitud. Y así ves que Dios tiene muchas esencias, pues no se puede decir que haya muchas cosas en una sola esencia, sino al contrario. Y más aún digo, que la esencia de todo es Dios, y que todo está en él», concluye *DeTrErr* 102r. *Sebaoth*, ya en Is. 47, 4; Jer. 10, 16. 31, 55, etc

[19] Sal 67, 12 y Dan 7, 10: «Un ejército inmenso», «millares de millares».

decimos que hay una sola realidad, pero que tiene las esencias de infinitos millares y las naturalezas de infinitos millares. Más aún, no sólo es innumerable Dios en virtud de las cosas a las que se comunica [su deidad], sino que también lo es en virtud de los modos de su misma deidad. Los modos divinos son *en las cosas* inefables, *y en Dios están preformados desde la eternidad.* Sin embargo, y en cuanto es dado a la fragilidad humana, vamos a explicar aquí de alguna forma esos modos.

Hay un único modo divino principal y principio de todos los demás. Es el modo de plenitud de sustancia, modo divino sin medida, realizado sólo en el cuerpo y el espíritu de Jesús el Cristo. *Modo doble, de ahí que se hable de dos personas.* Un modo es la manifestación de Dios en su Palabra; el otro, el de la comunicación de Dios en su Espíritu. [Doble] Modo corporal, y otro espiritual. Pero ambos son sustanciales, esenciadores de todo, tanto en el cuerpo como en el espíritu, fuentes de toda vida, de toda luz, de todo espíritu. *Tal es el pensamiento eterno de Dios acerca de las cosas y su manifestación conforme a ese modo. De ahí proceden todos los demás modos,* como las ramas de un mismo tronco, como los renuevos de una misma raíz, como los pámpanos de una misma cepa. Hay un modo divino según la medida de donación del espíritu, como en nosotros, y otro distinto en los ángeles; asimismo, son distintos el espíritu innato y el sobreañadido por gracia, y ambos son múltiples, según la diversificación llevada a cabo por Cristo. Un último modo es el que hay en cada cosa según sus ideas específicas e individuales. Este es el último de todos, pero en todas las cosas hay alguna divinidad[20]. Los anteriormente dichos son los modos de la divinidad que hay en nosotros en nuestro estado presente; después de la resurrección habrá otros múltiples y más sublimes, que no podemos conocer.

De momento, y tratando de describir sencillamente la esencia de Dios conforme al último de los modos *que hay ahora* en cada una de las cosas, afirmamos que la esencia de todas las cosas es Dios mismo. Dios mismo es la totalidad y el conjunto de todo[21]. Dios mismo «nos sostiene» y «nos

---

[20] Todo este contexto es sumamente importante para la sistematización del pensamiento de Servet, por más que emplee fórmulas de cierto riesgo: *Innumerabilis est Deus ratione rerum quibus communicatur, et ratione modorum ipsius deitais... Est tamen in rebus divinitas aliqua,* etc.

[21] La frase *Deus ipse est comprehensio et continentia rerum omnium* que Servet repite luego en *Rest.* 132 y 271, procede del *Corpus Hermeticum.* Cfr. nota 37 y Diál. II, nota 80. A pesar de ello, y de otras fuentes aducidas, la mayor influencia en todo este contexto es la de Filón.

lleva» (Is. 46 y 63). El «da vida a todas las cosas» (I Tim. 6).
«En él vivimos, nos movemos y somos» (Hech. 17). «Todo
consiste en él» (Col. 1). «Todo de él, por él y en él»[22]. Todas
las cosas existen en él, él les da el ser, y a cada forma le da
su ser formal. En su esencia, y conteniendo las ideas de todas las cosas, hay como una parte formal de todas ellas, lo
que vale de una manera especial de nosotros; por eso se dice
que somos «partícipes de la naturaleza divina». El es parte
de nosotros, parte de nuestro espíritu, de modo que, no por
la posesión terrena de campos, sino por la posesión divina y
celestial, podemos decir con razón: «El Señor es mi parte,
mi lote de herencia» (Sal. 15 y 72)[23]. Por Cristo se nos ha
adjudicado una como porción del Espíritu divino, «y de su
plenitud todos nosotros hemos recibido»[24], lo mismo que en
otro tiempo y en figura les fue adjudicada a otros una porción del espíritu de Moisés. En las demás criaturas, en cambio, se dice que está Dios, no por don de su Espíritu, sino
por otra razón general. De tal manera es él quien sustenta
esencialmente todas las cosas, que cualquier criatura despo-
jada de esa sustentación volvería a la nada, igual que de la
nada procede[25].

Esto mismo enseñaron los antiguos hebreos y filósofos.
De los hebreos, en el libro I de su *De los perplejos*, cita esto
el rabí Moisés el egipcio: que en el ser del Creador está todo
lo que es, que él está en todas las cosas, y las ayuda y sustenta, por ese su modo que se llama esplendor, especie de luz
refleja[26]. Lo mismo enseña Aben Ezra al comentar el Génesis, y todos los demás junto con los profetas[27]. En la misma

---

[22] Aplicación de una remota idea de Is. 46, 4: «Yo hice, yo llevaré, yo so-
portaré», y 63, 9; «Los redimió y los trajo y los levantó». Luego, I Tim. 6, 13:
«Dios que da vida a todas las cosas»: Hch. 17, 28 q Col. 1, 1.

[23] *Ipse est pars nostra, et pars spiritus nostri.* Y cita Sal. 15, 5 y 72, 26,
entendiendo literalmente «Jehová es la porción de mi parte» y «Mi porción
es Dios para siempre».

[24] Jn. 1, 16.

[25] Muy clara fórmula en que Servet expresa su creencia en la creación,
que no emanación, y en la necesidad de la constante conservación de las creaturas por parte de Dios, que las esencia: *in nihilum redeat, sicut est de nihilo.*

[26] No en el cap. 68, sino en el 69 y el 72, trata Maimónides ese tema en
la *Guía de los perplejos*; pero, aun así, no puede confirmarse lo que Servet
le atribuye: explicar la sustentación del universo por una participación de la
luz divina, idea que hay que vincular, sobre todo, con el sistema de Filón y
con Proclo. Esto supuesto, todavía debe decirse que esa «metafísica de la
luz» es uno de los elementos más originales de Servet mismo.

[27] Aben Ezra, propiamente Abraham ben Meir ben Ezra, llamado a veces
Abenare en el medievo (Toledo 1092-Rodas 1167), discípulo de Juda ha-Levi,
contemporáneo de Maimónides, de quien era muy estimado. En *Comentario
al Pentateuco*, Gen. 18, 21; Ex. 33, 21: Bamberg, en Venecia, 1526, y así pudo
serle asequible a Servet, el cual lo cita por admitir la creación *ex nihilo,*

opinión coinciden todos los antiguos filósofos, a los que no estará de más escuchar ahora.

Citando a Pitágoras y Anáxagoras, y a otros más antiguos, discípulos de Zoroastro y Trismegisto, dice Platón en sus diálogos *Parménides, Cratilo* y *Fedón* que existe un cierto primer ser, y que en él están contenidas y consisten todas las demás cosas. Y añade que sólo y únicamente ese ser es hermoso y bueno por sí mismo, y las demás cosas ni son bellas ni buenas sino por participación de ese ser; y que son tanto más bellas cuanto están más próximas a él. Que sólo él es la ψύχωσιν, animación del mundo, una cierta νουν [131] mente que de tal modo ἐχουσαν, contiene en sí misma las naturalezas del mundo, que de todas las cosas consisten en él y que las διακόσμουσαν, ordena, de ahí que a este mundo se le llama κόσμος [28]. En el *Cratilo* Sócrates llama a Dios φύσεχην, esencia de la naturaleza, porque ὀχει y ἔχει, es decir, lleva y contiene φύσιν, la naturalea misma [29]. En el orden natural todos los movimientos se reducen a un primer motor, todas las naturalezas a una naturaleza, todas las vidas a una primera vida, por la cual y en la cual viven y se mueven todas las demás. Todos los antiguos habían dicho que Dios mismo alumbró del caos todas las cosas, y que, extrayendo de ese caos algo así como unas materias confusas, les infundió formas visibles y luminosas, a semejanza de su propia hermosura. El, hermoso y bueno, hizo buena y hermosa como él la primera luz, y luego hizo hermosas y buenas todas las

---

como *reliqui omnes*. Es, pues, inexacta la afirmación de L. I. NEWMAN, «Michael Servetus...», p. 564 sobre un pretendido contexto panteístico.

[28] La dependencia de Platón respecto a Pitágoras y Anaxágoras es hoy admitida por todos los historiadores del pensamiento griego; no así respecto al zoroastrismo y hermetismo, cuyos libros, asequibles a Servet, son ya de la era cristiana; pero de ese error suyo participó todo el Renacimiento. Esta referencia a esos tres *Diálogos* platónicos es sumamente confusa. Un Dios personal infinito es ajeno a Platón, para quien, por el contrario, todos los seres tienen algo de «divino». El Uno es concepto posterior, del neoplatonismo que arranca en Plotino (203-270). Frases como ésas de Servet sobre el único Ser que todo lo contiene, se hallan en el *Parménides*, pero referidas a ese presocrático (hacia 530-460), a quien critica, así como su propia teoría de las Ideas subsistentes y los dos procedimientos propuestos para reflejarlas en el mundo: la imitación, μίμησις, y la participación, μέθεξις, μετάληψις; de esta crítica *(Parm.* 131a y ss.) nada dice Servet. Es en el *Cratilo* 430cd donde Platón expone, como primeras, las dos Ideas de Belleza y Bien. En *Fedón* 92d se dice transitoriamente que ese mundo de las Ideas-esencias contiene todo el ser que se puede tener, pero este bellísimo diálogo, que narra los momentos anteriores a la muerte de Sócrates, trata de la inmortalidad. La idea del mundo como κόσμος y de un Demiurgo ordenador se encuentra, sobre todo, en el *Timeo* 27a, 30b, 34a, etc.

[29] Así, en el *Cratilo* 400b. Obsérvese el bello juego de términos griegos, de esos dos verbos, que Servet, siguiendo a Platón, conserva.

demás, como literalmente trae el Génesis. Pues la expresión hebrea טוב , *thob* significa en este caso «bueno» y «hermoso» [30].

Inspirándose en los más antiguos, Jámblico, Macrobio y Filón sostienen que esa mente es madre de las formas, que contiene en sí las ideas formales de las cosas y que infunde en las cosas símbolos de su deidad, o sea, espíritu y luz. Pues contiene en sí la luz con la que forma todas las cosas, y el espíritu que inspira en todas ellas [31]. Lo mismo había enseñado Zoroastro en los *Oráculos de la sabiduría*, denominados μάγικα λογία [32]. El oráculo de Apolo, que Porfirio cita en el Lib. X de las *Alabanzas de la filosofía*, afirma claramente que Dios mismo es forma, alma y espíritu de todas las cosas, *y que no puede ser comprendido siquiera por los án-*

---

[30] Idea ésta que Servet parece haber tomado del comentario de Ibn Ezra al «hermoso» que aparece en Ex. 2,2, además del «bueno» de Gen. 1, 31 Cfr. su *Comentario al Pent.*, loc. cit.

[31] Otra referencia confusa. Jámblico (hacia 250-330) es un neoplatónico de origen sirio, autor de varias obras, cuyo *De mysteriis Aegiptiorum* fue muy conocido en el Renacimiento (ed. Parthey, Berlín 1857, y reciente de des Places, París, 1966). Servet podría referirse a ciertas frases sobre el «alma superior» y la «triada suprema», en VIII, 2, 3 y 6 (pp. 262 y 269). Más clara quizás es la alusión a Macrobio, otro neoplatónico que floreció en tiempos de Teodosio II, a caballo entre los siglos IV y V, no a sus *Saturnalia*, sino a su comentario al *In somnium Scipionis* de Cicerón, que compendia su mente inspirada en Plotino y Porfirio, concretamente en lib. I, cap. 14, con frases como las de Servet (ed. Fr. Eyssenhardt, Teubner, Leipzig 1868 y 1893). De raigambre neoplatónica es la idea de los «símbolos de la divinidad» en las cosas, que remonta a los escritos zoroastrianos y herméticos; servetiana, su especificación en Espíritu y Luz. Es de Filón la idea de que no la mente, como dice Servet, sino la Sabiduría, identificada con el Lógos eterno, es madre del Logos mismo y madre del universo (su padre es Dios, según Filón), por contener en sí, nodriza del mundo, las formas de todo: *De fuga et inventione*, 20, 109; Wolfson, *op. cit.*, vol. I, págs. 259, 266-269.

[32] Los llamados *Oráculos mágicos*, o himnos mágicos, o divinos cantos. atribuidos por la antigüedad a Zoroastro o Zaratustra (quien pudo vivir entre los siglos VII y V a.C.), fueron de hecho compuestos, al menos en su mayor parte, en la segunda mitad del s. II de nuestra era, y quizá por Julián el Teurgo, en tiempos de Marco Aurelio (A. J. Festugière, *Hermétisme et mystique païenne*, París, 1967, págs. 126, 302; K. H. Donnenfeldt, *Oracula chaldaica*, en P. O. Kristeller, *Catalogus translationum...*, Cath. Univ. of America Press: Washington, D.C., 1960, vol. I, p. 157 ss.). Numerosas ed. modernas desde la veneciana de Patrizzi, 1593. Servet pudo conocerlos por el *De dictis factisque memorabilibus* de Valerius Maximus, tan conocido ya en la E. M., que los reproduce; pero, sobre todo, por las ed. de 1539 y 1550 (cfr. introd., nota 178). Citamos por una buena versión de P. Guirao, *El Zend-Avesta y los Oráculos* (Buenos Aires, 1959). Las bellas frases, tan poéticas, que produjeron impacto en Servet, en los caps. II, VII y VIII, págs. 111, 117 y 119. Sobre todas, «Símbolos desparramó sobre el mundo la mente paterna, la que entiende lo inteligible y hermosea lo inefable», etc.

geles sino en la forma visible que él ha establecido [33]. *Como cita Plutarco en su «Isis» y el mismo Proclo, la inscripción de la diosa Sabiduría entre los egipcios rezaba así: «Yo soy todo lo que fue, lo que es y lo que ha de ser; hasta ahora ningún mortal ha levantado mi velo»* [34]. *La Sabiduría contiene en sí todas las cosas. «Dios es todo cuanto ves y todo cuanto no ves», como dijo Séneca y cita Lactancio* [35]. *En ese sentido, en su libro «Sobre la Providencia», dice Plotino que la mente divina, en la que consisten todas las cosas y que inmóvil todo lo mueve, contiene las naturalezas de todo, y que este mundo es su sombra e imagen* [36]. [132]

Trismegisto, padre de la antigua filosofía, en el discurso sagrado del *Pimandro*, [habló] *cantó* de este modo: «Dios es la naturaleza de todo, la gloria y el principio de todo, y en él consiste toda naturaleza.» Dice también, dirigiéndose a

---

[33] El presunto *De laudibus philosophiæ* de Porfirio (233-304) no es tal. Se trata de un perdido libro porfiriano, reconstruido en parte a base de las numerosas citas que de él traen Lactancio, *Divin. instit.*; Eusebio, *De præparat. evangelica*; Agustín, *De civit. Dei.* El título dado por Eusebio en IV, 6, 2, equivalente a *Sobre la filosofía de los oráculos*, ἐκ λογίων, fue mal leído en antiguos códices por εὐλογιῶν, elogios; lectura ésta conservada por Juliano Fírmico en *De errore profanarum religionum*, cap. 14, y por A. Steuco en *De perenni philosophia libri X*, lib. III, cap. 14 (eds. Lyon 1540 y Basilea 1542), el cual, con Angelo Maio, Eugubino y otros, leyó también mal: décimo por segundo libro, confundiendo δεκάτου con δευτέρῳ. Cfr. G. WOLFF, *Porphyrii De Philosophia ex oraculis haurienda librorum reliquiæ* (Berlín: J. Springer, 1856), págs. 38-9 y 143-174.

[34] Plutarco (hacia 50-125), platónico y pitagorizante, por muy diversas obras *(Moralia, Vidas paralelas, De placitis philosophorum)* influyó mucho siempre, así como por transmisor de antiguas actitudes y creencias. Su *Isis y Osiris*, n. 9 (ed. M. Meunier: París, 1924, p. 44) conserva esa inscripción del templo de Atenea o Nit en Saïs, villa del Bajo Egipto, ignorándose si se encontraba sobre el pedestal de la diosa o sobre el zócalo del templo, según diversa interpretación de Amyot. En conformidad con la etimología de Isis que da Plutarco, de ἵσημι, Isis simbolizaría la manifestación divina por la luz, la Verdad, y por eso fue confundida luego con Mā, la hija del Sol. Según Meunier, esta inscripción tan sólo es conservada, además, por Proclo, *In Platonis Timeum*, 30, quien la completaría así: «El fruto que yo he engendrado ha sido el Sol.» Confirmando así a Servet.

[35] Esa frase de Séneca (Lucio Anneo, 4-65), el profundo estoico hispanoromano nacido en Córdoba, procede del *Naturalium quaestionum libri septem ad Lucillum*, I pref., 13. Lactancio cita muchas veces a Séneca en *Divinar. institutionum*, especialmente lib. I, cap. 5; VI, 25, etc. (PL VI, 136, 728), pero no esa frase textualmente, en contextos que tienden a mostrar que los grandes escritores antiguos fueron siempre monoteístas, y que a Dios hay que adorarlo «en espíritu», idea ésta tan cara a Servet.

[36] Es decir, en *Ennéadas*, III, 2, 1 (ed. Les Belles Lettres, París, III, p. 25): «La providencia universal es la conformidad del universo a la inteligencia; ésta es anterior a él, no cronológicamente, sino en el sentido de que deriva de ella, anterior por naturaleza, arquetipo o modelo del cual deriva.» Parecido, en *Ennéadas*, II, 9, 8 (vol. II, p. 121).

Tacio, que el único Dios es todas las cosas, y que es «como multicorpóreo, pues nada hay en los cuerpos que él no lo sea». Y poco después dice: «Dios es el principio, la conexión, el conjunto de todas las cosas; es el ser mismo de todo.» Y en el libro titulado «De cómo sólo en Dios está la belleza y el bien», dice que todo cuanto existe, existe en Dios y de él depende; que Dios es todas las cosas y que, al hacerlas, las hace a su semejanza, igual que todo agente hace al paciente semejante a sí [37]. En el *Asclepio* dice que Dios es todo y todas las especies omniformes. Dice que la Palabra de Dios es mundo arquetipo, luz arquetipo, y arquetipo del alma; que en todas las cosas resplandece una cierta imagen de Dios [38]. Por eso, en el himno del *Pimandro* cantaba: «Santo es Dios, de quien es imagen toda naturaleza.» A Tacio, su hijo, le dice que no existe nada en la naturaleza de las cosas, que no presente una cierta imagen de divinidad. Por todas las partes se nos pone delante de los ojos, se nos insinúa y ofrece la imagen omniforme de Dios, que es la imagen misma de la luz que hay en todas las cosas [39].

---

[37] Palabras casi textuales del *Corpus Hermeticum* III, 1 *(Hermes Trismégiste*, ed. A. J. FESTUGIÈRE: París, Les Belles Lettres, 1945-1954, vol. I, p. 43). Luego, del trat. V, *A su hijo Tacio*, 10 (vol. I, p. 66), palabras aproximadas: «En todo este mundo, nada existe que él no sea... El es el incorpóreo, el multicorpóreo y aún más, el omnicorpóreo»: ὁ πολυσώματος, μᾶλλον δέ παντοσώματος. Otra breve cita del trat. VIII, 5 (vol. I, p. 89): «Dios es quien causa, encierra y mantiene todas las cosas», aludido libremente por Servet ya antes (cfr. nota 21), y con mayor elegancia que en el original: *Deus est principium, complexus* (antes dijo *comprehensio) et continentia rerum omnium.* Por fin, del libro o trat. IX, 9, que tiene ese subtítulo por el que lo cita Servet: vol. I, p. 100.

[38] El término exacto «omniforme» es ajeno al primer *Corp. Hermet.*, como acaba de verse. Servet lo toma del orfismo y del filonismo, así como de todo el neoplatonismo, ya desde Plotino mismo *(Ennéadas*, II, 4, 4). Resume aquí nn. 32, 34 del *Asclepio* (segunda parte del *C. H.*). Después, palabras de *Pimandro*, II, 12, donde se lee: «Un entendimiento que se contiene todo en sí, libre de todo cuerpo, inerrante, impasible, intangible, inmutable en su estabilidad, que contiene todos los seres y todos los conserva en su ser, del cual son como rayos el bien, la verdad, el arquetipo del espíritu, el arquetipo del alma»... (vol. I, p. 37). Servet, pues, cita aquí aproximativamente. En el *Asclepio*, 17, 19 (vol. II, pp. 316, 319) ya aparece la apelación *pantomorphon vel omniformem* referida a Júpiter.

[39] El trat. I, 31 del *Pimandro*, primera parte del *C. H.*, termina con un himno sagrado que empieza así: «Santo es Dios, padre de todas las cosas», y sigue más tarde: «Santo eres tú, quien por el Verbo has constituido todo lo que es. Santo eres tú, de quien toda la naturaleza ha reproducido la imagen», εἰκών (vol. I, 17-19). Las palabras siguientes de Servet son resumen de *A Tacio*, trat. V, 1 y 2: «No se ofrece a nosotros en imagen sensible, sino que a todas las cosas da una imagen sensible: como da una imagen sensible a todas las cosas, aparece a través de todas y en todas, y aparece sobre todo a los que él mismo ha querido aparecer» (vol. I, p. 60). Nada, en el texto, de *omniformis imago,* o de *in omnibus lucis imago,* ampliaciones servetianas.

Lo mismo enseña Pablo, cuando dice que casi se puede «palpar» a Dios en cada cosa, pues está metido en lo más hondo de cada una de ellas (Hech. 17). [Pablo] cita la expresión de Arato de que somos «descendencia de Dios» y, con Pitágoras, «linaje divino o de Dios»: pues tenemos la **semilla** de la deidad dentro de nosotros, *verdaderamente innata, como innato está en nosotros desde el origen el espíritu de la divinidad.* Allí mismo dice *el apóstol* [Pablo] que «en Dios vivimos, nos movemos y somos» [40]. *En él respiramos, y nuestra vida y nuestro aliento están en él y dependen de él.* De ahí que los antiguos dijesen de Júpiter que era el aire o que estaba en el aire en que vivimos, puesto que en el aire se halla un aliento divino y vivificador. Pablo cita a Arato, cuando, hablando de Júpiter, dice que todas las cosas están llenas de él: «Júpiter es cuanto ves y adonde vayas» [41]. Ellos le llamaban *Iove* en dependencia de la antigua tradición de los hebreos que llamaban a Dios *Iova*. El nombre indeclinable *Iova* se modificó posteriormente en *Iove;* pero *Iova* proviene de　יהוה　, Iehová, ya que el «scheva» al principio no suena y se omite la aspiración, como ocurre frecuentemente en esa lengua [42]. [133]

Por otra parte, y hablando del espíritu en el *Asclepio,* dice Trismegisto que el Espíritu de Dios lo llena todo y todo lo vivifica; y añade que el mundo sirve de alimento a los cuerpos, mientras que el Espíritu divino nutre y sostiene las almas. En el Lib. III afirma que este Espíritu que todo lo vivifica procede de una fuente santa, y que el alma conserva continua dependencia respecto de su principio, igual que dependen continuamente de su fuente la luz y el calor [43]. No de

---

[40] Hch. 17, 28: «Porque en él vivimos, y nos movemos, y somos; como también algunos de vuestros poetas dijeron: Porque linaje suyo somos.» Palabras éstas que alguna vez fueron atribuidas a Epiménides de Creta, del s. VI, y al poeta estoico Cleantes de Assos (331-230), pero que, como bien dice Servet, pertenecen al poeta helenista, simpatizante con el estoicismo, Arato de Soloi (hacia 315-245), cortesano de Antígono Gonatas, en Macedonia, autor de un poema astronómico en 1254 exámetros, *Phænomena,* a cuyo *Himno a Zeus,* 38, pertenece. (Ed. *princeps,* aldina, Venecia 1490). En cuanto a Pitágoras, es hoy sabido que él no escribió nada, pero se le atribuyeron varios escritos en la época del neopitagorismo alejandrino: *Símbolos, Versos áureos, Himnos.* El origen de esa atribución servetiana de la frase *nos esse genus quoddam Dei,* en la nota 103 del lib. V *infra.*

[41] El viejo Anaxímenes (hacia 585-528) propuso un protoelemento eterno que llama aire o hálito: ἀἠο, πνεῦμα, como principio primordial y origen de todo. De ahí que Cicerón, *De natura deorum* I, 10, y Agustín, *De civitate Dei,* VIII, 2, dijeran que según él el aire es Dios; o Zeus, o Júpiter, como aquí señala Servet.

[42] No parece seriamente controlable la derivación servetiana del *Iove* latino desde el *Iova* o *Iehovah* (Jehová) hebreo, pero sugestiva.

[43] Citas del *Asclepio,* 16-17 (vol. II, p. 315), con palabras casi textuales.

otra manera opinaba David al decir que, si Dios retirase su Espíritu, desfallecerían las almas (Sal. 103) [44]. Todos los platónicos coinciden en decir que Dios es alma del mundo, y que su Espíritu sostiene y da vida a todas las cosas del universo.

Pero de esta esencia universal y de las ideas de todas las cosas hablaremos más en seguida que hayamos adelantado algo sobre el nombre *Elohim*.

ELOHIM

[Para mejor disertar] *Con el fin de decir algo seguro* sobre el nombre *Elohim*, tenemos que ver qué es lo que apareció en Dios de suerte que de ahí derivase correctamente ese nombre *Elohim*. Los hebreos más antiguos refieren en el *Breschit Rabbaa*, o sea, en el *Gran Génesis*, que desde el principio del mundo existían estas cosas: el Mesías, el trono de la gloria de Dios, la ciudad de Jerusalén, el jardín del Paraíso, los espíritus de los justos, la Ley e Israel, *estas siete cosas* [45].

Realmente desde el principio existe, junto con el Mesías, el trono de la deidad contemplado por Isaías, es decir, el trono de la majetsad excelsa (Is. 6). [Esto mismo se demuestra] *Esto se nos descubre* en Deut. 33, Jer. 17, Sal. 92 y 102, donde continuamente se habla del trono y del asiento de Dios existentes desde el principio. Ese es el lugar de nuestra santificación preparado desde el principio, como allí dice Jeremías. Ese es el jardín del paraíso celestial y la ciudad de la Jerusalén celestial [que existe desde el principio] [46].

---

y del trat. III del *Pimandro*, resumiendo unas consideraciones cosmogónicas, que Servet no acepta, a no ser el influjo de la «luz santa y la acción del fuego y el soplo divino» para sacar los seres del primitivo caos: «Porque lo divino es la entera combinación cósmica renovada por la naturaleza» (vol. I, p. 46).

[44] «Les quitas el espíritu, dejan de ser», Sal. 103, 29. La afirmación siguiente valdría más de un neoplatonismo impreciso que de los «platónicos». En algún sentido la suscribiría Plotino, pero no dice que Dios sea alma del mundo, sino que «por el alma universal este mundo es Dios», *Ennéadas*, V, 1, 2.

[45] *Midrash Besehit Rabba*, eds. J. Theodor-Ch. Albeck (Jerusalem: Wahrmann, 1965), vol. I, p. 6: «Seis cosas se anticiparon a la creación del mundo, algunas fueron creadas y otras fueron pensadas en ser creadas: la Tora, el trono de la gloria..., los patriarcas fueron pensados en ser creados..., Israel fue pensado..., el templo fue pensado..., el nombre del Mesías fue pensado. Rabbi Ahaba, hijo de Rabbi Ze'ira dijo que también el arrepentimiento.» Como se ve, la cita de Servet es tan sólo aproximada.

[46] Is. 6, 1; Deut. 33, no aparece; Jer. 17, 12; Sal. 92, 2 y 102, 19. Explica Maimónides en su *Guía*, I, IX, el sentido que en la Escritura tiene el término *kisse*, trono, como «la esencia y grandeza de Dios, que son inseparables de su Ser».

Desde el principio está preparado para nosotros el reino, como dice Cristo, del mismo modo que desde el principio está preparado el fuego de pena con que han de ser casti- [134] gados los malos (Mt. 20 y 25; Is. 30) [47]. *[Observa aquí] Date cuenta, pues, en qué sentido [concibieron] dijeron los mismos hebreos que el Mesías existe desde el principio.* No, claro, en el sentido de los sofistas trinitarios, sino en cuanto que su persona y su forma visible *subsistían en Dios* [48] *[estaban ya entonces manifiestas en Dios, en aquel solio, como quedó suficientemente mostrado en el Libro anterior]. De ahí que el rabí Igzhac Arama diga en su comentario al Génesis: «Antes de ser creado el sol, ya subsistía el nombre del Mesías, y ya estaba sentado en el trono de Dios»* [49]. *¡Ojalá mantuviesen esta interpretación nuestros sofistas!* Que también la Ley estuviese desde el principio «a la diestra de Dios», lo demuestran los hebreos por el pasaje de Deut. 33, y porque de ella se dice que fue escrita por el dedo de Dios y en el libro de Dios, y así después traída de arriba a la tierra. Sostienen también que desde el principio existe Israel, ya que se le llama «pueblo del siglo», o sea, «pueblo eterno», constituido desde el principio (Is. 44), grabado en Dios (Is. 49) [50]. De modo semejante prueban que la ciudad de Jerusalén está fundada desde el principio, por IV Re. 19, Is. 37 y 49, y el Salmo 86 [51].

Mas como quiera que todo eso fue sombra de otra verdad por la cual estamos sustancialmente insertos en Cristo por su Espíritu eterno, podemos decir con mayor propiedad que cuantos participamos de Cristo estamos de una manera especial en él desde toda la eternidad. *Los espíritus de todos cuantos han sido regenerados en Cristo están sustancialmente en él, escritos en el libro de la gloria.* Ya tienen la eternidad, esto es, la participación de la eternidad del Espíritu de

---

[47] Mt. 20, 23 y 25, 46; Is. 30, 33 sobre el fuego y leña de Jehová.

[48] *Quia eius persona et forma visibilis erat in Deo subsistens.*

[49] Isaac Arama (Zamora 1420-Nápoles 1494) rabino emigrado con su familia cuando la expulsión, gran controversista y filósofo. Tras su muerte vieron la luz sus obras *Estudios filosóficos sobre la religión* (Salónica, 1541), *Comentarios filosóficos sobre Job* (ib., 1517), y el célebre tratado *'Aqedat Yishaq* o *La ofrenda de Isaac*, llamado también *Deraxas filosóficas sobre el Pentateuco* (Salónica 1522, Venecia 1547: Bamberg). Servet pudo leer esta edición. La frase mencionada, en la ed. Venecia, Bamberg, 1573, fol. 266d. Según Joseph S. del Medigo, Arama copia mucho a Abraham Bibago, el filósofo de Huesca, sin mencionarlo. Puede tener interés recordar que Arama fue rabino en Fraga y en Calatayud: *The Jewish Encyclopedia*, vol. II, 1902, 67.

[50] «A su diestra la ley de fuego para ellos», Deut. 33, 2. Sobre la elección eterna de Israel, Is. 44, 24 y 49, 5.

[51] Textos bastante correlativos, pero forzados al sentido que quiere darles Servet: II Re. 19, 31; Is. 37, 32 y 49, 22; Sal. 86, 5.

Cristo, puesto que poseen una parte sustancial de su espíritu, o sea, su aliento sustancial. De este modo era conveniente que el trono real de Cristo estuviese desde toda la eternidad preparado y destinado a sus elegidos. A esto se refiere lo que Cristo dice a los apóstoles: «Vosotros estáis conmigo desde el principio», «vuestros nombres están escritos en el cielo», «vosotros sois el pueblo del siglo, grabado en el corazón de Dios», «Vuestros asientos están preparados desde el principio» [52]. No podría decirse que antes hubiera una ciudad celestial, sin que hubiera en ella ciudadanos. ¡Cuán grande es la fuerza de la eternidad de Cristo y cuán grande la comunicación a nosotros de su eterna divinidad en formas especiales y en espíritu!

Pero no sólo están en Dios desde toda la eternidad los espíritus de los justos, sino también las formas luminosas de los otros hombres y de todas las cosas, como diremos en seguida al hablar de las ideas; aunque de un modo especialísimo estaban los elegidos, los predestinados en Cristo, que suman «doce veces ciento cuarenta y cuatro mil veces de miles» (Apoc. 21). Para todos ellos están preparados desde la eternidad otros tantos asientos y mansiones, y cada cual tiene su espíritu preparado en Dios [53]. También estaban realmente en Dios desde el principio, y se dejaban ver alrededor del trono de la majestad, los querubines y serafines, y las celestes potestades, príncipes y gobernadores de cada una de las provincias con sus respectivos tronos, como con Daniel dice Pablo. E incontables millares de legiones de espíritus allí presentes y de ángeles servidores, como dice Daniel. Eso es lo que vio Ezequiel, cuando dice haber visto «visiones de dioses» (Ez. 1 y 10). Y algo semejante vieron Miqueas, en el último capítuo de III Re., y David, en II Re. 22 [54]. El sonido de las palabras de Dios se percibía como el tumulto de un ejército, según Ezequiel en el lugar citado; como el griterío de una muchedumbre, según Daniel en el capítulo 10.

Toda esperanza de majestad, vista y percibida como una multitud, en la que destellaban los resplandores de los rostros de Cristo, como dice el modismo hebreo, los resplandores de los rostros exhibidos por los ángeles, los diferentes

[135]

---

[52] Alusiones a Jn. 15, genérica; Lc. 10, 20 y a las de la nota 47.

[53] Cifra imaginaria. De hecho, Ap. 7, 4 y 14, 1. 3, pero nunca el cap. 21 enumeran un misterioso ciento cuarenta y cuatro mil.

[54] Ez. 1 y 10 narran la visión del enigmático «carro de Yahvéh», sus ruedas y sus «querubines», así como Dan. 10 una visión relativamente paralela; pero esas comparaciones del tumulto no constan ahí. Son también erradas las otras citas del lib. de los Reyes.

19

rostros de los querubines y serafines, toda esa multitud de ojos y formas de deidad centelleando allí... Toda esa grandiosidad, repito, vista y oída en los cielos por Adán, Abraham y otros espectadores, no podía designarse con otro nombre que *Elohim:* dioses; *Adonim:* señores; *Adonai:* mis señores[55]. Esta es la multitud que vio y notó Jacob, al decir que se le habían aparecido «dioses» (Gen. 35). Y también Abraham dice: «Me hicieron poner en camino "dioses"» (Gen. 20)[56]. De todo esto se desprende que *Elohim* implica pluralidad. *Elohim* era Dios en realidad, pero en figura era Cristo junto con el múltiple ministerio de los ángeles. **En conclusión:** *Elohim* quiere decir «el que tiene divinidades en formas hermosas»; equivale a «dioses», «divinos», «aspecto de dioses». [Principalmente] *En principio* este nombre se aplicaba a Dios; posteriormente se aplicó también a otros que mostraban formas ilustres. Cuando los ángeles eran enviados con alguna misión, revestían persona divina; por eso se les llamaba dioses, aunque bajo persona de Cristo[57].

[136]

En lo que concierne a este nombre, los trinitarios se dejan llevar de alucinaciones, pues pretenden que tal denominación se predique de sus tres entidades como si fueran tres dioses, cosa que rechazan. [Dígannos quiénes eran] *¿Acaso eran esos tres dioses los que hicieron ponerse en camino a Abraham y fueron vistos por Jacob? Si confiesan que eran tres y que son tres dioses, habrá que concluir que hay tres dioses.* Asimismo, los judíos, que jamás concederían la existencia de esas tres entidades, para mejor declinar ese concepto de pluralidad en Dios, atribuyeron tal expresión plural a costumbres de la lengua, sin admitir más misterios. Mas si reconociesen al verdadero Mesías, reconocerían también que en la expresión *Elohim* está claramente el misterio de Dios y de Cristo y de los ángeles, como se comprueba en toda la Ley; [ya que] la costumbre de usar la expresión plural no comenzó por casualidad, ni pudo originarse en la lengua santa sin misterio. Tanto más cuanto que frecuentemente sobreañaden otras expresiones en plural, como en los casos citados: «dioses hicieron caminar», «dioses aparecieron». Se les llama «dioses santos» (Jos. 24), «dioses vivien-

---

[55] Servet resta así significado estrictamente divino a las visiones o teofanías bíblicas a partir de la de Adán, y ello por el argumento de la visión misma y por el uso semántico de un plural.

[56] Esta argumentación, un tanto confusa, se basa en que en Gen. 35, 7 y 20, 13, y tantos otros, se emplea *Elohim*, estrictamente traducido por «dioses», a lo que Servet aplica su restricción teológica.

[57] Persona, es decir, aspecto, como siempre en Servet. *Induebant personam divinam..., sub persona tamen Christi.*

tes» o «dioses vivos» (Jer. 10 y 23), «dioses jueces» (Sal. 57) [58]. Y en el segundo libro de Samuel, cap. 7, se dice que «dioses» fueron a redimir, refiriéndose a las potestades celestes, es decir, a Dios, a Cristo y a los ángeles. Ahora bien, puesto que sólo Cristo encierra en sí mismo toda esa majestad, la suya, la del Padre y la de los ángeles, como atestigua Lucas (Lc. 9), con razón se le llama ahora *Elohim*, el que tiene todas las «divinidades» [59].

Sin embargo, puede cuestionarse si se aplica o no a Cristo el nombre *Jehovah*. No cabe duda de que en la Ley se llama Jehovah al ángel; luego con mayor razón a Cristo, sobre todo porque tal nombre se aplica al ángel en cuanto prefigura a Cristo. Así como eran antes lo mismo *Elohim* y *Jehováh*, pues que «Dios era la Palabra», así también ahora, pues que Cristo ha sido exaltado a aquella primitiva gloria. Sin embargo, los profetas no le atribuyeron nunca ese nombre mientras vivió en la tierra; mas el propio Cristo se atribuía a sí misma divinidad de *elohim*. Pero ahora Cristo es verdadero *Jehovah*, el que hace ser todas las cosas, las sostiene todas y otorga a los suyos el poder de hacer milagros [60]. El es fuente de aquella luz que forma todas las cosas y que infunde en nuestras mentes las ideas de las cosas. Ideas de las cosas que antes estaban [principalmente] en la Sabiduría de Dios. Sabiduría de Dios que es ahora el mismo Cristo.

[137]

LAS IDEAS O FORMAS DE TODO EN DIOS

Puesto que muchas veces incidimos en la cuestión de las ideas, y puesto que su conocimiento contribuye a un mejor conocimiento de Cristo, e incluso a una mejor explicación de la esencia de Dios y de sus nombres, vamos a decir ahora algo acerca de ellas.

Desde la eternidad existían en Dios imágenes o representaciones de todas las cosas resplandeciendo en la Sabiduría, en la Palabra de Dios, como en un mundo arquetipo.

---

[58] Esas citas de Jos. 24, 19; Jer. 10, 10 y 23, 36 hay que entenderlas en el sentido explicado en nota 56. El Sal 57, 1 trae «dioses» en las versiones, pero es claro que por corresponder al término *elohim*: señores, insignes, jueces.

[59] Servet trastrueca todo el sentido de II Sam. 7, 23: «Por amor de tu pueblo, que tú redimiste de las gentes y de sus dioses», es decir, de sus jefes. La cita de Lc. 9, 31, sobre la transfiguración de Cristo, está, pues, fuera de contexto.

[60] Como se ve, la atribución del nombre *Yavéh* o *Jehová* a Cristo, a la que ya se refirió antes, sólo puede asentarse en una aplicación de las varias acepciones semánticas de *hayah*. Cfr. nota 2.

Dios veía en sí mismo, en su propia luz, todas las cosas, ya que tenía en sí mismo las ideas de todas ellas como resplandeciendo en un espejo. Tal es la enseñanza que hemos recibido desde el principio del mundo acerca de la Sabiduría de Dios, tal como aparece en las sagradas letras, que por tradición de los antiguos transmitieron a los griegos los caldeos y egipcios. Tal es lo que en los libros sagrados nos han enseñado Job, Moisés, David, Salomón y otros. Esto mismo es lo que enseñaron Zoroastro y Trismegisto, de los que, sobre todo del último, aprendieron todos los griegos desde Orfeo hasta Platón. Tanto en el *Pimandro* como en el *Asclepio* enseñó Trismegisto que las formas luminosas de todas las cosas están contenidas en ese primer mundo ejemplar que es la Palabra de Dios, y que ese primer arquitecto del mundo estaba dotado de una sabiduría infinita, llena de las ideas y orígenes de las cosas [61].

Todo eso escrito acerca de la Sabiduría en Dios, por la que Dios cada una de las cosas «la mira, la ve debajo de todo el cielo» y la gobierna, lo había enseñado antes Job en el cap. 28 [62]. Sobre esa misma Sabiduría que desde el principio iba trazando en Dios todas las cosas, consulta el cap. 8 de los Proverbios de Salomón [63]. En los mismos términos habla de ella Baruch, cap. 3, y con más amplitud Jesús Sirach, o sea, el Eclesiástico, y el Libro de la Sabiduría. Allí se llama a la Sabiduría espíritu uno y múltiple, que contiene todas las cosas; se nos dice que la Sabiduría es artífice de todas las cosas a la manera de un arquitecto que primero tiene en sí la idea de la futura casa [64]. La propia Sabiduría [138] dice en el citado cap. 8: «En presencia de Dios yo era mul-

---

[61] Muy interesante párrafo en el que, tras adscribirse Servet a la creencia renacentista en la antigüedad de los escritos oraculares caldeos y los herméticos, hace a ambos maestros de la sabiduría griega, incluyendo a Orfeo, cuya existencia personal era también admitida por todos. Por lo demás, resulta evidente que es servetiana esta interpretación filónica de los datos bíblicos. Las ideas del *C. H.* aludidas: sobre el Verbo, en *Pimandro*, I, 5; sobre el Demiurgo o «mente segunda» que todo lo produce, I, 9-11; sobre el «hombre arquetipo» imagen del Padre, I, 12 (vol. I, pp. 8, 9 y 12). Pero no es hermética, sino filoniana la idea de un *arquitecto* del mundo. El pensamiento de Servet parece ser más bien un resumen del *Asclepio*.

[62] Job 28, 24.

[63] «Jehová me poseía en el principio de su camino, antes de los abismos fui engendrada. Con él estaba yo ordenándolo todo», Prov. 8, 22, 24, 30.

[64] En Bar. 3 la sabiduría se identifica con la Ley, y por eso es prerrogativa de Israel. Esta misma dimensión práctica de sentencias y consejos tiene todo el Eccli., aunque abundan en él ciertas frases que, como las citadas de Prov., apuntan a una personificación de la Sabiduría. Es en Sab., caps. 7 y 8, donde llega a su cumbre la especulación del AT sobre la Sabiduría como entidad personal, que por eso el NT identifica a su vez con el Verbo. Servet

titud, y era sus delicias todos los días» [65]. Multitud [de ideas] produciendo todas las cosas en medio de sus delicias. *La sabiduría era «todo cuanto fue, cuanto es y cuanto ha de ser»* [66]. Ella era λόγος, mente admirable en que resplandecen visiblemente todas las cosas. La propia Palabra de Dios es su Sabiduría, y esa misma luz del rostro de Cristo es para nosotros luz del entendimiento e idea de todas las cosas. Es Palabra de Dios visible y audible, tanto por los sentidos como por el entendimiento. Por nuestras palabras el oído concibe ahora una, ahora otra idea, igual que el ojo por nuestras visiones. En cambio, la Palabra de Dios contiene en sí a la vez todas las cosas que se ven, se oyen y se entienden, e incluso las que se perciben por los otros sentidos.

Los antiguos solían llamar a la Palabra de Dios «mundo omniforme, mundo arquetipo, mundo inteligible». A Trismegisto, después de sus discursos a Esculapio y a su hijo Tacio, le enseña la Mente que en Dios hay un «mundo omniforme», a cuya semejanza ha sido hecho este otro mundo inferior, y que en Dios hay una idea del mundo que expresa las formas de cada uno de los cuerpos; razón por la cual concluye que todas las cosas están y se contienen en Dios [67]. También Orfeo llamó a la esencia de Dios «omniforme», *ya que contiene en sí todas las formas*. Esto se nos descubre con el siguiente razonamiento: porque sostiene las formas de todas las cosas y sosteniéndolas de este modo las ve en sí mismo, presentes en su propia luz. A estas presencias nosotros les llamamos ideas [68]. Aún hay otra razón: que Dios mismo infunde en nosotros las especies e ideas de todas las cosas, ya que el hombre concibe las especies de las cosas a semejanza de Dios. Esto es lo que familiarmente le enseña a

---

trata este tema más concretamente que aquí en la *Carta* 8 a Calvino y en la *Apología*. Cfr. nuestra ed. (Madrid: Castalia, pp. 97, 209, 271).

[65] La Vulgata tradujo *cum eo eram cuncta componens* (con él estaba arreglándolo todo), donde Servet trae *coram Deo eram multitudo*. Bi*Jer* vierte por «yo estaba allí como arquitecto». El término hebreo אמן puede leerse variadamente, según los puntos masoréticos, como *amon*, coengendrada, *aman*, colaborador (y así lo hicieron los LXX) y *omen*, nodriza (y así lo entendió Filón, según Wolfson, I, 266). Pero ¿de dónde sale el *multitud* de la versión servetiana?

[66] Cfr. nota 34, sobre la inscripción del templo egipcio de Isis.

[67] *Aesculapium* por *Asclepium*. En «La Mente a Hermes», título del trat. XI, 4, 16, del *C. H.* que trata de que, si el mundo fue hecho y lo fue por alguien que tiene en sí todas las formas, y por eso es semejante al mundo, ese alguien es Dios, también omniforme, ed. cit. (vol. 1, pp. 148, 153).

[68] *Quas apparentias nos vocamus ideas*. Orfeo, en XIV *A Rea:* «Protógeno multiforme y divino»; XXV *A Proteo:* «Tu omnímoda esencia ilimitada»; LXXXIV *A Hestia:* «Eterna, multiforme, soberana». Cfr. *Himnos órficos,* ed. J. Maynadé (México, 1973), pp. 48, 61, 129.

Trismegisto la Mente en el lugar ya citado: «Contempla, le dice, cómo tú mismo eres capaz de entender muchas cosas; contempla luego cómo Dios encierra en sí mismo todas las inteligencias. Pues bien, si tú no te asemejases a Dios, no podrías entenderlo, pues lo semejante sólo puede ser conocido por lo semejante» [69]. Luego en Dios están las especies e ideas de las cosas, si están en nosotros y nosotros nos asemejamos a Dios. *Séneca decía a Lucilio: «Dios encierra en sí* [139] *mismo los ejemplares de todas las cosas, sus números y modos»: está lleno de imágenes, que Platón llama ideas inmutables* [70].

Mas, para que no nos entretengamos más tiempo buscando pruebas en este asunto, todo esto está suficientemente probado en las Sagradas Escrituras, al sernos conocida a través de Cristo esa propiedad de la luz de Dios, que hace a todo ser y brillar. *En la Palabra resplandecía la vida de cada cosa* (Jn. 1) [71]. En la mente de Dios preexistían las ideas de las cosas que iban a ser creadas, antes de que lo fueran. Dios ya conocía las diferentes especies de cosas y las diferenciaba entre sí en su propia luz, cuando dijo: «Produzca la tierra animales según sus propias especies, *y germine plantas según sus propias especies*» [72]. De la misma manera, cuando nosotros tenemos que hacer casas, ciudades u otras cosas, antes concebimos sus ideas en nuestra mente; y estas ideas provienen de la luz de Dios. Esto es lo que principalmente movió a Timeo Locro, a Arquitas y a Platón [73]. Nosotros pensamos de las cosas gracias a la Sabiduría divina, que nos ha sido comunicada, la cual, como dice Filón [74], es en nosotros

---

[69] Palabras casi textuales del cit. trat. XI, 19-20, del *Pimandro* (vol. I, pp. 154-155).

[70] Séneca habla de que el sabio se basta a sí mismo no para vivir, sino para vivir feliz: *Ep. ad Lucillum*, I, 15: «El Soberano bien no pide sus medios al mundo exterior. Se basta a sí mismo, de sí mismo es todo» (ed. Les Belles Lettres, París, 1945, p. 31). Servet pudo leer a Séneca en la ed. de Erasmo, Basilea, 1528 y 1529.

[71] *In ipso vita erat*, Jn. 1, 4.

[72] Palabras creacionales del Gen. 1, 24 y 11, cambiadas.

[73] Timeo de Locres, inmortalizado por Platón en el *Timeo*, es un desconocido, tanto que se sospecha sea un seudónimo de Arquitas de Tarento (400-365), el pitagórico de Tarento gran amigo de Platón, autor de una *Armonía* y de *Diatribas*, de que quedan unos fragmentos (Diels, 47). Servet no puede aludir, pues, sino a una dirección general del pitagorismo y platonismo.

[74] Aludiendo a todo el cap. 7 del libro de la Sabiduría, y a doctrinas imprecisas de Filón. Según WOLFSON, *op. cit.*, vol. I, pp. 255-258, Filón tuvo tres etapas en su concepto de Sabiduría: propiedad divina eterna idéntica con su esencia; ser incorpóreo, mundo arquetipo, creado por Dios; por fin, inmanente al hombre y al mundo. Insistiendo: el concepto de *luz*, en el sentido metafísico de Servet, no es propiamente filónico.

como «una emanación de la claridad de Dios, un resplandor de la luz eterna, un espejo sin defecto que nos refleja en imagen todas las cosas» (Sap. 7) [75]. También Jesús hijo de Sirach, tras la evolución de los libros de sus antepasados, lo que dice no haber sido de poca o despreciable importancia para la doctrina, enseña que en Dios hay Sabiduría en la que como en su propia luz vio y contó todas las cosas creadas, todas las gotas de agua y toda la arena del mar; y que, gracias a esa misma Sabiduría, que nos ha sido infundida, podemos tener un conocimiento claro de las cosas [76]. Queda clara, pues, esta tradición de los hebreos. Por la Ley demuestra Filón las ideas en la *Alegoría de las Leyes*, al comentar aquello de Moisés a Dios: «Bórrame de tu libro», donde, dice él, Moisés llama libro a la Palabra de Dios, en la que están descritas e impresas las existencias de todas las cosas [77]. A esto mismo alude hermosamente el salmo 138, 139 para los hebreos, donde el profeta David se dirige a Dios en estos términos: «En tu libro estaban escritas todas aquellas cosas [que luego fueron formadas] sin faltar una de ellas» [78]. *Piensa qué puede significar eso de que todas las cosas estuviesen escritas en el libro de Dios antes de que existiesen.* El salmo 55 dice: «Tú conoces todos mis movimientos, todos están en tu libro» [79]. Y en el salmo 49 Dios mismo dice: «Todo lo conozco, mío es el mundo y su plenitud» [80].   [140] Que todas las cosas estén patentes al rey del universo, lo escribe también de entre los antiguos Platón a Dionisio [81]. *Y Juan enseña en el Apocalipsis que se abrirán los libros de Dios, en que están escritas todas las cosas, para juzgar de cada uno «por las cosas que están escritas en los libros»* [82]. Enorme es, pues, el libro de las ideas y de las cosas escritas.

Lo mismo opinaban de las ideas los primeros discípulos de la Iglesia. Ireneo [mismo, discípulo de la verdad apostó-

---

[75] Palabras textuales de Sab. 7, 25-26.
[76] Paráfrasis de Ecli. 1, 2-10.
[77] Filón no comenta ese texto bíblico en ninguno de los tres libros de su *De legum allegoria*. Cfr. la ed. de L. CHON y P. WENDLAND (Berlín, 1896), vol. I, pp. 61-169.
[78] Sal. 138, 16.
[79] Sal. 55, 8.
[80] Sal. 49, 11-12.
[81] Platón, *Cartas*, II, A Dionisio, 312e: «He aquí lo que ocurre: en torno al Rey del universo gravitan todos los seres; él es *el fin de todo* y la causa de toda belleza». (Versión castellana a base de la francesa de Les Belles Lettres, incorrecta, como se ve: Servet vierte fielmente la expresión griega παντ' ἐστι, *omnia esse*, «en relación con él existen todas las cosas».)
[82] Las alusiones al «libro de la vida» son numerosas en el Apocalipsis: 3, 5. 13, 8. 17, 8. La frase de Servet, en 20, 12.

lica, enseñó] *dice* que en Dios había prefiguraciones de todas las cosas que todo lo había preformado en sí mismo y
que de sí mismo había recibido el modelo y la imagen de
todo (Lib. II, caps. 3 y 21); que Dios había tomado de sí
mismo la sustancia de las creaturas, el ejemplar de las cosas creadas y el modelo de todo el ornato del mundo (Lib. IV,
cap. 37). En ese mismo lugar dice que la Palabra de Dios
contiene una como estructura de las cosas [83]. En su libro
Contra Práxeas dice Tertuliano que, ya antes de la creación
del mundo, en la Sabiduría de Dios estaban ordenados y hechos todos los seres según su naturaleza; sólo les faltaba
una cosa: ser conocidos y contenidos abiertamente en la materia. Algo parecido de la Sabiduría, en cuanto contiene las
especies de todos los seres, refiere en su *Contra Hermógenes* [84]. *En los Libs. IV y V de su «Stromata», al hablar de las
ideas, Clemente de Alejandría define la idea como* λόγον θεοῦ,
*Palabra de Dios. Dice que una región de Dios, difícil de com-
prender, aquélla que Platón, adoctrinado por Moisés, llamó*
χώραν ἰδεῶν, *región de las ideas, es el lugar que contiene todas las cosas del universo; que «la mente de Dios es el lugar
de las ideas», y que por eso el hombre que las contempla se
hace así Dios; del mismo modo que las almas separadas son
como dioses visibles por convivir con formas o ideas divinas* [85]. *En el «Discurso a los gentiles» dice: «Nosotros desde
el principio fuimos engendrados en Dios, ya que todas las cosas estaban en la Palabra. No hay que extrañarse, pues, de
que llame a la Palabra «engendrada», al llamarnos también*

---

[83] Esas menciones de la ed. de Erasmo de Ireneo, *Adv. Hœreses* corresponden al lib. II, cap. 3, 2 y cap. 9, 1, y lib. IV, cap. 20, 1-3 de Migne
(PG VII, 119, 126 y 253.

[84] Tertuliano, *Adv. Praxeam*, VI y *Adv. Hermogenem,,* XVIII (PL II, 161 y
212): «Cuando al principio quiso Dios producir en sus sustancias y especies
las cosas que con idea y palabra de sabiduría había dispuesto dentro de sí,
pronunció primero su Palabra, Razón y Sabiduría que en sí las contiene,
para por él hacerlo todo por quien eran conocidas y dispuestas, e incluso
hechas en cuanto a Dios: sólo les faltaba ser conocidas y contenidas fuera
en sus especies y sustancias». Y: «Si Hermógenes creyó necesaria una materia para la creación, la tuvo Dios más digna e idónea en su Sabiduría.»

[85] Tertuliano, *Adv. Praxeam*, VI y *Adv. Hermogenem*, XVIII (PL II, 161 y
y luego otra del *Teéteto*, que es la parcialmente reproducida por Servet,
quien, sin embargo, no advierte que Clemente dice que «la mente es el lugar
de las ideas, y Dios el de la mente». En el lib. V, 2 menciona como dicho de
Platón en el *Fedro: idea est Dei notio, quod quidam barbari dixerunt Dei
Logon*, sin más, al parecer, proveniente del contexto de *Fedro* 250 c sobre
el mito de la «llanura de la Verdad», no literalmente. Servet no da muestras
de haber leído estos diálogos personalmente, pues de hecho retuerce su sentido, trastocado ya en la cita indirecta de Clemente (PG VI, 230 y 236).

a nosotros en cierto sentido «engendrados» [86]. *En ambos ca-*
sos se habla de generación por semejanza personal. En la
misma opinión abunda en «Stromata», cuando dice en el
Lib. XII: «Antes que todo lo que ha sido engendrado está la
Palabra del Padre, lo más importante, maestra de todo cuan-
to ha sido formado en ella» [87]. En su *Comentario al Cantar*
de los Cantares, homilía tercera, dice Orígenes que en los   [141]
cielos estaban los ejemplares de todos los seres, de modo
que, así como Dios hizo al hombre a su imagen, así también
hizo las demás creaturas a imagen de los otros seres celestiales; *y así comenzaron a ser visibles todas las cosas del mun-*
do que estaban antes invisiblemente en Dios (Heb. 11). *En la*
homilía sobre el primer capítulo de Juan dice que la vida y
la luz y las especies de todas las cosas estaban en la Palabra,
igual que en una semilla está la especie de lo que ha de ser [88].
Tal es, pues, la verdadera doctrina, conocida tanto por los
primeros cristianos como por los antiguos hebreos y por
los más grandes filósofos. *Más aún, el propio Agustín, en el*
«Libro de las 83 cuestiones», cuestión 46, y en infinidad de
pasajes de los libros de «La Ciudad de Dios», dice que la idea
es lo mismo que λόγον, *razón, representación. Por lo tanto,*
en Dios había verdaderamente λόγος, *razón ideal, imagen re-*
presentativa [89].

La realidad de las ideas en Dios la demuestra, además,
la visión de Ezequiel, caps. 1 y 10, pues en ella había ruedas
llenas de ojos vivientes y videntes, a modo de animales, y
en ellos resplandecían diferentes rostros. Y, aunque debido
al misterio, el profeta sólo viese cuatro rostros, sin embargo,
también todo lo demás resplandece constantemente en
Dios [90]. El mismo Dios está lleno de ojos con los que contempla todas las cosas que son, han sido y serán, siempre
presentes a él. Infinidad de ojos e infinidad de fuentes hay
en una misma y única esencia de Dios. Más aún, según la

---

[86] Clemente, *Cohortatio ad gentes* (PG VI, 3): *In ipso Deo quoadammodo tunc præxistentes,* etc.

[87] Clemente, *Stromata,* lib. VII, 2 (PG VI, 298), textualmente.

[88] Según la ed. Migne, Orígenes tiene sólo dos breves homilías sobre el Cant. (PG XIII, 37-58). Su tratado *In Cant. canticor.* está dividido en cuatro libros, ib. 83-198, pero en el 3 no aparece esa idea de Servet, a no ser que malentendiera ciertas frases de la c. 153. En el tomo I, 22 y el II, 19 del *Comment. in Ioannem* pueden encontrarse varias fórmulas aproximadas de esa fórmula tan origeniana de las *rationes seminales,* y también en el t. XIII y el XX (PG XIV, 58, 155, 478, 582).

[89] Agustín, *De diversis quæstionibus 83 liber unus,* q. 46 *De ideis,* siguien-do y acomodando a Platón (PL XL, 29).

[90] Interpretación literal de Ez. 1, 18 y 10, 12: «Lleno estaba de ojos al-rededor en sus cuatro ruedas», y 14: «Y Cada uno tenía cuatro rostros», tex-tos siempre de imposible precisión.

vigorosa expresión hebrea, esos ojos de Dios son fuentes vivas, en las que como en un espejo se refleja todo lo visto, que discurren por todo y en las que todo consiste. Este es el libro de los escritos de Dios, en el que están encerradas las existencias de todas las cosas «hasta el último cabello de la cabeza», como decía Cristo.

Pero de paso declaremos ya esa visión de Ezequiel, pues ha sido mal interpretada hasta ahora [91]. Se habla en ella de una cuadriga de fuego procedente del norte, enviada por Dios por medio de Cristo para abrasar la ciudad y hacer volver rápidamente a los judíos a Babilonia, como se expone en los caps. 10 y 43. Airado Dios, les indica que habrán de volver por la fuerza y con dolor a Babilonia; y ello en carros de fuego tirados en parte por hombres, en parte por bueyes, en parte por leones y águilas. Se habla concretamente de que serán atormentados de varios modos por hombres, por jumentos, por fieras y por aves. Las ruedas mismas significan los movimientos o emigraciones ordenados para hacer emigrar a aquel pueblo. *Se oía una voz como griterío de devastadores, como griterío de ejércitos.* Todas las ruedas estaban llenas de ojos mirando insistentemente para que no escapase ninguno de los que habían de ser hechos cautivos, y emitían un claro fulgor para que no se escabullese el rey Sedecías o cualquiera de los suyos, aprovechando la oscuridad de la noche. Las ruedas y los animales se movían rapidísimamente en todas las direcciones, para que nadie encontrase camino por el que escapar. Era terrible el espectáculo de un Dios airado contra los impíos, como terrible será [Cristo] *Dios* contra los secuaces del Anticristo, según una visión semejante (Apoc. 4) [92]. Sin embargo, se muestra aplacado con los otros que le dan gloria, y se los lleva al cielo en una cuadriga de ángeles. Se habla allí también de otros animales llenos de ojos que miraban atentamente por los elegidos de Cristo para que ninguno de ellos pereciese. Esos animales llegan incluso a preservarnos de todo daño de hombres, bestias, aves y fieras. Todos esos ojos los posee desde siempre Cristo. En ellos se reflejan todas las cosas, pero muy especialmente los elegidos, escritos especialmente

[142]

---

[91] Se quiere basar Servet para hacer corresponder ambas visiones del «carro de Yahvéh» en Ez. 43, 3: «Y las visiones eran como la visión que vi junto al río de Chebar» en caps. 1 y 10. Su intento de hallar a este oscurísimo texto un sentido histórico es sumamente original.

[92] La correlación entre esa visión de Ez. y la de Ap. 4, 8, con sus ojos y cuatro «animales», es evidente. Esos ojos simbolizarían acaso la omnisciencia divina, como en Zac. 4, 10.

en el libro de la vida, y reinantes ya especialmente en su reino.

Todavía existen otras razones que prueban esa ejemplaridad ideal en Dios. Por ejemplo: si Dios hizo el microcosmos a imagen de alguna causa ejemplar, tal causa ejemplar debía estar ya en Dios. Ahora bien, en el microcosmos se encierran todas las cosas que existen en el universo entero. Luego el ejemplar del universo entero existía ya en Dios. Más aún: un solo ejemplar de hombre contenía todas las cosas, como es el caso de Cristo en quien todo consiste, de igual forma que en una sola alma está el ejemplar de muchas cosas. También porque, cuando Dios ordenaba hacer algunas cosas, ponía de manifiesto la forma expresa de esas cosas, forma ya visible en sí mismo (Ex. 25; Núm. 8; Ez. 40; I Paralip. 28) [93]. En la misma luz de Dios parecían brillar todas esas cosas, cuando se mostraba a sí mismo o cuando las [mostraba] expresaba de algún modo. Y esto no es difícil, sino natural y propio de Dios, en virtud de su luz que refleja todo lo vivo. Estas y todas las demás cosas estaban ya figuradas en la luz de la Palabra de Dios, para gloria de   [143] Cristo, sobre todo si se tiene en cuenta que no hay otros conocimientos ni en Dios ni en el propio Cristo.

Con gusto preguntaría a los [sofistas] *adversarios* si creen que estaban en el alma de Cristo esos conocimientos que ellos llaman cualidades [94]. En la gloria venidera no tendremos otros conocimientos ni cualidades que la caridad de Dios, que nos reflejará en vivo las cosas en sus propias formas, pues tal es la más propia cualidad de la luz. Esta sola razón basta, si piensas bien y entiendes cómo ven los ángeles en Dios el futuro, sin tener que poner otras especies entre Dios y ellos. *Todos los teólogos conceden que los ángeles ven todo en la Palabra, y que en la Palabra están las ideas de las cosas* [95]. En Dios vio Samuel, llamado el vidente, lo que Saúl le preguntaba del pasado y lo que había de sucederle en el futuro (I Sam. 9 y 10) [96]. En Dios vio Miqueas lo que había de ocurrir en el combate, la dispersión y exterminio de Is-

---

[93] Textos que hablan de un diseño o modelo previo en la mente de Dios: Ex. 25, 40; Num. 8, 4; Ez. 40, todo; I Cron. 28, 11.

[94] *Notitias illas quas illi qualitates vocant*, es decir, las *species* de tipo cualitativo con las que los escolásticos explicaban el proceso del conocimiento.

[95] Podría ser una muy implícita alusión a *Summa Theol.* I, q. 58, a. 1, o a I-II, q. 180, a.6, o a otros textos relativos. A este propósito cabe subrayar el hecho de que Servet jamás, ni una sola vez, menciona obra alguna escrita por Tomás de Aquino, ni siquiera su nombre.

[96] I Sam. 9, 6-9 y 10, 6. «El que ahora se llama profeta, antiguamente era llamado vidente», 9, 9.

rael y la muerte de Acab (III Re. cap. último) [97]. En visiones de Dios, en espíritu y en Dios mismo vio Ezequiel, cuando vivía en Babilonia, todo cuanto ocurría en Jerusalén (Ez. 8) [98]. En visión de Dios vio Balaam lo que había de ocurrir en los últimos tiempos (Num. 24). A lo mismo se refieren los primeros capítulos de Ezequiel, Jeremías y Amós y otros en otros muchos lugares [99]. Los profetas veían, de ahí que se les llame videntes, en sí mismos, en espíritu, en Dios, las cosas futuras que se les presentaban a su luz; y ello tanto en visiones externas como internas, como declara Dios mismo en Num. 12 [100]. Esta luz se expande tan ampliamente que las mismas nociones que nosotros concebimos en nuestra mente no son sino chispas de esa luz, imágenes radiantes que nos iluminan la mente y que, a semejanza de esa luz divina, nos reflejan todas las cosas. Pues sin esa luz nada puede ser formado, ni representado, ni visto [ni entendido] [101].

A propósito, puedes disponer de otro testimonio ocular que demuestra con toda evidencia las ideas de la luz. Las especies visibles que son emitidas por una cosa cualquiera hacia un espejo y luego reflejadas en el ojo son como chispas de luz que representan la misma forma y la misma imagen de lo que se ve en el espejo [102]. Por maravilloso arte de Dios sucede que un objeto no corporal también contiene en sí la imagen luminosa, la forma y representación de las cosas corporales; y ello tal y como está realmente en la misma incorpórea luz de Dios, en la que resplandecen todos los objetos del mundo. No hay en Dios miembros corporales, sino unos como rayos luminosos que reflejan las formas corporales de todos los objetos, igual que las refleja un espejo. Sin que Dios se parta ni divida realmente, hay en la inmensidad de su luz infinitos rayos resplandeciendo de infinitos modos. Y todo este sistema especular de rayos y de representaciones tiene su origen en lo alto.

Ahora bien, para que puedas percibir con un ejemplo familiar cómo puede uno ver en Dios mismo las cosas futuras, tienes que tener en cuenta la siguiente comparación. Si tú, después de haber formado el concepto de un objeto, vuel-

[144]

---

[97] I Re. 22, 14-23.

[98] «Y llevóme en visiones de Dios a Jerusalén», Ez. 8, 3.

[99] Palabras como vio, visión, en Num. 24, 2; Ez. 1, 1; Jer. 1, 2; Am. 1, 1.

[100] «Si tuviereis profeta de Jehová, le apareceré en visión», Num. 12, 6.

[101] *Nam sine luce nec formari, nec repræsentari nec videri [nec intelligi] quicquam potest*, principio fundamental del relativo iluminismo gnoseológico del sistema servetiano.

[102] *Oculatum testimonium*. Las imágenes reflejadas, *quædam lucis scintillæ*, portadoras de la forma del objeto exterior.

ves a reflexionar interiormente sobre ese concepto, como en el espejo de tu mente, puedes decir que lo ves aunque esté ausente o muerto, precisamente porque la luz de tu mente contiene en sí la imagen natural de ese objeto, como dijimos que lo contenía el rayo de luz reflejado en el espejo. Se trata, insisto, de una imagen natural y de una configuración natural, como vas a entender enseguida, cuando tratemos de la forma natural y sustancial de las cosas mismas; pero es la propia luz de la Palabra divina en la que, como dice el profeta, «vemos nosotros la luz», la que contiene la imagen y la idea de todas las cosas [103]. Trismegisto llama a esa luz de la Palabra divina luz arquetipo, arquetipo del alma [104]; y con toda razón, ya que no puede haber luz alguna en nuestra alma que contenga la imagen de las cosas, si no es a la manera de aquella luz ejemplar de la que emanaron las propias almas teniendo ya la idea del cuerpo que habrían de informar. Pero no sólo las almas; también las formas sustanciales de las demás cosas contienen la idea del todo y la envían al espejo, imitando así a la primera luz ejemplar en la que resplandecían y resplandecerán eternamente todas estas cosas. Si fuese dado a alguien ver la esencia misma de Dios, o todo el esplendor de Cristo, vería allí todas las cosas que hay, que hubo y que habrá, y las vería todas resplandeciendo formalmente en él; pero esto no les ha sido concedido ni siquiera a los ángeles, sino en parte y como conocimiento reflejo, pues sólo en Cristo es directo este conocimiento. Y así puede darse el caso de que un ángel vea en Dios más cosas que otro, e incluso instruir a otro sobre el futuro, como aparece en las visiones de Daniel y de Juan [105].

[145]

De todo esto se deduce que en las ideas, tanto en las divinas como en las humanas, no sólo están las formas ejemplares, sino incluso las sustanciales, puesto que tienen las ideas la función natural de reflejar y dar consistencia, y una natural afinidad con las formas sustanciales. Y no sólo son representados todos los seres en luz, sino que todos consisten en luz. Pues la Palabra, en la que todos consisten, es Luz (Jn. 1; Col. 1) [106]. Dios, viendo todas las cosas, las sostiene en sí mismo, y las sostiene también por medio de cada una de sus ideas, como enseña Platón, siguiendo a Trismegisto

---

[103] Alusión a *In lumine tuo videmus lucem*, del Sal. 35, 10.

[104] En el trat. II, 12 del *Pimandro*, en el *C. H.* (vol. I, p. 37). Cfr. nota 38.

[105] Gabriel explica una visión en Dan. 8, 15; en el Ap. varios ángeles colaboran en las visiones de su autor.

[106] *In luce omnia consistunt.* Y cita Jn. 1, 9: *Erat lux vera*, y Col. 1, 17 *In quo omnia consistunt.*

y Anaxágoras. De ahí que Plotino y Proclo, intérpretes de Platón, pongan en las ideas divinas no sólo las formas ejemplares, sino también las esenciales, de las que depende todo lo creado [107]. Las fuerzas originales de las cosas radican en la Luz misma de Dios; luego, en la luz creada y en los elementos. La luz creadora, en cuanto prolongación y semillero parecidísimos a la Luz primera, contiene las propiedades formales de las cosas y las virtualidades insertas en sus propias formas sustanciales. También en el alma hay por la luz un semillero de símbolos. En virtud de esa misma luz y de la idea contiene cualquier semilla, cualquier propiedad formal de lo que ha de nacer, igual que la Palabra de Dios, germen de Cristo, contenía en sí *la naturaleza formal* y [todas] las razones seminales *de todas las cosas*. Esta misma Palabra es el primer elemento, la primera semilla, de la que deriva la fuerza reproductora de todos los demás elmentos y semillas [108]. Por eso dice Trismegisto en el *Pimandro*: «La voluntad de Dios, que contenía la Palabra y había visto en ella un mundo hermoso, hizo a su semejanza los elementos de la naturaleza y todo lo demás con sus propios elementos y gérmenes vitales» [109]. De no existir previamente en ellos cierto carácter divino ideal y formal, sería imposible que tales plantas y tales animales se reprodujesen con sus propias formas, de modo tan invariable y a partir de semillas [146] tan pequeñas. Tampoco podría el alma alumbrar la verdad por reflexión sobre sí misma, si no tuviera innato el semillero divino de la verdad. Luego tanto en el alma como en las demás cosas está inserto un como semillero de luz procedente de la semilla sustancial que es la Palabra, «en que era la luz y la vida de todas las cosas» [110].

---

[107] Anaxágoras (497-428) propuso la teoría de una mente cósmica Νοῦς que concentra los diversos elementos u *homeomerías* en cosas y así por su influjo las sostiene hasta el próximo ciclo (Diels 59 B4, 13). Platón lo alaba y a la vez critica por no haber sabido sacar de esta Mente el partido que él con su teoría de las ideas (*Fedón*, 97bd; *Cratilo*, 409b). En los sistemas neoplatónicos de Plotino y de Proclo, aunque no idénticos, la Νοῦς es el primer grado de descenso desde el Uno hasta el mundo sensible y la materia, pasando por lo que llaman el Alma universal. Y la actividad de esa Inteligencia se multiplica en ideas que constituyen el κόσμος νοητικός, el mundo arquetipo inteligible de todas las cosas. Cfr. *Ennéadas*, V, 1; VI, 7.

[108] *In anima quoque est seminarium symbolum a luce*, frase en la que debe de haber un error por *symbolorum*, y así queda traducida. La comparación que Servet establece entre el Verbo divino como germen de todo y el alma, semillero de símbolos mentales en virtud de la luz que recibe del Verbo, es valiosa para entender el elemento de relativo subjetivismo, dentro de la dimensión iluminista, que presenta su sistema.

[109] En su mayor parte, palabras casi textuales tomadas del *Pimandro*, I, n. 7 (vol. I, p. 16), que Servet parafrasea un poco.

[110] Jn. 1, 4. *Innatum divinum veritatis seminarium*.

Es esa Palabra de Dios, semen de la generación de Cristo, la que, simbólicamente arrojada a la tierra como una semilla, hace germinar y nacer todas las cosas, vivificándolas con su Espíritu y con su luz. ¡Admirable es esta analogía de todas las cosas *en relación con el semen único de la Palabra!* Pues así como todas las cosas fecundas conciben en sí mismas las semillas antes de expulsar el feto fuera de ellas, así también la semilla del Verbo estaba en Dios antes de ser concebida como hijo de María [111]. Y este argumento es eficaz, toda vez que la generación de Cristo es modelo y prototipo de todas las demás generaciones. Fue la causa primera misma la que hizo esta deducción *a priori,* es decir, de la causa al efecto, aunque nosotros tenemos que proceder *a posteriori,* partiendo de lo sensible y remontándonos del efecto a la causa. Esta fue su primera deducción: que, así como el semen de la generación estaba en Dios antes de ser hecho realmente hijo de Dios, así también quiso el Creador mantener este mismo orden en todas las demás generaciones. Verdaderamente tenía Dios el semen sustancial de Cristo y en él las razones seminales y las formas ejemplares de todo. Las mismas formas sustanciales de las cosas proceden de su luz creada y encierran en sí el símbolo formal de la luz increada [como luego veremos. Concluyamos por ahora que] así como todas las cosas, tanto corporales como espirituales, consisten en luz, así también todas aparecen exteriormente en luz, y en la luz del entendimiento son concebidas todas interiormente. Y ello es también verdad con relación a la luz creada, aunque analógica y secundariamente. De ahí que Platón dijese bellamente en el *Timeo,* que las nociones o conceptos del entendimiento tienen una cierta afinidad connatural con las cosas que representan; pero esa afinidad está basada en la luz, pues enseña que también las formas de las cosas proceden de la luz [112]. Tal es la índole de la afinidad natural y de la imagen natural.   [147]

Las formas de las cosas dependen de la luz. Por la luz las imágenes de las cosas aparecen en el mundo y llegan al ojo, hasta el alma. Estas imágenes son rayos de la misma luz formal dirigidos al entendimiento, que también es luz, y en él penetran a través de un medio luminoso, imprimiendo en él la imagen luminosa del objeto exterior. Esa imagen

---

[111] En esta fórmula se encierra lo que constituye quizás el más importante principio del pensamiento de Servet, que luego desarrollará en el Dial. II: *Admiranda est omnium analogia ad unicum verbi semen,* que le sirve además para explicar su idea de la concepción del Verbo.

[112] No exactamente. La frase de Platón es: «Las palabras tienen una especie de parentesco con las cosas que expresan», *Timeo* 29b.

refleja naturalmente la cosa en sí, por su natural y formal simbolización de luz, por su afinidad y por su participación de ella. La luz de tu mente, esa luz con la que me ves interiormente, tiene afinidad con esta forma mía que tú ves. Y esta forma mía imprimió su impronta en tu alma. La luz pone en contacto lo corporal con lo espiritual, contiene en sí todas las cosas y las pone de manifiesto con toda claridad a la contemplación de los ojos. Las imágenes que hay en el alma son luminosas por su naturaleza, pues tienen afinidad natural de luz con las formas externas, con la luz exterior y con la luz esencial del alma. Y esta misma luz esencial del alma tiene el semillero original de las imágenes, como símbolo de deidad y luz del Verbo, en el que se halla la imagen ejemplar de todas las cosas. De ahí que esas imágenes que hay en el alma se hagan naturalmente presentes al alma misma siempre que el alma vuelve sobre ellas por reflexión, sin necesidad de otra nueva imagen [113].

Más aún, entre la luz propia del alma y la que le llega se forma una sola luz, como ocurre muchas veces en otras cosas cuando una luz se funde con otra. Pero también puede darse separación, o destrucción de una permaneciendo la otra, como ocurre en las demás cosas al destruirse la forma permaneciendo la materia. Mas, aunque cambien las imágenes *que van llegando al alma, la mente permanece siempre igual* [114], es decir, permanece la primera sustancia del alma. Las cosas temporales, al decir de Parménides, son participaciones de las ideas eternas, de las que son reflejo; pero, aunque cambien, no por ello sufre alteración la mente divina [115]. Esto no es más difícil que el que en Cristo la naturaleza *humana forme una sola cosa con la divina y que, al transformarse con el tiempo* la humana, permanezca idéntica a la divina [116]. Más aún, dada la fluidez con que se intercambian en este mundo las formas y los cuerpos, hasta el extremo de no permanecer nunca en el mismo ser, en el

---

[113] Por este parentesco de la luminosidad constitutiva de formas, imágenes, luz exterior, alma y Verbo explica, pues, Servet la reflexión intelectual y la memoria imaginativa, *ex symbolo deitatis et verbi lucis* radicado en el alma.

[114] Omisión de *MsPa* evidentemente debida a mero error de amanuense.

[115] El sistema de Parménides (hacia 530-460) se caracteriza por una oposición irreductible entre ser y no ser, permanencia y cambio; pero es un error atribuirle conceptos platónicos (participación, ideas, mente divina) como hace Servet. Platón mismo le alaba, pero le corrige por «inmovilizador» (*Teet.* 181a),, y sistemáticamente en *Parménides* y *Sofista.* Cfr. nota 28.

[116] Como en nota 114, no omisión de Servet, sino *lapsus* de copista, de un *humanam* al segundo, en *MsPa.*

Timeo se llega a la conclusión de que más allá de las cosas que tienen ser imperfecto, manco y como por partes, tiene que haber otras que perseveren en su ser íntegro y puro; y que éstas deben ser tenidas por imperfectas en comparación con la perfección de las otras. De ahí procede la paradoja platónica: que los cuerpos no son verdaderamente y que en ellos no hay verdad. Si dices de Sócrates que es «esto», antes de terminar la oración, «esto» que has indicado ya no existe, ha dejado de ser; luego Sócrates ya no es «esto» cuando tú estás diciendo que lo es. Asimismo, tampoco puede darse verdad [en las cosas corpóreas] *en los cuerpos*, pues cambiaría la verdad a medida que fuese evolucionando el cuerpo. Por tanto, sólo en la idea de la mente se da la verdad, y sólo Dios es la verdad [117].

También se sigue de lo dicho lo del *Timeo:* el mundo inteligible siempre es y nunca se hace; el mundo sensible, por el contrario, siempre se está haciendo y nunca es, pues no hay ni un momento en que puedas decir «este mundo es», ya que, antes de que termines de decirlo, ha cambiado el mundo [118]. Este mundo, por tanto, es sólo «vanidad de vanidades» [119]. Algo que no es. Pura imagen y sombra de otro que realmente es, a saber: el mundo inteligible. Ahora bien, en lo que no es, no hay verdad. Luego en este mundo no hay verdad alguna, y quien tiene verdad «no es de este mundo» [120]. Si parece haber algo de verdad en las cosas, se trata más bien de simulacros y sombras pasajeras de verdad. Pues verdad es la pureza constante e inmaculada de una naturaleza. *Me refiero a la verdad de la cosa, a la cosa misma que es. Hay otra verdad de la palabra, la verdad de la mente, su conformidad con la cosa que es* [121]. Así es verdad la Palabra eterna de Dios en relación con los ejemplares eternos y con las esencias de todas las cosas. *Cristo es verdad en los dos sentidos.*

Síguese también de lo dicho que hay una idea en otra

---

[117] *Est ergo in sola mentis idea veritas, et solus Deus veritas.* Servet da antes un buen resumen del núcleo de ese Diálogo, que presupone la existencia de dos mundos: el ideal, de la verdad, percibido por la intelección y el raciocinio, y el de la sensibilidad corporal y cambiante, percibida por la opinión, ajeno a la verdad (*Timeo*, 28a).

[118] *Timeo*, 27d-28a, y 49d-e; cfr. luego lib. V, nota 168.

[119] Ecl. 1, 2: *Vanitas vanitatum.*

[120] Conjunción de toda esa inspiración platónica y del fin cristiano que Servet persigue, al traer este recuerdo del «Mi reino no es de este mundo», Jn. 18, 36.

[121] Distinción entre verdad ontológica y verdad lógica, común en las escuelas. Bello concepto: *Veritas est naturae cuiusvis constans et immaculata puritas.*

idea, como puede haber una rueda dentro de otra, un ojo en otro, una luz en otra. La idea única de este hombre en Dios contiene infinitas ideas, igual que un rayo de luz contiene infinitos puntos brillantes. En esas ideas contempla Dios desde toda la eternidad todo cuanto se refiere a este hombre: su sentarse, estar de pie o acostado, todos sus movimientos y todas sus partes, incluso «todos los cabellos de su cabeza». Al ponderar todas estas cosas en Dios, exclamó [149] David que era admirable la consideración de este espectáculo, por encima de cuanto el hombre puede comprender (Sal. 138) [122]. Pero que no sea difícil para Dios se demuestra por esta sola razón: si todas y cada una de las partes, de los cambios o acciones de la idea de este hombre están ya potencialmente en nuestra alma y luego, pasado el tiempo, se actualizan, ¿por qué no decir que todas ellas están ya actualmente en Dios? Tanto más cuanto que en Dios no son cosas distintas, sino que todos los seres resplandecen en su luz con infinitos aspectos y de infinitos modos. Y, a pesar de todo, todos los seres consisten en esa sola idea de luz, en que resplandecen todos siempre presentes e insertos en Dios.

He tratado con amplitud todo esto de las ideas ejemplares para que entiendas, lector, que, sin alteración alguna por parte de Dios, resplandecía ya en su esencia desde la eternidad el primer ejemplar que es Cristo, cabeza y principio de todo, ejemplar vivo y fuente de toda vida. [Antes y de otro modo «era en Dios» que todo lo demás; muy de otro modo.] El era el principal y primer modo sustancial de la divinidad, inteligente, lleno de vida y vivificador de todas las cosas. Todas las cosas estaban ya naturalmente ordenadas en Dios antes de la creación, y en el mismo orden en que ahora lo están. El era su único partícipe, hijo y heredero, y a sólo él compete ser engendrado de Dios [123]. Cristo no sólo era en Dios el primero por orden, sino que sólo a él se mostró sustancialmente, sólo en él se manifestó a sí mismo, y a él sólo, tal y como había decidido al engendrarlo de sí mismo, lo colmó con toda la plenitud de la divinidad, para que de él fluyese a los demás. De todos los modos que seas capaz de pensar que en el cuerpo de Cristo reside toda la plenitud de la deidad, de todos esos modos tienes que considerar esa [plenitud] *deidad*, antes separada, viviendo ahora con forma de hombre. Y tienes que admitir que esa

---

[122] Sal. 138, 6: «Ciencia es misteriosa para mí, alta es, no puedo comprenderla.»

[123] *Primus divinitatis modus substantialis..., cuius solius est ex Deo generatio.* Dos puntos esenciales de Servet unidos, resumiendo ya.

forma es Jesucristo, que antes existió en forma de Dios. [Supón que tu alma tiene la idea de hombre y las de todo lo demás.] *Como en tu alma están las ideas de las demás cosas*, así también en Dios estaba antes la Sabiduría, como [imagen del] alma de Cristo, conteniendo ya las ideas de todos los seres. *En Cristo estaba la vida y en él relucía la vida de las otras cosas* (Jn. I) [124]. En Dios estaba el primer resplandor que es Cristo, el único príncipe de todo. Luego, por él, en él y de él los demás. Pero ya de modo secundario, según su grado de independencia.   [150]

Llamamos principal y primera del mundo esta Sabiduría que manifestó Dios en la creación, al dar a conocer la Palabra visible a los ángeles y a los hombres, y al crear todas las cosas por medio de esa manifestación. [La pronunciación de la Palabra en la creación fue exhibición y manifestación sustancial de Cristo. Aprende aquí, lector, todos los modos y formas de Dios con sus debidas razones.] *Si por medio de la deidad que hay ahora en cualquier cosa puede crear Dios un mundo enteramente nuevo y manifestarse a través de ella hipostáticamente, ¡cuánto más por la deidad de Cristo! Si, como hemos dicho hace poco, Dios toma de sí mismo la figura y sustancia de todas las cosas, ¡cuánto más la figura y sustancia de Cristo!* Sin cambio alguno de su parte, Dios puede aquí y ahora manifestársenos visible y palpable, en una forma cualquiera, ya que contiene esencialmente en sí todas las formas y todos los cuerpos. Pero la forma de Cristo la estableció la primera en su pensamiento eterno, como manantial de vida, y nos la puso de manifiesto tanto en la creación como en la encarnación. ¡Gran misterio! Aquel pensamiento de Dios era generación de su hijo. No era aún un hijo real, distinto del Padre, sino que era la ciencia natural de Dios que ya tenía vida. Como al espejo le es natural el resplandor de la cosa reflejada, así también el pensamiento de Dios era su resplandor natural que naturalmente reflejaba a Cristo y lo contenía esencialmente. Propio de la luz es no sólo expresar naturalmente la idea, sino contener esencialmente la forma sustancial. Si eres capaz de creer que Dios engendra de sí mismo un hombre, podrás creer también que de Dios procede desde la eternidad la sustancia y la forma de eso mismo engendrado. ¿Quién se atreverá a negar la existencia de esta forma primaria en Dios, si admite que en él existen las otras formas secundarias? [125].

---

[124] Jn. 1, 4. Siempre el principio de analogía.

[125] Todo este texto implica un elaborado argumento *a fortiori* sumamente perspicaz, como resumen que es de la teoría servetiana del *symbolum deitatis* en cada cosa, y más en cada hombre.

LOS PRINCIPIOS DE LAS COSAS NATURALES

No habremos explicado satisfactoriamente aún la gloria de la esencia de Cristo y de su luz, si no deducimos de él los principios de las cosas naturales y mostramos que él es principio de todas ellas.

A este respecto hay que repetir lo que dijimos: que la Palabra, en que consisten todas las cosas, es luz; que en virtud de esa luz todas las cosas consisten en Cristo; y que todas ellas son soportadas y sustentadas por su poder (Jn. 1; I Col. 1; Heb. 1) [126]. Todo esto puede aplicarse también a la luz creada por analogía con la increada. Al formar [151] Dios la luz quiso que en ella radicase la forma y la fuerza para formar otras cosas. Luego si todo consiste por la luz y es luz lo que da el ser a la cosa, la luz es la forma de la cosa. Además, a aquella materia primitiva se le llama *thou* y *bohu*, informe e indiferenciada, por no haber sido hecha aún partícipe de la luz (Gen. 1) [127]. De donde nuevamente se concluye que la forma viene de la luz. Y no sólo vienen de la luz las formas y existencias de las cosas, sino también las almas y los espíritus, pues la luz es la vida de los hombres y de los espíritus. La luz es lo más hermoso de este mundo y del otro. Todo ser consiste en la misma idea de luz, en que resplandece. La luz y sólo la luz informa y transforma todas las cosas celestes y terrestres, espirituales y corporales. De la luz procede toda esta hermosura y ornato del mundo. El Creador infundió formas luminosas en los seres, para que no permaneciesen más tiempo en aquel informe y tenebroso caos. En todo lo generable y corruptible la llegada del sol a nosotros es causa de generación; su retirada, de corrupción. El rayo solar modera de tal modo la combinación de elementos que sólo se vea una resplandeciente perfección de forma. Nada puede enviar por sí mismo al ojo o al espejo una forma de luz o su imagen natural, si no contiene en sí mismo y formalmente luz. Si lo meditas bien, la fuerza de este razonamiento es enorme. Luz es la forma visible de todas las cosas. Luz es todo lo que aparece

---

[126] Textos tantas veces cit. de Jn. 1, 4 sobre el Verbo luz; Col. 1, 17 y Heb. 1, 3 sobre el Verbo en quien todo subsiste y consiste.

[127] Gen. 1, 2. *Informis et inconspicua*, y no *inanis et vacua* como la Vulgata. Servet, además, no sigue la interpretación un tanto animista de Maimónides de esas palabras en su *Guía*, Parte II, cap. V.

(Ef. 5) [128]. Luz es también lo que de diferentes maneras transforma la materia terrena y líquida en piedras resplandecientes, en luminosas margaritas y en todas las demás cosas que formalmente vemos por medio de la luz. Y luz es lo que en la regeneración transforma e informa nuestro espíritu, como luz será también lo que transformará nuestros cuerpos en la resurrección final. Este razonamiento demuestra la semejanza de la regeneración con la generación y cómo ambas proceden sustancialmente de la luz. Esto mismo comprueba eficazmente el ejemplo de Cristo, ya que el cuerpo de Cristo fue sustancialmente informado en la generación por la luz de la Palabra de Dios, y fue sustancialmente transformado en su resurrección, aparte de la transformación de Cristo operada por la luz que pudo verse en el monte [129].

Si Aristóteles hubiera sabido esto, hubiera podido entender que el principio formal de todas las cosas naturales es [152] luz, y que las especies divinas estaban ya en las cosas como principios anteriores. Los principios de todas las cosas están en Dios, en Cristo precisamente, pues es [α] *alfa* y ω. Hubiera podido entender Aristóteles cómo en las sustancias espirituales es luz la ἐνδελέχεια del alma, el acto o movimiento continuo, la energía vivificante [130]; pues que la luz es vida de los hombres, vida de nuestro espíritu, tanto en la generación como en la regeneración. La forma del fuego es luz; la del agua es resplandor, infundido también al aire. La forma del cuerpo solar es también luz, de la que reciben forma las restantes cosas. La forma del cuerpo de Cristo es luz divina, que también nos ha de ser comunicada a nosotros (Flp. 3) [131]. Pero Aristóteles y todos los sofistas, al desconocer tanto la luz de la Palabra y del Espíritu de Dios como la generación de Cristo, desconocían también la propagación de las demás cosas, pues todas las cosas se propagan, generan y producen por analogía con Cristo [132]. En el semen de

---

[128] *Omnium rerum lux est forma visibilis.* Y cita un tanto incongrua de Ef. 5, 8: «Sois luz en el Señor, andad como hijos de luz.»

[129] Servet toma las narraciones bíblicas del nacimiento, transfiguración en el Tabor y resurrección de Jesús, siempre en medio de ofuscante luminosidad, para inferir la idea del poder transformador de la luz misma: de datos bíblicos, a conclusiones filosóficas, como siempre.

[130] Expreso rechazo de las principales doctrinas estrictamente aristotélicas, por no contar con el elemento neoplatónico y cristiano de la luz ni, por supuesto, con el de Cristo como principio y fin del universo. Cfr. Diál. II, nota 45. En ambos casos Servet escribe con δ en vez de τ.

[131] «El cual transformará el cuerpo de nuestra bajeza», Flp. 3, 21.

[132] Otra fórmula del más fundamental principio del sistema servetiano: *Nam per analogiam ad Christum omnia propagantur, generantur, et producuntur.*

Cristo estaban los elementos de nuestro propio semen: nuestra vida y nuestro espíritu. En la luminosa Palabra de Dios estaba y está el espíritu, la vida y la forma de las demás cosas. Todas comenzaron a existir por la luz y sin luz no existió nada. No hay ninguna creatura que no haga referencia al Creador y en la que no resplandezca la luz del Creador, como ya era sabido por Job 5 [133]. También Trismegisto dedecía a su hijo Tacio: «Puesto que todas las cosas brillan por intervención de Dios, también, a su vez, Dios brilla a través de las cosas y en las cosas.» Y más adelante: «Dios Luz lo hizo todo de manera que en todo podemos verlo resplandecer» [134]. De un antiquísimo proverbio fenicio cita Juliano, en su libro *Sobre el sol*, que esta luz es verdadera entelequia y acto puro, propagado como la inteligencia divina por todas las cosas, que pone de manifiesto la deidad inserta en las cosas [135]. Cristo quiso que esta luz suya estuviese siempre aparente a nuestros ojos, para que lo veamos resplandeciendo ahí en todas las cosas, pues esta luz es como propagación de la luz íntima de la Palabra de Dios, que perpetúa su símbolo en las cosas, haciendo como un todo con ella. De esa primera luz recibe toda su fuerza vivificadora [153] esta otra comunicada al sol. Y esa misma luz del sol se distribuye [por doquier] de diversas maneras, como la luz de Cristo. Orfeo y todos los antiguos llamaron a la Palabra de Dios φάνητα, Dios aparecido, pues fue lo primero en aparecer desde el infinito. Tal denominación fue aplicada *más tarde* también al sol [136]. En la inmensidad de Dios Cristo fue

---

[133] «¿Sobre quién no está su luz?», Job 25, 3.

[134] *C. H.*, Lib. V, nn. 9 y 11 (ed. cit., I, 64 y 65).

[135] No parece constar esta alusión a Juliano «el apóstata» (331-363) en los diez libros del voluminoso *Contra Iulianum Imperatorem*, PG LXXVI, 503-1158, de Cirilo de Alejandría (380-444), familiar a Servet. Debió, pues, recogerla genéricamente o de alguna edición renacentista indeterminada. En todo caso, la referencia es también genérica. En su bellísima Oratio IV, *Al rey Sol*, Εἰς τον Βασιλεα Ηηλιον, Juliano concibe el sol de tres maneras complementarias: como trascendente (semejante al Uno o Bueno neoplatónico) presidiendo el mundo inteligible; como Helios-Mithras, regulador supremo de los «dioses inteligibles» (semejantes a las ideas platónicas); como el sol visible, revelador del mundo de la percepción sensorial. Las frases de Servet parecen compendiar párrafos de 133D-134B. Cfr. Juliano, *Works*, texto griego y trad. ingl. de W. C. WRIGHT (Harvard: Loeb, 1962), vol. I, págs. 360 y ss. Otras ed. modernas: HERTLEIN, CUMONT, BIDEZ, etc.

[136] Servet pudo leer esto en los *Himnos órficos* mismos (cfr. ed. cit., VIII, *A Helios*, p. 38), pero resulta interesante coincidencia que también lo mencione Lactancio, *Divin. instit.* lib. I, cap. 5, referido a Dios, no al Verbo, porque «primero del infinito apareció». Macrobio, *op. cit.*, lib. I, cap. 17, en comentario paralelo, explica que «porque constantemente se renueva», y así lo refiere al Sol, como sugiere Servet.

el primero en aparecer, como el sol es el primero en aparecer en medio de la luz creada.

La variedad de formas proviene de las diferentes combinaciones de luz. De la luz divina y el resplandor adquirido del alma se forma una sola luz; *de ahí las formas espirituales que hay en nosotros. De la luz del sol y el resplandor innato de los elementos se forma una sola luz;* de ahí las formas corporales [137]. Asimismo, la sustancia de los elementos superiores constituye, con la tierra, una materia para las cosas. Tales son los principios naturales de las cosas, los principios de toda generación y corrupción. El calor y el frío actúan en las cosas, pero provienen de la luz y de su resplandor, entendiendo por luz la del sol que calienta, y por resplandor el del agua que enfría, el cual solidificado en algunos astros aumenta el poder de enfriar. Así como de la regular luz del Sol procede el calor vital, así también de la Luna, de Saturno y de otros astros y partes del cielo proceden con frecuencia la pútrida humedad y el frío mortal, como de Marte procede un cierto calor asfixiante. Una es la claridad del sol y otra la de la luna; uno el resplandor del fuego y otro el del agua. *Todo esto lo dispuso así en la luz* aquel [Gran] arquitecto del mundo, Cristo, *que* es el primer principio y en el cual consisten todas las cosas, celestes y terrestres, espirituales y corporales. El creó las materias de los elementos, e infundió a sus mezclas formas sustanciales luminosas, sacando de sus tesoros la luz misma [138].

De lo dicho se deduce, primero: que en adelante ya nada se crea sin sujeto, sino que por virtud de la luz las cosas proceden unas de otras por propagaciones formales, por generaciones y corrupciones; que la forma misma, consistente en la simetría entre la luz y los elementos, se produce sustancialmente por [otra] acción de la luz y de los elementos [produciéndose así una forma sustancialmente distinta]; y que los propios elementos se mezclan y proporcionan por la acción de la luz celeste. Así, pues, todos los cambios y transformaciones se originan principalmente por acción de la luz, tanto en las cosas corporales como en las espirituales, tanto en Cristo como en nosotros. En lo espiritual toda energía deriva de la luz. Luz espiritual que esenciando ilumina toda cosa, luz capaz de poner en fuga a los demonios que, por

[154]

---

[137] Otro caso de omisión por *lapsus,* lo que quizá demuestre que *MsPa* es posterior al texto impreso de *Restitutio.* El copista ha pasado del primer *unde sunt, de ahí,* al segundo.

[138] «Aquel gran arquitecto» no se refiere al Demiurgo de Platón, aunque un contexto tan platonizante como todo el anterior parecería postularlo. Es alusión a Prov. 8, 30 (cfr. nota 65) y a ideas de Filón.

tenebrosos, aman las tinieblas y aborrecen la luz. Pimandro dice que es luz la primera especie que en la mente divina prevalece con todo imperio infinito [139]. También en las cosas corporales la luz es forma sustancial de todo, origen de todas las formas, elemento principalmente activo en todo, productora del calor más eficaz y activo, y de la sequedad más resistente y pasiva. El frío y la humedad también proceden de la luz, es decir, del resplandor creado del agua y comunicado a su vez a los astros. De la luz provienen los colores de las cosas inferiores, como por la luz podemos verlos en el arco iris. Vemos que las cosas se vuelven blancas después de lavadas con agua. Vemos que la blancura está a veces en un cuerpo frío y que entonces no es sino el resplandor del agua aumentado por cierta solidificación, como en la nieve y el granizo; otras veces, en un cuerpo caliente, como resultado del fulgor residual del fuego después de una total combustión, como en la cal y la ceniza. Al extinguirse o apagarse la luz, se genera la negrura, como en el hollín, en el carbón, en la pez. Al ser violada de este modo la luz en el pecado y en el demonio mismo, aparece la negrura y oscuridad total. Y lo mismo habría que ir diciendo de los demás colores, todos los cuales están contenidos en la sustancia misma de la cosa, al igual que la forma de luz. Los colores, aunque cambien, constituyen una parte de la forma, pues que cambian las partes y los elementos, sea en el alma sea en el cuerpo. Calor y frío, humedad y sequedad son las sustancias de Hipócrates y entran en la composición de todo; son sustancias formales, como los colores, aunque cuando cambian, se les llama accidentes. Están insertos en la materia y constituyen con la forma primera una sola forma [140].

Síguese en segundo lugar que Dios en el principio creó realmente de la nada, sin materia preexistente, dos cielos, una sola tierra y la luz, como consta literalmente en el Génesis. Todo lo demás se dice que fue creado después (Col. 1; Apoc. 10), porque realmente fue trasladado del no ser al ser,   [155]

---

[139] Todo el trat. I del *Pimandro*, especialmente los nn. 4-8, hablan de lo que Festugière llama «primauté originelle de la lumière», y de esta luz primordial que precisa y divide el caos cósmico: *op. cit.*, p. 52. Servet interpreta a su manera esta doctrina, según la cual la luz no es la primera *species* en la mente divina, sino el Absoluto Soberano («el primer Dios»); por eso, el Verbo es hijo de la luz, Dios.

[140] Sería interesante poder hallar el texto antiguo que acaso haya inspirado todo este curioso intento de explicar la formación y transformación de todo a base de juegos de luz, matizada causa formal universal que actúa sobre los cuatro elementos y sus cuatro cualidades. Pero parecen ideas originales, no muy sensacionales, de Servet mismo.

pero no creado como en la primera creación, de la nada y sin materia preexistente [141]. Entonces ya había sido realmente creada el agua; y de agua están hechos los cielos, de agua está hecho, por su evaporación, el aire. Por último, también el fuego está hecho de aire, materia cocida y luz; con aire se aviva más aún la llama, que no es otra cosa que aire incandescente. No creó Dios las lumbreras el cuarto día, sino que las hizo de la materia del cielo por concentración; pues en ese texto el verbo hacer es עשה , el cual para los hebreos no significa «hacer de la nada», sino «adaptar», «formar a partir de una materia preexistente», como bien dicen el rabí Salomón, el rabí Abraham y todos los demás [142]. Como dice el salmista, de ese mismo modo fueron hechos los cielos, es decir, las diferentes órbitas celestes. Y en el capítulo 37 de Job se dice que los cielos quedaron consolidados al ser extendidos como un espejo de metal fundido [143]. Más allá del cielo estrellado están las órbitas de los planetas, los siete gobernadores del mundo corporal, cuyas disposiciones son siniestramente denominadas por algunos «hado»; pero de ellos no hace mención alguna Moisés, para evitar que aquel pueblo rudo cayera en la idolatría de esos «gobernadores» o creyera en la fatalidad [144].

Síguese en tercer lugar que aquel célebre Tales de Mileto, que había aprendido en Siria y en Egipto las enseñanzas de Moisés y de Trismegisto y que fue el primero de todos los griegos en enseñar ciencias naturales, no andaba muy descaminado al afirmar que todas las cosas están hechas de agua, ya que la tierra de suyo es inepta y también porque la forma de la tierra proviene del agua [145]. Que el cielo está hecho de agua lo enseña hermosamente Pedro, siguiendo a Moisés: «Los cielos fueron originariamente, y la tierra, sa-

[141] Col. 1, 16 y Ap. 10, 6.

[142] Hay errata en el texto de עשה por יצר , yasar, dar forma, a una sustancia preexistente. Servet, pues, distingue estrictamente el verbo ברא barah del «En el principio creó Dios», Gen. 1, 1, del «E hizo Dios las dos grandes lumbreras...», Gen. 1, 16. Los dos rabinos mencionados son Aben Ezra (nota 27) y los *Comentarios al Pentateuco* (Bolonia, 1482; Venecia, 1525, en hebreo) del rabino francés Salomón Jarchi ben Isaac, Rashi (1040-1105), a quien luego citará más explícitamente en el Diálogo II. La doctrina es común.

[143] Job 37, 14-18.

[144] Claro que esto no pasa de mera conjetura de Servet.

[145] La influencia de Moisés, y por supuesto la del Trismegisto, en Tales de Mileto (hacia 625-548), no tiene otra base que la genérica de hacer provenir la filosofía griega de una indemostrada veta oriental, corroborada por ser él de origen fenicio y atribuirle viajes a Egipto, donde habría realizado varios estudios matemáticos de las pirámides *(Diels*, IIAI6.21). Sí propuso el agua como primer principio de formación y resolución de todo (Aristóteles, *Metafísica*, I 3: 983b20).

lida del agua y asentada en agua por la Palabra de Dios»
(II Pe. 3)[146]. Lo mismo nos indica ese acuoso resplandor
comunicado a la Luna y a los demás astros, así como la etimología misma del término hebreo, pues en hebreo «cielo»
se dice ‫שמים‬ , *samayim*, lo mismo que «aguas»[147]. Así,
que el firmamento está hecho de agua queda fuera de toda
duda para los hebreos. De aguas evaporadas por el Espíritu
hizo Dios lo extenso, lo aéreo. Como dice David, Dios hizo   [156]
el cielo extendiéndolo, y lo hizo de agua y su fundamento es
el agua (Sal. 103)[148]. Sobre tal fundamento fue hecha toda
la amplitud del cielo y en él descansa. De ahí que, cuando
acontece algo proceloso, se diga que «se conmueven los fundamentos del cielo» (II Sam. 22; Job 26)[149]. Que el cielo fuese hecho por extensión, lo enseñan Isaías en el cap. 40 y Jeremías en el 50. El término hebreo ‫רקיע‬ , *rakija*, significa
expansión, extensión[150]. Por una especie de expansión o extensión se forma del agua el aire. A esa expansión aérea la
llamó Dios cielo, ordenándole separar unas aguas de otras:
las aguas de lluvia de las que rodean la tierra. *Las aguas que
están en los cielos son aguas de vapor suspendidas en las nubes «por encima de los montes», como en el cit. salmo 103
canta el salmista.* Por tanto, aunque el agua viene a ser forma respecto de la tierra, sin embargo, supedita la materia a
los *elementos* superiores y, a su vez, de ellos recibe el vigor
formal.

En cuarto lugar, ya debe quedar claro que la tierra había
sido hecha antes que el cielo. En atención a su dignidad, antepone Moisés el cielo en Gen. 3, pero en otro lugar antepone
la tierra, al decir: «Al hacer Dios la tierra y los cielos...»
(Gen. 2)[151]. También en el cap. 1 hay constancia de que fue
hecha la tierra antes que el firmamento o cielo. El centro es
naturalmente anterior a la circunferencia. Así lo enseñan
los hebreos: Dios fundó primero la tierra como quien hace

---

[146] II Pe. 3, 5, y Gen. 1, 6-9, textos que evidentemente no apoyan a Servet.

[147] No. Agua es *mayim*, y cielo es *shamayim*. Final igual por mera coincidencia. Si Servet sigue aquí también la *Guía* de Maimónides, Parte II, capítulo XXX, ha añadido eso de su cosecha, aunque transcribe luego esta
frase: «El firmamento mismo fue formado de agua» (ed. cit., p. 214), por seguir un dicho del *Bereshit Rabba*, cap. IV.

[148] Sal. 103, 2: «Que extiende los cielos como una cortina.» También Job,
9, 8.

[149] II Sam. 22, 8 y Job 26, 11.

[150] Is. 40, 22: «El extiende los cielos como una cortina». Jer. no consta.
La voz *raki'a* significa firmamento. Maimónides, *loc. cit.*, añade que es homónima con *shamayim* frecuentemente, aunque su real significado es distinto.
conforme a «el firmamento del cielo» de Gen. 1, 17, 20.

[151] Gen. 1, 1 y 2, 1. Todo este párrafo es nuevo en *Restit.* respecto a *MsPa.*

un círculo, trazando la circunferencia después de asegurar el centro, como dice Salomón en el cap. 8 del libro de los Proverbios [152]. A mayor abundamiento, en el salmo 101 se dirige David a Dios diciéndole: «Tú fundaste antiguamente la tierra, y los cielos son obra de tus manos», y en el cap. 3 de los Proverbios dice Salomón: «El Señor fundó la tierra con sabiduría, y con prudencia fundamentó los cielos» [153]; y en Isaías, cap. 4, dice Dios: «Mi mano fundó la tierra y mi diestra limitó los cielos» [154].

En todos estos casos se enumera primero la tierra, como fundamento. Ahora bien, si el cielo está hecho de agua, síguese ya que el agua es anterior al cielo y, por tanto, también anterior a la tierra, ya que ésta fue creada en el mismo momento que el agua [155].

[De lo dicho consta en cuarto] *Síguese en quinto* lugar la explicación de por qué dijo Pablo que hay un «tercer cielo» divino [156]. Hay un doble cielo creado y un «tercer cielo» increado. En el principio creó Dios dos cielos, como indica el número dual de la expresión hebrea *shamayim*, **[157]**

שמים‎   . Literalmente admitimos dos cielos, uno aéreo y otro acuoso. Literalmente demuestra Moisés esto al decir: «En el principio creó Dios estos dos cielos: el firmamento aéreo y la región de las aguas» [157]. Para nada se habla ahí de ángeles. Sin embargo, como ese pasaje contiene la creación de los ángeles, puede decirse en alguna forma que el cielo es cielo de los ángeles, coro de ángeles, puesto que los querubines y serafines son sustancia etérea o celestial en la que está el trono de Dios, el asiento de Dios. Así es como explica este segundo cielo Pedro en Clemente, llamando primer cielo a éste que se ve, a la vez aéreo y acuoso; y abundando en esta misma opinión, habla Cristo de que los cielos «se abren» cuando descienden los ángeles, llamados milicia celestial [158]. En ese cielo se hizo la paz por la venida de Cristo, y de él

---

[152] Prov. 8, 23, por enumerar la tierra antes que las demás cosas creadas.
[153] Sal. 102, 25, y Prov. 3, 19.
[154] Nótese la extraña mentalidad precopernicana de Servet en todo este punto que reclama la tierra como centro: no estaba al día en astronomía.
[155] Is. 48, 13. Al lector juzgar el valor probatorio de estos textos.
[156] «Arrebatado hasta el tercer cielo», II Cor. 12, 2.
[157] *Shamayim* está en forma dual, pero no se le usa ni entiende así, sino que, como los otros duales originales, son entendidos como plurales, a diferencia del árabe clásico, que sí los ha preservado. Ello ocurre incluso en los casos de partes del cuerpo que están a pares (manos, ojos). La base de la especulación de Servet es, pues, movediza.
[158] Clemente de Roma, pseudo, *Recognitiones*, lib. I, cap. XXVII (PG I, 1222): «Creó el cielo y la tierra, como una sola casa». «Cielos abiertos» en Mt. 3, 16; Jn. 1, 51, etc.

fue precipitado Satanás como un rayo. Por consiguiente, tanto si llamas cielo a todo ese firmamento que vemos ahí arriba como a la corona de los ángeles, en ambos casos se trata de un cielo múltiple. Todas las cosas creadas, incluidos los ángeles, están implícitas en la expresión «los cielos y la tierra», ya que todas las creaturas principales o son celestes o terrestres. Esto mismo da a entender el artículo אֵת compuesto de la primera y la última letra, como si fuera de α y de ω; artículo comprehensivo y demostrativo de totalidad, más aún por llevar la *he*, letra demostrativa. Como si dijera: «En el principio creó Dios todos los cielos y toda la tierra y todo cuanto hay en ellos.» *Así explicó la creación el mismo Dios en el cap. 20 del Excdo* [159]. De ahí que en el capítulo 2 del Génesis la creación de los dos cielos incluya también a los ejércitos de ángeles, como en el salmo 32: «Por la Palabra del Señor fueron hechos los cielos, y por el Espíritu de su boca fue hecho todo el ejército de ellos» [160]. En esta ocasión se habla de dos cielos, aparte del de los ángeles, los cuales son el ornato *del cielo*, como en el cap. 26 dice Job [161]. Precisamente porque los ángeles son los ejércitos celestiales y ornato del cielo, reciben el nombre de cielo; y también porque son de cierta sustancia semejante a la aérea celeste y porque fueron creados por aspiración de Dios, según se desprende de los lugares citados.

[158]

Pero además de ellos, está el «tercer cielo», el cielo de la divinidad, luz inaccesible que el Padre habita, llamado «cielo de los cielos» [162]. A este «tercer cielo» fue arrebatado Pablo. Este es el cielo en que habita Cristo, de quien reciben su resplandor los ángeles, quienes le son muy inferiores y sólo pueden ver lo que Cristo les permite. Este cielo luminoso e ígneo es resplandor de la Palabra, ejemplar universal de los seres, divinidad hecha accesible por Cristo: también a los ángeles les fue Dios hecho visible por Cristo, siendo invisible en sí mismo (I Tim. 3) [163]. Sólo velado veían a Dios los ángeles, como en Isaías 6 se dice [164]. Queda todavía el modo más absoluto de visión para después de la resurrección final, cuando veremos a Dios tal como es en sí en aque-

---

[159] «En seis días hizo Jehová», etc., Ex. 20, 11. *Aleph* y *tau* son la primera y la última letras hebreas, y por componer ambas el artículo, interpreta Servet arbitrariamente que al decir «los cielos y la tierra» todo queda comprendido.

[160] Sal. 32, 6. Ejército, o «mesnada» (*BiJer*), pero de los cielos; no de los ángeles. Servet suele abusar de sus textos. Cfr. lib. V, nota 7.

[161] Job 26, 13: «Su espíritu adornó los cielos.» Mismo comentario.

[162] Expresión muy común: I Re. 8, 27; Deut. 10, 14; Sal. 67, 33, etc. «Luz inaccesible» en I Tim. 6, 16.

[163] «Ha sido visto de los ángeles», I Tim. 3, 16.

[164] En la visión de Is. 6, 2 los ángeles cubren sus rostros con dos alas.

lla su recóndita luz jamás vislumbrada por nadie, ni siquiera por los ángeles ni por las almas bienaventuradas, sino sólo por Cristo. Y con nosotros aún serán más bienaventurados los ángeles buenos y más castigados los malos [según enseñó Cristo]. Mas, como todo esto supera la situación presente y la capacidad de toda mente humana, volvamos a lo que ya nos ha sido concedido por Cristo. Meditemos sobre Dios en su Palabra y sobre el cielo que ya hay «dentro de nosotros».

Este cielo es el que nos trajo Cristo haciéndonos ya reyes en él para después reinar en el otro, en el «reino de los cielos». El «tercer cielo» es en realidad un cielo de fuego; los otros dos, en cambio, son de aire y de agua, aunque con cierta participación de fuego. Cuando habla de la creación, Moisés no hace mención de este «tercer cielo», ni del fuego, por tratarse de un gran misterio; Pablo, por el contrario, pone gran énfasis en él cuando trata de nuestros grandes arcanos [165]. Cuando habla de la creación, Moisés no hace mención del fuego, bien porque bastaban los otros elementos junto con la luz para la propagación de los seres, bien porque el fuego se halla potencialmente allí donde hay materia y luz. Añadiremos otra razón cuando tratemos del pecado [del hombre] *de Adán*, al que siguió castigo de fuego. Y aún hay otra: que los sensuales judíos [166] no conocieron la regeneración de Cristo ni su verdadero fuego. Aún tenía que ser enviado por Cristo «fuego a la tierra» para renovar aquel mundo envejecido [y dotarnos de un nuevo espíritu de fuego]. Por eso, Moisés [igual que del fuego] se olvida también de mencionar el «tercer cielo», [porque nos estaba reservado a nosotros como futuro y ahora ya está «dentro de nosotros»]. «Tercer cielo» [en el que reina Cristo], que no se refiere a un lugar especial, sino que está «dentro de nosotros» y que, como el fuego, todo lo penetra. Tipo de este «tercer cielo» es el fuego, que no ocupa un lugar especial, como sí lo ocupan los otros elementos: su lugar está donde se halla el combustible, sin el cual no puede subsistir. [Del mismo modo, tampoco puede subsistir en nosotros el reino de Dios, ni vivir nuestro hombre interior, si no se le aviva y alimenta.] El fuego se encuentra entre los otros elementos para que, actuando en ellos, los purifique y eleve hacia el

[159]

---

[165] Por el contrario, Maimónides enseña que en el relato del Génesis aparecen mencionados los cuatro elementos, incluido el fuego, *hoshek*, y no sólo implicado en la tierra, *erez*. Así, en la *Guía*, cit. cap. XXX, Parte II.

[166] *Animales Iudaei*, expresión derogatoria vinculada al *animalis homo* de I Cor. 2, 14 y 15, 44.

[167] «Fuego he venido a meter a la tierra», Lc. 12, 49.

cielo en virtud de la luz celeste de su sustancia poco densa, etérea. El fuego todo lo renueva, purifica y transforma, por nada se deja contaminar, permanece siempre puro.

De lo anteriormente dicho se sigue, en [quinto] *sexto* lugar, que el aire y el fuego tienen otra materia celeste, distinta de la materia de la tierra. De entre los hebreos ya había enseñado esto el rabí Eliezer; y después de él el rabí Moisés el egipcio dijo que ése era el secreto de los secretos, el arcano de los arcanos de la Ley, que le hicieron conocer los mayores sabios de Israel [168]. Me propongo demostrarlo ahora con abundancia de argumentos, ya que se trata de algo completamente desconocido de todos los filósofos y está en conexión con el conocimiento de Cristo.

Ante todo, que sean distintas las materias de las cosas celestiales y la de las terrestres lo demuestra la creación misma del mundo y la distinción perpetua entre cielo y tierra. En la creación fueron creadas por separado la materia de la tierra y la del agua, y de la materia del agua fueron hechos el aire y el cielo entero. Se demuestra también por la generación misma de Cristo, que muestra la infinita distancia entre esos elementos, pues en Cristo concurren los tres elementos superiores, que tomó de la sustancia de su padre: del mismo modo que nuestro semen paterno es acuoso, lleno de espíritu aéreo e ígneo, así también, en el caso de Cristo, aquella nube del oráculo de Dios, entre acuosa, aérea e ígnea, condensada en agua y haciendo sombra a María, fue el rocío de su generación natural, sin que tuviera nada de térreo. Es decir, en los fetos no hay nada térreo procedente del padre, sino de la madre, como luego tendremos ocasión de tratar con mayor detenimiento. [De todos es madre la tierra, y el elemento térreo procede siempre de la madre] [169].

---

[168] En *Guía*, Parte II, cap. XXVI, trae Maimónides una frase de *Pirke de-Rabbi Eliezer*, del s. II, de la que dice ser «lo más extraordinario que he visto en las afirmaciones de cualquier creyente en la Ley de Moisés». Según ella, Dios creó el cielo de la luz de su manto, que lo extendió como una cortina (Sal. 103, 2); pero la tierra, de la nieve de su manto, según aquello de Job 37,6: «Y dijo a la nieve, sé tú tierra.» Maimónides, omitiendo detalles, sólo deduce que «la sustancia de los cielos es distinta a la de la tierra», y que es como una visión profética de la naturaleza de la *materia prima*. En esto se basa Servet, quien tiene conciencia de la originalidad de la doctrina que pasa a exponer.

[169] *Nihil in fœtibus est a patre terreum, sed a matre*. En el proceso de Ginebra no se le objetó esta teoría fisiológica, más concreta que la aristotélico-galénica. Según ésta, la causa eficiente de la fecundación es el elemento masculino, único activo, limitándose el pasivo femenino, frío, a proporcionar la materia del embrión, aplicación de la teoría hilemórfica (Arist., *De generatione animalium*, I, 18; II, 3. Galeno, en *De fœtus formatione*, y en *De semine* admite ya la causalidad material y eficiente de ambos principios). Servet

Lo demuestra igualmente la fuerza misma de la expresión hebrea שמים , pues los cielos tienen el nombre de las aguas [170]. Ahora bien, si los cielos no contienen nada térreo, con mayor razón, tampoco el agua. En cuarto lugar, esto mismo es demostrado por otros lugares de la Escritura en los que se enseña que la sustancia del cielo es de agua, *y no de tierra.* [160]

En quinto lugar, se prueba esa diferencia entre los elementos por cuanto diremos en los Libros sobre el bautismo acerca de la regeneración celeste a base de estos tres elementos, pues en el bautismo somos engendrados de nuevo «por el agua, el Espíritu y el fuego» (Mt. 3; Lc. 3; Jn. 3), para que por su medio seamos hechos celestiales los que antes, nacidos de la tierra, éramos terrenales [171].

Esto mismo se prueba, en sexto lugar, por lo que habremos de decir del alma, en la cual se hallan estos tres elementos superiores. Y en séptimo, por la naturaleza de los tres cielos, los cuales, al igual que estos tres elementos, excluyen siempre la tierra.

Un octavo argumento es que el Espíritu santo, como el cielo, está simbolizado en las Escrituras por estos tres elementos superiores, mas nunca por la tierra, que siempre es lo opuesto al cielo y al espíritu, al igual que lo terreno lo es a lo celestial o lo carnal a lo espiritual.

Noveno argumento: que el agua pura puede reducirse totalmente a vapor y espíritu ígneo, como si subiese al cielo; *por el contrario*, la tierra *no* puede convertirse *sino* en ceniza, y siempre hacia abajo. Por eso, Isaías en el cap. 51 resuelve el cielo en humo y la tierra en polvo; y el Eclesiástico, en el cap. 40, dice que lo térreo tiende a la tierra y lo acuoso al agua [172].

Décimo argumento: el agua fue creada con todo su esplendor, mientras que la tierra fue creada «informe». Además, en undécimo lugar, la tierra se opone a la luz; como demonio tenebroso, es incapaz de luz. En cambio, la combi-

---

señala que esa materia es el elemento tierra, reservando al padre los otros tres. La objeción ginebrina fue teológica, a su aplicación divina: que esos tres elementos procedan de la sustancia del Padre en la generación de Cristo. Servet en su respuesta se ratificó, con tal que «se entienda dicho *ob idealem eorum in Deo rationem*, de su concepto ideal en Dios», *Kingdom*, p. 33. Véase luego, Diál. II, p. 250, 262.

[170] Cfr. antes, nota 147.

[171] «En Espíritu y en fuego», Mt. 3, 11; Lc. 1, 16; «con Espíritu santo», Jn. 1, 33. Servet apela a después, Parte IV, lib. III y a pasajes del Diál. II.

[172] «Los cielos serán deshechos como humo, y la tierra se envejecerá como ropa de vestir», Is. 51, 6. «Todo cuanto de tierra viene, a tierra vuelve, y cuanto de agua, en el mar desemboca», Ecli. 40, 11.

nación con los otros elementos la transforma y la hace [resplandecer] *lucir*. Duodécimo argumento: de sonido y de espíritu *es incapaz la tierra*, no los otros tres elementos. Décimotercero: sólo la tierra fue maldecida en Adán y dada en pasto a la serpiente. Décimocuarto: consta por las sublimaciones de los químicos con toda evidencia que la materia térrea siempre se separa de las otras. Décimoquinto: en todos los demás casos lo demuestra la experiencia misma, pues nunca se ha visto que, sea cual fuere el procedimiento de mezcla, la tierra se convierta en agua o el agua en tierra: al final, cada cosa vuelve a su estado primitivo. Por no haber entendido esto, los averroístas afirmaban que todos los elementos *permanecen* [están indistintos] e íntegros en los compuestos, siendo así que en ellos [están siempre] *permanecen* las dos materias [siempre distintas]. [Todavía podríamos distinguir los elementos de otras maneras, considerando sus diversas cualidades formales.] [161]

Concluyamos ya diciendo que hay cuatro principios de las cosas naturales: dos materiales y dos formales. Los materiales son las dos materias ya mencionadas: la térrea y la acuosa. Los formales, la luz solar que calienta y seca, y el resplandor acuoso que refrigera y humedece. A estos cuatro principios se les llama también «cualidades primarias» y «cuatro elementos»; pero sólo en dos de estos elementos se hallan los orígenes y excelencias de las cualidades [173].

Las principales cualidades del fuego son el calor y la sequedad; las del agua, el frío y la humedad. De ellas hay dos fomentos celestes, en el cielo: el Sol y la Luna. La luz de fuego se parece a la del Sol en que calienta y seca; la del agua, como la de la Luna, refresca y humedece, pues aquélla ha recibido un poder contrario al del Sol. Al Sol le ha sido dado el poder del día, el poder de calentar y secar; a la Luna, el poder de la noche, poder de enfriar y humedecer, por ausencia del Sol y por el esplendor acuoso que en sí encierra. A esto habría que añadir las propiedades de las estrellas y de las otras partes del cielo. La Tierra, por el contrario, ha sido creada sin temperie en sí misma. Emergida de las aguas, por la luz fue informada y desecada; por eso se la llama árida, y también porque, por su densidad, retiene poderosamente el frío que le imprimen las aguas. Así, pues, la forma sustancial de la tierra, como la de todos los compuestos, proviene del resplandor del agua y de la luz celeste. También el aire es de suyo casi carente de cualidades, pues

---

[173] Esta fórmula presenta alguna incoherencia respecto a la anterior, que parecería otorgar carácter de elemento formal sólo a la luz.

al ser una evaporación de agua, retiene su fría y húmeda temperie con la que, al soplar, refresca nuestro calor natural; pero la evaporación procede del calor, que fácilmente calienta el aire y lo seca, sobre todo en suelos áridos *y cuando sopla el aquilón* [174].

Por último, de todo lo dicho se comprueba aquel viejo axioma: «Todo es uno», pues todas las cosas son una en Dios, único en quien consisten. Que todas las cosas sean una es doctrina constante de Trismegisto en el *Asclepio* y en *A su hijo Tacio.* También Meliso decía que la totalidad de las cosas está en Uno inmutable e infinito [175]. A ese único inmutable se reducen todas las demás cosas mudables *de la siguiente manera.* Las cualidades o formas accidentales cons- [162] tituyen una sola forma con la forma anterior; las que tienen su origen en la luz integran un todo con ella. Tanto el calor como el color, como cualquier otra forma que sobrevenga a un cuerpo formado de luz, constituye unidad con la forma primera, con la luz, que es madre de todas las formas; y así los conocimientos que va adquiriendo el alma se funden en una misma luz con el alma misma, y los espíritus en un espíritu con el Espíritu. Cada uno de ellos converge con el Espíritu y con la Luz, y así los espíritus y la luz se unifican en Dios. Por consiguiente, también los demás seres constituyen unidad en él, conforme a una norma universal [176]. Las ideas de las cosas, mediante las cuales éstas consisten en un solo ser, son una en Dios, y de este modo todas las cosas son una sola en Dios, en sombra de aquella verdad según la cual Cristo es sin mediación [primero] hipostáticamente uno con Dios.

Es menester recordar siempre que en todo hay analogías con el cabeza mismo, Cristo; recordar también, que hay va-

---

[174] Conceptos debidos al atrasado estado de las ciencias en tiempos de Servet, sin incidencia alguna en el núcleo de su sistema intelectual.

[175] «Todo es uno» es la afirmación fundamental de Parménides y del monismo estático que él representa (*Diels,* 28B8), y así fue entendido tanto por Platón, *Teeteto* 180b, como por Aristóteles, *Metaf.,* I 5: 986b29. Con él (hacia 530-460), además de Zenón, los otros eléatas «inmovilizadores del ser»: Jenófanes (h. 570-460) y Meliso (s. v a.C.), de quienes se conservan algunos fragmentos. En todo el *C.H.* es constante esa afirmación. Baste este ejemplo del *Asclepio,* L (vol. II, p. 297): «Todo es uno, y uno todo, pues que en el Creador estuvo todo antes de que todo lo crease, y así no sin razón se le llamó un Todo cuyos miembros son todo.»

[176] *Lux, mater formarum.* Puede verse que la unidad trascendental expuesta por Servet en estos párrafos no afecta estrictamente al orden ontológico, sino al intencional, *universali quadam ratione,* por lo que, a pesar de su tajante confesión de raigambre parmenídea, queda a salvo de toda acusación panteísta.

rios modos y subordinaciones de la divinidad [177]. En este sentido es verdadera la opinión de Parménides y de Meliso acerca del principio único, cual abiertamente la declaró Jenófanes, maestro de Parménides, al decir que ese principio único es Dios [178]. También Anaximadro dijo que es uno solo e infinito el principio de todo; Demócrito y Anaxágoras, que una sola es la sustancia de los diversos principios, aunque diferentes sus formas. Todos ellos conocieron la doctrina de Trismegisto sobre las ideas divinas, *casi próxima a la verdad*, que Aristóteles ignoró [179].

Uno solo es el principio y una la luz,
la del Verbo,
luz omniforme, [sabiduría universal], cabeza de todo:
Jesús el Cristo, nuestro señor,
principio de todas las creaturas de Dios.

---

[177] De nuevo, los dos principios básicos de Servet: la *analogia ad caput ipsum Christum* y la explicación de nuestro concepto de la divinidad y de la creación por *varios divinitatis modos et subordinationes*.

[178] No debería dudarse de que Servet alude aquí claramente a la afirmación de Sexto Empírico, *Esbozos pirrónicos* o *Hypotheses pyrronicæ*, I, 223: «Jenófanes dudó de todo, dogmatizando solamente en decir que todo es uno y que éste es Dios», lo leyera o no en él directamente. Aún se discute si Jenófanes influyó en el joven Parménides, o viceversa.

[179] Servet denota un buen conocimiento de los presocráticos: el ἄπειρον de Anaximandro (h. 610-547), el Νοῦς de Anaxágoras, el πλῆρες y los σχήματα de Demócrito (h. 472-370). La última afirmación, aun con el error de suponer la antigüedad de Hermes, expresa su decidido platonismo y su rechazo del aristotelismo.

LIBRO QUINTO

EN QUE SE TRATA DEL ESPIRITU SANTO

Hemos diferido el tema del Espíritu santo hasta conocer   [163]
la hipóstasis de la Palabra puesta al descubierto en su pronunciación, porque tendremos que hacer referencia constantemente a la Palabra para llegar a conocer en ella al
Espíritu.

*Del mismo modo que la Palabra es la esencia de Dios en
cuanto que se manifiesta al mundo, así también el Espíritu
es la esencia de Dios en cuanto que se comunica al mundo.
Tal comunicación está íntimamente ligada a esta manifestación.* Así como en la Palabra estaba la idea clave del hombre
creado, así también en el Espíritu estaba la idea clave del
espíritu creado. *Era el arquetipo del espíritu, la constitución
inequívoca de la espiración eternamente presente en Dios, y
como brotando de él.* [Modo es el uno, y manifestación;
modo es el otro, y comunicación. Subsistentes ambos en
Dios eternamente y como saliendo de él en la creación. En
la Palabra de Dios estaba su Espíritu.] Brotaba el Espíritu
con la Palabra. Dios espiraba al hablar. Espíritu y Palabra
tenían la misma sustancia, pero distinta modalidad [1].

---

[1] No se olvide que desde el comienzo del Lib. III van en cursiva las adiciones de *Restit.* de Vienne, 1553, que no se hallan en el *MsPa,* así como se
ponen entre [ ] aquellos párrafos o palabras de *MsPa* que no aparecen en
aquél. Se traduce como «idea clave» la expresión servetiana *idea princeps,*
la cual, como en otros contextos, no se refiere al hombre y al espíritu humano en general, sino al hombre Cristo y a su espíritu creado, manifestación
y comunicación, respectivamente de la Palabra y del Espíritu de Dios, es
decir, de su sustancia divina entendida como Palabra y como Espíritu, sin
ser dos Personas distintas —aunque de la misma esencia o sustancia— en el
sentido tradicional. Sólo *modus diversus,* o como dijo antes: *Dei essentia quatenus manifestatur, quatenus communicatur.*

A este propósito hay algunas comparaciones, *con tal que antes medites bien esto: que ese Dios inmenso, que se ha conformado esencialmente y se ha dado a conocer a las creaturas todas, se ha conformado mucho más y se ha dado a conocer esencialmente al hombre por su Palabra y por su Espíritu. Precisamente por eso,* desde el principio fueron imagen de la Palabra y del Espíritu de Dios nuestra palabra y nuestro espíritu, o nuestra palabra y nuestro aliento [2]. En nuestra palabra hay aliento, y en realidad no hay diferencia entre aliento y palabra, sino en cuanto al modo de emplearlos. Así también en Dios. Si por el poder de Dios acaeciese que, al hablar yo, tú vieses en mi voz un hombre, entonces verías lo que mi voz expresa, y dirías que en mi palabra visible hay un aliento invisible, pero perceptible por el oído. Dirías también que en mi aliento o espíritu está la palabra, puesta en una sustancia espiritual. De la misma manera, en la Palabra de Dios estaba el Espíritu, y en el Espíritu, la Palabra: Palabra visible, Espíritu perceptible. *Así como el hombre estaba en Dios, así también estaba en Dios el espíritu del hombre. Todo el arcano de la Palabra y del Espíritu era la refulgente gloria de Cristo. Al espirar a Cristo, Dios espiró por medio de él todas las cosas y todas las colmó, poniendo así de manifiesto la plenitud de su Espíritu* [3]. Un segundo símil [de las creaturas] para ilustrar lo de la Palabra y el Espíritu en Dios es éste: imagen de aquella Palabra celestial, es decir, del oráculo de la nube, es esta otra nube elemental que constituye la sustancia del aliento y que pasa a ser íntegramente aliento. Así también, Dios era Palabra y Espíritu, empleando de distinta manera su Palabra y su Espíritu para el cuerpo y el alma. Un tercer símil de esto es el semen de la generación, que es sustancia del espíritu; pues lo mismo en Cristo: tanto la semilla de su Palabra como la sustancia de su Espíritu proceden de la única divinidad.

[164]

Estos símiles los enseñan las Escrituras, y los confirma la misma naturaleza de las cosas, llevándonos de las creatu-

---

[2] Como Valla y Erasmo en sus versiones, pero no siempre Pagnini, también Servet emplea en este contexto como sinónimos los términos *verbum* y *sermo*, *spiritus* y *halitus*: el Verbo es Palabra, conversación; el Espíritu es aire, soplo, aliento. En esta correlación se basan sus amplificaciones posteriores.

[3] La frase que comienza *Totum arcanum...* fue seleccionada por Calvino y sus pastores como la núm. 6 entre las 38 de errores de Servet en el proceso ginebrino, por confundir las Personas. En su respuesta le señaló Servet que «no puede confundirse lo que está separado», y termina así: «¡Miserable de tí, que continúas condenando lo que no entiendes!», *Calv. Op.*, VIII, 502, 515; *Kingdom*, 26.

ras al Creador [4]. *¿A qué extrañarse de que Dios se haya conformado así a los hombres cuando se ha conformado a todas las creaturas? Su esencia omniforme se conforma a nosotros en la esencia del espíritu. Su esencia omniforme pudo manifestarse como le plugo.*

[Así pues,] *Aquella Palabra que al ser manifestada contenía espiración,* aquella Palabra [de Dios] pronunciada espirando, era ciertamente la palabra referencial [en cierta oscuridad] de la nube, la semilla de la generación de Cristo que contenía en sí sustancialmente al Espíritu. Siempre se ha considerado la Luz común a la Palabra y al Espíritu. Aquella nube de la Palabra y del Espíritu de Dios era, en su sustancia *interna,* arquetipo de esa otra nube acuosa y aérea; y era una nube luminosa, como de fugo. Y todo esto en una sola sustancia, como una sola es la sustancia primera de estos tres elementos, corporal, espiritual y luminosa. Según uno de los modos de dispensación, la sustancia de la nube elemental pasa a ser cuerpo *sólido* tangible; según el otro, se convierte en soplo de viento, permaneciendo siempre la misma sustancia dotada de luz innata. Según el primer modo, Dios aparecía en la nube como Palabra; según el otro, espiraba en la nube, pero según uno y otro siempre era Luz, verdaderamente, sin engaño. Según el primer modo, su Palabra está en la carne; según el otro, su Espíritu está [165] en el alma; pero según uno y otro siempre Luz, real y sustancialmente [5].

Así como Dios era Palabra, Espíritu y Luz en la nube, así también ahora es palabra, espíritu y luz en Cristo. Todo eso lo juntó Dios *en Cristo* hipostática y sustancialmente, en su carne y espíritu. Dios juntó en Cristo su Luz increada con la luz creada y resultó una sola forma, igual que, como dijimos, resulta una sola forma de la luz solar y de la del agua. Unicamente en la generación de Cristo se unen tam-

---

[4] *Scripturæ, rerum natura:* es decir, biblismo como criterio primario de verdad en el sistema de Servet, y observación empírica como criterio confirmador del dato bíblico original, al que en otros textos añade el del análisis filológico y el de la ilustración filosófica.

[5] Es éste uno de los textos servetianos más cercanos a presentar la luz como otro modo sustancial de Dios, a la par del Verbo y el Espíritu; pero es de notar esa frase: *Lux semper communis consideratur verbo et spiritui,* la luz es común a ambos. Por eso, al relacionar esos tres modos divinos con los tres elementos superiores de la teoría antigua de constitución cosmológica: la nube de la Palabra con el agua, el aire o soplo con el Espíritu, el fuego con la Luz, y su respectiva relación con el cuerpo y el alma de Cristo, insiste de nuevo en que ambos son los dos únicos modos sustanciales divinos. La luz, Dios que es esencialmente fuego y luz, idea recogida del hermetismo, abarca a ambos. También Juan dijo que «el Verbo en Dios era luz».

bién sustancialmente los elementos inferiores con los superiores del mundo arquetipo. De este modo se consuma la recapitulación de todas las cosas en Cristo. Al unirse, por la acción del Espíritu de Dios, la Palabra divina *como* [condensándose en] rocío de la generación de Cristo con estos elementos creados y con la tierra, comenzó a existir el cuerpo de Cristo con aliento divino y humano insertos en su alma, y de esta unión resultó la hipóstasis única de su espíritu, que es hipóstasis del Espíritu santo, que fue siempre el aliento divino [6]. La misma Luz era común al cuerpo y al espíritu y glorificaba los elementos humanos tomados de María [informándolos todos] para formar una sola hipóstasis con Dios. He aquí cómo todas las cosas son una sola en Cristo.

[Pero advierte] *Date cuenta* que, aunque en el arquetipo sean lo mismo Palabra, Espíritu y Luz, y aunque la misma nube sea a la vez acuosa, aérea e ígnea; sin embargo, en el Génesis se mencionan antes la Palabra y el Espíritu que la Luz, antes el agua y el aire que el fuego. Dios hizo uso de sus dispensaciones de Palabra y Espíritu antes de que apareciese la luz (Gen. 1), pues la luz de Cristo se manifestaría después. Igualmente se hace mención ahí del agua y del espíritu, pero no del fuego, que apareció más tarde hecho de espíritu y de luz. Los judíos tuvieron noticia de dos cielos, el acuoso y el aéreo, pero no del tercero, [como quedó dicho] *el que «está dentro de nosotros».* Entre los judíos no se daba la regeneración *del bautismo* «por el agua, el espíritu y el fuego». Fue Cristo, luz del mundo, quien nos descubrió la luz verdadera, oculta a los judíos. No carece, pues, de misterio el que Moisés no hiciera mención del fuego, y en cambio se nos enviara fuego a nosotros [7]. No carece de misterio el que Dios hiciera uso de sus dispensaciones de [166] Palabra y Espíritu antes de dársenos a conocer como Luz. Y es que Dios siempre otorgó al hombre su Palabra y su Espíritu, mas no su Luz manifiesta. En aquel entonces se manifestó Dios al hombre por su Palabra y se comunicó por su Espíritu, pero como ocultándole aún la luz de Cristo. Todo eso lo hizo Dios por Cristo, el cual en Palabra y en Espíritu y en Luz escondida «era entonces con Dios» y después, al venir, nos regeneró por su palabra y su espíritu, descubriéndonos la luz misma e iluminándonos con

---

[6] Texto igualmente objetado por Calvino. Véase la respuesta de Servet a texto paralelo, en lib. IV, nota 169.

[7] Esto no obstante, véanse las notas 165 y 171 del lib. IV.

ella, para que se vea la grandeza de la gloria y de la gracia de Cristo para con nosotros.

Así como en la primera generación concedió Dios al hombre la palabra y el espíritu por encima de los demás seres vivos, así también nos regeneró después por el evangelio con su Palabra y su Espíritu, a semejanza de Cristo engendrado mediante la Palabra de Dios por el Espíritu santo. Valiéndose Dios desde el principio de estas dos dispensaciones, por su Palabra creó los cuerpos y por su Espíritu les dio vida, igual que «por su Palabra fueron hechos los cielos y por el Espíritu [de su boca] todo el poder de ellos» [8]. Por su Palabra fue creada la materia [del hombre] *de los hombres*, y por su Espíritu les fue infundida el alma. También en la resurrección se reúnen las partes del cuerpo por la Palabra o voz de Dios, y se les infunde el alma por el Espíritu (Ez. 37) [9]. [Así] Lo distinguió Dios, y así lo distinguimos nosotros. Tales eran antes en Dios las características dispensaciones y modos de su Palabra y de su Espíritu, que no eran otra cosa que Dios mismo. Sin embargo, más tarde, después de la revelación de los misterios de Dios, por Cristo apareció más clara su distinción, debido a una más rica manifestación [y efusión] de la divinidad así como a ciertas características implícitas que se dejaron ver en su cuerpo de carne y en su espíritu creado. A través de Cristo la creatura está añadida, complasmada, mezclada y unida hipostáticamente a su Creador, tanto en la carne como en el espíritu, en una sola cosa con Dios. ¡Este es el gran misterio! ¡En esto consiste nuestra reunión sustancial con el Padre por su hijo!

Ahora bien, que esta dispensación del Espíritu fuera lo mismo que Dios y no una tercera entidad metafísica, lo hemos demostrado ya, contra Lombardo, al final del Libro I, y vamos a insistir en ello una vez más. Así como puede decirse que lo que hizo Dios por su Palabra lo hizo por sí mismo, pues «Dios era la Palabra», así también, cuando la Escritura cuenta que algo ha sido hecho por su Espíritu, cuenta que ha sido hecho por Dios mismo, pues «Dios es Espíritu». Igual que se dice que «habló el Espíritu santo», se dice también que «Dios habló por boca de los santos y de los pro- [167]

---

[8] Un buen ejemplo de la relativa arbitrariedad de Servet en el manejo técnico de los textos bíblicos. Este del Sal. 32, 6 lo trae ahora como *virtus eorum*, cuando antes había vertido por *exercitus eorum*, porque así le convenía a aquel contexto. De donde el doble error señalado antes en nota 160 del lib. IV.

[9] Ez. 37, 6, en la visión de los huesos secos.

fetas» (Hech. 3; Heb. 1) [10]. De algún modo, pues, se atribuye a Dios mismo lo que es característico del Espíritu santo. Recibir el Espíritu santo equivale a recibir el poder de lo alto al presentarse el celeste mensajero (Lc. 24; Hech. 1) [11]. Se atribuye al Espíritu santo la unción de Dios, pero «Dios es quien nos unge», y «Dios es Espíritu» (II Cor. 1 y 3) [12].

El apóstol enseña también que Dios mismo es ese Espíritu santo que habita en nosotros, cuando dice que el Espíritu santo mora en nosotros; pues es Dios quien ha dicho: «Moraré en ellos» y «Sois templos de Dios» (I Cor. 3 y 6; II Cor. 6). Somos «morada de Dios en el Espíritu santo» (Ef. 2; Is. 57) [13]. A Dios desprecia quien a nosotros desprecia, «porque también nos ha dado su Espíritu» (I Tes. 4) y «no miente a los hombres, sino a Dios, quien miente al Espíritu santo» (Hech. 5) [14]. Asimismo, que el Espíritu santo sea un modo de la deidad y que se nos dispense en Cristo y por Cristo, se demuestra porque se le llama «Espíritu de Cristo» y «Espíritu del hijo» (I Pe. 1; Gal. 4), e igualmente en la carta a los Romanos, cap. 8: «El Espíritu de Dios en vosotros. Si alguno no tiene el Espíritu de Cristo, el tal no es de Cristo. Y si su Espíritu (es decir, del Padre) que resucitó a Jesús...» [15].

A causa de estas expresiones, Hilario, en los Libs. II y VIII de *Sobre la Trinidad*, entiende por Espíritu santo unas veces el Padre, otras el Hijo y en ocasiones una tercera entidad, o sea, refiriéndose *metafísicamente* [según su costumbre metafísica] a un Hijo real invisible [16]. En parecidos términos se expresa Atanasio, al principio de sus *Diálogos*, cuando habla del triple espíritu de esas tres entidades metafísicas [17]. En cambio, a mí me resulta todo más fácil sin esas tres entidades metafísicas, incluso cuando se dice que

[10] *Spiritus est Deus*, de Jn. 4, 24. A continuación, Hch. 3, 18 y Heb. 1, 1.
[11] Lc. 24, 49 y Hch. 1, 8.
[12] «Nos ha sellado y dado la prenda del Espíritu en nuestros corazones», y «El Señor es el Espíritu»: II Cor. 1, 22 y 3, 17.
[13] I Cor. 3, 16 y 6, 19; II Cor. 6, 16. Luego, Ef. 2, 22 y acaso Is. 57, 15.
[14] I Tes. 4, 8 y Hch. 5, 3-4 sobre el caso de Ananías y Safira.
[15] I Pe. 1, 11; Gal. 4, 6 y por fin, Rom. 8, 10.
[16] Hilario, *De Trinitate*, lib. II, 30, pero en un sentido algo distinto: «Pienso que quedan algunos en ignorancia y ambigüedad en cuanto a lo tercero, lo que se llama Espíritu santo, por ver que frecuentemente se entiende por el Padre y el Hijo. No haya escrúpulo alguno, pues tanto el Padre como el Hijo son Espíritu y santo.» Y en el lib. VIII, 25: «También se encuentra que se significa al Padre en el Espíritu de Dios» (PL X, 44 y 231).
[17] Atanasio, *Dialogi de sancta Trinitate*, I, 14: «También el Padre es Espíritu santo, pero no es Espíritu de Dios», pasando luego a distinguir exactamente, sin embargo, las tres divinas hipóstasis. Texto, pues, truncado por Servet (PG XXVIII, 1139).

el Espíritu de Dios aumenta o disminuye y casi se **divide,** como cuando dijo Dios a Moisés: «Tomaré, arrancaré del Espíritu que está en tí y de él daré a los setenta varones» y más tarde: «Tomó, arrancó del Espíritu que estaba en Moisés, y púsolo en los setenta varones» (Num. 11)[18]. Sin que sufra mengua el Espíritu, se les da una parte, según el modo de la divina dispensación. Afirmamos que tal [variada] división, aumento o disminución de Espíritu de Dios hay que entenderla en el sentido de los modos de la divinidad, y también en el sentido de los agregados que realmente se dividen. Según variedad de dispensaciones se hace el reparto de ministerios y actividades (I Cor. 12); en atención a su dispensación, se dice que «en Daniel había abundancia mayor de Espíritu» que en los demás (Dan. 6), y que los apóstoles varias veces «quedaron llenos» de Espíritu santo (Hech. 2 y 4)[19]. Dar el Espíritu de Dios significa lo mismo que cuando se dice: «Les daré corazón, entendimiento y mente». A Salomón le fue concedida la sabiduría, que [era] *es* el Espíritu santo, el espíritu de sabiduría; y así se concede espíritu de sabiduría, de consejo, de ciencia, de piedad y de los demás dones.

[168]

Pero no sólo por esos dones; también por el mero hecho de espirarnos el alma puede decirse que Dios nos da su Espíritu (Gen. 2 y 6)[20]. Nuestra alma es como una lámpara de Dios (Prov. 20)[21]. Es como una chispa del Espíritu de Dios, imagen de la Sabiduría de Dios. Creada, claro está, pero muy semejante a aquella sabiduría espiritual incorporada a ella, por la que tiene, [verdaderamente] innata, luz de la divinidad, chispa de la Sabiduría primera y Espíritu mismo de la divinidad. *Que el Espíritu de la divinidad sea innato al hombre, incluso después del pecado de Adán, lo atestigua el propio Dios en el citado cap. 6 del Génesis.* La concesión de nuestra vida nos la hace y sostiene su aliento por gracia, como dice Job en los caps. 10, 32 y ss.[22]. Dios respiró en las narices a Adán el alma, a la vez que un soplo de aire; por eso depende de él (Is. 2; Sal. 103)[23]. Dios mismo nos sostie-

---

[18] Num. 11, 17 y 25.

[19] I Cor. 12, 5; Dan. 6, 3; Hch. 2, 4 y 4, 31.

[20] «Y alentó en su nariz soplo de vida», de Gen. 2, 7 y luego no del 6, como trae, sino 7, 22.

[21] *Anima nostra est lucerna quaedam Dei, ut scintilla spiritus Dei*, citando Prov. 20, 27.

[22] «Obra de las manos», Job 10, 3. «Espíritu hay en el hombre» y «El Espíritu de Dios me hizo, me animó el aliento de *Shadday*», Job 32, 8 y 33, 4; 34, 14-15, etc.

[23] «Cuyo hálito está en su nariz», Is. 2, 22. «Les quitas el espíritu, dejan de ser», Sal. 103, 29.

ne el aliento de vida con su Espíritu y «da respiración al pueblo que vive sobre la tierra y espíritu a los que por ella andan», de modo que «en él vivimos, nos movemos y somos» (Is. 42; Hch. 17) [24]. Viento de los cuatro vientos y aliento de los cuatro alientos, convocados por Dios, devuelven los cadáveres a la vida (Ez. 37). Del mismo soplo del aire saca Dios las almas de los hombres, a las que les es innata la vida del aire aspirado. De ahí que en hebreo «alma» suene igual que «aspiración» [25]. Del aire saca Dios el alma, produciéndola a la vez que el aire y que la chispa de su divinidad que llena el aire. Verdad es el dicho de Orfeo: «El alma va en alas de los vientos y penetra íntegramente por la respiración», según la cita de Aristóteles en los libros «*Sobre el alma*» [26].

[169]

Que el alma tenga algo de la sustancia elemental, lo enseña Ezequiel; que tenga algo de la sustancia de la sangre, lo dice Dios. Esto voy a explicarlo con más detalles, para que entiendas que la sustancia del espíritu creado de Cristo está esencialmente unida a la sustancia misma del Espíritu santo. Llamaré espíritu al aire, ya que en la lengua santa no existe un término especial para designar el aire. Más aún, este mismo hecho nos da a entender que en el aire hay cierto hálito divino y que lo llena el Espíritu del Señor.

Así, pues, para que adquieras completo conocimiento del alma y del espíritu, voy a incluir aquí, lector [cristiano], una filosofía divina que entenderás con facilidad, si estás versado en anatomía [27].

---

[24] Así en Is. 42, 5, y Pablo en su discurso ático de Hch. 17, 28.

[25] «Espíritu, ven de los cuatro vientos... Y pondré mi espíritu en vosotros, y viviréis», Ez. 37, 9 y 14. Realmente, en hebreo alma se dice *nefesh* y respiración *neshama*. En su *Guía de los perplejos*, Parte I, cap. XLI, ed. cit., p. 56. Maimónides tiene buen cuidado de explicar que *nefesh* es un homónimo que significa también vitalidad, Gen. 1, 30, sangre, Deut. 12, 23. razón, Jer. 38, 16, alma inmortal, I Sam. 25, 29 y también voluntad, en varios Salmos. Ese sentido de *nefesh* como sangre le ofreció a Servet una buena base bíblica para apoyar su descubrimiento de la circulación, que luego pasa a exponer.

[26] *Animan ferri ventis*, o como trae el mismo Aristóteles conservando un dicho órfico, φερομένεν ὑπὸ τῶν ἀνέμων, llevada sobre los vientos: *De anima*, I, cap. 5: 410b28. Pero resulta sintomático que Servet acepta esta concepción del alma sin aducir ni mencionar la crítica, un tanto despectiva, a que la somete el Estagirita junto con otras similares. Cfr. W. K. C. GUTHRIE, *Orphée et la religion grecque*, trad. franc., (París: Payot, 1956), p. 111.

[27] Comienza aquí el hasta ahora más famoso texto de *Restitutio*, el relativo a la descripción de la circulación menor de la sangre, el único traducido a muchos idiomas y objeto de múltiples estudios. Pero hay que señalar, no sin cierto coraje, que las versiones popularizadas del mismo no sólo son defectuosas e infieles al texto servetiano, sino incompletas, por no cubrir todo el desarrollo de su pensamiento. Se alude concretamente a las dos más

Suele decirse que hay en nosotros tres espíritus formados de la sustancia de los tres elementos superiores: el natural, el vital y el animal[28]. El Afrodiseo los llama tres espíritus; [pero] en realidad no son tres, sino dos espíritus
distintos[29]; así, el espíritu vital es el que por las anastomosis se comunica de las arterias a las venas, en las que recibe
el nombre de espíritu natural[30]. El primero, pues, es la

conocidas: la inglesa del Prof. Charles D. O'MALLEY en *Michael Servetus.
A translation of his geographical, medical and astronomical writings, with introd. and notes* (Philadelphia: Amer. Phil. Soc., 1953), pp. 202-208, y la española del Dr. José BARÓN en *Miguel Servet. Su vida y su obra* (Madrid: Espasa-
Calpe, 1970), pp. 167-168. No sirve, por ejemplo, la exculpación, ofrecida por
aquél a J. F. FULTON, *M. Servetus, humanist and martyr* (New York, 1953,
p. 40, n. 28), sobre su incorrecta versión de términos como *anima* y *spiritus.*
Puede verse, por otra parte, que las variantes de *Rest.* y del *MsPa* son míni-
mas. Ello apoya la absoluta prioridad del descubrimiento servetiano respecto a todos sus competidores, especialmente italianos, más aún si hay que
fijar la fecha del *MsPa* antes de 1550 al menos, y probablemente en 1546,
según R. H. BAINTON, «The smaller circulation: Servetus and Colombo»,
Sudhoffs Archiv für Geschichte der Medizin, 24 (1931), 371-374. Por lo demás,
habría que ahondar en una sugerencia de G. H. WILLIAMS (*The radical reformation:* Philadelphia, Westminster, 3 ed., 1974, p. 584) según la cual ciertas
oscuras frases de Calvino en *Psychopannichia*, escrito en 1534 tras su conocimiento con Servet en París aunque publicado en 1542 y 45, encierran ya una
velada alusión a su idea, precoz, de la circulación. Para todo este tema, la
más completa bibliografía, la nuestra en *Bainton*, pp. 284-288.

[28] Recoge Servet la viejo teoría griega de los cuatro elementos, procedente
de Empédocles, Aristóteles, Hipócrates y Galeno. El inferior es la tierra,
material; los superiores, formales, son el aire, el agua y el fuego. El latín
spiritus, como el griego *pneuma* y el hebreo *ruaj*, significa aire; pero también hálito, aliento, soplo, e incluso lo que hoy entenderíamos como onda,
vibración, dinamismo. Sólo en una dimensión filosófica sería lícito verterlo
por «espíritu», «espiritual». Pero, hecha esta salvedad, se conserva tal término
equívoco, por fidelidad a la letra de Servet. Tres «espíritus», tres corrientes
dinámicas dentro del organismo: el natural o sangre, relacionado con lo
acuoso; el vital o aire, formado por éste y la «sangre sutil»; y el animal o calor,
fuego, «espíritu ígneo», cercano ya al alma, a la mente.

[29] Servet sufre aquí una confusión. Alejandro de Afrodisias (flor. 198-211),
el gran comentador de Aristóteles, no habla de tres espíritus, sino de tres
entendimientos: activo o agente, que es siempre el divino; natural, equivalente al «potencial» de los escolásticos; y adquirido o actual, el conocimiento de hecho. Así comenta en su Περὶ Νοῦ o *De intellectu et intellecto*,
fragmento de su libro perdido *Sobre el alma*, Περὶ ψυχῆς, la correspondiente
teoría aristotélica del *De anima* III, 4, 429 sobre el doble entendimiento o doble función intelectual, la pasiva y la activa. Quizá Servet comete un *lapsus*.
Quien generalmente sí admitía tres «espíritus» o *pneumas* era Galeno, como
es bien sabido. Por fin, es menester corregir el texto de Servet: en vez de su
sed denuo (del *Rest.* y del *MsPa*) leemos *sed duo*, como muy bien leyó Menéndez Pelayo, *Heterodoxos*, lib. IV, cap. 6 (ed. BAC, I, 893).

[30] Es decir, la sangre es espíritu vital o natural, según dónde y cómo se
la considere. Por anastomosis entiende Galeno las conjunciones de filamentos de las venas y de las arterias que facilitan cierto mínimo intercambio
de sangre y de *pneuma*: *De usu partium*, IV, 6 y VI, 10 (ed. Helmreich, Leip-

sangre, cuya sede está en el hígado y en las venas del cuerpo; el segundo es el espíritu vital, cuya sede está en el corazón y en las arterias del cuerpo; el tercero es el espíritu animal, una especie de rayo de luz, cuya sede está en el cerebro y en los nervios del cuerpo. En los tres está la energía del único Espíritu y Luz de Dios [31].

Que el espíritu natural sea comunicado por el corazón al hígado lo demuestra la formación del hombre desde el útero, pues por cordón umbilical [32] discurre la arteria unida a la vena, y asimismo en nosotros, después, siempre van unidas arteria y vena. El alma le fue inspirada por Dios a Adán antes al corazón que al hígado, siéndole comunicada a éste desde el corazón. El alma le fue infundida realmente por inspiración en su rostro y narices; pero esa inspiración se dirige al corazón. El corazón es lo primero que vive, la fuente de calor en medio del cuerpo [33]. **Toma del hígado el** líquido de la vida, como su materia, y a su vez lo vivifica; de la misma manera que el líquido del agua suministra la materia a los elementos superiores y luego, al recibir la luz, es vivificado por ellos para germinar [34]. De sangre del hígado consta la materia del alma, mediante una maravillosa elaboración que ahora vas a escuchar. Por eso se dice que [170] el alma está en la sangre, y que el alma misma es la sangre o espíritu sanguíneo. No se dice que el alma esté principalmente en las paredes del corazón, ni en la masa del cerebro o del hígado, sino en la sangre, como enseña Dios mismo (Gen. 9; Lev. 17; Deut. 12) [35].

---

zig, 1907, vol I, 201 y 332, y trad. ingl. de M. T. May, 1968, Cornell Univ. Press, vol. I, 208 y 303).

[31] *Unius spiritus et lucis Dei energia:* la energía del único espíritu y la luz única de Dios, unificando los tres «espíritus» dinamizadores del cuerpo. Por eso, en definitiva, son un solo «espíritu». Consecuencia última del radical monoteísmo servetiano y de su repercusión tanto en la unidad cósmica como en la individualidad humana.

[32] *Per ipsius fœtus umbilicum.*

[33] *Cor est primum vivens, fons caloris in medio corpore.*

[34] Ingeniosa comparación, que bien puede ser original de Servet. De hecho, según el Prof. L. García Ballester, en su *Galeno* (Madrid, 1972, pág. 108), respecto a éste sólo se podría concluir que «según la analogía establecida, el cordón umbilical desempeña el papel de las raíces en las plantas», citando el *De fœtus formatione.*

[35] «Pero carne con su vida, que es su sangre, no comeréis», Gen. 9, 4. «Porque la vida de la carne en la sangre está..., porque el alma de toda sangre, su vida, está en su sangre», Lev. 17, 11 y 14. «Que te esfuerces a no comer sangre, porque la sangre es el alma», Deut. 12, 23. Servet no oculta su asombro ante la anatomofisiología humana: *elaboratio mirabilis.* Obsérvese que, en el fondo, Servet está haciendo en todo este texto una genial, y acaso torturante, pirueta. Por una parte, su materialismo, aunque teleológico, es perfectamente galénico; por otra, como buen cristiano, recoge la tradición judía, que le es

Para entender todo esto hay que entender primero cómo se produce la generación sustancial del propio espíritu vital, el cual está constituido y alimentado por el aire aspirado y por una sangre muy sutil. El espíritu vital tiene su origen en el ventrículo izquierdo del corazón, y a su producción contribuyen principalmente los pulmones. Es un espíritu tenue elaborado por la fuerza del calor, de color rojizo [36], de tan fogosa potencia que es como una especie de vapor claro de la más pura sangre, que contiene en sí sustancia de agua, de aire y de fuego. Se produce en los pulmones al combinarse el aire aspirado con la sangre sutil elaborada que el ventrículo derecho del corazón transmite al izquierdo. Pero este trasvase no se realiza a través del tabique medio del corazón, como corrientemente se cree [37], sino que, por un procedimiento muy ingenioso [38], la sangre sutil es impulsada desde el ventrículo derecho del corazón por un largo circuito a través de los pulmones. En

---

bien conocida, iluminándola además con destellos de neoplatonismo. Se trasluce así la problemática de la compatibilización de unas fórmulas médicas gastadas en un contenido médico helénico materialista (para Galeno el alma es *crasis* o mezcla de los cuatro elementos, mientras Servet habla de un solo «espíritu»), con una cultura espiritualista, la judeo-cristiana.

[36] *Flavo colore*, que acaso debería traducirse como «amarillo» o «amarillento». O'MALLEY se limita a dar la versión del *Latin Dictionnary* de Lewis and Short, *reddish yellow*, «amarillo-rojizo». TRUETA («M. Servetus and the discovery of the lesser circulation», *Yale Journal of Biol.*, 21, 1948, 1-15) traduce escuetamente por «rojo». BARÓN, por «de color rojo claro», pero añadiendo, eruditamente, que Marcial emplea *flavus* como «rojo», mientras que Séneca habla del «pudor sonrosado», *flavus pudor*. La clave está en lo que dice B. CASTELLI en su conocido *Lexicon Medicum...* (Padua, 1762): «*Flavus*, del griego ξανθὸς (y éste es el término usado por Galeno) es el nombre del rojo encendido derivando a blanco, pero más intenso que el ὠχρὸς, o pálido». Con lo cual, como siempre, Servet vuelve a mostrarse, al igual que los médicos universitarios de su época, magnífico conocedor de Galeno.

[37] *Non per parietem cordis medium:* no por el tabique interventricular. Servet proclama así, el primero, la impermeabilidad del *septum*, oponiéndose al dogma galénico que había dominado las escuelas («Pasa la sangre de la cavidad derecha a la izquierda», que Galeno, fiel a su argumento de analogía morfológica, intenta apoyar en la mayor voluminosidad de la vena cava, que avoca al corazón, respecto de la arteria pulmonar que de él sale, y de la aorta respecto de la vena pulmonar: «Las fosas que se ven [*sic*] en el corazón, especialmente en la pared que lo divide, fueron hechas con vistas a la comunicación de que he hablado», *De usu partium*, V, 17 (ed. cit., I, 361; May I, 323). Tras Servet, quien llama vulgar a esta creencia, la negó Vesalio en la 2.ª ed. de su *De humani corporis fabrica* (Basilea, 1555), pero aún tímidamente. No parece pueda dudarse de que Servet conoció la primera ed., de 1543, pero nunca cita a su condiscípulo de París. Si no hubo posterior contacto entre ambos, indemostrable, su convergencia habría que atribuirla a comunes y conjuntos experimentos disseccionales en la cátedra de Günther von Andernach, como es sabido.

[38] *Magno artificio*. De nuevo, el Servet admirador de la *fabrica* corporal.

los pulmones es elaborada y se torna rojiza, y es trasvasada desde la arteria pulmonar a las venas pulmonares [39]. Luego, en la misma vena pulmonar se mezcla con aire aspirado, [y] por espiración se vuelve a purificar de la fulígine [40]; y así, finalmente, la mezcla total, material apto ya para convertirse en espíritu vital, es atraída por la diástole desde el ventrículo izquierdo del corazón.

Ahora bien, que se realice [de este modo] a través de los pulmones esa comunicación y *elaboración, lo demuestra la variada conexión y comunicación* [41] de la arteria pulmonar con la vena pulmonar en los pulmones, y lo confirma el notable tamaño de la arteria pulmonar, ya que ella no hubiera sido hecha tan grande, ni enviaría tal cantidad de la sangre más pura desde el corazón a los pulmones, simplemente para alimentarlos, ni de esta suerte podría ser útil el corazón a los pulmones. Sobre todo, si se tiene en cuenta que, anteriormente, en el embrión, los pulmones se nutrían de otra fuente, a causa de que esas membranitas o válvulas del corazón no se abren hasta el momento del nacimiento, como enseña Galeno [42]. Es, pues, evidente que tiene otra función el que la sangre se vierta tan copiosamente del corazón a los pulmones, precisamente en el momento de nacer. Lo mismo prueba el hecho de que los pulmones no envían al corazón, a través de la vena pulmonar, aire solo, sino aire mezclado con sangre. Luego tal mezcla tiene lugar en los pulmones: los pulmones dan a la sangre oxigenada ese color rojizo, no el corazón [el cual más bien se lo daría negro]. En el ventrículo izquierdo del corazón no hay [además] suficiente espacio para tan grande y copiosa mezcla, ni actividad capaz de darle ese color rojizo. Por último, dicho tabique intermedio, al carecer de vasos y de mecanismos, no resulta idóneo para semejante comunicación y elaboración, por más que pueda resudar algo [43].

[171]

---

[39] *A vena artificiosa in arteriam venosam.* Como es ya común en todas las versiones, damos el equivalente moderno de estos términos, que proceden de Galeno: «Hay además dos vasos, a uno de los cuales llamo arteria venosa [vena pulmonar] y al otro vena arterial [arteria pulmonar], *De anatomicis administrationibus* o *Sobre los procedimientos anatómicos*, ed. Kühn, vol. II, p. 603, y *De usu partium, passim.*

[40] *A fuligine:* textualmente, «del hollín».

[41] *MsPa* comete una de tantas omisiones por *lapsus* del copista (quizá, como quedó sugerido en el estudio introductorio, el mismo Servet): salta de un *communicatio* al otro. El origen de este *MsPa* constituye un enigma.

[42] Es éste uno de los errores de Galeno que Servet aún retiene: *De fœtuum formatione*, cap. 3, ed. Kühn, vol. IV, 667, según García Ballester, *op. cit.*, p. 108.

[43] Servet ha aceptado antes otro presupuesto galénico: el origen de las venas desde el hígado, con el que constituirían sistema, así como las arterias

Por el mismo procedimiento por el que se realiza en el hígado una transfusión de sangre de la vena porta a la cava, se realiza también en los pulmones una transfusión de espíritu de la arteria pulmonar a la vena pulmonar [44]. Si hay alguien que compare todo esto con lo que escribe Galeno en los Libs. VI y VIII del *De usu partium*, comprenderá cabalmente una verdad que no fue advertida por el propio Galeno [45].

Así, pues, ese espíritu vital se trasfunde luego desde el ventrículo izquierdo del corazón a las arterias de todo el cuerpo de modo que el más sutil se dirige a las partes superiores, en las cuales vuelve a ser reelaborado, [sobre todo] en el plexo reticular sito bajo la base del cerebro [46]. En él comienza a trocarse de espíritu vital en espíritu animal, acercándose a la sede misma del alma racional. Nuevamente, gracias a la fuerza ígnea de la mente, vuelve a ser [formado] *sutilizado*, elaborado y perfeccionado en unos vasos delgadísimos o arterias capilares, situados en los plexos coroideos, y que contienen ya la mente misma. Estos plexos penetran todas las cavidades del cerebro y ciñen interiormente sus ventrículos [47], manteniendo unidos

con el corazón. A pesar de corregir ahora la idea galénica de una comunicación anatómica en el tabique intraventricular, hace una concesión a Galeno admitiendo que quizá algo de sangre puede filtrarse por él: *licet aliquid resudare possit*, concepto totalmente superado hoy, y que muestra a Servet como un típico «galenista de transición».

[44] Como antes, *a vena arteriosa ad arteriam venosam*.

[45] A pesar, pues, del fondo fundamentalmente galénico en que Servet basa la descripción de su descubrimiento, aun corrigiéndole en algo esencial, no puede reprimir, finalmente, esta expresión de consciente triunfo de su originalidad: *veritatem ab ipso Galeno non animadversam*. Pero en cualquier estudio comparativo habría que tener en cuenta esta importante afirmación de García Ballester, *op. cit.*, p. 156: «Si es cierto que (Galeno) admitió la existencia de pequeñas anastomosis entre lo que hoy llamamos arteria pulmonar y la vena arterial, a nivel de pulmón, la lectura detenida de los capítulos que dedica al tema en su obra *Sobre el uso de las partes*, nos autoriza a firmar que esas anastomosis existirían no para transmitir sangre, sino para airearla antes de que sea empleada en la nutrición del pulmón, condición necesaria para la conversión —sustancial— del humor en sustancia pulmonar.» Los libros VI y VII del *De usu partium* tienen, de hecho, por título «Los instrumentos del *pneuma*».

[46] El *plexus retiformis* o *rete mirabile*, tan importante en la fisiología y anatomía galénicas, existe en los cerdos, con los que trabajaba Galeno, pero no en el hombre, en el cual la misma región está ocupada por el llamado polígono de Willis, formado por dos ramas de la carótida interna. Su descripción, en *De usu*, IX, 4. Cfr. May, I, 430, nota 9.

[47] Como es sabido, el cerebro y la médula están cubiertos por la membrana llamada meninges, formada por tres láminas: duramadre, piamadre y arecnoides. Los *plexos coroideos* son repliegues de la piamadre al introducirse en los ventrículos cerebrales. Nótese que Servet, de acuerdo con la anato-

entre sí y entretejidos aquellos vasos hasta los orígenes de los nervios para transmitirles la facultad de sentir y mover. Esos vasos, finamente entretejidos como una filigrana milagrosa [48], aunque se les llame arterias, son en realidad la terminación de las arterias que, mediante la meninge, conecta con el origen de los nervios [49]. Se trata de un nuevo tipo de vasos; pues así como para la transfusión desde las venas a las arterias hay en el pulmón un tipo de vasos formados por vena y arteria, así también para la transfusión desde las arterias a los nervios hay un nuevo tipo de vasos formados por la túnica de la arteria en la meninge, especialmente porque las meninges continúan sus túnicas en los nervios [50]. La sensibilidad de los nervios no radica en su blanda materia, así como [tampoco] en el cerebro. Todos los nervios terminan en filamentos membranosos dotados de exquisita sensibilidad; por eso el espíritu tiende constantemente hacia ellos. Así, pues, desde esos vasitos de las meninges o coroides, como desde una fuente, se difunde como un rayo el luminoso espíritu animal a través de los nervios hasta los ojos y los otros órganos sensoriales. Y por el mismo conducto, pero en sentido inverso, son remitidas desde el exterior hasta esa misma fuente las imágenes luminosas de las cosas sentidas, penetrando hacia dentro como a través de un medio luminoso [51].

[172]

Lo dicho es suficiente para dejar constancia de que esa blanda masa del cerebro no es propiamente la sede del alma racional, por ser fría y falta de sensibilidad, sino que actúa como de almohada de dichos vasos para evitar que se rompan, y como de custodio del espíritu animal para evitar que se desparrame cuando va a ser comunicado a los

---

mofisiología galénica, da mayor importancia a los ventrículos que a los lóbulos cerebrales. Este esquema se mantendrá hasta bien entrada la Edad Moderna.

[48] Nueva exclamación admirativa: *miraculo magno tenuissime contexta.*

[49] Parecería que Servet compara el perineuro, envoltura de los nervios, con una continuación de las meninges. Pero acaso tenga en mente las arterias capilares, descritas en *De usu partium*, VIII, 9 y 12.

[50] *Ex arteriæ tunica... y suas in nervis tunicas servent.* El término *tunica*, en griego χιτών, que aún sigue usándose, equivale a envoltura o membrana, es ya pregalénico, como Galeno mismo admite en *De usu*, IV, 9 (ed. Helmreich, I, 123) y *De facultatibus naturalibus* (ed. Kühn, II, 214).

[51] Contrariamente a Galeno, Servet no admite la oquedad de los nervios, que aquél, fiel a su método morfológico, había inferido de los resultados obtenidos en la observación del nervio óptico. La explicación servetiana del conocimiento sensorial se acerca a la concepción de los nervios como filamentos transmisores de cierta energía lúcida, o eléctrica, *per lucidum medium*, en consonancia con su teoría general del conocimiento, moderadamente iluminista; pero no le sería fiel una concepción de tipo mecanicista.

31. Páginas 40-41 del *MsPa* correspondientes a *Restit.* 130⁵-131¹³.

lem, quam nunc audies. Hinc dicitur anima effe in fanguine, et anima ipfa effe fanguis, fiue fanguineus fpiritus. Non dicitur anima principaliter effe in parietibus cordis, aut in corpore ipfo cerebri, aut hepatis, fed in fanguine, vt docet ipfe Deus genes. 9. Leuit. 17. et Deut. 12.

Ad quam rem eft prius intelligenda fubftantialis generatio ipfius vitalis fpiritus, qui ex aëre infpirato, et fubtiliffimo fanguine componitur, et nutritur. Vitalis fpiritus in finiftro cordis ventriculo fuam originem habet, iuuantibus maxime pulmonibus ad ipfius generationem. Eft fpiritus tenuis, caloris vi elaboratus, flauo colore, ignea potentia, vt fit quafi ex puriori fanguine lucidus vapor, fubftantiam in fe continens aquae, aëris, et ignis. Generatur ex facta in pulmonibus mixtione infpirati aëris cum elaborato fubtili fanguine, quem dexter ventriculus cordis finiftro communicat. Fit autem communicatio haec non per parietem cordis medium, vt vulgo creditur, fed magno artificio a dextro cordis ventriculo, longo per pulmones ductu, agitatur fanguis fubtilis: a pulmonibus praeparatur, flauus efficitur: et a vena arteriofa, in arteriam venofam transfunditur. Deinde in ipfa arteria venofa infpirato aëri mifcetur, exfpiratione a fuligine repurgatur. Atque ita tandem a finiftro cordis ventriculo totum mixtum per diaftolem attrahitur, apta fupellex, vt fiat fpiritus vitalis.

Quod ita per pulmones fiat communicatio, et praeparatio, docet coniunctio varia, et communicatio venae arteriofae cum arteria venofa in pulmonibus. Confirmat hoc magnitudo infignis venae arteriofae, quae nec talis, nec tanta facta effet, nec tantam a corde ipfo vim puriffimi fanguinis in pulmones emitteret, ob folum eorum nutrimentum, nec cor pulmonibus hac ratione feruiret: cum praefertim antea in embryone folerent pulmones ipfi aliunde nutriri, ob membranulas illas, feu valuu

valuulas cordis, vfque ad horam natiuitatis nondum apertas, vt docet Galenus. Ergo ad alium vfum effunditur fanguis a corde in pulmones hora ipfa natiuitatis, et tam copiofus. Item a pulmonibus ad cor non fimplex aër, fed mixtus fanguine mittitur, per arteriam venofam: ergo in pulmonibus fit mixtio. Flauus ille color a pulmonibus datur fanguini fpirituofo, non a corde. In finiftro cordis ventriculo non eft locus capax tantae, et tam copiofae mixtionis, nec ad flauum elaboratio illa fufficiens. Demum, paries ille medius, cum fit vaforum et facultatum expers, non eft aptus ad communicationem et elaborationem illam, licet aliquid refudare poffit. Eodem artificio, quo in hepate fit transfufio a vena porta ad venam cauam propter fanguinem, fit etiam in pulmone transfufio a vena arteriofa ad arteriam venofam propter fpiritum. Si quis haec conferat cum iis, quae fcribit Galenus lib. 6. et 7. de vfu partium, veritatem penitus intelliget, ab ipfo Galeno non animaduerfam.

Ille itaque fpiritus vitalis, a finiftro cordis ventriculo, in arterias totius corporis deinde transfunditur, ita vt qui tenuior eft, fuperiora petat, vbi magis adhuc elaboratur, praecipue in plexu retiformi, fub bafi cerebri fito, in quo ex vitali fieri incipit animalis, ad propriam rationalis animae fedem accedens. Iterum ille fortius mentis ignea vi tenuatur, elaboratur, et perficitur, in tenuiffimis vafis, feu capillaribus arteriis, quae in plexibus choroidibus fitae funt, et ipfiffimam mentem continent. Hi plexus intima omnia cerebri penetrant, et ipfos cerebri ventriculos interne fuccingunt, vafa illa fecum complicata, et contexta feruantes, vfque ad neruorum origines, vt in eos fentiendi et mouendi facultas inducatur. Vafa illa miraculo magno tenuiffime contexta, tametfi arteriae dicantur, funt tamen fines arteriarum, tenden-

---

32. *Restit.*, 170-171, con las frases centrales de Servet sobre la circulación de la sangre.

33. **Páginas 8-9 del** *MsPa* **correspondientes al mismo texto impreso,** *Restit.,* 169[11]-171[7]

34. Leonardo da Vinci (1452-1519) (Windsor Castle, núm. 19.127). Los ventrículos cerebrales, con los «sinnosos glúteos» descritos por Servet en *Restit.*, 176, y el sistema nervioso central, obtenidos por método de inyección de cera. Tomado de Ch. D. O'Malley —J. B. Saunders, *L. da Vinci on the human body*, Nueva York, 1952.

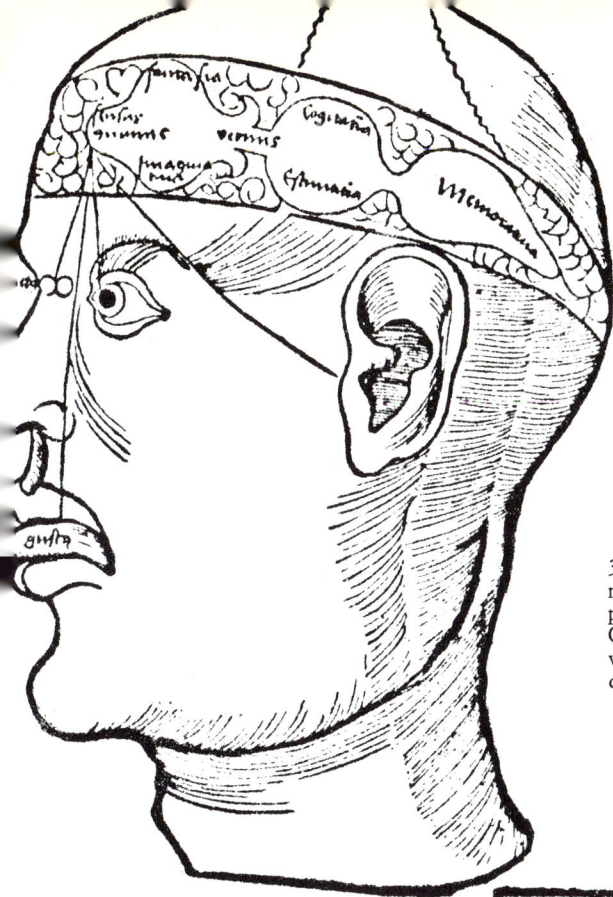

35. *Caput physicum,* que aparece en la página 882 de la edición de Basilea, 1535, la más próxima a Servet, de la divulgadísima obra de Gregorius Reisch, *Margarita philosophica.* Nueva York Library. Nótese que las localizaciones de Servet coinciden más con las de Leonardo que con éstas.

‡ Caput pbiſicum

36. *Caput physicum,* de A. Dürer, 1498, con s facciones de su amigo W. Pirckheimer, cuya raducción de la *Geografía* de Tolomeo editó Servet.

nervios. Es fría precisamente para contrarrestar ese fogoso calor contenido dentro de los vasos. Así se explica también que, para mayor seguridad en la custodia del espíritu, conserven los nervios la túnica de membrana que es común a dichos vasos, en su cavidad interior, y ello gracias a la meninge delgada, lo mismo que la gruesa les proporciona otra túnica exterior [52]. Además, esos espacios vacíos [o lagunas] de los ventrículos del cerebro, que asombran a filósofos y a médicos, contienen nada menos que el alma. Pero tales ventrículos han sido hechos, principalmente, a guisa de cloacas, para recoger las depuraciones [53] del cerebro, como se comprueba por los residuos [54] allí acumulados, así como por la existencia de conductos al paladar y a las narices, de los que proceden secreciones morbosas. Cuando esos ventrículos se saturan de pituita hasta el punto de anegar en ella las arterias mismas de la coroides, entonces sobreviene repentinamente la apoplejía; si el humor nocivo [173] obstruye sólo una parte, y su vapor infecta la mente, sobreviene la epilepsia, u otra enfermedad, según la parte infectada por el humor segregado. Por consiguiente, hemos de decir que la mente se localiza allí donde claramente vemos que es afectada [55]. A consecuencia de un desproporcionado calor en los vasos o de la inflamación de las meninges, pueden acaecer evidentes delirios y frenesíes. Por tanto, considerando las enfermedades que pueden sobrevenir, su localización y naturaleza, *la intensidad del calor, así como la ingeniosa belleza de los vasos que lo contienen,* y las operaciones del alma que allí se manifiestan, llegamos siempre

---

[52] Explicación elemental del hecho de que el líquido cefalorraquídeo, que se encuentra en los espacios subaracnoideos y en los ventrículos cerebrales, así como en el conducto raquídeo, tiene, entre otras funciones, la de proteger el cerebro. Servet distingue claramente ambas láminas, *tenuis* y *crassa*, de la meninges.

[53] *Expurgamenta.* Ya Galeno había observado *spatia inania sive lacunæ,* χώραι, en la sustancia nerviosa (GARCÍA BALLESTER, *op. cit.,* p. 161); pero Servet se refiere aquí a las de los ventrículos cerebrales: dos laterales, un tercero en medio, y el cuarto hacia atrás.

[54] Muy erróneo, desde nuestros supuestos, este concepto, igualmene galénico, de que los ventrículos cerebrales sean, ante todo, como cloacas para recibir los *excrementa* de la actividad cerebral, como a continuación explica. Erróneo también que de ese modo se originen las enfermedades mentales que menciona.

[55] Muy importante principio relativo a la fácil localización de las funciones mentales, entroncado con el localicismo típico del *Timeo* de Platón: *Ibi dicemus esse mentem, ubi eam affici manifeste percipimus.* El «alma racional» de Aristóteles y la Escolástica, o el «espíritu animal», *pneuma psykikón,* de Galeno, agente de la función sensorial activada por la acción nerviosa, no tiene su sede en la masa cerebral, sino en todo el sistema nervioso, con lo cual también queda Galeno espléndidamente desarrollado por Servet.

à la misma conclusión: que tales vasos son los más importantes, tanto porque todos los demás están a su servicio, como porque a ellos están unidos los nervios sensoriales para recibir de ellos fuerza, como, *y finalmente, porque* percibimos al entendimiento actuando allí cuando en una fuerte meditación esas arterias nos golpean en las sienes. Apenas lo entenderá quien no viere ese lugar [56].

Estos ventrículos han sido hechos, en segundo término, para que penetrando hasta sus espacios vacíos a través del hueso etmoides una porción de aire aspirado, y atraída mediante la diástole por los vasos del alma, alimente al espíritu contenido en ellos y ventile al alma. En esos vasos está la mente, alma, y espíritu de fuego, en menester de constante aireación; de lo contrario, se apagaría encerrada, como le ocurre al fuego exterior [57]. Como el fuego, necesita aireación y expansión; no sólo tomar pábulo del aire, sino arrojarle su fulígine [58]. Así como este fuego exterior elemental va unido a un craso cuerpo terreno, por serles común la sequedad y una misma forma de luz, y tiene como pábulo el líquido del cuerpo, y de aire se expande, aviva y alimenta, así también ese nuestro espíritu de fuego y alma está unido al cuerpo, constituye unidad con él, tiene como pábulo su sangre, y se expande, aviva y alimenta de espíritu aéreo por aspiración y espiración, de modo que tiene un doble alimento: espiritual y corporal [59].

---

[56] *Vix intelliget, qui locum non viderit.* Nueva expresión del pasmo de Servet ante la complejidad estructural del cerebro, cuyas disecciones debió de realizar solo o bajo la guía de Andernach y en compañía de Vesalio y Paré. Cfr. nuestro estudio introd., pp. 16, 25.

[57] Servet sigue la teoría helénica de los cuatro elementos y las cuatro cualidades intrínsecas. Con Galeno, *De usu partium*, VI, 7 (ed. Helmreich, I, 318), admite en el cuerpo un calor o fuego innato que el corazón mantiene y aviva aireándolo en la continua respiración. De ahí la doble fase de *flabellatio* y de *difflatio*, que ambos vincularían —erróneamente— a la sístole y la diástole. También la comparación con la llama es galénica: ese calor es el principal instrumento dinámico de la naturaleza. Y de ahí, como en Galeno también, esa comparación, un tanto oscura para nosotros, y aun identificación que establece Servet entre *mens, anima, igneus spiritus*. Pero no se olvide su punto de mira esencial: todo ese texto «científico» viene a propósito de mostrar (y para él, demostrar) la influencia del «Espíritu de Dios» o Dios-como-Espíritu mediante el «espíritu vital» y el «espíritu natural» en el «espíritu animal», es decir, en la vida de la mente animada, de forma que toda actividad, la cósmica, la humana más recóndita e invisible, queda subsumida como un modo de expansión temporal de ese modo sustancial divino que es el Espíritu, es decir, Dios-Espíritu, como enseña tantas veces: *Rest.* 129, 187, 197, etc.

[58] *Non solum ut ab aëre pabulum summat, sed ut in eum suam fuliginem evomat.*

[59] Nada de este contexto alude aún a la llamada espiritualidad del alma, que Servet está aquí considerando en su mera dimensión sensorial. Por eso

Por su localización y necesidad de fomento espiritual fue extraordinariamente conveniente que ese mismo lugar naturalmente luminoso de nuestro espíritu fuese inspirado por otro Espíritu, santo, celestial, luminoso; y ello por espiración de la boca de Cristo, ya que en la aspiración el espíritu siempre es atraído por nosotros a ese mismo lugar [60]. Fue conveniente que el mismo lugar de nuestro entendimiento y de nuestra alma luciente fuese de nuevo iluminado por la celeste luz de otro fuego, pues Dios enciende en nosotros la primera lámpara y luego nuevamente convierte en luz las tinieblas que de él surgen, como dicen David en Sal. 17 y Sam. II, 22 [61]. Lo mismo enseña Eliud en Job 32 y 33, y otro tanto enseñaron Zoroastro, Trismegisto y Pitágoras, [que hay en nosotros una doble luz, la innata y la sobreañadida,] como diré más tarde [62].

[174]

También contribuyen a la bondad de la mente la buena conformación y proporción de los vasos [y de los humores] de manera que el alma es tanto mejor cuanto mejor dispuestos están ellos. Pero así como el buen espíritu acrecienta más y más la luz que tenemos innata, así también el malo la oscurece. Si con nuestro luminoso espíritu ani-

---

habla de su doble alimento: fuego o luz, espíritu ígneo o luminoso ella misma, se alimenta de «espíritu» (aire) y cuerpo (sangre). Es decir, los dos elementos formales menos superiores y los dos «espíritus» menos superiores elaboran y nutren al superior, que es el fuego.

[60] El «espíritu» (aire) siempre es llevado primero al corazón, opina Servet; ese mismo fue el destino de la original inspiración divina, la creadora, del Génesis. De ahí que toda nueva inspiración e iluminación posterior y continua reestimula a aquélla. Culmina así el aprovechamiento —y superación— de datos galénicos en función de la finalidad metodológica superpuesta por Servet, que es teológica.

[61] «Tú, pues, alumbrarás mi lámpara», Sal. 18, 28. «Tú eres mi lámpara, Jehová da luz a mis tinieblas», II Sam. 22, 29. «Ciertamente, espíritu hay en el hombre, e inspiración del Omnipotente los hace que entiendan», Job 32, 8. «El espíritu de Dios me hizo, la inspiración del Omnipotente me dio vida», Job, 33, 4. Téngase siempre presente que, según la teoría servetiana de los criterios de verdad: Biblia sobre todo, y como instrumentos hermenéuticos filología, filosofía y experiencia (cfr. Introd., p. 74), todo este contexto «científico» tiene para él mucha menor importancia que los mencionados textos bíblicos, los cuales él, como de costumbre, interpreta en su sentido literal-histórico.

[62] Alusión genérica al hecho de que las cosmogonías conocidas por Servet, incluida la bíblica, proponen un caos primordial tenebroso, precisado y dividido luego en orden, en *cosmos*, por la acción del Dios-Luz. Así también, los *Oráculos mágicos* atribuidos a Zoroastro, n. II (ed. Guirao, p. 110): «La luz que todo linaje de hombres llena primera, la engendrada por el Padre, sumamente única, arranca de la flor de la mente, como de su tallo, de la fortaleza del Padre.» Con mayor detalle y énfasis, el tratado I del *Pimandro* (*Corpus Hermeticum*, ed. Nock-Festugière, I, pp. 14-21), y algunos de los *Versos áureos* atribuidos a Pitágoras. (Cfr. Introd. y luego, nota 103).

mal penetra en los vasos de nuestro cerebro un espíritu tenebroso y perverso, entonces experimentarás furores demoníacos, y al revés, por el buen espíritu experimentarás luminosas revelaciones. Ahora bien, el espíritu maligno fácilmente ataca nuestros vasos, pues tiene su morada muy cerca, en esos abismos acuosos y en esas cavidades de los ventrículos del cerebro. Ese espíritu maligno, cuyo poder es de aire, entra y sale libremente en esas cavidades con el aire que aspiramos, para allí, colocado dentro de los vasos como en una fortaleza, pelear continuamente contra nuestra alma; incluso llega a sitiarle por todas las partes sin apenas dejarle respirar, sino cuando sobreviene la luz del Espíritu de Dios y pone en fuga al maligno [63]. He aquí con qué propiedad le cuadra a este lugar la condición, natural o transitoria, de la mente, del espíritu, de la revelación y del entendimiento, y la lucha de las tentaciones superiores, por no mencionar ahora las otras. Por un procedimiento semejante de inspiración, el amor de Dios nos es acrecentado en el corazón por el Espíritu santo. En el corazón radica, además del principio de vida, el dominio de la voluntad y, tras las tentaciones del entendimiento y los incentivos de la carne, la primera fuente de pecado por nuestro consentimiento (Mt. 15) [64].

Pero terminemos cuanto se refiere al cerebro, antes de volver al corazón. Hay diversas actividades de la mente según la diversidad de vasos que hay en el cerebro. Y hay diferentes órganos en los diferentes ventrículos, como voy a explicar ahora.   [175]

Al espíritu animal e ígneo contenido en los capilares de la coroides le llega en pequeña proporción el aire aspirado a través del hueso denominado etmoides, ascendiendo hasta los dos primeros ventrículos del cerebro que se hallan situados a izquierda y derecha de la mitad anterior de la cabeza [65]. Allí las arterias capilares de la coroides absorben

---

[63] Los términos pueden parecer equívocos; pero no se refiere aquí Servet con «espíritu malo» al demonio, sino a que el «espíritu» (aire) puede ser fisiológicamente beneficioso o no. Habría, según esto, una base fisiológica, un «buen aire» y un «mal aire», en la raíz de las intenciones moralmente buenas y malas. El luminoso «Espíritu de Dios» ayuda también en esto. Y no se olvide la distinción entre él (Dios-principio de dinamismo cósmico) y «Espíritu santo» (Dios-principio de santificación deificadora).

[64] «Lo que sale de la boca, del corazón sale, y esto contamina al hombre», Mt. 15, 18 y ss.

[65] No hay que repetir que es inadmisible hoy y para la fisiología actual, montada sobre otros supuestos, esta teoría servetiana según la cual el aire inspirado llegaría a «mover» las funciones sensoriales y perceptivas, localizadas, eso además, en los sucesivos ventrículos cerebrales, y no en la masa encefálica misma.

aire al dilatarse, para ventilar el alma. En esas dos partes radican también los dos nervios ópticos, y hacia ellas llevan las luminosas imágenes visuales, igual que hacen los nervios del oído y los de los demás sentidos, conservando siempre la membrana común que los cubre [66] para la máxima fidelidad y seguridad de todos y cada uno. Pues si las imágenes y los espíritus anduviesen vagando con el alma [misma] por esos espacios vacíos, todos serían expulsados afuera al sonarnos, o por lo menos al estornudar. Si el alma estuviese allí, ya no podría hallarse en la sangre, puesto que fuera de los vasos no hay sangre. Luego es en los vasos de las coroides donde está situada bien segura la mente, ya que segurísimo es su recubrimiento [67]. A dichos vasos, situados en cierta parte de los ventrículos anteriores, van a parar los principales nervios sensoriales, de modo que ahí radica el sentido común, [o sea] la aprehensión de los sentidos externos reducida a común, *o la imaginación*, para empezar a comparar y combinar todo lo aprehendido por los sentidos externos [68].

Luego, ese aire inspirado al cerebro es conducido desde los dos ventrículos anteriores al del centro, una especie de conducto común al que confluyen ambos bajo la «psalloides» [69], donde está la parte más lúcida y pura de la mente. Esta, aduciendo los gérmenes de ideas que tiene innatos por disposición divina, y partiendo de imágenes ya antes recibidas, puede [imaginar o, mejor, combinar] *pensar o combinar* cosas nuevas que tengan cierta semejanza, mezclar lo imaginado, inferir unas de otras, discernirlas entre sí y, si Dios le ilumina, descubrir la verdad pura [70]. Ahí, cuanto

---

[66] Literalmente, *tegumento communis membranæ semper servato.*

[67] *In vasis ergo choroidum est mens tutissime sita.*

[68] Se refiere a la localización del *sensus communis* de Aristóteles y escolásticos (*De anima* III, 2, 426ab), lo que hoy entendemos por apercepción, y de la imaginación o *phantasia*. Resulta instructivo comprobar que Servet está describiendo algo que parece haber sido de dominio común en su tiempo. Véase el *caput physicum* de la ilustración núm. 35, que no pasa de ser esquemático.

[69] *Psalloides, psalterium,* o *lyra*: término antiguo para designar la parte posterior del cuerpo calloso, consistente en fibras que conectan los dos hemisferios cerebrales, incluyendo la comisura del hipocampo. Por ser un entrecruce de fibras longitudinales y transversales, recibía ese nombre musical; equivale al cuerpo franjeado o *fimbria,*. Como Galeno (*De usu partium* VIII, 11; ed May, I, 483), Servet rehuye la cuestión nominal de si se trata de «la confluencia de los dos ventrículos [laterales] o de un tercero además de éstos».

[70] *Lustrante Deo*, expresión en la que, con otras, puede apoyarse un esbozo de iluminismo gnoseológico en el sistema de Servet. No podría el hombre llegar a la *pura veritas*, presupuesto todo el proceso perceptivo, sin in-

menor es el ventrículo, *mejor* [más perspicua] es la condición del entendimiento, pues así son más abundantes las arterias de la coroides, alimentan mejor por la diástole a su espíritu ígneo, y aportan las aprehensiones del sentido común hacia un razonamiento *más y* más lúcido, al penetrar por los vasos la luz *espiritual* y resplandecer allí mismo la *propia* divinidad. No hay ahí tanto espacio vacío [176] como en los otros ventrículos, y así más bien que ventrículo habría que llamarlo conducto o proceso largo y sinuoso del discurso. Lo cual fue hecho con gran sabiduría, dada la dificultad del discurso [71]. Por eso es menor el ventrículo, porque donde está la parte más pura y lúcida de la mente no tienen por qué acumularse los residuos; y los que allí se producen se eliminan fácilmente por el *tubo anexo* [72], para que no amortigüen la lámpara de la mente ni le causen dificultades. Mayor número de vasos hay ahí alrededor del «conarium» [73], donde más frecuentes son las pulsaciones de las arterias y más vigorosa la actividad de la mente y espíritu ígneo. Nosotros mismos experimentamos interna y externamente cómo nos golpea con más fuerza ahí en las sienes el entendimiento cuando está trabajando, hasta tal punto que este solo experimento nos lleva como de la mano hasta el lugar exacto de la mente. Añádase que lo más próximo a este lugar está el sentido del oído, que es el sentido del aprendizaje [74].

¡Estupendo milagro esta composición del hombre! [75].

---

flujo directo de Dios-Luz; pero este influjo divino se realiza actualmente por la mera aireación del «espíritu ígneo» hasta la masa cerebral. Servet, con Galeno *(De usu,* VII, 14) y contra Aristóteles *(Histor. animal.,* III, 5), admite la localización del pensamiento en el cerebro.

[71] ¿Se refiere aquí Servet al «acueducto de Silvio»? ¿O al cuarto ventrículo? En todo caso, resulta sugestiva, para su época, su idea de requerir la localización de la función discursiva del pensamiento en el lugar más oblongo del cerebro. Esta dudosa identificación ofrece el mismo problema que la correspondiente descripción de Galeno.

[72] *Subiecta choana.* El griego χοάνη significa embudo, infundíbulo, coana; se refiere aquí al infundíbulo del cerebro y, en último término, a la expulsión de *excrementa* cerebrales por las fosas nasales. Esta concepción es también galénica.

[73] O sea, la glándula pineal o epífisis, llamada en griego κωνάριον, conario, por su forma cónica o de piña, descrita en *De usu partium,* VIII, 14 (ed. May, I, 418).

[74] *Sensus auditus, qui est sensus disciplinæ.* Los procedimientos visuales de enseñanza son más modernos. Obsérvese que las localizaciones sensoriales de Servet no coinciden del todo con las de la fig. 35.

[75] Otro entusiasmo renacentista: *miraculum maximum est hæc hominis compositio.* Esta bellísima exclamación puede ser huella de la famosa de Hermes Trismegisto, *magnum miraculum est homo (Asclepio,* 5: *C.H.,* II, 301); pero hipótesis por hipótesis, resulta igualmente probable, al menos, que

Numerosos y prolongados meandros que llegan hasta el cerebelo hacen que, mediante un prolongado discurso, puedan ser investigados los asuntos complicados e iluminadas las tinieblas, contribuyendo también a ello, mediante la facultad de recordar, todos los elementos previamente confiados a la memoria. Ahí es también donde, [mientras tanto,] *cuando se ejercita el pensamiento*, el volumen de aire inspirado es retenido *de algún modo y aumentado* por el portero «scolicoides» [76] y por los sinuosos glúteos [77] hasta que, aireadas por él y pulsándonos con vigor todas las arterias de la mente, queda cabal el discurso y todo [más claro que la luz] *lúcidamente*. A la mente, pues, que es de fuego y participa de la luz de Dios, le cuadra perfectamente ese lugar de fuego y la idea ya concebida, que a su vez es como un rayo de luz, como una imagen luminosa. Luminosas son también las imágenes sensibles externas de las cosas [78] que son enviadas al ojo por un objeto luminoso, que tiene forma de luz, y a través de un medio luminoso. De ahí que la propia mente se vaya iluminando más y más.

No sólo está enriquecido el entendimiento por la vista, que nos hace descubrir muchas diferencias entre las cosas, sino también por los objetos de los otros sentidos, todos

---

proceda de la de su propio «maestro» Champier, *maximum miraculum est homo sapiens*. (Cfr. Introd., nota 195, y Cl. MANZONI, *Umanesimo ed Eresia· M. Serveto*; Napoli, 1974, pp. 113 y 183). Pudo inspirarse también en los *Oráculos mágicos*, donde consta ya el mismo pensamiento. La fórmula servetiana, por su alusión estructural, manifiesta más el interés del científico que el rapto poético del contemplativo. En todo caso, es una frase que expresa el típico biologismo teleológico de la tradición galénica. Frases algo semejantes se leen sobre todo en el *De usu partium*.

[76] O *scolicoidal*: de σκώληξ, gusano. Y así, *ianitore scolicoide* significa lo mismo que «portero vermiforme». Servet sigue con ello la descripción galénica: «Esa parte apta para controlar y regular el paso del *pneuma*... no es el cuerpo pineal, sino la epífisis [*vermis superior cerebelli*], que es como un gusano y se extiende a lo largo del canal. Los versados en anatomía la han llamado así, sólo por su forma, epífisis vermiforme» *(De usu partium, VIII, 14; Helmreich, I, 491; May, I, 420).*

[77] *Sinuosis glutiis*, del griego γλουτός, nalga, región glútea. Alusión a la forma «gluteal» de las terminaciones del cerebelo, que para Servet, como para Galeno, retendrían el aire inspirado. Continúa éste *(loc. cit.):* «A cada lado del canal hay unas eminencias delicadas, oblongas, del encéfalo, llamadas *gloutia* [los cuerpos cuadrigéminos]. Puede muy bien compararse su mutua relación a la de las nalgas humanas apretadas entre sí»; pasando luego a explicar cómo la epífisis «bloquea enteramente» el paso del aire por ese canal que conecta al tercer y cuarto ventrículo. (En tal caso, no puede identificarse con el «acueducto de Silvio, cfr. nota 71). Esa forma nalgar puede verse, diseñada acaso por primera vez en la historia fielmente por Leonardo da Vinci, en la ilustración 36.

[78] *Rerum sensibiles species:* imágenes, no *especies* en el sentido técnico de la teoría aristotélico-escolástica del conocimiento sensorial.

los cuales presentan cierta afinidad con nuestro espíritu luminoso. Dicha afinidad proviene de la forma sustancial [177] de todos, que es la luz, y del mismo modo espiritual de obrar de cada uno. Pues el sonido y el olor son a manera de espíritus [79], y como tales son percibidos y actúan en nosotros. La percepción auditiva se realiza excitando el espíritu exterior en la membrana de la oreja al propio espíritu interior, en el que residen la luz del alma y el ritmo de la armonía espiritual, ordenado en diástole y sístole. [De ahí el cantor y místico espíritu de los profetas.] Algo semejante cabe decir del olfato. En cuanto a los objetos del gusto y el tacto, aunque parecen más corporales, tienen, no obstante, capacidad para estimular el alma: *aquéllos por la humedad, éstos por la resistencia,* y también, claro, por ser la luz su forma común, aunque con variada actuación sobre el espíritu. Gracias a la luz, es toda la sustancia la que actúa sobre el alma, imprimiento en ella la idea de la totalidad. Ahora hasta los sofistas ven ya las sustancias; antes decían no ver otra cosa, ni en Dios ni en nosotros, que cualidades y falsas especies [80]. Nosotros, en cambio, porque vemos en Cristo la luz esencial, perseguimos también en las demás cosas la visión de la verdadera luz.

Ilustrado por todos los elementos mencionados del ventrículo medio, el espíritu [el aire inspirado] y la imagen luminosa ya formada, alcanzada por la luz de la propia alma, se dirigen, si lo permite el portero, al cuarto ventrículo, en el parencéfalo [81]. Ahí, como en el fondo del cerebro. los vasos retienen tenazmente su tesoro de la memoria, y van almacenando cuanto ha sido adquirido por los sentidos y por discurso; mas no fijándolo a las paredes, sino a la sustancia [misma] del alma, como a una especie de materia [a la cual, por eso, protegen unos vasos muy resistentes]. *Dispone ahí el alma de los vasos más resistentes para contener el espíritu,* a fin de que no flaquee fácilmente la memoria. Paso por alto el que por ese conducto, a través de los grandes nervios de la espina, se transmite la fuerza motriz de todo el cuerpo a los músculos, como si se irradia-

---

[79] *Instar spiritus:* traducible como «a manera de ondas».

[80] *Nisi qualitates et fucatas larvas.* Servet es enemigo de las explicaciones escolásticas a base de *qualitates.* La gracia santificante, por ejemplo, no es para él una cualidad. Aunque aquí no resulta muy clara su idea, da a entender que los sentidos mismos proporcionan un conocimiento sustancial de los objetos, y no sólo de las «cualidades» que distintamente percibe cada uno de ellos. Doble razón: la luz, que ha definido antes como *mater formarum (Rest.* 162), y su entroncamiento con Cristo-luz, luz sustancial en sí mismo, en quien y por quien el hombre conoce las demás sustancias.

[81] *Permittente ianitore,* la epífisis; cfr. nota 76.

se el espíritu animal. *Así que en el cerebro hay cuatro ventrículos y tres sentidos internos. Los dos primeros ventrículos constituyen un solo sentido común, receptor de las imágenes. El pensamiento está en el ventrículo medio, y la memoria en el último.* Esto, en cuanto a la porción *espiritual* de aire inspirado conducida al cerebro, y en cuanto a sus órganos y *potencias* [82].

La mayor parte del aire aspirado es conducida por la [178] arteria tráquea a los pulmones para que, una vez elaborado por ellos, continúe hasta la vena pulmonar, en la cual se mezcla con la sangre rojiza y fluida y vuelve a ser elaborado [83]. A continuación, toda la mezcla es atraída por la diástole desde el ventrículo izquierdo del corazón, y en él, por el vigoroso y vivificante poder del fuego allí contenido, adquiere su forma definitiva y se convierte en espíritu vital, después de haber expulsado durante la elaboración muchos residuos fuliginosos [84]. Pero todo esto es algo así como la materia del alma. Aparte de la mezcla, hay aún en el alma dos cosas: algo *viviente*, creado por inspiración o producido en su materia, y el espíritu mismo o divinidad misma infundida en esa inspiración [85]. Mas todo reducido a unidad. Una sola alma [86]. Este ser intermedio, al que principalmente llamamos alma, es hálito y soplo, doblemente unido al espíritu de un modo esencial: es sustancia etérea, semejante a la arquetípica y superelemental y también a esta otra inferior [87]. Pero una sola alma natural, vital y animal. Tal

---

[82] *Media est cogitatio, et extrema memoria.* Resulta, pues, evidente que en este texto no entiende Servet por *cogitatio* lo que hoy propiamente entendemos por pensamiento, ya que claramente dice que es un sentido interno a la par del *sensus communis* o capacidad aperceptiva, muy próximo a la función perceptiva e imaginativa tomadas en una, y a la memoria. La *cogitatio* de Servet, aun en el plano sensitivo, equivaldría más bien a la percepción sustancial de la totalidad de un objeto, al conocimiento de la «cosa» como tal, digamos que pre-esencialmente.

[83] De nuevo, *ad arteriam venosam*, y también, como antes, *flavo et subtile sanguini*.

[84] *Expiratis fuliginosis recrementis.*

[85] Es decir, todo lo dicho hasta ahora constituye la parte material o biológica del alma, el alma en cuanto «animante» de las funciones corporales. Nótese que, en cuanto a su origen, indica ambas fórmulas, como sin querer comprometerse de momento: creación o producción en su propia materia (creacionismo y traducianismo), aunque siempre «por espiración», elemento formal de su «espiritualidad».

[86] Acentuación de la unidad del alma, como antes insistió en la de los tres «espíritus». *Omnia unum, et anima una.* Unidad del hombre.

[87] Vinculada por arriba al Espíritu arquetípico de Dios y por abajo al espíritu vital o aire que se respira, el cual se va transformando *miraculo magno* en natural y animal o psíquico. Y así, por el «espíritu», por la sangre, por el alma, está siempre el Espíritu de Dios, Dios en cuanto Espíritu cósmico, unido al hombre y en el hombre.

es toda la naturaleza del alma, *y ésta es la razón de por qué* [y así entenderás cómo] el alma de toda carne está en la sangre y es la sangre misma, *como ha dicho Dios*; pues el alma se produjo en las entrañas de Adán al inspirarle Dios, al alentarle Dios en la boca y las narices hasta el corazón y el cerebro a Adán mismo y a sus descendientes aquel aura de soplo celestial o aquella chispa ideal [88], y unirse íntima y esencialmente a la materia espiritual de la sangre (Gen. 2; Is. 57; Ez. 37; Zac. 12) [89].

Que sustancias tan dispares puedan combinarse en una sola de esa manera, lo han enseñado después de los caldeos los académicos, quienes decían que Dios une al aire elemental una cierta aura etérea, para que de esta suerte la mente divina pueda introducirse en este cuerpo tan denso; más claramente lo expresan las Escrituras, al llamar frecuentemente aliento de Dios a ese soplo elemental [90]. Platón enseña abiertamente en el *Timeo* que la sustancia del alma es una especie de combinación de las sustancias divina y elemental, como una tercera sustancia intermedia, partícipe de ambas, ya que el alma contiene símbolo de la deidad y del mundo de los elementos; de lo contrario, una misma alma no podría poseer a la vez el poder de la mente inteligible y la facultad de vivificar y dirigir los cuerpos [91]. De ahí también que con frecuencia, por escuchar a los sentidos, [179]

---

[88] *Illa coelestis spiritus aura sive idealis scintilla*, términos neoplatónicos popularizados dos siglos antes de Servet por el maestro Eckhart, también acusado, injustamente, de panteísmo: *scintilla animœ, Seelenfünklein.*

[89] Materia espiritual, por ser vapor aéreo y acuoso, como antes dijo. Y cita sucesivamente Gen. 2, 7: «Y alentó en su nariz soplo de vida, y fue el hombre en alma viviente»; una frase de Is. 57, 16 que habla de «las almas que yo he creado», y Zac. 12, 1, que menciona a «Jehová que funda la tierra y forma el espíritu del hombre dentro de él», textos citados tantas veces.

[90] Académicos, o platónicos de la primera Academia, que llena el s. IV a. de C., pues la segunda y tercera Academia es ya decadente y escéptica. Todo platonismo intenta comprender la relación entre el mundo ideal y el sensible a base de una participación o de una imitación; pero no parece constar en concreto esta doctrina servetiana, a no ser en ese sentido general.

[91] Lo que en la *República* había querido expresar con el concepto del alma tripartita y en el *Fedro* con el mito del auriga, este conflicto interior del hombre, esta lucha de dos tendencias opuestas, lo explica también Platón en el *Timeo*, 53ab: el alma es mezcla de lo idéntico y de lo diverso, lo ταὐτόν y lo θάτερον. Servet acepta el fondo de la doctrina, pero, como se ha visto, insiste en la unicidad de alma. Platón pone estas palabras en boca de Timeo mismo: «De la esencia indivisible y siempre la misma, y de la esencia divisible y corporal, formó combinándolas una tercera especie de esencia intermedia, que participa a la vez de la naturaleza de lo mismo y de lo otro, y así se encuentra situada a igual distancia de la esencia indivisible y de la esencia corporal y divisible». Trad. de la ed. de los *Diálogos* de Edit. Porrúa, México, 1975, p. 674.

ceda el alma a los halagos del cuerpo, amando su afinidad, o que alguna vez, aspirando a más alto, se apegue a su afinidad superior, despreciando la primera. En el *Cratilo* se llama al alma ψυχή, como si dijera ἀναψυχή, «que refresca al respirar», y se dice que, a pesar de todo, procede en el hombre de una mente divina [92]. Como el alma vivifica al cuerpo, así Dios vivifica al alma alentándole. Isaías enseña que el espíritu que procede de Dios está envuelto en soplo y que así hizo Dios «respiraderos», *almas vestidas de aire*. Zacarías dice que el espíritu del alma es modelado con cierta formación *en las entrañas del hombre* [en los hombres]. Así lo demuestra literalmente el Génesis, pues no dice simplemente que el alma sea aliento de Dios, sino que, una vez inspirado su aliento, quedó hecha en el interior el alma viviente [93].

Que tanto en los elementos del cuerpo como en el semen haya símbolo sustancial del alma futura, aunque ya está demostrado, vamos a probarlo una vez más. Dos cosas hay en el semen que pertenecen a la esencia del alma y que contribuyen a que el alma del recién nacido se asemeje a la del padre: tales [de hecho] son un [cierto] poder formal o formador y la materia espiritual. El poder formal y formador es la luz y la idea. *Manifiestamente* del semen proceden las almas *de los otros animales, y también las humanas*, al llegarle al hombre el aliento de la mente divina en la idea que exige la naturaleza del semen, y conforme a la cual se va a formar también el alma. El aliento de Dios sobre el rostro del hombre llega por la boca y las narices hasta el corazón y el cerebro, para que así se configure el alma de acuerdo con la idea de hombre [95].

Y así a Dios, como si fuera un alfarero, se le llama formador del alma (Zac. 12), modelador del alma de cada uno

---

[92] *Cratilo*, 399d-e. Habla Sócrates: «A juzgar por lo que a primera vista me parece, he aquí cuál pudo ser el pensamiento de los que han creado el nombre de alma ψυχή. Mientras el alma habita en el cuerpo, es causa de la vida de éste, es el principio que le da la facultad de respirar y que le *refresca*, ἀναφῦχον; y tan pronto como este principio refrigerante le abandona, el cuerpo se destruye y muere. He aquí, en mi opinión, por qué ellos lo han llamado ψυχή», etc. Trad. de la ed. cit., pp. 261-2. El verbo ἀναψύχω significa refrescar, respirar.

[93] Aludiendo a los textos transcritos en nota 89. La frase *animas aëre vestitas* no procede de Isaías.

[94] *Formalis et formatrix facultas est lux ipsa et idea.*

[95] Ya antes, al hablar de la fisiología cerebral, dijo que «en la aspiración el espíritu (es decir, el aire) siempre es atraído por nosotros a ese mismo lugar», al corazón y al cerebro.

en las entrañas (Sal. 32), formador de la luz (Is. 45) [96]; *pues realmente de luz forma las formas sustanciales de las cosas,* así como las ideas en la luz de la mente. Por lo tanto, de luz formó Dios [y modeló] el alma, así como el alma de luz misma forma luego y configura otras imágenes. Finalmente, a Dios se le llama formador de todo (Jer. 10) [97], porque nada creó, sin darle la forma adecuada. Hasta a los ángeles y a las almas les dio la forma adecuada Dios, el formador *de todo.* Por dentro y por fuera nos ha formado Dios, aun antes de nacer, de modo admirable y de muchas maneras (Sal. 138) [98].

Al principio, al concebir Dios todas las cosas en su mente, las formó ejemplarmente desde la eternidad en la idea de su luz; luego, al producir cada una en su ser externo, las va formando tal y como las había preformado. Si entiendes que tal ha ocurrido en nosotros de modo secundario, comprenderás por qué Cristo sobre todo tenía ya en Dios su propia forma, de la que la hemos recibido nosotros, formados en esta externa luz creada. En esta luz creada forma Dios real y sustancialmente todas las cosas, comunicándoles a todas un símbolo de su luz o idea, e infundiendo al hombre, además, el soplo de su divina mente. Ese soplo infundido por Dios en nuestra alma es como una luz o chispa de luz. Dios mismo es fuego y es espíritu vital de fuego y aire. En la luz radica la primera idea de las almas y de las demás cosas, y en la luz está la vida natural, como dice Juan: de Dios proviene esa luz, por la que naturalmente es «iluminado todo hombre nacido en el mundo» (Jn. 1) [99]. En la misma Palabra luminosa de Dios está la fuente de las almas, y «en su luz podemos nosotros ver la luz» (Sal. 35) [100]. En este sentido hermosamente se une a nuestra alma el Espíritu santo que nos es dado en la regeneración, como se une la luz a la luz, el fuego al fuego. De otra suerte, no se podría llamar regeneración e inspiración *de Dios,* ni se podría decir que la nueva iluminación es superior a la antigua.

Esto ya lo enseñó el caldeo Zoroastro en los *Oráculos de la sabiduría,* donde dice que el alma, enviada a nosotros por la luz de Dios, aspira siempre a esa misma luz, desea ser iluminada por ella y convertirse nuevamente en fuego: «Tienes que ascender, dice, hasta la luz misma, hasta los

[180]

---

[96] Aludiendo a Zac. 12, 1, como antes; y al Sal. 32, 15 e Is. 45, 7.
[97] En Jer. 10, 16.
[98] «En tu libro estaban escritas todas las cosas que fueron formadas, sin faltar una de ellas», Sal. 138, 16.
[99] Referencia no literal a Jn. 1, 9.
[100] Del Sal. 35, 9.

rayos del Padre, desde donde te fue infundida el alma, saturada de la sublime luz de la mente, que por el poder del Padre se convierte en fuego resplandeciente» [101]. Dice Trismegisto, en el *Pimandro:* «Luz y vida es Dios Padre, de quien nació el hombre; si comprendes, pues, que tú mismo constas de vida y de luz, debes tratar de tornar a la luz y a la vida» [102]. Y en sus poemas Pitágoras dice: «Ten esperanza, pues el hombre es de raza divina y todo se lo muestra la sacra naturaleza al mostrarle la luz» [103].

Aún se nos oculta la luz que, por iluminación de Dios, tiende a otra luz todavía mayor. De la misma luz de la vida de Cristo nos ha surgido la vida del alma en la generación, [181] y la vida del espíritu en la regeneración. El modo es distinto, como fue distinto en el mismo Cristo, y nuevo el espíritu. El que antes fuera espíritu de *elohim* es ahora espíritu de la boca de Cristo, generador y regenerador (Sal. 103) [104]; pero de distitna manera: la regeneración difiere de la generación como el espíritu de gracia se diferencia del alma innata. Ese espíritu es Dios [y nos hace ser dioses, pero el alma al principio no es Dios]. *El alma no es Dios, pero por ese espíritu se hace Dios.* El espíritu vital del alma y sus elementos son corruptibles; pero los elementos del nuevo espíritu son incorruptibles, como los que ahora tiene en el cielo el espíritu vital de Cristo. El alma de toda carne se define así, por prescripción divina: toda alma es cierto vapor original y vital en la sangre; el alma *humana* es cierto aliento original de la mente en la sangre [105]. En cambio, el santo Espíritu de la regeneración es, con los elementos renovados de la regeneración de Cristo, un nuevo aliento de Deidad.

No hay razón para que temas decir que tanto nuestra alma como el santo espíritu de Cristo tienen esencialmente

---

[101] Palabras textuales de los *Oráculos mágicos* zoroastrianos, X (ed. cit. p. 119).

[102] En *Pimandro,* I, 21 (ed. cit., vol. I, p. 14) textualmente así: «¿Por qué el que se ha conocido a sí mismo va hacia sí, como dice la palabra de Dios? Porque de luz y de vida está constituido el Padre de todas las cosas, de quien nació el hombre. Y por eso, si aprendes a conocerte, hecho de luz y de vida, y a conocer los elementos de que estás hecho, volverás a la vida.»

[103] Pitágoras, *Versos áureos,* trad. franc. *Les vers d'or, avec le Commentaire de Hiérocles,* con notas de M. Meunier (París, 1925), versos 63-64: «Pero tú ten valor, pues que sabes que el linaje de los hombres es divino, / y que la sagrada Naturaleza les revela abiertamente todas las cosas.»

[104] «Envías tu espíritu, críanse; y renuevas la haz de la tierra», Sal. 103, 30.

[105] Vale la pena esta «definición» en el texto original: *Anima est originalis quidam in sanguine vitalis vapor. Anima hominis est originalis quidam in sanguine mentis halitus.* En la regeneración, siempre insistiendo, se reciben nuevos elementos, renovados, más un *novus Deitatis halitus.*

aneja una tal sustancia elemental, como tiene esencialmente aneja su carne la Palabra. El fuego de nuestra ama y el de nuestro espíritu la afectan inseparablemente *a esa sustancia,* de la que se alimentan y nutren, *como* vemos que se alimenta y nutre el fuego de líquido y de aire. Y así como se extingue el fuego al faltarle esos elementos, así como que se nos extingue el alma privada de sus acciones vitales [106]. Más aún, prescindiendo de los elementos de este mundo, considerada en sí misma, esa sustancia del alma, que proviene de Dios, es casi elemental, como la sustancia *del ángel* [angélica]. Pues el espíritu de Dios, que es el espíritu de la generación de Cristo, del que *emanaron* [tienen ser] los ángeles y las almas, contenía ya en su arquetipo mundo esa sustancia elemental *o superelemental.* Ahora es el espíritu de Cristo *humanado* el que contiene esa sustancia *junto con el espíritu humano.* Esa sustancia misma la contiene también el espíritu de nuestra regeneración, cuando somos engendrados del cielo «por el agua, el espíritu y el fuego».

Ahí precisamente en las cosas creadas se entienden también las increadas, y todas ellas concurren en una única sustancia del alma y del Espíritu [107]. Considera qué sustancia tiene hoy Cristo en el cielo, cuál es su aliento y cuál su espíritu vital, el Espíritu santo que contiene en sí todos estos elementos incorruptibles unidos a él hipostáticamente. Pues así como la Palabra de Dios es hipostáticamente hombre, así también el Espíritu de Dios es hipostáticamente espíritu del hombre. Sin embargo, por el poder de su resurrección, todos los elementos de su cuerpo y de su espíritu fueron renovados, glorificados, hechos incorruptibles. Y todo

[182]

---

[106] Esta frase restrictiva *ita in nobis velut extinguitur anima* hay que unirla a otra de varios contextos, a fin de exonerar a Servet de la calumnia de haber defendido la mortalidad del alma. Véase a este propósito la nota 101 del lib. IV de la IV Parte, *Rest.* 551.

[107] Todo este párrafo, unido a la afirmación anterior, «el alma no es Dios, pero por el Espíritu se hace Dios», suscitó la ira de Calvino en la discusión escrita en el proceso ginebrino, cfr. *Kingdom,* 43-44. Responde Servet en pequeña letra al margen del original, conservado en Archivos de Estado: «Es verdad que muchas cosas constituyen así unidad, como los huesos, la carne, los nervios, el alma, la forma, el espíritu, se funden en la sola sustancia del hombre.» A lo que contestan los pastores: «Habiendo pronunciado una horrible blasfemia, la elude ahora bromeando. Claro que muchas cosas componen unidad. Pero demasiado absurda es la consecuencia, que el *alma se hace Dios,* que lo creado y lo increado se funden en una sola sustancia del alma, que el alma tiene unido a ella el Espíritu elemental, como al Verbo se unió la carne de Cristo. Por estos delirios es evidente que *son profanados todos los misterios de la redención.*» Y aún insiste Servet comentando el primer subrayado. «Hemos sido "hechos dioses", ¿acaso no por dones del alma?». Y el segundo: «¿De dónde se sigue, dí, malvado?». Lo mismo, en *Calv. Op.,* VIII, 518, 551.

eso nos lo comunica Cristo en el bautismo y en la cena, comunicándosenos íntegramente. El Espíritu santo es el aliento mismo de la boca de Cristo (Jn. 20)[108]: [es Dios en nosotros, un Espíritu distinto del Padre y del hijo, sustancia verdaderamente divina;] *así como Dios espiró a la vez que aire el alma, así también a la vez que aire espira Cristo al Espíritu santo.*

Esto es lo que, en resumen, hay que pensar ahora: que así como prescindiendo del aire o del fuego se entiende separadamente el alma, y el alma con ellos, todo una sola alma, una sola idea, un solo ser; así también, prescindiendo del aliento en cuanto creatura, se entiende separadamente el Espíritu santo como modo divino, y todo eso como Espíritu santo, espíritu vital de Cristo, un solo Espíritu santo.

La adición de deidad a las cosas o de cosas a Dios no altera su nombre[109]. La deidad en la piedra es piedra, en el oro es oro, en la madera es madera, *según sus respectivas ideas.* Y de modo más excelente, la deidad en el hombre es hombre, en el espíritu es espíritu; *igual que* la adición de hombre a Dios es Dios, y la adición de espíritu de hombre a él es Espíritu santo[110].

Pero no sólo hay que ver al Espíritu santo en el aliento de Cristo, sino también en el ángel. Hay que estudiar, pues, si el Espíritu santo es o no ángel, y qué es ese otro paráclito. El ministerio del ángel va anejo a la efusión del Espíritu santo, cuando aparece en forma de paloma y de lenguas de fuego (Mt. 3; Hch. 2). Por la misma razón también se habla de ministerio del ángel cuando se dice que lo que se hacía en la Ley por la Palabra de Dios se hacía por ministerio del ángel. Un ángel «en persona» de Dios se apareció a Moisés cuando el fuego de la zarza (Ex. 3; Hch. 7). Por medio de un ángel se dejó escuchar la voz de Dios a Moisés: «Yo soy el Dios de tus padres»[111]. En la aparición del ángel estaba allí la sustancia de Dios en la Palabra, igual que estaba la sustancia de Dios en el Espíritu en el caso del Jor- [183]

---

[108] Jn. 20, 21-22: «Sopló y dijo, tomad el Espíritu santo.»

[109] Nueva formulación de un principio servetiano expresado antes y después en términos semejantes. Cfr. Introd., p. 103.

[110] Este inteligente modo de aplicar dicho principio salva a Servet de la acusación de panteísmo que le han prodigado servetistas superficiales poco escrupulosos. *Deitas in homine est homo..., adiectio hominis in Deo est Deus.* (Por eso Cristo para Servet es Dios, porque el hombre se unió a la Palabra), *et adiectio spiritus hominis in eo est spiritus sanctus.* (Por eso el Espíritu santo procede también de Cristo, dirá Servet, no del Hijo, porque es «soplo» de alguien que es también Dios).

[111] Ex. 3, 2 y Hch. 7, 30 en el discurso de Esteban. Ya antes se dijo que la expresión *in persona Dei* equivale a «en función de». Y Ex. 4, 5.

dán o al descender sobre los apóstoles. «En persona de» Dios fue visto y oído un ángel por Abraham (Gen. 18 y 22), por Agar (Gen. 16 y 21) y por Jacob. (Gen. 31 y 32) (71). Más, en Jos. 5 y 6, y Juec. 2 y 6 [112]. La explicación de ello nos la da Dios: que en el ángel estaba la divinidad o nombre de Dios, y así oír la voz del ángel era escuchar la voz de Dios (Ex. 23) [113]. Luego igual que por medio del ángel se dejó escuchar una voz del cielo que decía: «Yo soy el Dios de tus padres», igual por medio de un ángel se dejó escuchar una voz del cielo que decía: «Este es mi hijo.» Ahora bien, esa voz es la del Espíritu santo (Mt. y Lc. 3). Pero una tercera entidad no hubiera podido decir «éste es mi hijo». Luego el Espíritu santo no era esa tercera entidad, sino la dispensación de la deidad por ministerio del ángel. De ahí que Cristo dijera, después de haber descendido sobre él el Espíritu santo: «Veréis a los ángeles de Dios que ascienden y descienden sobre el hijo del hombre» (Jn. 1) [114].

En un lugar se dice que descienden «los ángeles», en otro que «el Espíritu», y en otro que «el Espíritu santo». En Hch. 8 se le llama primero «ángel», luego «Espíritu», y más tarde «Espíritu del Señor» [115]. Isidoro, por el mero hecho de decirse del Paráclito que anunciará las cosas futuras, infiere que se trata de un ángel, ya que ángel quiere decir «el que anuncia», y porque por medio de los ángeles anuncia muchas cosas el Espíritu santo [116]. Todos los ángeles son espíritus ministros (Sal. 102; Heb. 1): «Dios hace ángeles suyos a los espíritus, y ministros a las llamas del fuego» (Sal. 103) [117]. Dios reveló muchas cosas a los buenos profetas por medio de ángeles buenos, y quiso engañar a los malos por medio de malos (III Re. 22; II Para. 18; Ez. 14). Un ángel como espíritu penetraba en el alma del profeta, como en el caso de Ezequiel y Zacarías [118]. Al ángel

---

[112] Teofanías de Abraham, Agar, Jacob, siempre a través de un ángel; así como en forma de «un varón con una espada desnuda» a Josué 5, 13, y de «ángel de Jehová» a todos los «hijos de Israel» y luego a Gedeón en Jue. 2, 4 y 6, 12.

[113] Jn. 1, 51. Un modo de dispensársenos la Deidad, no una Persona.

[114] Así, Hch. 8, 26, 29, 39, respectivamente.

[115] Referencia a J. 14, 26.

[116] Así Isidoro de Sevilla, *Etimologías*, lib. VII, caps. 2 y 5, ed. BAC, pp. 165 y 170. Una pequeña confusión filológica: es verdad que παράκλησις significa llamamiento, pero con la connotación de anuncio o llamada de auxilio; de ahí que *paracleto* o paráclito indique siempre ya al «llamado en auxilio», intercesor, consolador.

[117] «Vosotros ángeles, que ejecutáis su palabra», Sal. 102, 20. «Que hace sus ángeles», etc. del Sal. 103, 4, recordado en Heb. 1, 7.

[118] Citando ahora I Re. 22, 20-25; II Crón. 18, 22; Ez. 14, 4-11.

se le llama «espíritu de mentira», «espíritu de verdad», «espíritu de Dios». Un ángel hablaba al centurión como varón; en cambio a Pedro y a los otros como Espíritu santo (Hch. 10 y 13) [119]: en el caso del centurión, que aún no conocía a Cristo, no podía decirse que fuera el Espíritu santo; en cambio, en el caso del hombre ya regenerado, puede decirse que todo proviene del Espíritu santo que obra en su interior. De ahí que en el cap. 16 se le llame Espíritu y Espíritu santo, y que en la visión del varón de Macedonia se muestre como ángel.

En las Escrituras se hace mención separadamente del ángel y del Espíritu, pero en realidad son la misma cosa, aunque hay diferencia en el modo, como la hay entre la Palabra y el Espíritu. Si se presentaba de modo humano, era la Palabra y el ángel; si de modo espiritual, el Espíritu. [184] Ni puede extrañar que lo dicho o hecho por el espíritu angélico se atribuya al Espíritu santo, pues también lo que dice y hace el apóstol se interpreta como dicho o hecho por el Espíritu santo. Por tanto, propiamente no se dice que un ángel sea Espíritu santo, sino tan sólo en el sentido en que antes un ángel se decía ser *Jehovah*. Cuanto se hacía en la Ley por la Palabra de Dios, se hacía por ministerio del ángel; pero no por eso puede decirse que el ángel sea Palabra de Dios, sino sólo en sombra y ministerio; ni que sea Dios, sino sólo en sombra y ministerio. Mucho menos atribuimos nosotros al ángel la misma deidad que los judíos, que los adoraban como dioses [120]. En conclusión: ni en el caso de Cristo ni en el nuestro debe llamarse al ángel propiamente Espíritu santo, sino sólo ministro de los ministerios del Espíritu santo.

Por consiguiente, el Espíritu santo consolador, que Cristo promete a sus apóstoles para luego y que les fue dado efectivamente (Hch. 2), no puede entenderse precisamente como un ángel, aunque un ángel cooperase en ese caso con su ministerio. Por el contrario, en vez de un consolador externo promete Cristo a sus apóstoles que tendrían otro consolador interior, es decir, un Espíritu nuevo, que aún no

[119] Hch. 10, 1 y 11, 12 mencionan un varón, pero se trata de Cornelio, no del ángel que se aparece a él y a Pedro sin forma concreta. Pedro luego se refiere a él como «el Espíritu me dijo». También, en Hch. 13, 2.

[120] Afirmación de Servet que sería abusiva si se la interpretara estrictamente. En muchas antiguas teofanías sus beneficiarios adoptan actitud de adoración, porque creen ser *Jehová* quien les habla o les aparece; en otras ángeles o importantes seres, *elohim*. Servet aplica su teoría general: toda teofanía con visión de rostro humano no podía ser sino el Verbo de Dios, que es el único modo de Dios que desde siempre se ha presentado en forma y figura de hombre. Cfr. Diál. I, nota 82.

tenían entonces, que les sería dado después de la resurrección y que les sería comunicado gloriosamente por ministerio de un ángel.

Se dice verdaderamente que el Espíritu [santo] es «otro» respecto al hijo por muchas razones, aun sin contar con la de ese ministerio del ángel. Primero, porque el Espíritu difiere del hijo, como el aliento difiere del hombre, e incluso, si se prescinden del hálito creado, son realmente distintas las sustancias del Espíritu santo y la del hijo. Se dice, pues, del Espíritu que es «otro», [y no] otra cosa distinta a Cristo, a no ser que [de tal manera interpretes] la expresión «otra cosa» [que] te parezca incongruente, pues en este caso no concederé que el Espíritu consolador sea «otra cosa» respecto al hijo. En realidad, son «una misma cosa», como lo son Cristo y su padre, tanto porque están de acuerdo, como porque son la misma y única deidad, aunque modos distintos de la misma deidad [121]. En la Ley jamás se hizo donación de un Espíritu tal que, con tal esencia tan disinta y visible, fuese a formar una sola hipóstasis perpetua con el espíritu humano. Por eso ahora se distingue más y puede decirse que es «otro». El Espíritu santo, antes de la humanización de la Palabra, era en sí mismo verdaderamente un modo sustancial de la deidad, aun no estando unido así hipostáticamente al espíritu humano. Ahora tiene sustancialmente la adición perpetua del espíritu humano de Cristo. También Cristo llama a ese Espíritu «otro» respecto de sí, porque entonces no lo tenía aún sino en la promesa del Padre. Cristo mismo recibiría en la resurrección el nuevo Espíritu de gloria, para comunicarlo más tarde a los apóstoles. Lo llama «otro» por su sublime gloria nunca vista anteriormente. Será «otro» respecto al espíritu que vosotros, apóstoles, ya habéis recibido. Será «otro» respecto de mí mismo. Más aún, yo mismo seré «otro», un «hombre nuevo». Muy «otro» que ahora será en él el gusto de la gloria. Por eso dice: «El me glorificará» [122]. Después de la resurrección, la gloria de Cristo glorificado y de su nuevo Espíritu santo es tal que, según el testimonio de Pedro, los propios ángeles desean mirarse en ella y se asombran atónitos [123], pues esos mismos ángeles, dioses para los judíos, jamás habían presenciado en la Ley tal dispensación de

[185]

---

[121] Servet explicó ese texto de Jn. 10, 30 antes, en el lib. I, así como en el II otra frase de Jn. 14, paralela; de ahí procede el texto que ahora va comentando: «Yo rogaré al Padre, y os dará otro consolador». Cfr. pp. 25 y 75 del texto de *Restitutio*.

[122] De Jn. 16, 14.

[123] I Pe. 1, 12.

deidad. Por Cristo les fue dado a los ángeles un nuevo conocimiento del Espíritu santo, así como un nuevo conocimiento de Dios. Acerca del reino de Dios los ángeles aprendieron cosas que antes no sabían (Ef. 3)[124]. El reino de Cristo que nos ha sido dado es el reino del Espíritu: se nos dice que todas las cosas nos son manifestadas y hechas «en el Espíritu», y por tanto, que son hechas por el Espíritu santo. Tanta es la gloria con que el Padre honró a su hijo, que éste no sólo es «Dios de Dios», sino que es «Dios del que procede otro Dios». Y si te molesta decir «otro» Dios, dí «otro consolador» y otra personificación de la deidad[125]. Cristo es Dios de quien proceden y nacen otros «dioses», pues nosotros somos «dioses» que de él procedemos, «nacidos de Dios» (Jn. 1)[126]. Pero, ¿por qué dice Cristo del Espíritu santo: «No hablará por sí mismo»?[127]. *Porque nada contrario a la Palabra de Dios puede sugerir a nadie el Espíritu Santo.* Dídimo lo explica así, en el Lib. II de *Sobre el Espíritu Santo:* «No hablará por sí mismo, esto es, no hablará sin mí, sino que de mi voluntad y de la del Padre procederá el modo de su inspiración divina»[128].

Tenemos que ir remontándonos ahora poco a poco hasta el origen mismo de Cristo para, por su don, sacar algo de [186] su fuente. Ten esto bien seguro, lector: si consideramos a Dios en sí mismo, aparte de Cristo, está tan escondido y trasciende de tal modo todas las cosas, que no tiene absolutamente nada en común con nosotros, ni siquiera con el espíritu angélico, al que sobrepasa infinitamente. Convéncete

---

[124] Ef. 3, 5-10: «Notificada ahora a los principados en los cielos.»

[125] Calvino recoge en su acusación sólo el párrafo penúltimo, omitiendo la aclaración del último. Por eso le rechaza Servet: «Otro que Cristo digo ser Dios, otro modo de la deidad. ¿Por qué tenías que convertir en calumnia lo que yo ahí mismo ya había aclarado? ¡Benévolo en verdad muestras ser tu ánimo!». Aún vuelven a contestarle los pastores y a señalar su «truculencia» por admitir *otro Dios* aunque él les acusa de que admiten en él tres Personas, no dioses. Más aún, Servet dice que ese modo es persona de Dios; ¿por qué, pues, los distingue? Y si la persona o modo del Espíritu *emergió repentinamente* en la resurrección, tendremos el *doble error del origen de la persona* del Espíritu entonces, y de la realidad de la otra persona *otra que Dios.* Servet le responde ya directamente a Calvino: «Pero tú dices lo que quieres impunemente. Mientes, mientes y mientes. No hay tal.» *Calv. Op.,* VIII, 538; *Kingdom,* 27-28.

[126] Jn. 1, 13.

[127] Jn. 16, 13.

[128] Dice literalmente: «No hablará sin el *arbitrio* mío y del Padre, porque es inseparable de mi voluntad y la del Padre, porque no es de sí sino del Padre y de mí, y por eso lo que subsiste y habla lo tiene del Padre y de mí.» Migne PL XXXIX, 1063, no en lib. II, sino lib. único.

de que ni los propios ángeles ven a Dios, ni tienen comunicación de su Espíritu, sino en cuanto les es concedido por Cristo, porque «nadie ve al Padre, sino sólo él, y aquel a quien él quiera revelarlo», y a nadie se le comunica Dios en Espíritu, sino por él [129]. Pero sábete que para esa visión y comunicación hay modos divinos, por los que el Padre se manifiesta al mundo y se comunica sólo por Jesús el Cristo. Y que tal como ahora nos lo muestra, así los había preformado desde toda la eternidad en la sabiduría de Cristo.

Un modo divino y sustancial es el Espíritu santo, modo eterno en Dios y plenitud de Dios en Cristo. Modo eterno que estaba en Dios, como una preformación en su mente. Esta preformación del Espíritu de Cristo en Dios se puede aclarar así. Si aquella porción, o chispa, o unidad, o aliento, o modo de espíritu que hay en Pedro o en Pablo estaba antes sustancialmente en Dios, *¡cuánto más estaría la plenitud de Cristo!* [¿por qué no decir que en Dios estaba sustancialmente, sin medida, la sustancia de Espíritu que hay en Cristo?] Cuando a Pedro o a Pablo se les da el Espíritu santo, no se hace cambio alguno en Dios, ni se desprende de él realmente algo nuevo, sino que son ellos los que resultan cambiados al recibir cuanto les estaba preparado, al unírseles y asumirlo. El Espíritu que les es dado, de Cristo es recibido y en Cristo estaba preparado para ellos. *¡Inmensa preparación! ¡Inefables modos! «Ni ojo vio, ni oído oyó las cosas que nos están preparadas»* [130]. Cierto que en los apóstoles estaba, dada ya, en cierta medida, la verdadera sustancia del Espíritu santo, preparada para ellos desde la eternidad; pero se dice de ellos que «quedaron llenos de Espíritu santo» (Hch. 2 y 4) [131], porque lo que en ellos había de tal manera los llenaba y movía que los hacía prorrumpir en gestos asombrosos. Sin embargo, no estaba en ellos toda la plenitud sin medida del Espíritu santo, sino sólo en Cristo (Jn. 3; II Cor. 10, Ef. 4) [132]. Por consiguiente, hay que sobreentender «en cierta medida», cuando decimos que el Espíritu santo es uno en éste, otro en ése, otro en aquél, pues todos son «un único Espíritu» [133]. No hay, pues, que extrañarse de que Cristo ha-

[187]

---

[129] Tomado de Mt. 11, 27 y Lc. 10, 22.

[130] De I Cor. 2, 9. «Reino preparado», en Mt. 25, 34. «Ni el ojo vió ni el oído oyó» parece ser un refrán del tiempo, recogido ya en Is. 64, 4.

[131] Hch. 2, 4 y 4, 31, Pentecostés.

[132] Textos en que se indica que «al que Dios envió, sus palabras habla, porque no le da el Espíritu con medida», Jn. 3, 34, frente a otros en que se expresa que a los demás le ha sido dado «con medida»: Rom. 12, 3; II Cor. 10, 13; Ef. 4, 7.

[133] I Cor. 2, 10-11.

ble de «otro» consolador, «otro» espíritu, ya que también tú hablas de uno aquí, de otro ahí y de otro allí. Si suprimes las realidades sofistas, todo resultará fácil. [Como infinitas esencias son en Dios una esencia, así infinitos espíritus son un espíritu.]

En resumen, y para concluir, puede definirse al Espíritu santo en pocas palabras así: el Espíritu santo es un modo sustancial divino, adaptado al espíritu del ángel y del hombre [134]. Aunque el Espíritu santo constituye una unidad con esa creatura de espíritu santificada que hay en Cristo, sin embargo, hay que entender que en sí mismo es pura deidad. Según su modo de dispensación hay «deidad de la deidad»: igual que en las ramas, hojas y flores hay deidad, de la deidad de la semilla y de la raíz; igual que en los sarmientos hay deidad, de la deidad de la vid, en virtud de una progresiva distribución divina. Luego el Espíritu santo es verdaderamente un modo sustancial, distinto del Padre y del hijo, procedente de ambos, sensible, subsistente, que dice y hace distintas cosas aquí y allá. El Espíritu santo se distingue de Dios Padre, de modo que podemos decir que es «Dios en Espíritu santo», igual que «Dios en Palabra» o «Dios en Luz». El Espíritu santo nace de Dios, como nace de Dios la Luz. Dios es padre del Espíritu santo, como es padre de la Luz, padre de la Gloria. Generalizando la metáfora, puede llamársele también padre de la Sabiduría, padre de la Palabra, con tal que entiendas la Palabra aún no hecha hombre en aquel tiempo [135]. Dios habita en el Espíritu y es Espíritu, como habita en el fuego y es fuego, o en la luz y es luz; y Dios está en la mente, habita en la mente y es la mismísima mente.

Nos objetarás tal vez que, puesto que ese Espíritu de Dios contenía desde la eternidad sólo la hipóstasis divina o modo sustancial de la divinidad, como primera idea del aliento elemental en Dios, y dado que ahora tiene los segmentos del espíritu humano de Cristo asumidos en la encarnación para constituir una sola esencia, no parece que su gloria tenga que ser ahora mayor que la de antes, aun suponiendo que la gloria de Cristo después de la resurrección sea mayor que la que tuvo cuando vivía en la tierra. Res-

---

[134] Otra «definición»: *Spiritus sanctus est substantialis modus divinus spiritui angeli et hominis accomodus.*

[135] La frase «Dios es padre del Espíritu santo» suscitó también la oposición de Calvino en Ginebra. Servet la apoyó en palabras de Atanasio mismo y de Tertuliano (cfr. lib. I, nota 196). Responden los pastores ampliando su acusación, a lo que pone fin el aragonés con estas palabras al margen: «Este cabezota *(nebulo)* trunca mis frases, para imponérseme por *fas* y *nefas*». *Kingdom*, 34.

pondo. La gloria de Dios no puede de suyo aumentar ni disminuir; pero en nosotros es tanto mayor cuanto más nos glorifica. Dios manifestó en la resurrección de Cristo tanto poder y gloria que hizo incorruptibles los elementos humanos y corruptibles, y, para gloria nuestra, los asoció tan gloriosamente a su deidad con otros hombres semejantes, que junto con Dios constituyen sustancialmente un solo Espíritu, que es el Espíritu santo. Cuanto hay en Cristo sustancialmente es uno con Dios, como él mismo dice: «Yo y el Padre somos uno»[136]. Pues bien, así como el cuerpo de Cristo está tan aglutinado a Dios que constituye sustancialmente una sola cosa con él, así también su Espíritu, y el espíritu del hombre por él, está tan aglutinado y adherido a Dios, que constituye un solo Espíritu con él (I Cor. 6)[137]. *Sólo por Cristo es dado el Espíritu, que es el Espíritu de Cristo humanado, tan unido a nosotros.* El propio eterno Espíritu vital de Cristo se nos une sustancialmente, y también la carne de Cristo. Pero todo esto lo entenderás [mejor] *con más claridad* de la que aquí puede darse en los libros *Sobre el bautismo* y *Sobre la Cena*[138]. Por el momento, habrá sido suficiente, si entiendes que la sustancia del Espíritu santo es sustancia divina, que de suyo puede unirse a nuestro espíritu a través de Cristo por cierta afinidad, y que así santifica nuestro espíritu.

[188]

Conocida la esencia del Espíritu santo y su misión en nuestra santificación, aún queda otra misión que debemos tratar aquí brevemente. A este propósito vamos a explicar las palabras de Cristo: «El Espíritu paráclito acusará al mundo de su pecado, de mi justicia y del juicio contra el enemigo» (Jn. 16)[139]. Tal es la excelente misión del Espíritu santo. El Espíritu santo «acusará al mundo del pecado, porque no cree en mí». Evidentemente, el Espíritu argüirá que es gran pecado no creer en quien, dado a conocer por los profetas y por los signos del cielo, tantos y tales milagros hizo por nuestra salvación, tanto padeció por nosotros y realizó tantos y tan grandes misterios. Evidentemente, argüirá al mundo «de mi justicia», declarándome justo a mí, a quien el mundo calumniaba tachándome de injusto e impostor. El Espíritu se encargará de mostrar que hice con justicia todas las cosas, pues soy recibido junto al Padre, y no lo sería si fuese injusto. No sólo soy recibido junto al Padre, sino que

---

[136] Jn. 10, 30.
[137] I Cor. 6, 17: «Quien se junta con el Señor, un espíritu es.»
[138] En las págs. 470 y ss.; lib. III de la IV Parte.
[139] Jn. 16, 8-11.

permaneceré allí eternamente, de modo que «desde ahora ya no me veréis» [140]. *Esta es mi justicia, la que también os comunicaré a vosotros y por ella os trasladaré al Padre.* Argüirá también al mundo «del juicio» rigurosamente consumado contra satanás, pero que ellos no entendieron. Dará a conocer que con todo derecho yo he vencido y derrotado al enemigo que oprimía al mundo, teniéndolo cautivo en el infierno. ¡Grande es el poder judicial de este derecho! Parecía que el demonio tenía cautivo al mundo con todo derecho, en virtud de la sentencia de Dios: condenado a muerte, pues el hombre, al pecar, se había hecho esclavo de su pecado; pero el Espíritu se encargará de demostrar que el demonio siempre y en todo ha obrado y sigue obrando injustamente, por entregar a tantas seducciones la imagen predilecta de Dios. Si el hombre justamente fue castigado antes por Dios, justamente ha sido liberado ahora por misericordia de Cristo. Todo esto lo explicaremos con mayor detalle en el libro *Sobre el pecado original* [141], ya que aquí, tratando del Espíritu santo, no parece éste el lugar más adecuado. [189]

Pero aún quiero insistir más ahora en cuán vanamente se atormentan *muchos* [los sofistas] pensando en cómo procede del Padre el Espíritu santo, o en si procede del Padre y del Hijo. En cambio, yo lo explico con toda facilidad: «El Espíritu de verdad que procede del Padre» [142], o sea, que el Padre da. Pues él es la fuente original, y «da su buen espíritu a los que se lo piden» [143]. Sin embargo, date cuenta de en qué sentido se usa *ahí* el verbo «procede», no sea que te dejes llevar siniestramente de interpretaciones imaginarias. «Procede», en el texto griego, se escribe ἐκπορεύεται, que significa «se marcha», «sale». No se trata, pues, de una emisión metafísica de algo *de adentro*, sino de una salida en las obras de Dios. No hubo tal procesión intrínseca y real, como pretenden los sofistas, sino que fue la preformación eterna en el mundo arquetipo, tal como luego fue su manifestación hacia afuera. En la creación tuvo lugar la primera e insigne manifestación de la Palabra y del Espíritu, que eran los modos sustanciales *de la divinidad* para dar origen a todas las sustancias y a la generación de Cristo. Realmente, antes de la creación, ni había movimientos de Dios hacia sí mismo, ni acción o pasión alguna, *ni generación real*, ni emanación, ni aliento, ni inspiración, ni producción. [Nadie recibía.] Nadie espiraba y nadie era espirado. Todos estos términos de-

---

[140] Jn. 16, 16-19.
[141] En la primera sección del lib. I de la IV Parte, pp. 357-388.
[143] Mt. 7, 11; Lc. 11, 3.
[142] Jn. 15, 26.

signan especies de movimientos, de acción, de pasión. Por tanto, aparte las actividades intrínsecas de las tres preten- [190] didas entidades invisibles, nosotros afirmamos que fue dispensación de Dios el asumir en sí el espíritu humano. Eso es realmente «dar y enviar el espíritu», asumir en sí al hombre y unirse a su espíritu. Y puesto que esto [de verdad] lo hace Dios por medio de Cristo, puede decirse que el Espíritu procede verdaderamente de Cristo; sobre todo, si se tiene en cuenta que en Cristo está toda la plenitud original [de la deidad] [144]. Hemos dicho que la deidad procede de la deidad conforme al modo de acción divina. Concedemos que, por semejanza con la dispensación de la creatura y hasta un cierto punto, podemos aplicar a Dios esos nombres de las «misiones»; en tal caso se dice del Espíritu santo que visiblemente sale, se mueve o desciende según el movimiento del ángel (Mt. 3; Hch. 2) [145]. Pero no por eso se mueve la sustancia misma de Dios que hay en el ángel. El Espíritu de Dios que llena todas las cosas ilumina a éste o a aquél, moviéndole de modo que él mismo no se mueva. De la boca de Cristo procede, brota, sale el Espíritu santo; ya que Cristo nos regala con este don al distribuirnos su aliento. El Espíritu santo procede del Padre y del hijo, o mejor: del Padre por el hijo: «Dios derramó sobre nosotros el Espíritu santo por Jesús el Cristo» (Tit. 3) [146]. Recibida del Padre la promesa del Espíritu santo, es Cristo quien derrama sobre nosotros este don (Hech. 2) [147]. Cristo, al subir a lo alto, recibió del Padre los dones y «los dio a los hombres» (Sal. 67; Ef. 4) [148]. Todo esto lo recibió Cristo en la resurrección, pues antes no lo tenía, ya que «aún no había sido glorificado»; entonces no había aún este Espíritu santo de regeneración que glorifica y renueva al hombre (Jn. 7) [149]. Ese mismo Espíritu que procede del Padre, de Cristo procede, hecho suyo propio, igual a él en esencia y naturaleza. Por eso dice Cristo: «El que yo os enviaré del Padre» (Jn. 15) [150].

---

[144] «En él habita toda la plenitud de la divinidad corporalmente», texto de Col. 2, 9 explicado por Servet en X lugar en el lib. II, p. 73 del texto de *Restitutio*, antes, p. 214.

[145] De él se dice que «descendió» en Mt. 3, 16 y Hch. 2, 2, pero no hay mención de ángel: bautismo de Jesús y Pentecostés.

[146] Tit. 3, 6.

[147] «Derramaré de mi Espíritu», de Joel 2, 28-32 cit. por Pedro en su discurso pentecostal, Hch. 2, 17-21.

[148] «Subiendo a lo alto, llevó cautiva la cautividad, y dio dones a los hombres», palabras del Sal. 67, 18 repetidas por Pablo en Ef. 4, 8.

[149] «No había venido el Espíritu santo, porque Jesús no estaba aún glorificado», Jn. 7, 39.

[150] Jn. 15, 26: «Espíritu de verdad, el cual procede del Padre.»

Enviándolo del Padre, lo envía Cristo de sí mismo, y enviándolo de sí mismo, lo envía del Padre, pues el Padre está en él. Primero Cristo dio gloria al Padre, diciendo que el Espíritu iba a ser enviado por el Padre; luego se incluye él, diciendo que él lo dará. Y aunque entonces no lo tenía aún, sin embargo, pudo decir: «Yo lo enviaré», «tomará de lo mío y os lo anunciará.» «Todo lo que tiene el Padre es mío siempre» [151]. Por eso dijo «tomará de lo mío», es decir, de mi sustancia, de mi deidad. Las características de mi [191] sustancia y la idea de hijo, recibida por mí, las imprimirá en vosotros y os dará a conocer un orden nuevo ya establecido, de suerte que «no hablará por sí mismo». De tal manera «os lo comunicaré de mi propia sustancia», que «pongo mi vida por vosotros».

Yerran, pues, los griegos, al rechazar que el Espíritu santo proceda del Hijo, *pues Cristo es la única fuente de la que brota el Espíritu santo* [152]. El Espíritu santo es verdaderamente vida, alma y sentido de Cristo; es espíritu de Cristo, por el cual nosotros abrigamos los mismos sentimientos de Cristo hasta el punto de vivir la misma vida de Cristo, e incluso no vivir ya nosotros, sino «que sea Cristo quien vive en nosotros» [153]. En nosotros está el espíritu de Cristo, que nos ha sido dado de su íntima sustancia, de lo íntimo de su corazón, con gran amor; por eso se le llama «caridad de Dios en nuestros corazones» (Rom. 5) [154]. De lo más íntimo del corazón nos ha sido dado, para que por él Cristo se vaya formando verdaderamente en nuestros corazones, y a la vez nos vayamos transformando verdaderamente a su imagen. Y puesto que es el espíritu del hijo, por eso dice Pablo con toda razón a los Gálatas que nos hacemos hijos por su mediación; pues deja en nosotros la impronta de la filiación de hijos de Dios, para que como hermanos de Cristo clamemos: «*Abba*, Padre.» El mismo Espíritu contiene la idea del hijo, como el alma contiene la del cuerpo; *deja en nosotros la impronta de hijos, forma en nosotros al hijo, al regenerarnos, por eso se le llama con razón espíritu* υἱοθεσίας, *de filiación* [155]. Luego, al celebrar

151 Jn. 16, 14-15.
152 Alusión a la otrora célebre cuestión con los griegos sobre el *Filioque*. Servet resume su posición, plenamente admisible a la ortodoxia romana: *Christus est unicus fons, unde spiritus sanctus emanat.* No es tan ortodoxa, por supuesto, su explicación.
153 Gal. 2, 20.
154 Rom. 5, 5.
155 *MsPa* emplea una fórmula más clara: «El mismo Espíritu, por contener la forma de hijo, la forma en nosotros. Conforme a la formación de todo y al ejemplar de todo, forma en nosotros al hijo el espíritu υἱοθεσίας.»

la cena del Señor, se nos juntan su cuerpo, su sangre, su carne, sus huesos. Algo que jamás fue concedido a nadie en tiempos de la Ley, ni antes de la resurrección de Cristo. De nadie se dijo entonces que fuese hermano de Cristo, ni coheredero de su reino, pues ese Espíritu que regenera y glorifica no existía antes de haber sido Cristo glorificado (Jn. 7). Por eso Cristo nos llama hermanos a partir de su resurrección (Mt. 28; Jn. 20) [156].

Con lo dicho se da razón de por qué se usa con tanta frecuencia el término «Espíritu santo» en el Nuevo Testamento, y no en el Antiguo. La razón de la diferencia es que en la Ley había santificaciones de la carne, pero no este tipo de santificación por el Espíritu. *Entonces había ya Espíritu, mas no como ahora;* [más aún,] *por eso,* ni conocían al Espíritu santo, «ni siquiera habían oído hablar de su existencia» (Hch. 19) [157]. *La novedad del término, o el hecho de no serles tan familiar, y la novedad de las fuerzas, indica-* [192] *ban que se trataba de algo nuevo, como efectivamente lo era: un Espíritu nuevo.* Aunque aquel Espíritu que hubo en los profetas era ciertamente el Espíritu de Cristo, era, sin embargo, entonces, «otro» Espíritu, era «otra» la dispensación de la deidad y actuaba en ellos de «otra» manera que en nosotros. Y por más que nosotros decimos que el Espíritu santo habló por boca de los profetas, pues es eterno, sin embargo, ellos eran santificados realmente de distinta manera que nosotros, y se llenaron de «otro» Espíritu, o al menos de otra manera: pues Jesús el Cristo «no estaba aún glorificado» (Jn. 7). Ellos recibieron el «Espíritu de servidumbre en temor»; nosotros, en cambio, Espíritu de «hijos de Dios» (Rom. 8; Gal. 4). Por eso Cristo los llama «siervos», y a nosotros «amigos» y «hermanos» (Jn. 15 y 20) [158].

Para la nueva Alianza, un Espíritu nuevo: tal es la razón de la novedad del término. En el caso de los judíos se trataba de una cierta santificación material, realizada por medio de unciones y contactos externos que santificaban las cosas que tocaban (Ex. 29; Lev. 6) [159], pues tocando lo inmundo se mancillaba su santidad (Lev. 5 y 11) [160]. En el

---

[156] «Dad las nuevas a mis hermans», Mt. 28, 10; y 20, 17.

[157] Hch. 19, 2.

[158] Citando Rom. 8, 15 y Gal. 4, 5. Luego, Jn. 15, 14 y 20, 17, como antes.

[159] Estos dos caps. describen los pormenores de las unciones, cremaciones, aspersiones, de un holocausto judío antiguo.

[160] «La persona que tocare cualquier cosa inmunda..., será inmunda y habrá delinquido», Lev. 5, 2, con varios detalles. Igualmente, Lev. 11 enumera los animales que se pueden comer y los que, por no tener pezuña o tenerla hendida o no rumiar, son inmundos y, por eso, prohibidos, al judío.

caso de los judíos se santificaba su carne; ahora, por el contrario, se santifica nuestro espíritu. La unción que hemos recibido de Cristo es unción del Espíritu (II Cor. 1; I Jn. 2; Hch. 10) [161]. En el caso de los verdaderos cristianos se trataba de una unción y santificación interiores que se realiza en el espíritu y por el Espíritu. Por eso decimos «Espíritu santo» y nos bautizamos en el nombre de un Espíritu santo desconocido de los judíos, para que, muertos a la Ley y sepultados en la carne, no recordemos sino la santificación del Espíritu. Ninguno de los judíos renació jamás «del agua y del Espíritu santo». Alguna vez se lee respecto a ellos algo de una cierta espiración del espíritu de santificación a partir de una cosa santa; pero se trata de una espiración temporal, no del espíritu de regeneración, no del nuevo Espíritu santo con todos sus elementos incorruptibles. Si alguna vez se dice en la Ley que «el espíritu de Dios estaba» en alguien, no se interpreta del Espíritu santo de regeneración, como en nuestro caso, sino del espíritu de inteligencia, de profecía o de fortaleza (Ex. 28, 31, 35; Num. 24 y 34; Jue. 14) [162].

Las sagradas letras llamaron también espíritu de Dios al impulso del viento, dada su gran fuerza, tanto en sentido literal como espiritual; pues que en el impulso del viento hay una energía vivificadora, en la que misteriosamente se daba a entender la verdadera naturaleza del Espíritu santo: el aliento [espíritu] divino y vivificador de Cristo. Por eso se dice que Dios «saca el viento de sus tesoros» (Sal. 134; Jer. 10 y 51) [163]. «Espíritu de Dios» se llama al viento que provocaba el movimiento de las aguas (Gen. 1), porque era fuerte e impetuoso tanto para secarlas y para forzarlas a acumularse (Sal. 32), como para contribuir con su evaporación a la expansión del firmamento [164]. Se habla del «Espíritu de Dios» en estos casos por sus muchas semejanzas con el misterio presente ya en Dios y futuro en Cristo; cosa que también supieron los hebreos, pues que sabían de la energía del Espíritu de Dios que todo lo vivifica, mueve y

[193]

---

161 II Cor. 1, 22; I Jn. 2, 27; Hch. 10, 38. En la visión de Pedro narrada en ese cap., con motivo del bautismo de Cornelio, queda abolida para los cristianos esa serie de viejas prohibiciones carnales.

162 De sabiduría, sobre Aarón, Bezalel y otros, en Ex. 28, 3. 31, 3. 35, 31; «espíritu de Dios» sobre Balaam, profeta, en Num. 24, 2 (nada relativo en Num. 34); espíritu de fuerza sobre Sansón, en Jue. 14, 6, etc.

163 Sal. 134, 7, o «de sus depósitos» en Jer. 10, 13. 51, 16.

164 Así interpretaría Servet las palabras del Sal. 32, 6 (en otro contexto reciben otro sentido): Y fue hecho «todo el ejército de los cielos por el espíritu de su boca; él junta como en un montón las aguas del mar, él pone en depósitos los abismos».

llena. El Espíritu de Dios estaba allí vivificando las aguas, para que a su vez éstas vivificasen la tierra en orden a la producción de cosas. Indagando aún más acerca de ese Espíritu en *Breschit Rabbaa*, llegaron a decir que ese «Espíritu que agitaba las aguas» era el del Mesías, que desde la eternidad está moviendo y vivificando todas las cosas [165]. Así lo entendían ellos correctamente, sin los sueños de nuestros trinitarios, jamás conocidos por nadie. Adoctrinados por la Ley y los profetas, sabían que el Espíritu de Dios reposaría sobre el Mesías, y que ese mismo Espíritu existe desde la eternidad y actúa continuamente en las cosas.

Acerca de este Espíritu santo de Cristo aún queda algo más que hacer notar aquí. A saber: que, aunque en nosotros no se da una santificación corporal, sí se da y tan especial en el cuerpo de Cristo que puede decirse que ha sido «engendrado del Espíritu santo» y «por el Espíritu santo» (Mt. 1): de la sustancia misma del Espíritu santo, así como de la sustancia de la Palabra [166]. La sustancia del Espíritu de Dios contenía antes en arquetipo y contiene ahora los mismos elementos, los tres superiores que dijimos antes, de la Palabra, es decir, un mismo ejemplar sustancial. La sustancia de la Palabra y la del Espíritu eran en Dios su misma sustancia, *o sea, Dios mismo manifestándose en esos modos.* Ahora bien, aunque la carne y el espíritu de Cristo se distinguen realmente, sin embargo participan verdaderamente de la misma sustancia elemental, igual que nuestra carne y nuestro espíritu al unirse. La carne de Cristo, tal y como estaba en el sepulcro, mantenía su propia sustancia divina en sus elementos celestiales y en su forma sustancial de luz; por su parte, el Espíritu de Cristo, que encomendó a Dios al morir, contenía y contiene los elementos de nuestra regeneración, que son los mismos que los de la Palabra. De esta suerte persisten los tres elementos superiores, comunes al cuerpo y al espíritu, como su vínculo común, y ello tanto en Cristo como en nosotros. Pero en nosotros son sólo elementos creados en virtud de la generación de la creatura; en Cristo, en cambio, se dan tanto los creados como los increados por la propagación sustancial del Creador y de la creatura [167].

[194]

---

[165] *Midrash Bereshit Rabba*, ed. de J. Theodor-Ch. Albeck (Jerusalem: Wahrmann Books, 1965), vol. I, p. 56, comentando «Y el espíritu de Dios flotaba sobre la faz de las aguas» (Gen. 1, 2), de acuerdo con la versión cit. en el aparato crítico, dice: «Y eso es el espíritu del Rey Mesías».

[166] Mt. 1, 18 y 20.

[167] Fórmulas un tanto ambiguas de Servet, que hay que relacionar con las de otros contextos: lib. IV, n. 169; lib. V, n. 6; Dial. II, n. 5. Presionado

Así, pues, gracias a ese vínculo común y sustancial entre la carne y el alma, vemos claramente cómo la carne de Cristo fue engendrada en María de la sustancia del Espíritu santo. Cuanto hay en Cristo es santo: en él es santo el cuerpo y santo el Espíritu, e inmaculada la carne. Sólo en Cristo ha tenido lugar la santificación y generación de su carne por la sustancia del Espíritu de Dios; sólo a su carne le ha sido comunicada sustancialmente la sustancia del Espíritu de Dios. Por tanto, en la paradoja anteriormente citada según la cual no hay verdad en ningún cuerpo de este siglo [168], no debe incluirse el cuerpo de Cristo, *que es la misma verdad*. Más aún, su cuerpo es verdadero alimento del espíritu, y se une verdaderamente con nuestro espíritu en una sola sustancia, constituyendo de este modo el espíritu de nuestra regeneración. La carne de Cristo es «verdadero alimento» [169], mucho más verdadero que este alimento externo, pues en este alimento común no hay verdad, a tenor de esa paradoja; en cambio, en ese otro alimento sí hay verdad, pues en él está la constante e inmaculada pureza. El es verdadero alimento de esta vida siempre viva que hay en nosotros.

[Se nos presenta aquí una pequeña duda:] *A estas alturas alguien podría preguntarse:* Si sólo en Cristo estaba originalmente el Espíritu santo, ¿cómo pudo descender sobre él en el Jordán? Respondo: Cristo, antes de su resurrección, aún no había obtenido la plenitud de la gloria y poder de Dios. Por divina disposición estaba reservada para la resurrección. En el Jordán, a la vez que Cristo recibió en su regeneración el nuevo Espíritu de gloria, se dio a entender la nueva virtud y gloria de la regeneración bautismal. Por la encarnación la suprema forma divina se rebajó a la ínfima condición de esclavo; por la resurrección fue glorificada. Así que ahora sólo Cristo contiene hipostáticamente toda la gloria de la Palabra y del Espíritu [170]. Sólo en él y por él sólo es verdaderamente infundido el Espíritu santo: en él sustanciamente; en nosotros *luego* por su [don]

[195]

---

por Calvino, se explicó mejor por escrito en el proceso: «Tenía los cuatro elementos creados, como nosotros; pero le añado la sustancia del Verbo, que digo que era ejemplar, que representaba en él la fuerza de los tres superiores como la de un rocío celestial... Le atribuyo todos los cuatro elementos creados de la madre». *Calv. Op.*, VIII, 542-544; *Kingdom*, 33, 35.

[168] Se refiere a las frases del *Timeo* (cfr. lib. IV, nota 118), en que se dice que nada temporal tiene realmente ser, antes, p. 305.

[169] Jn. 6, 55.

[170] Otro tema de discusión entre Calvino y Servet, éste de la plenificación de Cristo después de la resurrección y en qué sentido alcanzó en ella un nuevo espíritu. *Kingdom*, 39.

gracia: y de esta suerte somos sustancialmente uno con él, como él es uno con el Padre.

[Aún] *De nuevo* podría preguntarse alguien: Si el Espíritu santo viene a formar una sola sustancia con nuestra alma, ¿qué es lo que resulta? Y respondo: el alma y el Espíritu santo. La adición de la deidad no cambia el nombre de la especie ni del individuo. Resulta, pues, el alma en el Espíritu santo, y el Espíritu santo en el alma. Así como Dios está en Cristo y Cristo en Dios, y Cristo es Dios permaneciendo hombre; así también el alma, en virtud de su *sublime* regeneración, se hace Espíritu santo por unión hipostática y permanece siendo alma, lo mismo que el hombre se hace Dios y es uno con Dios. Ahora bien, que el resultado sea una sola sustancia, como el fuego con el fuego o la luz con la luz, lo entenderás perfectamente, además de por lo ya dicho, si analizas el resultado del Espíritu vital de Cristo, en el que su alma y el Espíritu santo constituyen un solo ser. Hasta el aire que respiramos viene a hacerse sustancialmente una sola cosa con nuestra alma, después de haberse fusionado esencialmente con nuestro espíritu vital *en el interior del corazón*. Ya dejamos bien claro que las formas que sobrevienen forman una unidad con la primera forma de luz, y también dijimos que los conocimientos adquiridos forman unidad con el alma, como la luz con la luz y el espíritu con el espíritu [171].

Como Cristo es uno con Dios, así también, dice, nos hacemos nosotros uno con él por el Espíritu santo. Incluso nos hacemos «un otro» más grande, pues que en nosotros se engendra un nuevo hombre interior sustancial e inmortal, de carne y hueso, que con el alma constituye sustancialmente una misma cosa. Esto lo verás en el bautismo y en la Cena, pues no es una frivolidad cenar con Cristo y comer su carne, ni es frivolidad tan sublime regeneración del Espíritu. Tanto su eterno Espíritu vital, como su carne, nos los comunica Cristo sustancialmente. Se nos comunica verdaderamente por entero.

Ya es hora de dar la *verdadera* razón de por qué Cristo dijo que este Espíritu nuevo, y la misma vida inmortal, permanecerían siempre con nosotros [172]. [Porque] Antes se les daba temporalmente a los judíos el Espíritu en los elementos incorruptibles del alma; [en cambio] ahora, después de la regeneración, permanece constantemente en nosotros

[196]

---

[171] *Veluti lucem cum luce et spiritum cum spiritu.* Véase antes, lib. IV, pp. 143 y ss.
[172] Jn. 14, 16.

el Espíritu de Cristo con sus [mismos] elementos eternos tal y como están en él ya resucitado, y permanece también en nosotros su carne eterna. *Antes de la encarnación Dios no estaba tan estrechamente unido al hombre, como lo está ahora el Espíritu de Cristo humanado. Así ocurrió en favor nuestro por su venida, para que de esta suerte a nuestro espíritu se una estrechamente su espíritu humanado.* En nuestra regeneración sobrevino a nuestra alma la auténtica incorruptibilidad, y el Espíritu santo permanece perpetua e inseparablemente unido a nuestro incorruptible hombre interior. Incorruptible es en nosotros la semilla de Cristo e incorruptible el «hombre interior» (I Pe. 1 y 3) [173]; *incorruptible* el hombre *que* no *es* engendrado «de la sangre, ni del deseo de la carne, sino de Dios» (Jn. 1 y 3; I Jn. 3) [174]. *De donde concluye Juan que nosotros somos, ya en este mundo, como Cristo en los Cielos* (Jn. 4) [175]. Nosotros somos hechos dioses por participación de la deidad de Cristo, somos hechos verdaderamente «partícipes de la naturaleza divina», como dice Pedro [176]. Como sombra de esta verdad antes se decía: «Yo dije: sois dioses» [177]. Dios es nuestro hombre interior: del cielo y de la sustancia de Dios. Pero, [197] una vez conocida la regeneración divina, la regeneración «de arriba», todo esto podrá ser mejor conocido. *Entonces podrá ser conocido el celestial hombre interior,* entonces vendrá desde lo alto del cielo una nueva generación. Nacerá la nueva generación, de cristianos, que admira Isaías [178]. Nacerán hombres para no morir nunca más.

Antes de poner fin a este Libro, y resumiendo todo lo dicho, comparemos de nuevo el Espíritu con la Palabra como eran antes y como son ahora. *Sustancial fue la manifestación de Dios en el mundo, como sustancial fue su comunicación.* Dios *Logos* y Dios *Espíritu.* Con su Palabra son creados los cuerpos del cielo y de la tierra, y por su Espíritu son [después] vivificados, infundiéndole al mismo tiem-

---

[173] I Pe. 1, 4 y 3, 4: «herencia incorruptible», «incorruptible ornato de espíritu».

[174] Jn. 1, 13 y 3, 5; I Jn. 3, 2.

[175] «Pues como él es, así somos nosotros en este mundo», I Jn. 4, 17.

[176] II Pe. 1, 4.

[177] Sal. 81, 6 citado por Jesús en Jn. 10, 34; tantas veces, por Servet.

[178] No es que Isaías se admire de las generaciones cristianas. Servet, como muchos escritores cristianos, aplica a ellas las secuencias optimistas del profeta, como Is. 45 sobre el poder de Yahvé, 60-62 sobre la nueva Jerusalén, etc.

po la forma de luz. Sin la Palabra nada es creado, [como] sin la energía del Espíritu y de la luz nada tiene poder alguno. En la Palabra misma está el Espíritu y la luz. Con la Palabra brota el Espíritu, y Dios hablando espira, como nosotros no podemos proferir una palabra sin respirar. Por eso se llama «espíritu de su boca», «espíritu de sus labios» [179].

Así como la sustancia de la Palabra se manifestó y se dejó ver en los elementos corporales de Cristo, y su cuerpo natural la contiene sustancialmente; así también la sustancia del Espíritu de Dios se dejó ver en los elementos espirituales de Cristo, y su Espíritu natural la contiene sustancialmente. Y así como la Palabra de Dios es sustancialmente un solo cuerpo con la sustancia de hombre en Cristo (Ef. 2) [180], así también el Espíritu de Dios y el espíritu del hombre son un solo espíritu (I Cor. 6) [181]. Dios mora en su hijo, y su hijo es Dios; mora en el Espíritu santo, y el Espíritu santo es Dios. También nuestro espíritu es Dios, y procede de Dios, y nace de Dios, como Cristo procede de Dios, y nace de Dios, y es Dios. Cristo, principalmente; nosotros, secundariamente, por él.

De la boca de Cristo deriva a nosotros el Espíritu de regeneración. Cristo nos regala, más que a los judíos, con este don sublime de su sustancia tanto corporal como espiritual. Jamás se vio hasta la venida de Cristo hipóstasis alguna del Espíritu; pero plugo a Cristo que se manifestara primero en [198] el bautismo, y más tarde, después de su gloriosa resurrección, sobre los apóstoles, para que de este modo comprendamos mejor los efectos y la gracia de su venida [182]. Visto y oído Cristo, inmediatamente se vio y se escuchó al Espíritu santo, y se nos dio a conocer interiormente el consolador. No sólo vemos al Espíritu en forma de paloma y de fuego, sino que lo percibimos también como sonido (Jn. 3)

---

[179] Sal. 32, 6; II Tes. 3, 3, etc.

[180] Ef. 2, 16.

[181] «El que se junta con el Señor, un espíritu es», I Cor. 6, 17.

[182] Frase objetada por Calvino, pues argüiría que antes no existía en Dios esa hipóstasis o persona del Espíritu santo. El lector estudioso puede comprobar, por estas objeciones de Calvino, que no alcanzó a entender el sentido exacto de las doctrinas de su acusado. Servet explica que «la persona del Verbo es hipóstasis visible, pero la del Espíritu es perceptible» y que en esta página ya explicó en qué sentido lo es. A otra observación de Calvino, que su concepto de persona escandaliza a todos los «píos», responde al fin Servet: «¡Será piedad mostrar el error, pero no acusar criminalmente! Tú sabes que todo lo explico, y obras en contra de tu conciencia.» *Calv. Op.*, VIII, 546; *Kingdom*, 38.

y dentro de nosotros (Jn. 14) [183]. Por eso, según Hch. 2, se vieron «como lenguas de fuego», se oyó «un gran estruendo», e interiormente se percibió su eficacia.

Aún tiene otro parecido más la encarnación de la Palabra con la misión del Espíritu, y en eso nos parecemos nosotros al hijo de Dios. La Palabra que desciende hace que Cristo haya descendido del cielo, igual que nosotros descendemos del cielo por el Espíritu que desciende. Asimismo, hemos ascendido con Cristo. Pues a Cristo en persona se le llama Palabra de Dios, como si esa Palabra, al hacerse carne, se hubiera apartado de Dios para venir al hombre. Pero en realidad no se apartó, sino que fue Cristo quien subió a Dios. Del mismo modo, parece como si el Espíritu se hubiera apartado de Cristo, cuando fue enviado a los Apóstoles (Hch. 2). Pero en realidad no se apartó, sino que somos nosotros quienes ascendemos hasta el mismo Cristo, comenzando ya a presentarnos con él en el cielo.

Allí reinamos ya nosotros con él.
¡Y ojalá reinemos siempre!
Amén.

---

[183] Jn. 3, 8, tomando a la letra aquello «El espíritu (viento) de donde quiere sopla, y oyes su sonido...; así es todo el nacido del Espíritu.» Y lo de Jn. 14, 17: «Al Espíritu vosotros le conocéis, porque está con vosotros y en vosotros.»

24

PARTE SEGUNDA

DOS DIALOGOS
SOBRE LA TRINIDAD DIVINA

De cómo en ella no se da esa ilusión   [199]
de las tres entidades invisibles;
sino la verdadera manifestación
de la sustancia de Dios en la Palabra,
y su comunicación en el Espíritu.

DIALOGO PRIMERO

Sobre las sombras de la Ley,
sobre Cristo, complemento de ángeles y de almas,
y sobre la naturaleza del infierno.

MIGUEL Y PEDRO

MIGUEL.—... Aquel *Elohim* que aparece en Moisés creando en el principio, y aquella Palabra de Juan que «era al
principio con Dios», se refieren a la misma y única persona de Cristo...

PEDRO.—¡Aquí está! *¡Este es Servet,* a quien *yo* andaba
buscando! [1]. ¡Vamos, vamos! ¿Qué haces aquí hablando
solo?

---

[1] La materia de estos dos diálogos viene a coincidir muy a grandes rasgos
con la de *Dialogorum de Trinitate libri duo,* publicado por Miguel Servet,
aún con su nombre, en 1532. Se citará esa obrita en adelante como *DialTr.*
Su texto es mucho más breve que el del *Restitutio,* enriquecido éste por un
arsenal de citas de vario tipo; el comienzo, sin embargo, muy parecido, resulta más explícito: «Necesariamente, según las Escrituras, deben coincidir
Logos, Elohim y Cristo, lo cual se comprueba por la sola comparación del
principio del Génesis con el del evangelio de Juan.» El interlocutor de Miguel
en *DialTr* no es Pedro, sino un *Petrucius,* Petrucho. Podría pensarse acaso en

MIGUEL.—Estoy viendo cómo Cristo es desconocido de los mismos cristianos. Estoy viendo cómo se llaman cristianos quienes ni siquiera saben en qué consiste la fe del cristianismo. Y al verlo, me echo a llorar. Si Cristo volviese y predicase de nuevo que es hijo de Dios, de nuevo volverían a crucificarlo nuestros sofistas [2]. Una sola cosa unida es el Cristo único, un solo ser, un solo hijo. Ficticio es el «supuesto» de los sofistas, falaz su «idioma», invisible su ilusión [3]. Sacrílegos son esos sofismas de los «idiomas», por los que llegan a decir que un ángel puede morir en piel de asno o que el Espíritu santo puede morir en un mulo [4]. [200]

PEDRO.—Y tú, ¿cómo es que pones en Dios semen de generación, nube y *elementos?* [¿nube, sustancia mixta de agua, aire y fuego, como si no hubiera que explicar de otra manera cómo Dios engendró a este hombre de su propia sustancia?]

MIGUEL.—*En Dios está todo y los orígenes de todo.* Correctamente se dice que en Dios generante hay semen de generación, lo mismo que se dice que en Dios hablante hay Palabra. En Dios había semen por la misma razón que se llama a Cristo semilla de Dios, y a la Palabra misma se le llama semilla; sobre todo, porque en aquella misma Palabra estaban encerradas todas las semillas. No puede hablarse propiamente de generación, cuando no se observan aquellas características que son sustanciales a la generación [5]; tanto más cuanto que la generación de Cristo es la más excelente de todas las generaciones, su ejemplar más ilustre, su auténtico prototipo. Lo que reciben los hijos

---

la influencia de los *Dialogi* del converso español medieval Rabbí Moisés Sefardí, quien presenta discutiendo un Petrus y a sí mismo como Moisés. Sin embargo, no debe olvidarse que la ed. princeps de esos *Diálogos* del converso Petrus Alphonsus (él mismo antes y después de su bautismo de 1106) fue realizada por Gymnicus en Colonia tan sólo en 1536, es decir, cuatro años después de la publicación de los *DialTr.* Al revelar Servet su verdadero nombre en este texto, da muestras de temeraria valentía.

[2] Sofistas: escolásticos, incluidos los reformadores magisteriales. Hijo de Dios, en el sentido estricto y técnico de Servet, ya explicado.

[3] Obscura frase de *Restitutio: Ipsorum suppositum supposititium est, idioma sophisticum et invisibilis illusio.* La omisión del segundo término en *MsPa* podría indicar que se trata de un error tipográfco, siendo error en ambos esa coma.

[4] Frase ésta repetida varias veces en todo *Restitutio.*

[5] Preocupación de exactitud terminológica de Servet: *Non dicitur proprie generatio si ea quae sunt generationis substantialia non observantur,* como ya dijo en contextos paralelos anteriores. Antes, alusión a Lc. 8, 11: «La simiente es la palabra de Dios.» La idea de Servet se basa en los diversos sentidos del término *semen.*

de sus padres en las demás generaciones, eso mismo recibió Cristo de Dios: éste, del Creador; aquéllos, de creaturas. En la Escritura se atribuyen a Cristo semen de generación, germen, rocío de generación, y otras cosas. De otra suerte, ¿cómo decir que es generación de la sustancia de Dios? Si en Dios estaban las otras cosas, también tenía que haber en él semen, verdadero origen de todo. ¿Acaso Dios no pudo mostrarse tal cual le plugo? *Si reconoces que todas las cosas estaban en Dios*, reconocerás también, claro está, que las aguas celestes estaban ya en su arquetipo, el fuego en su empíreo, en el aire su Espíritu.

Una cosa no hay que olvidar ahora: que hubo manifestación divina *a tenor de su previa ordenación*. Por lo que respecta a la generación del verdadero hijo de Dios, Jesús el Cristo, admitimos el espíritu de *elohim* como un aliento aéreo, admitimos fuego en Dios, nube acuosa de la gloria de Dios, río de fuego, lluvia, rocío y riego de su Palabra. [A ello nos fuerza la razón, a ello nos fuerza la autoridad de la Escritura, la experiencia misma y la visión de los motivos de Dios. Y decimos que su manifestación en la Palabra de Dios no fue ilusoria, sino verdadera y sustancial] [6]. No sin misterio se ha realizado la manifestación de tales cosas en Dios, ni se burlaba Dios de sus profetas con meros espectros vacíos, cuando daba a conocer su inmensa majestad en el agua celeste, el espíritu y el fuego. Siempre allí, en la nube, aparecían aguas celestes, aliento, espíritu y resplandor de fuego, como aparecen en las demás generaciones, y ahora en el éter. Hemos demostrado que hay *verdadera* analogía, con relación a la Palabra, en el semen de nuestra generación, en la nube aérea, en nuestra palabra y en nuestro aliento [7]. *Era la propia sustancia divina, Dios mismo, el que así se manifestaba y expresaba dando a conocer la gloria de Cristo. Dios Creador quiso de esta guisa conformarse a través de Cristo a las creaturas. ¿O acaso aquella esencia omniforme no pudo mostrarse tal cual le plugo?* [8].

[201]

---

[6] Nueva expresión de los criterios servetianos de verdad, como antes en lib. V, nota 4, y de la teoría de la contribución de los tres elementos superiores a la constitución del semen generador, también del de Cristo, entrevisto en símbolos del AT, conforme al concepto de la materialidad y pasividad de la *terra mater*: cfr. lib. IV, nota 169, y Diál. II, notas 5 y 18.

[7] Sobre la Palabra o Verbo como semen *analogatum princeps*, véase ya antes, lib. IV, pp. 152, 162 del lib. IV, del texto de *Rest.* y otras.

[8] *Essentia illa omniformis*, concepto órfico y neoplatónico de Dios conocido ya por textos anteriores. No se olvide que todo lo que ahora va en cursiva es adición del *Restitutio* respecto al *MsPa*.

Si te molesta decir que en Dios había semen, dí que la deidad hizo sus veces; pues de este grano o de esta gotita no se dice que sean semilla o semen por su materia, sino por la idea formal, que es el mismísimo semen de Dios [9]. *La Palabra de Dios era su semilla, su instrumento seminal, σπερματικός τεχνικός, al decir de Filón en su libro «Del heredero de las cosas divinas»* [10]. *Si también te molesta decir que en Dios había una nube, dí que dentro de la nube estaba la deidad, pues la sabiduría dice de sí misma: «Como una nubecilla cubrí yo la tierra»* (Ecle. 24) [11], *«como una nube que ilumina la noche» o «nube temerosa» o «nube de luz»* (Ex. 19; Mt. 17) [12]. *Jamás fue creada nube alguna, que no tuviera en su arquetipo su ejemplar verdadero, referido a ella. Luego Dios pudo manifestar a los hombres ese ejemplar, como tantas veces lo hizo, aunque hubiese también allí otra nube creada. Yo concedo gustosamente, y así lo he enseñado en muchas ocasiones, que en aquellas apariciones de la gloria de Dios había una nube creada; pero digo también que en esa misma nube creada había otra nube superelemental e increada, resplandeciendo en su interior, que era la divinidad misma que así se daba a conocer. Dios era la verdadera luz allí, en el interior de esa luz que se veía. Dios era aire en el aire, fuego en el fuego, nube en la nube, como es verdadero Espíritu santo en el aliento de Cristo* [13].

PEDRO.—Afirmas algo que no hemos recibido: que no exista ya aquella Palabra, o que fuese como sombra.

MIGUEL.—Todo lo contrario. Tan lejos de mí está haber dicho que ya no pervive la Palabra, que más bien he dicho y he de repetir que la sustancia misma de la Palabra perdura hoy en la carne de Cristo. Afirmo que aquella luz que *entonces* resplandecía en [la oscuridad de] la nube era la sustancia de la Palabra, el resplandor natural del cuerpo de Cristo. [Más aún,] Aquella Palabra, que antes era esencialmente forma de hombre, conserva hoy esa misma forma en el mismo hombre, y en Cristo está todavía la deidad

---

[9] *Quæ ipsa (ratio formalis ideæ) est in Deo verissimum semen.*

[10] Filón, *Quis rerum divinarum hæres*, 24, 119, y también en *De æternitate mundi*, 17, 85; cfr. WOLFSON, *op. cit.*, vol. I, p. 343. Idea que Filón toma del estoicismo clásico, aplicándola a su sistema, así como oportunamente Servet al suyo propio.

[11] Ecle. 24, 3-4.

[12] Ex. 19, 9: «Yo vengo a tí en una nube espesa.» «Nube de luz» en la narración de la transfiguración, Mt. 17, 5.

[13] Toda esta larga interpolación pretende apoyar la teoría servetiana, ya referida, de la interpretación cristiana de las teofanías vetustestamentarias, como sigue explicando a continuación.

misma bajo forma de hombre [14]. ¿Cómo no va a estar en él la eternidad de la forma divina, si por él está en tí la eternidad de la idea? [15]. *Aquella forma no está ni confundida ni disminuida, sino diferenciada en toda su esencia.* Digo, sin embargo, que la Palabra no es [ahora] tal como fue antes, porque «se hizo carne», y porque la venida de Cristo renovó todas las cosas. Ahora ya no es según la misma dispensación que fue en la nube en tiempos de Moisés.

[202]

En cuanto a lo que objetas en segundo lugar, la llamé sombra como prefiguración de algo futuro, en el mismo sentido que en cualquier sombra puede verse una cierta figura, pues la sombra no es sino luz amortiguada. Lo que antes en la Ley era sombra, tenía ya su luz disminuida y una cierta consistencia y cierto parecido con algo más perfecto. Existían todas esas sombras, y existía también la Palabra, y con ello se quiere dar a entender la imperfección del tiempo. Pasaron de algún modo todas aquellas cosas que entonces no iban a alcanzar perfección. Aunque haya ahora en el cuerpo de Cristo la que entonces fue sustancia de la Palabra, sin embargo, en ella estaba ya Cristo como en sombra, o prefigurado [16]. Pues en la Ley se anticiparon los tipos de lo que había de suceder, y a esos tipos podemos llamarles sombras. Y con ello se pone de manifiesto la gloria de Cristo; pues Dios es luz en sí mismo, y esbozaba a Cristo en la sustancia de su luz y de la Palabra, y se dejaba ver entonces en la Palabra, como en sombra. [Sombra, σκιά, llamó Filón a la Palabra.] Para Filón la Palabra era sombra, como aduce en el Lib. II de las *Alegorías:* σκιὰ θεοῦ ὁ λόγος, «sombra de Dios es la Palabra» [17]. Sombra era, como una forma oculta, como un modelo a cuya semejanza, dice, fue hecho el hombre a imagen de Dios. Al principio la prefiguración era más clara; [pero] por el pecado

---

[14] *Et in Christo adhuc est Deitas ipsa sub forma hominis.*

[15] Otra expresión del más rancio sabor neoplatónico: la eternidad de la idea por el Cristo-Logos en el hombre, como argumento de la eternidad de forma divina en Cristo mismo. El Logos intermediario, iluminador.

[16] En *DialTr* aclara mejor esta objeción, diciendo: «Obligado por la necesidad la llamé sombra, no pudiendo explicar este misterio de otro modo; pero no quiero decir con ello que la Palabra fuera sombra que haya pasado y no permanezca: por el contrario, la misma es la sustancia de este cuerpo que fue antes de la Palabra», etc.

[17] No en el II, sino en el lib. III del *De legum allegoria*, 33, 100 habla de esto Filón, y en un texto indirecto que Servet aprovecha. Dice que hay dos clases de mente: la que obtiene el conocimiento de Dios por las cosas creadas, como la sustancia por sus sombras, y la que se eleva más allá de la creación y obtiene clara visión del Uno increado «y también de su sombra, es decir, aprehende también el Logos y este mundo». Puede verse influjo del mito de la cueva de Platón, tan egregiamente descrito en *República* VII, 514a.

sobrevino sombra y cierta oscuridad. La condición de sombra no desdice [, pues,] de la Palabra de Dios, como tampoco de Dios mismo; ni infravaloro a los ángeles por decir que hubo en ellos sombra de Cristo. Se han disipado ciertamente las sombras, pero no por eso se ha disipado la sustancia de los ángeles, ni la de Dios, ni la de la Palabra. Puede decirse que la sombra de entonces era análoga a la que hay ahora en nosotros respecto a la gloria del siglo futuro, pues «ahora vemos como en enigma, pero entonces veremos cara a cara» [18], y esta gloria que ya nos ha sido otorgada por Cristo prefigura otra mayor aún futura [19].

Volviendo a nuestro caso, en la Ley había luz amortiguada, nubes tenebrosas y oscuras, puestas por Dios para [203] sí mismo «como su escondite» (Sal. 17; II Re. 22) [20]. «El pueblo asentado en tinieblas y en región de sombra de muerte vio una gran luz» amanecida por Cristo para nosotros (Is. 9; Mt. 4), «para iluminar a los que se sentaban en tinieblas», aquí luz manifiesta: manifiesta por Cristo y comunicada a nosotros por el Espíritu. Luz que volverá a ponerse de manifiesto después en la gloria de todo nuestro cuerpo por la futura resurrección en cuerpo, como lo está ya ahora por la resurrección de nuestro espíritu. Sombra había entonces en las ceremonias y demás misterios, por su analogía con los supremos arcanos de la Palabra, ocultos también en Dios en sombra, nube y oscuridad. Cristo estaba entonces «al abrigo del Altísimo», «a la sombra del Omnipotente» (Sal. 90) [22]. Todos estaban para Cristo en sombras y tinieblas, pues que él estaba oculto en la sombra de la Palabra y en el escondrijo de la nube. Y esta sombra de la Palabra perduró aún hasta que, cubriendo con ella a María, dejó de ser sombra (Lc. 1). Incluso algo de esa sombra persistió hasta la resurrección de Cristo, así como algo del enigma persistirá en nosotros hasta nuestra propia resurrección. En sombras estaba también oculta la Deidad en la carne de Cristo aún no glorificada, como consta por la transfiguración del Monte (Mt. 17). Si pues la misma Palabra encarnada estaba aún en sombra, ¡cuánto más antes en la nube! Por eso, mientras Cristo vivía en la tierra, no se disiparon las sombras de la Ley hasta que se puso de manifiesto toda la gloria en Cristo y en su Espíritu. Por eso

[18] I Cor. 13, 12.
[19] Rom. 8, 18.
[20] Sal. 17, 11 y II Re. 22.
[21] Palabras de Is. 9, 2, citadas luego en Mt. 4, 16 y Lc. 1, 79.
[22] Sal. 90, 1.

me tomé la libertad de llamar con Pablo sombra a todo cuanto aparecía en la Ley; «pero el cuerpo es de Cristo» (Col. 2)[23]. Y no sin razón has llamado mi atención sobre este asunto, pues en él precisamente estaba pensando, cuando me sorprendiste hablando conmigo mismo.

PEDRO.—¿Pero de qué estabas hablando contigo mismo?

MIGUEL.—Estaba pensando en que la Palabra es la persona misma de Cristo, y hacía comparaciones entre *Logos* y *Elohim*, refiriendo todo a Cristo. [204]

PEDRO.—¡En nuestros tiempos no se admite que en Dios [hubiese] *apareciesen* formas perceptibles!

MIGUEL.—Sin embargo, sí que estaba admitido y era bien conocido esto en la Iglesia primitiva, como consta por Ireneo y Tertuliano; y aun entre los más antiguos hebreos, como consta por otros que he citado además de *Filón*, *Eusebio* y Jerónimo. En la Ley y en los Profetas no leerás otra cosa[25]. Se habla de manifestación de Dios, no de ilusiones. Si Dios no hubiera querido darnos posibilidad alguna de conocer su divinidad, en vano hubiera infundido en el hombre tal deseo, sobre todo en Moisés y en otros que desearon ver su rostro; en vano e ilusoriamente hablaría la Ley con tal profusión de este asunto. Dios mismo bromearía, haciendo como que se muestra cara a cara. Cristo mismo se engañaría, al jactarse de ver a Dios. *Si no admites ninguna aparición sustancial de Dios, tampoco puedes admitir ninguna comunicación sustancial suya, y por consiguiente no admitirás que Dios se haya comunicado sustancialmente al mundo, ni a Cristo; y tendrás que admitir que en Cristo no se nos apareció otra cosa que un fantasma.*

Los antiguos hebreos, *al leer* «temunah», «zelem» y «demuth», reconocen en Dios aquella primera forma y figura divina a semejanza de la cual fue creado el hombre, y la llaman rostro de *Elohim*[26]. En la primitiva Iglesia *Cristia-*

---

[23] Col. 2, 17.

[24] La oposición latina *nostro seculo* (sic) y *in prima ecclesia* indica que Servet no alude a ninguna doctrina moderna, sino a la escisión entre el primitivo cristianismo y el posterior a él, indeterminado.

[25] Véanse las notas 51, 52, 54, 58, 103 del lib. III de la precedente Parte I. Basado en esos textos, a las veces violentados algún tanto, y apoyado en su interpretación literal de los bíblicos, llega así Servet a formular uno de los principios fundamentales de su concepción de la divinidad: el Dios, esencialmente invisible, se ha hecho visible por su Palabra, o Verbo, eternamente dotado de la misma forma humana con la que tendencialmente estaba orientado a encarnarse en el Cristo, quien así es «persona», aspecto de Dios.

[26] Sobre el concepto de forma o figura de Dios y el significado de esos términos hebreos, cfr. antes lib. III, págs. 93 y 103 del texto de *Rest.*, en cuyo contexto explica Servet su interpretación de *Elohim* y de las teofanías.

na esto era tan corriente, que de ahí derivaron casi todas las herejías, pues tanto Simón Mago, Menandro y Basílides, citados por Ignacio, como más tarde Valentín, Marción y Maniqueo, y otros muchos, sólo atribuían a Cristo una forma humana que antes estaría en el éter, *algo así como un fantasma*, sin verdadero cuerpo de carne²⁷. Por odio a estas herejías se vieron arrastrados los sofistas a la fantasía de sus entidades invisibles y sus tres puntos, instigados por el reino del Anticristo, que los tiene por sus precursores. Esto ya lo había predicho Juan: que en ese reino prevalecerían tres espíritus ilusorios, que no son más que tres hijos del Beelzebú (Ap. 16)²⁸. A partir de Atanasio y de algunos otros, que eran ya los atletas del reino del Anticristo, nunca más disfrutaron los sofistas de inteligencia para reconocer la verdadera manifestación de Dios. Lee a Tertuliano, al final del Lib. II de *Contra Marción*, donde dice que en la Iglesia primitiva todos admitían que en la Palabra había ya verdadera figura humana, de tal modo que incluso los propios marcionitas lo creían así por el testimonio de los apóstoles²⁹. ¡Y ése es un importantísimo testimonio de

[205]

----

²⁷ Acierta Servet al señalar el enorme peligro del gnosticismo primitivo, corrupción, según él, de la creencia común en el Verbo o *Elohim* como *temunah* o forma de Dios, lo cual se prestaba al exceso de admitir varias formas emanadas de la divinidad y negarle a Cristo un cuerpo real. De Simón Mago, último representante del gnosticismo precristiano, proceden Dositeo y Menandro, aludidos pero no citados por Ignacio, sino por Clemente en las *Recognitiones*, así como por Orígenes e Ireneo. Basílides, profesor egipcio, Valentín, egipcio también pero quien enseñó en Roma, y Marción, griego enraizado en Roma, los tres a mediados del siglo II, nos son bien conocidos por largos pasajes del *Adv. hæreses* de Ireneo, del *Hæreses* de Epifanio, los *Stromata* de Clemente de Alejandría y, entre otros, el *Adv. Marcionem* de Tertuliano, su obra más extensa. El dualismo maniqueo, ya en pleno siglo III, presenta aspectos muy afines al gnosticismo anterior, cuyo atisbo honra a la perspicacia de Servet.

²⁸ «Tres espíritus inmundos a manera de ranas», Ap. 16, 13. Aunque no pueda negarse alguna influencia a la oposición al gnosticismo como factor parcial de la paulatina formulación del dogma trinitario, suena a arbitrario señalar a los gnósticos como precursores de éste, a no ser en el sentido de que las tres divinas Personas son para Servet, según indica en otra parte, comparables a los diversos *eones* con que el gnosticismo quiso llenar el vacío entre el hombre y la divinidad. Cfr. Lib. I, nota 218.

²⁹ Tertuliano, *Adv. Marcionem*, lib. II, cap. XXVII (PL II, 316): «Pues que ya creéis que Dios se mostró en figura y en otro orden de la humana condición, no habéis menester de ulterior persuasión.» Calvino y sus pastores ginebrinos objetaron a Servet en el proceso esta interpretación, así como la del texto siguiente, reconociendo, sin embargo, que «el hijo de Dios se apareció a los padres *in forma hominis* como en preludio de la encarnación», a lo que responde Servet que esa *forma* era subsistente *in ipsa deitate*, sin distinguirse del Dios-Padre sino por ser visible y él invisible, lo que de nuevo demuestra con textos de Tertuliano. Cfr. *Kingdom*, p. 8.

toda la Iglesia primitiva! En los libros *De la carne de Cristo* y *Contra los herejes* enseña Tertuliano con claridad meridiana que la Palabra tenía antes forma y figura humana. Lo mismo enseña Ireneo en el Lib. IV, caps. 15 y 17. Aún hay en ellos otros muchos lugares en los que se habla de la forma humana y de la persona de la Palabra, a cuya imagen y semejanza, dicen, fue *formado* [plasmado] *el cuerpo de* Adán [30]. Mas para que nadie sea tan rudo *antropomorfista* que crea que Dios es en sí mismo algo corpóreo, nosotros hemos insistido en que es incorpóreo e invisible, pero que se manifestó [como quiso] *personalmente, ya que es mente omniforme.* Y tal manifestación fue la pronunciación, la representación viva y el resplandor de su Palabra.

PEDRO.—*Estoy plenamente convencido de que esa aparición de Cristo fue una auténtica* θεοφανία, *una manifestación de Dios.* Λόγος *era realmente razón ideal pronunciada, palabra referencial y representativa.* [Recuerdo que λόγος significa para tí palabra referencial y representativa, resplandor.] Así que volvamos a tu comparación entre *Logos* y *Elohim.*

MIGUEL.—De Moisés hemos recibido que al principio era *Elohim,* creador de todo, dado a conocer como *Elohim.* De Juan, que en el principio era la Palabra luminosa, «por la cual fueron creadas todas las cosas».

PEDRO.—Y antes, ¿qué?

MIGUEL.—¡Me estás atacando!

PEDRO.—Es que quería saber primero lo que primero fue, para que a partir de ahí todo vaya saliendo ordenadamente.

MIGUEL.—Fue antes «el designio eterno que Dios hizo en Cristo», como dice Pablo [31]. Del mismo modo que ahora todas las cosas están en Dios, así también en ese mismo orden estaban en él antes de su creación, y el primero de todos, Cristo, *único que era «figura de la sustancia de Dios y esplendor visible de su gloria»* [32]. Eso que hubo antes, si es que puede hablarse de antes, fue como un momento de la eternidad. Más aún, de Dios no debe decirse «fue», sino

---

[30] Tertuliano, *De carne Christi*, cap. IX (PL II, 772) y *Adv. Judaeos*, capítulo IX (ibid. col. 622): «El que le hablaba a Moisés era siempre el hijo de Dios, quien era visto. Por eso consta que el hijo mismo de Dios le habló y que Moisés le vio. Era, pues, visible ya entonces el hijo, el hombre Jesucristo.» Ireneo, *Adv. hæreses*, caps. cit. de la ed. de Erasmo, correspondientes a los 5 y 7 de Migne PG I, 985 y 991, en que se dice que Abraham por el Verbo conoció al Padre y por eso «exultó para ver mi día», según Jn. 8, 56.

[31] Ef. 3, 11.

[32] Heb. 1, 3.

«es». Dios, al decretar desde la eternidad en su mente eterna un hijo corpóreo y visible para sí, se manifiesta a sí mismo visible de esa índole en sustancia por la Palabra, en la que estaba el Espíritu[33]. Por su misma Palabra y por su mismo Espíritu crea, herencia para su hijo, este mundo corpóreo, sombra de un mundo mejor. A imagen de su propio hijo crea a los demás hombres concediéndole los hijos que estén con él, según aquello de: «Heme aquí, y a los hijos que Dios me ha dado»[34]. Por su Palabra y su Espíritu va disponiendo Dios todas estas cosas. Por su Palabra y su Espíritu que, tal como aparecieron, así estaban preformados en su mente. De ahí que Dios conceda al hombre su Palabra y su Espíritu y se le comunique por la palabra y en el espíritu, para que enseñado por su Palabra y su Espíritu, en palabra y espíritu le adore como a su Hacedor. [206]

Así que lo primero es la Palabra de Dios, la Palabra que procede de su mente interna y que es externamente pronunciada para la generación de su hijo, o dada a conocer en su manifestación. He ahí a *Elohim* personificado creando el mundo. Dios piensa y expresa a la vez la generación de su hijo, poniendo de manifiesto su Palabra. Y por la misma Palabra de la generación de su hijo crea el mundo, que su hijo habrá de dominar. Por muchas eternidades que imagines, en cualquiera de ellas existía ya la mente divina, que luego se hizo *Logos*, y luego carne. En su sabiduría Dios ya había expresado la forma de hombre, que luego apareció como *Elohim*, y luego como Cristo. *Elohim*, pues, no comenzó a ser en el principio, [sino que era *Elohim* antes de crear. No comenzó a ser Logos en el principio][35], sino que «en el principio ya era», como dice Juan. Ya era antes en la mente como Palabra, pero no por eso puede decirse que Dios cambie, como tampoco cambiaría si ahora se te manifestase sustancialmente visible en una nube, o en el fuego, o en otra forma, ya que él contiene en sí cualquier forma de darse a conocer que quiera ofrecernos. Dios contenía ya en sí a Cristo, y en él las ideas de las otras cosas, mostrándolas sin inmutarse, «haciéndolas visibles a

---

[33] Varios párrafos de estos textos sobre el modo servetiano de entender la eternidad de Cristo le fueron objetados en la prop. 27 del proceso. Servet se reafirmó en ellos, que habían sido dolosamente mermados por Calvino para impresionar a los jueces. *Kingdom*, pp. 38-39.

[34] Is. 8, 18, citado por Heb. 2, 13.

[35] Otro ejemplo de omisión de un párrafo por error de dictado o del amanuense mismo, pero en este caso, omisión en *Restit.* respecto a *MsPa*, que sí lo trae, lo cual en consecuencia complica la teoría de la prioridad temporla de *MsPa:* de un *principio* se saltó al segundo.

partir de las invisibles», como afirma el apóstol[36]. **Antes fue la Palabra que el mundo**; mas no con prioridad de tiempo, ya que entonces ni siquiera existía el tiempo, sino con la prioridad de la causa a su efecto. Una cosa tienes que tener siempre presente: que ni entonces ni ahora hay diferencias de tiempo ni intervalos en Dios, sino [hechos de Dios] siempre perpetuos y presente eternidad. Más aún, suponiendo, en relación a nosotros, diferencias de tiempo, hay que admitir siempre que este hijo corporal Jesús el Cristo, que nació de María, procede de Dios desde la eternidad y es engendrado antes de todos los siglos por la pronunciación hecha en la eternidad. En la eternidad y antes de todos los tiempos se prepara el reino de Cristo, como después de Cristo enseña Pablo; y luego se dispensa en diferentes tiempos[37].

[207]

PEDRO.—¡Luego Dios engendró a su hijo voluntaria, no naturalmente!

MIGUEL.—Entre Atanasio y Arrio, entre Basilio y Eunomio, entre Agustín y Maximino, y otros de la misma harina, se entabló esta acérrima disputa: el hijo de Dios ¿es hijo por naturaleza o lo es por voluntad de su padre? Todo eso puede leerse en Atanasio, en su libro *Sobre la fe* o en el de las *Disputas contra Arrio*; en el *Contra Eunomio* de Basilio; en Agustín en el *Contra Maximino*, en el Lib. XV de *Sobre la Trinidad*, en la cuestión VIII de *A Orosio*, y en otras muchas cuestiones[38].

Los arrianos decían que el Padre había engendrado a su hijo por su libre voluntad, sin necesidad ni coacción algu-

---

[36] Heb. 11, 3.

[37] El profundo cambio realizado desde el primer diálogo del *DialTr* y en general de algunos aspectos de la doctrina trinitaria de Servet a este otro Diál. I y a todo el *Restitutio* puede ilustrarse con una frase impresa por él al margen de aquél: «Dios antes de la creación no era luz, ni Palabra, ni Cristo, sino algo inefable, y todos ésos son vocablos de dispensación.» La equivalencia entre *Elohim* mosaico, Cristo histórico y *Logos* joanneo, entre principio del Génesis y del cuarto evangelio, insistía entonces en la manifestación temporal, más que en la preexistencia eterna de esas *formas* o *personas* en Dios. El eslabón le fue proporcionado por la teoría neoplatónica del *Deus omniformis*.

[38] Se refiere a las discusiones contra Arrio y el neoarrianismo de Eunomio de Cícico, ya en pleno siglo IV, y del obispo Maximino, contemporáneo del de Hipona, debidas respectivamente a Atanasio por su *Expositio fidei catholicæ*, equivalente al lib. X de su *De Trinitate* (PG XXVI, 292), y por su *Disputatio Athanasii cum Arrio coram probo iudice*, atribuida hoy a Virgilio de Tapso (PL LXII, 167); a Basilio por su *Adv. Eunomium*, compuesto en el 365 (PG XXIX, 467-669); a Agustín por su *Contra Maximinum ep.*, su *De Trinitate*, lib. XV, cap. XX y su *Ad Orosium præsbiterum contra priscillianistas et origenistas*, q. 7 (PL XLII, respect. 743, 1087, 669).

na por parte de la ley natural, y que, por tanto, el hijo comenzó a existir en algún momento. No querían admitir que fuese hijo por naturaleza, para que no apareciese igual y coeterno con el Padre. En todo caso, hay que interpretarlo de un hijo separado y real. *Por su parte, Atanasio, Basilio y Agustín* no querían conceder que fuese hijo por voluntad del Padre, para que no pareciese no coeterno, y para que no hubiese mutación en Dios, caso de haber comenzado a quererlo. [¡Eso son cuestiones fantásticas acerca de ese Hijo invisible!] Pero yo digo que fue hijo por naturaleza y por voluntad. No que Dios comenzase a quererle en un momento dado, sino que lo quiso siempre desde toda la eternidad; y tal como lo quiso *al pensarlo*, así resultó naturalmente. Razón, conocimiento, voluntad y ciencia son algo connatural en Dios. Y en ese sentido lo decidió natural y voluntariamente [39].

PEDRO.—Dios, por su voluntaria dispensación, era esa Palabra visible externamente. Bien, pero ¿qué era en sí mismo?

MIGUEL.—Dios por su propia naturaleza es indefinible, *y no puede ser definido por nosotros sino como causa de todo, la cual causa es la emisión o pronunciación de su Palabra.* Sin embargo, nosotros llamamos naturales en Dios a algunas cosas alterando su sentido [40]. Decimos que fue [208] luz, espíritu, mente dotada de razón, o que todo lo conoce y lo llena. Naturalmente, resplandecía en él lo que él quiso que existiese primero, [y primero resplandecía en él lo que primero quiso que existiera]. Tú no puedes pensar de otra manera de Dios, pues ello equivaldría a entender a Dios, lo que, si excluimos a Cristo, no les es dado ni a los ánge-

---

[39] *Hominem filium natura et voluntate..., naturaliter et voluntarie decrevit.* La mediación propuesta por Servet entre arrianos y trinitarios queda vacua, ya que, como él indica, se trata de dos planteamientos distintos: aquéllos, y Servet mismo, hablan sólo del hombre hijo de Dios, mientras que el dogma trinitario propone la cuestión acerca del Hijo segunda Persona. Al margen de esta difracción hay en él, sin embargo, un muy original intento de explicación: lo que Dios, indefinible siempre, voluntariamente quiere que sea manifestación o comunicación sustancial suya, lo es naturalmente.

[40] Había escrito en *DialTr* B6v: «Hay que lamentar que estemos tan imbuidos de las usuales expresiones filosóficas que quedemos ciegos ante el conocimiento de los misterios de Dios y aspiremos a ser más sabios que él. Nótese, ante todo, que el término *naturaleza* se le atribuye a Dios abusivamente, pues se llama naturaleza de algo aquello que le es innato y propio desde su natividad. Por eso hay que clamar, y clamarlo hasta la muerte, que la carne de Cristo, por nacida de Dios, tiene naturaleza divina, pero Dios no tiene en sí naturaleza u origen alguno como su hijo. No le conviene a Dios el concepto de naturaleza, sino *algo otro inefable.*» El último párrafo del texto de *Restit.* que sigue le fue objetado en Ginebra; cfr. *Kingdom*, p. 37.

37 y 38. Otros dos maestros del neoplatonismo servetiano: Jacques Lefèvre d'Etaples (1445-1537), según grabado contemporáneo (British Museum), y Symphorien Champier (1471-1540), según su biógrafo Paul Allut, Lyon, 1859.

39. Lucas Cranach, Sr., «Adán y Eva», 1526. Londres, Courtauld Institute.

les. Por tanto, natural y voluntariamente había en Dios *logos*, razón ideal, pronunciación de su Palabra, resplandor de Cristo, luz de Cristo.

PEDRO.—*Entonces, ¿por qué, incluso antes del pecado, precedieron las tinieblas a la luz? Eso es lo que enseñan Moisés en Gen. 1 y Pablo en II Cor. 4, como si las tinieblas hubieran sido el primer principio. Elohim* existía antes de existir la luz y existía el Espíritu antes de ser hecha la luz. Pues luego que *Elohim* creara el cielo y la tierra, el Espíritu agitaba las aguas, y hubo tinieblas hasta que Dios dijo «hágase la luz». Tal es la razón por la que antes de que hubiese luz ya existían la Palabra y el Espíritu. Enseña Pablo que Dios ordenó por su Palabra que «en las tinieblas resplandeciese la luz» (II Cor. 4). Luego había tinieblas [41]. En las tinieblas se oye el sonido y la voz del Espíritu; luego el Espíritu se distingue de la luz, ya que sin ésta igual llega al oído.

MIGUEL.—Así como en Dios mismo hubo luz desvelada, de su luz velada, así también se dice que la luz fue creada de las tinieblas, y por eso mismo dice el Apóstol que las cosas fueron hechas «visibles a partir de las invisibles» (Heb. 11) [42]. *Cuenta el platónico Damascio que los egipcios llamaban al primer principio «tinieblas desconocidas» por estar por encima de todo conocimiento. Tal vez de aquí, de un mal principio, dedujo Maniqueo su tropel de tinieblas, concibiéndolas falsamente como reales* [43]. En sí mismo, en su propia luz con la que internamente ve todas las cosas, Dios nunca fue tinieblas, sino luz verdadera, de la que creó esta luz del mundo al decir: «Hágase la luz.» El espíritu del sonido es parecido al de la luz, proviene de una causa luminosa y se funde en el alma con la luz formando una unidad. Finalmente, también quedará al descubierto como la luz. Más aún, actualmente no consiste en otra cosa sino en luz, en esa luz innata al agua y al aire que no es perceptible

---

[41] Citando Gen. 1, 3 y II Cor. 4, 6.

[42] «Compuestos los siglos por la Palabra de Dios, siendo hecho lo que se ve de lo que no se veía», Heb. 11, 3.

[43] No resulta asequible controlar el cauce por el que llegó a Servet esta confusa noticia. Damascio (hacia 458-533) pertenece a la última generación neoplatónica griega, dispersada ya por Justiniano a causa de sus extravagancias, no sin presión eclesiástica. Dominado por fuerte tendencia escéptica, sólo admite la realidad incognoscible del Uno, siendo meras apariencias todo lo demás, *tenebras incognitas*, y careciendo de valor todo concepto. No pudo influir en Mani, Manes o Maniqueo, que había muerto crucificado en el 273. Es un error de Servet.

para nosotros [44]. Pero aunque el espíritu del sonido creado sea algo distinto a la luz creada, sin embargo, en Dios el Espíritu es luz; y en el alma no hay sino una sola sustancia formada de espíritu y de luz, a semejanza de Dios.

PEDRO.—En el lugar citado Pablo habla de la verdadera luz de Cristo, de la luz que ha iluminado nuestros corazones, y antes de esa luz no había más que tinieblas.

MIGUEL.—Si te refieres al principio, ya he dicho que de la luz velada procedió la luz desvelada. Por esta razón el [209] propio hijo de Dios, o sea el propio Verbo o Palabra, es «luz de luz», luz visible de luz invisible. Místicamente también se le llama «luz desde las tinieblas», pues la luz de Cristo resplandeció desde las tinieblas para iluminarnos, desde aquellas tinieblas que hubo antes de su venida [45]. Tipo de esto hay ya indicado en la luz creada que nos fue dada después de las tinieblas, como sombra de la verdadera luz de Cristo que se nos había de dar. Misteriosamente en el mundo hubo antes tinieblas que luz, del mismo modo que estuvimos en tinieblas antes de que por el evangelio nos iluminase la luz de Cristo. He ahí cómo la misma luz creada fue sombra de la luz de Cristo. En ese mismo misterio se demuestra que la propia Palabra fue la sombra que nos iluminó desde las tinieblas. Aquella Palabra nunca vista con claridad ocultaba en la oscuridad de la sombra el cuerpo de Cristo, actualmente verdad corporal, luminosa y visible en Dios. Por consiguiente, la Palabra no es ahora lo mismo que en otro tiempo, pues ahora no existe según la dispensación a tenor de la cual, en tiempo de Moisés, era el oráculo en la oscuridad de la nube, ya que Dios, que, como está escrito en II Para. 6, «habitaba en la oscuridad», habita ahora en ese templo de Salomón que es «el templo del cuerpo» de Cristo (Jn. 2) [46]. Si la Palabra fuese ahora tal como en aquel tiempo, se seguiría que también la Ley sería ahora como entonces, velo del rostro de Moisés; pues por analogía con las cosas superiores acontecen las inferiores [47]. Pero si ahora la Palabra es así, ¿dónde está aquel

---

44 *Spiritus*, espíritu del sonido, de la luz, del agua, del aire, habría que entenderlo en este contexto como onda, vibración. Y se antoja sumamente intuitivo que Servet establezca esta reducción universal de las ondas de los elementos a vibraciones lumínicas, en consonancia con su teoría de la luz como *mater formarum*.

45 Reminiscencias varias de Gen. 1, 4; Sal. 111, 4; Hch. 26, 18; II Cor. 4, 6, y del Credo: *Lumen de lumine*.

46 II Cron. 6,1 y Jn. 2, 21: «Mas él hablaba del templo de su cuerpo.»

47 Nuevo recurso al principio fundamental: *Nam per analogiam ad supe riora fiunt hæc inferiora*.

oráculo?, ¿dónde la gloria del Señor que allí aparecía? ¿No es verdad que la plenitud de todo está ahora en el cuerpo de Cristo? ¿No es verdad que todo aquello fue transferido a Cristo por medio de aquella «sombra» con que se cubrió a María? Tú no te das cuenta del todo de hasta qué punto ha sido eficaz el advenimiento de Cristo, y de cuál ha sido la innovación de todas las cosas que se ha realizado en el Nuevo Testamento. Nueva es la Palabra y nuevo el Espíritu. «Pasaron todas las cosas viejas como sombras», y «he aquí que todas las cosas han sido hechas nuevas» (II Cor. 5)[48]. Un hombre nuevo es Cristo, un hombre nuevo, un alimento nuevo. Tenemos reino nuevo, cielo nuevo, tierra nueva, todo nuevo[49].

PEDRO.—¿Cómo es posible, nuevo y a la vez eterno?

MIGUEL.—Se le llama nuevo al Espíritu, porque así lo [210] invoca la creatura y por su gloria nueva; pero desde la eternidad está en la sustancia de Dios. Pablo llama a Cristo «hombre nuevo» porque es Dios y hombre en una sola sustancia y en un solo cuerpo (Ef. 2)[50]; pero él mismo es desde la eternidad *Logos* y *Elohim* en la sustancia de Dios.

PEDRO.—¡Siempre acabas con lo mismo: *Logos* y *Elohim!*

MIGUEL.—Cuando oigo a Juan llamar *logos* luminoso a esa razón referencial, y que en otro tiempo se le llamaba rostro luminoso de *elohim*, por fuerza pienso en el rostro de Cristo, pues toda la Ley me pone esta imagen delante de los ojos, como dije suficientemente en el Lib. III. Grande es en este sentido la fuerza de aquellas palabras de Cristo: «El que me ve a mí, ve al Padre»[51]. De ellas puede inferirse lo siguiente: si Dios se ha manifestado en carne, ver esta carne es ver a Dios; *luego en este rostro de Cristo se ve a Dios*, y el que entonces vio su rostro, a Dios vio. Ahora bien, en aquel entonces se veía a Dios en oráculo, y lo que se veía era el rostro de *elohim*. Por consiguiente, son idénticos «en persona» *logos*, *elohim* y rostro de Cristo[52]. Que aquella gloria de Dios que viera Isaías (Is. 6) fuera la gloria de Cristo lo enseña Juan (Jn. 12), y se comprueba por lo que sobre la luz escribe Juan en el evangelio y en sus cartas[53]. Pues la Palabra es aquella luz por la que Dios es luz,

---

[48] Citando a Sab. 5, 9 y II Cor. 5, 17.

[49] Alusiones a expresiones de Rom. 6, 4; Gal. 6, 15; Ef. 4, 23; Ap. 21, 5.

[50] Ef. 2, 15, pero algo fuera de contexto.

[51] En Jn. 14, 9.

[52] *Idem in persona:* para Servet, el mismo aspecto.

[53] Jn. 12, 38-41 trae palabras de Is. 6, 10 y concluye: «Estas cosas dijo Isaías cuando vio su gloria, y habló de él», de Jesús. El díptico luz-tinieblas es característico del cuarto evangelio desde el principio, así como de I Jn. 1, 5-7; 2, 8-11.

y esa misma luz era la luz del rostro de *elohim* (Sal 4, 35, 66, 88, 89 y 118) [54]; y esta misma luz, claridad y resplandor es lo que vio Juan en el rostro de Cristo, al decir: «Vimos su gloria» (Jn. 1). Esa misma es la que atestigua haber visto Pedro en el rostro transfigurado de Cristo en el monte (I Pe. 2); y la misma que vio y dijo haber visto Pablo en el rostro de Cristo (Hch. 9 y 26; II Cor. 4) [55]. Luego son lo mismo *logos*, *elohim* y Cristo, que es la «luz del Mundo».

Esa misma luz del rostro de *elohim* contemplada al principio por Adán, se ocultó más tarde detrás de aquellos querubines, como enseña Isaías. Velada estaba, y «las tinieblas humanas no la aprehendieron». Estábamos con los ojos cubiertos de legañas, *aterrados por la transgresión del mandato y afectados por la vergüenza de Adán*, tanto que no resistíamos aquella claridad ni osábamos dirigir nuestra mirada a aquel rostro, por temor a morir ante el querubín que se nos ponía delante y su flamígera espada. Por eso, para ahuyentar aquel terror provocado por la espada flamígera y por la transgresión del mandato, surgió para nosotros el clementísimo profeta Jesús. Así nos lo enseña el Deuteronomio, cap. 18, con el que concuerda la carta a los Hebreos cap. 12 y el Exodo cap. 20 [56]. En aquel entonces no era capaz el pueblo de aguantar aquella terrible visión del fuego; ahora, en cambio, sin temor alguno contemplamos con ojos limpios la gloria de Dios en el rostro de Cristo. Más aún, ese rostro lo tenemos siempre en nuestro espíritu como un espejo luminoso, para que a su misma imagen y gloria también nosotros nos transformemos en espíritu (II Cor. 3 y 4). De este pasaje de Pablo debes sacar también esta analogía: como el rostro de *elohim* resplandecía por arriba, así resplandeció también el de Moisés por su proximidad (Ex. 34); y como el rostro del *elohim* Cristo estaba velado por arriba con la nube, así también Moisés se ponía un velo [sobre] *ante* el rostro, para que nadie pudiera vérselo ni entender los misterios de Cristo [57]. ¡Preciosa asociación de misterios! Así como la luz del rostro de *elohim* se comunicó exteriormente al rostro de Moi-

[211]

---

[54] Varias menciones del *rostro de Jehová* o luz de su semblante.

[55] Jn. 1, 14; I Pe. 2, 9: «De las tinieblas a su luz admirable»; Pablo en su conversión, Hch. 9, 3 y 26, 13; y II Cor. 4, 4.

[56] Heb. 12, 18-21 menciona escenas de Deut. 18, 16 y Ex. 20, 19 según las cuales los israelitas en el desierto preferían no ver más aquel fuego ni oír aquella voz de terror, para no morir.

[57] II Cor. 3, 13: «Hasta el día de hoy les queda el mismo velo no descubierto..., el cual por Cristo es quitado», aludiendo a Ex. 34, 33, mientras que Cristo es «la imagen de Dios», II Cor. 4, 4. *Artificiosa est mysteriorum colligatio.*

sés, así también la luz del rostro de Cristo se nos comunica interiormente a nosotros, para que interiormente veamos la gloria de Dios en el rostro de Jesús el Cristo. Siempre llegamos a la misma conclusión: que son lo mismo luz, *logos, elohim* y Cristo; sombra para ellos, para nosotros realidad y todo nuevo. «Lo viejo pasó. He aquí que ahora todo es nuevo.»

PEDRO.—Si todo lo viejo era sombra, entonces el viejo cielo era sombra del nuevo, y la vieja tierra sombra de la nueva, y el hombre viejo sombra del hombre nuevo.

MIGUEL.—Y también el espíritu era sombra, y sombra eran el aire, y el fuego, y las aguas, y el mundo entero. Nada más que sombra y oscuridad es la vieja tierra en comparación con la nueva. Nueva tierra es la carne glorificada de Cristo, a cuya semejanza será transformada y renovada la nuestra. En la carne y el espíritu de Cristo están ya los elementos celestiales que componen el nuevo cielo. Nuevas aguas, nuevo aire y nuevo fuego nos otorga Cristo en la regeneración, cuando de nuevo somos engendrados y renovados «por agua, espíritu y fuego». Y todas estas cosas son sustancialmente nuevas en Dios desde la eternidad. Aquellas aguas de arriba, de sobre los cielos, de las que habla el Génesis, si bien se refieren literalmente a las aguas de lluvia, se refieren también a las aguas supercelestes del mundo arquetipo contenidas en la nube de la gloria del Señor, que habrían de trocarse en [rocío] *flor* natural de la generación de Cristo y en verdadera lluvia de divinidad [59]. Se refieren también a las nuevas aguas supercelestes de nuestra regeneración y al futuro y celestial riego de nuestro espíritu. El Espíritu de estas aguas interiores de nuestra regeneración es la misma deidad, la misma sustancia de aquellas aguas prototipo que engendraron a Cristo. Y esa misma deidad se atisbaba en estas aguas creadas, por su semejanza en la sustancia. En estas aguas creadas, lo mismo que en el aire y en el fuego, hay símbolo de deidad, en sombra de la verdadera deidad que hay en los elementos de Cristo, y que se nos ha comunicado a nosotros en el bautismo. Todo este mundo y cuanto hay en él contiene alguna sombra de deidad, y en todo él hay deidad, una como sombra de la deidad de Cristo [60].

[212]

---

[58] O sea, *informe y vacía,* términos tomados de la descripción del caos primigenio, Gen. 1, 2.

[59] *Flos* en *Restit.,* ros en *MsPa.* Sugestivo detalle para dilucidar quizá el problema de su dependencia.

[60] Pero no hay panteísmo en esta arriesgada frase: *Mundus hic totus, et*

PEDRO.—¿Cómo puede tener deidad este mundo malvado?

MIGUEL.—Bueno y hermoso fue hecho por Dios el mundo, íntimamente unido a él [61]. Por mediación de la luz y de la idea todas las cosas son unidad con Dios, en sombra de aquella unidad por la que Cristo es, sin mediación, verdaderamente consustancial con el Padre.

PEDRO.—En este sentido atenuado habría que entender lo que dice Trismegisto: que el mundo es consultancial con Dios, un segundo Dios e hijo de Dios [62].

MIGUEL.—A la idea misma del mundo la llamó él λόγος e hijo de Dios, *como al mundo*, considerándola así sin su cabeza. Pero, según nosotros, la condición de hijo se refiere a Cristo, que es cabeza del mundo. También Zoroastro aseguraba que el Padre de este mundo omniforme es el omniforme Dios, sin tener en cuenta a Cristo, a quien entonces no conocían ni siquiera los ángeles [63]. Parece ser que ese demonio Pimandro quería enseñar la verdad, pero no conocía a Cristo; o que si conocía algo de él en la Palabra, trató de ocultarlo arteramente atribuyéndose la deidad de la Palabra, igual que se la atribuía el ángel en presencia de Moisés. Trismegisto era otro Balaam, muy versado en muchas cosas, pero al final fue a caer en la idolatría. Cuando en numerosos pasajes a Tacio habla de la imagen de Dios, viene a decir que ella es imagen omniforme del mundo; pero nosotros, con más rigor, la llamamos así a la imagen de Cristo, en la que estaba contenido todo el mundo, como se contienen en tu alma las ideas de muchas cosas. Nunca suficientemente conocida de ellos, la Sabiduría, formada en el mismo Dios, era semejanza del alma santa y omnisciente de Cristo. *En la sabiduría estaban todos los ejemplares de todas las cosas, del mismo modo que están ahora en el alma de Cristo. No están ahora en el alma de Cristo*

[213]

---

quæ in eo sunt, quandam deitatis umbram continent, et est in eis deitas, velut umbra deitatis Christi.

[61] Según el significado del *thob* hebreo de Gen. 1, 10, 12, 18; cfr. lib. IV, nota 30.

[62] Así en el *Pimandro*, VIII, 1: «Y al mundo rectamente lo llamamos segundo Dios, pues lo hizo segundo tras sí.» Y en X, 14: «El mundo está contenido en Dios y viene a ser hijo de Dios» .Y en XII, 16: «Este mundo, este gran Dios, imagen del Dios más grande», etc. (vol. I, pp. 87, 120, 180). Con igual o mayor insistencia en el *Asclepio*.

[63] No es zoroástrico el término *omniforme*, pero la idea expresada en la frase de Servet proviene de las tres o cuatro veces que en los *Oráculos mágicos* se dice que fueron puestas en las cosas «las *semillas* del ígneo vínculo del majestuoso amor» y que «*símbolos* desparramó por el mundo la mente paterna», ed. cit., II, VII, X, pp. 110, 117, 119.

aquellas cualidades o ideas creadas, sino las mismísimas ideas originales; y esa alma se contiene a sí misma y a la sabiduría de Dios, hipostáticamente unida consigo, a la vez que el conocimiento singular de todas las cosas [64].

[Ellos] *Tanto Zoroastro como Trismegisto* decían que el mundo es un gran Dios [65]. Nosotros, en cambio, decimos que gran Dios es Cristo, señor del mundo y omnipotente. En eso fallaron al tratar del conocimiento del ejemplar primero y verdadero, en preferir el mundo, cuando la verdad es que el mundo fue creado para el hombre. Jesucristo, hacedor del mundo, estuvo y está sustancialmente en Dios con más propiedad que el mundo, y por él consiste el mundo en Dios de modo secundario.

PEDRO.—No quería el demonio Pimandro que se pusiera de manifiesto tan gran gloria futura del hombre, prefiriendo ser adorado por el hombre que dar a entender que el hombre habría de ser adorado por él.

MIGUEL.—¡Pero dijo muchas verdades admirables, ocultando pocas veces la verdad! [66].

PEDRO.—Dijo que los elementos de la naturaleza están dotados de semillas vitales, lo que también confirma Agustín en el Lib. III de *Sobre la Trinidad* [67].

MIGUEL.—[Eso es verdad y] *Lo mismo* se demuestra por las sagradas letras.

PEDRO.—Pero, ¿con qué argumentos?

MIGUEL.—Los principios y elementos de las cosas naturales existían ya preformados en Dios en el mismo orden en que existen actualmente, *para que pudiesen transmitir su energía a los otros seres*. También después de la creación se demuestra con evidencia cómo esa condición divina estaba comunicada a esos elementos [68].

---

[64] Da así Servet un paso más en su doctrina cristológica respecto a lo expuesto dos decenios antes en *DialTr*. No sólo preexistía el *Logos, Verbum, Elohim* como *persona* de Dios omniforme, sino que el *Logos* mismo es el ser omniforme de que habla el neoplatonismo esotérico. Realiza así una aprobación no muy disimilar a la efectuada por Agustín respecto a las ideas platónicas o a las estoicas *rationes seminales*, como luego indica.

[65] Cfr. notas 62 y 63.

[66] Este elogio servetiano al conjunto de sabidurías herméticas, *admiranda plurima vera dixit, in paucis veritatem occultans*, quedó matizado antes al llamar al Trismegisto otro Balaam, *tam multa vere doctus, et tandem ad idololatriam illusus*.

[67] Agustín, *De Trinitate*, lib. III, cap. IX, titulado «La causa original de todas las cosas de Dios», donde describe esta transmisión de causalidad a través de los gérmenes (PL XLII, 877-879).

[68] Es ésta la prop. 34 objetada por Calvino en el proceso, a quien no escandaliza la afirmación misma con tal que no se entienda que hay en las criaturas *deidad sustancial* ni que todo está lleno de Dios. Servet responde

Veamos primero la deidad en el aire. En virtud de una especial espiración de Dios, fue separado el aire del agua (Gen. 1). En el aire hay aliento divino, por eso se le llama [214] al aire mismo «espíritu de Dios», y por eso también se dice que Dios es Espíritu y vivifica todas las cosas con el aliento de su soplo. De ese mismo aliento procede el alma. En ese soplo de aire que tiene aliento de la deidad se dejaba entrever simbólicamente la verdadera y sustancial deidad del aliento de Cristo que, conforme a su arquetipo, inspiró todas las cosas, colmándolas. Este primer semillero de deidad del aire, por contener una sombra de la deidad de Cristo, se difundió y diseminó con la luz desde sí mismo a todas las demás creaturas. Por «el Espíritu de Dios que agitaba las aguas» las vivificó desde el principio, para que éstas a su vez vivificasen las semillas en el riego. El mismo símbolo de deidad toman del aire las aguas de lluvia, por las que más tarde, junto con la luz, resultan vivificadas todas las cosas que nacen, al recibir el símbolo de la deidad vivificadora y la forma de Luz; y asimismo contiene en las semillas de las cosas diversas propiedades, *razones seminales y fuerza, eficaces para reproducir formas semejantes*, a tenor de la idea luminosa de deidad infundida por Cristo. No hay nada en el mundo que tenga vida o fuerza sin símbolo de la deidad y de la luz de Cristo: «En él estaba la vida». «Todo por medio de él». Y como en él estaba la vida de los demás, así también en él su fuerza. Y estas aguas, en virtud de su símbolo de deidad de Cristo, no sólo vivificaban y hacían germinar todas las cosas, sino que apuntaban a una mayor unificación de otras aguas y a la germinación de Cristo, única semilla ejemplar que nos hace renacer en él por las aguas regeneradoras, como sarmientos en la vid. Así, pues, aquella vieja deidad del aire, del agua y de otras cosas, fue sólo sombra. Cristo mismo infundió desde el principio en las cosas no un símbolo de su deidad, sino varios, por medio del Espíritu y de la luz, y semilleros vitales, que se difunden de distintas maneras de unas cosas a otras, e inducen en todas ellas las diversas propiedades de la deidad, según infinitas ideas [69].

---

con la autoridad de Ireneo e insinuando que, si no en Dios, Calvino se moverá en el demonio y en él vivirá y será. Sustancial, porque «es sustancia aquello por lo que somos sustentados». *Kingdom*, p. 43.

[69] Como se ve, confluyen en estas ideas el aire como *spiritus Dei*, soplo, principio de vida y movimiento, de Gen. 1, y el concepto de Logos-Cristo como espíritu y vida *per quem omnia* de Jn. 1 y de Pablo, además de los temas del Logos *omniformis* y del Verbo semen *analogatum princeps*, y del *symbolum deitatis* en todos los seres, apuntando todo hacia el dominio del Espíritu en la era cristiana. Bien entendido, ¿es esto panteísmo?

Jamás logró Aristóteles, *el primero,* a partir de sólo cuatro cualidades, llegar a la conclusión de tantos y tan variados efectos en la generación de las especies; ni tampoco Galeno después de él, a pesar de seguir a Platón, según propia confesión [70]. Quiéranlo o no, tienen que admitir *infundidas en todas las cosas* las propiedades de las ideas o especies, suficientemente comprobadas por los antiguos. Por eso dijo Tales que todas las cosas «están llenas de dioses». Más duro suena aún lo que dijera Empédocles: que todo está en todo potencialmente en virtud del símbolo de luz que contiene las ideas de las cosas, y del símbolo de deidad, por el que puede decirse que Dios está y es todo en todos [71]. Así razonaba Empédocles: si en la piedra está Dios y en Dios está la madera, en la piedra está la madera. El mismo Dios, que es piedra en la piedra, es madera en la madera, esenciando todo con sus ideas. Otro tanto pensaban Demócrito, Anaxágoras y otros al decir que todas las cosas existieron simultáneamente en Dios. Demócrito lo explicaba diciendo que todas las cosas estuvieron a la vez en potencia. Para Anaximandro hubo mezcla de todo, como en una confusión caótica, según nos refieren Hesíodo y Aristófanes [72]. En realidad, no había confusión alguna en Dios, sino que esta confusión o mezcolanza de todo existió,

[215]

---

[70] Fuera del concepto general de la superación del aristotelismo (como al final del Lib. IV) y aun del galenismo en éste y otros puntos, no es posible determinar mejor el alcance concreto de esta frase un tanto confusa.

[71] Servet tomaría de Aristóteles, *De anima* I 5:411a7, esa frase sobre el viejo Tales de Mileto (hacia 625-548), ya que no parece conociera la correlativa de Diógenes Laercio I, 27, según la cual «el mundo es viviente y lleno de demonios». Los pensamientos atribuidos a Empédocles (h. 490-435) son algo incontrolados, debidos a una interpretación órfica y neoplatónica de alguna de sus doctrinas, que expuso en sus dos poemas, conservados muy incompletos, *Sobre la naturaleza* y *Purificaciones.* Porque todo procede de los cuatro elementos, teoría propuesta por él, podría decirse que «todo está en todo»; o según un fragmento recogido por *Diels,* 31 B 17: «Del Uno nace la multiplicidad de las cosas.» Es demasiado atribuirle una teología, ni aun cosmogonía, precisa.

[72] Anaxágoras (h. 500-428) sí dice claramente que «todo está en todo» en el sentido de que «en cada cosa están contenidas todas las demás» (*Diels,* 59 B 9), ya que admite una indefinida multiplicidad de elementos, *homeomerías,* agrupados de muy diversos modos. Para Demócrito (h. 472-360), en el principio existían el Ser lleno y el Gran Vacío o no-Ser, que penetró en aquél y lo escindió en infinitos corpúsculos, átomos, origen de todo (Arist. *Metaph.,* I 4:985b4). Anaximandro (h. 610-547) admite como originario algo indeterminado, una especie de nebulosa, como el caos bíblico, que se fue ordenando por procesos de separación y concreción. (Arist., *Phys.,* III 4:203b13). Si bien Servet pudo conocer estas doctrinas por Aristóteles, hay que creer que, como cita, las hubiera leído en la *Teogonía* de Hesíodo, 720 y sigs., más que en *Los trabajos y los días,* y en Aristófanes, *Las aves,* 693 y sigs., quienes a su vez presentan sus propias cosmogonías.

dicen, al principio, cuando aún no se había hecho la distribución exterior de los cuerpos, o sea, su ordenación real. Ellos pensaban que ocurría en Dios lo mismo que en la mente del hombre, en la que se dice que reina una confusión caótica cuando tiene a la vez muchas ideas. También a la materia, susceptible de muchas formas, se le llamaba caos potencial de muchas cosas, como a la deidad misma; pues los cuerpos están dotados de cierto poder para actuar incluso en el alma y aun para producirla [73].

PEDRO.—[Es muy cierto] *Pienso que es cierto* que el cuerpo actúa sobre el alma y el alma sobre el cuerpo, por el símbolo de luz y deidad común a ambos, y también porque entre cuerpo y alma hay comunicación de los tres elementos superiores.

MIGUEL.—Es el alma *grandemente* condicionada por el cuerpo. Los estados de ánimo son consecuencia de la temperatura del cuerpo, como enseña Galeno [en muchos lugares] *en un libro especial* [74]. El alma se ve afectada por las enfermedades del cuerpo. En el alma, como en cualquier forma sustancial, está la idea de su cuerpo, y en esa idea están los factores del diseño y temperamento de su cuerpo. A su vez, el cuerpo dispone de elementos y gérmenes para hacer brotar y [formar] *producir* el alma y la forma sustancial. De no haber sido por esta fuerza y poder de hacer brotar y producir el alma en los elementos, Dios no hubiera podido decir: «Produzcan animales, la tierra y el agua». La tierra, dice Pimandro, parió seres animados que tenía en su seno; pues la tierra ya había sido regada por las aguas y había obtenido la forma de luz, y de este modo estaba ya dotada de las divinas semillas vitales [75]. De ahí que Dios dijera a Caín: «Aun cuando labrares la tierra, no te volverá a dar su fuerza», que tiene inherente. [De ahí que se haya dicho que las materias de las cosas elementales estaban potencialmente en el globo elemental] [76]. Síguese también de ese símbolo de Espíritu y de Luz que, así como en los cuerpos hay diversas propiedades ocultas, así tam-

[216]

---

[73] No rechaza con esto la creación del alma espiritual, sino la *producción* de los elementos materiales del «alma» partiendo de los propios elementos corporales, como explicó en el lib. V.

[74] Título, *Las facultades del alma se derivan de la complexión humoral del cuerpo*, escrito de los últimos años de su vida (130-200) en el que sigue las intuiciones de Hipócrates, como él mismo dice: ed. Kühn, vol. IV, 804.

[75] Resumen de ideas expuestas en el trat. I del *Pimandro*, en el *C.H.* No es cita exacta.

[76] Gen. 4, 12.

bién hay en las almas diversos conocimientos, no puestos por ningún maestro, estando todo «lleno de dioses».

PEDRO.—Si los cuerpos pueden actuar sobre las almas, mucho más podrán actuar e influir en ellas los cuerpos celestes, ya que están más «llenos de dioses», es decir, están más imbuidos de propiedades divinas, a causa de la luz que les es inherente de modo principal y perpetuo.

MIGUEL.—Ya hemos dejado bien claro que tanto en las cosas corporales como en las espirituales es la luz la que ejerce el papel principal y la eficacia formal. La luz creada goza del más eficaz símbolo de deidad, en virtud de la cual forma sustancialmente todas las cosas, transforma las corporales y espirituales, influye en todas e introduce en cada una las propiedades características de su idea. Tiene el símbolo más eficaz de la Luz increada, cuya primera y más bella imagen es y por ella todas las cosas se asemejan a Dios y son hermosas [77]. Esta luz creada es semejante a la Luz increada, en la que está inserta y a la que bosqueja, al tiempo que prefigura la futura y más sublime luz de Cristo, al resplandecer la cual, claramente después de juicio final, se apagará la luz de sol y pasará como sombra. Por consiguiente, sombra es esta luz y su divinidad.

PEDRO.—¿Y qué me dices del fuego?

MIGUEL.—La luz o lumbre del fuego se diferencia de la más pura luz del sol en que va ligada siempre al resplandor del aire o al humo. Ahora bien, como la llama no es sino aire encendido, tanto en el fuego como en el aire se entrevé el mismo símbolo de deidad. Hay, además, y por razones más sublimes, otro fuego más divino encendido en el aire divino, cual nuevo espíritu de fuego proveniente de Dios, que trae consigo luz celeste y prefigura el otro fuego [217] mayor del Espíritu santo, tal y como le fue concedido por el fuego del arquetipo. El fuego [como dijimos, todo lo penetra,] *goza de más vida que los otros seres, penetra todas las cosas*, actúa siempre en los demás elementos purificándolos y elevándolos al cielo *por la menor densidad del aire combinada con la luz celeste.* El fuego es el que junta la luz celeste con la materia elemental, elevándola hasta el cielo. El fuego es el único elemento inalterable, renueva todos los elementos, siempre se dirige al cielo y es como un don del cielo concedido para uso especial del hombre; ya que los

---

[77] Es ésta una de las más bellas fórmulas servetianas sobre la luz como factor trascendental de belleza y de semejanza cósmica con la divinidad: *lux creata efficacissimum omnium deitatis symbolum, eius pulchra et prima imago.*

otros animales no se sirven tanto de él como el hombre [78]. Con razón, pues, puede decirse que Dios es fuego y espíritu; antes en sombra, ahora en realidad. Ahora es cuando verdaderamente ha encendido Dios en nosotros el fuego de su Espíritu, al que se refiere en sombra este fuego elemental.

PEDRO.—¡Tú acabas siempre por descubrir en todo espíritu alguna «sombra»!

MIGUEL.—Ya hemos dicho que el espíritu del sonido invisible es sombra de otro espíritu futuro visible y luminoso. El espíritu de servidumbre otrora dado a los judíos era sombra de este nuevo espíritu de regeneración, que es el espíritu de verdadera filiación. Por el Libro anterior sabemos que los judíos tuvieron cierto atisbo del verdadero Espíritu [79]. Que también lo hubiese en la creación se desprende de que «el Espíritu de Dios agitaba las aguas». Dios llenó entonces el mundo de espíritu aéreo que contenía aliento de Dios. Así como en aquel entonces comunicó al mundo el espíritu de *elohim* a través del aliento externo, así también ahora nos es dado interiormente el espíritu de Cristo a través de su verdadero aliento, de modo que aquél fuese figura externa de esta verdad interna.

De ahí, y para satisfacer tu pregunta acerca de la sombra anterior, concluyo que tanto Dios, como su Palabra, su Espíritu, su Luz y sus ángeles esbozaban los misterios de Cristo: tanto lo celeste como lo terrestre apuntaban hacia Cristo. En los hombres y en las otras creaturas se vislumbraba a Cristo. Si a partir de Adán, Abel, Enoch y Noé pasas por todos los profetas, patriarcas, reyes, sacerdotes, en todos ellos encontrarás alguna sombra de Cristo. Y no sólo en sus personas, sino incluso en sus oficios, como [218] pastor, agricultor, viñador, había sombra del verdadero pastor, agricultor y viñador que es Cristo. El misterio de Cristo estaba prefigurado hasta en los mismos frutos de la tierra: en los animales, piedras, margaritas, metales, tesoros, fuentes, ríos, pozos, lluvia, nubes, truenos, relámpagos y vientos. Insinuado estaba Cristo en el alimento del paraíso, en el maná, en la vara de Aarón, en el tabernáculo de madera, en la serpiente de bronce, en el arca de la alianza, en los vasos de oro y plata y otros metales, en la roca de la que brotó agua, en el templo de piedra, en la piedra angular, en el león, en el águila, en la tórtola, en la paloma, en el novillo, en el cordero y en todas las demás cosas. Todas

---

[78] El fuego, *quasi cœleste donum*, de trato exclusivamente humano.
[79] Cfr. lib. V, pág. 362 ss.

sugerían a Cristo y todas, a su vez, estaban contenidas en él; pues él es principio y fin de todo, y todo tiene en él su ejemplar, su idea y plenitud [80]. Ningún provecho nos proporcionan los minerales, animales o plantas como alimento, bebida, medicina y ornato del cuerpo o deleite de los sentidos, a no ser en relación con Cristo y como don exclusivo suyo. Cuando hablemos del hombre interior más adelante, verás todo esto. También después de la resurrección final nos seguirá dispensando todos estos beneficios la luz de su Palabra [81]. Cristo es, para el «hombre nuevo», vestido, comida y bebida, sombra en verano y refugio en tempestad, [espada y] fortaleza [contra el enemigo], torre inexpugnable. Antes en sombra, ahora en verdad.

Para comprobar con mayor fundamento este aspecto de «sombra», añade que todo culto y adoración a Dios había sido «sombra». Durante toda la Ley el culto era carnal, prefigurando otro culto espiritual, que por Cristo es verdadero culto y auténtica adoración de Dios. En la Ley jamás se adoró a Dios en verdad, ni se manifestó de verdad. Así como no se puede ver a Dios fuera de Cristo, así tampoco se le puede adorar. Lo demuestra así el propio Cristo, cuando dice: «Ahora, por primera vez, llega la hora en que Dios será adorado en verdad» (Jn. 4). Antes no se adoraba a Dios en verdad, sino en sombra, adorando a ángeles que prefiguraban a Cristo [82]. En sombra y no en verdad se adoraba a Dios en templo de piedra y en tabernáculo de madera, donde aparecía la gloria del Señor en tinieblas. Pero ahora que Cristo es templo de Dios, en él es preciso ado- [219]

---

[80] Otra de las más bellas fórmulas del muy paulino, y muy renacentista, cristocentrismo del sistema de Servet.

[81] Cristocentrismo místico, que llega a menospreciar los usos de todo lo terreno, «toda ciencia trascendiendo», pues no habrán sido sino pregustación de otros usos y experiencias celestiales a los que, por el principio de analogía, apuntaban.

[82] Frase, junto con la señalada en nota 120 del lib. V, objeto de dura censura por parte de Calvino en Ginebra: «Erróneamente infiere Servet su sacrílego comentario de que fueran adorados los ángeles por los santos en el AT como dioses, pues sobre la pura adoración de solo Dios tan rectamente sentía Abraham como cualquiera de nosotros. Es, pues, una indigna calumnia decir que "los ángeles eran sus dioses" y que en la Ley nunca fue adorado Dios en verdad», etc. La defensa de Servet insiste en varios textos que nombran a los ángeles como *dioses*; pero Servet debió precisar, como otras veces, el sentido de *elohim*. No en verdad, repite, porque en comparación con la nuestra, estaban *in umbra*. Cfr. *Kingdom*, 42. El estudio de estas contrarréplicas, en el proceso ginebrino, demuestra a las claras que Servet y Calvino no podían entenderse porque pensaban en varios planos divergentes y empleaban diversa terminología.

rarle, y con adoración espiritual, igual que interiormente Cristo es contemplado y habita en nosotros.

Quienes van a la caza de un conocimiento o adoración de Dios fuera de Cristo, lo adoran como los judíos [y] sarracenos *y paganos,* que hacen inútil la presencia de Cristo entre nosotros. Hay que adorar y conocer a Dios tal como él quiso manifestarse. Yo aseguro que sólo en Cristo se puede ver y adorar a Dios; y digo que generalmente cualquier camino para llegar a Dios está en Cristo, pues él mismo atestiguó ser «el camino». «El que me adore a mí, adora al Padre». «Esta es la hora», o sea, por mí se le ha otorgado al mundo que los «verdaderos adoradores adoren al Padre» en mí «en espíritu y en verdad». Quisiera que comprendieses que lo que Cristo condenó en Tomás y Felipe fue cualquier intento de buscar a Dios por otros caminos, visiones y pensamientos, y que lo que quiere a toda costa es que volvamos a él nuestra mirada, y así es como se nos muestra para que le adoremos. Es válido argumentar de la visión a la adoración, pues la adoración presupone la visión: «El que me adora a mí, adora al Padre» vale como «El que me ve a mí, ve al Padre» [83]. Hay que ver en espíritu lo que en espíritu se adora; hay que tener en cuenta dónde y cómo se adora. De lo contrario, también ahora nos dirá Cristo merecidamente: «Vosotros adoráis lo que desconocéis.»

Sombra fue en aquel tiempo tanto la visión como la adoración de Dios. Sombra de Cristo era sólo el rostro que viera Moisés, pues vio un ángel que prefiguraba a Cristo. Todos ellos tuvieron en sombra fe en Dios y en Cristo. Abraham, al creer en Dios, en sombra creyó también a Cristo. Aquel en quien creyó prefiguraba a Cristo, y como en sombras vio al Cristo futuro; pero en realidad veía un ángel, y en él un destello del Cristo futuro, ya que el ángel se presentaba en figura humana vestido de la luz del Verbo: luz que era λόγος, razón, referencia a Cristo.

PEDRO.—¿Es que fueron creados los ángeles en forma de hombre, para ser luego servidores del hombre? Si es así, ¿cuándo fueron creados? [220]

MIGUEL.—Al crear Dios el mundo por su Palabra, al mismo tiempo se prepara por su Espíritu sus servidores (Gen. 2; Sal. 32; Job. 26 y 38) [84]. La sustancia de los ángeles *por cierta semejanza* es de la misma luminosa y elemental

---

[83] Citando Jn. 4, 23. 12, 45. 14, 9.
[84] Gen. 2, 7; Sal. 32, 6 y Job. 26, 4 sobre el «espíritu» o soplo creador; no en Job 38.

sustancia de la Palabra y del Espíritu, o sea, de su arque-tipo elemental. De la sustancia del Espíritu de Cristo, *por cierto flujo de espiración*, emanó la de los ángeles y las almas. Y como Dios es fuego y espíritu, así hizo también a sus ángeles «espíritus y como llamas de fuego» (Sal. 103) [85]. *Luego la sustancia del ángel, por ser ígnea y espiritual, pue-de fácilmente recibir formas distintas.*

Pero hay una razón especial para decir que los ángeles fueron creados en la idea de hombre, y es que tanto la sus-tancia de los ángeles como la de las almas se desprendieron de la idea y sustancia [primera] del hombre Cristo. Tam-bién, porque dirigiéndose a los ángeles dijo Dios: «Haga-mos al hombre a nuestra forma y figura», como dando a entender que en los ángeles ya estaba tal forma, figura y semejanza [86]. En tercer lugar, porque cuando antiguamen-te veían a Dios, veían a un ángel en idea de hombre, *a un ángel «cara a cara», como dice Gedeón* [87]. En cuarto lugar, porque del rostro de Esteban se dice que era «como el de un ángel» [88]. En quinto, porque al tener que ser el ángel un servidor del hombre, de este modo estaban más de acuerdo en todo. *En sexto, porque también el alma tiene esa forma, que es casi un ángel* [89] Y en [sexto] *séptimo*, porque la for-ma que Dios eligió para sí y para los suyos es la más per-fecta de todas las ideas, figuras y formas, incluso de aque-llas que se forman en la luz angélica. Lee en Galeno las extraordinarias funciones de esta figura y de cada una de sus partes, en sus libros «*Del uso de las partes*» del cuerpo humano [90]. *Pues mucho más excelentes, mucho más que las más excelentes, serán esas funciones después de la resurrec-ción, envidiadas incluso por los mismos ángeles, ya que ahora todo esto es sombra de lo que ha de ser.*

Que el ministerio de los ángeles sea en servicio del hom-bre *se deduce precisamente del hecho de que comenzó en el hombre, cuando dijo Dios: «Hagamos al hombre»* [91]; pues anteriormente Dios no se había dirigido nunca a los ánge- [221] les, a pesar de que, como servidores suyos, estaban a la ex-pectativa de sus órdenes, «regocijándose» a medida que iba creando cada una de las cosas, como dice Job [92]. En cam-

---

[85] Sal. 103, 4.
[86] Gen. 1, 26. Véase explicación antes, lib. III, nota 63.
[87] Jue. 6, 15.
[89] *Eam formam habet anima, quæ est fere sicut angelus.*
[90] Galeno, *De usu partium*, 17 libros, ed. Kühn, vol. III y IV. Hay reciente trad. inglesa de M. T. May (Cornell Univ., 1968), ya citada antes, en 2 vols.
[91] Otra omisión en *MsPa* debida, sin duda, a error de copista.
[92] Job 38, 7.

bio, para la creación del hombre quiso Dios asociárselos, no en calidad de autores, sino dando a entender que su ministerio sería necesario a su obra. Más caro, pues, que los ángeles es a Dios el hombre a causa de su hijo el Cristo, verdadero hombre en Dios, a cuya imagen fue creado el hombre, partícipe, más que los ángeles, de la verdadera sustancia corporal y espiritual del Cristo. Por eso mismo los ángeles vienen a ser como ayos y servidores dados al hombre. Mucho más excelente es el artificio empleado en la formación del hombre que en la de los ángeles, y mayor será la gloria futura del hombre que la del ángel. Pues ocurriría que los ángeles adorarían a un hombre, como está escrito: «Y adórenlo todos los ángeles de Dios» [93]. Por eso, desde el principio los ángeles contemplaban y amaban al hombre como algo precioso para Dios, acatando la voluntad del Creador; en cambio, los ángeles malos, soberbios, se indignaron llenos de envidia de nuestra dignidad. Se sentían ofendidos porque un hombre terreno iba a ser sublimado por el Verbo en vez de ellos, y porque tendrían que adorarlo. Ellos precisamente que, ensoberbecidos por la belleza que se les había dado, hubieran deseado encumbrarse por encima de todas las cosas y llegar a ser iguales a Dios, semejantes al Altísimo, como el hombre, que fue creado igual a Dios y semejante al Altísimo. Era ya demasiado para ellos que el hombre terreno fuese enaltecido por encima del ángel etéreo. Se daban cuenta de que al hombre, que no al ángel, se le había dado poder sobre las demás creaturas, y que el ángel había sido hecho servidor del hombre. Por eso, fingiendo hacer obra de Dios, comenzaron a instigar y acechar cautelosamente para, oprimiéndonos, elevarse sobre nosotros. Entonces y primeramente, la mujer es seducida por la serpiente, y por la mujer, como instrumento del diablo, es seducido también el hombre, haciéndose esclavo del demonio [94]. Todo género de males cayó sobre el hombre por la envidia, la soberbia, la ira y la concupiscencia del diablo. Todos estos estigmas suyos imprime el demonio en nosotros, y otros muchos que derivan de la carne. Por eso el demonio es ya atormentado ahora duramente [comiendo tierra], y aún lo será más después con el fuego [95].

[222]

---

[93] Palabras mencionadas en Heb. 1, 6.

[94] Concepto peyorativo de la mujer: *mulier, diaboli instrumentum.*

[95] Varias veces roza Servet esta idea de que los demonios serán aún más atormentados luego.

PEDRO.—¡Luego el pecado del ángel [comenzó con el hombre] *ocurrió después de haber sido creado el hombre!*

MIGUEL.—El sexto día revisó Dios cuanto había hecho y vio que todo era muy bueno. El séptimo [bendijo y] santificó el descanso. *El octavo, es decir,* el día primero de la semana, fue [consumado] el pecado [del hombre]; de igual modo que un primer día de la semana tuvo lugar la restitución al cielo por la resurrección. Profundamente conturbado e impaciente el demonio por haber sido puesto el hombre en el paraíso, *reposó por necesidad el día séptimo; pero el octavo le dio muerte. Por eso y para en adelante, en señal de redención fue declarado con la circuncisión memorable el día octavo, como lo era el séptimo para el descanso* [96].

[PEDRO.—Yo creía que tanto el primer Adán como el segundo habían muerto el sexto día.

MIGUEL.—] *El mismo día en que nació el primer hombre murió el segundo;* y el mismo día en que murió el primero, resucitó el segundo [97]. [Pero Moisés mismo enseña que medió el sábado. Sólo él fue día de reposo.]

PEDRO.—¿Pueden aumentar o disminuir los buenos o los malos ángeles?

MIGUEL.—No pueden tornar nunca al orden primitivo, una vez que se les ha pasado el tiempo de gracia. Sin embargo, en su situación puede aumentar o disminuir su pena, y así vemos que en el diluvio se aumentó la pena de los ángeles malos, arrojándolos a la cárcel del abismo. «Unos son peores que otros», como dijo Cristo [98]. Satanás, arrojado por Cristo, aún ha de ser echado del cielo, pues todavía lo habita y lo ocupa. Cuanto más nos hostiga, y cuanto más somete a su dominio, tanto más es y será atormentado. Un ejemplo lo tenemos en los tiranos y en los avaros, que cuanto más tienen, tanto más se atormentan y se esfuerzan y mayor castigo se preparan; pues algo así acontece con el imperio de los demonios sobre los hombres. ¡Tan cegados están por su odio a los hombres! ¡Tan llevados de su ambición en dominarnos! El demonio malo ha conse-

---

[96] La equivalencia de días encaja en el cómputo hebreo y el cristiano si no se olvida que el primer día hebreo es nuestro domingo, ya que su fiesta es el sábado o día séptimo. La circuncisión el día octavo es explicada, conforme a Lev. 12, 3, sin estas referencias místicas por Maimónides, *Guía de los perplejos*, Parte III, cap. XLIX (ed. FRIEDLÄNDER, p. 379).

[97] Sería curioso poder comprobar la dependencia de Servet respecto a algún comentarista antiguo, hebreo o cristiano, en la fijación de esta extraña cronología: en viernes nacería Adán y murió Cristo; en domingo murió o pecaría Adán y resucitó Cristo.

[98] Mt. 12, 45.

guido además que hasta el ángel bueno se encare con el hombre a causa del pecado, pues el hombre se ve arrojado del jardín de las delicias por ministerio del ángel bueno, como si se tratase de un pariente airado: allí está colocado un querubín con espada flamígera, para que nadie pueda ver el rostro de *elohim*, como lo viera Adán en el ángel.

Pero esa visión de Adán fue también «sombra». Si Adán no hubiera pecado, Cristo en persona se le hubiera manifestado gloriosamente a él y a los suyos antes de morir, pues para eso «era ya la Palabra junto al Padre»; por Cristo le hubiera sido dado al [primer] *segundo* Adán el árbol, [223] antes prohibido, de la ciencia del bien y del mal, y por él hubiera podido Adán ver a Dios con más claridad que antes por el ángel [99]. *¡Oh, Dios admirable!* Quiso [Dios] concederle a Cristo toda su manifestación y su gloria, pero [envió por delante] *permitió* [100] a sus ángeles en sombra de Cristo, para que después fuese reconocida toda la gloria de Cristo por encima de los ángeles.

PEDRO.—La sustancia de los ángeles y de las almas [en figura humana] ¿es material y divisible [y se nutre de alimento]? [101].

MIGUEL.—[Es] *Puede llamarse* material la sustancia que puede ser penetrada por otra y recibirla en su interior. Tal dijeron los antiguos ser la sustancia de los ángeles y de las almas [divisible,] pues por sus divisiones penetra la luz de Dios. [Al cortar un miembro, el alma, dividida, se contrae en sí misma. Mas no puede contraerse hasta reducirse a un punto, sino hasta cierto límite.] A su vez, también [es penetrada] *penetra* el alma, aunque de distinta manera que por la luz de Dios, y puede recibir en su interior diferentes formas luminosas, como una especie de materia [102]. Las almas separadas retienen su forma semejante a la nuestra, pues están sustancialmente conformadas a la figura del hombre.

Y no sólo es divisible la sustancia del alma, sino que hasta siente dolor en esa división, como consta por nuestra experiencia. Pero luego todas las partes divididas vuelven a juntarse en una, como ocurre dividiendo el aire. Que las

---

[99] *MsPa* presenta, como se ve, mejor lectura que *Restit.*, pues Adán es ese primer Adán mencionado, siendo Cristo el segundo.

[100] También aquí: *MsPa* trae *præmisit* (sic), que según el contexto hay que preferir al *permisit* de *Restit.*

[101] Añadimos la interrogación, ausente de *MsPa* y de *Restit.*, sin la cual esta frase estaría fuera de contexto.

[102] De nuevo: preferible la lectura de *MsPa*, *penetratur*, mejor que *penetrat*, de *Restit.*

almas separadas sientan dolor y sufran desgarros y tor-
mentos de diversas maneras con pena de sentido, lo ense-
ñan las sagradas letras. Todo es divisble menos Dios, cuya
luz llega a la división de todo y lo penetra todo, como dice
el apóstol [103]. *He aquí unas palabras de Filón, con las que*
da a entender en el libro «Sobre el mundo» que es material
la sustancia de los ángeles y de las almas: «La forma del
alma no está hecha de los mismos elementos que las demás
cosas, sino que le ha cabido en suerte aquella materia más
pura de la que están hechas las naturalezas angélicas» [104].
Asimismo, estas palabras de Clemente Alejandrino, en el
Lib. V de su «Stromata»: «Dicen los estoicos que Dios es
por esencia cuerpo y espíritu, como el alma y el ángel; pue-
des encontrar esto mismo en nuestras Escrituras. Lo que
ellos dicen de Dios, nosotros lo referimos a su Sabiduría
creada o formada en Dios, del mismo modo que nosotros
llamamos ángeles a los que Platón denomina varones íg-
neos» [105]. *Así, pues, no sin razón dicen los antiguos que los*
ángeles y las almas son cuerpos espirituales, de una cierta
sustancia muy tenue y como incorpórea.

PEDRO.—*¿Y se alimentan con algún tipo de manjares?*

MIGUEL.—*No como nosotros.* [Los ángeles tienen la misma forma y] Viven del alimento invisible de la deidad. Ese
alimento penetra en su interior y de algún modo realiza
la división [106]. Hay cierta analogía con el alimento que nutre nuestros cuerpos; tanto más cuanto que, después de la
resurrección, también nuestros cuerpos se alimentarán con
ese manjar. Las almas separadas no pierden el gusto, el   [224]
oído, etc... Las Escrituras y los oráculos más antiguos en-

---

[103] No es expresamente paulina esta idea, pero Servet podía tener en su
mente frases como «Dios iluminará los secretos de las tinieblas», de I Cor. 4, 5
y otras semejantes.

[104] Filón, *De opificio mundi*, en la sección titulada *Quod Deus sit immuta-*
bilis, 10, 46. Pero WOLFSON, *op. cit.*, vol. I, p. 391, hace notar que las «divinas
naturalezas» de ese texto se refiere a las ideas, mientras que los editores
Cohn y Wendland lo entienden de las estrellas. En realidad, el contexto habla
de un quinto elemento del que están hechos, según el filósofo alejandrino, los
cielos, los ángeles y las ideas.

[105] Clemente de Alejandría, *Stromata*, lib. V, cap. XIV, textualmente
(PG VI, 252). No da la fuente platónica. Nunca habla Platón de ángeles, aunque en *Fedón* 107e menciona palabras de Sócrates sobre el «espíritu guardián»
de cada uno, y en el *Político* 271d y el *Epinomis* 984e, quizá espúreo, menciona «demonios» —en el sentido clásico, *daimones*— como criaturas inter-
medias.

[106] La ausencia de ese largo texto en *MsPa* no puede explicarse diciendo
que acaso falte una página, pues en la correspondiente, la 92, se abarca el
texto de *Restit.* desde varias líneas antes hasta algunas después. Es, con toda
evidencia, una interpolación de sólo *Restit.*

señan que también los seres superiores toman alguna comida, lo que concedemos nosotros, con tal que por comida se entienda alimento. *El alma se alimenta de aire* [107].

Se ha especulado con que la sustancia aérea de los demonios se alimenta de fumigaciones, *con que el espíritu se alimenta de espíritu*. No encuentra reposo el demonio en lugares secos y escabrosos, *como dice Cristo*, sino en los húmedos, como en los cerdos [108]. ¡Y en aquellos hombres que llevan vida de cerdos! *Cada uno de los humores que hay en nosotros puede verse afectado por ciertas afecciones malas; por eso el demonio apetece esos humores. Apetece la sangre de sus víctimas y le gusta su olor. Atenágoras, Tertuliano, Clemente Alejandrino, Lactancio, Eusebio y otros muchos recibieron de los antiguos que la sangre es el manjar material del demonio.* Si el demonio no comiese *absolutamente* nada, no lo habría condenado Dios a «comer tierra» [109]. [Más aún: hubiera resultado un castigo ridículo.] Un alimento terreno y pesado resulta un castigo grave para un cuerpo tenue y aéreo. Por haber sido castigado por Dios a «comer tierra», ansía más lo húmedo que lo seco, y así trata, por medio de fumigaciones, de convertir en aire la tierra que se ve obligado a devorar. Con un mismo gesto ese impostor pretende hacerse adorar como Dios y mira por su propia enfermedad. Se le obliga [a comer tierra], pero no para nutrirse, sino que, así como fue indigno de aquel primer alimento de la divinidad, así se le ha dado este otro en castigo; por haber engañado al hombre terreno, envidioso de su gloria terrena, por eso ahora se ve obligado a arrastrarse por tierra. *Por tanto, no puede decirse que el demonio coma tierra como alimento, sino que más bien la devora, la consume y se consume en sus esfuerzos por ella. El demonio es voraz como el fuego y la materia; por eso prefiere sacrificios de fuego. Nada impide que la sustancia del demonio sea o atormentada o alimentada por la elemental: atormentada por la aridez, alimenta-*

---

[107] *Aëre reficitur anima:* mecanismo de la aireación y circulación antes explicados, alimento de la parte material del alma.

[108] Aludiendo a una anécdota narrada en Mt. 12, 43.

[109] Gen. 3, 14 e Is. 65, 25. Era ésa una creencia de algunos Padres, aparte de que relatan ideas de viejas demonologías, como Clemente en *Stromata*, Lactancio en *Divin. institut.* y Eusebio en la *Hist. ecca.* y la *Praeparat. evang.* (por ejemplo, cfr. Lactancio lib. II, cap. 17: PL VI, 341; Eusebio en la *Praep. evang.*, lib. IV, cap. 23: PG XXI, 306). Atenágoras de Atenas en su apología del año 177, *Legación en favor de los cristianos*, 24-25 (ed. BAC, 1954, p. 689); Tertuliano, en *Apologeticus adv. gentes*, cap. 22: PL I, 404.

da por la humedad; igual que odia esta luz, ama las tinieblas [110].

Que los demonios se alimenten de fumigaciones [y en cierto sentido, de sangre] es algo [nunca dudado] *probado* por todos los autores que enseñan los fundamentos de la magia [111]. Precisamente por eso ordenó Dios [que se le hiciesen fumigaciones] *que se le ofrendase sangre, que se le ofreciesen sacrificios de fuego* y diferentes tipos de cremaciones, para apartar a los suyos de la magia y de la idolatría de los egipcios. Por la Escritura consta también que a los ángeles buenos les es grato el perfume del holocausto   [225] y del incienso, y el olor suave; pero advertían que debía ofrecerse a Dios, no a ellos (Jue. 6 y 13) [112].

Los demonios mismos se han visto forzados con frecuencia a confesar la verdad: que son cuerpos divisibles y que en cierta medida necesitan de alimentos. Así lo hacen saber sus propios oráculos, *y así lo enseñan Plutarco después de Ferécides,* [y mucho mejor] *Marco según Ps$elo, Porfirio, Proclo, Calcidio y otros* [113]. De entre los judíos, *siguiendo a Josefo y a Filón,* el rabí Abraham, en su *«Fascículo de mirra» y muchos otros* [114]. *De nuestros teólogos, además de los*

110 Cierta semejanza de este texto con el de la *Carta 4 a Calvino* (nuestra ed., pág. 82, pág. 583 del texto original de *Rest.*).

111 Probable alusión, aunque Servet nunca cita este autor, al coment. al Lev. 17, 7, de Nachmanides, *Pirch Hā-Tora le-Ramban* (ed. C. B. Chavel: Jerusalem, 1962), p. 96, en que dice que esa práctica del ritual de sangre aludida en ese v., «se refiere a las fumigaciones que los magos ofrecen a los demonios», como se ha demostrado experimentalmente en los actos de magia».

112 Jue. 6, 20-21 y 13, 16.

113 Los neoplatónicos Proclo (410-485) y el cordobés Calcidio (principios del IV) en citas incontrolables; el último, quizá en un texto conservado en la ed. Mullach de *Fragmenta philosophorum græcorum*, vol. II (París, 1867), cap. 119 y 128. El presocrático Ferécides de Siros (s. VII-VI) fue autor de una cosmogonía de inspiración semiórfica *(Diels,* 7) y alabado por Aristóteles, por ser buen pensador, en *Metafísica* 1091b. Las menciones del *Isis y Osiris* de Plutarco y de *Oraculorum philosophia* de Porfirio pudo leerlas Servet en Eusebio, quien trae esas ideas demonológicas entre otras: *De præparatione evangelica,* respectivamente lib. V, cap. 5 y lib. IV, cap. 7: PG XXI, 323 y 250. Por fin, Miguel Psellos fue un célebre polígrafo, filósofo y estadista bizantino del s. XI, ambicioso ministro de la emperatriz Teodora, caído luego en desgracia, y monje. De él viene la idea de hacer de Orfeo un precursor del cristianismo, que tanto influyó en el Renacimiento, y en Servet, y también del zoroastrismo, comentarios a cuyos escritos publicó. La referencia es aquí a su *De operatione dæmonum,* diálogo sobre la acción de los demonios entre un Timoteo y un Thrax, el cual narra conversaciones suyas con un tal Marco, monje de Mesopotamia convertido al maniqueísmo: cap. 9 (PG CXXII, 839-842). Sobre Porfirio, cfr. nota 33 del lib. IV, antes. Sobre Psellos, Introd., nota 180.

114 Josefo quizá en un texto de *Antigüedades judías,* lib. XIII, cap. 11, pero indirectamente. Para Filón, algo sobre el tema, en WOLFSON, *op. cit.,*

ya citados, tanto Agustín como Basilio enseñan que los ángeles tienen una especie de cuerpo espiritual [115]. [Y no sólo es divisible la sustancia del alma. El apóstol habla también de las almas separadas.]

PEDRO.—Algo querría saber también acerca del origen de las almas, pues, según parece, las haces anteriores a los ángeles.

MIGUEL.—Ya he dicho que la sustancia del alma es inspiración integrada en un todo por el aire inspirado por Dios en el cuerpo convenientemente preparado. También he dicho que es como un vapor luminoso de la sangre más pura, vapor elemental y etéreo a la vez, y en cuanto elemental, compuesto juntamente de agua, aire y fuego [116].

Esta opinión viene suscrita por Hiparco, Demócrito y Leucipo, quienes decían que el alma es de fuego; por Anaxímenes y Diógenes, quienes decían que de sangre; por Hippón, que de agua, y por Critias, que de sangre [117]. La sus-

---

vol. I, p. 370. Abraham Saba fue un rabino español, castellano, discípulo de Isaac de León, que después de la expulsión de 1492 se refugió en Portugal, de donde fue expulsado de nuevo en 1496, recalando por fin en Fez, Marruecos, muriendo en el mar camino de Verona. Su obra, *Manojo de mirra* o *Zeror ha-Mor*, un comentario al Pentateuco de tendencias místicas y aun cabalísticas, se publicó primero en Constantinopla, 1514, y luego en Venecia, 1543. Servet pudo leer cualquiera de estas dos primeras eds. La idea mencionada está en el fol. 100b de la ed. de Cracovia, 1595.

[115] También en la *Carta 4 a Calvino* refiere Servet que Basilio y Agustín adjudican al demonio un «cuerpo sustancial, penetrable por la luz», un *corpus spirituale*. Puede aludir a ciertas oscuras frases de la *Homil. in Hexameron* de aquél y del agustiniano *De Genesi ad litteram* (ed. BAC, p. 689).

[116] Resume así Servet su concepto del alma y las bases naturales o elementales de ésta, de que habló antes en el lib. V, págs. 169 y ss. al tratar de la circulación sanguínea. Su esencia aérea, participación del creador soplo divino, se sustenta de elementos acuosos e ígneos, excluida siempre la tierra, elemento no espiritual.

[117] Las teorías filosóficas antiguas que aquí vienen resumidas por Servet pudieron serle asequibles en manuales de la época, pero también a través de su frecuente lectura de algunos de los Padres más filósofos (Lactancio, Eusebio, Clemente de Alejandría) que las conservan. No hay que excluir a Miguel Psellos, cuyo tratadito *De animæ celebres opiniones* (PG CXXII, 1039-1043 especialmente) parece ser la inspiración de estas líneas de Servet. Hiparco de Nicea (190-120) es un neopitagórico, inventor de la Trigonometría Con los atomistas Leucipo y Demócrito, del s. v a.C., admitió la naturaleza ígnea del alma, pero éstos por su parte la hacían material: un flujo de átomos esféricos, sutiles, llamados *xúsmata*, que por respiración se alimentan de los átomos de fuego esparcidos en el aire. De Anaxímenes (hacia 585-528) se conserva este fragmento: «Así como nuestra alma, siendo aire, nos mantiene unidos, así también el aliento y el aire circundan todo el Cosmos» (*Diels*, 13, A4 y B2), entendiendo por aire no el atmosférico, sino el que él propone como protoelemento primordial. Parecido, un discípulo de Anaxágoras, Diógenes de Apolonia, s. v, distinto del célebre orador estoico, en su

criben asimismo Empédocles y Platón, que creían que consta de todos los elementos; y Pitágoras y Filolao que decían ser una armoniosa combinación [118]. La suscriben Alcmeón, según el cual es una sustancia etérea; Critolao, que la llama quintaesencia; y Posidonio, que la identifica con la idea [119]. Heráclito, el físico, la ve como una centella de los astros; el otro Heráclito, el de Ponto, como luz [120]. La suscriben también algunos [teólogos] que han dicho que el alma proviene por generación, y otros, que de Dios [121].

Y realmente el alma es todo eso. Es una sustancia etérea destilada del arquetipo que es Cristo, la cual contiene símbolo de sustancia elemental, así como símbolo de Espíritu y Luz de Dios. La inspiración sustancial que decimos creada

---

Sobre la naturaleza, del que se mofa Aristófanes en *Las nubes*, vs. 225 y ss. Por el contrario, selecciona el agua como elemento primordial del alma, y del universo, Hippón de Samos, cit. por Aristóteles, *Met.* 983b22, por haber querido resucitar la vieja cosmogonía acuosa de Tales de Mileto tardíamente, en el s. v. Por fin, Critias fue un pariente y amigo de Sócrates y de Platón, condenado a muerte en la dictadura de Trasíbulo, personaje de varios diálogos platónicos: el *Carmides*, el *Timeo*, el *Critias* mismo, que versa sobre la Atlántida. No aparece en ellos esa idea, que, paradójicamente, tanto se acerca a la de Servet mismo, ni en *Diels*, 88.

[118] Más del segundo pitagorismo (Filolao, Antifón, Hiketas) que de Pitágoras mismo sería la idea de que el alma es mera armonía de todos los elementos, criticada por Platón, *Fedón*, 85d y Aristót., *De anima*, I, 4: 407b30-32, pues no sería fácilmente compaginable con las doctrinas pitagóricas de la inmortalidad y la transmigración. Y mucho más propia del eclecticismo de Empédocles (hacia 490-435), según el cual «el alma nace cuando se mezclan los elementos y muere cuando se separan» *(Diels*, B9.26.17): la salud depende de la armonía o κρᾶσις de los cuatro elementos en la sangre. La fórmula empleada por Servet no refleja con exactitud el pensamiento de Platón sobre el alma, mezcla de lo *Idéntico* y lo *Diverso*, según *Timeo*, 53 a-b, pero entidad simple y espiritual, la «propiedad más divina y verdadera» del hombre *(Alcib.* I, 130a; *Fedro*, 247c; *Leyes*, 726a). Según Platón no es el alma, sino la virtud, lo que establece la armonía de los elementos del cuerpo, o mejor, del compuesto humano: *República*, 431c; *Filebo*, 19 a-d; *Leyes*, 689 c.

[119] Alcmeón de Crotona, médico pitagórico del s. v a.C.: *Diels*, 24. A pesar de lo que dice Servet, esa teoría del alma como *pneuma etéreo*, que le adjudica, fue la del peripatético ecléctico Critolao de Faselis (hacia 220-133), según trae Tertuliano, *De anima*, cap. 5, quien la admite. De Posidonio (hacia 131-51 a.C.), el gran polígrafo sirio romanizado, nada nos ha llegado completo, sino los títulos de un par de docenas de obras. Servet pudo leer esa opinión en Cicerón, en Tertuliano.

[120] Los fragmentos de Heráclito sobre el alma, en *Diels*, 22B 115-118. Y no Heráclito, sino Heraclides de Ponto (h. 390-310), de la Academia antigua, propone en su *Sobre la naturaleza del alma* la idea de su composición de partículas luminosas, sutiles.

[121] No admite Servet el traducianismo, sino que se limita a expresar que tanto éste como algunos creacionistas proponen que el alma está compuesta de uno u otro elemento más el soplo inicial, *spiritus*, divino, y un *símbolo* de luz divina.

que le fue dada junto con la deidad, y cierta luz espiritual, [226] luz referida a la idea divina inmanente a Dios mismo, del que recibe iluminación al ser espirada y luego en cada espiración, vienen a constituir por el Espíritu santo una misma luz sustancial con Dios [122].

PEDRO.—*Así, fácilmente pueden compaginarse Demócrito y Anaxágoras, citados por Aristóteles* [123].

MIGUEL.—El primero creía que en el hombre mente y alma son *simplemente* lo mismo; el otro pensaba que el alma animal y la mente intelectual son distintas. La primera mente es Dios, de quien la hemos recibido nosotros; por eso el alma racional es llamada también mente. [Y no obstante,] Como si fuera algo distinto sobreviene al alma una mente nueva, un espíritu nuevo, para constituir con ella una unidad sustancial. Pablo distingue entre mente y espíritu, denominando mente a la inteligencia común, y espíritu a lo sobreañadido con fuerza (I Cor. 14) [124]. En todo caso, la mente es el alma y es a la vez como una parte del alma; y el espíritu es el alma *y es a la vez como una parte del alma.*

PEDRO.—¿Y de qué modo estábamos en Cristo nosotros antes que los ángeles?

MIGUEL.—En el Espíritu eterno de regeneración. Los que han sido regenerados estaban por delante de los ángeles en dignidad y en el don prometido por Cristo. Aunque los ángeles preceden en la creación real obrada por el tiempo, tenemos nosotros cierta dignidad sustancial que les precedía, en virtud de la cual antes de todo tiempo y sin principio estábamos ya en Cristo. Todas las cosas creadas estaban ya antes en Dios por el mero hecho de estar en su

---

[122] La página precedente fue objeto de dura crítica por parte de Calvino: «Después de amontonar muchos delirios perversos y perniciosos sobre la sustancia de las almas, concluye que el alma procede de Dios *y de su sustancia;* más aún, que con la inspiración le fue conferida deidad y que con cada espiración se unifica con la luz de Dios sustancialmente por el Espíritu santo». Respuesta de Servet: «Quita la expresión *de su sustancia* y hallarás que el resto es verdad y que el único que delira eres tú, Simón Mago.» Los pastores insisten: «Estupenda ferocidad de este hombre, al acusar de delirio con Simón Mago a quien no quiere ser maniqueo con él», etc. Servet aún puede aclarar finalmente: «Enseño la creación del alma abiertamente en páginas 178, 225, 260 y otras de *Restitutio.* Y dije que los ángeles y las almas tienen semejanza con la sustancia del Espíritu del que emanaron.» *Calv. Op.,* VIII, 551; *Kingdom,* 43.

[123] Otra evidente omisión por error de amanuense. La mención de los dos presocráticos como citados por Aristóteles indica suficientemente en este caso su fuente de información.

[124] Pablo distingue espíritu y mente en I Cor. 14, 14-15: «Si yo orare en lenguas, mi espíritu ora, mas mi mente es sin fruto.»

idea; pero los espíritus de los elegidos estaban también de otra manera, de un modo distinto, en aquel trono de Cristo: en su propia sustancia, en su aliento mismo. Aunque también en los ángeles buenos se halla el don de la deidad como en nosotros, hay, sin embargo, alguna diferencia; pues ellos fueron creados con todas las demás cosas, en cambio las almas fueron inspiradas por Dios con especial esmero y separadamente, lo cual demuestra que ellas son mucho más excelentes. Se demuestra también por los dones más excelsos con que fueron adornadas, por lo que somos hechos hermanos de Cristo, coherederos y correinantes con él. *E igualmente, porque por nosotros, que no por los ángeles, hace Dios tantas y tan insignes cosas. Más aún, todo, hasta los mismos ángeles, lo ha hecho por nosotros.*

Los espíritus de los regenerados son consustanciales y coeternos con Dios. Por eso decíamos antes que los santos han descendido del cielo, pues «nadie ascendió al cielo, sino quien de él descendió» [124]. Por obra del Espíritu vivificador descendieron del cielo, y por él mismo ascendieron a él. Descendieron [aquellos de los santos] los que ya antes estaban en él. Hasta de una ciudad se dice que «descendió del cielo, del propio Dios» (Ap. 3; Heb. 12) [126]. Si crees que esa chispa de espíritu que le ha sido dada a éste en la regeneración es verdadera sustancia de Dios, debes creer también que esa misma chispa le ha sido destinada desde toda la eternidad, y que desde toda la eternidad la ha recibido en esa medida de la plenitud de Cristo. Pues no es Dios quien cambia al separarla ahora de sí mismo; sino que cambia éste al ser elevado a esa dignidad, ascendiendo al trono que le está preparado. Había tantos millares de elegidos cuantos de espíritus destinados a ellos y cuantos tronos preparados para ellos.

PEDRO.—Has dicho que en Dios estaba la sola [eterna] y única sustancia de Cristo. ¿Cómo es que ahora pones en él varios espíritus?

MIGUEL.—Sólo hay un Espíritu de Cristo, santo y eterno, que encierra en sí las sustancias y medidas de muchos espíritus. Con tu espíritu constituye en tí el día de tu regeneración un nuevo espíritu, y otro con el de éste y otro con el de aquél. Los espíritus de los elegidos de Dios son distintos entre sí, pero son un solo Espíritu en Dios. El Espíritu *es uno y múltiple*, se dispensa en diferentes medidas y mantiene unido lo que en nosotros está realmente dividido.

[227]

---

125 Jn. 3, 13.
126 Ap. 3, 12 y Heb. 12, 22.

De alguna manera se nos da una parte del Espíritu de Cristo, y así se crea en nosotros un espíritu nuevo, una nueva creatura.

Así como al Espíritu de Cristo le es esencial el hálito de la incorruptibilidad, así también renueva interiormente nuestro espíritu conforme a su incorruptibilidad al sernos comunicado. Pues el Espíritu de Cristo resucitado ya no vuelve a revestirse de [materia] *sustancia* corruptible. Es espíritu «de gracia y de verdad» [127], del que había sombra en aquel innato aliento de Adán, como podemos llamar sombra a su alma anterior, y podemos decir que su antigua deidad era sombra de la nueva deidad del Espíritu. Aquel aliento del alma animal de Adán era como vapor y humo de un fuego más sublime, que suspiraba aún por otro fuego. Aquel aliento le fue concedido al hombre como en sombra, en luz menguada y escondida, prefigurando el nuevo espíritu, más sublime y luminoso, que había de recibir el hombre. Bajo cualquier humo hay algo de fuego, y donde lo hay fácilmente se enciende un fuego más vivo, como se enciende en nuestra alma gracias al soplo divino. Por lo demás, el alma misma es como un vapor extremadamente sutil que de tal manera se desparrama por el ambiente que después de la muerte es sólo sombra del ser vivo, pero no cosa realmente viva [128].

[228]

PEDRO.—Pero eso la antigüedad llamaba a las almas de los vivos después de la muerte sus «sombras», igual que se habla en las sagradas letras de la «sombra de la muerte» [129].

MIGUEL.—Después de la muerte se les llama sombras, tanto porque están ya privadas de las facultades vitales como porque son una especie de espectros sombríos de los vivos. La antigüedad, haciendo honor a la justicia, creyó que estas sombras serían juzgadas sin sus cuerpos, pues desconocían la futura resurrección de los cuerpos por Cristo. De ahí que los pitagóricos nos hayan legado tantas fábulas acerca de las penas de las almas. Pero todo eso se les puede dispensar, pues no podían conocer ni la resurrección de los cuerpos ni la índole del juicio futuro. De ahí también que los platónicos se dejaran convencer por Sócrates de que el estado de las almas separadas es el más perfecto. Error en que suelen incurrir hoy muchísimos [130].

---

[127] Jn. 1, 14.

[128] Una frase muy equívoca: *Est anima ipsa vapor admodum fragilis..., ut post mortem sit umbra viventis, non res vere vivens.*

[129] *Umbra mortis*, dicho habitual hebreo, en Is. 42, 7; Lc. 1, 79.

[130] Orficos, pitagóricos, platónicos reconocían, aunque con diferencias, la inmortalidad del alma y su transmigración (esto Platón sólo en el *Fedro* y

Que la situación de las almas fuera del cuerpo sea anti-natural se demuestra por el mero hecho de que natural-mente están ordenadas al cuerpo y reciben de él algo sustancial. Las almas fueron natural y originalmente infundi-das en el cuerpo y formadas en la idea de cuerpo para no separarse jamás de él, de no haber sido por el pecado de Adán. Del cuerpo recibe el alma su calor vital y se resiste a verse privada de él. Y aunque nosotros sabemos que dicha separación será sólo temporal, para una *mayor* puri-ficación [del cuerpo], sin embargo se realiza con gran pe-sar de nuestro ánimo [131]. Incluso el alma de Cristo estuvo apesadumbrada por esta separación del cuerpo, aunque sa-bía que en breve sería devuelta a un cuerpo inmortal y glorioso. De ahí también que las almas de los asesinados se lamenten como si hubieran padecido una gran pérdida (Ap. 6) [132]. A Caín le dijo Dios que «clamaba la voz de la sangre» (Gen. 4), pues como el alma habita en la sangre [se queja] *se quejaba* de ser desalojada [133]. Finalmente, porque si ha de ser más perfecto el estado del alma con su cuerpo después de la resurrección, es evidente que el del alma separada no es el más perfecto.

[229]

Pero volviendo a las sombras, en el hecho de que el alma es sombra puedes comprobar una teoría más amplia sobre las sombras, si llegas a la conclusión de que Dios mismo, su Verbo, su Espíritu, su Luz, sus ángeles, las almas, los hombres, los animales, el cielo, las lumbreras, las es-trellas, los elementos y las demás creaturas prefiguran to-das como en sombra los misterios de Cristo. Y no sólo eran sombra cosas, sino incluso acciones, como aquella primera creación, la inspiración del alma, la santificación del sába-

---

el *Timeo)*, entendida ésta como una sanción independiente del cuerpo, ya que las no purificadas suficientemente debían reencarnarse en sucesivos cuerpos. A esta teoría es a la que parece referirse Servet como «fábula», de buen acuerdo. Sócrates habla de esa cuestión al tratar el tema de la inmor-talidad, *Apología* 40c-41c, y más claramente en *Fedón* 80b-c, y otros diálogos de Platón. No es posible identificar a esos contemporáneos suyos a que pa-rece aludir Servet con ese «hoy». Sí podría inferirse, de su propio silencio, que ignoraba las entonces recientes discusiones sobre el alma determinadas por la publicación del *Tractatus de immortalitate animæ* por P. Pomponazzi en Padua en 1519.

131 Son conceptos plenamente aristotélicos, determinados por la teoría del Estagirita según la cual el alma es forma sustancial del cuerpo, y por lo tanto, *ad corpus naturaliter ordinata: De anima* II 2, 414a 22. Esto demues-tra que el «platonismo» servetiano es muy relativo.

132 «¿Hasta cuándo, Señor, no juzgas y vengas nuestra sangre de los que moran en la tierra?», Ap. 6, 10.

133 «La voz de la sangre de tu hermano clama a mí desde la tierra», Gen. 4, 10.

do, la construcción del paraíso, la circuncisión, la oblación del sacrificio, la constitución del reino y del sacerdocio, y tantas más.

PEDRO.—¿Conservan las almas después de la muerte alguno de los sentidos?

MIGUEL.—Las almas separadas quedan debilitadas por esa privación natural, y, como sombras, están a merced de los genios [134], apenas capaces de nada por sí mismas; y se dice que «duermen» las que ya están en reposo. Conservan, no obstante, el sentido y la voz (Lc. 16; Is. 14; Ez. 32), ya que la voz de las almas de los muertos clama a Dios (Gen. 3; Ap. 6 y 20) [135]. Dice Pimandro que los sentidos corporales, como partes del alma que son, retornan a sus fuentes [136]. De ahí que las almas separadas sufran pena de sentido, como consta en el citado capítulo 16 de Lucas.

PEDRO.—Si el Espíritu santo estaba hipostáticamente unido al alma separada de Cristo, como lo estaba el Verbo a la carne concebida por obra del mismo Espíritu, ¿por qué no decimos que se encarnó el Espíritu santo, lo mismo que decimos que se encarnó el Verbo? ¿Por qué no llamamos hijo al Espíritu santo, como llamamos hijo al Verbo, puesto que también en el Espíritu está la idea de hijo, igual que en el Verbo?

MIGUEL.—Eso pone de manifiesto [evidentemente] *hermosamente* cómo entre el Verbo o Palabra y el Espíritu no hay distinción real, sino que se diferencian sólo en el modo de manifestarse y comunicarse. Viene a demostrar también con toda evidencia que el Verbo no es ni puede llamarse hijo real, sino personal [137]. En el Verbo hay idea de hijo, y ahora hay idea de hijo en el espíritu de los elegidos, y en la carne, y en el alma, y en la forma sustancial; mas

---

[134] *Ut quasi leves umbræ a geniis agantur*, única vez que Servet se refiere a seres de tan extraña naturaleza, por lo que queda inconcreta la alusión y el sentido de esta frase.

[135] Lc. 16, 22-30 (el mendigo Lázaro y el rico Epulón); Is. 14, 10; Ez. 32, 21; Gen. 4, 10; Ap. 6, 10 (ambas como antes); Ap. 20, 4.

[136] *In suos fontes refluere.* Y alusión imprecisa al *Pimandro.*

[137] Objeta Calvino a esta distinción servetiana, que correctamente califica de «foco de sus impíos dogmas», porque destruiría la real distinción entre las tres Personas, no entendiendo que en Dios haya una hipóstasis real que sea más que imagen o representación suya. Le rechaza airado Servet admitiendo hipóstasis internas en Dios, pero entendiéndolas como modos: «Te pido que leas con diligencia mis textos y que adoptes corazón de verdadero cristiano, orando para que te sea revelada la verdad. Tú eres quien no te entiendes a tí mismo, y clamas como un ciego por el desierto. Por albergar tan ardiente espíritu de venganza, no entra en tu alma malévola la sabiduría.» *Calv. Op.*, VIII, 537; *Kingdom*, 26.

la idea o imagen del todo en la materia terrena de cualquier hombre es la idea de hijo, y lo mismo en la **sustancia** de los otros tres elementos. Pero no por eso podemos decir que haya muchos hijos en uno, sino que llamamos hijo único a todo ese conjunto.   [230]

La diferencia de que se llame hijo al Verbo, mejor que al Espíritu, radica en el modo, pues en aquel entonces el Verbo aparecía ya «en persona» y figura del futuro hijo, mientras que el Espíritu actuaba ocultamente. Por eso, *con mayor verdad* llamamos hijo [al Verbo] y decimos que el Verbo se encarnó con más propiedad que el Espíritu *santo*, pues que el espíritu se refiere más bien al alma, *aunque se trate de un espíritu verdaderamente humanado*. También se dice de nosotros que todo nuestro ser ha sido hecho hijo de Dios, y no sólo que nuestro espíritu ha sido hecho hijo de Dios, a pesar de que es en el espíritu donde radica la verdadera razón de nuestra filiación, de nuestra ὑιοθεσία. Y así también se dice que todo Cristo es realmente hijo de Dios, no sólo su divinidad, ni la de la Palabra, ni la del Espíritu, por más que ya antes convenía a la Palabra la idea de hijo, le convenía la persona visible de hijo [138].

Permíteme una comparación para que entiendas mejor cómo aquella idea no era desde siempre hijo real, sino sólo un modelo. La idea misma de «este hombre Salomón» se atribuye al alma, al cadáver, a la forma sustancial y a la materia; pero se trata de una sola idea divina que constituye la materia, la forma y el alma en unidad de ser. Esta idea convenía ya bajo cierta forma y sustancia al semen de David, según el ya explicado símbolo semillero de la deidad, de la luz y de los elementos; sin embargo, no por eso podemos decir ya sin más que aquella idea que estaba en el semen de David fuese el hijo de David, sino que llamamos hijo de David a todo el hombre Salomón que estaba de algún modo en el semillero de la idea de luz y en la sustancia elemental, en el semen de David [139].

La analogía es perfecta. Y argumentando del efecto a la causa concluimos que Cristo entero es el verdadero hijo de Dios, aunque ya estaba antes en Dios de un modo sus-

---

[138] Es decir, el Verbo es hijo porque realmente se encarnó luego como hijo de Dios en María y a ello apuntaba en todas sus manifestaciones personales del AT; de lo contrario, anota Servet, nada impediría que el Espíritu se llamara hijo, pero esto crearía confusión. El Espíritu es autor de nuestra filiación, que sin embargo corresponde al todo existente.

[139] La analogía se basa en la ya antes establecida: el Verbo actuó de semen de Jesús, pero sólo llamamos hijo al hombre constituido, no al hombre cuando aún está *in lucis ideæ seminario quodam et elementari substantia*.

— 413 —

tancial y formal. Cristo estaba ya en Dios, en su esencial *y formal* idea príncipe de luz, en la superelemental sustancia de la Palabra que incluye toda la fuerza del semen humano. El propio Cristo, artífice de todas las cosas, imprimió en ellas *cierta* imagen de su propia generación. No puede surgir ninguna dificultad acerca de Cristo que no pueda aclararse con esta comparación. Así nos lo [instruyen] *enseñan* habitualmente todas las Escrituras: que este [231] hombre es hijo de Dios. A partir de las creaturas puede conocerse de tal modo al Creador, que resulta digna de lástima la ceguera de nuestros matemáticos en lo referente a su distinción real de puntos invisibles [140].

Por tanto, en relación con el alma de Cristo hay que decir que era semejante [a la nuestra] *en naturaleza*, que contenía la idea de hijo junto con la deidad de la Palabra y del Espíritu, y que era sustancialmente una sola alma, igual que Cristo es uno con Dios. El alma de Cristo, al descender a los infiernos, conservaba esencial y sustancialmente la hipóstasis de la Palabra y del Espíritu, igual que la carne que permanecía en el sepulcro: en el primer caso, de modo espiritual; en el segundo, de modo corporal. El alma de Cristo vivía con vida semejante a la nuestra, y en ella estaba «el manantial de toda vida» (Sal. 35) [141]. Al infundirle Dios un alma humana semejante a la nuestra, le infundió a la vez toda la divinidad de toda su eternidad sin tasa; después, al inspirarle Dios, como a nosotros, su Espíritu santo, volvió a infundirle por otra disposición nueva toda su divinidad y renovó su primer espíritu en la resurrección, al darle uno nuevo, prefigurado ya en el que le infundió en el Jordán [142]. De donde se colige (para centrarme ya en lo de las «sombras») que no sólo el viejo espíritu de los judíos preludiaba el nuevo, sino que incluso el primer espíritu de Cristo preludiaba para sí mismo otro futuro espíritu de gloria más sublime. Asimismo, aquella inspiración de su alma vital anhelaba, prefigurándola, otra aún mayor gloria de Dios, de igual modo que el alma de

---

[140] Matemáticos, escolásticos. Tres puntos invisibles no pueden distinguirse realmente; tres Personas invisibles, tampoco.

[141] «Porque contigo está el manantial de la vida: en tu luz veremos la luz», Sal. 35, 9.

[142] Otro punto objetado por Calvino, junto con otro señalado antes, lib. V, nota 170, apoyándose en textos de Jn. 1, 16 y 3, 31: ya el Bautista clamaba que «todos hemos recibido de su plenitud» y que «no le da Dios el Espíritu según medida» a Cristo. Servet admite esa plenitud desde el principio, pero no su glorificación hasta la resurrección: nueva gloria, no nueva gracia adquirió entonces. Como de costumbre, Calvino retuerce los textos servetianos ante el tribunal, para hacerlo condenar más fácilmente. *Kingdom*, 39.

David, que era figura suya, anhelaba y «tenía sed de Dios» (Sal. 41 y 62) [143]. También el Espíritu de los hijos de Dios, que es Dios, anhela, tiene sed y gime por esa otra «futura gloria de Cristo en nosotros» (Rom. 8; II Cor. 5), y como sombra de otra [verdad] *cosa*, la refleja ahora en el enigma del espejo (I Cor. 13; II Cor. 3) [144]. ¡Fíjate cuán excelsa es la prefiguración de los misterios de Cristo!

PEDRO.—¡Pero esa condición de «sombra» no impide que se llame Dios al alma de Cristo!

MIGUEL.—El alma de Cristo es Dios, la carne de Cristo es Dios, igual que el espíritu de Cristo es Dios, igual que Cristo es Dios. Cristo tiene un alma semejante a la nuestra y en ella está Dios esencialmente. Cristo tiene un espíritu vital semejante al nuestro y en él está Dios esencialmente. Cristo tiene carne semejante a la nuestra y en ella está Dios esencialmente. Desde toda la eternidad existe el alma de Cristo, desde toda la eternidad existe el espíritu de Cris- [232] to y desde toda la eternidad existe la carne de Cristo en la misma sustancia de la deidad [145]. El alma de Cristo, en la misma esencia de la divinidad, inspira desde la eternidad toda la animación del mundo, y de ella proviene el símbolo de deidad que hay en nuestra alma. No puede hallarse el Espíritu [de vida o Espíritu] santo en ninguna parte, sino en cuanto dado por Cristo, pues de otra suerte habría vida fuera de Cristo y ya no serían vivificadas por él todas las cosas. En él solo está la fuente de todo y toda la deidad: la deidad sustancial del cuerpo y del alma y del espíritu. Su carne fue engendrada de la sustancia de Dios, por lo que tiene esencia de deidad y forma sustancial de Luz de Dios. Su alma encierra desde la eternidad la animación esencial, de la que las otras almas reciben su aliento y un cierto símbolo de aquélla. Asimismo, en él está el nuevo espíritu de gloria, del que recibe aliento en la regeneración el espíritu del hombre nuevo, y el cual hace que el espíritu del hombre sea incorruptible, celestial, divino

---

[143] Sal. 42, 2 y 62, 1.

[144] Rom. 8, 18. «Porque sabemos que en tanto que estamos en el cuerpo peregrinamos ausentes del Señor», II Cor. 5, 6. *In speculo, in aenigmate*, I Cor. 13, 2 (Servet dice *in speculi aenigmate*) y II Cor. 3, 18.

[145] Junto con otras palabras tomadas de contextos señalados antes (lib. I, nota 78; II, n. 90), este párrafo constituye la objeción núm. 9 de Calvino en el proceso de Ginebra: «Inexcusable es este error herético de Servet», por confundir las dos naturalezas, reducir a nada la verdadera humanidad, hacer pasible la divinidad...» «Toda su verdad primera consiste en no distinguir.» Servet responde: «La primera verdad y fe justificante es creer con certeza que este hombre es por su naturaleza hijo de Dios.» Con lo que de nuevo queda evidente cuál es el núcleo del sistema de Servet. *Kingdom*, 29.

y mucho más sublime que el que fue inspirado en la primera inspiración del alma; pues aquella primera alma nuestra no era Dios [y era en cierto modo corruptible]; pero al sobrevenir el Espíritu de Cristo, que es Dios, la hace ser Dios, la une a él más estrechamente haciéndola unidad con Dios de una manera especial y la libera de la mortalidad y de la esclavitud.

Pero ese símbolo de divinidad puede ser arrancado, hasta cierto punto, del alma. Cuando las almas de los impíos sean arrojadas junto con sus cuerpos a las horrendas tinieblas por justo juicio de Dios, serán despojadas de la luz de Dios, de su símbolo y de sus propiedades, como dice Cristo: «Aun lo que tienen les será quitado» (Mt. 25; Lc. 19); a nosotros, en cambio, que conservamos lo que se **nos dio,** «se nos da y se nos seguirá dando con más abundancia» [146]. Así como Cristo nos regenera y transforma ahora en espíritu para la incorruptibilidad, a fin de que el espíritu incorruptible se desarrolle de día en día y permanezca íntegro en él después de la muerte del cuerpo; así también, en el siglo futuro irradiará de él hasta nosotros la sustancia de su divinidad, que sólo en Cristo es natural incluso corporalmente, transformando y glorificando nuestros cuerpos por la comunicación de su divinidad y de su luz (Flp. 3) [147]. Y así siempre dependeremos de él, como los ríos de la fuente y como los miembros de la cabeza, igual que dependemos ya de él ahora y desde la eternidad. [233]

PEDRO.—Así se comprende la diferencia de por qué se dice que nuestros padres antes morían, y que, en cambio, nosotros, injertados en Cristo resucitado, no morimos nunca jamás, sino que ya vivimos con él vida eterna, tal y como Cristo mismo enseña en muchos lugares de Juan [148].

MIGUEL.—*Aunque en los patriarcas fieles hubo esperanza de vida, a pesar de ello no reinaban como reinamos nosotros con Cristo, una vez traído a la tierra su celeste e inmortal reino.* Aquellos patriarcas no tuvieron como nosotros participación en la sustancia incorruptible del Cristo total. Hemos llamado corruptibles a los elementos del alma, y hemos dicho que por eso el alma se disuelve en el ambiente, como despojándose de su propia sustancia; y dijimos también que después, sometida a los demonios malos a causa del pecado de Adán, es llevada a los infiernos, como

---

[146] Mt. 25, 29 y Lc. 19, 26.
[147] «Transformará el cuerpo de nuestra bajeza para ser semejante al cuerpo de su gloria», Flp. 3, 21.
[148] Jn. 4, 14. 6, 31-35, etc.

si ya no hubiera de ser restituida jamás al cuerpo que había pervertido; tanto más cuanto que la carne manchada, y por tanto muerta, jamás volverá a reinar. Se necesita, pues, gracia y misericordia inmensas para que alguien pueda renovar todo eso para la vida y nos limpie la carne, dado que así no se puede vivir en Dios. Pues bien, todo eso nos lo ha conseguido gratis Cristo por su muerte y resurrección, vivificando el espíritu en el momento de su muerte y glorificando la carne en su resurrección.

PEDRO.—Hay quienes dicen que el alma de Cristo, después de la muerte, pasó angustias inimaginables peleando con los mismos demonios en el infierno.

MIGUEL.—Con la muerte Cristo acabó todas sus angustias. No descendió a los infiernos para padecer allí nuevamente, ni tuvo peor suerte que [el mendigo] Lázaro, cuya alma fue llevada en paz por los ángeles al seno de Abraham. El poder del alma de Cristo fue siempre [muy] superior a todos los demonios, afligiéndolos, hiriéndolos y aterrorizándolos [siempre] sobremanera. Puede, no obstante, decirse que Cristo sufre lo que sufre en sus miembros, *y en este sentido* él padeció persecución *de parte de Pablo* [149]. Añádase que el alma del ladrón fue llevada al paraíso el mismo día de su muerte, siendo hecha partícipe de la gloria del alma de Cristo. *Luego ya estaba en su alma el paraíso.* Al morir Cristo, su alma, *maravillosamente vivificada por el Espíritu de Dios*, descendió con gloria y poder a los infiernos para librar de él a las almas fieles, y luego al resucitar llevó consigo también el cuerpo al cielo, consumando así todo su poder y su gloria.

[234]

PEDRO.—*De modo parecido* se cumplen en nosotros *ambos misterios* [ambas cosas].

MIGUEL.—Cristo nos *vivifica* y glorifica en el espíritu antes que en el cuerpo. Nos glorificará en el cuerpo en la resurrección final, pero en el espíritu nos glorifica ya aquí, cuando en símbolo de su muerte resucitamos por el bautismo. Y también nos comunica antes su Espíritu que su cuerpo, ya que antes recibimos el bautismo que la cena.

---

149 Hch. 9, 4-5; I Cor. 15, 9; Gal. 1, 13.

150 Nótese que Servet toma literalmente siempre los textos bíblicos y que, en consecuencia, las fórmulas imprecisas sobre la inmortalidad natural del alma de otros contextos, en los que se refiere a los elementos materiales o biológicos de ella, quedan aquí superadas: la inmortalidad espiritual, conferida por la participación del mismo Espíritu de Cristo resucitado en el bautismo, afecta también al cuerpo. *Vera hæc sunt, non imaginaria.* Servet toma en serio el proceso de divinización individual del cristiano de que hablan los textos, especialmente Pablo.

En el bautismo de Cristo se nos comunica todo su Espíritu, igual que en la cena se nos da toda su carne. Se nos dan los elementos incorruptibles de su Espíritu, tal y·como los tiene ahora Cristo en el cielo, cuando por el poder de su resurrección somos regenerados verdadera e incorruptiblemente «por agua, fuego y espíritu». Por este nuevo Espíritu nuestra alma alcanza la verdadera inmortalidad, el gusto por la gloria inmortal, y nuestro espíritu se hace uno con Dios. Y todo esto es verdad, no es imaginación; como es verdad que Cristo resucitado está en nosotros [150]. A este nuevo espíritu se le une en la cena del Señor la carne incorruptible de Cristo, que es alimento incorruptible del incorruptible «hombre interior». De donde se sigue que nuestro hombre interior está hecho de la carne y huesos de Cristo y de la unión de su Espíritu con el nuestro, de modo que nuestra vida está «escondida en Cristo» y nuestro «hombre interior» es incorruptible e inmortal [151]. Por eso, no sólo se nos dice que no hay ninguna muerte para nuestro «hombre interior», sino que ni siquiera se dice que haya muerte para el hombre entero; sólo un cierto descanso y dormición, permaneciendo siempre vivo e íntegro el «hombre interior», vivo e íntegro el espíritu con su alma encomendado y depositado en las manos de Dios, para sernos luego restituido todo entero. [El espíritu nuevo e incorruptible que es sustancialmente uno con Dios] [152] no se resuelve en el ambiente por la muerte, ni es entregado a los demonios malos, sino que, escondido en Cristo, igual que lo estaba antes en la vida del hombre, permanece íntegro, *y reina siempre con Cristo en el paraíso y en el reino de los cielos.* De esta suerte vivimos realmente en Cristo, vivimos ya vida eterna y Cristo vive en nosotros. Las almas separadas de los que vivieron en Cristo «reinan siempre» con él, mientras las otras permanecen detenidas en el infierno, como enseña Juan (Ap. 20) [153].   [235]

PEDRO.—¿Qué supuso para las almas retenidas en el infierno el que Cristo descendiera a los infiernos?

MIGUEL.—Destruyó [las armas] de Satanás, rompió las cadenas del infierno y mitigó los dolores en la mayoría de

---

[151] Alusiones a frases paulinas bien conocidas: Gal. 2, 19; Col. 3, 3; I Cor. 15, 44.

[152] He aquí otra frase de *MsPa*, ausente del impreso *Restit.* a diferencia de otras en contrario, que podría demostrar acaso la interrelación de ambos entre sí y la anterioridad temporal de *MsPa* (que comparaciones de caligrafía quizá demuestran proceder de la pluma misma de Servet).

[153] Ap. 20, 6.

los casos. Además, les infundió esperanza en la resurrección, al resucitar él y resucitar consigo a otros muchos (Mt. 27) [154].

PEDRO.—¿Cuáles eran las penas del infierno y cómo las cambió Cristo?

MIGUEL.—Ni entonces ni ahora son atormentadas las almas y los demonios como lo serán después, pues «hay fuego preparado para el diablo y para sus ángeles», dijo Cristo [155]. Los dolores del infierno procedían del hecho de estar privados de vida, por eso Pedro los llama «dolores de muerte» (Hch. 2; Sal. 17) [156]. Allí hay un dolor múltiple, o muchos dolores; por eso se les denomina «dolores». La índole del infierno actual es muy distinta de la futura condenación a la gehenna, como verás en seguida; pues será destruido el infierno y todo poder del demonio sobre el hombre, a fin de que el demonio mismo sea castigado con mayor rigor. La índole de este infierno que sigue al sepulcro está en consonancia con el castigo de Adán, quien al ser privado de la vida fue arrojado al infierno, estableciéndose así el poder del demonio sobre el hombre. Se da, pues, allí un deseo natural e innato de una vida ya gustada: de la privación de algo tan amable deriva el dolor. Del mismo modo que al morir sentimos horror, languidecemos y sufrimos, así también mientras permanecemos en la muerte, permanecemos en ese horror, languidez y sufrimiento, como dice Job [157]. Estos horrores de muerte y de infierno son los que sintió David, y los que sienten todos los demás que purgan *o pagan* el pecado de Adán con la muerte y el infierno. Por eso puede decirse que por Cristo han sido sacados del infierno y «liberados del poder de la sepultura» (Sal. 48) [158], porque el infierno tenía poder sobre ellos. Los que murieron con anterioridad a la muerte de Cristo fueron llevados al infierno, como si fueran relegados por Dios al olvido, salvo unos pocos a quienes mantenía la fe en el Cristo futuro. De ahí que vulgarmente se designase al sepulcro «tierra de perdición y de olvido» (Sal. 87) [159]. En las sagradas letras hay un mismo término para designar el sepulcro y el infierno, de modo que «ir al sepulcro» es lo mismo que «ir al infierno»; el infierno seguía a la muerte, como dice

---

[154] Según Mt. 27, 52-53.
[155] Mt. 25, 41.
[156] Hch. 2, 24: A Cristo «Dios le levantó, sueltos los dolores de la muerte». «Cercáronme dolores de muerte», Sal. 17, 4.
[157] Job 10, 22: «Tierra de oscuridad, lóbrega, como sombra de muerte.»
[158] Sal. 48, 15.
[159] Sal. 87, 5-6.

Juan [160]. Como el cuerpo [venció] *arrastró* al alma por el pecado y la sometió a servidumbre, así con la sepultura del cuerpo queda sometida el alma a las tinieblas, a la muerte y al infierno. [236]

Aún hay otros dolores en el infierno, pues según su clase de muerte los réprobos padecen otros dolores en el infierno, llamados por eso «dolores de muerte», mientras dura esa agonía de muerte. De ahí que (como a partir del Antiguo Testamento enseñan Pedro y Judas) las almas de los gigantes sean atormentadas con agua, como si día a día se estuvieran ahogando en las tinieblas del abismo igual que se ahogaron al morir; y también que las almas de los sodomitas tengan que soportar la pena del fuego en el que se consumieron, [fuego al que también son llevados otros impíos. Lc. 16,] *como si aún les durase después de la muerte aquella condenada impresión de muerte. Las almas sufren a consecuencia de las aguas y del fuego sulfuroso, sobre todo, porque, como ya hemos dicho, en esas aguas hay otras interiores que ahogan, y en el fuego exterior hay otro interior que las abrasa* [161].

A todo eso se suma la actividad de los demonios, cuyo cometido consiste en atizar el fuego. Tan sensiblemente atormenta éste a las almas, que parecen ansiar un poco de agua (Lc. 16) [162]. Tal es ese fuego que atormenta a las almas, las consume y las abrasa con pena de sentido, como dice Cristo en el lugar citado y David en el Salmo 48 [163]. Se nos dice en él que el infierno consume a los malos [e incluso a los buenos], lo que no puede entenderse sólo de la consunción del cuerpo en el sepulcro. Por eso exclama Job: «Como el calor derrite la nieve, así el infierno al pecador» (Job 24) [164]. Incluso a los párvulos difuntos les corresponde cierto dolor de infierno en relación con el sordo dolor de su muerte. Sólo el tenebroso horror del demonio ocasiona ya cierta pena al párvulo, que tan temeroso es, ya de suyo, de la oscuridad [165].

---

[160] No aparece esta idea ni en Jn. ni en I y II Jn. ni en el Ap. Quizá Servet se confunde, y tiene en mente frases como «murió..., y fue sepultado, y estando en el infierno...», de Lc. 16, 22.

[161] *Ea mortis impressio damnata.* La gráfica descripción del vicio homosexual y de su dantesco castigo da que pensar, podría decirse aireando la fantasía, sobre posibles preocupaciones personales de Servet a este respecto.

[162] Lc. 16, 24, aluciendo al rico que le pide a Abraham le mande al mendigo Lázaro con la punta de su dedo mojada en agua.

[163] Sal. 48, 14: «Se consumirá en el sepulcro de su morada.»

[164] Job 24, 19.

[165] Muy curiosa observación, que acaso encerraba para Servet algún mal recuerdo infantil. Véase la nota 113 del lib. I, Parte IV.

Además, aún habrá otro dolor para el alma, según la clase de acciones que haya realizado en la vida: un cierto gusano y remordimiento de la conciencia ofendida. A ello se refiere Pablo en I Cor. 3, entendiendo por «fuego» todo tipo de aflicción que provoca, tanto en vivos como en muertos, una especie de aborrecimiento de lo que hicieron en vida, de modo que cada cual será atormentado en aquello en que ha pecado [166]. El pecado, como dice Dios, siempre «está a la puerta»; y después de la muerte, el infierno está siempre ante los ojos del impío [167]. Cuanto más se deje llevar uno aquí de la soberbia y del placer, tanto más será allí humillado, macerado y asediado por el tedio (Is. 14; Ez. 32; Ap. 18) [168]. Este gusano jamás muere en los réprobos, y su pecado estará siempre en su contra [169]. De ahí que al infierno se le llame שׁאוֹל ,Seol, de reclamar, pues en el infierno ha lugar una como reclamación de lo que han hecho en vida «hasta el último cuadrante», como dice Cristo [170].

[237]

Aún queda otro motivo de dolor en el infierno antes y después de la resurrección de Cristo, pues cuantos no conocían la venida de Cristo sufrían un desesperado dolor de vivir, al verse situados en la tierra del olvido y sin esperanza de resucitar (Sal. 87; Is. 38) [171]. Esta desesperación la eliminó Cristo con su descenso a los infiernos. Incluso se llevó consigo a los patriarcas y profetas que habían esperado en él, como dice Mateo. Así lo había anunciado Isaías en los caps. 43 y 49, Zacarías en el 9 y David en los lugares ya citados [172]. Cristo les quitó al resucitar todo dolor; igual que ahora, en los que verdaderamente han sido regenerados, y por lo que se refiere a su espíritu separado, no resta ningún dolor de muerte, sino gozo perenne de vida en Cristo y deseo de otra vida futura de todo el cuerpo. En los santos no queda nada de [aquel] «dolor de muerte», por más que al morir sufrieran en su cuerpo. Lo mismo que en Cristo hubo sólo «dolor de muerte» según la car-

---

[166] I Cor. 3, 13-14.

[167] Gen. 4, 7.

[168] Is. 14, 11-15; Ez. *passim;* Ap. 18, 2-3.

[169] Recuerdo de una frase del Sal. 50, 3 *(Miserere):* «Mi pecado está siempre contra mí», es decir, delante de mí.

[170] Mt. 5, 26. Sólo desde muy lejos puede entreverse la derivación del término *sheol* de un verbo hebreo correlativo que significa llamar.

[171] Sal. 87, 4; Is. 38, 18.

[172] Is. 43 y 49 se refieren al nuevo pueblo de Israel tras la cautividad, un pueblo desconocido, libre, renovado. En Zac. 9, 9 se ha querido ver a veces una profecía de Jesús, así como en la afirmación posterior: «Yo he sacado tus presos.»

ne, pero no el consiguiente dolor del infierno tenebroso, sino, al contrario, la máxima luz de Dios en su alma, así **ocurrirá también** en nosotros los verdaderamente **regenerados. En todos** los demás a la muerte sigue el infierno horrible y tenebroso, pues todos son por naturaleza «hijos de ira» a causa del pecado de Adán, que purgan todos ellos. A pesar de todo, también en ellos surtió algún efecto el descenso de Cristo a los infiernos, a saber: que el desesperado dolor de muerte en el infierno les fue mitigado en parte gracias a la esperanza en la resurrección, y en parte les fue conmutado por miedo a otras penas, estando todo aún pendiente del juicio futuro, según se les hizo saber entonces. Esto es lo que enseña Pedro en el cap. 4 de su primera Epístola, cuando dice: «En esto se ve que también a los muertos les ha sido predicado el evangelio, en que serán juzgados en carne como los hombres, pero vivirán en espíritu según Dios» [173]. A los muertos se les ha anunciado el evangelio de la venida y de la resurrección, de que habla Pedro en ese lugar, para que hasta los infiernos tengan que reconocer a Cristo como juez y «doblar la rodilla a su [238] nombre» [174]. La predicación del evangelio a los muertos por Cristo al descender a los infiernos se manifiesta en que, mientras esperan la resurrección de la carne y el juicio, tienen ya su espíritu apaciguado en Dios. Cristo es el que «murió y vive para dominar a vivos y muertos» (Rom. 14): los muertos «tratan de complacerle» (II Cor. 5), los infiernos «doblan la rodilla a su nombre» (Flp. 2) y en **las profundidades** le aclaman (Ap. 5) [175]. Esa horrible oscuridad del infierno se vio iluminada en cierto modo con la luz de la entrada de Cristo. ¡Cuán lejos está, pues, el que Cristo tuviera que padecer allí esos tenebrosos horrores! Esta fe y salvación es lo que trajo el Cristo salvador incluso a los que se hallaban detenidos en el infierno. Cristo, en lo que de él dependía, se mostró allí como salvador de todos, ofreciendo a todos la liberación de aquella cárcel.

PEDRO.—¿Crees que por eso se le llama salvador de todos?

MIGUEL.—Se le llama salvador y juez de todos y sacrificado por todos, en primer lugar, porque a todos perdona el pecado original de Adán, que de suyo a todos merecía la muerte eterna y el horror del infierno, liberándolos de la muerte y del infierno y restituyéndoles la vida a fin de

---

[173] I Pe. 4, 6.
[174] Flp. 2, 10.
[175] Rom. 14, 9; II Cor. 5, 9; Flp. 2, 10; Ap. 5, 13.

que todos los restituidos a la vida sean juzgados por él, juez, con justicia, no por el pecado de Adán, sino por sus propias obras, cuando antes eran los demonios los que de algún modo juzgaban tanto a los buenos como a los malos [176].

Se le llama, en segundo lugar, salvador de todos, igual que creador de todos, porque a todos les ha sido infundido por su aliento desde el principio el espíritu de su deidad (Gen. 2 y 6) [177]. Espíritu que prescribe interiormente a la conciencia una cierta norma que sirve a todas las gentes para su salvación o para su condenación (Rom. 2; Hch. 10) [178]. Por eso Cristo resucitará a todas las gentes para pedirles cuentas de todo cuanto se les ha dado; y a quien más se le dio, más se le exigirá [179].

«Cristo es salvador de todos, pero mayormente de los que creen en él» (I Tim. 4) [180]. Tal es la tercera y más importante razón, y en este caso hay que notar la fuerza de esa palabra «mayormente», pues Cristo pone de manifiesto su fuerza salvadora mayormente en nosotros los que hemos sido regenerados, y también en los antiguos patriarcas que le fueron fieles. A nosotros nos retiene ahora consigo con su gracia y con el poder de su resurrección, no sea que seamos llevados al infierno; y a los patriarcas, una vez sacados de él al resucitar, se los llevó consigo. A todos los demás los ha dejado en el infierno hasta el día del juicio, a unos para que entretanto se vayan purificando, a otros para que sean castigados eternamente después del justo juicio; pues, aparte de los padecimientos que ya sufren los malos, aún hay otros a sufrir tanto en el cuerpo como en el alma, después de que hayan sido condenados en el juicio final. [239]

PEDRO.—Los que van a ser condenados aún no lo saben con certeza, aunque se lo teman.

MIGUEL.—No pueden saberlo con certeza, puesto que incluso los que no vayan a ser condenados están detenidos allí con los otros y son atormentados. Cuando llegue el momento del juicio, no saldrán de su asombro, pues ignoraban que iban a ser condenados de esa manera. Entonces será el momento de las discusiones, entonces será «el llanto

---

[176] Es decir, antes de Cristo todos, buenos y malos, quedaban bajo el signo del pecado, esclavos del demonio; al haber ahora perdón para el pecado original, la justicia puede ya ejercerse sobre acciones propias.

[177] Ge. 2, 7 y 6, 11.

[178] Rom. 2, 14; Hch. 10, 1.

[179] Mt. 25, 29.

[180] I Tim. 4, 10.

y rechinar de dientes», entonces serán «separadas las ovejas de los cabritos», ya que hasta ese momento no estaban separados [181]. De todos es desconocido lo que está encerrado en los libros del juicio de Dios; pero en el juicio se abrirán los libros y el mismo infierno devolverá a sus muertos, para que se celebre el juicio de todos, incluso de los mismos demonios (Ap. 20) [182].

PEDRO.—¿Por qué da a entender Cristo que el seno de Abraham era algo sublime, si en él había dolor y terror de infierno?

MIGUEL.—Verdaderamente sintió este horror Abraham al morir, como lo sintió David. Verdaderamente hasta la muerte de Cristo no se abrió el paraíso, y perduraba el poder del infierno y de la muerte hasta que Cristo lo desbarató con su venida, reduciendo al fuerte y dispersando sus despojos (Mt. 12; Mc. 4; Lc. 11) [183]. Al resucitar del infierno, Cristo hizo resucitar consigo a los santos que creyeron en él (Mt. 27). Entonces despojó a los principados y potestades (Col. 2) para abolirlos por completo en el día del juicio (I Cor. 15) [184]. Botín del demonio eran las almas piadosas que libera Cristo vencedor, llevándose consigo a los patriarcas al reino de los cielos. Por eso Cristo les otorga el reino celestial (Mt. 8; Lc. 13; Heb. 11), ya que les hace partícipes de su resurrección [185]. Una vez que Cristo ha alcanzado su reino por la resurrección, lleva a él a los patriarcas y profetas que habían tenido fe en él, como ahora nos lleva a nosotros a ese reino en virtud de la misma fe.

PEDRO.—¡Pero ya antes de la resurrección, en Lucas 16 habla Cristo de la excelencia del seno de Abraham! [186].

MIGUEL.—Es verdad, y ello por muchas razones. Primero, porque ya estaba próxima su gloria. Segundo, porque, al tener esperanza en la liberación de Cristo, los patriarcas conocían cuándo habría de ser por su espíritu profético: sobre todo, si se tiene en cuenta que había descendido hasta ellos Juan el bautista, *testigo ocular de él*, y de este modo, presente ya Cristo el libertador, les servía de gran consuelo y les proporcionaba un gran alivio. Tercero, porque en comparación con las penas de los demás, el seno de Abraham era para los piadosos un descanso. Cuarto, porque

[240]

---

[181] Mt. 25, 30-32.
[182] Ap. 20, 12-14.
[183] Mt. 12, 29 y Lc. 11, 22, no en Mc. 4.
[184] Col. 2, 15; I Cor. 15, 24.
[185] Mt. 8, 11; Lc. 13, 28-29; Heb. 11, 16.
[186] Como antes, en la parábola del mendigo Lázaro.

en el infierno el demonio está coartado por ciertas leyes, pues si en el infierno había y hay diferencia de penas entre unos y otros condenados, con mayor razón la había entre buenos y malos. Ahora bien, está claro que había una gran diferencia y separación entre los mismos impíos, como aparece en el caso de los gigantes y sodomitas, y en otros impíos (Is. 14; Ez. 32) [187]. Luego mucho mayor debía ser la discriminación entre buenos y malos. Quinto, porque los piadosos contaban siempre con los ángeles custodios que les proporcionaban alivio con su divino esplendor. En este sentido dice Cristo que el alma de Lázaro fue llevada «por los ángeles» al seno de Abraham. En atención a la insigne fe del patriarca, el poder del demonio estuvo limitado en ése su seno por el ministerio de ángeles buenos. En *El despertar de Samuel* entiende Filón que esos «dioses» que suben de la tierra son los ángeles buenos con el alma bienaventurada que custodian; y a Moisés, que había sido sepultado por un ángel en el monte, un ángel lo saca para que esté presente en otro monte con Elías durante la transfiguración de Cristo [188]. Sexto, porque el seno de Abraham estaba apartado no sólo por el privilegio de la fe, sino también por la naturaleza de aquel lugar, ya que, al haber interpuesto un precipicio, los otros no tenían acceso a él. Finalmente, porque Dios, que todo lo llena, llena también el infierno mismo, proporcionando alivio a quien quiere, y puesto que Dios era el Dios de Abraham, allí vivía Abraham en la gracia de Dios. Hasta en el infierno proporcionaba alivio a los fieles la Sabiduría de Dios (Ecli. 24); hasta en el infierno ha sido reconocida siempre la fama de la Sabiduría divina (Job 28) [189].

PEDRO.—¿Dónde crees que estuvo situado ese [apartado] lugar del seno de Abraham?

MIGUEL.—Así como hemos llamado infierno al sepulcro, así también llamamos al sepulcro seno de Abraham, *como si en los sepulcros hubiese cierta comunicación entre las almas* [190]. Cualquier lugar puede ser idóneo para atormen- [241]

---

[187] Is. 14, 20 y Ez. 32, pero en ambos casos no está clara esa idea.

[188] *De excitatione Samuelis*, título mencionado por Servet, no es ninguna obra de Filón de Alejandría. Quizá se refiera a un pasaje del *De somniis*, I, 22. Ahora bien, al contrario de en Platón, *Fedón* 107d y en el Talmud, la señalada por Servet no es una misión específica de los ángeles en Filón, según WOLFSON, *op. cit.*, vol. I, pp. 371-372. Después, alusión a la escena descrita en Mt. 17, 1-9, y paralelos.

[189] Ecli. 24, 25; Job 28, 22.

[190] *Quædam animarum communicatio*. La explicación subsiguiente participa del mismo aristotelismo, más que platonismo, en el concepto de alma que se hizo notar oportunamente.

tar o consolar a las almas. Que los sepulcros sean lugar de custodia de las almas, lo enseña la Escritura, al decir que incluso las almas son llevadas al sepulcro, siguiendo en cierta manera a los cuerpos, a los que naturalmente están destinadas. El evangelio enseña que los demonios rondan vagando por los sepulcros (Mt. 8; Mc. 5; Lc. 8), pues andan acechando las tumbas, así como a las almas [191]. Cuando Cristo dice que los que están en los sepulcros escucharán su voz, ciertamente no excluye a las almas. Las almas están naturalmente destinadas al cuerpo, con él lloran lo que con él delinquieron y se lamentan de haber sido despojadas de él. Esto era verdad sobre todo en la Ley, cuando las almas aún no eran llevadas, *como ahora*, al reino celestial. No les faltaba razón a los que decían que el que se acercaba a un cadáver se acercaba a un alma (Lev. 21; Num. 6) [192]. De las almas se decía que descendían a la fosa» (Is. 14; Sal. 29 y 48, etc.) [193]. Con la profanación del cadáver quedaban manchadas las almas, y esto es condenado por los profetas (Is. 14; Ez. 32, etc.) [194]. Frecuentemente los profetas amenazan con venganzas y castigos el que haya cadáveres sin enterrar expuestos a ser devorados por las fieras. ¡Castigo ridículo, si no tuviese nada que ver con las almas! En atención al alma de Eliseo fue descubierto milagrosamente su cadáver que había sido enterrado indignamente. Moisés fue sepultado por un ángel, para que no abusara de él el demonio induciendo a los otros a su idolatría o causando pesar a aquella alma santa; pues las almas santas sufren cuando sus cadáveres son objeto de idolatría entre nosotros [195]. Entonces los sepulcros eran algo sagrado e inviolable. No deja de ser misterioso el que la Escritura hable solemnemente del sepulcro de Abraham y de los suyos. Con razón los hombres piadosos se sentían conmovidos ante los sepulcros de sus mayores y predecesores (Gen. 47 y 49; III Re. 13), pues creían que allí había mayor descanso que en compañía de los impíos, y mayor esperanza de resucitar

---

[191] Mt. 8, 28; Mc. 5, 2 y Lc. 8, 27, a propósito de un «endemoniado».
[192] Lev. 21, 11; Num. 6, 6.
[193] Is. 38, 18; Sal. 29, 3 y 48, 14.
[194] Cfr. antes nota 187.
[195] Sobre el hallazgo de Eliseo, II Re. 13, 21. Muerto Moisés, se dice que «ninguno sabe su sepulcro hasta hoy», Deut. 34, 6. El apóstol Judas, sin embargo, conserva una tradición según la cual «el arcángel Miguel contendía con el diablo, disputando sobre el cuerpo de Moisés», Jud. 9, procedente de una indeterminada fuente antigua, desconocida del Talmud y los Midrashim, probablemente apócrifa, pero aprovechada en ese sentido por Servet.

junto con los piadosos [196]. Creían que los ángeles custodios estaban donde estaban custodiando las almas de sus antepasados. Y puesto que no había sino una sola familia segura y del agrado de Dios, que era la descendencia de Abraham, todos eran conducidos al seno único del padre *Abraham*, para ser como consepultados con él todos cuantos habían permanecido en su misma fe y piedad.

A ese lugar se refiere el descanso del que habló el ángel a Daniel: «Tú reposarás en tu suerte hasta el fin de los días» [197]. También se lee de otros hombres piadosos que fueron sepultados con su pueblo, no con un pueblo extraño ni para compartir la suerte de los impíos, sino para descansar con los suyos. De este modo era verdad entonces lo que está escrito en la Sabiduría, cap. 3: «Las almas de los justos están en las manos de Dios, y no las tocará ningún tormento de muerte; descansan en paz» después de la muerte, «y su esperanza está llena de inmortalidad» [198]. Dice la Sabiduría que ella penetra hasta lo hondo de la tierra, que espera allí a los que duermen y que ilumina a los que confían en el Señor (Ecle. 24) [199]. Y aunque habían de ir a parar al infierno, Elías y Jonás piden a Dios que reciba sus almas para darles allí algún descanso. Pero todo esto era sólo sombra del verdadero descanso que nos sería dado por Cristo en el cielo. De ahí que, como una gran novedad, una voz del cielo ordene a Juan escribir: «Bienaventurados los que a partir de ahora mueren en el Señor pues descansarán verdaderamente de sus fatigas.» Dice «a partir de ahora», como si dijera «de ahora en adelante», ἀπαρτί, «desde este momento», para distinguirlo del anterior descanso. Cristo utiliza frecuentemente con énfasis esta expresión para indicar que a partir de su resurrección comienza un reino nuevo [200].

PEDRO.—¿Y qué pecados son los que dices que serán perdonados después que los muertos hayan sido afligidos y purgados así y salvados por el fuego?

MIGUEL.—A unos les son perdonados los pecados en este mundo, a otros en el futuro, y a otros ni en éste ni en el otro, como dice Cristo en el cap. 12 de Mateo [201].

---

[196] Gen. 47, 30 y 49, 29 sobre la muerte de Jacob; sobre la de un profeta, en I Re. 13, 31.

[197] Dan. 12, 13.

[198] Sab. 3, 1 y 4.

[199] Ecles. 24, 5 y 12.

[200] Ap. 14, 13. El mismo término griego, en efecto, y la misma idea, en Mt. 23, 39 y 26, 29 y 64; Jn. 13, 19 y 14, 7; Ap. 14, 13.

[201] Mt. 12, 32, al que «hablare contra el Espíritu santo».

A los que creen en Cristo hijo de Dios se les perdonan ya aquí todos los pecados, hasta el punto de que los que han sido regenerados en él no sentirán ningún dolor de infierno, por una especial gracia suya. A éstos el bautismo de Cristo les quita todo reato del pecado original, y viven ya vida celestial tanto con cuerpo como separados de él, regenerados de verdad en Cristo vivo y resucitados en su Espíritu. A pesar de todo, también entre éstos serán llamados algunos «mínimos» por haber transgredido algunos «preceptos mínimos», como dice Cristo [y unos precederán a otros] [202]. El que edifique algo inútil sobre el fundamento de Cristo será atormentado con fuego de aflicción o en este mundo o en la muerte, y así «será salvado como por fuego», como dice Pablo [203]. A los que, sin haber alcanzado la regeneración ésta, se hallan detenidos ahora en el infierno, del que serán liberados más tarde (como es el caso de la mayoría de judíos y gentiles encontrados justos) les serán perdonados los pecados en el juicio futuro. Los pecados [de la carne] cometidos antes del perfecto uso de razón, consecuencia del pecado de Adán, aunque acarreen la muerte corporal y el consiguiente infierno, serán borrados en el siglo futuro, igual que el mismo pecado original de Adán. Con razón, pues, se puede decir que realmente este pecado junto con todos los demás será perdonado allí por Cristo juez y que la carne manchada quedará entonces purificada; pues como todos, incluso los párvulos, judíos, y gentiles [habremos] *habrán* sufrido castigo con dolores de muerte y de infierno junto con Adán, Cristo, [al resucitarnos] *al resucitarlos*, [nos] *les* quitará el pecado mortal, destruyendo la muerte misma y el infierno y [salvándonos] *salvándolos* «como por fuego». A esto se refiere aquello de Cristo: «No saldrás de allí hasta haber pagado el último cuadrante» (Mt. 5; Lc. 12) [204], pues los que están retenidos ahora en la cárcel del infierno aborrecen hasta los más nimios pecados cometidos aquí, y eso significa «pagar hasta el último cuadrante». Cristo se refiere aquí, como él mismo dice, a los pecados que se han de perdonar, de los que también ha hablado Pablo, diciendo que seremos [salvados] *purificados* de ellos «como por fuego».

A todos los demás hombres, que serán condenados por pecados más graves cometidos con plena deliberación, no les serán perdonados sus pecados ni siquiera en el siglo

[243]

---

[202] Mt. 5, 19.
[203] I Cor. 3, 15.
[204] Mt. 5, 26; Lc. 12, 59.

futuro. [Quien no sea misericordioso, quien insulte, quien mate, quien robe a sabiendas de que delinque y no restituya, será reo del fuego de la gehenna; y lo mismo de otros pecados cometidos en duradera impenitencia.] El que conscientemente y con toda malicia se oponga al buen espíritu que actúa en su interior, resistiéndose a prestar fidelidad a Cristo, a ése ni en la muerte ni en la resurrección le será perdonado su pecado, sino que, resucitado, se le impondrán penas eternas. [Más aún] *Asimismo* los demás pecados que se cometen permaneciendo en la impenitencia, como los pecados contra el Espíritu [santo], cuando uno, conocedor de su pecado, no quiere arrepentirse de él [205].

PEDRO.—Si todos pagamos la pena por el pecado de [244] Adán con la muerte, ¿para qué era necesario que Cristo pagase por nosotros esa misma pena con su muerte?

MIGUEL.—El hecho mismo de que nos sea dado *pagar esa pena* ya es fruto de la muerte de Cristo; pues sin ella todos estaríamos en el infierno para siempre, sin posibilidad de resucitar jamás. Cristo paga, además, por nosotros los regenerados con mucha mayor eficacia, eximiéndonos con su muerte de la muerte del infierno de tal modo que ni siquiera percibamos el olor del infierno como lo percibieron y perciben todos los demás. Al resucitar Cristo, debilitó al infierno, librando a algunos de él. En la resurrección final nos librará a todos de la muerte y del infierno, y muerte e infierno serán destruidos por completo.

PEDRO.—¿Y de qué modo puede ser destruido el infierno?

MIGUEL.—Porque después de la resurrección ya no habrá más infierno. No habrá ya poder alguno del demonio sobre el hombre. *Ahora el infierno, como el lugar del sepulcro, está bajo la monarquía del demonio; pero ésta será destruida y el propio demonio será atormentado con mayor rigor. El diablo aún no ha sido precipitado a aquel fuego «que está preparado para él»,* como dice Cristo [206]. La propia muerte, que no era sino el diablo causa de nuestra muerte, y el propio infierno, que no era sino el diablo que nos retiene en los infiernos, ambos serán precipitados por Cristo en el «lago de fuego» (Ap. 20) [207]. Entonces, como enseña Juan en ese pasaje, perecerán la muerte y el infierno. Será la muerte de la muerte y la destrucción del infier-

---

[205] Sobre esto, Mt. 12, 31; Mc. 3, 29; Lc. 12, 10.
[206] Mt. 25, 41.
[207] Ap. 20, 10.

no, como dice Pablo aludiendo a Oseas [208]. Entonces será exterminado todo el poder del demonio sobre los hombres, todo «principado y potestad», como dice el mismo Pablo [209]. Ya no habrá arriba ni abajo, ni razón alguna para un infierno como el que hay ahora. El fuego de Dios consumirá hasta la raíz del mismo infierno [en tal combustión cual antes había en él] (Deut. 32) [210].

PEDRO.—¿Quedarán siquiera los elementos?

MIGUEL.—No quedará ni el cielo, ni la tierra, ni los demás elementos, ni la luz del Sol, ni la de la Luna, como dice Juan con Isaías: «Todo lo viejo pasará y será todo nuevo». Todo será consumido por el fuego [hasta el mismo cielo], como dice Pedro [211]. De las tres sustancias superiores respiraremos entonces en Dios una nueva y etérea, y será glorificada toda esta materia terrena, mezclada con otras y distribuida exactamente por los cuerpos de los hombres. De tal modo han sido dispuestas según justa medida todas las cosas y creadas todas para el hombre, que no quede nada inútil. El fin de todo es el hombre, y el fin del hombre es Dios; Dios lo ha hecho todo por el hombre, y [a causa de] *por medio de* Cristo, que es α y ω [212]. Sólo la figura única y principal de Jesús el Cristo estaba sustancialmente y desde la eternidad en Dios, y a su imagen reunió en una todas estas figuras, para que todas sean uno en Dios y sólo quede realmente la figura del hombre en Dios con los ángeles. No obstante, en la visión de Dios conoceremos todas las cosas que hay ahora en el mundo y otras mucho más excelsas que él nos concederá.

[245]

De donde, insistiendo una vez más en lo de las «sombras», se colige cómo el mundo entero, la muerte y el infierno pasan como sombra. Sombra fue aquella primera muerte que nos resolvía en sombra. Sombra fue de otra muerte, de la eterna, que ha de acaecer en el juicio final, y a la que por eso llama Juan «segunda muerte» (Ap. 20 y 21) [213]. También las enfermedades que aquí nos aquejan son no más que sombra de las futuras aflicciones. Cristo arrancará *allí* [a los bienaventurados] toda enfermedad, una vez desplazado el demonio, que era nuestra enferme-

---

[208] «Oh muerte, yo seré tu muerte, y seré tu destrucción, oh sepulcro», de Os. 13, 14, cit. en I Cor. 15, 25.

[209] Ef. 1, 21.

[210] Deut. 32, 22.

[211] Is. 60, 19; II Pe. 3, 12: «Los cielos siendo encendidos serán deshechos, y los elementos siendo abrasados se fundirán.»

[212] *Per Christum* en *Restit.; propter Christum*, en *MsPa.*

[213] Ap. 20, 6 y 21, 4.

dad y nuestra muerte. Aquel primer infierno de fuego que encerraba y atormentaba a las sombras, sombra fue y como sombra pasó. Pero hay otro fuego eterno, preparado desde la eternidad: el fuego divino en el que serán atormentadas las almas, y no precisamente por el diablo, sino que en él hombres y demonios serán atormentados por el juicio de Dios, sin que el diablo pueda nada contra el hombre.

PEDRO.—¿Y cómo será ese fuego?

MIGUEL.—Ese fuego preparado desde la eternidad es el propio Dios, que es fuego. Pues no hay creatura alguna que sea coeterna con Dios [214]. En fuego se mostró Dios a Moisés, y fuego salió muchas veces del Señor como venganza para significar que él es fuego de venganza que todo lo consume en su juicio. Es conveniente que el juez poderosísimo disponga de medios con que castigar a los malos, sin necesitar de nadie. El es el principio y fin de todas las cosas, y así como todas salieron de él, así también tornarán a él todas las que queden, «aunque con desigual suerte» [215].

Si esto lo hubiera entendido bien Orígenes, no hubiera dicho que también los demonios serán salvados, puesto que han de volver a su principio [216]. Claro que volverán: volverán a Dios mismo yendo al fuego. El propio Espíritu de Dios avivará ese fuego (Is. 30) [217], a fin de que los mismos demonios que pecaron contra el Espíritu de Dios sean atormentados por ese mismo Espíritu, como lo son las almas por los crueles remordimientos de su conciencia. Tal será

[246]

---

[214] *Ignis ille ab æterno paratus est ipsemet Deus, qui est ignis.* Sobre Dios como fuego, también luego, Parte IV, lib. I, pág. 390 de *Rest.*
No es improbable que Servet dependa en estas ideas del *Sefer Torat ha-'Adam* de Nachmanides, según *Kitbe Moshe ben Nahman*, ed. Ch. B. Chavel (Jerusalem, 1963), vol. II, p. 285, el cual habla también de un fuego sutilísimo que «no es cuerpo, no tiene límite ni se contiene en espacio..., que es un río de fuego que sale del Trono de la gloria.»

[215] *Sorte tamen inæquali*, como en el conocido verso de la secuencia eucarística del viejo oficio del Corpus.

[216] En virtud de su idea de la *apocatástasis* o restauración universal mediante el fuego purificador para recomenzar otra nueva fase cósmica, y así indefinidamente, Orígenes no conoce un fuego eterno o el castigo del infierno: todos los pecadores, incluidos los demonios, se salvarán. Dios mismo, otras veces dice su Logos, es ese misterioso fuego consumidor, no un fuego material exterior: así, en múltiples págs. de su Περὶ ἀρχῶν o *De los principios*, v.gr. lib. I, cap. V, 2, donde da como razón que «siempre es el fin similar a los principios»; lib. II, cap. X, 3; lib. III, cap. V, n. 3 y VI, 4-6 (PG XI, 166, 235, 327, 337). También en el *Contra Celsum*, lib. IV, 20 (ib., 514).

[217] «Y Jehová hará oír su voz potente, llama de fuego consumidor», Is. 30, 30.

[218] II Tes. 1, 8-9.

el fuego de venganza del rostro del Señor y «la gloria de su fortaleza» (II Tes. 1) [218]. *Dícese del rostro de Dios que arde como «llama de fuego devorador» en el juicio* (Is. 30 y 66) [219]. Atormentará y torturará a los malos sólo con el rostro de su poder. El mismo Espíritu santo que recibiste será tu tormento si le sirves mal. Dios mismo es fuego que consume y abrasa todo lo manchado, cuerpos y almas. Cristo mismo será entonces el tormento de los demonios, como ellos fueron el nuestro. De ahí que se diga en el evangelio que los demonios son atormentados por Cristo [220]. El será muerte de la muerte y perdición de la perdición. El propio Dios cubrirá a los malos en tinieblas, como la nube de Dios que era luz para los israelitas y tinieblas para los egipcios (Ex. 14) [221].

A ese fuego con que serán castigados los malos después de la resurrección no lo llama infierno la sagrada Escritura, aunque en sentido místico podría denominársele así. Es del fuego del eterno empíreo del que se dice que está preparado en arquetipo desde la eternidad [222]. Este es el que atormentará a los demonios, a las almas y a los cuerpos, proporcionándoles un olor terribilísimo y efectos horribles a la vista, al oído, al gusto y al tacto, como suele ocurrir a los que, teniendo los sentidos atrofiados, estiman lo dulce amargo y fétido lo oloroso. En cambio, la suerte de los bienaventurados será todo lo contrario, pues se les colmarán todos sus sentidos de la dulzura de la gloria, tendrán nueva luz en la mente y clara noticia de todo cuanto antes veían «como en enigmas», en virtud de la verdadera iluminación de la divinidad de Cristo que nos reflejará todas las cosas. Hasta ahora, como castigo por el pecado, Cristo ha permitido que fuéramos entregados en manos de jueces inicuos para descubrirnos su justicia. En cambio, en la resurrección él, justísimo juez, examinará por sí mismo todos los actos de todos, leyéndolos en su libro; incluso dando a cada cual la oportunidad de leerlo claramente en sus verdaderas ideas. Todo misterio de ángeles y demo-

---

[219] Is. 30, 30 y 66, 15: «Porque he aquí que Jehová vendrá con fuego para tornar su ira en furor y su reprensión en llamas de fuego.»

[920] «¿Qué tienes conmigo? Te conjuro por Dios que no me atormentes», Mc. 5, 7 y Lc. 8, 28.

[221] Según Ex. 14, 20.

[222] Las frases que siguen parecen copiadas casi textualmente de alguno de los lugares de Orígenes indicados. En todo caso, originalísima interpretación servetiana del *ignis æternus* e *inextinguibilis* de Mt. 3, 12. 18, 8 y 25, 14; Mc. 9, 47; Lc. 3, 17, etc.

nios cesará entonces, cuando cada uno de ellos haya presentado a los suyos para ser juzgados en presencia de Cristo. Sólo Cristo será quien nos lleve a presencia de Dios Padre y quien desempeñe todos los ministerios, a fin de que en él resida la plenitud de todos y sea entonces «todo en todos», acogiéndonos en su seno a todos nosotros en Dios. Sólo en Cristo tuvo el mundo su comienzo, y sólo en Cristo tendrá su fin, pues que él es α y ω. [247]

Por lo tanto, y para cerrar ya esta cuestión sobre las «sombras», digo en conclusión que el cuerpo, el alma, la muerte, el infierno, todos los juicios anteriores, todos los conocimientos, todas las ciencias, todo lo visto, oído, olido, gustado y tocado, todos los ministerios de ángeles y demonios, así como el cielo, la tierra, el sol, la luna y todo lo demás fueron cosas pasajeras, pasaron como sombra, ni hubo en ellas más verdad que ser sombra de esta tan grande y perdurable verdad.

Sólo en Cristo hay verdad y eternidad.

Sólo en Cristo hay total plenitud y total salvación nuestra.

Sólo él, *Dios,* sea siempre bendito sobre todo
Amen [223].

---

[223] El contenido de *MsPa* termina aquí. Ya se dijo, sin embargo, que lo presenta en orden distinto al del *Restitutio* impreso en páginas numeradas, un total de 143: primero el lib. V, luego el IV, después este Dial. 1, y por fin el lib. III. No se olvide tampoco: para la versión de textos bíblicos, usamos siempre la de Casiodoro de Reina y Cipriano de Valera de 1569 y 1602, monumento del humanismo biblista español del Siglo de Oro.

28

DIALOGO SEGUNDO

en que se explica el modo de la generación de Cristo:
que no es creatura ni de poder finito,
sino verdadero Dios y digno de adoración

PEDRO. MIGUEL

PEDRO.—Había decidido preguntarte otras cosas, por [248]
eso te buscaba al principio. Pero me he contenido hasta
ahora, pues me agradaba escuchar lo que has dicho acerca
de la prefiguración, cumplimiento y perenne verdad de los
grandes misterios de Cristo, así como acerca de otras muchas cosas que antes no entendía. Así que, si no te molesta,
termina ya lo que falta.

MIGUEL.—¿Molestarme? Siempre me es grato hablar de
Cristo y profundizar cada vez más en sus misterios. Trabajo sin descanso para conocerlo, y medito noche y día implorando su misericordia y la revelación de su verdadero
conocimiento [1].

PEDRO.—Tú has dicho que todas las creaturas presentan ciertas analogías con el modo de la generación de Cristo. Explícame esto ahora. Enséñame cómo fue la generación de Cristo y dame a conocer por completo la plenitud
de su divinidad. Pues los sofistas andan diciendo que Cristo hombre es pura creatura de poder finito y que, por tanto, no debe ser adorado con la clase de adoración con que
está mandado adorar a solo Dios.

MIGUEL.—«Al nombre de Jesús se dobla toda rodilla en
el cielo, en la tierra y en el infierno» (Fil. 2). A este mismo

---

[1] Bella confesión autobiográfica: *In eo cognoscendo iugiter laboro, dies
noctesque meditor...*, en la que Servet nos expresa el alcance de su pasión
teológica.

Jesús le adoraron las potestades de los infiernos (Mc. 5), le adoraron todos los apóstoles (Lc. 24) y le adoran todos los ángeles (Heb. 1). Este Jesús merece ser honrado con el mismo honor con que se honra al Padre (Jn. 5); más aún, no se puede honrar, ni adorar, ni contemplar, ni entender al Padre sino por medio de Cristo (Jn. 14)[2]. Yerran, pues, de medio a medio los sofistas. Este Jesús es quien dio precisamente ese precepto de adorar, porque quería ser adorado él solo. Yerran torpemente incluso al denominarlo «humanidad» o «puro hombre», como vas a ver en seguida.

Vas a conocer ahora mismo cómo este hombre, al que menosprecian en cuanto creatura, no sólo no es una creatura, sino el creador de todas las cosas. Y lo vas a conocer distinguiendo en él estos tres grados de dispensación: la primera dispensación es el Verbo en Dios; la segunda es su salida al mundo; la tercera, su retorno al Padre. Primero, en cuanto a la dispensación por la que el Verbo estaba en Dios, no hay duda de que no se trata de una creatura, pues el Verbo en Dios era el mismo Dios antes de que existiera creatura alguna. Era el resplandor de Cristo en Dios, Dios manifestándose con aquella gloria con la que habría dè ser glorificado Cristo.

PEDRO.—Está claramente demostrado que en este caso debe hablarse de resplandor, porque todo λόγος, toda palabra, toda sabiduría es resplandor natural de algo. También, porque en el libro de la Sabiduría se llama resplandor a la sabiduría, y porque Cristo mismo, que en ella resplandecía, es designado por el apóstol como resplandor o fulgor. También, porque así es como *Elohim* resplandecía y aparecía personalmente. Hasta los primeros doctores de la Iglesia y los herejes entonces en boga confirman que esta personificación de la Palabra está clarísimamente demostrada en las Escrituras[3]. Demos, pues, por más que suficientemente aclarado este primer paso. Sigue ahora al segundo.

MIGUEL.—Cristo no nació como las creaturas, sino que fue concebido y engendrado «por obra del Espíritu santo» (Mt. 1; Lc. 1). No puede llamarse hijo a quien no procede

---

[2] 1p. 2, 10; Mc. 5, 6; Lc. 24, 52; Heb. 1, 6 y Jn. 5, 23 y 14, 9.

[3] Sobre el concepto de *resplandor* en Sab. y en Pablo, véase la nota 3 del lib. II. Se da por entendido que en el pensamiento cristiano primitivo era común aceptar esta personificación o manifestación de la Palabra como sabiduría, y que Cristo hombre sería el fin de esa disposición divina. Sobre todo este punto escribió Servet largamente a Calvino en su *Carta 8* (ed. cit., Madrid: Castalia, pp. 108-116). Por lo demás, este tema había sido tratado por Servet, aunque muy brevemente, en *DialTr.*, II, B4.

de la sustancia de su progenitor. De tí puede decirse que has salido de la sustancia de tu padre por los elementos del semen paterno que proceden de la sustancia paterna y en los que están ya los gérmenes de tu propia alma y de tu forma. Pues lo mismo en Cristo. Y aun mucho más, pues él es modelo también en esto. De la sustancia de Dios procede la propia carne de Cristo, en ella se ve a Dios: la propia carne de Cristo tiene el ser de Dios y es deidad corporal. Reconocerás digna de admiración la generación de esta carne si, conociendo los principios físicos de la generación de las demás cosas, admites que todos ellos son suplidos aquí por el Verbo, pues todos ellos estaban en el Verbo [4].

[250]

PEDRO.—¿Es que no era pura creatura la carne que Cristo recibió de María?

MIGUEL.—La carne de Cristo, tal como estaba en el sepulcro, tenía forma sustancial divina. Y, además de forma divina de luz, tenía también sustancia elemental de su arquetipo, los elementos verdaderamente divinos del Verbo, sustancia de Dios. Del seno de María tomó materia de carne, sangre purísima, pura creatura. En nosotros se plasma la carne del embrión a partir de la sangre materna, transformada por el poder formador del semen. Pues lo mismo ocurrió en el caso de Cristo con el embrión y con la transformación de la sangre materna por obra del semen increado. Los tres elementos superiores proceden de ambos padres, tanto en Cristo como en nosotros; la materia terrena, en cambio, procede íntegramente de la madre, tanto en Cristo como en todos en general. La tierra es madre de todo, por eso el elemento terreno proviene siempre de la madre. Nada terreno que forme parte de un hombre engendrado procede del padre, como tampoco en Cristo. Si hay algo terreno en nuestro semen paterno es para protección del espíritu allí contenido, rodeando la corteza exterior de la membrana denominada χόριον [5].

El semen paterno del Verbo contenía sustancialmente en Cristo sustancia elemental o superelemental de agua, aire y fuego, lo mismo que la contiene en nuestro caso nues-

---

[4] A la vez que Servet va a explicar estos «principios naturales» de la generación conforme a la ciencia galénica, para hacer ver cómo, según él, son suplidos por el Verbo o Palabra de Dios, que en el caso de Jesús actuó en función de semen, modifica parcialmente su doctrina del cit. lugar de *DialTr.*

[5] *Omnium est terra mater, et terreum elementum semper a matre,* fórmula semejante a las del lib. IV, p. 318, anes, y a otras posteriores. *Corio,* cuero: la membrana amniótica que envuelve al feto, descrita por Galeno (*De usu partium,* XV, 4).

tro semen paterno. Ese mismo semen, en el que radican las propiedades de la especie y del individuo conforme al símbolo semillero de Luz y de Espíritu que le ha sido infundido, desempeña múltiples funciones tanto en nosotros como en Cristo. Contiene sustancia de los elementos superiores, la cual se combina con la materia terrena recibida de la madre, como si fuera otra materia. Actúa también como configurador y conformador, pues que le ha sido infundido el semillero de la idea y el principio de la nueva forma a producir y del alma. En él está, en tercer lugar, el espíritu que se unirá con el espíritu ya contenido dentro de los vasos para vivificar el cuerpo ya plasmado. Una vez operada la formación del embrión, ese espíritu contenido en el semen no se derrama fuera ni se esfuma en el aire exterior, como han dicho algunos, sino que permanece en el interior de los vasos, tal y como enseña Galeno en los libros *De semine* [6]. Contribuyen a ello la envoltura de las secundinas y los repliegues del útero, haciendo que la pequeña chispa de fuego insertada se agite y actúe. Este poder ígneo del semen, por tener el símbolo de la idea, del alma, de la forma y de la luz divina, es el poder conformador y la esencia hacedora de las facultades naturales, que tanto preocupó a Galeno después de Aristóteles y otros filósofos, acabando por confesar que le era desconocida (Lib. I «*De facultatibus naturalibus*», Lib. I «*De causis pulsuum*» y Lib. «*De facultatum naturalium substantia*») [7].

[251]

Así es como dispuso Dios que cualquier camino hacia la verdad y manifestación de todas las cosas se realice por Cristo, que es «camino, luz y verdad» y «en el cual están escondidos todos los tesoros de sabiduría» [8]. Hasta los tesoros de las ciencias naturales están encerrados en Cristo. Ten por seguro que en la generación de Cristo la deidad actuó lo mismo que suele actuar el semen paterno en las otras generaciones. Más aún, cualquier otro semen recibe todo su vigor del semen del Verbo.

PEDRO.—Así como de las otras generaciones nos remontamos a la primera, así también de ésta volvemos a las

---

[6] En su libro *Sobre el esperma*, Περί σπέρματος, libs. I y II, y en el XIV² del *De usu* corrige Galeno ciertas teorías de Aristóteles sobre embriología en su *De generatione animalium*, rechazando tanto que el semen masculino no contribuya material alguno a la generación, como que su *pneuma* se evapore tras comunicar su potencial al material femenino. Servet sigue manteniendo lo primero, pero no lo segundo, con Galeno.

[7] Es decir, en ninguno de esos tratados pudieron Aristóteles ni Galeno dar cumplida explicación de la *dynamis* reproductiva, heredada luego en la *facultas generativa* de los escolásticos.

[8] Jn. 14, 6 y Col. 2, 3.

otras. Tanto mejor se conocerán las otras generaciones cuanto mejor se conozca la formación natural del cuerpo de Cristo: cómo llega a ser hijo natural, engendrado de modo natural.

MIGUEL.—Nosotros, adoctrinados por Cristo en una filosofía indiscutible, aseguramos que la fuerza que da forma a todo es la de la luz; y que hay una luz interior y otra que viene de fuera [9]. Lo demuestra el rayo solar que del lodo de la tierra hace brotar toda suerte de animales vivos. Así como ese rayo, que contiene fuerza acumulable a la de otro, actúa en la tierra dando vida, cuando tiene lugar una cierta unión, así también ocurre en la unión del macho y la hembra y en la unión de la luz divina. En algún tipo de unión estriba la vida de todo, tanto en las cosas [252] corporales como en las espirituales. Para que resulte una tercera cosa es necesario siempre que en el sujeto converjan dos fuerzas, la que tiene y la que viene de fuera. En seguida diremos cómo ha de ser esta unión y mezcla tanto en el caso de Cristo como en el nuestro. De momento decimos que, una vez efectuada la unión y mezcla del semen con el elemento terreno, la capacidad formadora que surge de tal combinación procrea y plasma los animales y sus descendencias [10]. En el caso de los animales realiza primero la formación de algunas partes principales con sus vasos. Como vemos en la anatomía, los vasos umbilicales del feto discurren primero desde el útero de la madre hacia el hígado natural y el corazón vital. En el mismo hígado tiene lugar la primera transformación del quilo en sangre, y ello gracias al poder del espíritu vital ígneo y de la luz formal sita en el propio hígado.

En el caso de Cristo ambas cosas eran sustancia de Dios. El espíritu vital que circulaba por sus arterias y la forma sustancial del hígado del embrión eran sustancia de Dios. Y puesto que ambas cosas contribuían a la formación de la sangre en el hígado, está claro que la sangre de Cristo estuvo y está hipostáticamente unida a la divinidad. En la sangre de Cristo están la sustancia del Espíritu de Dios y la forma sustancial de Luz divina. De ahí que se le llame

---

[9] *Nos a Christo indubitatam philosophiam edocti dicimus formatricem omnium esse lucis vim.*

[10] Véase lo lejana que parece estar de la mente de Servet toda idea de una evolución de especies. Aparte de su descubrimiento de la circulación menor, que en este contexto aplica a los fenómenos generativos, sus exploraciones fisiológicas no superan los límites de la tradición helénica y escolástica. El papel asignado a la luz tiene concomitancias con ideas renacentistas, especialmente de Paracelso, pero que en éste son muy confusas.

sangre de Dios, de la que dependió la redención del mundo, y que es «verdadera, real y sustancial» bebida de nuestra alma y del hombre interior [11]. La sangre de Cristo es Dios, como es Dios su carne y su alma. Ni es distinta la naturaleza de los huesos, ligamentos y otras partes, todas las cuales tienen como forma la luz. Pues esa misma ígnea fuerza formadora introduce luz formal en las partes sólidas, desecando por medio del calor la materia terrena y endureciéndola para dar solidez a los huesos. Y ello tanto en Cristo como en nosotros.

PEDRO.—De ahí se colige toda la divinidad de Cristo tanto global como parcialmente. No es que se divida propiamente, sino que en virtud de una admirable disposición opera en cada una de las partes y se va combinando con ellas.

MIGUEL.—Hasta el plasma de Cristo es verdaderamente divino y de la sustancia de Dios, y ello por muchas razones [12]. Primero, porque tiene como forma sustancial de su cuerpo y de su sangre la luz verdaderamente divina del Verbo. Segundo, porque en su misma carne y sangre tiene los tres elementos arquetípicos recibidos de la sustancia del Padre. Tercero, porque así como en la encarnación la materia sanguínea creada tomada de la madre se transformó luminosamente en Dios luz y como tal fue glorificada; así también se iban transformando poco a poco la comida y bebida con que se incrementaba su carne y sangre de día en día. Cuarto, porque incluso en la carne está el espíritu vital divino, que es también espíritu natural. Quinto, porque su cuerpo tuvo esencialmente en el alma la luz del Verbo y la sustancia elemental de su arquetipo, a la vez que la nuestra elemental y corruptible antes de la resurrección. Sexto, porque a partir de su resurrección hay en él un nuevo espíritu divino de gloria regenerador junto con toda su sustancia incorruptible. Séptimo, porque tal divinidad no es reciente, sino que desde toda la eternidad todo el cuerpo de Cristo estaba ya personalmente en Dios, y asimismo su Espíritu lo estaba sustancialmente, y el Verbo mismo en la sustancia del Espíritu. Octavo, porque aquel

[253]

---

[11] Alusiones a Ef. 1, 7; Col. 1, 14; Jn. 6, 54-56.

[12] El término *plasma* no alude a elemento alguno fisiológico especial, sino al conjunto corporal, al cuerpo todo vivificado. Servet parece haber tomado este término de Ireneo, quien en ese sentido lo emplea varias veces: *Adv. Hæreses*, lib. III, cap. XXII, 1: *Suum plasma in semetipsum recapitulans*; lib. V, cap. I, 3: *ab initio plasmationis nostræ in Adam*, etc. (PG VII, 219 y 293). Servet enseña que no sólo es divino el elemento formal de Jesús, sino el material.

deslumbrante «fulgor de su rostro» y su Espíritu es realmente esa luz por la que Dios es Luz, de suerte que en él se ve a Dios y por él se nos comunica. Noveno, porque en él reside todo el poder y todo el ornato de Dios, de suerte que todas las cosas consisten y viven en él.

Así como la luz del universo, que «servía para distinguir el día de la noche», se ha concentrado en un único cuerpo solar, del que se extiende a los demás [13]; así también la primitiva y sustancial Luz de Dios se ha concentrado en un único cuerpo, el de Jesús el Cristo, del cual irradia en nosotros. En ella tiene su ser hasta la misma luz del sol, y su símbolo se conserva en las cosas. Y así como distinguimos en el sol una luz primaria y en las demás cosas otras inferiores y de distintos grado; así también en Cristo, de suerte que él sea siempre «príncipe y cabeza de todo» [14].

PEDRO.—¡Ahora ya empiezo a barruntar tus analogías!

MIGUEL.—De todos los modos como puedas pensar que una cosa está verdaderamente unida a otra, o que está verdaderamente en otra, sea como calor, como color, como luz, como forma, como alma, como espíritu o como elemento, de todos esos modos está verdaderamente Dios en Cristo, como modelo de todo en el cuerpo y alma de Cristo. Y al revés, de todos los modos como puedes imaginar que un cuerpo externo está sostenido, mantenido o vivificado en unidad de esencia por una fuerza interna, de todos esos modos está Cristo en Dios, sostenido y vivificado por él, como modelo de todo.

De todos los modos como puedas imaginar que una cosa sale de otra, del monte la piedra, de la roca las aguas, de Dios la escritura de la Ley y la Palabra y la Luz y los ángeles, y tú de los lomos de tu padre; de todos esos modos salió de Dios Cristo y es modelo de toda salida. Salió de Dios y brilló «como una antorcha». Salió de la luz invisible resplandeciente y fulgurante (Is. 62). Salió de la escondida razón divina de la mente interna. Por eso se dice que fulguró, brilló y resplandeció como luz visible de la Luz invisible.

PEDRO.—¡Ojalá lo hubieran entendido así los Padres nicenos al decir que es «luz de Luz»! [15]. Pero prefirieron despedazar a Dios y arrancar un rayo invisible de otro rayo

[254]

---

[13] Alusión a Gen. 1, 14.

[14] Id. a Ef. 1, 22; I Pe. 5, 4.

[15] Alude al *lumen de lumine* del credo niceno. En Is. 62, 1: «Hasta que salga como resplandor su justicia, y su salud se encienda como una antorcha», texto a propósito del cual hace notar Servet en *DialTr* el uso de los términos λάμπας y ’παύγασμα en los LXX, como en nota 3.

invisible, como si fueran cosas realmente distintas. Y así resultaron confundidos en su propia invisible confusión, sin reconocer que el hombre era hijo natural de Dios. No quisieron ver la luz de Cristo que se les manifestaba con claridad, como los sofistas que siguen rechazando hoy esta visión. Pero... prosigue con tu analogía sobre la salida de Cristo.

MIGUEL.—Salió Cristo y lo hizo procediendo de su Padre, lo mismo que tú del tuyo. El semen paterno de la generación de Cristo obró en él igual que obra en tí el semen creado de tu padre, de suerte que de Cristo proceda toda filiación, como «toda paternidad procede de Dios» [16].

PEDRO.—Me parece muy apropiada la analogía de nuestra filiación con la de Cristo. Si hemos sido creados a su imagen, a imagen de su filiación ha de ser también la nuestra.

MIGUEL.—Todas las cosas celestes y terrestres guardan analogía con Cristo. Tanto en el alma como en el Espíritu [255] santo existe esta analogía con la generación de Cristo. Como él son espirados y proceden de Dios los ángeles, que han recibido de él sustancia superelemental y figura de deidad. Como él son espirados los vientos y se forman las nubes y las aguas de lluvia. Como Cristo es esta luz solar. Por analogía con Cristo, y como él, se producen los minerales, vegetan las plantas y se reproducen los animales. Por analogía con Cristo tienen lugar las combinaciones, y él es modelo de cualquier combinación y unión. En todas las cosas engendradas y creadas se da esta analogía con Cristo [17].

PEDRO.—Comienza el símil por los minerales.

MIGUEL.—En la producción de cualquier mineral, metal o piedra, hay cierta imitación de Cristo, si se considera aisladamente su carne, tal y como estaba en el sepulcro. La producción de cualquier mineral se realiza de este modo. La materia terrena, debido al poder calorífico de la luz celeste que baja por los elementos superiores, en cuyo interior se halla, y a través de los cuales se comunica a la tierra, se reduce y configura a una con los otros elementos mezclados; y a ese todo se le infunde una forma luminosa

---

[16] Rom. 8, 15 y Ef. 3, 15. Se echa de ver la originalidad de Servet al intentar demostrar que el *summum analogatum* es la paternidad universal de Dios, según ese texto, precisamente por su real, realista, intervención en la generación natural de Cristo.

[17] En este principio fundamental para estructurar el sistema servetiano culmina su tratado sobre la analogía: *In omnibus genitis et creatis est ad Christum analogia*, que sigue desarrollando.

y visible para constituir una sola sustancia. Todo ello se plasma en las entrañas de la tierra, igual que la carne de Cristo en las entrañas de su madre. La tierra es madre de todo, y el elemento terreno proviene de la madre de todas las cosas [18]. Los elementos superiores se mezclan con la tierra en el momento de plasmarse nuestro cuerpo de carne o cualquier otro cuerpo, y luego son informados por la luz. Y no puede decirse que se actuara de otra manera con el cuerpo de Cristo, pues su carne tiene la deidad corporal, lo mismo que esta piedra o este oro tienen innato corporalmente el resplandor de la luz. Ten siempre presente que la luz es forma sustancial de los cuerpos y que tiene inserta la idea divina [19]. Todo esto es así en todas las cosas, y siempre por analogía con Cristo. De ahí que se nos muestre con toda claridad esa primera deidad de Cristo.

PEDRO.—Y de las plantas, ¿qué?

MIGUEL.—A semejanza de Cristo germinan y vegetan también las plantas. Así como al entrar en acción el grano sembrado, e incluso sin él, el poder del rocío celeste hace que germinen plantas, regando como principio húmedo la materia terrena y transformándola por la fuerza del espíritu y de la luz; así también aconteció en el caso de Cristo (Is. 45 y 55) [20]. De ahí que el seno de María sea como un huerto sobre el que cae el rocío de la aurora haciendo germinar a Cristo (Sal. 71 e Is. 61) [21]. Esta semejanza de la germinación de las plantas con Cristo se demuestra por las últimas palabras de David, al decir que la tierra florece por la acción de la luz y de la lluvia, y que así también florece nuestra salvación (II Sam. 2), lo que viene a corroborar Zacarías cuando llama a Cristo «pimpollo» (Zac. 3 y 6). Así dice también Jeremías: «Haré germinar la semilla de David» [22]. Por un gran misterio en Cristo tiene lugar la ger-

[256]

---

18 De nuevo, el concepto de «la madre tierra», como antes, cfr. nota 4.

19 Conceptos éstos, mucho más neoplatónicos que científicos. Por supuesto, Aristóteles jamás hubiera atribuido a la luz la función de «forma sustancial de los cuerpos».

20 Interpretación estricta, literal, de Is. 45, 8 y 55, 10-11: «Rociad, cielos, de arriba; ábrase la tierra, y prodúzcase la salud y la justicia», y «Como desciende de los cielos la lluvia y hace germinar y producir, así será mi palabra (Verbo) que sale de mi boca».

21 Sal. 71, 6: «Descenderé como la lluvia sobre la hierba cortada, como el rocío que destila sobre la tierra»; Is. 61, 11: «Como la tierra produce su renuevo y como el huerto...»

22 Cita errada en el original de *Restit.*, que debe ser II Sam. 23, 4: «Será como la luz de la mañana cuando sale el sol, cuando la hierba de la tierra brota por medio del resplandor después de la lluvia.» Luego, Zac. 3, 8 y 6, 12, y Jer. 23, 5 y 33, 15.

minación en un solo renuevo de la materia celeste y de la terrestre. Que tal sea la semilla, el renuevo y la vara que floreció del rocío del cielo y del fruto de la tierra, lo enseña Isaías en muchos lugares (Is. 4, 11, 45, 53, 55 y 61)[23]. Este mismo es el germen que brota milagrosamente del cogollo plantado de un cedro sublime (Ez. 17 y 34; Jer. 23 y 33; Os. 6)[24].

Este mismo germen es Jesús el Cristo, vara de la estirpe de Esaí, modelo y prototipo de toda generación y germinación. A los sofistas, en cambio, les parece ridículo que esta forma de germinar sea común con la del hombre Jesús el Cristo. Prefieren ignorar estas tan grandes obras de Dios, antes de mezclar a Dios de tantas maneras con su creatura[25].

PEDRO.—¿Y en qué partes se asemeja más el hombre a la planta?

MIGUEL.—Hay algunos que dicen que la cabeza del tronco es la parte inferior y que las raíces bajo tierra serían como sus cabellos. Otros hablan del corazón de la planta y lo sitúan en medio del tronco. Pero en realidad en las plantas no hay funciones ni movimientos del corazón o del cerebro, sino sólo del hígado. No hay en ellas ni arterias ni nervios, sino sólo venas para la nutrición. En los árboles sólo se da la función hepática de atracción, nutrición y crecimiento hasta un límite. El hombre, pues, se asemeja a las plantas en las venas del hígado. Las raíces del árbol son como las venas portas que proporcionan el alimento, las que agrupadas en una se prolongan por el doble tronco de la vena cava y luego por las ramas. Esa rugosidad que ves a ras de planta, entre las raíces y el tronco, hace las funciones del hígado[26].

[257]

---

[23] Frases de Is. 4, 2. 11, 1. 45, 8. 53, 2. 55, 10 y 61, 11, que hablan del «renuevo de Jehová» «como raíz de tierra seca», «la vara del tronco de Isaí», «el rocío de los cielos», etc.

[24] Así en Ez. 17, 22 y 34, 27. Las citas de Jer. en nota 22. Os. 6, 3: «Como el alba está aparejada su salida, y vendrá a nosotros como la lluvia.»

[25] Además de un rechazo global de la doctrina y su tajante distinción entre creador y creatura, puede verse en estas palabras una alusión de Servet al poco uso que se ha hecho de las ideas analogistas y «recapituladoras» que Pablo, Ireneo y otros «antiguos» tuvieron de Cristo. Hay, además, una velada referencia a la doctrina calvinista del total abismo entre Dios y creatura, objeto ya de polémica en *Institutio* y en varias de las *Cartas* de Servet a Calvino. De hecho éste seleccionó varios puntos de este contexto entre los más rechazables en su *Defensio: Calv. Op.*, VIII, 503, prop. XIII-XV y XXI.

[26] Imprecisa inspiración de estas analogías, aunque de origen galénico. Sus límites con la doctrina aristotélica, sin embargo, quedan aún más manifiestos al negar Servet alma a las plantas, en conformidad con el lenguaje escriturístico y, de hecho, en contra del *De anima* de Aristóteles.

PEDRO.—¿Y en el hígado hay también, como en las plantas, alma vegetativa que da vida al embrión?

MIGUEL.—En la lengua santa jamás se habla de alma, salvo en el caso de los que respiran. Por eso no podemos decir que haya alma en las plantas. La función de nutrición y crecimiento se realiza en virtud de la capacidad específica del calor natural y de la infundida divinidad de la idea. De este modo el fuego aumenta por sí mismo, atrayendo su alimento. En las plantas no se habla propiamente de vida del alma, sino de vida de su calor formal, igual que en el caso de una lámpara decimos que su llama se aviva o se extingue. Incluso hay quienes han llegado a asegurar que viven las piedras y otras cosas dotadas de fuerza motriz en medicina, y no sólo que viven, sino que envejecen, enferman y mueren, como a diario vemos que pasa con el vino [27].

PEDRO.—Entonces, ¿no se asemeja a nosotros el alma o la vida del embrión, por la que se asemeja a las plantas?

MIGUEL.—No del todo, ya que propiamente en el embrión no hay alma. Suele decirse que, antes de que Dios le infunda el alma, el embrión vive sólo con vida vegetativa. Pero en tal caso la índole de las raíces del árbol es algo distinta, pues el alimento llega al hígado a través del ombligo, y entonces las raíces del árbol no son ya venas portas, sino una especie de filamentos pediculares o κοτυληδόνες, como los denomina Hipócrates, situados a la entrada del útero materno. De aquí parten muchos vasos que penetran en las secundinas, y se juntan luego en dos vasos dobles que se introducen a través del ombligo del feto. Cuando el niño nace, se rompen los ligamentos de la entrada y se le limpia con abluciones de las adherencias de la piel, como si fuera un árbol nuevo trasplantado. Todos estos misterios volverás a verlos en el nacimiento celestial, como si entonces el árbol nuevo, gracias al lavatorio bautismal, fuese trasplantado a Cristo, se le concediese un alma nueva y se le destinase un alimento nuevo [28].

---

[27] Servet establece así una analogía en su concepto de vida: Dios, Cristo, seres respirantes o animados, y vegetales inanimados, los cuales sólo actúan vitalmente por la fuerza física del calor y a base de reacciones químicas.

[28] No carece de belleza esta analogía entre el nacimiento de un niño y el trasplante de un árbol, que está inspirada en fuentes galénicas. Su aplicación al nacimiento bautismal del cristiano forma parte de su intuición original de establecer analogías radicadas en los fenómenos religiosos. La referencia a Hipócrates es a los *Aforismos*, V, 45 (ed. Littré, 1844, vol. IV, p. 548), que Servet pudo leer en la de Rabelais, de 1537, o la de todo Hipócrates por Jano Cornario (Basilea; Froben, 1546) y aun antes. Galeno, por su parte, las describe como «los terminales de los vasos al llegar al útero» (*De usu partium*, XV, 5; ed. Helmreich, I, 354).

PEDRO.—Luego no es el corazón lo primero que vive, pues el embrión vive ya a través del hígado siquiera con vida vegetativa, antes de que el corazón desempeñe su función de diástole y sístole.

MIGUEL.—Esa vida no procede en absoluto del hígado, sino de otra parte. Y aunque esa vida procediese únicamente de la fuerza del semen, no sería vida del alma. Mientras permanece en el útero, el embrión está animado por el alma de la madre, por el propio corazón de la madre, pues en él tienen su origen las arterias que penetran hasta el feto a través del ombligo y le infunden el espíritu vital [29]. El calor vivificador del espíritu vital de la madre, a la vez que el poder innato del semen, hacen que el embrión viva con vida vegetativa, pero sin otra alma de momento. Así pues, aunque no puede decirse de modo absoluto que el corazón es lo primero que vive en el orden cronológico, sí es lo que principalmente vive, y lo primero que vive cuando hay ya alma de verdad.

PEDRO.—¿Y cuándo infunde Dios en el hombre la verdadera alma?

MIGUEL.—Cuando el hombre comienza a respirar, cuando nace. Mientras permanece en el útero, no hay ni inspiración ni espiración; y el feto no vive aún con su propia alma, sino con la de la madre, como parte de la madre, la cual, como ya hemos dicho, le comunica espíritu vital a través de las arterias umbilicales, en las que no cesa la actividad de ese espíritu allí contenido hasta que nace el hombre. Gracias, pues, a él vive el feto en el útero continuamente. Entonces es como una rama que luego, por el nacimiento, es trasplantada para ser árbol [30].

Por eso, clama a Dios el profeta: «A tí he sido lanzado desde el seno de mi madre», como si dijera: «por eso estoy vinculado a tí con un nuevo motivo» (Sal. 21) [31]. Por soplo de Dios sobre el alma nace el hombre a la vida. La misma sustancia del alma muestra con toda claridad que, como habíamos mostrado, es respiración y aliento. En la sagrada

[258]

---

[29] Es evidente que no se plantea Servet problemas correlativos, como el de la moralidad del aborto. Su texto indica claramente, sin embargo, bases para haberlo abordado en forma positiva. Por lo demás, bien se ve que estas doctrinas embriológicas y fisiológicas de *Restitutio* no han sido comentadas hasta ahora por eruditos de la medicina, que se han confinado a comentar su descubrimiento circulatorio.

[30] Respuesta servetiana a la doctrina católica tradicional según la cual el alma espiritual es creada por Dios individualmente en el primer momento de la fecundación.

[31] Textualmente: «Sobre tí fui echado desde la matriz; desde el vientre de mi madre tú eres mi Dios», Sal. 21, 10.

Escritura, o sea, en la lengua hebrea no se designa al alma de otro modo; incluso en latín el término *anima* proviene de lo que en griego se llama ἄνεμος, viento. No difiere mucho de la Escritura lo que dijera Orfeo, que el alma anda en alas del viento [32]: penetra por la respiración y vive del aire y con el aire. Cosa que ya nos es conocida por Ezequiel y otros. Haciendo Dios el alma, inspira su aliento (Is. 57) [33]. Por inspiración fue infundida el alma a través del rostro y narices de Adán, y así pasa a sus descendientes; y por inspiración se conserva. Así, pues, dado que el feto en el útero no tiene ni inspiración ni espiración, tampoco tiene un alma propia. ¿Cómo iba a estar el alma en un corazón que no tiene aún diástole ni sístole? En el feto no tienen movimiento ni el corazón ni el pulmón; las válvulas de su corazón, o sea, las membranas situadas en los orificios de los vasos, no se abren hasta que el hombre nace; en ese corazón no se produce ningún espíritu vital, y sólo está el que es transmitido por la madre. ¿Cómo podría haber allí un alma propia? No hay ningún espíritu vital propio donde pueda estar el alma hasta que nazca el hombre. Entonces, mediante un gran artificio, se produce la inspiración del alma divina, la apertura del corazón y la infusión de la sangre espiritual [34].

[259]

También la astrología ilustra esto de una manera excelente, ya que según la posición de los astros en el momento del nacimiento así será la clase de alma. El influjo celeste deja su impronta para toda la vida, condicionando la inclinación, el temperamento y las demás costumbres innatas del alma [35]. Nadie puede llamarse propiamente hijo mientras permanece en el útero, pues ni siquiera es hombre de verdad; sólo en esperanza o dada la predisposición del se-

---

[32] *Animam vento ferri.* Con esta expresión, que traducimos algo más poéticamente, se refiere Servet a la cita órfica conservada, y criticada, por Aristóteles en *De anima*, I, cap. 5. Véase antes nota 26 del lib. V, en la Parte I.

[33] Velada alusión a Is. 57, 16: «Decaería ante mí el espíritu y las almas que he hecho.»

[34] Competerá a médicos lectores juzgar estos conceptos servetianos, en colisión con lo que hoy se sabe sobre la vida del feto. Parece oportuno abstenerse de enjuiciar a Servet en este terreno que, aparte de no constituir quizá especialidad suya, pudo ser compartido por otros galenos de su tiempo.

[35] Es ésta una de las pocas veces que Servet menciona en *Restit.* el influjo astrológico, tema sobre el que mantuvo lecciones públicas en la Sorbona años antes, por lo cual fue procesado, defendiéndose él en su breve *Disceptatio por astrologia*, de 1538. Reimpr. por Tollin, Berlín, 1880; trad. inglesa en Ch. D. O'Malley, *Michael Servetus...*, Philadelphia, 1953, pp. 173-188; franc. de F. Rude y P. Cavard, *Biblioth. d'Humanisme et Renaissance* 20 (1958), 377-387. Nótese que Servet subraya que siempre permanece libre la voluntad, ya que ese celeste influjo es sólo *inducens* y no *determinans* de nuestra conducta.

men cabe llamarle hijo, como cabía llamar hijo a Cristo en tiempos de la Ley. Todo el tiempo bajo la Ley es como una mujer preñada que aún no ha dado a luz [36].

PEDRO.—Antes de ser inspirada el alma, ¿hay en el feto alguna fuerza motriz capaz de romper la membrana?

MIGUEL.—¿Y por qué no? El pollo rasga la envoltura del huevo antes de respirar. Algunas plantas rompen con su movimiento los muros y las piedras para abrirse paso.

PEDRO.—Tanto en la generación de las plantas como en la de los animales hay siempre una constante analogía con la Cabeza.

MIGUEL.—La generación de todos los animales es a semejanza de la de Cristo. Y no sólo la de los animales que proceden del semen de sus padres, sino incluso la de aquellos que, como los gusanos, pululan, como se desprende también de lo dicho de la pululación de las plantas, pues en todos esos casos la generación tiene lugar por la acción de la luz superior y de la lluvia sobre la materia terrena, como en el caso de Cristo. Las sagradas Escrituras nos llaman a nosotros gusanos, igual que Cristo se llama a sí mismo gusano (Sal. 21) [37]. En la generación de todos los demás animales se da también la siguiente analogía verdadera: así como todos los animales reproductores forman en sí mismos el semen antes de transmitirlo al feto, así también el semen, el Verbo, estaba ya en Dios antes de que fuese engendrado su hijo en María.

PEDRO.—¡No piensan así los sofistas! ¡Ellos hablan de   [260] Hijo donde la Escritura no habla de Hijo alguno!

MIGUEL.—Como el Verbo de Dios, que encierra en sí la potencialidad de todo semen, fue el rocío de la generación de Cristo en el útero de la Virgen, así también ocurre con el semen de generación de los animales; y así como el sol y el hombre engendran a un hombre, así también Dios y el hombre engendran a Cristo. Siempre es necesaria la preparación de un cuerpo, como se hizo en el caso de María. Tal preparación se requiere también por parte del alma, la cual es creada o producida al serle infundido aire por Dios, quedando así constituida por esa sustancia interior y por la exterior. De esta suerte, el alma sigue viviendo en el

---

[36] En esta comparación, ya de nivel de teología de la historia, culmina lo que ha ido diciendo sobre las diversas analogías: *Tota lex est velut mulier prægnans, vere nondum adepta filium.*

[37] «Mas yo soy gusano y no hombre», Sal. 22, 6; también en Job 25, 6; Is. 41, 14, etc.

cuerpo mientras puede captar aire puro y recibir del cuerpo el líquido puro del que se mantiene y alimenta [38].

PEDRO.—De alguna manera las almas también pueden sacarse de un cuerpo, como, según dijo Moisés, de tierra o de agua; y también del semen, como en el caso de las almas procedentes del fémur de Jacob y de los lomos de Abraham [39].

MIGUEL.—Por la acción del semen resplandecen en el alma del hijo algunas costumbres paternas, puesto que el alma recibe algo del semen. Algo recibe nuestra alma del semen, como algo recibió el alma de Cristo de su semen, del Verbo. Tanto en los elementos del cuerpo como en el semen están el símbolo sustancial, la luz formadora, la idea forma, la dispensación divina y la materia espiritual capaces de hacer que surja el alma con los distintos accidentes formales que la acompañan. Hay una sola alma, resultado de los elementos del semen y de la sangre, e inspirada por Dios. El alma es única, pero tiene muchas vidas. Al aliento único de Dios se le llama נשמת חיים, *nismath hajim*, «soplo de vidas» (Gen. 2) [40]. Ese único soplo de vidas hace que el hombre viva vida corporal y espiritual, vida vegetativa, sensitiva e intelectiva. Dios dijo que hubiese muchas vidas, pero sólo un «alma viviente». Si nos consta que las almas de las bestias proceden del semen, y que nosotros tenemos muchas cosas en común con ellas, debe constarnos también que las nuestras proceden en cierto sentido del semen [41].

PEDRO.—¿Hay algo de divinidad o de inmortalidad en las almas de los brutos? Pues, siguiendo las enseñanzas de Trismegisto, eso parecen sostener Numenio, Plotino, Porfirio y

---

[38] De nuevo, sutileza de Servet: pues que el alma —*anima, animus,* ἄνεμος— es aire, sólo vive mientras puede respirar aire. Pero nótese que acaba de decir que es creada por Dios.

[39] Textos de aplicación oscura. En Gen. 32, 25 se habla de la fuerza radicada «en el sitio del encaje del muslo» (lucha de Jacob con un "ángel"), y en 17, 6 y 35, 11, de que «reyes saldrán de tus lomos», refiriéndose ahora a Abraham.

[40] De nuevo, y fiel a su método de interpretación literal, aquí en Gen. 2, 7 Servet intentaría basar la idea de que una sola alma, la que los escolásticos, no él, llaman con Aristóteles «forma sustancial», produce los tres niveles vitales del hombre, admitidos ya desde Platón: la vida vegetativa, la sensitiva y la intelectual.

[41] *Quoque nostras ex semine quodammodo elici.* Nótese esa partícula restrictiva. Ya antes, pág. 407 del Diál. I, se hizo cierta alusión al traducianismo. Quizá la mente de Servet no estaba muy clara en este punto; se verá luego que tampoco en referencia a la inmortalidad del alma.

— 449 —

29

Jámblico, junto con los demás pitagóricos [42]. Sobre todo, [261] porque en esos animales hay cierto símbolo de mente, que procede de Dios. Aparte de que también se les alienta alma en las narices como a nosotros; también ellos mueren, como el hombre, cuando Dios le quita el Espíritu, según el profeta; y también a ellos les infunde Dios su Espíritu para que vivan (Sal. 103) [43]. Tal era aproximadamente el razonamiento de Pitágoras, quien creía que el juicio de Dios iba contra las almas malas [44].

MIGUEL.—Las almas de las bestias son sacadas de la potencia de luz creada, en la que ya dijimos que había ἐνδελέχεια vivificadora [45]; por tanto, son mortales, igual que son corruptibles todas las demás cosas en razón de su forma. Dios les dispensa su Espíritu a través de la energía universal de su soplo de aire, dándoles la inspiración y respiración; lo mismo que en todas las demás cosas hay variedad de energía de Espíritu y Luz de Dios, sin que de ella derive la inmortalidad de su propia sustancia, sino sólo la de su idea.

Trismegisto, en cambio, negó absolutamente toda clase de corrupción, muerte y destrucción, diciendo que las cosas desaparecen sólo por desintegración de sus partes. Opinión que siguieron algunos filósofos antiguos, como Jenófanes, Anaxágoras, Demócrito, Leucipo, Empédocles, Parménides y otros muchos con Pitágoras. No aceptaban que algo pudiera ser aniquilado. Su error radicaba en su conocimiento de la forma [46]. Nosotros en una simple candela apa-

---

[42] Comprobación general, sin mayores ambiciones, de que tanto el pitagorismo como el hermetismo, ya neoplatónico como se sabe, y el neoplatonismo, admitían cierta «deidad» en todo, incluido, por supuesto, el alma de los brutos. Numenio de Apamea (mitad del s. II) es uno de los más evidentes lazos entre el neopitagorismo y la escuela plotiniana, ya en el s. III, de la que fueron corifeos un poco posteriores Porfirio (233-304) y Jámblico (250-330). Las doctrinas de Numenio le llegaron a Servet casi seguramente por el *Præparatio evangelica* de Eusebio de Cesarea, lib. XI, y Plotino, *Ennéadas*, III, 8, 3 y IV, 8, 8. De Porfirio conocía Servet, al menos, el *Oraculorum philosophia* y la *Isagoge*; de Jámblico, entre otros, el *De mysteriis Aegyptiorum*. Pero también los menciona Eusebio.

[43] *Espíritu* equivale a *aire* en textos como el del Sal. 103, 29-30: «Escondes tu rostro, túrbanse; les quitas el espíritu, dejan de ser y tórnanse en su polvo. Envías tu espíritu, críanse.»

[44] Alusión a que en el pitagorismo sólo las almas purificadas eludían el castigo de las sucesivas reencarnaciones, algo fuera de contexto.

[45] *Entelequia*, o *acto*: uno de los más técnicos términos de Aristóteles. Servet adopta el concepto, pero aplicándolo a su sistema y uniéndolo a su concepto de la luz como *acto vital*, recibido del orfismo y filonismo.

[46] Servet cree, con su tiempo, en la precedencia temporal de Hermes Trismegisto, es decir, del *Corpus* atribuido a él, respecto a esos filósofos presocráticos. Todos ellos, inmovilistas como Jenófanes y Parménides (*Diels*, 22B63; 31B17, a pesar de admitir ambos palingenesias cíclicas en perpetuo

gada vemos con qué facilidad se aniquila esa forma de luz creada. Lo mismo podemos comprobar cerrando una ventana. Como se destruye la luz, así vemos que se destruyen también las formas sustanciales de las cosas, pues proceden de la luz. Trismegisto, al tener en cuenta sólo la idea divina, que es la forma principal, fundamenta en ella la inmortalidad de todas las cosas. Dijo que el mundo y todo cuanto hay en él tiene alguna participación de divinidad, constituye una unidad con Dios y es inmortal, incorruptible y eterno, ya que es inconcebible que perezca aquello en lo que Dios está [47]. Para nosotros, en cambio, así como del hecho de que Dios es inmutable no se sigue que sean inmutables todas las cosas que están en él; así tampoco se sigue que sean inmortales o incorruptibles todas las cosas que están en Dios, por el mero hecho de que Dios es incorruptible. Si su unión con el alma no le impide al cuerpo [262] ser corruptible, tampoco el tener símbolo de divinidad impide la destrucción de su forma. Nosotros afirmamos que se aniquilan completamente aquellas formas que proceden de la luz creada; pero no decimos que perezcan hasta el punto de que no perduren sus ideas en Dios. Admitimos la eternidad de todas las cosas en Dios, porque en él están las ideas de todas ellas, y porque intemporalmente llega a todas tanto si existen como si no, y todas están vivas para él. A pesar de todo, en el tiempo tienen lugar generaciones y corrupciones, y perecen aquellas cosas cuyas formas son destruidas [48].

Tal vez podríamos excusar de algún modo a Trismegisto, explicando que él creía que esta forma transitoria de las cosas es algo de poca monta, y que se refería sólo a su

---

retorno), atomistas como Leucipo y Demócrito (según Aristót., *Met.*, I, 4:985b4, y varios fragms. de *Diels* 68), coinciden desde diversos ángulos con Pitágoras, el orfismo y el hermetismo, en admitir la eternidad del Ser, cuyos cambios aún no tenían recursos mentales para poder explicar.

[47] En el *Pimandro*, trat. VIII, «Que ninguno de los seres perece y que es un error llamar a los cambios destrucción y muerte» (ed. Festugière, vol. I, p. 87 y ss.), donde propone como razón básica (n. 5, p. 89): «Sabiendo lo que es Dios y lo que es el mundo, viviente inmortal, y lo que es un viviente disoluble, comprende que el mundo ha sido hecho por Dios y que está en Dios», y por eso es incorruptible.

[48] Estas últimas líneas presentan un buen ejemplo de la típica *forma mentis* de Servet y de los rasgos típicos de sus procedimientos sistemáticos: un sagaz entrecruzamiento de sugerencias de inspiración neoplatónica de variada fórmula con otras de evidente procedencia aristotélica, constituyendo unidad dentro de su personal sistema. Aquí el concepto de «forma», aunque vinculado al de *symbolum*, se avecina más al aristotelismo de μορφή que al platonismo de εἶδος.

idea. En su libro *De regeneratione* dice que, haciendo caso omiso de la caduca y engañosa forma del mundo, habría que reformarlo todo de acuerdo con la pura idea de Dios. Entonces se alcanzaría la verdadera eternidad del hombre; eternidad que pone él no en las bestias, sino en los hombres, como algo específico, en la sustancia misma del alma. De ahí que diga a su hijo Tacio que en general todas las cosas son unidad en Dios, sobre todo los cuerpos dotados de inteligencia que viven ahora y en la eternidad y cuya alma es buena, para que de este modo no se aparten del bien inteligible y puedan hacer libres de toda fatalidad cuanto desean, igual que la mente de Dios, al que están unidos. Y poco después añade: «Principalmente es inmortal entre todos el hombre, que conoce a Dios, está configurado conforme a la esencia divina y es el único al que se acerca Dios y le revela el futuro»[49].

PEDRO.—Volvamos de nuevo a la analogía de nuestra generación. El semen de la generación ¿procede sólo del padre en el caso de Cristo y en el nuestro?

MIGUEL.—Aristóteles, en el Lib. II *De generatione animalium*, niega que el principio femenino contribuya a la generación[50]. Pero Galeno aduce muchas razones contra Aristóteles en su Lib. II *De semine;* porque tanto la mujer como el hombre poseen sus peculiares vasos espermáticos formados naturalmente con pareja destreza, y ambos pertenecen a la misma especie espermática; porque si sólo el varón emite semen, no hay generación; porque el feto se asemeja en cuerpo y alma tanto al padre como a la madre.

---

[49] «Sobre la regeneración y la ilusión del mundo» es el más bello tratado del *Pimandro*, el XIII. En el n. 5 (vol. II, p. 202) dice: «La forma mortal cambia día a día, evoluciona con el tiempo para crecer o disminuir, como cosa mentirosa.» La regeneración se inicia cuando se aprende a no formar las representaciones bajo la figura del cuerpo tridimensional, llegando a vislumbrar el «mundo inteligible» (n. 21, p. 209). Poco antes, en el trat. XII, «A Tacio, sobre el entendimiento común» (n. 5; vol. I, p. 176), trae las frases que resume Servet, así como las de los nn. 8 y 19. En n. 12: «Dios ha regalado al hombre, solo entre todos los animales mortales, estas dos cosas: el entendimiento y la palabra, que tiene el mismo valor de la inmortalidad.» Y en n. 19, p. 181: «Todo es inmortal por el entendimiento, pero el más inmortal es el hombre, por capaz de recibir a Dios y de estar en unión con él.»

[50] Quizá, según GARCÍA BALLESTER, *op. cit.*, p. 109, no hay decisiva diferencia entre la teoría aristotélica y la galénica respecto a la función generativa: la madre suministra el material, por el carácter frío de su naturaleza; el esperma aporta el calor, y así es principio y motor, y configurador formal, del embrión. Parecería que Servet da un paso adelante, que luego aplica fecundamente a su teoría de la encarnación de Jesús.

por ejemplo, en costumbres, temperamento, figura y otras características peculiares [51].

Que también la mujer pueda inseminar y concebir de [263] su propio semen, lo da a entender el mismo Dios en Lev. 12 y en Sal. 50, y más claramente aún en Gen. 3, donde dice que semen de la mujer es un hombre, Cristo mismo [52]. Cristo procede «del semen de David» por parte de María y de José, por naturaleza y por adopción. De ahí que tanto Mateo como Lucas hagan constar que José es «de la casa y familia de David», «hijo de David», y que por José Cristo es también «hijo de David» y «descendencia de David»; pues, según la Ley, al que se inscribía con el nombre de la casa o familia de alguien, se le llamaba descendiente e hijo de ése, aunque no hubiera sido engendrado por él [53]. Juan enseña que nosotros nacemos de sangre de varón y de mujer, es decir, de los principios y del deseo de ambos (Jn. 1); pero Cristo no fue engendrado de ese modo, «de sangre o de voluntad de carne». En este punto sí que hay verdadera diferencia: somos engendrados a semejanza de Cristo, salvo en ese aspecto de pecado [54]. Aquel rocío celestial y nube luminosa que cubrió con su sombra a la Virgen se mezclaron fuera de todo placer de la carne con su simiente y con su sangre y transformaron en Dios la materia humana, infundiéndole el Espíritu santo sin medida, de modo que germinase como Espíritu vivificador el hombre Jesús el Cristo, vara del tronco de Isaí.

PEDRO.—Ahora ya se va aclarando la mezcla que hay en Cristo.

MIGUEL.—A la de materia con materia se le llama propiamente mezcla; a la de forma o alma se le llama unión. Y se habla de mezcla de deidad cuando hay diversidad de partes o de formas [55].

---

[51] En todo caso, los argumentos aportados por Servet, a la zaga de Galeno, denotan buena observación de la transmisión de caracteres psíquicos y fisiognómicos también de la madre a los hijos.

[52] Débiles bases bíblicas, por supuesto. «La mujer, cuando concibiere y pariere varón, será inmunda siete días», Lev. 12, 2; «En maldad he sido formado, y en pecado me concibió mi madre», Sal. 50, 5; «Y enemistad pondré entre tí y la mujer, y entre tu simiente y la suya», Gen. 3, 15. Servet usa el vocablo latino *seminificare.*

[53] Tal es el significado de las genealogías de Jesús sobre la base de los ascendientes de José, que traen Mt. 1, 1-16 y Lc. 3, 23-38.

[54] Nótese que Servet atribuye condición de pecado al origen de todo nacimiento, por concupiscente, interpretando con rigor, como siempre, esas palabras de Jn. 1, 13. Ahí se quiebra la analogía.

[55] Esta distinción terminológica, ya en *DeTrErr* 113r, lib. VII, y luego en *DialTr*, II, B6. Servet aclara que «los antiguos hablan de Dios mezclado con el hombre, más que unido», y aduce a su favor Ireneo y Tertuliano.

Cristo es modelo y prototipo de toda mezcla y de toda unión, mejor conocido de los antiguos que de los sofistas, pues los antiguos enseñaron cómo en Cristo hay mezcla de deidad, cosa que ahora niegan los sofistas. Estos no son capaces de entender que con los elementos de arriba y con los de abajo, con los paternos y con los maternos, se engendra en Cristo un solo plasma, siendo así que en todo esto no vemos otra cosa. En las creadas se ve cómo el elemento terreno es elevado al cielo, al mezclarse con los otros elementos celestiales. Esto nos da a entender la mezcla celeste que se realiza en Cristo. En Cristo había mezcla de elementos celestiales con elemento terreno, y unión con la [264] forma divina. Más aún, había incluso una variada mezcla o unión de Luz increada con luz creada, pues la deidad estaba mezclada y unida a Cristo: mezclada, por la variedad de partes, y porque los elementos superiores, procedentes de la sustancia de Dios, juntos con los elementos humanos homólogos, estaban mezclados con la materia terrena tomada de María; y la deidad estaba también unida a Cristo hipostáticamente a causa de sus elementos, de su alma y de su forma. La sustancia superelemental del arquetipo constituía una sola sustancia con la elemental: de una parte, espiritualmente en su alma; de otra parte, corporalmente en su carne. Además, la luz divina esencial del alma de Cristo y la propia forma sustancial de su cuerpo son luz de Dios y forma divina, sustancialmente unidas a él [56]. Y así es como Cristo resulta modelo y prototipo de toda mezcla y unión, pues no sólo mezcla y une en sí todo lo humano, sino incluso lo humano con lo divino para formar una sola y verdadera sustancia. El incluye en sí mismo toda unión y toda mezcla, tanto en su alma como en su cuerpo.

PEDRO.—También has dicho que hay analogía con la generación de Cristo en el alma y en el Espíritu santo.

MIGUEL.—Que la sustancia del alma y la del Espíritu santo estén formadas, a semejanza de Cristo, de Dios y de hombre, consta suficientemente por lo ya dicho. La sustancia del alma es tanto elemental como procedente de Dios, como Cristo es cuerpo elemental y de Dios. Así como la Palabra de Dios se hizo carne en Cristo, así también el aliento de Dios se hizo alma en Adán. Otro tanto hay que decir del Espíritu santo, en quien aún es mayor la semejanza con Cristo, pues nuestra alma no es Dios, mientras que Cristo es Dios y el Espíritu santo es Dios. Como dijimos

---

[56] Nótese que en esta bella explicación, a fin de cuentas, no se observa fielmente la terminología que Servet mismo ha propuesto.

al final del Lib. V [57], el Espíritu santo descendió sobre las almas de los apóstoles casi como la Palabra de Dios a la carne. El Espíritu de Cristo es sustancia elemental y divina, como el cuerpo de Cristo es sustancia elemental y divina. El verdadero Espíritu de Dios constituye un solo espíritu con el espíritu del hombre, y a ese todo se le denomina Espíritu santo, igual que se denomina hijo al todo que resulta de la unión de la Palabra de Dios con la carne para formar un único ser. Así como se dice que el Espíritu santo procede de Dios, así también dice el hijo: «Yo he salido de Dios» [58].

[265]

PEDRO.—Como entonces estaba en Dios la figura de hijo, así también estaba la figura de Espíritu santo.

MIGUEL.—Entre los tesoros de Dios se hallan «cosas nuevas y cosas viejas» [59], como dice Cristo. En el Diálogo anterior te expliqué suficientemente las antiguas sombras; ahora voy a explicarte cómo todo es nuevo.

Ellos recibieron otro espíritu distinto del nuestro, de suerte que puede decirse que aquello no era sino figura de nuestra verdad. A pesar de todo, allí había verdadera inspiración divina, igual que había en el Verbo verdadera Luz sustancial de Dios.

Ahora bien, no hay la misma semejanza entre el hijo y el Espíritu que entre la Palabra y el Espíritu, pues «Espíritu de Dios» y «Palabra de Dios» pueden entenderse de verdad tanto en el cuerpo de carne como antes del cuerpo de carne, mientras que el hijo es siempre y realmente cuerpo. Tanto Espíritu santo como Palabra son propiamente nombre de la deidad, mientras que hijo es propiamente nombre de hombre. Y así como el nombre *palabra* se comunica al hombre y de esta suerte al hombre Cristo se le llama Palabra de Dios, así también el nombre *espíritu santo* se comunica al espíritu del hombre, de suerte que al todo se le llame Espíritu santo. *Palabra* y *Espíritu* se refieren a su dispensación en Dios; en cambio, el vocablo *hijo* es algo más sustancial, algo más real. El hijo fue real y corporalmente engendrado en María por el Verbo y el Espíritu. El hijo encierra en sí el Verbo y el Espíritu, como si dijéramos el cuerpo y el alma, o la forma y el aliento [60].

---

[57] Véase antes, p. 362 y ss.

[58] Jn. 8, 42.

[59] Palabras tomadas de Mt. 13, 52 y, antes, de Cant. 7, 13.

[60] Analogía muy atrevida, pero que se deduce lógicamente de la identificación de términos que Servet ha expuesto antes. Dios engendró un hijo en María por su Verbo y su Espíritu. Aquél «se hizo» cuerpo de Jesús y, por ser

Esta sola razón debería incitar a los sofistas al conocimiento del hijo verdadero y real: cómo él encierra en sí mismo de manera hipostática tanto al Verbo como al Espíritu. Por tanto, como ya dijimos, el Espíritu santo es en sí mismo y verdaderamente un modo sustancial de la deidad, y debe entenderse sencillamente como pura deidad. Al comunicarse tal deidad se comunica también a una creatura el nombre Espíritu santo; se comunica al espíritu humano y al angélico; pero original y naturalmente sólo en el espíritu de Cristo reside el Espíritu santo [61].

PEDRO.—La luz de la Palabra está formalmente unida a la materia; luego no hay que decir que se ha hecho carne.

MIGUEL.—«El Verbo se hizo carne», «el Verbo era carne», «El Verbo existió en carne»: el Verbo en todas esas expresiones se mezcló y unió sustancialmente. Juan tradujo la expresión hebrea היה por la griega ἐγένετο, como demuestra la vieja versión griega, que utiliza siempre la expresión griega en vez de la hebrea. Propiamente, pues, la Palabra o Verbo «era carne», «existió en carne» y «se hizo carne» [62]. [266]

La luz es forma de la materia, transforma la materia y se une sustancialmente a la materia; y no sólo en Cristo, sino también en todas las demás creaturas que han sido plasmadas y formadas a semejanza de Cristo. Ahora bien, para que entiendas de una vez qué significa «se hizo carne» y hasta qué punto es distinto de «se ha unido a la carne», tienes que distinguir en la Palabra o Verbo la idea, el elemento y la luz, las tres cosas comunes al cuerpo y al alma. Decimos que la Palabra en cuanto era idea, o sea, persona y prefiguración de hombre, «se hizo carne», como si dijéramos que se llegó personalmente a la carne, de tal modo que ahora se puede atribuir a la persona carne lo que antes

---

luz, al mismo tiempo fue su «forma sustancial»; éste se comunicó sustancialmente a su alma. Y por eso, por tener la misma sustancia de las dos primeras «disposiciones» de Dios, el hombre Jesús es Palabra de Dios y Espíritu santo. Hipostáticamente.

[61] No se olvide la distinción que Servet ha establecido entre Espíritu santo y Espíritu de Dios.

[62] En el lib. VII de *DeTrErr* 113r es más preciso en esta idea, y apunta que el sentido del *factum est* debe ser el mismo que en el Génesis: «y la luz fue». Y continúa: «Pues hay que considerar dos cosas, la realidad y su persona, la realidad misma que es Dios y su disposición que es su Palabra, pues que "el Verbo era Dios". Toda propiedad en el concepto de Verbo pasó al hombre que "está ahora en Dios" del mismo modo que antes "el Verbo era en Dios", y así la realidad misma se ha mezclado y unido totalmente en el hombre, pues también se nos dice que "Dios estaba en Cristo reconciliando al mundo".

sólo se atribuía a la persona Palabra, ya que son una misma persona. Y ello con tanta más razón cuanto que la Palabra ya no constituye esa persona por sí misma, sino junto con la carne [63].

La Palabra se hizo hombre también en la sustancia elemental o superelemental del semen, ya que sus elementos de alguna manera se han hecho corporalmente elementos de su carne, y espiritualmente elementos de su alma. Ahora bien, en cuanto la Palabra era esencia de luz y poder formador de cuerpos, puede decirse que está unida a la materia de carne, o que está hipostática y sustancialmente unida a su humanidad, de suerte que todo el plasma sea un único hombre, y una única carne de Dios; y también que está unida espiritualmente con el alma, de suerte que el conjunto resultante sea una única alma, y sea el alma de Cristo que es una misma cosa con Dios. Encontrarás cierta semejanza, como una sombra, de la encarnación en nuestro semen, según esos tres mismos modos: pues también nuestro semen, según la naturaleza de la idea de hombre y la sustancia de sus elementos, se ha hecho carne y se ha unido a la carne; y así la fuerza de su luz se une ahí con su cuerpo y alma [64].

PEDRO.—¿Podría decirse que Dios se ha hecho hombre en esa encarnación?

MIGUEL.—Decimos que nuestro semen se ha hecho hombre, para reflejar como en sombras la semejanza y el modo en que Dios-Palabra se ha hecho hombre. Dios-Palabra era [267] personalmente hombre, y esa misma persona es ahora verdadero hombre. Por eso decimos que Dios se ha hecho hombre, aunque no sin más, sino en cuanto persona [65]. Así como la Palabra se ha hecho esta carne, así también se ha hecho este hombre, que es un hombre de verdad, no un hombre connotativo. La Palabra es partícipe de la carne, haciendo que ésta sea partícipe de la sustancia de Dios, de modo que resulte un solo hombre, partícipe de ambas sustancias y de ambas naturalezas. Tal es la encarnación de Dios que Dios y el hombre son una sola cosa en una misma carne: Dios

---

[63] Es decir, desde la encarnación ya no es sola la Palabra o Verbo de Dios su persona o manifestación, sino junto con la humanidad de Jesús. El Verbo dejó de ser persona de Dios, y ahora es Cristo su persona, por incorporar la Palabra y el Espíritu santo en sí mismo.

[64] Complejo párrafo que viene a repetir lo mismo, pero distinguiendo etapas en el proceso de la Palabra hasta identificarse con Jesús.

[65] La Palabra de Dios era eternamente hombre *personaliter*, pero aún no verdaderamente: no se hizo hombre Dios, *simpliciter*, sin más, sino ésa su «persona» o aspecto manifestativo que era y es su Palabra.

Palabra se hace hombre, y el hombre asumido por Dios se hace Dios. Otra semejanza con esa encarnación nos la proporciona la vara de Aarón que, al ser plantada en tierra, se encarnó, comenzó a ser carne y se hizo carne, permaneciendo su sustancia de vara, como permanece la sustancia de la Palabra. A aquella misma serpiente encarnada se le llama vara, como se le llama ahora Palabra de Dios al mismo hombre Jesús (Ap. 19) [66].

El añadir la deidad a la carne aumenta su dignidad, pero no cambia su especie [67]. A esta carne se le llama Dios, pero sigue siendo carne verdadera. Esta carne se hizo Palabra, lo mismo que «la Palabra se hizo carne». En cambio, Atanasio, caudillo de los sofistas, en su libro *De fide ad Theophilum*, afirma que la Palabra se hizo carne, pero no que la carne se hiciera Palabra. Dice que la naturaleza divina está combinada con la humana, pero que la humana no lo está con la divina [68]. Eso no son sino delirios ridículos. Había pasado ya aquella primera generación, que vio y entendió las maravillas de Dios, y en su lugar surgieron otros que no conocían al Señor, como por símil se dice en el libro de los Jueces (Jue. 2) [69]. Si hay mezcla y unión, y si la adición de divinidad no cambia la especie, aunque acreciente la dignidad, entonces todo eso es carne, todo el Verbo es hombre verdadero. El alma es Espíritu santo, el ángel se hace Espíritu santo; pero permanece el alma y permanece el ángel. Se hace carne la Palabra, y sigue siendo Palabra. No fue aniquilada la Palabra, ni fue convertida en carne por una especie de «transelementación», sino que la materia informe fue transformada por la Palabra, de suerte que todo el plasma fuese carne-Palabra. A la sustancia de la Pa- [268] labra se le añadió la participación de la carne transforma-

---

[66] Arriesgada pero esclarecedora alusión a la historia narrada en Ex. 7, 9-12 y Num. 21, 8-9. Servet no entiende que la vara apareciera como serpiente, sino que se encarnó: fue serpiente sin dejar de ser vara. Así el Verbo en el hombre Jesús, que por eso es sustancia de Dios. Alude también a Ap. 19, 13: «Y estaba vestido de una ropa teñida de sangre, y su nombre es llamado el Verbo de Dios.»

[67] Otro principio fundamental del sistema intelectual de Servet: *Positic deitatis in carne eius dignitatem auget, speciem non mutat*, que va reiterando en más amplias formulaciones. Cfr. antes, pág. 351.

[68] Atanasio, *De Trinitate*, lib. VIII, equivalente al trat. mencionado por Servet, quizá apócrifo: PL LXII, 285-6.

[69] Reiteración de la idea de la «caída de la Iglesia» tras la primera generación, tan cara a los anabaptistas. De ahí, la urgencia de una *restitución*. Servet se aplica Jue. 2, 8-10: «Y murió Josué..., y toda aquella generación fue también recogida ᴄon sus padres. Y levantóse después de ellos otra generación.»

da, formando una sola hipóstasis, una sola sustancia, un solo cuerpo, un solo y verdadero hombre [70].

El hombre Jesús el Cristo es uno, incluyendo en sí mismo la naturaleza divina y la humana. A las dos las contiene en sí y a las dos las reconcilia en un solo cuerpo, en un solo hombre nuevo, como dice Pablo (Ef. 2) [71]. Realmente fue Cristo un hombre nuevo, pues antes nunca había conocido el mundo semejante composición de hombre, ni puede hoy conocer el mundo a este hombre, pues no quiere creer que es el hombre engendrado de Dios. A imagen de este hombre nuevo nuestro hombre interior está compuesto de Dios y de hombre integrados en una sola sustancia. De la unión del espíritu divino y humano hay en nosotros un solo espíritu. De la unión de la sustancia inspirada por Dios y de la nuestra elemental hay en nosotros una sola alma sustancial. De la sustancia arquetípica superelemental y de la elemental resulta en Cristo una sola sustancia. La luz creada y la increada constituyeron en Cristo una sola luz. Si consideramos aparte toda esa alma del mundo, o ese espíritu que vivifica todas las cosas, entonces de la unión de esa alma y del alma humana resulta en Cristo una sola alma sustancial. La conjunción de lo divino con lo humano nunca rompe la unidad del ser más que la del alma o la del espíritu con el cuerpo. Esto se dejará ver en nuestros cuerpos después de la resurrección, cuando hasta en el cuerpo seamos partícipes de la divinidad de Cristo y seamos una sola cosa con Dios. Eso mismo aparece ya ahora en la unidad del espíritu, cuando llegamos a ser un solo espíritu con él. Aparece incluso en lo que dice Cristo: «Yo y el Padre somos uno» [72]. La unidad de todos los elementos creados e increados, del cuerpo, del alma y del espíritu con Dios se desprende del mero hecho de decir: «Yo y el Padre somos uno.» Cristo es sustancialmente uno con Dios y nos hace ser sustancialmente uno con él.

PEDRO.—Esta unidad de la sustancia de Cristo no la entienden así los sofistas, sino que la interpretan como un [269] agregado para evitar que, caso de ser sustancia, haya una cuarta persona en la divinidad [73].

---

[70] Servet rehúye el término *persona*, que podría prestarse a equívocos. Rechaza ese proceso de transelementación, como luego rechazará el de transubstanciación. Prefiere la mezcla a la unión y a admitir que desaparezca la materia, de un modo u otro.

[71] Ef. 2, 15. Pero véase la nota 62 del lib. II, para mejor crítica.

[72] Jn. 19, 30. Tema tratado antes en el lib. I. Bella fórmula latina: *Divinorum cum humanis coniunctio nunquam scindit entis unitatem magis quam animæ aut spiritus cum corpore.*

[73] Sobre este riesgo de la *quaternitas*, antes, lib. I, pág. 172.

MIGUEL.—El término *homousion*, que pregonan a boca llena, entienden que no tiene aplicación en este caso para llamar al hombre Jesús el Cristo *homousios*, consustancial con Dios. Llaman unión hipostática a la que entienden que no es verdaderamente hipostática, es decir, sustancial; pues si la unión es sustancial, de ella resulta una única sustancia. No pueden entender esa generación, tan cantada por los profetas, de un solo germen y de un solo plasma. No pueden entender que de la sustancia divina y la humana, de la paterna y la materna se engendre un solo plasma. No pueden entender que la sustancia de la Palabra y la de la carne sean una única sustancia, igual que la sustancia del varón y la de su esposa se funden en una única carne del embrión. El mismo misterio hay en que Dios y el hombre sean uno en Cristo, que en que el varón y su esposa sean uno en la única carne del hijo. Para Pablo es un gran misterio el que Dios se haya manifestado «en carne» [74]. Gran misterio es que esa carne sea *homousios*, consustancial con Dios, y que con él constituya una única hipóstasis. De tal modo se unió Dios a la naturaleza humana, que la encumbró engendrando para sí un hijo humano. Un solo Cristo recapitula en el plasma de su único cuerpo todo lo divino y humano, del mismo modo que todas las demás cosas son uno en él. Todo lo creado y lo increado es uno en él. En él son uno Dios y el hombre. En él son uno el cielo y la tierra.

Cuán neciamente se haya errado en esta cuestión nos lo muestra Atanasio en su *Carta a Epicteto;* carta que ensalzan con las mayores alabanzas Epifanio y Cirilo. En ella se niega rotundamente que el cuerpo de Cristo haga una única sustancia con la Palabra. Llegan a decir que sólo el infierno puede vomitar tales cosas, cuando son ellos los excitados por un furor más que infernal [75]. Los padres nicenos citan en su favor a Teognosto y a Dionisio Alejandrino, como refiere Atanasio en su *Decreto contra Eusebio* [76], siendo así que aquéllos enseñaron abiertamente que

---

[74] Textos varios: Rom. 16, 25; Ef. 5, 32; Col. 1, 26.

[75] Esta *Ep. ad Epictetum* de Atanasio, en nota 182 del lib. I. La citan elogiosamente Epifanio, *Hæreses*, lib. III, t. II, herejía 77, 3-13, quien la transcribe íntegra entre los testimonios de la consustancialidad del cuerpo de Cristo con la divinidad (PG XLII, 643), y Cirilo de Alejandría: cuando los nestorianos trataron de falsificarla para sus propios fines, los desenmascaró en su *Ep. 40* a Acacio de Mitilene: PG LXXVII, 182.

[76] Es decir, Atanasio en *Epistola de decretis Nicænæ Synodis*, n. 25 (PG XXV, 459-62), en la cual alaba su enseñanza, el segundo, en contra de los sabelianos, y Teognosto en su *Hypotyposeon*, sin temer el término *ex substan-*

Cristo hombre es de la misma esencia que Dios, o sea, que constituye una sola sustancia con él. Lo mismo habían enseñado antes Orígenes y Cipriano, según antes cité ya en el Lib. I. Al exponer ese texto «Yo y el Padre somos uno», [270] dijeron que el hombre es uno con Dios. He aquí las palabras de Orígenes en el Lib. III *Contra Celso:* «El cuerpo mortal de Cristo y su alma humana formaban con Dios no sólo comunión, sino unidad, de modo que por la participación en la divinidad pasaron a convertirse en Dios» [77].

PEDRO.—¿Y dices que Cristo no se diferencia específicamente de nosotros?

MIGUEL.—No, porque sigue siendo la misma especie y la misma idea de hombre verdadero. Como dije, la adición de deidad no cambia la especie; sobre todo, porque también a nosotros se nos confiere la deidad misma de Cristo. La adición de deidad no sólo no cambia la especie, sino que ni siquiera rompe la unidad del individuo [78]. Precisamente es la deidad la que da unidad a la especie y al individuo. En la resurrección nuestra carne será transformada, pero no por eso seremos de otra especie distinta de la que ahora somos. La llamaría otra especie distinta Porfirio, pues él dice que la racionalidad y la mortalidad son las diferencias específicas del hombre. Pero yo afirmo que después de la resurrección permanece la misma especie y el mismo individuo, del mismo modo que sigue siendo el mismo individuo el niño y el anciano, aunque cambien la materia, la forma y el alma al pasar de la niñez a la ancianidad. Los incondicionales de Porfirio tendrán que decir que después de la regeneración bautismal somos ya de otra especie distinta a la que éramos, ya que entonces el alma recibe deidad y sustancia incorruptible [79]. Hay que concluir, pues, que por la recepción de la deidad no cambia de especie ni el alma ni el hombre entero, y, por tanto, que Cristo es de la misma especie que nosotros, hombre de verdad.

---

tia patris: la sustancia del Hijo proviene de la del Padre «como el resplandor de la luz y el agua del vapor».

[77] Orígenes, *Contra Celsum,* lib. III, 41, textualmente (PG 11, 465; ed. BAC, p. 208). Sobre Cipriano cfr. el texto de nota 112 del lib. I.

[78] Ampliación del principio postulado en nota 67: *Deitatis positio non solum non mutat speciem, sed nec individui solvit unitatem. Imo deitas ipsa omnem speciei et individui unitatem facit.*

[79] Servet parece olvidar que Porfirio se refiere a diferencias específicas conceptuales, no reales, aunque pueda hablarse de distinción real entre esos conceptos así específicamente diferenciados.

PEDRO.—Dios es quien hace y mantiene esta unidad en todas las cosas.

MIGUEL.—Sólo Dios es unidad, y da a cada cosa el ser uno en una idea. De lo contrario, sin unidad, las partes se desintegrarían en polvo y quedarían reducidas a nada, de no ser sostenidas en su unidad.

PEDRO.—Luego todas las cosas son compuestas, nada hay simple, nada es en sí.

MIGUEL.—Por una ley universal todas las cosas están compuestas de Dios, es decir, constan de Dios. Todo procede de Dios. «Todo de él, por él y en él». Sólo Dios es por sí mismo. Sólo Dios es la simplicidad, forma y esencia mismas; y de él reciben todas las demás cosas su composición, constitución, formación y dependencia. Sólo él es vida que da vida a las demás cosas y las constituye en sus modalidades, sin excluir a los ángeles y a las almas. De ahí que Trismegisto diga a Tacio que Dios es «la totalidad y el conjunto de todo» [80]. De ahí también que después de él digan los demás que sólo son simples las ideas de que constan todas las cosas. En Jeremías, cap. 10, se dice de Dios que es vida de todo, formador de todo y esenciador de todo, hasta de lo celestial, según decíamos al tratar de Jehovah Zebaoth [81]. Luego hasta las cosas celestiales tienen en él su esencia y constitución. Los ángeles y las almas se componen de su sustancia.

[271]

PEDRO.—Realmente es maravillosa la constitución de la carne de Cristo, y modelo de constitución de todo lo demás. De donde se sigue manifiestamente que había descendido del cielo.

MIGUEL.—La carne de Cristo, por tener corporalmente la sustancia de la Palabra, el sustancial y vital Espíritu divino y la forma sustancial de la luz de Dios, es realmente celestial, del cielo y de la sustancia de Dios. Es carne del Verbo, carne de Dios, con existencia eterna. Son bien claras las palabras con que Cristo proclama que él y su carne «han descendido del cielo» (Jn. 6) [82]. Lo mismo demuestra el maná, figura de lo bajado del cielo. El maná bajado del cielo se refiere a la carne de Cristo, puesto que ella es el alimento prefigurado en ese otro alimento. Asimismo, porque «el segundo hombre, Cristo, vino del cielo, celestial»

---

[80] Cfr. notas 21 y 37, lib. IV. La bella frase servetiana se inspira en el *Pimandro*, trat. VIII, 5, «A Tacio» (ed. Festugière, vol. I, p. 89): «Dios es principio y envoltura, περιοχή, y estructura, σύστασις, de todo.»

[81] «El es el hacedor de todo: Jehová de los ejércitos es su nombre», Jer. 10, 16.

[82] Jn. 6, 38-51, y 3, 13.

(I Cor. 15) [83]. El mismo que vimos ascender es «el que antes había descendido» (Ef. 4); el cuerpo y la carne de Cristo desde el principio tuvieron en el cielo «aquella gloria con que ahora es glorificado» (Jn. 17); la carne misma de Cristo es el alimento que Dios Padre prometió (Jn. 6) [84]. Aquí se ve cómo Dios es el padre de este alimento prometido por él y por él consignado, pan que lleva impresa toda la plenitud de la deidad. Dios es padre de este alimento, padre de esta carne, cosa que niegan los sofistas. Esta carne es «la vid, y su padre es el labrador» (Jn. 15) [85]. Luego Dios, padre de esta vid, es también padre de esta carne, padre de un hombre de verdad.

Si la carne de Cristo no fuera celestial, de la sustancia de Dios, deidad corporal, tampoco habría nacido de Dios, y por tanto tampoco sería hijo de Dios. Y si no fuera así, no se diría que esa carne tiene forma incorruptible y que no podía sufrir corrupción. Si no fuera así, no sería posible construir con la carne de Cristo la estructura del inmenso cuerpo de la Iglesia como una sola carne. Si esa carne no fuera divina, no sería comunicable a muchos en una misma cena, ni nos haría miembros de Dios. Y esa carne, que pagó y borró nuestra culpa, no bastaría para reconciliar a los hombres con Dios, ni para instaurar cuanto hay en el cielo y en la tierra. Pero ninguna prueba mejor que el ponderar que ha sido engendrada y nacida de Dios; pues si ha nacido de Dios, desde su origen natural tuvo ya sustancia divina. Sin duda alguna, hay un gran misterio en la carne de Cristo, si es que en ella se puede ver a Dios y es deidad corporal [86].

[272]

Quienes no admiten que la carne de Cristo es consustancial con Dios, en vano se esfuerzan en defender la divinidad de Cristo; pues no defienden a Cristo, sino a quimeras imposibles. No pudo Satanás escoger otro camino más cómodo para oscurecer la deidad de Cristo en el reino del Anticristo, que el reducir a Cristo hombre a pura creatura con el pretexto de ese otro Hijo invisible. ¡No lo permita Dios en ningún cristiano! [87].

---

[83] I Cor. 15, 47. Sobre el maná como tipo eucarístico, Jn. 6, 31 y 49.

[84] Jn. 17, 5 y 6, 33.

[85] Jn. 15, 1.

[86] Todas estas ideas sobre la «carne celestial» de Jesús, inspiradas sin duda en fuentes anabaptistas contemporáneas que Servet no menciona (Hofmann, Ziegler, Schwenckfeld), tienen en Servet un personal y original colorido, debido a que él las deduce directamente de textos escriturísticos y de principios filosóficos independientemente. Le servirán luego para apoyar su doctrina de la divinización por la Cena.

[87] El «reino del Anticristo» es el del Pontificado católico-romano, y por

PEDRO.—Entonces, ¿no hay que admitir que Cristo hombre es creatura?

MIGUEL.—Jesús crucificado, verdadero Mesías, participa de Dios y de hombre hasta el punto de que no puede decirse que sea creatura, sino más bien que participa de la creatura. Hermosamente enseña esto al apóstol en Heb. 1, 2 y 3, y en el Sal. 44, pues él, que fue ungido por encima de todas las creaturas que son partícipes suyas, él precisamente ha sido hecho partícipe de ellas. Cristo mismo que santifica y nosotros que somos santificados participamos del mismo plasma y procedemos del mismo Dios; por eso en ese pasaje nos llama «hermanos», pues era conveniente que si nos había de salvar en cuanto príncipe y pontífice de nuestra salvación, también él, como nosotros, participase de la carne y de la sangre, como dice en ese mismo pasaje Pablo [88]. Además, se pone de relieve que él participa de las creaturas, al decir que es su primogénito (Col. 1) y el «inicio de las creaturas de Dios» (Apoc. 3) [89]. El participa de Dios y de hombre, como tú participas de tu padre y de tu madre. Tiene participación del Creador y de la creatura. [273]

PEDRO.—¡También en el Espíritu santo parece haber participación de la creatura!

MIGUEL.—Eso fue lo que indujo a error a Macedonio, Eunomio y otros metafísicos, el decir que el Espíritu santo era pura creatura [90]. Enredados en sus propios sofismas, ignoraron la dispensación de tal altos misterios y la glorificación del espíritu humano llevada a cabo por Cristo, hasta el punto de que el nuevo espíritu sea uno con Dios. Así como la Palabra de Dios es hipostáticamente hombre, así también el Espíritu de Dios es hipostáticamente espíritu del hombre. Y así como el nombre *palabra* es aplicado a un hombre, así también el nombre *espíritu santo* al espíritu de ese hombre. En la sustancia del Espíritu santo está contenido el aliento incorruptible de Cristo. Del mismo Espíritu de Cristo, que era Dios, se dice que fue innovado en la resurrección, porque era un solo espíritu integrado por el divino y el humano; y se le llama innovado por su nueva gloria y por la nueva creatura de aliento incorrupti-

---

extensión, aquellas cristiandades que confiesan la Trinidad al modo niceno, que Servet estima ajeno al auténtico cristianismo, el que él va a «restituir».

[86] Ha ido citando varias frases de Heb. 1, 5 y 13. 2, 9 y 14, etc., y del Sal. 44, 7.

[89] Col. 1, 15 y Ap. 3, 14, «el principio de la creación de Dios».

[90] El ob. Macedonio y Eunomio de Cícico, discípulo de Aecio, fueron los principales representantes del llamado neoarrianismo, rechazados por muy diversos Padres (Basilio, Gregorio de Nisa, etc.) por «pneumatómacos».

ble que el Espíritu santo de Cristo contiene sustancialmente en sí[91]. Cristo ya no espira ahora aliento corruptible, como antes de su pasión; ahora inspira en nuestros corazones su aliento incorruptible y su propia deidad en una misma hipóstasis, comunicándonos todo eso en su aliento.

PEDRO.—Por eso se dice que «una cosa es la persona del Padre, otra la persona del Hijo y otra la del Espíritu santo»[92].

MIGUEL.—Se dice que «una cosa es la persona del Padre, otra la del Hijo y otra la del Espíritu santo», tanto por su manifestación visual como por su modo de hablar, por la propiedad de su acción y por los modos o diferente dispensación. Hay también distinción real a causa de la creatura asumida[93]. Aunque por Espíritu santo se entiende la pura deidad, se implica siempre un peculiar modo de deidad, cuya adición al aliento creado de Cristo «no cambia la especie», como dije, ni altera el nombre de Espíritu santo.

De ahí puedes inferir toda la idea de la Trinidad. «El Padre es Dios, el Hijo es Dios y el Espíritu santo es Dios».   [274]
«El Padre no es el Hijo, ni el Hijo es el Espíritu santo, ni el Espíritu santo es el Padre»[94]. En cambio, nosotros, según la propiedad de cada persona, vemos al Padre en su hijo, y a este hijo lo vemos dentro en el Espíritu santo. Realmente son distintos el Padre de su hijo y el Espíritu santo del hijo, pero no esencialmente, pues tienen la misma esencia de deidad. El Padre es fuente de toda dispensación y deidad, es sencillamente Dios, sin mezcla ni participación alguna de creatura, en sí mismo considerado incomprensible. Su hijo tiene la deidad del Padre con participación corporal de creatura. El Espíritu santo tiene la deidad del Padre y de su hijo, recibiendo también participación de creatura de éste, por quien procede y viene a nosotros[95].

---

[91] Corresponden estos conceptos a los comentados antes en las notas 60 y 70.

[92] Frases no del credo niceno, sino del llamado atanasiano, aunque realmente de origen galicano relativamente tardío. Varias de sus fórmulas, además de en el Breviario, pueden verse en PG XXVIII, 1582 y ss.

[93] Servet sólo admite, pues, real distinción entre las Personas *ratione adiunctæ creaturæ*, es decir: Dios-Padre es realmente, aunque no sustancialmente, distinto de su hombre-hijo. Pero la distinción interna de esas Personas la entiende Servet sólo como modal: *modis quibusdam, dispensatione multiplici*.

[94] Del credo atanasiano. Fórmulas de plena ortodoxia, que se hace resaltar capitalizando las iniciales, en contraste con el párrafo siguiente, que recoge la interpretación restringida de Servet, de un personalismo no realista.

[95] El punto más radical de Servet en este texto estriba en la última afirmación, según la cual también el Espíritu santo recibe «participación de

Hay que admitir, pues, que en el Espíritu santo hay participación o comunicación esencial de creatura. Tiene comunicación hipostática con el aliento de aire no corruptible, sino incorruptible, tal como está sustancialmente en Cristo y en los verdaderamente regenerados, cuyo espíritu ha sido realmente innovado y hecho incorruptible por el poder de la resurrección de Cristo. Prodigiosamente hace Dios incorruptible lo corruptible, tanto en la resurrección como en la regeneración. Por un gran misterio de su gracia Dios hace esto por Cristo mediador, para que comprendamos que Cristo no nos regatea nada de cuanto él tiene, sino que se nos da íntegramente en cuerpo y espíritu. Así se comprende que tengamos que resucitar también según la carne los que ya resucitamos ahora según el espíritu, haciéndonos partícipes de verdad de Cristo resucitado, incorruptibles ya interiormente y agraciados con la verdadera comunicación de la sustancia incorruptible de la carne de Cristo [96]. Así como ya ahora, al resucitar en espíritu en el bautismo, somos glorificados incorruptiblemente en espíritu, así también seremos glorificados en la carne cuando resucitemos en la carne a semejanza de Cristo gloriosamente resucitado.

PEDRO.—Dijiste que el tercero, que ya empieza aquí a estar claro, era el admirable misterio de la resurrección de Cristo. [275]

MIGUEL.—A la encarnación y muerte siguió la admirable y gloriosa resurrección, en virtud de la cual su ser de creatura, su ser de humanidad, es decir, de hombre pasible y mortal, quedó totalmente anulado como si se tratara de algo accidental. No hay nada en Cristo que sea animal, sino que es todo «cuerpo espiritual» [97]. Por la resurrección la carne de Cristo fue glorificada «con aquella gloria que tuvo ya antes en Dios» el Verbo (Jn. 17) [98]. De modo que quien haya dicho que por la encarnación la Palabra «se hizo carne» y creatura, ahora, en cambio, y por la misma razón, tendrá que decir que por la resurrección la carne dejó de ser creatura.

---

creatura», pero se deduce lógicamente de las premisas que ha ido sentando en las páginas precedentes.

[96] La sustancia incorruptible de la carne de Cristo, divina de origen, sólo mereció ser incorruptible después de la resurrección. El mismo espíritu suyo es participado por el cristiano en el bautismo.

[97] I Cor. 15, 44.

[98] Jn. 17, 5.

PEDRO.—Y de qué modo puede despojarse del ser de creatura?

MIGUEL.—En la resurrección de nuestro cuerpo nos despojaremos de este ser de creatura, del mismo modo que ahora, en la regeneración espiritual, se hace Dios nuestro «hombre interior». En el siglo venidero la forma sustancial de nuestro cuerpo no será ya la forma de luz creada. Por eso dejaremos el ser de creatura, precisamente porque recibe tal denominación de la forma, pues «la forma es lo que da el ser a las cosas» [99]. Y de este modo, despojados del ser de forma creada, nos despojaremos del ser de creatura. La forma sustancial del cuerpo de Cristo no tiene ahora ninguna participación de la luz solar creada, como la tenía antes de la resurrección, no sólo en la carne sino incluso en el alma, como la tenemos nosotros. Así como en la resurrección final será abolida esta luz corruptible del sol y de la luna y ya no habrá otra Luz que la claridad de la esencia de Dios (Is. 60; Apoc. 21 y 22) [100]; así también, por cuanto a Cristo se refiere, aconteció ya en su resurrección: su cuerpo resucitado tiene ya sólo la forma sustancial de la Luz increada de Dios, la misma que desde toda la eternidad era Luz sustancial de la Palabra divina [101].

Así como en las cosas inferiores una luz mayor anula [276] otra menor, así sucederá también entonces, que sólo quedará la luz de Cristo, como ella sola existía antes en arquetipo, antes de que fuera creada la luz del sol. Frágil es esta luz que se apaga con tanta facilidad, frágil este mundo formado con ella. Nada, en efecto, vemos que se destruya con tanta facilidad como la llama de una vela o el espíritu de un sonido [102]. Por eso no perdurará ya entonces esta clase de luz ni de sonido creado. Así como lo que ha de perdurar en el siglo futuro tiene ya ahora sustancia perdurable, como la de los elementos de la materia y el alma misma; así también, lo que ha de aniquilarse puede ya ser aniquilado aquí,

---

[99] *Esse ab ipsa forma denominatur, sicut forma est quæ dat esse rei.* Concepto plenamente aristotélico, como es bien sabido.

[100] Curiosa adaptación de misteriosos textos tanto del AT como del NT: «El sol nunca más te servirá de luz para el día..., sino que Jehová te será por luz perpetua», Is. 60, 19; «Y la ciudad no tenía necesidad de sol, ni de luna..., porque la claridad de Dios la iluminó, y el cordero era su lumbrera», Ap. 21, 23; «Y allí no habrá más noche, porque el Señor Dios los alumbrará», Ap. 22, 5.

[101] Para seguir a Servet en este razonamiento, no se olviden sus afirmaciones sobre la luz como forma sustancial símbolo de la idea divina de cada ser (cfr. notas 9 y 19) y su división de dos clases de luz: la *insita* o divina, y la *superveniens* o exterior, que es caduca.

[102] *Spiritum soni:* el aire, soplo, vibración de un sonido.

como las formas de luz creada y los espíritus de sonido creado [103]. Nada de lo que aquí y ahora vemos, oímos, gustamos, tocamos u olemos perdurará entonces, pues sólo veremos, oiremos, oleremos, gustaremos y tocaremos a Dios. Así que tendremos que despojarnos de la forma de mortalidad. Y a pesar de todo, puede decirse que seguiremos siendo el mismo individuo, toda vez que la idea divina continuará siendo una misma cosa con el alma, aunque cambien las demás cosas, como dijimos del niño y del anciano. La misma carne de Cristo no era antes de la resurrección lo mismo que es ahora. Y aunque ya en vida había sido cambiada y transformada, como serán cambiados y transformados, según dice Pablo, los cuerpos vivos en la hora de la resurrección final, la verdadera transformación de la carne será su transposición en forma divina [104].

PEDRO.—Luego, si no es la misma forma creada, no es tampoco la misma carne.

MIGUEL.—Es la misma carne y es la misma forma increada. El poner la deidad en lugar de una forma cualquiera, ni cambia la especie de la cosa, ni destruye al individuo: al contrario, los preserva de la destrucción. La identidad proviene principalmente de la permanencia de la misma idea divina y del alma [105]. Aquella forma de luz provenía de la idea divina, consistía en ella, como si temporalmente hiciera sus veces. La sola manifestación luminosa de la idea divina desvanecerá esa débil luz creada. Pues así como ahora una luz poderosa deslumbra otra menos luminosa, así ocurrirá también en la resurrección debido al gran poder de la luz divina que todo lo transforma y glorifica: no permanecerá la luz menor en presencia de la mayor. [277]

En este caso la razón está de acuerdo con la experiencia y con la autoridad de la Escritura [106]. A través de la experiencia nos da Dios a conocer las cosas que permanecerán o no y las que serán o no aniquiladas. Si hay alguien que no se convenza con nada de esto, que diga que la luz creada perdurará con la increada. Nosotros afirmamos que no perdurará, porque es más frágil, porque sería en vano y,

---

[103] Servet admite materia eterna y alma inmortal. *Quæ anihilanda iam nunc anihilantur.*

[104] De nuevo, característica mención de textos bíblicos como soporte de su elucubración: «Vivificará también vuestros cuerpos mortales», Rom. 8, 11; «Porque es menester que esto corruptible sea vestido de incorruptibilidad, y esto mortal sea vestido de inmortalidad», I Cor. 15, 53.

[105] Formulación servetiana de su «principio de identidad»: *Identitas principaliter est ab idea divina manente et ab anima.*

[106] Otra fórmula que resume concisamente los tres criterios de certeza del sistema de Servet: *Ratio est cum experientia et scripturæ auctoritate.*

finalmente, porque tampoco perdurará el sol, fuente de la luz creada. Lo que se aniquila no es ya capaz de resurrección; ya no sería resurrección, sino nueva creación de la nada. Por último, nosotros damos crédito a la Escritura, que testimonia con toda claridad que no perdurarán ni la luz del sol ni la de la luna. No hay, pues, que seguir discutiendo con tanto ahínco si será o no la misma carne, cuando Pablo dice que en la resurrección no tendremos el mismo cuerpo que tuvimos antes, sino que Dios nos dará el cuerpo que quiera (I Cor. 15) [107].

PEDRO.—¡Grande es la gloria de la resurrección de Cristo, a cuya semejanza ha de ser la nuestra! Nuestra carne será «transformada y hecha semejante al cuerpo glorioso de Cristo» (Flp. 3) [108].

MIGUEL.—Ya ves claramente cómo esa gloria de Cristo se ha consumado en Dios y se ha separado de su ser de creatura. Si se prescinde de su divinidad, no hay modo de entender que haya en Cristo un hombre en el sentido de «humanidad» o puro hombre que pretenden los sofistas. Si le quitas su divinidad, desaparece también su unidad y esencia de hombre. Por consiguiente, cuando nos referimos al hombre y a la carne de Cristo, abarcamos también su divinidad [109].

PEDRO.—Cristo fue engendrado «de la descendencia de David según la carne» [110]. ¿Era, pues, carne creada?

MIGUEL.—Ya has visto la divinidad verdaderamente sustancial de la carne de Cristo. Ahora bien, como por «carne» entendemos algo distinto de «espíritu», con el nombre de «carne» puede alguna vez entenderse la materia creada de la carne. De Cristo se dice que fue engendrado «de la descendencia de David según la carne», es decir, en cuanto creatura de carne, en cuanto materia humana. O también «según la carne», porque en ella radica todo lo que pertenece a la propagación humana, y porque algo de la carne se le comunica al espíritu. Pero en realidad la carne de Cristo [278] no es mera creatura. En Cristo no hay esa «humanidad» de los sofistas, que para ellos es sólo puro hombre, pura creatura, pues en él no hay forma creada de hombre, como

---

[107] «Mas Dios le da el cuerpo como quiso»..., I Cor. 15, 38.

[108] Flp. 3, 21.

[109] El sentido es que no se puede hablar de divinidad y de humanidad de Cristo como de dos naturalezas unidas en una Persona divina, según ordena la ortodoxia: el hombre Cristo es divino, por hijo de Dios, por sustancialmente Dios, por ser la Palabra y el Espíritu de Dios su forma sustancial (en el sentido de Servet) y su alma, así como su principio de identidad.

[110] Rom. 9, 5.

tampoco en nosotros la habrá después de la resurrección. Aun suponiendo que hubiese ahora en él forma de luz creada, como la había cuando vivía en la tierra, aun en ese supuesto no habría en él tal puro hombre; pues si prescindimos de su deidad, ni su alma es alma, ni su carne es carne, ni ese hombre es hombre. Luego, dejando aparte su deidad no hay nada en Cristo que sea puro hombre. Lo mismo ocurre con las demás cosas: si les quitas la idea divina, a nada puede llamarse piedra, ni oro, ni carne, ni alma, ni hombre, puesto que la idea divina es la que da el ser específico e individual, y la que da a la forma creada su ser de forma [111]. Luego en Cristo, si excluimos su deidad, no hay ni forma ni hombre. Cristo mismo es el piélago eterno de las ideas, que quiso ser prefigurado por ellas en todas las cosas, y que secundariamente realizó en ellas lo que principal, real y sustancialmente realiza en él sólo la divinidad original [112].

Jamás conocerá bien a Cristo quien menosprecie la analogía de las cosas creadas y los distintos procedimientos de llegar de las creaturas al Creador; sobre todo, si se tiene en cuenta que Cristo es principio, primogénito, y cabeza de todas las creaturas, y que con relación a ellas es lo que la cabeza con relación a los miembros [113]. La idea es tan inseparable de una cosa cualquiera, como la deidad, del hijo de Dios. Tan inseparable como inseparable es, según algunos, la cantidad de lo cuanto y la figura de lo figurado [114]. Más aún, la misma idea es la cantidad de la cosa, su figura, su unidad. Esta imagen o esta función la recibe temporalmente de la idea la forma de cada cosa, formada precisamente por esa misma idea. Luego la forma de luz temporal no puede tener la eternidad que tendrá después de la resurrección.

PEDRO.—Eso hace mucho más ilustre la gloria de la resurrección de Cristo.

MIGUEL.—Es tal la gloria y el poder de la resurrección de Cristo, hasta tal punto fue elevado a la categoría de Dios, que no puede concebirse ya nada más grande en Dios. Con más sublimidad que antes fue hecho hijo más parecido al

---

[111] *Cum idea divina sit quæ dat esse specificum et individuale.*

[112] Prosiguiendo la lógica de sus principios, Servet se ve obligado a dar al mencionado texto, como se ve, una significación muy restringida, a base de magnificar la función cósmica de Cristo y acentuar que sin deidad no es éste *nec forma nec homo.*

[113] Hermosa fórmula latina: *Nunquam Christum cognoscet qui rerum creatarum analogias despicit.*

[114] Comparación no modal, sino esencial.

Padre y de todo punto incorruptible, glorioso y poderoso. El retorno del hombre a Dios por la resurrección fue igual que la salida por la encarnación del Verbo a la carne. Cosa que el mismo Cristo atestigua en abundantes ocasiones; pues dice que el hijo del hombre ascenderá «adonde estaba primero» (Jn. 6), y que volverá «al mismo sitio del que había salido» (Jn. 16), y a «la misma gloria» (Jn. 17) [115]. Del mismo modo que «su salida fue desde lo más alto del cielo», así también «su vuelta será hasta lo más alto del cielo» (Sal. 18) [116]. Lo divino descendió hasta lo humano, para que lo humano ascendiera a lo divino.

Ese hombre Jesús el Cristo ha sido elevado a una gloria y poder tales que no puede pensarse nada mayor. Ese Jesús crucificado es igual a Dios. No hay otro poder de Dios sino él, de quien por eso se dice que es «poder, fuerza y fortaleza» de Dios» [117]. Incluso ha sido exaltado Cristo a mayor gloria que la que tuvo la Palabra, precisamente a causa de sus mayores dones. Jamás hubo antes una gloria tal como la del Espíritu santo de regeneración. De ahí que hasta los cielos, que antes eran corruptibles, han sido hechos nuevos e incorruptibles, como nuevo es también el reino celeste que hay en nosotros. Más artificio hay en la resurrección de Cristo y en la creación del hombre nuevo en nosotros, que en toda la anterior creación del mundo, pues que entonces se hicieron cosas corruptibles, y ahora incorruptibles. Antes sombras; ahora realidad.

PEDRO.—Si Cristo tiene todo el poder de Dios, no es algo finito.

MIGUEL.—El que tiene todo el poder de Dios y posee todo cuanto posee Dios, no es algo finito; es infinito en entendimiento, en poder, en duración y en ubicuidad. Cristo no está limitado por la capacidad de un determinado lugar, sino que está donde quiere, sin tener que trasladarse. El «cuerpo espiritual» está en el «nuevo cielo», al margen de todo cuerpo cuanto, llenando «con su plenitud» todas las cosas, «las de arriba y las de abajo» (Ef. 4) [118]. El es quien dijo que llenaría «el cielo y la tierra» (Jer. 23) [119]. Y eso no era

---

[115] Referencias a Jn. 6, 62. 16, 28 y 17, 5.

[116] Sal. 18, 7, pero originalmente se refiere al curso del sol.

[117] Ap. 7, 12.

[118] Sucesivas alusiones a I Cor. 15, 44; Ap. 21, 1; Is. 65, 17 y Ef. 4, 10. Pero obsérvese que esa ubicuidad del cuerpo de Cristo resucitado más que en un sentido positivo y sistemático, al modo de Lutero, hay que entenderla en sentido trascendente: supera el límite de espacio, pertenece ya a otra categoría de realidad, por divinizado.

[119] Jer. 23, 24.

sino sombra de esto, pues Cristo, que todo lo llena, llena también esa profecía con toda clase de cumplimiento. «Por este hombre hizo Dios el mundo, y de él está lleno el mundo», dice Pedro en el Lib. VIII de Clemente [120]. Este es el que «desciende hasta lo más profundo del infierno y asciende hasta lo más alto del cielo, para colmarlo todo», según confesión de Pablo [121]. El mismo «anda sobre las alas del viento» (Sal. 103), «cabalga sobre los cielos», «mora en la región de los ángeles»: עֲרָבוֹת *araboth* (Sal. 67), «está asentado sobre el globo de la tierra» y «mide el cielo con su palmo, y con su mano las aguas del mar» (Is.40) [122]. Cristo está ahora tan cerca de nosotros, como antes cuando dijo: «Yo soy Dios de cerca» (Jer. 23); con tanta propiedad como entonces es ahora «el cielo su trono y la tierra el escabel de sus pies» [123]. Más aún, entonces se mostraba como figurado en signos lo que ahora ya es y se cumple realmente en él. Cristo camina ahora en medio de nosotros tan propiamente como caminaba entonces «por en medio de los campamentos» de Israel (Deut. 23) [124]. Camina Cristo ahora por entre «los candelabros», es decir, las iglesias, como claramente enseña el Apocalipsis: «Este es el tabernáculo de Dios entre los hombres, y habitará entre ellos». Nuestro «atrio interior» es el lugar donde verdaderamente habita Cristo con los hijos de Israel (Ez. 43) [125]. «Pondré, dijo, mi santuario en medio de ellos y permanecerá mi tabernáculo entre ellos para siempre» (Ez. 37) [126].

Cristo no está, como piensan algunos, en una determinada parte del cielo. El lugar de Cristo no hay que buscarlo entre los elementos, ni en las estrellas, ni en el «tercer cielo». Cristo no se quedó en una determinada parte del cielo, sino más allá de todos los cielos y dentro de nosotros. Tienen mentalidad carnal los que nos arrebatan a Cristo con el pretexto de que está «a la derecha del Padre» [127]. Eso más bien demostraría que no está a la derecha del Padre. Pero ellos piensan que Cristo es «hombre animal» y creen que la diestra de Dios es un sitio fijo, o tal vez creen que la carne de

---

[120] Clemente, *Recognitiones*, más bien parece cita del lib. II, n. XXVIII (PG I, 1222): *Propter quem cuncta præparaverat*, etc.

[121] En Ef. 4, 9-10.

[122] Sal. 103, 3 y 67, 4 y 33; Is. 40, 22 y 12.

[123] Jer. 23, 23 e Is. 66, 1, cit. en Hch. 7, 49.

[124] Deut. 23, 14.

[125] Ap. 1, 20 y 21, 3; Ez. 43, 5.

[126] Ez. 37, 27-28.

[127] Fórmula del credo tomada de múltiples lugares de la Escritura, que aparece primero en Sal. 109, 1, y luego en Mt. 26, 64; Mc. 16, 19, etc.

Cristo ha sido depositada en el cielo, para que sirva de espectáculo a las aves celestes. Nosotros, por el contrario, sostenemos que Cristo está en un cielo adonde no pueden acercarse ni los ángeles. Está en el «tercer cielo», y allí y desde allí «lo llena todo». Fuera de todo lugar y fuera de todo cuerpo cuanto está su «cuerpo espiritual» en un «cielo nuevo», que «está dentro de nosotros» [128]. Sólo en Cristo está Dios, y en él el origen de toda deidad. Dios no alienta por otro modo que por el Espíritu de Cristo; a nadie habla, sino con la Palabra de Cristo; a nadie ilumina sino con la Luz de Cristo. El cuerpo de Cristo puede comunicarse a todos en la cena, congregándonos en uno con admirable unión, «para que seamos miembros de su cuerpo» por su carne y sus huesos [129]. El cuerpo de Cristo y el de la Iglesia forman una misma carne, del mismo modo que forman una sola carne la del varón y su esposa. Así como Eva estaba hecha de la carne y huesos de Adán, así también la Iglesia está hecha de la carne y huesos de Cristo. En este punto exclama Pablo: «¡Qué gran misterio!» (Ef. 5) [130]. Otro misterio similar es «la manifestación de Dios en carne» (I Tim. 3) [131].

[281]

He aquí, pues, tres misterios semejantes: Adán y Eva en una sola carne, Cristo y la Iglesia en una sola carne, Dios y el hombre en una sola carne. A estos tres misterios se refiere Pablo, al decir: «El varón es cabeza de la mujer, Cristo cabeza de la Iglesia, Dios cabeza de Cristo» (I Cor. 11) [132], y en los tres casos siempre por la conexión real que hay entre la cabeza y el cuerpo; pues de lo contrario, si separases el cuerpo de su cabeza, obtendrías un monstruo. Te encarezco que tengas en cuenta la semejanza entre estos tres misterios: así como Dios se hace una misma carne con el hombre por la encarnación, así también la mujer se une al varón en la misma carne del hijo, y Cristo forma una misma carne con la Iglesia en la cena.

Queda ya así al descubierto el error de aquellos que niegan que Cristo sea comido y pretenden que esté recluido en un único lugar del cielo. No saben dónde está Dios los que ignoran a Cristo [133]. Jamás hemos visto en el mundo otra cosa de Dios que a Cristo, ni la tendremos hasta el día del

---

[128] II Cor. 12, 2.

[129] Ef. 5, 30.

[130] Ef. 5, 32.

[131] I Tim. 3, 16.

[132] I Cor. 11, 3.

[133] *Deum ubi sit nesciunt qui Christum ignorant.* En varios de estos conceptos basará luego Servet su ataque a la teoría eucarística de Lutero y de Zwingli en el lib. II de la última parte de *Restitutio.*

juicio, en que Cristo nos presentará ante Dios Padre. Todas estas cosas te las proporcionará en abundancia Cristo en Jn. 14, si lees sus palabras sin indolencia; pues lo mismo que en la cuestión de la visión, así también en este caso del camino la consecuencia se desprende de aquellas palabras de Cristo: «¿No crees que el Padre está en mí? El Padre que está en mí es quien realiza las obras»; lo que no sería ver- [282] dad, si el Padre pudiera hacer en otra parte algo sin contar con él. Así como «todas las cosas fueron hechas por él», así también ahora todo se hace por él, y «sin él nada se hace». Nada existe en el cielo o en la tierra sin él (Jn. 1). El es esencia de todas las cosas, como decíamos de *jehovah*. El es *jehovah*, principio de todas las cosas naturales [134]. Ese esplendor que es forma de toda cosa, de Cristo proviene y en Cristo radica. «Todo consiste en él» (Col. 1). El es quien lleva, sostiene y soporta todas las cosas «con la palabra de su poder» (Heb. 1). El «nos ha hecho, nos sostiene y nos soporta» (Is. 46 y 63). «En él vivimos, nos movemos y somos» (Hch. 17). «El da vida a todas las cosas» (I Tim. 6). El sostiene con su Espíritu la vida de todo, «la crea y la recrea» (Sal. 103). El es nuestra vida y «prolongación de nuestros días» (Deut. 30) [135]. Igualmente, sin Cristo nada puede verse, ni oírse, ni hacerse. Esa luz que ves con tus propios ojos es resplandor de Cristo, imagen de su luz, y es suya. El sonido que oyes es espíritu de Cristo. Nada ha sido creado en este mundo sin que en ello resplandezca y actúe su Creador. Mezclado con todas las cosas de este mundo está Dios, la forma misma del resplandor de Cristo y el Espíritu vivificador de Cristo [136].

PEDRO.—Luego viendo una cosa cualquiera, ¿no sólo se ve a Dios, sino también a Cristo?

MIGUEL.—De algún modo, y sólo los creyentes; pues sobre todo se ha derramado la luz de Cristo, pero a quien principalmente se ve en Cristo es a Dios. En todo se puede «palpar» a Dios (Hch. 17) [137], pero principalmente en Cristo. En todas las cosas puede percibirse ese cierto olor del poder de Dios, pero principalmente en Cristo. Dios está en todas

---

[134] Jn. 14, 2 y 1, 3. Entiéndose bien: no que Cristo sea Dios mismo, en el más recóndito sentido del Jehová, sino con minúscula, según la etimología aceptada para esa palabra; véase antes lib. IV, p. 275 y ss.

[135] Sucesivas alusiones a Col. 1, 17; Heb. 1, 3; Is. 46, 4 y 63; Hch. 17, 28; I Tim. 6, 13; Sal. 103, 29 y Deut. 30, 20.

[136] Servet conserva el *immixtus*, que distingue de *unitus*, como antes distinguió entre mezcla y unión. Cfr. nota 55.

[137] «Para que buscasen a Dios, si en alguna manera, palpando, lo hallen», Hch. 17, 27.

las cosas, pero principalmente en Cristo, en quien únicamente se da la real y natural unión deífica, hipostática y admirable. En todas las cosas hay símbolo de la deidad de Cristo, dispensación secundaria de deidad, luz creada secundaria; en Cristo, en cambio, está toda la deidad sustancial y la misma luz increada y primaria.

En Cristo están las ideas primeras de las cosas, es decir, en su entendimiento; después, en las cosas mismas. Tal y [283] como antes de la creación estaban las ideas primeras en la sabiduría de Dios, de modo similar a como están en el alma, así están ahora en el infinito entendimiento de Cristo, en su propia alma. En el alma de Cristo está el conocimiento de todo, hasta «el de los cabellos de la cabeza». En él reside la plenitud de todo. En él está el conocimiento ejemplar de todo, y en él están verdaderamente los principios de todas las cosas. De Cristo fluyen hacia las creaturas todas las esencias [138]. Como los rayos de la segunda fuente solar, así irradian de él diversamente la deidad y las mismas formas ideales. Y así como hay muchos grados en esta luz solar, así también hay innumerables grados en las cosas corporales y espirituales. Incluso después de la resurrección, aunque ya no habrá luz solar, habrá, sin embargo, diversos grados de claridad y de gloria, igual que una estrella se diferencia de otra en su claridad. Cristo siempre será como el sol, y después de él los demás cada uno en su sitio. «Cada uno en su sitio, pero Cristo el primero» (I Cor. 15) [139]. Toda la plenitud de deidad que hay ahora en Cristo estaba ya exactamente igual y desde toda la eternidad en la forma de hombre.

PEDRO.—Los sofistas piensan sólo en la simple predestinación del hombre Cristo, cuando dicen que también hay una parecida predestinación sobre nosotros.

MIGUEL.—A partir de nosotros mismos vas a comprender ahora con toda facilidad cómo se engañan gravemente. Si distingues los miembros unos de otros, llegarás a la conclusión de que la mayor diferencia es la de la cabeza. Así como cada uno de nosotros posee un don distinto, así también desde la eternidad está diversamente predestinado. Desde la eternidad hay preparado un asiento de gloria y de luz sustancial distinto para éste y para aquél. Luego sobre nosotros no hay una sola, simple y parecida predestinación. ¿Qué decir, pues, de la cabeza misma? En ella hemos sido predes-

---

[138] Otra evidente muestra del platonismo que, sobreañadido a intuiciones empíricas de base, le sirve a Servet para mejor expresar sus interpretaciones cristianas.

[139] I Cor. 15, 23.

tinados nosotros, en ella estamos incluidos todos, y todos dependemos de ella. Tal como ahora están ordenadas todas las cosas en Dios, así lo estaban ya en él desde la eternidad, y a la cabeza de todas, Cristo [140].

Reflexiona sobre este orden eterno de Dios y sobre Cristo mismo constituido sobre todas las cosas. Nosotros, ciertamente, no podemos entender *a priori* qué era el λόγος en Dios, si no procedemos *a posteriori*, entrando por la puerta, por Cristo mismo. En esto se equivocaron todos los sofistas. Esto es lo que yo digo que hace falta entender: que Cristo fue el pensamiento primero de Dios, su razón ideal. En Cristo tenemos que considerar ante todo la plenitud de la luz de Dios, y llamarla antes en la misma forma *logos* y *elohim*. Debemos tener a Cristo por único objetivo, al modo como todo el arcano de la Palabra fue entonces la gloria de ese hombre futuro. Sin cambio alguno de su parte, Dios quiso y pudo manifestarse a sí mismo de esa manera. Sin cambio alguno de su parte, Dios quiere más a estos y menos a aquellos, y a Cristo mucho más que a todos. Sin cambio alguno de su parte, Dios se une más a éste y menos a aquél, y a Cristo mucho más que a todos. No hay cambio alguno en Dios, sino en las cosas mismas, más o menos cercanas a Dios según su posición. Son indecibles los modos como Dios sustenta todas las cosas, está unido a ellas y opera en todas ellas. Más aún, Cristo mismo es quien opera todo en todos, y Dios por él. ¿Quién negará que Dios pueda hacer esto por Cristo, cuando incluso por la deidad que hay en cualquier cosa podría crear un mundo nuevo y hacer así que ella operase en todas las demás? ¡Pues cuánto más podrá Cristo obrar «todo en todos», siendo así que en él reside «toda la plenitud de la deidad»! [141].

PEDRO.—Entonces, ¿es él quien hace la obra del pecado, el mismo pecado, tanto en el diablo como en el hombre?

MIGUEL.—Eso es lo que se verían obligados a admitir los estoicos y los magos con su «siervo arbitrio». No es correcto abolir el siervo arbitrio por el mero hecho de que Dios

[284]

---

[140] Estas consideraciones previas introducen al párrafo siguiente, en el cual Servet explica el método central de sus elucubraciones. No comenzar a hablar del Hijo de Dios segunda Persona de la Trinidad, lo cual argüiría un procedimiento apriorístico, sino del hombre Jesús, hijo de Dios, en cuya predestinación todos los hombres y las cosas han sido de algún modo predestinados. Con parecida recomendación se iniciaba el lib. I de *Restitutio*, así como el de *DeTrErr*. Es su «esencia del cristianismo».

[141] Col. 2, 9, texto discutido en el lib. II. La ampliación a «la deidad que hay en cualquier cosa» para los fines ahí indicados ha dado ocasión, junto con varios textos fácilmente identificables, a la facilona acusación de panteísmo contra Servet.

opere en nosotros, pues lo que Dios hace en nosotros es precisamente que obremos con libertad [142]. El procedimiento es admirable, pues hay varios modos de actuación divina, como variado es su poder y su espíritu. Como si la acción no hubiera sido declarada pecado, él la mantiene en su condición natural y contribuye a la esencia de lo hecho; sin embargo, el buen espíritu nos sale al paso, sugiriendo que no se haga. Dios odia el mal hecho, pero no retira su ayuda natural para obrar. Así quiere que sea el artificio de la libertad, responsable del aspecto pecaminoso. Dios es libre y así comunica de distintas formas, como quiere, su libertad [143]. [285]

Tendríamos que concluir que hasta en el Creador es siervo el albedrío, si no viésemos relucir en las creaturas otra cosa que el siervo albedrío; sobre todo en las que son verdadera imagen de Dios y en las que resplandece la mente divina [144]. Si Cristo tiene plenamente libre albedrío, también tenemos algo nosotros, dotados de su espíritu y libertad y partícipes suyos en todo. Pero de todo esto en otro lugar [145]. Por ahora, para que no falte nada a la gloria de Cristo, afirmamos firmemente que Cristo posee libre albedrío, y que así como libremente lo puede todo, así también libremente puede volver a la cordura a los que hoy están fascinados por ese «siervo albedrío».

PEDRO.—Ellos razonan así: lo que Dios ha conocido y ordenado antes ya no puede ser de otra manera.

MIGUEL.—Falsamente suponen ellos tiempo en Dios, de ahí que incurran en falsedad. Lo que ahora sucede no sólo lo conoce Dios desde la eternidad, sino que lo ve presente a sí mismo: ve que sucede libremente y así quiere que suceda [146]. De lo contrario, ni Cristo sería libre en sus obras, pues, según ellos, Dios ya las había conocido y ordenado. Del hecho de que para Dios no hay nada futuro concluye Filón, en su libro *Sobre el mundo*, que el libre albedrío se

---

[142] Dentro de esas dos categorías cabe entender no sólo a los estoicos mismos, signados por su sumisión a la fatalidad de la naturaleza, sino especialmente la doctrina calvinista de la predestinación estricta, atacada por Servet siempre que halla oportunidad. El de mago es un insulto que dio a Calvino muy frecuentemente, en las *Cartas* y durante el proceso, como puede verse en *Calv. Op.* VIII, 515-553, y en *Kingdom, op. cit.*, quien lo transcribe. *Deus agit in nobis id ipsum, ut libere agamus.*

[143] *Sicut Deus liber est, ita liberam illam facultatem, ut vult, varie communicat.*

[144] Argumento óptimo para exigir que al menos el hombre sea libre.

[145] Servet es cauto: *aliquid.* En otras ocasiones no olvida mencionar que al menos *algunas veces* nos sentimos libres. Cfr. pp. 54, 301, 383, 568 de *Rest.*

[146] Alusión a la doctrina de Valla, mencionada antes, en el lib. II, p. 192.

compagina con la providencia en el hombre, en quien resplandece la mente divina [147].

PEDRO.—¿Cómo es que el hijo recibió en su resurrección gloria y poder, si los tenía antes naturalmente?

MIGUEL.—No es natural que el hijo posea inmediatamente todo lo que es de su padre. Lo que se debe naturalmente al hijo es toda la herencia y gloria de su padre; y ello una vez que ha sido confirmado el testamento con su muerte. Por divina disposición no logró Cristo plenamente toda la gloria y poder del Padre hasta que el testamento fue ratificado con su propia muerte y glorificado en su pasión. Pero a partir de aquella glorificación, de tal manera posee ya Cristo todas las cosas, que no hay nombre, ni gloria, ni poder, ni honor que correspondan a Dios, que no le correspondan también a él. Aunque puedes presentar algún nombre especial que sólo corresponde a Dios Padre, como el de «no engendrado» y «padre de Cristo», sin embargo, cualquier otro título que implique gloria o poder con respecto a nosotros corresponde tanto al hijo como al padre; incluso se atribuye al padre por medio del hijo. Necesariamente tienen que ser un único nombre, puesto que son uno. Su nombre es verdadero Dios, creador, omnipotente, verdadero *jehovah*.

A él sólo, que reina con Dios Padre, en unidad de sustancia y de espíritu, sea por siempre la gloria, el imperio y todo poder.

Amén.

---

[147] Filón de Alejandría (40/30 a.C.-40/50 d.c.), *De opificio mundi*, 52, 149: «Dios el hacedor conoce bien las diferentes piezas de su obra y las facultades que van a desarrollar en un tiempo posterior, en una palabra, sus acciones y experiencias.» Cfr. WOLFSON, *Philo* (Cambridge: 1947), vol. I, pp. 445-455 para ver cómo Filón coordina la providencia divina (es decir, la previsión divina, *forknowledge*) y la libertad humana. Por otra parte, no se olvide que Servet adviene al conocimiento *directo* del filonismo un tanto tardíamente, pues aunque la primera impresión parcial de obras suyas latinas es de 1520, París, su primera impresión en griego no se realiza hasta 1552. Así sabemos que Servet tuvo aún tiempo para introducir términos filónicos griegos en *Restitutio*, superando expresiones previas, algunas de las cuales constan en el *MsPa*, como se hizo notar oportunamente, pp. 53-54.

PARTE TERCERA

TRES LIBROS

SOBRE LA FE
Y LA JUSTICIA DEL REINO DE CRISTO
QUE SUPERA LA JUSTICIA DE LA LEY
Y SOBRE LA CARIDAD

PROEMIO

Ya tenemos abierta la puerta para que, entrando por [287]
ella, podamos entender siempre bien todas las cosas[1]. Ahora ha de abrírsenos la puerta misma de la fe cristiana para
que, entrando por ella, podamos obrar siempre bien en todo.
Hasta el momento no nos ha sido dado aún ni el bien entender, ni el bien obrar.

¿Quién no llorará, en este punto, la gran calamidad del
cristianismo: que todos digamos que somos cristianos, cuando ni conocemos la fe cristiana, ni obramos de acuerdo
con ella? No sólo se yerra en la fe desde hace tiempo, sino
hasta en la caridad y en las obras. No puede distinguirse
bien un cristiano de un judío, no se conoce el reino de
Cristo y se ignora el valor de la justificación. Mas, echado
el primer fundamento de la fe cristiana, no será difícil la

---

[1] Esa puerta es el conocimiento de la realidad de Cristo-hombre-hijo-de-
Dios, según Jn. 10, 7 y 9, y Ef. 2, 18, que Servet considera correctamente expuesta en los tratados precedentes. Téngase en cuenta que estos tres libros
vienen a corresponder en líneas generales al breve tratado juvenil en cuatro
caps. *De iusticia regni Christi ad iusticiam legis collata, et de charitate*, publicado adjunto a *DialTr* en Hagenau en 1532, cuyo material ha sido ampliado y
sistematizado para formar parte de *Restitutio*. Se citarán algunas de sus frases importantes no recogidas aquí como *DeIust*, siempre por la ed. facs. de
Frankfurt, de 1966.

explicación de lo demás, que voy a tratar de resumir en tres libros. En el primero proclamaré la fe que justifica y el reino de Cristo. En el segundo contrastaré la Ley con el Evangelio y distinguiré el cristiano del judío. En el tercero recomendaré el valor de la caridad con respecto a la fe, y las obras.

¡Que Jesús el Cristo nos ayude, para que todo ceda en provecho nuestro!

LIBRO PRIMERO

SOBRE LA FE Y LA JUSTICIA DEL REINO DE CRISTO

Capítulo Primero

SOBRE LA FE

En este Lib. I, dividido en cuatro capítulos, explicaré en [288] primer lugar la fe cristiana; luego indagaremos su esencia; en tercer lugar diremos cómo los cristianos ya estamos justificados y salvados por la fe; en el cuarto anunciaremos cómo ya ha venido el reino de Cristo.

En torno a la fe cristiana han surgido en nuestro siglo algunas cuestiones [2]. Primera: qué y cómo es esa fe. Segunda: si la fe sola justifica. Tercera: si añaden algo las obras. La mayor parte afirma hoy con razón que la fe sola justifica; pero ignora por completo de qué fe se trata. Y eso es indicio de un grave error, pues cada cual se inventa una fe nueva, cada cual la define a su manera, y así difieren unos de otros, sin que ninguno de ellos intente definirla con el verbo «creer». Pretenden que antes los judíos habían tenido una fe pareja y que habían sido iguales a nosotros, como si la venida y la regeneración de Cristo no hubicra aportado al mundo nada nuevo, ni nueva alianza, ni nuevas creaturas. Imaginan una fe muy complicada, se atormentan mutuamente por una u otra causa y acaban menospreciando la caridad y las obras, y desprestigiando el bautismo y la cena.

---

[2] Muy bien resume Servet en estas tres cuestiones las muy diversas que se agitaron en los variados círculos reformadores: concepto de fe, solafideísmo, poder salvífico de las obras. Añade el tema de la relación entre AT y NT. La postura personal de Servet va a ser independiente y, en consecuencia, aparentemente ecléctica. Varias páginas suenan totalmente ortodoxas incluso bajo un prisma católico.

Pero, dejando por ahora todo esto, voy a tomar otro camino más sencillo para tratar con ellos, y de este modo con toda facilidad voy a poner de manifiesto la verdadera fe católica. Voy a presentarles mil y aun todos los lugares de los evangelios en los que se hace mención de creer: «Convertíos y creed», «¿crees?», «cree», «creo»; «si crees con todo tu corazón», «el que creyere», «si creyereis», «para que creáis». Que digan ahora, ¿qué es lo que se te manda creer con todo tu corazón? ¿Qué es lo que creyéndolo nos salvaremos? Y que vean qué es lo que responde en innumerables ocasiones Cristo, que vean lo que responden Pablo y Silas, pues a uno que les preguntaba qué tenía que hacer para salvarse le respondieron: «Cree en el Señor Jesús y serás salvo» (Hch. 16). Luego la salvación consiste en creer, y en creer consiste la justicia, «si se cree de corazón para justicia» [3]. Que *fe* proceda de *creer*, lo da a entender la misma etimología del término, pues a la fe en la lengua evangélica se le llama πιcιc, del verbo πιcεύω, que significa creer [4]. También en hebreo *fe* proviene de *creer*, aunque el verdadero sentido y fuerza del verbo *creer*, a tenor del sentido de la expresión hebrea רֶאֱמִין , *heemin*, no significa simplemente asentir, sino asegurarse con firme confianza. Asimismo, en latín *fides*, fe, viene de *fidere*, confiar. Por tanto, *creer* es verdaderamente un creer firme y confiado. En este sentido precisamente aconsejamos que se utilice la palabra *creer*, siempre que se trate de la fe verdadera. Este sentido de *fe* y de *creer* se demuestra en el caso de Abraham; pues Abraham, padre de los creyentes, fue justificado por haber creído con firme confianza (Gen. 15). Eso mismo denota ahí el término *heemin* [5]. En el Nuevo Testamento todos cuantos fueron justificados lo fueron porque creyeron firmemente, porque creyeron de verdad, porque creyeron confiando.

Pero, ¿qué es lo que creyeron los apóstoles? ¿Qué era aquella gran πληροφορία de Pablo? ¿Qué es lo que creyó Pedro firmemente? Creyó que aquel Jesús era «el Cristo, el hijo del Dios viviente» (Mt. 16; Jn. 6) [6]. Siempre enseñó Cristo que esto era lo que había que creer, y otorgó su reino a los que con esa confianza creyeron en él. Dios mismo nos enseñó desde el cielo que era esto lo que había que creer, repitiéndolo en el Jordán y en el Tabor, para que fuese más

[289]

---

[3] Alusiones a Hch. 16, 30 y a Rom. 10, 10.
[4] Error tipográfico en vez de πίστις y de πιστεύω.
[5] En Gen. 15, 6.
[6] No es ese término, sino πλήρωμα el empleado por Pablo en textos de Ef. 1, 23. 3, 19. 4, 13 y Col. 1, 19 y 2, 9 para referirse a Cristo o a la Iglesia como *plenitud* de Dios. La confesión de Pedro, en Mt. 16, 16 y en Jn. 6, 69.

firme nuestra fe. Dios mismo nos predicó así desde el cielo este evangelio: «Este es mi hijo, los que creen en él me complacen». Cree, y complaces a Dios. Que esto haya que creerlo así, siempre lo enseñaron los apóstoles y todos los discípulos. En esa fe fueron justificados ellos, como dice Pablo: «Nosotros hemos creído en Cristo Jesús para ser justificados» (Gal. 2). «Por él es justificado todo el que cree» (Hch. 13). Esta es «la fe en Cristo» por la que han sido justificados los santos (Hch. 26). Esta es la fe en Cristo que purifica, justifica y salva, como afirma Pedro en concilio con Pablo y todos los demás apóstoles (Hch. 15) [7]. Esta fe es fundamento de la Iglesia, pues por ella fue proclamado Pedro «bienaventurado»: porque creyó que este Jesús es el Cristo, el hijo de Dios. En ninguna parte del texto evangélico encontrarás el verbo *creer*, sin que se mande creer esto. En ninguna parte se hace mención de la fe, sin que se refiera a esta fe. Así, pues, resulta un verdadero crimen querer presentar la fe de otra manera.

[290]

Considera, lector, con qué eficacia, con qué vigor de expresión dijo Juan: «El que creyere que Jesús es hijo de Dios, permanece en Dios, y Dios en él»; y «Todo el que cree que Jesús es el Cristo, ha nacido de Dios», y «¿Quién es el que vence al mundo, sino el que cree que Jesús es hijo de Dios?», y «Si creéis que ese Jesús es hijo de Dios, tendréis vida eterna en su nombre». Escucha cómo el propio Cristo enseña constantemente que es obra de Dios y que la vida eterna está ya presente, si creemos que él es hijo de Dios (Jn. 3, 4, 5 y 6, y en otros muchos lugares) [8]. Jamás hizo nada sino para que creamos que él es hijo de Dios. Tal es para mí el fundamento perpetuo. Cristo es mi único evangelista. Cristo mismo predicó el evangelio del reino, proclamando hasta la muerte que él es hijo de Dios y anunciando toda suerte de venturas a los que lo creen. Por esa verdad murió, por decir que era hijo de Dios. Toda la predicación de los apóstoles trata de esto mismo: de persuadir a todos de que este Jesús es el Cristo, hijo de Dios y salvador del mundo. A la predicación de esta fe en Jesús fue destinado el apostolado de Pablo (Hch. 26; Rom. 1 y 16). Por esta fe oró Cristo por Pedro, para que no fallase su fe, aquella precisamente con que confesó que Jesús era hijo de Dios. Por nosotros

---

[7] Texto de Servet: *Hic est filius meus, in quo mihi placent credentes*, distinto al de la Vulgata, *in quo mihi complacui*, de Mt. 3, 17 y 17, 5. Cita luego Gal. 2, 16; Hch. 13, 39. 26, 18 y 15, 9.

[8] Se refiere a palabras de Jn. 3, 16 y 36. 4, 25 y 42. 5, 6 y 69.

que creemos en él ruega Cristo al Padre (Jn. 17)[9]. Esta es la fe que nos hace hijos de Dios: «A los que creen en su nombre les dio potestad de ser hechos hijos de Dios» (Jn. 1). «Sois hijos de Dios por la fe en Cristo Jesús» (Gal. 3). De esta fe viene el don del Espíritu santo: «Hemos recibido el Espíritu santo por haber creído en Cristo Jesús» (Jn. 7; Ef. 1; Gal. 3; Hch. 11 y 19)[10].

[291]

Repasa estos lugares citados, lector, atendiendo sobre todo a qué es lo que creyeron ellos, cuando en los textos se dice «después que creímos» o «después que creísteis». Esta fe en Cristo hizo en Antioquía los primeros *cristianos* (Hch. 11)[11], pues ¿de qué puede llamarse a uno cristiano, sino de su fe en Cristo? ¿Acaso la fe de los cristianos no consiste en creer de verdad que éste es el Cristo, nacido de Dios? Si eres cristiano, ¿por qué te crees verdaderamente cristiano? ¿Cuál es la fe de los cristianos? Y aún te preguntaría más: ¿Qué entiendes por «nuevo» Testamento? ¿Qué por evangelio de Cristo? ¿Qué habrá que predicar, cuando se les dice a los apóstoles: «Predicad el evangelio»? ¿Qué habrá que creer, cuando se nos dice a nosotros: «Creed el Evangelio»? A mí no me basta con que muestres este libro escrito por los evangelistas, pues antes de ponerse por escrito ya había sido predicado el evangelio por Cristo[12]. En los Evangelios escritos hay, como dice Lucas, cierta narración, narración de hechos de Cristo encaminada a un solo fin: que creamos que Jesús es el Cristo hijo de Dios salvador. Así lo atestigua Juan: «Estas cosas se han escrito para que creáis que Jesús es el Cristo hijo de Dios, y para que creyendo tengáis vida en su nombre» (Jn. 20)[13]. Mira cómo todo el evangelio de Cristo es anuncio de salvación para los que así lo creen. Que por tal motivo fueran escritos los Evangelios lo atestigua Juan. Que por ese motivo fueran escritas las Epístolas y vaticinios de los profetas lo enseña Pedro: «Para que creamos que Jesús es hijo de Dios (II Pe. 1)[14]. Todas las Epísto-

---

[9] *Hoc mihi est perpetuum fundamentum. Christus est mihi unicus evangelista.* Citas de Jn. 17, 20. Y antes, de Hch. 26, 18; Rom. 1, 4 y 16, 25.

[10] Jn. 1, 12; Gal. 3, 26; Jn. 7, 39; Ef. 1, 13; Gal. 3, 2; Hch. 11, 15-17 y 19, 2.

[11] «Y los discípulos fueron llamados cristianos primeramente en Antioquía», según Hch. 11, 26.

[12] A pesar de su biblismo, Servet antepone la auténtica tradición a la consignación escrita, la cual es de inferior categoría a la inspiración y la ley espirituales. «Las Escrituras fueron sobreañadidas para exhortación y recuerdo, a fin de que no perezca la doctrina por influjo del Anticristo», dice en la *Carta 24 a Calvino* (p. 646 del texto original de *Rest.*, ed. A. ALCALÁ, Madrid: Castalia, 1980, p. 175).

[13] Jn. 20, 31.

[14] II Pe. 1, 3 y 25.

las de Pablo y de los otros no son otra cosa que documentos para edificar sobre el fundamento de Cristo, puesto que a los que las escribían ya antes les habían predicado que Jesús es el Cristo hijo de Dios. Antes de escribir nada los apóstoles y evangelistas, ya Cristo había predicado el evangelio anunciando venturas y el reino de Dios a los que creyeran en él; ya la Iglesia había sido fundada sobre este artículo de fe, como sobre roca solidísima; ya Cristo había promulgado la doctrina de fe y rubricado el nuevo testamento con su sangre.

Si, pues, aún no sabes que la religión y la fe de los cris- [292] tianos consiste en creer en Jesús el Cristo hijo de Dios, te aseguro que ni eres cristiano, ni tienes alianza alguna con Cristo. Esta es la alianza de nuestra salvación, y en señal de esa alianza se nos da en prenda el Espíritu santo. De ella se ha dicho: «El que no crea se condenará». Esta es la palabra evangélica que purifica los corazones. Esto es lo que se ha encomendado predicar a todos los apóstoles: «Nos encomendó, dice Pedro, predicar que él ha sido ungido por Dios como juez de vivos y muertos, y que todo el que cree en él recibe el perdón en su nombre» (Hch. 10). Esta sola predicación de Pedro convertía a los gentiles a la fe en Cristo, y semejante a ella era la primera predicación de Pablo entre los judíos (Hch. 9) [15], buscando sólo una cosa: que este Jesús es el Cristo hijo de Dios. Luego todo el que no cree que este Jesús es el Cristo hijo de Dios, ni tiene idea del evangelio, ni es cristiano, ni se ha enterado jamás de la predicación de Cristo. No tiene que maravillarnos que predicar que Jesús es el Cristo hijo de Dios les pareciese entonces «a los judíos un escándalo y una tontería a los gentiles», pues también hoy se escandalizan y tienen por tontos a los que se confiesan cristianos. Más aún, ni quieren oír ni creer que Jesús es hijo de Dios; sino que con Caifás exclaman: «¡Ha blasfemado, pues ha dicho: Soy hijo de Dios! ¡Reo es de muerte, pues se hace hijo de Dios! ¡Crucifícalo, crucifícalo, pues siendo hombre se hace hijo de Dios!» Clarísimamente, en efecto, decía ser hijo de Dios, y como tal fue clarísimamente reconocido por pescadores, centuriones y mujeres, y pueblo llano, a pesar de las constantes reclamaciones de parte de fariseos y sofistas. Totalmente perdida está esta nación, pues creyendo saber algo más sublime sabe menos que un idiota. Los sofistas ni creen en Dios, ni en Cristo; pues, como dice Juan, creer en Dios es creer que es verdadero el

---

[15] Hch. 10, 38 y 42, y 9, 20.

testimonio que ha dado de su hijo (I Jn. 5)[16]. Y ha dado testimonio con aquella voz escuchada del cielo: «Este es mi hijo.» Ya ves cómo en las Escrituras siempre se llega a la conclusión de la fe en Cristo. Los que creéis en Dios, dijo Cristo, en mí creéis; como «el que me ve a mí, ve a Dios». [293] Así pues, lector, ve y cree y no te extrañe si te urjo esta fe. Siempre he dicho, digo y diré que todo ha sido escrito para que creamos que este Jesús es hijo de Dios. Este es el mandato que Cristo recibió de su Padre: declarar que él era el Mesías. Para anunciar eso fue enviado el propio Cristo. Y por eso murió, por decir que era hijo de Dios. El es el apóstol de nuestra confesión, de esa precisamente de la que dio testimonio delante de los pontífices y de Pilato, confesando sinceramente que él era hijo de Dios y rey de los judíos.

Pablo siempre predicó esta fe, y si en alguna ocasión habla imprecisamente de la fe, en seguida precisa que se trata de Cristo, para que esa fe sea siempre la fe en Cristo. Tanto de sus predicaciones como del mandato de predicar se desprende que él sólo predicó esa fe, aunque en sus discusiones adujera ejemplos de la antigüedad para su comprobación. El apostolado de Pablo se funda en aquellas palabras de Cristo: te envío a los gentiles «para que abras sus ojos de ciegos y se conviertan de las tinieblas a la luz, del poder de Satanás a Dios; para que reciban remisión de sus pecados y tengan parte con los que han sido santificados, por la fe que se refiere a mí»[17]. Ya ves cómo aquí se habla de la fe por la que fueron justificados los santos. De ahí que Pablo, entrando acto seguido en la sinagoga, «predicaba que ése era hijo de Dios», afirmando constantemente «que ése era el Cristo» (Hch. 9). «Este, decía, es Cristo a quien yo os anuncio» (Hch. 17). «Durante todo el sábado discutía, tratando de persuadir a los judíos de que Jesús es el Cristo» (Hch. 18). La misma fe predicó el gobernador Félix (Hch. 24). De viva voz da testimonio de haber predicado siempre esta fe (Hch. 20)[18]. A los romanos, a los corintios, a los gálatas y a otros les escribe que fue enviado a predicarles esta fe, según el mandato recibido. Quisiera que reflexionaras sobre cómo estaba en aquel entonces la población gentil y judía, y sobre qué clase de fe podía adquirirse por estas predicaciones. Son claras las confesiones y demostraciones de fe de Juan Bautista, de Natanael, de Marta, de la Samaritana, [294]

---

[16] «El que cree en el testimonio de Dios, tiene testimonio en sí mismo; el que no cree en Dios, le ha hecho mentiroso», I Jn. 5, 10.

[17] Hch. 26, 18, con alusions implícitas a Mt. 10, 16 y Lc. 4, 19.

[18] Siempre Hch. 9, 20. 17, 3. 18, 4. 24, 24 y 20, 21.

del Centurión, del Eunuco, de los sordos que recibieron el oído, de los ciegos que fueron iluminados y de los demás, todos los cuales son alabados por esta fe: porque creyeron confiadamente que éste era el Mesías hijo de Dios. ¡Ojalá creyesen ahora los sofistas con la fe y sencillez de aquéllos, sin esas ladinas argucias y sin la guasa de los *idiomas!* [19].

No será fábula esta historia, si con segura fianza crees que éste es el Mesías engendrado por Dios, tu salvador. Por esa fianza ahora mismo eres justificado por el propio Cristo, aunque hayas sido el peor de los ladrones (Lc. 23); aunque no hayas hecho ninguna obra, como aquel ladrón, según dice Pablo: «Aun al que no obra» (Rom. 4). «No por las obras viene la salvación de Cristo, para que nadie se gloríe» (Ef. 2; II Tim. 1). «Si es gracia, no es por las obras» (Rom. 11). Pura gracia es que «seamos justificados por creer en Cristo» (Gal. 2). «Por este Jesús es justificado todo el que cree» (Hch. 13). «Todo aquello, dice, de lo que no pudisteis ser justificados por la Ley, se os perdona ahora si creéis en Cristo.» La justicia de Dios se derrama por todos y sobre todos los que creen en Cristo» (Rom. 3). «Cristo es la justificación para todo el que cree» (Rom. 10) [20]. Perfecta cosa es la justificación y perfecto el don que ahora se nos da. A los que creen en Cristo no se les promete una salvación futura, sino que se les da actual. De ahí que diga Jesús: «Tu fe te ha salvado.» Nos ha hecho salvos, nos ha rescatado del poder de las tinieblas, nos ha trasladado a su reino celestial, porque hemos creído. Las promesas hechas en otro tiempo se te dan ahora mismo por medio de esa fe. Tal es la eficacia de ese simple acuerdo con Cristo. Y ello por gracia. Así plugo al Padre celestial apreciar esa fe en su hijo y vivificarla por el nuevo Espíritu.

Hoy son muchos los que se apañan una fe de mera promesa, sin caer en la cuenta de que dar es mucho más que prometer; como si en el evangelio Cristo sólo hiciera promesas y no diese [21]. Los hebreos creían antiguamente en las promesas, que entonces no alcanzaron realmente, sino que las esperaban en el futuro. A nosotros, en cambio, nos es dado creer en aquél que cumple sus promesas y concede mucho más de lo que había prometido. A los creyentes en

[295]

---

[19] Uno de los muchos textos en que Servet reclama la *simplicitas* de la fe, frente a las complejidades racionales de los «sofistas» y los «metafísicos». Alude a la *comunicación de idiomas*, ya comentada antes, p. 136.

[20] Citas sucesivas de Lc. 23, 41-43; Rom. 4, 5; Ef. 2, 9; II Tim. 1, 9; Rom. 11, 6; Gal. 2, 16; Hch. 3, 22 y 10, 4.

[21] Eco de la discusión con Calvino a este respecto en las *Cartas* 8 y 9, ed. cit., pp. 97-108.

Cristo se les da ya ahora el reino de los cielos, la vida eterna, presente ya ahora, y el pasar de la muerte a la vida. Así lo dice Cristo: «El que cree en mí, tiene vida eterna», ha pasado «de la muerte a la vida», a una vida eterna, para ya desde ahora gustar de lo celestial. Cristo da a los creyentes muchas más cosas y más sublimes que las que había prometido: su naturaleza divina, su cuerpo, su espíritu, su reino, a sí mismo todo entero, para hacernos partícipes suyos, amigos y coherederos y compartir su reino en el cielo.

Replican ellos que tal fe en Cristo es una fe histórica e inútil, pues también los demonios creen que Jesús es hijo de Dios. Respondo: «los demonios creen y se estremecen» [22]; nosotros, en cambio, creemos confiados y creyendo recibimos. Nosotros creemos al hijo de Dios; los demonios no le creen. Los demonios creen temiendo que él es el hijo de Dios que viene a perderlos; nosotros creemos confiando que es el hijo de Dios que viene a salvarnos y a liberarnos del poder del demonio. Yo declaro que creo que él es el hijo de Dios muerto y resucitado por mi salvación, el que me da todo, incluido el cielo y él todo entero. Esto es fe verdadera, confianza segura y vivo convencimiento de que Jesús es hijo de Dios, mi salvador, que me salva gratis por fiarme de él, y que no sólo me promete, sino que me da ya ahora el reino de los cielos [23].

Más aún. Creer sencillamente que él es hijo de Dios contribuye a la salvación del hombre y a la condenación del demonio. Pues la fe, aunque modesta al principio, luego va creciendo en nosotros como una semilla pequeña que se hace árbol. Del mero hecho de creer que éste es hijo de Dios se sigue todo lo demás, tanto a favor nuestro como en contra de los demonios. Pues si es hijo de Dios, es heredero del reino eterno de Dios. Luego ha sido ungido rey para siempre. Luego es el Mesías. Luego es el salvador, libertador y bienhechor de sus partidarios y amigos, no de sus enemigos los demonios. Esta fe lleva consigo la penitencia y la detestación de los pecados; pues no puedes creer de verdad que es el hijo de Dios muerto para borrar tus pecados, si no aborreces todo aquello por lo que tanto padeció. Esta fe viva va necesariamente acompañada de la esperanza y de la

[296]

---

[22] Como se dice en Sant. 2, 19. Respuesta de Servet: *Nos autem fidentes credimus, et credentes accipimus.*

[23] Esta frase equivale a una definición: *Hæc vera fides est, firma fiducia ac viva persuasio de Iesu filio Dei, salvatore meo, qui me sibi fidentem gratis salvat et regno cælorum nunc donat, non tantum promittit.*

caridad, y de sus obras correspondientes, como luego explicaré en el Libro tercero [24].

Cuanto puedas añadir sobre las promesas, todo es consecuencia de la fe, como lo secundario de lo principal; pues si crees que es hijo de Dios, crees que es veraz en sus promesas y que cumple lo prometido. Si crees que es hijo de Dios, crees que tiene el poder y la bondad de Dios, el cual así como aborrece el mal así también enseña el bien. Si es hijo de Dios, al venir como rey trajo consigo los dones de Dios, regenerando al mundo con su regeneración, aboliendo la muerte con su propia muerte y trayendo nueva vida con su resurrección. Al venir como rey, consigo trajo a los hombres el reino de Dios, el «nuevo cielo» y el «nuevo espíritu», para hacer nuevas las creaturas, nuevo todo [25]. Quien no está completamente seguro de todo esto, no sabe qué es ser hijo de Dios; y así no puede creer bien lo que entiende mal, por más que diga que cree. Por tanto, los que hacen a los judíos iguales a nosotros, ni creen de buena fe, ni entienden que ha venido a nosotros el rey y nos ha traído el reino de los cielos. Esos tales no aceptan ninguna innovación obrada por Cristo [26].

Nosotros, en cambio, conocemos muchas más cosas en el hijo de Dios y las creemos seguras. Quien de verdad cree que éste es el hijo de Dios, cree que en él está «toda la plenitud» de Dios. El hijo de Dios lo es todo para nosotros y lo encierra todo. El es nuestro padre, hermano, señor y amigo; él es sacerdote, templo, altar y víctima; él es justificación, redención y todo lo demás. De que sea hijo de Dios se siguen muchas más cosas de las que aquí se pueden relatar, principalmente todo cuanto dijimos en otra parte [27] acerca del *homousios*, el poder y la gloria, y la visión, culto y adoración a Dios. Por lo que aquí se refiere, de esta fe se desprende claramente la remisión de los pecados, la amistad con Dios, la reconciliación, la justificación, el don del Espíritu y todas las peticiones que hacemos con fe, incluidos los milagros, si el Espíritu santo vivifica nuestra fe hasta ese punto. Pues son muchos los grados de la vida de fe. Se llama

[297]

---

[24] Nótese desde luego el talante fiducial y no intelectual que primariamente atribuye Servet a la fe, presupuesto que el objeto de ésta en cuanto salvadora es creer en Jesús hijo de Dios, en el sentido estricto explicado en toda la I y la II Parte de *Restitutio*. En este aspecto está más cercano a los reformadores. Por el contrario, en su exigencia del valor de la caridad y las obras, vuelve a manifestarse en mayor consonancia con la tradición católica.

[25] Frases de Ap. 21, 1-5.

[26] Nueva alusión a Calvino. *Et ita non bene credit quod male intelligit, quamquam credere se dicat.*

[27] Cfr. antes, lib. I de la I Parte, pp. 9-14 de *Rest.*, y *passim*.

«fe como un grano de mostaza» a aquella que con el espíritu tiene el poder de enardecer[28]. Pero aunque no progresemos hasta ese punto, siempre tenemos que creer que este Jesús es hijo de Dios, salvador de los creyentes. Tal es la fe católica predicada por eminentes doctores, por Dios mismo al hablar desde el cielo, por el Espíritu santo al descender en forma visible, por Juan Bautista, por los ángeles, por el mismo Cristo, por todos los apóstoles, por todos los discípulos, y antes por todos los profetas.

CAPÍTULO SEGUNDO

SOBRE LA ESENCIA DE LA FE

Hemos hecho una clara exposición de la predicación de la fe, tal como fue realmente, para que así todos podamos creer con esa claridad. Ahora vamos a indagar en lo más íntimo de ella, para no ser tildados de superficiales por los sofistas, caso de que nos limitemos a enseñar vulgaridades. Precisemos, pues, cuál es la esencia misma de la fe, dónde radica, cuál es su causa, cómo se forma en nosotros, hasta qué punto es espontánea y si es acto o hábito.

Afirmamos que la fe es esencialmente confianza, un acto por el cual, movidos por un cierto impulso del corazón, creemos a Cristo y creyendo de esta forma somos vivificados por su Espíritu. Este acto de creer, que radica en el corazón, es voluntario y lleva consigo otro acto de la inteligencia[29]. Pero, antes de entrar en pormenores, vamos a comentar algunos dichos de otros en este asunto.

Para unos la fe consiste en reconocer la benevolencia de Dios para con nosotros. Para otros fe es alcanzar justicia. Para otros es el convencimiento de que se le han perdonado sus propios pecados. Para otros, la estipulación de las promesas. Todos éstos se imaginan unos miembros sin cabeza, [298] o sea, prescinden de lo principal y se interesan por lo secundario[30].

A los primeros les respondería así: por la fe nosotros

---

[28] *Multi enim sunt gradus fidei*. Y alusión a la breve parábola del grano de mostaza, en Mt. 13, 3 y 17, 19 y paralelos de Mc. y Lc.

[29] Muy clara fórmula de la interrelación de afecto, voluntad y entendimiento en la génesis del acto de fe según Servet: *Voluntarius est hic actus credendi in corde situs, alium intelligendi actum adiunctum habens.*

[30] Diversos conceptos parciales de fe que no resulta factible adscribir a uno u otro autor determinado del tiempo mismo de Servet.

conocemos y, lo que es más, experimentamos realmente la benevolencia de Dios para con nosotros; pero la fe de suyo consiste en creer. La esencia de la fe no puede definirse correctamente como conocimiento intelectual, puesto que ni radica en el entendimiento, ni es de tipo cognoscitivo, aunque lleve anejo el conocimiento. Que el conocimiento vaya anejo a la fe, lo enseñó Bernabé, citado por Clemente Alejandrino en el Lib. II de su *Stromata* [31]. Lo mismo habría que decir a los segundos: por la fe nosotros alcanzamos, porque creyendo alcanzamos tanto la justicia como los demás dones de Cristo; pero la fe de suyo consiste en creer. También a los terceros les diría que por la fe se nos perdonan realmente los pecados, pero que la fe de suyo versa sobre Jesús el Cristo hijo de Dios. Contra los cuartos negamos que la fe sea una estipulación, pues la fe no actúa contra Dios como contra un deudor obligado. Por la fe en Cristo hemos recibido las promesas, pero la fe se refiere a Jesús el crucificado: la fe recta y verdadera está dirigida a Cristo como a su propia meta. Es él quien, recompensando generosamente esta fe, da por añadidura los dones predichos para que conozcamos, alcancemos, recibamos el perdón de los pecados y las promesas, e incluso reinemos con él en el cielo. Si hubiese lugar a las definiciones expresadas por los adversarios, por la misma razón habría que definir la fe como audacia, ya que por la fe alcanzamos la audacia (Ef. 3) [32], o como fortaleza, continencia, castidad, etc. Incluso habría que decir que la fe es la caridad.

Objetan otros que la fe es «sustancia de lo que se espera» (Heb. 11) [33]. Respondo que la sustancia o fundamento de todo es la confianza en Cristo. Ahora bien, ¿por qué dijo ahí el apóstol que la fe tiende sólo hacia las cosas futuras? Respondo. Como él escribe a los hebreos, recomendándoles la fe de sus mayores, describe la fe del modo más congruente para ellos. Para los hebreos no había una salvación presente como para nosotros, sino que la esperaban en el futuro. Por eso les define correctamente a ellos la fe como «sustancia de lo que se espera». En cambio, para nosotros la fe en [299]

---

[31] *Stromata*, lib. II, cap. VI: «Con razón, pues, dice Bernabé: Poco a poco he procurado enviaros lo que recibí, que con vuestra fe tengáis también perfecto conocimiento. Porque ayudantes de nuestra fe son el temor y la tolerancia» (PG VI, 161).

[32] Servet trae *audacia*, término que quizá refleja mejor la παρρησία de Ef. 3, 12 y He. 4, 16 que la *certitudo* de la Vulgata.

[33] «Es, pues, la fe la sustancia de las cosas que se esperan, la demostración de las cosas que no se ven», Heb. 11, 1. Pero esta frase se haría más inteligible si se tradujera ὑπόστασις por *garantía*, como trae *BiJer*.

Cristo resucitado es sustancia de lo que se espera y de lo presente, pero principalmente de lo que se espera, para que así la definición valga también para nosotros. La fe es una sustancia espiritual por la que subsistimos espiritualmente y vivimos sustancialmente en Dios [34].

Vuelven a objetar: la fe no es un acto, sino un hábito, como la caridad, la justicia y las demás virtudes morales del alma. Respondo. Nuestra propia alma es acto, verdadera ενδελεχια, acción continua. Es sustancia de luz, y la luz es siempre acto, movimiento continuo, energía constante. De esa misma clase de energía viva es la fe verdadera, y también es de sustancia de luz. Tanto los conocimientos del alma como las mismas virtudes morales son todos formas luminosas. Son actos activos, aunque se les llama hábitos porque se arraigan y adhieren con firmeza. El acto y el hábito tienen idéntica sustancia e idéntica esencia específica; no hay más diferencia entre ellas que la que hay entre una luz pasajera y otra duradera. Un acto duradero deviene hábito, y el nuevo acto que sobreviene se junta con él, como una luz con otra o un calor con otro [35]. Hasta tal punto es acto la fe, que opera y crece incluso en el que duerme, según testimonio de Cristo. Por tanto, aun admitiendo que la primera fe pasa de acto a hábito, afirmamos que hay que seguir llamándole acto, no sea que bajo ese nombre de hábito aparezca como una fe dormida.

Así cae por su base ese razonamiento de que no es propio de la fe el justificar, por estar la fe en el entendimiento y la justicia en la voluntad. Esto vale contra los que dicen que la fe es algo cognoscitivo. Nosotros sostenemos con todas las sagradas Escrituras que la fe radica en la voluntad, o sea, en el corazón. Así está escrito: «Tardos de corazón para creer» (Lc. 24). «Se cree con el corazón» (Rom. 10). «Si crees de todo corazón» (Hch. 8). «Corazón incrédulo» (Heb. 3). La fe está en el corazón, como «del corazón salen» las obras justas y las injustas (Mt. 15). La palabra evangélica «se siembra en el corazón», donde nace la fe (Mt. 13). Y a

---

[34] Servet no se percata del auténtico significado, y así ahonda en un concepto arbitrario, aunque interesante: *Fides est substantia spiritualis, per quam spiritualiter subsistimus et spiritualiter in Deo vivimus.*

[35] Del alma como acto (obsérvese el defectuoso deletreo del término griego) trató Servet en el Diál. II, p. 446 y ss. Sugestiva teoría lumínica de la constitución del acto y del hábito. Alude luego a palabras de Cristo dichas a! momento de ir a resucitar a la hija del principal Jairo y a Lázaro: «No es muerta, sino duerme», Mt. 9, 24 y Jn. 11.

asentir con engaño se le llama «error del corazón» (Sal. 94; Heb. 3) [36].

[300]

Si deseas conocer el verdadero origen de la fe, ten en cuenta la semejanza o comparación entre la fe en Cristo y otros actos internos, pues hay alguna analogía. Los actos morales de la voluntad, producidos en el corazón por obra de la deidad innata en nosotros, por educación o por práctica, radican allí mismo en el alma. Asimismo, la fe en las cosas mundanas, en el sentido en que suele tomarse la fe entre lógicos y físicos, se forma en nosotros a partir de algún razonamiento y de nuestra aceptación del que habla o de lo que dice. A su formación en nuestro corazón contribuyen y ayudan los conocimientos del entendimiento, ya que la voluntad no tiende a lo desconocido. Ahora bien, para la formación de la fe en Cristo se necesita, además de todo lo dicho, del nuevo auxilio que viene del Espíritu. El propio acto de fe en Cristo, que se produce sustancialmente en el corazón por la moción del Espíritu santo, queda formalmente adherido al alma que lo produce. Esta fe configura en nosotros a Cristo, hace referencia a su idea o forma, igual que el anterior conocimiento de Cristo habido en el entendimiento contribuía a la formación de la fe [37]. No es una falsa visión de Cristo, ni una falsa imagen, la que infunde en nosotros el Espíritu mismo de Cristo, sino que imprime en nosotros la verdadera idea de hijo, un conocimiento creado con luz divina, puesto que es la idea referencial en la Luz de Dios.

Para explicar con mayor claridad aún todo este asunto, diré que la primera formación de la fe en Cristo se realiza de este modo. Su objeto primario y verdadero es Jesús Nazareno, el que fue crucificado por los judíos. A partir de la predicación recibida por el oído, el entendimiento abstrae de ese objeto diversas ideas, conceptos y proposiciones, como: que ha sido enviado por Dios, verdadero Mesías hijo de Dios, y acepta y justifica a los que creen en él, dándoles el perdón de los pecados, el reino de los cielos y **la misma**

---

[36] Citas varias de Lc. 24, 25; Rom. 10, 10; Hch. 8, 37 y Heb. 3, 12. Después, de Mt. 15, 19 y 13, 19. Las palabras del Sal. 94, 10, «Pueblo es que divaga de corazón, y no han conocido mis caminos», son ampliamente citadas en Heb. 3, 7-11. De nuevo advertimos que para la versión de textos bíblicos seguimos la de Cipriano de Valera, actualizada, que ya corrigió la de su amigo Casiodoro de Reina en 1602.

[37] Explicación del proceso de la fe, en analogía con otros actos internos: primer y razonado conocimiento intelectual (saber qué se cree), tensión afectiva, auxilio espiritual, forma luminosa de la idea de Cristo como hijo de Dios impresa en el alma-luz.

vida eterna; que ha muerto por nosotros y ha resucitado para Dios, para ascendernos hasta Dios; que estando prometido en la Ley, cumple en nosotros todas las promesas de la Ley, y que cumpliendo por nosotros la Ley, nos libera de su carga. En este punto sólo falta la aplicación del corazón a esas verdades propuestas por moción del Espíritu o por atracción del Padre. De ahí que la verdadera raíz de la fe hay que buscarla en el corazón; pues unas veces rechaza lo que se le propone, otras veces lo acepta y a veces conserva mal lo aceptado, como enseña Cristo en la parábola del sembrador (Mt. 13). [301]

Todo eso no sucede, como pretenden los magos y maniqueos, porque nuestras almas estén necesariamente inclinadas a ello, sino porque unas abusan espontáneamente de lo recibido; otras, en cambio, espontánea y libremente hacen buen uso de ello [38]. ¿Por qué en este caso puede Dios exigir algo de nosotros? ¿Por qué castiga a los que no lo hacen? Porque él mismo nos ha dado el que podamos. Sería injusto exigir a alguien lo que de ninguna manera puede. Y mucho más injusto sería castigarlo por eso con mayor rigor que a Sodoma y Gomorra. Prodigiosamente Dios opera con nosotros: él es quien «abre nuestros corazones» (Hch. 16) y él mismo «nos da el poder» (Jn. 1). Una cosa es obligar por fuerza y otra dar el poder. Dios nos da el poder, la opción y la elección libres (Deut. 11 y 30; Jos. 24; Jer. 21; Ecli. 15) [39]. Impulsándonos, no nos fuerza necesariamente, pues dice: «He aquí, yo estoy a la puerta y llamo; si alguien oyere mi voz y abriere la puerta, entraré en él» (Ap. 3). El nos da el poder arrepentirnos, y nosotros no queremos (Mt. 23; Ap. 2). Extiende su mano para ayudarnos, y nosotros la rechazamos (Prov. 1) [40]. Bien iluminados e introducidos por él, aún retrocedemos a veces, por lo que seremos castigados más severamente con razón, puesto que fácilmente podíamos perseverar en la gracia recibida. Otro ejemplo de libertad bien claro lo tienes en el pecado del primer ángel y del primer hombre, que fue totalmente libre. Nosotros, en cambio, aunque estamos oprimidos, conservamos algún resto de chispa

---

[38] *Sponte seu libere.* Otro de los lugares en que Servet trata de la libertad humana, aunque aquí de paso. Se vincula, además, a la conocida explicación: *quia ipse dedit ut possimus.* Cfr. Dial. II, nota 142.

[39] Citas de Hch. 16, 14. De Jn. 1, 12: «Dióles el poder de ser hechos hijos de Dios.» Después, de Deut. 11, 26 y 30, 15; de Jos. 24, 15; Jer. 21, 8 y Ecli. 15, 14, en muy variados contextos.

[40] *Pulsans non necessario cogit,* y como pruebas textuales, Ap. 3, 20; Mt. 23, 3-4; Ap. 2, 21 y Prov. 1, 24.

de deidad y libertad [41]. Esa opresión nos la alivia a su debido tiempo Dios, eliminando el obstáculo de Satanás e iluminándonos, para que podamos entender y querer esto, y así creer de corazón. Luego es libre el corazón que cree, confía, espera y ama a Cristo; y el corazón es el que es incrédulo, desconfía, desespera y odia. La fe, después de arraigar originalmente en el corazón, pasa por el entendimiento y termina en su objeto, que es el propio Cristo. He ahí cómo la fe está conectada al conocimiento, entra por el oído, es don de Dios y radica en el corazón.

[302]

Queda todavía una objeción física, que aduce Galeno contra Crísipo, en los libros *De placitis Hippocratis et Platonis*. Al parecer, el origen del movimiento voluntario radica en el cerebro, de donde proceden los nervios y los espíritus animales, en los que reside la facultad espontánea y motora de los músculos. También están allí la mente y la facultad racional, como se echa de ver por muchos indicios; luego no están en el corazón [42]. Respondo. El cerebro está al frente de las funciones externas y de la especulativa; pero siempre espera la orden y el consentimiento del corazón, cuya voluntad, así como elabora su volición con ayuda del cerebro y tras los razonamientos de la inteligencia, así también los ejecuta exteriormente con ayuda del cerebro. Los espíritus animales tienen su origen en los vitales que emanan del corazón, donde se halla el primer origen de la vida y del alma. Con ocasión de las mayores aprehensiones, temores y dolores, los afectos se sienten sobre todo en el corazón, como en su lugar principal. Allí hay para el alma y para el espíritu un lugar más capaz que en los vasos capilares del cerebro. Pero también es verdad que la voluntad del corazón no manda nunca al entendimiento racional de manera que no pueda ser reprimida por éste [43].

En el cerebro reside la facultad príncipe del alma: el entendimiento raciocinante, al que, por ser más difícil y estar situado en una atalaya elevada, han sido adaptados con gran ingenio diferentes órganos. En el corazón reside la otra facultad, simple: la voluntad deliberante. El corazón no pue-

---

[41] *Nos vero quamquam simus oppressi aliquam tamen habemus superstitem deitatis et libertatis scintillam.*

[42] La idea galénica es consecuente con su fisiología general. Servet distingue entre aceptación interior de la voluntad, en el corazón, y transferencia a movimientos externos, en el cerebro. Para la enseñanza de Galeno, cfr. ed. Kühn, vol. V, págs. 268 y 605-606.

[43] *Cordis voluntas non ita imperat ipsi intellectus rationi, quin ab ea etiam reprimatur.*

de querer, sin que el entendimiento le suministre su objeto, pues la voluntad no tiende a lo desconocido, como tampoco puede haber fe en lo que no se conoce. El corazón ordena al entendimiento, pues el entendimiento se pone en funcionamiento por orden del corazón, y la razón del entendimiento frena la voluntad del corazón. El entendimiento persigue lo que es o parece verdadero; la voluntad, en cambio, lo que es bueno [44]. La voluntad, a través del entendimiento y de los sentidos, se dirige externamente hacia las cosas mismas por el mismo camino por el que le llegaron internamente a través de los sentidos y del entendimiento. Por eso suele decirse que la facultad de querer depende tanto del entendimiento como del libre movimiento de cada uno de los sentidos; sobre todo, porque sólo hay un alma que es la que quiere, entiende y siente.

[303]

La sensación no consiste propiamente en la inmutación misma del órgano, sino en el reconocimiento de esa inmutación que tiene lugar en el alma; por eso es el alma la que luego lo recuerda. De igual modo, el querer y entender radican propiamente en el alma, y no en los órganos del corazón o del cerebro; pero en estos órganos tienen lugar ciertos movimientos concomitantes, son los primeros instrumentos que contienen en sí el alma operante, y por eso se les atribuye la acción [45]. Hay algunos que sólo atribuyen al corazón la concupiscencia mala y la ira; mas éstas provienen de la serpiente introducida en la carne que solicita al corazón y a la voluntad. Por el contrario, el corazón es por naturaleza partícipe de la deidad y quiere el bien.

De todo esto se desprende, en resumidas cuentas, que la voluntad libre radica en el corazón; que la fe o radica en el corazón o no es una fe libre simplemente, ya que para ello se requiere un verdadero razonamiento del entendimiento y la moción del Espíritu santo; pero que nunca puede darse la fe sino en el que libremente la quiere.

---

[44] *Imperat cor intellectui... Intellectus ea quæ sunt vel apparent vera persequitur; voluntas vero ea quæ bona.*

[45] Todas estas ideas que Servet desgrana como de paso con el fin inmediato de solucionar una objeción psicológica tomada de Galeno, tienen gran importancia para a base de ellas reconstruir el sistema filosófico que actúa en el fondo de las reflexiones religiosas de *Restitutio.* Aspecto esencial de Servet éste de pensador, descuidado por la mayor parte de sus estudiosos

SOBRE LA JUSTIFICACION

Explicada ya la fe cristiana y retenida firmemente en el corazón, tenemos que mostrar cómo son justificados en ella y por ella todos los verdaderos cristianos. Eso se desprende ya de los textos citados en el capítulo primero, a los que habrá que añadir ahora pocos más, principalmente de Pablo. El apóstol, aludiendo a la justificación de la Ley, declara constantemente que nosotros somos *justificados*, es decir, *hechos justos*, sólo por gracia, por haber creído en Cristo Jesús. Esto lo enseña en todas sus Epístolas, especialmente en la primera, a los Romanos, en la que relaciona la muerte que entró por Adán y las injusticias que entraron por la Ley, para poner de manifiesto la grandeza de la gracia de la justificación de Cristo: gracia que nos ha liberado de la muerte, de las injusticias y de todos los delitos, reconciliándonos con Dios, por haber creído. Luego, en el cap. 3, concluido lo de judíos y gentiles bajo el pecado, añade: «Mas ahora, en este tiempo de la venida de Cristo, dejada aparte la Ley, la justicia de Dios es por la fe en Jesús el Cristo remisión de los pecados pasados para todos los creyentes.» Luego aquellos a quienes se nos han perdonado los pecados estamos justificados desde el momento en que creímos en Cristo. «Ahora», dice, en este tiempo presente, ha tenido lugar esa gracia sublime que hace del impío un hombre piadoso, justo y santo. En el cap. 4 trae el ejemplo de Abraham, justificado de ese modo: «Así como a él le fue reputado para justicia, porque creyó, así también nos será reputado a nosotros, que hemos creído.» Y así como Abraham por aquel único acto de fe se hizo amigo de Dios, así también nosotros por esta única fe en Jesucristo nos reconciliamos con Dios, nos hacemos amigos suyos, pues antes éramos enemigos; y de «hijos de ira» venimos a ser «hijos de Dios». [304]

Más tarde, en el cap. 5, después de haber demostrado que ya estamos justificados, hace una hermosa ilación, diciendo: «Justificados, pues, por la fe, tenemos paz». Esa paz divina ya la tenemos, la hemos alcanzado ya por habérsenos conferido la gracia de la justificación. Y añade que por la fe somos conducidos o tenemos acceso a esta gracia en la que estamos firmes y en la que permanecemos desde el momento en que creímos en Cristo. De esta misma gracia, en la que estamos firmes y permanecemos desde que recibimos la fe, hace mención Pedro al final de su primera carta, y Pablo en Rom. 8 y II Cor. 11 [46]. No se olviden esas palabras que recalca Pablo: «Reconciliados ahora en la hora presente, ahora hemos alcanzado la reconciliación precisamente por el advenimiento de Cristo», pues antes no había tal reconciliación. También en la carta a los Gálatas, en la carta a los Efesios y en otras hace referencia a esta verdadera gracia, relacionándola con este tiempo presente del advenimiento de Cristo. En el cap. 6 añade que todos los que por el bautismo han muerto con Cristo «están justificados del pecado», y ahí mismo: «Liberados del pecado, hemos sido hechos siervos de la justicia». En el cap. 8 saca otra consecuencia: Si así hemos sido justificados, «ya no hay condenación para los que han sido injertados en Cristo Jesús. La Ley del Espíritu de vida nos ha tornado libres de la ley del pecado y de la muerte». Lo que no podía dar la Ley a los cumplidores lo ha dado Dios por Cristo a los creyentes, y con más abundancia. Nos ha dado la justicia verdadera, haciéndonos justos a todos «para que en nosotros tenga cumplimiento la justificación de la Ley» [47]. Por la gracia de Jesús el Cristo nos ha glorificado Dios más que a los judíos.

[305]

No hace falta proseguir en los restantes capítulos y epístolas, pues el asunto está lo suficientemente claro para que no necesite demostración, sobre todo, habiendo dicho Jesús: «Vosotros ya estáis limpios», «habéis pasado de la muerte a la vida», «os ha hecho salvos la fe con que creéis en mí» [48]. Todos los que creen en Cristo han sido revestidos por él «con el manto de la salvación y con el manto de la justicia», como dice Isaías. Los que se han revestido de Cristo se han revestido ciertamente con el manto de la justicia. Ahora bien, todos los bautizados debidamente «están revestidos de Cristo» (Gal. 3). Luego todos ellos tienen ya manto de justicia. «Tu pueblo, todos los justos, todos árboles de justicia» (Is. 60 y 61). Cristo «nos ha desposado con él en justicia» (Os. 2). Nos ha justificado «cargando con nuestras iniquidades» (Is. 53). Nos ha asentado en justicia, «sobre fundamento de piedra» (Is. 54), es decir, sobre la fe justificante de Cristo, que es nuestra piedra [49].

---

[46] Sucesivas referencias a palabras de Rom. 1, 4 y 23-32. 3, 21-25. 4, 3-11 y 5, 1-2; después, a I Pe. 5, 12; de nuevo Rom. 8, 1 y 9, y II Cor. 11, 23. No se olvide que con este cap. 3 de *Restitutio* vuelve Servet a tratar los mismos temas, y con pruebas básicamente las mismas, que años antes en el *DeIust.*, cuyo cap. 1 coincide con el de este 3.

[47] Servet está continuando el resumen de Rom. 6, 7 y 18, y 8, 1-4.

[48] Jn. 13, 10 y 5, y 5, 24; Lc. 17, 19.

[49] Citas sucesivas de Gal. 3, 27; Is. 60, 21 y 61, 3. «Y te desposaré conmigo

A lo anteriormente dicho añade la regla general de que en nosotros, que hemos creído en Cristo, se han cumplido todas las promesas de la Ley. Hablo de las promesas en sentido espiritual, pues literalmente, según la carne, los israelitas alcanzaron ya sus promesas: consiguieron la tierra de Canaán y se saciaron «de leche y miel». A Abraham se le prometió la bendición, multiplicación y heredad de su descendencia, y todo eso nos lo ha otorgado Cristo a los que creemos en él; pues nosotros somos los que hemos alcanzado por la fe en Cristo la semilla de su bendición, el descanso del espíritu y la heredad del reino celestial (Hch. 3; Rom. 4 y 9; Gal. 3; Heb. 6): por haber creído en Cristo hemos sido introducidos «en el reposo del Señor» (Heb. 4) [50]. Aún hay otras promesas: que Dios quitaría nuestros pecados y las iniquidades de Jacob, que pondría su ley en nuestros corazones, que habitaría en nuestro interior, que se apiadaría de nosotros, y que seríamos su pueblo, todos *teodidactos*, discípulos de Dios. Todo esto se ha cumplido ya, aunque con el paso del tiempo pudiera parecerles a muchos que no. Se prometió y se ha cumplido que el justo viviría «por la fe». Que quedaría curado todo aquel que dirigiese su mirada hacia la serpiente. Se ha cumplido que «toda carne vería la salvación de Dios». Que Dios nos daría «verdadero pan del cielo». Que el Espíritu de Dios se derramaría sobre nosotros. En la figura de Cristo se han cumplido todas las figuras de la Ley y todos los ministerios de las ceremonias, de que hablaremos más adelante, al tratar de la circuncisión. Por lo que se refiere a lo que nos hemos propuesto acerca de la justificación, baste con inferir lo que infiere Pablo en el cap. 8 de la carta a los Romanos: que en nosotros, que hemos creído en Cristo, han sido cumplidas todas las justificaciones de la Ley por el mismo Cristo, único objetivo y colmo de la Ley. En nosotros se han cumplido todas las justificaciones, purificaciones, abluciones y santificaciones de la Ley, como dice Pablo: «Estáis lavados, justificados, santificados y purificados en nombre del Señor Jesús el Cristo y por el Espíritu de nuestro Dios» (I Cor. 6). Se han cumplido también todas las promesas acerca de la vocación de los pueblos; aunque en este caso no se trata propiamente de promesas, sino más bien de profecías, como distingue Pablo (Rom. 15) [51]. En la sagrada Escritura se habla de

[306]

---

para siempre; desposarte he conmigo en justicia», de Os. 2, 19. Sigue con Is. 53, 4 y 55, 11-12. Termina con una alusión a la frase «y la piedra era Cristo» de I Cor. 10, 4.

[50] Alusiones a Hch. 3, 25; Rom. 4, 16 y 24. 9, 8; Gal. 3, 7-16; Heb. 6, 12.

[51] Ha ido citando Rom. 8, 4-6; Cor. 6, 11 y finalmente Rom. 15, 8 ss.

promesa en sentido propio, cuando dice que hay que darle o hacerle algo a alguien presente, en favor suyo y de los suyos. En la promesa no se da aún lo que se promete, sino que se espera en el futuro; de lo contrario, no sería promesa, sino donación. Se promete lo futuro; lo presente se da.

De lo dicho se desprende ya qué sea la salvación y cómo nos ha salvado Cristo. Salvar es volver a poner en estado de salvación, una vez perdonados los pecados. Es poner a salvo al que estaba a punto de perecer. Es sanar al enfermo. Así puede leerse con frecuencia en el evangelio: «Tu fe te ha salvado», te ha preservado, o te ha hecho salvo. Cristo, perdonando los pecados, sanaba y salvaba de las enfermedades del cuerpo y del alma. Eso quiere decir la profecía del ángel: «El salvará a su pueblo de sus pecados» (Mt. 1). Luego nos salvó quitándonos los pecados. Lo mismo: «Os salvaré y seréis bendición, después de haber sido maldición» [307] (Zac. 8). «Israel es salvo en el Señor con salvación eterna» (Is. 45). Y Pablo: «Nos salvó», «nos hizo salvos» (II Tim. 1; Tit. 3), «estáis salvados» (Ef. 2) [52]. Pero no sólo estamos salvados por la esperanza de la gloria futura, sino que estamos salvados ya verdaderamente en la actualidad, pues estamos liberados de la muerte y del infierno. No sólo estamos arrancados de ellos, sino llevados al cielo, habiendo alcanzado ya el don del nuevo espíritu y la vida eterna, sólo por la fe en Cristo, por pura gracia suya, sin nuestras obras.

CAPÍTULO CUARTO

DEL REINO DE CRISTO

Hay que pasar a tratar ya del reino de Cristo, en el cual nos introduce esta justicia que nos ha sido dada por la fe. La verdadera razón de que podamos llamarnos ya salvados, justificados y glorificados nace del conocimiento del reino de Cristo, al que la Escritura llama reino de Dios y reino de los cielos, afirmando que está «dentro de nosotros». No sólo estamos destinados a este reino después de la muerte una vez liberados del infierno, sino que ya ahora, en vida, somos encumbrados a él. Comprobaremos con toda seguridad la

---

[52] Citas de Mt. 1, 21; Zac. 8, 13; Is. 45, 17; II Tim. 1, 4; Tit. 3, 3 y Ef. 2, 8. Como conclusión de este apartado dice en *DeIust* D 1 y 2: «Para confirmación de todo lo dicho podemos sacar este único corolario: que todas las promesas de la Ley se han cumplido en nosotros, que hemos creído en Cristo..., igual que en la persona de Cristo se cumplieron las demás figuras y profecías de la Ley que le atañían.»

presencia de este reino y de su gloria en nosotros, al tratar de la regeneración. Todos cuantos hemos sido regenerados en Cristo hemos entrado ya en este reino, y nuestro hombre interior tiene ya comunicación sustancial con el mismo Cristo que reina en el cielo.

Hemos sido trasladados al celeste reino de Jesús el Cristo y con él estamos sentados en el cielo, como dice Pablo: «Dios nos libró del poder de las tinieblas y nos trasladó al reino de su amado hijo» (Col. 1). «Nos dio vida juntamente con Cristo, con él nos resucitó y con él nos hizo sentar en los cielos» (Ef. 2). De ahí que Daniel nos llame «santos del Altísimo» (Dan. 7), y Juan e Isaías «aves» que vuelan por el cielo (Ap. 19; Is. 60), y ello porque «nuestra ciudadanía está en los cielos» (Flp. 3) [53]. Se nos ha traído hasta nosotros aquel reino, reino del Espíritu, en el que estaba Cristo en medio de sus santos, encendidas en sus corazones las chispas de la gloria eterna, de modo que pueda decir el Apóstol que ellos «están gustando las virtudes del siglo venidero» (Heb. 6), y que son ya verdaderos partícipes de la gloria eterna, de modo que disfrutan ya de la opulenta gloria de la herencia de Cristo (Ef. 1) [54]. En Espíritu disfrutamos ya de la felicidad eterna, enriquecidos por Jesús el Cristo con la visión de su luz eterna y con su gloria. Poseemos ya aquella vida eterna que «permanece en nosotros», como dice Juan con palabras de Cristo. Formamos sociedad con el Padre y con su hijo, Jesús el Cristo. Vivimos ya en Espíritu con aquella vida eterna, gracias a la cual saldremos victoriosos de la carne. Esto es lo que da a entender la señal o arras de gloria que nos han sido dadas, pues las arras son parte del precio. Las arras de la gloria eterna y del reino eterno, que ya nos han sido otorgadas, nos hacen ya partícipes de la gloria eterna y del reino eterno (II Cor. 1 y 5; Ef. 1). El que no tiene experiencia de esto ni reconoce a Cristo en sí mismo, ése no ha renacido de Cristo. El que no reconoce esto en sí mismo, tampoco entiende qué es el reino de Dios ni de qué manera reina ahora Cristo en sus santos, pues son una misma y sola cosa el reino de Cristo que ya es y el que ha de ser: ahora oculto en Espíritu, luego se pondrá de manifiesto en la gloria (Col. 3) [55].

[308]

[53] Referencias dadas: Col. 1, 13 y Ef. 2, 5-6; Dan. 7, 18: «Tomarán el reino de los santos del Altísimo, y lo poseerán hasta el siglo y hasta el siglo de los siglos». En Ap. 19, 17 y 21 se habla de «aves que volaban por el cielo», y en Is. 60, 8, se pregunta: «¿Quiénes son estos que vuelan como nubes, y como palomas a sus ventanas?» Finalmente, Flp. 3, 20.

[54] Heb. 6, 5 y Ef. 1, 11.

[55] II Cor. 1, 22 y 5, 5; Ef. 1, 14 y finalmente Col. 3, 3-4.

Las profecías que se refieren a la futura gloria de la resurrección se han cumplido también ahora en los regenerados por la gloria del Espíritu que les ha sido dado, pues ellos ya han resucitado con Cristo y con él están sentados en el cielo, como correinantes, coherederos y hermanos. Tal es el poder de la resurrección de Cristo y su beneficio [56]. Lo que verdaderamente nos hace partícipes de la gloria y del reino es la resurrección de Cristo, que produce la verdadera resurrección de nuestro espíritu, como claramente enseña Pablo en los caps. 1 y 2 de la carta a los Efesios. De ahí que se diga que Cristo ha resucitado «por nuestra justificación y nuestra glorificación» (Rom. 4 y 8), pues de su resurrección toman vigor tanto la eficacia de la justificación como la fuerza y el poder de todos sus dones en nosotros. Del mismo modo que el reino de Cristo se consolidó en la resurrección, así también la justificación alcanza en nuestra propia resurrección su verdadero rango de reino: de modo que los justificados resuciten con Cristo, entrando en posesión del «reino inamovible» (Heb. 12). Por el poder de la resurrección de Cristo les ha sido dado a los justificados que, resucitados a la par que él, se sienten y reinen en su reino. Reino en el que no puede entrar nadie que no esté justificado, pues es un «reino de justicia» (Rom. 14). Este es el reino que ahora nos otorga Cristo, al decir: «Buscad primero el reino de Dios y su justicia y», una vez adquirido el reino, «lo demás se os dará por añadidura» (Mt. 6) [57]. El reino y su justicia se persiguen ahora creyendo en el hijo de Dios, rey celestial. Este reino celestial no puede ser adquirido sino por aquellos que por el bautismo han resucitado con Cristo (Rom. 6; Col. 2 y 3; Jn. 3) [58]. En relación con el reino se dice en este último pasaje que sólo los renacidos de agua y de Espíritu santo entran en el reino de los cielos. Acerca de este mismo reino, ya actualmente presente, ha recogido Lucas un hermoso dicho de Cristo: «Así como mi padre me preparó el reino, así también os lo preparo yo, para que os sentéis a mi mesa a comer y beber en mi reino» (Lc. 22), como efectivamente ocurrió después de su resurrección. En el mismo pasaje dice Cristo que no volverá a comer «hasta que se cumpla el reino de Dios», es decir, hasta después de su resurrección. Según el mismo Lucas, cap. 9, y Marcos, cap. 9, dijo Cristo que

[309]

---

[56] La insistente frecuencia con que Servet repite el término *beneficio de Cristo* en varios contextos podría hacer pensar en que conocía las teorías de Juan de Valdés y del correlativo movimiento espiritual italiano.

[57] Sucesivas citas de Rom. 4, 25 y 8, 11; Heb. 12, 28; Rom. 14, 17 y Mt. 6, 33.

[58] Rom. 6, 3; Col. 2, 12 y 3, 1-4; Jn. 3, 5.

sus discípulos «no gustarían la muerte hasta ver llegar el reino de Dios con todo poder», «hasta ver al hijo del hombre en su reino» (Mt. 16); y que no tendrían que recorrer a pie todas las ciudades de Israel «hasta haber venido el hijo del hombre» (Mt. 10), es decir, hasta después de la resurrección [59]. Sobre este mismo reino se expresó hermosamente Juan, dando a entender que estaba ya sobre la tierra: «Nos has hecho para nuestro Dios reyes y sacerdotes, y reinaremos sobre la tierra» (Ap. 5). Extraordinaria es la naturaleza de este reinado, y no les falta razón a los profetas para cantar de modo tan sublime nuestra gloria. Se nos han dado los mayores y más preciosos dones de la gloria divina, como dice Pedro, los dones de la naturaleza divina que tan gloriosamente anunciaron los profetas que nos serían concedidos (I Pe. 1; II Pe. 1) [60]. Por medio de Ezequiel dijo Dios que nos daría más dones de los que jamás nos había dado, hasta el extremo de tener ya aquí un paraíso (Ez. 36). También Jeremías anunció que se nos darían esos mismos dones y que nuestra alma sería un paraíso (Jer. 31). Profetizando sobre estos los profetas nos hacían el servicio a nosotros, que no [310] a sí mismos: no anunciaban lo que se les había dado, sino lo que se nos iba a dar a nosotros, como dice Pedro en ese mismo pasaje. De ahí que a la Iglesia de Cristo se le llame paraíso: «Huerto cerrado eres, hermana, esposa mía. Tus renuevos, un paraíso de granados, fuente de aguas vivas» (Cant. 4) [61]. Isaías se hace lenguas de esta gloria nuestra, y anuncia el reino celestial y la ciudad celeste y gloriosa como el mismísimo paraíso que se nos restituye (Is. 51, 52, 58, 60, 61, 62, 65, etc.). Brevemente digo con Juan que los que de verdad estamos en Cristo somos ya ahora en este mundo como Cristo mismo reinando en los cielos (I Jn. 4), pues Cristo mismo que está en nosotros es quien nos hace ser tales: «Cual el celestial, tales también los celestiales», como enseña Pablo [62].

---

[59] Referencias a Lc. 22, 29 y 9, 27. Después, Mc. 9, 1; Mt. 16, 28 y 10, 23.

[60] Ap. 5, 10. Los textos de I Pe. 1, 10 y de II Pe. 1, 19 hablan de «la palabra profética» más permanente que la voz que ha profetizado «la gracia que había de venir a vosotros».

[61] Cita a Ez. 36, 7-11 y 23-35, no una frase concreta. A diferencia de Jer. 31, 12: «Y su alma será como huerto de riego.» Varias frases del Cant. 4, 12-15.

[62] La idea de I Jn. 4, 15-17 sería que la fe en Jesús como hijo de Dios (y nadie puede saber si en el estricto sentido de Servet) y el Espíritu de amor, divinizante, igualan al cristiano con Cristo, «pues como él es, así somos nosotros en este mundo». A su vez, Pablo en I Cor 15, 48 enseña esa misma igualdad. Pero nótese que, conforme a su peculiar interpretación, Servet toma en nivel ontológico lo que suele entenderse a mero nivel de exigencia puramente moral. Todos esos caps. de Is. tratan efectivamente del reino espiritual.

Con esto queda claro lo que tantas veces se lee en el evangelio: que primero Juan Bautista (Mt. 3), luego el propio Cristo (Mt. 4; Mc. 1), más tarde todos los apóstoles (Mt. 10; Lc. 9), finalmente los otros setenta discípulos (Lc. 10), todos ellos, repito, «evangelizaban el reino de Dios» y «predicaban el evangelio del reino». Decían que el reino de los cielos estaba próximo e inminente, que vendría inmediatamente después de la resurrección de Cristo [63]. De ese mismo reino de Dios, presente ya, habló Felipe con el eunuco (Hch. 8), y Pablo (Hch. 19, 20 y 28): «Este es el verdadero evangelio del reino de los cielos»; «Yo os evangelizo el reino de Dios»; «Os anuncio a Jesús el Cristo hijo de Dios, que reina en los cielos» y que a los que creen en él les da ese reino y se da a sí mismo» [64]. ¡Ojalá que todos los predicadores evangelizasen ahora el reino de Dios en ese mismo sentido! El evangelio es «buena noticia» sobre el hijo de Dios; pues los griegos llamaban εὐαγγέλια a los anuncios y pregones de las gestas favorables. Este evangelio lo predicó primero el verdadero evangelista, y después todos los demás. Todo el pueblo clamaba en espíritu de Dios: «Bendito el reino que viene en nombre del Señor» (Mt. 11). Quienquiera que anuncie los dones celestes de Cristo conferidos al mundo por su advenimiento y por su Espíritu, ése es quien verdaderamente evangeliza el reino de Dios. Esto mismo expresaba Cristo con hechos externos: curando enfermos, expulsando demonios e iluminando a los ciegos por dentro y por fuera; de lo que deduce que «ha llegado a ellos el reino de Dios» (Mt. 12; Lc. 11), como también porque añade que ha llegado el más fuerte, que ha destruido el reino de Satanás y que por tanto ya ha llegado a nosotros el reino de Dios. Así pues, el evangelio de Cristo es evangelio de gracia, evangelio del reino de Dios, cuando alguien anuncia que todo esto ya ha llegado. Por eso, Pablo lo llama con razón «anuncio de la gracia de Dios» (Hch. 20). Que tal sea el verdadero evangelio del reino lo atestigua Isaías: «¡Cuán hermosos los pies del que anuncia la paz, del que trae nuevas de bien, del que anuncia la salvación y dice a Sión: Tu Dios reina!», es decir, Cristo (Is. 52). Del mismo modo anuncia el ángel «un gran gozo»: que ha nacido el Salvador, Cristo (Lc. 2) [65].

[311]

---

[63] Juan en Mt. 3, 2; Jesús, en Mt. 4, 17 y Mc. 1, 15; los apóstoles, en Mt. 10, 7 y Lc. 9, 2; los discípulos, en Lc. 10, 9.

[64] En Hch. 8, 35 Felipe; y Pablo, en circunstancias narradas en Hch. 19, 8. 20, 24 y 28, 31.

[65] En todo este largo párrafo, citas de Mc. 11, 9-10; Mt. 12 ,28 y Lc. 11, 20. Después, de Hch. 20, 24. Y al final, de Is. 52, 7 y Lc. 2, 11.

Yerran torpísimamente quienes definen el evangelio como mera promesa de algo futuro; como si en el evangelio se prometiese algo para más tarde, y no más bien se concediese ya. Lo que se prometía en aquel entonces, ahora por el evangelio se nos anuncia que ya se ha cumplido, como enseña abiertamente Pablo (Hch. 13). ¡El evangelio que da por cumplida la promesa es mucho más que esa misma promesa! Dice Pablo que el evangelio era en otro tiempo promesa (Rom. 1) [66]. En aquel entonces no era, sino que se prometía como futuro; pues lo futuro se promete, pero lo presente se da. Nosotros afirmamos que en el evangelio se anuncia la misma vida eterna, ya actualmente presente, y que no sólo se promete a los creyentes, sino que realmente se les da como algo presente. Si esos pudieran entender que hasta la venida de Cristo hubo reino de los infiernos, entenderían perfectamente que ahora lo que hay es reino de los cielos. Hasta el advenimiento de Cristo todos eran llevados al infierno, no obstante las promesas; ahora, en cambio, son elevados al cielo.

Vuelvo a repetir que el reino de Dios está «dentro de nosotros», que por Cristo nos ha sido traído del cielo, que por él se nos ha abierto el cielo, y que nosotros ya hemos entrado en el cielo, y hasta hemos sido hechos, por él, cielo, templo y reino de Dios. El día de la resurrección final Cristo hará entrega al Padre del reino, es decir, de los santos, que son su verdadero reino. Por él somos nosotros reino y sacerdocio santo; antes en sombra, ahora en realidad. Somos «templos de Dios» (I Cor. 3 y 6; II Cor. 6); somos «piedras vivas, casa espiritual» (I Pe. 2; Heb. 3) [67]. Somos su cielo y su trono. Cristo, al regenerar las nuevas creaturas, las hace nuevos cielos. Nosotros somos los cielos que él «planta» (Is. 51, 65 y 66). «Cielos que cantan la gloria de Dios» eran los apóstoles cuando predicaban (Sal. 18; Rom. 10). Los propios santos son esos cielos que «denuncian su justicia» celestial (Sal. 49); pues en pugna contra el Anticristo, «enseñan la verdadera justicia, son como estrellas y como el resplandor del firmamento» (Dan. 12) [68]. Dios nos ha abierto de par en par lo mejor de sus tesoros y su cielo, para que,

[312]

---

[66] «Os anunciamos el evangelio de aquella promesa que fue hecha a los padres», Hch. 13, 32. «Evangelio que él había antes prometido por sus profetas», Rom. 1, 2.

[67] *Olim in umbra, nunc in veritate.* Y cita luego I Cor. 3, 16 y 6, 19, seguido de II Cor. 6, 16; y I Pe. 2, 5 y Hcb. 3, 6.

[68] Una palabra de cierta frecuencia en Isaías: 51, 6 y 16; 65, 17; 66, 22. Las mencionadas palabras del Sal. 18, 1 son aducidas por Pablo en Rom. 10, 18. Por fin, referencias a Sal. 49, 6 y a Dan. 12, 3.

derramado sobre nosotros por medio de su Espíritu santo el rocío de la lluvia celestial, todos nosotros reinemos con Cristo en el cielo. Dentro de nosotros está, según testimonio del apóstol, la ciudad celestial de Jerusalén (Heb. 12); pues de otra suerte no seríamos cristianos, ni estaría dentro de nosotros el reino de Dios. ¡Gran cosa es reinar con Cristo, tan grande que por eso todos podemos llamarnos reyes! Reinamos de verdad, porque, liberados del poder de las tinieblas, hemos sido «trasladados al reino» celeste de Jesucristo (Col. 1). Dios nos ha llamado «a su reino y gloria» (I Tes. 2), y «a los que llamó, a éstos los glorificó» (Rom. 8). Hemos sido llamados al «consorcio y participación de Jesús Cristo, el hijo de Dios» (I Cor. 1). Tenemos ya participación natural de él, pues somos «partícipes de su naturaleza divina» (II Pe. 1). Hemos sido hechos ya partícipes de la futura gloria, y es inmensa «la gloria de la herencia de Cristo en sus santos» (Heb. 6; Ef. 1) [69].

Como consecuencia de todo esto comprende el error de los que, por sernos imposible la entrada en ese reino, llegan a la siniestra conclusión del siervo albedrío, cuando más bien habría que concluir la sublimidad de ese reino. Pues siendo el reino de Cristo un reino del Espíritu y nosotros «hombres animales», el paso de la carne al Espíritu por el conocimiento y la fe en Cristo, que es la entrada en su reino, no está al alcance de las fuerzas humanas. Para eso es necesario que el Padre traiga, ilumine y llame por la gracia; pues no está en las manos «del que corre o del que quiere», sino que depende de la misericordia de Dios [70]. Deducir de eso que nuestro albedrío es siervo, es tanto como decir: «No puedo volar, luego mi albedrío es siervo.» Más aún, para que se vea la excelencia de la gracia de Cristo, necesitamos tener desde el nacimiento algunas fuerzas, que, de otra parte, resultan insuficientes para tales dones de Cristo, pues que la verdadera gracia es aquella con la que tú puedes alcanzar lo que no podíamos conseguir con nuestras fuerzas. ¿Qué gloria o qué mérito hay en que levante una piedra? Pero de eso trataremos en otro lugar.

[313]

---

[69] Acumulación de rememoraciones bíblicas, como de costumbre en Servet: Col. 1, 13; I Tes. 2, 12; Rom. 8, 30; I Cor. 1, 9; II Pe. 1, 4 y finalmente, Heb. 6, 4 y Ef. 1, 18.

[70] *Animalis homo*, de I Cor. 2, 14 es a veces extraído de contexto por Servet y empleado como insulto. *Volentis neque currentis*, en Rom. 9, 16. Servet recoge como conclusión que, frente al *siervo albedrío* y teoría calvinista de la predestinación, la perspectiva del «nuevo reino» del espíritu no anula la dignidad y libertad del hombre, sino que sirve para acentuar su sublimidad: la «verdadera gracia» no anula las dotes naturales, sino que las sobrepotencia, como dice luego.

De momento, baste con haber tratado de lo referente al reino de Cristo y a su excelencia, para que tú, no por tus propias fuerzas, sino por vocación y gracia, te sientas llamado por el mero hecho de creer en Jesús el Cristo hijo de Dios. Pues debes considerar que hay un tiempo determinado y singular en que, estando en tu sano juicio, Cristo te llama hacia sí por su misericordia, invitándote a que recapacites y creas. Entonces te convierte de injusto en justo, confiriéndote la remisión de tus pecados, el reino de los cielos y la vida eterna. Antes eras pecador, «hijo de ira», bajo el reino de Satanás. Pero éste es el tiempo de tu vocación: cuando por la fe aprehendes a Cristo, y se te da el Espíritu santo de regeneración, por el cual, llevado al cielo, comienzas a reinar con Cristo. Es, pues, necesario que sepas «discernir los tiempos» en que estuviste sometido a Adán y a Cristo, en que pasas del pecado a la justicia y en que te revistes de Cristo, hecho un «hombre nuevo», que aún se va luego renovando más y más [71].

---

[71] «Hijos de ira», en Ef. 2, 3. «Discernir los tiempos», *tempora discernere,* en alusión a Mt. 16, 3. «Hombre nuevo», el *novus homo,* es expresión paulina de Ef. 2, 15 y 4, 24, que en Servet adquiere carácter de término técnico dentro de su sistema intelectual.

LIBRO SEGUNDO

DE LAS DIFERENCIAS ENTRE LA LEY Y EL EVANGELIO Y ENTRE JUDIO Y CRISTIANO

Capítulo Primero

QUE EL CRISTIANO SUPERA AL JUDIO

También aquí es necesario «discernir el tiempo» en que [314] estabas bajo la Ley y el tiempo en que estás bajo la gracia, y cómo de judío te has convertido en cristiano, para que comprendas cuánta es la diferencia. Mas ya que la mayoría no lo entiende, vamos a explicarlo aquí con todo detalle, para que nadie equipare con nosotros a los judíos. En este primer capítulo subrayaremos algunas diferencias. En el segundo mostraremos cómo mientras en la Ley imperaba la justicia de la carne, en el Evangelio impera la justicia del espíritu. En el tercero, que mientras en la Ley había justificación por las obras, en el Evangelio hay justificación por la fe.

En cuanto a lo primero, hay que comprender bien la gran diferencia que observa Juan entre la Ley y el Evangelio, al decir: «La Ley por Moisés, la gracia por Cristo; por Moisés la sombra, la verdad por Cristo» (Jn. 1) [1]. La Ley y la sombra fueron únicamente manifestadas por Moisés; por Cristo, en cambio, la gracia y la verdad fueron realizadas, llevadas a cabo y colmadas. Mas, ¿de qué ley se trata?, ¿de qué gracia? La Ley de Moisés, ley de muerte, poder del pecado; en cambio, la gracia de Cristo es pura misericordia, y se le llama χάρις, favor gratuito, benevolencia de quien concede

---

[1] Jn. 1, 17. Estas páginas son transcripción casi textual del cap. 3 de *DeIust* en su primer tercio, con variantes y adiciones obvias.

ciertos beneficios, de quien hace donaciones, de quien en todo ayuda, ilumina, dirige y glorifica. Gracia que libera del pecado y de la servidumbre de la Ley. Gracia que justifica gratis, que infunde el Espíritu santo y que adjudica ya el reino de los cielos y la vida eterna.

En la época de los judíos no hubo bautismo de regeneración que hiciera resucitar para el cielo, y la razón es obvia: que en aquel entonces aún no había resucitado Cristo. Ellos [315] ni en vida ni después de la muerte podían ser llevados al paraíso, ya que aún no estaba abierto; en cambio, nosotros sí. Jamás hubo un solo judío en el reino de los cielos, pues aún no había llegado el reino de Dios, que llega precisamente cuando Cristo viene a nosotros. Como él mismo dijo: «Hasta Juan la Ley y los profetas; después se anuncia el reino de Dios» (Mt. 11; Lc. 16)[2]. Jamás tuvieron ellos el espíritu regenerador υἱοθεσίας, sino la filiación carnal de un niño que no los diferenciaba en nada de la del esclavo (Gal. 4). A ellos les fue dado el «espíritu de esclavitud para vivir en temor; a nosotros, por el contrario, el espíritu de hijos»; de ahí que seamos nosotros, más que ellos, los que «clamamos *abba*, padre», como dice en ese pasaje Pablo (Rom. 8)[3]. Esto es lo que hemos conseguido con la venida de Cristo, según enseña el propio Pablo, pues, recibida la fe, ya no estamos más bajo ningún tutor, sino que «somos hechos realmente hijos de Dios, por haber creído en Cristo Jesús». Antes, dice, éramos como niños, a las órdenes de un tutor, éramos como esclavos; pero «en cuanto llegó el cumplimiento del tiempo, Dios envió a su hijo, nacido bajo la Ley, para que nos liberase de toda servidumbre a la Ley y nos otorgase la verdadera adopción de hijos»[4]. Ellos servían a Dios «en la vejez de la letra; nosotros, en la novedad del espíritu» (Rom. 7). En este punto hay que hacer constar una doble diferencia: letra y espíritu, vejez y novedad. Novedad es el Nuevo Testamento. Nuevo Testamento que hace todo nuevo, y nuevas creaturas (II Cor. 5; Gal. 6)[5].

Jamás fue un solo judío elegido o predestinado tal como hemos sido nosotros predestinados por Dios para recibir la libre adopción de hijos y ser hermanos de Cristo (Ef. 1; Rom. 8)[6]. Tanto Moisés como los profetas estuvieron bajo

---

[2] En Mt. 11, 13 y Lc. 16, 16.

[3] Está comentando Gal. 4, 1 y Rom. 8, 15.

[4] Referencias a pasajes de Gal. 3, 24-35 y 4, 2-5.

[5] Rom. 7, 6. En II Cor. 5, 17 se lee: «Si alguno está en Cristo, nueva creatura es; las cosas viejas pasaron: todas son hechas nuevas.» «Nueva creatura aparece también en Gal. 6, 15.

[6] Aludiendo ahora a Ef. 1, 5 y Rom. 8, 15-17.

la Ley, no bajo la gracia, y estaban obligados a la servidumbre y observancia de la Ley. Mas advierte qué es lo que en los pasajes citados dice Pablo que estaba predestinado, o cuál es esa gracia que, donada desde siglos, hemos adquirido ya. Se trata en verdad del reino de Dios, el cual, según la disposición del cumplimiento del tiempo, había sido destinado por Dios desde la creación del mundo para dárselo en el momento de la aparición de Cristo tanto a los judíos como a los gentiles (Ef. 3; Col. 1). Este misterio de predestinación, así como todos los demás, dice Pablo que ya se ha cumplido. También Cristo dice que «el tiempo es cumplido» a tenor del plan de esta predestinación (Mc. 1)[7].

[316]

Además, y en relación con lo anteriormente dicho, hay una diferencia: que Dios habló en aquel entonces por los profetas; ahora, en cambio, por su hijo (Heb. 1), visto ahora, mas no antes. Ahora es cuando verdaderamente se da adoración al Padre, ya que antes sólo había sombra de esta verdadera adoración, como ya manifesté en el Diálogo primero[8]. Ahora nos borra de verdad los pecados, que nos tenían amarrados a la Ley, suprimiendo la Ley misma. Dios no concedió a los judíos la misma tranquilidad de conciencia que a nosotros, ni el verdadero conocimiento de sí mismo, sino que ellos tenían el corazón velado por el terror y la sombra. Pero la manifestación de Cristo nos pone todo de manifiesto y nos trae consigo una gloria sin par y una sin par tranquilidad interior.

A todo esto hay que añadir ese hermoso pasaje en que Pablo hace notar las múltiples diferencias que median entre ellos y nosotros (II Cor. 3). Primero, porque la ley mosaica del Decálogo está escrita «en tablas de piedra», en cambio la ley de Cristo es como la de Jeremías: ley del corazón, ley de fe[9]. De ahí que por el hecho de conocer a Cristo nos hacemos todos θεοδίδακτοι, porque aprendemos a Cristo atraídos por el Padre. Esta ley de Cristo no tiene necesidad de escribirse de aquel modo externo, ni a través de decretos papales. Más aún, aunque no hubiesen escrito nada los apóstoles y evangelistas (con tal que se mantuviera en nosotros el conocimiento de Cristo y la fe en él) persistiría esta nueva ley de Cristo, escrita con la tinta interior que es la eficacia del Espíritu de Dios que la imprime en las «tablas del

---

[7] Sobre esa «disposición» habla Pablo en Ef. 3, 2-9 y sobre «el misterio oculto desde los siglos, mas ahora manifestado a sus santos», en Col. 1, 26. La expresión última proviene de Mc. 1, 15.

[8] Así antes, en las págs. 203 y ss. del texto de *Restitutio*.

[9] Comenta ahora Servet II Cor. 3, 3-9, y alude a Jer. 31, 33: «Daré mi ley en sus entrañas, y escribiréla en sus corazones.»

corazón». Pablo e Isaías llaman a esta palabra de fe en Cristo «palabra abreviadora en la justicia», ya que con la mayor brevedad resume nuestra justicia y salvación [10]. Aún agrega el apóstol que la ley del Decálogo fue disposición de muerte y condenación por causa del pecado; mientras que esta ley de Cristo es disposición de vida, no sujeta a decreto alguno. Aquélla, gobierno de esclavitud; ésta, de libertad. Aquélla, de letra; ésta, de su espíritu.

Pablo pasa luego a comparar la gloria del rostro de Moisés con la de nuestro espíritu. Así como el rostro de Moisés resplandeció durante un tiempo debido al contacto externo que tuvo con Dios, así también nuestro espíritu, debido al contacto interior con el hijo de Dios, resplandece interiormente y para siempre. La de Moisés fue una gloria superficial que duró poco tiempo; la nuestra, en cambio, es gloria del espíritu, más completa y duradera, sin fin, como la del rostro de Cristo transfigurado en el monte, que ahora resplandece para siempre en el cielo. Y así como Moisés tuvo con ella un contacto temporal y como velado en sombras, así, al contrario, lo tenemos nosotros perpetuo y sin ninguna clase de velo o sombra. En ellos había velo, para que no pudiesen ver el resplandor del rostro de Cristo: Elías se cubrió el rostro con el manto para no ver el rostro de Cristo (III Re. 19); del mismo modo procedió Moisés (Ex. 3), aunque luego, a través de la hendidura de la roca, pudo verle las espaldas a Cristo, mas no su rostro (Ex. 33) [11]. Por la misma razón, en adelante Moisés se cubría el rostro con un velo, para que los hijos de Israel no viesen en su rostro el resplandor del de Cristo, del mismo modo que el velo de la letra les impedía penetrar en los ocultos misterios de su espíritu. Ni el propio Moisés era consciente de su resplandor, «pues lo desconocía» (Ex. 34) [12]. En aquel entonces el espí-

[317]

---

[10] Hay alusiones a conceptos de Rom. 9, 28 y de Is. 28, 22. Sobre el espíritu de la doctrina legal cristiana, cfr. nota 12 del lib. I, anterior. En *DeIust* E6r redondea una aplicación práctica, aquí sólo esbozada: «De esta razón podemos inferir que en las leyes monásticas no pueden justificarse los hombres, como tampoco pudieron en la ley de Dios, sino que son execrables. Asunto pestilencial es recibir los decretos del Papa y las leyes monásticas como necesarios para la salvación y atarse a su cumplimiento con juramentos», etc.

[11] Referencia a I Re. 19, 13 y Ex. 3, 6. Nótense las palabras de Ex. 33, 20-23: «No podrás ver mi rostro, porque no me verá hombre y vivirá... Cuando pasare mi gloria, yo te pondré en una hendidura de la peña, y te cubriré con mi mano hasta que haya pasado. Después apartaré mi mano y verás mis espaldas; mas no se verá mi rostro.» Por sus peculiares premisas, expuestas en toda la Parte I y en los Dial., Servet interpreta como Cristo ya esa «gloria» o aspecto glorioso o luz o visión de *elohim*, de esa relativa teofanía.

[12] «Descendiendo del Sinaí con las dos tablas en la mano, no sabía él que

ritu estuvo oculto bajo la letra hasta que fue revelado por Cristo, como dice Pablo. Moisés no tuvo clara noticia de los misterios de su Ley, aunque en espíritu profético y como en sombras entreviera al Mesías futuro, del mismo modo que de lejos pudo ver la tierra prometida en la que jamás entró.

Sólo a Cristo que tiene la llave de David, sólo a él que es el verdadero Maestro le ha sido dado abrir las Escrituras y descubrirnos el reino de los cielos encerrado bajo el esbozo de la letra en los misterios de la Ley [13]. No entró entonces Moisés en la tierra prometida, o sea, en el descanso del Señor, sino que murió tras verla de lejos y mostrarla a los otros (Deut. 3, 4 y 34) y puesto que él no podía hacerlo, dejó que el propio Jesús el Cristo introdujera a los hombres en el descanso. Esto es lo que dio a entender entonces Josué en figura y sombra de Cristo; pues tampoco Josué introdujo a sus hombres en el verdadero descanso, según dice el apóstol (Heb. 4) [15]. Por sus yerros ofrendaban ellos la oblación (Lev. 4) «dando a entender con ello el Espíritu santo que, en tanto que durase aquel rito, no se les manifestaría el camino de los santos» (Heb. 9) [16]. A ellos los llama Cristo «siervos», por no conocer la voluntad de su Señor; a nosotros, en cambio, «amigos» y «hermanos», pues la hemos escuchado perfectamente de labios del Maestro (Jn. 15) [17]. Ellos ardieron en deseos, como dice Cristo, de escuchar al Maestro y recibir sus instrucciones; pero no les fue dado. A nosotros, en cambio, nos ha sido revelado todo cuanto estaba escondido desde siglos, como enseñan Pablo y el mismo Cristo en muchas ocasiones (Mt. 13) [18]. De otra suerte, en vano se hubiera presentado Cristo como un gran maestro y en vano hubiera hecho tal aprecio de sus palabras, llamándonos «más dichosos que los profetas» por haberle escuchado (Mt. 13; Lc. 10). La única explicación de todo esto estriba en la voluntad de Dios, pues le plugo revelarnos por la venida de su hijo lo que había estado oculto a los demás (Mt. 11; Ef. 3) [19].

[318]

---

la tez de su rostro resplandecía, después que hubo con él hablado», Ex. 34, 29. Había entonces un *velamen literæ, ne intelligerent abdita mysteria spiritus.*

[13] *Regnum in legis mysteriis sub literali cælatura clausum nobis patefacere.*

[14] Como se narra en Deut. 3, 27. 4, 1 y por fin, en 34, 15.

[15] «Porque si Josué les hubiera dado el reposo, no hablaría después de otro día. Por tanto, queda un reposo para el pueblo de Dios», Heb. 4, 8-9.

[16] Lev. 4, 2 y 13, 22; Heb. 9, 8.

[17] «Yo no os llamaré siervos..., mas os he llamado amigos», Jn. 15, 15. «Estos son mi madre y mis hermanos», Mt. 12, 48 y Lc. 8, 21.

[18] Toda una secuencia de Mt. 13, 11-17.

[19] Ib. y Lc. 10, 23-24; Mt. 11, 25 y Ef. 3, 5.

Tal vez objetes: ¿No es verdad que los profetas vieron todas estas cosas futuras? Respondo: Tuvieron sus visiones, pero ocultas como bajo un velo, pues lo que predecían no lo veían con la claridad con que lo vemos nosotros. Como dice Daniel: «Oí, pero no comprendí»; o como Habauc, que oraba por lo que desconocía. A este respecto dice Jeremías: «En los últimos días lo entenderéis» (Jer. 23 y 30) [20]. Lo que les fue relevado a los profetas, no fue revelado para ellos, sino «para nosotros», y en su ministerio no se servían a sí mismos, sino a nosotros (I Pe. 1). Lo mismo da a entender ese maestro incomparable que es Juan, al decir que nosotros hemos entrado en sus tierras de labores y que hemos recogido del fruto de las labores que ellos no pudieron recoger (Jn. 4) [21], aunque tampoco ellos quedaron sin fruto, como diremos en seguida. La visión enigmática del futuro no fue tal ni tan excelente como la visión del presente y, con la visión, su posesión.

Pero volvamos a Pablo, el cual, en el lugar ya citado (II Cor. 3) y como demostración de lo dicho anteriormente, añade que «el Señor es Espíritu». Por consiguiente, los verdaderos ministerios deben ser del espíritu, y no de la carne como en el caso de los judíos. Con el mismo antecedente demuestra Cristo que la adoración verdadera debe ser en espíritu, pues «Dios es Espíritu» (Jn. 4) [22]. De la misma premisa se deduce con Pablo que nosotros somos más libres [319] que ellos, pues «donde está el Espíritu del Señor, allí hay libertad». Hay que concluir, pues, que ellos no tuvieron ni este espíritu, ni esta gloria, ni verdadera libertad, ni verdadera adoración; mientras que nosotros, una vez rasgado el velo, en nosotros mismos, como en el espejo iluminado del Espíritu, vemos y nos representamos la gloria del Señor «a cara descubierta», o sea, el rostro de Cristo, al ver y poseer al mismo Cristo en la gloria del Espíritu. En espíritu nos transformamos a su imagen, es decir, a imagen de la

---

[20] Alusiones a Dan. 2, 30 ó 10, 8. Respecto a esa oración profética mencionada, Hab. 3, 2-19. La frase de Jeremías, en 23, 20 y 30, 24. Pero no se olvide que según la teoría de los sentidos de la Escritura expuesta por Servet (Miguel de Villanueva) en su prólogo a su ed. de la versión latina de la **Biblia** hecha por Sancte Pagnini de las lenguas originales, no hay verdadero sentido profético, sino sólo tipológico. La letra de las llamadas profecías se refiere siempre, según él, a acontecimientos contemporáneos; y sólo *a posteriori* pueden interpretarse de otro modo, por semejanza con personas o sucesos pasados. Cfr. Introd., p. 75-77.

[21] I Pe. 1, 12 y Jn. 4, 38. El calificativo aquí excepcionalmente dado a Juan, *magister ille incomparabilis*, denota la gran simpatía que por él sentía Servet, por su manifiesto espiritualismo.

[22] II Cor. 3, 17 y Jn. 4, 24.

gloria del hijo de Dios. Por la iluminación de Cristo se transforma nuestro espíritu del mismo modo que se transfiguró en el monte el rostro de Cristo y del mismo modo que resplandece ahora en el cielo. Y nos transformamos, dice, «de una gloria a otra», del Judaísmo al Cristianismo, de la gloria del rostro a la del espíritu, de una gloria velada a otra revelada, de gloria temporal a gloria eterna [23].

Claramente ves cómo cualquiera de nosotros, aun el menor que hay en el reino de los cielos, es mucho mayor que Abraham, que Moisés, que David y que los demás profetas de la Ley. Que incluso los precedamos se deduce *a fortiori* de las palabras de Cristo en Mt. 11, ya que el reino de Dios ha venido a nosotros con posterioridad a Juan Bautista, y «el menor en reino de Dios es mayor que Juan», el cual, a su vez, fue el mayor de los profetas de la Ley [24]. Por tanto, si somos mayores que Juan, somos mayores que los otros, pues fueron menores que Juan. Juan Bautista estuvo completamente bajo la Ley y no fue regenerado para el cielo con el bautismo de Cristo, ya que murió antes de la resurrección; por eso en la tierra su condición fue inferior a la de los que son regenerados para el reino de los cielos. Pero por la resurrección de Cristo también Juan ha conseguido el cielo. Por la resurrección también las almas de los patriarcas y profetas son admitidas en la gloria del reino de Cristo, por haber tenido fe en él: también ellos han resucitado con Cristo (Mt. 27) [25]; pero cuando vivían en la tierra no tuvieron la misma participación que nosotros en el reino, porque el reino de los cielos aún no había llegado a los hombres. De ahí que diga Cristo: «Y yo, cuando sea exaltado, atraeré a todos hacia mí» (Jn. 12) [26]. Luego con anterioridad a la resurrección esas almas aún no habían sido recibidas en la gloria del reino. Tampoco había gustado aún esa gloria ninguno de los que vivían, pues aún no había resucitado Cristo. Si se tiene en cuenta cuál era la situación del pueblo judío en aquel entonces, todo esto se puede entender con facilidad. En la persona de Nicodemo, versado en leyes, y en las de otros muchos enseña Cristo sin dificultad cómo y en qué me-

[320]

---

[23] Un tratamiento procedente del mismo tema, en la Parte I, lib. II, página 202 ss.

[24] En Mt. 11, 11. Sobre todo esto, también en la *Carta 14 a Calvino* (ed. cit., pp. 610-613 del texto original de *Rest.*, nuestra ed., pág. 130).

[25] Aludiendo aquí a los «muchos cuerpos de santos que habían dormido» que según Mt. 27. 52 «se levantaron y salidos de sus sepulcros, después de su resurrección, vinieron a la santa ciudad y aparecieron a muchos».

[26] «Y esto decía dando a entender de qué muerte había de morir», acota Jn. 12, 32-33.

dida superan sus celestiales palabras la capacidad de la Ley (Jn. 3). Para ellos la mayor preocupación eran las cosas terrenas, por estar mandadas; para nosotros, en cambio, las celestiales, pues hemos resucitado con Cristo (Col. 2 y 3) [27]. Dios dispuso tales cosas pensando más en nosotros que en ellos, «para que no se consumasen sin nosotros» (Heb. 11) [28]. En el cap. 12 sigue Pablo exponiendo aún otras diferencias entre ellos y nosotros. Del bautismo y de la cena del Señor se desprenden tantas y tan grandes diferencias entre cristianos y judíos, que ni siquiera se pueden enumerar aquí; pero fácilmente se podrá dejar constancia de ellas cuando tratemos del bautismo [29].

Sólo añadiré una cosa: que estos dones tan grandes concedidos por Cristo, al ser eternos, contribuirán también a que en la resurrección final precedamos nosotros a los demás que se salven, sean judíos o gentiles. Pues una vez que todos hayamos sido devueltos a la vida por Cristo, «cada cual será situado en su propio rango», como afirma Pablo. Pero, ¿cuál será ese rango? Y prosigue: Cristo será el primero, «después los que son de Cristo, en su venida» (I Cor. 15). Los siguientes a la venida de Cristo, en la regeneración se sentarán con él «sobre tronos» como jueces (Ap. 3; Mt. 12 y 19; Lc. 22; I Cor. 6) [30]. No comparecerán en juicio para ser juzgados, sino que, como atestigua Cristo, se sentarán a juzgar. «Los primeros en resucitar serán los que han muerto en Cristo»; después serán tomados los que sean hallados fieles en su vida (I Tes. 4). Y de esta manera, constituidos todos ellos a manera de jueces, juzgarán a las tribus de Israel y a todos los pueblos, «separando de entre ellos a los corderos de los cabritos» (Mt. 19 y 25) [31]. De ahí que diga Pablo que, después de Cristo, serán los santos los que juzgarán a los demás.

Por lo tanto, así como Cristo nos ha constituido ya ahora en heredad suya, así también nos tendrá en el siglo futuro a salvo de cualquier eventualidad. A todos los demás, tanto judíos como gentiles, no los condenará sin más, sino que «pagará a cada uno de acuerdo con sus obras» (Rom. [321]

---

[27] Jn. 3, 12 trae la fundamental conversación con Nicodemo, tan citada a lo largo de *Restitutio*. La dicotomía celeste-terrestre, en Col. 2, 20; en 3, 1-4, y otros lugares.

[28] Heb. 11, 40.

[29] Especialmente en el lib. III de la Parte IV, págs. 483-524 de *Rest*.

[30] Citando I Cor. 15, 23, y luego Ap. 3, 10 y 21; Mt. 12, 18 y 19, 28; Lc. 22, 30; I Cor. 6, 2.

[31] Menciona textos de I Tes. 4, 16-17 y Mt. 19, 28 y 25, 31.

2)[32]. Cristo es «salvador de todos los hombres, mayormente de los creyentes» (I Tim. 4)[33]. Los judíos no serán equiparados en la herencia a nosotros, «porque no es tan heredero el hijo de la sierva como el de la libre» (Gal. 4)[34]. Así como Abraham distribuyó entre sus hijos los dones divinos, así también cada cual tendrá aparte su propio don. Jamás se dejó llevar Dios de prejuicios contra nadie: llamó a griegos y a bárbaros, recompensando a todos; pero «a los que más creyeron les dará mayores honores», dice Clemente en el lib. VII de su *Stromata*[35]. Hay que concluir, pues, que Dios tiene verdadera justicia y misericordia para con todas sus creaturas; pera para con su «pequeño rebaño», el único que se ha reservado de una manera especial, tendrá la más insigne sublimidad de su gracia[36].

CAPÍTULO SEGUNDO

DE LA JUSTICIA DE LA CARNE EN LA LEY Y DE LA JUSTICIA DEL ESPIRITU EN EL EVANGELIO

Pasemos ya a la otra diferencia propuesta al principio: cómo en la Ley predominaba la justicia de la carne, mientras que en el Evangelio predomina la justicia del Espíritu. La justicia del pueblo judío era entonces mundana, para que con el favor divino pudiesen vivir bien durante algún tiempo en la tierra. La nuestra, en cambio, para vivir ya una vida eterna. En atención al rudo ingenio de los hombres suelen darse las leyes e instrucciones; y así es como habrían de servirles delante de Dios a aquellos hombres rudos[37]. Todos cuantos vivieron bajo la Ley fueron carnales en comparación con la nueva generación del Espíritu. Aunque el Espíritu santo pronunciase profecías por medio de ellos, aunque previesen el futuro, no obstante, había en sus obras

---

[32] Rom. 2, 6.

[33] I Tim. 4, 10.

[34] Gal. 4, 30-31.

[35] Clemente de Alejandría, *Stromata*, lib. VII, cap. II: *Iis quidem qui eximie crediderunt, honores tribuit eximios* (PG VI, 298).

[36] *Pusillus grex*, de Lc. 12, 32.

[37] Se pecaría de superficial si en expresiones como ésta, de cierto fuerte sabor aparentemente antisemita, se quisiera ver una real aversión de Servet al pueblo judío como raza. Toda su oposición debe interpretarse, por el contrario, en una perspectiva estrictamente religiosa. Ni el texto ni lo que de su persona sabemos autoriza otro sentido.

algo de carnal, algo de animal. Todos se conducían como en- [322]
tre sombras, y sombra de lo espiritual era lo carnal, como
lo terreno es sombra de lo celestial.

Que fueran carnales lo muestra Pablo: «Mirad, dice, a
Israel según la carne» (I Cor. 10) y «¿Qué diremos, pues, que
halló Abraham, nuestro padre según la carne?» (Rom. 4) [38].
Fíjate en la expresión: «halló... según la carne», pues en lo
mismo que sucedió en Abraham según la carne resplandece
ya la figura de lo espiritual. Carnal el sacerdocio de Aarón
y carnal el precepto (Heb. 7). Las justificaciones de la Ley,
justificaciones de la carne (Heb. 9). A toda la justicia de la
Ley se le llama justicia de la carne (Flp. 3). Entonces estábamos bajo la carne, ahora ya no, sino bajo el espíritu
(Rom. 7 y 8) [39].. El «hombre espiritual», según Pablo, no está
bajo la Ley; luego ninguno de ellos fue «espiritual». Pablo,
en su carta a los Gálatas, cap. 4, bajo la alegoría de los dos
hijos, se refiere a los dos pueblos, el judío y el cristiano,
uno según la carne, otro según el espíritu, demostrando que
todo aquel pueblo era carnal. Carnales eran todos los premios que se les prometían en la Ley; y aun ellos mismos no
suelen pedirle a Dios sino cosas carnales [40]. Y la razón de
que entonces la Ley sólo prometiera y concediera cosas carnales es que aún no se había abierto el paraíso. Eso estaba
reservado a Cristo. Todas las penas y maldiciones de la Ley
eran carnales y mundanas (Lev. 26; Deut. 28) [41]. Carnal y
mundana era también la remisión de los pecados prevista
en la Ley. Deseaban que se les perdonase los pecados como
se perdonan los delitos por un rey, para no ser arrebatados
por el furor de su señor y evitar que cayesen sobre ellos todas las sanciones carnales de la Ley. En cuanto a la pena
de condenación eterna, no había en aquel entonces nada
claro; las discusiones en esta cuestión constituían caso aparte [42]. Pero Cristo, que fue el único que nos trajo la vida
eterna, fue el único también que declaró abiertamente al

---

[38] I Cor. 10, 18 y Rom. 4, 1.

[39] Oposición entre el sacerdocio de Aarón y el de Melquisedec, en Heb. 7,
11, que cita el Sal. 109, 4. El texto de Heb. 9, 9-10 habla de «presentes y sacrificios que no podían hacer perfecto, consistiendo sólo en viandas y bebidas
acerca de la carne». Flp. 3, 3 aconseja proceder, por el contrario, «no teniendo confianza en la carne». Por fin, Rom. 7, 18 y 8, 1 establecen la oposición
carne-espíritu.

[40] ¿O acaso esa frase un tanto sibilina, *nec ipsi solent nisi carnalia a Deo
petere*, no se refiere tan sólo a la espiritualidad judía antigua?

[41] Lev. 26, 4 y ss.; Deut. 28, 4 y ss.

[42] Extraña frase de Servet: *Ratiocinationes de hac re seorsim colligebantur.*
En todo caso, clara alusión a la imprecisión del concepto de *sheol* en todo
el A.T.

mundo la existencia de penas eternas. ¡Gran Maestro, se mire por donde se mire!

Que nadie piense, pues, que se les llama carnales por no esperar la gloria futura, como era el caso de los saduceos. Hoy la esperan ya los judíos y también los mahometanos, y a pesar de todo son los más carnales. Llamamos carnales a aquellos hombres que, sin haber aceptado el espíritu de regeneración, observan todavía los ritos carnales de la jus- [323] tificación. Para su expiación carnal el Levítico ordenaba víctimas y derramamiento de sangre, que no producía verdadera remisión de los pecados, como dice Pablo en la carta a los Hebreos, caps. 9 y 10 [43]. Había sí, en esos casos, remisión de los pecados, como enseña Dios en Lev. 5 y 6 y en otros muchos lugares; pero no era verdadera remisión en comparación con ésta; pues ni quitaba el pecado de Adán, ni devolvía la paz a la conciencia. Además, ya se ha visto cómo entonces la adoración era carnal y mundana tanto en el tabernáculo de madera como en el templo de piedra; mientras que ahora se adora a Dios sólo espiritualmente en Cristo vivo. Sólo en él se ve a Dios en el espíritu y en el hombre interior.

Sin embargo, no faltan en nuestro tiempo quienes digan que los israelitas en Egipto (reprobados todos, menos dos) eran todos espirituales, porque «todos comieron la misma vianda espiritual y todos bebieron la misma bebida espiritual» (I Cor. 10) [44]. Pues cuando Pablo lo llama Israel según la carne y dice que estuvo en figura bajo la nube, bien claro da a entender que hay diferencia entre carne y espíritu, entre nube y luz, entre figura y realidad. Lo espiritual no era el pueblo, sino la vianda y la bebida, pues en el maná y en la roca se simbolizaba un misterio espiritual. La roca de Oreb era en sentido espiritual Cristo, pues a Cristo simbolizaba. Como si, por ejemplo, dices que en la serpiente de bronce se vio entonces espiritualmente a Cristo, o que le comieron espiritualmente en el maná, o que fue asesinado espiritualmente al principio en Abel (Ap. 13) [45]. Espiritualmente, o sea, en sombra y figura. De Isaac hijo se dice que nació según el espíritu y según la promesa, porque alegóricamente representaba un Cristo espiritual; pero en sí mismo era carnal. Si quieres sacar alegorías de la historia, pue-

---

[43] «La Ley, teniendo la sombra de los bienes venideros, no la imagen misma de las cosas, nunca puede... hacer perfectos a los que se allegan», Heb. 9, 13 y 10, 1.

[44] I Cor. 10, 3-5. Alusión a la disputa recién concluida entre Servet y Calvino sobre este mismo texto de Pablo en la *Carta 30* (ed. cit., p. 193).

[45] ... «el cordero que fue muerto desde el principio del mundo», Ap. 13, 8.

des llamar espiritual en el sentido indicado a todo cuanto hay en la Ley, y en tal caso el símbolo viene a ser espiritualmente una misma cosa con lo simbolizado. En este sentido también a la Ley se le llama espiritual, pues requería una moción interior del espíritu, cosa que ellos, por ser carnales, no ponían suficientemente (Rom. 7) [46]. Si bien te fijas, sólo el cambio de Testamento ya da a entender que aquellos hombres fueron otros: otro su Testamento, otra su institución hereditaria, otras sus cualidades. Tan rudo y carnal fue aquel pueblo, tan duro de corazón que, precisamente por eso, abrogados los mandamientos, quiso Dios darnos un corazón nuevo y un nuevo espíritu por Cristo, y renovarnos enteramente. [324]

Alguno nos objetará que ellos tuvieron fe. Mas aunque tenían fe, eran carnales. La fe que tenían era una especie de fe mundana, agradable a Dios en aquel tiempo; pero todo cuanto esperaban por esa fe eran casi exclusivamente cosas carnales y mundanas, tales como la multiplicación de su descendencia y la seguridad de su herencia, que es lo que esperó Abraham (Gen. 15). Por más que en espíritu profético viese de modo enigmático y como en sombras a Cristo y en él esperase la futura vida celestial y la eternidad, sin embargo, no fue regenerado entonces en él; sólo esperaba cosas temporales. Y así, no obstante su esperanza del futuro, puede decirse que su justicia de entonces era carnal, como carnales eran sus obras. Abraham creyó en la palabra de Dios por su antigua y carnal promesa; nosotros, en cambio, creemos en la palabra de Dios por el evangelio nuevo y espiritual que colma todas las promesas. Puede decirse que es la misma fe, en el mismo sentido que la figura es lo mismo que lo figurado. Abraham creyó en sombra al que le hacía la promesa; nosotros creemos en realidad al que la cumple y da con mayor abundancia. La fe de Abraham fue fe en Cristo, o más bien sombra de la fe en Cristo; y el que hablaba con él prefiguraba a Cristo. Pero entonces no quedó completa la verdad, ni alcanzaron las verdaderas promesas Abraham o sus descendientes antes del advenimiento de Cristo; pues «Dios había provisto algo mejor para nosotros, con el fin de que no se cumpliesen sin nosotros» (Heb. 11) [47].

El apóstol recomienda en este caso de distintos modos la fe de los antiguos hebreos a los hijos de los judíos con

---

[46] «Porque mientras estábamos en la carne, los afectos de los pecados que eran por la Ley obraban en nuestros miembros fructificando para muerte... Porque sabemos que la Ley es espiritual; mas yo soy carnal, vendido a sujeción del pecado», Rom. 7, 5 y 14.

[47] Heb. 11, 40.

el fin de atraerlos a la fe, y, argumentando de menos a más, convencerlos de nuestra fe en Cristo. Pues si por su fe fueron del agrado de Dios aquellos hombres, incluso los más carnales, como aparece en el caso de Gedeón, Jefté, Rahab y Sansón, ¡cuánto más nosotros, cuya fe ha sido tan insignemente encarecida y adornada con dones celestiales con más abundancia que la de ellos! ¿Con qué fe, díme, con qué fe alcanzaron los israelitas la promesa de Abraham? Cuando Moisés y Josué animaban al pueblo armado a invadir la tierra, recordaban que esa tierra les había sido prometida por [325] Dios; y la confianza en esa promesa levantaba su ánimo. De no creerlo, hubieran podido volverse a Egipto, y de hecho los incrédulos perecieron en el desierto. Mas, ¿acaso dejaban de ser por eso hombres carnales? Carnal fue la promesa y carnalmente la alcanzaron; pero por creer eran justificados los unos y por no creer rechazados los otros. Así plugo a Dios disponer a su pueblo. Concluyamos, pues, que Dios se complació en la fe de Abraham y en la de los otros, y que por esa fe obtuvieron muchas cosas. Se complacía también en las obras de la Ley que él mismo había preceptuado, y por eso les otorgaba muchos favores, incluida la recompensa en el siglo futuro. En cualquier caso, creyendo u obrando, eran carnales en comparación con las cosas espirituales de la regeneración de Cristo. Carnal era asimismo Abraham, y no por eso dejó de ser amado de Dios; pues así lo tenía establecido Dios para aquellos tiempos. Sea cual fuere el modo que Dios quiere, obedecer su voluntad creyendo u obrando es justificación de vida y la vida misma; tanto si promete Dios algo, como si no.

Para ser justificado no se requiere necesariamente promesa alguna, por más que la mayor parte sostenga que siempre se requiere una promesa [48]. Se refugian en el propio Abraham; pero lo cierto es que Abraham no fue justificado por tratarse de promesas, sino por creer a Dios que le hablaba: «Abraham creyó a Dios, y Dios se lo reputó como justicia» [49]. Por esa misma razón somos justificados hoy nosotros, por creer a la voz del cielo: «Este es mi hijo» [50]. Dios dijo una cosa a Noé, otra a Abimelec, otra a Lot, otra a Job, otra a los ninivitas, y otras cosas distintas a otros; y al creerlas cada uno era justificado, aun cuando no se hi-

---

[48] Sobre la relación entre promesas y justificación, tema caro al primer calvinismo, merece verse la *Carta 10 a Calvino* (nuestra ed., p. 119).

[49] Fundamental principio de Rom. 4, 3 y de Sant. 2, 23, aludiendo a la actitud de Abraham en el holocausto de Isaac, Gen. 15, 6.

[50] Palabras oídas en el bautismo de Jesús y en la transfiguración: Mt. 3, 17 y 17, 5; Mc. 1, 11 y 9, 7; Lc. 3, 22 y 9, 35.

ciese mención de promesa alguna. La justificación no consiste en la eficacia de la promesa, sino en la de la voluntad de Dios que te acepta. Pues ésta es la voluntad de Dios que nos ha sido dada a conocer: que viendo a éste su hijo, creamos en él (Jn. 6) [51]. Hay que creer, pues, en él tal y como [326] se nos ha manifestado; hay que obrar tal y como se nos ha mandado, y siempre para justificación. ¿Quién hay tan blasfemo que se atreva a decir que no creerá en Dios, a no ser que le prometa algo? Dios hizo promesas a Abraham y a sus descendientes, además de otros beneficios, para estimularles más fácilmente a creer, y para dar a entender lo que en el futuro se cumpliría más generosamente en nosotros. Antes de la venida de Cristo las obtuvieron carnalmente; después, espiritualmente. Conformes con la voluntad de Dios vivían ellos en la tierra con esa fe con la que ahora vivimos nosotros en el cielo, para que de ahí deduzcamos «la supereminente gracia de Cristo para con nosotros en estos tiempos que han sobrevenido» (Ef. 2) [52].

Reflexiona, lector, sobre esto: ¿Cómo es que hoy no conseguimos la promesa con armas carnales como la consiguieron ellos? ¿Cómo es que hoy Cristo no reparte entre sus elegidos camellos, asnos, siervos, tierras y riquezas, como con Abraham y sus descendientes, sino que nos da cruz y persecuciones? De no ser compensados de otra manera, «seríamos los más miserables de todos los hombres» [53], y sería preferible ser judío antes que cristiano. Reflexiona, asimismo, sobre los hechos concretos: ¿Por qué no oraban ellos por sus enemigos, sino que eran hombres ávidos de sangre y de venganza, que exigían ojo por ojo? ¿Por qué tantas mujeres y tantas concubinas? ¿Y los libelos de repudio? Ni siquiera en este asunto tenían conciencia de pecado, sino que constantemente aseguraban que observaban los caminos del Señor. Su mentalidad era muy distinta a la nuestra, y no tenían tanto conocimiento. Por eso les estaba permitido a ellos lo que no nos está permitido a nosotros (Mt. 5 y 19), porque Cristo quiere que en esto seamos nosotros mejores que ellos [54]. Ese libelo de repudio quería decir que aquel pueblo carnal y el pacto carnal con él establecido serían repudiados por Dios. En cambio, nosotros tenemos la alianza del Espíritu y un Testamento eterno.

---

[51] «Esta es la obra de Dios, que creáis en el que él ha enviado», Jn. 6, 29.
[52] Ef. 2, 7.
[53] «Si en esta vida solamente esperamos en Cristo, los más miserables somos de todos los hombres», I Cor. 15, 19. Acaso no sea ocioso recordar que esta frase sirve de lema a *Del sentimiento trágico de la vida* de Unamuno.
[54] Referencia al continuo e impresionante «Mas yo os digo», de todo el cap. 5 de Mateo, y del cap. 19, 9.

DE LA JUSTIFICACION POR LAS OBRAS EN LA LEY
Y DE LA JUSTIFICACION POR LA FE EN EL EVANGELIO

Que en la Ley prevaleciese la justificación por las obras, [327] como propusimos al principio, lo enseña con toda evidencia Pablo en Gal. 3: «La Ley no proviene de la fe, sino que el hombre que la cumpliere, vivirá por ella.» Lo mismo enseña en Rom. 10 y Flp. 3. Palabras que Pablo tomó de la Ley misma, pues por justicia a las obras de la Ley declaró Dios entonces que «el hombre que hiciere estas obras, vivirá por ellas» (Lev. 18) [55]. Consta también por la misma disposición divina, pues a los judíos se les dio la Ley de las obras, y porque a las obras de la Ley se les llama «justificaciones». La razón de por qué se les llama justificaciones es que siendo Dios justo no puede ordenar nada sino según justicia; sus órdenes y mandamientos no sólo son justos en sí mismos, sino que hacen justo al que los cumple; por eso y con toda razón se llama «justificaciones» a sus preceptos (Lc. 1; Rom. 2; Sal. 118) [56]. Necesariamente camina en la justicia el que hace lo que está mandado por Dios. Puesto que al pueblo le había sido dada la Ley de las obras, podía buscar la justicia por las obras. Dios les promete su favor siempre que observen su Ley, sus ceremonias y juicios. Por eso suelen hacer cuentas de sus obras buenas «en presencia de Dios», para que así dé cumplimiento a sus deseos. Esto aparece claro en Nehemías al hacer recuento de sus justicias «delante de Dios» (II Esd. 5 y 13), y en Ezequías (Is. 38; IV Re. 20). Que esto estuviera permitido por la Ley, consta por el Deuteronomio, cap. 26. El propio David se gloría en muchas ocasiones de haber guardado los mandamientos y justificaciones del Señor (II Re. 22; Sal. 7, 16, 17, 43 y 118) [57].

---

[55] Gal. 3, 12. En Rom. 10, 5 se dice: «Moisés describe la justicia que es por la Ley: que el hombre que hiciere estas cosas, vivirá por ellas.» La frase de Flp. 3, 9 «No teniendo mi justicia, que es por Ley, sino la que es por la fe de Cristo, la justicia que es de Dios por la fe», está basada en Lev. 18, 5.

[56] «Y ambos eran justos», Lc. 1, 6. «Porque no los oidores de la Ley son justos para con Dios, mas los hacedores serán justificados», Rom. 2, 13 El Sal. 118 en varios vv.

[57] «Acuérdate de mí para bien, Dios mío, y de todo lo que hice a este pueblo», II Esd. (Nehem.) 5, 19 y 13, 14. «Oh Jehová, ruégote te acuerdes ahora que he andado delante de tí», ruega Ezequías en Is. 38, 3 y en el II Re. 20, 3. Se ordena en Deut. 26, 13: «Y dirás delante de Jehová, tu Dios.» David dice en II Sam. 22, 21: «Remuneróme Jehová conforme a mi justicia.»

A nosotros, en cambio, no nos queda sino contar con las obras de Cristo, que todo lo ha hecho por nostros, cumpliendo la Ley por nosotros, ya que a nosotros nos hubiera resultado imposible. A un pueblo carnal le estaba permitido gloriarse de sus propias obras; a nosotros sólo nos es lícito [328] «gloriarnos de la cruz de nuestro Señor Jesús el Cristo» [58]. Esa jactancia por las buenas obras la desaprueba abiertamente Cristo con el ejemplo del siervo (Lc. 17) y con la parábola del justo (Lc. 18) [59].

Ha hecho tantas cosas Cristo por nosotros, nos ha dado tantos y tan grandes beneficios perpetuos, que somos deudores y servidores suyos para siempre. Tan obligados estamos a él por esta razón que, cualquier cosa que hagamos en adelante, debemos decir: «Siervos inútiles somos, sólo hemos hecho lo que debíamos hacer.» Han sido tantos los dones que nos ha dado Cristo, sin nuestras obras, que sería una locura pensar en darle satisfacción con nuestras obras o pretender merecerlos por ellas. Y más, porque, cuando éramos impíos y no hacíamos nada bueno, él operaba en nosotros atrayéndonos hacia sí. Cristo se anticipa a todas nuestras obras eliminando él solo y por sí mismo nuestros pecados (Is. 45 y 48) [60]. En la gracia de Cristo que nos justifica gratuitamente radica la eficacia de nuestra justificación, y no en la excelencia de nuestras obras; pues si se debiese a nuestra fe, ya no sería gracia. Por el mero hecho de creer, Cristo, dándonos tantos dones, nos hace deudores suyos. Nos da incluso el mismo creer, de modo que por cualquier camino y de cualquier manera siempre resultamos sus deudores. Ahora bien, del hecho de que obremos siendo ya deudores no se sigue que obremos inútilmente, como mostrará el Libro siguiente. Cristo no ha dejado sin eficacia nuestras obras posteriores a la justificación, sino que quiere añadirles todavía un premio, con lo cual vuelve a obligarnos una vez más [61].

Mas, volviendo a la comprobación de la justicia de la Ley, casi nos vemos forzados a confesar que las obras de la Ley fueron de provecho; de lo contrario, Dios no las habría

---

[58] Gal. 6, 14.

[59] «¿Da gracias al siervo porque hizo lo que le había mandado?», Lc. 17, 9. El texto de Lc. 18, 11 ss. se refiere a la parábola del fariseo engreído y del publicano justo.

[60] Los caps. 45 y 48 de Is. se refieren a lo dicho por Jehová a «su ungido, a Ciro», al cual, aun sin valor profético según la teoría de Servet antes aludida, le convienen como tipo de Cristo afirmaciones que también pueden aplicarse a éste.

[61] Esta teoría del mérito que expone Servet es plenamente católica.

impuesto a aquel pueblo rudo, mandándoselas con tanto empeño y prometiendo su favor a quienes las observasen. Sería una palabra sin sentido llamarlas «justificaciones» de no haber justicia alguna en las obras de la Ley. Más aún, caso de ser superfluas, superflua hubiera sido también la disputa de Pablo, pues habría hecho problema de lo que no lo es. Por tanto, hay que partir de que según la Ley el ca- [329] rácter de justificación competía a las obras. Son claras las palabras de la Ley, con que el Señor les exhorta a «hacer lo que es justo». Ahora bien, ¿qué otra cosa significa «hacer lo que es justo» sino la justicia y la justificación de la Ley? ¿Qué otra cosa puede ser «hacer juicio» y «hacer justicia», expresiones tan frecuentes en la Ley, sino justificación? ¿Por qué manda Moisés devolver lo entregado en prenda, sino «para tener tu justicia delante de Dios»? (Deut. 24). Repi- tiendo dos veces la palabra, dice Moisés: «La justicia, sigue la justicia y por ella vivirás» (Deut. 16). Inmolaban ellos «sacrificios de justicia» y realizaban «la justicia de Dios» (Deut. 33) [62]. ¿Quién puede negar que antes de conocer a Cristo ya se llama justos a Zacarías e Isabel, porque «cami- naban en todos los mandamientos y justificaciones del Se- ñor»? (Luc. 1). Sólo has de tratar de entender una cosa: por qué se les llama «justificaciones». ¿Por qué la llaman Cristo y Pablo justicia de la Ley, si no era justicia de nin- guna clase?

De que la justificación de la Ley fue justicia de las obras, podemos convencernos sin lugar a dudas tanto por los sal- mos de David como por otros profetas. Así, el salmo 10 llama justo al que «hace la justicia». «Justo es el que obra justi- cia» (Sal. 14), «Conforme a mi justicia, conforme a la pu- reza de mis manos» (Sal. 17), «Los juicios de Dios son jus- tos, en guardarlos hay grande galardón» (Sal. 18), «Los ojos del Señor sobre los justos, sobre los que se apartan del mal y obran el bien» (Sal. 33), «Dichosos los que hacen justicia en todo tiempo» (Sal. 105), «Distribuyó, repartió a los po- bres: su justicia permanece para siempre» (Sal. 111) [63]. Y así otros muchos salmos, en los que se hace mención de «hacer justicia», y en los que el término «justicia» se asocia a las obras, como aparece profusamente en todo el salmo 118. En la mayoría de los otros salmos, al contemplar la multitud de hombres transgresores y prevaricadores, pide David la justicia de Dios, anhelando a Cristo, dándose cuenta de que la justicia de nuestras obras es insuficiente. La sola men-

---

[62] Deut. 24, 12. 16, 20. 33, 19-21.
[63] Citas de Salmos: 10, 7; 14, 2; 17, 24; 18, 9; 33, 18; 105, 3 y 111, 9.

ción de Cristo, por su excelencia, oscurece la justicia de la Ley; mas, a pesar de todo, en la Ley sí había alguna justicia.

Después de David, también en Isaías consta que la justicia radica en las obras, por ejemplo, en los caps. 3, 5, 26, 32, 58 y 64. Pero donde se ve con más claridad es en Ezequiel, caps. 18, 20 y 33, en los que explica toda la eficacia de la justificación judaica, mostrando cómo obrar bien y cumplir los mandamientos y juicios de Dios es «hacer justicia». Lo mismo enseñan Miqueas, cap. 6, y los restantes profetas. Ese es el meollo de toda la Ley. En eso estriba la justicia de las prescripciones de la Ley, en que «cumpliéndolas, el hombre viva por ellas» (Lev. 18), con lo que concuerda el Deuteronomio, caps. 4, 5, 6, 7 y 12, y II Edras, 9 [64]. «No en vano, dice el Señor, se os han dado estos preceptos, pues en ellos os va la vida, y cumpliéndolos permaneceréis por mucho tiempo en vuestra tierra» (Deut. 32) [65]. La razón de imponerlos no es algo vano o inútil, sino que ayudan a vivir. Luego no son imposibles, pues no se puede vivir de imposibles, sino de obras de justicia. Así de llanamente lo entendían ellos, al decir: «En estas obras estará nuestra justicia y en ellas viviremos» (Deut. 6). Del hombre que obra la justicia Dios mismo dice: «Por la justicia que ha hecho vivirá» (Ez. 18) [66]. Ese vivir que daba la Ley no estaba fundado en ningún artículo de fe, sino en las obras, como dice Pablo: «La Ley no viene de la fe, pero el hombre que la cumpla vivirá por ella.»

Esto mismo lo corrobora el Maestro de la verdad, cuando dice: «Haz esto y vivirás» (Lc. 10), incluso con vida de bienaventurado; y «Esto era menester hacer» (Mt. 23) [67]. Ahí Cristo habla de la justicia, al decir: «Vino Juan por el camino de la justicia», es decir, cumpliendo la Ley. Luego si Juan vino por él, ese camino de la observancia de la Ley no es tan imposible. Alguna justicia habría, cuando Cristo lo llama justicia. Y al propio Juan le dice Cristo: «Deja que cumplamos los dos toda justicia»; y «Si vuestra justicia no es mejor y más abundante que la de los escribas y fariseos...» (Mt. 5) [68]. Aunque la excelencia de nuestra justicia proviene de la gracia y de la fe en Cristo, sin embargo, hasta en las «obras de justicia» quiere Cristo que los superemos y que abundemos. Mateo, cap. 6, la llama *«justicia de las obras»*, al decir: «Mirad de no hacer vuestra justicia delan-

---

[64] Cfr. notas 55 y 57.
[65] Deut. 32, 47.
[66] Deut. 6, 2 y Ez. 5-9.
[67] En Lc. 10, 28 y en Mt. 23, 23.
[68] Juan en el bautismo, en Mt. 3, 15; luego, en polémica de Mt. 5, 20.

te de los hombres»; *justicia de las obras*, por la que «también habéis de recibir recompensa en el cielo». Nadie, de no estar encantado por Simón el mago, sería capaz de negar que en las obras hay cierta justicia y que a esa justicia le corresponde cierto premio de gloria en el cielo. La *justicia de* [331] *las obras* enseña Juan en su epístola: «El que obra la justicia, el que ejerce la justicia, ése es justo, viene de Dios, lo mismo que es justo Dios al hacer todas las cosas con justicia» [69].

Mas ya que por haber interpretado mal a Pablo vituperan algunos todas las obras, vamos a demostrar, a partir del propio Pablo, cómo no sólo la justicia de la Ley, sino incluso la misma justicia natural es justicia de obras, que puede aprovechar mucho a los mismos cristianos. Justicia natural es «dar a cada uno lo suyo» y «hacer el bien a todos y no perjudicar a ninguno» y «hacer lo que la propia conciencia y la razón natural dictan a cada uno, de modo que hagas a otro lo que quieras que se te haga a ti». Pues bien, Pablo afirma que con esta sola justicia son justificados y salvados los gentiles igual que los judíos (Rom. 2) [70]. Llama a las obras de la Ley justicias o justificaciones. De los cumplidores de la Ley dice que devienen justos. Son tenidos por justos los que expresan la Ley con sus obras. La circuncisión es de provecho, con tal de que se observe la Ley. Es propio de la justicia divina que los que mal obran, mal reciban; y que los que obran bien, reciban bien. Los que obran el mal se someten a la injusticia; para los que obran el bien, habrá gloria y honor y paz. Dios dará a cada uno según sus acciones, a saber, a los que perseveren en el bien obrar, la vida eterna. Y hasta llega a decir que se reclama gloria, honor e inmortalidad para las buenas acciones, y que tanto las buenas como las malas obras cederán en pro o en contra del judío y del griego, toda vez que la norma está escrita en la Ley natural. Dice, asimismo: «Si el prepucio observa las justificaciones de la Ley, habrá justicia», es decir, si los gen-

---

[69] Aludiendo, respectivamente, a Mt. 6, 1 y a I Jn. 3, 7. Nótese, pues, que Servet está dando un paso más, un paso adelante, admitiendo una auténtica *iustitia factorum* intrínseca a toda obra buena, es decir, una *iustitia naturæ*, además de esa *iustitia legis* que era la propia del estado religioso del pueblo judío en el A.T. Por eso, pasa a continuación a rechazar a los que niegan todo valor a las obras humanas, concretando su ataque en alusiones a Lutero, sin mencionarlo, y a Calvino, con quien había mantenido ya esta polémica en algunas de sus *Cartas*.

[70] Célebre texto de Rom. 2, 14-15: «Porque los gentiles, que no tienen Ley, naturalmente haciendo lo que es de la Ley, aunque no la tengan, son ley en sí mismos, mostrando la obra de la ley escrita en sus corazones, dando testimonio juntamente sus conciencias.»

tiles realizan obras semejantes a las justificaciones de la Ley, también ellos serán justificados. Los gentiles, instruidos por la misma naturaleza, gracias a la deidad que tienen innata, eran capaces de obrar justificaciones parejas a las de la Ley, o sea, aquellas obras que les dictaba la razón natural, y a las que Pablo denomina «obras de la Ley escritas en el corazón de las gentes» [71]. Si tal hacen los gentiles, serán justificados por sus obras. Si tal hace, el gentil será equiparado al judío; incluso llegará a superarle, pues el judío es acusado por su propia Ley en caso de transgresión. De donde infiere Pablo: «El pagano te juzgará a tí, judío, porque a causa de la letra y de la circuncisión eres transgresor de la Ley». Fíjate cómo el modo de justificación de los judíos y gentiles se distingue del nuestro por las obras de la Ley o el dictamen de la razón. A nosotros se nos ha dado una norma de fe segura, la única por la que somos justificados; pero a ellos, no. Por eso, la naturaleza la suple en ellos por el dictamen de la conciencia, que les da a conocer las obras que son naturalmente buenas. Tales obras, por ser naturalmente buenas, aprovecharán a todos en el siglo futuro, cuando todos sean juzgados en justicia por lo que hayan hecho. Que esta norma natural tenga que ver también con nosotros, nos lo enseña Cristo cuando dice: «Todo cuanto quisiereis que hagan los hombres con vosotros hacedlo con ellos: ésa es la Ley y los profetas» (Mt. 7). «El que ejercita la misericordia para con su prójimo, incluso aquel samaritano, es justo», y es más justo que el judío (Lc. 10) [72]. Algunos adversarios se resisten hoy a aceptar que ese samaritano fuese justificado por su misericordia; en cambio, se enredan de mil maneras con sus promesas, que aducen en todas partes. Pero no sólo los refuta el samaritano, sino hasta el publicano aquel que, sin tener noticia de las promesas ni de Cristo, rogaba a Dios que le fuese propicio y por eso fue justificado (Lc. 18) [73].

[332]

También por otras actuaciones particulares podemos demostrar cómo, aun dejando aparte las promesas, había en las obras justicia legal y justicia natural. Fineés fue justificado por haber alanceado a un par de fornicarios (Num. 25;

---

[71] Obsérvese la elegancia con que Servet subsume la doctrina paulina dentro de su peculiar sistema de pensamiento de orientación neoplatónica, vinculando la capacidad natural de obras parcialmente justificantes *(cum eorum regula sit naturæ lege descripta)* al hecho de una luz natural de la razón por participación de la deidad: *gentes a natura doctæ ob innatam deitatem.*

[72] Mt. 7, 12 y Lc. 10, 37.

[73] Lc. 18, 14.

Sal. 105); justicia que aunque fuese entonces la de hombre carnal y otorgada como recompensa de un sacerdocio carnal, fue, no obstante, agradable a Dios y provechosa para el siglo futuro. Con semejante justicia trató Dios las casas de las parteras egipcias por ocultar a los niños (Ex. 1). Por sus obras, por su hospitalidad, fue justificada Rahab (Sant. 2), y sin embargo no tenía promesas. La conducta de los Recabitas fue justicia, y en seguida vino la recompensa (Jer. 35) [74]. En estos casos entiende que se trata no de las obras de un hombre dormido, sino de las que se hacen teniendo a Dios, bien movido de misericordia, como el samaritano, bien de celo, como Fineés, bien por dictamen de la conciencia, como hicieron los Recabitas al obedecer a su padre. Justicia fue [333] el ayuno de los ninivitas, si bien no tenían promesa alguna, como tampoco hubo promesa alguna en la acción de las parteras; pero éstas tenían temor de Dios, y aquéllos creían que Dios podía evitar la ruina de su ciudad. De Abimelec, rey de Gerar, se dice que era justo y «de corazón íntegro» (Gen. 20), y no había recibido promesas de ninguna clase. Los ninivitas fueron justificados por creer en el Dios del profeta Jonás, sin conocer ni las promesas hechas por él, ni su Ley. Agar no había recibido promesas, como tampoco Rahab, ni Thamar, ni Ruth, ni la reina de Saba, ni Cornelio; y sin embargo, conocemos su justicia. Luego no hace falta una promesa en cada justificación, como hoy reclaman algunos. Cualquier fe en Dios puede ser suficiente, incluso en las Nuevas Islas, con tal que se obre rectamente según la propia conciencia (Rom. 2; Hch. 10); pues el Señor misericordioso tiene piedad de aquellos hombre que, cual jumentos, ni siquiera saben distinguir «su mano derecha de su izquierda» (Jon. 4; Sal. 35) [75]. Justicia fue la acción de

---

[74] Num. 25, 8; Sal. 105, 30. Curioso detalle: «Y por haber las parteras temido a Dios, él les hizo casas, en Ex. 1, 21, en alabanza de su salvación de niños hebreos.» Mención de Rahab la ramera en Sant. 2, 25. Menciona por fin Jer. 35, 18, sobre la familia que en obediencia a su padre rehusó beber vino.

[75] Conocido antes ya el texto de Rom. 2, 15. El de Hch. 10, 31 se refiere a la justificación del centurión Cornelio, de la compañía Italiana, reconocida por Pedro. La frase de Jonás 4,11 es aplicada por Servet a que «los hijos de los hombres se amparan bajo la sombra de tus alas» del Sal. 35, 7. Importante la mención de América o «nuevas islas» como un *locus* ideal de primitivismo regido por la conciencia y la razón natural: *Qualiscumque de Deo fides in insulis novis sufficere potest, modo quis secundum conscientiam recte operetur.* O como ha dicho en la página anterior: *Natura supplet in eis per conscientiæ regulan, docens opera naturaliter bona.* Es necesario relacionar esta doctrina, y la subyacente idealización de América, con la intención de Servet de haber huido a refugiarse al Nuevo Mundo, según se dijo en nota 14 del proemio. El mismo tema, y un contexto bastante paralelo a éste, recurre en la *Carta 10 a Calvino*, antes citada, ed. ALCALÁ, pp. 119-121.

Lot hospedando a los ángeles, aunque allí no había promesa de ninguna clase. Justicia fue la abstinencia de Daniel de vino y viandas impuras. Justicia fue la acción de la viuda de Sidón al acoger a Elías. Justicia fue, según testimonio de Cristo, la acción de la viuda al depositar su moneda en el cepillo del templo. Justicia eran las limosnas que Daniel recomendó a Nabucodonosor, aun tratándose de un pagano que ni tenía la Ley ni las promesas. En pocas palabras, el mismo término «justicia» da a entender que se trata de una acción, pues consiste en «dar a cada uno lo suyo». En la acción estriba toda la eficacia natural y original de la justicia, que es un impulso del ánimo a la acción, a dar a cada uno lo suyo. Tanto la justicia natural como la divina consisten en hacer con los otros como quieres que hagan contigo [76]. Tal es la ley natural, según Cristo mismo nos ha enseñado, el cual nos ha dado esta norma de la naturaleza en vez de la Ley y de los profetas, abrogando así los preceptos de la Ley.

También Abraham fue justificado por sus obras, al ofrecer a su hijo sobre el altar, como atestigua Dios mismo: «Juro por mí mismo, por haber hecho esto...» (Gen. 22; Sant. 2). Ya antes (Gen. 15) dice Pablo que había sido justificado sólo por la fe (Rom. 4) [77]; pues sin mediar absolutamente obra alguna, se dice: «Creyó Abraham a Dios y Dios se lo imputó como justicia», es decir, como si hubiera hecho justicia. Ese es el verdadero sentido de la expresión hebrea חשב , *hassab*, «se lo imputó mentalmente». Se lo tuvo en cuenta. Como cuando un príncipe, sabedor de la buena disposición de un soldado hacia su persona, le imputa por gracia y privilegio la buena intención como una buena acción. En realidad, eso no le era debido a la fe de Abraham ni a la nuestra; pero en ese caso ocurrió así por gracia, en figura de otra cosa futura, para que comprendamos la inmensa gracia de Cristo para con nosotros. Tanto agradamos a Dios creyendo en Cristo, y tanto nos tiene en cuenta esa actitud como justicia, cual si hubiéramos cumplido todas las prescripciones de la Ley. Y aún más, pues es mucho más sublime esta justicia del reino de los cielos; tanto más cuanto que no se observaban bien aquellas prescripciones de la

[334]

---

[76] La justicia no es teórica, sino orientada a la acción: *originalis et naturalis ipsa iustitiæ vis in facto est, est animi motus ad factum.* Por otra parte, a fin de mejor justificar la abrogación de la «justicia judía», arguye Servet que Cristo es el sustentador de esa justicia natural y de la espiritual que la ha suplantado.

[77] La hazaña de Abraham, descrita en Gen. 15, 6 y alabada en 22, 16, es evaluada también por Sant. 2, 21, y Pablo en Rom. 4, 3.

Ley. Esta es la causa de que se cambiase la alianza, y esa mala observancia Cristo se la echó en cara muchas veces a los judíos. De aquí toma Pablo razones eficaces contra esa justicia literal de la Ley.

Primero, porque esa justicia era carnal, insuficiente, imperfecta, no era verdad, sino sombra que ni quitaba el pecado de Adán ni el infierno, ni abría el paraíso a los muertos, ni estimulaba a los vivos a desear el reino de los cielos. Segundo, porque al no ser estable, no la podíamos alcanzar. Jamás ha cumplido nadie todo lo que debía hacer, sin transgredirlo, pues la carne rebelde siempre tiende al mal, porque dentro de nosotros está la ley de nuestros miembros, contraria a la Ley de Dios, que nos inclina constantemente hacia lo prohibido. Tercero, porque la Ley denotaba el pecado, y el reconocimiento del pecado, proporcionado por la Ley, hacía mayor el delito.

De todo ello llegamos a la conclusión de que es verdadera la afirmación de Pablo: «El hombre carnal no hubiera podido ser justo delante de Dios por las obras de la Ley, sin transgredirla» [78]. Cada una de esas palabras tiene su importancia. Dice «delante de Dios», porque muchos eran tenidos por justos por los hombres, pero no lo eran delante de Dios, que, como dice Cristo, conoce los corazones [79]. He [335] ahí la dificultad de la Ley, más aún, su imposibilidad, cuando quieres ser constante en su observancia. Fue imposible observar la Ley con constancia. A pesar de todo, a la mayoría se le concedía tal disposición, al menos en ciertos momentos, que, observando con respeto la Ley, no cometiesen entonces ninguna clase de transgresión: «Haré, dice, que caminéis en mis preceptos, guardéis la Ley y la cumpláis» (Ez. 36 y 37; Deut. 30) [80]. Observar la Ley era hacer lo que se podía, confiando en que el Señor misericordioso perdonaría los fallos. Por eso les facilitó los sacrificios expiatorios, para que de algún modo pudieran reconciliarse; sin embargo, jamás fueron liberados por la Ley del pecado de Adán y de la muerte del infierno.

Así pues, como quiera que la eficacia de la justicia tanto natural como legal estriba en las obras, pues que es un impulso a obrar, el que Dios tome en cuenta como justicia la fe de Abraham y la nuestra, por pura gracia, no elimina sin más toda la justicia natural ni la bondad de todas las obras; ya que de ellas hay que dar cuenta a Dios, no sólo en el caso

---

[78] Resumiendo alguna de las ideas esenciales de la ep. a Hebreos.
[79] Equivalente a «Dios que ve en lo escondido», de Mt. 6, 4.
[80] Ez. 36, 27. 37, 24; y Deut. 30, 8.

de los judíos y gentiles, sino también en el nuestro, a pesar de estar justificados *por la fe*. A su vez, las obras contribuyen muchísimo a robustecer y confirmar la fe, como es el caso de Abraham, justificado además *por sus obras* (Gen. 22; Sant. 2) [81]. Alguna gracia y algún mayor favor de Dios le reportó a Abraham su acción, cuando en ese momento Dios le hizo una promesa más copiosa que antes, y se la hizo con juramento, cosa que tampoco había hecho antes, cuando Abraham sólo había creído. En ese momento su justicia quedó confirmada, fortalecida y acrecentada. Por consiguiente, y teniendo en cuenta el cap. 15 del Génesis, hay que afirmar con Pablo que Abraham primero fue justificado sólo *por la fe*, sin obra alguna por el momento. Asimismo, y habida cuenta del cap. 22, afirmamos con Santiago que Abraham fue después justificado además *por las obras*, acumulándose ésta con la primera justicia, confirmándola y haciéndola más perfecta. Esto lo asegura abiertamente Santiago cuando dice que la justicia originada por la fe se muere si no es mantenida por las obras consiguientes; y también cuando insiste en que la fe de Abraham resultó perfecta y consumada por las obras [82]. [336]

Resumiendo en pocas palabras, decimos que en aquel tiempo, en tiempos de la ley natural y de la ley escrita, los hombres eran justificados por distintas razones y de distintas maneras. Había muchas justificaciones y precisamente por eso la Escritura las llama «justificaciones», en plural; de modo que por cualquier dicho, acción o pensamiento con afecto, quedaba justificado el hombre según la voluntad de Dios. Sin embargo, en el caso de Abraham, padre y prototipo de la verdad, se presenta un caso de justificación que nace de la fe y se enriquece con las obras. Por tanto, los cristianos, ya justificados por la fe, pueden ser justificados además por las obras, acumulándose esta justificación a la anterior por la fe. De esta acumulación de las obras y de la huella que dejan en el alma va a tratar ahora el Libro siguiente.

---

[81] Véanse las notas 77 y 49.

[82] Fácilmente puede comprobarse que este lib. II es un precioso tratado servetiano contra el capítulo reformador del solafideísmo de Lutero, llevado a bien negativas consecuencias por el calvinismo. Servet adopta básicamente la postura católica, más cercana a una actitud comprensiva de lo humano, y la embellece con ciertos rasgos neoplatónicos que la hacen sumamente atractiva.

LIBRO TERCERO

DE LA CARIDAD COMPARADA CON LA FE Y DE LAS BUENAS OBRAS

Capítulo Primero

DEL PREMIO Y DE LA DIFERENCIA DE GLORIA

Teniendo que tratar ahora de la caridad y de las obras, [337] vamos a presentar, a guisa de prólogo, un argumento contra los que pretenden no dar ninguna importancia ni a la caridad ni a las obras.

Supongamos que a uno que cree en Cristo, le dice el propio Salvador: «Tu fe te ha salvado, vete en paz»[1]. O si se prefiere otro tipo de fe, supongamos que Cristo se la tiene en cuenta como justicia. De ese tal habrá que decir que ha sido justificado sólo por la fe, sin obras. ¿Resultarán ya inútiles, sólo por eso, todas las obras que siguen a la fe en un cristiano ya justificado? ¡De ningún modo! ¿Por qué Cristo anuncia que habrá premio y recompensa para tales obras? Esto es algo muy distinto de la primera justificación. La justificación por la fe, en cuanto complemento de la justicia de la Ley, afecta a la situación presente, implicando además la gloria del siglo futuro. Ahora bien, en esa gloria podrá aumentarse el premio y recompensarse, como se recompensa a todos los gentiles. Se recompensará, repito, según cierta medida y proporción en el futuro, de modo que «seremos medidos con la misma medida con que mida-

---

[1] Así en diversas ocasiones; por ejemplo, Mt. 9, 2; Mc. 5, 34, etc. Los cinco breves capítulos de este lib. III vienen a corresponder al cap. 4 del juvenil *DeIust*, pero, como los anteriores, ha habido en *Restitutio* un enorme progreso de presentación y sistematización.

mos a los otros»². No bromeaba Cristo, sino que hablaba muy en serio, cuando dijo que el Padre premiaría «en público» la limosna, la oración y el ayuno que se hacen «en secreto» (Mt. 6)³. El que ama a su enemigo recibirá mayor premio que el que ama a su amigo (Mt. 5; Lc. 6). «Al que más ama más se le perdona» (Lc. 7). A quien invite a los [338] pobres a su mesa se le recompensará en la resurrección de los justos (Lc. 14). Hasta por un vaso de agua fresca dará Cristo alguna recompensa (Mt. 10)⁴. Dicen ellos que habrá igual gloria para todos los justificados y que los réprobos tendrán iguales castigos; de lo cual se seguiría que Judas, que traicionó a Cristo, no sería castigado con mayor rigor que otro cualquiera que ni siquiera le conoció. ¿Bromeaba, entonces, Cristo al calificar de tan grave el crimen de Judas e insinuar que era un pecado mayor que el de Pilato? ¡Asombroso! Tanto más cuanto que en las sagradas Escrituras se nos enseña claramente que unos precederán a otros, que unos serán más y otros menos.

El día del juicio las cosas serán más tolerables para unos que para otros. Unos serán castigados con más rigor y serán hijos del infierno dos veces más que otros: doble sentencia y doble condenación recibirán por sus malas acciones (Mt. 5, 10, 11 y 23; Mc. 12)⁵. Unos serán azotados con más golpes y otros con menos, cada cual según la naturaleza de su pecado (Lc. 20): según la magnitud del pecado, así será el número de golpes (Deut. 25)⁶. En virtud de la semilla de fe sembrada crecemos y aumentamos hasta treinta, sesenta y cien: negociamos con el talento recibido hasta doblarlo, quintuplicarlo y decuplicarlo. «Como una estrella se distingue en claridad de otra, así será la resurrección de los muertos» (I Cor. 15); porque «sus obras irán con ellos», y porque se juzgará a cada uno «según sus obras» (Ap. 14 y 20); y lo mismo: «Dobladle los suplicios según sus obras, dadle de tormento lo mismo que se ha glorificado en deleites» (Ap. 18)⁷. ¿Tal vez les parece verdadera justicia que no se inflija mayor castigo por un crimen mayor? ¿Acaso no habrá que dar cuenta en el día del juicio «de toda obra y palabra ociosa?» ¿Cómo puede darse sobre las palabras y

---

² Mt. 7, 2 y Lc. 6, 38, y un eco en Rom. 2, 1.
³ «Y tu Padre que ve en secreto, te recompensará en público», Mt. 6, 4.
⁴ Frases no del todo textuales de Mt. 5, 44 y Lc. 6, 32; de Lc. 7, 47 a propósito de la pecadora; de Lc. 14,14 y de Mt. 10, 42.
⁵ Conceptos que se expresan en Mt. 5, 22. 10, 15. 11, 24. 23, 14 y en Mc. 12, 9.
⁶ «Estos recibirá mayor condenación», Lc. 20, 47; «El juez haréle azotar delante de sí, según su delito, por su cuenta», Deut. 25, 2.
⁷ Textos mencionados: I Cor. 15, 41, y Ap. 14, 13. 20, 12 y 18, 6.

las acciones un juicio aquilatado «hasta el último cuadrante», si ni las palabras ni las acciones pueden servirnos de provecho o de perjuicio? Aquel juez supremo dará, en efecto, premios y castigos según las obras y palabras de cada cual: «El hijo del hombre volverá en gloria, y entonces pagará a cada uno conforme a sus obras» (Mt. 16)[8]. En base a la enumeración de las obras dará la sentencia, diciendo: [339] «Atendiste al que tenía hambre y sed, por eso serás bendito; tú, en cambio, no lo atendiste, por eso perecerás»; y así también: «Porque vestiste al desnudo o porque no lo vestiste», ... etc. (Mt. 25). Recibiremos premio por lo que hicimos bien; pero el que pecó llevará consigo su pecado, y no habrá acepción de personas (Col. 3)[9].

Resulta ridícula esta manera de juzgar a base de las obras en los que menosprecian toda suerte de obras, diciendo que sólo se tendrá en cuenta la fe. Pero la verdad es todo lo contrario; pues, como ya hemos demostrado, ahí no serán juzgados los que obtuvieron la fe verdadera, sino que serán los jueces[10]. Respecto a las acciones de los otros, en el juicio se ponderarán una a una las limosnas y las demás obras. Advierte, lector, que una cosa es que viva ya en el reino de los cielos el que ha sido justificado por la fe, y otra que reciba su recompensa por sus buenas obras en el siglo futuro. Considera, te lo ruego, cómo añaden algo las obras a la fe que justifica y al hombre justificado, sea un aumento de justicia, sea alguna recompensa en la gloria futura. Considera, además, que la justificación por la fe glorifica ya ahora al alma, pero que aún le falta la glorificación integral del hombre[11]. Luego si hay una felicidad del todo el hombre, todo el hombre deberá acomodar a ella sus actos; de lo contrario, inútilmente se le hubiesen dado al hombre sus sentidos y miembros, si con ellos ni puede contribuir a su salvación, ni agravar su condenación. Finalmente, ten presente que incluso al propio Cristo, en la plenitud de su deidad y en todo justísimo, le ayudan sus obras a perfeccionar su gloria, hasta ser exaltado a la mayor sublimidad por haberse «humillado voluntariamente y por haberse entregado a la muerte» (Flp. 2). Luego quienes voluntariamente sufren

---

[8] Mt. 16, 27.

[9] Alusiones a Mt. 25, 34-46 y a Col. 3, 25.

[10] Así, según textos de Mt. 19, 28; Lc. 22, 30 y, entre otros, I Cor. 6, 2.

[11] Consideración interesante, que intenta garantizar la posterior *totius hominis aliqua felicitas* a base del premio a las acciones corporales buenas realizadas por los miembros y sentidos. Serían vanos éstos, sugiere Servet, si no pudieran ayudar a la salvación integral del hombre como totalidad, y no sólo de su alma.

martirio por propagar su fe recibirán palmas de una gloria especial (Ap. 7)[12]. Así como a las malas acciones no perdonadas corresponderá el remordimiento de su propia pena; así a las buenas acciones, si se persevera, corresponderá el gozo de su propia gloria.

Capítulo Segundo

DE LOS INSIGNES ATRIBUTOS DE LA CARIDAD

Después de lo dicho, toca tratar ahora con mayor holgu- [340] ra de la caridad, cuya mejor alabanza nos la ofrecen estos dos anuncios del apóstol: «La mayor de todas es la caridad» y «Os voy a mostrar un camino más excelente»[13]. Pero hablemos ya de ella más copiosamente, no sea que alguien nos la ensalce sólo con palabras. Pues no puede decirse que sea la mayor, si no está adornada de las mayores propiedades y excelencias.

Hay que notar, en primer lugar, que a la caridad se le atribuyen siempre epítetos de perfección, como «cuando llegue lo perfecto, es decir, la caridad, será abolido lo imperfecto», o sea, la fe[14]. En este punto hay muchos que se inventan diversas acepciones de fe, como si el razonamiento de Pablo no lo demostrase con valor general: desaparecerá la fe que justifica, luego es menos perfecta que la caridad. ¿Acaso no es fe verdadera ésa a la que llama el apóstol «árbitro de lo que no se ve»?[15]. Apenas, pues, se nos manifieste todo, ya no habrá fe, como tampoco esperanza. En el perfectísimo siglo futuro habrá caridad, mas no fe. Cristo tuvo caridad, no fe; pero sí algo mayor que la fe: toda la ciencia. Por tanto, nuestra perfección, gracias a Cristo, es la caridad.

La caridad nos hace más semejantes a Dios, pues Dios mismo es caridad. La caridad es la perfección y plenitud de la Ley y «el que ama ha cumplido la Ley» (Rom. 13). La Ley entera se resume en una sola palabra: caridad. «El amor es el colmo de la Ley»[16]. Cristo mismo dijo que en ella consis-

---

[12] Flp. 2, 8-9 y Ap. 7, 9-14, resumiendo su idea central.

[13] I Cor 12, 31 y 13, 13. Aquí exactamente se inicia el cap. 4, *De charitate*, del tratadito *DeIust*, y con los mismos términos.

[14] I Cor. 13, 10.

[15] En latín, *iudicem non apparentium*, extraña versión servetiana de lo que no parece ser sino el texto de Heb. 11, 1. Cfr. p. 21.

[16] Rom. 13, 8 y 10: *Consummatio legis est dilectio*.

te toda la Ley; pues el que ama, no roba, ni mata, etc. La caridad, a una con los otros vestidos de las obras que adornan la fe, es el vestido nupcial que debe llevar siempre puesto quien por la fe haya entrado en las bodas de Cristo (Mt. 22). La caridad es el aceite que deben llevar siempre en sus lámparas quienes por la fe las han encendido en el [341] reino de los cielos (Mt. 25) [17].

Sublime y excelso es, pues, el camino de la caridad (I Cor. 12): «La mayor de todas es la caridad» (I Cor. 13). La caridad edifica, la caridad permanece. «La caridad es sufrida, es benigna; no tiene envidia, no es petulante, no se hincha, nada desdeña, no busca lo suyo, no se irrita, no piensa mal, no se huelga de la injusticia mas de la verdad; todo lo sufre, todo lo cree, todo lo espera, todo lo soporta [18]. Además, Pablo enseña que «toda la Ley se cumple en esta sola palabra»: caridad (Gal. 5); y que si arraigado en caridad eres capaz de «conocer el amor de Cristo que supera toda ciencia», serás llenado «de toda la plenitud de Dios» (Ef. 3); y ahí mismo, que el cuerpo de Cristo crece en nosotros por la caridad (Ef. 4). Además, recomienda por encima de todo la caridad, que es vínculo de perfección (Gal. 3), pues «el propósito del mandamiento es la caridad nacida de un corazón limpio» (I Tim. 1) [19]. Santiago llama «ley real» verdaderamente libre a la que se consuma en la caridad sin temor servil (Sant. 2), y Pedro les exhorta vehementemente a tener sobre todo caridad, pues «cubre multitud de pecados» (I Pe. 4) [20]. Finalmente, de las propias palabras de Cristo infiere Juan que son dos los mandamientos de los cristianos: el primero, que creamos en el nombre de Jesús el Cristo hijo de Dios; el segundo, que nos amemos mutuamente (Jn. 13; I Jn. 3) [21].

El estado de caridad, una vez alcanzada la justicia de Cristo, es un excelente y celestial camino del reino celestial, como se manifiesta en la cena del Señor. En el Lib. IV de su *Stromata* Clemente de Alejandría cita a Clemente, discípulo de Pedro, cuyas dice ser estas palabras: «La caridad eleva a una altura que no se puede explicar; la caridad cubre multitud de pecados; la caridad nos une a Dios; en la caridad están consolidados todos los elegidos; sin caridad nada

---

[17] Alusión a la parábola de las bodas y a la de las vírgenes prudentes y fatuas, Mt. 22, 12 y 25, 8.

[18] Algunas de las bellas ideas de I Cor. 13, 4-7.

[19] Gal. 5, 14; Ef. 3, 17 y 4, 16. Luego, no Gal., como trae Servet, sino Col. 3, 14. Por fin, I Tim. 1, 5.

[20] Sant 2, 8 y I Pe. 4, 8.

[21] Así, tanto Jn. 13, 3 como I Jn. 3, 11.

puede ser agradable a Dios; finalmente, la perfección de la caridad es inexplicable.» La mayor obra del hombre, dice, es amar a Dios, mayor aún que creer en Dios [22].

CAPÍTULO TERCERO

DE LOS EFECTOS DE LA FE, DE LA CARIDAD Y DE LAS OBRAS

Para que ahora comprendas la especial eficacia de la fe, [342] fíjate, lector, primero, en la infernal muerte de Adán que te retenía. Es imprescindible que tengas conocimiento de esta muerte, para que puedas percibir bien la eficacia de la justificación. Tal es la razón por la que Pablo, en su epístola a los Romanos, relaciona esa muerte con su exposición de la justificación. De esto ya hemos escrito bastante en el libro *Sobre el pecado de Adán*. Esta sola consideración del pecado obliga incluso a los bárbaros a reconocer algún mediador o propiciador. Lo cual es evidente para quien se sabe oprimido por el peso del pecado y siente deseos de liberarse [23]. Fíjate, en segundo lugar, cómo las justificaciones de la Ley no hubieran podido liberarte de aquella infernal muerte de Adán; al contrario, a causa de la transgresión, abundó el delito. Ten en cuenta, además y en tercer lugar, que por la justicia de la fe en Cristo no sólo te libras de esa muerte de Adán, del infierno y de las injusticias de la Ley, sino que obtienes además otros excelentes dones del Espíritu y del cuerpo de Cristo, así como el régimen celestial.

Ahora bien, para que puedas disfrutar debidamente de esta gracia a través del Cristo que te ha sido predicado, es necesario, ante todo, que, arrepentido de tus obras malas y volviendo en tí te entregues totalmente a Cristo, firmemente persuadido de que él es tu salvador nacido de Dios, quien por su gran misericordia te salva a tí por creer esto,

---

[22] *Stromata*, lib. IV, cap. XVIII (PG VI, 222), citando no textualmente palabras de la Ep. de Clemente *Ad Corinthios*, la cual es a su vez comentario de varias ideas de la I Cor. de Pablo, ya citadas. Todo este párrafo, con esta cita de ambos Clementes, falta en el paralelo del *DeIust.*, habiendo sido añadido por Servet al redactar *Restitutio*.

[23] En *DeIust* F1r había dejado escrito ya: «Como mostraré en un tratado sobre el pecado original», lo cual prueba que ya entonces tenía intención de continuar sus escritos teológicos más allá de los dedicados a los problemas de la Trinidad. Es un detalle importante para mejor entender su vocación exclusivamente teológica desde el principio. Ese tratado es en *Restit.* el lib. I de la Parte IV.

y quien por tu fe te considera tan justo como si hubieses obrado toda la justicia del mundo; que él pagó con su sangre el precio de tu rescate y por tí llevó a cabo todos los misterios de tu redención, así como también por tí practicó y cumplió todas las obras de la Ley, por si aún te considerabas obligado a ellas como descendiente de Abraham; que sólo por su misericordia y gracia, sin mérito tuyo, te han sido perdonados tus pecados y restituido la vida. Te es imprescindible adquirir este sentido de la vida de Cristo, para que, cuando percibas esta dulzura de su gracia, sientas también el gusto por la fe que justifica y por la redención [24]. [343]

Así, pues, sólo la fe en Cristo vivifica, justifica, salva y redime. Vivifica de la muerte, justifica del pecado, salva de la maldad y condenación, y redime de la esclavitud. No hay más que una sola justicia perfecta, constante y liberadora del infierno, que procede únicamente de la fe en Jesús el Cristo. Nadie ha conseguido jamás esta justicia con sus obras, y así nadie fue justificado nunca por la Ley. Adán nos hizo esclavos del diablo; Cristo nos ha rescatado de esa esclavitud sólo por esta fe, porque hemos creído en él. Adán nos causó la muerte; Cristo nos da la vida, sólo por esta fe. Adán nos convirtió en pecadores; Cristo nos ha justificado del pecado, sólo por esta fe. Adán nos precipitó en la condenación del infierno; Cristo nos salva del precipicio del infierno y de toda condenación, sólo por esta fe. De manera semejante, la Ley nos tenía bajo su yugo como esclavos; Cristo nos ha hecho libres liberándonos de esa esclavitud, sólo por esta fe. La Ley nos acusaba; Cristo nos es propicio, sólo por esta fe. La Ley nos trajo maldición; Cristo nos trae bendición, sólo por esta fe. Con la Ley aumentaba el pecado a causa de su transgresión; Cristo ha borrado el pecado y ha apartado además la ocasión de quebrantar la Ley, sólo por esta fe. Finalmente, sólo por esta fe Cristo nos ha liberado, y aun ha sobreañadido, como de regalo, otros dones cedo, y aún ha sobreañadido, como de regalo, otros dones celestiales a esta fe: los del bautismo del Espíritu, el alimento del cielo y el reino celestial. Todo esto Cristo nos lo ha conferdio una vez, gratis, desde el momento que comenzamos a creer en él. Y no sólo se nos ha conferido la gracia una vez, al creer; sino que por la fe en Cristo es mantenido y conservado en esa gracia el justo «que vive de la fe» [25]. Por la fe en

---

[24] *Sensus vitæ Christi.* Al margen de influencias espiritualistas siempre indocumentables, estas exhortaciones parecen nacidas de la experiencia personal de Servet, cuya unción resulta ejemplar.

[25] Fundamental principio paulino proclamado ya en el A.T. por Habacuc el profeta, 2, 4: «He aquí se enorgullece aquél cuya alma no es derecha en

Cristo nos ha sido dada ya la vida eterna, en cuya posesión cierta y en la del cielo perseveramos los regenerados por la fe en Cristo, con tal que sigamos alimentándonos del árbol de la vida, como diremos después. [344]

Pero todos esos bienes, concedidos a causa de la fe, no privan a la caridad y a las buenas obras de su propia recompensa. Sin ser eso un obstáculo, sino más bien una ayuda, las obras de caridad, si tenemos en cuenta la bienaventuranza que se nos ha de manifestar en el siglo futuro, contribuyen al premio o aumento de gloria. El primer y mayor fruto que nos dan es un aumento del premio de la futura gloria. Segundo, mantienen la fe arropándola, ya que sin las obras moriría desnuda [26]. Tercero, las obras del espíritu mortifican la carne y, revitalizando más y más al espíritu, aumentan más y más la fe, al paso que aumentan, afirman y fortalecen la justicia. Cuarto, a cada pecado corresponde una pena determinada; penas que quita muchas veces la caridad y las buenas obras. Quinto, para ir edificando en nosotros el cuerpo de Cristo, la caridad dispone de la mayor energía, manifestada en la cena.

Así como por el ejercicio de la caridad de unos miembros con otros nos vamos edificando más y más como un solo cuerpo, así también, por esa misma caridad, crece cada vez más el cuerpo de Cristo en nosotros (Ef. 4). Entonces viene Cristo a nuestro interior, se nos manifiesta, se nos da a conocer mejor y «pone en nosotros su morada» (Jn. 14) [27]. El verdadero signo de caridad en la cena es éste: que así como nosotros entramos en comunión con los cristianos al partir por amor nuestro pan, así también entra Cristo en comunión con nosotros, y está con nosotros de un modo más perfecto. En el tratado *De la cena del Señor* entenderás que esta eficacia de la caridad es tal que por ella se nos une sustancialmente Cristo en carne y hueso. Y no sólo nos enriquece Cristo aquí con este don, sino que por ese amor de la cena nos recompensará en la resurrección con un cierto premio de gloria (Lc. 14) [28].

él, mas el justo en su fe vivirá», y cit. por Pablo en Rom. 1, 17; Gal. 3, 11; Heb. 10, 38.

[26] Alusión al otro principio fundamental y complementario, de Sant. 2, 17: «Así también la fe, si no tuviere obras, es muerta en sí misma». Servet emplea una bella fórmula, *nudata moritur*, usada también en las *Cartas 12 y 21* a Calvino (pp. 608 y 630 del texto completo original de *Rest.*), por cuyo sentido fue interrogado en el proceso de Vienne. Cfr. P. CAVARD, *Le procès de M. Servet à Vienne*, 1953, p. 123. En nuestra ed., pp. 124 y 154.

[27] Ef. 4, 16 y Jn. 14, 21-23.

[28] «Mas cuando haces banquete, llama a los pobres, los mancos, los cojos,

Asombra, ciertamente, que haya quienes no quieran reconocer este aumento; quienes no quieran entender qué signifique «beneficiarse» y «atesorar» [29]. Nosotros queremos seguir en todo la norma de la Escritura, y concretamente la de las palabras de Cristo [30], diciendo primero que a los que creen en el hijo de Dios se les da por gracia ya ahora la justificación y la fruición de la vida eterna (Jn. 3, 4, 5, 6 y 17) [31]. En segundo lugar decimos que en esa vida se nos aumentará el premio de gloria por la caridad y las buenas obras (Mt. 5, 6 y 25), sobre todo si invitamos a los pobres a nuestra mesa (Lc. 14). Incluso dar un vaso de agua fresca tiene su recompensa (Mt. 10). Al Señor endeuda el que se compadece del pobre, y Dios se lo volverá a pagar (Prov. 19) [32]. No haces ni la más mínima limosna, sin que te sea puesta a buen recaudo para que no te la pierda el orín o la polilla, como dice Cristo: esa limosna la encontrarás después conservada para tí (Ecl. 11) [33]. «Quien escasamente siembra, escasamente segará; quien siembra en abundancia, dando con generosidad y larqueza, recogerá en abundancia» (II Cor. 9). No se ha dado el tesoro divino a jumentos con siervo albedrío, sino a hombres que negocien con él en la mesa, para que Cristo pueda retirarlo con intereses (Mt. 25; Lc. 10) [34].

[345]

No se reconoce aún como cristiano quien no conoce la eficacia del amor de la cena del Señor, ni quien no se procura y atesora con todas sus fuerzas esta recompensa. ¡Desgraciado el siervo que no acrecienta en algo el talento de fe que ha recibido, y el que nada edifica después de haber echado los cimientos! Por cada una de las obras que vamos añadiendo o recibiremos una determinada recompensa o un determinado castigo (I Cor. 3 y 9). Esta «pasajera y leve aflicción», este modesto trabajo por Cristo, nos depara «un sor-

---

los ciegos, y serás bienaventurado, porque no te pueden retribuir», Lc. 14, 13. Ese tratado forma parte del lib. III de la Parte IV, más adelante, p. 256.

[29] *Superlucrari, thesaurizare,* términos empleados en la parábola de los talentos, Mt. 25, 20 y en Mt. 6, 19 respectivamente.

[30] *Nos scripturæ morem, signanter doctrinam verborum Christi, in omnibus sequi volumus,* otro principio básico del método servetiano.

[31] Servet ha añadido por su cuenta el *ya ahora, nunc,* interpretación actualista característica de su sistema. «Que el que en él creyere no se pierda, sino que tenga vida eterna», Jn. 3, 15. «El que oye mi palabra y cree, tiene vida eterna, ... pasó de muerte a vida», Jn. 4, 14. 5, 24. 6, 27. 17, 2.

[32] Así, en Mt. 5, 12. 6, 1. 25, 34 (sobre el juicio final). Sobre los pobres y el vaso de agua, como antes en nota 4, en Lc. 14, 14 y Mt. 10, 42. El último de los textos, en Prov. 19, 17.

[33] Así Cristo en Mt. 6, 19-20. En Ecl. 11, 1: «Echa tu pan sobre las aguas, que después de muchos días lo hallarás.»

[34] II Cor. 9, 6. Y como antes, Mt. 25, 20. La cita de Servet, Lc. 10, debe ser un error tipográfico por Lc. 19, 12 ss.

prendente y extraordinario premio eterno de gloria» (II Cor. 4) [35]. Todo esto nos lo quiso legar aquí Cristo, para que entretanto vayamos negociando como él nos ordenó que negociáramos; de lo contrario, inútilmente vivimos en el mundo [36]. Pues, por cuanto atañe a la fe y al hombre interior, «hemos sido trasladados» a otro reino celestial, y «no somos de este mundo». Mas, como quiera que aún contamos con un cuerpo, es menester ejercitarlo cada día en la piedad, para que «demos fruto en todo y lo demos en abundancia». Para que nos granjeemos muchos amigos con el dinero inicuo y Cristo se vaya formando más y más en nosotros [37].

Si de todos fuera conocida la eficacia de la caridad, no se extrañarían algunos de que Cristo dijera a aquella mujer que se le perdonaban sus muchos pecados, porque amó mucho (Lc. 7), pues aun cuando eso sea lo propio de la fe, como dice Cristo en esa ocasión, «hacerla salva», sin embargo, el que ama es más que el que cree [38]. Cuando se junta a la fe un gran amor o una obra extraordinaria, más eficazmente se le perdonan los pecados, se le confirma la justicia y se le depara mayor recompensa de gloria al que ama que al que no ama. Y entonces ya se podría decir: por haber hecho esto, se te perdonan los pecados; «por cuanto has hecho esto, quedas justificado» (Gen. 22; Sant. 2), y precisamente con una justicia más perfecta y consumada [39]. Tal es el caso que Dios hace de las buenas obras, que el ángel pudo decir que «las limosnas y oraciones de Cornelio habían subido a presencia de Dios», aun antes de que creyese en Cristo (Hch. 10). Lo mismo nos enseña Cristo acerca de la viuda pobre (Lc. 21) y del samaritano (Lc. 10). También los mártires, las vírgenes y otros que, después de recibir la fe en Cristo, hicieron grandes obras, tendrán por eso una gloria especial, por encima de otros creyentes, como da a entender el Apocalipsis [40].

[346]

---

[35] «Si permaneciere la obra de alguno que sobreedificó, recibirá recompensa», etc. de I Cor. 3, 14. «Si lo hago por voluntad, premio tendré», ib. 9, 17 y II Cor. 4, 17.

[36] *Alioqui frustra in mundo vivimus.* Bella, enérgica expresión. Y poco después: *Quia tamen adhuc corpus adest...,* que parece revelar la peculiar melancolía de todo espiritualismo, pero también del neoplatonismo renacentista del que Servet participaba.

[37] Mosaico de conocidos textos. Los dos últimos, una alusión a la conducta del administrador infiel en la parábola correlativa, Lc. 16, 9, y una conocida frase de Pablo en Gal. 4, 19.

[38] La pecadora de Lc. 7, 47. *Qui diligit plus est quam qui credit.*

[39] Gen. 22, 16, lo que confirma Sant. 2, 21: «Abraham fue justificado por sus obras.»

[40] Hch. 10, 4. Después, Lc. 21, 3 y 10, 37. Finalmente, Ap. 14, 4.

Capítulo Cuarto

DEL ORIGEN Y EFICACIA DE LAS OBRAS

No estaría ya fuera de lugar indagar las causas naturales de las obras, aunque sería mejor expresarlas en hechos. Mas como quiera que son muchos los que sobre ellas filosofan siniestramente, también yo quiero meter de por medio mi propia filosofía [41].

Si bien es verdad que tanto la fe como la caridad y los buenos hábitos internos contribuyen a la acción, sin embargo, es otra la causa principal de las obras, respecto a la cual los hábitos son sólo instrumentos. Hay un impulso del espíritu que prorrumpe libre y espontáneamente en obras, más allá de toda volición o cualidad interior. Normalmente el acto externo es imperado sólo por orden del ánimo, el cual envía los espíritus motores hacia los miembros externos. Pues bien, ese movimiento o reacción espontánea está por encima de toda volición. Hay mayor dificultad en hacer que en querer [42]. Decimos, queremos y sabemos muchas cosas, pero hacemos pocas, por rebelión de la carne. Más allá, pues, de toda volición es necesario someter los miembros rebeldes a ese movimiento y superar los actos contrarios. Y esto, que es lo más difícil de la acción, resulta ser lo más grato a Dios. [347]

Cristo fue siempre del agrado del Padre, porque en toda ocasión dominaba sus afectos humanos para «hacer siempre la voluntad del Padre» [43]. Es un ejemplo estupendo para nosotros. Aunque en Cristo no había lugar a la rebelión del pecado; sin embargo, su carne también sentía horror ante el hecho de la muerte. Y no obstante, Cristo, por complacer a su padre y porque nos amaba, no sólo la aceptó interiormente con libertad de ánimo, sino que libremente llevó a la práctica el acto externo, aunque con lágrimas, con sudor de sangre, con gran clamor, con muchos dolores en su carne y con el mayor de los tormentos. Cristo no hacía esto servilmente, sino con absoluta libertad, por amor a la voluntad de su padre y a nosotros miserables. Luego el acto mismo le costó más que la buena disposición que siempre tuvo; pues

---

[41] *Volo et ego meam philosophiam in medium proferre,* que se halla ya en *DeIust* F4r. Relaciónense estas ideas con otras del lib. I, nota 35.

[42] *Maior est difficultas in prosequendo, quam in volendo.*

[43] Frases de él mismo en Jn. 4, 34. 5, 30. 6, 38, etc.

para su ejecución hubo de hacerse la mayor violencia, hasta sudar por el esfuerzo «como gotas de sangre coagulada» (Lc. 22) [44]. Hace falta que, a ejemplo suyo, también nosotros nos esforcemos para poseer el reino no sin cierta violencia (Mt. 11) [45]. Esa violencia consiste en resistir a la carne y hacer lo contrario. Además de la primera fe, Abraham se hizo la mayor violencia para sacrificar con sus manos a su único hijo querido; y por esa acción fue más justificado. A todo esto hay que añadir que la Escritura santa se refiere prudentemente a las obras recomendándoles distintamente. Distinto es el precepto de no hurtar del de no codiciar los bienes ajenos: son pecados distintos, como distintos son el desear la mujer del prójimo y el cometer adulterio. Pues bien, así como en la misma acción hay un nuevo pecado, así, pero al revés, en la obra buena hay un nuevo premio, al margen de la volición precedente. [348]

Los que han filosofado con mayor sabiduría han experimentado hasta qué punto depende de las obras virtuosas el arduo camino de la felicidad y cómo, aparte de los hábitos internos, queda aún, como meta final, la ejecución del acto. Esos hombres han experimentado cómo influyen las obras en el ánimo, cómo engendran en él un hábito bueno y lo refuerzan después de nacido. La acción misma afecta al ánimo, como el objeto afecta a los sentidos [46]. En las acciones difíciles se demuestra el buen ánimo, y las buenas acciones traen consigo un impulso del ánimo hacia el bien. Difícil virtud es la pobreza, difícil distribuir los bienes y «tomar la cruz», y por eso, tanto más grata a Dios. Más allá de toda volición y cualidad interna del alma se requiere en el momento preciso de la ejecución un nuevo esfuerzo, la reacción espontánea de los miembros rebeldes, lo cual resulta de sorprendente eficacia [47].

---

[44] Lc. 22, 44. Servet escribe: *ut guttæ sanguinis concreti.*

[45] «El reino de los cielos admite violencia, y los violentos lo arrebatan», Mt. 11, 12.

[46] *Ab ipsa operatione animus afficitur, sicut ab obiecto afficitur sensus.*

[47] Frase ésta que es resumen en *Restitutio* de las siguientes de *DeIust* F4: «Más allá de todos los afectos y hábitos de los estoicos, y más allá de todas las ideas platónicas de acciones perfectas, hay que añadir un nuevo esfuerzo en la acción, pues yo muchas cosas quiero y sé, mas pocas hago. Más allá también de todo lo dicho sabía Aristóteles que quedaba la operación misma, el cual rectamente la conceptúa como un fin ulterior a los otros, que presupone, de modo que nadie nos garantice felicidad si ociosos nos dormimos», aludiendo así al final a la acción o ποιεῖν como categoría predicamental según Aristóteles. En ese texto fustiga dos clases de doctrinas que tienden a hacer al hombre moralmente ocioso: «Quienes se contentan con decir que tienen la conciencia tranquila ante Dios y llegan a permitirse en su nombre ciertos vicios impunemente» (¿se refiere a algunos alumbrados y anabaptis-

Cualquiera que sea la fe anterior y sea cual fuere el modo como el árbol se ha hecho bueno, aún quedan en nosotros estos miembros rebeldes que se retraen de toda obra buena. Contra ellos tenemos que esforzarnos continuamente, y este esfuerzo no será inútil ante el Señor. Por más que en previsión haya hecho Cristo *a priori* al árbol bueno para poder dar buenos frutos, no por eso ya los hace siempre, pues la carne se rebela. Algo hay que hacer por nuestra parte. Y aunque Cristo haya hecho *a priori* bueno al árbol, no por eso se ha eliminado el proceso, que lo confirma *a postericri*, de los efectos a la causa.

La fe sirve de apoyo a las obras y contribuye a su realización; a su vez, la fe se ha perfeccionado con las obras (Sant. 2) [48]. De la misma manera que de un hábito bueno proceden actos buenos, así, pero a la inversa, de las buenas obras nacen hábitos buenos y, una vez nacidos, por ellas se robustecen. Al ánimo le afecta la acción; nunca se llevan a cabo obras buenas sin que dejen su impronta en él. La constancia en el obrar hace consumados a los artistas; los hechos heróicos, fuertes a los hombres; y a los cristianos verdaderos, a quienes la fe ya había hecho cristianos, los consolida la caridad. Sin obras se enfría el hábito y perece la [349] fe, como dice Santiago. No brotan las acciones del hábito ni de la fe las obras como del fuego el calor: se requiere el impulso espontáneo del corazón y el esfuerzo libre. De lo contrario, nunca dejaríamos de obrar y nos dejaríamos llevar, como jumentos, de nuestro siervo abedrío. Así, pues, las obras buenas originan en el ánimo un hábito bueno, y por las buenas obras se hace bueno el ánimo. De esta suerte, el que ya por la fe era bueno se hará mejor, y su bondad se irá consolidando, robusteciendo, aumentando por las obras.

CAPÍTULO QUINTO

COMPARACION ENTRE FE Y CARIDAD
Y EXCELENCIA DE ESTA

Queda ahora por establecer una comparación entre la fe y la caridad, para mostrar en qué aspectos es mayor la fe y en cuáles la caridad. Una cosa hay que advertir previa-

---

tas por su *dexamiento* o *Gelessenheit?*), y «otros doblemente ociosos, que dicen tener siervo arbitrio y nada poder sin que se les dé la gracia», etc.

[48] Sant. 2, 14-22. Las anteriores alusiones al «árbol bueno» son aplicaciones de conocidos dichos de Jesús en Mt. 7, 17 y 12, 33, y Lc. 6, 44.

mente: que la fe verdadera no puede permanecer sin la esperanza y sin la caridad, aunque se diga anterior a ellas. Nadie puede creer verdaderamente que éste es el autor de la vida eterna, sin que inmediatamente anhele esa vida; nadie puede creer verdaderamente que algo le es útil para todo, sin que inmediatamente lo desee. Tanto más cuanto que el mismo Espíritu, autor de la fe, es caridad, incita a la caridad y despierta una esperanza tan segura que nunca se avergüenza el que cree en Cristo. Así, pues, aunque estas virtudes vayan unidas, como quiera que son realmente distintas, ha lugar una comparación entre ellas, tal y como aparece en las sagradas Letras.

Por de pronto, no puede negarse que la fe es la primera, el primer inicio de salvación y puerta del reino de los cielos. Es mayor la fe, puesto que por ella poseemos la gracia de Cristo y nada puede compararse a esta gracia. Es mayor la fe, porque es «hipóstasis o fundamento» de la salvación eterna [49]. Mas como esta excelencia de la fe no es propia de la fe en sí, sino de la gracia de Dios, no habrá contradicción en decir de nuevo que «la mayor es la caridad». No nos justifica Dios por los méritos de nuestra fe, sino por su gracia y misericordia. Plugo a Dios aceptar de buen grado esa fe en su hijo; tanto más cuanto que en la gloria del hijo se pone de manifiesto la de su padre. Aunque el primer y perpetuo fundamento de nuestra salvación estriba en la fe, no obstante, si examinas cuanto sigue, hallarás que es mayor la caridad. [350]

Sea ésta la primera razón de por qué llamo a la caridad la mayor; porque lo que se nos exige, una vez recibida la gracia de la justificación por la fe, y lo que más fruto ha de reportarnos radica fundamentalmente en la caridad [50]. Segunda razón: porque la caridad tiene mayor difusión; pues mientras la fe se refiere a Dios, la caridad se refiere a Dios y al prójimo, a la cabeza y a los miembros. El cuerpo de Cristo se edifica en nosotros por la caridad, por los servicios de unos miembros para con otros [51]. Tercera razón: porque la caridad da eficacia a la fe y le da vida. La caridad da vida a la fe, porque el Espíritu santo, que es caridad, es vida de la

---

[49] Dándole sentido literal a la ὑπόστασις de Heb. 11, 1; cfr. nota 15.

[50] Si bien se observa, y si fielmente se lee el texto mismo de Servet, no puede detectarse contradicción en su doctrina respecto a la primacía cualitativa de la caridad, aunque competa a la fe prioridad temporal y función justificante previa. Yerran, pues, algunos servetistas contemporáneos que piensan lo contrario.

[51] Razón muy original. Ya antes ha dicho que Jesús mismo no tiene fe, pero sí caridad. La última idea se basa en I Cor. 12, 27 y Ef. 3, 17.

fe, y porque las obras de caridad mantienen viva la fe [52].
Cuarta razón: porque es más difícil amar que creer. La caridad tolera fácilmente las cosas arduas, lo aguanta todo y lo hace más viable, como la pobreza, la muerte y lo demás. Por amor soportó también todo esto Cristo por nosotros, amándonos costosamente [53]. Quinta razón: porque la caridad es más permanente, y por eso simboliza naturalmente con el reino futuro en el que no habrá sino caridad [54]. Sexta razón: porque la fe es la puerta, y la caridad es la perfección. La fe inicia, la caridad colma [55]. Muchos réprobos creyeron en Cristo, pero ninguno le amó. ¡Tánta es la perfección de la caridad! La fe es la puerta del reino de Cristo, pero su perfección y todo el camino intermedio es la caridad. La caridad es el último fin, lo que perdurará, como también el origen de nuestra salvación es la caridad y el amor de Dios para con nosotros. Séptima y última razón: porque «Dios [351] es amor» [56]. Nada hay que tanto nos asemeje a Dios como el amor, pues Dios es amor. Dios es el mismo amor que, derramado por su Espíritu sobre nosotros, nos inflama en su amor. ¿Por qué se le llama a Dios amor, mejor que fe? ¿Por qué se le llama amor al Espíritu santo? Porque lo propio de la naturaleza divina es amar, no creer [57]. Siempre se llega, pues, a la conclusión de que la caridad es sublime y excelente, y lo más parecido a Dios.

Si bien todo esto está suficientemente claro, aún puede aclararse más la perfección de la caridad a partir de la doctrina de Cristo, del cual, como del verdadero maestro, debes aprender toda verdad, pues si al anunciar el reino de Dios nos llama siempre por la fe, luego nos dio por último el mandamiento del amor, recomendándonos sobremanera su eficacia (Jn. 13, 14 y 15) [58]. El nuevo mandamiento en el reino de los cielos versa sobre la caridad: «Os doy, dijo, un mandamiento nuevo.» Cristo está en nosotros de un modo perfecto cuando lo amamos afectivamente: entonces se nos da a conocer y «establece en nosotros su morada». La fe ha sido instituida en primer lugar para los principiantes, con

---

[52] *Charitas efficaciam ipsi fidei tribuit, et eam vivificat.*

[53] *Ardua magis res est amare quam credere.* En *DeIust* había escrito, suprimiéndolo aquí: «Difícil virtud es la pobreza, que nace del amor.»

[54] Servet emplea la extraña expresión *naturaliter symbolizat cum,* que acaso debería verterse por «naturalmente es análoga con».

[55] *Fides inchoat, charitas consummat.*

[56] *Deus charitas est,* de I Jn. 4, 8 y 16.

[57] *Proprium naturæ divinæ est amare, non credere.*

[58] «Un mandamiento nuevo os doy», Jn. 13, 34. «El que tiene mis mandamientos y los guarda, ése es el que me ama», Jn. 14, 21. «Esto os mando, que os améis los unos a los otros», Jn. 15, 17.

el fin de que luego amen cada vez más a Cristo y a su vez se fortalezca su fe. Cristo comenzaba por afirmar en la fe a sus apocados seguidores con promesas y milagros. A Pedro no se le exigió amor al principio, pues aún no lo tenía, aunque ya había creído; pero al final Cristo le preguntó: «Pedro, ¿me amas?» Y entonces encontró amor en él, en un varón perfecto. También Pablo dice de sí mismo que se hizo hombre por la caridad y que abandonó «lo que era de niño» (I Cor. 13) [59]. Más aún (¡tal es la dificultad del amor verdadero!): tres veces se le pidió a Pedro la confesión de su amor, para que nadie crea amar a Cristo de verdad, a no ser que haya sido probado muchas veces por la pregunta de Cristo: «¿Me quieres?, ¿me quieres?, ¿me amas?» Pues «deja todo, y sígueme».

Hay, pues, dos argumentos que demuestran cómo la caridad es lo definitivo: el último mandamiento de Cristo y la última protesta de amor de Pedro. He ahí por qué la Escritura llama puerta a la fe y adjudica a la caridad atributos de perfección. Este carácter de perfección se acentúa sobre todo en la caridad, porque hace falta mayor conocimiento de Cristo para amarlo que para creer en él. Llegas a amarlo, como Pedro, más tarde, cuando has convivido con él mucho tiempo. Sólo entonces brota la verdadera caridad y amor a Cristo, cuando has conocido su bondad y excelencia, cuando has conocido tantos beneficios como nos ha concedido. [352]

Todos esos vestigios de las enseñanzas de Cristo pueden verse también en su discípulo Pablo; pues del mismo modo que Cristo mantuvo en sus mandamientos la jerarquía entre fe y caridad, así también Pablo, respetando ese mismo orden, comienza todas sus cartas por la fe contra los neófitos judaizantes, como requerían las circunstancias de su tiempo, tratando en muchas con intrepidez acerca de la fe; para, finalmente, concluir todas siempre con su caridad, a la que atribuye todos los elogios de perfección. Así se puede ver, en primer lugar, en la carta a los Romanos, en la que, abierta la puerta de la fe a judíos y gentiles, hace votos para que todos sean consumados en la caridad, y en los caps. 12 y 13 centra su atención en la caridad y las buenas obras, diciendo que la caridad es «cumplimiento» y «complemento» de todo, y que por ella nos acercamos a Cristo «por un camino más excelente». Más cerca, viene a decir, está ahora la salvación para los que amamos a Cristo presente, que en aquel tiempo cuando creíamos que aún había de venir; pues las cosas ausentes, aunque se crean, no pueden ser

---

[59] I Cor. 13, 11. La escena de Pedro, en Jn. 21, 15-18.

amadas igual que las presentes [61]. Por esta razón estamos también en mejores condiciones que los judíos. En aquel entonces no se podía amar tanto al Cristo futuro, como ahora al Cristo presente.

Ese orden de prelación de la caridad y su perfección nos lo enseña Pablo en la primera carta a los Corintios, cap. 13, ensalzando de modo admirable la caridad por encima de toda fe. Parecido es el propósito de su segunda carta, cap. 6, así como el de la carta a los Gálatas, cap. 5, a los Efesios, cap. 4, y otras. De ahí que, en su carta a los Efesios, diga Ignacio: el principio de la vida es la fe, su fin el amor [61]. Lo mismo puede inferirse de la Ley, ya que el amor a Dios no se prescribe al principio en el Decálogo, sino que Moisés lo añadió al final, el último año de su vida, y precisamente en el Deuteronomio, después de recordar muchas veces las maravillas de Dios y celebrar sus beneficios, ya que antes a [353] duras penas podía aquel pueblo rudo ser inducido a creer en Dios ni aun con milagros.

De aquí se colige también otra perfección de la caridad: que de suyo la fe, por consistir sólo en una especie de contemplación, se refiere exclusivamente a Dios; no es tan activa como la caridad que es, a la vez, contemplativa y activa, y tiende hacia Dios y hacia el prójimo. Por eso se dice que la fe es eficaz por la caridad. Recibe su eficacia de la caridad y a su vez hace eficaz la caridad. La fe nos vivifica en orden a obrar bien, siendo a su vez vivificada ella por el Espíritu santo y por la naciente caridad activa, de la que recibe la fe vigor y eficacia. No realizaría la fe tales obras de no estar vivificada por el Espíritu santo. Ahora bien, el Espíritu santo es caridad y «la caridad no permanece ociosa» [62]. Luego lo que vivifica la fe y la mueve a obrar es la caridad.

La caridad no sólo confiere eficacia a la fe en sus actividades, sino incluso en la contemplación de Cristo y de Dios. Pues una vez que has llegado a creer en Cristo, meditando en él día y noche y recordando su excelencia y sus muchos beneficios para contigo, entonces, cuando llegues a amarle, vivificarás más tu fe. Y entonces él te querrá y amará tanto que podrás ser su verdadero amigo. Cuando llegas a amarle, entonces se verifica que estás radicalmente adherido a él,

---

[60] *Consummationem et complementum.* Otra bella consideración psicológica de Servet: *res enim absentes non æque diliguntur ut præsentes, licet credantur,* distinguiendo estrictamente entre fe, deseo, amor.

[61] Ignacio de Antioquía, *Ad Ephesios,* XIV, 1: «Aquella fe y caridad que son principio y término de la vida. El principio, quiero decir, *la fe;* el término, *la caridad»* (Ed. BAC, p. 1455). Texto que falta en *DeIust.*

[62] I Cor. 13, 7.

pendiente de él, atraído por él con todo tu corazón, de suerte que ni la muerte ni temor alguno pueda arrancarte de ese mutuo amor, a semejanza del experimentado Pablo (Rom. 8) [63]. Si yo amo intensamente una cosa, me adhiero enteramente a ella, dependo de ella y me lleva adonde quiere, sobre todo si sé que soy correspondido [64]. Propio del amor es abrir tus entrañas al que amas, depositar en él todas tus delicias y hallar complacencia en todo lo suyo. Es la caridad la que nos coloca en las entrañas de Jesús el Cristo, la que nos completa y perfecciona.

Mira a Cristo, mira cómo se te muestra tal que puedas amarle como a un amigo y hermano, como quien te es propicio en todo, como quien te ama y se complace en haber muerto por tí. ¡Oh buen Jesús! Lo que más amable te hace a mis ojos es el cáliz que bebiste por mí, la obra de mi redención. Inmenso es el poder de este amor, de esta caridad, a la que, como más perfecta, le prepara el camino previamente la fe.

[354]

Así pues, y ya para concluir, si consideras pura y limpiamente las propiedades de la fe, ves cómo no encierra en sí tanta perfección como la caridad. La fe en Cristo nos afecta también de otra manera: por ella nos vivifica Cristo y nos da el Espíritu santo para avivarla. Cristo acepta de buen grado nuestra fe, pero lo que nos concede por ella hubiera podido concedérnoslo también por otro acto; pues lo que nos justifica no es la fe, sino la gracia y el amor de Cristo para con nosotros, para que así nos sintamos más comprometidos con Cristo y le amemos más. Cristo justifica a los que creen en él sólo por su misericordia, no por la naturaleza de la fe. Yerran, pues, hoy quienes piensan que sólo ellos son justos por cierto conocimiento mágico al que denominan fe; pues está suficientemente claro que esos tales desconocen la verdadera fe en Cristo [65]. Por excelente que pueda ser la fe que uno tenga, esa fe nunca merecerá verdaderamente que los actos de caridad y las buenas obras tengan su recompensa, cualquiera que sea el modo como

---

[63] Rom. 8, 38-39.

[64] Eco del agustiniano *pondus meum, amor meus; eo feror quocumque feror:* «Mi amor es mi peso, y él me lleva adonde me lleva», de *Confesiones* XIII, 9.

[65] Evidente alusión al *sola fide* de Lutero, a quien expresamente nombra en *DeIust.*, aunque no aquí.

pretenden demostrar que proviene de esa fe. «La más excelente y la mayor de todas es la caridad»: ardua, duradera, sublime. La más parecida a Dios y la más próxima a la perfección del siglo futuro [66].

---

[66] El *DeIust*, publicado junto con *DialTr* y asequible ahora en ed. facs. adosado al *DeTrErr*, termina de este modo: «Esto es lo que se me ofrece sobre este tema, en el cual ni con estos ni con aquellos asiento ni disiento. Todos me parecen tener parte de verdad y parte de error, y cada cual señala el error ajeno y nadie ve el propio. Que Dios en su misericordia nos haga ver nuestros yerros, y sin tozudez. Fácil cosa sería dilucidar todos los problemas, si a todos se les permitiera en la Iglesia hablar con paz compitiendo en el anhelo de profetizar, de modo que el espíritu de los primeros en hablar se sometiera al de los siguientes y callaran aquéllos si a éstos se les revelaba algo, como manda Pablo. Pero en nuestro tiempo sólo se polemiza por charlatanería. ¡Pierda el Señor a todos los tiranos de la Iglesia! Amén. FIN.»

CUARTA PARTE

CUATRO LIBROS

DE LA REGENERACION SOBRENATURAL Y DEL REINO DEL ANTICRISTO

PRÓLOGO

En los siete primeros Libros hemos tratado de explicar, [355] con toda la diligencia que nos ha sido posible, la generación natural del hijo de Dios por obra del Espíritu santo, de sustancia sobrenatural[1]. Queda por demostrar ahora cómo nuestra generación sobrenatural, llamada también «regeneración», procede verdaderamente de la misma sustancia que la de Cristo. El fue engendrado naturalmente por medio de la Palabra de Dios y por obra del Espíritu santo; nosotros sustancialmente y por su gracia. Que en nosotros sea verdaderamente celestial esta generación, por la que el «hombre nuevo» es engendrado de arriba, lo afirma con plena seguridad la doctrina sagrada[2]. La verdadera eficacia de esta ge-

---

[1] Recuérdense las teorías servetianas expuestas a lo largo de los cinco libros de la I Parte y los dos diálogos de la II sobre la Palabra o Verbo de Dios como disposición activa supa ordenada a su manifestación, pero sin llegar a constituir una entidad o persona distinta en el seno de la divinidad, ni ser como tal Hijo de Dios. El hijo natural único de Dios es Jesús, engendrado por El en María al imperio de su Espíritu o modo esencial de comunicación. Jesús es de la misma sustancia sobrenatural de Dios, por ser hijo suyo.

[2] Es preciso observar la distinción que Servet establece entre *natural* y *sustancial*. Jesús es el único hijo natural de Dios; los cristianos, que actualizan esa filiación, lo son también en su sustancia, pero no por naturaleza, sino por gracia. Esta gracia o condescendencia no es un hábito o cualidad del alma, sino un hecho sustancial: el favor divino de divinizar realmente al hombre, de darle por Jesús su misma sustancia divina, haciéndole así «nue-

neración, gracias al poder sublime de la resurrección de Cristo, la vas a ver ahora, lector cristiano, tú que has sido engendrado y has nacido también del agua y del Espíritu santo, y que, como «hombre nuevo», has alcanzado ya la sustancia celestial. Vas a contemplar los grandes misterios de la nueva generación sobrenatural en tí mismo, que con Cristo resucitas inmortal para lo celestial, y que has sido hecho «hombre nuevo», de viejo, y celestial, de terreno.

Para llegar a alcanzar ese objetivo de una manera ordenada y desde sus fundamentos, hay que adelantar algunas cuestiones sobre Adán y la Ley. Hay que saber, en primer lugar, qué perjuicios sufrió el mundo entero como consecuencia del pecado de Adán, para que se vea más plenamente la íntegra *restitución* operada por Cristo. Hay que saber, además, que todo el poder de la Ley, por la que se agigantaba el pecado, ha sido destruido por Cristo, y que por él se han cumplido todas las figuras de la Ley. Por último, es necesario saber también que Cristo instaurador no sólo nos resarce por la fe de los daños de Adán y de la Ley, sino que al don de la fe añade también otros dones celestiales mediante la regeneración por el agua y el Espíritu santo y mediante el ofrecimiento de un alimento celestial. De ahí que, al tener que exponer ahora toda la eficacia de la redención de Cristo, nos veamos constreñidos a tratar aquí también del pecado original, de la circuncisión de la Antigua Ley y de los ministerios del Nuevo Testamento. Los motivos de nuestra actitud los expondremos más extensamente después, aduciéndolos todos para demostración del verdadero bautismo. Después de las enseñanzas acerca de Cristo, habrá que añadir, asimismo, en el momento oportuno, muchas cosas sobre el reino del Anticristo, para que se vean clarar sus antítesis y resalten más sus contradicciones yuxtaponiéndolas.

Por consiguiente, vamos a presentar en el Libro primero la perdición de Adán y de la Bestia. Luego mostraremos cómo se han cumplido ya los sentidos místicos de la circuncisión judía y los demás misterios de Cristo y del Anticristo. En el Libro tercero expondremos que son tres los ministerios eficaces del apostolado: la predicación, el bautismo y la cena del Señor. En el cuarto haremos una recensión ordenada de todos los misterios del bautismo, demostrando cómo se requiere previamente fe y penitencia. Será, pues, como un re-

[356]

---

vo hombre». Servet, y esto es lo más peculiar de su pensamiento, interpreta estricta y realistamente frases escriturísticas a cuya repetición intrascendente se está acostumbrado, y entiende en consecuencia los términos *regeneración, novus homo, nova creatura*, etc., de Mt. 19, 18; Tit. 3, 5; I Pe. 1, 3; Ef. 2, 15 y 4, 24; Col. 3, 10; Rom. 6, 6, etc.

sumen de toda la obra este tratado sobre el bautismo, del cual decimos que es nulo en los que no han conocido la fe en Cristo y que, por lo mismo, resulta inútil para los niños y necesario para los adultos.

¡Oh, Cristo Jesús, Señor y Dios nuestro: no falles. Ven, mira y lucha por nosotros! [3].

---

[3] La fórmula latina *adesto, veni, vide, et pugna pro nobis* parecería sugerir la célebre con que César resumió una de sus victorias en las Galias. Servet va a tratar de su lucha con el Anticristo, al que también, con ayuda de Cristo, está seguro de vencer.

LIBRO PRIMERO

Primera Parte

DE LA PERDICION DEL MUNDO Y SU REPARACION POR CRISTO

En cuanto a la primera perdición, la de Adán, por la que [357]
nuestro primer padre perdió al mundo, han surgido por
doquier varias y distintas teorías acerca del pecado original y de su contaminante secuela. Unos ponen en los niños
ciertas cualidades, otros privación de determinadas cualidades, y todos afirman que por eso serán arrojados los niños
a la gehenna eterna. Pero yo me quedo únicamente con lo
que el Evangelio y el origen mismo del mundo nos enseñan
con toda claridad [4]. Me niego a condenar a los niños a la futura gehenna, cuando las Escrituras ni siquiera condenan de
ese modo a los mismos ismaelitas, ni a los ninivitas, ni a
los demás bárbaros.

Cristo dio su bendición a niños no bautizados. Ese clementísimo y misericordioso Señor, que quitó gratis los pecados de los impíos, ¿cómo iba a condenar con tanto rigor
a quienes no han cometido ninguna impiedad? ¿Acaso sería capaz de pronunciar contra los niños no bautizados aquella sentencia de muerte: «Id, malditos, al fuego eterno»?
¿Cómo va a maldecir a los que él mismo ha bendecido? ¡Si
tan réprobas fueran esas inocentísimas imágenes de Dios,
Cristo no habría «tomado en sus brazos» tantas veces y con
tales muestras de amor a los niños no bautizados! ¡No habría dicho que «sus ángeles están viendo el rostro de su Pa-

---

[4] La expresión de Servet es contundente: *At ego id tantum recipiam quod
evangelicus sermo et ipsa mundi genesis aperte nos docent.*

[5] Alude a escenas relatadas en Mc. 9, 36 y 10, 16, y al dicho referido en
Mt. 18, 10 y Lc. 18, 16.

dre»! [5]. Tales muestras de predilección indican que también los niños verán ese mismo rostro.

Me da la impresión de que bromean totalmente los que pretenden hacer depender la salvación de un niño de mi voluntad, del mero hecho de que yo lo bautice o no sin darse cuenta. Tanto más cuanto que los misterios del bautismo [358] van mucho más lejos de cuanto pueda ser conveniente para ellos. Bromean trágicamente quienes antes, en tiempos de la Ley natural, no condenaban a los niños ni a sus padres, y ahora los condenan a todos, como si Cristo hubiera venido a perder a las almas.

Sostienen que serán condenados los niños simplemente porque dijo Pablo que «reinó la muerte desde Adán hasta Moisés, aun en aquéllos que no habían pecado» (Rom. 5) [6]. Pero, ¿por qué dijo «hasta Moisés»? ¡Pues Moisés no quitó el pecado original!

Mas, para aclarar toda esta cuestión, tenemos que darnos cuenta de que hay dos clases de muerte, a las que Juan llama en el Apocalipsis muerte primera y muerte segunda, ambas derivadas, aunque por razones diversas, del pecado de Adán [7]. Del delito de Adán derivó en todos la muerte del cuerpo, a la que va anejo el infierno hasta el juicio de Cristo en que, como enseña el mismo Juan en el lugar citado, serán destruidos tanto la muerte como el infierno. La causa de esta muerte infernal es la incorporación de Satanás, su intrusión y dominio en el hombre, como en seguida explicaré. De ahí que también estén sujetos a la muerte corporal y al infierno los niños por haber nacido con esa mancha. Y no sólo los niños, sino también todos los que murieron antes de la muerte de Cristo. ¡Todo, por aquel único pecado de Adán! De ahí deriva también la muerte segunda, la de la gehenna eterna, que será decretada en el juicio final contra cuantos han pecado después de haber conocido el bien y el mal. Por el pecado de Adán obtuvo Satanás ciertos poderes sobre el hombre, incitándole al mal conocido; de ahí se seguirá, en el juicio final, la muerte del cuerpo y del alma, que es la muerte segunda irremisible. Una y otra muerte tienen su propio acto, del que nacen, y al que también se llama muerte. El acto propio de la muerte primera fue «el comer» de Adán; el de la muerte segunda son los distintos

---

[6] Rom. 6, 14.

[7] «El que venciere no recibirá daño de la muerte segunda», Ap. 2, 11. «Bienaventurado y santo el que tiene parte en la primera resurrección: la segunda muerte no tiene potestad en éstos», id. 20, 6. «Mas a los temerosos e incrédulos... su parte será en el lago ardiendo con fuego y azufre, que es la muerte segunda», id. 21, 8.

actos de nuestros pecados después de conocer el mal, en los que late la muerte espiritual. Por el pecado de Adán hay ahora en los hombres cierta muerte de pecado, la muerte primera, encaminada con el infierno hacia la muerte segunda. «Vasos son de ira, prontos para la muerte»[8]. Todo el que no acude a Cristo «permanece en la muerte». Aunque vivan, están muertos los que viven conociendo a la «serpiente», mientras que los que acuden a Cristo «pasan de muerte a vida» (Jn. 5)[9]. Por lo dicho queda suficientemente claro que en el caso de los niños no ha lugar la muerte segunda, o acto de su pecado, aunque se diga que sí hay primer pecado, muerte e infierno; pero éstos serán destruidos en el juicio final. El pecado de Adán nos lo perdonará a todos Cristo, resucitándonos de la muerte y del infierno[10]. De esta suerte, no habrá más castigo en aquel día por el primer pecado de Adán. Incurriría en la herejía taciana quien dijese que el pecado de Adán no será quitado ni perdonado jamás ni a él ni a los niños[11].

[359]

Averigüemos ya de qué muerte habla Pablo: ¿qué muerte es ésa que «reinó hasta Moisés»? ¿La primera o la segunda? Ambas, sin duda. La primera en cuanto que tiende a la segunda; puesto que antes casi todos vivían en error y en desconocimiento de los oráculos de Dios (Rom. 8; Hch. 17)[12]. El conocimiento de los oráculos de Dios ilumina la mente (Sal. 18)[13]; por eso se llama a los judíos más dichosos que nadie, pues les estaba revelado lo que es del agrado de Dios (Bar. 4; Sal. 147)[14]. Reinó, pues, el pecado desconocido y la muerte de la ignorancia «hasta Moisés», es decir, hasta la Ley; pues por la Ley desaparece esa muerte en la medida en que Dios, que es vida, por ella se revela y

---

[8] Rom. 9, 22.

[9] «Sabemos que hemos pasado de muerte a vida, en que amamos a los hermanos», I Jn. 3, 14. «El que oye mi palabra y cree... no vendrá a condenación, mas pasó de muerte a vida», Jn. 5, 24.

[10] Servet llama infierno al sepulcro, conforme al uso bíblico, y gehenna a lo que comúnmente se llama infierno. La muerte primera es la muerte física, del cuerpo; la segunda, la condenación eterna. Servet va ya inculcando su doctrina anabaptista: inutilidad del bautismo que no presuponga fe personal, como inexistencia de pecado en quien aún carece de libertad. Además, inmortalidad del cuerpo mismo después del juicio.

[11] Taciano, el severo filósofo y apologeta sirio que hacia 172 inició la secta de los encratitas, es decir, de los abstinentes, gnósticos cristianos que rechazaban el matrimonio como adulterio, prohibían comer carne y tenían interpretaciones extremas de varias doctrinas cristianas. En su *Discurso contra los griegos*, cap. VII, 5, se refiere en ese estilo al pecado original.

[12] Rom. 8, 8 y Hch. 17, 23 y 30.

[13] «El precepto de Jehová, puro, que alumbra los ojos», Sal. 18, 8.

[14] Bar. 4, 4 y Sal. 147, 20: «No se ha hecho esto con toda la gente.»

se da a conocer; aunque con ocasión de los preceptos nuevamente reaparecen el pecado y la muerte como consecuencia de su transgresión. «Reinó, dice, la muerte hasta Moisés, aun en los que no pecaron como pecó Adán.» Adán pecó al quebrantar la Ley; pero los gentiles no han quebrantado la Ley, pues que no la tenían. A pesar de todo, en Adán pecaron todos: todos tienen el pecado de muerte primera y de infierno. Todos, hasta los niños. Distinto es el pecado con conocimiento que conduce a los adultos a la muerte segunda; pues en los gentiles «que no tenían Ley» lo que constituía pecado era el conocimiento natural del bien y del mal, la conciencia acusante o excusante (Rom. 8) [15]. Luego los niños están condenados a muerte de infierno, no así a muerte de gehenna futura. No nos es lícito extender la ira de Dios más allá de lo que él mismo ha indicado.

Fijémonos ahora, una vez más, en la enorme fuerza que [360] tiene eso de «por un solo hombre entró todo pecado», y «ambas muertes», y «reinan en el mundo». No es razón suficiente la de los que dicen que por Adán entró el pecado, igual que entró por Jeroboam en Israel la idolatría, por la que perecieron también sus sucesores [16]. Tal comparación no es válida, puesto que Adán causó muchísimo más; pues nos causó la muerte, nos hace nacer reos y nos marca para que sigamos pecando de adultos. La causa de todo esto es que introdujo en nosotros a «la serpiente», el diablo, dándole su poder sobre nosotros; y así, de un oprimido o de un leproso nacen también oprimidos y leprosos. Apartó de nosotros a Dios, y nos introdujo «la serpiente»: los dos males peores. Consiguió que el rostro de Dios se oculte a nuestra vista, de modo que, caminando en tinieblas, sin fe y sin temor de Dios, se desvíe cada cual de su camino, siempre en error, y así más y más «hasta Moisés». Todo esto y el hecho de apoderarse «la serpiente» de nuestro conocimiento produjo en nosotros una natural apostasía de la carne, desobediencia, rebeldía, miedo al juicio de Dios y huida, como en el caso de Adán que quiso esconderse para esquivar el rostro de Dios, y ya no volvió a verlo más. En seguida se desencadenó un torbellino de viento y Adán, aterrado, andaba escondiéndose del rostro de Dios. Sin embargo, después de aquella experiencia del bien y del mal, aparecióle el pudor provocado por la deidad innata, como un principio de arrepen-

---

[15] Rom. 2, 14, el célebre texto sobre la ley natural, no Rom. 8, errata.

[16] ¿Se refiere a alguien en particular? No consta que esta comparación sea frecuente ni en los teólogos católicos ni en los tratadistas reformadores del tiempo de Servet. Es ciertamente original.

timiento, detestación del mal y compunción del ánimo. El pudor, aunque denuncia la existencia de una causa anterior que es mala, de suyo es algo bueno; por eso alabamos el pudor en los adolescentes [17]. Mas, dejando por poco tiempo la penitencia, prosigamos por ahora con los males del pecado.

Tan pronto como, ya en la infancia, se insinúan en nosotros las malas artes de «la serpiente», empezamos a sentir deseos por todas las cosas que vemos hermosas, buscando el modo de vivir entre ellas. Si no conseguimos nuestros caprichos, inmediatamente surge, con la impaciencia, la ira para con los otros, la envidia y, lo peor, la soberbia. Todas ellas son en nosotros estigmas del demonio, en quien están profundamente arraigadas. El más ambicioso de todos es el [361] demonio, envidioso de nuestra gloria y ávido de ser adorado por el hombre. Viendo cómo desde el primer momento se le concedían al hombre tantas cosas, se sintió arrebatado de impaciencia. Ruge con gran violencia contra nosotros. Envidioso del hombre provocó a Eva, como si Dios sintiera envidia del hombre. La soberbia es, sobre todo, cosa del demonio, como cuando uno, pagado de su propia hermosura, cual otro dios, rehúsa someterse a la voluntad de Dios; antes, hinchándose, presume de grandes cosas como otro lucifer.

¿Para qué hacer mención de otros innumerables males del demonio? Como ya he dicho, hay en nosotros cierto miedo y ganas de huir del juicio de Dios, y de, a la vez, huyendo como el propio Adán del rostro de Dios, buscar refugio en los consuelos humanos; como el diablo, que huye de la luz. Lo más parecido al ingrato demonio es nuestra ingratitud, como si creyésemos que no estamos obligados de ningún modo respecto a Dios. Nuestra negligencia, influjo del demonio, es una cierta dejadez y aversión, por la que fácilmente nos olvidamos de Dios, como Adán se olvidó fácilmente de su Creador, y como el propio demonio. Leyes de nuestros miembros e hijuelas de su concupiscencia son la lujuria y la gula. La avaricia es una especie de concupiscencia; se dio en Adán al codiciar más de lo que debió haberle bastado. Los avaros, sin ver a Dios, sólo apetecen aquello que procura seguridad a su carne [18]. Tienen toda su

---

[17] Nótese que Servet vincula el origen del espontáneo pudor natural descrito en el relato del Génesis 3, 7 a la *innata deitas* que, según sus conceptos de parcial neoplatonismo, compete a todo hombre.

[18] Bello ejemplo del estilo conciso y sentencioso que a veces adopta Servet: *Avari Deum non videntes hæc amant quæ carnis pariunt securitatem.*

confianza en lo presente, igual que el demonio sólo anhela lo presente, como si no tuviera un futuro inminente, en el que, obcecado, no quiere ni pensar.

Confuso y turbado está el entendimiento del demonio cuando piensa en su condenación; cegado continuamente por su maldad y por el ansia de causarnos daño. Un ejemplo de ello podemos verlo en los hombres. Por ahí surgió ya en el principio la transgresión. En Adán fue transgresión y prevaricación contra la Ley de Dios, a semejanza del demonio prevaricador. La primera prevaricación y transgresión de la Ley de Dios fue cosa del diablo; pues para los ángeles la voluntad de Dios conocida era ley de Dios. No obstante conocer bien el demonio la voluntad de Dios para con los hombres, con el fin de ser glorificado más que el hombre y poder sometérselo, prevaricó una y otra vez contra [362] el hombre, incitándolo continuamente a prevaricar. El hecho de que «la serpiente» incite a la transgresión hace que la Ley aumente el pecado, por más que de suyo la ley es buena (Rom. 7) [19]. Y así todos nos sentimos naturalmente inclinados a lo prohibido. De modo que cuantas más cosas se prohíban a los monjes y cuantas más reglas se les den, más pecadores los harán, como a Adán y a los judíos (Os. 6) [20].

El demonio y Adán fueron, pues, los primeros en quebrantar el Decálogo. Al faltar la fe y el amor al único Dios, el demonio usurpó su nombre con engaño y falso testimonio, y el hombre le creyó. Entonces fue violado el sábado, pues durante el descanso maquinó el demonio su calumnia. También hubo adulterio, de donde a la generación siguiente se le llamó «generación adúltera» y «raza de víboras»: se dio allí un coito carnal con el demonio, una especie de cópula, al introducirse el demonio en la carne y nacer luego los descendientes de padre diablo, como dice Cristo [21]. El de-

---

[19] «Yo sin ley vivía por algún tiempo; mas venido el mandamiento, el pecado revivió, y yo morí. De manera que la ley a la verdad es santa», Rom. 7, 9-12.

[20] «Mas ellos, cual Adán, traspasaron el pacto», Os. 6, 7. Claro está que el contexto se refiere a los hebreos. El cambio de tono que se está obrando en la mente de Servet en el momento, para nosotros definitivamente ya imprecisable, de redactar estas páginas, le impele a tomar ocasión para iniciar su ataque a las estructuras clericales, que se irá haciendo más virulento poco más adelante. Su rechazo de todo voto religioso y monacal había sido ya expresado por él en *DeIust* E6r, y tímidamente en el lib. II de la Parte III, cfr. pág. 514. Según su concepción, esas leyes y esos votos, que multiplican las oportunidades materiales de trasgresión, suponen un regreso a épocas precristianas, a un cierto judaísmo espiritual, anterior a la libertad interior aportada por Cristo.

[21] No se refiere a la hipótesis, teológicamente insostenible, de que el pecado de origen fuera carnal, y mucho menos, por imposible, de adulterio.

monio se deleita en el ayuntamiento carnal y apetece nuestra carne. Se dio también hurto de una manzana, y otro hurto mucho mayor al querer el hombre hacerse dios. El máximo hurto del diablo es usurpar lo que es de Dios, así como el máximo hurto del Anticristo, que se arroga ser dios en la tierra, encaramándose por encima de los hermanos [22].

Todo tipo de males tiene, pues, su origen en «la serpiente» y en Adán; y en nosotros comienza cuando empezamos a tener noticia del bien y del mal, incitados, ya desde niños, por las enseñanzas de «la serpiente». Adán es causa eficiente de nuestra perdición, pues por su delito adquirió ésta su poder para causarnos la corrupción del alma y del cuerpo, y para desordenar todas las partes de nuestra alma en cuanto empieza a enseñarnos su ciencia. En ese instante comenzamos a morir, y entonces también comenzamos a tener necesidad de penitencia y de fe para arrepentirnos después de haber caído. Digo que «comenzamos a morir», porque no morimos de repente, sino poco a poco, tal como dice Santiago y sucedió en primer lugar a nuestros padres. Pues Eva primero apeteció lo que le pareció hermoso a la vista, deseando ser inteligente y saber; luego, por su fragilidad de mujer, comió temerariamente; finalmente, por darle gusto, comió también el varón. De la misma misteriosa manera también nosotros deseamos primero puerilmente lo que es agradable a la vista, presumiendo de ciencia de las cosas y como por una cierta mujeril fragilidad. Más tarde la concupiscencia, después de crecer y concebir, pare el pecado de la mala acción, pero no de muerte. Ahora bien, cuando el pecado es consumado por el hombre perfecto, como Adán, es decir, por el que tiene uso de razón, «engendra muerte», si aplaudimos con pleno consentimiento a la carne y llevamos a cabo externamente las malas acciones (Sant. 1) [23].

[363]

A sólo Dios compete juzgar cuándo se consuma en alguien su condena a la muerte segunda. A pesar de todo, yo digo una cosa: que Dios no imputó a muerte los graves crímenes de los israelitas, sino sólo los de los mayores de

_____

sino a los calificativos dados por Cristo a la «generación» suscitada por la intromisión de la «serpiente» en la humanidad, que Servet ha llamado antes *incorporatio satanœ*. Cfr. Mt. 12, 39 y 16, 4; Mc. 8, 38. «Vosotros de vuestro padre el diablo sois» es de Jn. 8, 44.

[22] La somera alusión a un texto escatológico, II Tes. 2, 2, proporciona ya ocasión a Servet para dirigir su primer ataque directo al Papa, quien es para él el Anticristo, el usurpador diabólico de los derechos divinos de supremacía.

[23] Sant. 1, 15.

veinte años (Num. 14 y 32)[24]. Está en concordancia con Ex. 30 y 38, pues en este texto hay una hermosa alegoría sobre la muerte corporal en relación con la espiritual; hay también un hermoso misterio en el hecho de que sólo después de los veinte años se exija sacrificio de propiciación por los pecados[25]. Alrededor de los veinte años empieza la verdadera remisión de los pecados, pues sólo entonces comienzan los pecados verdaderos y actuales de la muerte segunda. Luego no en los niños, ni en el bautismo de los niños. Hay también otro misterio: que sólo los que han cumplido los veinte años tengan parte en la «tierra prometida», el reino de los cielos, sin contar con los otros llamados que aún no son capaces de eso (Num. 26). No carece de misterio esa insistencia en limitar a los veinte años: sólo se censa y sortea a los mayores de veinte años (Num. 1 y ss.)[26]. Además, según la razón natural, no se puede creer que puedan ofender mortalmente a Dios los que son considerados incapaces de ofender así a los hombres. Toma nota de cómo se justifica esto en el Deuteronomio. ¿Por qué no hubo pecado en los niños antes de los veinte años? Porque no tenían, dice, «conocimiento del bien y del mal» (Deut. 1)[27]. Luego antes de los veinte años no se puede cometer pecado mortal, como tampoco un crimen que merezca la pena capital en la justicia humana. Nota cómo la expresión «conocimiento del bien y del mal» corresponde a la misma expresión utilizada al narrar el pecado de Adán; y cómo se dice que el conocimiento del bien y del mal antes de los veinte años no es suficiente para la pena de muerte. Hay paralelismo entre la justicia política y la celestial. Dios es testigo de que nadie puede ser castigado a la última pena antes de los veinte años. De las palabras del propio Dios deducimos que nuestro pecado comienza cuando comienza nuestro conocimiento, y que sólo es suficiente para nuestra condena-

[364]

---

[24] Fundamental para basar en este punto su teoría de la impecabilidad hasta esa edad y su rechazo del bautismo infantil. «En este desierto caerán vuestros cuerpos... de veinte años arriba», Num. 14, 29. «Que no verán los varones que salieron de Egipto, de veinte años arriba, la tierra», ib. 32, 11.

[25] «Cualquiera que pasare por la cuenta de veinte años arriba, dará la ofrenda a Jehová», y «Medio por cabeza, medio siclo, a todos los que pasaron por la cuenta de veinte años y arriba», Ex. 30, 14 y 38, 26.

[26] «De veinte años arriba los que puedan salir a la guerra de Israel», Num. 26, 2 y 1, 3 y 45. Principio que Servet formula: *Naturali ratione non censetur Deum ad mortem offendere, qui ad homines ita offendendos habentur imbelles.*

[27] «Vuestros chiquitos y vuestros hijos que no saben hoy bueno ni malo, ellos entrarán allá», Deut. 1, 39. Los de «veinte años arriba» son siempre excluidos.

ción, cuando es suficiente nuestro conocimiento. Y ello por una razón justísima, ya que el conocimiento es compañero del pecado, e incluso su causa. De ahí que nos sea dado además por el buen espíritu un nuevo conocimiento para reprimir el anterior.

Mas como el primer conocimiento se inicia poco a poco «desde la juventud», así como el pecado, y Dios es testigo (Gen. 8) [28], por eso debemos ir inculcándoles a todos desde la juventud y poco a poco el temor de Dios para que se conviertan, e ir también enseñándoles a conocer a Cristo poco a poco. Tal es la verdadera catequesis anterior al bautismo, de la que también Juan hizo uso, llamando «raza de víboras» a los hombres carnales, atemorizándoles como niños con el miedo al castigo, llamándolos a penitencia y encaminándolos a Cristo [29].

Que ésa sea la edad del pecado mortal lo confirma además la edad, de la que hablaremos luego, requerida para el bautismo que perdona el pecado mismo. Lo mismo vienen a confirmar la edad del perdón de los pecados y la edad del nuevo conocimiento y del don del Espíritu santo. Añade que cuando empieza a prevalecer esa mala ciencia de Satanás empieza a prevalecer también en el hombre el aguijón de la lujuria, «ángel de Satanás» [30]: alrededor de los veinte años. Esta experiencia natural debe movernos a creer con toda razón lo que Dios ha dicho sobre el pecado de los veinte años y de su posterior expiación. Por eso, para presentar batalla al demonio malo, se deja sentir más el Espíritu del Señor, que se nos ha infundido y nos asiste. Desde la creación alienta en nosotros el Espíritu de deidad (Gen. 2 y 6), y cuando se alcanza la edad adulta él nos enseña interiormente y nos mantiene continuamente en la libertad de espíritu, para que nos apartemos del mal; gracias a él podemos [365] dominar el pecado, como Dios mismo hizo saber a Caín (Gen. 4) [31]. Que en la edad de lujuria se acuse más el pecado de Adán se demuestra por el hecho de que Adán sintió vergüenza, sobre todo, de sus partes deshonestas y trató de cubrirlas antes que las otras. Puesto que el pecado había

---

[28] «El intento del corazón del hombre es malo desde la juventud», Gen. 8, 2.

[29] Nótese que del sistema intelectual de Servet no está ausente una pedagogía, basada en principios que acaba de enunciar y otros que lo serán luego.

[30] Expresión de Pablo en I Cor. 7, 5 y en II Cor. 12, 7.

[31] Gen. 2, 7 y no el 6, sino el 7, 22 hablan del «soplo de vida alentado por Dios «en la nariz» de Adán; Gen. 4, 7 incluye la breve conversación de Jehová con Caín y la frase «Con todo esto, a tí será tu deseo, y tú te enseñorearás de él».

partido de la mujer, la incitación se le presentó principalmente en el órgano con que el hombre accede a la mujer; por eso trató Adán de reprimirlo con alguna cautela, y así también por pudor lo ocultó para apartar los ojos del pecado.

Pues bien, de nada de esto son capaces los niños, ni de sentir pudor ni de reprimirse. Nada saben de todo esto hasta que son iniciados por «la serpiente», ni tienen capacidad para catequesis, ni para penitencia, ni para fe. Todos seguimos de tal forma el modelo y el orden de Adán, que el primer estado de nuestra infancia es semejante al primer estado de suma inocencia de Adán y luego comienza toda tendencia al mal por arte de la *sabiduría serpentina* que ya comienzo a pulular «desde la juventud» (Gen. 8)[32]. Como Adán no sentía vergüenza de estar desnudo, así tampoco la sienten los niños. Por influjo de esa *sabiduría serpentina*, abiertos los ojos, comenzó a sentir vergüenza y a conocer el mal, como nosotros. Así como en él no hubo pecado hasta la transgresión, así tampoco comienza en nosotros antes de transgredir, o sea, antes de que cometamos el mal a sabiendas.

Otra semejanza en el modo de actualizar el modelo de Adán es que, a imitación de nuestros primeros padres, caemos en pecado principalmente al sorprendernos desde fuera la incitación de algo agradable y apetecible, como fue el fruto hermoso. Como el propio Adán, caemos, al ser asaltados exteriormente por el objeto apetecible que nos entra por la vista y por la falsa doctrina de Eva que nos entra por el oído, a la vez que interiormente sentimos el silbido de «la serpiente». Entonces es cuando puede decirse que reproducimos el modelo de Adán en los pecados, a fin de que luego, nacidos de nuevo e instruidos en una nueva sabiduría por la segunda serpiente que es Cristo, tanto por su palabra exterior como por su Espíritu interior, podamos reproducir su modelo de «hombre nuevo», mortificando al primer Adán con las concupiscencias de «la serpiente». No creas que Adán fue acosado interiormente por ella, en el sentido de que hubiera en él la «ley de sus miembros» como la hay en nosotros. En nosotros sí que hay de verdad un «aguijón de la serpiente» y «estímulo de Satanás» (II Cor. 12); en nuestros miembros y en nuestra carne está el verda- [366]

---

[32] Cfr. nota 28. Esta *serpentina sapientia* pasa así y desde ahora a formar parte de la terminología técnica del sistema de Servet.

dero nido de «la serpiente» (Rom. 7) [33]. Mas aunque Adán no tuvo nada de esto antes del pecado, bien pudo ser tentado por «la serpiente», no sólo con palabras desde fuera, sino dentro, en la imaginación de su mente; pues por la mera inspiración de aire puede penetrar en nuestro interior ese espíritu, proponiendo a nuestro entendimiento falsos razonamientos e impulsando nuestro corazón. Sobre todo, en nosotros.

¡He ahí lo miserablemente que nos acosa y oprime por todas partes el demonio malo! Ocupa la masa de nuestro cuerpo y desde él contamina el alma y estimula prodigiosamente cada uno de nuestros miembros. Conmueve interiormente nuestra mente, engañándola con falsas imaginaciones. Ofrece deleites a los sentidos, hace oír falsedades y nos perturba de mil modos. Embota el corazón, defrauda al cerebro y embriaga los sentidos. Si el Señor misericordioso no iluminara con su gracia el espíritu de deidad que hay innato en nosotros, para que alguna vez tengamos buenos pensamientos, y si el ángel bueno no contrarrestara, aun sin darnos cuenta nosotros, la violencia del demonio, caeríamos en cada momento [34].

Sin embargo, aunque «la serpiente» se haya introducido ya en toda carne y tenga su nido original hasta en la de los niños, ni eso perjudica a éstos, ni se borra por el bautismo, pues también está en los santos. No desaparecen las miserias de la carne por el bautismo, ni se quita la «ley de los miembros», ni «el ángel de Satanás». Continuamente hay en nosotros dos príncipes en lucha: Dios en nuestro espíritu y «la serpiente» en nuestra carne [35]. De ahí, en primer lugar, que para extinguir el «aguijón de la serpiente» introducida en nuestra carne por Adán, todos estemos sujetos en virtud de la sentencia original a la muerte corporal y al infierno concomitante; tanto los niños, como los adultos. En segundo lugar, que «la serpiente», adueñándose de todos «desde la juventud» con su «ciencia del bien y del mal», nos vaya

---

[33] De nuevo, II Cor. 12, 7; y Rom. 7, 7: «Mas veo otra ley en mis miembros que se rebela contra la ley de mi espíritu, y que me lleva cautivo a la ley del pecado que está en mis miembros.»

[34] Luego dirá Servet que así como a la primera gracia del *innatus nobis suœ divinitatis spiritus* corresponde, por el primer pecado, debido al primer conocimiento o *scientia*, la muerte primera; así a la segunda gracia divinizadora del *Spiritus sanctus* corresponde, por los pecados segundos debidos al influjo de la *serpentina scientia*, la muerte segunda.

[35] *Perpetuo in nobis ipsis duos habemus pugnantes principes, Deum in spiritu et serpentem in carne.*

haciendo a todos pecadores poco a poco, a medida que nos va adoctrinando para conducirnos ya a la muerte segura. En cuanto comenzamos a gustar esa *sabiduría serpentina*, nos empuja al pecado y nos precipita en un nuevo abismo de muerte, de modo que un nuevo género de muerte requiera un nuevo género de vida por Cristo; una muerte espiritual, una vida espiritual.

De ahí se sigue, por antítesis, una verdadera conveniencia del bautismo, de la fe y de la penitencia. Pues entonces se nos tiene que dar a conocer la penitencia, después de haber caído, para que nos levantemos. Entonces nos hace falta acogernos a Cristo por la fe, para que nos sean perdonados los pecados y seamos justificados de nuestras injusticias. Entonces nos urge «nacer de nuevo», para poder pasar de la vida carnal de «la serpiente» a esa otra vida celestial del Espíritu [36]. Así como ella, una vez abiertos nuestros ojos, hace que de algún modo, por el conocimiento de ciertas cosas, lleguemos a ser «como dioses, sabedores del bien y del mal» y entonces nos da muerte; así también por Cristo morimos luego nuevamente en el bautismo para volver a la vida, mortificando lo que antes tenía vida. Misterio éste en el cual Cristo, perdonados los pecados, vuelve a dotarnos por su Espíritu santo con la «ciencia del bien y del mal» y a deificarnos con una nueva deidad, rescatándonos de esa deidad de «la serpiente» que es la sabiduría del mundo.

La naturaleza de este pecado nos la explica Cristo, maestro de la verdad, en Juan, cap. 8; pues cuando los judíos, creyéndose libres de la esclavitud del pecado, alegaban su libertad como «descendencia de Abraham», Cristo les respondió: «El que comete pecado, esclavo es del pecado» [37]. Luego quien no comete pecado no es esclavo del pecado, ya que la esclavitud del pecado consiste en cometerlo. De esta esclavitud dice Cristo que necesitamos ser liberados por él, dado que hasta ahora hemos venido haciendo las obras «de nuestro padre el diablo» y de la serpiente «cuyos deseos hemos secundado», según dice ahí mismo. Por consiguiente, los que aún no han realizado las obras ni los deseos del diablo, tampoco necesitan ser liberados de tal esclavitud. Por disposición del propio Cristo, los niños no tienen necesidad aún de esta liberación del pecado, pues todavía no han sido hechos por la serpiente «como dioses, sabedores del bien y del mal». Quien no tiene aún la deidad

---

[36] Jesús a Nicodemo: «El que no naciere otra vez, no puede ver el reino de Dios», Jn. 3, 3.

[37] Jn. 8, 32 y ss.

de la ciencia de «la serpiente», tampoco es aún capaz de la nueva deidad de Cristo.

¿Cómo, pues, dirás, son ayudados los niños por Cristo? Respondo. Los niños son ayudados por Cristo en lo que ha-bían sido dañados por Adán y «la serpiente», a saber, en resucitar corporalmente de la muerte y del infierno, a los que por culpa de aquéllos habían sido sometidos. «El in-fierno devolverá sus muertos», «los pequeños y los gran-des» (Ap. 20)[38]. Comparecerán los pequeños en presencia de Dios y se librarán del infierno al ser destruido, como dice Juan. La bendición dada por Cristo a los niños se les trocará en gloria al ser resucitados por él. Tal es la admi-rable disposición de Cristo, y con toda razón: los niños que perecieron por un solo acto ajeno, por un solo acto ajeno serán salvados; en cambio, nosotros por un acto ajeno y por los nuestros. Los que perecen por un solo acto, el de Adán, se salvarán por un solo acto, el de Cristo; sin ese bautismo de niños. Ciertamente resucitarán y les será qui-tado lo que les condenaba. Las almas de los niños están detenidas ahora en el infierno por el pecado de Adán, por el cual están también muertos corporalmente; pero aún no han muerto con la muerte espiritual; luego no es necesario que resuciten en Espíritu de esa muerte. Tal es la razón más poderosa, para quien quiera entenderla, de que la rege-neración es acción espiritual[39].

No es propio de niños el lavado de regeneración y reno-vación del Espíritu; no es propia de ellos la justificación de Cristo que se funda en la fe. Ellos alcanzarán la reden-ción perpetua de Cristo, redentor de todos, en el siglo futu-ro, una vez arrancado el aguijón de la muerte corporal y del infierno. Nosotros, en cambio, que poseemos ya la sabi-duría de este mundo, nosotros que ya hemos sido reducidos a la esclavitud del pecado por la serpiente-diablo a través de su mala ciencia, nosotros sí que necesitamos ya ahora de la redención por la fe en Cristo, a fin de que, muertos es-piritualmente, espiritualmente resucitemos por Cristo, pu-rificados en el lavado de regeneración.

Aún hay otro aspecto en el que Cristo ayudó a los niños; [369] ya que su descenso a los infiernos favoreció mucho tanto a

---

[38] Ap. 20, 12 y 13.

[39] No se olvide que Servet entiende por infierno el sepulcro, en el que las almas de los difuntos están como dormidas. El pecado de Adán no afectó espiritualmente a quienes no están dotados de libertad para pecar. La muerte que a todos produjo será restaurada por la resurrección que Cristo a todos ha merecido. No hay, pues, en el sistema de Servet un pecado original en el sentido tradicional ortodoxo.

los niños como a los otros allí detenidos, como ya dije en el Diálogo primero [40]. La luz del advenimiento de Cristo mitigó el horror de las tinieblas de aquellos inocentes, detenidos allí sin culpa propia. Les asisten también los ángeles buenos con el resplandor del rostro divino, vengándolos hasta cierto punto de esa injusticia de los demonios. Es más débil ahora el poder del infierno que antes. El advenimiento de Cristo lo renovó todo y a todos sirvió de ayuda, incluso a los niños y a sus ángeles. Los cielos, la tierra y los infiernos acusaron el advenimiento de Cristo, y por él quedaron profundamente cambiados.

A lo anteriormente dicho se puede añadir otra razón sobre la exquisita naturaleza del pecado. Que el pecado sea, tanto en nosotros como en Adán, el gusto desordenado por un fruto inmaduro [41], se ve claro en el misterio del «árbol de la ciencia del bien y del mal», pues ese árbol prefiguraba a Cristo. En Cristo coincidirían el árbol de la ciencia y el árbol de la vida, del mismo modo que todas las demás cosas las recapitula él [42]. Sólo a Cristo le ha sido dado dotar a los hombres de la verdadera «ciencia del bien y del mal» por su Espíritu santo en el bautismo, y del árbol de la vida, o sea, de su cuerpo, en la cena del Señor. Y no sólo nos da la «ciencia del bien y del mal», sino también ayuda eficaz para proseguir en el bien y evitar el mal. Supuesta aquella usurpación del diablo, más claramente se descubren ahora los dones de Cristo. Sabiendo para qué sirve la ciencia de la carne, mejor se puede saber cuánto aprovecha y de cuánto es capaz el Espíritu de Cristo. Llamo carne al hombre entero con todas las fuerzas de Adán invadidas por «la serpiente», incapaces ya para nada que no sea ejecutar las obras del pecado, principalmente en la adolescencia [43]. Aunque desde el principio está infundido en el alma del hombre el soplo de la deidad, sin embargo, de tal modo ha quedado sepultado en nosotros por causa de «la serpiente» al sobrevenir a nuestra carne, que a duras penas le es posible respirar. Más aún, en el caso de los adultos el demonio está tenazmente empeñado en ir apagando siempre y cada vez más esa chispa del Espíritu de Dios que llevamos interiormente y en ir introduciéndose más y más en nuestra alma. [370] En esta empresa proporciona una ayuda divina el nuevo es-

---

[40] Véase la p. 235 y ss. del texto de *Restitutio*, p. 418.
[41] *Peccatum, in nobis sicut in Adam, inordinatus gustus immaturi fructus*
[42] Alusión a la teoría de Ireneo, que Servet acepta, como dijo antes.
[43] Teniendo en cuenta que, según Servet, no puede haber pecado mortal sino «de veinte años arriba», se infiere que ésta es para él la edad correspondiente a la adolescencia; no antes.

píritu de regeneración de Cristo, que arranca al demonio del alma, renovándola con la incorruptibilidad. En ese Espíritu «tenemos también un áncora segura» contra las embestidas de la carne, a fin de que, cuando rujan sus tempestades, «caminemos firmes de espíritu» y «con espíritu mortifiquemos las obras de la carne», para que «no reine el pecado en nuestro cuerpo mortal»[44].

Entonces volvemos a ser de nuevo «prudentes como serpientes», una vez recibida la sabiduría de la segunda serpiente, Cristo, que nos sana de la mordedura de la primera, tal y como estuvo simbolizado en la «serpiente de bronce»[45]. Así, pues, bueno era el «árbol de la ciencia del bien y del mal», ya que en el paraíso de Dios no podía brotar un árbol malo; incluso estaba en el centro, como el más preciado, junto al «árbol de la vida». Estaba entonces prohibido a Adán y reservado únicamente a Cristo que por él llegásemos a ser «como dioses», alcanzando sin engaño la ciencia verdadera, pues él es quien, por la comunicación de su deidad, llama dioses a aquellos «a quienes se dirigió la palabra de Dios» (Jn. 10)[46]. En la Ley se llamaba dioses a los hombres en sombra de nuestra verdad, pues «por Cristo se cumplió la verdad, cuya sombra fue mostrada por Moisés»[47]. A su verdad apuntaba «el árbol de la ciencia», y sólo a él le estaba reservado. En aquel entonces aún no estaba maduro el fruto, ni se podía hacer uso de él. Y así su robo y apropiación prematura se trocó en muerte, como consecuencia de la transgresión del precepto.

Así, pues, quiso la sabiduría divina otorgar primero a Adán el fruto vital de ese árbol preciosísimo, Jesús el Cristo, que es «el árbol de la vida», para que de este modo pudiera vivir con Dios el hombre animal y terreno; para mantener en aquella ignorancia su estado de inocencia, hasta que por Cristo nos llegase, a él y a nosotros, el fruto del árbol, «el árbol de la ciencia». Tales son los grandes misterios de la gracia de Cristo que, aunque Adán no hubiera pecado, Cristo, que era ya «la Palabra de Dios», hubiera venido a impartir esa ciencia al mundo mejorando entonces el estado de Adán, del mismo modo que, por lo que respecta al Espíritu,

---

[44] Sucesivas alusiones a frases de Heb. 6, 19; Gal. 5, 25; Rom. 8, 13 y 6, 12.

[45] Sobre la serpiente de bronce erigida por Moisés en el desierto, Num. 21, 9; símbolo de Cristo alzado en cruz, en Jn. 3, 14. Recomendación de la prudencia de la serpiente, a la vez que de la candidez de la paloma, en Mt. 10, 16.

[46] Jn. 10, 34-36, que cita el Sal. 82, 6, textos explicados ya por Servet en el lib. I, Parte I: p. 142, *Rest.* 16.

[47] Así, en Jn. 1, 17.

mejoró nuestra condición con respecto a la de Adán [48]. A pe- [371] sar de todo, esa vieja serpiente, que es el diablo y Satanás, invirtiendo todo este orden, procuró prevenir con su ciencia de la carne la ciencia del Espíritu, para que así todos co- mamos su fruto inmaduro. Tal es la razón por la que Cristo, librándonos de la serpiente, por su Espíritu nos brinda ma- duro «el árbol de la ciencia» y lo antepone al otro, para que seamos bautizados en el Espíritu santo antes de comer del «árbol de la vida» en la cena del Señor, pues Cristo quiere que comamos con espiritual discernimiento, no sea que pe- rezcamos si comemos temerariamente como Adán [49].

Por eso, por una regla natural (porque precede lo que es animal y sigue lo espiritual, como dice Pablo) [50], antes de que nos llegue el conocimiento de Cristo por la fe en él, estamos ya poseídos por «la serpiente», por la cual hemos sido instruidos en toda suerte de malicias. Por eso desde la juventud todos los pensamientos están dirigidos al mal a causa de esa *sabiduría serpentina* que es la concupiscencia y de esa *sabiduría carnal*, es decir, el error natural, la muer- te y la ignorancia acerca de Dios. Todos nacemos ciegos, y «la serpiente» misma nos pervierte abriéndonos los ojos desde la juventud para que no veamos nada recto. He ahí lo que puede el hombre con su propio ingenio. Toda nues- tra ciencia es contra la naturaleza, naturalmente enemiga de Dios y de la verdad, ya que desde el principio hemos sido instruidos en la «ciencia del bien y del mal» por la serpien- te-diablo, padre de la mentira [51]. Somos «raza de víboras», «generación mala, adúltera, perversa y pecadora». Somos discípulos de «la serpiente», que camufla lo verosímil como verdadero y compone lo verdadero con lo falso, como en el

---

[48] Va Servet tomando su propia original posición respecto a una célebre cuestión hipotética que fue muy debatida en las escuelas medievales: si Cristo se hubiera encarnado o no caso de no haber pecado Adán. Servet irá formu- lando varias posibilidades según las cuales admite la encarnación de la Pa- labra o Verbo de Dios independientemente del hecho histórico de la caída del hombre. Actitud intelectual que parece más consonante con la doctrina paulina, agustiniana y escotista que con la tomista Cfr. notas 91, 127, 130.

[49] *Spirituali diiudicatione manducare*, velada alusión textual a la recomen dación paulina de no tomar la cena indignamente, «sin discernir —*non diiu- dicantes*— el cuerpo del Señor», I Cor. 11, 29. Como luego se verá, Servet prohíbe la eucaristía a los niños y jóvenes de menos de treinta años, con- secuente con su doctrina sobre el pecado y sobre el bautismo.

[50] I Cor. 15, 46.

[51] *Caeci omnes nascimur*. Se apuntan aquí ciertos ribetes de escepticismo, determinados en el sistema de Servet por su fe en el influjo de esa *serpentina scientia* en el desarrollo mental. *Hic vides quid homo possit per suum inge- nium. Nam scientia nostra est contra naturam, naturaliter inimica Dei et ve- ritatis.*

40. Una de las muchas versiones medievales del palestinocentrismo aludido por Servet en *Restituto*, 373: el *Mappa mundi* de Hans Rüst (¿Angsburg, 1480?), que solía imprimirse con Estrabón.

41. Albert Dürer (1471-1528), *San Miguel luchando contra el Dragón,* grabado de 1497 ca. Londres, British Museum.

caso de nuestra primera madre a quien engañó con tal componenda, aunque algo de verdad sí que le dijo. Cuando dice mentiras, habla por sí misma, como cuando dijo a Eva: «De ningún modo moriréis.» Mas cuando dice la verdad, lo hace con trampa, y sólo por conjeturas o de oídas, como cuando oyó a Dios hablar del «árbol de la ciencia del bien y del mal», de lo que dedujo la astuta «serpiente» que, alcanzada esa ciencia, se abrirían los ojos de los que comieran y llegarían a ser «como dioses conocedores del bien y del mal». Por la misma razón deducimos que los filósofos han escrito muchas cosas verdaderas, bien porque están combinadas con otras falsas por engaño de «la serpiente», bien porque muchas veces brota verdadera luz de la chispa de deidad que hay dentro del alma [52].

[372]

A nadie, sin embargo, puede ocurrirle bien esto en su primera adolescencia, puesto que entonces ese espíritu de divinidad se halla sumergido bajo las tempestades de la carne alborotada y no puede abrirse paso ese fuego oculto a causa de tantos humores. Así como el muchacho no está en condiciones de asimilar la disciplina moral, así tampoco la evangélica, por mucho que se le instruya entonces. No está en condiciones de aprender realmente hasta la edad adulta. De ahí que Cristo nos indicase que, al cabo del primer período de instrucción, la edad perfecta para el bautismo son los treinta años, y no la de un niño de un día [53]. ¿Cómo puede ser que alguien renazca del agua y del Espíritu santo y vea el reino de los cielos, es decir, entienda sus misterios, si ni siquiera tiene edad suficiente para la ciencia del reino? Para adquirir la ciencia del reino de los cielos se requiere madurez, y a ello contribuye también muchísimo el aprendizaje, la lectura, el ejercicio y mortificación de la carne con ayuno y oración. Por eso, con razón dijo Cristo que, al ser echada la simiente del reino, primero produce la planta, luego la tierna espiga y, finalmente, multitud de granos en la espiga, y que ése es el momento propicio para

---

[52] Peculiar versión servetiana de ese mismo escepticismo, aplicado ahora a la filosofía, unido a una original explicación de la parcial verdad de las filosofías, que viene a ser una variante de la vieja teoría patrística del λόγος σπερματικός en términos neoplatónicos: *Eadem ratione colligimus philosophos vera multa scripsisse, aut quia illa sunt fraude serpentis falsis admixta, aut quia ab illa deitatis scintilla, quæ animis inest, verum lumen sæpe producitur.*

[53] Para Servet, apoyado en la Biblia y la experiencia, no hay pecado mortal hasta los veinte, ni hay consciente y responsable entrega a la vida cristiana, con el bautismo y la cena, hasta los treinta. Edad propuesta por él, como por los anabaptistas del XVI. Al ser bautizado, era Jesús «como de treinta años», Lc. 3, 23.

segar al hombre adulto (Mc. 4)[54]. De todo ello se deduce, primero, que en el bautismo se requiere edad adulta para que en él se dé remisión de los pecados y surjan soldados de Cristo capaces de pelear; segundo, que los niños aún no son capaces de gustar el fruto maduro de la ciencia de Cristo, puesto que aún no han probado el fruto inmaduro de la ciencia de la «serpiente».

Con esta cuestión guarda relación el misterio del paraíso restituido a nosotros por Cristo, mucho más excelente que el de Adán, o sea, el misterio del reino de los cielos que «está dentro» de nosotros. En él sólo los varones perfectos comen los frutos maduros del Espíritu santo y del cuerpo de Cristo[55]. «Había plantado Dios un huerto en Edén, al oriente». Edén era un ameno lugar de Siria, como se des-   [373] prende de IV Re., Is. 37, Ez. 27 y 31[56]. De ahí que también a la casa de los reyes de Damasco le llame el profeta «casa de Edén» (Amós 1), pues habían usurpado una parte y el nombre de la tierra prometida. De esta tierra situada en la parte oriental del mismo Edén salió prófugo Caín en dirección a Babilonia (Gen. 4)[57]. Luego el paraíso terrenal estuvo primero en el lugar mismo donde estuvo la tierra prometida. Ahora bien, se dice «plantado al oriente» y que aquella tierra mira «hacia oriente», porque al occidente está el mar; por eso los hebreos llaman también mar ☐ al occidente. En medio de este huerto estaban plantados el árbol de la vida y el de la ciencia, y ambos representaban a Cristo, es decir, su doble don: el de su cuerpo y el de su Espíritu. Estaban asimismo «en medio del huerto», a semejanza de Cristo, que es árbol de la ciencia y de la vida plantado en medio del mundo, ya que de hecho también Cristo nació hacia el centro de la tierra habitable. De ahí que se diga de Jerusalén que está situada «en medio de las tierras y de las gentes» (Ez. 5) y «en medio de la tierra y de los pueblos» (Is. 24; Sal. 73)[58]. Concuerda con ello la ciencia geográfica, por más que la deforme superficie terrestre apenas

---

[54] Mc. 4, 28 y ss. *Ad scientiam regni cælorum adipiscendam matura ætas requiritur.*

[55] «Varón perfecto»: alusión a I Cor. 1, 19. 14, 20. 13, 11.

[56] Resume Servet textos de Gen. 2, 8 y ss. Edén aparece también en II Re. 19, 12; Is. 37, 12; Ez. 27, 23 y 31, 9.

[57] Alusiones a menciones de Edén en Amós 1, 5 y en Gen. 4, 16.

[58] Ez. 5, 5; Is. 24, 13; Sal. 73, 12. Si bien Servet pudo inspirarse directamente en sus lecturas bíblicas para todas estas ideas sobre el Edén y el paraíso, pudo también recibir ayuda de Juan Damasceno, bien conocido de él; de hecho su *De fide orthodoxa,* lib. II, cap. 11 (PG XCIV, 910-918) trae ideas muy afines sobre los dos árboles y otros puntos de los aquí tratados.

si admite hablar de un punto medio [59]. Pero ese lugar no sólo está en el centro de la tierra y de los pueblos, en un lugar central y templado, sino incluso en medio de los mares, tanto del mar Océano como del Mediterráneo. A su alrededor se hallan los mares de Chipre, de Egipto, de Arabia, el Pérsico, el Hircano o Caspio y el Ponto Euxino. No hay en todas las regiones un lugar como ése al que haya acceso de todos los puntos de la tierra, al que vayan a parar todos los mares y al que tanto se le acerquen penetrando tierra adentro grandes golfos. Que el lugar del paraíso terrenal era también el de la tierra prometida lo manifiesta Joel, quien dice que esa tierra fue el paraíso de Dios antes de ser invadida por sus enemigos (Jl. 2), y lo mismo prueba Is., capítulos 51, 58 y 61, y Ez., cap. 36 [60]. Ese alcázar de Sión, lugar del paraíso, convertido por Adán en yermo, desolado y estéril, volvió por Cristo a ser de nuevo huerto de delicias y paraíso de Dios. En ese mismo pasaje enseña Ezequiel que, al recibir las aguas bautismales, se nos restituye el paraíso. Esa es la celeste Sión cuya entrada nos fue prohibida por Dios mediante un querubín blandiendo espada encendida (Gen. 3) hasta la restitución de Cristo. Esa figura da a entender que ya no volveremos a encontrar jamás en la tierra un lugar de paraíso hasta que nos lo restituya Cristo.

[374]

Y si alguno dice que no fue ése el lugar del paraíso, porque de él no brota la fuente ni aquellos cuatro ríos, le diremos nosotros que por el pecado del hombre y el subsiguiente diluvio «se rompieron las fuentes» y cambió el curso de los ríos, como enseña Moisés, produciéndose también diversas deformaciones en las montañas y en los valles [61]. Incluso nos favorece el que se recuerden los ríos que rodean aquel

---

[59] *Terræ facies deformis*. Sugestiva acotación digna de quien, con alabanza de los mayores científicos de su tiempo y aun del nuestro, editó dos veces, con múltiples correcciones propias, con bellos cincuenta mapas a toda plana y con una serie de agudos comentarios sobre lo que hoy llamaríamos psico-sociología de los pueblos, la versión latina que de la Geografía de Tolomeo había hecho, en 1525, Pirckheimer, el amigo de Durero: *Ptolomæi Geographicæ Enarrationis libri octo* (Lyon 1535, Vienne 1541), obra de la que quedan varios ejemplares; dos en Madrid. Se olvida a veces que esos bellos mapas no son de Servet, sino que, diseñados por Waldseemüller para su ed. de 1513, pasaron, retocados por Friess, a las ed. posteriores.

[60] Jl. 2, 3. Continuando con Is. 51, 3 58, 11 y 61, 3. Cita también Ez. 36, 35: «Esta tierra asolada fue como huerto de Edén», y poco después el v. 25: «Y esparciré sobre vosotros agua limpia, y seréis limpiados de todas vuestras inmundicias.» Puede observarse que Servet intenta agotar toda clase de referencias textuales con la intención de apoyar su idea de la localización del primitivo «paraíso» en tierra de Israel.

[61] Para un geógrafo, curiosa interpretación del llamado «diluvio universal», de cuya descripción de Gen. 7, 11 y ss. toma algunas frases.

lugar por todas las partes. Respecto del Tigris y el Eufrates, eso está claro; y que allí está también el Gihon se lee en III Re. 1, así como en Para. 32. Este mismo es el llamado luego, en Isaías y en el Evangelio, Silohé, y el intérprete caldeo lo llama en los lugares citados שִׁילֹהָא , Siluha, o Silohe [62]. El cuarto río es el Pison, «en la cercana tierra de Havila», que es una región de Arabia (Gen. 2 y 25; I Sam. 15) [63]. ¿Y qué decir de los querubines? Fueron vistos más tarde en la nube, por lo que algunos divulgaron que fue trasladado allí el paraíso. Dios los colocó en la nube, destruyendo por el pecado el huerto entero, igual que destruyó el templo donde estaban los querubines simbolizando a Cristo. Con ello daba Dios a entender que quería reformar todo en mejor por Cristo allí simbolizado; lo que claramente da a entender al rechazar el templo de piedra (Is. 66) [64].

Dios dejó allí el huerto durante algún tiempo por si el conocer todo aquello de cerca podía inducir a los hombres al reconocimiento del pecado y a la penitencia. Por tanto, aquel paraíso carnal fue la misma tierra prometida que perdió por el pecado su primitiva hermosura, del mismo modo que se estropeó toda la tierra restante también por el pecado, hasta el extremo de no producir más que abrojos y espinas. Debió desaparecer aquel huerto manchado y hecho para el hombre, al faltarle el hombre, agricultor y custodio del huerto, que necesitaba del trabajo y de las atenciones del hombre, como enseña Dios en ese lugar. Mas aunque aquella tierra había perdido su primitiva hermosura, aún se dice de ella después que «manaba leche y miel», y estaba adornada de otras propiedades (Num. 13), de suerte que conservaba algún vestigio y sombra de paraíso en tiempos de la restitución judaica [65]. Ese mismo lugar, del

[375]

---

[62] I Re. 1, 33 y II Crón. 32, 30. En el N.T. el término aparece sólo en Jn. 9, 7, y se dice que «significa enviado». *Selah*, en Neh. 3, 15 e Is. 8, 6.

[63] La «tierra de Havila» es mencionada en Gen. 2, 11 y 25, 18, y en I Sam. 15, 7.

[64] «El cielo es mi solio, y la tierra estrado de mis pies: ¿dónde está la casa que me habéis de edificar?», Is. 66, 1.

[65] Num. 13, 27. Interesante corrección de una opinión totalmente opuesta expresada por Servet en su *Tolomeo* de 1535 y corregida en la segunda edición. Muchos contemporáneos encontraron escandaloso este juicio suyo sobre Palestina: «Es un craso error atribuir atractivo a este país que el testimonio de mercaderes y viajeros atestigua ser árido, estéril y sin encanto, de modo que se le puede llamar tierra prometida sólo en el sentido de que lo fue, pero no en el de que ofrezca promesa alguna.» La verdad es que lo había tomado de la ed. de Pirckheimer, quien a su vez lo copió de Leonard Friess, de 1522, y que omitió en la segunda suya. Ello no obstante, este párrafo

que primero fue expulsado Adán, fue prometido más tarde a Abraham y literalmente restituido a los hijos de Israel. Esta restitución fue figura de la verdadera que nos ha sido hecha a nosotros, pues a nosotros se nos ha restituido espiritualmente todo lo que desde siglos se había perdido. Nos ha sido restituida la tierra prometida, paraíso celestial, verdadero descanso del Señor y máximo deleite del Espíritu santo: el mayor encanto de las almas piadosas, poseer verdaderamente a Cristo y con él reinar ya para siempre [66].

Allí estuvo el paraíso y allí nació Cristo. Sólo a ese lugar le restituyó en un principio el paraíso, para luego comunicarlo al universo mundo. Aquella celestial Jerusalén y Sión, paraíso celestial, auténtico reino de los cielos, está dentro de nosotros, y su gloria es mucho mayor que la del paraíso terrestre de Adán. Mayor su gloria y mucho más dilatada. En el alma misma está ahora el paraíso, como se desprende de las citas de Isaías y Ezequiel, y enseña Jeremías en el capítulo 31. En nosotros está la fuente del paraíso de la que brotan «ríos de agua viva» que riegan el mundo (Jn. 7) [67]. Tanto los judíos como el propio Adán tenían un paraíso de carne; nosotros, en cambio, de Espíritu. A Adán se le dio la ley para que por ella viviese perpetuamente según la carne en el jardín de las delicias; a los judíos se les dio la Ley para que por ella viviesen durante algún tiempo felices según la carne en la tierra prometida; en cambio, a nosotros, suprimidas las leyes, que ellos habían quebrantado, nos ha sido restituida gratis la justicia del paraíso celestial para vivir perpetuamente en ella según el Espíritu. Esa vida futura de inmortalidad la vivimos ya nosotros en nuestro hombre interior.

Adán tuvo descanso corporal. Los judíos, para que viviesen tranquilos, fueron introducidos en el descanso del Señor que era descanso de la carne. Nosotros, en cambio, entramos en un descanso celestial y perpetuo con gran [376] tranquilidad de espíritu, sin que nadie nos acuse, antes siéndonos propicio Cristo. Cristo reconstruye lo que desde siglos estaba desolado: el mismo paraíso (Is. 58) [68]. Deso-

---

constituyó uno de los primeros puntos de ataque en el enfrentamiento de Ginebra con Calvino: *Calv .Op.*, VIII, 496.

[66] Nótese la insistencia en el uso de los términos *restituir* y *restitución* en todo este contexto, conforme al título de la obra.

[67] Interpretación estricta del *regnum Dei intra vos est* de Lc. 17, 21. Servet aduce, además, concretamente a Jer. 31, 12 y a Jn. 7, 38.

[68] «Los cimientos levantarás, y serás llamado reparador de portillos, restaurador de calzadas», Is. 58, 12.

lado y desierto llama en esa ocasión el profeta al lugar del paraíso que restituye Cristo, y precisamente multiplicando los beneficios: pues en el paraíso Adán sólo podía alimentarse de uno de los árboles; nosotros, de los dos. Nosotros en el bautismo de fe recibimos por el Espíritu santo la verdadera ciencia del bien y del mal, y en la cena del Señor tenemos como verdadero alimento el árbol de la vida. Para nosotros el bautismo del Espíritu y la cena del cuerpo de Cristo son verdaderamente mucho más que aquellos dos árboles del paraíso, pues que aquéllos eran sombra de esta verdad. Del uno, después de «haber nacido de arriba», necesitamos hacer uso constante si queremos vivir la vida celestial del paraíso; tal es el árbol de la vida en la cena del Señor, del que habitualmente, aunque a su modo, hacía uso Adán. El otro lo recibimos una sola vez junto con el don excelso del Espíritu por el bautismo de regeneración, como una sola vez lo recibió Adán, aunque mal. Por tanto, este paraíso y sus dones no son apropiados para niños. Estas cosas sólo pueden restituirse a los que han caído por comer el fruto inmaduro, y por Cristo vuelven a comer el fruto maduro. Pues ésta es la mejor medicina: curar lo contrario con su contrario.[69].

De lo dicho puedes inferir que, ya que Cristo nos eleva hasta el cielo por su Espíritu santo, alcanzándonos conocimiento y gusto por el reino de los cielos y un vivo deseo de esa inmortalidad, está claro que blasfeman contra Cristo quienes prefieren el paraíso carnal de Adán al reino de los cielos, como si hubiera sido más fuerte Adán haciendo el daño que Cristo curándolo. También Pablo los condena abiertamente, demostrando cómo para muchos hombres la gracia de Cristo supera la caída de Adán y sobreabunda (Rom. 5): «Si por el delito de uno solo, dice, murieron muchos, sobreabundó mucho más la gracia y el don de Dios por uno solo, Jesucristo.» Y de nuevo: «Si por el pecado de uno solo reinó la muerte, mucho más reinarán para la vida por uno solo, Jesucristo, los que reciben la exuberancia de su gracia y del don de su justicia.» Por tercera vez dice: «Donde abundó el delito, sobreabundó la gracia.» Y el propio Cristo dice: «Yo he venido para que tengan vida y la tengan en abundancia» (Jn. 10)[70]. Jamás tuvo Adán nada que pudiera compararse con la gloria de la resurrección de

[377]

---

[69] Eco del *contraria contrariis curantur*, principio básico de la medicina galénica en su función terapéutica: *Galeno*, de L. García Ballester (Madrid: 1972), p. 229.

[70] Rom. 5, 15 y Jn. 10, 10.

Cristo y con su Espíritu de regeneración que nos han sido dados. Pues éste es el nuevo Espíritu, la nueva gloria, el nuevo cielo, en el cual reinamos nosotros con Cristo de una manera nueva.

Sólo nosotros comemos verdaderamente de aquel fruto del paraíso, no carnalmente como Adán, sino espiritualmente. Sólo nosotros nos alimentamos de la verdadera carne de Cristo y bebemos de su sangre. Sólo nosotros hemos sido enriquecidos por Cristo con el Espíritu santo y con esa saludable «ciencia del bien y del mal». Sólo nosotros vemos verdaderamente a Dios en Cristo, mientras que Adán lo vio sólo en sombra de ángel y de modo carnal. Difieren estas cosas de aquéllas como el cielo de la tierra, como el espíritu de la letra, como la verdad de la sombra. «El primer Adán de tierra era terreno», era «hombre animal»; «el segundo del cielo es celestial» y espiritual, Jesús el Cristo; y «tal como él es celeste, son celestiales también éstos» (I Cor. 15) [71]. El reino de Cristo es reino del Espíritu, celestial; y lo que por Adán estaba muerto, lo vivifica ahora Cristo por su Espíritu, mejorándolo hasta el cielo y adaptándose totalmente a nuestra conveniencia.

Objetan algunos que fue imperfecta la redención de Cristo por no restituirnos todo cuanto habíamos perdido por Adán. Respondo que la redención de Cristo fue perfectísima en aquello que quiso fuese redimido. De los dones que nos ha hecho se dice que son los mayores y perfectos. En Cristo no sólo tenemos λύτρωσιν, redención, sino ἀπολύτρωσιν, redención perfecta y consumada (Col. 1) [72]. Perfectamente nos libró Cristo del infierno y nos trasladó al cielo: por ahora, según el alma; después, según la carne. Propósito de Satanás era perder las almas; por eso se introdujo en la carne para rendirlas; incluso procura con toda diligencia [378] arrastrarlas tras de sí después de la muerte. Precisamente por eso, sabiamente Cristo sanó primero lo que era más noble y proporcionó asimismo una excelente ayuda contra los aguijones de la carne [73]. Incluso llega a hacer ya ahora de nuestra carne y huesos un verdadero hombre inmortal, como explicaremos en el Libro cuarto.

---

[71] Citas de I Cor. 15, 48.

[72] Aunque Pablo emplea el segundo de esos términos, no parece exigir su contexto el énfasis que requiere Servet por el mero hecho de emplear como prefijo esa preposición: Col. 1, 14. No obstante, así tenemos una demostración más de que, como buen humanista, trabajaba directamente sobre los textos originales.

[73] *Quod nobilius erat, prius sanavit:* el alma. Pero Servet no olvida lo menos noble, la carne, cuyos *aculeos* también él sentía, como se induce por éste y otros textos de cierto matiz biográfico y gran interés.

Perfectamente repara Cristo ahora los daños de «la serpiente» en el alma, y aun los sobrepasa; ya que la muerte corporal del hombre exterior, decretada por sentencia de Cristo, no puede evitarse, sin que se contradiga él mismo. Por obra de «la serpiente» primero murió Adán con la muerte del pecado; luego fue esclavizado por ella y Satanás se introdujo en su carne. Por eso se le impuso a Adán arrepentido como pena medicinal convertirse en polvo, para que de esta suerte quedase purificada su carne manchada y ya limpia pudiese resucitar [74]. Y aunque pudiera parecer que Dios le impuso esto sólo como castigo, sin embargo insinuó ya la forma de liberación que había de venir por Cristo, el cual quiso morir por nosotros en su carne inmaculada para darnos esperanza de que la nuestra sería purificada.

Si vuelves a objetas que Adán perdió a más de los que salvó Cristo, respondo que lo propio de un don tan excelente es ser dado a pocos: «Muchos son los llamados, pocos los elegidos» [75]. Aparte de que Cristo sana a todos los que perdió Adán en aquello precisamente en lo que habían sido perjudicados; pues a todos les quitará la muerte primera y el infierno: «Todos los que han muerto en Adán, todos resucitarán en Cristo» (I Cor. 15) [76]. Los que conociendo el bien y el mal hayan obrado el mal, serán condenados a la muerte segunda, no por lo que hizo Adán, sino por lo que hayan hecho ellos mismos. Tal es el recto juicio de Dios.

Aún nos quedan aquí algunas cuestiones que, si se explican, podrán ilustrar mejor todo lo demás.

Primera cuestión: ¿Por qué no extinguió Cristo radicalmente en nosotros el aguijón de «la serpiente» al vivificarnos con su Espíritu? Respondo. Porque Cristo quiso que militásemos junto a él; por eso despidió al enemigo. Nos dio suficientes armas del Espíritu contra las embestidas de la carne, para que aplastemos continuamente la cabeza de «la serpiente» y podamos dar muerte muchas veces al mismo enemigo que nos causó la muerte una vez, mortificando la carne y, a la vez, a ella. Esto nos reporta una mayor victoria de gloria, si vencemos continuamente a tan cruel enemigo y si, una vez vencido, triunfamos sobre él más y más cada día. No hubiera sido tan grande la estrategia divina

[379]

---

[74] He aquí una idea sumamente original y sugestiva.
[75] Mt. 20, 16 y 22, 14.
[76] I Cor. 15, 22.

de haber hecho impecable a Adán. Así como al principio quiso probarlo y examinarlo, así también nos quiere probar a nosotros ya redimidos, como hizo con los hijos de Israel al dejar entre ellos al cananeo.

El que tengamos que padecer las debilidades de la carne y otros trabajos, más que disminuir, nos aumenta la gloria del reino de Cristo, pues plugo a Dios manifestar su poder y su gloria en la debilidad de nuestra carne, para que así se conozca mejor la excelencia del singular poder de Dios (II Cor. 4) [77]. Las miserias de la carne y las tentaciones de «la serpiente», porque aún perduran en nosotros, en vez de hacernos inferiores nos hacen superiores por la gracia de Cristo, y «nos gloriamos en medio de nuestras debilidades de que habite en nosotros el poder de Cristo», pues «mi poder se ve más claro en tu debilidad» se le respondió a Pablo cuando pedía que le quitasen el «ángel de Satanás» (II Cor. 12). Tanto más cuanto que en esa lucha «se llevará la corona de gloria quien peleare legítimamente» [78].

Segunda cuestión: ¿Por qué quiso Cristo salvarnos por esa vía de su pasión? Porque así lo quería el Padre, porque así lo iba enseñando, y porque nos amaba; para darnos ejemplo de una gran victoria y para librar la carne muerta con la muerte de la carne [79]. Así como el pecado de soberbia consistió en que el hombre quisiera hacerse Dios, así también el remedio consistió en que Dios Palabra se hiciese humilde hombre. Un castigo infinito merecía el hombre por haber ofendido a la majestad infinita. Ni con la ley natural, ni con la ley escrita podía recobrarse el hombre. No era capaz de dar satisfacción, y se trataba de reato de muerte. Fue, pues, necesario que diese satisfacción alguien mayor que un hombre y que el precio de la muerte se pagase con la muerte, de modo que su muerte fuese el precio justo de nuestra redención de la muerte [80]. Tal fue, en efecto, la preciosísima muerte del hijo de Dios, precio dignísimo de la otra muerte, redención del agrado de Dios, compensación inmensa de un crimen inmenso. Hostia universal por el universal delito, hostia gratísima cuya fragancia embriagó al Padre y remitió en su ira. La muerte del inocentísimo hijo [380]

---

[77] II Cor. 4, 15.

[78] II Cor. 12, 9 y II Tim. 2, 5.

[79] *Ut mortuam carnem carnis morte liberaret.*

[80] Muy bella y concisa formulación del tradicional argumento teológico: *Opportuit ergo homine maiorem ibi satisfacere, et morte satisfactionem mortis fieri.*

de Dios, inicuamente maquinada por el propio Satanás, obtuvo la liberación a los cautivos de la muerte primera, y a los creyentes la anulación de la muerte del infierno [81].

¡Grande es este misterio de la muerte de Cristo, que a los bautizados en su muerte, como muertos y resucitados con él, nos lleva a los cielos para no ver el infierno jamás! ¡Inmenso beneficio, mírese como se mire, inmensa gracia e inmenso amor para con nosotros, que él haya cargado con todos los pecados y con las miserias de todos! Se constituyó reo delante de Dios en lugar de todos, soportando él solo el castigo debido por todos nosotros, como si hubiera cometido él nuestras maldades y nuestros crímenes, como él dice: «He venido a pagar lo que no había tomado» (Sal. 68) [82]. El era la víctima sacrificada de la Ley, sobre la que se lanzaban los pecados y maldiciones de los demás enlazando las manos [83]. Había asimismo una razón especial para que fuese hombre quien nos liberase, pues hombre fue el que nos redujo a cautividad. Se quejaría el demonio de ser víctima de una injusticia, caso de que fuera Dios o uno de sus ángeles quien libertara del infierno al hombre, por justa sentencia de Dios entregado en botín al enemigo, al que se había sometido. De no haber sido hombre el vencedor del enemigo del hombre, no hubiera sido justa la victoria sobre su enemigo [84].

Mas, ¿por qué procuró el demonio la muerte de Cristo? Porque siempre le resultó molesto ver sobre la tierra a un justo que daba ejemplo a los demás. De ahí que constantemente se haya preocupado de dar muerte a los justos y de llevárselos consigo a los infiernos. Obcecado el demonio, trataba incluso de llevarse a Cristo por la muerte hasta el infierno, a pesar de que, mientras estaba vivo, experimentó el inmenso poder que ejercía contra él. Así pensaba, porque retenía bajo su dominio a otros muchos e insignes hombres llevados al infierno desde el origen del mundo. Y a éste aún lo deseaba más, por cuanto más perjuicios le ocasionaba. Pero en su muerte le falló al demonio su propia regla; pues queriendo ejercer inicuamente su derecho de muerte contra quien no la merecía por ningún concepto, acabó perdiendo

---

[81] No estará de más sugerir la posibilidad de que Servet se inspirara para muchas de sus expresiones sobre muerte primera y segunda, en ciertos pasajes de *Divinarum institutionum*, lib. II, cap. XIII, de L. Firmiano Lactancio, de principios del IV, escritor que cita, aunque poco, pero que es sabido le era bien conocido.

[82] Sal. 68, 4.

[83] Alusión al viejo rito hebreo del chivo expiatorio, Lev. 4, 24.

[84] *Si homo non vicisset inimicum hominis, non iuste victus esset inimicus.*

su derecho de muerte, y con razón. Con tanta mayor razón cuanto que desde siempre había procedido inicuamente contra el hombre, actuando contra Dios y engañando al hombre tan querido de Dios. La propia «serpiente», que al principio se había encaramado al árbol para imponerse al hombre, fue luego condenada a arrastrarse por el suelo, señal ya de que su poderío se iba a perder. Aquella astuta que, encaramándose sobre el árbol, había vencido desde el árbol, fue vencida a su vez por esta otra serpiente mucho más astuta exaltada en el árbol, labrándose de esta suerte su propia derrota. Creyendo que iba a tener a Cristo atado en el infierno, ella fue atada por Cristo al descender al infierno y sus prisiones quedaron destruidas. Por eso se dice que Cristo dejó «despojados» a los demonios en medio de una gran confusión (Col. 2) [85].

Por cierto que, como relata Ignacio, los demonios andaban diciendo por medio de los discípulos de Simón Mago que no fue real la muerte de Cristo, para evitar que cediese en confusión suya el creer en su verdadera resurrección, que destruye el poder del infierno [86]. Así que el demonio cayó en la misma trampa que él había tendido a Cristo, ya que en su muerte tenía Cristo escondido su poder. Por ella «sacó Cristo cautiva a la cautividad, cautivó a la cautividad y distribuyó sus dones entre los hombres» [87]. Así como duró tres días la tentación de «la serpiente» en el paraíso, desde el día sexto en que fue creado el hombre y durante todo el sábado hasta el día siguiente, en que tuvo lugar su infernal victoria sobre el hombre, así también fueron tres los días que Cristo permaneció en los infiernos: parte del día sexto y todo el sábado, resucitando victorioso del infierno al día siguiente al sábado [88]. Cristo pasó por todos los misterios de la muerte y del infierno para librarnos de la muerte y

---

[85] «Y despojando los principados y las potestades, sacólos a la vergüenza en público, triunfando de ellos en sí mismo», Col. 2, 15.

[86] Aunque sin mencionarlos, a ellos parecen referirse ciertas frases de Ignacio de Antioquía de su *Ep. Ad Trallianos*, X (BAC, 472): «Si como dicen algunos, gente sin Dios, quiero decir, sin fe, sólo en apariencia sufrió —¡y ellos sí que son pura apariencia!—, ¿a qué estoy yo encadenado?» Un texto parecido en p. 489. Y aún más claro en *Ad Philip.* (apócrifa), III y X (p. 528 y 533).

[87] Ef. 4, 8.

[88] Servet se empeña en establecer analogías temporales, que no están garantizadas por la letra del relato del Génesis. No obstante, lo valedero estriba en su analogía entre pecado de Adán y redención de Cristo, común al pensamiento cristiano, pero saturada de inflexiones originales, como se ha ido viendo.

del infierno y dar así cumplimiento a todos los misterios [89]. Fue, pues, conveniente y necesaria para nosotros la muerte de Cristo, aunque él no tuviera necesidad alguna de morir. Era conveniente que el maestro perfecto hiciera lo que decía. Padeció y padeciendo venció él, pues decía que los hombres podemos salir victoriosos de nuestras pasiones. Si Cristo, presentándose sólo en forma de Dios, se hubiera limitado a enseñar a los hombres, sus enseñanzas, dadas sólo de palabra, no serían tan convincentes como dadas de palabra y de obra; sobre todo, teniendo en cuenta que su poder nos ha sido comunicado para la acción. Fácilmente se desprecia [382] la enseñanza de los que dicen y no hacen: pues hablar es siempre fácil, lo difícil es hacer [90]. Fue necesario que padeciese la carne, pues en la carne estaba el origen de todo pecado, y porque supone mayor artificio manifestar tanta gloria y poder en la debilidad de la carne. Así que todo lo hizo bien y nos ganó con su gran amor, ofreciéndose por nosotros con mucha humildad.

El mismo pecado de Adán que fue causa interna de su propia muerte, fue también causa externa de la muerte de Cristo. De suyo, Cristo no tenía necesidad de morir, como tampoco Adán antes del pecado. De no haber sido asesinado, Cristo hubiera vivido eternamente. Pero en ese caso no hubiera sido redimido el género humano, de no haber querido él espontáneamente y libremente morir por nosotros, gracias a su inmenso amor para con nosotros. Cristo ya era, antes del pecado de Adán, «la Palabra en Dios» que sería verdadero hombre. Si Adán no hubiera pecado, Cristo igual se hubiera encarnado independientemente de la muerte, a fin de transformarnos para vivir en la gloria celestial libres de toda muerte. Mas como por el pecado se corrompió toda carne y había que salvarla de la muerte, quiso el Padre misericordioso que Cristo viniendo en carne destruyese con su muerte nuestra muerte: de momento, la del espíritu; al final, la de toda carne [91].

· *Tercera cuestión:* ¿De qué clase es esa muerte eterna que mereció Adán para sí y para los suyos? Pues no parece

---

[89] En estas palabras puede verse una huella de la teoría de la *recapitulación*, expuesta por Ireneo, *Adv. Hæreses*, lib. II, cap. 32 (PG VII, 783; también en lib. V, 14; III, 18, etc.): según ella Cristo pasó por todas las edades, por todos los estados, para santificarlos todos. Servet se hace eco de estas ideas también en su *Apología* (ed. cit., p. 278).

[90] *Eorum doctrina facile contemnitur qui dicunt et non faciunt: nam loqui est semper facile, præstare autem difficile.*

[91] Relaciónese esta idea con las signadas por las notas 48, 127, 130.

eterna. **Respondo.** El propio Adán mereció muerte eterna a la vez que dolores eternos para el alma, y de modo semejante, en cuanto de él dependía, nos causó muerte eterna a todos y dolores eternos. O sea: de no habernos socorrido Cristo, todos hubiéramos muerto en Adán para no resucitar jamás: toda resurrección viene por Cristo (Jn. 6 y 11; I Cor. 15) [92]. El es verdaderamente nuestra resurrección, pues por obra suya no sólo resucitamos, sino que resucitamos a su misma inmortalidad. No habría para nosotros inmortalidad sin Cristo, ya que fue él quien nos la proporcionó con su muerte (II Tim. 1; Pe. 1) [93]. El hombre, por cuanto de él depende, moría «para no tornar a ser» (Job 14; Ecl. 9); era como «soplo que se va y no vuelve» (Sal. 77). Sólo por la misericordia de Cristo le es dada al hombre la vida de resurrección, pues de otra suerte como «polvo y hierba seca perece y nadie lo conoce más» (Sal. 102) [94]. Tenemos, pues, una regla general sin excepción alguna: todos los hijos de Adán, niños y mayores, todos «hijos de ira» por naturaleza, todos habíamos muerto en él con muerte infernal, eterna de suyo, de no habernos socorrido Cristo por pura gracia y por su generosa misericordia.

[383]

Sin embargo, ciertos magos nacidos en nuestro siglo, llevados de su «siervo arbitrio», dicen que esta gracia de Cristo no es libre, sino necesaria, porque Cristo no podía contravenir la voluntad de su Padre. ¡Sorprendente artimaña del diablo! ¿Acaso no pudo Dios querer otra cosa? ¿Acaso no pudo salvar a Cristo de la muerte? ¿Acaso no pudo Cristo pedírselo a su padre? Pudo Dios salvar a Cristo de la muerte (Mc. 14; Heb. 5). Cristo pudo gozar de la dicha que le esperaba sin muerte y sin vergüenza (Heb. 12) [95]. Se dejan llevar de alucinaciones esos miserables al proponer como absolutamente necesario lo que sólo era necesario en hipótesis: que ni Dios ni Cristo podían hacer otra cosa. Con locas palabras hablan de la providencia y de la predestinación de Dios, como si de ahí se desprendiese esa necesidad

---

[92] «Que todo lo que el Padre me diere, no pierde de ello, sino que lo resucite en el día postrero», Jn. 6, 39. «Yo soy la resurrección y la vida», Jn. 11, 25 «Porque así como en Adán todos mueren, así también en Cristo todos son vivificados», I Cor. 15, 22.

[93] «El cual quitó la muerte y sacó a la luz la vida y la inmortalidad por el evangelio», I Tim. 1, 10. «Renacidos no de simiente corruptible, sino incorruptible», I Pe. 1, 23.

[94] Expresiones textuales de Job 14, 12; Ecl. 9, 4 y Sal. 77, 39. Sólo aproximada la del Sal. 102, 14-16.

[95] «Traspasa de mí este cáliz», Mc. 14, 36. «Ofreciendo ruegos y súplicas al que le podía librar de la muerte», Heb. 5, 7. «Sufrió la cruz, menospreciando la vergüenza», Heb. 12, 2.

que nos constriñe a todos. Una cosa es cierta: Cristo no pudo contravenir la voluntad del Padre. Pero tanto la voluntad del Padre como la de Cristo son independientes de todo tiempo y de cualquier necesidad. Y así como él puede obrar libremente en todo, así también hace que, otorgándonos su poder, podamos nosotros obrar libremente en algo[96].

Cuarta cuestión: ¿Por qué actuó Dios con tanto rigor, infligiendo inmediatamente todos esos males tan grandes al mundo entero, por el pecado de un solo hombre, pecado que no es tan grande como todos los demás que cometen sus descendientes y que él tolera? Respondo. Dios creó todas las cosas tan puras e inmaculadas en el estado de justicia original que, al pecar el hombre y mancillarse a sí mismo, fue menester apartarlo de aquel camino inmaculado, [384] pues resultaban cosas incompatibles. Ahora bien, en nuestro caso, mancillados como estamos desde el origen, no ha lugar la razón de tal castigo; el nuevo pecado no es incompatible con nosotros, pues lo contaminado se compagina bien con lo contaminado. Por la debilidad de nuestra concepción tolera Dios nuestras maldades, para que no haga falta perdernos de repente a todos tantas veces. Así aparece en las oraciones de Moisés por su pueblo. Por eso ora David: «He aquí que he sido concebido en la iniquidad»; y en otro lugar: «Tú conoces mi mentira y mi estupidez»[97]. Tal debilidad contribuye a nuestro perdón, si nos acogemos al perdonador. Ahora bien, aunque Dios tolera por algún tiempo muchas cosas, si uno no hace penitencia tan pronto como cometió el pecado, acaba por castigarlo con la «muerte segunda». Pero esa muerte segunda no la infligió Dios por el primer pecado a Adán arrepentido y ya castigado con la «muerte primera». Por eso es más grave el castigo de nuestro segundo pecado que el del primero de Adán, como más grave es la muerte segunda que la primera. Y tanto más cuanto mayor es nuestro «conocimiento del bien y del mal». En un juicio abso-

---

[96] Servet vuelve a acusar de magos a los predestinacionistas y a todos quienes dudan de la libertad humana o divina bajo la influencia de razones basadas en la determinación que imponen las coordenadas de tiempo y de espacio. Dios, y por participación Cristo, está libre *ab omni tempore et necessitate;* el hombre, sólo parcialmente. De ahí que Dios sea libre *in omnibus,* pero el hombre sólo *in aliquibus.* Procede conectar estas fórmulas con otras equivalentes: Parte I, lib. II, notas 29-31; Diál. II, notas 142-144; Parte III, lib. I, notas 38-45. Véanse estos lugares en nota 145 del Diál. II; p 477.

[97] Sal. 50, 5.

lutamente justo conforme cambian las situaciones cambia la gravedad del castigo, porque cambia la del delito [98].

Quinta y última cuestión: ¿Hay verdaderamente en el hombre la misma sustancia del diablo? ¿Qué cambio se operó en Adán por el pecado? Pues cambio se operó tanto en sus ojos como en el resto de su cuerpo y hasta en su alma, que declinó hacia el vicio del conocimiento con insigne pudor [99]. Por eso suelen demudarse los rostros de los homicidas, de los malvados y de otros poseídos por los demonios. Todo esto lo podremos conocer más cabalmente si comparamos al hombre terreno con la tierra misma, la cual quedó tan deformada e infecta por el pecado que, de no trabajarla, no produce frutos, sino abrojos y espinas. Y no sólo infectó y sumió en las tinieblas el demonio a la tierra y sus animales y frutos, sino al mundo entero. Por el pecado, «un humo inmenso se extendió cubriendo toda la morada de [385] este mundo, impidiendo a los hombres contemplar a su Creador su libre semblante y descubrir lo que le agrada», como dice Pedro en el Libro primero de Clemente [100]. La experiencia enseña que hay en nosotros, exactamente en el sitio del alma racional, muchas tinieblas provenientes del mal espíritu, y yo ya he indicado diferentes modos. El demonio, haciendo como que le abría externamente los ojos a Adán, sumió interiormente su mente en la oscuridad. Cuán grande sea la ceguera de los hombres, lo apreciamos nosotros en las obras de los demás. Lo mismo piensan ellos acerca de nosotros, mas «nadie ve la viga en su ojo» [101]. Ello es engaño del demonio, engaño que se inició con el primer pecado y que luego ha ido creciendo.

También infectó y perturbó el demonio todo cuanto hay en el cielo y, fingiendo compadecerse de nuestra cautividad nos cautivó con aquella solicitud con que los ángeles buenos se cuidaban de nuestra salvación. De ahí que se alegren los ángeles por el advenimiento de Cristo (Lc. 2). De ahí que se diga que Cristo «ha instaurado todas las cosas, las

---

[98] Una frase que puede elevarse a categoría de principio legal: *Secundum statuum mutationem mutatur ratio pœnarum, sicut ratio delictorum iustissimo iudicio.*

[99] *In cognitionis vitium transmutata.* Resulta igualmente originalísimo todo este párrafo en el que Servet expone el influjo del pecado hasta en los rasgos fisiognómicos de Adán y, en consecuencia, en los de los criminales.

[100] Pseudo-Clemente, *Recognitiones*, lib. I, cap. XV (PG I, 1214), palabras textuales, recogiendo un presunto sermón de san Pedro.

[101] Mt. 7, 3-5.

[102] Lc. 2, 10; y Ef. 1, 10 y Col. 1, 6.

del cielo y las de la tierra» (Ef. 1; Col. 1) [102]. El es también restaurador de la ruina de los cuerpos celestes, pues también éstos fueron contaminados por «la serpiente»: «ni siquiera las estrellas —creadas limpias— están limpias ahora a los ojos de Dios» (Job. 25), y por el pecado nos vienen ahora de ellas efluvios nocivos [103]. Apoderado del hombre, se ha apoderado también el demonio de cuanto había sido creado para uso del hombre, como los animales que desde el principio estuvieron antes sometidos sólo al hombre. La maldición les ha alcanzado también a ellos: han quedado infectados por «la serpiente» y se han convertido en dañinos para nosotros, sobre todo por proceder, como los frutos, de la tierra maldita. Por esa infección del demonio hay en los animales contaminación y recelo y resulta nocivo comer sus alimentos. De ahí que recomiende Pablo que santifiquemos los alimentos con la bendición de la mesa por la palabra de Dios y la oración, como si de antemano hubiese alguna inmundicia en ellos. Hasta los metales y las demás cosas dice la Ley que hay que purificarlos de su inmundicia antes de ser destinados al uso divino (Num. 31) [104].

¿Tendremos que decir por eso que hay un demonio sustancialmente en cada hombre, animal, fruto, metal, alimento y en cada una de las partículas del cielo y de la tierra? No son así las cosas, pero sí se le ha dado al demonio el poder introducirse sustancialmente. Así como el alma y el ángel tienen poder para producir ciertas formas luminosas, así también puede producir el demonio ciertas formas luminosas o, por decirlo con Pedro, tenebrosas [105]. Eso ocurre también en los casos de sortilegios y encantamientos. Al hacer Dios como que por el pecado se retiraba, quedó libre el campo al demonio para tratar de ocupar todo cuanto había sido creado para uso del hombre y para infectar con su hedor tanto las cosas del cielo como las de la tierra. En este sentido suele decirse que el humo del infierno «oscurece el sol» (Ap. 9) [106].

Incluso a sí mismo se oscureció y deformó el demonio. Por el pecado sobrevino una grande y tenebrosa deformación en el ángel, en Adán y en nosotros. En cambio, por la regeneración se opera una notable y luminosa transforma-

---

[103] Job 25, 5. Apura así Servet lo que él entiende son efectos cósmicos del pecado de Adán. No se olvide que él admitía sólo una astrología restringida, y en todo caso, nunca determinante de la conducta humana. Cfr. Diál. II, Rest. 259; p. 447.

[104] Num. 31, 50.

[105] Probable alusión a las «cadenas de oscuridad» de II Pe. 2, 4.

[106] Ap. 9, 2. Sería torpe interpretar esa «retirada» estricta y físicamente.

ción conforme a la imagen divina de Cristo. Por tomar forma de serpiente, se degradó el ángel de tal modo en relación a su anterior forma divina, que ya no puede volver a tomarla de nuevo sin deformarse, por más que simule ser ángel de luz. Por el pecado se deformó y afeó Adán en un momento en su cuerpo y en su alma, infectado completamente por el aliento del dragón. Nosotros, miserables, nacidos ya tan deformes, con nuestros pecados diarios aún grabamos con más fuerza la imagen del demonio, colaborando externamente en lo que vemos que él realiza interiormente en nosotros.

Pues bien, a ese estigma del demonio que hay en nosotros, a ese su aguijón y contaminación, por ser verdaderamente impronta de Satanás en cuya virtud entra y sale y mora sustancialmente en nosotros, le llamamos demonio, «ángel de Satanás». Potentemente se ha introducido el demonio en toda carne. Satanás en persona es el pecado que habita en nosotros [107]. El es nuestra enfermedad y nuestra muerte. En nuestra carne y en nuestros miembros tiene su nido «la serpiente», el «estímulo del pecado», el «aguijón de la muerte», la «ley de los miembros», el «ángel de Satanás». Dentro de nosotros está la raíz que germina en iniquidad, el germen de víbora y serpiente. «La serpiente» se alimenta de tierra, o sea, de nuestra carne, cuyos atractivos le halagan sobremanera. Hasta tal punto se alimenta de nuestra carne que prepara un suculento manjar a «la serpiente» quien tiene cuidado de su carne; quien, por el contrario, mortifica su carne, consigue que «la serpiente» se vaya consumiendo.

[387]

Por consiguiente, y para dar una definición, el pecado original en nosotros es la ocupación, inhabitación y poder de «la serpiente» que comenzaron en Adán [108]. Este pecado en los niños es sustancialmente muerte primera e infierno. Pecaminosamente han sido concebidos en carne maldita y ocupada por «la serpiente». Maldito es no sólo el parto, sino la misma concepción (Gen. 3) [109]. En deleite y liviandad han sido concebidos inmundos por inmundos (Lev. 12; Job 15 y 25; Sal. 50) [110]. «Desde la matriz» llevan el veneno y el error

---

[107] *Ipse satanas est peccatum in nobis inhabitans.*

[108] *Peccatum ergo originale, ut iam definiam, est serpentis occupatio, inhabitatio, et potestas, ab ipso Adam ducens originem.* Nótese, por supuesto, una concepción radicalmente distinta de la ortodoxa tradicional.

[109] Gen. 3, 16 sobre el dolor de la maternidad.

[110] «La mujer cuando concibiere varón será inmunda siete días», Lev. 12, 2. «¿Quién hará limpio de inmundo? Nadie», Job. 14, 4. «¿Qué cosa es el hombre para que sea limpio y que se justifique el nacido de mujer?», Job. 15, 14; y en 25, 4: «¿Y cómo será limpio el que nace de mujer?» Por fin, el Sal. 50, 5, cit. poco antes.

38

de «la serpiente» (Sal. 57): han nacido de «padre diablo» (Jn. 8), simiente del diablo, enigma de la simiente de Dios (Gen. 3). De esa mala raíz del diablo proviene «el árbol malo que da frutos» [101]. Raza de víboras. Generación pecadora, adúltera y corrompida. Hijos de mala madre que cayó antes que su marido. De ahí resulta también que la prole dé más tormento a la madre, causa de esa concupiscencia, que salga del vientre llorando, que sean inquietos, que sean desobedientes por naturaleza, y que enseguida den señales de la rebelión de su carne. Mas, como les falta el «conocimiento del bien y del mal», todo eso no cede en su culpa ni afecta su inocencia, según el mismo Dios [112].

Sin ese «conocimiento del bien y del mal» no hay de ningún modo pecado ni en la justicia del cielo ni en la de la tierra; por más que sin él hayan sido llevadas de momento las almas de los niños al infierno de las tinieblas. Por el pecado de Adán no sólo se ha introducido en su carne «la serpiente», sino también las tinieblas en su alma. Están bajo el poder de las tinieblas; por eso las aborrecen ya en la infancia [113]. Las tinieblas cohabitan en nosotros con la luz innata de Dios. Que en nuestra alma haya luz y tinieblas, lo da a entender Cristo cuando dice: «Si la luz que hay en tí se torna tinieblas, ¿cuántas tinieblas habrá?» [114]. De ahí la lucha por liberarse uno, mediante la iluminación de Cristo, del poder de las tinieblas. Ahora bien, los niños ni luchan ni son iluminados, sino que todavía siguen sometidos al reino del infierno.

---

[111] «Enajenáronse los impíos desde la matriz», Sal. 57, 3. Luego, Jn. 8, 44; Gen. 3, 15 y alusión al árbol y los frutos buenos y malos de Mt. 7, 15-20.

[112] Véase, pues, cómo Servet extrema los efectos objetivos, tanto personales como cósmicos, del pecado original, de Adán; pero siempre reserva el concepto estricto de pecado para el personal, compromiso responsable de la libertad personal.

[113] Original y curiosa interpretación del miedo infantil a la oscuridad.

[114] Mt. 6, 23.

SEGUNDA PARTE

DEL PODER CELESTIAL, TERRENAL E INFERNAL DE SATANAS Y DEL ANTICRISTO, Y DE NUESTRA VICTORIA

Resultará más evidente ahora el infernal reino que desde [388] la creación del mundo ha tenido y tiene el diablo, si públicamente ponemos al descubierto el reino del gran Anticristo. Reino al que no sólo habría que llamarle infernal, sino reino sobre todo este mundo. «Príncipe de este mundo» llama Cristo al diablo, y Pablo «dios de este siglo» [115]. También el Anticristo es, a su vez, rey del mundo, dios de este siglo, dios en la tierra. Vamos a desenmascarar ahora su gran poder en el cielo, en la tierra y en el infierno, anticipando unas cuantas cosas sobre los demonios.

Por el pecado del hombre, esas infernales y poderosas furias tienen no sólo dominio sobre la carne, sino también poder sobre los cielos. Dícese que cayeron del cielo, porque cayeron de la felicidad, hermosura y visión del Verbo hasta lo más hondo, viéndose por ello obligados a arrastrarse sobre el pecho; sin embargo, siguen moviéndose en los cielos disimuladamente. Los malos espíritus actúan allí mezclados con los ángeles buenos ,y allí pelean contra ellos (III Re.

---

[115] En Jn. 12, 31. 14, 30; y en II Cor. 4, 4. Esta segunda parte del tratado queda perfectamente estructurada con la precedente si se tiene en cuenta que aquí va a proceder Servet a exponer la expansión de la victoria temporal lograda por «la serpiente», cuyo primer triunfo en el albor de la humanidad acaba de describir. Paulatinamente irá creciendo en iracundia el estilo de su pluma al referirse a lo que, como todos los reformadores, consideraba la encarnación del Anticristo: el pontificado romano con todas las redes de su burocracia ceremonial. Servet aspira a *restituir* el cristianismo purificándolo de esa «potestad satánica» y devolviéndole su *simplex spiritualitas* inicial.

22; Job 1 y 6; Dan. 10 y 12; Ap. 12; Zac. 3; Jud. 1) [116]. Entre esos celestes principados, potestades y dominaciones, de que nos hablan los apóstoles, hay que contar en el cielo a los ángeles, tanto a los buenos como a los malos (Rom. 8; I Cor. 15; Ef. 1, 3 y 6; Col. 1 y 2; I Pe. 3) [117]. Operan en los cielos; por eso, como dice Pablo, «nuestra lucha es contra los malos espíritus en los cielos» [118].

Así como en el cielo hay ángeles al frente de los otros reinos, principados, potestades y dominaciones, así hay también ángeles al frente del Papado. Por eso habrá ahora en el cielo una gran batalla contra el dragón y sus ángeles que [389] sostienen el reino de la Bestia, como ha sido anunciado por Juan después de por Daniel [119]. Al principio casi venció el diablo a los celestes ángeles buenos en su servicio a Adán, arrojándolos de allí. Al vencer el dragón a nuestros primeros padres, eso afectó también gravemente a los ángeles buenos que peleaban en su bando, como pelean ahora en el nuestro. Antes de que ofreciese Cristo su ayuda, el reino y la victoria pertenecían a los ángeles malos; por eso deseaban ardientemente los ángeles buenos el advenimiento de Cristo para reparar su derrota. Reparada la nuestra, queda reparada la suya y se llenan de gozo. Los ángeles del cielo sienten «gran gozo» cuando nos arrepentimos, como sienten gran aflicción cuando perecemos [120]. Si somos vencidos, también son vencidos ellos, quedando despojados de la función y poder de servirnos debidamente. Pelean por nosotros como servidores nuestros y, si nosotros vencemos, también ellos vencen. Más aún, esas peleas de los ángeles anticipan y figuran las nuestras y en las nuestras culminan, como se ve claramente en Daniel, caps. 10 y 12 y en el Apocalipsis, ca-

---

[116] Amontona textos que hablan del espíritu que «se puso delante de Jehová» y se ofreció a inducir a Achab, I Re. 22, 20-23; de Satán que, entre los «hijos de Dios», se le acerca para pedirle permiso y tentar radicalmente a Job: Job 1, 6, etc.; otros casos y frases implícitas, tomadas de Dan. 10, 20 y 12, 1; Ap. 12, 7-9; Zac. 3, 1 y Judas 9, quien se refiere a la contienda del arcángel Miguel con el diablo.

[117] Igualmente, con referencias a Rom. 8, 38; I Cor. 15, 24; Ef. 1, 21. 3, 10 y 6, 12; Col. 1, 16 y 2, 10, y I Pe. 3, 22.

[118] Ef. 6, 12.

[119] Servet pone en relación ya dos básicos textos apocalípticos: varios capítulos de Daniel y el Apocalipsis, que irá citando repetidamente a partir de ahora. Nótese que Servet creía en la inminencia de esta lucha final al cabo de los 1260 misteriosos años que luego explica. Por esto acota concretamente «ahora», *nunc*.

[120] Alusión a palabras de Mt. 18, 10 y Lc. 15, 10.

pítulo 12. «Enviados a nuestro servicio, pelean por nosotros, sirviéndonos» (Heb. 1) [121].

Una cosa hay que tener muy presente: que los hombres regenerados por Cristo son de condición más sublime que la del ángel, como nos lo da a entender el hecho de la fraternidad de Cristo, en cuya virtud Cristo no llama hermanos a los ángeles, sino a nosotros; a los ángeles, servidores. Nuestras luchas prevalecen sobre las de los ángeles, como se puso de manifiesto en la lucha de Israel vencedor sobre el ángel bueno (Gen. 32; Os. 12). Precisamente por prevalecer sobre el ángel, se le puso por nombre ישראל , Israel, es decir, «el que prevalece sobre Dios», o mejor, «el que prevalece sobre el ángel», como expresamente se declara allí [122]. Y ello por nosotros, que somos los verdaderos israelitas, los que prevalecemos sobre los ángeles. Como dice Pablo, nosotros juzgaremos a los ángeles: hechos partícipes del reino de Cristo, si resistimos virilmente, prevaleceremos sobre los ángeles, los juzgaremos, mandaremos sobre ellos, como manda Cristo. Lo que hace Cristo, también lo haremos nosotros (Jn. 14) [123]. Nosotros haremos caer del cielo la estrella de Satanás, arruinaremos los campamentos de los asirios y la ciudad de Jericó, como ya se hizo antes por ministerio de los ángeles en sombra de esta verdad. Cristo nos ha dado poder y autoridad para someter a los espíritus, pelear de verdad contra ellos y hacerlos caer del cielo (Lc. 9 y 10; Ap. 12) [124]. El poder que Cristo ha recibido del Padre no lo comunica a los ángeles, sino a nosotros (Ap. 2), como tampoco se hizo ángel (Heb. 2) [125].

[390]

---

[121] Heb. 1, 14 y referencia a Dan. 10, 20 y 12, 4 así como a Ap. 12, 7-9. Este último texto, de gran interés para Servet, habla de la final batalla celeste de Miguel y sus ángeles contra «el gran dragón, la antigua serpiente» y los suyos. Batalla que él entendió que aludía a su propia participación, por llamarse Miguel, y que tomó como propia, y en la cual sucumbió. Ya en su *Carta 20 a Calvino*, cuyo contenido encierra ideas paralelas, le decía con valentía: «En la restitución de esa iglesia trabajo constantemente, y por esto me ultrajas, por unirme a esa lucha de Miguel y desear que todos los piadosos se unan conmigo» (*Rest.*, p. 628; nuestra cit. ed., p. 142).

[122] El texto de Gen. 32, 28 dice textualmente: «No se dirá más tu nombre Yacob, sino Israel, porque has peleado con Dios y con los hombres, y has vencido», que Oseas 12, 4 comenta: «Con su fortaleza venció al ángel». Servet sugiere «el que le puede a Dios» porque Israel en hebreo viene a significar eso, vendedor de Dios, o mejor, como vierte Cipriano de Valera, «príncipe de Dios».

[123] «El que en mí cree, las obras que yo hago también las hará; y mayores que éstas hará», Jn. 14, 12.

[124] Sobre el poder de «echar demonios» caídos del cielo, Lc. 9, 49 y 10, 17; sobre Ap. 12, cfr. nota 21.

[125] «Y al que hubiere vencido, y hubiere guardado mis obras hasta el

Que nadie, pues, se lamente de ser malvado como si Cristo no nos hubiera liberado suficientemente de la muerte y de la sujeción a los demonios. Cristo nos ha liberado realmente de la muerte, haciendo inmortal al «hombre nuevo»; nos ha liberado de la sujeción a los demonios, sometiéndonos a esos mismos demonios, para que aplastemos con el calcañar la cabeza de «la serpiente» como la de algo abyecto. Sin embargo, aún nos queda una continua «lucha contra esos ángeles malos en los cielos»; pues esos espíritus, transformados, perturban ahora el reino celestial, como perturbaban antes el terrenal en forma de animales terrenos, encontrando poca resistencia en Adán. Por el delito del primer hombre adquirió «la serpiente» ese gran poder que le ha sido arrebatado en beneficio del segundo.

Por obra de «la serpiente» se consumó una gran profanación en el cielo, en la tierra y en el paraíso mismo. Como consecuencia de este consorcio con el espíritu inmundo quedaron inmundos el cielo, la tierra y hasta el paraíso terrenal. El cielo quedó inmundo «al quedar al descubierto la maldad en los ángeles de Dios», como dice Job [126]. Hasta tal punto quedaron contaminados y manchados por «la serpiente» los cielos, la luna y los astros, que por lo mismo que es necesario que nos convirtamos en ceniza nosotros, por eso mismo es menester que también los cielos con el sol, la luna y los astros, sean destruidos por la violencia del fuego el día del juicio; en otro caso, hubieran sido renovadas todas las cosas sin necesidad de tamaña deflagración. Exigencia del pecado es la purificación por el fuego, como el que por fuego nos salvemos del pecado. Así como a consecuencia del pecado empezaron a resultarnos dañinos el calor y el frío, así también ocurrió con el fuego; de otra suerte, no hubiera sido tan voraz este fuego; ni el propio Dios hubiera sido para nosotros «fuego consumidor»; ni, de no haber pecado Adán, hubiera Cristo «enviado a la tierra» el poderoso fuego de su Espíritu, sino que nos hubiera glorificado de otra manera más simple, sin necesidad de combustión ni de muerte [127]. Mas, para suprimir ese fuego del diablo, que tanto enardece nuestra sensualidad, envió Cristo otro más poderoso que abrasa, debilita y mortifica nuestra carne. Hay, por tanto, provocada por el diablo, una cierta profanación tanto del fuego elemental como del calor original. [391]

También perturbó el aire y el agua. De no haber pecado

fin, yo le daré potestad sobre las gentes», Ap. 2, 26. «No sujetó a los ángeles al mundo venidero, del cual hablamos», Heb. 2, 5.

[126] Job 4, 18 y 15, 15.

Adán, no habría esas nubes tenebrosas, ni esos truenos horribles de los rayos, sino que Dios hubiera irrigado la tierra con un suave rocío a partir de la evaporación de aire puro, como literalmente refiere el Génesis. Por el pecado se desató la tempestad de viento ya en el mismo paraíso (Gen. 3); pues ahí se habla de רוח היום , *ruah haiom*, viento de aquel día, o sea, surgido aquel día. También Jonás, que representó primero la figura del hombre pecador y luego la del Cristo salvador, confiesa que se había desencadenado aquella tempestad de viento como consecuencia del pecado [128].

Tenemos, pues, que fueron profanados por «la serpiente» todos los elementos naturales incluido el mismo cielo, y hasta el propio paraíso terrenal. Todo quedó profanado, excepto el árbol de la vida, la carne real de Jesús el Cristo. Hasta la sustancia misma de esta luz fue profanada y violada por el demonio, pues antes de que el demonio le abriese los ojos, Adán veía con otra luz, de otra manera. Antes la luz era tal que a su claridad quedaban al descubierto las naturalezas de las cosas, que Adán fue primero en conocer [129]; luego esta luz no es ya aquella verdadera y pura luz primera, y, por tanto, necesariamente tiene que ser destruida. Apariencia es lo que hoy vemos, y con apariencias suele embotarnos el demonio la agudeza de la vista. Todos buscamos la luz. No ésta, manchada y mundana, sino otra más luminosa, ésa que resplandece en el rostro de Cristo y en nuestro propio interior.

También el influjo de los astros nos ha resultado nocivo y mortífero a causa de esa profanación del demonio. De no haber pecado Adán, no nos vendría del cielo ninguna clase de muerte, ni enfermedad alguna, ni aura alguna pestilente. Las causas de las enfermedades y las propiedades curativas de los medicamentos y venenos a duras penas pueden descubrirlas los médicos en esas cuatro únicas cualidades pri-

---

[127] «Porque Jehová tu Dios es fuego que consume», Deut. 4, 24. «Fuego he venido a traer a la tierra», Lc. 12, 49. Esta doctrina servetiana de una universal purificación por el fuego tiene ciertas concomitancias con la *apocatástasis* enseñada por Orígenes en el *De principiis*, lib. III, y reiterada, ya con ciertas correcciones, por Dídimo le Ciego y Gregorio de Nisa. No obstante, si hubo influjo, Servet colorea esa doctrina con sus propias ideas.

[128] Gen. 3, 8 y Jon. 1, 4. Interpretación demasiado estricta, inconclusiva.

[129] Otra interpretación estricta, compartida, como es sabido, por gran número de exégetas antiguos, de «Todo lo que Adán llamó a los animales vivientes, ése es su nombre», Gen. 2, 19. Para la mentalidad hebrea, bien conocida de Servet, nombrar algo equivale a comprender su esencia, se suele decir. Cfr. Thorleif BOMAN, *Hebrew Thought compared with Greek* (New York, 1960), espec. págs. 69 y ss.

marias por estar también contaminadas. De no haber pecado Adán, habría aún calor, frío, humedad y sequedad, y no sólo enfermedades, venenos y medicamentos: todo sería inocuo en una vida paradisíaca [130].

Así que por culpa del demonio existen las enfermedades. Que en las enfermedades se halle el demonio ya lo enseñaba Hipócrates [131]. Hay algo en las enfermedades que proviene del demonio, hay un «espíritu de enfermedad». Así como es un demonio la muerte misma, según Juan, así también es un demonio la propia enfermedad que lleva a la muerte [132]. Por obra del demonio quedó perturbada la armonía en el cuerpo humano, produciéndose obstrucciones en los conductos, podredumbres, aires, excrementos nocivos, flujos, ardores febriles, rigidez. De ahí que Cristo increpase a la fiebre como si se tratara de un demonio y ordenase salir al «espíritu de enfermedad», expresión que no sin razón usa Lucas, que era médico (Lc. 13). En ese mismo lugar Cristo llama «atadura de Satanás» a una contracción de los nervios, como Pablo llama «ángel de Satanás» a su propia enfermedad (II Cor. 12) [133]. Por eso por la oración se ahuyenta en ocasiones al mal espíritu y se repele la enfermedad. Claro que también se repele con un medicamento natural, expulsando la materia que infectaba el espíritu y destruyendo la forma nociva; pero esta forma de curar no es tan perfecta, y frecuentemente daña en otra parte, como cuando se elimina un veneno con otro veneno [134].

Tal vez objetará alguno: si toda corrupción proviene del pecado, habrá que concluir que, de no haber pecado Adán,

---

[130] Variantes de la cuestión *si Adam non peccasset*. Cfr. nota 91. Además, expresión de cierto escepticismo médico de Servet, quien ejercía la medicina profesionalmente, a pesar de su dominante pasión teológica.

[131] No parece haber en las *Hippocratis Opera* (trad. y ed. de Jano Cornario: Basilea, 1546) ninguna afirmación explícita en este sentido, ni siquiera en los ensayos *De mortis, De affectionibus*, págs. 181, 245, a no ser algo sobre la influencia genérica de los malos *spiritus* (pero significando «aires») en las enfermedades, semejante al mismo Servet antes, *Rest.* p. 174; p. 340.

[132] Probable alusión a Jn. 13, 2 en que se dice que «el diablo se había metido en el corazón de Judas».

[133] Lc. 13, 11 y II Cor. 12, 7.

[134] Otra manifestación del escepticismo de Servet en su propia profesión. Si la enfermedad tiene origen espiritual, tal deberá ser su curación, pues la forma científica de curar a base de medicamentos naturales es *imprfectior medendi ratio*. Cuáles debían de ser los tratamientos terapéuticos de Servet puede colegirse por estas alusiones a los *naturalia medicamenta* y por el hecho de que la única obrita médica que escribió, aparte la brevísima *Apología* contra Fuchs, fue la *Syruporum universa ratio* (París, 1537), que aún en vida de su autor obtuvo cinco ediciones más, traducida bajo el título *Razón universal de los jarabes* por el Dr. Goyanes junto con J. Torrubiano (Madrid, 1943). Nótese: *ratio* debió verterse por *tratado*.

nada tendría que ser destruido. Pero no es tal la conclusión. Pues el hombre se alimentaba de frutos, los cuales en la nutrición se convertían en su sustancia, destruyéndose así su forma de luz creada. La luz creada habría sido transformada por Cristo en luz increada de Dios, y así hubiera sido transformado Adán para la gloria. Además, siempre hubiera habido en la tierra absorción de humedad por calor, aunque equilibrada por el árbol de la vida. En ese árbol estaba precisamente la inmortalidad, que no en el hombre, quien contiene en su interior principios de corrupción y destrucción. Se decía de Adán que era inmortal, porque podía mantenerse en la inmortalidad observando el precepto del árbol. Pero más tarde se manchó aquel desgraciado y con él todo el mundo. Por eso habrá de ser abrasado y purificado todo [393] por el fuego divino, para eliminar tamaña contaminación diabólica y destruir su gran poder que tan potentemente lo ha infectado todo [135].

Con razón llama Pablo a los demonios «rectores de las tinieblas de este siglo», «príncipes del poder del aire», «dioses de este siglo», κοσμοκράτορες «señores del mundo» (II Cor. 4; Ef. 2 y 6) [136]. En vano andaban los maniqueos buscando otro Dios como principio del mal, pues basta y sobra con este príncipe de toda maldad, al que Cristo llama también «príncipe de este mundo» (Jn. 12, 14 y 16) [137]. Has oído, lector, cuán grande es el poder del demonio sobre el mundo entero, cuán grande el cambio y la contaminación. Escucha ahora algo mucho mayor.

Contra ese cielo y reino de Cristo que nos ha sido traído, hay todavía otro poder de «la serpiente», abominable desolación y contaminación, aún mayores. Así como en aquel entonces «la serpiente» metida en la carne perdió por la mujer al mundo corporal con grandes engaños, así también ahora, apoderada del espíritu de la ramera romana, de nuevo y con iguales engaños ha hundido al mundo nuevo regene-

---

[135] Hay, pues, según Servet, un proceso natural de destrucción independiente del nivel espiritual del pecado de Adán, pero no de aniquilación. El estado de corrupción universal exige esa *apocatástasis* mencionada en la nota 127.

[136] «El dios de este siglo», II Cor. 4, 4; «príncipe...», en Ef. 2, 2; el término griego, en Ef. 6, 12.

[137] En Jn. 12, 31. 14, 30 y 16, 11. Esta frase es de suma importancia, ya que J. Friedman, servetista contemporáneo, ha querido presentar un Servet maniqueo precisamente a base de textos sobre el poder del mal, del demonio, del Anticristo. Servet no intenta buscar un «dios del mal», sino que acentúa que el mal, siempre relativo, que se halla en el mundo, puede explicarse suficientemente por el influjo del «príncipe de las tinieblas».

rado por Cristo, pues de nuevo hay hombres carnales que andan buscando hacerse papas y dioses. Es el «gran dragón», la «antigua serpiente que es el diablo y Satanás», el «seductor del orbe de la tierra», quien ha dado su poder a la Bestia babilónica, es decir, al Papa (Ap. 12, 13 y 20)[138]. A éste, contra quien pelean los ángeles de Cristo, lo veremos caer del cielo «como un rayo» y lo aplastará Dios bajo nuestros pies, como nos anunciaron Cristo y el apóstol. Contra este dragón, aliado del Papado, pelearán ahora los ángeles (Ap. 12; Dan. 12). Esta misma serpiente es el «ángel del abismo» *abaddon*, o sea, *perdición*, que ha reinado hasta ahora (Ap. 9); de tal suerte que con razón es éste «hijo de perdición» (II Pet. 2)[139]. Pues verdadero rey, hijo de perdición y autor de la secta de perdición es el Papa, quien nos ha mezclado veneno en el cáliz y lo ha profanado todo, degenerando desde la piedad inicial hasta la mayor de las impiedades. El ha mezclado lo sagrado con lo profano, compaginando con el Papado la corona de un reino temporal. De ahí que se estableciesen en un concilio papal las blasfemias de los triteístas contra el Dios uno, los ídolos, los sacrificios babilónicos, las leyes sobre ceremonias y las sectas sacerdotales[140]. Comió del fruto prohibido haciendo nacer en la tierra nuevos dioses y nuevos reyes, siendo así que el reino de Cristo «no es de este mundo»[141]. Usurpó el reino prohibido y aun la misma deidad, encumbrándose por encima de sus hermanos y haciéndose llamar dios en la tierra (II Tes. 2)[142]. Delito, ciertamente, más grave que el de Adán y que habrá de ser tenido en cuenta con mayor rigor en el día del juicio, como por eso es más grave ahora la maldición de «la serpiente» que la de antes, condenada no ya a comer tierra, sino al fuego eterno, y no con Adán, sino con esa Bestia babilónica (Ap. 19 y 20)[143]. Ha traído más per-

[394]

---

[138] Expresiones tomadas de Ap. 12, 9. 13, 2 y 20, 2. No es preciso repetir que en todo el contexto el Anticristo es el Papa y secuaces.

[139] Frases aplicadas al Papado recogidas de contextos apocalípticos, como Ap. 12, 7 y Dan. 12, 1, y luego de lugares sobre el Anticristo, como II Tes. 2, 3 o sobre herejías, como II Pe. 2, 1. De resaltar es Ap. 9, 11: «Y tienen sobre sí al ángel del abismo, cuyo nombre hebraico es Abaddon, y en griego, *Apollyon*».

[140] En este contexto resulta evidente para Servet el anticristianismo del reino temporal del Pontificado, iniciado oficialmente con la espúrea «donación de Constantino» y la erección de Roma en capital religiosa del mundo. Servet señala la coincidencia con fechas del concilio de Nicea, 325, que originó el dogma trinitario y formuló normas legales para el culto. Es el *sylvestrino sæculo* mencionado en el lib. I de la Parte I, *Rest.*, p. 22; p. 148.

[141] En Jn. 18, 36.

[142] II Tes. 2, 4.

[143] Ap. 19, 20 y 20, 2.

juicios al reino espiritual de Cristo esta espiritual impostura del Papa, que la que antes trajo al mundo carnal la del carnal Adán. Por eso a Adán se le impuso pena de muerte corporal; en cambio, a la Bestia y a sus servidores se les impone en el Apocalipsis pena de fuego eterno (Ap. 14, 18 y 19) [144]. ¡Que lo lean ahí los que llevan su marca! ¡Ay de los que están convencidos en conciencia, pero no quieren cejar por la abundancia de sus mesas, por el lucro y la ambición! ¡Contra el Espíritu santo es ese crimen!

Pero mejor será tratar de todo esto con más detenimiento, puesto que la propia perdición de la Bestia trae su origen del ángel de perdición y de la serpiente del abismo, por ambición de deidad.

Es tanto el poder del dragón y de sus ángeles en los cielos y en la tierra, que están continuamente hostigando a los ángeles y a los hombres. Hasta tal punto violan estos espíritus malignos la majestad de los espíritus celestes puestos a nuestro servicio, que llega a decirse del cielo y las estrellas que se degradan, que pierden su luz, que están tristes y se lamentan (Jer. 4); y de los ángeles, que se conmueven y lloran por eso (Is. 33; Mt. 24) [145]. Verdaderamente lloran, se ponen tristes y sufren ahora; y gravemente se afligieron los ángeles de Dios durante esta insigne «abominación de desolación» por espacio de «tiempo y tiempos y medio tiempo», «mil doscientos setenta años», como abiertamente se desprende de los profetas. Que se daría este importante cambio en los cielos lo predijo Cristo, lo predijeron Daniel y Juan, lo habían predicho los demás profetas. Confronta lo dicho en Isaías 13, Jeremías 4 y Ezequiel 32 con lo dicho en Mateo 24, Lucas 21 y Apocalipsis 6 y 9. Todos ellos dicen que el sol, Cristo, «está oscurecido» en esta cautividad de Babilonia; que la luna, la Iglesia, no ha dado su luz, sino que «se ha tornado sangre» por tan cruenta tiranía; que las estrellas del cielo, es decir, los verdaderos ministros del evangelio y de la verdad, «han caído» [146]. Han sido asesinados por la Bestia babilónica aquellos dos testigos de Cristo, Moisés y Elías, la Ley y los Profetas (Ap. 11; Mt. 17) [167]. Han caído asesinados y ya no atestiguan más que Jesús es hijo de Dios, pues su testimonio no lo recibe nadie. Y así, enojado Cristo con nosotros y, cerrado el libro, se nos ha cerrado

[395]

---

[144] Ap. 14, 10. 18, 8 y 19, 20.

[145] Jer. 4, 23; Is. 33, 7; Mt. 24, 29.

[146] *Cruenta tyrannide*. Serie de alusiones a conocidos textos de porte escatológico y apocalíptico, tanto del A. como del N.T.: Is. 13, 10; Jer. 4, 23; Ez. 32, 7; Mt. 24, 29 otra vez; Lc. 21, 25 y Ap. 6, 12 y 9, 1.

[147] Moisés y Elías como testigos de Cristo, en Ap. 11, 3 y en Mt. 17, 3.

también el cielo. Y hasta ha llegado a desaparecer de entre nosotros el libro de las Escrituras de Dios, como volumen embrollado, como libro complicado y oscuro que nadie es capaz de entender (Ap. 5 y 6; Is. 29 y 34; Ez. 2; Zac. 5) [148]. Finalmente (como dice Jeremías en el citado cap. 4, y Juan en el cap. 6 del Apocalipsis), los montes, o sea, los monarcas de este mundo, han sido despojados de sus imperios, y todos nosotros hemos sido afligidos gravemente [149]. Según el testimonio de Cristo, los ejércitos celestiales, o sea, los propios ángeles, lloran y gimen, consternados y conmovidos, esta tan gran desgracia del Cristianismo, esta tan gran miseria de nuestra condición. Esta deplorable situación nuestra durará «todo el tiempo que en el templo de Dios se siente un hombre pecador como si fuera dios» (II Tes. 2). Este «misterio de iniquidad» ya se venía fraguando desde los tiempos de los apóstoles, como dice Pablo. Pues fue un verdadero «misterio de iniquidad» que el ministerio apostólico fuera poco a poco convirtiéndose en la dignidad y reino del Papado, máxime a partir de Silvestre y Constantino [150]. «Mil doscientos sesenta años» ha durado el reino del Anticristo, concluidos los cuales va a dar comienzo ahora la lucha celestial.

Considera, lector, qué puede significar en Daniel y Juan esa futura venida y pelea de Miguel al cabo de «mil doscientos sesenta años» de desolación (Dan. 12; Ap. 12) [151]. Fíjate bien con qué precisión se habla de este asunto en esa profecía, en la que Juan nos enseña que desde el tiempo en que el hijo de Dios fue arrebatado de entre nosotros y en que ahuyentada su Iglesia se refugió en el desierto, han [396] pasado ya «tiempo y tiempos y medio tiempo», es decir,

---

[148] «Y ninguno podía abrir el libro ni mirarlo. Y yo lloraba mucho, porque no había sido hallado ninguno digno de abrir el libro, ni de leerlo, ni de mirarlo», Ap. 5, 3-4 y 6, 14. Igualmente, «Libro sellado; no puedo leerlo, porque está sellado», Is. 29, 11 y 34, 4. También, Ez. 2, 9 y Zac. 5, 2. Es manifiesta la alusión servetiana a la prostración del Cristianismo a causa de la prohibición romana de leer la Biblia, especialmente en lenguas vernáculas, hasta sus tiempos y aún después.

[149] Final alusión a la propia experiencia de Servet al presenciar la coronación de Carlos V en Bolonia, a la que luego se referirá más dramáticamente, y que fue interpretada por él, como por los erasmistas presentes, como una innecesaria humillación del Emperador ante el Papa. Obviamente, esos textos, Jer. 4, 24 y Ap. 6, 14, no garantizan la interpretación explícita que él les atribuye.

[150] Nótese la oposición: ministerio o *apostolatus munus* frente a dignidad o *dignitas et regnum*, confusión iniciada al tiempo del Papa Silvestre. Más adelante, al hablar de los ministerios cristianos en el lib. III, Servet excluirá que puedan ir asociados a dignidad alguna.

[151] Dan. 12, 1-11 y Ap. 12, 7.

un año, dos años y medio año. Este período se interpreta ahí como tres años y medio, que Juan llama «cuarenta y dos meses», «mil doscientos sesenta días»; pero día en lenguaje profético hay que tomarlo por año, como frecuentemente nos dan a entender los profetas [152]. De modo que desde los tiempos de Constantino y Silvestre, el Papa, verdadero Anticristo, ha reinado ya por espacio de mil doscientos sesenta años. Desde entonces Dios ha sido seccionado en tres partes, Cristo se ha esfumado por completo, la Iglesia enteramente echada a pique, han prevalecido los ídolos, han surgido innumerables sectas de perdición y abominables desolaciones del reino de Cristo. Daniel primero y luego Juan dijeron que desde esa perversa destrucción y antes de la restitución pasarían mil doscientos sesenta años. Más tarde añadió algunos años hasta la perfecta restitución, pues poco a poco comenzó la abominación, como poco a poco empieza a desaparecer, hasta ser suprimida en breve por completo [153]. A Daniel le dijo el ángel: «Guarda las palabras y sella el libro, pues la visión es para dentro de muchos días» (Dan. 8 y 12); a Juan, en cambio, le dijo: «No selles las palabras de esta profecía, pues el tiempo está cerca» (Ap. 1 y 22) [154]. Entre las revelaciones de Daniel y de Juan transcurrieron alrededor de quinientos años, por eso se habla de «largo tiempo» después de Daniel, y «breve» después de Juan. Luego después de Juan vendría en breve.

Próxima a Pablo estaba la defección de la Iglesia y el «misterio de iniquidad» (II Tes. 2) que ya se fraguaba con el Papado, pues el Papado tuvo su origen en tiempos de los apóstoles y en su persona; y misteriosamente el Papado se convirtió en un reino de dos espadas para derramar san-

---

[152] He aquí los textos principales: «Y la mujer huyó al desierto, donde tiene lugar aparejado de Dios, porque allí la mantengan mil doscientos y sesenta días», Ap. 12, 6. «Un tiempo, y tiempos, y la mitad de un tiempo», en Dan. 7, 25 y 12, 7, y en Ap. 12, 14. «Cuarenta y dos meses», en Ap. 11, 2. «Sesenta y dos semanas», en Dan. 9, 26, extrañas fechas, siempre relativamente coincidentes. Este doble concepto apocalíptico de la *ecclesia in solitudinem fugata* o de la caída de la iglesia «en prostitución por apostasía desde la muerte de los últimos discípulos de los apóstoles», como escribe Tomás Müntzer en el *Manifiesto de Praga* del 1 de noviembre de 1521, pudo tomarlo Servet de su familiaridad con textos anabaptistas, evidente en éste y en otros contextos suyos, aunque indemostrable documentalmente. Constituye también un elemento fundamental de la ideología restitucionista de Rothman y de Campanus, así como de la de Servet, como puede verse.

[153] He aquí la adición de Dan. 12, 11: «Y desde el tiempo que fuere quitado el continuo sacrificio hasta la abominación espantosa, habrá 1290 días.»

[154] Dan. 8, 26 y 12, 12; Ap. 1, 3 y 22, 10.

gre [155]. El «misterio de iniquidad» de Roma fue siempre su ambición de dominio y su persecución a los verdaderos cristianos. Por eso siempre se daban edictos públicos para dar muerte a los cristianos, que es una de las notas del Anticristo; de tal manera que, según Lactancio, las sibilas habían dicho que Roma perecería por eso. Por eso mismo la maldice Juan y anuncia que perecerá (Ap. 18) [156]. Dice Pablo [397] haber contado a los Tesalonicenses qué fue lo que al principio detuvo esa irrupción del Papado. La retuvo al principio la fuerza del Espíritu santo en la Iglesia y el hecho de ser sede del imperio; al cesar éstas, irrumpió el Anticristo. Fue grandísima la defección o disensión de la Iglesia, pues Pablo la llama defección o disensión [157].

Te ruego, lector, que recapacites sobre esto: ¿De qué «misterio de iniquidad» presente ya habla Pablo? ¿Y quién puede ser ese «hijo de perdición que, sentado en el templo de Dios, se nos presenta desde entonces como si fuera Dios»? ¿Lo tienes delante de los ojos y dudas aún? Luego te presentaré sesenta señales evidentísimas [158]. Quien comprende bien que los ritos papísticos no son según Cristo, comprende también que el Papa es el Anticristo, el cual, ocupando el reino de Cristo, dicta y hace lo contrario de Cristo. En el ejército de romanos contra Jerusalén quiso significar Cristo el ejército de paganos que ocuparía la Iglesia y la devastaría hasta el tiempo anunciado. De tamaña abomina-

---

[155] Alude a la doble espada pontificia medieval: la espiritual, por la que el Papa es supremo en su esfera, y la temporal, por la que, como ya dijo Servet, compite en poder con reyes y emperadores.

[156] Ap. 18, 2: «¡Caída, caída es la gran Babilonia!». Lactancio, *Divinarum Institutionum*, lib. VII, cap. XXV, titulado precisamente «Sobre los últimos tiempos y la ciudad de Roma», dice así: «Pero cuando caiga esa cabeza del mundo y comience la ρύμη que las sibilas dicen que ocurrirá, ¿quién podrá dudar de que ya habrá venido el fin a las cosas humanas y al orbe terreno?» (PL VI, 811). Ese término griego significa *violencia*, aunque algunos lo han leído πῦρ, *fuego*. Las sibilas se refieren a la destrucción de Roma en múltiples pasajes, especialmente de los libros III, verso 302, *Fiet Roma ruina: ita digerit omnia fatum*; V, vs. 158 ss.; VII, 107-161; VIII, 37, 93, etc. Cfr. *Sibyllinorum Oraculorum Libri octo*, en la *Bibliot. Veter. Patr. Antiq. Scriptor. Eccl.*, ed. de A. Gallandini (Venecia, 1775), vol. I, pp. 335-410. O la versión ingl. de E. Hennecke de la ed. de J. Geffeken, *New Test. Apocrypha* (Londres, 1965), vol. II, p. 709 y ss.

[157] «Porque ya está obrando el misterio de iniquidad: solamente espera hasta que sea quitado de en medio el que ahora impide», II Tes. 2, 7. En realidad, en el v. 3 emplea el término definitivo de ἀποστασία.

[158] Se refiere a los *Sesenta signos del reino del Anticristo*, breve tratado publicado por Servet dentro de su edición de *Restitutio* como apéndice, junto con sus *Treinta cartas a Calvino* y su *Apología contra Melanchton*. Cfr. Ed. A. ALCALÁ (Madrid: Castalia, 1980), pp. 199-209.

ción, no sin misterio, dijo Cristo: «Quien lea, entienda» (Mt. 24; Mc. 13) [159]. Leemos nosotros, y no lo entendemos. Esa palabra es «espada de dos filos». Sabemos con toda evidencia por Cristo mismo (Lc. 21) y por Juan (Ap. 11) que llegaría un tiempo de los gentiles y que por ellos sería «hollada» la ciudad santa durante 1260 años [160]. Ahora bien, cuando Juan anunciaba estas cosas en Patmos, Jerusalén ya había sido destruida; luego se refiere a otra destrucción pasado algún tiempo, como hace constar, al cabo del cual los gentiles hollarían la Iglesia [161]. También Pablo enseña que llegarían los tiempos de la «plenitud de los gentiles», al cabo de los cuales volvería a Dios todo Israel (Rom. 11). Y cantan los santos que, destruida la Bestia, todos los pueblos vendrán a prosternarse en presencia de Cristo (Ap. 15) [162]. ¡Ojalá sea pronto! Acontecerá, dice Cristo, que en la consumación «se predicará el evangelio del reino en todo el mundo» (Mt. 24). Tal hay que esperar que suceda después de ser predicado, en la consumación del mundo y una vez destruido el Anticristo. Consta asimismo con toda evidencia [398] por Daniel, cap. 7, que surgirá «un cuerno sorprendente», o sea, un poder asombroso del férreo imperio romano, que «cambiará las costumbres y las leyes, dirá cosas extrañas contra Dios y afligirá a sus santos», y que durará 1260 años, pasados los cuales «será destruido» y volverán a prevalecer los santos [163].

Todo eso vemos que se ha cumplido totalmente desde el tiempo de Constantino y Silvestre: desde entonces han pasado ya esos 1260 años, durante los cuales ha reinado una horrible abominación. Al convertirse en aquel tiempo en monje el emperador Constantino y Silvestre en Papa rey, por fuerza tenía que volverse del revés el mundo entero. Al ser ocupada la Iglesia por el reino de la carne, tenía que derrumbarse el reino del Espíritu. Al escalar los ministros de la Iglesia las dignidades del mundo, tenían que desbaratarse los ministerios del Espíritu, pues «nadie puede ser-

---

[159] Mt. 24, 15 y Mc. 13, 14.

[160] Pero Lc. 21, 24 no menciona tiempo determinado, sino que meramente dice: «Y Jerusalén será hollada de las gentes, hasta que los tiempos de las gentes sean cumplidos.»

[161] Oportuna aclaración de Servet; pues cualquiera que sea la interpretación de los pasajes evangélicos mencionados, que toman la destrucción de Jerusalén como tipo del fin del mundo, sean ellos escritos o no antes del año 70, el Apocalipsis es ciertamente posterior a esta fecha, y nunca es interpretado en referencia a Jerusalén, sino al fin de los tiempos.

[162] «Y luego todo Israel será salvo, como está escrito», Rom. 11, 26. «Todas las naciones vendrán, y adorarán delante de tí», Ap. 15, 4.

[163] Mt. 24, 14 y Dan. 7, 19-27.

vir a ambos». Al someternos a todos el dragón para obligarnos a adorar a la Bestia y a sus ídolos, tenía que sernos arrebatado Cristo al cielo y teníamos que convertirnos en traficantes nosotros marcados con el sello de la Bestia. Que todo eso había de suceder en seguida lo enseña Juan, y añade que el tiempo está «cerca».

El propio Rey nos había predicho que se ausentaría de su reino (Lc. 19) [164]. Después de su partida, se conjuraron contra él los triteístas diciendo: «No queremos que éste reine sobre nosotros.» Incluso se atrevieron a dogmatizar que hay un Hijo de Dios real incorpóreo e invisible; y que no es Jesús hombre el verdadero hijo de Dios, ni el verdadero Cristo, ni el rey de los judíos, sino su humanidad. El Anticristo usurpó también el gobierno del reino; y de esta suerte Cristo quedó expoliado de su reino y dignidad desde el tiempo de Silvestre y Constantino por 1260 años. Nos enseña Zacarías que la «magnificencia» de Cristo había sido quebrantada por el pastor babilonio y «anulado el pacto concertado con los pueblos» (Zac. 11). En el mismo sentido se expresa Daniel: «Será, dice, asesinado el Cristo y reducido a nada», desbaratándolo todo el jefe romano, realmente babilónico, que había de venir [165]. Babilónico fue y en Babilonia fue creado rey temporal de los babilonios, quien decretó ceremonias babilónicas, prohibió el matrimonio, legalizó las reglas de los tonsurados, los ungüentos de la consagración, los ritos judaicos y esos sacrificios judaicos y babilónicos... Este inventó allí las blasfemias trinitarias contra Dios e hizo trasladar a Constantinopla la monarquía romana. ¡Glorioso confesor!

[399]

Como ya he dicho, con Silvestre comenzaron a propagarse los ídolos y las imágenes, por las sugerencias de una mujer, Elena. Constantino fue el primero en hacer trasladar a Constantinopla varios cadáveres de difuntos para ser adorados allí y dar espíritu a las imágenes (Ap. 13; Ez. 14) [166]. Los propios mahometanos y hebreos aseguran que la reli-

---

[164] Alusión a la parábola narrada en Lc. 19, 12-27.

[165] Dan. 9, 26. El texto de Zac. 11, 2 y 10 es: «Y me tomé dos cayados: al uno puse por nombre Suavidad, y al otro Ataduras; y apacenté las ovejas... Tomé luego mi cayado Suavidad, y quebrélo, para deshacer mi pacto.»

[166] La veneración de los mártires es anterior a Silvestre, a Constantino y a Elena su madre. Y no fue Constantinopla, sino Roma, especialmente el Panteón, rebautizado como templo de «Todos los Santos», el centro de esa «adoración» señalada por Servet, que él fustiga con palabras de Ap. 13, 15 contra la idolatría: «Y le fue dado que diese espíritu a la imagen de la bestia; y hará que cualesquiera que no adoraren la imagen de la bestia, sean muertos.» También Ez. 14, 5: «Se han apartado de mí todos ellos en sus ídolos.»

gión de Cristo cambió en tiempos de Constantino, como ya he dicho en otra ocasión citando el Corán y afirma Aben Ezra, comentando el cap. 27 del Génesis, donde alude a Constantino y Silvestre [167]. Los propios papistas reconocen todos que los cánones de los concilios y las leyes papísticas comenzaron a establecerse en tiempos de Constantino y de Silvestre, como consta en sus *Decretales*, distinción 15, capítulo de cánones [168]. Fue entonces cuando se escuchó públicamente una voz bajada del cielo que decía que el veneno se había extendido por toda la Iglesia [169]. Todas estas cosas son verdaderas señales del Anticristo. Fue entonces cuando, ahuyentada, la verdadera Iglesia de Cristo se retiró al desierto (Ap. 12). Aunque con anterioridad a este Silvestre se conservaban algunos vestigios del judaísmo, éste, sin embargo, recogiéndolos de todas las partes, introdujo la total abominación, diciendo que era la cabeza de la Iglesia y erigiéndose en rey como otro Cristo, o mejor, como un Anticristo. Con anterioridad a él casi todos los obispos romanos fueron mártires. En cambio, éste, rey poderoso, ceñido de dos espadas, comenzó a hacer mártires a los demás, atribuyéndose título de Papa y Sumo Pontífice y declarándose Dios, «santísimo» y «beatísimo» en la tierra [170].

Nos objetarás tal vez que anteriormente al Papado hubo espíritu de Anticristo, como nos enseña Juan. Concedemos totalmente que a la vez que el Espíritu de Cristo, comenzó a

---

[167] Ya antes, lib. I, notas 160-173 de la Parte I, se hizo notar la falta de crítica con que Servet trata el Corán. Se refiere luego al gran rabino medieval Abraham ben Ezra, toledano (1092-1167), cuyos *Comentarios al Pentateuco* fueron editados primero por Bamberg en Venecia, 1526, y así accesibles a Servet. Esa opinión la expresa hablando sobre Gen. 27, 40, texto que a su vez cita palabras de Isaac a Esaú: «Y por tu espada vivirás». Cfr. p. 281.

[168] Servet debía de conocer el *Canon vel constitutio Silvestri*, promulgado con motivo del concilio habido en Roma bajo ese Papa: PL VIII, 829-845.

[169] Este dicho, de gran circulación en todo el Renacimiento, pues aparece, entre otros, en un sermón de S. Vicente Ferrer, en el *De donatione constantiniana* de Lorenzo Valla, en el punzante diálogo *De vita beata* del humanista castellano Juan de Lucena, etc., debe su origen al poeta medieval germano Walter von der Vogelweide (1170-1230), según Herman Dörries, *Constantine the Great* (New York: Harper, 1972), pp. 169-170, y George F. Jones, *W. von der Vogelweide* (New York, 1968), p. 109.

[170] A pesar de las excesivas tintas negras con que Servet, con varios anabaptistas y otros reformadores más moderados de su tiempo, dibuja la figura del Papa Silvestre, parece que la Historia lo ha juzgado más como un débil y oportunista que como un malvado. Gran parte del extremado juicio de los humanistas y reformadores se debe al descubrimiento por Petrarca y Valla de la famosa «donación», vertiendo así sobre él las consecuencias de un texto demostradamente apócrifo.

actuar el del Anticristo (I Jn. 4)[171]. Pero en el Papado encontró su reino. El espíritu del Anticristo solía actuar antes por medio de los discípulos de Simón Mago; pero no prevalecía, hasta que la Bestia fue entronizada en el solio pontificio por el propio espíritu del dragón. Entonces se consumó la apostasía. [400]

En relación con este misterio de apostasía, para que entiendas que ya antes estaban prefigurados en la Ley todos los misterios de Cristo, ten en cuenta cómo después de la liberación de la esclavitud de Egipto, los israelitas sólo vivieron piadosamente en el Cristo durante tres días, al cabo de los cuales comenzaron a murmurar contra él (Ex. 15). También murmuraron a los tres días de haber recibido la Ley (Num. 10 y 11). Después de la muerte de Josué, que los había introducido en la tierra prometida, vino inmediatamente la apostasía (Juec. 2). Asimismo, después de sus reyes piadosos, que fueron símbolo del Cristo, vino inmediatamente la abominación[172]. Todo ello era no más sombra de lo que había de venir.

Tan pronto como pasaron los israelitas aquellas doce fuentes de agua y las setenta palmas, que son los doce apóstoles y los setenta y dos discípulos, empezaron a murmurar agriamente, detestando aquella vida cristiana y austera (Ex. 15 y 16; Num. 33)[173]. En ello se da a conocer que nuestra apostasía vendría poco después de los apóstoles y discípulos. Hasta tal extremo anduvimos por los desiertos de Babilonia acosados de diferentes errores, que fuimos castigados con más rigor que los israelitas, derivados hacia ídolos, muertos de hambre y sed de la palabra de Dios, mordidos por serpientes, escorpiones y langostas, destrozados frecuentemente por las bestias y quemados vivos en las llamas de un horno[174]. Aunque según el dictamen de nuestro sentido nada parecía faltarnos, la verdad es que carecíamos de la fe y de la promesa de Dios. Privados de la ciencia de Dios, juzgábamos dulce lo amargo y amargo lo dulce (Is. 5)[175]. Recibida la Ley de Moisés y escuchada la predicación de Jesús, en cuanto Moisés subió al monte y Cristo al cielo,

---

[171] Se quiere basar en: «No creáis a todo espíritu, sino probadlos si son de Dios... Todo espíritu que no confiesa que Jesucristo es venido en carne, no es de Dios, y éste es el espíritu del Anticristo, del cual habéis oído que ha de venir, y que ahora ya está en el mundo», I Jn. 4, 1 y 3.

[172] Ex. 15, 22-25; Num. 10, 33 y 11, 1; Jue. 2 ,2.

[173] Ex. 15, 24 y 16, 2; Num. 33, 9.

[174] Al cabo del sentido simbólico de estas palabras, no pudo sospechar el pobre Servet al escribirlas que también encerraban cierto sentido profético: *et a fornacis igne vivi concremati.*

[175] Is. 5, 20.

nuevamente el pueblo se apartó del Cristo y su Dios. Igual que se quebraron las primeras tablas del Testamento, así, quebrado también el evangelio de Cristo, hay que volver a restaurarlo.

Por tanto, mantengamos buen ánimo, pues ya está completo el número de «almas que han de ser asesinadas», como dice el Apocalipsis, cap. 6. Se ha cumplido ya el plazo de «tres años y medio», al cabo de los cuales, bajo el reinado de la Bestia, había de ser hollada la «ciudad santa» (Lc. 25; [401] Ap. 11, 12 y 13) [176]. Así como Cristo anduvo predicando por la tierra durante tres años y medio y con su predicación nos abrió el reino de los cielos, así también la Bestia, reinando tres años y medio, nos lo cerró, empleando tantos años como días había empleado Cristo. Bajo el reinado de la impía Jezabel, como bajo el reinado de la impía Bestia, se «cerró el cielo» durante tres años y medio: de modo que aquella fuera sombra de esta verdad. Al cabo de aquellos tres años fue enviado Elías, el cual abrió el cielo y acabó con los sacerdotes de Baal y con sus ídolos. Que todo esto había de volver a suceder nos lo enseñan Cristo y Juan, diciendo que después de Juan Bautista volvería a ser enviado Elías (Mt. 17; Mc. 9; Ap. 11). Así que, al cabo de tres años y medio (Lc. 4), al cabo de «un tiempo y dos tiempos y medio tiempo» (Ap. 11) [177]. Ahí dice Juan que la Bestia causó la muerte espiritual de Moisés y de Elías, es decir, del espíritu de la Ley y de la Profecía. Ahora, al cabo de 1.260 años, todo debe ser espiritualmente restituido. Necesariamente debe acontecer ahora la restitución de todo, pues ya se ha dado a conocer el «hombre de pecado» y «embaucador que maquinaba» (II Tes. 2; Is. 29). Ese mismo es el pastor del ídolo, el pastor de vanidad, ceñido de doble espada, de quien se predijo que vendría después de los otros pastores de la Ley, no a salvar las ovejas enfermas, sino a devorarlas como un lobo (Zac. 11) [178]. Cree tener colocado su nido en un lugar santo, seguro y excelso, se arroga la facultad de dar la bendición apostólica y va clamando «Paz, paz» (Jer. 6 y 8; I Tes. 5). Pero la verdad es que «no hay

---

[176] Ap. 6, 11, y conjunción de Lc. 21, 5 con Ap. 11, 2. 12, 4 y 13, 3, es decir: interpretación de la monición evangélica sobre la destrucción de Jerusalén como paradigma de la inminente desolación universal, pero en sentido eclesiástico más que catastrófico.

[177] Sobre Elías, Mt. 17, 10 y Mc. 9, 10. Lc. 4, 25 se refiere a esos «tres años y medio» de sequía en tiempos del profeta. A su vez, Ap. 11, 3 habla de «mis dos testigos». Sobre los tiempos, cfr. nota 152.

[178] II Tes. 2, 3; Is. 29, 21 y Zac. 11, 16.

paz», sino que Babilonia caerá víctima de un fuerte ataque (Ap. 18; Is. 21; Jer. 51) [179].

Que vayan a cumplirse nuevamente las antiguas profecías sobre Babilonia se desprende claramente de que la primera Babilonia fue sombra de esta segunda, ya que a Roma se le llama Babilonia, y de que en la nueva profecía de Juan sobre Babilonia aparecen repetidas las mismas expresiones de los profetas. Pero demostremos mejor todo esto. Vamos a exponer ahora extensamente los misterios de Babilonia y de la Bestia.

No hay duda alguna de que Roma es Babilonia, pues [402] hace ya mucho tiempo que así lo declaró Pedro en el último capítulo de su primera carta, donde expresamente llama a Roma Babilonia. También Juan lo enseña así abiertamente, al llamar ahora Babilonia a esa «gran ciudad» con dominio sobre los reyes de la tierra (Ap. 17) [180]. Esa misma es la ciudad que se asienta «sobre muchas aguas y sobre muchos pueblos», como ahí mismo se dice, lo mismo que antes se decía figuradamente de la otra Babilonia (Is. 47; Jn. 51) [181]. Abunda en este sentido lo que, con ocasión de la ruina de Babilonia, anuncia Jeremías acerca de la gloria y elevación de las aguas del Jordán: que en el bautismo emergería un pueblo fuerte «como león» para la perdición de Babilonia (Jer. 50), así como cuando compara con un dragón al rey de Babilonia, que nos arrebató las delicias del paraíso de Dios para con ellas «henchir su vientre» (Jer. 51) [182]. Nos

---

[179] Alusiones varias a textos de Jer. 6, 14 y 8, 11; I Tes. 5, 3; el varias veces mencionado de Ap. 18, 2; e Is. 21, 9 y Jer. 51, 42, que Servet, según costumbre, se aplica para sus fines. Nótese el punzante sarcasmo servetiano sobre el *sancto, tuto et excelso loco* y sobre la *apostolicam benedictionem*, así como su personal pacifismo, no desmentido por su arriesgado combativismo milenarista.

[180] «La iglesia que está en Babilonia, juntamente elegida con vosotros, os saluda», I Pe. 5, 13. «Misterio: Babilonia la grande, la madre de las fornicaciones y abominaciones de la tierra. Las aguas que has visto donde la ramera se sienta, son pueblos y muchedumbres y naciones y lenguas», Ap. 17, 5 y 15.

[181] Así en Is. 47, 1-5 y en Jer. 51, 13: «La que moras entre muchas aguas, rica en tesoros, venido ha tu fin, la medida de tu codicia.» Claro que Servet no justifica esta arbitraria transposición de textos sino indicando que éstos señalaban ya a Roma *in figura...*

[182] «Como león subirá del Jordán a la morada fuerte», Jer. 50, 44. «Comióme, desmenuzóme Nabucodonosor rey de Babilonia: paróme como vaso vacío, tragóme como dragón, hinchó su vientre de mis delicadezas, y echóme», Jer. 51, 34. Nótese cómo Servet, en contradicción con su propia teoría de los sentidos de la Escritura, varias veces aludida, que expuso especialmente en su prólogo a su ed. de la versión de Pagnini, abusa del sentido tópico y aun del simbólico en todos estos contextos.

arrebató, ciertamente, la regeneración celestial del paraíso, nos arrebató la Eucaristía para abastecer su propia mesa. En el citado capítulo del Apocalipsis se llama Babilonia a la ciudad en que tiene su trono «la ramera coronada y vestida de púrpura y oro» (Ap. 17). Todo es más que evidente, pues no hay en ninguna parte otra ciudad que tenga tal dominio sobre los reyes, en la que habite semejante Bestia y haya tan sublime negocio. A su vez, en el cap. 18 del Apocalipsis se denomina Babilonia a la ciudad que seduce a las gentes con sus engaños, hechicerías y errores, y «en la que fue hallada la sangre de todos los santos que han sido asesinados en la tierra» [183].

Justino, Ireneo y otros antiguos interpretan en esos textos Babilonia por Roma, como sin ambages enseña Tertuliano y, en su *Historia eclesiástica*, lib. II, cap. 15, cita Eusebio [184]. Hermosamente se refiere Zacarías a esta segunda Babilonia en el cap. 5, donde demuestra que, destruida la primera Babilonia, volverá a ser construida de nuevo la casa de la impiedad «en tierras de Senaar», que es Babilonia (Zac. 5) [185]. Con otras muchas más razones demuestra Paulo Orosio, en el lib. II, que Roma es Babilonia, y lo confirman sus compañeros Jerónimo y Agustín, quienes, sin querer, se ven forzados a reconocer la verdad. Babilonia y ramera purpurada llama Jerónimo a Roma en su prefacio al libro de Dídimo [186].

[403]

Identificada Babilonia, nos queda exponer ahora el misterio de la Bestia. La bestia babilónica «fue, y no es, y ha de subir del abismo», como dice Juan (Ap. 17) [187]. Su explicación es como sigue. Hubo en tiempos de la Ley sumo pontífice en la tierra, mas ahora no, pues sólo hay un Pontífice y está en el cielo, el Cristo, el cual, si estuviese aún en la tierra, ni siquiera sería pontífice, como dice el apóstol

---

[183] Ap. 17, 4 y 18, 3. 9. 24.

[184] Sin necesidad de aducir otros, en una materia evidente, Eusebio es claro en esta identificación en su *Hist. ecla.*, loc. cit. por Servet: «Y eso es lo que figuradamente insinúa Pedro al llamar Babilonia a Roma en esas palabras» (PG XX, 174).

[185] Zac. 5, 11.

[186] Paulo Orosio, *Historiarum*, lib. cap. 3, que es una comparación de los reinos babilónico y romano, cuyo comienzo, condición y características, dice, fueron semejantes, aunque no su final, y lo mismo en el lib. VII, cap. 2 (PL XXXI, 747-9 y 1062-64). Jerónimo, *Præf. in lib. Didymi de Spiritu sancto* (PG XXXIX, 1031): «Cuando estaba en Babilonia, o sea Roma, y habitaba en aquella *purpurata meretrix...*». Agustín trata en su *De civitate Dei*, lib. I al VIII, sobre las liviandades romanas, pero habla de la Roma pagana, no de la cristiana.

[187] Ap. 17, 8.

(Heb. 8) [188]. Así que «hubo», pero ya no hay pontificado en la tierra. Esto mismo enseña Zacarías, llamándolo «pastor de vanidad», «pastor de nada» (Zac. 11). «Pared blanqueada» lo llama Pablo. Y del mismo Zacarías, cap. 3, podrás deducir cómo el ángel Miguel, después de encararse con Satanás, restituirá a Cristo limpia la tierra que le habían sustraído los babilonios [189].

Resulta asombroso decir que Pedro fuese Papa, siendo así que a él no se le ocurrió jamás pensar en ello; más aún, él sabía muy bien que el Papado no era nada en realidad, como verás en el Libro siguiente. Y mucho menos le pasó por las mientes creerse superior en dignidad a los demás apóstoles, sino simplemente co-presbítero (I Pe. 5; II Pe. 3; Hch. 8) [190]. Sabía muy bien que esa superioridad contravenía el mandato de Cristo que no quiere que en su Iglesia haya nadie entre los ministros de la palabra que se haga llamar mayor, ni domine sobre los otros, ni ejerza poder sobre los demás (Mt. 20) [191]. Sobre todo, porque en lo concerniente al ministerio el mismo Pedro reconocía a Pablo como más excelente instrumento de apostolado, según se desprende de II Cor. 11 y 12, Gal. 2, Hch. 9 y II Pe. 3 [192]. Ni en Pedro, ni en los otros, aun después de recibir el Espíritu santo, había tanta sabiduría como en Pablo, según puede verse en Hch. 10 y 11. Desde el comienzo de su vocación captó Pablo perfectamente los misterios del Cristo: la vocación de los gentiles y la supresión total de los judaísmos, cosas que los demás ignoraban por aquel entonces. Pedro, como Juan y como los demás, tuvo sus propias peculiaridades conforme a la índole de su fe, pero ello no tenía nada que ver con el Papado ése [193].

[404]

---

[188] «Tenemos tal pontífice que se asentó a la diestra del trono de la Majestad de los cielos», Heb. 8, 1 y 4: «Así que, si estuviese sobre la tierra, ni aun sería sacerdote.»

[189] Citando Zac. 11, 15-16 y 3, 5: «Pongan mitra limpia sobre su cabeza.» Pablo le dice a Ananías, príncipe de los sacerdotes judíos: «Herirte ha Dios, pared blanqueada.»

[190] I Pe. 5, 1; II Pe. 3, 15; Hch. 8, 14-25.

[191] «Los que de los gentiles son grandes ejercen sobre ellos potestad. Mas entre vosotros no será así; sino el que quiera entre vosotros hacerse grande, será vuestro servidor», Mt. 20, 25-26.

[192] La superioridad ministerial de Pablo como *apostolatus organum* consta en II Cor. 11, 23 y 12, 11; en Gal. 2, 11; en Hch. 9, 15; en II Pe. 3, 15, etc.

[193] Servet entiende que, supuesta esa evidente superioridad intelectual y ministerial del fariseo de Tarso, el cit. texto de Mt. 16 y otros correlativos, a pesar del «tú eres Pedro» y el «apacienta mis ovejas», no justifican intento alguno de fundamentar una supuesta superioridad jerárquica de Pedro, y en consecuencia, del Papado. Para él, esa «piedra» es la fe individual en la filiación natural de Jesús respecto a Dios, como tanto explicó en los libros de la

A estas alturas alguien se preguntará: Si aquel sacerdocio pontifical de la tierra «fue y no es», ¿de dónde nos ha salido este Pontificado Romano? A lo que responde Juan, en el citado cap. 17, diciendo que subiría «del abismo». Desde el diluvio la cárcel de los malos espíritus está en el abismo, como hemos demostrado en otro lugar y puede comprobarse en Lc. 8, Ap. 20 y II Pe. 2 [194]. Por haber salido el dragón del abismo del mar y haberse introducido en el cuerpo de la Bestia, puede decirse que ha sacado a la Bestia «del abismo» y la ha colocado sobre «muchas aguas de los pueblos», entre el mar superior e inferior, en el monte Exquilino, antigua sede de los ídolos, en la que ya antes solía sentarse el pontífice durante el pontificado de Satanás [195]. Allí dio el propio Satanás a la Bestia «la llave del pozo del abismo», allí le dio su Sede Pontificia y su gran poderío (Ap. 9, 11, 13 y 17) [196]. Desde las profundidades del mar asciende la Bestia a los montes de la tierra para dominar mar y tierra. «Sobre el monte entre mares», dice Daniel que había establecido Antioco las tiendas de su «sacro palacio», y ello en figura del futuro Anticristo [197].

Esta antigua sede de Satanás llamada ahora «Sede Apostólica» (no me extraña nada el nombre, pues ya Jeroboam y otros idólatras solían bautizar sus bosques con nombres sagrados) [198], esta, repito, «Sede Santísima» está situada en el monte Exquilino, que tiene siete colinas. También la Bestia tiene siete cabezas, correspondientes a los siete montes y a las siete monarquías que Juan llama «siete reyes» (Ap. 13 y 17) [199]. Siete fueron, en efecto, los reinos o monar-

---

I Parte. *Tollendos omnino iudaismos*, frase programática del espiritualismo servetiano que luego expone con mayores detalles.

[194] Lc. 8, 31; Ap. 20, 2; II Pe. 2, 4 se refieren al *abismo o tártaro* como lugar de habitación de los demonios y del «dragón». Trató Servet antes de ello en la I Parte, lib. II; p. 224.

[195] Así escribe Servet, *in Exquilino monte*. Pero no ha sido ése, el Esquilino, asiento de la basílica actual de Sta. María Maggiore, sino el Vaticano en los tiempos renacentistas y actuales, y el Laterano en los medievales, aparte el Quirinal en un breve tiempo, la sede visible del poderío papal y del centralismo romano.

[196] Frase tomada de Ap. 9, 1, donde esa llave es dada a «una estrella que cayó del cielo en la tierra». En 11, 6 se dice que «éstos tienen potestad de cerrar el cielo». En 13, 2 que «El dragón le dio su poder, y su trono, y su gran majestad». Por fin, 17, 13 afirma: «Estos tienen su consejo, y darán su potencia y autoridad a la Bestia.»

[197] *Tentoria sacri palatii*. En Dan. 11, 45.

[198] De cómo esa costumbre consta en la Biblia, véase Ex. 34, 13; II Re. 13, 6 y 18, 4; Miq. 5, 4.

[199] Referencias a Ap. 13, 1: «Y ví una bestia subir del mar, que tenía siete cabezas y diez cuernos, y sobre sus cuernos, diez diademas, y sobre las cabezas de ellas nombre de blasfemia»; y a 17, 9: «Las siete cabezas son siete

quías bajo los cuales emigró cautivo el pueblo de Dios. De ellas advierte Daniel que cuatro aún habían de venir (Dan. 7). En su tiempo ya había pasado una, la de los Asirios. Y en tiempos de Zacarías habían pasado ya cuatro: la de los Asirios, la de los Caldeos, la de los Medos y la de los Persas; las llama «cuatro cuernos», que dispersaron a Judá y a Israel (Zac. 1). Más tarde vinieron las monarquías de los Griegos y de los Romanos. De ahí que la cuarta de Daniel sea la sexta de Juan, a saber, la Romana, que era la que, según éste, aún quedaba, porque de hecho en su tiempo ya habían caído las otras cinco: «Cinco, dice, han caído.» La sexta, la de su ahora, es la Romana. Y la séptima sería la de Constantinopla, la cual, dice también, «no durará mucho» (Ap. 17) [200]. [405]

Dominio y poderío sobre todos esos «montes» reivindica para sí la Bestia cual dios de la tierra entera, para que así se vea que la suya es otra octava monarquía; en realidad, sin embargo, está incluida en aquellas siete, concretamente en la Romana. En este sentido es como dice Juan: «La Bestia, que fue y no es, es la octava, y una de las siete, y va a su perdición.» ¡Hermosísimamente, en efecto, ha hablado Juan de este asunto, si se le interpreta bien! Así se comprende también esa herida inferida a la Bestia casi hasta darle muerte mencionada en Ap. 13, pues la principal de las «siete cabezas», a saber, esta Romana, en algún momento estuvo a punto de ser destruida a la vez que el Papado. Pero revivió el Papa, y mucho más poderoso que nunca. Y hasta suele gloriarse por eso de haberse recobrado de la herida, haciéndose adorar más y más de los hombres, como también se dice ahí mismo [201].

---

montes, sobre los cuales se asienta la mujer.» Servet quiere quizá hacer un feo chiste: *esquila* es un insecto coleóptero que anda rápido y zigzagueante sobre aguas estancadas... En todo caso, no es el Esquilino, sino Roma, quien tiene siete colinas. Estas inexactitudes podrían evidenciar que Servet no conoció Roma.

[200] «Estas grandes bestias, las cuales son cuatro, cuatro reyes son que se levantarán en la tierra», Dan. 7, 17. Los «cuatro cuernos», en Zac. 1, 18 Y continúa Ap. 17, 10: «Son siete reyes. Cinco son caídos; el uno es; el otro aún no es, y cuando viniere, es necesario que dure breve tiempo.» Como se hizo notar antes, Servet interpreta esas fechas y datos de Dan. por las del Apocalipsis. Si bien se observa, Servet sigue aquí también una doctrina parcialmente original. De hecho, su identificación de esos reinos no coincide con la habitual desde el *Comentario a Daniel* de Hipólito de Roma, escrito muy a principios del siglo III, ni menos aún con la de Tomás Müntzer en su *Sermón ante los príncipes*, de 1524.

[201] Ap. 13, 3 dice: «Y vi una de sus cabezas como herida de muerte, y la llegada de su muerte fue curada: y se maravilló toda la tierra en pos de la bestia». Servet parece aludir al oscurecimiento medieval del Papado y de la ciudad de Roma.

Ya has atisbado, lector, casi todos los misterios de esa Bestia coronada: que fue y ya no es, que ha subido a Roma desde el abismo, que se hace adorar con gran poderío, que son siete sus cabezas, y siete sus montes, y siete sus monarquías. Aprende ahora someramente qué son esos diez cuernos de la Bestia. Nos lo explica Juan en el mencionado cap. 17 cuando dice: «Los diez cuernos de la Bestia son diez reyes que, de común acuerdo, entregarán a la Bestia toda su influencia y poder» [202]. A todos estos reyes puedes verlos ahora, en el Cristianismo, cómo se someten a esa Bestia, la cual confía en todo ese poder como si fueran sus propios cuernos y abusa de todos ellos para dar satisfacción a su lascivia. «Todos ellos, dice el ángel, han recibido a la vez que la Bestia el poder real.» Tan pronto como alcanzaron la realeza los reyes cristianos que hay en la actualidad, comenzó a dominar sobre ellos el poderío papista, hasta el punto de que todos ellos, de común acuerdo, le han hecho entrega a la Bestia de su propio poderío. ¡Incluso reconocen que su regia potestad procede de la Bestia, pues la adoran de rodillas y le besan los pies! Pero ahora la van a aborrecer y «la harán desolada», como consta en ese cap. 17 ya citado [203].

[406]

Que estos cuernos del Anticristo haya que aplicarlos al reino de los Romanos lo pone de manifiesto con evidencia la citada visión de Daniel en el cap. 7, ya que a este férreo reino Romano se le adjudican «diez cuernos». De ese reino, dice Daniel, se alzará un cuerno extraordinario, más poderoso que los otros, que los diez, y en él habrá «una boca que hablará grandezas», y tal poderío que «humillará a los reyes», y «quebrantará a los santos», y «cambiará los tiempos y las leyes hasta tiempo y tiempos y medio tiempo», es decir, durante mil doscientos sesenta años [204]. Resulta terrible el poder de este cuerno, pequeño al principio, como dice Daniel, pero que ha ido creciendo después hasta el punto de que, alzándose contra el Príncipe de los príncipes y menospreciándolo, a Jesús el Cristo, prorrumpe en fanfarronadas contra Dios, hace emigrar a los montes o monarquías, humilla a los reyes, quebranta a los santos, altera las leyes y las costumbres, arranca las estrellas del cielo y ordena subir al infierno, pues hasta sobre el infierno se arroga po-

---

[202] Ap. 17, 12.

[203] Ap. 17, 16. La alusión a reyes que ceden su poder al Papa y le besan los pies no puede ser otra que al dominio temporal del pontificado romano, exacerbado a los ojos de Servet en la ceremonia de la coronación imperial de Bolonia a la que se refiere luego.

[204] Dan. 7, 7-8 y 20-25.

der para sacar almas del purgatorio. ¡Y por el contrario, a los apóstoles se les dio poder, pero tan sólo para atar y desatar en la tierra, no en el infierno! (Mt. 16 y 18)[205]. ¡Al Anticristo, claro está, se le ha concedido el atar y desatar en el infierno, porque tiene «las llaves del pozo del abismo», porque tiene el poder del dragón infernal (Ap. 9 y 13)![206].

Añade a todo eso que en la misma ciudad existió un notable pontificado al servicio de la idolatría. Su pontífice, Satanás en persona, venía enseñando en Roma, ya desde los tiempos de Eneas, la celebración de parentales y pompas fúnebres para aplacar a los manes, y de sacrificios, exequias y otros sufragios en favor de los difuntos. Todos esos ritos, aprendidos del propio Satanás, los conserva ahora escrupulosamente la Bestia, como conservaron los israelitas los ritos de la tierra de Canaán. Así como allí se daba culto a Hecate τρικέφαλος, así ahora los triteístas adoran a un cancerbero de tres cabezas: «Tres espíritus a manera de ranas» en una misma divinidad, como dice Juan. Así como Hecate tenía tres cabezas, una de jabalí, otra de caballo y otra de perro, así también la Bestia tiene rasgos de leopardo, de oso y de león (Ap. 13), por ser más feroz que todos los demás animales, como dice Daniel[207]. ¡Jamas se ha visto desde toda la eternidad un monstruo semejante, ni tan diabólica impostura! [407]

Nos resta exponer ahora en pocas palabras la imagen de la Bestia y la segunda bestia de la tierra, que es el pseudoprofeta. No es difícil entender cómo cualquier símbolo papístico es imagen de la Bestia; pues suele decirse en general que cualquier ídolo es una imagen bestial. Y los que ante ella se arrodillan o inclinan son peores que bestias sin sentido y sin entendimiento, como proclaman las Escrituras todas[208].

Que esa segunda bestia «de dos cuernos», también llamada «pseudoprofeta de la tierra», sea el magisterio de la Sorbona (quien, imbuido del mal espíritu del dragón, y dotado de cierta sabiduría terrena, sostiene aparatosamente que hay un Papado en la tierra que dispone de dos cuernos o espadas, al cual pretende obligarnos a adorar como si hablase

---

[205] Así en Mt. 16, 19 y 18, 18.

[206] Ap. 9, 1 y 13, 2.

[207] Alusiones a Ap. 16, 13 y 13, 2, así como a Dan. 9, 23. «Triple Hécate» o tricéfala, es el primer atributo que le dirige el núm. I de los *Himnos órficos*, dedicado a ella, la Artemisa tracia, o Luna, a la que se le consagraban los tres elementos superiores. Ed. Maynadé, p. 31.

[208] «Ya la bestia fue presa, y con ella el falso profeta que había hecho las señales delante de ella», etc. Ap. 19, 20.

en nombre de Dios [209]), nos lo demuestra suficientemente, si tenemos ojos, la misma realidad, habida cuenta de las palabras de Juan en el Apocalipsis, caps. 13, 16 y 19 [210]. Con lo cual viene a completarse la trinidad de «tres espíritus inmundos» que no son sino los espíritus inmundos de la boca del dragón, de la Bestia y del pseudoprofeta, como dice Juan.

De esos pseudoprofetas se dice que tienen, siempre según Juan, «dos cuernos semejantes a los de un cordero», pero que hablan como un dragón. Hablan, repito, como un dragón, para consolidar el poder que la Bestia ha recibido del dragón: los discípulos hablan tal y como les ha enseñado el padre de la mentira. Ahora bien, los dos verdaderos «cuernos» del cordero, o sea, Cristo, son sus dos celestes dignidades: su reino y su sacerdocio. Por envidia, esos pseudoprofetas, falsificadores de la verdad, hombres meramente terrenos e infernales, se han apropiado, recibiéndolos del dragón, esos dos «cuernos»: sus dos dignidades y potestades, sus «dos espadas» con que asesinarnos y anatematizarnos. Llevan en su derecha la espada temporal para golpear y matar, y un espía en el ojo para acecharnos y excomulgarnos, tal y como indica clarísimamente Zacarías en el ya citado cap. 11. Pero tienen también en sus obispados poderes temporales y espirituales, regalías señoriales y derechos espirituales, que son su reino y su sacerdocio, sus dos «cuernos» [211].

[408]

Bicornudos son, asimismo, los administradores de grado inferior, con su prebenda temporal y su canongía espiritual, sus tributos agrarios y sus ceremonias espirituales. Toda su espiritualidad consiste en sus hábitos y sus ceremo-

---

[209] Se vierte como *magisterio sorbónico* el *Sorbonicum magistrum* de Servet. Conoció éste la Sorbona en dos etapas de su vida, en 1532-34 y en 1538, y no guardó de ella buenos recuerdos, especialmente por el juicio que ciertos profesores y su decano Thagault le hicieron ante el parlamento de París el 18 de marzo de 1538 por enseñar astrología judiciaria. Servet sitúa en esa Universidad el foco de la defensa de los privilegios papales, no obstante su tradicional conciliarismo.

[210] Aludiendo a Ap. 13, 11-14: «Después ví otra bestia que subía de la tierra, y tenía dos cuernos semejantes a los de un cordero, mas hablaba como un dragón», etc. En 16, 13: «Y vi salir de la boca del dragón y de la boca de la bestia y de la boca del falso profeta tres espíritus inmundos a manera de ranas.» Para 19, 20, ver nota 190.

[211] «Mal haya el pastor de nada, que deja el ganado. Espada a su brazo, y sobre su ojo derecho», Zac. 11, 16. Por momentos remonta más indignada la sátira servetiana, tomando como blanco las mitras *bicornudas* y las puntiagudas capas de los canónigos catedralicios.

nias. Espiritualidad babilónica, realmente anticristiana, fingida y ostentosa [212].

Vamos a interpretar ahora los sellos del libro, de los que trata Juan en el cap. 6 del Apocalipsis [213]. Los seis primeros sellos, las seis trompetas, las seis copas, son los seis días de la semana, días de aflicción, de trabajo y persecución, hasta el descanso del séptimo. Seis fueron los años de esclavitud; el séptimo, de libertad. En las sagradas Escrituras el número seis significa males, que quita el número siete. El seis es el número de este mundo creado en seis días. El seis es el número del hombre, creado el día sexto, para trabajar durante seis días. Seis son las clases de aflicción de los demonios; de ahí que diga Job: «Después de seis tribulaciones te librará y en la séptima no te tocará el mal.» Después de las seis plagas de Gog vino el descanso del séptimo día; y Ezequiel vio tras seis varones devastadores un séptimo libertador [214]. De ahí que, según el Apocalipsis, cap. 13, el número de la Bestia sea el 666. Todo seises, el colmo de todos los males; pues en ella está el colmo de toda malicia y de toda depravación. Malo es, pues, «el número de su nombre», como dice Juan [215].

Así pues, al cabo de los seis modos de devastación babilónica, que relataremos en seguida a propósito de los seis sellos, con el séptimo misterio, ya próximo, al concedernos Cristo Jesús el verdadero descanso del sábado, queda destruida Babilonia y, al abrirse el libro, se nos da a conocer Cristo en las fuentes del bautismo de vida, en la cena del cordero y en el reino de Dios. Entonces, por haber perdido la tierra, es arrojado a su perdición el rey *abaddon* con todos los hijos de perdición (Ap. 9 y 11) [216]. Figura de todo esto se anticipó ya antes con Josué, figurando la ciudad de [409] Jericó a la de Roma; pues en esa ocasión, empuñando el arcángel Miguel una espada desenvainada, tras seis días de asedio, al sonido de las trompetas de la palabra de Dios, cayó Jericó al séptimo día [217].

---

[212] *Spiritualitas eorum est tota in vestibus, et ceremoniis, spiritualitas babylonica, vere antichristiana, picta et fabulosa.*

[213] Textos cit. en las notas 219 y ss.

[214] Job 5, 19. La referencia a las acciones de Gog alude a lo dicho por Ez., caps. 38 y 39, y el Ap., cap. 20.

[215] «Aquí hay sabiduría. El que tiene entendimiento, cuente el número de la bestia, porque es el número de hombre: y el número de ella, 666», se dice en Ap. 13, 17-18.

[216] Ap. 9, 11 y 11, 18. Véase antes en nota 139.

[217] Jos. 6, 14-15, pero sin mención alguna de Miguel.

Con mayor detalle pueden explicarse aún los sellos como sigue. El que aparece en el primer sello sentándose el primero sobre un caballo blanco es el Papa, émulo de Cristo, que también se sienta sobre un caballo blanco (Ap. 19) [218]. Mas oigamos íntegramente las palabras de Juan en ese capítulo 6: «Cuando se abrió el primer sello, dice, vi un caballo blanco, y el que se sentaba sobre él tenía un arco, y le fue dada una corona, y salió victorioso a vencer» [219]. Del dragón obtuvo el Papa su primer poder espiritual, el arco para fulminar anatemas. Luego le fue dada la corona real. Le fue dada por el emperador Constantino, o se la apropió de otra forma, la corona de su reino temporal. Y así «salió victorioso a vencer». Y ello por doble motivo, pues de una parte pelea con los reyes con su espada temporal, y de otra, los excomulga con su espada espiritual. Tras el Papa vienen otras jerarquías de combatientes que suelen aspirar al Papado [220].

En el segundo sello aparece la caballería bermeja y oro de los cardenales, arrastrando consigo a presbíteros y obispos, y el legado enviado con espada para declarar la guerra a los reyes y anatematizarlos, para que desaparezca la paz de la tierra. A estos legados «a latere» se les entrega una gran espada, la del gran poder papista, para que, vayan donde vayan, den golpes a diestro y siniestro [221].

A continuación, en el tercer sello, vienen, en tercera posición, los monjes negros, que viven en lugares pintorescos, ricos en toda clase de frutos de la tierra. Su preocupación consiste en complacer al vientre y nadar en la abundancia de vino, grano, aceite y otros productos. Incluso hacen pesar cada día en la balanza todos sus alimentos, ¡como si eso no tuviera para ellos ningún valor! [222].

---

[218] Según Ap. 19, 2: «Y los otros fueron muertos con la espada que salía de la boca del que estaba sentado sobre el caballo.»

[219] Ap. 6, 1-2.

[220] Parecería ser ésta la versión más acertada de una frase servetiana algo oscura y mal construida: *Post Papam succedunt alii, qui ad papatum aspirare solent militantium ordines.*

[221] Ap. 6, 4: «Y salió otro caballo bermejo; y al que estaba sentado sobre él, fue dado poder de quitar la paz de la tierra, y que se maten unos a otros; y fuéle dada una grande espada.»

[222] «Y cuando él abrió el tercer sello, miré, y he aquí un caballo negro, y el que estaba sentado encima de él tenía un peso en su mano. Y oí una voz que decía: dos libras de trigo por un denario, seis de cebada por un denario, no dañes al vino ni al aceite», Ap. 6, 5-6. Estos «monjes negros» serían para Servet los frailes de vida contemplativa, básicamente los benedictinos, el bello emplazamiento y gran riqueza de cuyas abadías es proverbial.

En el cuarto sello aparece un cuarto y el más bajo grado, el de los pardos mendicantes que, distribuidos en cuatro clases, «arruinan la cuarta parte de la tierra», igual que aquellas cuatro clases de langostas que en el profeta Joel arruinaron el paraíso de Dios, como mostraremos en el Libro tercero [223]. [410]

Al consejo pseudoprofético, integrado por todos éstos, sigue, en el quinto sello, una ingente multitud de mártires asesinados [224].

Y tras de ellos, en el sexto sello, aparece el ya expuesto oscurecimiento del sol que es Cristo [225]. Y ésa es la muerte con que nos ha dado muerte espiritualmente el Anticristo. De ella tenemos que resucitar ahora, «después de mil años, y ésta será la primera resurrección» (Ap. 20) [226]. De los que se liberan de Babilonia se dice que resucitan de la muerte (Ez. 37; Dan. 12; Is. 26 y 59; Ef. 5) [227]. Con mayor razón ahora, pues por la regeneración en Cristo resucitaremos para el cielo.

Te rogamos, pues, oh Señor Cristo Jesús, que venga a nosotros tu reino. Que reine en la tierra tu verdad. Circuncida, Señor, nuestro corazón, para que nunca en adelante seamos vencidos por «la serpiente». Concede a tu siervo, a tu soldado, luchar con tu gran poder contra el dragón, serpiente, diablo, que le ha dado su poder a la Bestia, es decir, al Papa, de tal modo que me sea dado descubrir los restantes misterios de la circuncisión, para que tu libro quede abierto a todos.

Tú mismo, que no sabes mentir, revelaste a Daniel cómo perdurando aún el dominio romano y una vez destruida la Bestia, «serían abiertos los libros» de ambos Testamentos, tal y como ya está ocurriendo. Haz que cuando se realice tu juicio en el cielo, sea destruido el «cuerno» del Anticristo

---

[223] «Los pardos» apunta a las varias clases de frailes mendicantes, sin excluir quizá los dominicos, pero sobre todo las tres familias de franciscanos. «He aquí un caballo pardo (¿amarillo?), y el que estaba sentado sobre él tenía por nombre Muerte», Ap. 6, 8. Mención de las langostas de Jl. 1, 4. Cfr. lib. III, nota 44: *Rest.* 480, luego, p. 704.

[224] «Y cuando abrió el quinto sello, vi debajo del altar las almas de los que habían sido muertos por la palabra de Dios y por el testimonio», Ap. 6, 9-11.

[225] Ap. 6, 12-17.

[226] Citando ahora Ap. 20, 5.

[227] Mención de Ez. 5, 14; Dan. 12, 2; Is. 26, 19 y 59, 20, y por fin, Ef. 5, 14: «Despiértate, tú que duermes, y levántate de los muertos, y te alumbrará Cristo.»

por la acción de tus servidores y que tu reino «sea restituido a tus santos» (Dan. 7) [228].

Lee todo esto, lector, y da fe a las santas Escrituras.
O, por lo menos, no pierdas la paciencia hasta entender
mejor cuanto sigue.

---

[228] Dan. 7, 10 y 26-27. Los últimos párrafos encierran una de las varias
bellísimas oraciones de Servet a Jesús y son un testimonio más del arraigo
y sinceridad con que él vivía su trágica vocación de luchar contra el «Anticristo» hasta su propia muerte.

Passional Christi und Antichristi.

In yren anschen ist er auffgehaben vnd die wolcken haben ynn hinwegk genommen võ yren ougen. Disser Jesus der von euch yn himmel auffgenommen ist / wirdt also wyder kommē wie yr ynn gesehen habt zu himmel sharen. Act. 1. Seyn reych hat keyn ende Luce. 1. Wer do mir dient der wird mir nach volgen vñ wu ich bin do wirt meyn diener ouch seyn Johã. 12.

Es ist ergriffen die Bestia vñ mit yr ð falsch prophet der durch sie zeychen than hat do mit er vorfurdt hat/ die so seyn zeych von yme genommen /vnd sein bildt angebet seynt versenckt yn die teuffe des fewirs vnd schweffels vnd seynd getodt mit dem schwerdt des der do reydt vffim weyssen pferdt/ das auß seynem mxuel gehet. Apocal: 19. Danne wirdt offenbar werden der schalckhasstige denn wirdt der herr Jesus toeten mit dem atem seyns mundes vnd wirdt yn sturzen durch die glori seyn er zu kunffte. 2. ad Tessa. 2.

42. Lucas Cranach, Sr., *Passional Christi und Antichristi,* 1521. Texto de Lutero. Par final de grabados, muy divulgados entonces, comparando a Jesús y al Papa. Nueva York Public Library.

43. *Y vi surgir del mar una Bestia que tenía diez cuernos y siete cabezas, y en sus cuernos diez diademas, y en sus cabezas títulos blasfemos* (Ap. 13, 1). El más antiguo y mayor tapiz sobre el tema, de la colección del duque Louis d'Anjou, Angers.

teſtatem a Beſtia recognoſcunt, eam genibus flexis et
pedis oſculo adorando.   At nunc eam odio proſe-
quentur, et deſolatam facient dicto cap. 17.   Quod
etiam cornua hæc Antichriſti ſint ad Romanum regnum referenda, docet euidenter iam citata Danielis
viſio cap. 7.   Nam ferreo illi Romanorum regno
tribuuntur cornua decem, ex eodem regno ait Daniel
oriturum mirabile quoddam ſupra illa decem cornua
cornu, in quo erit os loquens ingentia, in quo erit
tanta poteſtas, vt reges humiliet, ſanctos conterat,
mutet tempora et leges, per tempus, tempora, et di-
midium temporis annos mille ducentos ſexaginta.
Horrendum eſt huius cornu poteſtas, quod ab initio
erat paruulum, vt ait Daniel. Poſtea adeo creuit, vt
contra principem principum conſurgens, et Ieſum
Chriſtum conculcans, in Deum loquatur magnifica:
montes, id eſt monarchas, migrare faciat, reges humiliet, ſanctos conterat, leges et tempora mutet, ſtel-
las cælo detrahat, et infernum aſcendere faciat. In infernum poteſtatem habet, vt animas a purgatorio libe-
rare poſſit. Apoſtolis non in inferno, ſed in terra datum eſt ligare et ſoluere, Matth. 16. et 18. Anti-
chriſto vero datum eſt, in inferno ligare et ſoluere,
quia claues habet putei abyſſi, infernalis dæmonis poteſtatem habet, apoca. 9. et 13. Adde quod in vrbe ipſa
fuit inſignis pontificatus ad idololatriam. Pontifex ipſe
ſatanas, parentalia, iuſta funebria, placandos manes, in-
ferias, exequias, et alia pro mortuis ſuffragia, ab Aeneæ
ſeculo Romæ docuerat. Quos omnes ritus, ab ipſomet
ſatana inſtructa beſtia, ad vnguem nunc feruat, ſicut ritus terræ Chanaan ſeruarunt Iſraëlitæ. Sicuti ibi cole-
batur Hecate τρικέφαλος, ita nunc a tritoitis colitur tri-
ceps cerberus, tres in vno numine ranarum ſpiritus,
vt ait Ioannes. Sicut habebat Hecate capita tria, apri,
equi, et canis: ita Beſtia habet imaginem pardi, vrſi et
leonis, apoc. 13. Nam immanior eſt beſtiis aliis omnibus,
vt ait

vt ait Daniel.   Ab æterno non eſt viſum monſtrum
tale, nec tanta diaboli impoſtura.

Beſtiæ imaginem ſupereſt nunc paucis exponere,
et Beſtiam aliam ſecundam de terra, quæ dicitur pſeu-
dopropheta. Beſtiæ imaginem eſſe papiſticum quoduis idolum, non eſt difficile intelligere. Nam in v-
niuerſum dicitur, quoduis idolum eſſe beſtialis imago: cui qui ſe flectunt, et incuruant, ſunt plusquam
beſtiæ, ſine ſenſu et intellectu, vt clamant omnes ſcri-
pturæ.

Beſtiam ſecundam bicornem, quæ dicitur pſeudo-
propheta de terra, eſſe Sorbonicum magiſtrum (qui
malo draconis ſpiritu habitus, et terrena quadam ſa-
pientia præditus, eſſe in terris papatum, duplici cornu et gladio prodigioſe defendit, et quaſi in verbo
domini loquens cum nos adorare cogit) res ipſa, ſi
oculos habeamus, ſatis nos docet, bene perſpectis
Ioannis verbis apoca. 13. 16. et 19. vnde completa
eſt trium malorum ſpirituum trinitas, qui ſunt tres
ſpiritus nequam in ore draconis beſtiæ et pſeudoprophetæ, vt ait Ioannes. Pſeudoprophetæ iſti dicun-
tur habere duo cornua ſimilia agno, et loquuntur ſicut draco, teſte Ioanne. Loquuntur, inquam, ſicut
draco, ad roborandam beſtiæ potentiam, a dracone
ſumtam. Ita diſcipuli loquuntur, ſicut pater ille
mendacii, a quo docti ſunt. Duo vero agni, id
eſt, Chriſti vera cornua, ſunt duæ eius cæleſtes
dignitates, regnum et ſacerdotium. Ad cuius æ-
mulationem pſeudoprophetæ iſti, falſi verorum imi-
tatores, homines mere terreni et infernales, duo ſibi
vſurpant cornua, eis a dracone data, duas dignitates et poteſtates, duos gladios ad nos interficiendos
et anathematizandos. Temporalem gladium habent
in dextra ad percutiendum et occidendum, ſpiritualem
habent ſpeculatorem in oculo, ad inſidiandum et

C. 4.   ful-

44. Una de las páginas más antipapistas de Servet en *Restitutio*.

CLEMENS VII PONT MAX IMP CAES CAROLVS V P F AVG

45. Retrato de Clemente VII por Seb. del Piombo (1485-1547), de hacia 1531. Parma, R. Pinacoteca.

46. Una de las láminas de la aparatosa *Procesión de Clemente VII y Carlos V* en Bolonia, de Hans Hogenberg, 1530.

47. Martín Lutero (1483-1546), por Lucas Cranach, Sr., 1532. Dresden, Gemäldegalerie.

48. Huldreich Zwingli (1484-1531). Retrato Hans Asper el año de su muerte. Wintenth Kunstmuseum.

LIBRO SEGUNDO

DE LA VERDADERA CIRCUNCISION Y DEMAS MISTERIOS DE CRISTO Y DEL ANTICRISTO, TODOS YA CUMPLIDOS

PRIMERA PARTE

DE LA VERDADERA CIRCUNCISION Y DEMAS MISTERIOS DE CRISTO

No saben los profanos que la verdadera circuncisión de Cristo, que corresponde místicamente a la antigua, es algo totalmente espiritual, pues toman pie de ella para su bautismo de niños, infiriendo una cosa carnal de otra carnal [1]. Hasta tal punto confunden el ordenamiento de todo el misterio de Cristo, que parecen no tener nada de inteligencia ni de juicio, ni aun entender el orden de la naturaleza que nos va llevando de año en año de lo carnal a lo espiritual. Como el cambio de naturaleza, así también el cambio de edad, de ley y de evangelio nos convierte de niños en adultos, de carnales en espirituales.

Carnales eran antes las acciones y carnales los ministerios; ahora, espirituales unas y otros. Según Pablo, es menester que comencemos todos los cristianos por el espíritu, de modo semejante a como en la Ley se comenzaba por la carne [2]. No piensan así los partidarios del bautismo de ni-

[411]

---

[1] Para «bautismo de los niños, bautismo infantil» y para «bautizadores de niños» Servet emplea constantemente los términos técnicos *pœdobaptis mus y pœdobaptistœ*. Por obvias razones son preferidos aquéllos, de expresión circunloquial.

[2] «¿Tan necios sois? ¿Habiendo comenzado por el espíritu, os perfeccio náis ahora por la carne?», Gal. 2, 3.

ños, ni entienden realmente que todo cuanto se hacía en la Ley según la carne era figura de lo que se haría según el espíritu. Aquella circuncisión de la carne fue figura de esta segunda circuncisión del espíritu que nos viene por Cristo (Rom. 2, y Col. 2)[3]. Así como hay dos hombres, el viejo y el nuevo, así también nos hace saber el evangelio que hay dos nacimientos, el viejo y el nuevo, y sendas circuncisiones. El primer hombre es tipo del segundo; el primer nacimiento es tipo del segundo; la primera circuncisión es tipo de la [412] segunda. El primer nacimiento es según el primer Adán, que es carne; el segundo, según Cristo, y por él nacemos «de arriba»[4]. La primera circuncisión, que es la de la carne, se hace en la carne de los niños; la segunda, que es espiritual, en aquellos que se hacen niños en espíritu. Estos se circuncidan en realidad con la circuncisión operada por Cristo, despojándose del cuerpo de pecado, cercenando el prepucio de la carne y sus desviaciones.

Los partidarios del bautismo de niños, en cambio, infieren de lo carnal algo carnal también, pues de lo que se ha efectuado en un niño según la carne infieren que hay que efectuarlo también en los demás. Es propia de los niños según el espíritu la circuncisión del espíritu, sobre todo porque en los niños según la carne no hay pecados que circuncidar, y porque no puede empezar en pecado el segundo hombre, que es el «hombre nuevo». La circuncisión del evangelio consiste en circuncidarnos cercenando el cuerpo de nuestros pecados. De hecho a nosotros mismos se nos llama «circuncisión» (Flp. 3)[5].

Replican ellos que por Cristo la circuncisión quedó vinculada al bautismo. Respondo primeramente que Cristo fue circuncidado de niño; pero no fue bautizado de niño, sino cuando tenía treinta años (Lc. 3)[6]. Es un gran misterio: Cristo recibió el bautismo a los treinta años, dándonos ejemplo y enseñándonos así que antes de esa edad nadie está suficientemente capacitado para los misterios del reino de los cielos. Por tanto, el cristiano que quiera seguir el ejemplo de Cristo debe, como él, acceder al lavado de regeneración.

---

[3] «No es judío el que lo es en manifiesto; ni la circuncisión es la que es en manifiesto en la carne. Mas es judío el que lo es en lo interior; y la circuncisión es la del corazón, en espíritu, no en la letra», Rom. 2, 28-29; y Col. 2, 11 habla de la «circuncisión hecha no con manos».

[4] Referencia al diálogo con Nicodemo, Jn. 3, 3-6 y 31.

[5] «Porque nosotros somos la circuncisión, los que servimos en espíritu a Dios», Flp. 3, 3.

[6] «Y el mismo Jesús comenzaba a ser como de treinta años», Lc. 3, 23.

Consta por el Libro anterior que el lavado que borra los pecados debe ser posterior a la edad en que se pueden cometer pecados[7]. También por Adán y por la Ley se demuestra que ésa debe ser la edad; pues así como el primer Adán nace de treinta años, así también a los treinta años renacemos nosotros con el segundo; y así como Adán perdió el paraíso en edad adulta, por desobedecer voluntariamente, así también en edad adulta lo devuelve Cristo a los que voluntariamente obedecen[8]. Eso mismo quedó declarado en figura: que sólo sean tomados «mayores de treinta años para poder entrar en el santuario» (Num. 4)[9], es decir, en el reino de los cielos, en el que entramos por ese lavado que nos constituye en verdaderos sacerdotes. Además, en el bautismo no sólo somos ungidos con la unción sacerdotal, sino también con la de David para un reino y sacerdocio santos (Zac. 12). Ahora bien, David fue ungido rey a los treinta años (II Sam. 5), y a los treinta años pasó José de la cárcel de Egipto al reino (Gen. 41), y sólo a partir de los treinta años los aceptó David como ministros de Dios, aunque desde los veinte años se les reputara idóneos para el ministerio catequético (I Para. 23)[10]. Por consiguiente, los verdaderos ministros de Cristo, que por el bautismo son hechos todos reyes y sacerdotes y pueden entrar en el santuario, es decir, en el reino de los cielos, deben ser no niños según la carne, sino hombres en espíritu.

[413]

Esta edad de treinta años es la edad del hombre cabal, la «edad adulta» de Cristo, en la que dice Pablo que se alcanza el verdadero conocimiento del hijo de Dios, pues antes era no más que un conocimiento infantil (Ef. 4)[11]. La resurrección final de nuestros cuerpos acaecerá a la misma edad en que ahora resucitamos en espíritu, en esta resurrección primera. Hay un gran misterio y una gran analogía entre ambas resurrecciones, así como la hay entre la edad en que se perdió el paraíso y la edad en que se nos restituye. A esa edad se nos dice a nosotros, como se le dijo a Cristo: «Tú eres mi hijo; hoy te he engendrado», pues el día del bautis-

---

[7] En la pág. 367 del texto de *Restitutio*, antes, p. 572.

[8] No parece haber base alguna bíblica ni patrística para la idea del nacimiento de Adán a los treinta años, cuya procedencia no nos indica Servet. Podría colegirse de la doctrina rabínica según la cual todas las cosas fueron creadas «totalmente desarrolladas». En el *Bereshit Rabba*, XIV, 7 (ed. Albeck, p. 130) se dice que Adán fue creado «como de 20 años».

[9] Num. 4, 3.

[10] Sucesivas alusiones a Zac. 12, 10; II Sam. 5, 4; Gen. 41, 46 y I Cron. 23, 24.

[11] «Hasta que todos lleguemos a la unidad de la fe, a varón perfecto, a la medida de la edad de plenitud de Cristo; que ya no seamos niños fluctuantes», Ef. 4, 13-14.

mo es comparable al de la resurrección [12]. Entonces somos investidos de dignidad celestial y honor sacerdotal, obteniendo potestad en el cielo, a semejanza de Cristo resucitado a quien le fue dado entonces todo poder. Para los cristianos la dignidad de los abades, obispos y cardenales no es otra que la del bautismo, por el cual son hechos sacerdotes y pueden ya ser enviados a ministerios y cargas episcopales aquellos que hayan sido aprobados por consenso general y sean idóneos para enseñar. No hay consagración alguna con el carácter de la Bestia, como veremos, sino que basta una bendición con imposición de manos [13]. Así como Cristo comenzó a predicar inmediatamente después del bautismo, y todos los apóstoles; así también inmediatamente después del bautismo debemos comenzar nosotros a predicar y manifestar a los demás la fe que en él hemos profesado.

Si alguien objeta que Pablo, en la primera carta a Timoteo, le llama adolescente, o mejor, joven, en ella se ve claramente que había sobrepasado bien los treinta años, pues mucho antes había sido discípulo aprobado por el testimonio de todos (Hch. 16) [14]. Podía hablarse de juventud en relación a esa gran responsabilidad que exigía un hombre entrado en años, o mejor, un anciano, llamado por eso «presbítero». De Josué se dice que era joven y «mozo» cuando ya pasaba de los cuarenta años (Num. 11), lo mismo que de Roboam (II Para. 13). Por lo demás, en relación con esto había habido antes una profecía sobre el mismo Timoteo (I Tim. 1) [15]. Luego esa objeción no viene a cuento. [414]

Ten en cuenta, además, otra diferencia entre nosotros y los judíos. Los judíos tenían una alianza carnal y acomodada a hombres carnales; nosotros, en cambio, tenemos una alianza espiritual y un testamento espiritual, confirmado por muerte, de que no puede morir con Cristo en el bautismo quien no tiene libertad para testar. Pues así es tu testamento en el bautismo: dejar todas las cosas y seguir a Cristo hasta morir con él. No puede ser bautizado con Cristo quien no puede ser bautizado con el mismo bautismo

---

[12] Cfr. Parte I, lib. II, nota 42.

[13] *Non est christianis dignitas alia quam baptismus.* La misma idea, antes, p. 604, nota 150. Servet no sólo rechaza toda dignidad superpuesta a la común del bautismo, sino que excluye radicalmente todo sacerdocio ministerial, como más tarde enseña.

[14] Véase I Tim. 4. 12 y Hch. 16, 1 y ss.

[15] Num. 11, 27 y II Cron. 13, 7. Servet hace luego referencia a «Este mandamiento, hijo Timoteo, te encargo, para que, conforme a las profecías pasadas sobre tí, milites por ellas buena milicia», de I Tim. 1, 18.

con que fue bautizado Cristo, o sea, quien no está dispuesto a morir voluntariamente por él (Mt. 20) [16]. Además, los judíos tenían matrimonio carnal y libelo de repudio. Nosotros, en cambio, no podemos tener matrimonio espiritual y eterno, sin repudio, si no hay «hombre nuevo», de edad adulta de Cristo, y en Cristo injertado, que, desposándose con él por la fe, viva con él perpetuamente. Por otra parte, un jovencito no sólo no es realmente capaz de regeneración celestial, sino que incluso le resultaría peligrosa por el riesgo de recaer temerariamente. Lo cual, como verás más tarde, podría resultar irreparable.

Así que, por lo que se refiere a la objeción de que el bautismo y la circuncisión se habían unificado, tengo que decir, en segundo lugar, que por Cristo la circuncisión se ha vinculado al bautismo, pero no de manera carnal a tenor de los partidarios del bautismo de niños. Está, sí, unida, mas no en el primer nacimiento según la carne, sino en el segundo, en el nacimiento espiritual del hombre [17]. Entonces nacemos «de arriba» hechos de nuevo niños; entonces nos circuncidamos, morimos con Cristo, somos sepultados en las aguas, resucitamos y, con la ayuda del nuevo Espíritu Paráclito, ascendemos al cielo para reinar con Cristo, como esposo, esposa, hermano y hermana de Cristo. Todo esto lo unió místicamente Cristo en el bautismo y todo es en él una misma cosa. La conclusión de los partidarios del bautismo de niños: que el bautismo es necesario después del nacimiento carnal, porque después de ese nacimiento se circuncidaba a los niños, equivale, como ya he dicho, a inferir una cosa carnal de otra carnal, a pretender que un acto carnal sea figura de otro también carnal; a confundir Cristo con Moisés, espíritu con letra, y cielo con tierra. Todos esos hechos carnales de los judíos prefiguraban otros espirituales que habrían de cumplirse en el segundo, en el «hombre nuevo». Así como las distintas figuras de la Ley constituyen en Cristo una sola cosa y en él se cumplen y recapitulan, así también es en el hombre una e idéntica la nueva hora de su generación, nacimiento, muerte y resurrección [18]. En-

[415]

---

[16] «No sabéis lo que pedís: ¿Podréis beber el vaso que yo he de beber, y ser bautizados del bautismo de que yo soy bautizado?», Mt. 20, 22.

[17] Si la primera larga respuesta a la interpretación común de que el actual bautismo reemplaza la antigua circuncisión señalaba la diferencia de edad, por la cual la infancia es sustituida en la etapa cristiana por la «edad perfecta» de treinta años, esta segunda respuesta hace hincapié en su diferente significación espiritual.

[18] De nuevo, el principio de la recapitulación, sugerido antes, lib. I, nota 89. En sus palabras: *Sicut variæ figuræ legis in unum in uno Christo concurrunt,*

tonces somos engendrados, nacemos y somos circuncidados del cuerpo de nuestros pecados. Entonces morimos y volvemos a la vida. Entonces somos sepultados y resucitamos con Cristo, incoándose el nuevo reino de los cielos.

Hay en el bautismo muchos más misterios de los que creen los partidarios del bautismo de niños, los cuales no saben otra cosa que decir que la circuncisión era figura del bautismo, pero aun en esto se apartan de la verdad. Pues cuando los apóstoles citan alguna figura del bautismo en la Ley, no mencionan la circuncisión, aunque pueda sobreentenderse, sino que nos presentan como figuras del bautismo el paso del mar Rojo y del Jordán y la navegación de Noé en el arca (I Cor. 10; I Pe. 3)[19]. En todos esos casos aparece la fe como un requisito previo. Luego la circuncisión no es propiamente figura del bautismo, sino que aquella circuncisión carnal era figura de esta otra circuncisión espiritual, realizada en la regeneración, no por obra de hombres, sino de Dios. Si, como dicen, la circuncisión valía tanto como el bautismo, ¿por qué ha sustituido a la circuncisión? ¿Por qué se circuncidaba sólo a los varones?

Pueden aducirse aquí muchas y segurísimas razones que obran en contra de la objeción de los partidarios del bautismo de niños[20]. Primera: que Cristo fue circuncidado de niño, pero no fue bautizado de niño. ¿Por qué esa diferencia? Ambos momentos, el de la Ley y el del Evangelio, los asumió Cristo en su cuerpo para recapitular y dar cumplimiento a todo en sí mismo y para, de este modo, dando cumplimiento a lo antiguo, renovarnos para otra vida. Segunda: que en la Ley estábamos sometidos a pedagogos, tutores y procuradores, pues que éramos niños; pero lo que es de Cristo requiere hombres adultos y creaturas nuevas, en virtud de una alianza nueva. Tercera: que a un pueblo carnal se le dio la señal en un niño carnal: «Estará, dijo, mi alianza en vuestra carne» (Gen. 17)[21]; mas la nuestra es una alianza espiritual. Cuarta: que la circuncisión sólo le confería a uno poder librarse de la muerte corporal que Dios había dictado contra los varones incircuncisos, y poder vi-

[416]

---

implentur et recapitulantur, ita una et eadem est in homine nova hora generationis, nativitatis, mortis, et resurrectionis. Por esta enorme importancia que Servet da al bautismo, insiste tanto en reservarlo para la «edad adulta», los treinta años.

[19] Citando I Cor. 10, 1-2 y I Pe. 3, 20 y ss. Obsérvese el gran vigor dialéctico de toda esta argumentación de Servet.

[20] Servet reserva el final del lib. IV, y de *Restitutio*, para enumerar hasta 25 razones contra el bautismo infantil. Véanse págs. 801-804.

[21] Gen. 17, 19.

vir en aquella tierra bajo la protección de Dios: ambas cosas se le conferían al niño según la carne, y de este modo se le daba vida (Ex. 4) [22]. El bautismo, en cambio, preserva de la muerte espiritual y por él vivimos ya en espíritu en el reino de los cielos. Ninguna de estas dos cosas son aplicables a un niño según la carne. La circuncisión no libraba del infierno al niño más que a la niña no circuncidada; el bautismo libra a ambos. Quinta: porque, como dice Pablo, la regla de nuestra fe no es la Ley, sino Abraham [23]; ahora bien, Abraham se circuncidó después de creer, como nosotros nos bautizamos siendo ya creyentes. Sexta, y para hacer uso del mismo argumento de Pablo a los Gálatas: que las consecuencias de la circuncisión en los niños según la carne no abrogan lo anteriormente operado en la persona de Abraham, pues nosotros no buscamos la herencia por la Ley, sino por Abraham, a quien se le había prometido nuestra salvación. Y no sólo no es abrogado el hecho de Abraham, sino que la circuncisión de la Ley viene a confirmarlo según el verdadero sentido de esa señal, que luego explicaré, pues fue prefigurado de este modo en los niños según la carne, para dar a entender el futuro misterio en los niños según el espíritu; lo mismo que todo lo demás de la Ley se cumplió místicamente en Cristo, y por él se cumple místicamente en nosotros.

Te suplico una y otra vez, lector cristiano, que, para que puedas combatir conmigo contra la Bestia, conserves a buen seguro en tu ánimo este modo espiritual de cumplir la Ley. Cristo es el cumplimiento de la Ley. El solo ha cumplido en sí mismo todas las cosas y las cumple también en nosotros que hemos seguido su ejemplo. Algunas profecías pueden cumplirse aisladamente en nosotros, como se cumplen en Roma las profecías de Babilonia, en Judas Iscariote las de Achitofeles, o en Juan Bautista las de Elías; pero la totalidad de los misterios de la Ley dada a Moisés se refiere a Cristo, en quien está la plenitud de todo (Col. 1 y 2) [24].

[417]

---

[22] Se refiere Servet al oscuro hecho de la familia de Moisés narrado en Ex. 4, 24-26: «Y aconteció en el camino que en una posada le salió al encuentro Jehová, y quiso matarlo. Entonces Séphora cogió un afilado pedernal, y cortó el prepucio de su hijo, y echólo a sus pies, diciendo: A la verdad tú me eres un esposo de sangre. Esposo de sangre, a causa de la circuncisión.»

[23] Pueden verse textos de Gal. 3, 6 y 29, entre otros.

[24] Alusión a los caps. 7 y 12 de Dan. y 12 y 17 del Apocalipsis, estudiados en el lib. anterior. También a los 15 y 17 de II Re., donde es mencionado Achitofel, consejero de David, traidor a él y partidario de Absalón. Cristo como plenitud, en Col. 1, 18 y 2, 9.

Dirijamos ya contra la Bestia nuestra máquina de guerra, y volvamos contra ellos mismos las insensatas razones de los partidarios del bautismo de niños y sus sacerdotes. Si a partir de la circuncisión carnal dedujesen ellos con argumentos válidos su bautismo de la carne con la pretensión de que es complemento infantil de la circuncisión, por la misma razón pretenderían deducir que dan cumplimiento a las figuras de la Ley los rasuramientos, tonsuras, estolas, ungüentos y mitras de nuestros pontífices y sacerdotes; y que es cumplimiento de la Ley el Papa, la Bestia «que fue y no es»; y lo mismo, que los votos y ley del nazarenado se cumplen no en el bautismo por Cristo, sino en sus cogullas, y que la cogulla también es cumplimiento de la Ley, siendo así que esas cogullas no son más que «langostas salidas del abismo», como luego veremos [25]. Y argumentando de ese modo se seguiría también que en Roma haya un jubileo semejante al judío, que seamos rociados ritualmente con agua falsa e hisopo según la espiritualidad judaica, que tengamos campanas sagradas en vez de las trompetas de la sinagoga, lámparas por lámparas, un templo de piedra por otro templo de piedra rebosante de ídolos y abominaciones, e incluso un paño cuaresmal en vez de su velo del templo, para estar ya tan completamente cegados como ellos y no ver el rostro de Cristo. Y lo mismo cabe decir de las dedicaciones de templos, bendiciones de muros, ungüentos, altares, inciensos, turíbulos y cosas por el estilo, a las que Pablo califica de fábulas judaicas, supersticiones, ἐθελοθρησκεία y prescripciones de hombres que detestan la verdad [26]. Probarían también con toda lógica que estamos obligados a guardar fiesta el día de feria que ha venido a sustituir al día de sábado por decreto de los Papas, y que el cumplimiento sabático carnal era figura de otro también carnal, como la circuncisión del niño según la carne es figura del bautismo de niños según la carne [27]. [418]

---

[25] Ya antes ha mencionado esta aplicación a los monjes de unas palabras de Joel 1,4: «Lo que quedó de la oruga comió la langosta, y lo que quedó de la langosta comió el pulgón, y el revoltón comió lo que del pulgón había quedado». Lib. I, nota 223, p. 622.

[26] En su afán por un cristianismo interior, Servet acumula razones contra toda clase de ritos cristianos externos, que él juzga corrupción y huella de una *iudaica spiritualitas*. Con ese término griego califica Pablo en Col. 2, 23 formas arbitrarias de piedad sin valor alguno. Servet toma esta actitud como el signo 56 del Anticristo, entre los 60 que enumera, y también menciona ese texto paulino. Cfr. *Treinta Cartas a Calvino* (ed. cit., p. 208).

[27] No fueron los papas, sino Constantino quien impuso la observancia del domingo con esos rasgos que Servet desecha, en su decreto del 3 de marzo del 321 (Cfr. *Didaskalia*, ed. Funk, II, 59, 2). Otro lugar paralelo servetiano

Aunque ciegos y sordos, ya empiezan por Cristo a ver y oír las palabras del libro. Saben muy bien que tales judaísmos carecen de Espíritu, por lo que hay que desaprobarlos todos íntegramente, pues equivaldría a pasar de una cosa carnal a otra carnal, a caer de nuevo bajo el yugo de la servidumbre judía. Eso sería mera κακοζηλία, una farsa ridícula o una ridícula imitación de la Ley, de suerte que mejor se nos podría llamar títeres y monos de imitación de los judíos que cristianos [28].

Por una semejante κακοζηλία decidió Mahoma que para los suyos fuese el viernes el día solemne en que debían descansar totalmente [29]. Y no les faltan razones a los monjes y religiosos mahometanos para sustraer del libro de Dios algunas tradiciones, como hacen también nuestros fariseos, según predijo Zacarías: Todo el que sustrae, dice, alguna tradición del libro de Dios, pasa por ser piadoso e inocente, y todo el que jura y hace votos para proponer. sus propias invenciones como tomadas del libro, pasa por ser piadoso e inocente (Zac. 5) [30]. Por eso, dice allí, se ha apartado de nosotros en señal de «gran maldición» el libro de Dios y reina la impiedad babilónica: pues se jura en falso con esos votos farisaicos. Contra lo prescrito por Cristo se jura allí, pues Cristo prohibió jurar con voto (Mt. 5) [31]. En tales casos se comete sacrilegio, pues robo sagrado son esas cogullas monacales, esos ritos papistas y esas ceremonias legales. ¡Sacrílegos son todos ellos por robar tradiciones del libro sagrado, como las robó Mahoma y los antiguos fariseos!

Viendo Mahoma que los judíos tenían trompetas y nosotros campanas, decidió que en sus mezquitas o templos

---

sobre el tema, con importantes datos de la antigua celebración dominical, está en su *Apología* (ed. cit., p. 247).

[28] *Kakoxelía*, opuesto a *euxelía*: mal celo, o emulación ridícula, y a la vez imitación desafortunada. Vocablo griego no común. Todo ello indica el buen griego de Servet, y lo ridículo de la acusación de Calvino como si ignorara esa lengua: *Calv. Op.*, VIII, 779.

[29] No de descanso, sino de obligatorio culto público a mediodía. Y ello no en el período de la Meca; sólo en Medina mandó Mahoma observar el culto regular en viernes. En el Corán el único pasaje que alude a eso es la *Sura al jum'a* o LXII, 9: «Cuando se convoca para la plegaria del *yaum al jum'a*, del día de la asamblea, concurrid al recuerdo de Dios y abandonad la atijara», el mercado. El viernes era día del mercado en Medina. Cfr. S. D. GOITEIN, *Studies in Islamic History and Institutions*, p. 122. Cfr. *El sagrado Corán* (Buenos Aires, 1952), p. 437.

[30] «Todo aquel que hurta de una parte del rollo será destruido; y todo aquel que jura de otra parte del rollo, será destruido», Zac. 5, 3.

[31] «No juréis de ninguna manera... Mas sea vuestro hablar: Sí, sí; no, no. Porque lo que es más de esto, del mal procede», Mt. 5, 34-37.

se convocase por medio de la voz humana, por ser ésta más noble que una trompeta o una campana, y porque las trompetas de la Ley eran sombras de la voz humana [32]. Mahoma prohibió a los suyos el vino, como el Papa la carne y el matrimonio, aunque probablemente tuvo para ello mejores razones Mahoma, como se desprende de Lev. 10 y Num. 6 [33]. Viendo que los judíos habían establecido tres rezos al día, [419] por la mañana, al mediodía y por la tarde, siguiendo el ejemplo de Daniel y David, y que los nuestros tenían las siete horas canónicas, él enseñó, manteniéndose en medio de unos y otros, que había que hacer oración cinco veces al día [34]. Viendo que los judíos oran hacia occidente y nosotros hacia oriente, decidió que los suyos orasen mirando al mediodía, a la casa de la Meca. Así lo ordena Mahoma en el capítulo que trata de la casa de Abraham y que es parte de la sura segunda [35]. ¡Sólo falta ya que vengan Gog y Magog del aquilón, y manden orar hacia el aquilón! En lugar de las peregrinaciones papistas, estableció la peregrinación a la Meca, donde dicen que está la casa de Abraham, levantada por Adán, preservada del diluvio y que durará eternamente; de suerte que entre ellos es preferida por varios títulos al mismo templo de Salomón [36].

Si repasamos las demás tradiciones y robos sagrados, comprobarás cómo nuestros sacerdotes observan más y peores que los mahometanos. En una cosa aventajan los mahometanos a los papistas: en que detestan los ídolos y aborrecen inmensamente la idolatría papística [37]. A pesar de que Dios no habita en templos hechos a mano, ni se le puede dar culto con manos humanas, sino sólo con el espíritu; sin embargo, los sacerdotes papistas dedican muchos tem-

---

[32] El *convocar* de la cit. Sura LXII, 9 es expresado en árabe con el verbo *nādā*, que implica llamada por voz humana, y así lo ha interpretado siempre la tradición musulmana.

[33] «No beberéis vino ni sidra cuando hubiereis de entrar en el tabernáculo», Lev. 10, 9 y Num. 6, 3. Quiere decir Servet que ninguna ley bíblica prohíbe comer carne ni prescribe el celibato.

[34] No se mencionan en el Corán el número de plegarias ni sus veces al día. Pero nada obsta a que los cinco servicios religiosos diarios mencionados por la antigua tradición islámica se convirtieran en norma aún en vida de Mahoma.

[35] «Cada cual tiene una meta hacia donde dirigirse para orar. Dondequiera te dirijas, orienta tu rostro hacia la santa Mezquita», *El Corán*, sura II, de *albáqara* o de la vaca, aleyas 148-150 (ed. cit., p. 65).

[36] «Allí está la mansión de Abraham... La peregrinación a esta Casa es un deber para con Dios de todos los seres humanos que están en condiciones de emprenderla», sura III, de *Ali-Imran*, aleya 97 (ed. cit., p. 88).

[37] Las llamadas del Corán contra todo tipo de idolatría son muy frecuentes en varias suras.

plos al culto de muchos santos y guardan en sus altares muchos cadáveres. Fabrican artísticamente estatuas, ídolos e imágenes de oro, de plata, de bronce, de hierro, de madera, de piedra, adornándolas con hermosas pinturas; colocan dentro de estos ídolos reliquias de cadáveres, los llevan en hombros e invocan a uno en caso de peste, a otro en la tormenta y a otros en otras enfermedades. Organizan peregrinaciones y hacen votos a éste por sus bueyes, a aquél por sus ovejas, a otros por los caballos y asnos, y de esta guisa resultan tantas divinidades como ciudades y aldeas, igual que antes los israelitas multiplicaban sus dioses según el número de sus ciudades (Jer. 2 y 11), e igual que leemos que hicieron los asirios en tierras de Israel (IV Re. 17). Tanto ellos como los nuestros dicen que así dan culto a Dios, aceptando también el culto a las otras divinidades: «Conforme a la abundancia de los frutos de la tierra, aumentaron los altares y estatuas de sus ídolos» (Os. 10)[38]. Cada uno de los distintos gremios de artesanos, fabricantes, zapateros, barberos, etc. tiene su santo especial, al que tributa culto con fiestas y banquetes bacanales. Hacen exvotos a esas divinidades de miembros reproducidos en cera, cuando tienen ese miembro afectado por alguna enfermedad, igual que los filisteos hicieron anos de oro como exvoto de las hemorroides[39]. Dicen también nuestros sacerdotes que hay que presentar ante el altar de esas divinidades pan, vino y otras ofrendas, y atender al ornato de sus altares con nuestro propio menage; que tenemos que encender cirios alrededor de esas imágenes para iluminar los cadáveres; que debemos ofrecerles votos, inclinarnos ante ellos con la cabeza descubierta, arrodillarnos y besarles devotamente los pies; y aun llegan a recomendar que los ciegos apliquen piadosamente sus cerrados ojos a esas pinturas sagradas. Nos enseñan que tenemos que rezar a las ánimas de los difuntos, que representan esas imágenes. Dicen también que en virtud de las bulas selladas, que han recibido de la Bestia, no sólo podemos alcanzar indulgencias para nuestros pecados, sino incluso para librar a los muertos de sus penas. Y añaden que con sus misas, méritos y sacrifi-

[420]

---

[38] Jer. 21, 28 y 11, 13. Servet se vale de estos textos, así como de II Re. 17, 10: «Y se levantaron estatuas y bosques en todo collado alto», y el de Os. 10, 1, para fustigar la inveterada costumbre cristiana de las imágenes, la invocación a los santos en todo tipo de calamidades, la emulación popular en las advocaciones patronales, etc.

[39] Curioso hecho narrado en I Sam. 6, 4 y 5, que Servet menciona no sin cierto sarcasmo. Critica aquí la titulación santoral de los diversos gremios y profesiones, actual aún, y la popular costumbre de los exvotos.

cios serán liberadas del infierno las almas de nuestros difuntos y antepasados, y su alforja purgada en el purgatorio [40].

¡Oh «abominable desolación presente en el lugar santo»! [41]. ¡Oh, cielos: asombráos, aterráos, desoláos! Clamen contra ellos los judíos que, abandonando sus invenciones humanas, den culto al único Dios. Clamen los mahometanos que abandonen sus ídolos. Clamemos también nosotros, con Pablo, que «busquen las cosas celestiales» y no las terrenas. Mas ellos no pueden desear ni entender las cosas celestiales, pues aún no han «resucitado con Cristo» [42]. Si reconocieran el poder de la regeneración, verían en ellos mismos a Cristo presente y propicio, y no les sería necesario recurrir en adelante a otras divinidades, pues «ningún otro hay puesto como señal» ni que nos pueda servir de ayuda [43]. Cuando hayan renacido, comprenderán que en la Ley hubo verdaderas sombras y signos de lo que había de suceder, y que todo se ha cumplido por Cristo, de tal modo que, una vez derramada su luz, ya no queda ahora sombra alguna, ni sabatismo carnal, ni diferencia alguna entre un día y otro.

Arguyen ellos que Juan, en el Apocalipsis, hace mención del domingo [44]. Respondo. Lo que ahí se denomina domingo lo llaman otros «día del Señor», que será el día en que se ponga de manifiesto la abominación de la Bestia, del hijo de perdición, de tal modo que ese «día del Señor», que celebra la Bestia, recaerá sobre su propia cabeza. «Día del Señor» llama Joel al gran día de la destrucción de Asiria. Ese «día del Señor», día de la destrucción de Babilonia, lo encontramos en Isaías, caps. 13 y 28, Amos, cap. 5, Sofonías, cap. 1, y más veces en otros [45]. Cualquier día en que ocurre algo notable es designado por las Escrituras como «domingo», «día de señor», o como «noche de señor» (Ex. 12) [46]. Un gran sueño, ¡como el que amodorra a los

[421]

---

[40] Como se ve, Servet ridiculiza todo el aparato ceremonial de las celebraciones cristianas, tanto públicas como privadas, y no sólo las bulas, indulgencias y oraciones por los difuntos; con lo cual va mucho más allá que los reformadores magisteriales del XVI y aun que la mayor parte de los radicales, por su intransigente anabaptismo y espiritualismo extremos.

[41] Una de las frases apocalípticas de Jesús, en Mt. 24, 15.

[42] Citando pensamientos de Col. 3, 1.

[43] Lc. 11, 30.

[44] «Yo fui en el espíritu en el *día del Señor*, y oí detrás de mí una gran voz como de trompeta», Ap. 1, 10.

[45] Alusiones sucesivas a Jl. 1, 15; Is. 13, 6 y 28, 5; Am. 5, 18; Sof. 1, 7, y entres otros, Jer. 46, 10; Ez. 30, 3; Hch. 6, 17, etc.

[46] «Es la pascua de Jehová..., es noche de guardar a Jehová», Ex. 12, 11 y 42. «Comer la cena del Señor», en I Cor. 11, 20. Servet está acumulando

papistas!, se llama «sueño de señor», sueño señorial. Una guerra insigne, «guerra de señor», guerra señorial, es decir, contra los enemigos de señor. A la cena del Señor se le llama también cena dominical. Todas las cosas notables tienen en su expresión hebrea el título «de señor», así: un árbol grande, árbol de señor; un gran ejército, ejército de señor o dominical; terror del señor o dominical. Por consiguiente, Juan designó así a un día solemne, al día en que recibió la revelación de la destrucción de Babilonia, y ése es el «día de señor», el día en que perecerá la Bestia.

Insisten aún diciendo que los apóstoles observaron el día de Pentecostés. Respondo. Consta por la Ley que era fiesta judía esa fiesta de las semanas, o fiesta del día quincuagésimo, del día de pentecostés, a las siete semanas de los primeros frutos (Ex. 23 y 34; Lev. 23; Num. 28; Deut. 16) [47]. De ahí que Pablo acudiese a Jerusalén el día de pentecostés precisamente para tener ocasión de anunciar a Cristo en la magna concentración de judíos; y así también el mismo Cristo, según la costumbre judía, solía subir muchas veces a Jerusalén el día de la fiesta. ¿Qué pueden judaizar de todo esto los papistas? En los Hechos de los Apóstoles, caps. 12 y 20, se hace mención de los días de ázimos, observados por los judíos, mas no por los cristianos, salvo que alguno siguiera judaizando [48]. En lo que concierne al misterio y a su genuino sentido místico, el día de [422] los nuevos frutos es el día de la resurrección de Cristo, cincuenta días después de la cual nos fueron dadas las primicias del Espíritu santo. Así como a los judíos se les dio la Ley cincuenta días después de la liberación de Egipto, así también a los cincuenta días de nuestra liberación se nos dio como maestro el Espíritu santo, que nos enseña con más sublimidad que la Ley; y así, para nosotros, no hay otra Ley que la del Espíritu [49].

El misterio está ya, pues, cumplido. En este caso el día quincuagésimo ha sido restablecido a modo de jubileo para nuestra herencia celestial, no para la terrenal. Nosotros disfrutamos de un jubileo ininterrumpido y de una continua «sinceridad de los ácimos» [50]. Jesús quiso derramar el Es-

---

textos, algunos de los cuales tienen el significado de «señorial», adjetivo, mientras otros evidentemente admiten referencia posesiva o cultual. Sobre este hebraísmo, véase lo que escribió en la Parte I, lib. II, pp. 205-8.

[47] Ex. 23, 16 y 34, 22; Lev. 23, 15; Num. 28, 26; Deut. 16, 9.

[49] *Non est nobis alia lex, quam lex spiritus. Impletum est ergo mysterium illud.*

[50] El nuevo sentido sería expresado por Pablo en I Cor. 5, 8: «Así que hagamos fiesta, no en la vieja levadura, ni en levadura de malicia y maldad, sino en ázimos de sinceridad y de verdad.»

píritu santo sobre los apóstoles en un día célebre para los judíos, para que algo tan grande se manifestase públicamente delante de muchas naciones (Hch. 2). Igual que los judíos deben estar lavados para recibir la Ley (Ex. 1⁹), debemos estar nosotros bautizados para recibir el Espíritu santo [51].

Es plausible recordar todos estos beneficios. Aprobamos que, sobre todo en las iglesias o reuniones, se haga con frecuencia conmemoración del día de la natividad de Cristo, de su muerte, de su resurrección, de la misión del Espíritu santo, e incluso del «día del Señor» en que caerá Babilonia, que será el día de nuestra resurrección, como verdaderamente fue «día del Señor» el de la resurrección de Cristo. Ahora, al cabo de mil años, resucitaremos de la muerte papista, llamada por Juan «resurrección primera». Será, pues, éste «día del Señor», día de resurrección. También al día de la resurrección final se le llama «día del Señor», día grande e insigne. Por tanto, será plausible hacer luego conmemoración de estos días [52]. Pero no es lícito que por decreto papista se señale un día de descanso para emular la Ley, pues aquel descanso y aquel sábado eran sombras carnales del misterio obrado por Cristo (Col. 2), y «cuando despunta el día, se disipan las sombras» (Cant. 2) [53]. Pablo prohíbe tajantemente que nos juzgue nadie de la observancia del sábado o de otra fiesta. Aquel sábado que santificó Dios (Gen. 2) fue señal de nuestra santificación (Ex. 31; Ez. 20) [54], para dar a entender que nosotros, que hemos sido santificados con una santificación eterna, no debemos seguir haciendo obras serviles que vuelvan a someternos a la esclavitud del pecado, sino que, muerto el hombre viejo, nuestro «hombre nuevo» debe celebrar fiestas perpetuas de sábado en sábado. Toda nuestra vida y hasta nosotros mismos somos un «sábado santo» (Is. 58). Así como los actos carnales de la Ley no contienen en figura otro acto carnal, así tampoco nosotros debemos buscar un sábado carnal, sino

[423]

---

[51] Pentecostés, en Hch. 2, 9-11. Servet establece así una analogía con Ex. 19, 10: «Y Jehová dijo a Moisés: Ve al pueblo, y santifícalos hoy y mañana, y lava sus vestidos.»

[52] No se olvide que sobre ciertas bases bíblicas Servet niega licitud cristiana a los templos. Por eso, para él *iglesia* equivale a *reunión*, conforme a las etimologías griega y latina originales: ἐκκλησία, *asamblea*, y al sentido del hebreo *kajal*.

[53] Bella frase de Cant. 2, 17, y cita de Col. 2, 16-17: «Por tanto, nadie os juzgue en comida o en bebida o en parte de día de fiesta o de nueva luna o de sábado, lo cual es sombra de lo porvenir.» Lo que más repugna a Servet es la celebración gregaria y *ex decreto papistico*.

[54] Gen. 2, 3; Ex. 31, 1 y Ez. 20, 12.

espiritual, para descanso del espíritu, que consiste en cesar de toda obra carnal, según dicho cap. 58. Nosotros ya «hemos entrado en el reposo» eterno de Cristo (Heb. 4). De modo que, sin mediar otro día, podemos disfrutar ya «de sábado en sábado» (Is. 66) [55].

Sentido carnal tienen los que quieren obligarnos a «sabatizar» con el argumento de que los compañeros de trabajo no pueden soportar un esfuerzo ininterrumpido. ¡Como si nuestro evangelio se entrometiese en dilucidar esas cuestiones que Cristo rehusó abiertamente! Cristo permite que se hagan aparte los juicios acerca de las cosas civiles, y según eso queda al margen el contratar el trabajo corporal [56]. Nada obsta el que Dios bendijese el día séptimo desde el principio del mundo, descansando ese día y ordenando luego por ley que se descanse. Pues eso era sólo en figura, como ya dije en el Diálogo primero [57]. En sentido literal se trataba de una instrucción carnal y literal de la Ley hecha a un pueblo carnal, como se hizo con otras leyes carnales.

Aquel sábado quedó sepultado con Cristo, y en él descansó Cristo de cuanto había padecido por nosotros, poniendo fin a todo. Aquel sábado carnal quedó sepultado, igual que quedó rasgado el velo del templo para dar paso a algo completamente nuevo. Observa en este punto la admirable discreción de Cristo, el cual, al recitar frecuentemente en el evangelio los preceptos de la Ley, silenció sistemáticamente la observancia del sábado. Incluso, a pesar de las reclamaciones de los judíos, siempre actuaba en sábado, no queriendo que nos viésemos forzados a esa observancia, y dando a entender también que los cristianos debemos hacer nuestras obras siempre en sábado, en el eterno descanso del sábado: «Mi Padre, dijo, hasta el momento siempre está obrando, incluso en sábado, y yo también obro continuamente» (Jn. 5). Hay que tener presente otro argu-   [424]
mento de Juan, cap. 7. Más venerable que el sábado era la

---

[55] Is. 58, 13; Heb. 4, 3; Is. 66, 23: «Y será que de más en más, de sábado en sábado, vendrá toda carne a adorar delante de mí, dijo Jehová.»

[56] Probable alusión a la parábola de los viñadores, o también a cuestiones políticas y económicas, como la de los tributos, en las que Jesús siempre se mantuvo indiferente. El principio expuesto por Servet es expresión del espiritualismo cristiano y mantiene suma importancia y actualidad frente a otras corrientes cristianas más sociales: *Quasi evangelium nostrum de iis iudicandis se intromittat, id quod Christus aperte recusavit.* Neta separación entre lo religioso y lo civil. Esto puede explicar que Servet, teólogo radical, apenas dedique unas líneas a temas y problemas no estrictamente religiosos.

[57] Su condición de mera *umbra* cae dentro de la teoría general de Servet para todas las leyes y ceremonias del A.T., como explicó antes, págs. 203, 217, 229 del texto de *Restitutio;* pp. 378, 396, 411.

circuncisión, pues que ésta dispensaba del sábado, mas no éste de aquella[58]. Luego, si la misma circuncisión ha quedado abolida y eliminada, ¡cuánto más el sábado! Si el Papa sustituye ahora el descanso del sábado por el descanso de otro día, por la misma razón debería sustituir la abscisión del prepucio por la de otro miembro, ya que la circuncisión era más importante que el sábado. Además, según consta en Marcos 2, el hombre es dueño tanto de las demás cosas como del sábado; y dueños nos ha hecho, como lo es Cristo, incluso del sábado; y «el sábado ha sido hecho para el hombre, que no el hombre para el sábado»[59]. Por tanto, el hombre libre puede disponer libremente del sábado, aunque a un pueblo servil se le hayan impuesto ciertos yugos hasta que se corrija.

Asimismo, Cristo enseña ahí que los hijos de David están limpios y que les es lícito, como a los sacerdotes, comer los panes de la proposición, arrancar espigas en sábado y hacer todo lo relativo a la vida cotidiana, puesto que el Señor nos ha hecho sacerdotes y señores del sábado. A lo que hay que añadir lo que con tanta frecuencia dijo el Señor de llevar a abrevar al buey y al asno y de sacar de la fosa al asno y a la oveja[60]. Ningún otro judaísmo combatió tanto Cristo de palabra y de obra como el del sábado; así se ve la asombrosa obcecación de los papistas y lo vanamente que pretenden atarnos con sus decretos y «engañarnos con sus palabras sublimes», como enseña bellamente el apóstol en su carta a los Colosenses: carta que ojalá calasen bien todos los papistas. Por eso hemos afirmado que la Bestia «cambió los tiempos y las leyes», como dijo Daniel, ya que cambió los días de fiesta y suplantó las leyes divinas con las suyas[61].

Que aquellas fiestas judías, la del cordero pascual, la de pentecostés y la de los tabernáculos, se cumplan hoy en nosotros todas de una vez, sean todas una sola y misma fiesta, y todas lleven anejo el misterio del bautismo y de la cena, lo vas a ver en seguida, y así entenderás cómo hay que conjugar el bautismo con la cena. Pues al ser «bautizado en la muerte de Cristo», en ese momento te inmolas, y liberado del oprobio de Egipto celebras ya la primera fiesta [425] en «sinceridad de los ácimos», dejando el viejo fermento, y comes en la cena con Cristo el cordero pascual. Al mismo

---

[58] Jn. 5, 17 y 7, 22-24.
[59] Mc. 2, 27-28. Y prosigue: *Liber ergo homo potest sabbato libere uti.*
[60] Así, entre otros textos, en Mt. 12, 1-13; Lc. 6, 6-11, etc.
[61] *Probabilitate sermonis:* palabras persuasivas, capciosas, arte de convencer o πιθανολογία, como Servet vierte Col. 2, 4. Luego, Dan. 7, 25.

tiempo celebras también la fiesta de las primicias de los frutos y la de los tabernáculos; pues al recibir las primicias del fruto celestial del Espíritu santo, «tomas de tu era y de tu lagar» vino y pan y, entregándolos espontáneamente, es decir, distribuyéndolos en el ofertorio en la cena del Señor, los compartes con los pobres de la Iglesia y eres aceptado en las moradas del reino de los cielos (Deut. 16) [62].

Nos queda tratar ahora de la fábrica del *templo*. A muchos podrá parecerles grave el que no apreciemos en nada tan hermosas estructuras. Pero nada de esto nos maravilla. También a los impíos les escandalizaba el profeta cuando profería improperios contra el templo de piedra (Is. 66) [63]; incluso llegaban a acusar a Dios, por eso mismo, de pesado y enojoso. A pesar de todo, estaban justificadas las razones de esa desaprobación, como enseña Dios: porque ese lugar no es digno de Dios, ni morada idónea para él; porque Dios habita en el espíritu; porque las piedras seguían siendo las mismas de antes de hacer el templo; porque el hombre era templo de Dios ya antes que el templo de piedra; porque en una casa de piedra el culto a Dios resultaba carnal; y porque allí se cometían muchas abominaciones. Añade que Cristo es el verdadero templo de Dios, y que el Dios excelso no habita en templos hechos por mano de hombres. Ezequiel nos ilustra cómo se retira la gloria de Dios del templo de piedra (Ez. 3, 9, 10 y 11) [64]. Antiguamente se requería un templo de piedra para ofrecer sacrificios carnales; ahora, no. Ahora sólo el hombre es verdadero templo de Dios, y en él debe ser adorado Dios en espíritu.

A este propósito tenemos que añadir algo más sobre la dedicación del templo y sobre cómo al principio era el hombre el templo de Dios. En Num. 7, III Re. 8 y en II Esd. 12 se habla de la dedicación del templo, al que hay que añadir el otro misterio de Henoc dedicado a Dios, pues חֲגֻד

---

[62] Palabras tomadas de Deut. 16, 13 y ss. La fuerza del argumento de Servet estriba en un principio enunciado por él páginas arriba: *Una et eadem est in homine nova hora...*, p. 158, y en el de la espontaneidad que él siempre requiere para todo acto específicamente cristiano.

[63] «El cielo es mi solio. Mi mano hizo todas estas cosas. Mas a aquél miraré, que es pobre y humilde de espíritu y que tiembla a mi palabra, Is. 66, 1-2. *Quod tam pulchras structuras nos nihili faciamus.* ¿Piensa Servet en las hermosas iglesias románicas y góticas de Vienne misma, donde escribe? También en las demás. ¿Se deducirá que este hombre del Renacimiento no aprecia el arte? También se ha dicho de Erasmo. No, sino que no debe servir para lo que es usado. Quia *Deus in spiritu habitat.*

[64] Ez. 3, 23. 9, 3. 10, 4 y 11, 2. Y así Servet concluye: *Nunc solus homo dicitur templum Dei, et ibi est Deus spiritu adorandus.*

hanac, significa iniciar, consagrar, dedicar. De ahí que se llame a Henoc instruido o iniciado en las cosas sagradas, dedicado o consagrado a Dios. Nos estamos refiriendo no al tercer Henoc, hijo de Caín, que estuvo iniciado en los ritos de la serpiente, sino a aquel Henoc trasladado al cielo, que fue el séptimo desde Adán. Como él, también ahora se ha dedicado a Dios el séptimo día de la semana, en el cual alcanzamos como Henoc nuestro celestial descanso. El fue trasladado en figura, en señal del misterio de Cristo[65]. Cristo dio cumplimiento en sí mismo a ese misterio, haciendo que también se cumpla espiritualmente en nosotros. Nosotros hemos sido trasladados al cielo en realidad; Henoc, en sombra. Nosotros somos por Cristo verdaderos Henoc, teodidactos, instruidos por Dios, dedicados y consagrados a Dios: hemos sido trasladados al cielo (Col. 1; Ef. 2); somos templo de Dios y templo del Espíritu santo (I Cor. 3 y 6; II Cor. 6); somos «casa en que Dios mora» (Heb. 3); somos «piedras vivas de su casa espiritual» (I Pe. 3)[66]. Antes del diluvio Dios no habitó en ningún templo de piedra, ni en tabernáculo de madera, sino en Abel y en Henoc, como si fuese Cristo mismo quien moría en otro, resucitaba en otro y subía al cielo en otro. Después del diluvio fue templo de Dios Melquisedec, rey de Salem y sacerdote de Dios (Gen. 14). Por él dice el profeta que el templo de Dios estuvo antes en Salem (Sal. 75). Paso por alto, ahora, el misterio de la salvación de los gentiles insinuado en Melquisedec, pues Salem fue una ciudad pagana en tierras de Siquem (Gen. 33)[67]. Este mismo fue templo de Dios, rey y sacerdote, en verdadera figura de Cristo, rey, sacerdote y templo de Dios.

[426]

Así pues, al principio no hubo templo de piedra, pero le estuvo permitido por algún tiempo a aquel pueblo rudo. Ahora, Cristo es «más que el templo» (Mt. 12), es el verdadero templo de Dios (Jn. 2). «El Altísimo no habita en templos hechos a mano» (Hch. 7 y 17)[68]. Con razón, pues, quiso Cristo que fuera destruido como algo abominable el templo de piedra que desaprobara con sobrado motivo (Is. 66). Y por tanto, si nosotros volvemos a edificar lo que estaba

---

[65] Servet menciona una de las etimologías legendarias de los descendientes de Seth: «Caminó, pues, Henoch con Dios, y desapareció. Porque le llevó Dios», Gen. 5, 24, recordado en Heb. 11, 5.

[66] Col. 1, 13 y Ef. 2, 6; Heb. 3, 6 y I Pe. pero no 3, sino 2, 5.

[67] Sobre Melquisedec, Gen. 14, 18 y ss.; Sal. 75, 2; Gen. 33, 18.

[68] Referencias ahora a Mt. 12, 6; Jn. 2, 19; Hch. 7, 18 y 17, 24.

derruido, nos hacemos transgresores (Gal. 2) [69]. ¿Por qué no reconstruimos también el tabernáculo de madera? Si Dios no habita en templos hechos a mano, hay que concluir que en los templos de los papistas no hay otra cosa que ídolos. Si, como atestiguan los Libros de los Reyes, sólo al [427] hijo de David, Cristo, le ha sido dado edificar un templo a Dios, hay que concluir que los papistas no edifican otra cosa que la torre de Babel. Si, de acuerdo con el testimonio de Juan, no se ve ningún templo de piedra en esa celestial Jerusalén, que está dentro de nosotros, hay que concluir que las abominaciones papistas nada tienen que ver con la celestial Jerusalén, sino que son devociones corrompidas de hombres carnales.

Cristo es el verdadero templo de Dios, y nosotros por él. Es también el verdadero tabernáculo. El es el rey y sacerdote Melquisedec; y nosotros por él. El es la piedra viva; y nosotros por él. El es el paraíso de Dios; y nosotros por él. El es el sábado santo; y nosotros por él. El es la circuncisión; y nosotros por él. El es el verdadero nazareno; y nosotros por él. Cristo es el cumplimiento de todo, el que da cumplimiento a todo en sí mismo y en nosotros. Como él es la cabeza y nosotros los miembros, nos hace partícipes suyos comunicándonos su gloria cuando se nos comunica él mismo.

Así desaparece el *velo* papista. El velo del templo y el de la cara de Moisés indicaban la debilidad de aquel tiempo y el ocultamiento del verdadero misterio (II Cor. 3; Heb. 9) [70]. Pero ese velo fue rasgado y arrancado por Cristo, una vez hecha la verdadera revelación de Dios. Por eso en su pasión «se rasgó el velo del templo» (Mt. 27). No queda ya otro velo que la propia carne de Cristo que contiene verdaderamente la misma divinidad del Padre (Heb. 10) [71]. Ella es velo, tabernáculo, arca, urna, maná y todo.

Parecida es la razón de poner *sal* en las víctimas (Lev. 2) para ofrecerlas a Cristo. Y lo mismo respecto a la sal que

---

[69] Is. 66, 12. «Porque si las cosas que destruí las mismas vuelvo a edificar, transgresor me hago», en Gal. 2, 18. La conclusión integral a que va arribando la argumentación servetiana es absolutamente radical: *Papisticas abominationes carnalium hominum esse pietatem corruptam.*

[70] «Los sentidos de ellos se embotaron, porque hasta el mismo día de hoy les queda el mismo velo en la lección del antiguo testamento, el cual por Cristo fue quitado», II Cor. 3, 14. «Tras el segundo velo estaba el santuario», Heb. 9, 3.

[71] Mt. 27, 51, y Heb. 20, 10: «Por el camino que él nos consagró nuevo y vivo; por el velo, esto es, por su carne.»

sanaba las aguas mortíferas y amargas (IV Re. 2) [72]. Los papistas, sin embargo, con uno de sus sacrilegios característicos, han tomado pie de ahí para que no sé qué tradiciones de su falsa *agua bendita*. Cristo mismo es la verdadera sal que nos sazona para ser ofrecidos a él como víctimas; por eso nos llama «sal de la tierra». Amargas y mortíferas son para nosotros las aguas en que se ha vertido el ajenjo babilónico (Ap. 8) [73]. Las aguas mortíferas que hemos bebido hasta ahora en Jericó, las tornaremos dulces, sazonándolas con la sal de la sabiduría por el Espíritu santo. Esta sal contenida ahora en un vaso nuevo sazona la víctima inmolada, evitando que se corrompa por falta de sal [74]. [428]

Con las aguas del bautismo se endulza toda clase de aguas, tanto las marinas como las saladas o amargas; y por ellas cobran vida todos los seres animados (Ez. 47) [75]. Cristo nos enseña cómo se ha cumplido en nosotros este misterio de la sal, al exhortarnos a que tengamos sal y decirnos: Vosotros sois la sal de la tierra.» Primariamente se llama sal a Cristo, sal que nos da sazón de sabiduría; después, por él somos sal nosotros para los demás, comunicándoles nuestra propia sazón, para que encuentren gusto en la sabiduría y eviten la insulsez, la corrupción y la podredumbre. Nada preserva, en efecto, de la corrupción tanto como la sal. De donde que hasta el pacto con Dios se le llama «pacto de sal», incorruptible (Num. 18; II Para. 13). Se le llama, asimismo, pacto de sal, porque en el pacto del Señor constaba que en toda oblación se le ofrecería sal (Lev. 2) [76].

Hisopo no necesitamos otro que el propio Cristo, el cual por la aspersión con su sangre expía por nosotros y nos limpia: por él se dice que nosotros hemos sido «purificados con hisopo» [77]. El expía por nosotros y él mismo es el hiso-

---

[72] «En toda ofrenda tuya ofrecerás sal», Lev. 2, 13. II Re. 2, 19-22 se refiere a uno de los famosos portentos del profeta Eliseo, el cual se dice sanó unos manantiales de Jericó echándoles sal.

[73] «Vosotros sois la sal de la tierra», Mt. 5, 13. En Ap. 8, 11 se dice: «Y la tercera parte de las aguas fue vuelta en ajenjo, y muchos hombres murieron por las aguas, porque fueron hechas amargas.»

[74] Curioso ejemplo de la forma de argumentar de Servet, constituyendo mosaicos de textos del A. y del N.T., para llegar siempre al mismo punto: subrayar la originalidad espiritual del cristianismo y su independencia respecto a toda superstición, uso externo de símbolos y servidumbre religiosa de lo material.

[75] «Y vivirá todo lo que entrare en este arroyo», Ez. 47, 9.

[76] Num. 18, 19 y II Crón. 13, 5. Cfr. Lev. 2, 13 en nota 72.

[77] «Purifícame con hisopo, y seré limpio», Sal. 50, 7. Frases semejantes, en Lev. 14, 4; Num. 19, 18, etc.

po de nuestra expiación, de la misma manera que es a la vez la sal y la víctima que se ofrece a sí misma. Hay muchas razones por las que Dios ordenó hacer uso del hisopo: tanto por las naturales propiedades del hisopo, que limpia y purifica el pecho, como para salir al paso de las supersticiones contrarias de los egipcios, como, y sobre todo, para prefigurar así a Cristo, el verdadero expiador[78].

De *las lámparas y cirios* hay que decir que mientras esperamos la luz de Dios, nos servimos de ellas en la oscuridad de la noche. A un pueblo «sentado en las tinieblas» de la noche, al que incluso la luz de la Palabra de Dios le estaba oculta bajo la sombra y la nube, se le asignaron con toda razón los cirios, en relación con aquel oráculo escondido bajo velos, para dar a entender que ahí era necesaria una mayor claridad; pues nunca hacemos uso de candelas, sino cuando echamos en falta la luz del sol[79]. Pero una vez que ha amanecido para nosotros el día y luce ya el verdadero Sol, una vez que se nos ha manifestado la luz de la Palabra de Dios y han desaparecido la nube, la sombra y las tinieblas, ya no hay necesidad de ningún tipo de lámpara. En vano se enciende una vela a plena luz del sol. Cristo en persona es nuestra verdadera luminaria, que ilumina el cielo entero y lo seguirá iluminando en el siglo futuro. El es lámpara, «resplandor de gloria» y «luz del mundo». En esa celestial Jerusalén que hay dentro de nosotros no ha de haber más luminaria, dice Juan, que la claridad y el resplandor del Cordero[80]. [429]

Aparte, pues, las imposturas papistas, nosotros tenemos que esforzarnos para poder ser siempre «luz e hijos de la luz», después de que quien es luz verdadera nos ha hecho ser luz a quienes antes éramos tinieblas. Tal sucederá si mantenemos el aceite de la claridad quienes por la fe hemos encendido nuestras lámparas en el reino de los cielos[81].

---

[78] El hisopo es una planta pequeña y compacta, y por eso empleada para rociar y aspersionar. Se cría en paredes y rocas, muy común en Egipto, la península del Sinaí, Israel, el mismo Jerusalén. Sus cualidades de estimulante, tónico, expectorante, aromático, bien conocidas de siempre.

[79] «Sentarse en tinieblas» es expresión de Is. 42, 7 que aplicada al judaísmo todo consta en Lc. 1, 79, en boca de Zacarías, padre del Bautista.

[80] Coherente con su cristianismo radicalmente espiritualista, rechaza Servet templos, instrumentos de culto, elementos materiales al servicio de la piedad, lámparas, fiel a Ap. 21, 23: «Y la ciudad no tenía necesidad de sol, ni de luna: porque la claridad de Dios la iluminó, y el Cordero era su lumbrera». Claro es que él aplica estas palabras a la actualidad cristiana, a la celeste Jerusalén *quæ intra nos est*, y no al estado escatológico.

[81] Conjunción de la parábola de las vírgenes prudentes, Mt. 25, con frases de Jesús en Lc. 16, 4, y de Pablo en Ef. 5, 8 y I Tes. 5, 5.

Tanto en Zacarías como en Juan se habla de dos candelabros o de dos olivos, aunque con distinto sentido, según sea la clase de misterio que .se da a entender. En Zacarías se habla de dos «ramos de olivo», de dos ungidos: Josué, ungido como sacerdote, y Zorobabel, como príncipe; ambos ungidos temporalmente para levantar la casa de Dios (Zacarías 4). En cambio, en Juan se aclara que esos dos candelabros y dos olivos son los dos testigos de Cristo: Moisés y Elías, la Ley y los Profetas (Ap. 11), verdaderas lámparas que arden y lucen sobre la mesa para poner de manifiesto que Jesús es hijo de Dios. También a las iglesias, por mantener y enseñar esta fe, se les llama «candelabros de oro» que lucen continuamente en presencia de Dios (Ap. 1) [82].

Por consiguiente, ya se han cumplido en Cristo, y por él también en nosotros, todas las figuras de la Ley, y no hay necesidad de esas ficciones babilónicas. La antigua observancia exterior denotaba la inseguridad de aquellos tiempos en los que «aún no se había descubierto el camino del santuario» (Heb. 9) [83]. El mero hecho de encender lámparas argüía falta de la verdadera luz del sol. De este modo, al hacer uso de una luz débil, los judíos indicaban la verdadera luz que más tarde aparecería, como así ocurrió.

En cuanto a los *votos de los monjes* ya hemos dejado en claro que se trata de sacrilegios contra la tradición, verdaderas bufonadas. Ya hemos demostrado, a base de Zacarías, que a causa de esos juramentos impera la impiedad papística, y que, como la mayor de las maldiciones, se nos ha retirado el libro de Dios. Los monjes presumen de que en sus votos está la verdadera regla de perfección, comprometiéndose con juramento a muchas cosas y complicándose con muchas leyes; cuando, al contrario, en sus documentos de perfección, Cristo mismo había prohibido tajantemente los juramentos (Mt. 5) [84]. Jamás condujo a la perfección la ley, incluso la misma privación de libertad es ya una imperfección, según Pablo, y hasta según Santiago, pues pone la perfección en la libertad [85]. A los antiguos les

[430]

---

[82] Véanse Zac. 4, 3-14 y Ap. 11, 4 y 1, 2. 20.

[83] Heb. 9, 8. Servet establece aquí algo como un principio de correlación privativa en este punto: *Candelarum accensio arguebat veræ solaris lucis absentiam.*

[84] «No juréis de ninguna manera», Mt. 5, 34. En las palabras de Servet hay que ver una fina ironía de las doctrinas, especialmente tomistas, según las cuales el estado monacal es *status perfectionis.*

[85] Pablo en Gal. 5, 1: «Estad, pues, firmes en la libertad con que Cristo nos hizo libres, y no volváis otra vez a ser presos en el yugo de servidumbre.» A su vez, Sant. 1, 25 habla de «la perfecta ley, que es la de la libertad» y de

fue ordenado: haced votos y cumplid vuestros juramentos. Pero yo, dice Cristo, os digo: ¡Oh monjes, no hagáis votos, no hagáis juramentos, no os impongáis más yugos!

Para dar testimonio de la verdad nos está permitido jurar sobre cosas pasadas o presentes; para el futuro no deberás prometer ni jurar nada, sino que sólo dirás, como enseña Santiago, «si Dios quiere» [86]. El único que puede jurar de futuro es Dios, único que puede asegurarlo de antemano, mientras que nosotros no podemos ni cambiarnos un cabello de blanco en negro. Añade a esto que, abrogada la Ley, por Cristo se han cumplido en nosotros todos los votos de la misma. Cristo en persona en entre nosotros el único voto, el cual se entregó por nosotros a la muerte, dando así cumplimiento a todos los votos. Por eso nos ofrecemos a él en el bautismo, muriendo con él y recibiendo de él todos los votos ya cumplidos. Nos queda sólo un voto sin fin: que todos nuestros votos sean dar gracias a Cristo por tantos beneficios recibidos ,tal y como lo enseña constantemente Pablo, con David.

La vida célibe no la desapruebo. Yo mismo la he abrazado voluntariamente, y Pablo la recomienda por encima de la vida conyugal, pero siempre con tal de que sea elegida libremente, al margen de cualquier imposición (I Cor. 7) [87]. En este sentido alabaría a los monjes y ermitaños si se quitaran ese disfraz y la obligación y el voto. Replican los disfrazados frailes que, si las viudas hacían votos, bien pueden hacerlos ellos. Pero olvidan que en el caso a que aluden no se trataba de votos: lo que Pablo recomienda a las viudas es que sean fieles a su viudedad con la misma fidelidad que se le exige a cualquier servidor, y como exigencia de esa fidelidad le reclama Pablo a la viuda que cuide de los suyos

---

que hay que hablar y obrar «como los que habéis de ser juzgados por la ley de la libertad». Servet lo ha dicho con estas tajantes palabras, que para él son también programáticas: *Nihil ad perfectionem duxit lex, et ipsa libertatis ablatio est imperfectio.* Y aún con mayor elocuencia, en la *Carta 27 a Calvino* (*Rest.*, p. 654), explícitamente rechazada por éste en su *Defensio* (*Calv. Op.*, VIII, 462): *Optimus ille ordo est, quem intus docet spiritus.* Pero, nada subversivo, Servet inculca el respeto a la autoridad y a la justicia, por la cual sobre todo se conserva el *ordo mundi.* Ed. ALCALÁ, p. 186.

[86] Sant. 4, 15 y 5, 12.

[87] «Les digo a los solteros y a las viudas que bueno les es si se quedaren como yo. Pero si no tienen don de continencia, cásense; que mejor es casarse que quemarse», I Cor. 7, 9. Esa confidencia autobiográfica de Servet tiene gran interés, pues en el proceso de Ginebra se le hicieron varias preguntas con la intención de convencerlo de corrupción sexual, precisamente por su soltería, que también en la *Apología* confiesa haber abrazado espontáneamente (ed. cit., p. 251; *Rest.* 713). Cfr. *Calv. Op.*, VIII, 766 y 770.

y guarde continencia. La que no obra así, añade, «ejerce infielmente su ministerio y quebranta la fidelidad debida a Dios»⁸⁸. En conclusión, dentro del Cristianismo en ninguna parte se lee de voto alguno, sino cuando se simula Judaísmo, como en Hch. 18 y 21, y en este sentido eso es lo que hacen ahora los frailes: judaízan⁸⁹. [431]

Del sacerdocio en el **Papado** nos queda que tratar ahora. Acerca de este punto no hay nadie tan estúpido que no se dé cuenta de que el sacerdocio de la Ley quedó ya consumado por Cristo. ¿Quién hay que no vea que el pontificado de la Ley prefiguraba no esa mitra romana y babilónica, sino el pontificado espiritual de Cristo? Sólo Cristo es y será Pontífice, pues retiene su sacerdocio eterno y permanece sacerdote para siempre. Sobre este asunto no hay nada que pueda decirse con tal evidencia y claridad como lo que dice Pablo en la carta a los Hebreos acerca del único y verdadero sacerdocio de Cristo. Llega a decir incluso que «si Cristo estuviese todavía en la tierra, ni siquiera sería sacerdote», pues el sacerdocio le fue transferido por la resurrección. Pero hay aún otra razón por la que no podría serlo, y es que el reino y el sacerdocio de Cristo son celestiales, que no terrenos: consisten en la unción espiritual e interior del Espíritu santo, no en externas unciones con óleos, ni en tonsuras.

Nuestro pontífice Cristo, que vive en el cielo, será para nosotros, trasladados al cielo con él, todo cuanto es un pontífice, sirviéndonos en verdad e interiormente, e intercediendo por nosotros con la oblación de sí mismo (Heb. 8): «Tal es, dice, nuestro pontífice, ministro del santuario y del verdadero tabernáculo, del que no puede ser ministro ningún pontífice nombrado sobre la tierra»⁹⁰. Un pontífice terreno no puede ofrecer más que sacrificios exteriores al modo judáico o babilónico; pero nuestros sacrificios son de muy distinta índole, ya que sólo podemos ofrecer hostias espirituales. No tenemos que ofrecer sacrificios corporales, sino espirituales. El único sacrificio agradable a Dios es el del espíritu⁹¹. Todos nosotros, por ser partícipes de Cristo, so-

---

⁸⁸ De las viudas, I Tim. 5, 4-8.

⁸⁹ Hch. 18, 18 y 21, 23 se refieren a que algunos discípulos de Pablo, como Aquila y Priscila, y otros, se trasquilaron la cabeza «porque tenían voto». Servet rechaza varias veces este *nazarenato* clerical.

⁹⁰ Heb. 8, 1.

⁹¹ En esta fórmula, *sacrificium Deo spiritus*, deudora de Sal. 50, 17, queda compendiado el pensamiento de Servet que determina la supresión de las ceremonia externas, del sacerdocio jerárquico, y de todas sus reformas extremamente radicales que ha ido justificando.

mos verdaderos sacerdotes en virtud de la unción del Espíritu santo operada en nosotros a semejanza de Cristo, que no de la Bestia, que es sólo «pared blanqueada», ungida sólo externamente.

Que *el papado* o principado romano ése sea algo subrepticio se evidencia claramente por el hecho de que en la Iglesia primitiva hubo una larga contienda antes de que el obispo de Roma pudiese usurpar el título de Papa o Sumo Pontífice. Que fuera establecido por Pedro o por Pablo se apoya en argumentos debilísimos, pues ellos establecían obispos en Roma y en otros lugares, lo mismo que los demás apóstoles lo hacían en Asia, India y Etiopía, sin recabar de Roma bula alguna. Según testimonio de Ignacio, la Iglesia antioquena, fundada por Pedro, Pablo y otros, es anterior a la romana, y allí comenzaron a llamarse cristianos los primeros discípulos, como dice Lucas [92]. ¿Vamos a decir por eso que le corresponde el Papado? El hecho de que en Roma hayan sido asesinados esos santos y otros muchísimos no denota sino que esa ciudad, según testimonio de Juan, es por eso más maldita, como lo es también por eso mismo la ciudad de Jerusalén [93].

[432]

Nos acosan aún con otro argumento: que, según Pablo, es necesario que «toda alma se someta a los poderes» (Rom. 13). ¡Como si ellos fueran esos poderes! Expresamente lo niega Pablo y lo rechaza Cristo (M. 20) [94]. Media mucha diferencia entre el poder de la doctrina y del Espíritu y ese otro poder de las bulas y engaños papistas, que no contiene sino imposturas y tiranías, pero nada del poder del Espíritu. Cuando surgió entre los apóstoles la disputa sobre quién de ellos sería mayor, Cristo no respondió que Pedro sería su Papa. Al revés, les prohibió que un ministro dominase a los demás, se hiciera llamar mayor o ejerciese poder sobre los otros: a cada uno se le impondría carga diferente según su propia capacidad. A Pedro, que en aquel momento era el más fuerte de todos en la fe, Cristo le encomendó que confirmase a todos en la fe (Lc. 22) [95]. Pero

---

[92] En Hch. 11, 26.

[93] Doble alusión a Roma como Babilonia y maldita (Cfr. lib. I, notas 183-186), y a «¡Jerusalén, Jerusalén, que matas los profetas!», de Mt. 23, 37.

[94] Pero en Rom. 13, 1 Pablo se refiere expresamente a «potestades» y a «magistrados» civiles. Por otra parte, sin embargo, la letra estricta de Mt. 20, 25-28 anularía expresamente toda jerarquía cristiana en cuanto tal, al ordenar que nadie sea grande, sino servidor.

[95] «He rogado por tí que tu fe no falte; y tú, una vez vuelto, confirma a tus hermanos», Lc. 22, 32.

eso no tiene nada que ver con el Papado, si entiendes por Papado ese principado pontificio; si no, aprueba que también a los obispos se les llame papas, padres. A Pedro se le prometen las llaves en primer lugar por ser el primero en creer, pero no se le dan todavía (Mt. 16). Más adelante, cuando todos están ya confirmados en la fe, se les dan a todos por igual (Jn. 20) [96]. Tanto Juan como los demás apóstoles obtuvieron sus dones especiales, sobre todo Pablo, cuyo apostolado tuvo mayor alcance que el de Pedro. De distintos modos aparece elogiada la fe y el esfuerzo de los apóstoles, no así el Papado. ¿Quién ha oído jamás llamar Papa o Pontífice a Pedro o a Pablo? ¡Como blasfemo, falso judío y anticristo hubiera sido rechazado por ellos quien hubiera osado tan sólo nombrar tamaña impostura!

Sólo un «hijo de perdición» ha tenido la osadía de usurpar en la tierra el pontificado de Cristo, de erigirse en [433] príncipe de los sacerdotes, de obrar como el Anticristo, «sentándose como Dios en el propio templo de Dios (II Tes. 2) [97]. Sólo él ha podido mezclar lo sagrado y lo profano, confundir el reino espiritual y el temporal, y sacarse de la manga tales robos sacrílegos y tales ceremonias babilónicas. Nosotros, en cambio, sabemos que los cristianos no tenemos un pontificado terreno al estilo judío, sino celestial, como espiritual es nuestro sacerdocio. Ahora Cristo no está muerto, como para tener necesidad de un sucesor; ni ausente, como para requerir un vicario o un gerente. Cristo vive, Cristo nos basta, Cristo nos está presente y está a nuestra disposición realmente como pontífice, como verás mejor al tratar del hombre interior. Cristo reina verdaderamente en nosotros, y nosotros reinamos con él y detestamos el reino de la Bestia.

Pero dirás: ¿cuál es la jerarquía de servicios en la Iglesia de Cristo, si no hay una cabeza? Respondo. En el Libro tercero, a continuación de éste, indicaré cuántos y cuáles son los ministerios en la Iglesia de Cristo; pero cabeza en la Iglesia no hay otra que Cristo, realmente presente y realmente ministro en el interior del hombre [98]. Para las activi-

---

[96] Servet parece olvidar que no documenta el evangelio una «entrega de las llaves» a todos. Ya antes dijo varias veces que esa «piedra de la iglesia» no es Pedro, sino su fe, como lo es la de todo cristiano, en que Jesús es hijo de Dios, pero no en el sentido de la ortodoxia (Verbo, segunda Persona) sino en el restringido de Servet, esencial base de toda su ideología. Tener un Papa es *judaizar*.

[97] II Tes. 2, 3-5, así como el párrafo que sigue.

[98] *Caput Ecclesiæ aliud nullum est quam Christus, vere præsens, et in interno homine vere ministrans.*

dades civiles y externas disponemos de un magistrado externo; para las espirituales, de uno interior. Si hemos resucitado con Cristo para las cosas de arriba, estamos ya liberados de las de la Ley. Con Cristo tenemos que reconocer que el hombre exterior, igual que la efigie externa de la moneda, queda sometido a las leyes del poder temporal; pero el hombre interior no puede someterse al mundo, porque no es del mundo. Así que demos «al César lo que es del César, y a Dios lo que es de Dios.» Y el Papa devolvámoselo a Satanás, que es quien nos lo ha dado [99].

A todos los cristianos, como verdaderos hermanos, se les llama con el mismo derecho reyes y sacerdotes, puesto que todos han recibido por igual el precioso don de la fe, como dice Pedro. Nadie se encumbra de esa singular manera por encima de los demás como príncipe de los sacerdotes, sino el Anticristo, como dice Pablo [100]. Más aún, a este respecto hay una razón de peso, si se quieren entender los misterios de la Ley; pues, según la Ley, nadie es consagrado sacerdote sino por un bautismo (Ex. 29 y 40; Lev. 8; Num. 8) [101]. Apenas hay un solo misterio insinuado en aquellas antiguas ceremonias que no se cumpla de verdad en el bautismo, igual que se cumple realmente por la muerte y resurrección de Cristo, en las cuales consiste su verdadero bautismo, su verdadera elevación al sacerdocio y la renovación del antiguo. En dichos lugares de la Ley está expresamente la cuestión del bautismo, en el que nos lavamos nosotros ahora, como antes se lavaban los sacerdotes, y en el que, a imitación de Cristo inmolado, nos inmolamos ahora nosotros también en la «sinceridad de los ácimos». En vez de la puerta del tabernáculo, que se les abría entonces a los «lavados», a nosotros, después de «lavados», se nos abre la puerta del reino de los cielos, del mismo modo que sólo después del bautismo entró Cristo en el tabernáculo del cielo. Vosotros, bautizadores de niños, ¿qué apertura del cielo pensáis que tiene lugar en el bautismo? ¿Hasta qué punto «se abrieron los cielos» en el Jordán? Como antes los sacerdotes, así ahora nos vestimos nosotros en el

[434]

---

[99] Curiosa aplicación, bien irónica, de Mt. 22, 21. *Et Papam ipsum reddamus satanæ, qui dedit illum.*

[100] I Pe. 2, 5 y 9: «Vosotros, como piedras vivas, casa espiritual, sacerdocio santo..., sois linaje escogido, real sacerdocio, gente santa, pueblo adquirido.» Pablo, en II Tes. 2, 5, texto sobre el Anticristo.

[101] Sobre el rito de la consagración de Aarón y sus hijos, que incluía cumplir «los lavarás con agua»: Ex. 29, 4 y 40, 12, así como Lev. 8, 6 y Num. 8, 7. Pero Servet omite mencionar que esa ceremonia abarcaba otros elementos, entre ellos, la unción y la imposición de manos.

bautismo con el vestido de la salvación, ya confirmada, y de la nueva justicia celestial. Con juramento se reafirma en él nuestro sacerdocio, recibimos la corona real y, en vez del óleo de Aarón, recibimos la unción interior del Espíritu santo. Nuestro hombre interior, engendrado en el bautismo, tiene ya «el ornato incorruptible del Espíritu» (I Pe. 3), el verdaderamente sacerdotal «vestido de la justicia» (Ap. 19). «Me adornó con manto de justicia», dice: con dignidad sacerdotal (Is. 61) [102].

Así pues, de la misma manera que se cumplen en el bautismo todos aquellos misterios de la Ley, así también se nos da en él el verdadero sacerdocio, prefigurado ya en ella; mas no para hacer sacrificios corporales, sino espirituales, «para ofrecer hostias espirituales» y el «fruto de los labios» (I Pe. 2; Heb. 13) [103]. A semejanza de Cristo, también nosotros ofrecemos nuestros propios cuerpos como hostias vivas (Rom. 12 y 15) [104]. En el bautismo nos ofrecemos por entero a Cristo con solemne voto y sacramento, hasta el punto de que ya no tenemos que hacer más votos que éste: en todos nuestros votos dar siempre gracias a Cristo por tantos beneficios recibidos (Sal. 55 y 115; Col. 2) [105]. De acuerdo con esto, el salmo 49 llama a estos mismos votos «sacrificios y oblaciones»; y Oseas, «ofrenda de nuestros labios» (Os. 14) [106]. Otros dicen que este sacrificio consiste en oración y ayuno (Hch. 13; Sal. 140); o se le llama inmolación, sacrificio y hostia (Flp. 2). «Con voz de alabanza me sacrificaré» (Jon. 2) [107]. Cuando oramos en espíritu, de tal manera ofrecemos verdaderos sacrificios, alabanzas y acciones de gracias, que ya no tenemos más necesidad de otros perfumes y sahumerios de incienso quemado que de los de las oraciones de los santos (Ap. 5 y 8; Sal. 140; Is. 56) [108]. Mortificar nuestra carne es ofrecer a Dios en holocausto nuestro hígado, nuestros riñones y nuestra enjundia. Por último, el verdadero sacrificio agradable a Dios es, como dice David, «el sacrificio del espíritu», cuya aspiración a lo alto le es más preciosa que el sahumerio. Al ver Dios aquellos abominables sacrificios carnales, nos ordenó lavarnos

[435]

---

[102] I Pe. 3, 4; Ap. 19, 13; Is. 61, 11-16.

[103] I Pe. 2, 5 y Heb. 13, 15.

[104] «Os ruego que presentéis vuestros cuerpos en sacrificio vivo, santo, agradable a Dios, que es vuestro racional culto», Rom. 12, 1 y 15, 7.

[105] Sal. 55, 12 y 115, 14; y Col. 2, 16.

[106] O sea, el 50, 19. Luego, Os. 14, 2.

[107] Hch. 13, 13 y Sal. 140, 2 y 5. Después, Flp. 2, 17 y Jon. 2, 10.

[108] Ap. 5, 8 y 8, 3; Sal. 140, 2; e Is. 56, 7.

en el bautismo y purificarnos (Is. 1) [109]. ¿Por ventura no resultarán más abominables aún los de estos babilonios, cuando el Señor rechaza como abominables los que él mismo había ordenado? Si en nosotros se cumple por completo el sacerdocio de la Ley, ¿de dónde este sacerdocio papista?

¡Resulta asombroso que, cuando Dios rehuye el culto que le tributa el hombre con sus manos, vengan ahora los papistas diciendo que el verdadero culto a Dios es el sacrificio ritual que realizan ellos con las suyas! No comprenden que los ministros del Nuevo Testamento son ministros del Espíritu y no de ceremonias externas. No comprenden que nosotros no tenemos ningún pontífice externo al estilo de los judíos, pues sólo nos hace falta «caminar en espíritu» y espiritual es el reino de Cristo. No tenemos más príncipe de los sacerdotes que Cristo. Todos somos por Cristo una misma cosa. Todos, del mayor al menor, somos ministros.

La heredad del Señor no tolera que nadie trate de dominar en su grey, porque está vivo él, nuestro Señor y Maestro. La viña del Señor no puede soportar que haya semillas y sarmientos de varias clases, sino de una sola: la semilla de Dios. No aguanta pájaros de distintos colores, ni diferentes tipos de sectas, hasta el punto de que éstos sean purpurados cardenales; ésos, monjes negros; aquéllos, blancos; y los de más allá, mixtos (Lev. 19; Deut. 22; Jer. 12) [110]. Tanto Cristo como los apóstoles usaban vestidos corrientes. ¿A qué viene que los monjes se diferencien ahora con tal cantidad de disfraces? ¿Por qué se han dado a sí mismos tantas leyes? Paso por alto el relatar aquí todos los pasajes, [436] en los que reiteradamente nos amonesta el apóstol que no nos dejemos complicar por nadie con nuevos yugos de esclavitud, sino que defendamos en toda su integridad la liberación de todos los vínculos de la Ley realizada por **Cristo**, no poniendo nuestra salvación en ninguna clase de ceremonias, sino sólo en la justicia de la fe en Cristo. ¿Quién puede aguantar las leyes del Anticristo, viendo cómo han sido abolidas hasta las leyes santísimas dadas por Dios? Ha sido abolida la ley dada por Dios a Adán. Ha sido abolida la ley dada por Dios a Noé. Ha sido abolida la ley dada por Dios a Abraham. Y han sido abolidas las leyes dadas al propio Moisés... ¿Y vamos a aceptar ahora del Anticristo

---

[109] «No me traigáis más vano presente: el perfume me es abominación: son iniquidad vuestras solemnidades. Laváos, limpiaos. Aprended a hacer el bien... Venid luego», Is. 1, 13-18.

[110] Alusiones a base de frases extraídas de Lev. 19, 19; Deut. 22, 11 y Jer. 12, 9. Poco antes ha dicho: *Non intelligunt ministros novi Testamenti esse ministros spiritus, non externarum ceremoniarum.*

sus leyes babilónicas? Las leyes litúrgicas son verdaderos sacrilegios, latrocinios, embustes. ¿Quién puede prestar fe a las imposturas del Papa, cuando ni él mismo cree en lo que hace? Solapadamente se ríe de nuestra estupidez; se nos ríe toda la Curia romana [111].

Quizá alguno puede objetarnos que todavía existe el Papado y ese sacerdocio particular de los tonsurados con el carácter propio del Papa, igual que hubo antes aquel especial sacerdocio de los levitas, muy otro del sacerdocio común del pueblo. Respondo que aquel sacerdocio levítico fue superado por Cristo; más aún, por Cristo todos han quedado reducidos a uno solo. De judíos y gentiles hace Cristo un solo pueblo, como hace de los levitas y los otros un solo sacerdocio, unificando a todos por la fe en la unidad de un único bautismo. Temporalmente tomó Dios a los levitas en lugar de los primogénitos (Num. 3 y 8); mas ahora somos nosotros esa iglesia de primogénitos (Heb. 12): ahora el primogénito es Efraím, como antes lo fuera Judá (Jer. 31) [112]. Ahora todos somos por Cristo primogénitos de Israel y primicias de sus creaturas: todos somos sacerdotes y levitas. De ahí que dijera Jeremías que se multiplicarían los levitas servidores de Cristo como las arenas del mar (Jer. 33) [113]. Y así como se separaban del pueblo común los que se consagraban al sacerdocio, así también se separan del mundo carnal por el bautismo los verdaderos cristianos, hechos todos sacerdotes y levitas.

Mas para que entiendas cómo ha sido transferido a Cris- [437] to el verdadero sacerdocio por el bautismo de su muerte, como acaece en nuestro caso, y para que comprendas que ahí radica la constitución del nuevo sacerdocio, has de tener en cuenta que, según la Ley, sin víctima nadie puede llegar a ser sacerdote. Ahora bien, la víctima fue Cristo en su pasión. Todas las demás ceremonias citadas de la Ley para la consagración de un sacerdote prefiguran el bautismo, la muerte y la resurrección de Cristo. Pero Cristo actuó como pontífice cuando, al ofrecerse a sí mismo como víctima, penetró, apenas resucitado de su sacrificio, en el «sancta sanctorum», como nosotros en el bautismo. Cristo fue coronado de gloria y honor y su sacerdocio fue rubricado

---

[111] Otra invectiva que merece ser reproducida en su original: *Sacrilegæ sunt ceremoniarum leges, furta, et mendacia. Quis Papæ imposturis fidem adhibeat, cum ipsemet non credat verum esse quod facit? Clanculum ride! stultitiam nostram: ridet quoque tota Romana curia.*

[112] Num. 3, 12 y 8, 16. Luego, Heb. 12, 23: «Congregación de primogénitos que están alistados en los cielos». Por fin, Jer. 31, 9.

[113] Jer. 33, 21-22. Proposición extrema, pues, del «sacerdocio de los fieles».

para siempre con juramento cuando fue reengendrado, cuando le fue dicho: «Yo te he engendrado hoy.» Y a semejanza suya, también a nosotros se nos dice en el bautismo: «Tú eres mi hijo, yo te he engendrado hoy.» En el día de nuestro bautismo se nos dice, como a él en el Jordán: «Tú eres mi hijo querido.» Como en el torrente, se nos dice: «Tú eres sacerdote para siempre» [114].

Ten en cuenta, además, que con anterioridad a la pasión de Cristo, aún se llamaba a Caifás pontífice de la Ley, y que por eso profetizó (Jn. 11 y 18); pero a partir de la resurrección, hecho el traslado del sacerdocio, no era ya sino una «pared blanqueada» (Hch. 23) [115]. Desde que Cristo está sentado a la derecha del Padre se le llama «sacerdote para siempre según el orden del sacerdocio de Melquisedec»; bien sea porque, como Melquisedec, era a la vez rey y sacerdote, y por él nosotros; bien sea porque igual que Melquisedec sacó pan y vino, los ofreció a los soldados de Abraham, se los repartió y los bendijo al entregárselos, así también Cristo, nuestro sacerdote, después de haber vencido a nuestro enemigo, nos ofrece a nosotros, alistados en sus filas por el bautismo, su propio cuerpo como pan y vino, nos los muestra, nos los distribuye y lo bendice al entregárnoslo. Cosa que, como verás, hacemos también nosotros en la cena. Ahora bien, esto no lo hizo Cristo antes de sentarse a la diestra del Padre, como tampoco nosotros estábamos entonces alistados en su milicia por el bautismo, pues hasta ser enviado el Paráclito no se consumó el misterio de la [438] Cena, según explicó Cristo a sus apóstoles durante la cena, al decirles que más tarde les daría un nuevo alimento y una nueva bebida. Al partir y repartir el pan a unos discípulos, Cristo «desapareció de sus ojos» por no haber sido aún interiorizado de verdad (Lc. 24) [116]. Aún no había nacido el hombre celeste que se ha de alimentar de pan celestial. Esto lo entenderás al tratar de la cena, y entonces entenderás también cómo nuestro celestial Pontífice, Ley y Sacerdote, hace de ministro en nuestro interior; cosa que no podría hacer de encontrarse aún en la tierra. Sólo tenemos, pues, un Pontífice, el del cielo, el cual dio cumplimiento por sí solo a todos los ministerios del pontificado, sin recurrir a esas ficciones babilónicas.

---

[114] Textos del Sal. 2, explicados por Servet ya varias veces.

[115] Increpación ésta dirigida por Pablo a Ananías, Hch. 23, 3. Caifás actuó oficialmente al decretar la muerte de Jesús «por la nación» judía, Jn. 11, 51 y 18, 14.

[116] Lc. 24, 31, en Emaús. No es bíblica, sino original de Servet, la bella expresión *nondum ab eis vere introsumtus* (sic).

Por último, el cumplimiento de todo en nosotros puede comprobarse por las mismas palabras de Cristo; pues, de no haber dado cumplimiento a todo cuanto estaba significado en la Ley, la hubiera destruido. Por eso dijo: «No a destruirla, sino a darle cumplimiento.» Pero, ¿cómo dárselo? «Hasta que perezca el cielo y la tierra, ni una jota, ni un ápice de la Ley será preterido, hasta que todo se haya cumplido» (Mt. 5) [117]. Luego lo que significaba el pontificado de la Ley se ha cumplido por Cristo; lo que significaba el sábado y la circuncisión se ha cumplido y realizado por Cristo, y se cumple cada día y se realiza místicamente en nosotros. En nosotros se ha cumplido y se cumple por la fe en el bautismo; en él todos somos hechos sacerdotes, a todos se nos da el descanso eterno del sábado, todos recibimos por Cristo la circuncisión en el espíritu.

Pero vamos a explicar ahora con más detenimiento todos los sentidos, tanto generales como particulares, de *la circuncisión*, investigando antes qué sea la alianza o el pacto, el antiguo y el nuevo, para que veamos cómo en Cristo se ha cumplido todo.

Un pacto es el acuerdo y consentimiento de dos o más sobre una misma cosa. En toda convención debe haber necesariamente dos pactantes por lo menos, y el pacto requiere de suyo fe. Entre Dios y Abraham se estableció una alianza o pacto del tipo que nuestros legisperitos identificarían [439] como una de las cuatro clases de contratos innominados, a saber, la que suele denominarse *facio ut facias*. Por parte de Dios había esta promesa: «Serás padre de muchedumbre de gentes, y te daré a tí y a tu simiente después de tí la tierra de Canaán, y seré el Dios de ellos» (Gen. 17). Por parte de Abraham y de sus descendientes el pacto consistiría en circuncidar la carne del prepucio a todo varón, amén de cumplir lo que Dios le dijo: «Anda ante mí y sé perfecto» [118]. A esa circuncisión se le llama en esta ocasión «alianza» y también «señal de alianza», pues lo que exige de la otra parte el pacto y aquello a lo que en virtud del pacto se

---

[117] Mt. 5, 17-18.

[118] Gen. 17, 1-8. Puede comprobarse que Servet ha intercalado varias páginas sobre ciertos abusos no cristianos del Cristianismo oficial —toda su crítica a los aspectos ceremoniales y externos, de raigambre erasmista llevada al más radical extremismo—, como casos del mismo tipo de argumentación que él se objetó a sí mismo al principio de este tratado: el bautismo es una forma de circuncisión. Servet despejó esta objeción desde múltiples ángulos, anuló sus aplicaciones concretas. Desembarazado así lenta y prolijamente el camino, vuelve al contexto iniciado entonces.

compromete Abraham con Dios es a circuncidarse. Y a esto lo llama Dios ahí su «pacto», aquello a lo que se obliga el pactante. Pero es también «señal de alianza», de la promesa establecida por Dios en ese pacto, pues en ese contrato hay dos pactos, de los cuales el uno es señal del otro. Se trata de un contrato correlativo, de modo que a tenor del pacto corresponda la promesa de Dios a quien observe esa señal, significándose la promesa a dar. Se presupone en este caso que quien pacta con Dios debe creerle a Dios y «andar ante él», pues nadie pacta con aquel en quien no tiene fe. Sin embargo, el pacto mismo incluía ya en sí expresamente los hechos, al igual que la Ley misma, por presuponer la fe que ellos tenían en Dios, la cual contenía no poco de mundano.

En cambio, en el nuevo Testamento se presupone la fe celestial en Jesús hijo de Dios que reina ahora en el cielo y se lo da a los que en él creen. La alianza de este nuevo Testamento, el nuevo pacto, es por nuestra parte una ley del corazón, la cual es la única ley de la fe: creer con toda firmeza. En esta nueva alianza tenemos que creer con toda confianza que Jesús, aquel que fue crucificado, es el Mesías hijo de Dios que reina ahora en el cielo y se lo da a los que en él creen. Así, por parte de Dios el nuevo pacto contiene mucho más que promesas: contiene dones celestiales, presentes ya ahora, que no sólo se nos prometen, sino que se nos dan. Lo que antes se prometía, ahora lo otorga Dios a [440] los que creen en Cristo, y ello de un modo mucho más sublime. En vez de lo terreno Cristo nos da ahora lo celestial. A los que creen en Cristo les es dada ya ahora la remisión de todos sus pecados, les es dado el reino de los cielos, les es dada la vida inmortal, Cristo mismo por entero.

Este nuevo pacto contiene y realiza el antiguo. Aquí en vez de la tierra se nos da el cielo; aquí se nos da la herencia y el descanso; aquí se observa estrictamente la circuncisión en los que él circuncida. Se cumple lo que nos había dicho: que sería nuestro Dios y que habitaría dentro de nosotros [119]. Así como el antiguo pacto no tuvo cumplimiento literalmente en los incrédulos que se postraron en el desierto, sino en los que creyeron, así tampoco se cumple espiritualmente el nuevo pacto en los niños que se bautizan, sino sólo en los que creen. En el bautismo de niños no ha lugar pacto alguno, ni se hacen cristianos, ni Dios se hace su Dios más que antes, pues los niños no son capaces de dar su consentimiento al pacto.

---

[119] Reuniendo la promesa del A.T. y la presencialidad del N.T., que Servet deduce del *regnum Dei intra vos est*, de Lc. 17, 21.

Así pues, el primer sentido de la circuncisión fue ser sello de la alianza y señal de la promesa futura [120]. Por tanto, si la circuncisión era señal de una futura promesa, los que se circuncidaban daban a entender que tal promesa aún no se había hecho. Por eso se circuncidaban ellos, y no nosotros; ya que, realizada la promesa, sobra la señal de lo que se promete.

De la misma alianza se deduce un segundo sentido de la circuncisión, como lo deduce Pablo, el cual dice que la circuncisión de Abraham fue «sello de la justicia de su fe anterior, para ser luego padre de los creyentes» [121]; pues la amputación del propio prepucio da a entender que había renegado de sí mismo, confiando en Dios y dando fe a su alianza. Por eso fue, y con razón, indicio, señal y sello de hombre justificado. Ahora bien, este sello de la fe que justifica no puede cumplirse en el caso del bautismo de niños, ya que en él ni hay fe antecedente, ni hay renuncia alguna de sí mismo, ni hay consentimiento contractual. En cambio, los que negándose a sí mismos creen totalmente en [441] Cristo y mueren con él en el bautismo por la amputación del prepucio de su concupiscencia, esos sí que reciben el cumplimiento de la justicia significada por la circuncisión. Por tanto, no habiendo cumplimiento de ninguno de esos misterios en el bautismo de niños, ¿quién que esté en sus cabales contendrá la risa ante ese juego de niños, ante ese acto tan sin eficacia y totalmente desprovisto de toda verdad? No hay ninguna razón para que los partidarios del bautismo de niños se entretengan tratando de equiparar el bautismo de niños y la circuncisión. Por esas carnales comparaciones se está judaizando hoy el Cristianismo, cuyos pseudoapóstoles gálatas ya preocupaban a Pablo [122]. Y aún se entretienen éstos más puerilmente. A todos ellos los condena él abiertamente, a propósito de Abraham, nuestro padre, que no fue llamado por la circuncisión, sino por la fe. Luego los pueblos de la promesa a Abraham han de ser llamados a la Iglesia de Cristo por la fe, que no por un bautismo infantil, remedo de la circuncisión judía; sobre todo, porque en tal bautismo no se hace más que un gesto carnal y ridículo.

Vamos a sacar aún otro sentido especial y otras consideraciones sobre la circuncisión. ¿Por qué se dio como señal la circuncisión del prepucio y qué significa eso? A primera

---

[120] *Signaculum fœderis, et dandæ promissionis signum.*

[121] Rom. 4, 11 y Hch. 7, 8.

[122] Alusión a Gal. 3, 6-9 y 6, 15, y al tono general de esa epístola, que quiso corregir lo mismo que Servet: *Iudaizat hodie Christianismus.*

vista la palabra de Dios suele parecer a los hombres una tontería. Hoy fácilmente pensaría cualquiera que es una necedad el que se les ordenase, y con tanta solemnidad, una cosa semejante, algo tan torpe y absurdo en opinión de los hombres, como la circuncisión. Pero es necesario reconocer que es sabiduría obedecer a Dios sea como sea [123]. La fe y la justicia de Abraham consistieron en dar crédito a la promesa sobre su descendencia. Ahora bien, Dios quiso sellar esta fe en su descendencia precisamente en esa parte del cuerpo que transmite la descendencia. Y aún decimos más: esa señal, que significa la amputación de los vicios, fue dada con toda honestidad. Pues así como con esa señal había asegurado Dios por el pacto los futuros bienes de Israel, así también quiso con esa señal estimularlos a erradicar los vicios para que si, caso de hacer reivindicaciones a Dios, alegaban la circuncisión como señal de compromiso, se volviese inmediatamente contra ellos el argumento por no haber [442] observado la circuncisión, y de esta suerte quedaran confundidos por sus propias razones por haberla infringido. De ahí que con razón se exhorte a los israelitas a que «circunciden sus corazones», si de verdad quieren vivir en la circuncisión (Deut. 10; Jer. 4) [124].

Por la misma razón deben quedar confundidos los magnates romanos, quienes ponen como pretexto que Cristo les prometió permanecer siempre con ellos, siendo así que ellos no cumplen lo que les ordenó al hacerles tal promesa: «Id, les dijo, predicad, enseñad, bautizad, observad lo que os mando, y yo estaré con vosotros» [125]. Resultaría harto ridículo que permaneciese Cristo con esas rameras y bestias, a pesar de haberles jurado permanecer con ellos. Eso es lo que se desprende palpablemente del cap. 5 de Josué y de los caps. 2 y 3 del Lib. I de Samuel, del cap. 33 de Ezequiel y del cap. 7 de Jeremías [126]. Viene a propósito lo que recomiendan los Salmos 88 y 131, y el cap. 15 del evangelio de Juan: para que «Cristo permanezca con nosotros» debemos «guardar sus mandamientos», y no confiar en las falsas palabras de esos babilonios, voceando como ellos: «¡Sede

---

[123] *Quoquo modo Dei verbo parere, dicamus esse sapientiam.*

[124] «Circuncidad el prepucio de vuestro corazón, y no endurezcáis más vuestra cerviz», Deut. 10, 16. «Circuncidaos a Jehová y quitad los prepucios de vuestro corazón», Jer. 4, 4.

[125] Mt. 27, 19-20 y lugares paralelos: Mc. 15-16 y Lc. 24, 47.

[126] Josué 5, 6 dice que Dios no permitió entrar en la tierra prometida a quienes en el desierto le desobedecieron, a pesar de haber jurado dársela. I Sam. 2 y 3 habla de la elección de Samuel en lugar de los hijos de Elí, a pesar de una promesa previa a éstos. Y así también Jer. 7 y Ez. 33 en una dimensión más universal.

Apostólica! ¡Sede Romana! ¡Sede Papal! ¡Templo del Señor!» (Jer. 7) [127].

Así pues, esta señal que se nos ha dado significa la extirpación de los vicios. Y la circuncisión se hace precisamente en el prepucio para que circuncidemos principalmente la concupiscencia de la carne, que es ahí donde más aprieta. Ahí sintieron por primera vez Adán y Eva el aguijón de la carne y la vergüenza, y ésas son las partes del cuerpo que trataron de cubrir más que otras; pues del mismo modo que el pecado original pasó de la mujer al hombre, así también se dejó sentir inmediatamente en aquellas partes en que la mujer se une al varón. Pero la circuncisión se le impuso exclusivamente al varón, puesto que en el varón se consumó el pecado. También por la excelencia del varón, bajo cuyo protección se entiende que debe ser acogida la mujer. Y por otra razón más: para que el varón no se deje arrastrar con facilidad al pecado de la mujer. A este propósito hay que hacer notar que la circuncisión del prepucio no sólo significa la extirpación de la concupiscencia, sino que la lograba efectivamente, amortiguando su estímulo; pues el miembro viril queda debilitado al ser herido y despojado de su natural protección, como queda debilitado el oído al perder la oreja, o la vista al privarla de la pestaña. Esto es algo evidente para todo el que conoce el uso natural y la utilización de los miembros. Por otra parte, suele producirse mayor prurito a causa del esperma retenido alrededor por el prepucio y se excita con más facilidad al quedar encerrado y caliente. En cambio, eliminado el prepucio, se enfría y se atenúa hasta cierto punto [128]. Una atenuación mucho más eficaz nos la proporciona el espíritu de fe y la circuncisión de Cristo, cosa que no puede ocurrir en el bautismo de niños, que no surte efecto alguno. Más eficacia y mejores resultados tenía la circuncisión judía que ese papista bautismo de niños. ¡Mejor nos fuera ser circuncidados por los judíos que ser bautizados de niños por los papistas en el reino del Anticristo!

Asimismo, la circuncisión era signo de redención: derra-

[443]

---

[127] Aplicación oportuna que Servet hace de los Sal. 88, 31 y 133, 12, así como de Jn. 15, 4-10, texto éste que inculca el amor y la guarda de los mandamientos como condición para «estar con Jesús», y no el mero invocar el «templo del Señor». Por fin, Jer. 7, 4, insistiendo en esto mismo.

[128] No sabría decirse, en principio, si estas afirmaciones de Servet son objetivas, ni incluso si responden a un dato autobiográfico, dada la nota de realismo que implican. En todo caso, no coinciden con la doctrina expresada por Maimónides, *Guía*, III, cap. XLIX (ed. FRIEDLÄNDER, p. 378).

mada la sangre se realizaba en algún modo la redención y se le llamaba «esposo de sangre» (Ex. 4) [129]. Ya ves que todo eso se ha cumplido por Cristo. Ves cómo la redención por su sangre, su inmolación y todo lo demás se ha hecho nuestro por la fe en el bautismo. Ves cómo la Ley se establece por la fe, y por la fe tiene cumplimiento todo lo significado por la circuncisión. No es que lo realicemos, sino que la realiza Cristo en nosotros al suprimirnos el prepucio y conseguirnos por su Espíritu la mortificación de la carne; no de la de los niños según la carne, sino de la de los niños según el espíritu. Aunque como residuos del bautismo se nos deja la carne, que habrá que ir mortificando más y más, y su aguijón que habrá que ir reprimiendo cada día, igual que en el caso de los cananeos; sin embargo, por el bautismo la carne ya ha sido sepultada y mortificada y en un instante «se nos ha liberado del oprobio de Egipto» (Jos. 5) [130]; pues en él se nos ha liberado de todo pecado, y el espíritu que en él se nos infunde confiere a nuestra fe toda su eficacia para con lo predicho. En el bautismo somos circuncidados de verdad, no superficialmente, sino por completo; queda destruido el «cuerpo del pecado» y somos totalmente con Cristo consepultados, resucitados y llevados al cielo (Col. 2 y 3) [131]. En cambio, en el bautismo de niños no se produce ningún efecto que provenga del Espíritu de Cristo, sino que es sólo una burla execrable que acaba con todo el misterio de Cristo. Todo cuanto hacen los que bautizan a niños son ritos muertos, sin espíritu, sin eficacia. [444]

Un nuevo sentido de la circuncisión deriva del día en que se hace. Pues de la misma manera que la circuncisión se hacía antes el octavo día, o sea, el primer día de la semana siguiente al nacimiento, así también el día de la resurrección de Cristo, principio de la nueva semana, opera en nosotros los efectos de la circuncisión por el poder de su resurrección en virtud de la cual resucitamos en el bautismo. La muerte de Cristo pone fin a la primera semana y su resurrección da comienzo a la otra, y es un solo día, el del bautismo, pues un solo día es la tarde de la víspera y la mañana siguiente, de modo que el que hoy muere con Cristo, hoy también resucita con él y hoy está con él en el paraíso [132]. Cristo resucitó en las primeras luces del sábado, iniciando así otra nueva y celestial semana, a pesar de

---

[129] Cfr. antes nota 22: el mismo texto.
[130] Josué 5, 9.
[131] Esta es la base de la teología bautismal paulina según Col. 2, 11 y 3, 1 y ss.
[132] Eco de las palabras de Jesús al buen ladrón, Lc. 23, 43.

que nosotros nos apartamos de Dios a «mitad de la semana», «a los tres días y medio», después de «el tiempo, los tiempos y el medio tiempo» (Dan. 9; Ap. 11) [133]. La resurrección de Cristo nos ha inaugurado la semana celestial para que, desechada la inmundicia de la primera semana, hoy, es decir, el día de nuestra resurrección, el hombre bautizado sea circuncidado enteramente como en un octavo día, y llegue hasta Dios la oblación pura del circunciso cuantas veces con Cristo suba al cielo su suave olor. Así que la eficacia del octavo día estriba en ser el inicio de la nueva semana, como lo fue en la resurrección de Cristo que da lugar a «hombres nuevos» y a «tiempos nuevos».

Escucha ahora una alegoría, en la que se nos da a entender con toda claridad cómo hace falta un «hombre nuevo» en esta segunda circuncisión. Josué ordenó celebrar una segunda circuncisión (Jos. 5), en la que, después de haber llegado al Gálgala, se circuncida por segunda vez todo el pueblo de Israel, para que en ella le sea quitado el oprobio de Egipto y el inveterado pecado precisamente por Josué, que representa a Cristo. Esta circuncisión se realiza en el momento de pasar el Jordán, o sea, en el bautismo. Sólo éste será el nuevo pueblo que alcance las promesas y entre en el descanso del Señor. Así se cumple el misterio, como dando a entender que nadie puede entrar en la heredad del Señor mientras no se renueve y, despojándose de lo viejo, pase el Jordán y sea circuncidado por Jesús el Cristo. En atención a este misterio y a la transferencia hecha allí del pecado, se impuso a ese lugar el nombre de Gilgal, o Gálgala, es decir, transferencia. Se hace constar el lugar exacto y el momento preciso en que se te da la remisión del pecado de Adán y de todos los demás pecados, la abolición de lo viejo y el paso al reino celestial, la adjudicación cierta de la justicia, el don firme del Espíritu y la iniciación en lo celestial. El significado de Galilea es casi igual que el de Gálgala y ambos hacen referencia al lugar del paso del Jordán [134]. A lo que hay que añadir que la instrucción de Jesús se impartió a los discípulos en Galilea antes de ser bautizados en Espíritu santo. Por consiguiente, es necesario que nosotros, como los apóstoles, seamos catecúmenos antes de ser trasladados a través del Jordán hasta la ciudad celeste.

En ese mismo pasaje de Josué hay que hacer notar otro

[445]

---

[133] Dan. 9, 27 y Ap. 11, 9, textos ya mencionados varias veces.

[134] En efecto, de acuerdo con David KIMCHI, *Radicum liber* (en hebreo, ed. Berlín, 1847), pp. 119-120, Galilea y Gilgal proceden de la misma raíz, que significa principalmente «dar vueltas».

misterio, para que veas cómo están relacionados el bautismo y la cena. Nada más pasar el Jordán sucedió el nuevo alimento de la tierra prometida, pues inmediatamente tuvo lugar la comida del cordero pascual, que habían preparado para cenar el mismo día en que pasaron el Jordán. A tenor de la Ley los de corta edad eran circuncidados y podían participar en la cena, y ambas cosas estaban permitidas a cualquiera, con tal que precediese la circuncisión (Ex. 12) [135]. También a nosotros, si nos hacemos pequeños de espíritu, nos están permitidas ambas cosas, con tal que preceda el bautismo; como con Josué después del bautismo del Jordán, en seguida viene el nuevo alimento y la cena. En cambio, en el caso del bautismo de niños ocurre algo enormemente monstruoso, pues en él se engendra un «hombre nuevo», al que no le dan nada de comer. Y hasta resulta monstruoso engendrar un hombre que no es capaz de comer y beber. Pero en el bautismo nace un hombre nuevo tal que puede comer el nuevo alimento en la cena del Señor; pues el hombre nuevo necesita absolutamente nuevo alimento.

¡Grande es la eficacia de los dones de Cristo, con los que él mismo nos engendra y alimenta! El hace con nosotros las veces de padre y de madre. El es todo para nosotros: padre, madre, hermano, esposo, amigo, señor, maestro, rey, Pontífice, todo! En el reino de los cielos él es todo en todos y «todo lo complementa en nosotros».

[446]

---

[135] Ex. 12, 25 y 48.

SEGUNDA PARTE

DE LOS MISTERIOS DEL ANTICRISTO
TODOS YA CUMPLIDOS

Después de haber puesto término a la cuestión del cumplimiento de los misterios de Cristo y de su circuncisión, no estaría de más disertar aquí también sobre el cumplimiento de los misterios del Anticristo y sobre esa circuncisión coronaria de la cabeza rapada. Pues son grandes y múltiples los misterios de la Bestia y de esa circuncisión coronaria, en cuya virtud los papistas se hacen llamar reyes, sacerdotes santos y ungidos del Señor.

Así como la circuncisión del prepucio hace judíos y la del corazón hace cristianos, así también la circuncisión craneal hace pseudojudíos, sacerdotes papistas y anticristianos. De la misma manera que hemos mostrado cómo los misterios de la piedad están referidos a Cristo y se han cumplido en él, así también debemos mostrar ahora cómo los misterios de la impiedad están referidos al Anticristo y se han cumplido en él, para que todos vean mejor cómo se ha manifestado ahora el «hombre de pecado», «el hijo de perdición». Pues no hay nada que se haya prefigurado en la Ley acerca de Babilonia, Sodoma, Egipto y otros lugares por el estilo, nada acerca de los gigantes, nada sobre Antíoco, Jeroboam, Acab y otros impíos, nada sobre los pseudoprofetas y falsos sacerdotes, que no se haya cumplido de verdad en esa Bestia coronada y en sus sacerdotes. Como Cristo, así también el Anticristo recapitula en sí el reino y el sacerdocio y dispone de multitud de consagrados a su servicio.

Primeramente, que los misterios de aquella primera y carnal Babilonia se hayan cumplido en esta segunda y espiritual Babilonia, lo hemos demostrado suficientemente en [447]

— 665 —

el Libro anterior, y aún añadiremos algo más en los siguientes. Que hayan tenido cumplimiento espiritual en ella los misterios de Sodoma y Egipto, lo hace saber palmariamente Juan, al decir que Roma es espiritualmente Sodoma y Egipto. Por sus fornicaciones ha sido llamada ramera, gran ramera, ramera sodomita (Ap. 11 y 17)[136]. Que el crimen de sodomía sea característico de los romanos lo enseña Pablo en Rom. 1, lo confirma la actualidad y lo habían anunciado las sibilas[137]. Lactancio da a entender en varios pasajes del cap. 20 del Libro I que era característico de los romanos dar culto a rameras[138]. Para Juan resulta ser un misterio que los profetas llamen a Roma así, ramera, קרשה *kedessa*, fornicaria santa; y efectivamente misterioso es que se mezcle en este caso fornicación y santidad, tanto más cuanto que el culto a los ídolos suele ser llamado fornicación. A los sacerdotes mismos se les designa con el nombre de קדשׁם , *kedessim*, homosexuales consagrados[139], y en realidad para fornicar los consagra el Papa. Son, como antes lo fueron, afeminados religiosos circuncidados de cabeza, al igual que aquellos sacerdotes babilonios que también se rapaban la cabeza, según Baruch 6[140]. Y, como dice Ezequiel, tres causas hay que han introducido este crimen

---

[136] «La gran ciudad que espiritualmente es llamada Sodoma y Egipto, donde también nuestro Señor fue crucificado», Ap. 11, 8. «Misterio: Babilonia la grande, la madre de las fornicaciones y abominaciones de la tierra», Ap. 17, 5.

[137] «Dios los entregó a afectos vergonzosos; pues aun sus mujeres mudaron el natural uso en el uso que es contra naturaleza; y del mismo modo también los hombres se encendieron en deseos los unos con los otros», Rom. 1, 26-27. Servet restringe esta afirmación a los romanos, aunque el contexto parece indicar cierta universalidad. Por otra parte, debía de conocer bien la fama de sodomíticos que llevaban relevantes personalidades eclesiásticas de su propio tiempo, algunas de las cuales él debió de tratar o ver Las sibilas (ed. cit., lib. V, vs. 169) hablan de Roma como *mater adulterii, marium teterrima nutrix concubitus: urbis mollis, iniqua, scelesta, nefanda.*

[138] Lactancio, *Divinar. Institutionum* ,lib. I, cap. 20 (PL VI, 216) enumera toda una larga serie de cultos romanos obscenos en la antigüedad: los brentinales, los de la Lupa (de donde lupanar), de Leoena, de Faula, etc.

[139] El Ap. 17, 5. 18, 3 y otros, al igual que múltiples textos proféticos del A.T., se refieren a la idolatría como a fornicación. Sólo que aquél emplea el griego πόρνη o variantes como πορνεία en lugar del hebreo *kadesh*, sodomita, I Re. 15, 12; II Re. 23, 7 o *kedesha*, prostituta, Gen. 38, 17-22; Deut. 23, 18, o el plural masculino *kedeshim* (II Re. 23, 7), y femenino *kedeshot*, Os. 4, 14. Servet entiende que el culto católico es tan idólatra o religiosamente fornicario como el fustigado por los profetas y objeto de rechazo apocalíptico.

[140] Baruc 6, 30: «Y en sus templos los sacerdotes se están sentados, con las túnicas desgarradas, las cabezas y las barbas rapadas y la cabeza descubierta.»

de sodomía entre nuestros religiosos de vida célibe: la vida fastuosa, la comida opípara y el ocio excesivo (Ez. 16) [141].

En el ya citado cap. 11 del Apocalipsis denomina Juan a Roma Egipto, por sus egipciacas abominaciones idolátricas y sacrificales; y lo confirma Juan cuando dice que la liberación de Egipto se refiere a la nuestra, y que por eso volveremos a cantar el cántico aquel de Moisés, el que cantó cuando el pueblo fue liberado de Egipto (Ex. 15; Ap. 15): aquel cántico, el mismo, supone ahora una liberación igual a la de entonces, liberación de la esclavitud de Egipto. Por eso lo repite Juan, al igual que antes se dijo de la comparación con Babilonia [142]. A lo mismo tiende el cántico de Isaías tras la destrucción del Anticristo (Is. 12): en los caps. 11 y 19 conmina Isaías al río y al mar egipcios para que sus pescadores no vuelvan a echar más sus redes en ellos: «Herirá, dice, al río en sus siete brazos» [143], los cuales son esos siete ceremoniosos sacramentos de la Bestia. Mucho se regodea la Bestia en ese número siete; pero Juan es testigo: siete veces se vertirá sobre ella el cáliz de la ira e indignación de Dios todopoderoso [144]. En Isaías, cap. 30, puede verse a estas bestias egipcias atiborradas de tesoros y de riquezas, hasta tal punto que, en compensación por tantas exacciones como nos han hecho, tendremos que despojarlas ahora con todo derecho de todos sus beneficios, como ha ocurrido en otras ocasiones (Ex. 11 y 12) [145]. También ahora hay tinieblas tan horribles y densas como las hubo en Egipto en sombra de esta verdad: así como el Faraón hacía arrojar al río para que murieran a los recién nacidos, así también ahora la Bestia nos da muerte a todos arrojándonos al río del bautismo de niños. También aquí nos es dado intuir los misterios de los egipcios y de los magos del Faraón: así como se encarnó verdaderamente el Verbo de Dios, vara de Aarón, así también, por arte de los magos, ha ocurrido

[448]

---

[141] «He aquí que ésta fue la maldad de Sodoma, tu hermana: soberbia, hartura de pan, y abundancia de ociosidad», Ez. 16, 49.

[142] Efectivamente, Ap. 15, 3 dice: «Y cantan el cántico de Moisés siervo de Dios y el cántico del Cordero», aludiendo al bellísimo del triunfo en Ex. 15, 1-18.

[143] «Y dirás en aquel día», etc. de Is. 12, 1-6. Las otras alusiones son al cap. 11, 15 y al 19, 5-10.

[144] Alusión doble: al múltiple uso del siete en el cristianismo oficial (siete sacramentos, pecados capitales, obras de misericordia, etc.) y a la maldición de las siete iglesias en Ap. 1, 11-3, 22.

[145] Llamada de Servet a desposeer a los eclesiásticos de toda propiedad y de sus beneficios canónicos, aplicando Is. 30, 6: «Carga de las bestias del mediodía: le llevan sus riquezas y sus tesoros a un pueblo al que no le será de provecho», y a Ex. 11, 2 y 12, 35: «Hable ahora el pueblo, y que cada uno demande a su vecino vasos de plata y oro.»

algo semejante con el Papado en este Egipto espiritual; pues aquí se ha encarnado Satanás, para que fuese Papa en la tierra «la Bestia que sube del abismo», igual que se hizo hombre en la tierra el Verbo de Dios que desciende del cielo: éste, Cristo; aquél, Anticristo [146]. Que haya surgido del abismo la Bestia se puede demostrar hasta la evidencia por Juan: como si, surgiendo del abismo, se hubiera introducido en el cuerpo papista el espíritu del dragón, para llevar a cabo signos y prodigios. Como en otro tiempo se volvieron sangre las aguas del río, así ha ocurrido también en el Apocalipsis por obra del poder papista; pues las aguas del bautismo se han convertido en sangre de mártires. Desde los tiempos del Papado los que de verdad han recibido el bautismo no son los bautizados con el verdadero bautismo de agua, sino los bautizados en sangre. Nadie pudo beber agua de un verdadero río, sino que, como los egipcios, se construyeron cisternas putrefactas y lagunas de tradiciones. De las ranas que extraen los papistas y los magos del río del bautismo de niños, y de su fe de chiste en esas «tres ranas» con sus tres cualidades infusas, ya hablaremos un poco más adelante. Todo lo demás, que no pudieron hacer los magos del Faraón (como lanzar contra nosotros bestias dañinas, brasas de fuego, luz, granizo, rayos, langostas y tinieblas) lo ha realizado en el Cristianismo con deslumbrantes ardides la Bestia babilónica, como podrás comprobar profusamente en el Apocalipsis de Juan. Hasta el punto de que «ni una jota, ni un ápice ha quedado sin cumplirse» [147]. Todas las maldiciones de la Ley han caído místicamente sobre nosotros.

[449]

A esto mismo se refieren también los misterios de los gigantes, tal y como enseña Cristo en el evangelio, y como ya expuse en el Libro II sobre la Trinidad [148]. Así como en Roma se vive sodomíticamente, así también hacen allí esos gigantes que sean comunes las mujeres. Los hijos de los dioses, consagrados a los dioses, se mezclan allí con las hijas de los hombres. «Lo que ocurrió, dice, en lo días de Noé y de Lot con los gigantes y con los sodomitas, eso mismo ocurrirá en los días del hijo del hombre» (Mt. 24;

---

[146] A pesar de la terminología, más bien técnica, y de la estrecha analogía de encarnaciones que aquí establece Servet, no habría por qué cometer el error, en el que ha caído cierto servetista actual, de dar a esta comparación sentido estricto alguno: *Incarnatus est ibi Satanas ut bestia fieret in terris Papa, sicut verbum Dei factum est homo, hic Christus, ille Antichristus.*

[147] Mención de palabras de Jesús en Mt. 5, 18.

[148] Cfr. Parte I, lib. II.

Lc. 17) [149]. Se han alzado del abismo contra nosotros los ángeles malos; como tendremos ocasión de exponer al comentar a Juan, cuando tratemos de las langostas que suben del abismo. Isaías había predicho en el cap. 14 que el poder babilónico haría que se alzasen de nuevo los gigantes, que habían sido precipitados al abismo cuando el diluvio [150]. Ahora, al surgir del abismo la Bestia, ha sacado consigo de allí los manes y genios de los gigantes, pues «tiene las llaves del pozo del abismo» y puede hacer salir a los espíritus de ese tormento purificador del tártaro. La misma realidad demuestra también que la tierra está ahora plagada de aquella gigantesca *chamas*, de la que entonces estaba repleto el orbe entero (Gen. 6). El término חָמָס , *chamas* significa ahí rapiña, opresión, exacción injusta, características todas de nuestro tiempo [151].

¡Jamás tuvo que soportar el pueblo de Dios tantos exactores con los egipcios y babilonios! Cualquiera que reflexione sinceramente sobre el tráfico de beneficios y sus licitaciones, *resignas* y devoluciones ante los tribunales, se dará cuenta de que nunca desde la creación del mundo ha habido tantos y tan grandes latrocinios con *títulos colorados*. Todo se desarrolla ahora a base de un derecho de rameras, ciertas rapiñas y rapidez en las transacciones. ¿Qué tienen que ver con los apóstoles esos vicariatos? ¿Qué todos esos regresos, insinuaciones, annatas, regalos y reservas? Nada más que la pompa y la opulencia persigue hoy todo el papismo [152]. Lee el ya citado cap. 16 de Ezequiel y comprenderás cómo allí se describe a esta ramera, la cual, después de haber sido lavada con el bautismo de Cristo y exaltada a una gran gloria, se ha hecho prostíbulos excelsos «en todas las plazas», preciosos «vestidos multicolores» y «toda clase de imágenes». Ha «entregado sus hijitos» a los dioses falsos y ha hecho ofrenda del pan del Señor ante los ídolos. Ha fornicado con sodomitas, con egipcios, con cananeos, con caldeos, con palestinos, con todos. Sólo ella se ha prostituido al revés que las demás rameras, como dice Ezequiel:

[450]

---

[149] Palabras de Mt. 24, 37 y de Lc. 17, 27-30.

[150] Is. 14, 4 y 9: «Levantarás esta parábola sobre el rey de Babilonia y dirás: ¡Cómo paró el exactor, cómo cesó la ciudad codiciosa de oro! El infierno abajo se espantó de tí.»

[151] El término *chamas* o *hamas* significa más bien todo tipo de violencia o maldad, como en Gen. 6, 13, hablando Dios a Noé: «La tierra está llena de violencia a causa de ellos.»

[152] *Meretricio iure, certis rapinis, et celeritate cursus omnia nunc devolvuntur. Quid cum apostolis vicariatus isti?... Ad solam pompam et opulentiam spectat hodie totus Papismus.*

pues las demás rameras reciben regalos, en cambio ésta da beneficios eclesiásticos a sus amantes. A ésa tal van a juzgarla ahora por adúltera sus propios amantes, igual que antes a la sinagoga [153].

En conclusión, todos los misterios de iniquidad que jamás se vislumbraron en la Ley se refieren a ahora en sentido espiritual, ahora tienen su cumplimiento, y sombra son de esta verdad. Pues jamás de los jamases se ha oído o visto semejante abominación, que haya engendrado tantos monstruos, que haya podido asolar hasta ese extremo el reino de Cristo, oscurecer su inmensa luz y reducir al mismísimo Dios a tres quimeras. Ha podido avocar de nuevo al Judaísmo a todo el pueblo de Cristo y poner en fuga a Cristo [154]. Nos ha reducido de nuevo a la cautividad de Egipto y de Babilonia, y nos ha acarreado toda suerte de males desde el principio del mundo.

Fíjate, qué tren de vida se lleva en Roma bajo el poder de la Bestia. Allí se viste babilónicamente de púrpura y lino finísimo. Allí se vive sodomíticamente. Allí el comercio de Tiro y Sidón. Allí las abominaciones de los egipcios. Allí los dolosos negocios de los cananeos, con que esclavizan a los hombres esos romanos, traficantes de almas humanas [155]. Allí los edomeos o purpurados reducen a sus hermanos a servidumbre, hasta el punto de ruborizar al propio Edom con la sangre derramada. Allí los sátrapas de los filisteos dilacerando al pueblo de Dios y arrebatándole el arca. Allí se ofrecen sacrificios por los muertos según el rito de Moab, lo cual está prohibido por la Ley. Allí, finalmente, ha sido de nuevo crucificado Cristo (Ap. 11) [156]. Por eso, «el día del juicio habrá más tolerancia con Tiro y Sidón», con Sodoma y Gomorra, que con esa gran ciudad [157].   [451]

Que se haya cumplido en la Bestia la profecía sobre Antíoco, «la abominable desolación y contaminación», es algo evidente en Daniel, a quien corrobora Cristo al decir que volvería a repetirse aquella abominación, en el tiempo exacto reiteradamente insinuado por Juan [158]. Por eso hay segu-

---

[153] Comentando a Ez. 16, 16-18. 21-24. 26-29 y 33.

[154] *Hæc denue potuit totum Christi populum in Iudaismum retrudere, et Christum fugare*, eco de la anterior tesis de la *ecclesia fugata*, cfr. lib. I de esta Parte, nota 152, p. 605.

[155] *Illæ dolosæ mercaturæ..., negociatores animarum hominum.*

[156] «La gran ciudad, donde también nuestro Señor fue crucificado», Ap. 11, 8.

[157] Palabras de Jesús en Lc. 10, 14.

[158] Como se advirtió oportunamente, Servet interpreta de un modo coincidente indicios del fin de los tiempos de Daniel y del Apocalipsis. Los párra-

ridad de que aquel primer Antíoco fue sombra de esta verdad, como todos los demás hechos primeros prefiguran en sombra los de después de Cristo. Este es aquel Antíoco, rey severo y feroz, עַז , *az*, que nos obliga a adorar a los ídolos, מָעֻזִּים , *mauzim*, es decir, feroces, con tanta saña y ferocidad que tortura a los que se le resisten. Este es aquel Antíoco, que no querrá saber nada del Dios de sus padres, sino sólo de sus sofismas. Que hablará de parte de Dios, como si fuera vicario de Dios, «para decir contra el mismo Dios cosas asombrosas». Que tributará culto a un Dios, desconocido de sus padres, con oro, plata y otras imágenes. Que prostituirá la verdad, aplastará a los santos y «cambiará los tiempos y las leyes». Que dividirá la tierra en provincias y beneficios eclesiásticos, «distribuyéndola por interés», בִּמְחִיר ,*bimchir*. Que «no se cuidará de Dios alguno, ni del amor de las mujeres», sino de su propia gloria y magnificencia. Que será poderoso con tropas prestadas por el imperio romano y a quien se le concederá ese poder para invadir el reino del pueblo de Dios. Que matará a muchísimos en ocasiones en que se esperaba la paz. Que aplastará al propio caudillo de la alianza, Jesús el Cristo. Que colocará su «sacro palacio» en la colina más alta. Que, finalmente, sin que nadie venga en su ayuda, será aplastado sin manos «al cabo de un tiempo y dos tiempos y medio tiempo», al cabo de mil doscientos sesenta años. Pues el Señor lo va a destruir, ahora, «con el aliento de su boca» y con el resplandor de su advenimiento, restituyendo a los santos de Dios el reino de los cielos [159].

A él se refiere lo que se dice a propósito del rey asirio: [452] «Caerá el asirio a espada no de varón, y una espada no de hombre lo destruirá» (Is. 31) [160]. Tal es la guerra de Cristo: que ese reino tan vasto de la Bestia, que ha humillado a tantos monarcas, caiga ahora por obra sólo de la trompeta y la antorcha de Gedeón, es decir, sólo por la Palabra de Dios y la iluminación de su Espíritu. Con estas dos armas serán destruidas las dos espadas de la Bestia [161]. A este Antíoco, cabeza de maldad, lo hemos mencionado primero

---

fos que siguen son un comentario independiente de Dan. 11, 2-45, aplicando al Papa lo que históricamente fue dicho sobre Antíoco, pero con proyección ulterior determinada por su valor típico, no profético.

[159] Frase final de Is. 11, 4. Nótese de nuevo el *ahora, nunc:* en el pensamiento de Servet la ideología restitucionista está esencialmente condicionada a la urgencia escatológica y precisamente hay prisa por *restituir el cristianismo* porque ya ha llegado, y pasado, el tiempo del Anticristo.

[100] Is. 31, 8.

[101] Es decir, su poder pretendidamente espiritual y su poder temporal.

como la mismísima imagen de nuestro Anticristo. Vienen a continuación, con sendas imágenes, otros célebres por su impiedad.

Este mismo Anticristo, esta Bestia de diez cuernos, es aquel Jeroboam que se llevó diez de las doce tribus, el padre de los idólatras en Israel. El que, dividiendo el reino de David-Cristo y levantando varios santuarios, introdujo la idolatría que conduce a la cautividad de Babilonia. Fue sólo sombra de esta verdad, puesto que aquel era mucho peor que éste [162]. Aquel desbarató un reino de la carne; éste, el reino del Espíritu, y precisamente un reino celeste de un gran Rey. Era más verosímil que aquél levantase santuarios, tanto en Betel, denominado con el mismo nombre de Dios, como en el monte de Samaría, donde adoraron los patriarcas, como en otros lugares por el estilo, que esta Bestia en el monte Exquilino de Babilonia, sede de Satanás y bosque de Diana; sobre todo, teniendo en cuenta que nosotros no debemos tener templos corporales, sino espirituales, como demuestra el caso de la mujer samaritana (Jn. 4) [163]. Era más verosímil que Jeroboam se arrogase autoridad para hacerlo, pues había sido ungido y consagrado por voz y mandato de Dios; mientras que la Bestia no tiene otra consagración ni otro poder que el de Satanás para ruina del sacerdocio y del reino de Cristo. Era más verosímil que adorase él «en este monte o en aquél» que no nosotros, que no podemos decir que esté aquí o que esté allí. Mayores motivos había entonces para llamarla «casa de Dios y santuario nacional» (Amos 7) [164]. Era más verosímil que Jeroboam, en virtud de la primogenitura de José y de la bendición del preferido Efraim, hiciera valer el argumento de su principado por ser de esa familia; mientras que la Bestia pertenece a la familia del diablo y a la estirpe del dragón y usurpa su principado con razones nada convincentes. [453]

Como en aquel entonces estaba en vigor la adoración externa y él se había enterado en Egipto de que el dios Apis se había aparecido en forma de buey, de que había un carnero en forma de querubín y de que Dios se complacía ofrendándole un carnero, tomó pie de ahí para inventarse una nueva divinidad en forma de carnero que habría que adorar en lugares concretos. Pero esta Bestia, si no fuera tan

---

[162] Episodios narrados en Jue. 7, 16-20. *Multo est deterior.*
[163] «La hora viene, y ahora es, cuando los verdaderos adoradores adorarán al Padre en espíritu y en verdad», Jn. 4, 24.
[164] Am. 7, 13.

bestia, carente de todo sentido y razón, debía saber que a Dios sólo se le debe adorar espiritualmente en Cristo, y no «en el monte» de Samaría, ni en el Exquilino, ni en Jerusalén, ni en Roma (Jn. 4). Hay que adorar a Dios espiritualmente en el templo vivo que es el cuerpo de Cristo, y no en esos edificios babilónicos, ni en cadáveres de muertos, ni en unas pinturas. No es pecado tan grave adorar a Dios en un carnero de oro o en una serpiente de bronce como adorar una divinidad creada en una estatua cualquiera o invocar las almas separadas de los muertos. Peor es fornicar con Jezabel en Baal, como ha hecho esa ramera babilónica, que adorar como Jeroboam carneros de oro (IV Re. 10) [165]. Si a ellos no les estaba permitido adorar a Dios en una serpiente de bronce, que era verdadera figura de Jesús el Cristo, ni en un becerro de oro, que lo era de su inmolación, ¿cuánto menos le estará permitido a la Bestia hacerlo en las imágenes? Si a ellos no les estaba permitido erigir altares, ni siquiera en memoria de la inmolación de Isaac, ni al modo de los altares levantados por sus padres en Beerseba, en Betel y en Gálgala, como dice Amós, mucho menos debe serle permitido a la Bestia. Razones más poderosas tenían ellos para defender sus tradiciones, para cualquiera que pondere su acendrada veneración por aquellos lugares. Ellos estaban convencidos de adorar allí al propio Dios. No como los papistas, que se han inventado el culto de dulía e hiperdulía, cosa que ya en aquel entonces era una inveterada ficción (IV Re. 17) [166]. En cualquier caso, si a ellos no les estuvo permitido, mucho menos debe estarlo en nuestro reino espiritual.

Si a pesar de Satanás un ángel enterró y ocultó el cadáver de Moisés para evitar que fuese adorado por nadie [167], con mayor razón debemos rechazar nosotros la adoración de cadáveres e imágenes, pues sólo en espíritu tenemos que adorar. Que vengan diciendo los papistas que con las imágenes podemos movernos a la devoción o emulación de semejante vida: lo desautoriza Ezequiel (Ez. 8) [168]. No es lícito tener ídolos ni para monumento ni para aleccionamiento

[454]

---

[165] Alusión a la anécdota narrada en II Re. 10, 29.

[166] Recuérdese que cultos de latría, dulía e hiperdulía son llamados los tributados respectivamente a la divinidad, a los santos y a un supersanto, como María. «Cada nación se hizo sus dioses, y pusiéronlos en los templos de los altos que habían hecho», II Re. 17, 29.

[167] «Ninguno sabe su sepulcro hasta hoy», Deut. 34, 6. Véase la nota 195 del Diál. II, sobre un tema semejante.

[168] «Entré, pues, y miré, y he aquí imágenes y animales de abominación», Ez. 8, 10-18.

de los rústicos (Jer. 10), pues vanidad son la erudición y la lección que proviene de los ídolos, como ahí mismo hace notar Jeremías [169]. En las estatuas y en las imágenes pintadas radica la enseñanza de la mentira, dice Habacuc (Hab. 2) [170]. No hay en absoluto congruencia alguna entre el templo espiritual de Dios y esos ídolos corporales (II Cor. 6). Sólo será expiada nuestra iniquidad cuando depongamos los ídolos triturándolos como piedra de cal, de modo que nunca jamás vuelva a haber estatuas ni imágenes (Is. 27) [171].

Fíjate aún en otra semejanza de la Bestia con Jeroboam, la que consta en el cap. 13 del Lib. III de los Reyes. Jeroboam solía hacer sacerdote a cualquiera que fuese del desecho del pueblo, un inepto, un manco, un mutilado, con tal que le llenase las manos de regalos. Dicha costumbre se ha perpetuado entre nosotros: en cualqueir familia, en cuanto los padres descubren un hijo tonto, deciden que se ordene sacerdote papista, y con las manos llenas de dinero piden al Papa para su hijo pingües beneficios. Somos nosotros quienes llenamos las manos al Papa, para que llene las nuestras y las consagre con su sacerdocio de mercenarios [172]. Mercenarios llama Cristo a esos tales, que no pastores (Jn. 10) [173]. Todo su sacerdocio, lo mismo que el de Antíoco y el de Jeroboam, no consiste sino en el dinero, como siempre (Jue. 17 y 18) [174]. Esa fue la causa de la perdición de su pueblo.

Además, así como Jeroboam estableció la solemnidad del mes octavo en vez de la del séptimo, y modificó todos los ritos sagrados para no parecer que judaizaba, así también la Bestia nos ha colocado las fiestas judías y nos ha introducido sus ritos [175].

---

[169] «Todo hombre se embrutece y le falta ciencia: mentira es su obra de fundición, y no hay espíritu en ellos», Jer. 10, 14.

[170] «¿De qué sirve la escultura, la estatua de fundición que enseña mentira?», Hab. 2, 18.

[171] «¿Qué concierto tiene el templo de Dios con los ídolos? Porque vosotros sois el templo de Dios viviente», II Cor. 6, 16. «Tornar todas las piedras del altar como piedras de cal desmenuzadas», Is. 27, 9. Haría falta un estudio pormenorizado para ver si hay originalidad en los argumentos bíblicos que aduce Servet para justificar su total iconoclasmo o más bien depende de los avanzados por radicales como Carlstadt y Haetzer (a éste probablemente le conoció en Estrasburgo), y aun por Zwingli, en panfletos que escribieron contra las imágenes.

[172] *Nos Papæ ipsi manus implemus, ut ipse nostras impleat et mercenario illo sacerdotio consecret.*

[173] «El asalariado, y que no es el pastor, de quien no son propias las ovejas, ve al lobo que viene y las deja y huye», Jn. 10, 12.

[174] Alusión a venales ofertas relatadas en Jue. 17, 10 y en 18, 19.

[175] *Ita bestia nobis Iudaica festa transponit, et suos ritus immutavit.*

De todo ello se sigue que, así como se le sacó el brazo [455] a Jeroboam (III Re. 13), así también se le sacará ahora a la Bestia, despojándola de su poder (Zac. 11)[176]. Así como con Jeroboam se entenebreció el ojo pseudoprofético, así también ha quedado sumido en tinieblas el ojo de la Bestia y el de todos sus sacerdotes y pseudoprofetas, incapacitados ya para ver la verdad, de lo que dan fe Zacarías, en el lugar citado, y Miqueas en el cap. 3[177].

Pero sigamos con otros ejemplos.

Este mismo Santísimo Papa babilónico es el que llevó a la ruina al pueblo de Dios. El Nabucodonosor babilonio que arrasó la ciudad santa. El que nos obliga a tributar culto a imágenes doradas y sublimes. El que envía legados a los reyes de la tierra para que se le sometan, amenazándolos con excomunión en caso contrario. El que con inauditas blasfemias se arroga el poder de Dios en detrimento de su pueblo. El buey y bestia que come y comerá hierba hasta que recobre la razón y comprenda que sólo Cristo es único y verdadero Pontífice.

Este es el Faraón endurecido que, para mejor retenernos en la esclavitud de Egipto, concita a magos y a sabios contra el pueblo que Cristo quiere liberar. Este es aquel Absalón que se granjeó furtivamente los corazones de los varones israelitas imponiéndoseles hipócritamente. El que por consejo pseudoprofético de Aquitófeles usurpó el reino de David-Cristo. El que escogió para sí mismo carrozas triunfales, caballeros a caballo sobre mulas y purpurados varones cardenales; el que, impío y deshonesto con su propio padre, hizo huir de su propio reino a Cristo hecho lágrimas[178].

Este ha imitado todas las iniquidades. Ha imitado en sus malas acciones al propio Salomón; pues así como éste hizo dioses especiales para sus concubinas (III Re. 11), así también aquél canoniza deidades particulares para que las adoren sus rameras: jacobinos, celestinos, benedictinos y

---

[176] O sea, I Re. 13, 4 y la frase de Zac. 11, 6: «Mal haya el pastor de nada; del todo se sacará su brazo y enteramente será su ojo derecho oscurecido.»

[177] Miq. 3, 6-7: «De la profecía se os hará noche, y sobre los profetas se pondrá el sol; porque no hay respuesta de Dios.»

[178] Servet, claro está, aplica los vicios de todos estos personajes bíblicos al Papa por un «sentido típico» de personal inspiración. Sobre el menos conocido, Achitófeles, II Re. 15, 31 y 17, 14-23.

otros [179]. Ha imitado, asimismo, en sus maldades al propio Aarón; pues, como Aarón, nos hace ídolos de oro con el que nosotros le damos, edificándoles altares y dedicándoles oblaciones y holocaustos y otras solemnidades en determinados días, de modo que nos está mandado que en esos días festivos, como ya se hacía antes, nos reunamos primero por la mañana para la idolatría y para ofrecer sacrificios ante los ídolos papistas, nos sentemos luego a comer y beber opíparamente y, después de comer, nos pongamos a jugar (Ex. 32) [180]. Observa, lector, repara, por favor, en esos lindos programas de nuestras festividades. Comprende que ésa es la causa principal de que se rompiesen las tablas del testamento de Cristo. Incluso llegan a decir los nuestros que organizan esas fiestas «en honor de Dios», como los otros decían celebrar «el día del Señor». Y como ellos, también nosotros pensamos que «son éstos los dioses que nos sacan de Egipto» y que nos alcanzan el perdón de los pecados.

[456]

Este es, además, aquel Acad que se hizo con las ofrendas de la gente y profanó completamente la iglesia de Dios con sus robos babilónicos, mezclando lo sagrado con lo profano, ávido de la suntuosidad babilónica y de enriquecerse con los tesoros del pueblo [181].

Este, como Simón mago y los magos de Egipto, se opone simultáneamente a la verdad de Cristo y a la de Moisés, y actúa de modo realmente simoníaco, pues, como Simón y Giezi, permuta por dinero los dones de Dios [182].

Este es Balaam, pues acepta una fuerte suma de dinero por maldecir al pueblo de Dios. Por consejo suyo se ha introducido en Israel el escándalo y la desvergüenza, al ofrecer concubinas en vez de esposas legítimas. Por consejo suyo hemos venido a caer en los sacrificios a los ídolos [183].

Este es Aquitófeles, falso consejero, cuyo consejo se considera no obstante como algo divino.

---

[179] «Salomón siguió a Astaroth, diosa de los sidonios, y a Milcom, abominación de los amonitas..., y así hizo para todas las mujeres extranjeras», I Re. 11, 8.

[180] «Y al día siguiente madrugaron, y ofrecieron holocaustos, y sentóse el pueblo a comer y a beber, y levantáronse a regocijarse», Ex. 32, 6. Parecería estar recordando Servet los festejos populares con que determinados pueblos cristianos que él conoció en España, Italia, Francia, Alemania, incluyendo su nativo Villanueva de Sijena, «honran» a Dios, María y sus santos.

[181] Sobre las maldades de ese rey, I Re. caps. 17 al 22. *Miscens sacra profanis*.

[182] Simón el mago, en Hch. 8, 19, quiso comprar a los apóstoles su «potestad de dar el Espíritu santo»; Giezi, el criado del profeta Eliseo, engañando a Naamán el sirio para gratificarle por sus favores, en II Re. 4, 26. *Dona Dei pecuniis commutat*.

[183] Sobre Balaam, Num. 22, 7 y ss.

Este es Judas Iscariote, que vende a Cristo por dinero. Judas vendió a Cristo por monedas de plata; éste lo vende por monedas de oro. Este es el pontífice Caifás, siempre al acecho para destruir a Cristo, con tal que no le priven de su reino los romanos. Este es Caín, homicida de Cristo. Este es Nemrod, constructor de la torre de Babel. Este es, por último, todo lo malo que puedas imaginar [184].

Esta ramera es aquella Jezabel que enseñó a los hombres a fornicar con Baal. Esta es aquella impía Atalía que dio muerte a la descendencia real de la casa de Judá, verdadera ascendencia de Cristo. Esta es aquella Ahola y Aholiba, prostituta e idólatra [185]. Pero, volvamos a los reyes, para que sea el impío Acab quien ponga colofón a esta narración.

[457]

Este mismo rey *abbadon* es aquel Acab, en cuya época se reedificó Jericó, fueron asesinados y exterminados los siervos de Dios, y se cerró el cielo durante «tres años y medio» hasta que, enviado Elías, fueron exterminados o desaparecieron todos los sacerdotes de Baal, salvo unos pocos. Este es aquel Acab cuyos ministros se dejaron imbuir del mal espíritu del dragón, en los que, adulándole, actuaba enérgicamente el espíritu pseudoprofético de la mentira, transformándolos en una segunda Bestia. Esos falsos profetas atribuían entonces a su príncipe dos cuernos de hierro, dos espadas de acero, para acosar a Ramot, como acosa éste las excelsas colinas de Roma. Por su causa, esta vez en Roma, en la augusta Roma, se deja oír el clamor y llanto de Raquel, es decir, de la Iglesia, «que llora a sus hijos, que ya no existen» [186].

No te extrañe, lector, que todo esto se acumule en sentido espiritual sobre la Bestia, y que en sentido espiritual se aplique a este caso por tercera vez lo del llanto de Raquel. Ya has visto cómo vuelven a repetirse los misterios

---

[184] La perspectiva tipológica en que Servet se sitúa resta arbitrariedad a estas aplicaciones, desprovistas de base en sí mismas. Así, el Caín-Papa es «homicida de Cristo» por serlo de Abel, que es tipo de éste, etc. Pero de Nemrod no se dice expresamente que construyera Babel, aunque esta ciudad estaba bajo su jurisdicción, sino que era «vigoroso cazador». Cfr. Gen. 10, 9-10.

[185] Jezabel, la esposa de Acab. Atalía, la hija de ambos. Para los otros nombres, Ez. 23, 2-4: «Hubo dos mujeres, hijas de una madre, las cuales fornicaron... Y llamáronse Samaria, *Ahola*; y Jerusalén, *Aholibah*».

[186] Sobre el significado de *abbadon*, cfr. lib. I, nota 139. Servet juega luego con los nombres Ramoth y Roma. Ramoth de Galaad, una serie de colinas, es mencionada varias veces (Jos. 21, 38; I Re. 4, 13, etc.), pero se alude aquí a I Re. 22, 3-11, donde se mencionan, además, esos dos cuernos (los de la mitra) y esas dos espadas (las de los dos poderes papales).

de Babilonia, Egipto, los gigantes y otros más. Todas las generaciones y todos los acontecimientos del mundo vuelven a repetirse después de la regeneración de Cristo, lo mismo que después de la primera generación. Hay tres etapas distintas en los misterios de Cristo: antes de la encarnación, en sombra; por la encarnación, en la debilidad del cuerpo; después de la resurrección, en gloria y poder. En la analogía de este triple modo de dispensación radican todos los misterios del mundo [187]. Según Jeremías, durante la primera cautividad tuvo lugar en sentido literal el primer llanto de Raquel, como sombra. Se trata de un hecho histórico, ya que el sepulcro de Raquel estaba en Belén, por donde eran conducidos cautivos sus hijos. Fue precisamente al   [458] pasar por allí cuando se produjo «gran conmoción y gran llanto». Por segunda vez, según Mateo, se produjo allí mismo, en Belén, el llanto materno ante los inermes cuerpos de sus hijos, cuando los esbirros de Herodes los asesinaban en presencia de sus propias madres [188]. Por tercera vez se repite ahora en sentido espiritual su llanto; es por los hijos de Dios: el llanto de la Iglesia huérfana, que sin consuelo «llora a sus hijos, que ya no existen» [189]. Y también allá, en lo alto: el llanto de los ángeles en el cielo por el gran poderío de la Bestia y del dragón. Más aún: el llanto que ocasionó Herodes era en cierto sentido sombra de éste otro que provoca la Bestia. Del mismo modo que todas las cosas que se realizaron mientras Cristo vivía en la tierra tenían algo de sombra o de enigma, como aparece en el bautismo y en la cena, según se realizaban antes o después; pues todas las cosas se han realizado luego de un modo más sublime y totalmente nuevo, como nos enseñó Cristo en su sermón de la Cena, al decir que él se nos iba a ofrecer después como nueva bebida y que el misterio habría de cumplirse más tarde en el reino de Dios.

También la burla infligida físicamente contra Cristo cuando estaba vestido de púrpura indica esa otra burla mayor hecha contra él por esa ramera vestida de púrpura. De esta suerte, en el misterio de Cristo estaban ya prefigurados los misterios del Anticristo, como exige la naturaleza misma de éste, por haber contraposición entre los dos mis-

---

[187] *Triplex est differentia mysteriorum Christi, ante incarnationem in umbra, per incarnationem in corporis infirmitate, post resurrectionem in gloria et potentia. In huius triplicis dispensationis analogia consistunt omnia mundi mysteria.* Un principio clara y concisamente formulado, de suma fecundidad para estructurar el sistema intelectual y filosófico de Servet.

[188] Jer. 31, 15 comparado con Mt. 2, 18, que cita a ese profeta.

[189] Bella expresión latina: *ploratus orbatæ ecclesiæ.*

terios. Para que penetres mejor todo esto, ten bien presente y a la vista que Cristo había de ser crucificado, vestido por los romanos con vestido de púrpura, colocada sobre su cabeza una corona de espinas y en su mano una caña con que ser golpeado, mientras algunos doblaban sus rodillas ante él (Mt. 27) [190]. Mira ahora a su sucesor o vicario, el Papa, cuyo reino sí que es de este mundo, que crucifica a cualquiera, que se viste de púrpura tinta en sangre de mártires, como tinto en sangre estaba aquel vestido de Cristo (Is. 14 y 63; Ap. 17, 18, 19) [191]. En vez de corona de espinas lleva éste una mitra embutida de piedras preciosas. En vez de caña, cayado: ese báculo pastoral con el que nos golpea [459] y obliga a doblar las rodillas en su presencia. ¿Es eso, acaso, verdadera imitación de la vida de Cristo? ¿Puede haber mayor irrisión de Cristo? ¿Puede dársele a Cristo una bofetada mayor que ésta de saludar al Anticristo en vez de saludarle a él?

Nos es dado comprobar esta tercera y espiritual repetición de los misterios de la Ley y de Cristo en la tercera venida de Elías; pues Elías volvió por segunda vez después de Juan el Bautista, pero volverá por tercera vez antes de la resurrección final a restituir todas las cosas: «Convertirá el corazón de los padres hacia los hijos, y el de los hijos hacia los padres» (Mal. 4; Mt. 17; Ap. 11) [192]. Hará nuestro corazón semejante al corazón y a la mente de los apóstoles y logrará que recordemos aquella Iglesia primitiva.

Tres veces también se repite en la Escritura la muerte de Cristo, pues tres veces murió Cristo: en sombra, en cuerpo y en espíritu. En sombra ha muerto Cristo desde el principio del mundo en Abel y en otros (Ap. 13). En cuerpo lo mataron los judíos (Mt. 27). En el misterio del espíritu es muerto por los papistas (Ap. 11) [193].

Tres veces se ha quedado solo Cristo de alguna manera. Primero, en sombra, según aquello de Elías: «Me he quedado solo» (III Re. 19). Segundo, en cuerpo, según su pro-

---

[190] En los relatos de la pasión, v.gr. Mt. 27, 28 y ss.

[191] «Como vestido de muertos pasados a cuchillo», Is. 14, 19. «Su sangre salpicó mis vestidos», Is. 63, 3. «Y vi la mujer embriagada de la sangre de los santos y de los mártires de Jesús», Ap. 17, 6. «Y en ella fue hallada sangre de todos los que han sido muertos en la tierra», Ap. 18, 24. «Y estaba vestido de una ropa teñida en sangre: y su nombre es llamado el Verbo de Dios», Ap. 19, 13. Por el contrario, cuando le preguntó Pilato a Jesús, él respondió: «Mi reino no es de este mundo», Jn. 18, 36.

[192] «He aquí yo os envío a Elías el profeta, antes que venga el día de Jehová grande y terrible», Mal. 4, 5-6. «A la verdad, Elías vendrá primero y restituirá todas las cosas», Mt. 17, 11. Y Ap. 11, 3-7.

[193] Ap. 13, 8 y 11, 8: «Donde también es crucificado.»

pia expresión: «Me dejaréis solo» (Jn. 16). Tercero, en sentido espiritual, se ha quedado solo Cristo ahora, al marcharse la Iglesia al desierto (Ap. 12) [194].

Tres veces se han alzado contra Cristo los reyes de la tierra. Primero, en sombra, con Absalón (Sal. 2). Segundo, corporalmente, con Caifás (Hch. 4). Tercero, en sentido espiritual, con el Papa (Ap. 17) [195].

Tres veces se ha convertido en cueva de ladrones y lugar de negocios la casa de Dios: compárense Jer. 7; Mt. 21 y Ap. 18 [196].

Tres veces ha sido llamado de Egipto el hijo de Dios. Primero, en sombra, fue llamado de Egipto el pueblo de Israel (Os. 11). Segundo, corporalmente, fue llamado de Egipto Cristo (Mt. 2). Tercero, en Espíritu, somos llamados de Egipto ahora todos nosotros (Ap. 11 y 15) [197].

Triple es «la voz del que clama en el desierto». En sentido histórico, por orden del rey Ciro se dejó oír la voz de los pregoneros por todos los caminos del desierto abriendo camino a los israelitas de vuelta a Babilonia. La segunda vez fue la voz de Juan el Bautista «clamando en el desierto». La tercera vez será ahora: la voz de los que se vean libres [460] de esta horrible e inmensa cautividad de Babilonia y del Anticristo, de modo que ni la inmensidad del desierto pueda impedir que «nuestros caminos se enderecen», ni que se humillen las colinas papistas y sus montes babilónicos [198].

Tres veces se puede detectar también el crimen de los sodomitas, de los gigantes, y de otros: antes del Judaísmo, en el Judaísmo y en el Cristianismo; pues tres son las clases de hombres: gentiles, judíos y cristianos, y de ellos ninguno carece de su misterio, ya que «con tres medidas de harina ha fermentado el reino de los cielos» [199]. Paso por alto el referir aquí otros ejemplos, a fin de añadir algo sobre el Espíritu santo, sobre su tercera y nueva misión y sobre el nuevo advenimiento de Cristo.

---

[194] I Re. 19, 10; Jn. 16, 32; y Ap. 12, 6: «Y la mujer huyó al desierto.»

[195] Es decir, contra David, en el Sal. 2, 2, palabras cit. en Hch. 4, 25 como cumplimiento de su sentido intencional o típico. Por fin, Ap. 17, 12: «Estos tienen un consejo, y darán potencia y autoridad a la bestia, y pelearán contra el Cordero.»

[196] Jer. 7, 11; Mt. 21, 13 y Ap. 18, 3: «Los mercaderes de la tierra se han enriquecido de la potencia de sus deleites.»

[197] «De Egipto llamé a mi hijo», Os. 11, 1; Mt. 2, 21 y Ap. 11, 18 y 15, 4 (es una aplicación demasiado arbitraria).

[198] Parecería haber escapado a Servet que las palabras del Bautista en Mt. 3, 3 y paralelos están tomadas de Is. 40, 3, y no del permiso dado a los israelitas por Ciro para volver a Israel.

[199] Curiosa interpretación de las «tres medidas de harina» en que la mujer de la parábola puso la levadura, Mt. 13, 33.

Triple es la misión del Espíritu santo, al igual que triple fue la misión de la paloma desde el arca de Noé. En primer lugar, en la primera génesis del mundo fue enviado el Espíritu de Dios, el cual, revoloteando como una paloma por sobre las aguas y no hallando dónde posarse plenamente, se volvió, es decir, se mantuvo en el cielo, al igual que la paloma en el arca. El Espíritu de Cristo no se posó sobre ninguno de los patriarcas o de los profetas (Is. 11); en nosotros, en cambio, por Cristo se posa y se mantiene (Jn. 14). Nadie hasta la venida de Cristo fue enriquecido con el verdadero Espíritu santo de regeneración (Jn. 7) [200]. Por segunda vez fue enviada la paloma a los siete días de la nueva semana de Cristo, o sea, después de una semana de semanas, el día de Pentecostés. Pero tampoco esta vez permaneció mucho tiempo, sino que, tomando un ramo de olivo del monte Olivete, como primicias del nuevo fruto, y distribuyendo esa primicia sólo entre los apóstoles y unos pocos más, nuevamente se volvió al cielo, igual que con un ramo de olivo regresó al arca la paloma. Por tercera vez ahora, repitiéndose el misterio de la nueva semana después de Cristo, es nuevamente enviada la paloma, el Espíritu Paráclito, para permanecer eternamente con nosotros y darnos a conocer todas las cosas. La primera fue la misión del Espíritu en sombra. La segunda fue misión corporal, pues corporalmente vieron abrirse los cielos y en forma corporal vieron descender al Espíritu santo. La tercera va a ser ahora la misión espiritual e interior, absolutamente necesaria.

[461]

Necesario es que de nuevo asuma Cristo el reino, tal como él mismo dice. Necesaria es la nueva consolación del Paráclito después de esta nueva desolación. Después de la glorificación del Anticristo, resulta necesaria una nueva glorificación de Cristo. El mismo, en una de las parábolas del reino (Lc. 19), nos da a entender que volverá a repetirse su venida y que habrá una nueva reasunción espiritual del reino, ya que los impíos no han querido hasta ahora que él reine sobre ellos en la tierra y han querido un Papa-rey. Otro tanto hicieron antes los hijos de Israel (I Sam. 8) [201]. De ahí que se diga que los papistas han echado a Cristo de

---

[200] «Y reposará sobre él el espíritu de Jehová», Is. 11, 2. «Yo rogaré y el Padre os dará el Espíritu de verdad», Jn. 14, 17. «Aún no había venido el Espíritu, porque Jesús no estaba aún glorificado», Jn. 7, 39.

[201] «Y descontentó a Samuel esta palabra que dijeron: Danos rey que nos juzgue», I Sam. 8, 6. «No queremos que éste reine sobre nosotros», en la parábola de Lc. 19, 14. Claro es que todo esto tenía mayor actualidad y vigencia en tiempos del Papa-rey, caducados ya definitivamente con la toma de Roma y con los Pactos lateranenses.

su reino, como hicieron los israelitas con Dios. Ahora bien, Cristo volverá a tomar su reino y será la perdición de los impíos. Se nos ha dicho que Cristo volverá y que «no hallará fe sobre la tierra» (Lc. 18) [202].

Tres fechas solicitaron de Jesús los apóstoles: la de la destrucción del templo, la de su venida y la de la consumación de los tiempos (Mt. 24) [203]. Se hace notar ahí que la venida será «antes de la consumación de los tiempos», cosa que Pablo ilustra con toda claridad (II Tes. 2), como lo hace Juan en el Apocalipsis, donde dice Cristo que vendrá «en breve» contra el Anticristo [204]. En el cap. 11 enseña Isaías efectivamente que, tras ser destruido el Anticristo, el Señor volverá a dar la mano a su pueblo, congregándolo nuevamente de todas las provincias del orbe. En esta ocasión alude el profeta a esta segunda y mística venida, como lo hace también en los caps. 56 y 66, y Zacarías en el cap. 14. Es la misma venida mencionada por el propio Cristo en Jn. 14 y 16, esa venida de la que dijo: «Vendré a vosotros» para que no aparezcáis como huérfanos y abandonados. De nuevo, dice Cristo, vendrá el reino de Dios y «el tiempo de nuestra redención» (Lc. 21). Acontecerá, dice Pablo, que cuando llegue «la plenitud de los pueblos» gentiles, todo Israel se convertirá a Cristo (Rom. 11) [205]. Así entienden todos ahí que sucederá en la venida de Elías. Si, como dice Juan, los papistas han crucificado espiritualmente a Cristo, síguese que ha de haber una resurrección espiritual. Entonces resucitarán el espíritu de Moisés y el de Elías, el espíritu de la Ley y el de la Profecía, que habrán estado apagados durante «tres días y medio» (Ap. 11) [206]. Juan es ahí testigo [462] de que los papistas tienen los cuerpos de Moisés y de Elías, sólo la letra, el cadáver de la Ley y de los Profetas; pero no el verdadero espíritu, ni el sentido auténtico.

Acabamos de ver los principales misterios de iniquidad identificados en hombres impíos. Veamos, ahora, las otras abominaciones y dioses de la Bestia, para que a todos sea patente esta Bestia asombrosa que llenaba de estupor tanto

---

[202] «Cuando el hijo del hombre viniere, ¿hallaré fe en la tierra?», Lc. 18, 8.

[203] «Dinos cuándo serán estas cosas, y qué señal habrá de tu venida, y del fin del mundo», Mt. 24, 3.

[204] «Cuanto a la venida de N. S. Jesucristo no os mováis fácilmente ni os conturbéis como que el día del Señor está cerca: no vendrá sin que venga antes la apostasía y se manifieste el hombre de pecado, el hijo de perdición», II Tes. 2, 1-3. Y en Ap. 22, 20: «Ciertamente, vengo en breve.»

[205] Lc. 21, 28 y Rom. 11, 25.

[206] Texto fundamental para el milenarismo de Servet, Ap. 11, 11.

a Daniel como a Juan. Asombrosa por sintetizar en sí misma, con sus dos espadas, todas las abominaciones de reyes y sacerdotes, y por rodearse ahora, como los hubo antes, de aduladores y falsos profetas.

Igual que Cristo, rey y sacerdote, tiene sus propios ministros, así su vicario, rey y sacerdote, tiene sus propios sacerdotes. Igual que se dijo de Cristo: «Te alzarán en sus manos, para que tu pie no tropiece con las piedras» [207], así también y precisamente por eso el Papa se hace llevar en hombros. ¡No se digna echar pie a tierra por no ensuciar su Santidad! Se hace llevar en hombros por los hombres y se hace adorar como si fuera Dios; cosa que ningún impío osó jamás hacer desde que el mundo es mundo. Con mis propios ojos he visto yo mismo cómo lo llevaban con pompa sobre sus hombros los príncipes, fulminando cruces con la mano, y cómo lo adoraba todo el pueblo de rodillas a lo largo de las calles. Llegaban al extremo de que los que podían besarle los pies o las sandalias se consideraban más afortunados que los demás y proclamaban que habían obtenido numerosas indulgencias, gracias a las cuales les serían reducidos largos años de sufimientos infernales. ¡Oh, Bestia, la más vil de las bestias, la más desvergonzada de las rameras! [208].

Bellamente describe Isaías, en el cap. 47, a esta ramera sagrada [209]. ¡Sobre un monte excelso y elevado has puesto, oh ramera, tu estrado y a él has subido para ofrecer el sacrificio! ¡En los cónclaves has colocado tu estrado! ¡Has hechizado a los reyes con tu crisma, has multiplicado tus oropeles, has enviado lejos a tus legados, obligando a los hombres a humillarse hasta el infierno! Del mismo modo que Cristo nos unge en el bautismo con la unción del Espíritu santo para el reino de los cielos, así también la Bestia con su crisma babilónico imprime en nuestra frente su carácter y su marca untuosa para traficar en la Iglesia de Satanás y a la vez prostituirnos. Con su unción Cristo hace a los hombres קְדֹשִׁים , *Kedossim*, santos; el Papa

[463]

---

[207] El tentador en Mt. 4, 6, a base de palabras del Sal. 90, 11.

[208] Estas frases sobrecogedoras, dictadas por el espectáculo triunfal de la «silla gestatoria» y la pompa papal de que Servet fue testigo ocular durante las ceremonias opulentísimas de la coronación imperial de Carlos V en Bolonia el 24 de febrero de 1530, expresan muy elocuentemente el impacto espiritual más importante de su vida, punto de arranque de la solución de su crisis católica en sentido negativo, en busca de un cristianismo más auténtico. Todo Servet, el mejor y el peor, está implícito en estos párrafos crueles.

[209] Los improperios que siguen conservan cierto remoto parecido con los que Isaías dirige ahí a la «hija de Babilonia», cuya vergüenza y deshonor pronostica, anejos a su caída definitiva.

los hizo קְדֵשִׁ֖ם .   , *Kedessim*, rameras sagradas. Con
una ingeniosa alteración lingüística la auténtica consagración del Espíritu se trueca en esa execración babilónica, en
esa unción papista que habilita para prostituirse. Asimismo, como   קָדוֹשׁ   , *Kados*, el santo de los santos rey y
pontífice, Cristo, hijo de Dios, está sentado en el trono de
Dios, su padre; mas ese   קָדֵשׁ   , *Kades*, ese afeminado consagrado, hijo de perdición, pontífice y rey babilónico, toma
asiento en el tempo de Dios, haciendo alarde de ser Dios [210].

El Papa es Dios; el Papado es la Trinidad del dragón, la
bestia y el pseudoprofeta. Esta Trinidad papista la constituyen tres espíritus realmente distintos, a los que Juan llama,
por diversas razones, «tres espíritus inmundos como ranas» [211]: porque, como las ranas, proceden de las aguas
inmundas del abismo y «como las ranas» son animales anfi-
bios; porque croando como ranas los tres silabean tri-ni-dad;
porque por el inmundo poder de esos tres y con sus tres
cualidades infusas bautiza el Papa las ranas en la inmundicia. Infecta es el agua de las ranas e impedida su lengua.
De ahí que a ese defecto de lengua se le llame Βάτραχος,
rana [212]. Rana es quien batiendo su lengua no es capaz de
expresar su fe. Ranas, por tanto, bautizan los papistas en
su falsa fe en la Trinidad. Como ranas verás resistirse a los
párvulos y como ranas los verás gritar en su bautismo.

Así como con su celestial reforma Cristo reforma el mundo, engendrando hombres nuevos, así también con su reforma monacal abusa el Papa del mundo, engendrando
nuevas bestias con nuevas cogullas. Así como antes había
escisiones diciendo: «Yo soy de Pablo, yo de Cefas, yo de
Apolo», así también hay ahora divisiones proclamando:
«Yo soy de Francisco, yo de Domingo, yo de Agustín» [213]. Los   [464]
sacerdotes y nazarenos de la Ley no se rapaban la cabeza
ni la barba, ni tomaban parte en las exequias de los muertos (Lev. 21; Num. 6) [214]; así, pero al revés, los sacerdotes

---

[210] Otro juego de palabras, que denota la maestría hebraísta de Servet,
basado en la semejanza de *kadosh*, santo, y *kadoshim*, santos, de uso bíblico
frecuentísimo, con *kadesh*, sodomita, y *kedeshim*, homosexuales. Véase antes
la nota 139. La alusión final es a II Tes. 2, 4.

[212] Otro pequeño chiste lingüístico de Servet, esta vez en griego: *bátrajos*
o *bátrachos* significa a la vez «rana» y un «tumor en la lengua».

[213] Tremenda y muy concreta alusión a las conocidas luchas intestinas
de las diversas familias religiosas de frailes católicos por preeminencia, prestigio, privilegios, etc., comparadas por Servet a la emulación de los cristianos
primitivos fustigada por Pablo en I Cor. 1, 12.

[214] «Diles que no se contaminen por un muerto en sus pueblos... No harán calva su cabeza, ni raerán la punta de la barba», Lev. 21, 1-5. Sobre el
nazarenato como institución habla Num. caps. 5 al 7.

babilónicos llevan rapadas la cabeza y la barba y devoran en los funerales los cadáveres de los muertos (Bar. 6): como antes los moabitas, ahora los sacerdotes romanos «comen de los sacrificios de los muertos» (Sal. 105); inmolan sobre la blancura de la hostia y veneran los sepulcros, celebrando exequias sobre cada uno de ellos y asperjándolos con su mistificada agua (Is. 65)[215]. Así como antes mediante ciertos bisbiseos y encantamientos trataban los adivinos de hacer salir del infierno a las ánimas de los muertos, así ahora, con sus cantinelas, conjuros y aspersiones de agua mágica, quieren éstos hacer salir de allí las almas de sus muertos. Ellos hacen todo su negocio con los muertos, a pesar de estar prohibido ofrecer nada por el muerto o preocuparse por él. Todo esto es evidentemente cosa del adivino, o sea, de «la serpiente», y es algo infernal. Así como antes se obtenían respuestas de las estatuas revestidas de los dioses Maseca y Terafim y de sus sacerdotes vestidos de lino[216], así también se obtiene ahora con mucha frecuencia de Satanás transformado en ángel de luz. Dios permitía que se obtuviesen respuestas por medio de los ídolos para venganza de los impíos (Ez. 14), como permite «que se dé espíritu a la imagen de la Bestia» (Ap. 13)[217].

Esto se hacía también, como ahora, utilizando ciertas ropas y peinados, siendo así que la religión cristiana nada dice del modo de vestir ni del cabello. Después de Cristo no tiene valor alguno el rasurarse, ni el cabello, ni la capucha, ni la circuncisión, ni el prepucio, sino «la nueva creatura» (Gal. 6)[218]. Así como antes juraban los hombres por las divinidades de Dan, por el becerro de Samaría y por la peregrinación que se hace a Berseba (Amos 8)[219], así también pueden verse hoy constantemente entre nosotros semejantes divinidades, juramentos por lugares sagrados y peregrinaciones. Así como antes los impíos israelitas adoraban hacia el oriente (Ez. 8), así ahora pueden verse por todas partes en los templos romanos hombres ado-

---

[215] Baruc, 6, 31: «Vocean chillando como en un banquete fúnebre.» Luego, Sal. 105, 28 e Is. 65, 3-4. *Totum illis negocium est cum mortuis.*

[216] *Massekha*, dios de fundición, como el becerro de oro del desierto: Deut. 9, 16; Ex. 32, 4 y 8; I Re. 12, 28, etc. *Terafim*, los dioses domésticos venerados incluso por algunos personajes bíblicos, consultados sobre problemas de igual índole: los de Raquel en Gen. 31, 19; los mencionados en Jue. 17, 5 y 18, 14, etc.

[217] Ez. 14, 6-16 y Ap. 13, 15.

[218] Así en Gal. 6, 15.

[219] «Los que juran por el pecado de Samaria y dicen: Vive tu dios de Dan, y Vive el camino de Beerseba, caerán y nunca más se levantarán», Amos 8, 14, aludiendo a Deut. 9, 21; Os. 10, 8 y a I Re. 12, 29.

rando hacia oriente [220]. Los papistas tratan de construir siempre sus templos de modo que el altar mayor esté si-tiuado en la pared oriental del templo. Por eso dice Daniel que han vuelto las espaldas a Dios y a su templo; pues tanto el templo de Salomón como el tabernáculo de Moisés miraban hacia poniente, ya que a poniente estaba el *sancta sanctorum*. Por eso suele decirse que los judíos adoran hacia poniente. En cambio, los papistas babilonios, para no parecer que judaizan, prefieren adorar hacia oriente, como los mahometanos lo hacen hacia mediodía. Mas los cristianos ni de una ni de otra forma, sino «en espíritu». En el cap. 46 del Lib. 5 refiere Moisés el egipcio que la causa de que los judíos adoren hacia poniente es que los idólatras lo hacen hacia oriente por creer que el sol es Dios [221]. También los egipcios adoraban hacia oriente, como hace saber Trismegisto en su *Asclepio* [222]. Dios quiso que todo eso cambiara en la Ley. Pero el Papa nos hace retroceder de los judíos a los egipcios y a las primitivas abominaciones de los pueblos, haciéndonos adorar hacia oriente.

Además, en las iglesias romanas las mujeres lloran a Adonís muerto, celebrándole aniversarios, como se hacía antes en el mes de Tammuz, según el testimonio ocular de Ezequiel [223]. Nadie muere en la iglesia papista sin tener su

[465]

---

[220] «Sus espaldas vueltas al templo de Jehová y sus rostros al oriente», Ez. 8, 16.

[221] En su *Guía*, Parte III, cap. XLV (Servet cita con error), dice Maimónides que cuando Abraham eligió el monte Moria, «seleccionó el oeste como el lugar hacia el que se volvió durante sus oraciones por creer que ésa es la orientación más sagrada; y pienso que obró así porque era entonces un rito general el adorar al sol como deidad. Sin duda, todas las gentes se volvían entonces al este» (*The Guide for the Perplexed*, ed. M. Friedländer, New York 1956, p. 355). La fuerza del argumento de Servet estriba en que por no parecer judíos, *ne iudaizare viderentur*, los cristianos ya desde antiguo adoptaron de hecho una costumbre pagana. Para el uso mahometano, cfr. las palabras del Corán en la sura II, nota 35.

[222] Hermes Trismegisto, *Asclepio*, 41 (*C.H.*, ed. Festugière, vol. II, p. 352): «Cuando se quiere uno dirigir a Dios al atardecer, hacia el sur hay que mirar, y al amanecer, se debe mirar al este.»

[223] «Y delante estaban setenta varones de los ancianos, cada uno con su incensario en la mano. Y llevóme a la entrada, y he aquí mujeres allí sentadas endechando a Tammuz», Ez. 8, 11 y 14. Se refiere a la leyenda mencionada en el libro *Sobre la agricultura nabatea*, transmitida por Maimónides en su *Guía*, Parte III, cap. XXIX (ed. cit., p. 319), según la cual todas las imágenes del sol, los siete planetas y las doce constelaciones zodiacales concurrieron una noche al templo central de Babilonia a llorar la muerte del sacerdote idólatra Tammuz decretada por su rey, al que quiso convertir a ese paganismo sabeo, y se volvieron a sus templos a la madrugada. «De ello nació la costumbre de las mujeres de llorar, lamentar, gemir y gritar por Tammuz en el día primero del mes de Tammuz.» La comparación de Adonis con Jesús, con toda su ironía, puede ser eco de algún indocumentado uso renacentista

aniversario al modo de los «encennios» [224]. Allí están esos setenta presbíteros, párrocos de la ciudad de Roma, «quemando incienso en los turíbulos» ante las imágenes pintadas (capítulo 8 ya citado). En la propia ciudad de Roma creó el Papa setenta párrocos, los cardenales presbíteros, como réplica a los setenta y dos discípulos de Cristo, para que de esta guisa el Anticristo tenga los mismos misterios que Cristo [225].

Quizá estas cosas, lector, te parecerán asombrosas; pero también llenará de asombro a los hombres la destrucción de Babilonia (Ap. 18) [226]. Dios ha obrado en nuestros días algo tan sorprendente que nadie ha podido creerlo hasta el momento: que los caldeos hayan tomado posesión de moradas que no son suyas (Hab. 1) [227]. Que todos estos misterios de impiedad tuvieran que cumplirse hasta ese punto en la Bestia lo da a entender claramente Juan, cuando dice que el misterio de la Bestia se ha de consumar tal y como lo había anunciado Dios por boca de sus siervos los profetas (Ap. 10) [228]. Mas, ¿dónde encontrar ahora a estos profetas? ¿Dónde los otros misterios? Con una sola palabra nos da a entender todo esto Juan en el capítulo siguiente, al decir que en esa gran ciudad Cristo ha sido «crucificado de nuevo». Luego, si allí se ha repetido espiritualmente la muerte de Cristo, allí tienen que repetirse también espiritualmente todos los demás misterios de los homicidas. Es necesario que el Anticristo tenga los mismos misterios que Cristo. Tanto más cuanto que ahí se le llama Sodoma, Egipto y Babilonia. Si recorres todas las generaciones del mundo, descubrirás cómo se ha cumplido en la Bestia todo cuanto se había escrito proféticamente sobre los impíos. Si recuentas todas las maldiciones de la Ley, verás cómo todas ellas han sido místicamente fulminadas contra nos-

[466]

---

conocido de Servet. Para entender ese abuso, recuérdese que sí conocemos poetas que llamaban a María, por ejemplo, «la suave madre de Júpiter».

[224] A los escenios o esenios, actualmente tan populares tras Quum-Ram, dedicó ya Filón un libro, *De Essaeis*, que si no en la ed. original, debió conocer Servet por citas, muy numerosas, especialmente en el *De præparatione evang.* de Eusebio, quien también trae textos de Porfirio sobre esos mismos ascetas judíos, así como Josefo; pero no está clara la alusión exacta de Servet a esa costumbre, no mencionada en los textos indicados. Cfr. PG XXI, 404-7, 642, 682, etc.

[225] Referencia a los tradicionales 70 párrocos-cardenales de Roma.

[226] «¡Ay, ay, de aquella gran ciudad de Babilonia: porque en una hora vino tu juicio!», Ap. 18, 9.

[227] «Mirad y ved y maravillaos pasmosamente; porque obra será hecha en vuestros días que aun cuando se os contare no la creeréis», Hab. 1, 5.

[228] «En los días de la voz del séptimo ángel...», Ap. 10, 7.

otros. Si repasas todos los dioses de los gentiles, todos los encontrarás en Roma. Todo absolutamente cuanto se ha escrito con misterio hasta la venida de Cristo, todo era sombra; luego en alguna parte tiene que darse su verdad. Sobre todo, porque la Bestia ha ido conservando todos los ritos de los gentiles, como conservaron los israelitas los de la tierra de Canaán.

Pero detengámonos un poco más en los dioses de los gentiles y en los simulacros de los romanos.

Tenemos que comprender bien qué significan nombres como *Bel, Baal, Baalpehor, Astarot, Dagon, Regina coeli, Terafim, Elilim, Moloc* y otros. *Bel* quiere decir confusión; por eso es congruente que en Babel se dé culto a Bel: en la ciudad de la confusión, al dios de la confusión. Aquí se da culto a todo sin distinción, y por cualquier pretexto cada cual se inventa su propio ídolo. Según la historia, tal y como refiere Beroso, fue Belo, hijo de Nemrod, santo canonizado, que sobresalió en el reino de Babilonia, siendo luego adorado como ídolo [229]. Quizá a este mismo o tal vez a otro se le llamó *Baal* por su predisposición a dominar, y se le daba culto en el monte Pehor, del mismo modo que entre nosotros existen en los montes muchas ermitas, de las que llama la Escritura «santuarios altos». Después de la confusión de las lenguas, este mismo Bel bien pudo ser llamado por otros Baal y en atención al lugar, el monte Pehor, resultaría *Baalpehor* [230]. Unos lo llamaban *Baalberit*, otros *Baalzebub* o *Baalzafom*. Los profetas lo llamaron בַּעַל פְּעוֹר , *Baal Pehor*, que quiere decir «el que fornica en público», ramera pública, según se desprende de Oseas 9 y de Números 25 [231]. El término Baal no significa propiamente marido, sino «traficante en concubinas», como

---

[229] Beroso, el historiador babilonio, sacerdote de Bel, dios estatal de Babilonia. De él habla Clemente de Alejandría en *Stromata*, I, 21, resumiendo palabras de Taciano en *Oratio ad græcos*, y varios Padres más, amén de Josefo. Autor de la importante *Chaldaica historia*. Cfr. antes, nota 120 del lib. II, I Parte, p. 224.

[230] *Bel* y *Baal* son lo mismo (Is. 46, 1; Jer. 50, 2, etc.): dueño o señor de. Por eso suelen ir seguidos del nombre del lugar de culto; así, *Pe'hor* es una montaña cultual de Moab cit. en Num. 23, 28 y Deut. 4, 3. Maimónides describe ese culto cautamente como de «descubrir las desnudeces» (*Guía*, II, cap. XLV; ed. cit., p. 357). Servet es más explícito.

[231] «Has fornicado apartándote de tu Dios», Os. 9, 1. «Reposó Israel en Sithim y el pueblo empezó a fornicar con las hijas de Moab», Num. 25, 1. *Baal Berith*, en Siquem, Jue. 8, 33. *Baal-Zebub*, un dios filisteo, en II Re. 1, 2. *Baal-Sephon*, una divinidad de ese lugar cercano al Mar Rojo, Ex. 142.

enseña Dios mismo (Os. 2) [232]. Bien puede uno iniciarse en Roma en el culto a este dios, pues Roma es «la madre de la prostitución», que llega incluso a enseñar a fornicar con Baal (Ap. 2 y 17) [233]. [467]

Para que mejor comprendas, lector, todo esto, conviene que sepas que jamás hubo un pueblo tan estúpido que diera culto a los ídolos sin pretextar que lo hacía en honor de algún numen o deidad. Mas Dios no quiere que se le dé culto bajo pretexto alguno, ni desea que se añada o se quite de su libro «siquiera una jota». Todos ellos situaban en sus imágenes el pretexto de la deidad y hablaban religiosamente; pero se permitían toda suerte de fornicaciones y torpezas por el estilo, como hacen ahora los papistas. De ahí que, tomando pie de su torpeza, se les llame «ídolos de los gentiles», nombre que puede aplicarse también a los ídolos romanos, ya que en torno a ellos se da toda suerte de torpezas. Tal es la razón de decir que en Roma mora «el ídolo del celo», envidia típica de los pastores por poseer el mejor rebaño de la Iglesia, como dice Ezequiel en el ya citado cap. 8.

Que en Roma se dé culto al dios עַשְׁתֹּרֶת ,*Astoreth*, el dios ovejuno, ya lo hemos mostrado al decir que era llevado en hombros en figura de pastor. En otros tiempos había עַשְׁתֹּרֹת , *Astaroth*, imágenes de ovejas, a las que se les daba culto con pretexto del demonio, contra quien protegían a los rebaños [234]. De la misma manera, también hoy rendimos culto a muchos de estos Astaroth, para que defiendan nuestros ganados y rebaños contra los lobos y enfermedades. Hoy hacemos peregrinaciones y ofrendas a tales divinidades. De esta clase era en aquel entonces el pez *Dagón*, dios de los navegantes; y de esta clase hay entre nosotros diversas divinidades, a las que se encomiendan los navegantes [235].

---

[232] No se desprende exactamente del texto invocado por Servet: «Los tiempos de los Baales, a los cuales incensaba», «los nombres de los Baales», Os. 2, 13 y 17.

[233] «Permites aquella mujer Jezabel enseñar y engañar a mis siervos, fornicar y comer cosas ofrecidas a los ídolos», Ap. 2, 20. «Madre de las fornicaciones», ἡ μήτηρ τῶν πόρνων, en Ap. 17, 2, atribuido a «Babilonia la grande», Roma.

[234] En I Re. 11, 5 y 33; II Re. 23, 13, etc. es mencionada 'Astoret o Astharoth, diosa de los sidonios. Por otra parte, el vocablo hebreo 'asterot significa rebaños de ovejas en Deut. 7, 13 y 28; 28, 4 y 51, y otros textos. Su conjunción más bien parece una interesante ocurrencia filológica de Servet. Quien en Roma es llevado en hombros y en figura de pastor, es, por supuesto, el Papa, denostado por Servet a causa de esa ceremonia que él juzga anticristiana.

[235] Dagón, dios de las cosechas, venerado por filisteos, I Sam. 5, 7 en Ashdod; en Gaza, I Crón. 10, 10 y Jue. 16, 23. La interpretación de Servet al

Que en Roma se dé culto también a la *Reina del cielo*, a los doce signos del firmamento y a toda clase de milicias celestiales, resulta evidente para cualquiera. Por institución papista la imagen de María representa a la reina del cielo, como otras imágenes representan a los doce apóstoles y a las ánimas de los santos difuntos. A ésos se les llama propiamente *Elilim*, que no son dioses simplemente, como suele decirse, sino divos, divinidades canonizadas por el Papa romano y representadas en estatuas después de su muerte [236]. Por eso dicen que también se da culto allí a los *Terafim*, תרפים , lánguidos simulacros del cuerpo humano deshecho por la enfermedad, a los que dirigimos diversas plegarias y de los que, como de muertos sacudidos de su sueño, esperamos atiendan nuestras peticiones. De ahí que Micol pusiera en su lecho una estatuilla, *Terafim*, como si se tratase del mismo David en persona (I Sam. 19). Que estas clases de Terafim estuvieran en boga en Babilonia por aquel entonces aparece en Gen. 31 y Ez. 21 [237]. Ya entonces se veneraban en Babilonia las estatuas de los muertos, como ocurre ahora en la nueva Babilonia que ha sucedido a la primera y que se iba edificando al mismo tiempo que la otra iba arruinándose.

[468]

De *Moloc* o *Molec* decimos que era la real efigie de Baal, a quien se le hacían ofrendas por medio de fuego y se le ofrendaban niños (Lev. 18 y 20; Deut. 12 y 18) [238]. También fue dios de los ammonitas (III Re. 11), al que hacían ofrendas los israelitas en Tophet o Gehinnom, llamado en el evangelio «gehenna de fuego» [239]. Allí le ofrecían entonces

---

hacerlo dios de los marinos indica que él, como Jerónimo y sin duda siguiendo a David Kimchi, leía I Sam. 5, 7 en vez de *tronco*, *espina*, por un término hebreo muy parecido.

[236] El término hebreo *elilim* siempre significa ídolos, dioses falsos: Lev. 19, 4; Sal. 96, 7; Jer. 31, 7, etc., cuales estima Servet son todas las imágenes de las iglesias católicas, incluidas las de María, venerada como *Regina cœli*. En la mitología antigua, sin embargo, era llamada así la diosa Cibeles, diosa del planeta Tierra.

[237] Sobre *teraphim*, de la raíz hebrea *RFH*, curar, cfr. nota 216 El caso de Micol, quien descolgó a David por una ventana sustituyéndolo en el lecho por una imagen para engañar a los emisarios de Saúl que querían capturarlo, en I Sam. 19, 13. Raquel, en Gen. 31, 30. El rey de Babilonia consultando sus divinidades domésticas, en Ez. 21, 21. Aparece una vez más el radical iconoclasmo de Servet.

[238] Sobre el dios Moloc y los infanticidios sagrados en su honor, Lev. 18, 21. 20, 2-5; Deut 12, 31 y 18, 10.

[239] Según I Re. 11, 7 y 33, Salomón edificó santuarios no sólo a Astaroth, Milcom, Chemas y otras divinidades, sino también a Moloc o Molokh; uno de ellos en Tophet, «que está en el valle de los hijos de Hinnom», dice II Re. 23, 10. Ahora bien, este valle «está a la entrada de la puerta oriental de Jerusalén», según Jer. 19, 2. Porque era el lugar donde se mantenía fuego ar-

holocaustos en memoria del gran incendio asirio ocurrido allí mismo, como si Baal hubiera sido su autor. ¡Así es como los idólatras suelen atribuir a sus dioses los milagros que hace Dios! Acerca de este ídolo debes leer IV Re. 23, Is. 30, Jer. 7, 9 y 32 [240]. A ese ídolo le ofrecían sus hijos para que los preservase del fuego. A nosotros, en cambio, nos sacrifica a él la Bestia desde niños para ser devorados por el fuego eterno de la *gehenna*. A todos nos mata desde niños con su bautismo infantil, sin que nos quede ya esperanza alguna de regeneración. En él se nos destina al fuego eterno, ofrecidos en holocausto al mismísimo demonio de Baal. En él se nos purifica con el fuego papista de las velas, pudiendo decirse con razón que tenemos los mismos sacrificios de fuego que Babilonia, ya que nunca se celebran sin encender fuego. En el bautismo infantil se hace con gran alborozo la ofrenda de unos niños berreando, igual que antes se le ofrendaban a Moloc al son de los tímpanos. En él «sacrifican a sus niños en los torrentes» (Is. 57) [241].

Como en Ur de Caldea, también la Bestia entrega al fuego a los hombres. Ejecuta sacrificios humanos con fuego, metiéndolos vivos al fuego para adorar a Bel y mantener los santuarios altos del reino de Moloc. ¡Y haciendo eso, aún cree que «está dando culto a Dios»! (Jn. 16) [242]. Así tuvo que dar cumplimiento esa Bestia obcecada a la profecía de Tophet y Gehinnom con sus *Chemarim* (IV Re. 23) y «prender fuego en la tierra a los templos de Dios» (Sal. 73). [469] Así lo había anunciado del Anticristo el profeta **Daniel**: que sus llamas destruirían también a los santos, «y ello por muchos días» (Dan. 11) [243]. Además, en aquel entonces era

diendo constantemente para la quema ritual de niños, dicho lugar se identificó luego, más bien metafóricamente, con el infierno. De ahí el nombre *gehenna*, que viene de *Ge-hinnon*, helenizado y latinizado luego: Mt. 18, 9 y Mc. 9, 43 emplean ya el hebraísmo γέεννα por infierno o lugar de tormento.

[240] Tratan respectivamente de cómo el rey Josías destruyó los diversos altares dedicados por Salomón a los dioses de sus concubinas extranjeras (nota anterior); de cómo «Tophet está ya de tiempo diputada y aparejada para el rey», Is. 30, 33 y de cómo será llamado «valle de matanza», Jer. 7, 32. Por fin, Jer. 19, 6 y 32, 35 prevé que el rey de Babilonia será instrumento de castigo por esos delitos.

[241] «Simiente mentirosa, que os enfervorizáis con los ídolos debajo de todo árbol, que sacrificáis los hijos en los valles debajo de los peñascos», Is. 57, 5.

[242] «Viene la hora en que cualquiera que os matare pensará que hace servicio a Dios», Jn. 16, 2.

[243] II Re. 23 trata de la reducción a *cenizas* de esos santuarios paganos. La cita del salmo es 73, 7, y la siguiente, Dan. 11, 33. El término hebreo *chemarim* no aparece ahí, sino en Jer. 35, 6, donde significa *heces*, o posos del vino. Asígnese al contexto servetiano uno de los dos sentidos subrayados.

característico de Babilonia el castigo de horno ardiente, de modo que sin él no se hubieran podido cumplir ahora esos misterios babilónicos.

Asombra cada vez más cómo esta Bestia pudo dar cumplimiento ella sola a todos los misterios de los gentiles. Ella se consagra sus propios flamines, salios, lupercios y otros sacerdotes, para dedicar a sus propios dioses manes las ceremonias sagradas del hijo del Padre, de Ceres Eleusina, de Orfeo, de Baco y de otros. En fin, nada podrás encontrar escrito en los misterios sagrados de los dioses de los gentiles, que no tenga aquí su cumplimiento. Pues, como los israelitas conservaron los ritos de la tierra de Canaán, así debió conservar la Bestia los de los gentiles. De otra suerte no se cumplirían en ella todos los «misterios de iniquidad» prefigurados en la Ley.

De los gentiles aprendió la Bestia los sacrificios a los muertos y el culto a las imágenes, pues los judíos detestaban todo eso. Así como leemos que entre los dioses de los gentiles estaban incluidos Júpiter, Juno, Hércules, etc., así también la Bestia, por instigación de la cogulla de los peores demonios, nos hace dioses a unos hombres muertos, aconsejándonos implorar de sus imágenes diversos favores. Por último, así como Cristo reunió en un solo pueblo a judíos y a gentiles, así el Anticristo ha amontonado en una todas las abominaciones de los judíos y de los gentiles. Figura de ello fue con anterioridad el rey Antíoco, pues decretó que judíos y gentiles formasen un solo pueblo que observase sus mandatos y ceremonias, abandonando los libros del Testamento de Dios.

¡Oh, vosotros, príncipes cristianos! No lo dudéis más. Destruid a esa ramera, a esa Bestia, que ha causado la ruina de la religión de Cristo. Así seréis dignos de que en vosotros se cumpla la profecía de Juan (Ap. 17) [244].

¡Dichosos vosotros, dicen los profetas, si así lo hacéis! (Sal. 136; Is. 13; Jer. 50; Ap. 18) [245].

---

[244] «Y los diez cuernos que viste en la bestia, que son diez reyes, aborrecerán a la ramera, y la harán desolada y desnuda: están con el Cordero y son llamados, y elegidos, y fieles», Ap. 17, 12-16.

[245] «Hija de Babilonia destruida: Bienaventurado el que te diere el pago de lo que tú nos hiciste». Sal. 136, 8. «Y Babilonia será como Sodoma y Gomorra, a las que trastornó Dios», Is. 13, 19. «Tomada es Babilonia, Bel es confundido, deshecho es Merodach...: los más pequeños los arrastrarán y destruirán sus moradas», Jer. 50, 2 y 45. Por fin, Ap. 18, 20: «Alégrate sobre ella, cielo, y vosotros, apóstoles y profetas, porque Dios ha vengado vuestra causa en ella.»

LIBRO TERCERO

SOBRE LOS MINISTERIOS DE LA IGLESIA DE CRISTO Y SU EFICACIA

Después de haber tratado de los antiguos, vamos a ver [470] cómo los ministerios del Nuevo Testamento tienen una eficacia nueva. Quien conozca la auténtica generación del «hombre nuevo», conocerá ahora con toda claridad cómo todos ellos han sido instituidos para él, y a él le sirve de modo admirable cada uno de ellos. Ahora bien, como Cristo mismo nos enseña, los ministerios evangélicos son: la predicación, el bautismo y la fracción del pan. Los tres conviene tratarlos bajo el título de ministerios, ya que son en verdad ministerios del Espíritu, para que sepas que en todos ellos hay una fuerza escondida; y en todos ellos hay, por beneplácito de Dios, una interna eficacia del Espíritu y una gracia singular.

DE LA EFICACIA DE LA PREDICACION DEL EVANGELIO

Hablemos, pues, en primer lugar, de la eficacia de la predicación del evangelio y del poder de las llaves.

De todos es sabido que quienes nos predican la penitencia y la fe en Cristo son ministros del Espíritu, porque mediante su predicación externa obra internamente el Espíritu. No porque el Espíritu del Señor esté obligado o vinculado necesariamente a un determinado ministerio, sino porque le place actuar así. Son ministros aquellos por quienes creemos; luego, si por ellos hemos llegado a la fe, en su predicación está el Espíritu, pues la fe es don del Espíritu.

No hay predicación sin la acción del Espíritu, si es que a la predicación de la penitencia le sigue la compunción del corazón (Lc. 3; Hch. 2)[1]. Mientras Pablo predicaba, el Se- [471] ñor abría el corazón a la mujer para que aplicara su ánimo a lo escuchado (Hch. 16)[2]. De ahí que Cristo dé el Espíritu santo a los apóstoles, cuando los envía a predicar (Jn. 20)[3]. Para eso es dado: para enseñarles a hablar, para estar en sus palabras y actuar en los oyentes mientras ellos hablan. El mismo Cristo confirma esto al decir a sus ministros: «No sois vosotros los que habláis, sino que en vosotros habla el Espíritu de vuestro padre Dios», que también atraerá a los oyentes, fijando en sus ánimos vuestras palabras[4]. Si el Espíritu no estuviese en las palabras, ¿cómo decir que esa palabra que recibes del ministro actúa en tí para que creas? (I Tes. 2). ¿Cómo llamar a la palabra predicada «espada del Espíritu»? (Ef. 6). ¿Cómo podría venir «la fe por el oído»? (Rom. 10)[5]. ¡Gran fuerza tiene la predicación cuando, por ella, «espada» y «fuego envía Dios a la tierra»! (Lc. 12)[6]. Hasta tal punto está la eficacia del Espíritu santo en la palabra, que Pedro nos llama «renacidos por la palabra» del evangelio (I Pe. 1). Y Pablo dice: «Por el evangelio os he engendrado» (I Cor. 4)[7].

Nuestro hombre interior ha sido efectivamente engendrado del Espíritu santo por la predicación del evangelio, al modo que Cristo ha sido engendrado del Espíritu santo por la Palabra de Dios. Nosotros, renacidos por el agua y el Espíritu, hemos sido purificados en el lavatorio del agua por la palabra, del mismo modo que la fe, don del Espíritu, se engendra por el oído. Pedro llama a la palabra del evangelio «semilla incorruptible», porque a través de ella se engendra el hombre interior inmortal, según la verdadera generación del hombre interior inmortal, de que trataremos después. A quien se le planta y siembra con la predicación, se

---

[1] «Haced, pues, frutos dignos de arrepentimiento», Lc. 3, 8. «Oído esto, fueron compungidos de corazón», Hch. 2, 37. *Ministri illi sunt, per quos credimus.* En esta fórmula puede compendiarse el radical rechazo servetiano de todo sacerdocio ministerial.

[2] Lidia, vendedora de púrpura en Tiatira, «el corazón de la cual abrió el Señor para que estuviese atenta a lo que Pablo decía», Hch. 16, 14.

[3] Así, en Jn. 20, 21-23.

[4] Son de Mt. 10, 20. Cfr. luego nota 10.

[5] «No palabra de hombres, sino de Dios, el cual obra en vosotros los que creisteis», I Tes. 2, 13. «Tomad el yelmo de la salud y la espada del Espíritu, que es la palabra de Dios», Ef. 6, 17. *Fides ex auditu,* en Rom. 10, 17.

[6] «Fuego vine a meter en la tierra», Lc. 12, 49.

[7] «Renacidos no de simiente corruptible, sino incorruptible, la palabra de Dios, que vive y permanece para siempre», I Pe. 1, 23; y I Cor. 4, 15.

le riega y vivifica con el bautismo y se le alimenta con la cena del Señor; pero es el Espíritu santo quien da a todo eso su eficacia interna. En este sentido añade Pedro que nuestro escondido y nuevo hombre del corazón ha sido engendrado incorruptible del Espíritu santo por medio de la palabra del evangelio.

No es de extrañar que a partir de esa voz externa se engendre interiormente el hombre nuevo incorruptible, pues que en esa palabra externa anida el Espíritu que penetra hasta el interior y obra dentro de nosotros. En la palabra hay espíritu, y ese espíritu, que sale con la voz desde lo más profundo de nuestras vísceras, penetra también por el oído hasta lo más hondo. «Entró espíritu en mí, dice, cuando me habló aquel hombre» (Ez. 2) [8]. Hasta la propia palabra de quien enseña comunica de algún modo su espíritu al que le escucha. La misma palabra pronunciada por boca del ministro actúa dentro de nosotros, pues la voz viva encierra una gran energía latente; sobre todo, si es voz de evangelio. Las Escrituras llaman a la palabra del evangelio «semilla del que siembra», es decir, palabra del que evangeliza; y de esa palabra del reino celestial se dice que es semilla que se siembra en el corazón (Mt. 13). A la vez que se escucha la palabra, Dios con su espíritu inspira, atrae a los que quiere y hace que la semilla «caiga en tierra buena». De ahí que tuviese tal poder la predicación de Pablo, «en virtud del Espíritu de Dios» (Rom. 15), pues el Espíritu santo es quien dispensa el ministerio de la predicación del evangelio (Flp. 1). La predicación de la cruz de Cristo es poder de Dios cuando se hace con las palabras que enseña el Espíritu santo (I Cor. 1 y 2) [9].

[472]

Ten en cuenta, sin embargo, que ahí dice Pablo que ha sido enviado a evangelizar, mas «no en sabidurías de palabras, por que no sea hecha vana la cruz de Cristo». Bien enseña Pablo que por esa elocuencia y palabrería se desvirtúa la fuerza de la cruz de Cristo, tal como hoy vemos en quienes predican con afectación. Desvirtúan la fuerza de la cruz de Cristo quienes pugnan por triunfar a fuerza de elocuencia, como si la victoria no fuera efecto de la fuerza de la cruz de Cristo, sino del encanto de su disertación.

---

[8] Ez. 2, 2. *In sermone est spiritus..., sermo ipse doctoris eius spiritum quodammodo in auditore refert.* Interesantes conceptos servetianos para una psicología de la palabra, del oyente.

[9] Alusiones a la parábola del sembrador, Mt. 13, 19-30. Luego, Rom. 15, 19 y Flp. 1, 19. Por fin, «No es sabiduría de palabras... No me propuse saber algo entre vosotros, sino a Jesucristo, y a éste, crucificado», Pablo en I Cor. 1, 17 y 2, 2. *In affectatis quibusdam hodie videmus...*

Fortaleza para soportar la cruz exige Cristo a los suyos, y no palabras tomadas con engaño como de cualquier parte, sino las palabras eficaces que él mismo da a quienes se las piden, tal como prometió (Mt. 10; Lc. 21)[10]. En esas palabras está la eficacia del «Espíritu santo que habla en nosotros». Quien menosprecia nuestras palabras, «no menosprecia a los hombres, sino a Dios, el cual nos dio su Espíritu santo» (I Tes. 4)[11]. Dios pone en boca de sus ministros palabras como fuego y espada, para que por ellas edifique o destruya Jeremías, y ate o desate el apóstol, tanto a los creyentes como a los no creyentes, y así sean edificados o no «sobre piedra».

[473]

Por último, a la palabra estaba vinculado el poder. Así como la fuerza del Espíritu está unida a la Palabra de Dios, pues Dios espira y obra en su hablar, así ocurre también en los ministros, que por eso son llamados «cooperadores de Dios»: «Predicaban con la cooperación de Dios, el cual con signos confirmaba sus palabras»[12]. ¿Cómo no va a ser el suyo ministerio del Espíritu, si nos engendran por su predicación? ¿Cómo podría decir el apóstol: «Vosotros sóis mi obra en el Señor»? ¿Cómo podríamos decir que ellos nos comunican sus dones espirituales? ¿Acaso estos dones espirituales son las bulas, los rescriptos y las prebendas romanas? A cualquier fiel de quien recibes alguna noticia de Cristo puedes llamarlo apóstol y ministro espiritual, según aquello que dice Pablo: «Si para otros no soy apóstol, para vosotros lo soy, porque por mí tenéis la fe de Cristo, que es el sello de mi apostolado»[13]. Estos son los verdaderos distintivos de los ministros de Cristo, y no esos caracteres de la Bestia. ¡Grande es el poder de la predicación, cuando por ella nace de nuevo Cristo en el corazón de los creyentes! Tan grande, que, aunque se haga por emulación o por vanagloria, aun en ese caso, dice Pablo que redunda en salvación por la acción del Espíritu de Jesús el Cristo (Flp. 1).

Vayan por delante estas cuatro cosas sobre la predicación del evangelio, dado que éste es el principal ministerio por el que realiza Cristo sus maravillas. Con admirable eficacia, sin estrépito de armas, por la predicación ha sometido el mundo a su dominio y volverá a someterlo de nuevo. Por esa necedad de predicar a Cristo crucificado, son cau-

---

[10] «No os apuréis por cómo o qué habéis», etc., Mt. 10, 19-20. «Yo os daré boca y sabiduría a la cual no podrán resistir», Lc. 21, 15.
[11] I Tes. 4, 8.
[12] Mc. 16, 20.
[13] I Cor. 9, 2 y II Cor. 12, 12.

tivadas las mentes en aras de la fe. Y eso es prueba de que el Espíritu coopera a lo que se dice o hace externamente, como coopera al bautismo y a la cena. Esa es también la razón de que a los ministros se les llame «cooperadores de Dios y dispensadores de los misterios de Dios» [14]. De no cooperar él mismo, en vano mandaría, diciendo: «Id, predicad, bautizad en Espíritu santo y partid el pan como señal de verdadera comunión de mi cuerpo». Quien sabiamente dispone lo anterior no descuida sus consecuencias. Eso dijo Cristo y así estableció que se hiciera con singular eficacia. Aunque la palabra externa se diferencia de otro hecho externo, porque el oído es el sentido del aprendizaje, y «la fe viene por el oído», sin embargo, por voluntad de Dios, la razón es la misma [15]. En otros casos el oído no produciría efectos como los que produce la predicación del evangelio, porque Dios así quiere que sea. Si Dios quisiera, hasta levantar una paja requeriría una fuerza extraordinaria. Fuerza tienen el bautismo y la cena, porque así lo ha querido Cristo; lo que se evidencia también en otros dichos y hechos. Pues quiso él que, al decir los apóstoles «paz a esta casa», sobreviniera la paz con tal que en casa hubiera alguien digno de ella. Quiso vincular la curación de una enfermedad a la imposición de manos, porque así lo dijo Cristo. Decir «predicad la remisión de los pecados» es para él tanto como haber dicho «perdonad los pecados, atad, soltad, con el poder del Espíritu que se os ha dado». Por el poder del Espíritu de Dios el mismo predicador del evangelio desata o ata tanto a los creyentes como a los no creyentes [16].

[474]

La predicación del evangelio de Jesucristo que procede de esta fuerza del Espíritu, es la llave que abre la puerta del reino de los cielos, que es «puerta de fe» (Hch. 14); en ese pasaje se provee a Pablo de esa llave, no de «la llave del pozo del abismo». Esa llave apostólica no puede consignarse a la Bestia, ya que el «poder de las llaves» está fundado en la fe por el Espíritu [17]. Lo que claramente nos

---

[14] Pablo en I Cor. 4, 1 y en II Cor. 6, 4. De nuevo, semejante a la fórmula de la nota 1: *Hoc potissimum est ministerium, per quod mira Christus operatur.*

[15] *Auditus est sensus disciplinæ..., et ex auditu fides.*

[16] Es decir, que en esas palabras no ve Servet precisamente una formal institución de la confesión como sacramento, que él, lo mismo que los reformadores del XVI en general, no admite como tal.

[17] Esa «puerta de la fe» de Hch. 14, 27, queda así opuesta a la «puerta del abismo» de Ap. 9, 1, cuya llave sí que tiene el Anticristo, según repite Servet tantas veces. Por eso acaba de decir que *clave illa apostolica non potest bestia donari.* Bestia, Anticristo, Papa.

da a entender el propio dador de las llaves; pues Cristo promete primero las llaves a Pedro, por haber sido más fuerte en la fe que los otros apóstoles y por haber creído primero, pero no se las da aún (Mt. 16). Más adelante, cuando todos los apóstoles creen firmemente, les da el mismo «poder de las llaves», al darles el Espíritu santo y descubrirles las Escrituras para que entendiesen lo que tenían que predicar (Jn. 20) [18].

De ahí que se le llame también «llave de la ciencia»; ciencia que no posee la Bestia, como tampoco posee espíritu de fe. ¡Cómo, pues, iba a tener la llave! [19]. Precisamente por causa de esta ciencia, al llegar Pablo aventajó a los primeros apóstoles en el servicio de las llaves, pues tenía una [475] más poderosa «espada del Espíritu», es decir, palabra de Dios. Pablo estaba más versado en las figuras de la Ley, y en discernir sus misterios y refutar los judaísmos. Después de la efusión del Paráclito, se le concedió un apostolado más excelso; por eso persigue con más rigor los judaísmos y nos muestra con más claridad el reino de los cielos. Los judaísmos, en efecto, no desaparecen del todo con el advenimiento de Cristo, sino con la misión del Paráclito; de hecho, persisten las sombras hasta que Cristo, que aún observa la Ley, le da cumplimiento con su observancia. Así se comprende por qué quiso Cristo que sus apóstoles no fuesen desde el principio a los gentiles, sino que se limitasen a las ciudades israelitas (Mt. 10) [20]: bien porque a Cristo se le dio pleno poder sobre los gentiles en su resurrección, bien para que no se escandalizasen prematuramente los judíos, bien, sobre todo, porque Cristo quería evitar que se inculcase a los gentiles las sombras y ceremonias de la Ley a través de unos apóstoles que aún adolecían de judaísmos. Incluso llegó a prohibirles que declarasen aquella sublime visión (Mt. 17) [21], dado que aún no habían sido bautizados por el Paráclito en Espíritu santo y fuego, ni había

---

[18] Sobre éstos y su interpretación, véase antes lib. II, nota 96, p. 650.

[19] «¡Ay de vosotros, doctores de la Ley, que habéis quitado la llave de la ciencia!», Lc. 11, 52.

[20] «Por el camino de los gentiles no iréis, y en ciudad de samaritanos no entréis, mas id antes a las ovejas perdidas de la casa de Israel», Mt. 10, 5-6. La razón de esta restricción que da Servet es ciertamente sugestiva y original, determinada por su afán por superar toda clase de judaísmos, en los que dice que ha recaído el cristianismo, que él intenta purificar o *restituir* a su pureza. Sobre Pablo en relación con los otros, antes lib. I, págs. 613-4, *Rest.* 403.

[21] La del Tabor, «hasta que el hijo del hombre resucite de los muertos», Mt. 17, 9.

venido aún a ellos ese nuevo reino de Dios, cuyas puertas habrían de franquear a los gentiles. Por eso les anunciaban que el reino de Dios estaba cerca, pero no que ya había venido. Más aún, los apóstoles desconocían su naturaleza, y pensaban que más bien se les iba a ofrecer un reino de corte judaico (Hch. 1; Mt. 20; Mc. 10) [22]. En cambio, después de recibir el Paráclito, entraron realmente en ese reino celestial convertidos en nuevos hombres celestiales y gustando en espíritu lo celestial. Entonces fue enviado Pablo a los gentiles con la verdadera llave y la ciencia del reino de los cielos a evangelizar que ya se había hecho presente el reino celestial que la resurrección de Cristo nos había alcanzado del cielo, y que en él tienen cabida los creyentes en Cristo.

Quien pueda franquear a los hombres el reino de los cielos, ése habrá que decir que tiene sus llaves [23]. Tanto más, cuanto que a esta misma «llave de la ciencia» del reino de los cielos está vinculado el poder eficaz de la «espada del Espíritu», que consiste en la fuerza infalible de la fe. [476] De esta fuerza y poder del Espíritu echaban mano a veces los apóstoles, incluso hasta provocar la muerte corporal del hombre y su entrega al poder de Satanás, para edificación de algunos y a veces para la de los mismos que se les rendían. ¡Gran poder tenían los apóstoles y tienen ahora los verdaderos ministros! Espada de doble filo es la palabra: el de la Palabra y el del Espíritu. Una espada mandó Cristo comprar a los apóstoles ante la inminencia de su pasión, según Lc. 22: la espada de fortaleza de la fe. Y ya vimos en otro lugar que «espada del Espíritu» es llamada la palabra de Dios (Ef. 6) [24]. Se trata de una misma espada y una misma fortaleza, pues del Espíritu de Dios procede la fortaleza de la fe y en la Palabra de Dios está el Espíritu que fortalece la fe. Y así, dos espadas es, «espada de doble filo», esa única espada de la Palabra y del Espíritu; no sólo porque desentraña los dobles sentidos, sino porque con su doble poder transforma al oyente interior y exteriormente. Y esta misma «espada de doble filo» de la Palabra y del

---

[22] «¿*Restituirás* el reino a Israel en este tiempo?», Hch. 1, 6, pregunta al momento de la ascensión semejante a la de la madre de Juan y Santiago en Mt. 20, 21 y Mc. 10, 37.

[23] *Qui regnum cælorum potest hominibus aperire, ille dicetur habere claves regni cælorum*, otra fórmula que como la de las notas 1 y 14 amplía el concepto de ministerio, negando el sacerdotal específico.

[24] Consejo espiritual mal entendido por los apóstoles, quienes reaccionaron presentando dos espadas que tenían, Lc. 22, 38, texto éste aprovechado por Servet junto con el de los dos filos, de Heb. 4, 12.

Espíritu procede de la boca misma del Cristo (Ap. 1, 2 y 19) [25]. La armadura entera del evangelio cuenta con esas dos espadas, la Palabra de Dios y su Espíritu. Con esas sus dos «manos» formó Dios el mundo y con las mismas lo reforma. Con estas dos espadas se reducirán a añicos las dos de la Bestia. Con la «espada de dos filos», salida de la boca de Cristo, va a herir Dios, ahora, al Anticristo y a cuantos se adhieran a él (II Tes. 2; Ap. 17 y 19) [26].

Armados con estas dos espadas salen a combate los cristianos. De estas dos espadas, la Palabra y el Espíritu, necesita el defensor del evangelio para predicar con la palabra y aguantar con espíritu, a fin de no vacilar nunca ante las persecuciones, como dijo Cristo a Pedro en el citado capítulo 22 [27]. Cuando el Señor les pide una sola espada, la fortaleza, los ignorantes apóstoles le muestran dos espadas de hierro, que, responde místicamente Cristo, son suficientes. Pero eso los apóstoles no lo entendieron entonces. Como los rudos apóstoles entendieron materialmente aquellas dos espadas, así también la Bestia toma de sus enseñanzas únicamente lo que es material, tomando pie de ahí para adjudicarse dos espadas de hierro. Su modo de razonar es semejante al de los que imprimieran la señal en la frente con un hierro candente, creyendo que así es como hemos de ser bautizados con fuego. Sacrílego es que la Bestia se adjudique dos espadas, sólo por haberse dicho: «He ahí dos espadas.» Tiene tan poco seso que se cree todo lo que le conviene. Y no sólo eso, sino que se sirve de esas espadas para matar por medio de los verdugos, lo que no hicieron los apóstoles [28]. Ves, lector, qué sentido tan carnal y criminal tiene la Bestia, no sólo con las espadas, sino hasta con

[477]

---

[25] «Y de su boca salía una espada aguda de dos filos», Ap. 1, 16. 2, 12. 19, 15.

[26] «Al cual inicuo el Señor matará con el espíritu de su boca», II Tes., 2, 8. La visión de Ap. 17, 1 y ss. y de 19, 21 habla de cómo la Mujer y la Bestia «y los otros fueron muertos con la espada que salía de la boca del que estaba sobre el caballo». La analogía establecida por Servet es sumamente pertinente, pues, como se recordará, Palabra y Espíritu son las *manos* de Dios, tomando la terminología de Ireneo y Tertuliano; palabra y espíritu son también las *manos*, las *espadas*, de la *restitución*, como antes de la *formación* y *reforma* del mundo.

[27] «Simón, Simón, Satanás os ha pedido para zarandearos como a trigo», Lc. 22, 31.

[28] *Sed et gladiis illis ad necem per carnifices utitur.* Claro que Servet se opone en principio a castigar con pena capital la herejía, lo mismo que Castellio, Gribaldi y todo el «círculo de Basilea» que escribió contra Calvino a raíz de su muerte en la hoguera. Lo que no sospechaba el pobre al escribir este párrafo era que no moriría de hecho por ninguna de las dos espadas papales...

el poder de las llaves a base de bulas. ¡En vez de las llaves de los tesoros del reino, tiene las llaves del dinero!

Así como hay una sola espada de dos filos, que vale por dos espadas, así también hay una sola llave de la ciencia, que vale por dos, con dos cabezas grabadas. Es una llave bicéfala, que abre por ambos lados los sentidos arcanos: el literal y el espiritual. Que la llave del reino de los cielos sea la llave de la ciencia, lo da a entender Cristo (Mt. 23; Lc. 11) [29]. Esta es la llave de David, la que abre sus tesoros, o sea, las Escrituras santas (Is. 22; Ap. 3) [30]. Esta llave de la ciencia celestial abre con su aguda penetración todas las cerraduras de la Ley. Abre a judíos y gentiles la puerta de la fe de Cristo y la de su reino. En cambio esa Bestia babilónica no tiene ciencia para poder abrir con su predicación esta puerta de la fe y del reino de Cristo; luego no tiene la llave. Si tuviera la ciencia de Dios, no se le llamaría Bestia. No puede hablar del reino de Dios, pues desconoce cómo es el reino celestial que «está dentro de nosotros», y cómo reina ahora Cristo en sus santos.

Todos los que por Cristo son «teodidactos» son verdaderos ministros de Cristo en posesión de «la llave de David» que abre las Escrituras, cerradas a esa Bestia (Ap. 3 y 5) [31]. Quienes por la regeneración del agua y del Espíritu santo han visto y entrado en el reino de los cielos, esos sí que pueden hablar de él, pues lo contemplan y lo llevan dentro de sí y viven ya esa vida celestial. Sin esta «llave de la ciencia» del reino celestial nadie puede desempeñar el oficio de sacerdote (Os. 4) [32]. Sin ella nadie puede hacer de obispo, pues [478] es necesario que el obispo sea «idóneo para enseñar» (I Tim. 3; II Tim. 2; Tit. 1; Is. 66; Jer. 3) [33].

Investidos de tan alta potestad, los apóstoles y los verdaderos ministros de Cristo tuvieron poder para atar, desatar y hacer otras cosas según la medida de su fortaleza en la fe y de su don del Espíritu. De aquí procedían la excomunión y la entrega al poder de Satanás, incluso hasta la muerte corporal, para escarmiento de otros, mas no por

---

[29] Mt. 23, 13: «Les cerráis el reino de los cielos a los hombres: ni entráis ni dejáis entrar.» El texto de Lc. 11, 52, en nota 19.

[30] Is. 22, 22, texto aludido en el de Ap. 3, 7.

[31] Insiste Servet: no es preciso ningún *carácter* sacramental además del bautismal para ser ministro de Cristo. Basta con tener «sabiduría» e inspiración del Espíritu. Lo corrobora con Ap. 5, 3-5.

[32] «Mi pueblo fue talado, porque le faltó sabiduría. Porque tú desechaste la sabiduría, te echaré yo del sacerdocio», Os. 4, 6.

[33] Textos en los que se inculca la capacitación doctrinal para ser predicador, tanto en el A. como en el N.T.: I Tim. 3, 2; II Tim. 2, 2; Tit. 1, 9; y del A.T., Is. 66, 18 y Jer. 3, 15.

medio de verdugos, como hace la Bestia, sino por la virtud del Espíritu. La eficacia de la excomunión se verá en el tratado sobre la cena; pues cuando algún reo era hallado contumaz, se le separaba de la comunión de la cena. Eso era la excomunión y tenía gran eficacia, dada la gran fuerza inherente al comer del árbol de la vida; sin ella se convierte uno en leño seco. La Bestia babilónica, en cambio, tiene una excomunión imaginaria, con la que excomulga por tiempo indefinido incluso a los no hallados contumaces y hasta cuando no hay cena alguna. Y no sólo excomulga a los hombres, sino también a las bestias irracionales: nosotros mismos hemos visto a los papistas excomulgar solemnemente la langosta del campo [34]. Lo cual tiene un cierto carácter babilónico, como se puede colegir del poder de las llaves de la Bestia, que ejerce como las langostas (Ap. 9) [35]. Me veo en la necesidad de meterme con las langostas, pues que Juan nos las recuerda con insistencia, no sin antes rogarte, lector, que no tomes a mal estas digresiones, necesarias en nuestro tiempo.

En vez de llaves apostólicas y celestiales, tiene el Papa «las llaves del pozo del abismo» para lanzar desde allí sobre la tierra gran cantidad de langostas que atormenten a los hombres (Ap. 9, citado). Tiene llaves para «cerrar el libro» y «abrir el pozo del abismo» y de esta suerte denigrar a Cristo «con el humo del pozo y del horno», como atestigua Juan en ese pasaje. ¡Grande es «el poder de las llaves» de la Bestia, con el que fulminando hace descender del cielo a la tierra fuego de anatemas hasta lograr que los hombres ardan vivos sobre la tierra! (Ap. 13) [36]. Tan enorme es «el poder de las llaves» de esa Bestia, que puede convertir a los   [479] hombres en bestias, transformar el plomo en oro y conferir a sus ídolos cualidades divinas, para que sean adorados por los hombres en oro y plata. ¡Sean semejantes a ellos quie-

---

[34] El máximo castigo espiritual admitido por Servet, como también por su «círculo», es la excomunión. Pero nunca el supersticioso entredicho medieval fulminado incluso contra campos y tierras, correlativo para Servet a los supersticiosos exorcismos contra las alimañas. ¡Lástima que la modestia autobiográfica, tan suya, nos prive de conocer a qué recuerdos, si juveniles de su Villanueva o adultos de Vienne, se está refiriendo en concreto!

[35] La alusión es aquí a su gráfico texto de Ap. 9, 2-11, en el que Servet, como ya antes, ve en las langostas clérigos y obispos devoradores, que «tenían sobre sí por rey al ángel del abismo». En nota 43.

[36] Ap. 13, 13. *Ut homines in terra vivi concrementur.* ¿Otra premonición de su propia muerte?

nes los construyen y confían en ellos, para que «teniendo ojos, no vean, y teniendo oídos, no oigan!» [37].

La Bestia no puede engendrar más que bestias, y la langosta, langostas; así que puede llamársele criador de langostas, cual antes lo viera Amós (Am. 7) [38]. Habla Amós de las langostas de Jeroboam, prefigurando estas nuestras, que devoraron «el heno tardío» después de haber segado Cristo. Ahora bien, tanto ahí como en el pasaje de las langostas del Exodo, hay que entender hombres en lugar de frutos de la tierra, como nos explica Juan en el Apocalipsis y otros profetas en otros pasajes, en que llaman así a estas langostas. Es obvio tanto el sentido de la profecía de esas langostas, como su natural parecido, en el cap. 3 de Naúm, en que se llama a los monjes מינזורים, *minzarim*, falsos nazarenos, coronados de atributos sagrados [39]: serán, dice, los falsos nazarenos como langostas, y los principales apóstatas «como nubes de langostas que acampan en vallados en días de frío y salido el sol se van». Las langostas y los demás animales que nacen de la podredumbre prefieren naturalmente las estaciones y los lugares cálidos y húmedos, más favorables a su podredumbre. Se reproducen en lugares abrigados, en setos y hoyas; se amontonan durante la noche o en tiempo nublado y, una vez ha salido el sol, vuelan. Así las va a hacer salir ahora de sus celdas y estancias el resplandor del sol Cristo, para que no quede ni rastro de ellas, «ni vuelva a reconocerse jamás el lugar donde estuvieron», como dice ahí Nahum. De igual modo que «un viento de oriente», fomento de podredumbre, multiplicó sobre la superficie de la tierra aquellas langostas de Egipto, así, pero al revés, el soplo de «un viento de occidente» las barrerá hacia el abismo de oriente, como sucedió entonces en Egipto (Ex. 10) [40]. Añade aún esas cuatro clases de langostas que, como las cuatro órdenes mendicantes de que hablamos tratando del cuarto sello, han arruinado, según Joel, el paraíso de Dios. Si a una langosta, dotada ya de cogulla por la naturaleza, le vistes un delantal o hábito

[37] Aludiendo a Mt. 13, 13.

[38] «Así me ha mostrado el Señor Jehová; y he aquí, él criaba langostas al principio que comenzaba a crecer el heno tardío», Am. 7, 1.

[39] Servet establece otra relación filológica entre «Tus príncipes serán como langostas» de Nahum 3, 17 (*minzarim* significa capitanes, oficiales) y el *minzarim* del hebreo posterior, en el que de *nazir*, abstinente, viene a significar monjes, nazarenos, abstemios. Claro que también hay en todo este contexto elementos biográficos, ¿pero cuáles?

[40] Ex. 10, 13-19. Las langostas, una de las plagas faraónicas.

monacal, tendrás un monje completo, un demonio disfraza-
do [41]. Con razón se asombra Joel del horrible aspecto de
esa gente encapuchada: «¡Nunca se ha visto nada semejante, ni se verá» [42]. ¡No saldrían de su asombro los apóstoles
si ahora volvieran a la vida y vieran esos monstruos! ¡Presos de asombro estaríamos nosotros, de no habernos habi-
tuado a tales disfraces! El poder de la cola de esas langostas
reside en su doctrina falsa, como el veneno de la cola del
escorpión. Así comentan la cola Juan e Isaías (Ap. 9; Is. 9) [43].
Temibles son las bestias que unen a sus dientes de león
los halagos de la mujer, y son como caballos expeditos para
declarar la guerra a los santos. Por eso con toda razón y
coincidiendo los dos, hacen constar Juan y Joel el oscurecimiento del sol que siguió a las langostas, según expuse ya
al final del Lib. I. Allí dije también, de acuerdo con Juan,
que la Bestia había surgido del abismo, como del abismo
surgen también las langostas (Ap. 9 y 17) [44]. Pero de todo
esto escucha ahora una completa interpretación mística.

Ya hemos dicho que en el abismo de los tártaros está
la cárcel de los espíritus perversos y de los gigantes (Lc. 8;
Ap. 20; II Pe. 2; Job 26) [45]. El hecho de que el espíritu del
dragón ascienda desde el abismo del mar y se introduzca
en el cuerpo papístico, autoriza a decir que la Bestia asciende del abismo del mar (Ap. 13). Por el poder de las
llaves y el humo de la Bestia de allí suben también las langostas, que tienen por rey al Papa, «nuncio del abismo»
(Ap. 9, ya citado).

Hay aún otra razón por la que ahora hasta la vida de
las langostas procede del abismo. Pues, una vez que el mundo ha creído que el Papa puede librar las almas del abismo
y del horno del purgatorio, ha llegado a creer también que
por los sacrificios de fuego, los méritos y las misas de los
sacerdotes se libra a las almas del tormento purificador
del infierno, cuando se ofrece el pan y el vino para que los
devoren las langostas. De ahí derivan los grandes beneficios
de esas langostas, hasta el punto de que toda su esencia y

---

[41] *Integrum monachum, larvatum dæmonen.* Irreverente chiste, pero gra-
cioso.

[42] Joel 1, 4 y 2, 2. Véase antes, p. 622.

[43] Ap. 9, 2-11: «Semejantes a caballos aparejados para la guerra, y sobre
sus cabezas como coronas de oro, y sus caras como de hombres, y cabellos
como de mujeres, y colas como de escorpiones, y en sus colas aguijones.»
En Is. 9, 15: «El viejo y venerable de rostro es la cabeza; el profeta que
enseña mentira, ése es cola.»

[44] Ap. 9, 2 y 17, 8. Cfr. lib. I, nota 223; *Rest.* 410.

[45] Textos que hablan del *abismo* o *tártaro* como lugar del infierno: Lc. 8,
36; Ap. 20, 1; II Pe. 2, 4; Job 26, 6, estudiados anteriormente: Parte I, lib. II.

subsistencia proviene ahora del horno del abismo; pues todas las fundaciones de misas y beneficios se hacen en favor de las almas del purgatorio [46]. ¡Pernicioso invento de Satanás!: que durante la vida difieran los hombres sus buenas obras hasta después de la muerte, dejando de hacer las que aprovechan y esperando las que no les aprovecharán. Así que del abismo proceden los pingües sacerdocios de las langostas. Sólo a los langostas les está permitido sentarse a la mesa del Señor a comer los panes de la proposición y devorar la mies de Cristo. Sólo a ellos les es lícito hacer negocios en la Iglesia, obtener, permutar, resignar, comprar, vender los beneficios (Ap. 13) [47]. Y todo eso a través de rescriptos o bulas selladas con el nombre, número de orden, lema y escudo del Papa, como dice Juan ahí: la marca de la Bestia, dice, se imprime «en la frente y en las manos», pues son los puntos que se ungen en la consagración papista, y con ello se da licencia a los ungidos para negociar en sus iglesias. [481]

Todavía hay que añadir en este punto otro misterio, para que nadie piense que a estos ministros de la Bestia sólo se les da en la Escritura el nombre de langostas. Los profetas llegaron a describirlos en aquel entonces con tan vivos colores como si los estuvieran viendo presentes (Ap. 18; Is. 13, 34; Jer. 50; Sof. 2).

En primer lugar, en el Apocalipsis Juan los llama harpías, o aves inmundas, larvas de demonio, rameras, traficantes en almas humanas, manzanas de la discordia, que desde lejanas tierras han puesto rumbo a Roma para su comercio espiritual [48].

Isaías, en el cap. 13, designa con distintos nombres a los habitantes de los diferentes lugares babilonios, así como a sus diversos tipos de casas, a saber: la de los ermitaños, las de los mendicantes, las de las monjas, las de los monjes y los templos catedrales de los obispos. De ellos, a los primeros se les da el nombre de   צִיִּים , *zijm*, los solitarios, los ermitaños. Luego a otros moradores se les llama   אֹחִים כְּבָתֵּים , *ochim bebethim*, los hermanos menores de los monasterios. Luego están las בְּנוֹת יַעֲנָה *benoth iaaenah*, crías de autillo, las novicias que

---

[46] *Ut tota eorum essentia et victus de abyssi fornace nunc veniat...*

[47] «Que ninguno pudiese comprar o vender, sino el que tuviera la señal o el nombre de la bestia o el número de su nombre en su mano derecha o en su frente», Ap. 13, 16-17. Para Servet el carácter sacerdotal es una autorización comercial dentro de un gremio cerrado, el clerical.

[48] Ap. 18, 2-15, que Servet resume e interpreta a su modo.

45

sollozan. Tras ellas los ‏שׁירים רוקדים‎ , *seirim rokedim*, sátiros libidinosos, los administradores de las monjas. ¡Hermoso es este orden ascendente del profeta! Primero en los babilonios fueron los ermitaños, luego los urbanos, luego las novicias y los cabrones guardianes de cabras. Después ya los prioratos y abadías en amenas y apartadas praderas. Más tarde los otros grandes prelados, obispos y cardenales [482] en deliciosos palacios urbanos, como claramente da a entender el profeta: «Allí, dice, morará la comunidad ‏אים‎ *ijm*, congregación de bestias solitarias. Por último, en palacios deliciosos habitarán ‏תַנִים‎ , *thanim*, grandes bestias», los grandes prelados en santuarios de voluptuosidad [49]. Que todo esto se refiera a nuestra Babilonia nos lo hace saber Juan cuando, repitiendo casi las palabras de Isaías, nos dice de ella que se había convertido en «guarida y refugio» de tales bestias (Ap. 18). Cosa que también expresa claramente la Sibila en el Lib. V, al decir que Roma es la Babilonia que da muerte a los santos y sirve de mansión a los ídolos, a las bestias y al Anticristo [50].

Más adelante, en el cap. 34, enseña Isaías que hay aún otros muchos nombres de bestias que merodean por los escombros de esos babilonios e idumeos: nombres que se expresan de distinta manera en las distintas lenguas [51]. Allí, dice, hay mochuelos, autillos, murciélagos, lamias, cuervos

---

[49] «Dormirán allí bestias fieras, y sus casas se llenarán de hurones; allí habitarán hijas del búho, y allí saltarán peludos. Y en sus palacios gritarán gatos cervales, y chacales en sus casas de deleite. Y avocado está a venir su tiempo, y sus días no se alargarán», Is. 13, 21-22. Los términos hebreos que Servet aduce, correspondientes todos a este texto, vienen mal deletreados en su transcripción de *Restitutio*. Por otra parte, nunca es del todo exacta su correspondencia con animales en ninguna versión de la Biblia. *Syym*, bestias del desierto. *Batehem ohym*, sus casas (se llenarán de) mochuelos, que Servet identifica con los hermanos legos. *Benot ya'anah*, avestruces, *filiæ ululæ, moniales ululantes. Seirim yrakkedu*, sátiros brincarán. *Tannim* son los chacales. *Iyym*, las hienas. Como en casos precedentes, se queda uno ansioso de conocer las experiencias autobiográficas que produjeron tal impresión en el ánimo de Servet: monjas reales del monasterio de Sijena en su natal Villanuva, canónigos del vecino Montearagón, benedictinos de Charlieu, frailes de Vienne... En todo caso, ya ha advertido que se trata de una interpretación mística, simbólica; y ha servido, aun con sus defectos, para ilustrar cómo Servet manejaba el hebreo hasta el chiste mordaz, según advierte L. I. NEWMAN, *op. cit.*, p. 598.

[50] «Es hecha habitación de demonios, y guarida de todo espíritu inmundo, y albergue de todas las aves sucias y aborrecibles», Ap. 18, 2. Y *Sibyll. Oracul.* (ed. cit., p. 378b), V, vs. 158 y sigs.: *...atque ipsam Babylonem Italiæ terram, per quam periere sancti Hebræorum fidi...* (cfr. *Rest.* 396 y 402, páginas 606 y 612).

[51] «Y la poseerán el pelícano y el mochuelo; la lechuza y el cuervo morarán en ella», etc., de Is. 34, 11. 17.

agarrados a los cadáveres, lobos acechando al rebaño, gavilanes, grifos, cerdos cebados, topos sin ojos, onagros, onocrótales y onocentauros. Finalmente, buitres reunidos colegialmente para devorar los cadáveres de los que mueren. Dice también que estos buitres alternan en la pitanza con cuervos, milanos y otras bestias, llamándose por medio de cantos en común y de versículos de himnos mascullados sin entenderlos. Y hasta llega a decir que se construirán nidos, cuevas o casas donde quiera que vislumbren buena carne y pingües sacerdocios.

No creas, lector, que estás escuchando fábulas, cuando palmariamente puedes comprobar que todo esto se da también ahora. Se trata de auténticos misterios del Espíritu santo, anunciados ya con anterioridad. Presta atención al propio Isaías, quien, en ese mismo cap. 34, te remite allí mismo para que lo investigues, asegurando que en todo ello se esconde un gran designio del Espíritu santo [52]. Todo eso les acaecía a ellos en figura; pero ha sido escrito por nosotros. No se preocupa tanto Dios por los bueyes, como dice Pablo, ni se han anunciado las profecías por las bestias del campo, sino por nosotros, aunque se nos compare a las bestias por no haber observado la palabra de Dios (Sal. 48) [53]. De suerte que puede decirse que el profeta habla de nosotros enigmáticamente y que por cierta semejanza natural nos compara a los jumentos. También Pedro y Judas llaman brutos animales a los que se han apartado de la comunión de la Iglesia [54]. Pues bien, esas bestias babilónicas se han excomulgado a sí mismas, negándose a comulgar con nosotros en la cena. Reputan indigno mezclarse con nosotros en la Iglesia, según aquello de Daniel: «No se alea el hierro con el lodo» [55].

[483]

Que Isaías interprete las susodichas bestias como hombres, nos lo hace saber con toda claridad el propio Isaías en el cap. 43, donde vuelve a usar los mismos términos y afirma que tanto los *thanim* como los *benoth iaaenah* volverán a Cristo, y que tanto los monjes como las monjas

---

[52] Is. 34, 16. Y a continuación el principio que rige la interpretación tipológica de Servet: *illa omnia in figura contingebant illis, et propter nos scripta sunt.*

[53] Doble referencia, a I Cor. 9, 9 y al Sal. 48, 20: «El hombre que no entiende es semejante a las bestias que perecen.»

[54] II Pe. 2, 16 y Jud. 10: «Maldicen lo que no conocen, y los que conocen se corrompen con ellos, como bestias brutas.»

[55] Dan. 2, 34. Poseído de la verdad de sus doctrinas, Servet considera, pues, automáticamente excomulgados a quienes no comulgan con él en ellas.

llegarán a ser nuevas creaturas que le glorifiquen [56]. Más aún, terminado el cap. 34, en el siguiente, el cap. 35, Isaías hace volver a Cristo a todas las bestias antes citadas. Y en el cap. 11 dice que Cristo ha de amansar todas las bestias, de las que dice Sofonías que son «las bestias de los gentiles», Ezequiel «bestias feroces», y Miqueas dice de ellas que llorarán su desgracia [57].

Bueno es, pues, rogar por ellos: que sean iluminados y no permanezcan bestias eternamente. Hay que predicarles el evangelio de Jesús el Cristo para que, reconociendo la eficacia de la predicación y creyendo de verdad, lleguen a conocer también la eficacia del bautismo, de la que vamos a hablar ahora.

DE LA EFICACIA DEL BAUTISMO

Hablemos, pues, del segundo ministerio de la Iglesia, a saber, del bautismo y mostremos su celestial y regeneradora energía, analizando en primer lugar las palabras de Cristo. Sobre esto nada puede decirse más sublime que lo que ha salido de su boca: «Quien no haya sido engendrado de arriba, quien no haya nacido de nuevo, no puede conocer lo celestial, no puede entrar en el reino de los cielos» [58]. Cristo no dijo sin ton ni son: «nacer de nuevo», «para que [484] llegues a ser hombre nuevo», «nacer del agua» o «nacer del agua y del Espíritu». «Del agua», dice, como se dice de nosotros que estamos «limpios por el lavatorio del agua», «por el lavatorio de regeneración». Esta misma es la generación del cielo, que nos introduce en el cielo; pues nadie nace del cielo más que el hombre celestial.

Ahora bien, para un perfecto conocimiento de este asunto tenemos que saber en qué consiste «reinar Cristo en sus santos» y qué reino es ése en el que entramos convertidos en nuevas creaturas. Tenemos que saber, asimismo, que la fe es la puerta de ese reino, para que nadie facilite su ingreso al bautismo de niños sin fe. Quienes en la fe de

---

[56] «He aquí que yo hago cosa nueva: presto saldrá la luz. La bestia del campo me honrará; los chacales y los polluelos de avestruz», Is. 43, 19-20.

[57] «No habrá allí león ni bestia fiera, para que caminen los redimidos», Is. 35, 9. Y el célebre texto, de tan gran influjo en algo de la mejor literatura universal, «Morará el lobo con el cordero, y el tigre con el cabrito; el becerro y el león y la bestia doméstica andarán juntos, y un niño los pastoreará», Is. 11, 6. También, Sof. 1, 3; Ez. 34, 8; Miq. 2, 4. Entre otros, Garcilaso, *Egloga* I.

[58] Hablando con Nicodemo, Jn. 3, 3-5, que Servet comenta ahora.

Cristo son regenerados del agua y del Espíritu, son «trasladados» del reino de la serpiente infernal al reino celeste de Jesús el Cristo (Ef. 2; Col. 1 y 2)[59]. Por un don insigne, en un momento determinado, empieza en nosotros creyentes la regeneración del Espíritu, la iluminación y el traslado al reino celeste; aunque a partir de ese momento nos vamos renovando y perfeccionando más y más respecto a lo celestial. Por un don insigne y en un momento determinado, decimos que alguien es liberado de la tiranía del infierno, a la que desde el principio estaba sometido, y es recibido entonces en el nuevo reino celestial. Son dos cosas contrarias: la cárcel de los infiernos y el reino de los cielos, y en algún momento tiene lugar el paso del uno al otro, de modo que si morías antes, ibas al infierno, pero si después, vas al cielo. Todo esto está muy claro y puedes añadir también que Pedro y Pablo dicen que nos salva el bautismo: «El bautismo nos hace salvos» (Tit. 3; I Pe. 3)[60]. Pablo lo llama ahí «lavatorio de regeneración y de renovación del Espíritu», porque en él somos regenerados y renovados desde el cielo; se nos da un Espíritu nuevo y un nuevo reino celestial. Que el bautismo no es sólo un símbolo de lavado, sino que nos lava efectivamente de los pecados, lo enseñan Ananías (Hch. 22) y Pedro (Hch. 2)[61].

Mostremos también la eficacia del bautismo con ejemplos conocidos y señalemos algunos hechos externos que guardan cierta semejanza con él. Para que el ciego recobre la vista, Cristo le manda a la piscina, a que se lave (Jn. 9). Naamán, el sirio, es enviado al Jordán, para que, lavándose en él, quede curado de la lepra (IV Re. 5)[62]. En estos casos, aun creyendo lo que se les dijo, no hubieran sido curados, de no haberse lavado a continuación; pues no quedaron curados en el momento de creer, sino en el momento de lavarse y precisamente en ese lugar. Fíjate bien en estas palabras: la salud se recobra en el momento de lavarse y precisamente en ese lugar, al margen de la fe que debe preceder. Mal hacen, pues, quienes menosprecian el bautismo como un simple lavado externo.

[485]

Si Dios quiere vincular su don interior a esa acción externa, ¿qué? ¿Acaso no quiso Cristo vincular el don del Espíritu santo a la externa imposición de las manos? ¿Por qué, entonces, al derramar agua sobre Cristo, se abrieron los cielos y descendió el Espíritu santo? ¡Y precisamente en

[59] Ef. 2, 1-6; Col. 1, 13 y 2, 13-15.
[60] Tit. 3, 5 y I Pe. 3, 21.
[61] Hch. 22, 16 y 2, 3.
[62] Anécdotas relatadas en Jn. 9, 7 y en II Re. 5, 10.

ese mismo lugar y en ese mismo momento! ¿O es que no es verdad el ya contado misterio de ese lugar llamado Gálgala precisamente por la transferencia del pecado? [63]. Arguguyen ellos que en este caso el Espíritu santo no puede vincularse a cosas externas. Nosotros no decimos que esté vinculado o coaccionado, pues no se le da a cualquiera ni siempre. Ahora bien, cuando Dios quiere que una cosa se haga de una manera determinada, nosotros creemos que así debe hacerse [64]. ¿Por qué al imponerle Elías su manto quedó Eliseo lleno de Espíritu divino? ¡Y sin pensar en ello! (III Re. 19). ¿Por qué se abrieron las aguas del Jordán al golpearlas con ese mismo manto? ¿Cómo es que a Sansón le venía su fuerza de la cabellera? ¿Por qué realizaba Eliseo las obras del Espíritu con sal, harina o leña? [65]. Por más que antecediese la fe, plugo echar mano de otras acciones externas para obtener ciertos efectos. Eso, pues, que Dios exige además de la fe, también lo exigimos nosotros, ya que sin eso no hubieran recobrado la salud los que recibían orden de hacerlo, como es evidente en el caso de Naamán el sirio, del ciego que recobra la vista, y muchos otros. Por ejemplo, Noé, aun creyendo en Dios, no se hubiera salvado del diluvio de no ser por el arca, a la cual corresponde el bautismo que, cual nave, nos libra de perdernos en el abismo y nos mantiene a flote sobre las aguas elevándonos hasta el cielo [66]. Tampoco los hijos de Israel hubieran entrado en la tierra prometida y en el descanso del Señor, de no haberse abierto camino en las aguas del mar y del Jordán.

El mismo día de nuestra regeneración, como en ese bautismo del mar, Jesús es ya nuestra salvación, la que entonces opera en nosotros (Ex. 15). El mismo día, en el bautismo del Jordán, fue magnificado Josué, y Jesús el Cristo fue glorificado entre nosotros (Jos. 4) [67]. Examina qué puedan significar esas expresiones: «este día, este día, este día». «Este día del paso del Jordán fuiste hecho pueblo del Señor, tu Dios» (Deut. 27). «Este día arranqué de ti el oprobio de Egipto» (Jos. 5). «Este día te engendré y te constituí

[486]

---

[63] Nombre éste de Gálgala o *Gilgal* de dos lugares distintos, uno cerca de Bethel, II Re. 2, 1, por donde operaba Elías, y otro entre el Jordán y Jericó, Jos. 5, 9, donde fueron circuncidados todos los israelitas nacidos en el desierto, por lo que allí quedó «el opropio de Egipto».

[64] Importante observación: *Quod Deus modis aliquibus fieri vult, nos credimus ita fieri.*

[65] Repaso a hechos bíblicos de Eliseo en I Re. 19, 19 y en II Re. 2, 14, y otros. La historia de Sansón, en Jue., caps. 15 y 16.

[66] Analogía establecida por Pedro en I Pe. 3, 21.

[67] Ex. 15, 2; Jos. 4, 1 y ss.

mi sacerdote» [68]. «Este día», o sea, el día del bautismo. ¡Excelsas son estas obras de Dios! Así como se ablandaron los corazones de los cananeos al escuchar el milagro del bautismo, así también se ablandarán ahora y se someterán al domonio de Cristo. Así como por haber pasado el Jordán se les da a los judíos una nueva tierra y un nuevo alimento, así también por el bautismo se nos da a nosotros el nuevo reino y el nuevo pan de Cristo. Más aún, como luego verás, algo nuevo se crea realmente dentro de nosotros. De no ser así, con su regeneración no hubiera renovado Cristo el mundo, ni hubiera hecho «nuevos cielos» y «nuevas creaturas».

Y ahora, ¿qué? Vosotros, partidarios de bautizar a los niños, ¿de qué cielos nuevos, de qué reino nuevo creéis que se trata aquí? Id a las aguas de Siloé y lo veréis, pues sólo pueden verlo los que han sido regenerados (Jn. 3). A las aguas de Siloé os envía Cristo, a que os lavéis y recobréis la vista. Pero vosotros rehusáis ir y enviáis a los párvulos, que ni pueden ver tales cosas, ni necesitan lavarse. ¿Todavía no comprendéis que no puede lavarse en Siloé nadie, si no es enviado por Cristo? Pero es enviado aquel, cuyos ojos habían sido untados antes por contacto con Cristo en la fe (Jn. 9) [69]. Tampoco en Bethesda se lavan sino los que se ven atacados de alguna enfermedad presente, para recuperar la salud. El nombre viene de אשׁר , esda, y beth: bethesda, que significa casa del bautismo, lugar donde se derrama el agua. Cinco pórticos tiene, porque se ha acreditado el ingreso en ella por los cinco libros del Pentateuco, e incluso porque el bautismo encierra en sí los verdaderos misterios del Pentateuco y su cumplimiento, ya que nos abre las puertas de los cinco sentidos. Cinco puertas tiene el templo de Ezequiel, al que riegan las aguas del bautismo (Ez. 47) [70]. Este templo es el propio hombre, cuyos cinco sentidos en el bautismo se abren y cobran vida. En él co-   [487] menzamos a tocar a Cristo con el verdadero contacto de corazón. En él olemos, gustamos y vemos lo celestial y oímos el sonido del Espíritu santo (Jn. 3). La eficacia de

---

[68] Deut. 27, 9; Jos. 5, 9; Sal. 2, 7, y 109, 4.

[69] «Hizo lodo con saliva y untó con el lodo sobre los ojos del ciego», Jn. 9, 6. *Fide prius obliniti.*

[70] Servet intenta forzar en lo posible la descripción del templo de I Re. 6, 4 y de Ez. 41, 23, que explícitamente dicen que «el templo y el santuario tenían dos portadas, y en cada portada había dos puertas», para hacer coincidir su interpretación tipológica de Ez. 47, que misteriosamente habla de un agua misteriosa salida del templo y que lleva a todas partes la fertilidad, con la piscina de Bethesda o Bezatá, de junto a la Puerta de las Ovejas, de que habla Jn. 5, 2, «una piscina con cinco pórticos». De ahí la aplicación a los cinco sentidos sanados por el agua del bautismo.

este lavatorio la podéis colegir del hecho de que un ángel que baja del cielo agita el agua para que os curéis de cualquier enfermedad que os aqueje, como se relata en Jn. 5. En este caso se curó a uno que llevaba más de treinta años enfermo, no era un niño de un día; como también tenía edad suficiente para hablar por cuenta propia el que fue enviado a la piscina de Siloé [71]. Aunque había ido al agua llevado de su fe, aún no había recibido plenamente la luz, sino que su fe fue iluminada después al lavarse, pues en el bautismo la vivifica e ilumina el Espíritu santo.

Vosotros, que bautizáis a los niños, tenéis de Cristo una fe confusa y una visión oscura, porque aún no ha brillado él en vuestros corazones hasta haceros ver allí la claridad de Dios en el rostro del Cristo Jesús. Cristo os ha untado de lodo los ojos y aún no os los ha lavado. Si supiérais cómo nos acerca a él en el bautismo la fe, no titubearíais. Si entendiérais quién es ese «nuevo hombre» interior, ese nacido de nacimiento celestial, el único que come el cuerpo vivo de Cristo, seguro que correríais. ¡Pero vosotros aún no podéis comer, pues aún no habéis nacido! ¿Acaso no sois unos necios al querer que el cuerpo de Cristo esté en la cena, y no querer, en cambio, que esté su Espíritu en el bautismo? ¿O es que no sabéis que hay muchos que, justificados por la fe, no han entrado en el reino de los cielos por faltarles el bautismo? [72]. ¿Aún no sabéis la diferencia que media entre un catecúmeno y un cristiano? ¿Ignoráis que la fe no regenera sin el nacimiento celestial? ¿Quién hay que no sepa que «del agua y del Espíritu santo» provienen el nacimiento celestial y la visión del reino de los cielos?

Añadamos aún la hermosa frase de Mateo, recogida en las *Recogniciones* de Clemente, lib. I: «Si alguien, dice, no hubiere recibido el bautismo de Jesús el Cristo, no sólo se verá aquí privado del reino de los cielos, sino que ni siquiera estará libre de peligro el día de la resurrección de los muertos, por más que obren en favor suyo su honestidad de vida y rectitud de intención.» Por tanto, aquí ya, en este [488] mundo, se entra por el bautismo en el reino de los cielos. «Bienaventurados, dice ahí Pedro, los que han conseguido

---

[71] Jn. 3, 3, como pocos antes: «El que no naciere otra vez, no puede ver el reino de los cielos». En el número de treinta años que el paralítico curado por Jesús en Siloé llevaba esperando (Jn. 9, 5), Servet cree hallar confirmación de su idea anabaptista de que es necesario tener treinta años para recibir el bautismo, y entonces tocar a Cristo *vero cordis contactu*.

[72] Hay justificación, pero no regeneración, sin la fe, según Servet: *sine cælesti nativitate fides non regenerat*. Y se obtiene sólo en el bautismo adulto.

el reino de Cristo; porque no sólo escaparán de las penas del infierno, sino que se conservarán incorruptibles, serán los primeros en ver a Dios y obtendrán el primer puesto de honor»[73]. En el Lib. VII del mismo Clemente enseña Pedro que en el bautismo hay un gran don y que por él se nos da la vida eterna, que en nosotros es ya ahora vida inmortal[74]. Otro Clemente, el Alejandrino, en el Lib. I del *Pedagogo*, cap. 6, expone con toda claridad la perfección del bautismo, diciendo que por ese lavado nos perfeccionamos y somos santificados en el Espíritu: «Bautizados, dice, somos iluminados, somos adoptados como hijos, nos hacemos perfectos, nos transformamos en inmortales, llegamos a ser dioses, e hijos todos del Altísimo»[75].

Objetará alguno que la fe es la puerta del reino de los cielos, por la que vemos, entramos y reinamos con Cristo en el cielo. Respondo que la fe en Cristo es fundamento de todo, y que a la fe evangélica se le atribuyen cualidades celestiales como no se le atribuyeron en la Ley, porque en aquel entonces la fe no regeneraba, como lo hace ahora por el poder de la regeneración de Cristo, que es su resurrección. Luego todo lo hace la fe, sí, pero ilustrada por el bautismo, en el cual la fe cobra vida por el Espíritu santo y «Cristo se forma en nosotros»[76].

Aun en el supuesto de que hayas sido justificado por la fe como Abraham, todavía no has entrado aún en el celestial reino de Cristo, como tampoco Abraham entró entonces, sino cuando se realizó la regeneración de Cristo. Aun en el supuesto de que por la fe hayas puesto cimientos firmes y sólidos, no por eso está ya terminado el edificio; ni se podrá tenerminar ni completar más que por la caridad en la cena del Señor, como verás más tarde al tratar de la formación de nuestro hombre interior. Si aún no has aprendido esto, entiende, al menos, y recapacita en tu alma por qué se llama a ese bautismo de agua ministerio del Espíritu. ¿No será porque en él se dispensa un don espiritual? Por voluntad de Dios, es tan grande la fuerza de este misterio, que por el bautismo, exteriormente administrado, «se abrirán los cielos». ¡Grande es la fuerza del bautismo establecido por Cristo, que por tal ministerio quiere darnos su Espíritu santo! ¡Grande es la fuerza que en él hay, si por él de nuevo nacemos, morimos, resucitamos y subimos al cielo! [489]

---

[73] Lib. I, cap. LV (PG I, 1238), palabras textuales.
[74] Ibid. *Recognitiones*, Lib. VII, cap. XXXVII (PG I, 1370) no textual.
[75] Clem. Alej., *Pædagogus*, lib. I, cap. VI (PG VI, 41), textualmente.
[76] Gal. 4, 19.

Tan portentosamente actúa Dios en el bautismo, como en el mar o en el Jordán. Aquello era sombra de esta realidad. El bautismo abre camino no sólo, como entonces, a través de las aguas, sino hasta en el cielo, para que de él descienda el Espíritu y a él subamos nosotros. Por el bautismo cobrará el pueblo de Dios tal fortaleza, que pueda «subir del Jordán como un león» a perder a Babilonia con su pastor (Jer. 50). Lo mismo repite Jeremías en el cap. 49 contra ese mismo pastor y contra Edom, en quien están representados los impíos perseguidores de sus hermanos. La fuerza que surge del Jordán destruye, como dice Jeremías, a todos los enemigos [77]. Introduciéndonos en el reino de los cielos, el bautismo nos da la victoria sobre idumeos y babilonios, como nos la dio sobre egipcios y cananeos el bautismo del mar y del Jordán.

Destruida Babilonia, por las aguas del bautismo volvemos de nuevo a Jerusalén (Jer. 31) [78]. Las aguas bautismales son esos plácidos ríos del paraíso por los que «no puede navegar la nave» de la Iglesia papista (Is. 33) [79]. Por las aguas bautismales, destruida Babilonia, se nos restituye a la tierra prometida y al mismo paraíso (Ez. 36) [80]. Isaías, en los caps. 42, 43 y 49, y Zacarías, en el cap. 14, predicen los misterios de esas mismas aguas bautismales que sobrevendrán después de la destrucción de Babilonia [81]. Así como, al ser bautizado Cristo, «se abrieron los cielos y descendió el Espíritu santo», así también sucede con nosotros, porque «somos miembros de su mismo cuerpo, cuya cabeza es él». Media una diferencia: que en nosotros eso sucede ocultamente, como «oculta está nuestra vida con Cristo en Dios» [82]. Como a Cristo, también a nosotros nos dice Dios el día de la regeneración: «Tú eres mi hijo, yo te he engendrado hoy, dándote la herencia y el reino celestiales.» Es tal la fuerza de las aguas bautismales, que ni siquiera un hombre las puede atravesar de no ser llevado de la mano por un ángel.

---

[77] Jer. 50, 44 y 49, 19.

[78] «Harélos andar junto a arroyos de aguas, por camino derecho en el cual no tropezarán», Jer. 31, 9.

[79] «Allí será Jehová para con nosotros fuerte, lugar de ríos por el cual no andará galera ni pasará gran navío», Is. 33, 21.

[80] «Y habitaréis en la tierra que dí a vuestros padres... y multiplicaré el trigo, y no os daré hambre», Ez. 36, 28-30.

[81] Son caps. que forman parte de los misteriosos «cantos del Siervo de Yahvéh», que han sido interpretados mesiánicamente en el N.T. desde los evangelistas mismos. A su vez dice Zac. 14, 8: «Acontecerá que saldrán de Jerusalén aguas vivas».

[82] Pablo en Ef. 1, 22-23. 3, 6 y Col. 3, 3.

¡Cuánto menos podrá pasarlas un recién nacido! (Ez. 47) [83].
En esas aguas, dice Ezequiel, están los límites de «nuestra   [490]
heredad», de suerte que cuando llegamos a ellas comenzamos a tomar posesión de «nuestra herencia». De igual modo dijo Moisés que los israelitas «recibirían su herencia después de pasar el Jordán» (Deut. 12 y 32) [84]. Todo esto se dijo en figura. Moisés no llegó a pasar el Jordán, ni entró él en el verdadero descanso del Señor, ni ninguno de los que estuvieron bajo la Ley. Cristo es el único que de verdad hace pasar al pueblo por el Jordán hacia el descanso del Señor, como se había mostrado ya antes en figura de Josué.

Esta sola razón basta contra aquellos que menosprecian los ministerios: Si Dios no se sirviese de nuestro ministerio para derramar sus dones, en vano se elegirían tantos y tales ministros. En vano se nos llamaría a nosotros «ministros del Espíritu», «cooperadores de Dios» y «dispensadores de sus misterios». Ahora bien, verdaderamente somos dispensadores de dones espirituales, que el mismo Dios dispensa de modo misterioso a través de nuestro ministerio. Verdaderamente somos cooperadores de Dios, a pesar de que no somos nada: porque nuestro ministerio sí es algo. «Yo planté» predicando. «Apolo regó» bautizando, y por nuestro ministerio Dios «da el crecimiento» interno y la eficacia [85]. Nada es Pedro, nada es Pablo, pero sí es algo su ministerio. ¡Y al contrario: aunque Pedro no sea nada, sí es algo el Papa, pero su ministerio no es nada! El Papa sí es algo, porque tiene poder en este mundo. Con sus sellos puede imprimir su marca y sus caracteres en la frente y en las manos, puede transformar el plomo en oro, convertir a los hombres en bestias, derramar mucha sangre con su espada de doble filo y canonizar muchos millares de mártires. ¿No es algo todo esto? Luego el Papa sí es algo. Pero su ministerio no es nada, pues que no es para servir, sino para que le sirvan (Mt. 20; Lc. 10): para comer ricas carnes, para dominar sobre los pueblos, para ser adorado cual Dios en la tierra como pastor e ídolo por reyes y emperadores inclinados delante de él con la cabeza descubierta, dobladas las rodillas y besándole los pies (II Tes. 2; Zac. 11) [86].

---

[83] Visión de Ez. que habla de un varón a quien le resulta difícil vadear ciertas aguas misteriosas. «Y será que toda alma viviente que nadare por dondequiera que entraren estos arroyos, vivirá», Ez. 47, 9.

[84] Deut. 12, 10 y 32, 4. *Quæ omnia in figura sunt dicta.*

[85] Palabras de Pablo en I Cor. 3, 6.

[86] Paráfrasis de Mt. 20, 26-26 y Lc. 10, 1-12; después, de los textos apocalípticos comentados en el lib. anterior, II Tes. 2, 4 y Zac. 11, 15-16, de intención determinada por su experiencia de Bolonia.

Mas, haciendo caso omiso del Anticristo y de sus ministerios, emprendamos otro camino para hacer patente la eficacia del bautismo.

Que, además de lo ya dicho, haya alguna gracia en el
bautismo podemos resumirlo así. Los partidarios del bautismo de niños no son capaces de distinguir el bautismo de
Cristo, para ellos inútil, del de Juan. Ahora bien, como la
Escritura sí que los distingue, puesto que los bautizados
por Juan han de volver a ser bautizados en nombre de
Cristo; luego ellos no interpretan bien el bautismo de Cristo. Y si los bautizados por Juan después de la penitencia y
la fe tienen que volver a ser bautizados en nombre de Cristo (Hch. 19), con mucha mayor razón habrán de volver a
ser bautizados en la fe de Cristo y de su Iglesia los que han
sido bautizados de niños sin fe, sin entendimiento y fuera
de la Iglesia de Cristo [87].

Además, nosotros somos más que el propio Juan el Bautista, no por otra razón que la del bautismo, pues Cristo
dijo: «El menor en el reino de los cielos es mayor que Juan
el Bautista» (Mt. 11) [88]. Ahora bien, este pertenecer al reino
de los cielos se nos da en el bautismo (Jn. 3; Col. 2) [89]. Grande fue Juan el Bautista: más que profeta, tuvo la fe de Cristo y para predicarla fue santificado en el útero. Pero estuvo
totalmente bajo la Ley y no fue regenerado por el bautismo
de Cristo, ni se le comunicó el nuevo Espíritu de la regeneración de Cristo, por no haber alcanzado a ver la resurrección de Cristo ni la misión de su Paráclito. Por el poder
de la resurrección de Cristo, que es su propia regeneración,
y por la que llega a nosotros el reino celestial, tiene eficacia
también nuestra regeneración, que es nuestra resurrección.
Antes de haber sido regenerado Cristo, nadie pudo ser regenerado en él. Antes de resucitar él, nadie pudo resucitar
con él, ni entrar en el reino que aún no había venido. «Todos los que han sido bautizados de verdad, han sido bautizados en la muerte de Cristo, con él sepultados y resucitados» (Rom. 6) [90]. Luego no podía completarse en el bautismo
el misterio de la pasión de Cristo sin haber padecido aún.

---

[87] «Y dijo Pablo: Juan bautizó con bautismo de arrepentimiento, diciendo
al pueblo que creyesen en el que había de venir después de él... Oíd esto,
fueron bautizados en nombre del Señor Jesús», Hch. 19, 4-5. Un argumento
típico a favor del estricto anabaptismo.

[88] Mt. 11, 11.

[89] «El que no naciere de agua y del Espíritu, no puede entrar en el reino
de Dios», Jn. 3, 5. «Sepultados con él en el bautismo, en el cual también resucitasteis con él», Col. 2, 12.

[90] Rom. 6, 3-4.

No podía conferirse aún a los bautizados el Espíritu santo $\quad$ [492]
de la regeneración, que glorifica al hombre, sin haber sido
glorificado Cristo (Jn. 7) [91]. De donde siempre se deduce
que toda la fuerza del bautismo estriba en el poder de la
resurrección de Cristo.

Para que nadie crea, pues, que tenemos dos bautismos,
ni confunda el bautismo de Juan con el de Cristo, hay que
hacer constar que el bautismo de Juan desapareció a la vez
que la Ley, una vez cumplido lo que significaba. Desapareció la sombra, al llegar la verdad, y al llegar la predicación
del propio Cristo sobre la penitencia, y al hacerse presente
la verdadera fe que aquél señalaba como futura, y al ser
enviado el Espíritu santo, cuya misión señalaba aquél como
futura. Por eso, en Hch. 13 se dice: «Cuando Juan termina-
ba su carrera...», y en el cap. 10 lo señala Pedro como
algo pasado, al decir: «Después del bautismo que predicaba
Juan»... y el mismo Juan dice: «Mi gozo se ha cumplido» [92].
Neciamente, pues, algunos de los partidarios del bautismo
de niños confunden su bautismo, como si fuera el de Cristo,
con el de Juan, con la pretensión de que ambos sean signo
de algo que no es. Pues hay tantas diferencias como misterios hay en el bautismo de Cristo.

El bautismo de Juan, dado su carácter de preparatorio,
apunta hacia Cristo, el rey que ha de venir, cuyo reino anuncia como inminente, diciendo: «Se acerca el reino de los
cielos»; en cambio, el bautismo de Cristo no sólo indica que
ya ha llegado ese reino, sino que nos lo hace experimentar
en realidad y lo establece «dentro de nosotros». El bautismo de Juan no regeneraba, sino que servía de sustituto de
una especie de ley de purificación y ablución a un pueblo
sometido a la Ley carnal, aunque predisponiendo al pueblo
a recibir a Cristo por medio de la penitencia y la esperanza del reino ya cercano. Había diferencias en el bautismo,
pero también en la enseñanza, ya que los que habían sido
instruidos en la penitencia por Juan el Bautista, todavía ne-
cesitaban otra instrucción en el camino de Cristo (Hch. 18).
Aquella instrucción se refería al futuro, ésta al presente;
de ahí que, terminada la predicación de Juan, comienza Cristo la suya (Mt. 4) [93]. En las enseñanzas de Juan el Bautista $\quad$ [493]

---

[91] «Aún no había venido el Espíritu santo, porque Jesús no estaba aún
glorificado», Jn. 7, 39.

[92] Hch. 13, 25 y 10, 37. Esa confidencia del Bautista, en Jn. 3, 29. Comenta
Servet: *Evanuit umbra, adveniente veritate*.

[93] Hch. 18, 24 habla de que Apolos, el elocuente judío de Alejandría, sólo
enseñaba el bautismo de Juan en Efeso y Acaya hasta que se enteró de los

no quedaba patente la gloria ya presente de la resurrección de Cristo. Pero la mayor diferencia consiste en que los bautizados por Juan, como el propio Juan, todavía iban al infierno[94]. El bautismo de Juan consistía en la profesión de penitencia y esperanza en el reino futuro. Juan bautizaba en orden al perdón de los pecados que Cristo habría de conferir plenamente. Bautizaba, asimismo, para, con ocasión del bautismo, anunciar a los que acudían al hijo de Dios. Así lo testimonia él, cuando dice: «Para que llegue a ser conocido por Israel, para eso he venido yo bautizando con agua»[95].

De ahí se colige que no fue verdadero bautismo, pues no confería la gracia, sino que apuntaba a ella como algo futuro. De haber sido verdadero bautismo, no hubiera podido repetirse. En cambio, después de la resurrección volvieron a ser bautizados y se les dio el nuevo Espíritu (Hch. 19, ya citado). Por eso Cristo se abstenía de bautizar en la tierra (Jn. 4)[96], tanto porque era más importante enseñar, como para que nadie creyese que el bautismo que administró Juan a Cristo era el mismo con que nos iba a bautizar para el reino celestial «en Espíritu santo y fuego». Por el poder de la resurrección de Cristo el bautismo de agua y el de Espíritu santo son ahora un solo bautismo. El verdadero bautismo ha sido instituido por Cristo después de la resurrección, pues entonces se le dio todo poder (Mt. 28), y Lucas ha dicho con toda claridad que después de su resurrección seríamos partícipes de su reino en la regeneración (Lc. 22)[97]. Por eso, en la carta a los Efesios, Pablo relaciona el que nosotros correinemos con Cristo en el cielo con el hecho de su resurrección y la nuestra, o sea, con el bautismo, que es nuestra resurrección (Col. 2 y 3)[98].

De esto concluímos que nosotros somos más que los judíos y profetas de la Ley, debido a la gran excelencia del bautismo que nos introduce en el reino de los cielos por el poder de la resurrección de Cristo. Si somos más que Juan el bautista, somos más que los otros, pues fueron menos que él. Una cosa es cierta: que gracias a la resurrección

---

desarrollos posteriores. En Mt. 4, 12-17 viene a hacerse coincidir el encarcelamiento de Juan con el comienzo de la predicación de Jesús.

[94] Entendido como el tradicional «seno de Abraham», quizá.

[95] Jn.1, 31. Era, pues, su bautismo *professio pœnitentiæ cum expectatione regni.*

[96] Hch. 19, 4-6. «Aunque Jesús no bautizaba, sino sus discípulos», se dice en Jn. 4, 2.

[97] Mt. 28, 18-19 y Lc. 22, 28-30.

[98] Puede verse comparando Ef. 2, 1-6 con Col. 2, 12 y 3, 1-2.

de Cristo fueron llevados al reino celestial Juan el Bautista, [494] Abraham y los otros profetas que tuvieron entonces la fe de Cristo; y de esta suerte, resucitando con Cristo resucitado, alcanzaron el don de la regeneración (Mt. 27) [99]. Los demás, en cambio, son y seguirán siendo siempre inferiores. Debido a este don de la regeneración bautismal, iremos delante de ellos. no sólo ahora, sino también en la resurrección final, pues «no será heredero el hijo de la esclava igual que el hijo de la libre» [100], sino que cada cual poseerá su propio don. En la resurrección, cada cual, como dice Pablo, ocupará su sitio. Pero, ¿en qué orden? «El primero, dice, Cristo; luego los que en su venida son de Cristo» (I Cor. 15). «Los que han muerto en Cristo resucitarán los primeros» (I Tes. 4) [101]. Sólo a quienes por esta regeneración celestial han seguido a Cristo en su venida les prepara él un reino así, para que se sienten a su mesa a comer y beber en su reino y «se sienten sobre tronos a juzgar a las doce tribus de Israel» (Mt. 19; Lc. 22) [102]. Este mismo orden nuestro de prioridad lo hemos citado no hace mucho, como de Pedro, según la obra de Clemente [103].

Añade aquí el esquema del juicio final para comprender cómo en eso nos diferenciamos de los judíos. El lugar del juicio final viene figurado por el valle de Josafat, según dice Joel. Por eso se interpreta como יהושבמ , *Jehosafat*, juicio de Dios. Dicho valle está situado a la parte oriental de la ciudad de Jerusalén, entre ella y el lago de fuego y azufre de Sodoma (Joel 3; II Para. 20). Cerca de allí, junto al vertedero o puerta oriental de la ciudad, está el valle Tophet, al que denominan *gehenna* o *gehinnom* (IV Re. 23; Jer. 7 y 19; Mc. 9) [104]. Este valle se extenderá entonces hasta el lago de azufre y fuego (Is. 30). Se trata del mismo valle de Gog, que va desde la parte oriental de la ciudad hasta el lago (Ez. 39) [105]. Pues bien, en ese juicio, mientras nosotros

---

[99] Antes dijo que Juan, como otros santos precristianos, fue «a los infiernos», término éste siempre ambiguo en Servet: sepulcro, lugar de detención. Toma ahora literalmente Mt. 27, 52, sobre la resurrección de muchos con motivo de la de Jesús.

[100] Citando y apropiándose Gal. 4, 30. La sierva de Agar, por supuesto.

[101] I Cor. 15, 23 y I Tes. 4, 16.

[102] Mt. 19, 28 y Lc. 22, 30.

[103] Cfr. notas 73, 74. Aún más claro este texto: «Pero nosotros, que esperamos la herencia del siglo futuro, deberemos preceder a quienes tan sólo conocen el presente». *Recognitiones*, lib. VI, cap. XIII (PG I, 1354).

[104] Por la etimología *Iehosaphat* significa Dios juzgó. Cfr. Jl. 3, 2 y II Crón. 20, 26, donde es mencionado el «valle de Iehosaphat». Para el por qué del término *gehenna* y su etimología, véase lib. II, nota 239, de esta Parte, p. 691.

[105] «Tophet, cuyo foco es de fuego: el soplo de Jehová, como torrente de azufre, lo enciende», Is. 30, 33. Ese mismo «valle de los que pasan al oriente

seremos llevados a la ciudad de Jerusalén y primer lugar del paraíso, la Bestia babilónica y sus langostas serán arrojadas al lago de la ira de Dios, al estanque de fuego y de azufre ardiente, junto con Gog y el propio dragón (Ap. 14, [495] 19 y 20) [106]. En cambio, los niños que, antes de discernir el bien y el mal, fueron asesinados por Herodes y la Serpiente en las cercanías de Belén, serán recibidos allí, casi dentro de esos límites, en un lugar próximo a la ciudad celestial. Casi se les puede llamar mártires, pues con su muerte dan testimonio de que, sin delito propio, padecen por los crímenes ajenos. De los niños, por tanto, no habrá juicio ni discusión alguna como se hace constar de los adultos (Mt. 25). El pueblo llano de Israel, o irá al castigo, o será contentado con una tierra fértil, o sea, «con leche y miel», para que de algún modo vuelvan a gozar la vida carnal ya pasada. Participarán también del reino, mas no así en cuanto a entrar en la celestial ciudad. De entre los gentiles correrán una suerte semejante a la de ellos, quienes hayan obtenido alguna bendición. Tales son las diferencias generales, amén de otras peculiares y de la diversidad de moradas [107].

Según el Apocalipsis de Juan, hay otros modos de comprobar la diferencia entre los judíos y nosotros. Por ejemplo, en esa celestial Jerusalén, después de la resurrección final, estarán los hijos de Israel «ante las puertas» con los ángeles que fueron sus dioses. En cambio, los cristianos, encumbrados por encima de los ángeles, se sentarán junto al Cordero (Ap. 21 y 22) [108]. Además, las doce perlas con que ahí se compara a los doce hijos de Israel son menos que esas doce piedras preciosas con que se compara ahí mismo a los apóstoles, de los que se dice también que son los «fundamentos del muro» de la ciudad. Se dice también ahí que tienen el río de agua viva del bautismo y el árbol de la vida de la cena del Señor. De donde se infiere la gran excelencia del bautismo y de la cena, puesto que de su disfrute habrá feliz recuerdo en aquella felicidad.

---

de la mar» lo indica Ez. 39, 11 como sepultura de Gog, pueblo extraño enemigo de Israel.

[106] Ap. 14, 8-11. 19, 19-21. 20, 14.

[107] Alusión a las diversas mansiones o moradas de la casa del Padre, Jn. 14, 2. Esas explicaciones de Servet, con todo, no parecen suficientemente claras ni completas.

[108] «Y tenía un muro grande y alto con doce puertas», etc., de Ap. 21, 12-14, y de 22, 3-4. El texto indicaría, según Servet, que las doce tribus quedan «en las puertas», mientras que «los doce apóstoles del Cordero» constituyen los fundamentos de esa ciudad.

Con mucha frecuencia se ha subrayado ese otro aspecto de la dignidad del bautismo, por el cual el hombre regenerado deviene más excelente que el ángel, hermano de Cristo e incluso con poder sobre los propios ángeles. La Iglesia, si es la verdadera, tiene de algún modo los ángeles a su disposición.

[496]

Queda aún otro efecto del bautismo, ya expuesto, pero que conviene explicar de nuevo, a saber: las almas de los que mueren sin bautismo, a causa del pecado de Adán, sienten los dolores del infierno; en cambio, después del bautismo y de la verdadera regeneración de Cristo, el infierno no tiene sobre ellas más poder que el que tiene sobre Cristo resucitado. Luego, dirás, caso de que haya dos creyentes, o dos catecúmenos en Cristo, y uno muera bautizado y el otro no bautizado, ¿habrá mucha diferencia entre ellos? Respondo. Si hay dos gentiles o dos judíos, iguales en piedad, de los que uno es luego llamado a la fe de Cristo, ¿habría diferencia? Así lo quiere Dios: se compadece de quien quiere. Entre esos catecúmenos del caso ciertamente existe diferencia, tanto por parte del bautismo y de su celestial eficacia como por parte de la fe, pues la fe misma queda iluminada en el bautismo por el Espíritu. Antes del bautismo la fe no es tan viva como después, ni tan verdadera la penitencia, como verás; y, por tanto, si tienes en cuenta sus consecuencias, no había entre ellos tal igualdad de fe. De todos modos, la fe del catecúmeno que muere no será inútil, sobre todo porque, aun no estando bautizado con agua, puede ser regenerado por la muerte o por el martirio [109]. La necesidad del bautismo no puede oponerse a los ocultos juicios de Dios.

También de las figuras de la Ley se puede tomar ocasión para inferir los grandes misterios del bautismo. Así, según expuse, con un bautismo se consagraba a los sacerdotes (Ex. 29 y 40; Lev. 8; Num. 8) [110]. Tenían que lavarse los que habían de entrar en el tabernáculo y en el santuario del templo (Ex. 30; Lev. 16) [111]. Se lavaba a los leprosos para declararlos limpios (Lev. 14) [112]. Tenían que lavarse con el

---

[109] Aunque la regeneración del catecúmeno, del creyente, por martirio esté admitida en general, Servet no es demasiado explícito en explicar cómo también tiene lugar por la simple muerte, cómo ésta también «ilumina la fe por el Espíritu» aun no habiendo bautismo. Queda siempre salva la libertad de los juicios de Dios. *Voluntas Dei est, cui vult misereatur.*

[110] Citando Ex. 29, 4 y 40, 12; Lev. 8, 6 y Num. 8, 7.

[111] Así se ordena en Ex. 30, 18 y en Lev. 16, 24.

[112] Según la ley del «leproso cuando se limpiare», Lev. 14, 2-8.

bautismo de las impurezas del semen, del menstruo, del muerto o de otra cosa (Lev. 15; Num. 19) [113]. Añade los pasajes de III Re. 7 y II Para. 4, en que podrás ver representado el misterio del bautismo, si no apartas los ojos de esos vasos en que se lavaban los sacerdotes, y del altar de los holocaustos sobre cuatro ruedas, y de los animales [114]. ¡Que con ese lavado subas a la cuadriga celeste tirada por querubines!

Síguese de lo expuesto que ignoran la índole celestial del reino de Cristo y no tienen ni idea del poder de la resurrección de Cristo los que no dan mayor importancia hoy al bautismo que la que daban antes a la circuncisión, que no era más que un signo, pero no daba el don del Espíritu. Si algo hay cierto de la circuncisión es que pertenecía al reino de la carne y era sombra de lo que había de venir, mientras que en el bautismo hay acción espiritual de algo presente y auténtica realidad. Los ministerios de la Ley consistían en significar; en cambio, los ministerios del Nuevo Testamento, en conferir la gracia; pues «la Ley fue dada por Moisés, pero la gracia y la verdad fueron hechas por Cristo» [115]. Sombra fue lo que nos indicó Moisés; mas es realidad lo que ha sido hecho por Cristo; porque en los símbolos de Cristo hay lo que se indica que hay. Cristo está verdaderamente en la cena, como verdaderamente está el Espíritu en el bautismo. Y si no, ¿de qué le iba a servir al mundo la misma presencia de Cristo? Cristo nos ha sido dado y ha venido para estar realmente presente con nosotros, y no en sombra como con los judíos. Y así también instituyó Cristo para nosotros los ministerios del Espíritu, que están a una distancia infinita de los de la Ley (II Cor. 3). Por la acción del Espíritu tiene tal eficacia el bautismo, que podemos decir con verdad que «el bautismo nos salva» (Tit. 3; I Pe. 3) [116], pues por la fe sola, sin el bautismo, no se cumplen todos los misterios de la salvación de Cristo. El bautismo nos salva y nos lava, como nos alimenta el pan de la cena con el cuerpo de Cristo, en virtud de un misterio interior. La fe recibe interiormente por el Espíritu santo el mismo efecto que se dice produce externamente el bautismo, ya que, porque así Dios lo quiere, el efecto está vinculado al símbolo. Si concedemos que el escuchar exter-

[497]

---

[113] Sobre estos lavatorios, véanse Lev. 15, 13 y 19, y Num. 19, 7.

[114] Alusiones a I Re. 7, 23-38 y a II Crón. 4, 2-6.

[115] Palabras de Jn. 1, 17. *Ministeria legis erant in significando; ministeria vero novi testamenti in gratiam conferendo.*

[116] En II Cor. 3, 6-11 explica Pablo esa diferencia radical valiéndose de dicotomías coincidentes: «letra-espíritu, muerte-vida». Cfr. pág. 709.

namente esta palabra nos vivifica interiormente por el Espíritu, también tendremos que conceder que por la acción del Espíritu nos regenera interiormente esta agua, de suerte que a un tiempo «nacemos del agua y del Espíritu santo» [117].

Por el agua misma obra en nosotros el Espíritu que las vivifica y agita. Cuando «nacemos del agua y del Espíritu», él es quien agita las aguas en esa regeneración, como él fue, el Espíritu de Dios, quien producía esa agitación sobre las aguas en la primera génesis del mundo. El propio Espíritu de Dios vivificaba las aguas, para que ellas a su vez vivificasen la tierra para generar cosas, como ésta para regenerarnos. De ahí que Pedro, en el Lib. VI de Clemente, nos ordene considerar cómo todo tiene su origen en las aguas aplicadas a la tierra, para que entendamos así que hemos sido regenerados nosotros de las aguas [118]. En el mismo sentido dice Ireneo, en el cap. 19 del Lib. III: «Así como de un árido, como el trigo, no puede hacerse una masa o un pan sin el elemento húmedo, así tampoco podemos nosotros hacernos uno con Cristo sin esa agua que viene del cielo. Como la tierra árida no produce frutos si no recibe humedad, así tampoco nosotros. Nuestros cuerpos reciben su unidad del agua externa; nuestro espíritu, de la interna. Ambas son necesarias y aprovechan para la vida de Dios.» Eso dice él. Y todavía añade que Cristo dio a sus discípulos el poder de regenerar, cuando les dijo: «Id y bautizad» [119]. De la misma manera que aceptamos que nos ata o desata Pedro o Pablo, siendo sólo ministros, así también tenemos que aceptar que esta agua nos lava por dentro y que por dentro nos nutre este pan, sobre todo cuando nos los dispensan ministros del Espíritu.

«El bautismo nos salva» con la misma salvación que la fe; y la salvación que nos alcanza la fe se perfecciona por el bautismo. Así como a Abraham le vino la confirmación de la justicia de su fe por el juramento santo de Dios cuando inmoló su propia carne, o sea, su hijo (Gen. 22; Sant. 2), así también cuando después de haber creído te inmolas a Dios y sacrificas tu carne en el bautismo, símbolo de la muerte, te confirma Dios la justicia con un juramento so-

[498]

---

[117] Estas palabras expresan que en la mente de Servet los tres ministerios que estudia —palabra, bautismo, cena— tienen la misma estructura interna.

[118] Clemente, *Recognitiones*, lib. VI, cap. VIII: «Véis, pues, que todo se engendra del agua, pero ésta fue hecha en el principio por el unigénito. Mas cabeza de éste es el Dios omnipotente, por el cual de tal modo se llega al Padre... que por las aguas que primero fueron creadas renazcáis de nuevo» (PG I, 1351).

[119] Ireneo, *Adv. hæreses*, ed. Erasmo, lib III, cap. 19 (PG VII, 208: cap. XVII, 2), con palabras casi idénticas

lemne y, en figura de esa resurrección, te saca de las aguas, como, en figura de la resurrección, fue sacado Isaac del altar donde iba a ser inmolado [120]. Así como el testamento de Cristo fue confirmado por su muerte, y su sacerdocio fue afirmado a la vez que su reino por el juramento de Dios cuando, al ofrecerse como víctima y al resucitar, inmediatamente entró en el *sancta sanctorum;* así también, al hacerte víctima y entrar en el *sancta sanctorum* por la regeneración, se te confirman a tí el reino y el sacerdocio [499] por este juramento y se te hace donación de ellos como en virtud de un testamento ratificado por la muerte, cuando se te dice: «Tú eres mi hijo, hoy te he engendrado.» Pues, por el bautismo devienes verdadera víctima, inmolas tu carne, crucificas tu cuerpo, mueres, y participas de la pasión de Cristo, consepultándote también con él (Rom. 6; Col. 2) [121]. Entonces llegas a ser «nueva creatura», nacida para el reino de Cristo, y entonces resucitas para el cielo. Todo esto no lo puede hacer ni el bautismo sin fe, ni la fe sin bautismo. Para eso las unió Cristo, cuando dijo: «El que creyere y se bautizare se salvará» (Mt. 16) [122]. La fe nos hace hijos de Dios, cuando le sigue el bautismo, por el que «nos revestimos de Cristo» y «recibimos el espíritu de filiación» (Gal. 3 y 4). Por la fe se nos da en herencia el reino de los cielos, pero entramos en él por el bautismo (Jn. 3) [123].

Por último, el bautismo entraña realmente todos los misterios de la pasión y resurrección de Cristo, e imprime en nosotros toda su eficacia de vida y la misma auténtica filiación del hijo de Dios. Ser hijo de Dios no es cuestión de mero título, pues nadie puede llamarse hijo de Dios sin ser engendrado del semen sustancial de Dios; sin ser engendrado, insisto, como lo son las demás cosas que son vivificadas «por el agua y el Espíritu». Sustancial, en virtud de la sustancia divina innata en el hombre interior, de suerte que el hombre resulte ser partícipe de la naturaleza divina [124]. Esta generación es, pues, algo sustancial y parti-

---

[120] La historia, en Gen. 22, 9-18, texto fundamental, tantas veces mencionado, y valorado por Sant. 2, 21-23, así como por Pablo en Rom. 4, 9: «A Abraham le fue contada la fe por justicia.»

[121] Rom. 6, 3-6 y Col. 2, 11-12.

[122] Mc. 16, 16.

[123] Gal. 3, 27 y 4, 5-6; y Jn. 3, 5-7, del diálogo con Nicodemo.

[124] Este párrafo es buen resumen de la mente de Servet sobre este tema. Entiende en el sentido literal más estricto los dichos de la Escritura. Por eso, *esse filium Dei non est res de solo titulo.* Llega así a fórmulas por las que superficialmente ha sido acusado de panteísmo, pero que son consecuencias lógicas de sus premisas: *innata interno homini substantia divina,* generación substancial.

cipación del reino celestial, y se inicia y verifica en nosotros por el lavatorio de la regeneración, «por el agua y el Espíritu» que, al acrecentar en el bautismo la vida de la fe, nos conduce a la posesión efectiva del reino celestial.

Si analizas separadamente las cualidades específicas de la fe y del bautismo, encontrarás que lo específico de la fe es justificar, como en el caso de Abraham, el cual fue justificado, pero no regenerado, ni liberado por completo del infierno. En cambio, lo que nos da el reino de Dios es el «nacimiento de arriba» por el Espíritu santo, el nuevo Espíritu que quiere darnos Cristo en el bautismo. A nadie le [500] confiere la fe ese don celestial, si no media el nacimiento celestial. Ni siquiera se puede llamar celestial a la fe, si no llega a ser tal por otras razones. Incluso podemos estar justificados por la fe, sin que ya por eso entremos en el reino de los cielos. De los catecúmenos, como de los apóstoles antes de recibir el Paráclito, puede decirse que están justificados, mas que no han entrado aún en el reino de los cielos. En esa situación no veían ni comprendían el verdadero alcance de este reino, sino que se imaginaban otro de signo terrenal (Hch. 1) [125]. Sólo más tarde, después que el Paráclito «les enseñó todo», comprendieron, vieron y entraron al celestial reino de Cristo. El bautismo es el que nos regenera y nos introduce en el celestial reino de Cristo, liberándonos totalmente del infierno. Por el bautismo nos revestimos de Cristo. Por el bautismo, como dice Pablo a los romanos, llegamos a estar σύμφυτοι, insertos, injertados en Cristo y trasplantados en él, como sarmientos en una nueva vid [126]; y ello sustancialmente. Por el bautismo llegamos a ser partícipes de ese gran rey en su reino, reinando en el cielo con él, por encima de los ángeles y de todas las demás potestades del cielo y de la tierra. Por el bautismo ya «gustamos los valores del siglo venidero» (Heb. 6) [127]. Entonces experimentamos cómo responde bien ante Dios una conciencia sana por obra de la resurrección de Cristo.

Aún voy a hacer algo más: voy a demostrarte con un ejemplo conocido cómo actúan la fe y el bautismo en la

---

[125] Hch. 1, 6, en el momento mismo de la ascensión, cfr. nota 22. Nueva insistencia, en este contexto, en la tajante distinción entre justificación por la fe, aunque no sola, y regeneración por el bautismo. Esta regeneración, entendida en sentido estricto, como acaba de decir.

[126] «Fuimos plantados en él en semejanza de su muerte», Rom. 6, 5.

[127] Heb. 6, 4 y 5: «Los que una vez gustaron...» Varias veces elige Servet términos como *gustar, experimentar, sentido de Cristo,* y otros, que podrían justificar la creencia en cierto nivel de experiencia mística de él mismo.

remisión de los pecados en distintos tiempos. Pongamos por caso uno que cree de verdad en el hijo de Dios y anda buscando a alguien que le bautice. Ese tal, según el don actual de Dios y su imputación como justicia, está ya justificado del pecado, de suerte que, si muere, en último término no se salvará. Sin embargo, no está totalmente a salvo del infierno, todavía no está del todo dentro de la Iglesia contra la que «nada pueden los poderes del infierno». Asimismo, su conciencia no está del todo tranquila, y le queda aún cierta inquietud por su pecado, hasta que quede totalmente en paz y clarificada por el don celestial del Espíritu de la regeneración [128].

Por lo tanto, es verdad que los pecados se perdonan por la fe y por el bautismo. No podía haber un perdón perfecto, cuando la fe todavía no había llegado a su perfección. Por consiguiente, el bautismo no es eso tan superficial e inoperante que pretenden hoy algunos. Desde el principio del Cristianismo jamás le negó nadie su eficacia, excepto unos cuantos fantasiosos recientemente aparecidos [129]. No hay razón alguna para que esos opongan la fe al bautismo. Más aún, es la fe la que hace que el bautismo sea salvador, y a su vez, es el bautismo el que consuma la fe. La fe atrae interiormente la gracia; el instrumento por el que viene es el bautismo. Los pecados, de los que somos justificados por la fe, se borran con el bautismo. Sin el bautismo la fe no tiene vida, ni siquiera como un grano de mostaza; pues es la fuerza del Espíritu la que le da vida en el bautismo y la que la levanta hasta el cielo. El bautismo y la cena del Señor son la vida y el fomento de la fe; pues son vida, fomento

[501]

---

[128] Párrafo muy revelador: no sólo por su finalidad inmediata de diferenciar los efectos de la fe y del bautismo (cfr. notas 72, 125), sino por aclarar el significado de *infierno* para Servet, equivalente a los *poderes de la muerte* de Mt. 16, 18, frase a la que da así un contenido concreto, nada relacionado con el tradicional de apoyar la supremacía y primado de Pedro o la indefectibilidad temporal de la Iglesia entendida como estructura, como sociedad. Servet interpreta así: sólo la comunidad de los bautizados, que ya antes creyeron en el hijo de Dios, sólo entrar en ella confiere inmortalidad, porque sólo dentro de ella hay regeneración propiamente dicha.

[129] *Exceptis quibusdam tropistis nuper natis.* Servet parece aludir a contemporáneos que acentuaban el aspecto penitencial y testimonial del bautismo como expresión pública de la fe personal, con detrimento de la ceremonia bautismal misma. En esta corriente podrían mencionarse las teologías bautismales de anabaptistas como el grupo de Grebel, Hubmaier, Marbeck, o los que, como los restitucionistas Hofmann y Campanus, se refieren al bautismo con lenguaje de metáfora nupcial, o el espiritualista Schwenckfeld. Cfr. G. H. WILLIAMS, *The radical reformation*, Philadelphia 1975, pp. 304-316. Servet sólo admite el «bautismo del creyente» y precisamente a los treinta años, pero da enorme importancia al hecho físico de la inmersión.

y alimento del hombre interior nacido de Dios por la fe. La fe se planta por la predicación del evangelio, cosa que no puede realizarse sin la acción del Espíritu. Ahora bien, hay diferentes modos de dispensación del Espíritu; es distinto el que produce la predicación de Cristo del que produce su resurrección. Todos los apóstoles, antes de ser bautizados en Espíritu santo y fuego con la venida del Paráclito, no eran más que catecúmenos, lo que son ahora los partidarios del bautismo de niños, por más que se crean estar en posesión de la suma de la doctrina cristiana [130]. Están completamente equivocados quienes se creen ya regenerados por el Espíritu santo sin el bautismo de fe; pues es en el bautismo donde, por el poder de la regeneración o resurrección de Cristo, se da el nuevo Espíritu y nace el «hombre nuevo», resucitando con Cristo para vivir esa viva y nueva vida del cielo.

Además de la fe y del bautismo se requiere también algo más, a saber: alimentar al hombre nuevo allí nacido con un nuevo alimento, y precisamente en la cena del Señor. Por la cena del Señor, que viene tras el bautismo, se alimenta, crece y recibe aumento de vida el hombre nuevo nacido en el bautismo. Día a día y cada vez más «se va formando entonces Cristo en nosotros», y nosotros «nos vamos edificando cada vez más a una con los demás miembros en un solo cuerpo de Cristo por la caridad». En la medida en que nosotros nos vamos edificando cada vez más en un solo cuerpo por la caridad, en esa medida crece en nosotros el cuerpo de Cristo por ese símbolo de caridad que hay en la cena (Ef. 4) [131]. Símbolo de caridad es la cena, como nos enseñó Cristo en el sermón de la cena, que fue cuando nos dio el mandamiento del amor (Jn. 13 ss.). La cena es a la caridad lo que el bautismo es a la fe [132].

[502]

Así pues, si se es negligente en la cena y en la caridad, se aparta Cristo de nosotros, languidece la fe, se desvirtúa el espíritu y el cristiano enferma de hambre y muere. «Pues si no coméis la carne del hijo del hombre y no bebéis su sangre, no permanecerá en vosotros la vida» que habéis recibido por la fe (Jn. 6). Como si dijera: pereceréis de hambre, si no os confortáis con este alimento, por mucho

---

[130] Aparte la ironía genérica, quizá sea ésta la única alusión a la obra de Tomás de Aquino en todo el volumen de *Restitutio*. Llama la atención su ausencia total de los escritos de Servet.

[131] Ef. 4, 12-16.

[132] *Ita se habet cœna ad charitatem, sicut baptismus ad fidem.* Para ésta y otras analogías, véase la nota 117.

que hayáis creído y «nacido de arriba» [133]. Pues quien ha nacido del cielo debe tomar del cielo su alimento para vivir eternamente. Así como la inmortalidad de Adán se mantenía por el árbol de la vida, así al hombre nuevo le mantiene en la inmortalidad este alimento nuevo.

DE LA CENA DEL SEÑOR

El título ya nos advierte que se va a tratar aquí de la sacrosanta fracción del pan, de suerte que, relacionándola con lo demás, lleguemos a conocer mejor en todo su íntima y arcana eficacia. En esta cena dominica hay una auténtica comida, interior y espiritual, del cuerpo de Cristo; si bien la comida interna se pone de manifiesto por la externa, y la espiritual por la corporal. Por eso, este pan es para nosotros cuerpo de Cristo, como este bautismo de agua es lavatorio de nuestro espíritu, porque, así como por éste nacemos interiormente, por aquél nos alimentamos interiormente. Este pan es cuerpo de Cristo, porque este pan es en [503] la comida externa lo mismo que el cuerpo de Cristo en la interna, y también porque al comer este pan se nos comunica Cristo verdaderamente y nos hace partícipes suyos.

Alguna fuerza tiene, pues, por voluntad e institución de Cristo, este místico símbolo. Alguna fuerza quiso darnos a entender Cristo, cuando fue milagrosamente reconocido «al partir el pan» (Lc. 24) [134]. Una gran eficacia quiso significar con este misterio, al llamar al pan «su cuerpo»: «Esto, dijo, es mi cuerpo; comedlo», pues al comer este pan, coméis mi cuerpo. La Escritura no suele poner en conexión cosas tan dispares, sino cuando existe una arcana y mística conexión. Casi en este mismo sentido se dice: «Y aquella piedra era Cristo» (I Cor. 10), porque había dicho Cristo: «Permaneceré en pie sobre la piedra» (Ex. 17). Así, también, Juan el bautista es Elías, porque vino «con el espíritu y poder de Elías» (Lc. 1) [135].

Por consiguiente, ese pan es carne de Cristo, pues verdaderamente nos alimenta con la carne de Cristo. Por una

---

[133] Sermón del pan de la fe, Jn. 6, 53, comparado con frases del diálogo con Nicodemo, Jn. 3, 5, de tanto interés para Servet.

[134] Por los de Emaús, cuyos ojos «fueron abiertos» al verle tomar y partir el pan, Lc. 24, 31.

[135] Citando I Cor. 10, 4, donde Pablo habla de la peña de Horeb, de la que Moisés hizo brotar agua con su vara según Ex. 17, 6; y Lc. 1, 17. Servet establece así analogías, porque ve entre términos varios una *arcana quædam et mystica connexio.*

mística y arcana razón se atribuye la misma función y propiedad al pan externo que al interno, de modo que no sólo **puedes decir** que este pan es cuerpo de Cristo, sino también que el cuerpo de Cristo es verdaderamente pan; ya que por este pan se nos hace realmente presente, y como verdadero pan alimenta y mantiene nuestro hombre interior. La carne misma de Cristo «es verdaderamente comida», y tal comida que por ella nos hacemos miembros de Cristo, reunidos en un solo cuerpo por su carne. «Somos miembros de su cuerpo», dice, «de su carne y de sus huesos». Como Eva estaba hecha de la carne y huesos de Adán, así la Iglesia entera, nosotros mismos, estamos hechos de la carne y huesos de Cristo (Ef. 103) [136]. ¡Es un gran misterio; no algo imaginario, sino algo sustancial! La Iglesia es verdaderamente cuerpo de Cristo, con la misma coyuntura y estructura real de los miembros de Cristo. Por comunicar Cristo su carne a todos los miembros, hace de todos ellos un solo cuerpo en la Iglesia, el cuerpo de Cristo, «de su misma carne y de sus mismos huesos». Este único pan externo consta [504] sustancialmente de muchos granos que forman la unidad del único pan; del mismo modo nosotros, como partes de Cristo, nos juntamos sustancialmente en un solo cuerpo [137]. Esta participación en la carne de Cristo ya la enseñó Pablo en otro lugar, haciéndonos una rica exposición de las palabras de Cristo. Este pan es cuerpo de Cristo, porque la fracción de este pan es participación del cuerpo de Cristo (I Cor. 10) [138].

Que sea imaginaria tal participación de la carne de Cristo lo pretenden hoy muchos, tomando pie de lo que Pablo dice en ese mismo lugar: que en esta mesa hay participación de Cristo, como hay participación de demonios en la mesa de los ídolos [139]. Sea así, concedamos que valga la semejanza: como nuestra Iglesia es sustancialmente una con Cristo, así la de los idólatras es sustancialmente una con el demonio. Ahora bien, allí hay participación del demonio, como ya hemos expuesto anteriormente basados en la Escritura. El espíritu inmundo sale del hombre cuando éste se convierte:

---

[136] Conceptos de Pablo en Ef. 5, 30-32.

[137] Posible recuerdo de aquella primitiva oración cristiana conservada en la *Didaché* (BAC, *Padres apostólicos*, p. 86): «Como este fragmento estaba disperso en los montes y reunido se hizo uno, así sea reunida tu Iglesia de los confines de la tierra en tu reino.»

[138] «El pan que partimos ¿no es la comunión del cuerpo de Cristo? Porque un pan, somos muchos un cuerpo, pues todos participamos de aquel un pan», I Cor. 16-17, como traduce de Valera, a quien siempre seguimos.

[139] Según I Cor. 10, 18-19.

así lo ha enseñado, después de Cristo, Pedro en Clemente, al final del Lib. II y hacia la mitad del Lib. IV [140]. Luego si el diablo se une sustancialmente a los idólatras y se les va interiorizando cada vez más en el alma por los diferentes actos malos, ¿por qué no Cristo a nosotros? Que en esa «raza de víboras», e incluso en nosotros, esté sustancialmente la misma Serpiente o «ángel de Satanás», lo hemos demostrado hasta la saciedad; y Cristo enseña que el diablo actúa dentro de los que tienen por padre al diablo. Por tanto, hay en nosotros verdadera participación del cuerpo de Cristo. Es verdadero alimento, pues alimenta de verdad. Por la participación y comunicación del pan y del vino realizada entre nosotros en memoria suya, él se nos participa y comunica verdaderamente, restableciendo al hombre interior con su comida y bebida; sobre todo, damos así culto y adoración a Cristo espiritualmente, siendo ésta la causa por la que Pablo desaprueba el culto a los ídolos y sus altares tratando de que sólo seamos adictos a esta mesa, que nos hace participar verdaderamente de Cristo. No hay que [505] tomar como idolatría la adoración de ese pan; Cristo no instituyó símbolos externos para adorarlos, sino que enseñó que sólo «en espíritu se debe adorar» [141]. Nosotros adoramos en espíritu al mismísimo Cristo, que es nuestro «árbol de vida», nuestro «pan vivo», y hasta nuestra mesa. Él mismo es nuestro altar, nuestro sacrificio y víctima, ofrecida por sí mismo. «Tenemos un altar del que no les está permitido comer a los que sirven al tabernáculo» de madera o a un templo de piedra (Heb. 13) [142].

Con verdad, pues, dijo Cristo que este pan es su cuerpo, tanto por la semejanza que hay con la comida como porque por este pan nos comunica de verdad su cuerpo. Hasta tal

---

[140] «Cuando el espíritu inmundo sale del hombre, anda por lugares secos buscando reposo», dice Jesús en Mt. 12, 43 y Lc. 11, 24. En las *Recognitiones* de Clemente explica Pedro: «Quien alguna vez veneró ídolos, no carece de espíritu inmundo, y necesita por ello la purificación del bautismo, para que salga de él», lib. II, cap. LXXI. Y después, lib. IV, cap. XIX: «Está, pues, al alcance de cualquiera, porque el hombre ha sido dotado de libre albedrío» (PG I, 1281 y 1322).

[141] Jn. 4, 23. Obsérvese que, como antes al tratar del bautismo, ahora sobre la eucaristía adopta Servet una postura realista, rechazando al igual la interpretación llamada «sacramentaria» o simbolista (Carlstadt, Zwingli, Ecolampadio, Bucer) y la que él considera al otro extremo, la católica, con su transubstanciación y su exterior adoración eucarística. Servet está exponiendo su propia interpretación, que es, como siempre, original y sugestiva. Acaso con mayor proximidad a Hofmann, por su concepto de la Palabra-Carne celestial, que a Schwenckfeld, con quien, sin embargo, tiene ciertas concomitancias. Cfr. WILLIAMS, *op. cit.*, pp. 338 y 612.

[142] Heb. 13, 10.

punto quiere que seamos conscientes de que su cuerpo está presente en este pan, que «quien come indignamente de este pan se hace reo del cuerpo del Señor» [143]. Nos ha instituido la cena como comida, como símbolo de caridad y como recuerdo de su pasión, para que conmemorando los beneficios de Cristo cada día, cada día le demos gracias [144]. La cena nos da a entender con un símbolo inequívoco que el cuerpo de Cristo ha sido inmolado y entregado por nosotros precisamente para que comamos ahora de él y, comiéndolo, sintamos la eficacia de su sacrificio y la realidad de la participación de su cuerpo; y también, que su sangre ha sido derramada en un nuevo testamento para remisión de los pecados, para que nos sirva de bebida perpetuamente y de recuerdo y aplicación constantes del beneficio recibido. ¡Ejercicio completamente divino e incomparable, que debemos ejercitar constantemente, recordando constantemente tan gran beneficio! Y al celebrar así la memoria de la pasión del Señor, démosle gracias por la salvación que nos ha conseguido en la cruz.

Pasemos a ver ahora cuán lejos se hallan hoy de la verdadera cena los *empanadores,* los *tropistas* y los *transustanciadores* [145].

LOS EMPANADORES

Los *empanadores,* por una falsa interpretación, confunden el cuerpo de Cristo con el pan. Hay ciertamente ahí una misteriosa conjunción, pero no por impanación, sino por la arcana eficacia del misterio: porque un alimento espiritual no es para una boca carnal. En cambio, ellos pretenden comerse la carne de Cristo empanada, metida dentro del [506]

---

[143] Pablo en I Cor. 11, 27.

[144] Plena ortodoxia católica de estas expresiones, que parecerían recordar las sintetizadas por Aquino en la conocida antífona del oficio del *Corpus: O sacrum convivium,* etc.

[145] Con estos términos se refiere Servet a la posición de los luteranos, zwinglianos y católicos, respectivamente, tres posiciones que rechaza para mejor establecer la suya propia. El punto esencial de Servet estriba en que la nueva vida engendrada físicamente en el bautismo del adulto creyente requiere un nuevo alimento igualmente «celestial», que no puede ser sino la carne de Cristo, cuyo espíritu fue participado en el bautismo. Por eso, no bastan las teorías demasiado físicas, como las de luteranos y católicos, y menos aún las que sólo admiten en la eucaristía un símbolo o tropo sin verdadera presencia real. Es digno de notar que Servet, en *Rest.,* a diferencia de en *Cartas* o en *Apología,* nunca menciona por su nombre a ninguno de sus adversarios contemporáneos: Lutero, Melanchton, Calvino, Zwingli, etc., o a los católico-romanos.

pan, como las nueces dentro del higo que se mascan con los dientes y se engullen por la garganta hasta el vientre. Tal modo de comer es animal, que no espiritual. No saben distinguir al hombre externo del interno. No tienen idea de qué clase de instrumentos son los de que dispone el hombre interior para comer, a saber: la fe y la caridad. La comida que tiene lugar en la cena se hace por la fe y se perfecciona por la caridad, como consta en **Juan, cap. 6**, como nos enseñó Cristo en el sermón de la cena, y como nos enseña Pablo en la carta a los Efesios. Me extraña que no entiendan que el cuerpo de Cristo es espiritual, cuando espirituales serán todos nuestros cuerpos después de la resurrección (I Cor. 15), y la medida del hombre será como la del ángel (Ap. 22) [146]. Esa impanación, al ser algo externo, para nada sirve a la intención del sagrado misterio, que es espiritual e interior. De lo que se trata en este caso es de una comida mística, no profana, ni carnal, ni **animal**. El que come es el espíritu, que no la carne (Jn. 6) [147]. Sería repugnante, en efecto, comer un cuerpo espiritual con instrumentos de carne; comer así es como decir que se come aire.

Y aún es mucho más absurdo lo que piensan éstos, al igual que los papistas. Se imaginan que la carne de Cristo no llega más que al vientre y que luego se devuelve o desaparece: tan pronto como son recibidas en el estómago, dicen, las especies de pan, Cristo se va y ya no permanece en ellas. Lo cual no es propio de un alimento de verdad. Ahora bien, si la carne de Cristo es verdadera comida, es de verdad alimento; y si es de verdad alimento, se asimila formando una sola sustancia, a fin de que el que se alimenta llegue a ser sustancialmente uno con Cristo. Por ella Cristo nos alimenta verdaderamente y sustancialmente, mas no transformándose él en nosotros, sino transformándonos en él. Luego si alimenta, no lo devuelve el estómago. Alimentándonos nos da su sustancia y constituye sustancialmente una sola cosa con nuestra alma. Aún hay otra razón, por la que condena Cristo su desaparición, y es que él mismo afirma que permanece en quien come su carne y que lo vivifica constantemente con vida perenne [148].

---

[146] I Cor. 15, 54. La frase de Servet *et mensura hominis, quæ mensura angeli*, sólo en sentido amplio corresponde a Ap. 22, 8.

[147] «Yo soy el pan de vida... La carne nada aprovecha», Jn. 6, 48 y 63.

[148] Véase, pues, cómo Servet exige en el pan eucarístico la presencia de una realidad mística a la que él otorga más entidad aún que la que luteranos y católicos a la presencia física obtenida, sea por impanación, sea por transubstanciación.

Consta, además, que su carne no va a parar al estómago, [507] porque Cristo tiene su sede precisamente en el corazón, no en el estómago. En el corazón se hallan los instrumentos para esta comida: la fe y la caridad. En el corazón tiene lugar también la elaboración de este alimento por obra del Espíritu santo «que ha sido derramado en nuestros corazones» y prepara la sede al Señor. Así como a nuestro hombre interior se le llama «hombre escondido en el corazón», según Pedro, así también come allí el maná escondido, según Cristo [149]. Añade la sentencia de Cristo: «No puede ensuciar ni limpiar lo que entra en el vientre, sino lo que entra en el corazón» (Mc. 7) [150]. Y no sólo esta boca carnal, sino que ni los mismos cielos son dignos de entrar en contacto con ese cuerpo glorificado, pues permanecen inmundos hasta que el día del juicio, disueltos por el fuego, lleguen a ser «nuevo cielo». Tampoco puede entrar en contacto con él nuestro espíritu, hasta ser renovado por la regeneración. En figura, y por una razón semejante, tampoco les estaba permitido antes a los hijos de Chaat tocar con la mano los vasos sagrados (Num. 4) [151]. Sólo el príncipe de los sacerdotes, Cristo, puede tocarlos y verlos, por ejercer su ministerio interiormente. El es quien nos administra todas estas cosas santas, manifestándosenos, que no por ser tocado con las manos por los sacerdotes. El propio Cristo, al decirle a María «no me toques, porque aún no he subido a mi Padre» [152], nos da a entender que su cuerpo no volverá a ser tocado así en su gloria; sino que, una vez subido al Padre, sólo a los que hubieren renacido interiormente, les será dado tocar internamente su cuerpo glorificado con el verdadero contacto del corazón, no con el de las manos exteriores. Sólo el príncipe, Cristo, abre y franquea la puerta de nuestro corazón, y allí tiene lugar la comida del pan en presencia de Dios (Ez. 44 y 46) [153].

Los tropistas

Los tropistas, si al menos hubieran captado este sentido, podrían decir de verdad que el pan es símbolo del cuer-

---

[149] I Pe. 3, 4 y Jn. 6, 31-33. *Christi sedes in corde est.*
[150] Palabras aproximadas de Mc. 7, 18 y de Mt. 15, 17-20.
[151] Alusión a la carga impuesta a la familia de Choat o Coath para trasladar el santuario, según Num. 4, 15.
[152] En la mañana de la resurrección, según Jn. 20, 17.
[153] Apropiación de «el príncipe se sentará para comer pan ante Jehová», de Ez. 44, 3 y 46, 2. *Vero cordis contactu, non manibus externis.*

po de Cristo, pero sin llegar a quitarnos a Cristo a base de tropos sofisticados, hasta recluirlo en una especie de cárcel. Pues los símbolos que hay aquí no lo son de algo ausente, como en las sombras de la Ley, sino que son «signo visible de algo invisible» y símbolo externo de una realidad interna [154]. Ejemplo de ello lo tienes en el agua bautismal, que es símbolo del lavatorio interno y de la renovación del Espíritu. Asimismo, a la imposición externa de manos se le llama donación del Espíritu santo, como a la paloma y a las llamas de fuego se les llama efusión de la divinidad, no ausente, sino presente. En vez de como un signo, debemos respetar estas cosas como que por ellas se realiza siempre lo que significan. Por eso somos responsables para bien o para mal, porque lo descubrimos presente. Para eso se le dio al mundo el cuerpo de Cristo, para eso vino Cristo: para estar realmente presente con nosotros; de lo contrario, daría lo mismo ser judío. Incluso sería peor nuestra situación, pues ellos tuvieron al propio Dios, personalmente presente en la nube del oráculo, en medio de los campamentos de Israel. Lo cual no era sino figura de la verdadera presencia de Cristo en medio de nosotros, pues el atrio de nuestro corazón es el lugar que ahora habita Cristo y su verdadera tienda entre los hombres [155].

[508]

Otras muchas cosas relativas a esta cuestión las dijimos ya hacia el final del Diálogo segundo [156]. Cristo nos es tan familiar que viene a nosotros, entra en nosotros, «pone su mansión en nosotros» y «cena con nosotros», como él mismo asegura [157]. ¿No sería algo monstruoso llamar a Cristo cabeza, si no se junta a sus miembros? El cuerpo entero es cosa muerta si le separas la cabeza. Es un error altamente pernicioso y sería la mismísima destrucción del reino de Cristo negar su presencia en nosotros.

Así, pues, lo mismo que este lavatorio de agua es lavatorio del espíritu, porque viene a ser demostración de lo que acontece espiritualmente, lo mismo cabe decir de este pan: que es cuerpo de Cristo, por ser lo que demuestra; que para nosotros supone por el cuerpo de Cristo; que en la comida externa realiza exactamente lo mismo que el cuer-

---

[154] *Visibile signum rei invisibilis, et externum symbolum rei internæ,* dos fórmulas tradicionales a base de las cuales rechaza Servet la insuficiente interpretación eucarística de los zwinglianos. Luego hay una presencia real de Cristo fuera de esa *cárcel* del cielo adonde se volvió. Sin presencia suya, los misterios cristianos serían tan vacíos como los judíos de antaño, dice Servet.

[155] *Atrium cordis nostri est quod nunc inhabitat Christus.*

[156] Cfr. pp. 279-283 del texto de *Restitutio* mismo; antes, pp. 471-475.

[157] Expresiones que se hallan en Lc. 14, 24 y en Jn 14, 23.

po de Cristo en la interna. Señalándoselo dijo él: «Esto es», «comed esto», queriendo dar a entender y dejando bien en claro que al señalar y comer el pan se señala y come su cuerpo. Date buena cuenta de lo que señala: «Esto», es decir, «este pan»: partido para la congregación en memoria de mi pasión y comunicado a los fieles por la caridad; «esto es mi cuerpo» que yo quiero compartir en adelante con vosotros «cuantas veces hagáis en mi memoria lo que yo he hecho» amándoos mutuamente como yo os he amado y he entregado mi pan por vosotros [158]. Esta es la pura verdad. La razón es que en virtud del pronombre demostrativo, «esto», se indica el cuerpo de Cristo y la comida del mismo, ya que, por tratarse de una comida y comunicación invisibles, no pudo indicarla de otra manera sino por medio de ésta visible. La espiritual, a través de la corporal; la interna, a través de la externa. Por eso a este pan se le puede llamar verdadero símbolo del cuerpo de Cristo, y al propio cuerpo de Cristo se le puede llamar con toda verdad «pan místico» [159]. Esta institución de Cristo tiene tal eficacia que sin ella no puede el hombre interior nutrirse de Cristo más de lo que sin el pan exterior se nutriría el hombre exterior, pues el hombre interior está unido a Cristo como el sarmiento a la vid, formando con Cristo una misma sustancia. Que Cristo no se haya separado de nosotros sino en su apariencia externa, para no ser visto ya hasta el día del juicio, lo demuestran aquellas palabras en que menciona el término «ver»: «No me veréis, porque voy al Padre»; y aquéllas otras: «Como le visteis marcharse, así le veréis venir para el juicio.» Fijémonos. No dijo «no estaré» con vosotros, sino «no me veréis». Por el contrario, aseguró: «Yo estoy con vosotros» [160].

[509]

De todo esto puedes deducir una norma general a seguir en lo tocante a los ministerios de la Iglesia de Cristo: que en ellos hay que discernir siempre su sentido espiritual. Así como en ese pan hay que discernir el cuerpo de Cristo, hasta el punto de que se hacen reos de él los que lo comen indignamente, así también en la predicación del evangelio hay que discernir la actuación del Espíritu santo, hasta el punto de que lo que suceda el día del juicio será más tole-

---

[158] Es decir, que aun rechazando la teoría simbolista, Servet se lanza a rescatar algunos aspectos que él juzga rectos de ese «tropismo» eucarístico, según los cuales ese pan es símbolo también.

[159] *Panis mysticus* fue llamada la eucaristía por doctores medievales, hacia el mismo tiempo que la Iglesia comenzaba a ser llamada *corpus mysticum*, según la conocida obra de Henry de Lubac.

[160] Frases respectivas de Jn. 16, 17; Hch. 1, 11 y Mt. 28, 20.

rable para Sodoma y Gomorra que para los que resisten al Espíritu, negándose a creer [161]. También, y de una manera especial en el bautismo, hay que discernir la actuación del Espíritu santo, hasta el punto de que serán castigados con la máxima pena los partidarios del bautismo de niños por tratarlo sin la debida consideración espiritual. Así como los otros son reos del cuerpo del Señor, así éstos son reos del Espíritu del Señor, al no permitirle hacerse presente en el bautismo: oscurecen las operaciones vivificadoras del Es- [510] píritu y llegan a extinguir al mismísimo Espíritu, al anular de tal modo el bautismo que prácticamente lo reducen a nada [162]. Llegan incluso a pecar a la vez contra el Espíritu y el cuerpo del Señor, ya que sin el bautismo la cena no sirve de nada. Resultan ridículas e insípidas todas las cenas de los partidarios del bautismo de niños, puesto que ni siquiera ha nacido el que en ellas debe cenar. ¡Gran crimen es privar al mundo del Espíritu santo y del «pan de vida»!, pues sin ellos Cristo no tiene cómo estar en nosotros; sin ellos tú no puedes llamarte cristiano, por más que prediques a Cristo y hagas catecúmenos.

Esta sola razón acaba con los tropistas y con sus fríos símbolos: que si aquí hay símbolos de otras realidades, en alguna parte estarán las verdaderas realidades. En alguna parte debe estar la generación del «hombre nuevo». En alguna parte debe estar la verdadera comida del cuerpo de Cristo. De lo contrario, estos símbolos serían símbolos de nada.

LOS TRANSUSTANCIADORES

Aunque a disgusto, debo hablar ahora de la transustanciación papista, de esa transelementación y reducción del pan a nada más que pura blancura. Más bien dudo que Satanás les haya dejado un resto de sentido común a esos cerebros circuncisos, que del pan nos hacen no pan, hasta el extremo de tener como pan algo tan venal como la blancura. Por un bocadito de blancura, ¡y nos lo dan sin vino!, nos obligan los sacerdotes a darles dinero. ¡Con qué razón dijo el profeta que pagamos con dinero por lo que no es pan (Is. 55), que «sacrificamos sobre blancuras» (Is. 65), y que nos venden las hostias los sacerdotes babilónicos!

---

[161] Según Mt. 11, 24.
[162] Un eco del *spiritum nolite extinguere* de I Tes. 5, 19.

(Bar. 6) [163]. Hasta tal punto tienen su mente retorcida, que afirman que bajo esa blancura comen la carne de Cristo incluso los brutos, los perros y los ratones. Y por negar esto condenaron a Lombardo, como consta en los artículos de París, y en el Lib. IV de las *Sentencias*, en la dist. 13. Vergüenza me da continuar exponiendo tales fanáticas monstruosidades [164].

A pesar de todo, voy a inferir estas dos reglas de los profetas. Primera: que todos los dogmas papistas no son más que enseñanza del demonio y vanas ilusiones (II Tes. 2; I Tim. 4) [165]. Segunda regla: que todos los dogmas papistas están tomados del «libro sellado y cerrado con siete sellos», de modo que no han visto ni una sola palabra en él (Ap. 5; [511] Is. 29) [166]. Jamás, a fe mía, hubo tanta ceguera en el pueblo judío; y su ceguera es tanto mayor cuanto más aseguran que ellos no pueden equivocarse. Mas no te extrañe, lector; pues de forma parecida hubo que enborrachar a los babilonios, herir de ceguera a los sodomitas y envolver a los egipcios en horribles tinieblas. Tenía que castigar Dios a los transgresores de la Ley con demencia, ceguera y obstinación para que «anden a tientas a mediodía, como anda a tientas el ciego en la oscuridad» (Deut. 28) [167].

De todo esto se deduce, en consecuencia, que yerran los papistas al fingir una fuerza transelementativa, aniquilativa, sacramentativa, o qué sé yo, que vinculan a la pronunciación de aquellas palabras: «Esto es mi cuerpo.» Tales palabras de su canon nos está prohibido leerlas por disposición babilónica; sólo sus sacerdotes las profieren exhalándolas con gran afectación sobre la hostia ácima. Pero la Verdad en persona nos enseña que tales palabras sólo tienen valor enunciativo: son denotativas de algo que se ha hecho y fueron pronunciadas por Cristo después, sin

---

[163] «¿Por qué gastar el dinero no en pan, y vuestro esfuerzo no en hartura?», Is. 55, 2. *Sacrificare super albedines* vierte Servet el texto de Is. 65, 3, coherente con otros de Ex. 20, 24 y 25, que estaría mejor entendido como *sobre ladrillos* o sobre *altares de piedra*. En hebreo, *lebenim*, ladrillos, procede de *laban*, blanco. Por fin, Baruc. 6, 27.

[164] En *Sententiarum*, lib. IV, dist. 13, 1 se opone Lombardo a doctrinas de Agustín y de Gregorio, quienes no niegan eficacia al sacramento administrado por alguien indigno, o recibido, con tal tenga intención recta, aunque esté falto de fe. De ahí, añade, que «el cuerpo de Cristo no es tomado por los animales, aunque lo parezca» (PL CXCII, 868).

[165] «Les envías Dios operación de error, para que crean la mentira», I Tes. 2, 11. «En los venideros tiempos algunos apostatarán de la fe... Mas tú las fábulas profanas y de viejas desecha, y ejercítate en la piedad», I Tim. 4, 1 y 7.

[166] Alusión a Ap. 5, 4 y a Is. 29, 18.

[167] Deut. 28, 29.

que sea necesario que las pronunciemos nosotros. Miente el sacerdote, cuando dice: «Esto es mi cuerpo.» Pero ellos, con cierta prosopopeya, se creen ser Cristos, cuando no son más que Anticristos. Nada de cuanto ellos hacen fue ordenado por Cristo, que se limitó a dar gracias y a partir y repartir el pan. Esa acción de gracias se llama bendición, ya que Cristo, bendiciendo y dando gracias, partía el pan (Lc. 24; Mt. 14 y 15). También Marcos y Pablo la llaman bendición (Mc. 8; I Cor. 10) [168]. Tal acción de gracias es bendición o alabanza de Dios, como aquel fiel siervo de Abraham que dando gracias bendecía y bendiciendo daba gracias (Gen. 24) [169]. Lo mismo consta de Salomón y del pueblo (III Re. 8) [170]. En este asunto no es lícito establecer fórmulas rituales obligatorias, no sea que se conviertan en preceptos babilónicos y ceremoniosos; el mismo Espíritu de Cristo las inspirará en abundancia a sus ministros, con tal que todo lo hagan a imitación de él y de los apóstoles [171].

En un principio se congregaba la iglesia, se congregaban los apóstoles, o los ancianos, con todos los demás cristianos para partir el pan ofrecido espontáneamente por cualquiera. Y allí, recitada ante la asamblea la historia de la cena con las mismas palabras de Cristo, tal y como aparecen en Pablo, o celebrada de cualquier otro modo la conmemoración de Cristo y de su entonces inminente muerte y de sus beneficios, dando gracias a Cristo e implorando su bendición, se hacía la ofrenda del pan para ser partido y repartido como uno solo para todos. Entonces, si alguien dice que ese pan es cuerpo de Cristo, dice verdad, pues por la fuerza de la caridad radicada en la fe de Cristo, por la conmemoración de su muerte y de tan inmensos beneficios, con la correspondiente acción de gracias, por la fracción y comunicación del pan, al compartir con toda la Iglesia de Cristo nuestro propio pan, Cristo se comunica a sí mismo

[512]

---

[168] Textos un tanto indiscriminados. Se emplea ἐυλόγησεν, bendijo, en Lc. 24, 30 (Emaús), una multiplicación de panes y peces de Mt. 14, 19, y I Cor. 10, 16: «La copa que ἐυλογοῦμεν bendecimos ¿no es la comunión de la sangre de Cristo?». Se emplea εὐχαριστήσας, dando gracias, en otra multiplicación de Mt. 15, 36 y en la de Mc. 8, 6. Es curioso que Servet no mencione aquí los términos mismos de la última cena.

[169] Se refiere al encuentro de Eliezer con Rebeca, Gen. 24, 27.

[170] I Re. 8, 15.

[171] *Formulas in hac re observandas scribere non licet*. Servet se opone así a todo canon, prefiriendo dejar la celebración a la inspiración del momento, conforme a la tradición primitiva.

al «hombre nuevo» fiel. ¡Pero no por ninguna fórmula verbal! [172].

Ahora bien, en esa «bendición» hay que dar gracias a Cristo por tantos beneficios de su pasión, por su inmensa caridad para con nosotros, y porque sólo por su gracia nos haya admitido al banquete de su cuerpo. También es oportuno introducir la oración dominical: que se nos dé entonces el pan *epiusios*, pan de nuestra sustentación cotidiana, pan santo de manos de Cristo; que más y más venga a nosotros su reino, etc. Por último, tenemos que pedir a Cristo que cumpla interiormente lo que nos ha indicado con ese símbolo.

Los antiguos llamaron a este banquete τῆς ἀγάπης σύναξιν [173]. La epístola de Judas llama «nuestras caridades» a estos banquetes de la Iglesia, ofrecidos a los pobres por amor [174]. Pablo llama «beneficencia» a esa donación de pan y vino: «No os olvidéis, dice, de la beneficencia y de la comunicación» (Heb. 13) [175]. Por eso se le llama εὐχαριστία, *eucaristía*, buena gracia, amistad mutua entre cristianos, y caridad con acción de gracias. Así como Cristo se entregó a sí mismo por la gran caridad con que nos amó, así también, al estar inminente su pasión, nos mandó «hacer esto en memoria suya» muchas veces, recomendándonos entonces, en el sermón de la cena, sobre todo la caridad, que guarda la unidad de la Iglesia [176]. Dijo: «Cuantas veces hiciéreis esto, hacedlo en conmemoración mía.» Conmemoración se hace aquí de las grandes maravillas de Dios, dándonos el mismo Cristo el alimento de Dios. «Memoria hace de sus maravillas el misericordioso y compasivo Señor: da alimento a los que le temen» [177]. Por tanto, no sólo debemos conmemorar aquí los beneficios de la pasión de Cristo, sino que en memoria suya debemos entregar y compartir nuestros bienes, como Cristo se entregó y comunicó a nosotros y por nosotros.

[513]

Esta caridad se la debemos a Cristo, pues él la ejerció primero con nosotros. De ser posible, todos nosotros debe-

---

[172] He aquí, pues, cómo Servet se opone tanto al simbolismo de los «tropistas» como a la falta del mismo en la versión más literal de los «transubstanciadores»: presencia, pero no por letra, sino por amor.

[173] Reunión del amor. Servet quiere reducir la misa a su más simple expresión premedieval, actualizada en su propio tiempo por tantos reformadores, y hoy por proféticas y cristianas «comunidades de base».

[174] Traduce demasiado a la letra la frase de Jud. 12: «Estos son manchas en vuestros convites», ἐν ταῖς ἀγάπαις.

[175] Heb. 13, 16.

[176] *Charitatem, per quam ecclesiæ unitas servatur.*

[177] Citando el Sal. 110, 4.

mos entregar a la Iglesia nuestro pan y vino, de la manera más espontánea posible, para que haya comunión. Y hay que hacerlo cada día; pues como cada día necesita alimento el hombre externo, así también el interno. Por eso pedimos «el pan nuestro de cada día» en la oración dominical. Así como diariamente estaba a la vista de Adán el árbol de la vida, así también cada día tenemos que usarlo nosotros para vivir esa vida celestial del paraíso. Cada día se alimentaban los hebreos con el maná, y nosotros no somos menos que ellos. Cada día se alimentaban de ese pan los apóstoles (Hch. 2 y 6)[178]. En otro tiempo Dios tenía mandado que permanentemente hubiese pan sobre su mesa, en presencia suya; por eso se le llamó «pan del rostro», o «pan de la presencia» de Dios (Ex. 25; Num. 4; I Sam. 21)[179]. Yerran, por tanto, torpísimamente los que enseñan que la eucaristía debe celebrarse una vez al año o cada trimestre. Era tal el fervor de espíritu y caridad con que diariamente se ofrecía el pan en la primitiva Iglesia, a veces junto con otros bienes, que todos los días estaban ocupados los apóstoles en el servicio de las mesas, viéndose obligados a crear otros ministerios para esa tarea.

Había tal abundancia, que de ella se alimentaban en la iglesia las desoladas viudas (Hch. 6; I Tim. 5)[180]. Aquellos primeros cristianos compartían mutua y espontáneamente sus bienes, añadiendo a la comunión de la cena otra comunicación de parte o de todos los bienes, los que así lo deseaban (Hch. 2 y 4)[181]. También en otros tiempos ofrecía espontáneamente el pueblo más de lo necesario para la edificación del cuerpo de la Iglesia (Ex. 36; I Para. 29)[182]. No hay que dar crédito a quienes dicen que en las iglesias se celebraban bacanales, sin cena del Señor. Pablo dice con toda claridad que había cena del Señor (I Cor. 11), la cual se celebraba todos los días en las casas (Hch. 2)[183]. [514]

---

[178] «Y perseverando unánimes cada día», Hch. 2, 46; 6, 1 menciona el «ministerio cotidiano».

[179] Ex. 25, 30; Num. 4, 7 y I Sam. 21, 7.

[180] «Si algún fiel tiene viudas, manténgalas, y no sea gravada la iglesia, a fin de que haya lo suficiente para las que de verdad son viudas», Hch. 6, 1-5 y I Tim. 5, 16.

[181] Los textos de Hch. 2, 44-45 y 4, 32-37, que narran la comunidad de bienes en los primeros tiempos cristianos, han servido de pretexto para ciertas clases de comunismo utópico. Servet los interpreta en el sentido de una beneficencia o reparto libre, pero no llega al extremo de algunos reformadores radicales de su tiempo que exigían una auténtica comunidad de bienes.

[182] Así se hizo con Moisés y con David, según Ex. 36, 5 y I Crón. 29, 6.

[183] Una descripción, así como de sus abusos, en I Cor. 11, 17-33.

«Dondequiera que haya dos o tres congregados en nombre de Cristo», comunicándose en memoria de su muerte, allí hay cena del Señor, y allí está Cristo «en medio de ellos». Así es como hay que entender lo que se dice en los Hechos de los Apóstoles: que los primeros cristianos estaban unidos, precisamente por la frecuente comunicación en la cena, y que tenían todo en común, precisamente por su buena disposición a compartirlo; pero sin dejar desiertas sus casas, como pretenden ahora los monjes. Consta que hubo siempre casas particulares, que vendían a veces para poder compartir por caridad; pero no por ninguna clase de voto, ni por obligación [184].

Es también obra de caridad lavar los pies, o prestar ciertos trabajos serviles a los pobres, a los peregrinos y otros cansados del camino, como nos enseña Cristo en la misma cena. A imitación de la caridad de Cristo, debemos a los pobres tanto nuestros bienes como nuestro servicio [185]. Dos cosas nos ha enseñado Cristo en aquel lavatorio: que las obras de caridad hay que hacerlas con humildad, y que debemos acercarnos limpios a la cena.

Aún puedes sacar de la cena otro argumento en favor de la caridad, para que sepas por qué tienes que amar a tu hermano y compartir con él. El es uno contigo, como tú lo eres con Cristo y como Cristo lo es con su padre (Jn. 17) [186]. Un solo Cristo constituye la sustancia de tu hombre interior, como la suya propia. Uno es sustancialmente contigo tu hermano, de modo que si no amas a ese uno, que también es uno con Cristo, tampoco puedes amar a Cristo, que está en tí y es uno contigo. Uno es sustancialmente contigo tu hermano en la única sustancia de Cristo, y contigo está unido por un vínculo más estrecho que los demás hermanos nacidos naturalmente del mismo padre y madre; pues tiene el mismo Espíritu, la misma carne, la misma sangre y los mismos huesos que tú. Sois un solo cuerpo y un solo espíritu, y «de la misma carne y de los mismos huesos». Esta unión nuestra con Cristo, esposo, es mayor que la del varón y su esposa, que «son uno en una sola carne». Mayor comunicación con la propia sustancia de Cristo tiene nuestro hombre interior, que la que tuvo su madre, en cuanto

[515]

---

[184] *Non ex voto aliquo, aut necessitate.*

[185] Servet aplica bien los principios de la beneficencia asentada sobre la caridad; pero no parece haber intuido los de la auténtica justicia.

[186] «Para que todos sean una cosa, como tú, oh Padre, en mí y yo en tí» Jn. 17, 21. Cfr. lib. I, p. 25, para ver el sentido que Servet da a este texto y a otros semejantes.

madre carnal, llevándolo en su seno (Mt. 12) [187]. Es verdaderamente padre y madre de Cristo aquél que lo engendra de verdad en los corazones de los creyentes. Es verdaderamente hermano y hermana de Cristo aquel que participa de verdad de su filiación. Todas estas cosas mundanas, hermanos, madres y padres, los habrán de abandonar fácilmente los que hayan gustado el trato con él. Y así, por Cristo, ganarán ya en este mundo cien veces más hermanos, madres y padres.

Todo esto quedará más en claro en el Libro siguiente, cuando conozcas cómo está sustancialmente formado nuestro hombre interior. Entonces volverás a ver cumplida la profecía de Cristo (Jn. 14): «Entonces conoceréis que yo estoy en mi padre, y vosotros en mí, y yo en vosotros.» Sustancialmente. Pues «quien come mi carne y bebe mi sangre permanece en mí y yo permanezco en él». Sustancialmente [188].

También de la Ley puede colegirse la gran fuerza de la caridad. Aquí, en la cena, tiene lugar en nosotros el cumplimiento de la Ley, que es la caridad. Aquí se cumple también sobreabundantemente la justicia de las obras de la Ley (que consistía en que viviese por ellas el que las hacía), de modo que obrando así, vivamos en Cristo y permanezcamos en esa vida celestial de Cristo. Así como los hijos de Israel por la fe y el bautismo del Jordán entraron en la tierra, alcanzando la promesa, y luego, para poder permanecer en aquella tierra, recibieron otras leyes, para que viviese en ella el hombre que las cumplía; así también nosotros, admitidos en el reino de Cristo por la fe y el bautismo, debemos guardar, como complemento de la Ley, este mandamiento del amor de Cristo, para perseverar en esta vida celestial de Cristo. Perseveramos, pues, como Adán en la vida del paraíso por el «árbol de la vida».

Grande es, pues, la eficacia de este ministerio, tan solemnemente instituido por Cristo para la consumación de todas las cosas [189]. [516]

---

[187] Aunque atrevida, esta idea quiere fundarla Servet en un entendimiento estricto de Mt. 12, 49-50: «Aquel que hiciere la voluntad de mi Padre ése es mi hermano, y hermana, y madre.»

[188] Jn. 6, 56. *Substantialiter.*

[189] Con esa total sencillez desprovista de ceremonias y ritos, y de toda oficialización, la eucaristía es celebración de la caridad, consumación de los tipos del A.T., pero no principalmente por la presencia real ni por modo alguno de sacrificio reactualizado, sino por ser continua revitalización del cristiano en el ejercicio de una caridad activa y universal.

Al tratar ahora de la preparación que se precisa para la cena del Señor y de la confesión, vamos a decir solamente lo que nos ha sido transmitido en las sagradas Letras.

A incircuncisos e inmundos no les es lícito comer esta cena (Ex. 12; Num. 9) [190]. En varias ocasiones manda la Ley destruir las almas de quienes se acercaban impuros a la comida de lo santificado, lo cual era sombra de esta verdad. Por tanto, antes de acercarte a la mesa del Señor, examínate a tí mismo, para no comer indignamente, según lo que Pablo dice: «Pruébese cada uno, y coma así del pan y beba del cáliz; pues quien lo toma indignamente se hace reo del cuerpo y de la sangre del Señor» (I Cor. 11). Ahora bien, esa prueba consiste en lo que enseña Pablo, cuando dice: «Examináos a vosotros mismos, a ver si estáis en la fe» (II Cor. 13) [191]. Quien al examinarse no reconoce en sí mismo el pacífico espíritu de Cristo, o siente que se lo arrebata el remordimiento de su conciencia, debe abstenerse por entonces. Pecas si lo comes con dudas y no con fe cierta. Abstente, pues. Ayuna, ora, confiesa a Cristo tus pecados y pídele perdón. Ve, reconcíliate con tu hermano, si tiene algo contra tí; pero no negando tu delito, si le ofendiste, sino confesándoselo sinceramente, como enseñó Cristo, y Santiago (Mc. 5; Sant. 5) [192].

Así es como debemos mutuamente confesarnos los pecados y reconciliarnos unos con otros. Si ocurre una riña entre varios y uno de ellos trata de justificarse inculpando al otro, ambos serán tenidos por reos; pero si uno de ellos se reconoce culpable ante el otro, surgirá la reconciliación divina y así ambos podrán acercarse a la cena del Señor. Si alguien sigue dudando en algún punto, que se presente a ministros entendidos, que consulte a ancianos de la Iglesia. Ellos le instruirán, le afianzarán en la fe y orarán por él. Si alguien defrauda a otro en algo, que se lo restituya antes de acudir al juez. La confesión, por tanto, le aprovecha mucho al que duda para quitarle su mala conciencia [193]. Los ministros tienen poder para perdonar los pecados y reconciliar a los hombres con Dios. Quien menosprecia su juicio recibe mal la cena, y Pablo enseña con razón que por eso son juzgados muchos.

Por consiguiente, la preparación es a la cena del Señor algo así como la penitencia es al bautismo: con ella habrá

[517]

---

[190] Norma explícita de Ex. 12, 43-49 y de Num. 9, 6-7.

[191] I Cor. II, 27-29 y II Cor. 13, 5.

[192] No Mc., como dice, sino Mt. 5, 23-24 y Sant. 5 y 16.

[193] *Confessio igitur hæsitanti prodest, ad extirpandam conscientiam malam.*

algún perdón y una mayor satisfacción. Así como en la Ley se santificaba uno tocando carne santa, así ahora tocándola con el corazón [194]. La cena del Señor contiene misteriosamente en sí todos los sacrificios antiguos, tanto los expiatorios como los eucarísticos o de acción de gracias. La caridad de la cena «cubre muchos pecados», que no se le imputan a quien al que a ella se acerca. Al darnos a beber Cristo su sangre derramada en remisión de los pecados, nos los perdona Cristo, nos perdona las suciedades e inmundicias que hubiéremos contraído. El que esté lavado, aún precisa que él le lave los pies, es decir, que le limpie del polvo que se le haya pegado en el camino. No se nos comunicaría Cristo a sí mismo sin antes lavarnos el vaso, pues un don semejante no puede tener cabida en vaso impuro. Pero no todos quedan limpios, pues no todos comen de verdad. Así como no todos los que oyen la predicación del evangelio reciben la semilla en buena tierra, ni todos los que se bautizan son verdaderamente regenerados; así tampoco todos los que se sienta a la mesa comen verdaderamente a Cristo. Por el contrario, algunos, como Judas Iscariote, se tragan a Satanás en el pan «comiéndose su propio juicio» [195]. Pues bien: su misma indigna comida los ha de juzgar.

Los dones de Dios no están de tal manera vinculados a los símbolos externos que se confieran a cualquiera, sino que son ministerios de la Iglesia de Cristo pletóricos de dones interiores para bien de los fieles. Hemos nosotros de administrar el bautismo y la cena como si siempre produjeran su efecto, pues para eso fueron instituidos. Si no lo producen, la culpa es de los que se acercan indignamente.

En cuanto a la economía de la cena decimos que hay que tener muy presente esto: que los ricos, que ofrecen el pan, no deben tomar más que los demás, ni cenar en privado. Eso dio lugar a muchas divisiones, de todo punto perniciosas. De la misma manera que la Ley repudia las ofrendas privadas (Lev. 17) [196], así también repudiamos nosotros las cenas en privado, sin estar en comunión de Iglesia. Con razón ataca Pablo a los que se embriagaban o cenaban en privado, mientras los pobres pasaban hambre. Cristo no puede estar dividido; luego no puede dividirse la cena. Podría dividirse, sin embargo, si unos miembros anduvieran [518]

---

[194] *Nunc corde tangendo.* Pero más que de confesión se debería hablar de confidencia, en la mente de Servet; por supuesto, no sacramental.

[195] Aludiendo al bocado de Judas en Jn. 13, 27 y I Cor. 11, 29.

[196] Lev. 17, 3-9, texto, sin embargo, que pone énfasis en la prohibición de degollar animales o «derramar sangre» a todos, excepto al sacerdote. Servet condena toda cena o misa privada.

por aquí y otros por allí, sin formar un mismo cuerpo. Debe haber un solo cuerpo, participando en un solo consenso. En la cena no debe haber más que un pan; no una sola pieza de horno, sino el pan ofrecido por todos en unidad de comunión. El pan que deposite un cualquiera sobre la mesa del Señor, no debe tenerse como privado, sino que debe partirse y repartirse entre todos por igual. En caso contrario, no se respetaría el misterio del cuerpo del Señor, que se entregó por todos por igual. En tal caso, la afirmación «esto es el cuerpo de Cristo» sería falsa por discordar del cuerpo de Cristo.

En cuanto al vino, el orden es el mismo: ofrenda espontánea, acción de gracias con bendición y comunión. Era necesaria la comunión con vino, tanto por ser un misterio de sangre, como por exigencias de la cena misma. En una comida normal, si ha lugar y tienes necesidad, hay que comer pan y beber con sobriedad. Así piensa Pablo de los hambrientos y en contra de los ebrios, y lo cita Tertuliano [197]. Como antes se tomaba en una buena comida carne de cordero y maná del cielo, así también en la cena del Señor, cuya era figura la otra. Con un mismo símbolo de caridad damos de comer y beber a los pobres. Además, el símbolo del vino añade esto: que en él tenemos un signo de la nueva alianza, es decir, de la remisión de los pecados; como dijo Cristo, es «sangre del nuevo testamento, derramada para la remisión de nuestros pecados». Si, pues, queremos ratificar nuestro pacto con Cristo, es menester que, así como él derramó su sangre por nosotros, así también nosotros, en conmemoración de su beneficio, derramemos nuestro vino dando gracias, lo compartamos, imploremos el perdón de nuestros pecados, y nos probemos a nosotros mismos, no sea que lo bebamos indignamente. Aunque no hubiese ninguna razón para compartir el vino, habría que compartirlo, urgidos por las palabras de Cristo, de las que no podemos apartarnos ni un pelo, a no ser que, [519] como la Bestia, queramos trastocar las instituciones de Dios y alterar las leyes del Altísimo [198].

Quienes no aporten para la cena ni pan ni vino, comulgarán también, dando gracias a Cristo y rogando para que

---

[197] En el texto de I Cor. 11 junto al «comer el pan» se enumera siempre el «beber de aquella copa». Cristo en la cena comió y bebió, y así repartió pan y vino. No hay duda de que primitivamente se cenaba cristianamente con ambos. Tertuliano lo menciona, y añade: «Observad las restantes normas: no cenéis antes de orar; se coma cuanto el hambriento pueda, se beba cuanto al púdico sea útil», *Apologeticus adv. Gentes*, cap. XXXIX (PL I, 477).

[198] Furiosas palabras de Servet en pro de la comunión con pan y vino.

Cristo, que se entregó a sí mismo por la Iglesia, se digne comunicarse a ella por el símbolo de la eucaristía, hacer a todos partícipes de su cuerpo y sangre, y por la mutua caridad edificar más y más a todos en un solo cuerpo. Basta esta caridad para que todos los fieles participen del cuerpo de Cristo. Pero «más feliz es dar que recibir» [199]. Más feliz serás si alimentas al mismo Cristo en tantos de sus miembros, que si otro tiene que alimentarte. He ahí hasta dónde llega la eficacia de esta caridad, hasta alimentar tú sustancialmente al propio Cristo, y hacerlo crecer en otros muchos; hasta hacer que él mismo te alimente a tí sustancialmente y te haga crecer en mutua caridad. Este es el signo especial con que quiso Cristo que fuésemos reconocidos como discípulos suyos: que nos tenemos mutua caridad, no con palabras, sino expresada e incrementada con obras [200].

Los cristianos no llevan a la cena del Señor otros alimentos que pan y vino, aunque en la Ley se cenaba con carne de cordero, figura de la verdadera carne del Cordero inmaculado, Jesús el Cristo, que es nuestro verdadero alimento y se nos da de verdad en la cena. Con ello nos ha dado a entender Cristo una cosa sencilla que puede tenerse siempre a mano. En las provincias que no tienen vino bastaría una copa de otra cosa, y sería igualmente símbolo de caridad y de comunicación. Por la misma razón, a falta de trigo, vale el pan de otro cereal. La cena de Cristo consistirá en alimento y bebida, esas dos mismas cosas que suelen utilizarse en otras cenas [201]. Aunque sea indigno ofrecer cosas inferiores, hay que aceptarlas de buen grado. De esta manera nos enseñó Cristo la pobreza evangélica, no sólo para [520] usar parcamente de las cosas temporales, sino también para sobrellevar con buen ánimo cualquier necesidad; sobre todo, si tenemos en cuenta que él supedita el don de su carne a que le ofrezcamos pan y vino.

Pero digo que en la cena se ofrece pan y vino, mas no al modo como los papistas realizan su ceremoniosa oblación en ese su sacrificio babilónico, sino como los primitivos cristianos los ofrecían y entregaban, de donde los nombres de ofertorio y de misa. La palabra «misa» procede de ese ofrecimiento o entrega de pan y de vino. Se trata de un término

---

[199] *Beatius est dare quam accipere*, palabras atribuidas a Jesús y conservadas por Pablo en Hch. 20, 35.

[200] Jn. 13, 35.

[201] Cena cristiana, pues, en la que Servet no exige como esencial los elementos, aunque sean preferibles —por tradicionales— el pan y el vino, sino la caridad mutua, que sustenta la unidad de la iglesia y por la que crece el «nuevo hombre» engendrado en el bautismo de Dios que es caridad.

corriente sirio o caldeo. En caldeo, lengua común de los judíos en tiempos de los apóstoles, se dice א מ , *missa*, equivalente a donación, ofrecimiento, regalo espontáneo. Con el mismo significado se escribe esa palabra en hebreo *missah*, con esa *h* final aspirada, aspiración que en la pronunciación se omite. De esa *missah* o «misa» hace mención Moisés en Deut. 16, con el sentido de «ofrenda voluntaria». Dice así: «De los frutos de la tierra, de tu era y de tu lagar, para comida común de pobres, viudas y peregrinos» harás una *missah* espontánea, una ofrenda espontánea, una distribución espontánea de tu mano extendida por caridad (y esto, a tenor del término מ , *mas*, que significa extender, difundir, como se difunde y extiende la caridad). Y esa *misa* espontánea, esa ofrenda espontánea de tu mano, continúa, «la darás según la bendición del Señor tu Dios, y comerás en presencia del Señor tu Dios con el pobre, con el peregrino, con la viuda» [202]. Por tanto, nuestro don es la «misa». No esa misa del sacerdote babilónico. Somos nosotros quienes damos a la Iglesia nuestra bendición, y no los sacerdotes ésos, que siempre devoran lo ajeno y jamás dan de lo propio. En el lenguaje de las Escrituras el don mismo es ya bendición, lo mismo que Dios al darnos nos bendice. Cualquiera de nosotros es, como Melquisedec, rey y sacerdote que ofrece a la familia de Abraham pan y vino y bendición [203].

Es, pues, la misa como una difusión de los dones de la bendición de Dios, como un río de comunicación, donación de ofertorio que con liberal y extendida mano ponemos al alcance de la Iglesia espontáneamente y se la damos, como Dios nos la da a nosotros. Y por eso, en la misa debe difundirse la caridad cristiana como se difunde la de Dios sobre nosotros, no sólo dándonos el pan y el vino externos con su bendición y lluvia de los cielos, sino empapando también nuestros corazones con otro riego celestial, para que nos aproveche interiormente ese otro pan y vino. No es, pues, extraño que antiguamente fuera tan frecuente la misa y tan frecuente el ofrecimiento de pan y vino en la mesa

[521]

---

[202] El análisis filológico de Servet es aquí fundamentalmente correcto, aunque da por supuesta la debatida cuestión de cuál fuera exactamente la lengua hablada por el pueblo judío en tiempo de Jesús El vocablo *missa* en Deut. 16, 10 es un *apax legomenon*, sólo aparece ahí.

[203] Aun concediendo a Servet un buen margen de arbitrariedad, su argumentación es original y bien fundada, encaminada a esta conclusión final, basada en el principio del sacerdocio universal de los fieles: *quisque nostrum est, sicut Melchisedech, rex et sacerdos*.

del Señor, que precisamente por eso tuvieran que ocuparse a diario los apóstoles en servir a la mesa (Hch. 6) [204]. Entonces sí que era reconocida la eficacia de la caridad cristiana, desaparecida ya hace tiempo de entre nosotros: «Porque abundó la maldad, dice, se enfriará la caridad» [205]. No obstante, en las misas de nuestro tiempo aún se observa hoy algún vestigio de este ofrecimiento de pan y vino, por más que los papistas celebran su misa con ceremoniosos ritos babilónicos, con esa admirable eficacia de su ilusión. ¡Se jactan de la tradición de Pedro y no ven cuán lejos se ha ido de la tradición de Pedro! [206]. Pues en las misas del pueblo, o sea, en las ofrendas de pan y vino, Pedro, dando gracias a Dios, recitaba la oración dominical y las palabras de la cena del Señor, partiendo el pan para distribuirlo a cada uno. ¿Sólo por eso vamos a llamar misa a ese ceremonioso rito papístico? ¿Por qué misa? Con toda seguridad, no saldría Pedro de su asombro y estupor, al contemplar ese juego de cómicos celebrado por esos mitrados, encapuchados y tonsurados, con semejantes vestimentas, en presencia de un pueblo sumido en insigne idolatría.

Es oportuno traer aquí a colación el origen de esta misa papista. Al principio de la naciente Iglesia, antes de poder reunirse públicamente, se tenían las asambleas en casas particulares, y en ellas se tenía la fracción del pan. De esas comidas habidas en las casas particulares, con asistencia de uno o dos presbíteros, surgió la ocasión para la celebración privada de la misa papista, hecha por un solo sacerdote, en la cual, en medio de gran profusión de pompas histriónicas y gestos ceremoniosos, sólo él come, mientras los demás observan el espectáculo. En la misa papística, pues, [522] no hay ahora ninguna eucaristía con ofrecimiento de pan y vino, ni hay comunión de ninguna clase. El pan del ofertorio no se parte en la comunión, sino que lo acaparan los sacerdotes, igual que antes acaparaban las ofrendas los sacerdotes babilonios. Más aún, hoy vemos cómo se ofrece dinero por los vivos, pan y vino por los muertos y velas por los ídolos. ¡Horrendo crimen! Los muertos ofrecen a sus muertos pan y vino para cenar, velas a sus ídolos y dinero a sus sacerdotes. No hay en esa misa babilónica ninguna eucaristía, ninguna cena de comunión, ninguna caridad, ninguna participación en el cuerpo de Cristo. Al con-

---

[204] Hch. 6, 1-4.
[205] Jesús en Mt. 24, 12.
[206] *Petri traditionem iactant, et non vident quam longe a Petri traditione recesserint.*

trario, igual que en la sinagoga de Satanás, el sacerdote parte para él solo la ruedecita de pan ácimo y la devora en privado, diciendo: esto también os aprovechará a vosotros. Así es cómo se imponían antes los fariseos a la plebe ignorante, suplantando con sus tradiciones los mandamientos de Dios (Mt. 15 ;Mc. 7) [207]. Es detestable esa abominación de hacer de Cristo algo privado; detestable es también esa reminiscencia judía del pan ácimo. ¡De otra forma es como hay que perseverar en la sinceridad de lo no fermentado! (I Cor. 5) [208].

El misterio de prohibir la levadura quedó ya zanjado en Cristo. Como signo de que había de eliminarse el viejo fermento introducido por el demonio, pues era fermento de maldad, prohibió la Ley ofrecer nada fermentado, y mandaba celebrar con ácimos. Nosotros, al revés. Por el nuevo fermento del reino de los cielos nos hacemos nueva masa de «ácimo de sinceridad», privando al demonio de su poder de continuar fermentándonos a su modo. En contra de los ácimos papistas, mira lo que dice Orígenes en la homilía 35 de su *Comentario sobre Mateo.* Suyas son estas palabras: «Quizá alguien poco versado, cayendo en el ebionismo, demande: "Si Jesús celebró la Pascua corporalmente con ácimos, al modo judío, convendrá que, como imitadores de Cristo, también nosotros obremos de la misma manera"; sin tener en cuenta que Jesús, al llegar la plenitud de los tiempos, estuvo bajo la Ley, no para dejar bajo ella a los que estaban sometidos a la Ley, sino para liberarlos de la Ley. Por tanto, si vino para liberar a los que estaban bajo [523] la Ley, ¿cuánto más conveniente será no someter a la Ley a quienes ya estaban fuera de la Ley? Por consiguiente, liberados de la letra de la Ley y constituidos dentro de un orden espiritual, cumplimos todas las prescripciones legales celebrando espiritualmente. Expulsamos el viejo fermento de la malicia y de la iniquidad, y celebramos la pascua con los ácimos de la sinceridad y de la verdad» [209].

Con todo lo cual viene a enseñarnos que la herejía papista es como la de los ebionitas, por abusar de los ácimos y de otros judaísmos. No pudo hallar Satanás, maestro del Anticristo, mejor modo de ensuciar esta divina comunión que el mezclarla con judaísmos y permitir a sus sacerdotes

---

[207] Mt. 15, 3 y Mc. 7, 7: «En vano me honran, enseñando como doctrina mandatos de hombres.»

[208] «¿No sabéis que un poco de levadura leuda toda la mesa? Limpiad la vieja levadura para que seáis nueva masa», I Cor. 5, 6-8.

[209] Orígenes, *Series veteris interpretat. Commentar. in Mathœum,* hom. 35, p. 79 (PG XIII, 1728-9), con palabras textuales.

hacer sacrificios en privado para su lucro personal. Esa es la razón por la que Pedro y Juan llaman «manchas» a esos tales que banquetean por su cuenta en sus errores y se invitan a comer entre ellos mismos. ¡Pero perecerán en su propia ruina, igual que su Anticristo, hijo de perdición! (II Pe. 2) [210]. Solemnizan sus misas y todas sus restantes ceremonias con profusión de ornamentos y vestiduras doradas; pero «lo que tienen los hombres por sublime, es abominable ante Dios» (Lc. 16) [211]. También se dice: «Falsificaron falsas oraciones en presencia del Señor su Dios» (IV Re. 17). Pero «el conocimiento de Dios quiere Dios, más que todos esos sacrificios» (Os. 6; Sal. 39) [212]. A su palabra quiere Dios que obedezcamos con sencillez, no a nuestros prejuicios y elucubraciones, por muy hermosos y hasta religiosamente pensados que sean. Con razón se llama *crimen terafístico*, vanidad y augurio de adivinos, cualquier modo de tergiversar las cosas y hacer augurios glosando la palabra de Dios (I Sam. 15) [213].

¿No es, acaso, vana adivinación, invención diabólica y augurio anunciador del Anticristo el justificar ese regio papado a base de unos meros testimonios de fe de Pedro? *Crimen terafístico* es también retorcer ciertos pasajes de la Escritura para justificar sus ídolos y sus cogullas, y camuflar sus diferentes tradiciones sacándolas, sacrílegamente, del libro de Dios. Así, pues, para que no se nos pueda llamar adivinos, tenemos que hacer lisa y llanamente lo que Dios manda, no lo que a nosotros nos parezca recto (Deut. 12), y ello, aunque creamos hacerlo con buen celo, como lo hacía Saúl (I Sam. 15, ya citado). Igual que nos deleitamos nosotros con nuestras invenciones, deléitase Dios con la ilusión de nuestros sentidos (Is. 66) [214]. En vano se esfuerzan los papistas por dar culto a Dios siguiendo las enseñanzas del Papa y los mandatos de meros hombres (Mt. 15;

[524]

---

[210] «Falsos profetas, falsos doctores que introducirán herejías de perdición... Y muchos seguirán sus disoluciones. Y por avaricia harán mercadería de vosotros con palabras fingidas», II Pe. 2, 1-2. «Convirtiendo la gracia de Dios en disolución», Jud. 4.

[211] Lc. 16, 15.

[212] Recoge el sentido de todo el cap. 17 de II Re. Exacta la frase de Os. 6, 6, que responde al Sal. 39, 10.

[213] *Theraphisticum scelus.* Como antes dijo Servet, el término hebreo *teraphim* indica cierta clase de dioses domésticos: lib. II, *Rest.* 464-467. Con este neologismo viene a significar ahora cualquier idolatría. Cfr. pp. 685, 690.

[214] «También yo escogeré sus escarnios, porque hicieron lo malo y escogieron lo que a mí desagrada», Is. 66, 4. Y Deut. 12, 8: «No haréis cada uno lo que le parece.»

Mc. 7) [215]. Cristo, el amado de Dios, ha privado de su carne santa a la iglesia papista por culpa de sus maldades (Jer. 11), de modo que, engañados, sacrifiquen «sobre blancuras» (Is. 65). «Comerán, dice, del fruto de sus caminos, y se hartarán con sus patrañas» (Prov. 1) [216]. Que nadie, pues, se extrañe de que se nos haya privado de la cena, porque, además, sin bautismo no puede haber cena. Pan es ‏ד מ‎ , *thamid*, inagotable y perpetuo, que, como dice Daniel, nos arrebató Antíoco con sus decretos. Sin interrupción hay que hacer esta oblación de pan, y sin interrupción quiso Dios que estuviera este pan en su presencia [217]. También en Ex. 29 y en Num. 28 se nos habla de un sacrificio ininterrumpido que igualmente fue suprimido por Antíoco. Ininterrumpidamente había fuego ante el Señor, y no era permitido otro extraño (Lev. 6, 10 y 24) [218]. Este otro Antíoco extinguió el fuego del Espíritu santo en la Iglesia e introdujo un fuego extraño. No ha dejado nada sano [219].

De todo este Libro tercero debes concluir que, por la arcana e interna eficacia del Espíritu, los ministerios del nuevo Testamento son ministerios del Espíritu (I Cor. 4; II Cor. 3) [220]. Por la acción del Espíritu es interna la predicación del evangelio, interna la generación, interna la comida, como también es interna la ley dada por el Espíritu, escrita con tinta espiritual y en tablas internas. Los ministerios externos se nos han dado como prenda y señal inequívoca de la acción interior, realmente presente.

¡Que Jesús el Cristo nos conceda realizar de tal manera estos ministerios que esté siempre él en medio de la Iglesia!

Amén.

---

[215] Los lugares paralelos Mt. 15 y Mc. 7 hablan de que sólo lo que procede del corazón, y no las normas de lavarse por fuera o rezar con los labios satisface a Dios. Para Servet hay un «papismo» farisaico.

[216] Jer. 11, 15; Is. 65, 5 (cfr. nota 163) y Prov. 1, 31.

[217] «Desde el tiempo en que fuere quitado el continuo tabernáculo hasta la abominación espantosa habrá mil doscientos noventa días», Dan. 12, 11. Las analogías entre Antíoco y el Papa fueron expuestas por Servet en el Lib. II, p. 451 de *Rest;* antes, p. 671.

[218] Ex. 29, 28; Num. 28, 6 y esos caps. del Lev.

[219] *Nihil ille integrum reliquit.*

[220] «Téngamos los hombres por ministros de Dios y dispensadores de los misterios de Dios», I Cor. 4, 1. «Ministros de un nuevo pacto: no de la letra, sino del espíritu», II Cor. 3, 6-9.

49. Servet en prisión. Estatua de bronce de Clotilde Roch erigida en 1908 en Annemasse, Francia, a 5 kilómetros del Champel ginebrino. Destruida el 13 de septiembre de 1941 por órdenes del gobierno de Vichy, fue erigida de nuevo con los mismos moldes en 1961.

50. Juan Calvino (1509-1565). De un dibujo descubierto en 1930 en un libro de cuentas de 1565, según R. H. Bainton, editor de *Concerning Heretics*, Nueva York, 1965.

51. Calvino, autor desconocido, hacia 1550. Rotterdam. Museo Boymans-van Benningen.

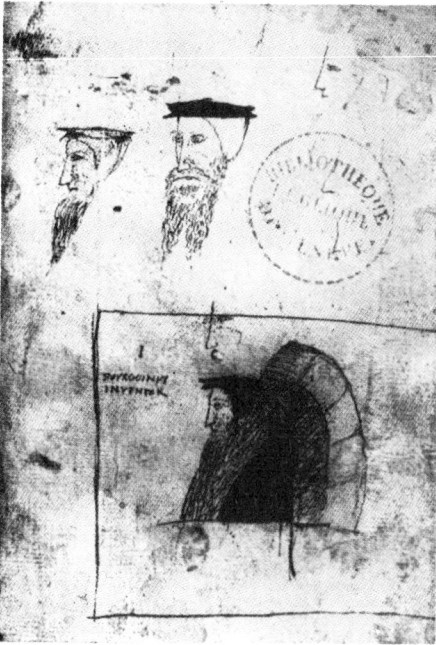

52. Dos años antes de la muerte de Calvino, un estudiante, Jacques Bourgoing de Nevers, lo dibujó así. Ginebra, Bibliot. Publ. et Universitaire.

53. Retrato adoptado como de Servet, por Sichem, 1607.

LIBRO CUARTO

SOBRE EL ORDEN DE LOS MISTERIOS DE LA REGENERACION

Al llegar propiamente a los misterios específicos del bau- [525]
tismo, para mostrar que se requiere previamente doctrina,
penitencia y fe, vamos a traer a nuestro ánimo las palabras
originales de Cristo para atenernos a ellas exclusivamente,
de manera que, como verdaderos discípulos, las cumplamos
tal como él ordenó. Habrá que tener en cuenta, asimismo,
lo que hizo él y lo que hicieron los apóstoles, para aprender
la sabiduría de sus dichos y hechos.

DOCTRINA

Que la doctrina de Cristo sea lo que primero se requiere nos lo dan a entender las palabras del propio Maestro
en el último capítulo de Mateo: «Id y enseñad a todas las
gentes, bautizándolas» [1]. ¿Vamos a consentir a cualquier
mortal que nos altere las palabras de Cristo, o el orden y
énfasis de esas palabras? Nosotros mismos no nos permiti-
remos alterar ni un ápice de las palabras de Cristo. Cristo
dice: «Enseñad, bautizando». Los partidarios del bautismo
de niños dicen: «Bautizad, sin enseñar.» Paso por alto el
Id, que indica que el ministro debe ser enviado por Cristo.
Obsérvese ahora el lugar de la doctrina en esas palabras y
en otras. Lo primero de todo que hizo y mandó Cristo fue
enseñar. Ahora bien, enseñaba penitencia y fe, diciendo:
«Arrepentíos y creed»; y aunque no haya orden alguno en

---

[1] Mt. 28, 19-20. Se ve que Servet trabaja directamente sobre el texto griego.

las palabras de Cristo, aunque no te impresione el que vayan antes o después, lo que no se puede negar es que tales palabras van unidas. Luego quien bautiza no puede cumplir el precepto de Cristo sin enseñar al bautizar. A tenor del pronombre *las*, hay que entender la expresión «enseñad a todas las gentes, bautizándo*las*» como «bautizando *a las que habéis enseñando*». ¿Qué tenéis que decir de esto, partidarios del bautismo de niños? Bautizad a los que habéis enseñado, como ordenó Cristo. La voz griega μαθητεύσατε propiamente significa *haced discípulos*, bautizándolos. Hay que tener en cuenta, además, que en ese mandato Cristo menciona dos veces la doctrina: antes del bautismo y después. Primero dijo μαθητεύσατε a los que se han de bautizar. Luego dijo διδάσκοντες a los ya bautizados. Primero manda que sean iniciados todos en la penitencia y la fe. Luego añade: «enseñándoles a guardar todas las cosas que os he mandado», a saber, la caridad y la cena. Todas esas cosas, aunque deben enseñarse siempre, no son tan necesarias como la penitencia y la fe, antes del bautismo.

[526]

También en Marcos encontramos unas palabras de Cristo que no quisiera tomaras como palabras de un libro sellado, sino como palabras vivas: «El que crea y se bautice, se salvará»[2]. He ahí la norma del Cristianismo: creer y ser bautizado. No sólo porque el orden de las palabras de Cristo enseña que primero hay que creer, sino porque ya antes había mandado predicar: «Id, dijo, predicad el evangelio.» Predicad que yo soy hijo de Dios, que reino en los cielos y lo doy todo a los que creen en mí. Si alguno de entre los oyentes lo creyere y creyendo se bautizare, se salvará.

¡Vean los partidarios del bautismo de niños lo que ha hecho Cristo en todo el evangelio, e imiten sus pasos! Lo primero que hizo Cristo fue predicar penitencia y anunciar el evangelio del reino, a fin de que se arrepintieran y creyeran. Lo último que mandó fue el bautismo. Y aun en ese caso, repitiendo una vez más el mandato de predicar y enseñar, que había dado antes, vuelve a ponerlo previamente, al decir: «Enseñad para que crean; y a los que crean, bautizadlos.» Así también, para que toda acción de Cristo nos sirva de instrucción, Cristo se bautizó a los treinta años (Lc. 3)[3]. Y ello por una poderosa razón de misterio y perfección: por ser ésa la edad del hombre perfecto, la cabal

---

[2] Mc. 16, 16.

[3] Lc. 3, 21-23. La edad de treinta años, *ætas viri perfecti*. Servet, por eso, es uno de los reformadores anabaptistas que exigen esa edad para el bautismo consciente del adulto creyente con mayor énfasis en su tiempo. Cfr. antes, pp. 627 y 712.

de Cristo; edad en la que tiene lugar la verdadera renovación y resurrección del hombre. Además, como dice Lucas, Cristo fue bautizado mientras oraba; luego también nosotros debemos estar en oración mientras se nos bautiza. **[527]** Tanto Cristo como los apóstoles comenzaron a predicar inmediatamente después del bautismo, cosa que no pueden hacer los que se bautizan de niños. Por Dios te lo ruego, lector: ¿te parece algo sin sentido que Cristo se bautizara a los treinta años? ¿No te parece que todo cristiano debe bautizarse a imitación de Cristo?

Comparemos ya y compaginemos las palabras de los evangelistas. En Marcos se dice: «Id, predicad el evangelio.» En cambio, en Lucas se dice que hay que predicar penitencia y remisión de los pecados en nombre de Cristo[4]. Luego si predicar el evangelio de Cristo es en primer lugar predicar penitencia, anunciar a los creyentes en Cristo el perdón de sus pecados, lógicamente se sigue según eso que entre los partidarios del bautismo de niños no cabe la predicación del evangelio de Cristo, pues antes de que a uno se le predique penitencia, ya hace tiempo, dicen, que se le había concedido el perdón de sus pecados en el bautismo infantil. ¿Es que no se empieza a aprender a una edad determinada? ¿Acaso la enseñanza misma no es ya principio de penitencia? Consta, por consiguiente, que el verdadero orden en los ministerios de la Iglesia de Cristo es que lo primero de todo es enseñar. Todo cristiano empieza a serlo por el Espíritu, empieza a serlo por la doctrina[5]. Ahora bien, la primera doctrina es penitencia y fe, tanto en las catequesis privadas, como en las predicaciones públicas, pues así lo enseñaba Cristo.

PENITENCIA

Que la penitencia precede al bautismo, aparte lo ya dicho, puede demostrarse por los mismos hechos de Cristo y de los apóstoles. Ya la primera palabra de la predicación de Cristo fue ésa: «Arrepentíos», «enmendad vuestra vida», «haced penitencia» (Mt. 3; Mc. 1)[6]. Otro tanto predicaron en su primera predicación todos los apóstoles (Mc. 6), y después de la resurrección, Pedro, cumpliendo el mandato de

---

[4] Comenta ahora Lc. 24, 47.

[5] *Christianus omnis a spiritu incipit, et a doctrina incipit.*

[6] Pequeña confusión de Servet: no Mt. 3, donde habla Juan el Bautista, sino Jn 4, 17 y Mc. 1, 15.

Cristo, es el primero en exhortar, en primer lugar, a penitencia (Hch. 2). Lo mismo hace en los caps. 3 y 5, e igualmente Pablo en los caps. 20 y 26 [7]. Pero nada tan claro como la preparación que Juan el Bautista hace a Cristo. El propio Juan el Bautista, todo él y su vida entera, es tipo de la penitencia que precede a la fe en Cristo, por lo mismo que fue enviado antes. Al bautismo de Cristo precedió el del Bautista, que era una profesión de penitencia: los que venían a él confesaban sus pecados, es decir, se confesaban pecadores [528] y arrepentidos de sus malas acciones. La enseñanza del mismo bautismo era ya una exhortación severa a la penitencia, para que los oyentes, movidos por el temor, tuvieran contrición y arrepentimiento. Severamente increpaban a los fariseos lo mismo Cristo que Juan. Severamente también debemos increpar a la Bestia y a sus ministros, por ver si Dios les abre los ojos y los hace despertar de su sueño, para que con corazón contrito se arrepientan y se cumpla en ellos la profecía de Daniel acerca de «los que duermen en el polvo de la tierra» [8].

Característico de la penitencia es infundir terror, como hacían Juan y el mismo Cristo (Mt. 11; Lc. 13) [9]. Y es que la penitencia no sólo aparta del mal, sino que contrista interiormente, hace que se desprecie el mal al apreciar el bien, como claramente indica el término נחם, *nacham* [10]. Ten en cuenta, sin embargo, que el primer impulso de arrepentimiento, anterior a la fe en Cristo, era ya cierta conversión a Dios con aversión al mal. Por eso anunciaba Pablo la conversión a Dios y la fe en el Señor Jesús el Cristo (Hch. 20); y también Juan, antes de mostrar a Cristo a los hombres, les enseñaba a convertirse a Dios de sus malas acciones (Mt. 3) [11]. Esta penitencia y todo lo demás del bautismo lo hizo notar ya Ezequiel, en el cap. 36, al decir que seríamos «tomados de en medio de los gentiles» a la fe del Salvador, que sobre nosotros «se derramaría agua limpia» y que

---

[7] Citas de Mc. 6, 12 y Hch. 2, 30. Y luego, de Hch. 3, 19. 5, 31. 20, 21 y, por fin, 26, 18.

[8] Dan. 12 ,8. Recuérdese que la bestia apocalíptica es, para Servet y la mayor parte de reformadores y restitucionistas, el Papado.

[9] «Entonces empezó a reconvenir a las ciudades: ¡Ay de tí!», etc., en Mt. 11, 20-24. «Si no os arrepentís, todos pereceréis igualmente», Lc. 13, 3.

[10] De valor prácticamente equivalente a μετάνοια, el hebreo *naham* indica cambiar de actitud, de mente, de intención, rechazando la anterior. En este sentido se aplica incluso a Dios con el significado de *arrepentirse* de «haber hecho hombre en la tierra», Gen. 6, 6; de «haber puesto por rey a Saúl», I Sam. 15, 11, etc., aunque en Num. 23, 19 consta que «no es hombre para que mienta, ni hijo de hombre para que se arrepienta».

[11] Hch. 20, 21 y Mt 3, 1-12.

se nos daría un Espíritu santo. Lo mismo y en el mismo orden trae Pedro (Hch. 2): primero, «haced penitencia»; luego «seréis bautizados en remisión de los pecados» en la fe y en el nombre de Jesús el Cristo; y finalmente «recibiréis el don del Espíritu santo». Así lo había enseñado Cristo: «Convertíos y creed»; después, «creed y bautizáos» (Mc. 1 y 16) [12]. ¡Que se conviertan, pues, los bebés de los partidarios del bautismo de niños, para que puedan ser bautizados!

Un nuevo argumento sobre la penitencia podemos sacar de las palabras del apóstol en Heb. 6. Llama «fundamento de nuestra salvación, después de las obras muertas», a la penitencia y a la fe [13]. Pero los partidarios del bautismo de niños no se apoyan en este fundamento, ni pasan jamás de las obras muertas al sacramento de la penitencia, de la fe y del bautismo. Obras muertas da a entender él mismo que son los delitos que cometíamos antes: «Limpiará, dice, de obras muertas nuestras conciencias, para servir a Dios» (Heb. 9) y «cuando estábamos muertos en delitos y pecados» (Ef. 2) [14]. Dice más adelante el apóstol, cap. 6, que «es imposible que quienes, una vez iluminados, recayeron, vuelvan a ser renovados por la penitencia» y el bautismo. Ya no queda otro sacrificio por los pecados, pues uno solo fue ofrecido una vez por todos. Como tampoco es posible que Cristo vuelva a ser crucificado, así tampoco es posible que quien ha apostatado de su gracia vuelva a ser bautizado, pues el bautismo se realiza «en la muerte de Cristo» [15]. Que seamos justificados por la fe, que por creer se nos perdonen los pecados y se nos den dones celestiales, es debido no a nuestros méritos, sino a la pasión de Cristo. Esa gracia nos la consiguió Cristo con su pasión, como por su resurrección nos encumbró por el bautismo hasta el cielo, renovándonos por la regeneración, al ser hecho él hombre nuevo en su regeneración. De ahí concluye Pablo con toda razón que, si perdemos los beneficios de la pasión y resurrección de Cristo una vez que nos han sido debidamente aplicados, no podemos recuperarlos más, pues tampoco Cristo puede volver a morir por nosotros para que volvamos a ser bautizados en su muerte.

[529]

---

12 Ez. 36, 24-27; Hch. 2, 38 y Mc. 1, 15. 16, 16.

13 «Por tanto, dejando la palabra del comienzo, vamos adelante en la perfección: no echando otra vez el fundamento del arrepentimiento de obras muertas y de la fe en Dios, de la doctrina de bautismos y de la imposición de las manos», Heb 6, 1-2.

14 Heb. 9, 14 y Ef. 2, 1.

15 Recordando palabras de Pablo en Rom. 6, 3.

Por hombre relapso no hay que entender aquí al que comete un pecado cualquiera después del bautismo. Por relapso, o apartado de la gracia de Cristo, entiende Pablo el hombre que, después de haber sido regenerado e iluminado por
Cristo en el bautismo, reniega de su fe, volviendo al paganismo o judaísmo. Ese tal jamás podrá recobrar la gracia del
bautismo, ni el don del Espíritu santo y del reino celestial.
El máximo pecado es el contra el Espíritu santo, cuando
el que ha sido iluminado y «ha gustado el celestial don del
Espíritu santo», luego se hace de nuevo gentil. Este es el
pecado por el que dice Juan que no hay que orar [16]. ¿Y qué
pasa si ese tal se arrepiente? Respondo. Es juicio de Dios   [530]
que los así deliberadamente relapsos se endurezcan en su
réproba mente de modo que ni puedan arrepentirse, ni lo
intenten, y aunque lo intenten, no entren en el reino de
los cielos. Tampoco por su penitencia volvió Adán al paraíso
de delicias, ni por su penitencia recuperó Esaú su primogenitura. La misma sentencia repite el apóstol en Heb. 10: si
el que ha sido justificado se vuelve atrás, «después de haber
llegado al conocimiento de la verdad», no será aprobado en
mi ánimo: «ya no queda otro sacrificio por sus pecados».
Se lanzan, pues, a su propia perdición los que se apartan
de la fe de Cristo al judaísmo o paganismo. Lo mismo trae
en el cap. 12: «Procurando, dice, que no haya nadie que se
aparte de la gracia de Dios», y entonces con el caso de Esaú
demuestra que no hay lugar a penitencia, por más que luego
se la pida con lágrimas [17]. Amonesta el apóstol a los hebreos
que no vuelvan a caer en el judaísmo y renieguen de Cristo,
como una y otra vez tomaban y dejaban antes a los dioses
extraños. Hombres carnales «se dejaban llevar como niños
por cualquier viento doctrinal» [18].

Acostumbrados los judíos a bautizarse varias veces en
la Ley (aún hoy vemos cómo se bautizan varias veces tanto
los judíos como los mahometanos) y acostumbrados también a ofrecer muchas veces sacrificios y libaciones de sangre, se creían que también nuestro bautismo podría repetirse, como le pasó a Mahoma, confuso por la repetición del
bautismo de la Ley y el de Juan, sin llegar a comprender
que la Ley jamás condujo nada a su perfección, mientras
que los hechos de Cristo se llevaron a cabo hasta la perfec-

---

[16] No es Juan quien trata de él, sino los sinópticos: Mt. 12, 31; Mc. 3, 29;
Lc. 12, 10, quienes convienen en que no se perdona «la blasfemia contra el
Espíritu santo».
[17] Alusiones a Heb. 10, 26-27 y 12, 28.
[18] Ef. 4, 14.

ción [19]. Con razón, pues, enseña Pablo que son inútiles todas esas repeticiones, pues, habiendo conexión entre el bautismo y los propios verdaderos misterios de Cristo, realizados una sola vez e impresos realmente en nosotros por el bautismo, éste no puede repetirse, como tampoco Cristo puede repetir su muerte y resurrección. Siendo el bautismo obra viva de Dios, no puede ser reducido de nuevo a obras muertas. «No echemos otra vez, dice, el fundamento del arrepentimiento de obras muertas, ni otra vez el fundamento de la fe.» No imitemos a los que, recayendo en las obras muertas, repiten de nuevo la penitencia, la fe, las enseñanzas bautismales y el catecismo bautismal, como si hubiera muchos bautismos, como entre los judíos. Al rechazar Pablo en esta ocasión la multiplicidad de bautismos, da a entender que la enseñanza va pareja con el bautismo, tal y como dijo Cristo: «Enseñad, bautizando.»

[531]

Veamos ya qué sentido dan a estas palabras los partidarios del bautismo de niños. Es imposible que ellos recaigan, cuando ni siquiera se han puesto en pie; sino que yacen aún en sus viejos pecados y en sus obras muertas. Todavía no han llegado a conocer esa primera penitencia evangélica y esa remisión de los pecados, que entraña la regeneración del bautismo, cumplimiento de la verdadera penitencia y de la fe. Nadie puede arrepentirse de verdad y pasar a la nueva vida antes de ser investido de un nuevo Espíritu. La penitencia que precede, como la que suscitaba la predicación de Juan, es como una preparación; por el contrario, la penitencia vinculada al bautismo, en virtud de la predicación del mismo Cristo, es verdadero arrepentimiento, que Cristo mismo nos hace tener. No hay verdadera penitencia antes del bautismo, como no hay fe viva antes de sernos dado el Espíritu vivificador. Lo único que hay es una especie de preparación, al modo que Juan el Bautista preparaba al pueblo para el Señor.

De lo expuesto surge una cuestión, suscitada repetidamente por los novacianos: ¿Debe rechazar la Iglesia a los relapsos? De ningún modo. Nosotros no sabemos quién ha sido plenamente «iluminado». Tampoco nos consta quién ha renegado de Cristo en su corazón. Son dos juicios internos que están reservados. Nosotros haremos lo que está en nuestras manos, abrazando a los que vuelvan, aunque finjan

---

[19] Servet toma en este y otros contextos el término bautizarse en sentido excesivamente laxo, por lavatorio. Sólo así puede entenderse esa referencia a judíos y musulmanes. Vale, no obstante, el principio general que sirve de base a esta consideración: *Nihil ad perfectionem duxit lex; Christi vero acta sunt ad perfectionem consummata.*

por dentro. En las redes de la Iglesia hay peces buenos y malos, buena semilla y cizaña (Mt. 13) [20]. Por consiguiente, la penitencia siempre conduce a la Iglesia, tanto antes como después del bautismo.

F E

En cuanto a que después de la penitencia y a la vez que [532] ella se requiera antes del bautismo y en el mismo bautismo la fe, aparte las ya referidas palabras de Cristo, tenemos muchos otros pasajes de las Escrituras y la praxis de los apóstoles, todos los cuales enseñan que la fe precede.

Así, en Hch. 8: «Si crees de todo corazón, puedes ser bautizado.» Fíjate bien en este caso qué fe es la requerida para el bautismo. «Creo, responde, que Jesús el Cristo es hijo de Dios» [21]. Tal es la fe católica, necesaria para el bautismo, que ha permanecido perpetuamente oculta a los sofistas trinitarios en el reino de la Bestia, hasta el extremo de que jamás han creído, ni pueden creer ahora, que Jesús, el crucificado, es verdadero hijo de Dios, y que se bautiza en su nombre. En ese mismo cap. 8 se dice que los samaritanos fueron bautizados tan pronto como creyeron: «Creyeron a Felipe, que les evangelizaba acerca del reino de Dios y el nombre de Jesús el Cristo» [22]. Felipe les anunciaba en esa ocasión el evangelio del reino de Dios, es decir, les anunciaba que ya había venido; cosa que los samaritanos no han llegado a entender hoy todavía, como dice Cristo de otros que «oían la palabra del reino y no la entendían». También se dice en ese pasaje que el tal Simón mago «creyó y se bautizó». Asimismo, en Hch. 16, primero se manda al carcelero que crea en el Señor Jesús; luego se le bautiza. Y en Hch. 18: «Muchos de entre los corintios al escuchar creían y eran bautizados.» Primero «creyó en el Señor el archisinagogo con toda su casa»; luego fueron bautizados todos. En este mismo sentido, en Hch. 11 y 19, y en Ef. 1

---

[20] La conocida parábola, en Mt. 24-30 y 47-52. Ha aludido Servet al enconado movimiento puritano o cátaro encabezado por Novaciano, brillante clérigo que llegó a antipapa, a mediados del siglo III, sobre el trato rigorista a los cristianos que habían apostatado por miedo durante la persecución de Decio. En esa discusión mediaron casi todos los escritores de la época. Su movimiento se extendió a España, y duró varios siglos. Cfr. J. QUASTEN, *Patrología*, v. I, BAC, pp. 416 y 516. Nótese la moderación de Servet.

[21] Hch. 8, 37. *Hæc est fides catholica, ad baptismum requisita.*

[22] Hch. 8, 12.

se dice: «Habiendo creído en el Señor Jesús», «después de haber creído» [23].

Ese mismo orden de precedencia de la fe se puede demostrar por Ef. 4 y Heb. 6; y lo mismo demuestra eficazmente Pablo en Rom. 6, si se analizan atentamente sus palabras [24]. Pues viene a decir que por el bautismo todos los cristianos han muerto con Cristo, y que todos los que por el bautismo han muerto con Cristo han sido «justificados del pecado». Luego, si todos los debidamente bautizados están justificados, es menester que todos los bautizados fueran creyentes, puesto que «la justificación viene de la fe». «Todos los bautizados, dice, están revestidos de Cristo» (Gal. 3) [25]. Ahora bien, nadie puede revestirse de Cristo sin fe; luego nadie puede ser bautizado sin fe. Además, el mandato que Pablo recibe de Cristo en los *Hechos* prueba que necesariamente tuvieron que ser llamados por la fe todos los llamados por Pablo, pues que «no le envió el Señor a bautizar, sino a evangelizar» [26]; no por menosprecio al bautismo, sino porque debe precederle la predicación del evangelio, pues mayor pericia se requiere para evangelizar que para bautizar, y porque Pablo tenía otros compañeros para bautizar, aunque también él bautizaba alguna vez. Lo que se le ordenó a Pablo fue abrir los ojos a los ciegos por la predicación «para que se convirtieran a la fe» (Hch. 26) [27].

[533]

En el bautismo de niños no hay ninguna conversión a Dios ni hay apertura alguna de los ojos de la mente. Pablo se limitó a cumplir sencillamente el mandato de Cristo, predicando la fe; por eso, habla constantemente de la fe, porque así lo requería la ceguera de los judíos, que no se daban cuenta de que la justicia espiritual de la fe de Cristo había subrogado la justicia carnal de las obras de la Ley. Pablo se sabía enviado a predicar la fe y sabía que por la fe se oye la primera llamada. En cambio, los partidarios del bautismo de niños no llaman a nadie por la fe, pues no han recibido de Cristo el mandato de su vocación, sino de «la Bestia que fue y no es» [28]. ¡Y si no, que nos muestren dónde está el mandato de Cristo para bautizar primero y enseñar después! Pues en cuestión de tanta importancia hace falta un mandato claro. Más claro es lo que dijo Pablo: que todos

---

[23] Hch 16, 31-33. 18, 8. 11. 15. 19, 6; Ef. 1, 13.

[24] Ef. 4, 5; Heb. 6, 1; Rom. 6, 1-3.

[25] Gal. 3, 27.

[26] Palabras de Pablo acerca de sí mismo, en I Cor. 1, 17.

[27] Pablo al narrarle su propia conversión a Agripa, Hch. 26, 18.

[28] Palabras del Ap. 17, 8, aplicadas al Papa, tantas veces citada.

los dogmas de la Bestia no son sino grandes ilusiones y doctrinas de demonios [29].

Floja resulta, pues, la defensa de los partidarios del bautismo de niños, cuando dicen que en los lugares citados
Cristo y los apóstoles se refieren sólo a los que se bautizan
de adultos. Y sin embargo, dicen la verdad. Por eso nosotros
nos bautizamos de adultos, porque a nosotros se refieren
Cristo y los apóstoles. En cambio, los partidarios del bautismo de niños, al no ser cristianos, les basta con que a ellos
se refiera el Anticristo. No hay un sólo pasaje en todas las
Escrituras que, hablando del bautismo, pueda aplicarse a
los niños. No hay texto especial sobre adultos o niños,
sino una norma general: que los que accedan al bautismo [534]
deben ser antes adoctrinados y creer. ¿O acaso no es general y muy propia de la regeneración esa renovación celestial del Espíritu? ¿Qué es eso de «ser bautizado en nombre
de Cristo»? ¿Cómo se pueden bautizar en nombre de Cristo
los que no lo conocen? Pues esas palabras «en nombre de
Cristo» denotan un movimiento de la mente hacia Cristo;
que no otra cosa significa bautizarse «invocando el nombre
de Cristo» (Hch. 22) [30]. Por lo tanto, si esto conviene exclusivamente al bautismo de adultos, síguese que los niños no
se bautizan «en el nombre de Cristo». Si en los adultos tiene
eficacia el bautismo por la fe que le precede, síguese que en
los niños no hay tal eficacia. Si son «hijos de ira» todos
cuantos no han alcanzado la justificación de la fe de Cristo,
síguese que los bautizados de niños continúan siendo «hijos
de ira».
Esta norma general se desprende abiertamente de los pasajes poco ha citados de Pablo en Rom. 6 y Gal. 3: «Todos
los debidamente bautizados están justificados» y «Todos los
bautizados están revestidos de Cristo». Luego los niños,
como no pueden creer, ni ser justificados, ni revestirse de
Cristo, tampoco pueden ser bautizados. «Todos los bautizados, dice Pablo, bebemos de un mismo Espíritu y formamos
un mismo cuerpo» (I Cor. 12) [31]. Luego los niños no pueden
ser bautizados así. El apóstol pone en conexión «palabra
de vida» y «lavatorio de agua» (Ef. 5) [32]. Sin palabra de vida

---

[29] Según II Tes. 2, 11 en el Anticristo «envía Dios operación de error,
para que crean en la mentira».
[30] «Levántate, y bautízate, y lava tus pecados, invocando su nombre», le
dice el buen Ananías a Saulo ya en Damasco, Hch. 22, 16.
[31] I Cor. 12, 13.
[32] «Cristo amó a la iglesia y se entregó para santificarla limpiándola en el
lavacro de agua por la palabra», Ef. 5, 25-26.

no hay eficacia alguna en el bautismo; luego el que no es capaz de la palabra, tampoco del bautismo. «Todo el que ha nacido del Espíritu, oye la voz del Espíritu» (Jn. 3) [33]. Luego los niños no pueden nacer del Espíritu.

Insisten ellos en que al niño le basta para el bautismo la fe de un padrino. ¡Como si permaneciésemos aún bajo tutores y padrinos, igual que los judíos! En ninguna razón de peso puede basarse tamaña afirmación. Más aún, es el mayor engendro de Satanás y arruina todos los misterios del bautismo, pues «el justo vive de su propia fe» y «el que cree, ése se salvará» [34]. Pero supongamos que basta una fe ajena. Veamos qué clase de fe en esos «tres espíritus de ranas» tuvieron tus padrinos en tu bautismo de niño. Quedó ya de- [535] mostrado en los *Libros sobre la Trinidad* cómo ellos ignora- ban e ignoran aún la verdadera fe de Cristo [35]. Por tanto, no puede decirse que el bautizado de niño lo sea en la fe de Cristo, ni por ministros de Cristo, ni en la Iglesia de Dios, sino en la babilónica, en la sinagoga de Satanás. Urge, pues, que de nuevo seamos renovados, ya que de nuevo se instaurará en este mundo el reino de nuestro Señor Jesús el Cristo, después que haya sido arrojado de él este fiscal babilónico, que siempre nos está acusando de transgredir sus preceptos (Ap. 12) [36]. Cantando de nuevo «aleluyas» vol- veremos a las fuentes vivas de agua y a la cena del cordero, una vez caiga Babilonia con gran estrépito (Ap. 6 y 19) [37].

Si los que tienen fe vuelven a ser bautizados (Hch. 19), ¡cuánto más los que no la tuvieron nunca! Presta atención a la doctrina y entenderás qué clase de fe se requiere para el bautismo. De los que se habían bautizado antes de la pa- sión, unos volvían a bautizarse luego; otros, no. Los que eran bautizados por Juan, que les hablaba del Cristo futuro, esos volvían a ser instruidos más tarde para que creyesen en Cristo ya presente (Hch. 18), y entonces volvían a bauti- zarse (Hch. 19), pues el bautismo de Cristo prerrequiere la fe en el propio Cristo ya presente, como se ve por la razón que aduce Pablo [38]. En cambio, quienes bautizados por los apóstoles, e incluso los propios apóstoles bautizados antes de la pasión, creían en Cristo ya presente, esos estaban

---

[33] En conversación con Nicodemo, Jn. 3, 8.
[34] Gal. 3, 12 y Mc. 16, 16.
[35] Satírica frase, la de las «ranas», tomada de Ap. 16, 13.
[36] «Aquel gran dragón que engaña a todo el mundo, el acusador de nues- tros hermanos, ha sido arrojado al mar, el cual los acusaba delante de nues- tro Dios día y noche», Ap. 12, 9-10.
[37] Sobre la caída de «Babilonia», Ap. 6, 17 y 19, 1-8.
[38] Hch 18, 25-26 y 19, 1-6.

realmente bautizados con agua en la fe de Cristo, y ya no tenían necesidad de más instrucción ni de otro bautismo de agua, sino sólo del perfeccionamiento del Espíritu. Así, pues, el bautismo de Juan no era realmente igual que el de Cristo, sino su preparación, como enseña Pablo y como yo he explicado suficientemente en el Libro anterior [39]. En el bautismo no sólo se requiere fe en Cristo, sino fe en Cristo ya presente para tí y propicio ya.

Asimismo, que la fe sea un requisito anterior al bautismo lo da a entender el orden y el camino para llegar a la Iglesia de Dios. ¿No es necesario que crea el que se allega? ¿No es Cristo el camino? ¿No es la fe la puerta? Eso es lo que preguntamos nosotros: ¿quiénes son los hijos de Dios? Lo son, efectivamente, aquellos en que reside el «espíritu ὑιοθεσίας» (Gal. 4; Rom. 8) [40]. Ellos son por la fe hijos de Dios (Jn. 1; Gal. 3) [41]. Y si todo esto no puede aplicarse a los niños, ¿por qué se les da el bautismo? ¿Y cuál es la finalidad de los ministerios de la Iglesia de Dios sino la de que sirvan a los hijos de Dios, a los discípulos de Cristo y fieles cristianos? Ahora bien, ¿qué discípulo de Cristo es ése que aún desconoce su doctrina? ¿Qué clase de fiel cristiano, quien ignora la fe de Cristo? [536]

Doctrina de Cristo, fe de Cristo, reino de Cristo, regeneración de Cristo. Otras tantas realidades de perfección consumada que sólo pueden convenir a hombres perfectos [42].

Catecismo

Esta celestial perfecta doctrina de Cristo nos aconseja tratar aquí nuevamente del catecismo junto con la penitencia y la fe, ya que el catecismo nos hace aprender la penitencia y la fe. En este asunto no puede concebirse mayor necedad que la de los partidarios del bautismo de niños, pues tratan de catequizarlo ya el mismo día de su nacimiento. Le formulan preguntas al bebito, como si él pudiera responder. ¡Ridículo catecismo! Como aquella instrucción de la que en el cap. 28 se burla Isaías [43]. Se van dirigiendo al bebé y hablándole: «Eh, escucha, abre los ojos; yo te bau-

---

[39] Lib. II, p. 716 y ss.

[40] Citas de Gal. 4, 5-6 y de Rom. 8, 15.

[41] Jn. 1, 12 y Gal. 3, 26.

[42] Como antes, hombre perfecto es el de un mínimo de treinta años.

[43] «¿A quién se enseñará ciencia o se hará entender doctrina? ¿A los quitados de la leche? ¿A los arrancados de los pechos?» Is. 28, 9.

tizo.» ¡Diálogo de ciegos y sordos y con ciegos y sordos! ¡Y ciegos y sordos siguen eternamente! Llegados a este momento, los sacerdotes trazan innumerables líneas rectas con sus manos cortando unas con otras en ángulos rectos, a lo que llaman cruces, mientras profieren una serie de conjuros contra el recalcitrante. Semejante comedia apenas la podrá creer quien no la haya visto. Resulta realmente ridículo tratar como catecúmeno a quien aún no puede recibir nada del catequista; es obvio que sólo puede darse instrucción catequética a quien es capaz de entender las palabras. Como nos enseña Pablo en Gal. 6: «Quien es instruido en el catecismo de palabra debe compartir sus bienes con quien le instruye» [44]. La significación misma del vocablo nos advierte que la instrucción catequética tan sólo puede darse a adultos, pues κατηχειν significa enseñar a uno de palabra, instruirle de viva voz; y en este sentido era, por ejemplo, catecúmeno Apolo (Hch. 18) [45].

Qué sea ese catecismo viene confirmado por la práctica de los corintios. Habiendo comenzado la instrucción desde la niñez, pero no bautizando a niños, si un catecúmeno moría antes de ser bautizado, era bautizado otro con el nombre del difunto (I Cor. 15) [46]. En seguida expondré la explicación de esta práctica. Observa, de momento, cómo ahí no solían bautizar a los niños, sino que esperaban a terminar el período de instrucción catequética y la adquisición de la verdadera fe. Y fíjate cómo en ese caso no se procede temerariamente a bautizar a nadie, ni siquiera estando a punto de morir, pues en tales circunstancias no se es capaz de recibir los dones del bautismo. ¿Cómo va a ser posible que renazca en Espíritu a nueva vida celestial quien ni en cuerpo ni en espíritu está en sus cabales? Al catecúmeno le bastará para su justificación la fe en Cristo, aunque se vea privado de los demás dones celestiales del Espíritu y del cuerpo de Cristo.

[537]

Antes de ser bautizado, necesita uno ser preparado e instruido en muchas sesiones, como ocurría con Juan el Bautista, del cual se nos dice que fue enviado «a preparar al Señor un pueblo perfecto», es decir, perfectamente dispuesto. Es menester insistir en la preparación una y otra vez, como dice Dios: «Prepáralos hoy y mañana, y lavarán sus vesti-

---

[44] Servet, manejando como siempre los textos originales, subraya que la significación etimológica de κατηχούμενος es *instruido*. En ese sentido se dice de Apolo, el brillante émulo de Pablo, que era κατηχημένος τὴν ὁδόν τοῦ κυρίου, «instruido en el camino del Señor», Hch. 18, 25.

[46] «¿Qué hacen los que se bautizan por los muertos, si en ninguna manera los muertos resucitan? ¿Por qué, pues, se bautizan por ellos?», I Cor. 15, 29.

dos, resucitando al tercer día» (Ex. 19) [47]. Y a pesar de que, dada la escasez de tiempo para tan abundante cosecha y debido a la superabundancia y eficacia de su don, los apóstoles bautizaban alguna que otra vez inmediatamente después de una predicación, sin embargo, eso no nos es lícito a nosotros ligeramente. Que el período de instrucción y aprendizaje debe prolongarse muchos días antes de ser bautizados lo enseña Pedro en el lib. VII de Clemente [48]. Hay que exhortarles mucho para que se arrepientan; hay que aconsejarles mucho antes de que por el solemne voto y sacramento pasen a la nueva vida en el bautismo. Es ése el único voto o juramento religioso que tenemos los cristianos. Con razón se le llama *sacramento*, como si se dijera *sacro juramento*, si bien no se realiza con una fórmula de juramento [49]. Sin embargo, el mero hecho de que uno se bautiza creyendo y queriendo vale tanto como si jurase las palabras de Cristo con un solemne *sacramento*.

La predicación misma de Cristo nos enseña, además, que los llamados deben ser instruidos con diligencia y asiduidad, repitiéndoles una y otra vez las enseñanzas de Cristo. Pues todo el evangelio de Cristo hasta la misión del Paráclito no fue otra cosa que catecismo e instrucción verbal, hasta que recibieran el nuevo Espíritu de regeneración de Cristo. Más aún, en aquel entonces Cristo les enseñaba los misterios del reino por medio de comparaciones y parábolas. No podía de momento manifestarles su celestial doctrina acerca del reino de los cielos, por no haber oyentes capaces, como tampoco los hay ahora, hasta que envía el nuevo Paráclito. Hasta ese momento los rudos apóstoles eran no más [538] que catecúmenos, y sólo una vez renovado Cristo renació de verdad en ellos el «hombre nuevo». Sólo entonces tuvieron la verdadera cena del cuerpo de Cristo como alimento nuevo del «hombre nuevo», nacido de Dios. Sólo entonces

---

[47] Ex. 19, 10-11. Lo del Bautista, en Lc. 1, 17.

[48] Hablando de su misma madre, dice Clemente en *Retractationes*, lib. VII, n. XXXIV que Pedro aplazó su bautismo algún tiempo, pues «convenía que fuera instruida y adoctrinada muchos días» (PG I, 1368).

[49] Este párrafo es importante, y comparado con el texto latino de *Restitutio*, p. 498 en el libro III, puede servir de base para concluir que Servet no admite ningún sacramento propiamente dicho en el sentido teológico que desde hace siglos tiene este término. Habla siempre él de *ministerios* (predicación, bautismo, cena) y de *misterios* (los que considera en este lib. IV). Devuelve al término *sacramentum* su sentido etimológico de *juramento* o *voto*, y enemigo de todo voto y juramento cristiano —de ahí sus sátiras a los votos monacales— dice ahora que el único voto cristiano es éste adulto y formal del bautismo consciente, instruido, responsable. *Sacramentum, quasi sacrum iusiurandum*, o *sacrum iuramentum*.

apareció la primera celestial Iglesia de Cristo y el reino de los cielos entre los hombres.

Fíjate ahora en la razón que les movía a bautizarse por los muertos. Más aún, algunos llegaban a administrar el bautismo y a la vez la unción a los muertos, según cuenta Ireneo en el Lib. I, cap. 18: bien, según creían, para limpiar y santificar el cadáver para la resurrección, bien para así rescatar el alma del muerto [50]. A ello les daba pie el rito judío de ungir y lavar a los muertos: del ungüento de su sepultura nos habla Cristo, y del lavatorio del muerto leemos en el capítulo noveno de los Hechos de los apóstoles [51]. Que había que observar este rito con respecto a los muertos lo creyó Dionisio el Jerárquico [52]. No era de poca monta esta opinión entre los corintios; por eso la cita Pablo. La explicación de la redención o bautismo del muerto era ésta: quienes mueren realmente renacidos por el bautismo no sienten como los demás los dolores del infierno. De ahí que creyesen que por el bautismo podía ser rescatado del infierno el que moría de catecúmeno; pues les parecía injusto que de dos creyentes uno padeciese más que otro, por faltarle el bautismo. Tan valiosa era entre los valentinianos la redención del muerto como entre otros la purificación del cadáver para la resurrección o la consagración jerárquica [53].

A nosotros todo esto nos parece inútil. No hay malicia alguna en Dios por querer que éste llegue al bautismo y aquél no. Sólo él conoce la fe de cada cual, y él juzga con justicia de manera para nosotros oculta. No es injusto Cristo para con quien muere de catecúmeno, como no lo fue con los que creyeron antes de su resurrección y no pudieron entrar entonces en el reino de los cielos. La fe del catecúmeno no será en vano, pues le son perdonados los

---

[50] En *Adv. hæreses*, lib. I, cap. 18, ed. Erasmo, equivalente al cap. XXI, 5 de la Migne (PG VII, 97), enumera Ireneo una serie de abusos bautismales primitivos, haciéndose eco de diversos rumores. Es posible que en toda la cuestión haya un malsano equívoco, *mortuos* por *morientes*, moribundos, según explicación posterior de Epifanio y de Teodoreto que no parece conocida a Servet.

[51] Jesús, a propósito de su unción por María en Betania: «Déjala, que guarde el perfume para el día de mi sepultura», Jn. 12, 7. En Hch. 9, 37 se menciona el lavatorio de una enferma al morir, antes de sepultarla.

[52] Llama así Servet al Pseudo-Dionisio Areopagita, porque sus dos principales obras, aparte el *De divinis nominibus* que él debió de conocer también, son *De cælesti hierarchia* y *De ecclesiastica hierarchia*. Su actual referencia es al cap. VII, 4 de esta última (PG III, 559), donde describe, entre varios usos viciosos, ciertos ritos que el *antistes super defuncto peragit*.

[53] Con lo cual, al equipararlas, da a entender Servet que él no cree en ninguna de estas tres ceremonias, como dice a continuación.

pecados. Pero sí hay alguna diferencia, a no ser que le sobrevenga al catecúmeno la regeneración en el momento de la muerte. Ya quedó explicado que la fe no es igual antes que después de la regeneración del bautismo, pues la fe recibe nuevo incremento de vida al recibir el Espíritu santo [54]. Los dones celestiales son variados. Pero al muerto no puede aprovecharle el bautismo, porque ya le ha llegado la noche, en la que, como dice Cristo, nadie puede obrar [55]. La justa voluntad del legislador persigue otras metas. Lo que persigue el mandato de Cristo es que sean bautizados ellos en persona, no unos por otros; como son ellos en persona quienes deben creer, no otros por ellos. No todos los corintios se conducían así, pero sí algunos sobre los que, por ser criticados por los demás, guarda silencio Pablo entonces, tomando como base de su argumentación sobre la resurrección sólo la explicación del hecho en la que todos estaban de acuerdo. Pues los corintios hacían esto con la esperanza de la resurrección.

Ahora bien, los que defendían que el bautismo sirve de provecho al muerto, decían también que le aprovechaba la cena. En consecuencia, alguno recibía la eucaristía por el muerto, hasta muchas veces. Error que es mucho peor que el primero, pues aquí no se suple la falta de sacramento, sino que, según los sacerdotes, se quitan progresivamente y a su antojo las penas del infierno. Penas que, según afirman, llegan a quitarse también por una bula, ¡como si el Papa hubiera recibido sobre el infierno un poder que Cristo no otorgó a sus apóstoles! Con grandes engaños sugirió el diablo a los papistas todos esos sufragios por los muertos, para que se olviden mientras hay tiempo de hacer el bien los vivos, y dejen las buenas obras para después de la muerte, con la vana esperanza de obtener después auxilio [56]. Todos han de ser juzgados, no según los copiosos sufragios papistas, sino cada cual según sus palabras y obras, tal como las llevó a cabo viviendo en su cuerpo: «Sus obras les acompañarán». «Dichosos los que mueren en el Señor» [57]. ¡No los que beatifican los papistas después de muertos! También Cristo enseña que éste es el momento de hacer el bien, no más tarde (Jn. 9 y 12) [58].

---

[54] En el precedente lib. III, p. 713, ó 488 de *Rest.*
[55] «La noche viene cuando nadie puede obrar», Jn. 9, 4.
[56] Idea también desarrollada antes, cfr 520.
[57] Ap. 14, 13. De esto antes, Parte III, lib. III, cap. 1, p. 535.
[58] Anterior cita de Jn. 9, 4 y Jn. 12, 35: «Andad entre tanto que tenéis luz, porque no os sorprendan las tinieblas.»

Es Anticristo, arrebata a Cristo la facultad de salvar y juzgar, y usurpa un poder sobre el infierno no concedido a los apóstoles, quien se cree capaz de eximir a un hombre [540] antes del juicio para no ser juzgado más. ¿Cómo puede decir uno que esté en sus cabales, que es conforme a la justicia de Dios el que la salvación o redención de uno que está en el infierno dependa de mi voluntad o de la tuya? Cada cual saldará su cuenta «hasta el último cuadrante»; cada cual «cargará con su propio fardo» [59]. Ni puede el hijo sacar de allí el alma de su padre, ni el hermano la de su hermano (Sal. 48) [60]. Que no haya tal redención del infierno, bien lo dan a entender Job, Ezequías y otros. Que no pueda proporcionarse ayuda alguna después de la muerte se enseña en el cap. 14 del Eclesiástico; y está prohibida cualquier ofrenda por los muertos en Deut. 26 y Sal. 105 [61]. Ese rito de sacrificar por los muertos es de origen moabita, como se desprende de ese texto. El dios Baal Pehor, durante los sacrificios por los muertos, enseñaba a prostituirse a hombres y mujeres (Num. 25) [62]. Lo mismo hacen ahora muchas veces los sacerdotes con las mujeres, concibiendo vivos con el pretexto de las misas por los muertos. A causa de esta impostura moabita y madianita, en el citado cap. 26 del Deuteronomio prohibió Moisés que se ofreciese nada por los muertos. En pro de los muertos se mutilaban unos y se rasuraban otros la cabeza, cosas que fueron prohibidas por Dios (Lev. 19; Deut. 14) [63]. Cenar por un muerto es como clamar a un ídolo, dice la carta de Jeremías [64]. Que no debamos andar tan solícitos por los muertos nos lo han enseñado bien claramente Cristo (Mt. 8) y Pablo (I Tes. 4) [65].

Esta razón basta por sí sola para destruir eficazmente toda ofrenda por los muertos: que quien muere bautizado y renacido de verdad, no sentirá dolor alguno de infierno, sino que reina ya con Cristo. Luego ése no necesita sufragio alguno después de su muerte. Y si ha perdido la gracia de la regeneración, es un pagano, está fuera de la Iglesia y per-

[59] Mt. 5, 26.
[60] Sal. 48, 7-8
[61] Eccli. 14, 7. En Deut. 26, 14: «No he comido de ello en mi luto, ni de ello he dado para mortuorio.» El Sal. 105, 28 evoca como reprobable que «allegáronse a Baal-Phegor y comieron los sacrificios de los muertos».
[62] Num. 25, 1. Sobre este dios y sus servetianas analogías con el Papa, ya se explayó antes, lib. II, p. 688, o sea 466-7 de *Rest.*
[63] «No cortaréis en redondo las extremidades de vuestras cabezas», Lev. 19, 27. «No os sajaréis ni pondréis calva sobre vuestros ojos», Deut. 14, 1.
[64] Probable alusión a Jer. 11, 12.
[65] «Deja que los muertos entierren a sus muertos», Mt 8, 22. «No os entristezcáis como los otros que no tienen esperanza», I Tes. 4, 13.

manecerá detenido en el infierno hasta el día del juicio de Cristo. Entre los corintios la cuestión se planteaba sólo respecto a los catecúmenos; pero ya he dicho que la fe del catecúmeno no es inútil, sobre todo cuando en la muerte sobreviene una auténtica regeneración. Por consiguiente, dejemos a Dios solo los juicios sobre los muertos, y preocupémonos con toda diligencia por instruir a los catecúmenos en la fe de Jesús el Cristo.

MUERTE

Vamos a tratar a continuación del misterio de la muerte [541] en el bautismo, algo ignorado por los partidarios del bautismo de niños.

Morimos en el bautismo y nos bautizamos «en la muerte de Cristo» para en adelante llevar el «hombre viejo» como muerto, y mortificarlo cada vez más. Ahora bien, morimos en el bautismo en ese sentido. Pues es menester que muera Adán para despojarnos del «cuerpo de pecado». Tampoco puede germinar el grano de trigo caído en la tierra, si antes no muere [66]. ¡He ahí un gran misterio ya en el bautismo y una gracia inmensa de Cristo!: que muriendo él solo por todos nosotros, todos nos consideremos muertos con él, en lo que concierne a la extinción del pecado. De tal modo nos consideramos muertos, que nadie se atreve ya a decir «yo para mí vivo», pues que todos vivimos sólo para Cristo (Rom. 14; II Cor. 5) [67]. Pues quien para sí vive retiene aún su «cuerpo de pecado», recibido de la Serpiente desde el instante de la concepción. En cambio, quien quiere vivir para Cristo debe sumergir en las aguas del bautismo ese «cuerpo de pecado», para que allí muera y sea sepultado; a fin de que, depositados los pecados allí como en un sepulcro, y eliminados por ese lavatorio, de nuevo surja de las aguas el «hombre nuevo» resucitado, y sea elevado por el Espíritu santo por encima de las aguas, es decir, de los cielos [68].

Así se comprende que nuestra vida «está escondida con Cristo en Dios», y que muertos por Adán y por la Ley para

---

[66] Alusión a las palabras de Jesús en Jn. 12, 24.

[67] «Ninguno de nosotros vive para sí, y ninguno muere para sí. Que si vivimos, para el Señor vivimos; y si morimos, para el Señor morimos», Rom. 14, 7-8.

[68] Como se ve, Servet da gran importancia al bautismo de inmersión, en consonancia con los anabaptistas de su tiempo, aunque no todos.

la Ley, vivamos sólo para Cristo (Col. 3; Gal. 2) [69]. Sólo vive Cristo, sólo vive él, en carne y espíritu. Nosotros, en cambio, hemos muerto de diferentes maneras por Adán y por la Ley con muerte de pecado para el infierno y la *gehenna* futura. Cristo, muriendo precisamente por eso por nosotros, abolió la muerte de todo pecado y de infierno, y dio a luz en nosotros una nueva vida del Espíritu, contra la que nada pueden la muerte y el infierno. Por este misterio de Cristo [542] nuestro «hombre viejo», el que vivía según la carne, muere ahí y es sepultado bajo las aguas, para que el «hombre nuevo» que se eleva resucitado por encima de las aguas, no tenga otra vida que la escondida vida interior de Cristo. Sólo, pues, ha de buscar el cristiano esta vida celestial, que palpita dentro, inserta en Cristo; sin permitirle vivir a la carne. Y si vive, que no se imponga, sino que viva mortificada, para que se cumpla en nosotros el verdadero símbolo de la mortificación de Cristo. De lo contrario, haremos mendaz en sus símbolos a Cristo, y seremos reos por discernir erróneamente.

Mas, dirás, ¿cómo puede estar escondida en Cristo y cómo se ha de manifestar con Cristo esta vida? Respondo. Suele decirse que Cristo, a quien no ve ahora el mundo, está escondido en Dios y se manifestará en la resurrección. En Dios está escondido Cristo; no allá arriba, en una especie de cárcel. Y escondido como está, está en nosotros, escondiendo en Dios, en quien está él escondido, nuestra vida inserta en él. De modo que esta vida, por la que vivimos espiritualmente en Dios y en Cristo e interiormente en Dios por Cristo, está escondida, pues ha dejado de ser externa y se ha interiorizado. Pues el exterior hombre de pecado, que vivía según la carne con la vida de la Serpiente hay que entender que, al desaparecer el pecado, ha muerto y ha sido sepultado bajo las aguas en el bautismo. A éste le ha sucedido otro «hombre interior» que vive sólo espiritualmente en Cristo, que vive esa vida eterna celestial, con la que sólo vive Cristo ahora en el cielo e interiormente en nosotros.

También está escondida esta vida nuestra, porque no es conocida del mundo, que por eso se nos ríe y nos persigue

---

[69] «Porque muertos sois, y vuestra vida está escondida con Cristo en Dios», Col. 3, 3. «Porque yo por la ley soy muerto a la ley, para vivir a Dios..., y vivo, no ya yo, mas vive Cristo en mí», Gal. 2, 19-20. Nótense dos importantes sugerencias. La insistencia, realmente mística, de Servet en la *escondida senda* como esencial a la auténtica vida religiosa. Además, la constante mención del bautismo como *descensus* bajo las aguas, es decir, como real bautismo de inmersión, al hilo con la costumbre primitiva, los textos paulinos sobre muerte y resurrección, y las urgencias de los anabaptistas de su tiempo.

como locos, de suerte que bellamente pudo llamarnos el profeta «escondidos» (Sal. 82)[70]. El reino de los cielos que hay dentro de nosotros es semejante a la levadura «escondida», al tesoro «escondido» (Mt. 13)[71]. Escondido, sí, «en vasos de arcilla», como dice Pablo[72]. «Hombre interior». «Hombre escondido en el corazón» (I Pe. 3)[73]. A este hombre no lo conoce el mundo. Como dice Juan, «el mundo no nos ha conocido», como tampoco ha conocido a Cristo que está dentro de nosotros[74]. Pero aunque el mundo se ría de nosotros, sin embargo, vivimos ya ahora, resucitados con Cristo, esa celestial vida inmortal escondida en Cristo, de tal suerte que la resurrección final no será para nosotros otra cosa que la manifestación de esa vida en la gloria. Entonces aparecerá exteriormente en la gloria esta vida interior. Esta vida espiritual aparecerá entonces en la gloria como vida total (Col. 3): «Se manifestará, dice, en gloria, cuando Cristo se manifieste al mundo para juzgarlo.» ¡Y entonces juzgaremos a los que se nos ríen![75]

[543]

Inmortal es nuestra vida, tanto que nunca más moriremos, conservando siempre esta vida nuestra en Cristo mismo, que es de verdad nuestra vida, como dice Pablo. Los que en este mundo han vivido sin esta vida morirán en el infierno para en la resurrección pasar «de la muerte a la vida»[76]. Mas nosotros, que por creer en Cristo hemos pasado ya definitivamente de la muerte a la vida, recibiremos entonces sólo la manifestación de la vida. Así viven ahora en Dios las almas de los apóstoles. Así vive ya en Cristo nuestro incorruptible hombre interior. Incorruptible en esta vida interior, de suerte que puede decirse que viviremos para siempre y que jamás veremos el sepulcro (Sal. 40)[77].

Ahora bien, la victoria externa de la carne suele perturbar nuestra perpetua vida interior. Por eso es necesario mortificar nuestros miembros terrenos para preservarla segura, como inmediatamente añade Pablo, en el citado cap. 3 de Colosenses. Tal es la razón por la que Cristo, dándonos ejemplo, ayunó orando en el desierto inmediatamente después de ser bautizado. Con estas dos cosas, con oración y

---

[70] «Oh Dios, tus enemigos han entrado en consejo contra tus escondidos», Sal. 82, 3. ¿Habrá algo de autobiográfico en esa confidencia?

[71] Conocidas parábolas, Mt. 13, 33 y 44 y ss.

[72] *In testaceis vasculis*, escribe Servet, no *in vasis fictilibus* como trae la Vulgata, II Cor. 4, 7.

[73] I Pe. 3, 4.

[74] Prólogo de Juan, Jn. 1, 10.

[75] Así casi literalmente Pablo en Col. 3, 4.

[76] *De morte ad vitam*, en Jn. 5, 24 y en I Jn. 3, 14.

[77] Idea expresada indirectamente en ese Sal. 40, 7-12.

ayuno, se mortifica principalmente la carne, se va quebrantando cada vez más en nosotros la cabeza de la Serpiente y se resiste con fortaleza a todas las tentaciones, de igual modo que con oración y ayuno salió Cristo vencedor entonces de la tentación. No permanecerá viva nuestra fe, vivificada por el bautismo, si no mortificamos nuestra carne. Nadie puede expulsar demonios, sanar enfermedades y realizar otros prodigios, a no ser «por la oración y el ayuno» (Mt. 17)[78], es decir, mortificando la carne y vivificando el espíritu. Si se hace con fe, cuanto más se mortifica la carne, tanto más se vivifica el espíritu. Ambas cosas se consiguen con oración y con ayuno. Por la oración el espíritu se eleva a Dios «con gemidos inenarrables», y por la abstinencia se debilitan de tal modo las pasiones de la carne que no pueden oponer resistencia al espíritu. Mortificar las concupiscencias de la carne es ofrecer a Dios en holocausto hígado, riñones y enjundia. Pues la concupiscencia, que radica en el hígado, discurre por los riñones hasta el sexo, y se acrecienta por la enjundia[79].

[544]

Tal es la mortificación que quiso la misericordia divina consumar en Cristo por su bautismo, es decir, por su muerte corporal, para que en nuestro bautismo, como símbolo de esa muerte, nos mortifiquemos y muramos todos. Aunque para nosotros no es muerte, sino la vida misma y la destrucción de la muerte del pecado. En él muere lo viejo y el pecado, que eran nuestra muerte; de suerte que puede decirse que allí muere la propia muerte y cobramos nueva vida. Destruida la muerte del pecado, resucitamos ahora a la vida eterna del Espíritu del mismo modo que, destruida la muerte corporal, resucitaremos en carne en la resurreccinó final a una vida eterna. Todos aquellos misterios futuros se han cumplido aquí espiritualmente, porque ésta es la resurrección del espíritu; aquélla, la resurrección de la carne; ésta, la resurrección primera; aquélla, la segunda[80]. Que el bautismo, por el que morimos con Cristo, guarde semejanza con la muerte de Cristo lo demuestra el apóstol en

---

[78] Mt. 17, 21, *id est, carne mortificata et spiritu vivificato.*

[79] Curiosa explicación fisiológica del origen y estímulos de las tendencias sexuales. Servet acepta de Galeno la idea de un sistema hepático-venal independiente del cardio-arterial y del neuro-cerebral (cfr. el texto de la circulación, Parte I, lib. V, *Rest.* 169, y el *Galeno* de L. García Ballester cit., p. 144). Pero la idea de la localización de la parte o alma *concupiscible* en el hígado es más bien platónica: *Timeo,* 71b; *República,* 436a.

[80] Obedece esta aplicación de la analogía de la dicotomía carne-espíritu a su interferencia con el concepto de muerte primera y segunda, expuesto antes, lib. I de esta Parte, p. 562, *Rest.* 358.

Rom. 6 y Col. 2 [81]. De ahí que a la muerte con que Cristo murió por nosotros se le llame «bautismo con el cual quiso ser bautizado por nosotros» (Mt. 20; Mc. 10; Lc. 12) [82]. Las aguas del bautismo de Cristo fueron sus aflicciones y angustias (II Sam. 22; Sal. 17, 68 y 143) [83]. Cristo gustó esas aguas, no por culpa suya, sino por la nuestra, dejándonos en el agua una señal, como símbolo de mortificación, para que en las aguas seamos sumergidos y sepultados como si fuéramos a morir quienes habíamos merecido, como los gigantes, ser sepultados en el abismo [84].

Pero no entiendas lo que precede como si debieras ser precipitado todo entero por el bautizante bajo las aguas. Basta con que bajando a ellas, derramadas sobre tu cabeza y tu cuerpo, te mojen, te empapen, te laven. Βαπτιζειν significa propiamente empapar, como hace el tintorero, el cual por eso recibe en griego el nombre de *baptistes:* pone el paño en el agua y derrama agua sobre él. Del mismo modo, cuando nosotros somos bautizados, entramos en el agua misma y es vertida agua sobre nosotros por el bautizante. Así es cómo «desde arriba» somos renovados y lavados, para ascender luego de las aguas al cielo. Así es como descendieron a las aguas Cristo y el eunuco (Mt. 3 y Hch. 8), para luego ascender de ellas [85]. [545]

Concluye de todo esto, primeramente, que resulta ridículo ese descenso y ascenso a las aguas y de ellas en un bautismo de niños, puesto que un niñito no puede descender ni ascender. Concluye, en segundo lugar, que no puede ser bautizado con el bautismo de Cristo quien no es capaz de mortificarse; y que mal puede imitarse en el bautismo el

---

[81] Rom. 6, 3-4 y Col. 2, 12: «Sepultados juntamente con él en el bautismo, en el cual también resucitasteis con él.»

[82] Textos citados antes: Mt. 20, 22; Mc. 10, 38 y Lc. 12, 50.

[83] Así interprea Servet, a base de sus criterios tipológicos, indeterminadas frases de II Sam. 22, 17; y de los Salmos 17, 5. 68, 2. 144, 7.

[84] Aparte la breve tilde mitológica de este párrafo —y no se olvide que ya antes se refirió a esos «gigantes» bíblicos—, ahí queda bien compendiado el pensamiento de Servet sobre el bautismo: no sacramento que instrumentalmente perdona *ex opere operato* el colectivo pecado original, sino *aquarum signum, tamquam mortificationis symbolum,* etc.

[85] Jesús en Mt. 3, 16; el eunuco de la reina de Candace, en Hch. 8, 38. Párrafo importante por expresar claramente de nuevo Servet la inmersión física: *Ad quem modum nos cum baptizamur, in aquam ipsam descendimus, et desuper aqua nobis a baptizante funditur.* Ese *nos,* tan explícito, ¿no estará indicando la pertenencia secreta de Servet a alguna célula anabaptista lyonesa, o viennesa, que no ha podido ser documentada? Tampoco lo ha sido que él se bautizara o rebautizara a los treinta años, importante detalle que ciertos biógrafos suyos dan por supuesto, por más que lógicamente deba suponerse.

misterio de la resurrección cuando no ha podido preceder el de la pasión. De ese modo quiso Cristo morir por nosotros y que nosotros nos consideremos muertos hasta estar dispuestos de ahora en adelante a morir por él, devolviendo la blancura a nuestras estolas en las mismas aguas de su bautismo (Ap. 6 y 7) [86]. Quien como Pedro vaya a negarle tan pronto, aún no está listo para recibir el bautismo de Cristo. ¡Cuánto menos capaces serán, pues, los bautizadores de niños!

¿Qué puedes devolver en justicia a un amigo que se ha ofrecido a morir por tí? ¿No debes a tu vez ofrecerte a morir por él? Nada más agradable podemos ofrecerle a Cristo, nada más apropiado para saldarle nuestras deudas. Es verdad que siempre persiste la misma diferencia infinita que hay entre su muerte y la nuestra, por la excelencia de la persona que padece, y que padece sin merecerlo, precisamente por quienes sí merecían la muerte. Cuando tú sufras cruz y muerte por Cristo, recuerda antes que estás en deuda con él, quien las sufrió por tí. Recuerda, además, que para tí no es muerte, sino la vida misma y la destrucción de tu muerte. No debes tener miedo a sufrir por Cristo una muerte que tanto le debes y que tan preciosa es a sus ojos. Y ello, tanto menos, cuanto que para tí no es muerte, sino destrucción de la cárcel de Satanás y arribo a la libertad de la gloria asegurando siempre viva tu vida misma en Cristo. Ya ahora conocemos, gustamos y poseemos esa vida eterna, sin que por la muerte nos separemos de ella; por el contrario, siempre vive nuestro hombre interior. Bien lo sabemos nosotros y experimentamos en nosotros la resurrección de Cristo. Por esta experiencia sabemos que resucitaremos como él quienes como él ya hemos resucitado de vrdad en nuestro hombre interior. Apenas vista la sepultura, ya verás la resurrección [87]. [546]

SEPULTURA

Tras la muerte, la sepultura. En relación con ella se ha dicho de nosotros que «estamos sepultados con Cristo». Como enseña Cristo en el evangelio, de lo dicho se desprende con toda claridad que, aunque por no haber sido aún

---

[86] Aplicación de frases de Ap. 6, 11 y 7, 9.

[87] Toda una serie de confidencias que, como antes, implican muy elevadas experiencias de talante místico por parte de Servet. ¿Pensaría en estos bellos conceptos sobre la muerte en la hoguera de Champel?

asumidos al cielo, tenía gran importancia para los judíos el decreto de sepultura, para nosotros, en cambio, el sepelio del cadáver resulta cosa de escasa importancia (Mt. 8; Lc. 6). «Todos estamos sepultados ya con Cristo por el bautismo» (Rom. 6; Col. 2) [88]. Claro es que, para evitar su corrupción, hay que enterrar civilmente los restos mortales, y ello con mucha piedad, tanto por la imagen de Dios presente en el cadáver mismo cuanto por el don de Cristo, a quien plugo morar en él. El verdadero cristiano, el nuevo hombre interior, la nueva creatura incorruptible de Cristo que con Cristo vive ya para siempre en los cielos, ni puede morir, ni puede ser enterrado. Ya el propio David da fe de ello: «De gran precio será la redención de su alma, dice; que descanse y viva para siempre, y nunca vea la sepultura» (Sal. 48, que es el 49 de los hebreos) [89]. Esto es verdad aún más, porque con el nombre de sepulcro se entiende ahí también el infierno, adonde no entran quienes han sido regenerados por Cristo.

Gran valor tienen también estas palabras de Cristo: «El que cree en mí tiene vida eterna.» No muere para siempre, no muere jamás, pues ya ha pasado «de la muerte a la vida». A una vida eterna. Luego veremos cómo nuestro hombre interior es verdaderamente incorruptible e inmortal. Ahora bien, si no muere, tampoco necesita sepultura. En verdad que por nosotros Cristo ha muerto y ha sido sepultado, descendiendo hasta el mismo infierno, para que, incorporados a él y consepultados, ya no muramos jamás nosotros, ni seamos sepultados en los limbos del infierno, como fueron sepultados antes los judíos, al no ser recibidos entonces en ese reino. Ellos quedaban manchados al aproximarse a los sepulcros: el mero contacto con el cadáver o con el sepulcro, como el infierno, manchaba a los que los tocaban (Num. 19) [90]. Si recuerdas lo que dijimos en el Diálogo primero, comprenderás con facilidad que a nosotros no nos entierran como enterraban antes a los judíos. En su caso eran llevadas al sepulcro tanto las almas como los cuerpos;

[547]

---

[88] «Deja que los muertos...», de Mt. 8, 22 y Lc. 9, 60. Los otros textos, en nota 81.

[89] Sal. 48, 8-9. Además de esa versión, que es la de Valera, resulta oportuno compararla con otras. Nácar-Colunga traduce: «Muy caro es el precio de rescate de la vida, y ha de renunciar por siempre a continuar viviendo indefinidamente sin ver la fosa.» Mientras que BiJer traduce: «Mucho cuesta la redención de su alma. Se acabó para siempre. ¿Y aún ha de vivir? ¿No verá jamás la fosa?»...

[90] «El que tocare muerto de cualquier persona humana, siete días será inmundo», Num. 19, 11.

en cambio, nuestras almas son llevadas por Cristo al cielo [91]. Así como Adán, si, después de pecar, hubiera comido nuevamente del árbol de la vida, hubiera vivido para siempre, como dijo Dios, así también nosotros, alimentados de ese pan de vida y de esa bebida incorruptible, nunca más podremos morir, ni sentir hambre o sed (Jn. 4 y 6) [92]. Ni, por tanto, ser sepultados. «Como yo, dice, así también el que me come». Ahora bien, yo vivo una vida inmortal e incorruptible; luego lo mismo el que me come. Con un alimento incorruptible sólo puede alimentarse un hombre incorruptible. Poderosísima razón, si hay verdadera comida.

De la muerte y la sepultura se desprenden, en consecuencia, dos cosas. Primera, que así como a los judíos los manchaba el contacto con los muertos, así a nosotros nos manchan las obras muertas. Inmunda era para ellos tanto la muerte como la muerte infernal de la inmundicia del pecado. Segunda, que así como consideraban una gran maldición los judíos el que su cadáver fuera devorado por las bestias, caso de no haber sido sepultado después de morir, así también consideramos nosotros abominable el dejarnos atrapar nuevamente por las concupiscencias, después de haber sido sepultados con Cristo. Así como antes no estaba permitido a los sacerdotes y nazarenos asistir a la sepultura, que era el mismo infierno, así también tenemos que guardarnos nosotros de los sepulcros infernales, que son los de las concupiscencias.

RESURRECCIÓN

Tras la muerte y la sepultura, la resurrección. Nos sumergimos en las aguas, símbolo de la muerte y sepultura de Cristo, para que, al volver a salir de ellas, símbolo de la resurrección, nazcamos del nuevo elemento agua quienes habíamos nacido antes de la tierra. ¡Gran misterio que, habiendo nacido antes carnalmente del maldito elemento de la tierra, nazcamos después de otros del cielo, de suerte que supere el segundo nacimiento al primero, como supera el alma al cuerpo! Nacemos en el bautismo «del agua, del Espíritu y del fuego» (Mt. 3; Lc. 3; Jn. 3) [93]. Se toman a la vez los elementos creados y los increados, porque a la vez estaban en la generación de Cristo. Vamos a mostrar cómo el

[548]

---

[91] Véase esa anterior exposición en la p. 235 y ss. de *Rest.*, p. 419.

[92] Jn. 4, 14 y 6, 35.

[93] Conocidos textos bautismales: en boca del Bautista, Mt. 3, 11 y Lc. 3, 16; de la conversación con Nicodemo (pero no menciona el fuego), el de Jn. 35.

alma consta esencialmente de todos ellos y cómo por todos ellos se renueva ahora.

Que todos esos elementos divinos y humanos contribuyeran a formar una única realidad en la generación de Cristo, lo hemos enseñado ya en los Libros sobre la Trinidad, diciendo además que todos esos elementos se renovaron en su regeneración y que, a semejanza suya, se renuevan también en nosotros «de arriba» [94]. «De arriba» volvemos a nacer, para que la tierra maldecida «de arriba» sea transformada, purificada y vivificada. En las Escrituras el agua y las cosa «de arriba» designan tanto al Espíritu santo como al cielo, de tal suerte que si nacemos de ellas, podemos decir que hemos nacido del cielo. Por ellos nos transformamos ahora interiormente en divinidad y somos glorificados internamente, para ser luego exteriormente transformados y glorificados en el cuerpo. Contamos de momento sólo con la resurrección, renovación, transformación y glorificación del cuerpo de Cristo, como prototipo ofrecido para gustarlo, a fin de que, experimentando ya ahora interiormente en el espíritu la renovación de Cristo, podamos conocer con más certeza la futura renovación de nuestro cuerpo. Quien no es consciente de que dentro de sí mismo vive Cristo, no está regenerado. Quien dentro de sí conoce a Cristo, lo siente realmente como resucitado, y siente que, como Cristo, también él resucitará. En nuestra regeneración nuestro espíritu resucita como el de Cristo, se transforma a su imagen y es glorificado (II Cor. 3) [95].

A partir de la glorificación de nuestro espíritu como la del de Cristo, deducimos válidamente la futura glorificación de nuestra carne como la de la de Cristo. La resurrección del espíritu exige la resurrección del cuerpo, conforme al precedente del cuerpo resucitado de Cristo, que experimentamos en nosotros. Tan fácil es glorificar y transformar la carne, como el espíritu, pues todo se realiza igualmente por inserción de luz divina. Así que resulta tan fácil creer en la [549] resurrección del cuerpo, como en la del espíritu. Propio de la luz es transformar luminosamente la materia terrena en brillantes perlas y piedras preciosas, lo mismo que transforma al espíritu. Así como un resplandor de luz transfiguró el cuerpo de Cristo en el monte y lo glorificó en la resurrección, y así como, a semejanza suya, un resplandor de luz

---

[94] *Desuper* en todo este contexto, así como en los textos aludidos.

[95] Paráfrasis de II Cor. 3, 18: «Nosotros todos, mirando como en un espejo la gloria del Señor, somos transformados en la misma esperanza.» Pero ya aquí y ahora, *nunc, in divinitatem interne transformamur, et glorificamur.*

transforma ahora y glorifica nuestro espíritu, a tenor de lo dicho en II Cor. 3, así también, a semejanza suya, transformará y glorificará nuestro cuerpo (Flp. 3) [96]. Es tan grande el poder de la resurrección de Cristo, que quienes la conocen, conocen también hasta la evidencia la nuestra, la gustan y la experimentan ya en su hombre interior. La verdadera prueba y experiencia de ella nos la proporciona el bautismo, en el cual acontece y se reconoce una verdadera resurrección de nuestro espíritu, una verdadera regeneración y configuración de un «hombre nuevo», a semejanza de Cristo que resucitó transformado en «hombre nuevo».

Mas, con el fin de que tú, lector cristiano, alcances un profundo conocimiento de esta sustancial y celestial generación divina del «hombre nuevo», hay que repetirte lo que tantas veces ya hemos dicho: que la sustancia del Creador está unida y mezclada de varias maneras con la de la criatura formando un único hombre en cuerpo y alma, cuyo prototipo de todos es Cristo. Dijimos que el espíritu vital de Cristo es cierto aliento que contiene la verdadera sustancia de todos estos elementos, pero incorruptible y nueva. Así como la Palabra de Dios es hipostáticamente hombre, así también el Espíritu de Dios es hipostáticamente espíritu del hombre; y así es como se nos comunica, totalmente [97]. Por nosotros está aglutinado a Dios el Espíritu de Cristo, para de este modo comunicársenos y aglutinarnos a Dios. Y ese mismo Espíritu humano de Cristo, aglutinado en unidad a Dios, ha sido renovado, lo mismo que su carne, por el poder y la gloria de la resurrección. De ahí que su alma haya sido renovada por la deidad nueva y por la nueva sustancia incorruptible de su espíritu vital. Por él son renovadas también sustancialmente nuestras almas, una vez restituidas en la fe, conforme van alcanzando gradualmente la plenitud de Cristo. Esta graduación consta principalmente de la predicación, el bautismo y la cena. [550]

Primero hay ciertos dones universales del Espíritu de Dios, incluso en los gentiles, para que cada cual pueda obrar

---

[96] Flp. 3, 21: «El cual transformará el cuerpo de nuestra bajeza para ser semejante al cuerpo de su gloria.»

[97] Algunas de las afirmaciones más claras, y más arriesgadas, del pensamiento ontológico de Servet, mal interpretado como panteísmo por Calvino y muchos otros estudiosos superficiales: *Creatoris substantiam esse creaturæ in unum plasma varie unitam et mixtam, tam in anima quam in corpore, quorum omnium specimen est Christus.* Y la última, de enorme alcance cristológico: *Sicut verbum Dei est hypostatice homo, ita spiritus Dei est hypostatice spiritus hominis: et ita se totum nobis communicat.*

el bien, de acuerdo con su propia conciencia, incluso antes de conocer expresamente a Cristo. Hay después otro Espíritu especial, que recibe el catecúmeno por la doctrina de Cristo, y aún hay otro más excelente, que recibe el cristiano en el bautismo; igual que son distintos el Espíritu que produjo la predicación de Cristo y el que produjo su resurrección. Cuando uno es engendrado en Cristo «del agua y del aliento», se imprime en él el aliento de Cristo, una como inserción sustancial, un «revestirse de Cristo»; y a la vez recibe como alimento su carne, y su sangre como bebida. Nacemos así «del agua y del aliento», como si fuera Cristo quien soplara con aliento de su boca sobre nosotros, para alimentarnos a continuación en la cena [98]. En el modo de dispensar estos ministerios hay diferencias, diversa fruición, pero inequívoca concomitancia. El espíritu de Cristo humanado que se nos da en el bautismo indica ya, por cierto parecido en su función, que con él se nos da también todo lo demás que hay en Cristo. Propio del bautismo es regenerarte de modo que te insertes sustancialmente en Cristo y te revistas de Cristo. Lo suyo es dar el Espíritu santo, pero tan unido a los elementos humanos, que tras él venga consecuentemente todo lo demás, incluso la cena. Tanto más cuanto que por ser renovados con esos elementos «de arriba», se renuevan nuestros elementos y se nos comunican los que son de Cristo. Y de esta suerte en el bautismo se nos da íntegro el espíritu de Cristo, igual que en la cena se nos da íntegra su carne. Observemos cómo con el aliento elemental fue dado a los apóstoles el Espíritu santo (Jn. 20; Hch. 2); con el aliento elemental fue dada el alma en la generación (Gen. 2) [99]. Pues bien, con él se realiza la regeneración, a semejanza de la primera generación; y nosotros renacemos tanto «del aliento» como «del agua», de elementos a la vez creados e increados. Piensa que sólo en Cristo reside originariamente el Espíritu santo revestido de espí- [551] ritu humano, por nosotros y para comunicársenos de ese modo. Con el Espíritu divino de Cristo nuestras almas, re-

---

[98] *Flatu oris sui.* En todo este contexto, quizá para insistir en su doctrina de las tres Personas como aspectos divinos sin entidad distinta, Servet usa el término *flatus* en lugar de *spiritus*, aunque ambos significan aire, soplo; así creería evitar fáciles equívocos.

[99] Servet trata como análogas las referencias a *spiritus* de Jn. 20, 22: «Sopló y díjoles: Tomad el Espíritu santo»; de Hch. 2, 2, Pentecostés, cuando «de repente vino un estruendo del cielo como de un viento»; del Gen. 1, 2 y 2, 7: «El Espíritu de Dios se movía sobre las aguas» y al primer hombre «Dios le alentó en la nariz soplo de vida». Todo ello, por ser fiel a su acepción etimológica, previa a toda ideología y sistematización; pero quizá con ello perdió perspectivas, empeñado en su propia ideología.

vestidas de él, reciben nueva sustancia de espíritu vital, su sangre y carne verdaderas. Por más que sin ellas puede dársenos también el Espíritu santo [100].

Pero ahora interesa que te enteres un poco del daño y recuperación del alma. La esencia del alma, unida en una misma realidad con los elementos corruptibles de la carne, fue de tal modo dañada en Adán por Satanás, que el alma se tornó mortal hasta cierto punto. Se habla de mortalidad del alma de diversas maneras, como cuando se amputa una parte del cuerpo y duele allí y parece como que se muriese el alma; o cuando el cuerpo se queda sin aliento. Pero de otra manera más insigne tanto el alma como la carne se tornaron mortales: como consecuencia del pecado. No es que el alma se aniquile, como tampoco la carne; pero sí muere, cuando entre dolores se ve privada de sus acciones vitales y languidece retenida en el infierno, como si nunca más hubiera de vivir [101]. Por Cristo, en cambio, las almas, al igual que la carne, se han tornado inmortales. Cristo ha traído al mundo la inmortalidad (II Tim. 1; I Pe. 1) [102]. Adán hubiera podido conservar la inmortalidad del hombre entero, pero la perdió completamente al pecar, como si se muriese para no volver a existir nunca más. Para restituirnos esta inmortalidad, presente ya en nuestro interior, Cristo redentor convirtió en inmortales nuestras almas y en incorruptible su espíritu vital, a semejanza de su Espíritu vital incorruptible, el cual nos comunica al comunicársenos

---

[100] Como antes, Servet subraya la independencia de Dios, por encima de los ministerios cristianos normales que antes expuso.

[101] De este texto un tanto confuso tomó ocasión Calvino para acusar a Servet de defender la mortalidad del alma, recogiendo además frases de páginas anteriores en el Diál. I. Servet pudo responderle, con razón, que él usó ciertos términos restrictivos, *velut mori, quasi non amplius victura,* y le remitió a textos suyos más claros del lib. II de la I Parte, de ese mismo Diál. y de su *Apología*: págs. 76 y 229 de *Rest.* (antes, 217 y 411), y p. 718, en nuestra ed. de *Treinta cartas a Calvino* (Madrid: Castalia), p. 274. Cfr. *Calv. Op.*, VIII, 551; *Kingdom*, op. cit., p. 45.

[102] «El cual quitó la muerte y sacó a luz la vida y la inmortalidad», I Tim. 1, 10. «Nos ha regenerado en esperanza viva para una herencia incorruptible», I Pe. 1, 4. Servet debió ser más explícito para explicar su idea de ese languidecimiento del alma, *languet,* muy análogo a la *psychopannychia* o «sueño del alma» hasta la resurrección, doctrina renacentista de origen italiano bastante común entre los reformadores del XVI, incluido Lutero y varios más, pero rechazada por Calvino en su primer escrito como protestante, cuyo esbozo proviene de 1534. Puede resultar sensacional, y no recogida hasta ahora, la sugerencia de G. H. WILLIAMS de que ese escrito primero de Calvino tuvo en mente explícitamente a Servet, con quien tuvo dispuesta una discusión pública en París que no llegó a realizarse; más aún, en ese escrito de Calvino habría ya una camuflada alusión a la circulación pulmonar; cfr. *op. cit.*, pág. 583 y ss. El tema merece mayor investigación.

él enteramente. El aire o aliento que ahora exhala Cristo nos lo inspira Cristo en nuestros corazones, al comunicarnos toda su naturaleza. No sin misterios nacemos «de arriba», de los elementos celestiales, y volvemos a ser engendrados por el poder de la resurrección de Cristo: comunicándonos íntegramente la sustancia de su Espíritu, el Espíritu totalmente incorruptible que alcanzó en su regeneración. Esta incorruptibilidad la vinculó Cristo tan sustancialmente a nuestra alma, que puede decirse que los regenerados tienen otra alma distinta a la anterior. ¡Tánto se ha renovado su sustancia y tánto ha aportado la nueva deidad sobreañadida! En consecuencia, así como está realmente en nosotros toda la carne de Cristo, así también está realmente en nosotros todo el espíritu de Cristo. Nuestra alma se repone de verdad tanto con la sangre de Cristo como con su espíritu vital en ella contenido [103].

[552]

En nosotros hay verdadera y realmente elementos celestiales incorruptibles, tal como los que sustancialmente tiene ahora Cristo en el cielo; elementos superiores, por los que el propio cuerpo de Cristo se une ahora sustancialmente a nuestra propia alma en el hombre interior. Llamamos nueva a esa sustancia celeste del aliento de Cristo, por haber sido renovada en su resurrección, como fue renovado su elemento terreno en su carne glorificada. El día de la resurrección de Cristo fueron hechos «un cielo nuevo y una nueva tierra». Nuevo espíritu, nuevo reino, nuevas creaturas en Cristo. Todo, en fin, nuevo en una nueva alianza. Y todo nos ha sido comunicado a nosotros. Admirable es nuestra nueva generación «del agua y del Espíritu», elementales y a la vez superelementales. Por este nacimiento se nos da el mismo cielo, pues en él nacemos «del cielo». Se nos dan los mismos elementos que tiene Cristo en el cielo y que constituyen el «nuevo cielo». Nos los da Cristo, dándosenos por entero. Tal es la verdadera regeneración. No algo superficial como vulgarmente se cree, sino producción sustancial e íntegra de un «hombre nuevo». Una vez que Cristo ha sido renovado sustancialmente y se nos comunica en cuanto tal, también nuestra renovación es sustancial [104].

---

[103] Como se ve, Servet implica también algo de su descubrimiento de la circulación en su modo de entender el modo de realizarse esa deificación del cristiano. Queda bien patente su identificación del alma con la sangre repuesta. Calvino tenía, pues, una buena base para atacarle, por concebir el alma como un poder vital constituido o al menos alimentado por la sangre.

[104] *Substantialis et integra novi hominis productio.* En ese «vulgo» abarca Servet todo el estamento teológico tradicional, que ha interpretado la gracia como una cualidad inherente al alma, a diferencia de su concepto de una real transformación substancial, física, aunque mística.

El modo de esta renovación es fácil: a partir de la Luz de Cristo. Ese eximio fulgor de su Luz increada transforma en nuestro espíritu su primera forma de luz creada, a la que se une entonces tanto todo el espíritu de Cristo, como toda su carne. Esa renovación es indispensable, dado que en los propios elementos del alma estaba con anterioridad la mancha del demonio y sería nefando involucrar a Cristo entero con tanta inmundicia. El cuerpo incorruptible de Cristo no podría unirse sustancialmente a nuestra alma, de no haber en ella esa participación de su incorruptible sus- [553] tancia espiritual, que es el vínculo común [105]. Por un víncu- lo corruptible está unida nuestra alma al cuerpo corrupti- ble, y por un vínculo incorruptible está unida al cuerpo incorruptible de Cristo. De no haber en nosotros auténtica comunicación de la sustancia incorruptible, se daría el caso de que Cristo inspiraría algo sin que se nos comunicase a nosotros. Lo cual no puede decirse, pues se nos comunica íntegramente.

Tanto los primeros elementos de la creación del mundo como los mismos cielos, tienen que ser renovados de una manera espectacular en la resurrección final, ya que todos están manchados y tienen que disolverse a base de calor en el día del juicio. En cambio, los elementos del «hombre nuevo» están sin mancha, renovados e inmunes a todo cam- bio o alteración, de suerte que nuestro hombre interior es en verdad incorruptible como Cristo. Verdaderamente en- gendrado de semilla incorruptible, incorruptible ha sido creado en Cristo y de alimento incorruptible ha sido real- mente restablecido. ¿Cómo no va a ser inmortal el «hom- bre nuevo», si inmortal era en la primera generación el viejo Adán? ¿Acaso no es éste mucho más noble que aquél? Incorruptibles son los hombres que, como dice Juan, no han sido engendrados «de sangre, ni de voluntad de carne, ni de voluntad de varón, sino de Dios»; por eso, ellos no pecan, ni pueden pecar, porque son verdadera semilla de Dios (Jn. 1; I Jn. 3) [106]. Sólo el hombre incorruptible pue- de alimentarse de la comida y bebida incorruptibles de la carne y sangre de Cristo, pues la nutrición es asimilación na-

---

[105] *Non posset corpus Christi incorruptibile substantialiter iungi animæ nostræ, nisi esset in ea participatio illius spiritualis incorruptibilis. Id enim est commune vinculum.*

[106] Prólogo de Juan 1, 12-13. «Cualquiera que es nacido de Dios, no hace pecado, porque su simiente está en él, I Jn. 3, 9. Como siempre, Servet da a todas estas sentencias bíblicas un sentido estricto.

tural. Tanto más cuanto que ese hombre consta esencialmente de los propios «carne y huesos» de Cristo (Ef. 5) [107].

Así pues, al unirse en la cena del Señor la carne incorruptible de Cristo a la sustancia espiritual de nuestra alma, transformada del modo que acabamos de decir, y a esos nuevos elementos incorruptibles de la resurrección de Cristo, que ya se le habían unido por la verdadera regeneración, constituye nuestro verdadero hombre interior incorruptible, integrado por la «carne y huesos» de Cristo y por su espíritu y el nuestro. Tal es la verdadera formación de [554] Cristo en nosotros y la generación integral de nuestro hombre interior, que nos da vida antes que cuerpo, a semejanza de Cristo, y no de Adán: pues en la formación de Adán precedió el cuerpo al alma, el árbol de la vida al árbol de la ciencia; Cristo, en cambio, tuvo en el mundo vida y espíritu antes que cuerpo de carne: y antes nos da su espíritu que su cuerpo, antes la ciencia que la alimentación.

Grandes son estos misterios, según los cuales inmediatamente después del lavatorio debe seguir la cena del Señor, para complemento y alimento del nuevo hombre interior. Tal es la razón para decir que «por un solo Espíritu somos bautizados en un solo cuerpo» (I Cor. 12; Ef. 4) [108]. De tal forma concurren en uno todos los misterios de Cristo, que puede decirse que se hace lo mismo simultáneamente en la fe, en el bautismo y en la cena del Señor: perdonar los pecados y dar origen al hombre nuevo. Con ello se demuestra el gran poder de la resurrección de Cristo, del que reciben su eficacia la fe, el bautismo y la cena. Tanta importancia tuvo que Cristo resucitase a la inmortalidad y a su nueva gloria, como la tendrá después la universal resurrección final y renovación del orbe entero. Lo que sucederá entonces ha sucedido ya ahora verdaderamente: «Un nuevo cielo y una nueva tierra.» Es una empresa de mayor envergadura esta resurrección de Cristo, que la primera creación de todo el mundo, pues todo aquello estaba sometido a corrupción; ésta, en cambio, permanece siempre incorruptible y gloriosa. Mayor envergadura tiene la empresa de hacer incorruptible lo que era corruptible, que hacer todo perfecto desde el principio. Aquí ha tenido lugar una creación, una nueva producción del mundo y unas nuevas creaturas transformadas en incorruptibles [109]. Como ocurri-

---

[107] «Porque somos miembros de su cuerpo, de su carne, y de sus huesos», Ef. 5, 30.

[108] I Cor. 12, 13 y Ef. 4, 4.

[109] Por «envergadura» emplea Servet el término *artificio: plus artificii habet, maioris est artificii,* cuya versión literal sería innecesariamente equívoca.

rá en esa misma renovación de la resurrección final, ya han sido renovados en el cuerpo de Cristo en virtud de su resurrección todos los elementos de carne terrena y espíritu que tuvo Cristo, tanto divinos como humanos, que formaban su única realidad; y todo eso nos lo comunica Cristo al comunicársenos. Ten presentes, lector, los elementos de que está ahora sustancialmente constituido en el cielo el cuerpo mismo de Cristo y su espíritu vital. Así podrás [555] comprender qué clase de composición del espíritu y la carne de Cristo tiene el «hombre nuevo», injertado en Cristo, como el sarmiento en la vid, en la sustancia única de Cristo.

Al llegar a este punto, quizá nos objetes: si es impecable e incorruptible nuestro «hombre», resulta que a partir del bautismo y la cena nadie puede cometer pecado alguno. Respondo. El hombre interior no puede pecar jamás. Pero sí pecamos nosotros, con mucha frecuencia, y de muchas formas. En tales ocasiones, el hombre interior no se corrompe inmediatamente, sino que de algún modo se esconde refugiándose en Cristo, que lo sostiene benignamente. En efecto, muchos pecados ocultan la caridad y la gracia de Cristo [110].

En tal caso, replicarás, no todos los pecados mortales quitan la gracia. Respondo. En la Ley había bastantes pecados que merecían muerte inmediata, pero ahora, al sobreabundar la gracia de Cristo, no merecen la muerte, puesto que Cristo los encubre y oculta para que no se nos imputen. Y ello es la mayor prueba del amor y de la gracia de Cristo. Un gran pecado, que quita la gracia de Cristo, pecado mortal, por el que no hay que rezar, es «el pecado contra el Espíritu santo». Quien lo comete verdaderamente da muerte a Cristo en sí mismo. Así es como se da muerte hoy a Cristo en nosotros, matándolo nuestra propia impiedad, cuando nos anegamos completamente en la infidelidad y en los vicios de la carne [111].

Luego, concluirás, no es inmortal el hombre interior; ya que en el caso de que un iluminado cometa semejante «pecado contra el Espíritu santo», en él muere el «hombre interior», y en su espíritu se extingue Cristo, según se ha dicho. Respondo. En nosotros es inmortal e incorruptible el «hombre interior» en el mismo sentido que Adán antes de pe-

---

[110] Dando de nuevo un sentido literal a la conocida frase «La caridad oculta, cubre, muchos pecados», de Prov. 10, 12; I Cor. 13, 7; I Pe 4, 8.

[111] Cfr. nota 16. Resulta curioso, acaso revelador de íntimas preocupaciones personales, que Servet enumere como máxima transgresión irreparable, además de la infidelidad, la inmersión total en los actos sexuales.

car: en el sentido de que puede perseverar en la inmortalidad, como podía Adán, gracias, en uno y otro caso, al libre albedrío o facultad libre [112]. Pero en ambos casos, una vez cometida la transgresión contra el árbol de la ciencia, se pierde a la vez el árbol de la vida. En adelante eso ya no [556] se recupera, ni se puede nunca más cenar con Cristo. Sólo por hipótesis puede, pues, llamarse inmortal e incorruptible a este hombre como a aquél. La Serpiente está constantemente peleando contra este hombre, como hubiera peleado contra Adán y sus descendientes, de no haber sido vencido Adán al primer ataque. En nosotros tiene lugar ahora la corrupción del «hombre interior» por una especie de descomposición que ocasiona la separación de Cristo: entonces el alma depravada del hombre es arrojada del paraíso o reino celestial y entregada al demonio malvado.

Objetarás una vez más: si por el primer pecado Dios expulsó inmediatamente a Adán del paraíso, ¿por qué Cristo no expulsa inmediatamente a los pecadores del reino de los cielos? Respondo. ¡Así se pone de manifiesto la sublimidad de la gracia de Cristo para con nosotros! Además, la diferencia es clara, como dije en el Libro I [113]. No podía permitirse que permaneciera manchado en el paraíso de Dios Adán, que había sido creado completamente sin mancha. En cambio, Cristo, que nos glorifica según su Espíritu a nosotros constituidos ya en carne manchada, nos tolera los pecados de esa carne manchada, mas no los pecados «contra el Espíritu santo».

Síguese, me estarás diciendo, que un cristiano sólo puede ser condenado por «el pecado contra el Espíritu santo». Pero no se sigue, de no interpretar en sentido más amplio ese «pecado contra el Espíritu santo». Todos los pecados pueden ser perdonados a quienes lo piden por Cristo. Pero durante la impenitencia Cristo va apartándose poco a poco de nosotros, a pesar de movernos a penitencia en cada momento. Y así un pecado que no era mortal lleva a la muerte, pues la carne siempre termina por vencer al espíritu excitado. Tras larga lucha e insensiblemente vamos a parar a la muerte, como decíamos en el Libro I. De mil maneras nos exhorta Cristo y espera a que hagamos penitencia, antes

---

[112] Otra de las básicas fórmulas de Servet sobre la equiparación del primitivo estado de inocencia con el del cristiano adulto conscientemente reparado y transformado; también, sobre la libertad humana en ambos: *libero hic et ibi arbitrio, seu libera potens facultate.*

[113] Parte IV, lib. I, p. 562; 358 de *Rest.*

de quitar nuestro candelabro y borrarnos del libro de la vida (Ap. 2 y 3) [114].

Yerran, pues, de todo punto los papistas, quienes, tras confeccionar un enorme catálogo de pecados mortales, dicen que cualquiera de ellos puede en un instante ocasionar en el hombre la muerte, quitarle la gracia del bautismo y que esa gracia puede revivir muchas veces. ¡Como si tuviéramos [557] muchos bautismos igual que los judíos y mahometanos! Más aún, entre los judíos un mismo pecado era de muerte para éste y no para aquél, si en él abundaban otras buenas obras (II Para. 12 y 19) [115]. En cuanto se apartaban completamente de la justicia, todo era mortal y de nada les servía su justicia anterior (Ez. 18) [116]; por el contrario, mayor castigo merece fallar después de conocida la verdad, como nos enseñan Cristo y los apóstoles. Una cosa hay certísima para nosotros y contra todos los papistas: que nuestro «hombre interior» ha sido creado en la justicia de Cristo (Ef. 4) [117], de suerte que mientras permanezca interiormente, permanecerá la justicia y la gracia de Cristo y serán veniales todos los pecados que cometa. Mientras permanece en nosotros la verdadera fe de Cristo, permanece la justicia, pues procede de la fe y por ella hay venia para todos los delitos [118]. Esta justicia de Cristo, perfecta, es estable en nosotros, consiste exclusivamente en nuestra fe en él, prevalece sobre todas las justicias de la Ley y radica en el hombre interior incorruptible, por lo que ella misma resulta también incorruptible. Todo era repetible y fácilmente corruptible para los judíos, mas no así para nosotros. Por judíos entiendo sobre todo al vulgo mismo, pues a los profetas, que veían y creían en Cristo, los justificaba su fe de un modo más estable, a pesar de que incluso ellos eran

---

[114] «Vendré presto a tí y quitaré tu candelabro de su lugar, si no te hubieres arrepentido» y «El que venciere, no borraré su nombre del libro de la vida», Ap. 2, 5 y 3, 5.

[115] «Y como él se humilló, la ira de Jehová se apartó de él», II Cron. 12, 12. «Empero se han hallado en tí cosas buenas y has apercibido tu corazón a buscar a Dios», II Cron. 19, 3.

[116] «Si el justo se apartare de su justicia y cometiere maldad, ¿vivirá él? Todas las justicias que hizo no vendrán en memoria», Ex. 18, 24.

[117] Ef. 4, 24.

[118] Es ésta una de las doctrinas más llamativas de Servet: para un regenerado que mantiene viva su fe y su caridad, no hay realmente pecado mortal, ya que la fe le justifica: *peccata commissa omnia venialia*. Por otra parte, reiteró en el proceso ginebrino su creencia en que «no se cometen pecados mortales antes de los veinte años» (*Calv. Op.*, VIII, 518; *Kingdom*, p. 44). El contexto indica los motivos.

menos que nosotros. De modo distinto actuaba Dios en cada uno de ellos [119].

Seguirás aún insistiendo: si en nosotros está esa misma sustancia incorruptible del cuerpo y espíritu de Cristo, es que somos iguales a Cristo. Más aún, nuestro hombre interior no es sino el mismísimo Cristo. A esto tengo que responder, primeramente, que en el reino de los cielos Cristo es «todo en todos» (Col. 3): comunicándosenos, Cristo hace de nosotros el cuerpo único de la Iglesia, que es cuerpo de Cristo, la cual recibe su complemento del propio cuerpo de Cristo «que todo lo completa en nosotrs» (Ef. 1) [120]. En segundo lugar, tengo que decir que de ahí no se sigue que seamos iguales a Cristo, ni que lo seamos en el siglo futuro. [558] Más aún, ni siquiera entre nosotros habrá igualdad entre unos y otros; pues así como una estrella difiere de otra en claridad, así sucederá en la resurrección de los muertos [121]. Caeremos en la cuenta de que nuestra gloria proviene siempre del propio Cristo y de que a él se la debemos. Nuestra generación tiene lugar a partir de la creatura; la de Cristo, a partir de la sustancia de Dios. Cristo, al dársenos por su gracia, nos da todo y nos comunica su gloria: «La gloria, dice, que me diste, les he dado para que yo esté en ellos, como tú, Padre, en mí» (Jn. 17). Nosotros somos ya ahora en este mundo tal como Cristo mismo es en los cielos (I Jn. 4) [122]. Y ello porque en nosotros está él, que es quien nos hace ser así: «Como él es celestial, así también ellos, que son celestiales», según dice Pablo [123]. Sin embargo, no por eso puede decirse ya sin más que Cristo sea nuestro «hombre interior»; sino en cuanto que se comunica a nuestro espíritu innato, «renovándolo de día en día» (II Cor. 4; Ef. 4) [124]. El fuego del Espíritu de Cristo va mortificando nuestra carne hasta su disolución, de igual manera que antes morían aquellos israelitas carnales que habían sido tocados por el fuego de la gloria del Señor. A medida que Cristo va renovando nuestro espíritu con su Espíritu de fuego, y a medida que nos va penetrando corporalmente, pue-

---

[119] Esta distinción entre el *vulgo* judío y la minoría profético-espiritual es reiterada por Servet en su *Carta 25 a Calvino* (nuestra ed. cit., p. 180).

[120] Col. 3, 11 y Ef. 1, 23.

[121] I Cor. 15, 41.

[122] Jn. 17, 22 y la frase de I Jn 4, 17: «Pues como él es, así somos nosotros en este mundo.»

[123] I Cor. 15, 48.

[124] «Aunque este nuestro hombre exterior se va desgastando, el interior empero se renueva de día en día», II Cor. 4, 16. «Renovaos en el espíritu de vuestra mente», Ef. 4, 23.

de decirse que va creciendo también en Cristo nuestro «hombre interior», y que en nosotros se va formando el propio Cristo, y que va desapareciendo el hombre exterior, de suerte que la generación del uno sea la destrucción del otro [125].

Nuestro hombre interior consta, pues, de la naturaleza divina de Cristo y de la humana de nuestro espíritu; de ahí que pueda decirse con toda razón que somos partícipes de la naturaleza divina y que «nuestra vida está escondida en Cristo» [126]. ¡Oh gloria incomparable! ¡Oh incomparables dones del cielo! ¿Cómo no va a estar en nosotros el reino de Dios, si en nosotros está tal y como está en el cielo el propio Cristo, haciéndonos ser tal cual él es? Celestial es en verdad nuestro «hombre interior»: viene del cielo, de la sustancia de Dios, de la sustancia divina de Cristo. «No ha sido engendrado de sangre o voluntad de la carne, sino de Dios.» Justo es nuestro «hombre interior»: justo nació, como justo nació Cristo y en la justicia mora siempre. Dios es nuestro «hombre interior», como Dios son Cristo y el Espíritu santo. Como en sombra de esta verdad, en otros tiempos se dijo: «Yo lo he dicho, sois dioses»; y esa deidad es la que nos predice Zacarías en el cap. 12 [127]. Y así como en muchos hay un solo Dios, haciendo así que sean dioses, así también en muchos no hay más que un solo Cristo, haciéndonos ser «cristos» y «dioses». [559]

DON DEL ESPÍRITU SANTO

Pero ya que los partidarios del bautismo de niños no conocen bien la sustancia del «hombre nuevo interior», ni conocen del todo la sustancia del nuevo espíritu vital, vamos a discutir con ellos, por otro camino más familiar, sobre el don del Espíritu santo en el bautismo. Preguntémosles: ¿por qué se llama «bautismo del Espíritu»?

Yo, por más que indago todos los efectos del Espíritu santo recorriendo todas las Escrituras, no hallo que se adjudique jamás a nadie, sino cuando se hace constar que ha hecho algo en alguien. «A uno le ha sido dada por el Espíritu palabra de sabiduría, a otro profecía, a otro don de lenguas.» El Espíritu santo es espíritu de consejo, de temor,

---

[125] *Generatio unius, corruptio alterius*, principio aristotélico bien conocido.

[126] Col. 3, 3. Lleva así Servet a culminación su atrevida teoría de la deificación sustancial del cristianismo.

[127] Sal. 81, 6 cit. por Jesús en Jn. 10, 34; y Zac. 12, 8.

de piedad y cosas semejantes. (Is. 11; I Cor. 12) [128]. A todo eso lo llama Pablo «manifestaciones del Espíritu»: «A cada uno, dice, le es dada una manifestación del Espíritu para lo que conviene.»

Resulta, pues, inútil que, como pretenden los partidarios del bautismo de niños, haya en éstos donación de Espíritu santo, como en el caso del bautismo de Juan, pues en los niños no hay manifestación del Espíritu, como la hubo cuando Juan el Bautista. Y lo que es todavía más insensato: llaman Espíritu santo a ciertas cualidades infusas. A Juan, el precursor, con vistas a la manifestación de Cristo se le concedió el privilegio de que ya en el útero diese testimonio de él, a pesar de no estar bautizado aún [129]. Pero eso no lo encontrarás en otros niños; y, caso de que lo encuentres, nada tendría que ver con el bautismo de niños. ¿Cómo quieren probar el bautismo por lo que no es bautismo? ¡Si quieren deducir el bautismo de ese hecho, que bauticen en el seno de la madre, pues en él estaba Juan! En este caso la acción del Espíritu santo se puso de manifiesto en que «el niño saltó en el vientre de su madre». En el bautismo de niños, por el contrario, no se manifiesta otra cosa que algún lloro que otro, vagido de ranas que bracean y patalean en las aguas. Si en Juan Bautista no hubo regeneración, mucho menos la habrá en esos críos y en esos bautismos. Para confirmar el argumento anterior, preguntemos a los partidarios del bautismo de niños: ¿Qué quiere decir «fuego del Espíritu»? ¿Acaso no nos bautiza Cristo «con Espíritu santo y fuego»? ¿Crees que este fuego es algo muerto? ¿Puede ser fuego, si no quema ni luce?

[560]

Nos dirás: del mismo modo que los apóstoles primero fueron bautizados con agua, y más tarde recibieron el Espíritu santo, así también nada impide que se los bautice de niños según la carne con agua y que de adultos reciban el Espíritu santo. Bien, mas aunque nada lo impidiera, ¿cuánto tardaría en manifestarse el bautismo? ¿Qué efectos produciría? ¿Qué utilidad? ¿Dónde está la palabra del Señor ordenando hacerlo así? Los apóstoles fueron bautizados con agua después de creer; pero no podían recibir el Espíritu santo de la regeneración antes de la resurrección, pues no había aún tal Espíritu. Como en una especie de adivinanza Cristo dio a entender sus misterios antes de la resurrección, para realizarlos después todos como realmente nuevos en

---

[128] Citando a Pablo en I Cor. 12, 8-11 y una enumeración de los frutos del Espíritu según Is. 11, 2.

[129] Según Lc. 1, 41.

su reino. En cuanto al misterio son una misma cosa el bautismo de Cristo en el Jordán y su resurrección, a pesar de que el bautismo del Jordán no tuvo aún del todo el verdadero Espíritu de la regeneración, ya que Cristo «aún no había sido glorificado» (Jn. 7) [130]. Ahora es lo mismo el bautismo de agua y el de Espíritu santo, cosa entonces imposible. Aunque cronológicamente la fe preceda al bautismo de agua, y en ocasiones éste al de Espíritu, con tal que siempre se hagan teniendo fe; sin embargo, por intervención de Dios de tal suerte se hacen coincidir esos dos momentos, que puede decirse que con la fe y con el bautismo se obtiene el mismo efecto, puesto que el bautismo es complemento de la fe. Por el bautismo se nos otorga el perdón de los pecados que nos confiere la fe al justificarnos. Por el bautismo se nos limpia de los pecados, de los que somos justificados por la fe [131]. De ninguna manera, pues, puede llegarse a la conclusión de un bautismo sin fe. Es absolutamente necesario que, a tenor del precepto de Cristo, se nos bautice de creyentes, para que así seamos regenerados en ese lavatorio. Ahora bien, es imposible que los niños sean regenerados en el lavatorio. Luego, no sólo no pueden ser bautizados los niños, sino que es imposible bautizarlos, como demuestran todas las definiciones de bautismo que vamos a dar en seguida. Cristo prohibió bautizar a los niños, al ordenar a los apóstoles que bautizaran a los que habían adoctrinado, mandándonos creer antes de ser bautizados [132].

[561]

IMPOSICIÓN DE MANOS

Hablando de la imposición de manos, ¿qué mejor pantomima podrías representar que la de ese sacramento de los mitrados llamado confirmación, uno de los siete sacramentos de la Bestia? ¡No hubiera sido posible hacer salir del pozo del abismo otros demonios tan comediantes, que expusieran al ridículo con tantos y tales gestos el evangelio de Cristo! Si te bautizas después de haber creído, no hay nada tan verdadero que respecto a esa imposición de manos que sigue al bautismo se te pueda decir, como lo que tú mismo puedes leer en Hch. 6, 8, 13 y 19, y en I Tim. 4 [133].

---

[130] Palabras de Juan mismo en Jn. 7, 39.

[131] *Per baptismum datur remissio illa peccatorum, quam fides iustificando confert.*

[132] Sobre todo esto véase antes, págs. 754 y 764.

[133] Una imposición de manos sobre la cabeza se menciona con motivos distintos en esos textos: sobre los primeros diáconos en Hch. 6, 6; sobre

No consta que haya ninguna imposición de manos especialmente instituida por Cristo para conferir el Espíritu santo, sino una general aprobada por él para conferir poderes y curar enfemedades. Aun sin ella, sigue habiendo de vedad «bautismo del Espíritu», «lavado de regeneración», «baño de renovación», «regeneración del espíritu por el agua y el Espíritu santo».

La imposición de manos entraña sobreabundancia de bendiciones, y cierto poder o facultad de obrar, pues con las manos obramos. Los patriarcas de Israel se servían de la imposición de manos y de la oración para impetrar una bendición (Gen. 48; Num. 27; Deut. 34)[134]. De ese modo de actuar para dar la bendición se valió Cristo y después de él los apóstoles. Pero esa fórmula no es absolutamente necesaria en el bautismo, tanto más cuanto que el sublime don de lenguas que se confería por la imposición de manos en orden a la expansión de la Iglesia no es necesario conferirlo a todos los bautizados. Con él se indica sólo la sobreabundancia de bendición. La imposición de manos en el bautismo a veces precede, a veces se omite y a veces se repite, y se da también a los niños no bautizados. Al propio Pablo le impusieron las manos antes de ser bautizado con agua (Hch. 9); mas Pedro, viendo que Cornelio había recibido el Espíritu santo, no se preocupó de imponerle las manos (Hch. 10)[135]. Cosa curiosa: aunque, una vez recibido por Cornelio el Espíritu santo, omitió Pedro la imposición de manos, no omitió, sin embargo, el bautismo de agua, pues está más en consonancia con el misterio y ha sido instituido por Cristo para todos. Repetidas imposiciones de manos puedes ver en Hch. 6 y 13[136]. Así pues, los apóstoles, haciendo uso de esa antigua forma de bendecir, aprobada por Cristo, imponían las manos sobre los enfermos y oraban para que sanasen, como también imponían las manos sobre los bautizados y oraban para que recibiesen el Espíritu santo.

[562]

Eso es lo que podemos hacer nosotros con todo derecho, suplicando siempre la bendición de Cristo y la multiplicación de su Espíritu. Siguiendo el ejemplo de los apóstoles, impondremos también las manos sobre los llamados a los

---

unos samaritanos, 8, 17; sobre Bernabé y Saulo, 13, 3; Pablo sobre unos discípulos, 19, 6; el presbiterio sobre Timoteo, en I Tim. 414.

[134] Historias de Jacob y Efraím, Moisés y Josué, etc., narradas en Gen. 48, 14; Num. 27, 18-25; Deut. 34, 9.

[135] Hch. 9, 17-18 y 10, 44-48.

[136] Todos los apóstoles sobre los diáconos, y todos los presentes sobre Bernabé y Saulo, Hch. 6, 6 y 13, 3.

ministerios de la Iglesia, orando para que en ella no falte nunca la mano de Cristo; no sea que nuevamente se introduzcan en ella subrepticiamente con algún nuevo engaño Gog y Magog, como han irrumpido esas larvas papistas y esos rasgos judaicos. Ahora bien, nadie debe recibir esta imposición de manos de un ministro claramente idólatra y no enviado por Dios, como son hoy día los de las mitras y las bulas. No sin razón nos advierte Cristo que oremos a Dios «para que él mismo envíe operarios» y ministros (Mt. 9) [137]. Operarios, repito, no intrusos con bulas papistas, comprados por dinero, para comerse las mejores carnes, sino elegidos por sufragio popular para la predicación y el ministerio (Hch. 6), o designados con el consentimiento de la Iglesia por aquellos en quienes resplandece el poder del Espíritu santo (Tit. 1), o elegidos por sorteo y con oración, caso de haber entre ellos igualdad de méritos (Hechos 1) [138]. Estos son los tres procedimientos que hemos de observar para nombrar ministros en la Iglesia de Dios, rechazando la importura papística.

Y ¿qué decir de esa unción con aceite utilizada por los apóstoles para curar enfermos, de la que ningún uso hicieron ni la Ley, ni Cristo? Respondo. Así como Cristo, al decir «Cuando ayunes, unge tu cabeza» [139], da a entender que [563] se hacía uso de la unción, pero no la manda, así también los apóstoles, poniendo en práctica ese modo de ungir, no lo proponen como institución. Así lo dan a entender Santiago y Marcos, cuyas palabras sólo tienen valor narrativo: «Los apóstoles», dice, «ungían con aceite a muchos enfermos y sanaban» (Mc. 6). Santiago, que actuaba entre los judíos y judaizaba en la circuncisión y en otras muchas cosas, recomienda a los presbíteros orar sobre el enfermo, cuando lo unjan (Sant. 5) [140]. «Oren, dice, sobre el enfermo, ungiéndolo con aceite y la oración de fe lo sanará». Pero ahí se adivina una tradición farisea que no consta en la Ley.

Una cosa es cierta: que tanto los profetas como los apóstoles, además del don de curar, echaron mano de otros remedios. Por eso pudieron conservar con más facilidad el

---

[137] Mt. 9, 38.

[138] Por voto fueron elegidos los candidatos a diácono; por consentimiento, Tito; tras oración y por sorteo, Matías en Hch. 1, 21-26. Servet parece complacerse en esta triple forma democrática de seleccionar ministros.

[139] En Mt. 6, 27.

[140] Textos de Mc. 6, 13 y de Sant. 5, 14. 15, en el último de los cuales se ha solido fundamentar el argumento teológico para justificar el sacramento de la unción de los enfermos.

remedio de costumbre, al servirse del don de curación; pues los judíos solían ungirse con aceite tanto por razones de aseo como de salud, y la unción con óleo estaba incluida entre las bendiciones de la Ley. Es natural, en caso de enfermedad, ungir a los enfermos con algunos linimentos; el orar en tales circunstancias le será provechoso. Entre los egipcios de los antiguos siglos era común el usar sólo aceite para curar toda clase de enfermedades, como cuenta Galeno del camemelino [141]. Asimismo, en las sagradas Escrituras, ungir con aceite equivale a aplicar un medicamento (Is. 1), del mismo modo que el samaritano ungió con aceite la herida de su prójimo, siendo así que el aceite puro no es bueno para ninguna clase de heridas [142]. Así pues, los apóstoles, rudos todavía, en el momento a que alude Marcos no pensaban en esa unción como en una exigencia del evangelio; sobre todo, si se tiene en cuenta que todos ellos judaizaban. Luego se trataba no más que de una tradición judía.

En cosas de mayor importancia se vieron obligados a judaizar los apóstoles, principalmente Santiago, que residía en Jerusalén rodeado de una multitud de judaizantes (Hch. 21; Gal. 2) [143]. Permitía la circuncisión a los hijos de judíos conversos al cristianismo; se cuidaba de que Pablo observase las purificaciones, rasuras y votos de la Ley, y de que otros observasen esas unciones. Para poder hablar de Cristo, se veían en la necesidad de simular ante los judíos que se abstenían de animales asfixiados y de sangre y que cumplían otras prescripciones judías, por no escandalizar y por miedo a los judíos. Por no escandalizar y por miedo, hoy nos vemos nosotros obligados a observar estos ritos babilonios de los idólatras que son mucho peores, o a disimular. Pues con mayor furor arremeten contra nosotros los ministros de la Bestia, que contra los apóstoles los judíos. ¡Siempre están sedientos de sangre, aunque, como Caifás y los fariseos, gritan: «No nos está permitido matar a nadie»! [144]. [564]

---

[141] Se excede Servet. En realidad, Galeno recomienda el camemelino, un tipo de aceite, para, con una quinta parte de vinagre, aliviar el calor febril del enfermo: *De compositione medicamentorum secundum locos*, ed. Kühn, vol. XII, págs. 507 y 560.

[142] Figuradamente se refiere Is. 1, 6 a las llagas de Israel «ni curadas, ni vendadas, ni suavizadas con aceite». La parábola del buen samaritano, en Lc. 10,30-37. Y un consejo final del médico profesional.

[143] Hch. 21, 21-26 y Gal. 2, 2-14.

[144] Emociona esta alusión a las razones, de tipo nicodemítico, con las que Servet pasa de ese contexto a un importante punto de su propia vida: durante años *observó* Servet los ritos católicos y tuvo que *disimular* por miedo. Compara la «sed de sangre» de la Inquisición francesa y española con el hipócrita grito farisaico de Jn. 18, 31.

Una vez completo el tratamiento sistemático de los misterios del bautismo, no nos queda, para coronar toda nuestra obra, sino aducir algunas otras consideraciones y definiciones del bautismo y resolver ciertas objeciones, con el
fin de que, desaprobado totalmente el bautismo de niños,
no quede ningún lugar a dudas.

Primera razón contra el bautismo de niños. Que la perfección de los símbolos de Cristo exige hombres perfectos,
o al menos, capaces de perfección [145].

Segunda razón. Los símbolos de Cristo fueron instituidos también como recuerdo, para que el hombre pueda recordar los beneficios de Cristo y rememorar el día en que
con Cristo fue sepultado, consciente de que no podrá re-
novarse, si falla en esa gracia. Gran cosa sería que cada uno
lo tuviésemos bien grabado. Por falta de esta memoria olvidamos a Cristo con facilidad [146].

Tercera razón. Los que conocen la eficacia de la justificación de la fe, saben perfectamente que antes de alcanzar
la fe de Cristo todos hemos servido a la injusticia y hemos
sido «hijos de ira» [147]. Si, pues, hemos sido «hijos de ira»,
¿de qué nos ha servido bautizarnos de niños? ¡A ver cómo
resuelven este silogismo los partidarios del bautismo de
niños!: Todo el que no cree en el hijo de Dios permanece
en la muerte de Adán y la ira de Dios continúa sobre él;
pero el niño bautizado no cree en el hijo de Dios; luego el
niño bautizado permanece en la muerte de Adán y la ira
de Dios continúa sobre él. Que los niños bautizados no creen,
es evidente, pues no han oído la predicación y «la fe viene
por el oído». ¿Y cómo van a creer en aquél de quien no han
oído ni hablar? De lo anteriormente dicho puedes sacar
otros silogismos: Todo «nacido del Espíritu escucha la voz
del Espíritu» (Jn. 3); pero el niño bautizado no la escucha;

---

[145] Toda esta serie de veinte argumentos contra el bautismo infantil resume ideas apuntadas o expuestas por Servet anteriormente a lo largo de
Restitutio. Hay que tener en cuenta que Calvino les dio mucha importancia,
ya que dedica varias páginas de su *Institutio*, ed. definitiva de 1559, a resu-
mirlos y responder a cada uno de ellos en el lib. IV, cap. XVI, 31.

[146] Calvino sugiere que Servet traslada al bautismo un texto, «haced esto
en mi memoria», pronunciado para la eucaristía.

[14] Según Jn. 3, 36. Objeta Calvino que Servet no atiende al contexto.

luego no es «nacido del Espíritu». La mayor universal es verdadera, enseñada por Cristo al hablar del bautismo en [565] general. «Todos los que se bautizan se revisten de Cristo», etcétera. El silogismo es evidente partiendo también de esa otra mayor universal: Todos los que hemos sido bautizados, estamos muertos y justificados [148].

Cuarta razón. En opinión de Pablo nadie puede ser espiritual desde el principio, sino que precede lo animal; luego, viene lo espiritual (I Cor. 15). Ahora bien, los ministerios del Nuevo Testamento son ministerios del Espíritu y en ellos nos iniciamos espiritualmente (II Cor. 3; Gal. 3). Luego no pueden iniciarse en un niño según la carne [149].

Quinta razón. Como muestra la historia de David, el que ha de subir a la fortaleza de Sión no debe ser ciego ni cojo, sino soldado valiente. Nadie puede alcanzar esa sublime fortaleza hasta haber derrotado al jebuseo y arrebatado todos los ídolos ciegos y mancos, que detesta el alma de David (II Sam. 5) [150].

Sexta razón. En los ríos de agua viva que, como dice Ezequiel, brotan de la Jerusalén celestial, los apóstoles son «pescadores de hombres», no de niños. Un buen pescador no atrapa los pececillos recién nacidos, sino que saca del agua a los mayores [151].

Séptima razón. Según Pablo, conviene dar lo, espiritual al espiritual y lo carnal al carnal, pues unas cosas y otras guardan cierta relación entre sí. Mira, pues, si puede ser admitido a la cena del Señor uno bautizado de niño. Si no das alimento carnal a un niño nacido según la carne, perecerá de hambre. Pues así acontece en lo espiritual: si no se alimenta con el nuevo pan del cielo el «hombre nuevo» nacido del cielo por el bautismo, se morirá de hambre. Pues un «hombre nuevo» tiene absoluta necesidad de un alimento nuevo; tanto más cuanto que sin la cena no está completo el «hombre nuevo» [152].

---

[148] Jn. 3, 6 y 8. Calvino opone la costumbre de Jesús de bendecir niños.

[149] Según I Cor. 15, 46 y II Cor. 3, 6, además de Gal. 3, 3. Responde Calvino: «Sigo negando que eso impida a Dios proveer un remedio inmediato.»

[150] II Sam. 5, 6-8. Calvino responde que podría oponer a esta alegoría otra, la parábola en que Jesús invita al convite celeste precisamente a ciegos y cojos, Lc. 14, 21.

[151] Mt. 4, 19. Opone Calvino otro dicho: que «en la red del evangelio caen toda clase de peces, grandes y pequeños», Mt. 13, 47; y renunciando a jugar con alegorías, insiste en que, en todo caso, no consta de una prohibición de bautizar niños, y en que el término «hombre» en ese texto no indica a los adultos, sino la raza humana.

[152] Basado en I Cor. 2, 13-14, que según Calvino Servet lee fuera de contexto.

Octava razón. Cristo llama a todos los cristianos a su cena. Luego quien no es capaz de cenar de Cristo tampoco lo es de ser llamado por Cristo. ¡Sería monstruoso engendrar un hombre que no sea capaz de comer! [153].

Novena razón. «El mayordomo fiel da la comida a su debido tiempo a la familia de su amo» (Lc. 12). Pero los que bautizan a los niños lo hacen todo antes de tiempo. Dan comida a los que ni la piden ni la necesitan. Dispensan los ministerios del Señor a los que ni siquiera conocen a Cristo. Con niños de la carne pretenden hacer el reino del Espíritu. Confunden el cielo con la tierra. ¡Son víctimas de su confusión babilónica! [154]. [566]

Décima razón. Cristo ordena a sus apóstoles dirigir la vista hacia los campos ya rubios y prontos para la siega. En cambio, los que bautizan a los niños recogen los frutos sin sazonar y sin madurar los echan a perder. Para una buena siega hay que esperar, como Cristo nos enseña, primero que crezca la hierba, luego la espiga aún tierna, más tarde la espiga ya granada: y entonces es el tiempo adecuado para segar al hombre adulto (Mc. 4). ¡Hermoso pasaje! Pero los que bautizan a los niños actúan al revés, devorando como langostas la hierba tierna, antes de que pueda dar fruto [155].

Undécima razón. Cristianos y discípulos eran lo mismo. Lo mismo sonaba en un principio llamarles cristianos, que llamarles discípulos (Hch. 11). Luego nadie es cristiano si no es discípulo. Luego no son cristianos los niños bautizados, porque no son discípulos. La razón es de toda evidencia: ningún niño fue llamado por aquel entonces al bautismo, puesto que sólo se llamaba a los discípulos. Y así lo ordenó Cristo: que los apóstoles hiciesen discípulos y los bautizasen [156].

Duodécima razón. Todos los cristianos son hermanos. Ahora bien, si esos niños fueran cristianos y hermanos, ¿por qué los alejas de la comunión fraternal de los cristianos?

[153] Curiosa respuesta de Calvino: «Por el bautismo son admitidos al rebaño de Cristo, y ese signo de su adopción les basta hasta que ya adultos pueden admitir alimento sólido», que presupone la cuestión.

[154] Lc. 12, 12. Y Calvino: «¿Por qué criterio va él a definirnos el debido tiempo del bautismo y probarnos que no lo es la infancia?»

[155] Con base en Jn. 4, 35 y en Mc 4, 28. que Calvino le acusa de distorsionar.

[156] Hch. 11, 26: «Y los discípulos fueron llamados cristianos primero en Antioquía.» Calvino le acusa aquí de proceder de la parte al todo. Los ahí llamados discípulos son adultos, pero eso no impide que los niños sean cristianos.

¿Por qué los alejas de la cena de Cristo? Con eso sólo ya confiesas que no son hermanos nuestros [157].

Décimotercera razón. No son hermanos nuestros los que no han recibido «el Espíritu de adopción de hijos de Dios». Este Espíritu es el que nos hace hermanos, haciéndonos hijos del mismo Padre. Ahora bien, este Espíritu viene «por el oído», de la fe. Luego no está en los niños [158].

Décimocuarta razón. Cornelio fue bautizado aun después de haber recibido el Espíritu santo, recibiendo del símbolo una mayor estabilidad y certeza. Debemos estar tan seguros de que Dios nos lava por dentro como lo estamos al ver que nos lavamos el cuerpo. Pero esa certeza no la pueden tener los niños [159]. [567]

Décimoquinta razón. Por la regeneración los hombres se hacen «dioses». Ahora bien, dioses son aquellos «a los que ha venido la palabra de Dios». Luego los niños bautizados no son «dioses» por no haber escuchado la palabra de Dios [160].

Decimoséptima razón. Las figuras de la Ley desaprueban el bautismo de niños. No se pueden hacer ofrendas de un buey, oveja o cabra recién nacidos, sino que se debe esperar otra semana (Lev. 22). No está permitido recoger los frutos de los árboles en los primeros años, pues se tienen por incircuncisos hasta que con el tiempo sean aptos para la santificación (Lev. 19). Ni siquiera los primogénitos de los hombres, que eran los especialmente reservados para Dios, permitió que le fuesen ofrecidos en seguida, sino después de pasar una semana (Ex. 22) [162].

Décimooctava razón. No puede ser llamado a Cristo quien no puede ser preparado por Juan. Lo mismo que a Cristo le precede un mensajero para prepararle el camino, así también a cualquier cristiano. Juan Bautista era realmente un catequista [163].

Décimonona razón. Por el propio Trismegisto, en el *Libro*

---

[157] Calvino: «Apartarlos de la Cena por un tiempo no impide considerarlos como separados del cuerpo de la Iglesia.»

[158] Con base en Rom. 8, 15 y Gal 3, 2. Y Calvino: «Siempre cae en el mismo paralogismo, aplicando a los niños lo que se dijo de sólo los adultos.»

[159] Hch. 10, 44-48. Calvino: «Erróneamente saca una regla general de un solo ejemplo.»

[160] Texto visto antes, Jn. 10, 35. Calvino: «Razón más que absurda. Es una de sus ilusiones el imaginar deidad en los creyentes», etc.

[151] Variación del argumento 13, que Calvino apenas considera.

[162] Citando Lev. 22, 26-28 y Ex. 22, 28. «Otra vez vuelve a sus alegorías», exclama Calvino al iniciar su respuesta.

[163] Calvino hace notar que la función de Juan era temporal, y que los niños bendecidos por Jesús no tenían su preparación.

de la regeneración y por los *Oráculos sibilinos* sabemos claramente que no debe administrarse el bautismo sino a adultos:

«Quienes, lavadas sus culpas pasadas en fuente de
                                          [agua perenne,
de nuevo engendrados, hayan renacido totalmente,
no sucumbirán ya a las abominables costumbres
                                          [del mundo» [164].

Y la Sibila repite en el Lib. VIII lo que ya había explicado en el I, que debe darse instrucción a los que van a recibir el bautismo:

«Renacidos para enderezar los senderos, limpiar de
                                          [vicios
las almas y lavar en agua todos los cuerpos,
para en adelante jamás quebrantar las leyes» [165].

Vigésima razón. Si está permitido bautizar a niños sin entendimiento, también lo estará que unos niños bauticen a otros jugando, en pantomima y en broma, como se cuenta del niño Atanasio y del que lo bautizó [166]. ¡La cosa más ridícula del mundo! Y tendrá que permitírsenos bautizar también en nuestra Iglesia las campanas de bronce, los cálices de plata, los asientos del altar, las vasijas de agua y los cirios pascuales; y de esta suerte hacer, como los fariseos, bautismos de cálices, de vasijas, de metales y aun de lechos (Mc. 7) [167]. Pero, por favor, ¿qué significan nuestros bautismos de campanas y de cirios? ¡Miserables fariseos! ¿Hasta cuándo, por fin, vais a estar ebrios y adormilados? [168].   [568]

---

[164] Hermes Trismegisto, «A Tacio, su hijo, discurso secreto en la montaña, sobre la regeneración y la regla del silencio», *Corp. Hermet.*, XIII, 1 (ed. Festugière, vol. II, p. 200): El proceso de la regeneración sólo se te podrá enseñar «cuando estés listo para hacerte extraño al mundo».

[165] *Oráculos sibilinos*, Lib. VIII, versos 314-317, y Lib. I, vs. 345-347 (ed. cit., págs. 396a y 345c), citas textuales, pero interpretadas por Servet fuera de contexto. Calvino escribe una serie de párrafos para denigrar a Servet por recurrir a estos testimonios paganos, dice, y por conformarse a sus ritos. «Estimamos nosotros mucho más la autoridad de Dios, a quien le place consagrarse los niños.»

[166] Recoge Servet la leyenda, acaso anécdota, según la cual Alejandro, ob. de Alejandría, declaró válido el bautismo administrado como en juegos por el niño Atanasio a sus amigos; cfr. H. SCHMIDT, *Dissertatio de puero Athanasio baptizante* (Helmstedt, 1701).

[167] Alusión a Mc. 7, 4; y entiéndase «bautismo» por «purificación».

[168] Calvino: «Dejadle discutir con Dios sobre ese punto, por cuyo precepto los niños eran circuncidados antes del uso de razón. ¿Era eso un juego?

¡Oh Cristo, Dios nuestro! ¿Cómo has podido soportar que durante mil doscientos sesenta años nos hayamos comportado como jumentos? ¿Dónde están, Señor, esas tus antiguas misericordias? ¡Justo eres tú! Esperaste hasta que se colmara la iniquidad de los cananeos porque no pareciese que los rechazabas injustamente. Y a éstos los has esperado el doble aún, siendo doblemente peores que los cananeos. Mucho te interesaste por unos pocos mártires, tus elegidos, y muy preciosa fue para tí su muerte, para permitir la crueldad de tantos millares de bestias perecederas hasta completar el número de tus mártires (Ap. 6)[169]. Pero esas terribles bestias no valieron nada ante tus ojos. En ellas diste a conocer tu gloria, precipitándolas a todas como a los ejércitos egipcios, para que resplandeciese la grandeza de tu gracia hacia tus elegidos. ¡Justo eres, pues, tú, Señor, e impíos son todos ellos, que han superado la maldad de los egipcios, babilonios y cananeos!

Tan admirablemente resplandece en todo esto la sabiduría de Dios, que a los que reconoce por ímprobos los destruye en determinados momentos de la historia, precisamente en los momentos en que pone de manifiesto su gloria y su misericordia con los elegidos, y que lo que promete lo cumple, endureciendo así a los malvados en su propia maldad. No a causa del siervo albedrío. Es nuestra maldad la que frecuentemente convierte en esclavo nuestro libre albedrío, cuando en determinados momentos se planta la alternativa de la libertad y la rechaza[170]. Y así nadie será condenado al fuego eterno, a no ser que conociendo el mal lo haga libremente. Y aunque alguna vez castigue Dios con muerte corporal a la vez «al justo y al impío», al pequeño y al grande (Ez. 21; Lc. 13)[171], sin embargo, el juicio de la futura muerte eterna no es el mismo; pues nadie es condenado a ella sin merecerlo. Y si me objetas que gratis llama Dios al evangelio a unos, y gratis rechaza a otros, respondo que eso es verdad, pero que no contradice lo dicho. Lo que Pablo pretende es sencillamente que la causa de la llamada o no

[569]

Pero no es extraño que estos espíritus réprobos, agitados por su locura, caigan en tales absurdos en defensa de sus errores. Justamente venga Dios su orgullo y obstinación en su irracionalidad. Confío haber aclarado lo débilmente que Servet apoya a sus hermanitos los anabaptistas.»

[169] «Hasta que se completaron sus consiervos y sus hermanos, que también habían de ser muertos como ellos», Ap. 6, 11.

[170] *Impietas nostra passim facit arbitrium nostrum ex libero servum proposito ad certa momenta libertatis bivio et neglecto.*

[171] Ez. 21, 3 y Lc. 13, 3.

DEFENSIO ORTHODOXAE

fidei de facra Trinitate, côtra prodigio-
fos errores Michaelis Serueti Hifpani:
vbi oftenditur hæreticos iure Gladii co-
ercendos effe, & nominatim de homine
hoc tam impio iuftè & meritò fumptú
Geneuæ fuiffe fupplicium.

Per Iohannem Caluinum.

Oliua Roberti Stephani.
M. D. L I I I I.

54. Portada de la obstinada *Defensa* (de si mismo) publicada por Calvino en febrero de 1554.

tal que todo el mundo se hiziese burla del? ¿Por qué? porque lo que se dize de una parte, él lo quiere entender de todos en jeneral. Otro tanto hazen estos, porque lo que se ha dicho de las personas de edad, ellos lo aplican á las criaturas haziendo una regla jeneral de grandes i pequeños. Cuanto á lo que toca al ejemplo de Cristo, no haze cosa ninguna por ellos. Jesu Cristo, dizen, no fué baptizado antes que fuese de treita años. Es verdad, pero la respuesta esta clara; porque entonzes él quería comenzar su predicacion, i por ella fundar el Baptismo: el cual ya habia San Juan comenzado á administrar. Queriendo, pues, el Señor instituir el Baptismo con su doctrina, para mas autorizar esta su institucion, santificó el Baptismo con su proprio cuerpo: i esto en tiempo que él sabia ser proprio i conveniente para ello: convieue á saber, que-queriendo ejecutar el cargo de predicar que se le habia dado. En suma, ellos no sacarán otra cosa, sino que el Baptismo tiene su oríjen de treinta años, ¿por qué ellos mismos no guardan esto, mas baptizan á todos aquellos que les pareze haber ya asaz aprovechado? I aun Serveto, uno de sus maestros, como el pertinazmente insistiese en este tiempo de treinta años, ya habia comenzado siendo de edad de veinte i un año á jactarse ser Profeta. Como que fuese cosa que se deba tolerar que un hombre se jacte i glorie ser doctor de la Iglesia, antes de ser miembro della.

30 Objectannos que por la misma razon la Zena debria ser administrada á las criaturas, á la cual nosotros no las queremos admitir. Como que la diferenzia no esté espresamente notada en la Escritura, i bien claramente. Yo confieso que antiguamente se haya hecho esto en la Iglesia: como se vee en algunos autores eclesiásticos: i particularmente en San Zipriano i en San Augustin: mas esta costumbre justamente, i con gran razon, se quitó. Porque si consideramos la natura i propriedad del Baptismo, hallaremos que el Baptismo es la primera entrada que tenemos para ser reconozidos por miembros de la Iglesia, i ser contados en el número del pueblo de Dios. Por tanto el Baptismo es la señal de nuestra rejeneracion i nazimiento espiritual por la cual somos hechos hijos de Dios. Mas al contrario, la Zena ha sido ordenada para aquellos que habiendo ya pasado su primera infanzia son capazes de vianda sólida. Esta diferenzia la testifica la palabra del Señor bien claramente: porque para el Baptismo no haze distincion ninguna de edad, mas para la Zena sí, no permitiendo que sea comunicada sino solamente á aquellos que pueden dizernir el cuerpo del Señor, que se pueden examinar i probar, que puedan anunziar la muerte del Señor, i que pueden entender cuanta sea su virtud. ¿Qué queremos mas claro que esto? Que cada uno se pruebe á sí mismo, i que despues coma del pan i beba de la copa. Es menester, pues, que la probacion, ó exámen prezeda: la cual á las criaturas no pueden hazer. Item, El que come i bebe indignamente, toma su condenacion, no disernieudo el cuerpo del Señor. Si no pueden partizipar de la Zena dignamente, sino los que se prueban, sino los que saben bien conozer la santidad del cuerpo del Señor, ¿por qué daríamos á nuestras criaturas ponzoña en lugar de pan de vida? ¿qué quiere dezir lo otro que el Apóstol concluye de aquí: Todas las vezes que comierdes aqueste mandamiento del Señor: Hazéislo en memoria de mí? ¿qué quiere dezir este pan, anunziareis la muerte del Señor hasta tanto que venga? ¿Qué memoria, yo os suplico, podemos demandar de las criaturas tocante á aquello que

que ellas nunca han entendido? ¿Cómo podrán annnziar la muerte del Señor, visto que aun no pueden hablar? Ninguna cosa de todas estas se requiere ni prescribe en el Baptismo. Por tanto la diferenzia es mui grande entre estas dos señales: la cual misma diferenzia se tuvo en el Viejo Testamento en señales semejantes: la cual misma diferenzia es á estas. Porque la Zircuncision, la cual es zertísimo que corresponde á nuestro Baptismo, se daba á los niños: mas el cordero pascual, en cuyo lugar tenemos la Zena, no era para todos indiferentemente, sino solamente para aquellos que siendo de edad podian preguntar qué signifiaba aquello. Si estos tuviesen un tanto de entendimiento, no dejarian de entender cosa tan clara i manifiesta.

31 Aunque me da pena hazer un catálogo de tantos desvaríos que podrian fastidiar al lector, con todo esto, por cuanto Serveto, uno de los prinzipales capitanes de los Anabaptistas, se ha pensado traer fortísimas razones contra el baptismo de las criaturas, será bien refutarlas brevemente. Pretende que las señales que Cristo ha dado, siendo perfectas, requieren que aquellos á quien se dan sean perfectos, ó capazes de perfezion. La soluzion es fázil. Que en vano se restriñe la perfezion del Baptismo á un momento i artículo de tiempo, la cual se estiende i prolonga hasta la muerte. I aun mas digo, que el se muestra bien tonto demandando perfezion en el hombre el primer dia que es baptizado, á la cual el Baptismo nos convida todo el tiempo de nuestra vida ganando mas tierra cada dia. Objeta que los Sacramentos de Jesu Cristo son instituidos por memorial, para que cada uno traiga á su memoria que es sepultado con Cristo. Respondo, que lo que él se inventó de su cabeza, no ha menester respuesta. I lo que mas es, veese claramente en las palabras de San Pablo, que lo que él quiere atribuir al Baptismo, es proprio de la Zena: conviene á saber, que cada cual se examine: lo cual no se dize del Baptismo. De donde concluímos que las criaturas que aun no se pueden á sí mismas examinar, son justamente baptizadas. A su terzero argumento, Que todos aquellos que no creen al Hijo de Dios, están en la muerte, i que la ira de Dios está sobre ellos: i que por esta causa las criaturas, las cuales no pueden creer, están en su condenacion. Respondo, que Cristo no habla aquí de la culpa jeneral de que son culpados todos los hijos de Adan, mas solamente amenaza á todos los menospreziadores del Evanjelio, los cuales soberbia i contumazmente menospreizan la grazia que por él se les ofreze i presenta. I esto no tiene que ver con las criaturas, i con esto yo le opongo una contraria razon: que todo lo que Cristo bendize, es libre de la maldizion de Adan i de la ira de Dios: i pués que sabemos que él bendijo los niños, síguese que son libres de la muerte. Falsamente demás desto zita lo que en ningun lugar de la Escritura se lee: Cualquiera que es nazido del Espíritu, oye la voz del Espíritu. Lo cual aunque le admitiésemos ser escrito, no podrá de aquí concluir otra cosa, sino que los fieles son induzidos á seguir á Dios, segun que el Espíritu obra en ellos. I zierto gran falta es aplicar á todos en jeneral, lo que se ha dicho de algunos en particular. Su cuarta objezion es, Que por cuanto prezede lo que es animal, ó sensual, que se debe esperar tiempo conveniente para el Baptismo, el cual es espiritual. I aunque confieso todos los dezendientes de Adan siendo enjendrados segun la carne, traer consigo su condenacion desde el vientre de su madre: mas con todo esto yo niego que esto impida que Dios no remedie cada i cuando que él plugiere. Porque Serveto

55. Páginas de la *Institución de la Relijión Cristiana*, de Calvino, en que ataca a Servet. Traducción de Cipriano de Valera, Londres, 1597, reeditada por Luis de Usoz, Madrid, 1858, colección Reformistas Antiguos Españoles, vol. XIV.

del evangelio no depende de nuestra piedad o impiedad, sino de la voluntad de Dios (Rom. 9)[172]. Y eso es una gran verdad, pues una cosa es no ser llamado al evangelio, cosa que Dios hace gratuitamente, y otra cosa es ser condenado al fuego eterno, cosa que nunca jamás hace Dios sin merecerlo. En esto de la llamada al evangelio, ni del mismo Moisés tuvo Dios misericordia, porque no quiso, como cita ahí Pablo del propio Moisés. Por un don presente no llamó Dios entonces a este reino ni al propio Abraham, ni a David, ni a otros profetas de la Ley, porque no quiso. Pero no por eso los condena ya gratuitamente, ni obra injustamente con ellos, como tampoco con los catecúmenos que mueren antes del bautismo. Dios no es injusto con otras gentes, llamándonos a nosotros al evangelio y al reino celestial de modo gratuito, pues también ellos recibirán su recompensa, como dijo Dios que la recibirían los hijos de Caín (Gen. 4)[173]. Pues todos ellos serán juzgados justamente por sus obras. Desde la creación está innato en todos nosotros el Espíritu de Dios (Gen. 2 y 6), que nos proporciona una norma de conciencia suficiente para la salvación, de suerte que los impíos son inexcusables (Rom. 1 y 2; Hch. 10 y 17)[174]. Gracias a ese Espíritu de Dios innato en nosotros, el poder del pecado está bajo nuestro control, a juzgar por lo que Dios respondió al propio Caín: «En tí, dice, oh Caín, y en tu carne estará su tentación, o sea, la del pecado; pero tú dominarás en ella»[175]. Por los propios delitos, pues, se le vuelve a uno réproba el alma, no porque sea siervo nuestro albedrío. Como Cristo en el cielo tiene libre albedrío, así lo tenemos en parte nosotros en cuanto iluminados por él. Somos libres con la misma libertad con la que Cristo es libre, pues hemos recibido su Espíritu y su libertad. Otros tienen otro espíritu y otra libertad, que la Serpiente oscurece constantemente.

[570]

Pero basta de todo esto.

Demos ahora ya las verdaderas descripciones del bautismo con las que es descrito por la palabra de Dios. Con ellas

---

[172] «¿Pues qué diremos?, ¿que hay injusticia en Dios? En ninguna manera. Del que quiere tiene misericordia, y al que quiere, le endurece», Rom. 9, 14 y 18.

[173] Gen. 4, 15. *Cum et eis sua merces respondeat.*

[174] Fundamentales textos de Rom. 1, 8. 2, 1-11 sobre la recta conciencia natural; así como de Hch. 10, 34-35 y 17, 27.

[175] Gen. 4, 7, textualmente: «A tí será su deseo y tú te enseñorearás de él.»

podrás confeccionar sus definiciones verdaderas y ver cuánto distan del bautismo de niños [176].

1. El bautismo es un lavado con instrucción e imposición de manos (Heb. 1). ¡Pero a los bebitos no se les puede instruir!

2. El bautismo es obra viva de Dios que lleva aneja la penitencia, la fe y el don del Espíritu santo (ib.). ¡Pero en los bebitos todo eso es cosa muerta!

3. El bautismo es nacer «de arriba» tras las obras de muerte y de tal forma ser vivificado e iluminado y gustar los valores del mundo futuro, que para el relapso sea irreparable (ib.). ¡Pero los bebitos sólo sienten gusto por la leche, que reclaman con insistencia!

4. El bautismo es lavado de pecado invocando el nombre del Señor (Hch. 22). ¡Pero los bebitos no invocan a nadie, ni conocen el nombre de Cristo!

5. El bautismo es sepultarse el creyente en Cristo en las aguas imitando su muerte, y allí, espiritualmente circuncidado, despojarse de su cuerpo de pecados para finalmente resucitar con Cristo (Col. 2). ¡Pero en el bautismo de niños todo eso es mera utopía!

6. El bautismo es resucitar con Cristo de modo que uno, como muerto para lo terreno, viva sólo para lo celestial (Col. 3). ¡A los bebitos todo eso les tiene sin cuidado!

7. El bautismo es ser lavado, justificado y santificado en el nombre de Jesús el Cristo y en el Espíritu de nuestro Dios (I Cor. 6). ¡Examina cada uno de esos apartados y mira si pueden aplicarse a bebitos!

8. El bautismo es revestirse de Cristo en un nuevo lavado y hacerse entonces hijo de Dios (Gal. 3). ¡En un bautismo de niños todo eso resulta vano y ridículo!

9. El bautismo es hacer penitencia tras escuchar la palabra de Dios y lavarse en el nombre de Jesús el Cristo para remisión de los pecados, y así recibir el don del Espíritu santo (Hch. 2). ¡Pero los niños ni la oyen ni se arrepienten! [571]

10. El bautismo es renacer de semilla incorruptible por la palabra de Dios, de modo que «como niño recién nacido»

---

[176] Se omite a continuación la documentación de los textos invocados por Servet, todos conocidos y estudiados previamente.

esté uno «libre de toda malicia y guste cuán suave es el Señor» (I Pe. 1 y 3)[177]. ¡Pero en los niños no se siembra la palabra, ni pueden sentir el gusto de lo celestial!

11. El bautismo es la navecilla de Cristo que nos libra del abismo de las aguas y hace que la buena conciencia, encaminada al cielo por la resurrección de Cristo, responda bien ante Dios, a pesar de las inmundicias que perduran en la carne (ib.) ¡Pero en los niños todavía no hay conciencia!

12. El bautismo es ἐπερώτημα, eperótema: «garantía de buena conciencia ante Dios», declaración de fidelidad del alma a Dios, que le lava sus suciedades (ib.)[178]. ¡Que traten, si pueden, los partidarios del bautismo de niños de obtener de ellos esa garantía y que declaren su fidelidad a Dios!

13. El bautismo es «lavarse el cuerpo con agua pura adquiriendo la plena certidumbre de la fe y desponjándonos de la mala conciencia» (Heb. 10). ¡Bautizar bebitos es como bautizar campanas!

14. El bautismo es «lavado de regeneración y renovación del Espíritu» que nos salva para que, justificados con justicia celestial, entremos en posesión del reino de Cristo (Tit. 3). ¿Regenerar, renovar, justificar a bebés?... ¡Es hacer menos que nada!

15. El bautismo es volver a nacer del agua por medio del Espíritu para poder escuchar la voz del Espíritu, ver el reino de Dios y entrar en el cielo (Jn. 3). ¡Y los bebitos bautizados ni lo ven, ni la oyen!

16. El bautismo es sepultarse en cuanto «hombre viejo» muerto con Cristo, y resucitar en cuanto «hombre nuevo» con él, de modo que, como Cristo resucitó de entre los muertos, así también el bautizado emprenda una vida nueva (Rom. 6). ¡Claro está, los bautizados cuando niños, enredados aún en sus viejos pecados, arrastran en su carne la vida de la Serpiente!...

17. El bautismo es incorporarse a Cristo por el símbolo de su muerte para hacerse partícipe de su resurrección (Ib.). ¡De nada de esto son capaces los niños!

---

[177] Esta cita debería ser de I Pe. 2, 1 y 3.

[178] Los núms. 11 y 12 se apoyan respectivamente sobre I Pe. 3, 20 y 21. Servet da el original griego, quizá porque el latín *stipulatio* no le parecía muy convincente.

18. El bautismo es participar de la muerte de Cristo de [572] tal manera que, crucificado «el hombre viejo», quede ya abolido su «cuerpo de pecado» (ib.). Pero, por favor, ¿qué van a crucificar esos niñitos?

19. El bautismo es lavarse del pecado de tal forma que, así como antes servíamos a la injusticia y a la iniquidad, así sirvamos ahora a la justicia (ib.). ¡Pero los niñitos ni siquiera son capaces de servir a la injusticia!

20. El bautismo es saber y creer que, así como en ese momento morimos con Cristo, así luego viviremos con él (ib.). ¡Pero los bebés ni saben ni creen nada, ni pueden cambiar su manera de vivir!

21. El bautismo es bañarse de tal modo que a uno «se le abran los cielos» (Lc. 3). ¡Los bebés no hacen otra cosa que llorar con los ojos cerrados!

22. El bautismo es sentirse movido «por el Espíritu santo y el fuego» al escuchar la predicación de la penitencia y del nombre de Jesús el Cristo (ib.). ¡En un bautismo de bebés no se oye otra cosa que vagidos y croar de renacuajos!

23. El bautismo es descender a las aguas y ascender luego de ellas por la fe en Cristo (Hch. 8). ¡Pero unos niñitos no pueden bajar ni subir!

24. El bautismo es bañarse de manera que un mismo Espíritu nos congregue en un solo Cuerpo en la unidad de un mismo consentimiento (I Cor. 12). ¡En los niños no puede haber unidad de consentimiento ni de Espíritu ni de Cuerpo!

25. El bautismo es purificarse en el lavatorio de agua y en la unidad de la fe, tras haber escuchado el evangelio, para constituir la unidad y consorcio de la inmaculada Iglesia celestial (Ef. 4 y 5). ¡Pero en el bautismo de niños no hay reunión alguna de Iglesia espiritual, sino mero caos babilónico!

Otras definiciones pueden formarse también a base de los profetas, de las cuales ninguna cuadra con el bautismo de niños. Por ejemplo, que el bautismo es efusión de «agua limpia»; o que «de todas las gentes» va recogiendo para el reino celestial; o que quita los pecados y da «un espíritu nuevo» (Ez. 36); o que es «manantial dado a la casa de

David» para expiar «el pecado y la inmundicia» (Zac. 13),   [573]
y así muchos otros pasajes [179].

Quedan por resolver ahora dos argumentos de los adversarios con los que tratan de demostrar el bautismo de niños.

El primero está tomado de Mt. 19: «Dejad que los niños vengan a mí, pues de ellos es el reino de los cielos» [180]. Pero esto no va contra nosotros. Pues los niños no acudían a él para que los bautizara, sino para que los bendijera con imposición de manos y con oraciones, y con ello se nos da ejemplo para que nosotros bendigamos a los niños y roguemos por ellos. «De ellos, dijo Cristo, es el reino de los cielos», es decir, de quienes se hacen como niños. Es así como lo expone el mismo Cristo al ordenar a sus apóstoles que se hagan como niños, palabras en las cuales hay una auténtica norma de Cristo que todos nosotros debemos observar: «El que no reciba el reino de Dios como niño, no entrará en él», en absoluto (Mc. 10; Lc. 18) [181]. Y si alguien dice que de esos mismos párvulos según la carne es el reino de los cielos, entendiendo por tal la gloria futura, nosotros no le vamos a contradecir, ya que ni siquiera hemos excluido completamente de la gloria futura a los niños según la carne no bautizados. Ahora bien, tratándose de un reino del Espíritu, sólo entran en él quienes se hacen niños de Espíritu. Por esto, nosotros admitimos un doble sentido en esas palabras de Cristo «de ellos es el reino de los cielos», como si su palabra fuera, que lo es, «espada de dos filos»: realizando él uno, persigue otro distinto, pero ambos son verdad. Gozosamente acogía Cristo a los niños, tanto porque sabía que su estado era de salvación, cuanto para advertirnos que, a ejemplo y semejanza de ellos, hemos de ser hombres sin doblez, con sencillez de niños. Los bendecía para que su porvenir se produjese prósperamente; con lo cual nos aleccionaba a bendecirlos, pidiendo para ellos futuros dones celestiales. Muy provechosa puede serles la oración del justo contra enfermedades y maleficios, para coartar todo el poder del demonio sobre ellos y para que luego se vayan preparando mejor para el reino de los cielos.

Su segundo argumento nos enfrenta con el texto de   [574]
Juan 3: «Quien no naciere de arriba, del agua y del Espíritu,

---

[179] Aplicación demasiado *ad hoc* de remotas alusiones proféticas.

[180] Mt. 19, 14-15. Resulta oportuno que Servet cierre su largo y detallado tratado sobre el bautismo infantil con la explicación de este texto, magnificado por Calvino, cfr. nota 148, reducido así a sus justas proporciones.

[181] Mc. 10, 15 y Lc. 18, 17.

no verá (o no entrará en) el reino de los cielos» [182]. Ellos, por supuesto, jamás han visto ni han entrado jamás en ese reino de los cielos que «está dentro de nosotros»; por eso me permito recomendarles que hagan el favor de volver a nacer, y así lo podrán ver y entrar en él. Pues así como hay ahora un nacimiento espiritual, así hay también una entrada espiritual, que luego será también corporal. La entrada en el reino de los cielos se hace ahora en espíritu, por la fe; luego se hará en cuerpo, por la gloria. En la hora precisa en que uno nace «del cielo», se hace hombre celestial y entra en el cielo. De lo contrario, ¿cómo iba uno a nacer «del cielo» sin hacerse celestial? Pero bien claro está que los niños según la carne ni se interesan por lo celestial, ni lo ven, ni entran.

En realidad, qué es lo que signifique entrar en el reino de los cielos y entrar precisamente ya ahora, nos lo aclara Cristo en su disputa de Mt. 23 con los fariseos: «Ni entráis vosotros en el reino de los cielos, ni a los que están entrando les dejáis entrar» [183]. Y que entremos ya ahora y que ya ahora lo recibamos lo da a entender en Mt. 11 y en Lc. 18. Y qué sea ver el reino de Dios nos lo explican Mt. 13 y Mc. 12, y Lc. 17, además de otros muchos pasajes, cuando se dice que ya ahora vemos ese mismo reino e incluso que lo entendemos bajo ciertos misterios [184]. Quiso Cristo desvelar a Nicodemo el gran misterio de su regeneración espiritual y de su celestial doctrina, cosa que no entienden, en absoluto, quienes no ven ese reino de los cielos realizado ya ahora en los hombres. Las palabras de Cristo suenan lo mismo que si hubiera dicho: «Quien no entra por la puerta estrecha y el camino angosto, no puede entrar en el reino de los cielos», o también: «Si vuestra justicia no abunda más que la de los escribas y fariseos, no entraréis en el reino de los cielos» [185].

Ahora bien, ¿qué tiene que ver todo esto con los niños? «Si no cambiáis y no os hacéis como niños, no entraréis en el reino de los cielos.» ¿Es que pueden «cambiar y ha-

---

[182] Jn. 3, 3. El interés final de Servet por aclarar estas otras palabras de Jesús a Nicodemo, tan básicas para él y para todos, se justifica porque las relaciona con otras sobre la esencial interioridad subjetiva del hecho cristiano en cuanto vivencia religiosa.

[183] Mt. 23, 13, en conversación con fariseos.

[184] «El reino de los cielos admite violencia, y los violentos lo arrebatan», Mt. 11, 12. «¡Cuán dificultosamente entrarán los que tienen riquezas!», Lc. 18, 24. «A vosotros os es concedido saber los misterios del reino; mas a ellos, no», Mt. 13, 11. «No está lejos», Mc. 12, 34. «Entre vosotros está», Lc. 17, 20-21: *intra vos*, para Servet *dentro de vosotros*, y *nunc*, *ahora*.

[185] Puerta estrecha, en Mt. 7, 13 y Lc. 13, 24; justicia farisáica, en Mt. 5, 20.

cerse como niños» los que son ya niños según la carne? [575]
Además, sabido es que también se dijo: «Quien no vuelva
a nacer»...; pero se dijo igualmente: «Quien no coma la
carne del hijo del hombre»... Es decir, según este tipo de
razonamiento, los niños ¡deberían ser admitidos también a
la Cena!

Por tanto, y para dar a todo cumplida respuesta en una
palabra, digo, primero, que la Ley, una vez promulgada, no
obliga sino a aquellos a quienes fue dictada; y digo, en segundo lugar, que las palabras de Cristo son verdaderas simple y llanamente, incluso para los niños; y ellos ni «rena-
cen», ni «entran», ni, en conclusión, pueden «ver el reino de
los cielos».

Aún hay otras maneras de responder a esa argumentación, por ejemplo, calibrando el alcance de expresiones
como «ser engendrado de nuevo», «nacer de arriba», «nacer
del Espíritu». Si los partidarios del bautismo de niños su-
pieran qué significa ser engendrado, nacer, renacer, por
obra del Espíritu, se sentirían avergonzados de decir que
los niños según la carne pueden nacer así: y la principal
razón es que no se puede nacer de sustancia celestial, sino
por la fe celestial. Además, ¿qué significa «nacer de nuevo»,
sino hacerse «nueva creatura»? ¿Y qué significa hacerse
«nueva creatura» sino que el «hombre nuevo», abolido su
«cuerpo de pecado», emprenda una vida nueva? Por otra
parte, para renacer y resucitar, primero hay que morir. Sólo
el que ha nacido del Espíritu escucha la voz del Espíritu y
ve el reino de Dios y entiende sus misterios. «Lo nacido del
Espíritu, espíritu es»: hombre espiritual. Todo eso no se
les puede aplicar a los niños.

Es, pues, una abominación señaladamente detestable de
los partidarios del bautismo de niños y desolación del reino de Cristo, el que se nieguen a que él reine en sus santos.
No quieren que nosotros reinemos con Cristo, porque no
pueden soportar que nosotros resucitemos con él.

¡Ay de vosotros, partidarios de ese bautismo de niños,
por cerrar el reino de los cielos a los hombres! ¡«Ni entráis
vosotros, ni a los que están entrando dejáis entrar»!

¡Ay de vosotros!

¡Ay!

CONCLUSIÓN

Insisto. El bautismo de niños es abominación detesta- [576]
ble, fin del Espíritu santo, ruina de la Iglesia de Dios, confusión de toda la profesión cristiana, anulación de la renovación operada por Cristo, quebranto total de su reino.

¡Oh Padre omnipotente, Padre de misericordia! En nombre de tu hijo, Jesús el Cristo, nuestro Señor, líbranos, miserables de nosotros, de estas tinieblas de muerte.

¡Oh hijo de Dios, Jesús el Cristo! Tú, que moriste para
que no muriéramos nosotros. Ayúdanos, no muramos. Te
pedimos suplicantes lo único que tú nos enseñaste a pedir:
«Santificado sea tu nombre. Venga a nosotros tu reino.»

¡Ven tú mismo, Señor! En el Apocalipsis tu esposa, la
Iglesia, ora y dice: «¡Ven!» Y el espíritu de tus hijos ora y
dice: «¡Ven!» Y quien esto oye, que ore, clame y diga, como
Juan: «¡Ven!»

De seguro, tú vas a venir, pues has dicho: «Vengo en
breve» (Ap. 22) [186].

Y de seguro, con tu venida destruirás al Anticristo (II
Tes. 2) [187].

FIAT. ¡Que así sea!
AMEN.

M. S. V.
1 5 5 3.

---

[186] Ap. 22, 7 y 17.
[187] II Tes. 2, 8.

INDICES

INDICE DE AUTORES Y PERSONAS
(excluidos los bíblicos)

Los que aparecen, nombres o páginas, en cursiva, son citados por Servet mismo. Los demás, en la Introducción o las notas.

— 811 —

Valdés, Juan de: 504.
Valentín: 169, *181, 295.*
Valera, Cipriano de: 32, 43, 110, 137, 205, 207, 433, 495, 597, 729.
Valerius Maximus: 283.
Valla, Lorenzo: 47, 62, 64, 87, 90, 107, 149, 159, 183, *192,* 193, 227, 324, 477, 609.
Vallière, Duque de la: 52.
Vandel, Pierre: 29, 48.
Varón, Marco Antonio: 17.
Vecchiotti, I.: 79.
Vega Díaz, Francisco: 26.
Vesalio, Andrés: 25, 35, 333, 338.
Víctor, Ric. de San: 158.
Victorius, J. Nic.: 24
Vinci, Leonardo da: 343.
Viret, Pierre: 54, 98.
Virgilio de Tapso: 383.
Vives, Juan Luis: 17, 80.
Vogelweide, Walter von der: 609.
Voltaire, F.-M. Arouet: 35.
Vulcanus, Bonavent: 35.

Waldseemüller, Martin: 579.
Wendland, Paul: 252, 295, 403.
Wier, Johan: 25.
Wigand, Johan: 34.
Wilbur, Earl Morse: 44.
Williams, George H: 7, 15, 20, 33, 45, 55, 58, 59, 71, 74, 331, 726, 730, 781.
Willis, Robert: 40, 73.
Wolf, E.: 93.
Wolfson, Harry A.: 90, 252, 283, 284, 293, 294, 376, 403, 405, 425, 478.
Wotton, William: 34.
Wright, W. C.: 310.

Yates, Frances A.: 94.

Zenón de Elea: 321.
Ziegler, Clement: 463.
Zoroastro: 91, 92, 93, 96, *251, 282, 283, 292, 339, 348, 390,* 391.
Zuck, Lowell H.: 59.
Zweig, Stephen: 30.
Zwingli, Ulrich: 70, 122, 473, 674, 730, 731, 734.

INDICE GENERAL